생활속 외래어로 영단어 정복하기 A-F

생활속 외래어로 영단어 정복하기 A-F

초판 1쇄 발행 2019년 3월 20일

지은이 차승현
펴낸이 이기봉
편집 좋은땅 편집팀
펴낸곳 도서출판 좋은땅
주소 경기도 고양시 덕양구 통일로 140 B동 442호(동산동, 삼송테크노밸리)
전화 02)374-8616~7
팩스 02)374-8614
이메일 so20s@naver.com
홈페이지 www.g-world.co.kr

ISBN 979-11-6435-134-3 (13740)

이 도서의 국립중앙도서관 출판예정도서목록(CIP)은 서지정보유통지원시스템 홈페이지(http://seoji.nl.go.kr)와 국가자료공동목록시스템(http://www.nl.go.kr/kolisnet)에서 이용하실 수 있습니다. (CIP제어번호 : CIP2019009044)

친숙한 외래어와 어원, 연상암기 기법으로 23,000단어 정복

생활속 외래어로 영단어 정복하기

A–F

차승현 지음

서 문

오늘날 전 세계적으로 영어 사용자는 대략 20억 명, 즉 세계인구의 약 3분의 1 가량으로 추산되며, 다양한 영역에서 국제공용어로서의 위상을 갖고 있다. 국제교류와 글로벌 경쟁이 치열해진 오늘날 영어의 가치는 더욱 더 높아지고 있다. 이러한 시대적 추세를 반영하여 필자는 영어학습이 딱딱하고 지긋지긋한 것이 아니라 보다 쉽고 즐거운 시간이 되도록 이 책을 편찬하게 되었다.

이 책은 다음과 같은 특징이 있다.

1. 생활 속의 수많은 외래어(Loanword)를 인용하여 쉬운 단어 암기를 도모했다.

이 책은 우리 생활 속에 널려있는 6,000여개의 외래어를 인용하여 파생어와 동족어원 단어를 연계하는 식으로 단어학습 영역을 확장해 나간다. 그렇게 하면 자연스럽고 효율적으로 학습할 수가 있다. 우리 실생활 속에 외래어가 많다는 것은 익히 알고 있었지만 이 책을 쓰면서 정말 많다는 것을 새삼 깨달았다. 외래어가 늘어간다는 것은 우리말이 설자리를 계속 잃어간다는 슬픈 이야기도 되지만 한 편으론 냉혹한 국제사회에서 경쟁력을 잃지 않고 학습하는데 다소나마 도움이 된다는 긍정적 측면도 있다고 생각된다. 우리말도 잘 보존하면서 국제경쟁력을 유지하는 지혜를 터득해야 하지 않을까 싶다. 외래어 연구를 하다 보니 솔직히 뜻도 제대로 모르면서 쓰는 외래어도 너무 많았다. 그래서 이 책은 우리에게 친숙한 외래어를 인용하여 영단어 학습을 쉽게 하면서 정확한 우리말의 의미도 같이 이해할 수 있도록 하였고, 콩글리시(Konglish ⇨ broken English)의 바른 표현도 아울러 습득할 수 있게 하였다.

2. 모든 단어에 어원(Ethymology)을 표기하였다.

어원은 Online Etymology Dictionary와 Wiktionary 그리고 Oxford Dictionaries를 주로 참조하였고, 그 외에도 많은 국내외 전문사전을 참조하였다. 영어는 앵글로・색슨어에서부터 켈트어, 노르드어, 노르만어, 게르만어, 라틴어, 그리스어, 산스크리트어, 아랍어, 히브리어 등 많은 언어들이 섞이다 보니 어원도 한두 가지가 아니다. 그 중 현대어와 가장 의미가 상통하면서도 오래된 어원 위주로 채택하였다.

학문에 왕도(王道)가 없다고 하지만, 영어단어 학습에도 왕도는 있다. 수학공식처럼 영어단어에도 공식이 있는데, 그것은 바로 각각 공통의 의미를 가지고 있는 접두사, 어근(語根), 접미사를 많이 외우는 것이다.

3. 재미있는 단어학습을 위해 풍부한 관련 상식과 삽화를 추가했다.

재미있는 관련 상식과 4,000여개의 삽화를 추가하여 단어암기 뿐만 아니라 상식도 풍부하게 하는 일석이조(一石二鳥) 효과를 도모하였다. 재미있는 책은 학습효과도 배가시킨다는 사실을 이 책이 입증해 줄 것이다. 저자는 과거 검정고시 대비반 학생들을 가르치면서 이 책에서 다루는 방식을 채택하여 학생들의 영어 합격율을 획기적으로 향상시킨 경험이 있다. 피할 수 없다면 즐겁게 공부하는 여건이라도 만들어야 한다. 이 책이 그에 대한 확실한 해답이 될 것임을 자부한다. 주변에 영어단어 때문에 좌절하는 이들이 있다면 이 책을 한번 소개해 볼 것을 권한다.

4. 대입수능, 공무원시험 등의 시험대비가 가능하도록 충분한 단어・숙어가 포함되었다.

세계최대 글로벌 어학교육기업인 EF(Education First)사(社)에 따르면 미국인의 일상대화, 뉴스, 잡지, 직장 내 대화의 90%가 3,000단어만으로 가능하다고 한다. 그래서 우리 교육부에서도 3,000단어를 초・중・고등학생용으로 지정하여 제시하고 있다고 생각한다.(초등 800단어, 중・고등 2,200단어). 그러나 이 책에서는 우리나라 교육의 현실성과 높은 시험수준을 감안하여 **초급**(초등학생용)

1,600단어(적색 표기), **중급**(중 · 고등학생용) 5,000단어(청색 표기), **고급**(대학생용) 2,000단어(갈색 표기), **심화** 14,400단어(흑색 표기)로 확대하였다. 따라서 이 책에 수록한 23,000단어와 5,200개의 숙어, 5,800개의 예문 및 관용구 등은 수험생뿐만 아니라 공무원시험까지도 대비가 가능하도록 고려하였으므로, 학습전문서로서는 충분한 양의 어휘를 탑재했다고 할 수 있다.

5. 등한시하기 쉬운 고유명사(인명 · 지명)도 포함하였다.

흔히 인명(人名)이나 지명(地名)은 등한시하기 쉽다 그러나 고유명사라도 절대 등한시해서는 안 된다. 우리가 '프랑스', '파리'나 '베를린', '모스크바', '시베리아', '우크라이나', '롯데', '마돈나'를 우리식대로 발음한다면 외국인은 잘 알아듣지 못한다. 그래서 고유명사도 정확한 스펠링과 발음에 대해 공부해야만 하는 것이다.

우리는 취학 뿐만 아니라 취직 이후에도 오랜 시간을 영어와 불가분의 관계를 유지하며 살아가는 글로벌 무한경쟁시대에 살고 있다. 가급적이면 즐겁게 공부하고, 능률도 높이는 학습을 해야 한다. 이 책에 수록된 단어를 처음부터 모두 암기하려고 시도하지 말라. 자신의 수준에 해당하는(예를 들면 초급은 적색, 중급은 청색, 고급은 갈색 위주의) 단어만 집중 공략하고, 기타 단어들은 정독하는 방식으로 학습을 진행하자. 그렇게 하면 부담 없는 가운데 효과적인 학습이 진행될 것이다. 부디 이 한권의 책이 여러분의 영단어 학습에 큰 보탬이 되고, 나아가 여러분의 미래를 바꾸는 소중한 계기가 되었으면 한다.

끝으로 이 책이 출간될 수 있도록 큰 힘이 되어 준 부모님과 가족에게 고마움을 전하고, 따뜻한 격려와 조언을 아끼지 않으신 친지, 선후배 및 동기생 그리고 좋은땅 출판사 이기봉 대표님과 허남 매니저님, 최선희 팀장님 및 편집팀 여러분께도 지면을 빌어 감사의 마음을 전합니다.

2019년 3월

차 승 현 (ctg0809@naver.com)

책 사용법 필독

브리핑 briefing (요약 보고)

♣ 어원 : brief, brevi, bridg 짧은, 줄인

■ **brief** [bri:f] ⓗ **짧은, 간결한** ⓢ 요약하다 ☜ 라틴어로 '짧은, 낮은, 작은, 얕은'이란 뜻

■ **brief**ing [brí:fiŋ] ⓜ 요약보고, 상황설명 ☜ 짧게 하는(brief) 것(ing<명접>)

□ a**bridg**e [əbrídʒ] ⓢ **요약하다**, 단축하다(=shorten; reduce; cut down; curtail)
☜ 분리하여(a=off) **짧게**(bridg) 하다(e) ⓑ increase; add
비교 bridge 다리, 교각
♠ **abridge a long story 긴 이야기를 짧게 하다**

□ a**bridg**ed [əbrídʒd] ⓗ 요약한 ☜ abridge + ed<형접>

□ a**bridg**able [əbrídʒəbl] ⓗ 단축〔축소〕할 수 있는 ☜ abridge + able(~할 수 있는)

□ a**bridg**er [əbrídʒər] ⓜ 단축〔축소〕시키는 요소 ☜ abridge + er(것)

□ a**bridg**(e)ment [əbrídʒmənt] ⓜ 단축; 요약본, 초본 ☜ abridge + ment<명접>

□ una**bridg**ed [ànəbrídʒd] ⓗ 생략하지 않은, 완전한, 완비된
☜ 분리하여(a=off) 짧게 하지(bridg) 않(un=not/부정) 은(ed<형접>)

✚ ab**brevi**ate **생략하다**, 단축하다 ab**brevi**ation **생략**, 단축

연상 스포츠음료인 이온(ion)음료를 매일 마시면 이언(eon.영원,영겁)을 산다(?)

※ **ion** [áiən, -ɑn/-ɔn] ⓜ 〖물리〗 **이온** ☜ 고대 그리스어로 '나는 간다'란 뜻.
♠ a negative **ion** 음**이온**(=anion).
♠ a positive **ion** 양**이온**(=cation).

□ **aeon, eon** [í:ən, -ɑn] ⓜ 무한히 긴 시대; 영구, 영원, 영겁
☜ 그리스어로 '시간의 긴 공간'이란 뜻
♠ **aeons of** geological history **수백억 년에 걸친** 지질학적 역사

1. 구성

① **□ 단어는 사전식 알파벳순으로 배열**되며, 연관단어별로 모듈화(묶음화)되었다. 이 책에 수록된 단어는 총 23,000여 단어로, 초급(초등)단어 1,600단어, 중급(중·고등)단어 5,000단어, 고급(대학)단어 2,000단어, 심화단어 14,400단어이다.

② 생활속 외래어 또는 연상암기법을 사용하여 표제바 아래 연관단어를 묶었다.

③ □ : 학습할 단어 - 알파벳 순서대로 나열됨
□ : 학습할 단어 - 알파벳 순서대로 나열되지 않음
■ : □, □ 단어의 학습을 돕기 위해 인용한 참고용 동족(同族)어원 단어
※ : 동족(同族)어원 단어가 아닌 단순 참고용 단어
✚ 표시하의 단어 : 추가된 참고용 동족(同族)어원 단어들

④ **적색(빨간색) 단어**는 초급(초등학생 이하), **청색(파란색) 단어**는 중급(중·고등학생), 갈색단어는 고급(대학생 이상), **흑색(검은색) 단어**는 심화단어이다.

⑤ 밑줄친 단어는 표제바에서 언급된 단어이다.(학습단어 수가 적을 경우에는 밑줄이 생략됨) 예) **brief**ing

⑥ 철자는 미국식 단어 사용을 원칙으로 했고, 미국영어와 영국영어의 철자가 다른 경우는 **tire, 《영》 tyre** 처럼 미국식 철자 다음에 영국식 철자를 기술하거나 colo(u)r처럼 영국식 철자를 괄호안에 넣어 표시하였다.

⑦ 단어의 철자는 같으나 어원이 다른 경우에는 독립 단어로 분리하였다.

⑧ 단어의 **볼드체** 부분은 핵심어원 부분이며, 단어 자체의 어원은 단어 뒷부분에 녹색으로 표기하였다.

⑨ 콩글 은 콩글리시(Konglish: 한국에서만 통용되는 Broken English)이며,
연상 은 연상암기법이란 의미이다(※ 문장 내용은 사실에 입각하지 않는다)

⑩ 비교 는 학습단어와의 비교를 위해 포함하였고,
주의 는 발음상 묶음, 동음이의어, 혼동하기 쉬운 단어 등이 있을 때 사용하였다.

⑪ 예문은 핵심 단어에 대한 자연스러운 문장, 관용처럼 쓰이는 숙어, 속담 등

으로 구성하였다.

⑫ 단어에 대한 쉬운 이해를 도모할 수 있도록 약 4,000여개의 관련 삽화를 포함하였다.

⑬ 외래어 표기가 잘못된 경우는 **빠따 < 배트**처럼 **배트**가 바른 표기법임을 명시하였다.

2. 발음

① 미국식과 영국식 발음이 동일할 때는 하나의 발음기호를 사용하고, 발음이 두 가지 이상 사용될 경우는 [íːən, -ɑn]처럼 comma(,)를 써서 두 가지를 모두 표기했다.

② 미국식과 영국식 발음이 다를 경우엔 [æbskάnd/-skɔ́nd] 또는 [díkʃənèri/díkʃənəri, **딕**셔**네**뤼/**딕**셔너뤼]처럼 slash(/)로 구분하여 표기하였다.

③ **적색인 초급단어**는 발음기호에 익숙하지 못한 초등학생 이하의 어린이들을 위해 한글 발음을 표기하였다.(강하게 발음되는 부분은 **볼드체**로 표시)

3. 어형변화

① 명사의 복수형은 (pl.=plural)을 붙여 구분하였고,

② 동사의 시제변화는 해당 단어에 (-/**abode**〔abide**d**〕/**abode**〔abide**d**〕)처럼 (-/과거/과거분사)로 표기하였으며,

③ 형용사의 비교변화형은 (-<-l**er**<-l**est**)처럼 (-/비교급/최상급)으로 표기하였다.

4. 기호 및 약어

① 표제바에서의 [ ]는 단어의 카테고리나 어원의 모태어를 의미한다.
예) [그神] : 그리스 신화, [로神] : 로마신화
[Gk.] : Greek(그리스어), [L.] : Latin(라틴어), [Sp.] : Spain(스페인어), [It.] : Italy(이탈리아어), [Rus.] : Russia(러시아어), [Port.] Portugal(포르투갈어)

② 【 】는 단어의 카테고리를 의미한다.
예) 【정치】, 【경제】, 【사회】, 【과학】, 【스포츠】, 【종교】, 【동물】, 【식물】 등

③ 《 》는 쓰임새나 부가설명시 사용되었다.
예) ABBA **아바** 《스웨덴의 팝 그룹》
예) Batman **배트맨** 《박쥐인간. 영화・만화주인공》

④ 〖 〗는 문법적인 설명을 할 때 사용되었다.
예) 〖형용사로서는 서술적〗

⑤ 해설부에서 볼드체의 [ ]나 바탕체의 〔 〕는 대체의미를 뜻한다.
예) **계획[설계]하다**
예) 근원〔기원〕의

⑥ 주요 기호 및 약어

기호	의미	기호	의미
㉮명	명사	[Gk.]	그리스어
동	동사	[L.]	라틴어
대	대명사	[Sp.]	스페인어
형	형용사	[Port.]	포르투갈어
부	부사	[It.]	이탈리아어
전	전치사	[Rus.]	러시아어
접	접속사	<명접>	명사형 접미사
감	감탄사	<동접>	동사형 접미사
조	조동사	<형접>	형용사형 접미사
반	반의어	<부접>	부사형 접미사
(pl.)	명사의 복수형	《영》	영국
[그神]	그리스신화	《미》	미국
[로神]	로마신화		

발음 기호 일람표

모 음			자 음		
기 호		보 기	기 호		보 기
단 모 음			b	ㅂ	base [beis/베이스]
ɑ	아	box [bɑks/박스]	v	ㅂ	vase [veis/붸이스]
ɑː	아-	car [kɑːr/카-]	d	ㄷ	door [dɔːr/도어]
e	에	pen [pen/펜]	ð	ㄷ	this [ðis/디스]
æ	애	cat [kæt/캗]	θ	ㅆ,ㄸ	thank [θæŋk/쌩크]
ʌ	어	bus [bʌs/버스]	t	ㅌ	take [teik/테잌]
ə	어	again [əgén/어**겐**]	f	ㅍ	first [fəːrst/풔얼스트]
əː	어-	purse [pəːrs/퍼-얼스]	p	ㅍ	park [pɑːrk/파-크]
i	이	sing [siŋ/싱]	g	ㄱ	game [geim/게임]
iː	이-	eat [iːt/이-ㅌ]	k	ㅋ	keep [kiːp/키잎]
ɔ	오	body [bɔ́di/**보**디]	h	ㅎ	house [haus/하우스]
ɔː	오-	call [kɔːl/코-올]	j	이	year [jiər/jəːr/이어/여-]
u	우	book [buk/북]	s	ㅅ	sound [saund/사운드]
uː	우-	tool [tuːl/투-울]	ʃ	쉬	show [ʃou/쇼우]
			z	ㅈ	zipper [zípər/**지**퍼]
중 모 음			ʒ	지	pleasure [pléʒər/플**레**저]
ai	아이	eye [ai/아이]	dʒ	쥐	jump [dʒʌmp/점프]
au	아우	hour [áuər/**아**우어]	dz	즈	hands [hændz/핸즈]
ei	에이	able [éibəl/**에**이벌]	ts	츠	cats [kæts/캐츠]
ɛə	에어	air [ɛər/에어]	tʃ	취	church [tʃəːrtʃ/춰-취]
iə	이어	ear [iər/이어]	l	ㄹ	call [kɔːl/코-올]
ɔi	오이	boy [bɔi/보이]	r	ㄹ	radio [réidiòu/**뤠**이디오우]
ou	오우	coat [kout/코우ㅌ]	m	ㅁ	man [mæn/맨]
ɔə, ɔːr	오어	door [dɔːə, dɔːr/도어]	n	ㄴ	noon [nuːn/누-운]
uə	우어	moor [muər/무어]	ŋ	ㅇ	sing [siŋ/싱]
			w	ㅇ	woman [wúmən/**우**먼]

어퓨굿맨 A Few Good Men (미국 해병대 구호인 <소수정예>란 뜻)

1992년에 개봉한 미국 영화. Cuba 관타나모에 있는 미 해병대 기지에서 일어난 살인 사건을 다루는 군사 법정 영화. 톰크루즈, 데미무어, 잭 니콜슨 주연. 직역하면 '소수의 우수한 남자들' 이란 뜻.

© Columbia Pictures

□ **a, an** [《자음앞 a》 ə/어, ei/에이] [《모음앞 an》 ən/언, en/엔] ㉿ 〖부정관사(不定冠詞)〗 **하나의:** (불특정한) **어떤;** 《고유명사앞》 ~같은〔라는〕 사람, ~집안 사람, ~의 작품; 같은; ~마다
☜ 고대영어로 '하나, 외로운'이란 뜻
♠ 〖자음앞 부정관사〗 a book (한 권의) 책
♠ 〖모음앞 부정관사〗 an apple (한 개의) 사과
♠ **Rome was not built in a day.**
《속담》 로마는 하루에 세워지지 않았다.
♠ **A** dog is a faithful animal.
(일반적인) 개는 충실한 동물이다.
♠ I bought **a** Gogh. 나는 고흐**의 작품**〔그림〕을 샀다.
♠ You are of **an** age. 너희들은 **같은** 나이이다.
♠ I work 48 hours **a** week. 나는 일주일**에〔마다〕** 48시간 일한다.
♠ **a few 소수(의), 약간(의), 조금(의)**

※ **few** [fjuː/퓨-] ㊌ (-<-**er**<-**est**) 〖부정적 용법〗 (a를 붙이지 않고) **거의 없는;** 〖긍정적 용법〗 (a를 붙여서) **조금은 있는, 다소의** ㊋ **소수, 소수의 사람[것]**
☜ 고대영어로 '많지 않은, 작은 수의'라는 뜻

※ **good** [gud/굳] ㊌ (-<**better**<**best**) **좋은, 훌륭한** ☜ 고대영어로 '훌륭한, 좋은'이란 뜻

※ **man** [mæn/맨] ㊔ (pl. **men**) **남자; 사람**, 인간; 병사 ☜ 고대영어로 '인간, 사람'이란 뜻

□ **aback**(뒤로, 돛이 역풍을 받고) ➔ **back**(뒤; 등; 뒤의) **참조**

라이방 < 레이밴 Ray ban (레이밴 선글라스. <태양광선 차단>이란 뜻)

세계적인 sunglass brand. 원래 고공에서 임무를 수행하는 조종사들의 시력 보호를 위해 자외선 차단용으로 만들어졌다.

♣ **어원 : ban(d) 금지**

※ **ray** [rei/레이] ㊔ **광선** ㊍ 빛을 발하다 ☜ 라틴어로 '수레바퀴의 살', 고대 프랑스어로 '태양 광선'이란 뜻
♠ **X-ray 엑스레이, 엑스선(사진)**

■ **ban** [bæn] ㊔ **금지(령)** ☜ 초기 독일어로 '금하다'이란 뜻

□ a**band**on [əbǽndən] ㊍ **버리다**(=give up, forsake), 포기하다
☜ 완전히(a/강조) 금지하다(band) + on
♠ **abandon oneself to ~** *스스로를 ~에 버리다* ➔ **~에 빠지다**
♠ **with abandon 거리낌 없이, 제멋대로**

□ a**band**oned [əbǽndənd] ㊌ 버림받은; 타락한, 자포자기의 ☜ -ed<형접>

□ a**band**onment [əbǽndənmənt] ㊔ 버림받음, 포기 ☜ -ment<명접>

■ **ban**ish [bǽniʃ] ㊍ **추방하다**(=exile) ☜ ban + ish<동접>

베이스 base (기초)

♣ **어원 : base, basi 바닥**

■ **base** [beis/베이스] ㊔ **기초,** 토대; 〖야구〗 **베이스** ㊌ 기초적인; 천한, 비열한 ㊍ **기초를 두다** ☜ 라틴어로 '토대'란 뜻

□ a**base** [əbéis] ㊍ (지위·품위를) 떨어뜨리다, 낮추다 ☜ 바닥(base) 으로(a<ad=to)
♠ I would never do something that would **abase myself**.
나는 **나의 품격을 떨어뜨리는** 것을 결코 하지 않을 것이다.

□ a**base**ment [əbéismənt] ㊔ 자기비하, 불명예; (품위의) 실추, 굴욕 ☜ -ment<명접>

빠따 < 배트 bat (야구 배트)

♣ 어원 : bat 치다

■ **bat** [bæt/배트] ⓜ **야구배트; 박쥐** ⓢ (배트로) **치다**
☜ 중세영어로 '때리다'란 뜻
※ Batman **배트맨** 《박쥐인간. 영화·만화주인공》

□ a**bat**e [əbéit] ⓢ **감소하다**(=diminish), 내리다
☜ ~을(a<ad=to) 치다(bat) ⓑ **raise** 증가하다, 올리다
♠ **abate** part of a price 값의 얼마를 **깎다**

□ a**bat**ement [əbéitmənt] ⓜ 인하(=reduction), 감소 ☜ -ment<명접>

✚ com**bat** **전투, 격투; 싸우다** de**bat**e 토론; **토론[논쟁]하다**

연상 아바(ABBA.스웨덴 4인조 혼성가수)가 아바(abba.주교님)를 찾아뵈었다.

ABBA는 스웨덴 출신의 4인조 보컬 그룹으로, 2쌍의 부부로 구성된 70~80년대 세계적인 스탠더드 팝 그룹(standard pop group)이다. ABBA란 네 사람의 이름 첫 자만 따서 만든 이름이다.

© carltonbooks.co.uk

□ **Abba** [ǽbə] ⓜ **아바** 《스웨덴의 팝 그룹》; 【성서】 하나님아버지, 주교님; 【천주교, 영국 국교】 대주교 ☜ 라틴어로 '아버지'란 뜻
비교 bishop 주교, archbishop 대주교

□ **abbey** [ǽbi] ⓜ **수도원** ☜ 중세영어로 '수도원 또는 수녀원'이란 뜻
♠ **Westminster Abbey 웨스트민스터 성당** 《영국 런던에 있으며, 국왕의 대관식이 치러지고, 국왕과 명사들이 묻혀있는 곳》

□ **abbe**ss [ǽbis] ⓜ 여자 수도원장 ☜ abbot + ess<여성형 어미>

□ **abbot** [ǽbət] ⓜ **대수도원장** ☜ 고대영어로 '대수도원장'이란 뜻

브리핑 briefing (요약 보고)

♣ 어원 : brief, brevi, bridg 짧은

■ **brief** [bri:f] ⓗ **짧은, 간결한** ⓢ 요약하다 ☜ 라틴어로 '짧은, 낮은, 작은, 얕은'이란 뜻

■ **brief**ing [bri:fiŋ] ⓜ 요약보고, 상황설명 ☜ 짧게 하는(brief) 것(ing<명접>)

□ ab**brevi**ate [əbrí:vièit] ⓢ 줄이다, **단축하다**(=shorten) ☜ ~쪽으로(ab=to) 짧게(brevi) 하다(ate)
♠ New York **is abbreviated as** N.Y. 뉴욕은 N.Y.**로 단축된다**.

□ ab**brevi**ated [əbrí:vièitid] ⓗ 단축된; (옷이) 간신히 몸을 가리는; 축소형의 ☜ -ed<형접>

□ ab**brevi**ation [əbrí:vièiʃən] ⓜ **생략**, 단축; 약어 ☜ abbreviate + ion<명접>
♠ N.Y. **is the abbreviation for** New York. N.Y.는 뉴욕**의 약자이다**.

■ a**bridg**e [əbrídʒ] ⓢ 요약하다, **단축하다** ☜ ~쪽으로(ab=to) 짧게(bridg) 하다(e)

에이비시 ABC, A.B.C.

□ **ABC** [éibì:sí:] ⓜ (the ~('s)) **초보**, 기본, 입문(서)

□ **ABC** **A**tomic, **B**iological and **C**hemical 화생방
♠ **ABC Warfare 화생방전**

□ **ABC** **A**merican **B**roadcasting **C**ompany 미국 ABC 방송사

딕셔너리 dictionary (사전)

♣ 어원 : dic(t) 말하다

■ **dic**tionary [díkʃənèri/díkʃənəri, **딕**셔네뤼/**딕**셔너뤼] ⓜ **사전**, 사서, 옥편
☜ 말하는(dic) 것(ion)과 관련된 것(ary)

□ ab**dic**ate [ǽbdikèit] ⓢ 퇴위하다, (권리 등을) 버리다, 포기하다
☜ 말하기(dic)를 멀리(ab=away) 하다(ate<동접>)
♠ **abdicate the throne** (crown) **in the favor of ~**
~에게 왕위를 양위하다

□ ab**dic**ation [æbdəkéiʃən] ⓜ 포기, 기권; 양위 ☜ abdicate + ion<명접>

□ ab**dic**ator [ǽbdikèitər] ⓜ 포기하는 사람, 기권자; 양위자 ☜ -or(사람)

■ ad**dict** [ədíkt] ⓢ 중독시키다 ⓜ 중독자, 탐닉자 ☜ ~에게(a<ad=to) 말하다(dict)

프로듀서[피디] producer (영화감독, 연출가) ➔ 《미》 director

♣ 어원 : duct, duce 이끌다(=lead)

■ pro**duc**e [prədjú:s, 프러**듀**-스/프러**쥬**-스] ⓢ **생산[제작]하다**

☜ 앞<진보<발전<완성(pro)으로 이끌다(duce)

■ pro**duce**r [prədjúːsər] 명 **생산[제작]자**, 영화감독 ☜ -er(사람)

□ ab**duct** [æbdʌ́kt] 동 유괴하다(=carry away, kidnap)
☜ 멀리(ab=away) 이끌다(duct)
♠ **abduct a child** from his home
그의 집에서 **아이를 유괴하다**.

□ ab**duct**ee [æbdəktíː] 명 유괴당한 사람, 피유괴자 ☜ -ee(당한 사람; 객체)

□ ab**duct**ion [æbdʌ́kʃən] 명 유괴, 부녀 유괴; 탈취 ☜ -ion<명접>

□ ab**duct**or [æbdʌ́ktər] 명 유괴자 ☜ -or(사람)

□ **abed**(잠자리에, 누워서) ➔ **bed**(침대) **참조**

에러 error (실수)

♣ **어원 : err, arr 방황하다, 실수하다**

■ **err** [əːr, ɛər] 동 **잘못하다**, 죄를 범하다 ☜ 고대 프랑스어로 '길을 잃다, 실수하다'란 뜻

■ **err**or [érər] 명 **잘못**, 실수, 틀림 ☜ 실수한(err) 것(or)

□ ab**err**ant [əbérənt, ǽbər-] 형 정도를 벗어난, 상도를 벗어난
☜ 완전히(ab/강조) 실수(err) 한(ant)
♠ **aberrant behaviour 도리를 벗어난 행동**

□ ab**err**ance, ab**err**ancy [æbérəns, æbérənsi] 명 악덕, 이상, 상규(常規) 일탈 ☜ -ance/-ancy<명접>

□ ab**err**ation [æ̀bəréiʃən] 명 정도를 벗어남, 탈선 ☜ -ation<명접>

■ **arr**ant [ǽrənt] 형 전적인; 악명 높은, 극악한 ☜ 실수(arr) 한(ant)

베팅 betting (내기에 돈을 거는 것)

■ **bet** [bet] 명 **내기**, 건돈〔물건〕 동 (-/bet/bet**ted**) **내기를 하다**
☜ 중세 범죄 속어로 '(서로간) 몰수 약속'이란 뜻

■ **bet**ting [bétiŋ] 명 내기(에 거는 돈) ☜ 내기(bet) + t<자음반복> + 하기(ing)

□ a**bet** [əbét] 동 (부)추기다, 선동하다 ☜ ~로(a<ad=to) 베팅(bet)하러 가자고 조르다
♠ **abet** (a person in) **a theft** (아무를) **부추겨** 도둑질하게 하다.

□ a**bet**ment, a**bet**tal [əbétmənt], [əbétəl] 명 교사, 선동 ☜ -ment/-al<명접>

호러영화 horror movie [film] (공포영화)

♣ **어원 : hor 싫어하다, 무서워하다**

■ **hor**ror [hɔ́ːrər, hɑ́r-] 명 **공포**, 전율, 혐오, 증오
☜ 라틴어로 '털이 곤두섬'이란 뜻

□ ab**hor** [æbhɔ́ːr, əb-] 동 **몹시 싫어하다**(=hate), 혐오하다
☜ 몹시(ab/강조) 공포감을 느끼다(hor)
♠ I **abhor** violence. 나는 폭력을 **혐오한다**.

□ ab**hor**rence [æbhɔ́ːrəns] 명 혐오 ☜ abhor + r<자음반복> + ence<명접>

□ ab**hor**rent [æbhɔ́ːrənt] 형 몹시 싫은, 용납이 안 되는 ☜ -ent<형접>

※ **movie** [múːvi/**무**-뷔] 명 **영화**; (종종 the ~) 영화관 ☜ 움직이는(move) 것(ie)

어바이드 위드 미 abide with me (찬송가 <나와 함께 하소서>)

2012 런던올림픽 개막식에서 스코틀랜드 출신 팝 싱어송라이터(singer-song writer)인 에밀리 산데(Emeli Sande)가 영국지하철 자살폭탄테러 희생자들을 추모하며 부른 노래

♣ **어원 : bid(e), bod(e) 살다, 거주하다**

□ a**bide** [əbáid] 동 (-/**abode**〔abide**d**〕/**abode**〔abide**d**〕) **머무르다**(=stay, remain); **살다**(=live); 참다, 견디다(=endure) ☜ ~로 가서(a<ad=to) 살다(bide)
♠ **abide in** a small town 작은 마을**에 체류하다**
♠ **abide by** his promise 그의 약속을 **지키다**

□ a**bid**er [əbáidər] 명 체류자; 계속 남아 있는 것 ☜ abide + er(사람)

□ a**bid**ing [əbáidiŋ] 형 영속적인 ☜ abide + ing<형접>

□ a**bid**ance [əbáidəns] 명 거주, 지속 ☜ abide + ance<명접>

□ a**bode** [əbóud] 명 **거주**, 주거, (장기간) 체류 ☜ abide의 동사적 명사
♠ **make** 〔take up〕 **one's abode 거주하다, 주거를 정하다, 체재하다**

※ **with** [wið/wiθ, 위드/위뜨] 전 **~와 (함께)** ☜ 라틴어, 중세영어로 '~와 함께'란 뜻

※ **me** [miː/mi, 미-/미] 대 〖I의 목적격〗 **나를, 나에게**
☜ 1인칭 단수 인칭대명사의 변형된 형태

A

에이블 뉴스 Able News (한국의 장애인 뉴스전문 인터넷 매체) 리허빌리테이션 rehabilitation ([의학] 재활요법; 사회복귀)

에이블 뉴스(Able News)는 한국의 장애인 뉴스전문 인터넷 독립언론매체, '장애인도 할 수 있다'는 의미이다.

♣ 어원 : able, abil 할 수 있는

□ **able** [éibl/에이블] ⓗ (-<-ler<-lest) **할 수 있는**, 가능한
☜ 라틴어로 '다루기 쉬운'이란 뜻
♠ **be able to ~ ~을 할 수 있다**(=can)

Ablenews 에이블뉴스

□ **ably** [éibəli] ⓟ 잘, 능숙하게 ☜ able + ly<부접>

□ **ability** [əbíləti] ⓜ **능력**, (pl.) 재능(=talent, gift) ☜ 할 수 있는(abil) 것(ity)
♠ **to the best of one's ability 최선을 다해, 힘껏**

□ aff**able** [ǽfəbəl] ⓗ 상냥한, 붙임성 있는 ☜ ~에게(af<ad=to) 말하기(fa) 쉬운(able)

■ reh**abil**itation [rìːhəbilətéiʃən] ⓜ 재활, **사회 복귀, 리허빌리테이션**; 명예〔신용〕 회복; 부흥; 복위, 복직, 복권 ☜ 다시(re) + h + 할 수 있게(abil) 가는(it) 것(ation<명접>)

※ **news** [njuːs/njuːz, 뉴-스/뉴-즈] ⓜ [보통 단수취급] **뉴스**(프로), 보도; (신문의) 기사(記事)
☜ 새로운(new) 것들(s<복수>)

✚ en**able** ~을 할 수 있게 하다 un**able** 할 수 없는, 불가능한 dis**able** 무력하게 하다, 불구로 만들다 cap**abil**ity 가능성; 능력 dis**abil**ity 무능, 무력; 신체장애 in**abil**ity 무능(력); 불가능

프로젝트 project (사업계획안(案)), 제트기(機) jet airplane

♣ 어원 : ject, jet, jac 던지다(=throw)

■ **project** [prədʒékt/프러젝트] ⓜ **계획(안)** ⓓ **계획[설계]하다**, 발사하다
☜ 앞으로<미래로(pro) 내던지다(ject)

□ ab**ject** [ǽbdʒekt] ⓗ **비천한**, 비열한(=mean, contemptible)
☜ 멀리(ab=away) 내던져지다(ject) ⓑ **proud** 자랑할 만한, 당당한
♠ **make an abject apology 비굴한** 변명을 하다

□ ab**ject**ly [ǽbdʒektli] ⓟ 비참하게; 비굴하게 ☜ abject + ly<부접>

□ ab**ject**ness [ǽbdʒektnis] ⓜ 비참, 비굴 ☜ abject + ness<명접>

□ ab**ject**ion [æbdʒékʃən] ⓜ 비천, 비열 ☜ abject + ion<명접>

■ **jet** [dʒet] ⓜ **분출**, 사출; **제트기**, 제트엔진 ⓗ 분출하는; 제트기(엔진)의
☜ 프랑스어로 '던짐, 던지기'란 뜻

주어리 jury (❶ 재판의 심리에 참여하는 국민 배심원 ❷ 경기 전반을 감독하는 배심)

♣ 어원 : jur (신에게) 맹세하다; 법, 맹세

■ **jury** [dʒúəri] ⓜ [집합적] **배심(원)**; 심사원 ☜ 라틴어로 '(신에게) 맹세하다'
비교 referee (축구·권투의) 주심, umpire (경기의) 부심

□ ab**jure** [æbdʒúər/əb-] ⓓ 맹세하고 버리다; (공공연히) 포기하다
☜ 맹세하고(jure) 멀리(ab=away) 하다
♠ **abjure a religion 신앙을 버리다, 종교를 바꾸다**

□ ab**jur**ation [æ̀bdʒəréiʃən] ⓜ 맹세하고 그만둠; (고국·국적) 포기
☜ 맹세하고(jure) 멀리(ab=away) 하기(ation<명접>)

© SLATE

✚ ad**jure** ~에게 엄명하다; ~에게 간원하다, 탄원하다

릴레이 relay (계주)

♣ 어원 : la, lat 옮기다(=carry)

■ **relay** [ríːlei] ⓜ **교대자**; 『경기』 릴레이의 각 선수 분담 거리; 『전산』 **릴레이**, 중계기
☜ 라틴어로 '뒤로(re) 옮기다(lay)', 즉 '뒤와 연결하다'란 뜻

□ ab**lat**ion [æbléiʃən] ⓜ 제거(除去); (수술에 의한) 절제
☜ 멀리(ab=away) 옮기(lat) 기(ion<명접>)
♠ **laser ablation 레이저 절제**

블루 blue (파란색), 블론드 blond (금빛)

인도유럽어 bhle(브레, 블). 우리말의 '불'도 여기에서 유래되었다. 불은 푸른색, 붉은색, 하얀색, 어두운색 등 여러 가지가 있다.

♣ 어원 : bl, fl 불; 빛나다, 밝게 하다

■ **blue** [bluː/블루] ⓗⓜ **파란(색)** ☜ 초기인도유럽어로 '푸른 불꽃'. 중세영어로 '하늘색'이란 뜻.

■ blond(e) [blɑnd/blɔnd] 형명 **금발(의)**, **블론드**(의) ☜ 금빛 불꽃
□ ablaze [əbléiz] 부형 《형용사로서는 서술적》 (활활) 불타는, **타올라**; 격하여, 흥분하여
☜ 위로(a=on) 타는 불꽃(blaze)
♠ **be ablaze** with anger 노여움으로 **확 달아오르다**

✚ blaze **불꽃**, 화염 flame 불길, **불꽃**, 화염

□ **able**(할 수 있는) ➔ **ability**(능력) **참조**

노멀한 normal (정상의)

♣ 어원 : norm 표준, 규범, 정상
■ normal [nɔ́ːrməl] 형 **정상의**, 정상적인, 보통의 ☜ 표준/규범(norm) 의(al<형접>)
□ abnormal [æbnɔ́ːrməl] 형 **비정상의**, 이상한(=unusual), 불규칙한
☜ 비(非)(ab=away) 정상(norm) 의(al<형접>) 반 normal 정상의
♠ He has an **abnormal** IQ. 그는 지능지수가 **비정상적**이다.
□ abnormalness [æbnɔ́ːrməlnis] 명 이상함; 변칙; 정신이상 ☜ abnormal + ness<명접>
□ abnormally [æbnɔ́ːrməli] 부 비정상적으로 ☜ abnormal + ly<부접>
□ abnormality [æ̀bnɔːrmǽləti] 명 이상, 변칙, 변태 ☜ abnormal + ity<명접>
□ abnormity [æbnɔ́ːrməti] 명 이상(異常), 불구 ☜ 비(非)(ab=away) 정상(norm) 임(ity<명접>)

스케이트 보드 skateboard (스케이트 보드)

♣ 어원 : board 올라타다
※ skate [skeit/스께이트] 명 **스케이트** 동 스케이트를 지치다
☜ 고대 북프랑스어로 '죽마(竹馬), 즉 2개의 대나무 장대에 발판을 만들어 걷는 놀이'란 뜻
■ board [bɔːrd/보-드] 명 **널빤지, 판자**; (B~) 위원회 동 (배, 기차, 비행기 따위에) **타다** ☜ 고대영어로 '판자, 평평한 표면'이란 뜻
★ Board는 널빤지로 만든 식탁이나 회의용 탁자를 가리키기도 하는데 이 탁자에 빙 둘러앉아 회의하는 사람들, 즉 위원회를 지칭하는 말로도 쓰인다.
□ aboard [əbɔ́ːrd] 부 **배[차] 안에**, ~를 타고 ☜ 갑판(board) 위에(a=on)
반 ashore 육지에
♠ **All aboard ! 모두 승선[승차] !, 출발 !, 발차 !**

✚ black**board 칠판** on-**board** 선상의, 기내의, 차내의

□ **abode**(거주, 주거) ➔ **abide**(머무르다; 살다) **참조**

알토 alto (성악 중저음가수)

♣ 어원 : alt, ult, ol 높은; 성장하다
■ alto [ǽltou] 명 『음악』 **알토** 가수, 중고음(中高音) 《남성 최고음, 여성 저음》
□ abolish [əbάliʃ/əbɔ́l-] 동 **폐지[철폐]하다**; 무효로 하다 반 establish 설치하다
☜ 성장하는(ol) 것과 거리가 먼<동떨어(ab=away) 진(ish<형접>)
♠ War should **be abolished**. 전쟁은 **없어져야** 한다.
□ abolishment [əbάliʃmənt] 명 폐지 ☜ abolish + ment<명접>
□ abolition [æ̀bəlíʃən] 명 **폐지**, 철폐
☜ 성장하는(ol) 것과 동떨어진(ab=away) + i + 것(tion<명접>)

✚ altar **제단(祭壇)** altitude **높이**, 고도, 해발 adult **성인**

□ **A-bomb**(원자폭탄) ➔ **bomb**(폭탄) **참조**

오멘 The Omen (미국 공포영화. <징조>란 뜻)

2006년 개봉된 존 무어(John Moore) 감독의 미국 공포영화. 리브 슈라이버(Liev Schreiber), 줄리아 스타일스(Julia Stiles) 주연. 미국의 젊은 외교관이 666이라는 악령이 깃든 악마의 자식을 죽이기 위한 힘든 여정을 그린 영화.

© 20th Century Fox

♣ 어원 : omen, omin 불길한 징조
■ omen [óumən] 명 **징조**, 전조; 예언, 예감
☜ 라틴어로 '불길한 예감'이란 뜻
□ abominate [əbάmənèit/əbɔ́mənèit] 동 몹시 싫어하다, 혐오하다

☜ 불길한 징조(omin)를 멀리(ab=away) 하다(ate)
♠ She **abominates** running.
그녀는 달리는 것을 **몹시 싫어한다.**

☐ ab**omin**able [əbάmənəbəl/əbɔ́mənəbəl] ⓗ **지긋지긋한, 싫은**, 혐오스러운 (=detestable) ☜ 불길한 징조(omin)를 멀리(ab=away) 할 수 있는(able) 반 **favorable** 호감이 가는

☐ ab**omin**ation [əbὰmənéiʃən] ⓜ **혐오**, 질색
☜ 불길한 징조(omin)를 멀리(ab=away) 하는 것(ation)

오리엔트 orient (동방), 오리지날 original (최초의)

♣ 어원 : ori, ort 솟아오르다, 생기다, 일어나다(=rise)

■ **ori**ent [ɔ́:riənt, -ènt] ⓜ (the O~) **동양**, 동방 ☜ 해가 떠오르는(ori) 곳(ent)

■ **ori**ginal [ərídʒənəl/어**리**저널] ⓗ **최초의, 본래의**, 근원〔기원〕의; 독창적인 ⓜ **원작**; 기원, 근원 ☜ 생긴(ori) 근원(gin<gen) 의(al)

☐ ab**ori**ginal [æ̀bərídʒənəl] ⓗ 토착의; 원주민의 ☜ 생긴(ori) 근원(gin<gen) 쪽으로(ab=to) 의(al)
♠ **aboriginal** peoples of ~ ~의 토착**민족**

☐ ab**ort** [əbɔ́:rt] ⓢ 유산하다; (비행을) 중지하다 ⓜ (비행체의) 비행중지〔중단〕
☜ 생기는 것(ort)을 멀리하다(ab=away)

☐ ab**ort**ion [əbɔ́:rʃən] ⓜ 유산, 낙태 ☜ 생기는 것(ort)을 멀리(ab=away) 하기(ion)

✚ **ori**entation **방위; 적응(지도)**, **오리엔테이션** **ori**gin **기원**; 가문(家門)

리바운드 rebound ([농구] 리바운드)

♣ 어원 : bound, bund 튀어 오르다

■ re**bound** [ribáund] ⓜ 되튐, 반동, 회복, 『농구・하키』 **리바운드** ⓢ 되튀다, 회복하다, 만회하다
☜ 다시(re) 튀어 오르다(bound)

☐ a**bound** [əbáund] ⓢ **풍부하다**(=be plentiful) ⓗ 풍부한, 많은
☜ 위로(a=on) (계속) 튀어 오르는(bound) 반 **lack** 결핍하다, 부족하다
♠ **abound in (with) ~ ~이 풍부하다** (=be rich in, be affluent in)
Frogs **abound in** this pond. 이 연못에는 개구리**가 많이 있다**.

✚ a**bund**ant **풍부한, 많은** a**bund**ance **풍부**

아웃 out (❶ 선수의 자격상실, ❷ 공이 경계선 밖으로 나가는 것)

♣ 어원 : out, ut 바깥쪽, 바깥쪽으로; 우월한, 과도한

■ **out** [aut/아웉] ⓟ **밖에[으로]**, 밖에 나가(나와); (싹이) **나와서**, (꽃이) **피어서; 큰 소리로; 마지막까지**, 완전히; 바닥이 나서, 끝나서, **벗어나서** ☜ 고대영어로 '밖, ~이 없는'이란 뜻

☐ ab**out** [əbáut/어**바**웉] ⓙ **~에 대[관]하여**(=concerning), **~주위에**(=around) ⓟ **대략**, 약, 거의(=almost); **주위에** ☜ 고대영어로 '밖에, 주변에; 대략'이란 뜻. ⇦ 바깥쪽(out=outside) 에(ab=to)
♠ She is crazy 〔mad〕 **about** K-pop. 그녀는 K-pop**에** 미쳐〔열중해〕 있다.
♠ Look **about** you. 너의 **주위를** 살펴보아라.
♠ **about** 7 years ago **약** 7년전
♠ **be about to ~ 이제 막 ~하려고 하다**
♠ **bring about ~ ~을 일으키다, 초래하다**

✚ **out**let 배출구, **출구**; 직판장, 대리점, **아울렛**; 『전기』 콘센트 **out**line **윤곽; 약도**; 개요, 요강; 테두리

오바이트 overeat (콩글 ▶ 음식・술 등을 과식하여 토해내는 일) ➔ vomit, throw up, barf, puke

♣ 어원 : ove(r) 위에, 위로; 넘어서, ~이상으로; 초과하여, 과대하게, 과장하여

■ **over** [óuvər/**오**우버] ⓙ **~의 위쪽에**(의); **~을 너머; ~의 저쪽[편]의[으로]** ⓟ **위(쪽)에; 멀리 떨어진 곳에**; **끝나서**; **넘쳐서**
☜ 고대영어로 '~을 너머, ~위로, ~을 가로질러'란 뜻

■ **over**eat [òuvərí:t] ⓢ (-/over**ate**/over**eaten**) **과식하다**
☜ 지나치게(over) 먹다(eat)

☐ ab**ove** [əbʌ́v/어**버**브] ⓙ (장소) **~보다 위에**(=higher than), (수량) ~을 넘어(=more than, over); ~을 수치스럽게 생각하여 ⓟ 머리 위에(=overhead); 그 위에
☜ 고대영어로 '위쪽(ove=over) 으로(ab=to)'란 뜻. 반 **below** 아래에
♠ **the floor above 위층**(=the upper floor [story])

♠ **above all 무엇보다도, 특히**(=more than anything else)
♠ **from above 위로부터(의), 하늘로부터(의)**

□ ab**ove**-cited [əbʌ̀vsάitid] ⓗ 위에 인용한 ☜ 위에서(above) 인용(cite) 된(ed<형접>)
□ ab**ove**-mentioned [əbʌ̀vménʃənd] ⓗ 위에서 말한, 앞서 언급한 ☜ 위에서(above) 말(mention) 한(ed<형접>)

✚ **over**coat **오버(코트)**, 외투; 보호막; ~에 코팅을 하다 **over**haul **분해 검사[수리](하다)**; 정밀검사(하다), **오버홀** **over**shoe **오버슈즈**, 방수용〔방한용〕 **덧신**

아브라카다브라 abracadabra (한국의 댄스팝 걸그룹 브라운 아이드 걸스의 노래. <수리수리마수리>란 뜻)

□ **abracadabra** [æ̀brəkədǽbrə] ⓜ 부적, 주문; 수리수리마수리 ☜ 그리스어로 '최고의 신(神)에 대한 지칭어 또는 그 말의 힘'이란 뜻.

이레이저 eraser (미국 액션 영화. <지우개>란 뜻)

1996 년 개봉한 미국 액션 영화. 아놀드 슈왈제네거 주연. 방산업체의 기밀을 알게 된 회사 여직원을 제거하려는 검은 세력과 그녀를 보호하려는 세력간 격돌하게 된다는 이야기.

♣ **어원 : ras, rab, rad, rat, raz, rod 문지르다, 할퀴다, 갉다**
■ e**ras**e [iréis/iréiz] ⓢ **~을 지우다**; 말소〔말살·삭제〕하다 ☜ 밖으로(e<ex) 문질러서(ras) 지우다(e)
■ e**ras**er [iréisər/iréizər] ⓜ 지우는 사람; **칠판지우개**, 고무지우개 ☜ 밖으로(e<ex) 문질러서(ras) 지우는 사람(er)
□ ab**rad**e [əbréid] ⓢ 닳다, 비벼대어 벗기다; 신경질 나게 하다 ☜ 문질러서(rad) 분리(ab=off) 하다<e)
♠ **abrade** the skin 가죽을 **비벼 벗기다**
□ ab**rad**er [əbréidər] ⓜ 연마기 ☜ abrade + er(기계)
□ ab**ras**ion [əbréiʒən] ⓜ (피부의) 벗겨짐; (기계의) 마손, 마멸 ☜ 문질러서(ras) 분리(ab=off) 하기(ion<명접>)
□ ab**ras**ive [əbréisiv, -ziv] ⓗ 피부를 긁히는; (남과) 마찰을 일으키는 ☜ 문질러서(ras) 분리(ab=off) 하는(ive<형접>)
□ ab**ras**ively [əbréisivli, -zivli] ⓟ 연마하여, 마멸시켜; 불쾌하게 ☜ -ly<부접>
□ ab**ras**iveness [əbréisivnis, -zivnis] ⓜ (대인 관계의) 마찰 ☜ -ness<명접>

© Warner Bros.

✚ **raz**e 지우다, 없애다 **raz**or **면도칼**; ~을 면도질하다 **rod**ent 갉는; 설치류의 (동물) 《쥐·토끼 따위》 **rab**bit **(집)토끼**; 겁쟁이 **rat 쥐;** 변절〔배신〕자

아브라함 Abraham ([성서] 유대인의 조상)

□ **Abraham** [eibrahaem, -ham] ⓜ 〖성서〗 **아브라함** 《유대인의 조상》
※ Issac 〖성서〗 **이삭** 《Abraham 의 아들, Jacob 의 아버지》
Jacob 〖성서〗 **야곱** 《Issac 의 둘째아들》
♠ **in Abraham's bosom 천국에 잠들어; 행복하게**

□ **abrasion, abrasive, abrasively, abrasiveness ➔ abrade 참조**

브레스트 패치 breast patch (여성 가슴부위에 붙이는 패치)

여성호르몬 촉진과 가슴의 탄력 증대를 위해 여성 가슴부위에 붙이는 패치

■ **breast** [brest/브뤠스트] ⓜ **가슴**, 유방 ☜ 고대영어로 '여성의 가슴'이란 뜻
□ a**breast** [əbrést] ⓟ **나란히**, 병행하여 ☜ 가슴 위 유방이 나란히. a(=on) + breast(가슴)
♠ **keep abreast of** (with) **~ ~에 뒤지지 않고 따라가다**
※ **patch** [pætʃ] ⓜ (옷 따위를 깁는) **헝겊 조각**, 깁는 헝겊; 천 조각 ⓢ **헝겊[천조각]을 대고 깁다** ☜ 고대 프랑스어로 '한 조각'이란 뜻

브리핑 briefing (요약 보고)

♣ **어원 : brief, brevi, bridg 짧은, 줄인**
■ **brief** [bri:f] ⓗ **짧은, 간결한** ⓢ 요약하다 ☜ 라틴어로 '짧은, 낮은, 작은, 얕은'이란 뜻
■ **brief**ing [brí:fiŋ] ⓜ 요약보고, 상황설명 ☜ 짧게 하는(brief) 것(ing<명접>)
□ a**bridg**e [əbrídʒ] ⓢ **요약하다**, 단축하다 ☜ 분리하여(a=off) **짧게**(bridg) 하다(e)

♠ **abridge a long story 긴 이야기를 짧게 하다**

☐ a**bridg**ed [əbrídʒd] 형 요약한 ☜ abridge + ed<형접>

☐ a**bridg**able [əbrídʒəbl] 형 단축(축소)할 수 있는 ☜ abridge + able(~할 수 있는)

☐ a**bridg**er [əbrídʒər] 명 단축(축소)시키는 요소 ☜ abridge + er(것)

☐ a**bridg**(e)ment [əbrídʒmənt] 명 단축; 요약본, 초본 ☜ abridge + ment<명접>

☐ una**bridg**ed [ənəbrídʒd] 형 생략하지 않은, 완전한, 완비된
☜ 분리하여(a=off) 짧게 하지(bridg) 않(un=not/부정) 은(ed<형접>)

✚ ab**brevi**ate **생략하다**, 단축하다 ab**brevi**ation **생략**, 단축

브로드웨이 Broadway (미국 뉴욕의 브로드웨이 거리; 미국의 연극 · 뮤지컬계)

미국 New York의 Manhattan을 남북으로 가로지는 길. 부근에 극장이 많아 통상 미국의 연극, 뮤지컬계를 지칭하는 말로 많이 쓰인다.

♣ **어원 : broad 넓은, 관대한**

■ **Broad**way [brɔ́ːdwèi] 명 뉴욕시를 남북으로 달리는 큰 거리 《부근에 극장이 많음》 ☜ 넓은(broad) 길(way)

■ **broad** [brɔːd/브로-드] 형 **넓은, 광대한**; 도량이 넓은
☜ 고대영어로 '넓은'이란 뜻

☐ a**broad** [əbrɔ́ːd] 부 **해외로[에], 외국으로[에]**(=overseas); **널리**(=widely) ☜ 넓은(broad) 곳으로(a<ad=to) 이동하는 반 home 본국에

♠ **go abroad 해외로 가다**

☐ **abrogate**(취소하다; 폐지하다) ➔ **prerogative**(특권, 특전, 우선권) **참조**

루트 route (길, 경로)

♣ **어원 : rout, rupt 깨뜨리다**

■ **rout**e [ruːt, raut] 명 **길**, 노선; 수단, 방법 ☜ 깨뜨려(rout) 만든 것(e)

☐ ab**rupt** [əbrʌ́pt] 형 **느닷없는**, 뜻밖의, 갑작스런(=sudden); 험준한
☜ 갑자기(ab/강조) 깨진(rupt)

♠ **an abrupt death 갑작스런 사망, 급사(急死)**

☐ ab**rupt**ion [əbrʌ́pʃən] 명 급격한 분리(분열); 돌연한 중지 ☜ -ion<명접>

☐ ab**rupt**ly [əbrʌ́ptli] 부 **갑자기**(=suddenly), 불쑥; 퉁명스럽게 ☜ -ly<부접>

☐ ab**rupt**ness [əbrʌ́ptnis] 명 갑작스러움; 비약; 무뚝뚝함; 험준 ☜ -ness<명접>

콘클라베 conclave (교황선거회; 비밀회의)

라틴어로 '문을 잠근 방'이란 뜻으로 '교황선거회'를 의미한다. 교황선거는 수일이 걸리기 때문에 외부의 영향을 받지 못하도록 작은 독방에서 교황 선출시까지 갇혀서 지낸다.

♣ **어원: con 비밀의, 감추어진**

■ **con**clave [kάnkleiv, kάŋ-/kɔ́n-] 명 비밀회의; 『가톨릭』 (비밀로 행하여지는) 교황 선거회의 (장소) ☜ 라틴어로 '문을 잠근 비밀의 방'이란 뜻

☐ abs**con**d [æbskάnd/-skɔ́nd] 동 도망(실종)하다
☜ 멀리 가서(ab(s)=away) 비밀리에(con=hide) 지내다

♠ **abscond with** the money 돈**을 갖고 달아나다**

♠ **abscond from** a place 어떤 장소**에서 도망치다**

☐ abs**con**dence [æbskάndəns/əbskɔ́nd-] 명 도망, 실종 ☜ -ence<명접>

✚ **con**fident 확신하여, **신용하여** **con**fidential **신임하는; 비밀[기밀]의**

에이올 AWOL (무단이탈)

미국 남북전쟁(1861~1865) 기간 중 무단이탈을 한 병사는 AWOL(Absent Without Leave) 무단이탈이라고 쓴 표찰을 목에 걸고 다녀야 했다. 망신을 주는 것으로 징계를 한 것이다. 오늘날 회사에서 슬그머니 사라지는 경우에도 종종 쓰인다.

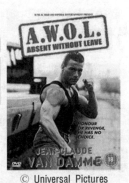

♣ **어원: send, sent, sen 보내다**

※ **AWOL, awol** [éiɔ̀ːl, èidʌ̀bljuòuél] 명형 『군사』 무단이탈(외출)한 (병사); 무단결석(외출)한 (자)
☜ Absent Without Leave(허가 없는 불참)의 약어

■ **send** [send/쎈드] 동 (-/**sent/sent**) **보내다**; 발송하다; 송신하다
☜ 고대영어로 '가게 하다'란 뜻

© Universal Pictures

☐ ab**sent** [ǽbsənt/**앱**선트] 형 **부재의, 결석한** [æbsént/앱**쎈**트] 동 비우다, **결석**(결근)**하다**

☜ 멀리(ab=away) 보내진(sent) 반 present 출석한
♠ **be absent from ~ ~에 결석하다**
♠ Long **absent** soon forgotten. 오래 **헤어져 있으면** 이내 잊혀진다.

□ ab**sent**ly [ǽbsəntli] 부 멍하니 ☜ absent + ly<부접>
□ ab**sent**ee [æ̀bsəntíː] 명 부재자 ☜ 멀리(ab=away) 보내진(sent) 사람(ee/객체)
□ ab**sen**ce [ǽbsəns] 명 **부재**, 결석, 방심 ☜ 멀리(ab=away) 보내진(sent) 것(ce)
반 presence 출석
♠ **during your absence 너의 부재 중에**
♠ **in the absence of ~ ~이 없을 때에, ~이 없으므로**
□ ab**sent**-minded [æbsəntmáindid] 형 **방심상태의**, 건망증이 있는
☜ 마음(mind)이 보내(absent) 진(ed<형접>)
♠ an **absent-minded** grandfather **건망증이 있는** 할아버지
□ ab**sent**-mindedly [æbsəntmáindidli] 부 멍청하게 ☜ absent-minded + ly<부접>
□ ab**sent**-mindedness [æbsəntmáindidnis] 명 방심(상태) ☜ -ness<명접>

솔루션 solution (해결책, 해법)

♣ **어원 : solu(t), solv(e) 풀다, 느슨하게 하다; 녹다, 녹이다, 용해하다**
■ **solve** [sɑlv/sɔlv] 동 (문제를) **풀다, 해결하다** ☜ 라틴어로 '풀다'란 뜻.
■ **solut**ion [səlúːʃən] 명 **용해**; 분해; **해결, 해법**; 해제 ☜ 푸는(solut) 것(ion<명접>)
□ ab**solut**e [ǽbsəlùːt/**앱**썰루-트] 형 **절대적인** 명 (보통 the A-) 절대자, 신(神)
☜ 완전히(ab/강조) 풀어줄 수 있는(solut) + e 반 **relative** 상대의, 상대적인
♠ **the absolute being 절대적 존재, 신(神)**
□ ab**solut**eness [ǽbsəlùːtnis] 명 절대; 완전; 무제한; 전제, 독재 ☜ -ness<명접>
□ ab**solut**ely [æ̀bsəlúːtli] 부 **절대적으로**, 완전히, 전혀 (~않다) ☜ -ly<부접>
□ ab**solut**ism [ǽbsəluːtìzm] 명 전제[절대]주의, 전제정치, 절대왕정; 절대론 ☜ -ism(~주의)
□ ab**solve** [æbzάlv, -sάlv/-zɔ́lv] 동 **용서하다**, 사면〔해제·면제〕하다
☜ 완전히(ab/강조) 풀어주다(solve)
♠ **absolve** him 〔her〕 of a sin 그의 〔그녀의〕 죄를 **용서하다**
□ ab**solut**ion [æ̀bsəlúːʃən] 명 **면제**; 책임해제, 사면 ☜ -ion<명접>

쇼바 < 쇼크 업소버 shock absorber (자동차의 진동흡수장치)

♣ **어원 : sorb, sorp 빨아들임, 흡입, 흡수; 빨아들이다, 흡입[흡수]하다**
※ **shock** [ʃɑk/샤크/ʃɔk/쇼크] 명 **충격**; (격심한) 진동; 〖전기〗 충격(=electric shock); 《비유》 (정신적인) 충격, **쇼크**, 타격; 충격적 사건 동 **충격을 주다**
☜ 중세 프랑스어로 '세찬 공격, 맹공'이란 뜻
□ ab**sorb** [æbsɔ́ːrb, -zɔ́ː-/əb-] 동 **흡수하다**, (~의 마음을) 사로잡다, 병합하다; 집중〔몰두〕하다
☜ ~로부터(ab=from) 빨아들이다(sorb)
♠ A sponge **absorbs** water. 스펀지는 물을 **흡수한다.**
♠ **be absorbed in ~ ~에 몰두[열중]하다**
□ ab**sorb**ed [æbsɔ́ːrbd, -zɔ́ː-/əb-] 형 몰두한 ☜ absorb + ed<형접>
□ ab**sorb**er [æbsɔ́ːrbər, -zɔ́ː-/əb-] 명 흡수하는 사람, 완충장치 ☜ -er(사람/기계)
□ ab**sorb**ing [æbsɔ́ːrbiŋ, -zɔ́ː-/əb-] 형 마음을 사로잡는; 재미있는 ☜ -ing<형접>
□ ab**sorb**ability [æbsɔ̀ːrbəbíləti/əb-] 명 흡수됨, 피(被)흡수성 ☜ -ability(능력, 성향)
□ ab**sorb**able [æbsɔ́ːrbəbl, -zɔ́ː-/əb-] 형 흡수되는, 흡수되기 쉬운 ☜ -able(~하기 쉬운)
□ ab**sorp**tion [æbsɔ́ːrpʃən, -zɔ́ː-/əb-] 명 **흡수**; 열중, 전념; 병합
☜ ~로부터(ab=from) 빨아 들이(sorp) 기(tion<명접>)

스댕 < 스텐 < 스테인리스 stainless (스테인리스 식기류)

♣ **어원 : stain, stem, sten, stin 녹, 얼룩, 더러움 ⇦ tain 잡다, 갖고 있다**
■ **stain** [stein] 명 얼룩, 오점 동 (얼룩을) **묻히다**, 더럽히다
☜고대 노르드어로 '얼룩, 색소'란 뜻.
■ **stain**less [stéinlis] 명 **스테인리스** 식기류 형 더럽혀지지 않는, 흠이 없는, 녹슬지 않는, **스테인리스** 제품의 ☜ stain + less(-이 없는, 않는)
□ ab**stain** [æbstéin] 동 **삼가다, 절제하다**
☜ 더럽힘(stain)을 멀리하다(ab=away)
♠ **abstain from ~ ~을 그만두다**(=keep away from)
abstain from smoking 〔voting, food〕 금연〔기권, 단식〕하다
□ ab**stain**er [æbstéinər] 명 절제가, 《특히》 금주가 ☜ -er(사람)
♠ **an abstainer from wine 금주가**
□ ab**stem**ious [æbstíːmiəs] 형 절제〔자제〕하는, 음식을 삼가는; (음식이) 소박한

☜ 더럽힘(sten)을 멀리(ab=away) 하는(ious<형접>)

□ ab**sten**tion [æbsténʃən] 명 자제, 절제, 근신, (투표의) 기권
☜ 더럽힘(sten)을 멀리하는(ab=away) 것(tion<명접>)

□ ab**stin**ence [ǽbstənəns] 명 절제, 금욕, 금주
☜ 더럽힘(stin)을 멀리하는(ab=away) 것(ence<명접>)

□ ab**stin**ent [ǽbstənənt] 형 금욕적인, 자제(절제)하는; 절대 금주의 ☜ -ent<형접>

✚ at**tain** ~을 **이루다; ~에 이르다** main**tain** **유지하다** sus**tain** **버티다**, 유지하다, 지지하다

아톰 Atom (일본 만화 주인공. 인조인간. <원자>라는 뜻)

일본 만화가 데쓰카 오사무가 그린 만화의 주인공. 1951 년 잡지 <소년>에 게재되었고, 1963 년 TV 만화영화(animation)로 만들어진 후 미국 할리우드(Hollywood) 영화까지 만들어진 인조인간. 한국에서는 1970 년대에 <우주소년 아톰>이란 제목으로 TV 에서 방영되었다.

♣ **어원 : tom, tem 자르다(=cut)**

■ **a<u>tom</u>** [ǽtəm] 명 **원자** ☜ 고대 그리스어로 '분할할 수 없는'이란 뜻. ⇦ a(=not) + tom(=cut)

□ abs**tem**ious [æbstíːmiəs] 형 절제(자제)하는, 음식을 삼가는《in》; (음식이) 소박한
☜ 멀리(abs=away) 자르(tem=cut) 는(ious<형접>)
♠ Tom **is abstemious** in eating and drinking.
톰은 음식과 술을 **절제하고 있다**.

□ abs**tem**iously [æbstíːmiəsli] 부 절제하여 ☜ -ly<부접>

□ abs**tem**iousness [æbstíːmiəsnis] 명 절제, 자제 ☜ -ness<명접>

트랙터 tractor (견인력을 이용해서 각종 작업을 하는 특수 차량)

♣ **어원 : tract 끌다**

■ **<u>tract</u>or** [trǽktər] 명 **트랙터**, 견인(자동)차 ☜ 끄는(tract) 기계(or)

□ abs**tract** [ǽbstrækt] 형 **추상적인**; 추상파의; 난해한 명 **추상**; 적요, 발췌 [æbstrǽkt] 동 **추상하다**; 제거(추출)하다; 발췌(요약)하다 ☜ 분리하여(ab) + s + 끌어내다(tract)
반 concrete 구체적인
♠ **in the abstract 추상적으로, 이론상**
♠ **make an abstract of ~** ~ (논문, 책 등)을 **요약하다**

□ abs**tract**ed [æbstrǽktid] 형 추출한; 멍한 ☜ abstract + ed<형접>

□ abs**tract**ly [æbstrǽktli] 부 추상적(관념적, 이론적)으로, 멍하니 ☜ -ly<부접>

□ abs**tract**ness [æbstrǽktnis] 명 추상성 ☜ -ness<명접>

□ abs**tract**ion [æbstrǽkʃən] 명 **추상; 방심** ☜ -ion<명접>
♠ **with an air of abstraction 멍하니, 넋을 잃고**

□ abs**tract**ionism [æbstrǽkʃənizm] 명 추상주의 ☜ -ism(~주의)

□ abs**tract**ionist [æbstrǽkʃənist] 명 추상파 화가 ☜ -ist(사람)

✚ at**tract** (주의 · 흥미 등을) **끌다, 유인하다**

□ abstruse(난해한, 심오한) ➔ extrude(밀어내다, 쫓아내다) 참조

업서디즘 absurdism ([문학 · 연극] 부조리주의)

♣ **어원 : surd 귀먹은(=deaf)**

□ ab**surd** [æbsə́ːrd, -zə́ːrd/əb-] 형 **불합리한, 터무니없는** 명 **부조리**
☜ 전혀(ab/강조) 들리지 않아(surd) 황당한 반 rational 합리적인
♠ Don't be **absurd**. **얼빠진** 소리(짓) 하지마라

□ <u>ab**surd**ism</u> [æbsə́ːrdizm, -zə́ːrd/əb-] 명 **업서디즘**《문학 · 연극 등의 부조리 주의》 ☜ -ism(~주의)

□ ab**surd**ist [æbsə́ːrdist, -zə́ːrd/əb-] 명 부조리(불합리)주의 작가 형 부조리(불합리)주의의
☜ -ist(사람)

□ ab**surd**ity [æbsə́ːrdəti, -zə́ːrd-] 명 **부조리**, 불합리, 어리석음 ☜ -ity<명접>

□ ab**surd**ly [æbsə́ːrdli, -zə́ːrd-/əb-] 부 불합리하게, 터무니없이 ☜ -ly<부접>

□ ab**surd**ness [æbsə́ːrdnis, -zə́ːrd-/əb-] 명 불합리 ☜ -ness<명접>

리바운드 rebound ([농구] 리바운드)

♣ **어원 : bound, und 튀어 오르다, 넘쳐 흐르다**

■ **<u>re</u>bound** [ribáund] 명 되튐, 반동, 회복, 【농구 · 하키】 **리바운드** 동 되튀다, 회복하다, 만회하다

☜ 다시(re) 튀어 오르다(bound)

□ ab**und**ant [əbʌ́ndənt] 형 **풍부한**, 많은 ☜ 위로(ab=on) 넘치(und) 는(ant<형접>)
♠ This river **is abundant with** fish. 이 강에는 고기**가 많다**.

□ ab**und**antly [əbʌ́ndəntli] 부 풍부하게, 많이 ☜ abundant + ly<부접>

□ ab**und**ance [əbʌ́ndəns] 명 **풍부**; 다량; 유복 -ance<명접>

■ red**und**ant [ridʌ́ndənt] 형 여분의, 과다한; 불필요한, 쓸모없는; 정리해고 당한 ☜ 재차(red<re) (물이) 넘치(und) 는(ant<형접>)

✚ abound **~이 많이 있다**; 풍부한

유틸리티프로그램 utility program ([컴퓨터] 실용프로그램)

[컴퓨터] ❶ 특정한 목적을 수행하도록 설계된 프로그램 ❷ 넓은 범위에 걸쳐 사용할 수 있는 실용적인 프로그램 또는 소프트웨어

♣ 어원 : ut, us(e) 사용하다

■ **ut**ility [juːtíləti] 명 **유용(성)**, 유익, 실용품 ☜ 사용(ut) 하는 것(ility)

■ **use** [juːs/유-스] 동 **사용하다** 명 **사용** ☜ 라틴어로 '사용하다'란 뜻

□ ab**use** [əbjúːz] 동 **남용하다**, 오용하다(=misuse), 악용하다 [əbjúːs] 명 **남용**; 학대; (종종 pl.) 악폐, 폐해 ☜ 적절한 사용(use)을 넘어서다(ab=away)
♠ **abuse** his authority 그의 직권을 **남용하다**

□ ab**us**ive [əbjúːsiv] 형 남용하는; 욕설의 ☜ abuse + ive<형접>

□ ab**us**ively [əbjúːsivli] 부 함부로, 무례하게 ☜ -ly<부접>

□ ab**us**able [əbjúːzəbəl] 형 남용(악용)될 수 있는; 모욕 받을 수 있는 ☜ -able(~할 수 있는)

□ ab**us**er [əbjúːzər] 명 남용자, 오용자 ☜ abuse + er(사람)

※ **pro**gram, 《영》 -gramme [próugræm/프로우그램, -grəm] 명 **프로그램, 진행 순서**, 차례표; 계획(표), 예정(표); 『컴퓨터』 프로그램 동 프로그램을 짜다 ☜ 그리스어로 '앞에서(pro) (공개적으로) 쓰다(gram)'란 뜻

✚ mis**use** **오용[남용]하다**, **오용**, 남용; 학대

어비스: 메가샤크 Abyss : Mega Shark (미국 액션 SF 영화. <심연(深淵) : 거대한 상어>란 뜻)

2016 년 개봉한 미국의 액션/SF/스릴러 영화. 크리스토퍼 저지, 엘리자베스 롬 주연. 식인상어와 인간이 만들어 낸 거대 상어로봇과의 한판 전쟁. 원작명은 Mega Shark vs Mecha Shark(메가샤크 대 메카샤크)이다.

로봇 메가샤크 VS 거대 식인 상어
극한의 대결이 시작된다!
어비스: 메가샤크

© NAVER Movie

□ **abyss** [əbís] 명 **심연**(深淵: 깊은 못(구렁)); 지옥(=hell), 끝없이 깊은 구렁; 나락 ☜ 고대 그리스어로 '끝이 없는'이란 뜻.
⇦ a(=not/부정) + byss(바닥, 깊은 곳)
♠ **an abyss of despair 절망의 구렁텅이**

□ **abyss**al [əbísəl] 형 심해의; 헤아릴 수 없는 ☜ -al<형접>

□ **abys**mal [əbízməl] 형 지독한, 참담한, 끔찍한; 심연의(같은), 나락의, 끝없이 깊은 ☜ 후기 라틴어로 '바닥이 없는 구덩이'란 뜻. abyss + m + al<형접>

□ **abys**mally [əbízməli] 부 지독히, 깊이를 모를 만큼 ☜ -ly<부접>

※ **mega** [mégə] 형 거대한, 무지하게 큰 ☜ 고대 그리스어로 '큰, 거대한, 백만 배의'

※ **shark** [ʃɑːrk] 명 **상어** ☜ 독일어의 '악당'이라는 단어에서 유래

아카시아 acacia ([식물] 아카시아)

□ **acacia** [əkéiʃə/어**케**이셔] 명 『식물』 **아카시아**; 아라비아 고무(=gum arabic) ☜ 그리스어로 '가시가 많은 이집트 나무'란 뜻.

아카데미상(賞) the Academy award (미국의 가장 권위있는 영화상)

미국에서 가장 권위있는 영화상으로 정식명칭은 영화예술과학아카데미상(賞)이다. 오스카상(the Oscar award) 이라고도 한다. 그 밖의 권위 있는 상으로는 TV의 에미(Emmy)상, 음반계의 그래미(Grammy) 상, 연극계의 토니(Tony)상 등이 있다.

□ **academy** [əkǽdəmi] 명 **학교, 학원**, 전문학교, 사관학교 ☜ 철학자 plato가 가르친 학원이름(Akademia)에서 유래
♠ **the Royal Academy of Arts 《영》 왕립 미술원**
♠ **the Military Academy 육군사관학교**

□ **academi**c(-al) [æ̀kədémik(-kəl] 형 **학문(상)의**, 대학의, 학구적인 ☜ 학문(academy) 의(ic(al))

♠ an academic degree 학위
♠ an academic discussion *학문적 토론* ➔ **탁상공론(卓上空論)**

※ award [əwɔ́:rd] ⓢ **상을 주다**, 수여하다 ⓜ 상(賞)
☜ 고대 프랑스어로 '심사숙고 후 의견을 주다'란 뜻

☐ **accede**(동의하다, 응하다) ➔ **access**(접근, 출입) **참조**

악셀 < 악셀레이타 < 액셀러레이터 accelerator ([자동차] 가속기)

♣ 어원 : celer 빠르게

☐ ac**celer**ate [æksélərèitər/ək-] ⓢ **빨리[가속]하다**(=make quicker), 촉진하다(=hasten)
☜ ~쪽으로(ac<ad=to) 빠르게(celer) 하다(ate<동접>) 반 **decelerate** 감속하다
♠ **accelerate a car 차를 가속하다**

☐ ac**celer**ated [æksélərèitid/ək-] ⓗ 속도가 붙은 ☜ accelerate + ed<형접>

☐ ac**celer**ation [æksèləréiʃən/ək-] ⓜ **가속(도)**, 촉진 ☜ -ation<명접>

☐ ac**celer**ator [əksélərèitər] ⓜ (자동차의) 가속기, **엑셀러레이터** ☜ -ator(기계)

✚ de**celer**ate **감속하다**

악센트 accent (강세), 샹송 chanson ([F.] 프랑스 가요)

♣ 어원 : cen(t), can, chan 노래, 음율

☐ ac**cent** [ǽksent/-sənt] ⓜ **악센트**, 억양, **강세** ☜ ~로(ac=to) 음율(cent)이 추가된
[æksént] ⓢ **악센트**를 두다, 강하게 발음하다; 강조하다(=emphasize)
♠ **mark with an accent 악센트 부호**를 붙이다

☐ ac**cent**uate [ækséntʃuèit] ⓢ 악센트를 붙이다; 역설하다
☜ 액센트(accent)를 + u + 만들다(ate<동접>)

☐ ac**cent**uation [ækséntjuèiʃən] ⓜ 악센트를 붙임; 역설 ☜ -ation<명접>

■ **chan**son [ʃǽnsən/ʃɑ:ŋsɔ́:ŋ] ⓜ 《F.》 노래, 가요, **샹송** ☜ 고대 프랑스어로 '노래, 서사시'란 뜻

리셉션 reception (환영회), 리시버 receiver (수신기)

♣ 어원 : cept, cip, ceiv(e) 취하다, 받다

■ re**cept**ion [risépʃən] ⓜ **리셉션, 환영회; 응접**, 접견; 받음, **수령**
☜ 다시/도로(re) 취하(cept) 기(ion<명접>)

■ re**ceiv**er [risí:vər] ⓜ 받는 사람, **수취인**; 수신기, 수화기, **리시버**
☜ -er(사람/기기)

☐ ac**cept** [æksépt/액**셉**트] ⓢ **받다**(=receive), 수락하다(=consent to),
인정하다 ☜ ~로(ac<ad=to) 오는 것을 취하다(cept)
♠ **accept a favor** 〔gift〕 **호의**〔선물〕**를 받아들이다**

☐ ac**cept**ability [æksèptəbíləti/ək-] ⓜ 수용성, 받아들여짐; 만족 ☜ -ability(능력, 성향)

☐ ac**cept**able [ækséptəbl/ək-] ⓗ **받아들일 수 있는** ☜ -able(~할 수 있는)

☐ ac**cept**ance [ækséptəns/ək-] ⓜ 수납; 수락, 용인 ☜ -ance<명접>

✚ anti**cip**ate **예상[기대]하다**

악세서리 accessory (콩글 보석류) ➔ jewelry

♣ 어원 : cess, cede 가다, 오다

☐ ac**cess**ory, -ary [æksésəri] ⓜ **악세서리**, 장신구, 부속품 ⓗ 보조적인, 부속의
☜ ~로(ac<ad=to) 따라오는(cess) 것(ory/ary<명접>)

☐ ac**cess** [ǽkses] ⓜ **접근**(=approach), **출입** ☜ ~로(ac=to) 가다(cess)
♠ **have access to ~ ~에 접근[출입]할 수 있다**
♠ **be easy** 〔hard, difficult〕 **of access**
(면회, 접근 등) 가까이 하기 쉽다 〔어렵다〕

☐ ac**cess**ibility [æksèsəbíləti/ək-] ⓜ 접근〔출입〕하기 쉬움; 영향받기 쉬움
☜ -ibility(~하기 쉬움)

☐ ac**cess**ible [æksésəbl/ək-] ⓗ **접근하기**〔가까이하기〕 **쉬운** ☜ -ible(~하기 쉬운)

☐ ac**cess**ibly [æksésəbli/ək-] ⓑ 가까이하기 쉽게 ☜ -ibly(~하기 쉽게)

☐ ac**cess**ion [ækséʃən/ək-] ⓜ 접근, 도달; 취임; 취득; 상속 ☜ -ion<명접>

☐ ac**cede** [æksí:d] ⓢ (요구에) 동의하다, 응하다 ☜ ~에게로(ac<ad=to) 가다(cede)

✚ in**cess**ant **끊임없는**

데카당스 decadence (세기말에 나타나는 병적이고 퇴폐주의적인 문예사조)

♣ 어원 : cad, cid, cas, cay 떨어지다, 갑자기 발생하다

■ de**cad**ence, -ency [dékədəns, dikéidns, -i] ⓜ 문예퇴폐(기), **데카당스**: 쇠미, 타락
☜ 아래로(de=down) 떨어지는(cad) 것(ence<명접>)

■ de**cay** [dikéi] ⓢ **썩다**, 부패[부식]하다, 쇠퇴하다 ⓜ 부패, 부식
☜ 아래로(de=down) 떨어지다(cay)

□ ac**cid**ent [ǽksidənt/**액**씨던트] ⓜ **사고**; 우연(=chance)
☜ ~에서(ac=from) 갑자기 발생하게(cid) 된(ent<형접>)
♠ He was killed in a **traffic accident**. 그는 **교통사고**로 죽었다.
♠ **by accident 우연히, 뜻밖에** 반 on purpose 고의로, 일부러

□ ac**cid**ental [æ̀ksidéntl] ⓗ 우연의, 뜻밖의 ☜ accident + al<형접>

□ ac**cid**entally [æ̀ksidéntli] ⓑ 우연히, 뜻밖에 ☜ accidental + ly<부접>

□ ac**cid**entalness [æ̀ksidéntlnis] ⓜ 우연함; 부수적임 ☜ -ness<명접>

✚ cas**cad**e (작은) 폭포 in**cid**ent **사건; 일어나기 쉬운**

클레임(claim)을 걸다 (고객이 불만을 제기하다)

♣ 어원 : claim 외치다, 소리지르다(=cry)

■ **claim** [kleim/클레임] ⓢ **요구하다. 청구하다** ☜ 고대 프랑스어로 '소리지르다, 선언하다'란 뜻 비교 claim: 객관적 불만, complaint: 주관적 불만

□ ac**claim** [əkléim] ⓜ 갈채, 환호 ⓢ 칭찬하다, 갈채[환호]하다
☜ ~쪽으로(ac<ad=to) 소리 지르다(claim)
♠ They **acclaimed** him (as) king. 그들은 **환호하여** 그를 왕으로 **맞았다**.

□ ac**clam**ation [æ̀kləméiʃən] ⓜ (보통 pl.) 갈채, 환호 ☜ -ation<명접>

✚ de**claim** 변론하다 dis**claim** (권리 등을) 포기[기권]하다 ex**claim 외치다** pro**claim 선언[공표, 포고]하다** re**claim** 되찾다; **교정[개선]하다**; 항의하다; 교정, 교화

클라이맥스 climax (최고조)

♣ 어원 : cli, clim, cline 기울다, 경사지다, 구부러지다

■ **cli**max [kláimæks] ⓜ (사건·극 따위의) **최고조**, 절정; 『수사학』 점층법
☜ 그리스어로 '사다리; 최고(max)로 기울인(cli)'이란 뜻

■ **clim**ate [kláimit] ⓜ **기후**, 풍토; 환경, 분위기, 기풍; 풍조
☜ 그리스어 klima로 '지구의 태양에 대한 경사(clim)가 만드는(ate) 것'

□ ac**clim**ate [ǽkləmèit, əkláimit] ⓢ (사람·동식물 등) 새 풍토[환경]에 익히다 [익숙해지다] ☜ (새로운) 기후/환경(climate) 에(ac<ad=to) 적응하다
♠ **acclimate** oneself to new surroundings 새 환경에 **순응하다**.

□ ac**clim**atable [əkláimitəbl] ⓗ 풍토에 익숙해지게 할 수 있는
☜ acclimate + able(~할 수 있는)

□ ac**clim**ation [æ̀kləméiʃən] ⓜ 《미》 새 환경 순응, 『생물』 풍토 순화 《영》 acclimatization
☜ acclimate + ion<명접>

□ ac**clim**atize [əkláimətàiz] ⓢ 새 풍토[환경]에 익숙하게 하다(익숙해지다) ☜ acclimate + ize<동접>

✚ de**cline** (아래로) **기울다** in**cline** (마음이) **내키게 하다**, **기울이다**; **기울다** re**cline 기대게 하다**, 의지하다; **기대다**, 눕다

코모도 호텔 Commodore Hotel (부산·경주·포항에 있는 특급호텔)

< 부산 코모도 호텔 >

♣ 어원 : commod 넓은, 쾌적한

■ **commod**ore [kámədɔ̀ːr/kɔm-́] ⓜ 해군 준장, 제독, 《영》 함대사령관
☜ 고대프랑스어로 '지휘관'이란 뜻. 넓은(commod) 바다를 지휘하는 사람(-or)

■ **commod**ious [kəmóudiəs] ⓗ 넓은, 편리한 ☜ 넓(commod) + i + 은(ous)

□ ac**commod**ate [əkámədèit/əkɔ́m-] ⓢ **~에 적응시키다**; 숙박시키다, 수용하다; 편의를 도모하다
☜ ~에게(ac<ad=to) 넓은(commod) 숙소를 제공하다(ate)

♠ **accommodate** oneself to circumstances 환경에 **순응하다**

□ ac**commod**ating [əkámədèitiŋ/əkɔ́m-] ⓗ 친절한, 융통성 있는 ☜ accommodate + ing<형접>

□ ac**commod**atingly [əkámədèitiŋli/əkɔ́m-] ⓑ 친절하게 ☜ -ly<부접>

□ ac**commod**ation [əkàmədéiʃən/əkɔ̀m-] ⓜ **적응**; 수용능력, 숙박시설; 편의; 대부금, 융자

☜ ation<명접>

♠ **come to an accommodation 화해하다**

□ ac**commod**ationist 《미》 (백인 체제에) 타협하려는 (흑인), 타협적인 (사람)

☜ accommodation + ist(사람)

□ ac**commod**ative [əkάmədèitiv/əkɔ́m-] ⓗ 적응〔조정〕하는, 친절한 ☜ -ative<형접>

□ ac**commod**ator [əkάmədèitər/əkɔ́m-] ⓜ 적응〔조정〕자; 《미》 파출부 ☜ ator(사람)

※ **hotel** [houtél/호우**텔**] ⓜ **호텔**, 여관 ☜ 손님을 접대하는(hot) 곳(el<명접>)

꼼빠니아 compagna (한국의 여성의류브랜드. 이탈리아어로 <친구>란 뜻)

♣ **어원 : pany, pani 빵**

■ com**pany** [kʌ́mpəni/**컴**퍼니] ⓜ 동료, **일행; 교제**, 사교; **회사**, 조합

☜ 함께(com) 빵(pany)을 나눠먹는 사이

□ accom**pany** [əkʌ́mpəni/어**컴**퍼니] ⓢ **~를 동반하다**(=go with), ~을 수반하다

☜ ~로(ac<ad=to) 함께 가는 동료(company)

♠ Wind **accompanied** the rain. 바람이 비를 **동반했다**.

♠ **be accompanied by 〔with〕 ~ ~이 따르다, 수반하다, 잇달아 일어나다**

□ accom**pan**ing [əkʌ́mpəniŋ] ⓗ 동반한 ☜ company<y→i> + ing<형접>

□ accom**pan**ist [əkʌ́mpənist] ⓜ 동반자; 반주자 ☜ company<y→i> + ist(사람)

□ accom**pani**ment [əkʌ́mpənimənt] ⓜ **수반하는 물건**, 부수물; 〖음악〗 반주(부)

☜ accompany<y→i> + ment<명접>

♠ **to the accompaniment of ~ ~의 반주로, ~에 맞추어서**

오이디푸스 콤플렉스 Oedipus complex (무의식적 갈등)

오이디푸스 컴플렉스는 지그문트 프로이트가 제시한 개념이다. 남근기에 생기기 시작하는 무의식적인 갈등으로 아버지에 대한 강한 반항심을 품고 있으면서도 어머니를 손에 넣으려는 전혀 다른 두 개의 심리 상태가 마음속에 같이 존재하는 앰비밸런스(ambivalence)적인 심리 상황을 말한다.

< 스핑크스와 오이디푸스 >
© Britannica

♣ **어원 : ple, pli, ply 엮다, 짜다; 채우다**

※ **Oedipus** [édəpəs, íːd-] ⓜ 〖그.신화〗 **오이디푸스** 《부모와의 관계를 모르고 아버지를 죽이고 어머니를 아내로 삼은 테베(Thebes)의 왕》

■ com**ple**x [kəmpléks, kάmpleks/kɔ́mpleks] ⓗ **복잡한**, 착잡한

[kάmpleks/kɔ́m-] ⓜ 복합체; 종합 빌딩; 〖정신분석〗 **콤플렉스**, 무의식적 감정 ☜ (여러 개를) 서로<함께(com) 엮다(ple) + x

■ com**pli**cate [kάmplikèit/kɔ́m-] ⓢ **복잡하게 하다**, 까다롭게 하다

☜ (여러 개를) 함께(com) 엮(pli) + c + 다(ate<동접>)

□ accom**pli**ce [əkάmplis/əkɔ́m-] ⓜ 공범자, 연루자, 종범자; [일반적] 동료, 협력〔제휴〕자

☜ ~을(ac<ad=to) 함께(com) 엮는(pli) 것(ce<명접>)

♠ an **accomplice** in murder 살인 **공범자**

□ accom**pli**sh [əkάmpliʃ/어**캄**플리쉬, əkɔ́m-] ⓢ **이루다, 성취하다**(=finish successfully), 완성하다

☜ ~까지(ac<ad=to) 완전히(com) 채우(pli) 다(sh<동접>)

♠ **accomplish one's purpose 목적을 달성하다**

♠ **be accomplished in ~ ~에 능란하다, 능숙하다**

□ accom**pli**shable [əkάmpliʃəbl/əkɔ́m-] ⓗ 완성할 수 있는 ☜ accomplish + able(~할 수 있는)

□ accom**pli**sher [əkάmpliʃər/əkɔ́m-] ⓜ 이룩〔성취〕하는 사람 ☜ accomplish + er(사람)

□ accom**pli**shed [əkάmpliʃt/əkɔ́m-] ⓗ 완성된, 완료된 ☜ -ed<형접>

□ accom**pli**shment [əkάmpliʃmənt/əkɔ́m-] ⓜ **수행**; 성취, 완성; (pl.) (취미로 닦은) 예능, 교양

☜ accomplish + ment<명접>

✚ com**ple**te **끝내다; 완전한** com**ply** **따르다**, 동의하다 im**ply** **함축하다**, 암시하다 re**ply** **대답하다** sup**ply** **공급하다, 지원하다** **ple**nty **풍부, 다량**, 충분

아코디언 accordion (손풍금)

♣ **어원 : cord, core, cour 심장, 마음**

□ ac**cord**ion [əkɔ́ːrdiən] ⓜ (악기) **아코디언**, 손풍금

☜ 마음(cord) 쪽으로(ac<ad=to) 다가가는 것(ion)

□ ac**cord**ionist [əkɔ́ːrdiənist] ⓜ 아코디언 연주자 ☜ -ist(사람)

□ ac**cord** [əkɔ́ːrd] ⓢ **일치하다**, 조화하다 ⓜ 일치(=agreement), 조화(=harmony) ☜ ~쪽으로(ac<ad=to) 마음이 일치하다(cord)

ⓑ disaccord 불일치, 불화

♠ **be in 〔out of〕 accord with ~ ~와 일치하다** [하지 않다]

♠ **of one's own accord (free will) 자발적으로**(=voluntarily)

☐ ac**cord**ance [əkɔ́:rdəns] ⓜ **일치**, 조화 ☜ -ance<명접>
♠ **in accordance with ~ ~에 따라서**(=according to)
in accordance with custom 관례**에 따라서**

☐ ac**cord**ant [əkɔ́:rdənt] ⓗ 일치한, 화합한; 조화된 ☜ -ant<형접>

☐ ac**cord**ing [əkɔ́:rdiŋ/어**코**오딩] ⓑ **~에 따라서**, ~에 의하여 ⓗ 일치한, 조화된 ☜ accord + ing<형접>
♠ **according as ~ ~에 의하면, ~에 따라서**(=in proportion as)
♠ **according to ~ ~에 따르면**(=in accordance with)

☐ ac**cord**ingly [əkɔ́:rdiŋli] ⓑ **따라서**, 그래서 ☜ according + ly<부접>

✚ con**cord** **일치**, 조화 **cord**ial **충심의**, 따뜻한, 친절한 dis**cord** 불화, 불일치 re**cord** **기록**, 등록; 음반, **레코드; 기록하다**, 녹음하다 **core** 핵심, 중심, (과일의) 응어리, 속 **cour**age **용기**

코스타리카 Costa Rica (중앙아메리카의 나라. <풍요의 해안>이란 뜻)

♣ **어원 : coast, cost 옆, 가장자리, 변두리**

■ **coast** [koust/코우스트] ⓜ **연안, 해안** ⓢ 연안 항해하다
☜ 라틴어로 '가장자리, 변두리'란 뜻

■ **Costa** Rica [kɑ́stərí:kə, kɔ́:s-/kɔ́s-] ⓜ **코스타리카** 《중앙 아메리카의 공화국. 수도: 산 호세(San José)》 ☜ 스페인어로 '풍요로운 해안'(= rich coast)이란 뜻.

☐ ac**cost** [əkɔ́(:)st, əkɑ́st] ⓢ ~에게 다가가서 말을 걸다, (인사 따위의) 말을 걸며 다가가다; (매춘부가 손님을) 부르다, 끌다 ☜ 라틴어로 '옆(cost) 으로(ac<ad=to) 다가가다'란 뜻
♠ Someone **accosted** him on the street.
어떤 사람이 길에서 그에게 **다가와 말을 걸었다**.

카운트다운 countdown (초읽기)

♣ **어원 : count 계산하다, 수를 세다; 설명하다**

■ **count** [kaunt/카운트] ⓢ **세다, 계산하다** ⓜ **계산**, 셈, 집계
☜ 고대 프랑스어로 '함께(co<com) 세다(unt)'란 뜻

■ **count**down [kauntdaun] ⓜ **카운트다운**, 초읽기
☜ down(아래로, 거꾸로) 세다(count)

☐ ac**count** [akaunt/어카운트] ⓜ **계산; 설명** ⓢ **~라고 생각하다; 설명하다** ☜ ac(강조) + count (계산하다)
♠ **account for ~ ~에 대해 설명하다**(=explain), **해명하다**
It is impossible to **account for** tastes. 맛**에 대해 설명하는** 것은 불가능하다.
♠ **make much (no) account of ~ ~을 중요시하다** (무시하다)
♠ **on account of ~ ~ 때문에, ~이므로**(=as a result of, because of)
♠ **on no account ~ 아무리 해도 ~않다, 결코 ~않다**
♠ **take ~ into account ~을 고려[참작]하다**(=take account of)
I'll **take** it **into account**. 나는 그 점**을 고려할** 것이다.
♠ **take account of ~ ~을 고려[감안]하다** (=take into consideration)

☐ ac**count**ing [əkáuntiŋ] ⓜ 회계(학); 회계 보고; 결산 ☜ 계산하(account) 기(ing)

☐ ac**count**able [ekauntebl] ⓗ 책임 있는, **설명할 수 있는** ☜ 설명할(account) 수 있는(able)
ⓑ unaccountable 설명할 수 없는
♠ **be accountable for ~ ~을 책임지다**(=be responsible for)

☐ ac**count**ability [əkàuntəbíləti] ⓜ 책임, 책무; 의무 ☜ -ability(할 수 있음, 능력, 역량)

☐ ac**count**ant [əkáuntənt] ⓜ **회계원**, 회계사 ☜ -ant(사람)

☐ ac**count**ancy [əkáuntənsi] ⓜ 회계사의 직; 회계 사무, 회계 ☜ -ancy<명접>

✚ mis**count** 잘못 세다(계산하다); 오산, 계산 착오 un**count**able 무수한, **셀 수 없는**, 계산할 수 없는

크레디트 카드 credit card (신용카드)

♣ **어원 : cred 믿다**

■ **cred**it [krédit/크**뤠**디트] ⓜ **신뢰, 신용, 신용대부; 명예가 되는 것** ⓢ **믿다, 신용하다** ☜ 중세 프랑스어로 '믿음'이란 뜻

☐ ac**credit** [əkrédit] ⓢ 신임장을 주어 파견하다; 소유자로 간주하다; ~으로 돌리다 ☜ ~을(ac<ad=to) 신용하다(credit)
♠ **accredit** a minister to(=at) a foreign government
외국에 공사**를 파견하다**.

☐ ac**credit**ed [əkréditid] ⓗ 인정된, 공인된; (신앙 등이) 정통의, 정당한

☜ accredit + ed<형접>

※ **card** [kɑːrd/카-드] 명 **카드; 판지; 명함; (카드놀이의) 패**
☜ 중세 프랑스어로 '종이 한 장'이란 뜻

어큐뮬레이터 accumulator (압력 완충기)

[공학] 수압, 유압, 증기압, 공기압 등의 일정량을 축적해 두었다가 필요시 방출하는 장치로 펌프 등의 동력원 보조작용을 한다. 또 배선내에서 발생하는 압력의 완충기로도 사용된다.

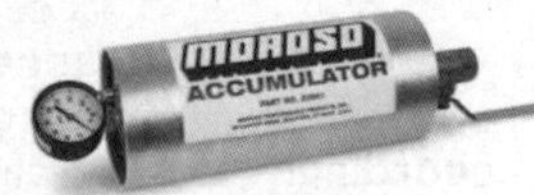

♣ 어원 : cumulate 쌓다

- □ ac**cumulate** [əkjúːmjəlèit]] 동 **쌓다**(=heap up), **모으다, 축적[저축]하다**
  ☜ ac(강조) + cumulate(쌓다) 반 dissipate 낭비하다
  ♠ **accumulate** a fortune 재산을 **모으다**
- □ ac**cumulat**ive [əkjúːmjəlèitiv, -lət-] 형 누적되는, 늘어나는 ☜ accumulate + ive<형접>
- □ ac**cumulat**ively [əkjúːmjəlèitivli, -lət-] 부 축적되어; 탐욕스럽게 ☜ -ly<부접>
- □ ac**cumulat**or [əkjúːmjəlèitər] 명 축압기, 완충장치; 축재자 ☜ -or(사람/기계)
- □ ac**cumulat**ion [əkjùːmjuléiʃən] 명 **축적, 누적, 집적**(集積) ☜ -ion<명접>

매니큐어 manicure (콩글 손톱에 바르는 화장품) ➔ nail polish

♣ 어원 : cura, cure, cur(i) 조심하다, 신중을 기하다; 돌보다(=care), 치료하다

- ■ **cure** [kjuər] 명 **치료(법)** 동 **치료하다** ☜ 라틴어로 '돌보다'라는 뜻
- ■ mani**cure** [mǽnəkjùər] 명 **미조술**(美爪術), **매니큐어** ☜ 손을(mani) 돌보다(cure)
- □ ac**cura**te [ǽkjərit] 형 **정확한** ☜ ~에(ac<ad=to) 신중/주의(cura)을 기하는(te)
  반 inaccurate 부정확한
  ♠ **to be accurate 정확[엄밀]히 말하면**
- □ ac**cura**tely [ǽkjəritli] 부 **정확히**, 정확하게 ☜ accurate + ly<부접>
- □ ac**cura**cy [ǽkjərəsi] 명 **정확(성)**(=correctness), **정밀(도)** 반 inaccuracy 부정확
  ☜ ~에(ac<ad=to) 신중/주의(cura)을 기하기(cy)
  ♠ **with accuracy 정확하게**

익스큐즈 미 Excuse Me (댄스팝 걸그룹 AOA의 노래. <실례합니다>란 뜻)

♣ 어원 : cause, caus, cuse, cusa, curs 원인, 이유; 원인을 돌리다, 벌을 가하다

- ■ ex**cuse** [ikskjúːz/익스**큐**-즈] 동 **변명하다; 용서하다** [ikskjúːs/익스**큐**-스]
  명 **변명, 해명; 사과** ☜ 원인(cuse)을 멀리<없애다(ex=out)
- ■ **cause** [kɔːz/코-즈] 명 **원인, 사유** ☜ 라틴어로 '원인, 이유'란 뜻
- □ ac**cuse** [əkjúːz] 동 **고소[고발]하다, 비난하다** ☜ ~에게(ac<ad=to) 원인을 돌리다/벌을 가하다(cuse<cause)
  ♠ **accuse (A) of (B) A를 B의 일로 비난[고소]하다**
  ♠ He that excuses himself **accuses** himself.
  변명하는 사람은 스스로를 **고발하는** 것이다.
- □ ac**cuse**d [əkjúːzd] 형 고발된; (the ~) 피고인
  ☜ accuse + ed<형접> 반 **accuser** 고소인, 원고
- □ ac**cuse**r [əkjúːzər] 명 (형사) 고소인, 고발자; 비난자 ☜ accuse + er(사람)
- □ ac**cus**ing [əkjúːziŋ] 형 비난하는, 나무라는 ☜ accuse + ing<형접>
- □ ac**cus**ingly [əkjúːziŋli] 부 힐난조로; 비난하듯 ☜ accusing + ly<부접>
- □ ac**cus**able [əkjúːzəbl] 형 고소(고발)해야 할; 나무라야 할 ☜ accuse + able<형접>
- □ ac**cusa**tion [æ̀kjuzéiʃən] 명 **비난**, 고발, 고소 ☜ accuse + ation<명접>
- □ ac**curs**ed, ac**curs**t [əkə́ːrsid, əkə́ːrst] 형 **저주받은**, 불행한
  ☜ ~에게(ac=to) 벌(curs)이 내린(sd<형접>)
  ♠ an **accursed** thing **저주받아야[증오해야] 할** 일

※ **me** [miː/미-, (약) mi] 대 《I의 목적격》 **나를, 나에게**
☜ 1인칭 단수 인칭대명사의 변형된 형태

✚ be**cause** **(왜냐하면) ~이므로, ~ 때문에** **curs**e **저주하다; 저주**, 재앙

커스터머 타케팅 customer targeting (특정고객을 겨냥한 판매전략)

- ■ **custom** [kʌ́stəm/**커**스텀] 명 **관습, 풍습**; (pl.) **관세**; (pl. 단수 취급) **세관**
  ☜ 라틴어로 '함께 습관/관습이 됨'이란 뜻
- ■ **custom**er [kʌ́stəmər] 명 손님, **고객**, 단골 ☜ 습관(custom)적으로 자주 가는 사람(er)
- □ ac**custom** [əkʌ́stəm] 동 **익숙하게 하다**, 습관이 들게 하다

☜ ~에(ac<ad=to) 습관 (custom)이 되어있다
♠ **accustom** oneself to early rising 일찍 일어나는 **습관을 들이다**.

☐ ac**custom**ed [əkʌ́stəmd] ⓗ **익숙한**, 길든 ☜ -ed<형접>
♠ **be accustomed to ~ ~에 익숙하다**, 항상 ~하다(=be used to ~)

※ **target** [tɑ́:rgit] ⓜ **과녁**, 표적; **목표**, 목적, 목표액 ⓢ 목표로 삼다
☜ 고대영어로 '가벼운 방패'란 뜻

에이스 ace (최우수선수)

☐ **ace** [eis] ⓜ 최고의 것; 『카드』 으뜸패; (트럼프의) 1 ⓗ 최고의
☜ 라틴어로 '통합, 하나, 전체'란 뜻.
♠ an **ace** pitcher **최우수** 투수

아케론 Acheron ([그神] 저승을 감싸고 흐르는 슬픔과 고통의 강)

그리스 신화에서 저승을 감싸고 흐르는 강(江), 혹은 강의 신(神)이다. 아케론 강은 슬픔과 고통의 강으로 불의 강 '플레게톤', 탄식의 강 '코키투스', 망각의 강 '레테', 증오의 강 '스틱스'와 함께 저승(하데스)의 나라를 아홉 물굽이로 감싸고 흐른다. <출처 : 그리스로마신화 인물백과 / 일부인용>

♣ 어원 : **ache 날카로운(=sharp)**

■ **Ache**ron [ǽkərɑ̀n/-rɔ̀n] ⓜ 『그.신화』 **아케론**강(江) 《저승(Hades)에 있다는 강》; 저승(= the world beyond; the other 〔next〕 world)

☐ **ache** [eik] ⓜ 아픔(=pain), **통증** ⓢ **아프다**(=suffer pain) ☜ 고대영어로 '앓다, 병들다'란 뜻
♠ My head **aches**. 머리가 **아프다**.
비교 heartache 심적 고통, headache 두통, toothache 치통, stomachache 위통, backache 등 아픔, bellyache 복통, earache 이통(귀가 아픔), menstrual pain 생리통

< Crossing the Acheron >
아르헨티나 Celeste Gómez 작

☐ **ach**ing [éikiŋ] ⓗ **아픈**, 쑤시는 ☜ ache + ing<형접>

세프 chef (주방장, 요리사)

♣ 어원 : **chef, chief, chiev(e) 머리, 우두머리, 정상**

■ **chef** [ʃef] ⓜ 《F=chief》 요리사, 주방장, 쿡(=cook)
☜ 고대 프랑스어로 '지도자, 통치자'란 뜻

■ **chief** [tʃi:f/치-잎] ⓗ **최고의, 주요한** ⓜ (pl. **-s**) **장**(長), 우두머리
☜ 고대 프랑스어로 '지도자'란 뜻

☐ a**chieve** [ətʃí:v] ⓢ **이루다**, 달성하다 ☜ 정상(chiev<chief) 으로(a<ad=to) 가다
♠ **achieve one's aim 목적을 이루다**.

☐ a**chieve**ment [ətʃí:vmənt] ⓜ 성취, **업적** ☜ -ment<명접>
♠ **achievement test 학력평가, 수학능력시험[수능]**
♠ assess somebody's **achievement 업적**을 평가하다.

아킬레스 Achilles ([그神] 그리스의 영웅적 장군)

[그神] Homer(호메로스)의 대서사시 일리아드(Iliad)에 등장하는 장군. 트로이전쟁에서 가장 뛰어난 그리스의 장군이었으나 그가 죽인 적장 헥토르의 동생 파리스가 쏜 화살에 발뒤꿈치를 맞고 사망했다.

☐ **Achilles** [əkíli:z/어**킬**리-즈] ⓜ 『그.신화』 **아킬레스** 장군
♠ **heel of Achilles = Achilles(') heel 유일한 약점**

☐ **Achilles**(') tendon ⓜ 『의학』 **아킬레스**건(腱) ☜ Achilles + tendon(힘줄)

애시드 록 acid rock (환각성 록 음악)

1970년대 펑크(funk)와 디스코(disco)에 힙합(hiphop)과 라틴(Latin) 장르가 뒤섞인 댄스 음악. 여기서 애시드(acid)는 '신맛, 산성'의 의미보다는 'LSD(정신분열성 환각제)'라는 의미이다.

♣ 어원 : **acid, ac 날카로운(=sharp), 뾰족한**

☐ **acid** [ǽsid] ⓗ **신맛의, 산성인** ⓜ 산(酸), 신 것; LSD(환각제) ☜ 라틴어로 '신맛'이란 뜻
LSD : **L**ysergic **A**cid **D**iethylamide = 환각제
♠ an **acid** reaction **산성** 반응

☐ **acid** house **애시드하우스** 《신시사이저 등의 전자 악기를 쓰는 비트가 빠른 환각적인 록 음악》

☜ house(집, 가옥, 주택)

□ **acid**ify [əsídəfài] ⓢ 시게 만들다, 산성화하다 ☜ acid + i + fy(~하게 만들다)
□ **acid**ification [əsìdəfikéiʃən] ⓜ 산성화 ☜ 시게(acid) + i + 만들(fic) 기(ation<명접>)
□ **acid** rain 산성비 ☜ rain(비, 강우)
※ **rock** [rɑk/롹, rɔk] ⓢ **흔들다**, 흔들리다; 진동하다, 흔들어 움직이다 ⓜ 흔들림, 록 음악; **바위** ☜ 19세기초 영어로 '앞뒤로 흔드는 행위'란 뜻

✚ **ac**umen 예민, 총명; 날카로운 통찰력 **ac**rimonious 매서운, 신랄한 al**ac**rity 민활함, 기민(민첩)함

노하우 know-how (비결)

♣ 어원 : know 알다, 알게 하다, 승인[인식]하다

■ **know** [nou/노우] ⓢ (-/**knew/known**) **알고 있다** ☜ 고대영어로 '알다'란 뜻
■ **know**-how [nóuhàu] ⓜ (방법에 대한) 비결, **노하우** ☜ 어떻게 하는 방법(how)을 알다(know)
■ **know**ledge [nάlidʒ/nɔ́l-] ⓜ **지식**, 정보 ☜ 아는 것(know)으로 인도하(lead) 기(dge<명접>)
□ ac**know**ledge [æknάlidʒ, ik-/-nɔ́l] ⓢ **인정하다**(=admit) ⓑ **deny** [dinái] 부정하다
☜ ~에게(ac<ad=to) 아는 것(know)을 인도하(lead) 기(dge<명접>)
♠ He **acknowledged** his faults. 그는 자기 과실을 **인정했다**.
□ ac**know**ledged [æknάlidʒd, əknάlidʒd] ⓗ 인정받은 ☜ -ed<수동형 형접>
□ ac**know**ledg(e)ment, 《영》 -edge- [æknάlidʒmənt, ik-/-nɔ́l-] ⓜ 승인, 인정, 받았다는 통지(증명) ☜ -ment<명접>
♠ **in acknowledgement of ~ ~의 답례로**

팝콘 popcorn (튀긴 옥수수)

■ pop**corn** [pάpkɔ̀ːrn] ⓜ **팝콘**, 튀긴 옥수수 ☜ 튀겨서 펑하고 터진(pop) 곡물(corn)
□ a**corn** [éikɔːrn, -kərn] ⓜ **도토리**, 상수리 ☜ A자(a) 모양의 곡물(corn)
♠ An **acorn** develops into an oak. **도토리**가 자라면 참나무가 된다.

어코스틱 기타 acoustic guitar (일반 기타)

□ **acoustic**(al) [əkúːstik(əl)] ⓗ 청각의, 음향의
☜ 고대 그리스어로 '귀의, 청각의'란 뜻
♠ an **acoustic** instrument **보청**기(補聽器)
□ **acoustic** guitar (전기기타가 아닌) 보통 기타 ☜ guitar(기타; 기타를 치다)

어퀘인턴스 acquaintance ([사회학] 친구와 그냥 아는 사람의 중간 정도)

□ ac**quaint** [əkwéint] ⓢ **알리다**(=make known), 알려주다, 알게 하다
☜ ~에게(ac<ad=to) 이상한(quaint) 것을 알리다
♠ **be** (get) **acquainted with ~ ~를 알고 있다 [알게 되다]**
♠ **acquaint** him with our plan. 그에게 우리 계획을 충분히 **알려주다**.
□ ac**quaint**ance [əkwéintəns] ⓜ **면식**, 안면, 아는 사람, 『사회』 **어퀘인턴스** ☜ -ance<명접>
♠ **have** (have no) **acquaintance with ~ ~와 면식이 있다 [없다]**
□ ac**quaint**anceship [əkwéintənsʃip] ⓜ 친분, 면식, 안면; 교제 ☜ -ship(상태, 성질, 관계)
□ ac**quaint**ed [əkwéintid] ⓗ **아는**, 정통한 ☜ acquaint + ed<형접>
♠ **be acquainted with ~ ~을 알고 있다, 정통하다**(=be familiar with)

시퀀스 sequence (사건·행동 등의 연쇄적인 순서·절차)

♣ 어원 : sequ, secu, qu 뒤따르다, 행하다

■ **sequ**ence [síːkwəns] ⓜ **연속, 속발; 결과** ☜ 뒤따르는(sequ) 것(ence<명접>)
□ ac**qu**iesce [æ̀kwiés] ⓢ (마지못해) 따르다, 묵묵히 따르다, 묵인하다
☜ ~를(ac<ad=to) 따르(qu<sequ) + i + 다(esce<동접>)
♠ **acquiesce** in a proposal 제안을 **잠자코 받아들이다**

앙케이트 < 앙케트 enquete ([F.] 소규모의 여론조사) ➔ questionnaire, survey

♣ 어원 : quest, quisit, quir(e), query, quet 찾다, 구하다; 묻다, 요구하다

■ en**quet**e [ɑːŋkét; [F.] ɑkɛt] ⓜ **앙케트** 《똑같은 질문에 대한 여러 사람의 답변을 얻는 소규모의 설문 조사》 ☜ 라틴어로 '안에서(en<in) 찾다(quet) + e
■ **que**st [kwest] ⓜ **탐색**(=search), 탐구(=hunt), 추구(=pursuit)
☜ 고대 프랑스어로 '찾다, 사냥하다'란 뜻

☐ ac**quest** [əkwést] ⓜ 취득(물)(=acquisition); (상속에 의하지 않은) 취득 재산 ☜ ~을(ac<ad=to) 추구하다(quest)
☐ ac**quir**e [əkwáiər] ⓢ **얻다**(=gain), 취득하다 ⓑ lose 잃다 ☜ ~에게(ac=to) 요구하다(quir) + e
♠ **acquire** a bad habit 나쁜 버릇**이 붙다**
☐ ac**quir**ed [əkwáiərd] ⓗ 취득한, 획득한 ☜ acquire + ed<형접>
☐ Ac**quir**ed Immune Deficiency Syndrome 후천성 면역 결핍증, **에이즈**(AIDS)
☐ ac**quire**ment [əkwáiərmənt] ⓜ 취득, 획득, 습득 ☜ -ment<명접>
☐ ac**qui**sition [æ̀kwəzíʃən] ⓜ 취득, 획득, 습득 ☜ ~에서(ac<ad=to) 구하는(quisit) 것(ion<명접>)
☐ ac**qui**sitive [əkwízətiv] ⓗ 얻고자 하는; 탐욕스런, 욕심 많은 ☜ -ive<형접>

✚ con**que**r (무력으로) **정복하다**, (적을) 공략하다 re**quir**e **요구하다, 필요로 하다** in**quir**e **묻다**, 문의하다 se**que**ster 격리하다, 은퇴시키다 **que**stion **질문**, **의문; 문제;** 묻다, **질문하다**

퀴트 quit ([갬블링] 게임을 잠시 중지시키는 것) 아이큇 매치 I quit match (선수가 항복을 선언해야 끝나는 프로레슬링 경기)

■ **quit** [kwit] ⓢ (-/quit**ted**(quit)/quit**ted**(quit)) **떠나다, 그만두다, 끊다** ⓗ **면하여**, 토하여 ☜ 라틴어로 '(전쟁이나 빚으로부터) 자유로운'이란 뜻
☐ ac**quit** [əkwít] ⓢ 방면(사면)하다; ~을 해제하다 ☜ ~을(ac<ad=to) 중지하다(quit)
♠ **acquit** a prisoner 죄인**을 석방하다**
☐ ac**quit**tance [əkwítəns] ⓜ 면제, 해제; 변제 ☜ acquit + t + ance<명접>
■ I **quit** match 『스포츠』 **아이큇 매치** 《선수가 항복(I quit)을 선언해야 끝나는 프로레슬링 경기》 ☜ 나는(I) 시합(match)을 그만둔다(quit)

에이커 acre (토지 측정단위)

☐ **acre** [éikər/**에**이커] ⓜ 『토지 측정단위』 **에이커** (1에이커는 약 4,046.8 제곱미터(m²)) ☜ 고대영어로 '벌판, 경작지'란 뜻
♠ 3,000 **acres** of parkland 3,000 **에이커**의 공원용지

☐ **acrimonious**(신랄한, 매서운) ➔ **crisis**(위기) **참조**

아크로뱃 리더 Acrobat Reader, 아크로바틱스 acrobatics (곡예) 아크로폴리스 acropolis (옛 그리스의 아크로폴리스 광장)

♣ 어원 : acro 가장 높은 (곳)
■ Adobe **Acro**bat 『컴퓨터』 **어도비 애크로뱃** 《Adobe Systems사가 개발한, 호환성 문서공유 소프트웨어; 상표명》 ☜ adobe(짚과 섞어 벽돌을 만드는 어도비 점토)
☐ **acro**bat [ǽkrəbæ̀t] ⓜ 곡예사, 줄타기꾼 ☜ 고대 그리스어로 '가장 높은 곳(acro)에서 걷다(bat=walk, step)'란 뜻.
♠ The **acrobat** performed a daring feat.
그 **곡예사**는 대담한 묘기를 부렸다.
☐ **acro**batic [æ̀krəbǽtik] ⓗ 줄타기 하는, 곡예하는 ☜ -ic<형접>
☐ **acro**batics [æ̀krəbǽtiks] ⓜ 곡예, 재주넘기 ☜ -ics(학문, 기술, 예술)
☐ **acro**nym [ǽkrənìm] ⓜ 약어(略語), 두문자어(頭文字語) 《몇 개 단어의 머리글자로 된 말. 예를 들어 'radar'는 **ra**dio **d**etecting **a**nd **r**anging의 약어 따위》 ☜ 가장 높은 곳(acro)에 있는 이름(nym=name)
☐ **acro**polis [əkrɑ́pəlis/-rɔ́p-] ⓜ (그리스 아테네의) **아크로폴리스** 신전유적지 ☜ 고대 그리스어로 '가장 높은(acro) 도시(polis)'란 뜻
※ **read**er [ríːdər/**뤼**-더] ⓜ **독자; 독서가**; 독본; 『컴퓨터』 읽개, 판독기 ☜ 읽는(read) 사람/장비(er)

크로스컨트리 cross-country (❶ 야지횡단 달리기 경주 ❷ 스키 마라톤)

♣ 어원 : cross 가로지르다, 교차하다
■ **cross** [krɔːs/krɔs, 크로-스/크로스] ⓜ **십자가**, 십자형, **크로스** ⓗ **교차한** ⓢ **교차하다**, 교차시키다 ☜ 고대영어로 '십자가'란 뜻
☐ a**cross** [əkrɔ́ːs/어크**로**-스, əkrɑ́s] ⓟ **가로질러, 맞은편에** ⓟ **~을 가로질러** ☜ ~로(a<ad=to) 가로지르다(cross)

A

♠ **come across ~ 우연히 ~를 만나다**(=run across)
♠ **run across ~ ~를 우연히 만나다**(=meet by chance)
♠ **walk across** the street 길을 **건너가다**

※ **country** [kʌ́ntri/컨츠뤼] ⓜ (pl. -tr**ies**) **국가; 시골** ☜ 중세영어로 '구역, 태어난 땅'이란 뜻

액션영화 an action film [movie] (활극영화) * film 필름, 영화 movie 영화

♣ **어원 : act 행위, 법령, 막(幕); 행하다, 연기하다**

□ **act** [ækt/액트] ⓢ **행하다**(=do); 연기하다 ⓜ **행위**(=deed); 법령(=law)
☜ 라틴어로 '움직이다, 움직이게 하다'란 뜻
♠ **act as ~ ~의 역(할)을 하다**
♠ **act on〔upon〕 ~ ~에 작용하다; ~에 따라 행동하다**(=act according to)
♠ **in the (very) act of 한참 ~을 하고 있는 중에, ~을 하는 현장에서**
♠ **Acts speak louder than words.**
《속담》 행위는 말보다 더 크게 말한다. (말보다 행동이 중요)

□ **act**ing [ǽktiŋ/액팅] ⓗ **연출용의**; 직무대행의 ⓜ **연출(법), 연기** ☜ -ing<형접/명접>

□ **act**ion [ǽkʃən/액션] ⓜ **활동, 행동, 동작; 연기**; 작용, 기능 ☜ 행하는(act) 것(ion)
♠ **take action 조치를 취하다; 행동을 개시하다; 제소하다**

□ **act**ive [ǽktiv/액티브] ⓗ **활동적인**, 적극적인; 능동의 ☜ 행하(act) 는(ive)
㉫ passive 수동의

□ **act**ively [ǽktivli] ⓑ **활동적으로**, 활발히 ☜ active + ly<부접>

□ **act**iveness [ǽktivnis] ⓜ 활발 ☜ active + ness<명접>

□ **act**ivity [æktívəti] ⓜ **활동(성), 활기** ☜ active + ity<명접>

□ **act**or [ǽktər] ⓜ (영화) **배우**, 연기자 ☜ 행하는<연기하는(act) 사람(or)

□ **act**ress [ǽktris]] ⓜ **여배우** ☜ 행하는<연기하는(act) 여자(ress)

□ **act**ual [ǽktʃuəl/액추얼] ⓗ **현실의**(=real), **실제의** ☜ 현재 행하고(act) 있는(al) 세계의
♠ The **actual** price of the test is just $3.
이 테스트의 **실제** 비용은 단 3달러이다.

□ **act**ually [ǽktʃuəli/액추얼리] ⓑ **실지로, 참으로** ☜ actual + ly<부접>

□ **act**uality [æ̀ktʃuǽləti] ⓜ 현실성, 실정 ☜ actual + ity<명접>

□ **act**ualize [ǽktʃuəlàiz] ⓢ 실현하다〔되다〕; 현실화하다; 사실적으로 그려내다; 잠재능력을 발휘하(게 하)다 ☜ actual + ize(만들다)

□ **act**ualization [æktʃuəlizéiʃən] ⓜ 현실화, 실현 ☜ actualize + ation<명접>

□ **act**uate [ǽktʃuèit] ⓢ (동력원이 기계를) 움직이다; (장치 등을) 발동〔작동〕시키다; (아무를) 자극하여 ~하게 하다; 격려하다 ☜ 행동하게(act) + u + 하다(ate)

□ co**act** [kouǽkt] ⓢ (~와) 함께 일하다, 협력하다 ☜ 함께(co) 행하다(act)
♠ **coact with** her friends 그녀의 친구들**과 함께 일하다**

□ co**act**ion [kouǽkʃən] ⓜ 공동 작업, 협력; 『생태』 상호작용; 강제 ☜ -ion<명접>

□ co**act**ive [kouǽktiv] ⓗ 공동의, 협력적인; 강제적인 ☜ -ive<형접>

□ retro**act** [rétrouækt] ⓢ 소급적용하다, 거꾸로 작용하다
☜ 뒤쪽으로/과거로 거슬러 올라(retro) 효력을 발휘하다(act)

□ retro**act**ive [rètrouǽktiv] ⓗ 반동하는; 효력이 소급하는
☜ 뒤쪽으로/과거로 거슬러 올라(retro) 실효적인(active)

✚ en**act** (법률을) **제정하다** ex**act** **정확한;** 강요하다 in**act**ion 활동하지 않음, 게으름; 정지, 휴식 inter**act** 상호 작용하다 re**act** **반응하다**, 반작용을 일으키다 trans**act** **집행하다**; 거래하다

빵구 < 펑크 punk (콩글 구멍난 타이어) ➔ punctured [flat] tire

♣ **어원 : pung, punct (바늘 따위로) 찌르다, 쑤시다, 꽂다; 반(점)**

■ **punct.** ⓜ **punct**uation의 줄임말

■ **punct**uation [pʌ̀ŋktʃuéiʃən] ⓜ **구두점; 구두(법)**; 중단
☜ 라틴어로 '점(punct)을 + u + 찍기(ation<명접>)

□ acu**punct**ure [ǽkjupʌ̀ŋktʃər] ⓜ 침술(鍼術), 침 치료 ⓢ ~에게 침을 놓다
☜ 라틴어로 '바늘(acu)로 점(punct)을 찍기(ure<명접>)'란 뜻
♠ **acupuncture** point **침**의 혈

□ acu**punct**urist [ǽkjupʌ̀ŋktʃərist] ⓜ 침술사 ☜ acupuncture + ist(사람)

※ **flat** [flæt/플랫] ⓗ **평평한**, 납작한; 단조로운; 단호한, 생기없는; 반음 내리는 ⓜ 평면, 《영》 단층연립주택 ⓑ 평평하게; 단호하게 ☜ 초기인도유럽어로 '평평한'이란 뜻

※ **tire**, 《영》 **tyre** [taiər] ⓜ **타이어** ☜ 중세영어로 '옷을 입히다'란 뜻. at**tire**의 두음소실
ⓜ 피로 ⓢ **피로[피곤]하게 하다**, 피로해지다
☜ 고대영어로 '실패하다, 중지하다'란 뜻

큐티 헤어밴드 cutey hairband (귀여운 머리띠)

♣ 어원 : cute 뾰족한, 날카로운, 예리한

■ **cute** [kjuːt] ⓗ 날렵한, 영리한; 귀여운, 예쁜 ☜ a**cute**의 두음소실
■ **cutey, cutie** [kjúːti] ⓜ 귀여운 소녀 ☜ -y, -ie<명접>
□ a**cute** [əkjúːt] ⓗ **날카로운**(=sharp), 격렬한, **예리한** ☜ 근대영어로 '영리한, 예쁜'이란 뜻. ~쪽으로(a<ad=to) 날카로운(cute)
반 **dull** 둔한, **chronic** 만성의
♠ **an acute observer 예리한 관찰자**
□ a**cute**ly [əkjúːtli] ⓑ 날카롭게, 격렬하게 ☜ -ly<부접>
□ a**cute**ness [əkjúːtnis] ⓜ 날카로움, 격렬 ☜ -ness<명접>
※ **hair** [hɛər/헤어] ⓜ **털, 머리털** ☜ 고대영어로 '머리카락'이란 뜻
※ **band** [bænd/밴드] ⓜ 무리, 악단, **밴드; 띠, 끈** ☜ 고대영어로 '묶는 것, 매는 것'이란 뜻

□ **ad**(광고) ➔ **advertisement**(광고) **참조**

에이 디이 A.D. (서기 ~년)

A.D.와 B.C.는 예수탄생일을 기준으로 구분하여 사용한다.

□ **A.D.** [éidíː, ǽnoudɑ́mənài, -nìː/-dɔ́m-] ⓜ **기원후** ☜ Anno Domini = in the year of our Load, 즉 '**서기 ~년**'의 뜻으로 사용
♠ **in (the year) AD 2020 서기** 2020**년에**
※ **B.C.** [bíːsíː] ⓜ **기원전** ☜ Before Christ의 약어
♠ **in (the year) 2,000 BC 기원전** 2,000**년에**

아담과 이브 Adam and Eve ([성서] 구약성경에 나오는 인류 최초의 남녀)

아담(Adam)은 기독교의 구약성경에 나오는 인류의 시조이며, 이브(Eve)는 하와(Hawwah)의 영어이름이다. 성경에 따르면 이브는 하나님이 아담의 갈빗대 하나를 뽑아 만든 인류 최초의 여자이다.

□ **Adam** [aedsm] ⓜ 〖성서〗 **아담** 《하나님이 창조한 최초의 남자; 인류의 시조》
□ **Adam**'s apple 결후 《성년남자의 목 중간쯤에 후두 연골이 조금 튀어 나온 부분》, 울대뼈 ☜ '아담(Adam) 의('s) 사과(apple)'란 뜻
□ **Adam**ism [aedemizm] ⓜ 〖의학〗 노출증 ☜ 아담(Adam) + i + 증(sm)
★ 최초 하나님이 인간을 창조했을 때 인간은 알몸이었으나, 이브가 뱀의 꼬임에 빠져 금단의 사과를 따먹은 후에 부끄러움을 알게 되었다고 한다.
※ **eve** [iːv] ⓜ 〖성서〗 **이브**, 하와 《아담의 아내, 하나님이 창조한 최초의 여자》

아답터 adapter (전기 가감장치)

♣ 어원 : apt, ept 알맞은, 적절한

■ **apt** [æpt] ⓗ **~하기 쉬운, ~하는 경향이 있는**; 적절한 ☜ 고대 프랑스어로 '적합한, 적당한'이란 뜻
□ ad**apt** [ǽdəm] ⓓ **~을 적응시키다**(=fit); 개작(번안)하다(=remodel) ☜ ~에(ad) 적합한(apt) 비교 adopt 채용하다
♠ **adapt oneself to ~ ~에 순응하다, 적응하다**
You must **adapt yourself to** the new situation.
너는 새로운 상황**에 적응해**야 한다.
□ ad**apt**ed [ədǽptid] ⓗ 개조된; ~에 적당한 ☜ -ed<형접>
□ ad**apt**able [ədǽptəbl] ⓗ 적응할 수 있는, 융통성 있는 ☜ -able(~할 수 있는)
□ ad**apt**ability [ədæptəbíləti] ⓜ 순응성, 적응성, 융통성 ☜ -ability(성향, 능력)
□ ad**apt**ion [ədǽpʃən] ⓜ **각색, 적응** ☜ -ion<명접>
□ ad**apt**ation [ædəptéiʃən] ⓜ **적응**; 개작 ☜ -ation<명접>
□ ad**apt**er [ədǽptər] ⓜ (전기) 가감장치, **어댑터**; 개작자, 번안자 ☜ -er(사람/장치)

✚ **apt**itude 경향, 적성 ad**ept** 숙련된, 정통한: 숙련자 in**apt** 부적합한 in**ept** 부적절한; 서투른

어디션 에이전트 addition agent (가솔린이나 오일의 질을 개량하기 위하여 넣는 첨가제(添加劑)) * agent 대리인, 대리점, 간첩, 작용물

♣ 어원 : add 더하다, 합하다

□ **add** [æd/애드] ⓓ **더하다**, 추가하다 반 **subtract** 줄이다 ☜ 라틴어로 '~쪽에(ad=to) 두다/놓다(d<dare=give, put)'란 뜻.

♠ **add in 포함시키다**(=include); **첨가하다, 추가하다**
♠ **add (A) to (B) B에 A를 더하다**
♠ **add to ~ ~을 늘리다**(=increase)
♠ **add up to 총계가 ~가 되다**
♠ **add up (together) ~을 합계하다**
♠ **in addition 게다가, 추가하여**

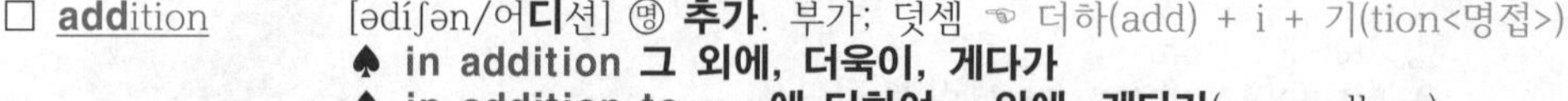

☐ **add**ition [ədíʃən/어**디**션] ⓜ **추가**, 부가; 덧셈 ☜ 더하(add) + i + 기(tion<명접>)
♠ **in addition 그 외에, 더욱이, 게다가**
♠ **in addition to ~ ~에 더하여, ~외에, 게다가**(=as well as)
☐ **add**itive [ǽditiv] ⓗ **추가의**, 덧셈의 ⓜ **첨가제**; 부가물(어) ☜ add + i + tive<형접/명접>
☐ **add**itional [ədíʃənəl] ⓗ **부가적인**, 추가의 ☜ addition + al<형접>
☐ **add**itionally [ədíʃənəli] ⓟ 덧붙여, 부가적으로 ☜ additional + ly<부접>

딕셔너리 dictionary (사전)

♣ **어원 : dic, dict 말, 말하다**
■ **dic**tionary [díkʃənèri/-ʃənəri, **딕**셔네뤼/**딕**셔너뤼] ⓜ **사전**, 사서, 옥편
☜ 말하는(dic) 것(tion)의 모음(ary)
☐ ad**dict** [ədíkt] ⓢ ~에 빠지게 하다, 몰두(탐닉)시키다, 중독시키다
[ǽdikt] ⓜ 중독자 ☜ ~에 대해(ad=to) 계속 말하다(dict)
♠ **addict oneself to ~ ~에 빠지다, 열중하다**
♠ **be addicted to ~ ~에 빠지다, 탐닉하다**
☐ ad**dict**ed [ədíktid] ⓗ ~에 빠져 있는; 탐닉한; ~에 중독된
☜ -ed<수동형 형접>
☐ ad**dict**ion [ədíkʃən] ⓜ 열중, 탐닉; (~)중독 ☜ -ion<명접>
☐ ad**dict**ive [ədíktiv] ⓗ (약 따위가) 중독성인, 습관성인 ☜ -ive<형접>

✚ **dict**ation **구술; 받아쓰기** **dict**ator 구술자; **독재자** bene**dic**tion **축복; 감사** contra**dic**tion **부정; 모순** pre**dic**tion **예언; 예보**

아이피 어드레스 IP address (인터넷 IP 주소. <예: 182.223.262.73>)

IP 주소는 인터넷에 연결된 기기를 식별하는 유일한 번호로, 위와 같이 4개의 10진수 형태로 구성된다. 인터넷 통신을 할 때, 송신자와 수신자를 구별하기 위한 고유의 주소이다.

♣ **어원 : dress < direct 똑바른, 일직선의**
※ **IP** [aipíː] ⓜ 『전산』 Internet Protocol의 약자. 인터넷 통신규약
☐ ad**dress** [ədrés/어드**뤠**스] ⓜ **주소**; 인사말, 연설(=speech) ⓢ **~에게 말을 걸다, 연설[인사]하다, 주소[성명]을 쓰다** ☜ ~로(ad=to) 바로가다(direct>dress)
♠ **address oneself to ~ ~을 다루다; ~에게 말을 걸다**(=speak to)
♠ a person of no **address 주소**불명인 사람
♠ **an address of welcome 환영사**
☐ ad**dress**ee [ædresíː] 수신인, 수취인; 듣는 사람 ☜ -ee(피동자, 객체)
☐ ad**dress**er [ədrésər] 발신인; 말하는 사람 ☜ -er(능동자, 주체)

프로듀서 [피디] producer (영화감독, 연출가) ➔ 《미》 director

♣ **어원 : duce 이끌다**
■ pro**duce**r [prədjúːsər] ⓜ **생산자**, 제작자; 『연극・영화』《영》 감독, 연출가(《미》 director); 《미》 **프로듀서** 《연출・제작의 책임자》
☜ 앞으로(pro) 이끈(duce) 사람(er)

☐ ad**duce** [ədjúːs] ⓢ (이유, 증거 따위를) 제시하다, 예증으로서 들다
☜ ~로(ad=to) 이끌다(duce)
♠ **adduce evidence** (proofs) **증거를 제시하다**

✚ intro**duce 소개하다;** 받아들이다 re**duce 줄이다**; 축소하다

이퀄 equal (같은, =)

♣ **어원 : equ(i) 같은, 같게, 공평한**
■ **equ**al [íːkwəl, **이**-꿜/**이**-퀄] ⓗ **같은, 동등한** ⓜ 동등(대등)한 사람 ⓢ ~와 같다(대등하다)
☜ 공평(equ) 한(al)
☐ ad**equ**ate [ǽdikwət] ⓗ 알맞은, **적당한**(=suitable), **충분한**(=enough)
☜ ~에(ad=to) 공평(equ) 한(ate<형접>) 반 **inadequate** 불충분한

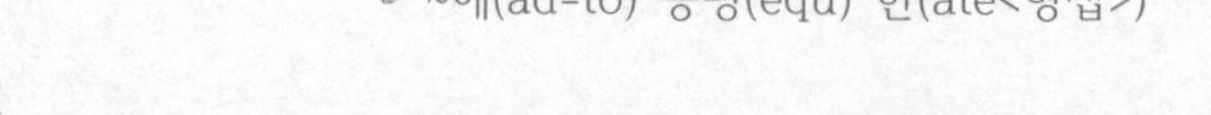

♠ He **is adequate to** the post. 그는 그 직책**에 적임자이다**.

☐ ad**equ**acy [ǽdikwəsi] ⓜ 적당(타당)함; 충분함 ☜ ~에(ad=to) 공평한(equ) 것(acy<명접>)

☐ ad**equ**ately [ǽdikwitli] ⓤ 적당히, 충분히 ☜ adequate + ly<부접>

✚ co**equ**al 동등한 (사람), 동격의 (사람) in**equ**ality **같지 않음, 불평등**, 불공평, 불균형

어드히런트 닷컴 adherent.com (미국의 종교통계전문사이트) * com=company(회사, 기업)

미국에 있는 세계적인 종교통계전문사이트이다. 2008 년 북한의 주체사상이 신자(信者) 수에서 세계 10 대 종교안에 들어간다고 발표한 바 있다.

♣ **어원 : here, hes 붙이다, 붙어 있다**

☐ ad**here** [ædhíər] ⓢ **달라붙다**(=stick); 부착(집착)하다, 고수(고집)하다(=remain faithful to) ☜ ~에(ad=to) 붙어 있다(here)
♠ Wet clothes **adhere to** the skin. 젖은 옷은 피부**에 달라붙는다**.

☐ ad**here**nce [ædhíərəns] ⓜ 고수; 점착 ☜ adhere + ence<명접>

☐ ad**here**nt [ædhíərənt] ⓗ 들러붙는; 고수(고집)하는; 지지자 ☜ -ent<형접>

☐ ad**hes**ion [ædhíːʒən] ⓜ 점착, 고수 ☜ ~에(ad=to) 붙어 있(hes)는 것(ion<명접>)

☐ ad**hes**ive [ædhíːsiv, -ziv] ⓗ 점착성의 ☜ ~에(ad=to) 붙어 있(hes) 는(ive<형접>)

✚ co**here** 밀착[응집, 결합]하다; 조리가 있다 **hes**itate **주저하다, 망설이다** **her**mit 수행자(修行者), 신선, 도사; 은자 in**here**nt **고유의, 본래의**

아듀 adieu (작별인사)

☐ **adieu** [ədjúː] ⓖ 《F.》 (작별인사) 안녕! ⓜ (pl. **-s, -x**) 작별(=farewell) ☜ 라틴어로 '신에게'란 뜻. ad(=to/~에게) + dieu<Deus(=God/신)
♠ bid (say) him **adieu**. 그에게 **작별**을 고하다
비교 기타 작별인사 So long(so-long), Good-bye, Take care, See you(ya) later, Farewell 등

☐ **adios** [æ̀dióus, ὰːdi-] ⓖ 《Sp.》 안녕, 안녕히 가시오 ☜ 스페인어로 'adieu'란 의미

프로젝트 project (사업계획안(案)), 제트기(機) jet airplane

♣ **어원 : ject, jet, jac 던지다**

■ pro**ject** [prədʒékt/프러**젝**트] ⓜ **계획(안)** ⓢ **계획[설계]하다**; 발사하다 ☜ 앞으로(pro) 내 던지다(ject)

☐ ad**ject** [ədʒékt] ⓗ ~를 더하다, 붙이다 ☜ ~쪽으로(ad=to) (계속) 던지다(ject)

☐ ad**ject**ive [ǽdʒiktiv] ⓜⓗ **형용사(의)** ☜ ~쪽으로(ad=to) (계속) 던져진(ject) 말(수식어)(ive)
♠ **an adjective phrase** (clause) **형용사구** (절)

☐ ad**jac**ent [ədʒéisənt] ⓗ 근접한, 인접한 ☜ (바로 앞)에(ad=down) 던져(jac) 진(ent)
♠ **adjacent to~ ~에 가까운, 근처에**

☐ ad**jac**ency [ədʒéisənsi] ⓜ 인접, 이웃; 『방송』 직전(직후)의 프로 ☜ -ency<명접>

■ **jet** [dʒet] ⓜ **분출**, 사출; **제트**기, **제트**엔진 ⓗ **분출하는**: 제트기(엔진)의 ☜ 라틴어로 '던지기'란 뜻

✚ de**ject** 기를 죽이다, 낙담시키다 e**ject** 몰아내다; (비행기에서) 긴급 탈출하다 in**ject** 주사하다, 주입하다 re**ject** **물리치다;** 거부된 것, 불합격품 sub**ject** **복종[종속]하는**; **주제; 주어; 학과, 과목; 복종시키다** tra**ject**ory 궤적, 궤도

조인트 joint (이음매, 관절), 조인 join (결합하다)

♣ **어원 : join 붙이다, 결합하다**

■ **join** [dʒɔin/조인] ⓢ **결합하다**, 연결하다 ☜ 중세영어로 '결합하다'

■ **join**t [dʒɔint] ⓜ **이음매**, 접합 부분, **조인트, 관절**; 합동 ⓗ **공동의**, 합동의 ⓢ **결합하다** ☜ 붙인(join) 것(t)

☐ ad**join** [ədʒɔ́in] ⓢ **~에 인접하다**(=be next to) ☜ ~에(ad=to) 붙이다(join) ⓑ disjoin 분리하다
♠ The two houses **adjoin**. 두 집은 서로 **인접해** 있다.

☐ ad**join**ing [ədʒɔ́iniŋ] ⓗ **인접한**, 이웃의, 부근의 ☜ ~에(ad) 붙이(join) 는(ing)

✚ con**join** 결합하다, 합치다 dis**join** 떼다, 분리시키다

저널리즘 journalism (언론계)

♣ **어원 : journ, diurn 하루**

■ **journ**al [dʒə́ːrnəl] 명 **일지**, 잡지, **신문** ☜ 하루(journ)의 기사를 쓰기(al<명접>)

■ **journ**alism [dʒə́ːrnəlìzəm] 명 신문잡지업(계), **저널리즘** ☜ -ism(업계)

□ ad**journ** [ədʒə́ːrn] 동 **연기하다**(=put off), 휴회하다 ☜ (다른) 날(journ) 로(ad=to) 옮기다
♠ **adjourn** the court 재판을 **휴정하다**

□ ad**journ**ment [ədʒə́ːrnmənt] 명 연기, 휴회 ☜ adjourn + ment<명접>

✚ so**journ** 머무르다, 체재하다 **diurn**al 낮 동안의, 주간의 **journ**ey **여행**

정크션 junction (두 개 이상이 만나는 지점)

♣ **어원 : junct 잇다, 결합하다(=join), 접합하다**

■ **junct**ion [dʒʌ́ŋkʃən] 명 **접합(점)**, 교차점; (강의) 합류점
☜ 결합(junct) 함(ion)

□ ad**junct** [ǽdʒʌŋkt] 명 부속(종속)물; 보조자, 조수 형 부속된, 부수의, 보조의 ☜ ~에(ad=to) 결합한(junct)
♠ That small building is **an adjunct** to the main library.
저 작은 건물은 중앙 도서관의 **부속 건물**이다.

□ ad**junct**ion [ədʒʌ́ŋkʃən] 명 부가; 〖수학〗 첨가 ☜ -ion<명접>

□ ad**junct**ive [ədʒʌ́ŋktiv] 형 부속의, 보조의 ☜ -ive<형접>

✚ con**junct**ion **결합**, **연결**; **접속(사)** dis**junct**ion 분리, 분열, 괴리, 분단

주어리 jury (❶ 재판의 심리에 참여하는 국민 배심원 ❷ 경기 전반을 감독하는 배심)

♣ **어원 : jur (신에게) 맹세하다; 법, 맹세**

■ **jur**y [dʒúəri] 명 [집합적] **배심(원)**; 심사원 ☜ 라틴어로 '(신에게) 맹세하다'란 뜻
비교 referee (축구·권투의) 주심, umpire (경기의) 부심

□ ad**jure** [ədʒúər] 동 ~에게 엄명하다; ~에게 간원하다, 탄원하다
☜ ~에게(ad=to) 맹세하다(jure)
♠ **adjure** ~ to tell the truth 진실을 말하라고 **~에게 명하다**

□ ad**jur**ation [æ̀dʒəréiʃən] 명 선서(시킴); 간원, 간청; 권고; 탄원
☜ ~에게(ad=to) 맹세하는(jur) 것(ation<명접>)

□ ad**jur**atory [ədʒúərətɔ̀ːri/-təri] 형 서원(誓願)의; 엄명의 ☜ -atory<형접>

✚ ab**jure** 맹세하고 버리다; (공공연히) 포기하다 per**jure** 위증(僞證)케 하다; 맹세를 저버리게 하다

유스티니아누스 법전 Justinaian Code (유스티니아누스 황제 법전)

♣ **어원 : jur(e), jury, juris, just 법; 바른, 옳은, 공평한; 맹세하다**

■ **Just**inian Code **유스티니아누스** 법전 《동로마 제국의 황제 유스티니아누스가 명하여 만들어진 법전》 ★ 유스티니아누스 황제(Justinaian; 483-565)는 동로마 제국의 황제로 콘스탄티노플(지금의 이스탄불)에 소피아 성당을 지었고 『로마법 대전』을 편찬했다.

□ ad**just** [ədʒʌ́st] 동 **맞추다**, 조정(조절)하다
☜ 정확한(just) 방향으로(ad=to) 반 disturb 교란하다
♠ **adjust a clock 시계를 맞추다**
♠ **adjust oneself to ~ ~에 순응하다**

□ ad**just**ment [ədʒʌ́stmənt] 명 **조정**, 조절 ☜ -ment<명접>

□ ad**jud**ge [ədʒʌ́dʒ] 동 판결하다, 선고하다 ☜ ~에게(ad=to) 바르게(jud) 말하다(ge)
♠ The kidnapper **was adjudged to** die (death).
유괴범에게 사형**이 선고되었다**.

□ ad**jud**g(e)ment [ədʒʌ́dʒmənt] 명 판결, 심판 ☜ -ment<명접>

□ ad**jud**icate [ədʒúːdikèit] 동 판결을 내리다, 선고하다
☜ ~에게(ad=to) 올바른(jud) 말을(dic) 하다(ate)

✚ **just 단지; 바르게; 올바른** **just**ice **정의** in**jure 상처[손해]를 입히다**

미니스커트 miniskirt (짧은 치마)

♣ **어원 : mini- 작은, 소형**

■ **mini**skirt [miniskəːrt] 명 **미니스커트**, 길이가 짧은 치마
☜ 작은<짧은(mini) 치마(skirt)

■ **mini**ster [mínistər/**미**니스터] 명 **성직자; 장관; 공사**(公使)

☜ 작은(mini) 분야를 관리하는<세우는(st) 사람(er)

☐ ad**mini**ster [ædmínəstər, əd-] ⓓ **관리하다**, 지배[통치]하다
☜ ~에게(ad=to) 작은(mini) 분야를 세우(st)도록 하다(er)
♠ **administer** a school 학교를 **운영하다**

☐ ad**mini**stration [ædmìnəstréiʃən, əd-] ⓜ **관리, 경영**(=management), **행정(부)**
☜ ~에게(ad=to) 작은(mini) 분야를 관리<세우(str)도록 한 것(ation)

☐ ad**mini**strative [ædmínəstrèitiv] ⓗ **관리의, 경영(상)의, 행정(상)의**, 사무의
☜ ~에게(ad=to) 작은(mini) 분야를 세우(str)도록 한(ative<형접>)

☐ ad**mini**strator [ædmínəstrèitər, əd-] ⓜ **관리자, 행정관**, 통치자
☜ ~에게(ad=to) 작은(mini) 분야를 세우(str)도록 한 사람(ator)

백미러 back mirror (콩글 자동차의 후사경) ➔ rearview mirror

♣ **어원 : mar, mir(a), mor 놀라다, 경탄하다; 보다**

※ **back** [bæk/백] ⓜ **등, 뒤쪽** ⓗ **뒤(쪽)의** ☜ 고대영어로 '뒤'라는 뜻

■ **mir**ror [mírər] ⓜ **거울**, 반사경; 본보기, 귀감(龜鑑), 모범 ⓓ 비추다, 반사하다 ☜ 라틴어로 '보고 놀라다'란 뜻

☐ ad**mir**e [ædmáiər/애드**마**이어, ədmáiər] ⓓ 칭찬하다, **감탄하다**, 사모하다; 숭배하다(=honor greatly)
☜ ~에(ad=to) 놀라다(mir) + e 반 despise 멸시하다
♠ **admire** the view 아름다운 경치에 **감탄하다**

☐ ad**mir**er [ædmáiərər, əd-] ⓜ **찬미자**, 구애자, 팬 ☜ ~에(ad=to) 놀라는(mir) 사람(er)

☐ ad**mir**ing [ædmáiəriŋ, əd-] ⓗ **감탄하는**, 찬양하는 ☜ ~에(ad=to) 놀라(mir) 는(ing<형접>)

☐ ad**mir**able [ǽdmərəbəl] ⓗ **훌륭한**, 감탄할 만한, 칭찬할 만한
☜ ~에(ad=to) 놀랄(mir) 만한(able<형접>)

☐ admirably [ǽdmərəbli] ⓑ 훌륭하게 ☜ admirable + ly<부접>

☐ ad**mir**ation [æ̀dməréiʃən] ⓜ **감탄**, 찬양 ☜ ~에(ad=to) 놀란(mir) 것(ation<명접>)

☐ ad**mir**al [ǽdmərəl] ⓜ **해군대장**, 제독, **애드미럴** ☜ 놀라운 사람, 아랍어로 '바다의 지배자'
♠ a fleet **admiral** 《미》= an **admiral** of the fleet 《영》 해군 원수

☐ ad**mir**alship [ǽdmərəlʃìp] ⓜ 해군 대장의 직 ☜ admiral + -ship(신분)

✚ **mir**acle **기적** **mar**vel **놀라운 일**, 경이; **놀라다; 이상하게 여기다**

미사일 missile (유도탄), 미션 mission (임무)

♣ **어원 : miss, mit 허락, 위임, 용서; 보내다, 허락하다**

■ **miss**ile [mísəl/mísail] ⓜ **미사일**, **유도탄** ☜ 라틴어로 '던질(miss) 수 있는 것(ile)'이란 뜻

■ **miss**ion [míʃən] ⓜ (사절의) **임무**, 직무; **사절(단); 전도**, 포교 ⓓ 임무를 맡기다, 파견하다
☜ 라틴어로 '보내(miss) 기(ion<명접>)'란 뜻

☐ ad**mit** [ædmít/애드**밑**, ədmít] ⓓ **허락하다, 수용하다**
☜ ~에게(ad=to) 보내다(mit) 반 exclude 쫓아내다, 거부하다
♠ Nature **admits not** a lie. 자연은 거짓말을 **용납하지 않는다.**
♠ **admit of ~** (의심·변명 등의) **~의 여지가 있다**

☐ ad**miss**ible [ædmísəbl, əd-] ⓗ 허용할 수 있는 ☜ ~에게(ad=to) 허락(miss) 할 수 있는(ible)

☐ ad**mit**tance [ædmítns, əd-] ⓜ 입장(허가) ☜ admit + t<자음반복> + ance<명접>

☐ ad**mit**tedly [ædmítidli, əd-] ⓑ **분명히** ☜ admit + t + ed<형접> + ly<부접>

☐ ad**miss**ion [ædmíʃən, əd-] ⓜ **수용, 입장(료)**, 입학 ☜ ~에게(ad) 허락하(miss) 기(ion<명접>)

✚ com**mit** **위탁하다** com**mit**tee **위원회** dis**miss** **내쫓다**, **해고하다** per**mit** **허락하다, 허가하다** re**mit** **용서하다; 송금하다**

모니터 monitor (컴퓨터의 모니터. <감시장치>란 뜻)

♣ **어원 : mon(i) 경고하다(=warn)**

■ **moni**tor [mάnitər/mɔ́n-] ⓜ 충고자, **권고자**; 감시장치, **모니터**, 반장 ⓓ 감시하다 ☜ 경고하는(moni) + t + 사람/장비(or)

☐ ad**mon**ish [ædmάniʃ, əd-/-mɔ́n-] ⓓ **훈계[충고]하다**(=advise), 타이르다, 경고하다(=warn) ☜ ~에게(ad=to) 경고(mon) 하다(ish)
♠ I **admonished** him not to go there.
나는 그에게 거기에 가지 말도록 **충고했다.**

☐ ad**moni**shingly [ædmάniʃiŋli/ədmɔ́niʃiŋli] ⓑ 충고하듯이, 타이르듯이
☜ admonish + ing<형접> + ly<부접>

☐ ad**moni**tion [æ̀dməníʃən] ⓜ 훈계, 충고 ☜ ~에게(ad) 경고한(moni) 것(tion<명접>)

☐ ad**moni**tor [ædmɑ́nitər, əd-/-mɔ́n-] 명 훈계자, 충고자, 권고자 ☜ -or(사람)
☐ ad**moni**tory [ædmɑ́nitɔ̀ːri, əd-/-mɔ́nitəri] 형 훈계의, 충고의; 경고의 ☜ -ory<형접>

저스트두잇 Just Do It (스포츠의류 · 용품 회사인 나이키의 슬로고(slogo). <일단 해봐, 한번 해보는 거야>란 뜻) * just 단지, 바로, 이제 막, 정확히 it 그것

■ **do** [duː/두-, (약) du, də] 조동 (-/**did/done**) **행하다** 《현재 do, 직설법 현재 3인칭 단수 does; 과거 did》; 〖부정 · 의문문〗 일반 동사를 돕는 조동사(助動詞) 역할 ☜ 고대영어로 '만들다, 행하다'
☐ a**do** [ədúː] 명 **야단 법석**(=fuss), 소동; 노고, 고심, 애씀(=trouble) ☜ 중세영어로 'at do(=to do/행한 것)'이란 뜻
♠ **have 〔make〕 much ado** (~하는 데) **법석을 떨다, 애쓰다**

NIKE
JUST DO IT.

어도비 adobe (어도비 벽돌, 어도비 벽돌로 만든 집)

☐ **adobe** [ədóubi] 명 (햇볕에 말려 만든) **어도비** 벽돌(집): 어도비제조용 찰흙 ☜ 스페인어<아랍어<이집트어로 '짚과 섞어 벽돌을 만드는 점토'란 뜻.
☐ Adobe **Acrobat** 〖컴퓨터〗 **어도비 애크로뱃** 《Adobe Systems사가 개발한, 호환성 문서 공유 소프트웨어; 상표명》 ☜ acrobat(곡예사)

알토 alto (성악 중저음가수)

♣ **어원 : alt, ult, ol 높은, 성장하다**
■ **alt**o [ǽltou] 명 〖음악〗 **알토** 가수, 중고음(中高音)(남성 최고음, 여성 저음) ☜ 이탈리아어로 '높은'이란 뜻.
☐ ad**ol**escence, -cy [æ̀dəlésəns, -si] 명 청년(기), 사춘기 ☜ 위(ol) 로(ad=to) 성장하는(esce) 것(nce<명접>)
♠ **Adolescence** is an important time of growth and change. **청소년기**는 성장과 변화의 중요한 시기이다.
☐ ad**ol**escent [æ̀dəlésənt] 형 청춘기의 ☜ -ent<형접>

아도니스 Adonis ([그神] 아프로디테가 사랑한 아름다운 소년)

<비너스와 아도니스> 조각상
이탈리아 Antonio Canova 작

☐ **Adonis** [ədɑ́nis, ədóu-] 명 〖그.신화〗 **아도니스** 《여신 아프로디테(Aphrodite, 로마신화의 비너스)에게 사랑받은 미남》
☐ **Adonic** [ədɑ́nik/ədɔ́n-] 형 **아도니스** 같은, 아름다운, 미모의 ☜ Adonis + ic<형접>
☐ **adonize** [ǽdənàiz] 동 미남인 체하다 ☜ adonis + ize<동접>
♠ **adonize oneself** (남자가) **멋부리다, 모양내다**

얼리 어답터 early adopter (조기 체험 · 평가 소비자), 옵션 option (선택)

♣ **어원 : opt 선택하다(=choose), 원하다**
※ **early** [ə́ːrli/**얼**-리] 형 (-<-**lier**<-**liest**) **이른**, 빠른 부 **일찍이** ☜ 고대영어로 '이전에'란 뜻 반 late 늦은, 늦게
☐ ad**opt** [ədɑ́pt/어**답**트/ədɔ́pt/어**돕**트] 동 **채용[채택]하다**(=accept); 양자〔양녀〕로 삼다 ☜ ~으로(ad=to) 선택하다(opt) 반 **reject** 기각하다
비교 adapt 적응시키다 adept 숙련된; 숙련자
♠ **adopt** a proposal 제안을 **채택하다**
☐ ad**opt**ed [ədɑ́ptid/ədɔ́pt-] 형 채택된; 양자가 된 ☜ -ed<수동형 형접>
☐ ad**opt**er [ədɑ́ptər/ədɔp-] 명 채용〔채택〕자, 양부모 ☜ -er(사람)
☐ ad**opt**ee [ədaptíː/ədɔp-] 명 양자, 채용〔채택〕된 것 ☜ -ee(객체)
☐ ad**opt**ion [ədɑ́pʃən/ədɔ́p-] 명 양자결연; 채택, **채용** ☜ -ion<명접>
☐ ad**opt**ive [ədɑ́ptiv/ədɔ́p-] 형 양자 관계의 ☜ -ive<형접>

✚ **opt**ion **취사선택**(권), 선택의 자유, **옵션** **opt**ional **임의의**, 마음대로의, 선택의

오너먼트 ornament (❶ 건축물의 장식 ❷ [패션] 장식품 ❸ [자동차] 보닛 앞에 붙은 엠블럼)

< Hood Ornament >

♣ **어원 : ore, orn (아름답게) 꾸미다, 장식하다(=decorate); 숭배하다**
☐ ad**ore** [ədɔ́ːr] 동 **숭배하다**, 찬미하다(=admire)

☜ ~을(ad=to) 숭배하다(ore)
♠ They **adored** her as a living goddess.
그들은 그녀를 살아 있는 여신으로 **숭배하였다**.

☐ ad**ore**r [ədɔ́ːrər] 명 숭배자, 열렬히 애모하는 사람 ☜ adore + er(사람)
☐ ad**or**able [ədɔ́ːrəbl] 형 **존경〔숭배〕할만한** ☜ adore + able(~할 만한)
☐ ad**or**ation [ædəréiʃən] 명 예배, **숭배**, 애모, **동경** ☜ adore + ation<명접>
☐ ad**or**ing [ədɔ́ːriŋ] 형 숭배하는 ☜ adore + ing<형접>
☐ ad**orn** [ədɔ́ːrn] 동 **꾸미다**, 장식하다(=decorate) ☜ ~을(ad=to) 장식하다(orn)
♠ **adorn** a room with flowers 방을 꽃으로 **꾸미다**
☐ ad**orn**ment [ədɔ́ːrnmənt] 명 꾸미기, 장식(품) ☜ adorn + ment<명접>

✚ **orn**ament **꾸밈, 장식(품); 꾸미다**, 장식하다

아드레날린 adrenaline ([생화학] 부신호르몬의 하나)

☐ ad**renal**ine [ədrénəlin, -lìːn] 명 〖화학〗 **아드레날린**(=epinephrine); 《비유》 흥분시키는 것, 자극제 ☜ 신장(renal) 을(ad=to) 자극하는 물질(ine)
☐ ad**renal**ize [ədríːnəlàiz] 동 흥분시키다, 자극하다 ☜ -ize<동접>

아드리아해(海) Adriatic Sea (이탈리아와 발칸반도 사이 바다)

☐ **Adria**tic [èidriǽtik, æ̀d-] 형 **아드리아**해의 명 **아드리아**해
☜ 아드리아해(Adria) 의(tic)
※ **sea** [siː/씨-] 명 **바다**, 대양, 대해, 해양
☜ 고대영어로 '바다, 호수'란 뜻

알토 alto (성악 중저음가수), 키덜트 kidult (어린이의 감성을 가진 어른. <Kids + Adult>의 합성어)

♣ **어원 : alt, ult, ol 높은, 성장하다**

■ **alt**o [ǽltou] 명 〖음악〗 **알토** 가수, 중고음(中高音)(남성 최고음, 여성 저음) ☜ 이탈리아어로 '높은'이란 뜻.
☐ ad**ult** [ədʌ́lt, ǽdʌlt] 명 **성인** ☜ 높은(ult) 방향으로(ad=to) 성장한
♠ **adult movies 성인영화, 포르노영화**
☐ ad**ult**hood [ədʌ́lthùd] 명 성인임 ☜ adult + hood(성질, 상태, 연령층)
☐ ad**ult**ery [ədʌ́ltəri] 명 간통, 부정, 간음 ☜ adult + ery<명접>
♠ accuse somebody of **adultery 간통죄**로 고소하다
☐ ad**ult**erate [ədʌ́ltərèit] 동 불순하게 하다, 질(質)을 나쁘게 하다
☜ 부정(adultery)하게 만들다(ate<동접>)
☐ ad**ult**erated [ədʌ́ltərèitid] 형 섞음질을 한; 순도가 법정 기준에 맞지 않는 ☜ -ed<형접>
☐ ad**ult**eration [ədʌ́ltərèiʃən] 명 불순물을 섞기, 불순품; 저질품 ☜ -ation<명접>

✚ **alt**ar **제단** **alt**itude **높이**, 고도 ab**ol**ish **폐지[철폐]하다** ab**ol**ition **폐지, 철폐**

어드밴티지 advantage (유리한 위치 선점)

♣ **어원 : van(t) 앞쪽으로 나아가다**

☐ ad**van**ce [ædvǽns/애드**밴**스/ədvάːns/어드**봔**-스] 명 전진, **진보**, 승진 동 **나아가다**, 승진하다; 나아가게 하다, 승진시키다 ☜ 앞쪽(van) 으로(ad=to) + ce
☜ 앞쪽(van) 으로(ad=to) + ce 반 retreat 후퇴, 퇴각; 후퇴하다
♠ **in advance (of) ~ 미리, 사전에**(=beforehand)
☐ ad**van**ced [ædvǽnst/-vάːnst, əd-] 형 **진보한** ☜ advance + ed<형접>
☐ ad**van**cement [ædvǽnsmənt/ədvάːns-] 명 **전진, 진보**, 승진; 선불 ☜ advance + ment<명접>
☐ ad**vant**age [ædvǽntidʒ/애드**밴**티쥐/ədvάːntidʒ/어드**반**티쥐] 명 **유리한 점**, 우월 (⇔ disadvantage 불리, 불이익)
☜ (다른 사람보다) 앞(van) 에(ad=to) 가 있는 상태(age)
♠ **take advantage of ~ ~를 이용하다** (=make use of)
♠ **to advantage 유리하게**(=advantageously); **돋보이게**(=splendidly)
♠ **turn ~ to one's advantage ~을 이용하다, 유리하게 하다**(=make use of)
♠ **have 〔get, gain〕 the 〔an〕 advantage of 〔over〕
~보다 유리한 입장에 서다, ~보다 낫다 〔우월하다〕**
☐ ad**vant**ageous [ædvəntéidʒəs] 형 **유리한**, 이로운 ☜ -ous<형접>
☐ ad**vant**ageously [ædvəntéidʒəsli] 부 유리하게 ☜ -ly<부접>

이벤트 event (콩글 판촉행사) ➔ promotional event
브리티시 인베이전 British Invasion (영국 록음악의 미국내 인기몰이. <영국의 침공>)

브리티시 인베이전이란 <영국의 침공>이란 뜻인데, 이는 1960년대 영국의 비틀즈와 롤링스톤즈 등의 록그룹의 음악이 미국내에서 선풍적인 인기를 끌면서 미국 음악계를 좌지우지했던 사실을 말함.

♣ **어원 : ven, vad(e), vas 오다, 가다; 모이다**

■ **event** [ivént/이**벤**트] 명 (중요한) **사건, 행사**
☜ 밖으로(e<ex) 나오는(ven) 것(t)

■ **invasion** [invéiʒən] 명 **침입**, 침략; **침해**
☜ 안으로(in) (밀고 들어) 가는(vas) 것(ion<명접>)

□ **advent** [ǽdvent, -vənt] 명 출현, 도래 ☜ ~로(ad=to) 오다(vent)
♠ the (Second) **Advent** 그리스도의 **재림(再臨)**
♠ the **advent** of a new age 새 시대의 **도래**

□ **adventure** [ædvéntʃər/애드**벤**춰, ədvéntʃər] 명 **모험**, 희한한 사건
☜ advent + ture<명접>
♠ He is fond of **adventure**. 그는 **모험**을 좋아한다.

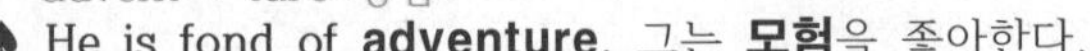

© amazon.com

□ **adventurer** [ædvéntʃərər, ədvén-] 명 (fem. -e**ss**) 모험가; 투기꾼, 협잡꾼 ☜ -er(사람)

□ **adventurous** [ædvéntʃərəs, əd-] 형 모험적인; 모험을 즐기는; 대담한; 위험한
☜ adventure + ous<형접>

□ **adventitious** [ædvəntíʃəs] 형 우발적인, 우연한 ☜ 출현(advent)하러 가(it) 는(ious)

✚ in**vade** **침입[침공·침략·침투]하다** e**vade** **피하다, 면하다** per**vade** **~에 널리 퍼지다**, 고루 미치다, 보급하다; 스며들다 pre**ven**t **막다**, 방해하다; **예방하다** a**ven**ue **대로**, 가로수길 inter**ven**e **사이에 들다**, 끼다, 방해하다 in**vent** **발명[창안]하다** **ven**ture 모험, 모험적 사업, **벤처**, 투기

넌버벌 퍼포먼스 non-verbal performance (비(非)언어극)

♣ **어원 : verb 말, 언어**

■ **verb** [vəːrb] 명 **동사** 《생략: v., vb.》 ☜ 라틴어로 '단어'란 뜻

■ **verbal** [və́ːrbəl] 형 **말의; 문자 그대로의**; 동사의 ☜ verb + al<형접>

■ **nonverbal** [nɑ̀nvə́rbəl] 형 말을 사용하지 않는 ☜non(=not/부정) + verbal

□ **adverb** [ǽdvəːrb] 명 **부사** 《서술어 기능을 하는 품사나 다른 말 앞에 놓여 그 뜻을 분명하게 하는 언어의 형태》 ☜ 동사(verb) 에게 가는(ad=to)
♠ **a local** (temporal) **adverb 장소** (때)**에 관한 부사**
♠ **a relative** (an interrogative) **adverb 관계** (의문) **부사**

□ **adverbial** [ædvə́ːrbiəl] 형 부사의 ☜ adverb + ial<형접>

※ **performance** [pərfɔ́ːrməns] 명 **실행**, 수행, 이행; **공연**
☜ 완전한(per) 형태(form)가 되게 하는 것(ance<명접>)

버전 version (상품의 개발 단계 및 순서를 번호로 표시한 것)

♣ **어원 : vers(e), vert 향하다, 돌리다(=turn), 바꾸다(=change)**

■ **version** [və́ːrʒən, -ʃən] 명 **번역**, 변형; **판**(版), **버전** ☜ 바꾸(vers) 기(ion<명접>)

□ **adverse** [ædvə́ːrs] 형 반대의, **역**(逆)**의**(=turned against); 불리한(=unfavorable); 불우한(=unfortunate) ☜ ~쪽으로(ad=to) 돌려(verse) 맞서다
반 favorable 유리한, 순조로운
♠ **an adverse wind 앞바람, 역풍**

v1 V2 V3 V4

□ **adversely** [ædvə́ːrsli] 부 거꾸로, 운수 사납게 ☜ adverse + ly<부접>

□ **adversary** [ǽdvərsèri/-səri] 형 반대하는 명 **적**(敵), 반대자 ☜ adverse + ary(사람)
♠ come up against **an adversary 적**에 대항하다

□ **adversity** [ædvə́ːrsəti, əd-] 명 **역경**, 불행, 불운 ☜ adverse + ity<명접>
♠ **overcome adversities 역경을 극복하다**

□ **advert** [ædvə́ːrt, əd-] 동 유의하다, 주의를 돌리다, 논급하다, 언급하다
☜ ~쪽으로(ad=to) (주의를) 돌리다(vert)

□ **advertent** [ædvə́ːrtənt, əd-] 형 주의(유의, 조심)하는 ☜ -ent<형접>
반 **inadvertent** 부주의한, 소홀한, 태만한; 고의가 아닌

✚ a**verse** **싫어하여, 반대하여** a**vers**ion **싫음, 혐오** con**vert** **전환하다, 바꾸다** di**vert** (주의를) **돌리다**, 전환하다 in**vert** **거꾸로 하다**, 뒤집다 re**vert** 본래 상태로 되돌아가다 sub**vert** (체제 따위를) 뒤엎다, (정부 따위를) 전복시키다 tra**verse** **가로지르다, 횡단하다; 방해하다** uni**verse** **우주** uni**vers**ity **(종합)대학교** **verse** 싯구, **운문** re**verse** **거꾸로 하다**, 반대로 하다

애드벌룬 ad balloon (광고풍선) ➔ advertising balloon

♣ **어원 : vert 돌다 , 돌리다(=turn)**

☐ ad**vert**ise, -tize [ǽdvərtàiz] (동) **광고하다**(=make known), 선전하다
☜ ~로(ad) 고개를 돌리게(vert) 하다(ise). 즉, 주의를 끌다
♠ **advertise** a child as lost 미아 **광고를 하다**

☐ ad**vert**isement, -tiz- (=ad) [ǽdvətáizmənt, ædvə́ːrtis-, -tiz-] (명) **광고**, 선전
☜ advertise + ment<명접>

☐ ad**vert**iser, -tiz- [ǽdvərtàizər] (명) **광고주** ☜ advertise + er(주체)

☐ ad**vert**ising [ǽdvərtàiziŋ] (명) **광고(업)** (형) 광고의 ☜ advertise + ing<형접>

☐ ad**vert**orial [æ̀dvərtɔ́ːriəl] (명) 논설식 광고, **애드버토리얼**
☜ **advert**isement(광고) + edit**orial**(논설) 합성어

☐ ad**vert**ent [ædvə́ːrtənt, əd-] (형) 주의(유의)하는
☜ ~로(ad) 고개를 돌리(vert) 는(ent<형접>)

☐ inad**vert**ent [ìnədvə́ːrtənt] (형) 부주의한, 소홀한, 태만한; 고의가 아닌
☜ in(=not/부정) + ~로(ad) 고개를 돌리(vert) 는(ent<형접>)
♠ **an inadvertent error 부주의로 인한 잘못**

☐ inad**vert**ently [ìnədvə́ːrtəntli] (부) 무심코, 우연히 ☜ -ly<부접>

※ **balloon** [bəlúːn] (명) **기구, 풍선** ☜ 큰 공(ball)의 뜻에서 유래

어드바이스 advice (조언), 비전 vision (통찰력)

♣ **어원 : vis, vice 보다(=look)**

☐ ad**vis**e [ædváiz, əd-] (동) 충고하다, **조언하다**(=give advice to); 알리다(=inform)
☜ ~쪽을(ad=to) 보아(vis) 주다(e)
♠ **advise (A) to (B) A가 B하도록 충고하다**
I **advise** you **to** be cautious. 당신이 조심**하시도록 충고드립니다**.

☐ ad**vice** [ædváis/애드**봐**이스, ədváis] (명) **충고, 조언** ☜ ~쪽을(ad) 보다(vice)
♠ **give** (tender) **advice 조언하다, 권고하다**

☐ ad**vis**er, -sor [ædváizər, əd-] (명) 충고자, **조언자** ☜ advise + er(or)(사람)

☐ ad**vis**able [ædváizəbl, əd-] (형) **권할 만한**, 적당한, 타당한, 현명한
☜ advise + able(~할 수 있는, ~할 만한)

☐ ad**vis**ory [ædváizəri, əd-] (형) 조언(권고)하는 ☜ advise + ory<형접>

■ **vis**ion [víʒən] (명) **시력; 통찰력** ☜ 보는(vis) 것(ion<명접>)

보컬 vocal (가수, 성악가)

♣ **어원 : voc, voke, voi 부르다, 목소리**

■ **voc**al [vóukəl] (명) **보컬**《성악·노래를 부르는 가수나 성악가》 (형) **음성의**
☜ 목소리(voc) 의(al<형접>)

☐ ad**voc**ate [ǽdvəkit, -kèit] (명) **옹호자**, 대변자; 변호사(=lawyer) [ǽdvəkèit] (동) 옹호(변호)하다; 주장하다 ☜ ~쪽으로(ad=to) 소리치(voc) 다(ate<동접>)
♠ Truth is the best **advocate**. 진실만이 최고의 **대변자**이다.
♠ **advocate** peace 평화를 **주창하다**

☐ ad**voc**acy [ǽdvəkəsi] (명) 옹호, 지지; 고취, 창도(唱道), 주장 ☜ -acy<명접>

☐ ad**voc**ator [ǽdvəkèitər] (명) 옹호(주창)자 ☜ -ator(사람)

✚ con**voke** (회의를) 소집하다 e**voke** (기억을) **불러일으키다** pro**voke** (감정을) **자극하다** **voi**ce **목소리**, 음성 **voc**ation **직업**; 적성, 소질 pro**voc**ative **성나게 하는** re**voke** 철회[취소]하다

에게해(海) the Aegean (Sea) (지중해 동쪽에 있는 해역)

그리스 본토, 소아시아 반도의 서해안 및 크레타섬에 둘러싸인 동지중해 해역

☐ **Aegean** [i(ː)dʒíːən/이(-)**지**-언] (형) **에게**해(海)의 ☜ 에게해(Aege) 의(an)

☐ **Aegean** Islands [the ~] **에게**해(海) 제도(諸島) ☜ island(섬) + s(들)

이지스함(艦) the Aegis (자동전투시스템을 탑재한 함정. <아에지스 방패>란 뜻)

적의 공중, 수상, 수중, 전자전 등의 공격을 자동으로 탐지하고, 최적의 무기체계로 자동 대응할 수 있는 AEGIS 전투시스템을 갖춘 함정. 한국의 세종대왕함, 율곡 이이함, 서애 유성용함 등이 이지스함정이다.

☐ **aegis, egis** [íːdʒis] (명) 『그.신화』 **아에지스** 《제우스 Zeus 신이 그의 딸 아테네(Athena) 신에게 주었다는 방패》; (the A-) 이지스함(艦)

☜ 그리스어로 '염소가죽' 또는 '폭풍우'란 뜻. Aegis는 모든 사악한 공격을 막아내는 아테나 여신의 방패란 의미인데, Airborne Early Warning Ground Environment Integration Segment(조기공중경계 지상장비 통합단위)의 약자라는 주장은 억지이다.
★ 아에지스(aegis)는 원래 제우스의 방패였으나 제우스가 그의 딸 아테네 여신에게 주었고, 페르세우스가 메두사를 죽인 후 머리를 잘라 아테나 여신의 방패에 붙여주었다.

연상 스포츠음료인 이온(ion)음료를 매일 마시면 이언(eon.영원,영겁)을 산다(?)

※ **ion** [áiən, -ɑn/-ɔn] 명 『물리』 **이온** ☜ 고대 그리스어로 '나는 간다'란 뜻.
♠ a negative **ion** 음**이온**(=anion).
♠ a positive **ion** 양**이온**(=cation).

☐ **aeon, eon** [íːən, -ɑn] 명 무한히 긴 시대; 영구, 영원, 영겁
☜ 그리스어로 '시간의 긴 공간'이란 뜻
♠ **aeons of** geological history **수백억 년에 걸친** 지질학적 역사

에어컨 aircon (콩글 냉방기) ➔ air-conditioner * conditioner 조절장치

♣ **어원 : air, aer(o) 공기, 하늘**

■ **air** [ɛər/에어] 명 **공기; 공중** ☜ 중세영어로 '지구를 둘러싼 보이지 않는 기체'란 뜻
☐ **aero** [ɛ́ərou] 형 항공(기)의, 항공학(술)의 ☜ 그리스어로 '공기, 대기, 공중'이란 뜻
♠ **an aero society 비행협회**
☐ **aero**nautics [èərənɔ́tiks] 명 (pl. 단수 취급) 항공학, 항공술
☜ 항공(aero) 항해(naut)와 관련된 학문(ics)
☐ **aero**plane [ɛ́ərəplèin] 명《영》**비행기** (《미》airplane) ☜ aero + plane(항공기)
☐ **aero**drome [ɛ́ərədròum] 명《영》소형비행장 ☜ aero + drome(비행장)
☐ **aero**space [ɛ́ərouspèis] 명 **우주 공간**, 항공우주산업 ☜ aero + space(공간)
☐ **aer**ial [ɛ́əriəl, eiíər-] 명 공중선, **안테나** 형 **공중의**, 공기 같은 ☜ 공기(aer) 같은(ial)
♠ an **aerial** performance **공중** 곡예

이솝 우화 Aesop's Fables (기원전 6 세기에 그리스의 이솝이 쓴 우화)

☐ **Aesop** [íːsəp, -sɑp/-sɔp] 명 **이솝** 《기원전 6세기경의 그리스 우화작가》
☐ **Aesop**ian [iːsóupiən] 형 **이솝**(류)의; **이솝**이야기 같은; 우의(寓意)적인 ☜ 이솝(Aesop) 의(ian<형접>)
※ **fable** [féibəl] 명 **우화**, 교훈적 이야기 ☜ 말(fa)로 할 수 있는(able)

에스테틱 샵 esthetic shop (피부관리미용실) * shop 가게, 소매점, 전문점

♣ **어원 : esthet 느낌, 감각; 느끼다(=feel)**

■ **esthetic**(al) [esθétik(əl), iːs-] 형 미(美)의, 미술의; 미학의; 심미적인
☜ (아름다움을) 느끼(esthet) 는(ic)
☐ a**esthetic** [esθétik, iːs-] 형 미적 감각이 있는; **심미적인**
명 **탐미주의자**, 심미안이 있는 사람
☜ a(강조) + (아름다움을) 느끼(esthet) 는(ic)
♠ **an aesthetic person 심미안이 있는 사람**
☐ a**esthetic**s, **es**- [esθétiks, iːs-] 명 (pl. 단수취급) 미학(美學);
미적 정서의 연구 ☜ aesthetic + ics(학문)

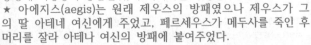

Miami, FL
Jan 26 y 27, 2019
EstheticTreatments with Biomagnetism
© miaminewtimes.com

✚ **esthetic**ism 유미주의, **에스테티시즘** an**esthetic** 무감각한; 마취의; 마취제, 마취약

☐ **afar**(멀리) ➔ **far**(먼) **참조**

☐ **affable**(상냥한, 붙임성 있는) ➔ **ability**(능력, 재능) **참조**

팩트 fact (사실), 픽션 fiction (허구, 소설), 논픽션 nonfiction (사실적 산문문학), 버터플라이 이펙트 butterfly effect (나비효과) * butterfly 나비

Butterfly Effect는 나비의 작은 날갯짓처럼 작은 변화가 폭풍우와 같은 커다란 변화를 일으킬 수 있다는 의미. 미세한 변화나 작은 사건이 추후 예상하지 못한 엄청난 결과로 이어질 수 있다는 뜻. 1952년 미국 소설가 Ray D. Bradbury의 소설『A Sound of Thunder(천둥소리)』에 처음 등장했다.

♣ **어원 : fa, fac(t), fect, fic(t) 만들다(=make)**

■ **fact** [fækt/팩트] 명 **사실**, 실제(의 일), 진실 ☜ (실제로) 벌어진<만들어진(fact) 일

■ fiction [fíkʃən] 명 [집합적] **소설**; 꾸민 이야기, 가공의 이야기
☜ (사실이 아닌) 만들어 낸(fic) 것(ion<명접>)

■ nonfiction [nànfíkʃən] 명 **논픽션**, 소설이 아닌 산문문학 《전기 역사 탐험 기록 등》
☜ non(=not/부정) + fiction(허구, 가공의 이야기)

□ affair [əfέər/어**퀘**어] 명 **일**, 업무, **사건**(=matter); (막연한) 사물(=thing)
☜ 라틴어로 '~을(af<ad=to) 행한<만든(fa) 것(ir)'이란 뜻.
♠ **private affairs 사사로운 일**

□ affect [əfékt/어**펙**트] 동 **~에게 영향(감명)을 주다**; ~인 체하다(=pretend)
☜ ~에게(af<ad=to) 만들어 주다(fect)
♠ She **was affected at** the news. 그녀는 그 소식**을 듣고 감동을 받았다.**

□ affectation [æ̀fektéiʃən] 명 가식, 꾸미기 ☜ affect + ation<명접>

□ affected [əféktid] 형 ~인 체하는, 뽐내는; 영향을 받은; 감염된 ☜ affect + ed<형접>

□ affectedly [əféktidli] 부 ~인 체하여, 뽐내어 ☜ affected + ly<부접>

□ affecting [əféktiŋ] 형 애처러운, 가련한 ☜ affect + ing<형접>

□ affection [əfékʃən] 명 **애정**, 호의 ☜ affect + ion<명접>

□ affectionate [əfékʃənit] 형 **애정이 깊은**, 자애로운 ☜ affection + ate(~이 있는)

□ affectionately [əfékʃənətli] 부 **자애롭게**(Affectionately yours) 《편지의 맺음말》
☜ affectionate + ly<부접>

■ effect [ifékt/이**펙**트] 명 결과; **효과** ☜ (결과물을) 밖으로(ef<ex) 만들어 내다(fect)

✚ **fact**ion 파당; 실학소설, 실록 소설 **fact**ory **공장**, 제조소 de**fect** **결점**, 부족 in**fect** **감염시키다, (~에) 영향을 미치다** per**fect** **완전한**, 정확한

페미니즘 feminism (여권신장주의, 남녀평등주의)

♣ **어원 : femin 여자(=woman) ➔ fil 자식(filia 딸, filius 아들)**

■ feminism [fémənìzəm] 명 여권주의, 남녀 동권주의; 여권 신장론
☜ 여권(femin) + i + 주의(sm)

■ filial [fíliəl] 형 **자식(으로서)의**; 효성스러운 ☜ 자식(fil) + i + 의(al)

□ affiliate [əfílièit] 동 특별관계를 맺다, 회원으로 가입하다(시키다); 양자로 삼다; (사생아의) 아비를 확인하다
☜ 자식(fil)으로(af<ad=to) 만들다(ate)
♠ **affiliate** a child to a parent 아이의 **아비임을 확인하다**.

□ affiliation [əfìliéiʃən] 명 가입, 입회, 합병; 양자 결연, 입적 ☜ ation<명접>

피날레 finale (악곡의 최종 악장 · 연극의 최종막)
인피니트 Infinite (2010년 데뷔한 한국의 댄스팝 보이그룹)

♣ **어원 : fin(e) 끝, 한계; 끝내다, 한계를 정하다**

■ finale [finάːli, -nǽli] 명 《It.》 **피날레**, 〖음악〗 **끝[종]악장**, 〖연극〗 **최후의 막,** 대단원
☜ 이탈리아어로 '끝(fin) 내기(ale)'란 뜻.

□ affinity [əfínəti] 명 **인척**, 동족; 유사성, 친근함
☜ 끝<뿌리(fin) 까지(af<ad=to) 간 상태(ity<명접>)
♠ She **has an affinity** for dancing. 그녀는 댄스**를 좋아한다**.

✚ **fin**ish **끝내다**, 마치다 **fin**ite 한정(제한)되어 있는, **유한의** in**fin**ite **무한한**, 한정되어 있지 않은 **fine 훌륭한, 뛰어난; 좋은; 벌금;** 벌금을 부과하다 con**fin**e **제한하다**

로펌 Law Firm (전문변호사들로 구성된 법률회사)

♣ **어원 : firm 강한; 확실, 확인; 확고히 하다, 확실히 하다**

※ law [lɔː/로-] 명 (the ~) **법률, 법**, 국법; (개개의) 법률, 법규
☜ 고대 노르드어로 '놓인 것, 정해진 것'이란 뜻

■ firm [fəːrm/퍼-엄] 명 **회사**, 상회 형 딱딱한, 단단한, **확고한**
☜ 라틴어로 '단단하게 하다, 서명으로 확인시켜주다'란 뜻

□ affirm [əfə́ːrm] 동 **단언하다**, 확언하다; 긍정하다; 확인하다
☜ af(강조) + 확실히(firm) 하다 반 deny 부정하다
♠ He **affirmed** that the news was true.
그는 그 소식이 사실이라고 **단언했다**.

□ affirmation [æ̀fərméiʃən] 명 확언, **단언** ☜ -ation<명접>

□ affirmative [əfə́ːrmətiv] 형 긍정의, **확정의**, 확언적인 ☜ -ative<형접>

□ affirmatively [əfə́ːrmətivli] 부 긍정적으로, 단언적으로 ☜ affirmative + ly<부접>

A

파이팅, 화이팅 fighting (콩글 이겨라, 힘내라) ➔ Go for it, Let's go

♣ 어원 : fight, flict 치다, 때리다; 충돌하다, 싸우다

■ **fight** [fait/퐈이트] ⓢ (-/**fought/fought**[fɔːt]) **싸우다**, 전투하다, 다투다; 겨루다
☜ 고대영어로 '싸우다'란 뜻

■ **fighting** [fáitiŋ] ⓜ **싸움, 전투**, 투쟁 ⓗ **싸우는; 전투의**; 호전적인 ☜ fight(때리다) + ing<형접>

□ af**flict** [əflíkt] ⓢ **괴롭히다**(=distress), 피해를 주다 ☜ ~를(af<ad=to) 때리다(flict)
♠ **be afflicted by** the heat 더위**로 괴로워하다**.

□ af**flict**ed [əflíktid] ⓗ 괴로워하는, 고민하는 ☜ afflict + ed<형접>

□ af**flict**ion [əflíkʃən] ⓜ (심신의) **고난**, 고뇌, 고통; 불행, 재난
☜ ~을(af<ad=to) 때리(flict) 기(ion<명접>)

✚ con**flict** **충돌, 투쟁**; 분쟁; 갈등; 충돌하다 in**flict** (상처·고통 따위를) **주다, 입히다**, 가하다

인플루엔자 [플루] infuenza (유행성 독감)

♣ 어원 : flu 흐르다(=flow), 전염되다

■ in**flu**enza (**flu**) [ìnfluénzə] ⓜ 유행성 감기, **독감, 인플루엔자[플루]**
☜ 내부로(in) 흘러드는(flu) 것(enza<명접>)

■ in**flu**ence [ínfluəns] ⓜ **영향** ⓢ **~에게 영향을 미치다**
☜ 내부로(in) 흘러드는(flu) 것(ence<명접>)

□ af**flu**ent [ǽflu(ː)ənt, əflúː-] ⓗ 풍부한, 유복한
☜ ~로(af<ad=to) 흘러(flu) 넘치는(ent<형접>)
♠ **affluent** Western countries **부유한** 서구국가들

□ af**flu**ently [ǽflu(ː)əntli, əflúː-] ⓑ 풍부하게 ☜ -ly<부접>

□ af**flu**ence [ǽflu(ː)əns, əflúː-] ⓜ 풍부, 풍요; 유복(=riches) ☜ -ence<명접>

✚ **flu**ent **유창한** **flu**id **유동성**, 유체; **유동성의** **flu**sh (물이) **쏟아지다**, (얼굴이) 붉어지다; **홍조**, 화끈거림 **flu**x **흐름** **flu**ctuation **파동, 동요, 변동** super**flu**ous 남는, **여분의**

포핸드 forehand ([테니스] 앞으로 치기)

♣ 어원 : fore-, ford- 앞으로(=forth), 앞쪽의

■ **fore** [fɔːr] ⓗ **앞쪽[전방, 앞면]의** ☜ 고대영어로 '~전에, ~앞에, 앞으로 향하는'이란 뜻

■ **fore**hand [fɔ́ːrhæ̀nd] ⓜ 『테니스』 **포핸드**, 정타(正打), 전타(前打) ⓗ 전방의; 『테니스』 **포핸드**의
☜ 앞(fore) 쪽(hand) ⓑ backhand 백핸드(의)

□ af**ford** [əfɔ́ːrd/어뽀어드] ⓢ **~할 여유가 있다, 주다**(=give), **제공[공급]하다**
☜ 앞(ford) 쪽으로(ad<ad=to), 즉 시간적 여유가 있다
♠ Reading **affords** pleasure. 독서는 즐거움을 **제공해 준다**.
♠ **can (can't) afford to ~ ~할 여유가 있다** (없다)

✚ **fore**cast **예상[예보]하다; 예상, 예보** **fore**father **조상**

□ afforest(조림하다) ➔ forest(숲, 산림) 참조

프론트 front (호텔 현관의 계산대), 프론티어 정신 frontier spirit (미국의 개척자 정신. <미국 서부 개척시대 때 국경을 확장해 나간 정신>이란 의미)

♣ 어원 : front 앞, 정면, 이마

■ **front** [frʌnt/프뤈트] ⓜ **앞쪽, 전면**, 전방, 정면, **최전선; 용모** ☜ 라틴어로 '이마, 앞쪽'

■ **front**ier [frʌntíər, frɑn-/frʌ́ntiə] ⓜ **국경지방**; 미개척영역 ☜ 앞쪽의(front) 곳(ier)

□ af**front** [əfrʌ́nt] ⓜ **경멸, 모욕** ⓢ 모욕하다
☜ 앞쪽/면전(front)을 향해(af<ad=to) 모욕감을 주다
♠ **offer an affront to ~ ~에게 모욕을 주다**
♠ **suffer an affront 모욕을 당하다**

□ af**front**ed [əfrʌ́ntid] ⓗ 모욕을 당한, (모욕을 당하여) 분한 ☜ -ed<형접>

※ **spirit** [spírit/스삐륕] ⓜ **정신, 마음** ☜ 숨을 쉬고 있는(살아 있는)

아프가니스탄 Afghanistan (아시아 서북부의 전쟁 중인 나라)

아시아 서북부에 있는 나라. 수도는 카불(Kabul). 지리적 요충지로 19세기부터 영국 등 많은 열강들로부터 침략을 받았다. stan 이란 땅(land)이나 영토(state)를 뜻하는 고대 페르시아어이다.
예) Afghanistan, Uzbekistan, Pakistan, Kazakhstan, Turkmenistan 등

□ **Afghan**istan [æfgǽnəstæ̀n] ⓜ **아프가니스탄** 《수도는 카불(Kabul)》

☜ 아프간 사람들(Afghan)의 + i + 땅(stan=land)
♠ **Afghanistan** is a country in Central Asia.
아프가니스탄은 중앙 아시아에 있는 나라이다.

☐ **Afghan** [ǽfgən, -gæn] ⓗ **아프가니스탄**(사람)의 ⓜ **아프가니스탄** 사람〔말〕
☜ 고대 이스라엘 사울(Saul) 왕의 아들인 예레미야(Jeremiah)의 아들 아프하나(Afghana)의 이름에서 유래했다는 설.

캠프파이어 campfire (야영의 모닥불)

♣ **어원 : fire, fier 불, 불을 지르다; 몹시 사나운**

■ **fire** [faiər/퐈이어] ⓜ **불; 화재**; 열; 정열 ⓓ **불을 지르다; 발사[발포]하다** ☜ 고대영어로 '불'이란 뜻

■ camp**fire** [kǽmpfàiər] ⓜ **모닥불, 캠프파이어**; 《미》 (모닥불 둘레에서의) 모임 ☜ 야영지(camp) 불(fire)

☐ a**fire** [əfáiər] ⓑⓗ 〖형용사로는 서술적〗 **불타**; 격하여, 흥분하여
☜ a(=on) + fire
♠ The house is **afire**. 집이 **불타고** 있다.

플라밍고 flamingo (홍학(紅鶴)), 후레쉬, 플래시 flashlight (섬광등)

♣ **어원 : fla, flam(e), flar(e), flash 불꽃; 불에 타는 (것)**

■ **flam**ingo [fləmíŋgou] ⓜ (pl. **-(e)s**) **플라밍고**, 홍학(紅鶴)
☜ 불꽃(flam) 색의(ingo)

■ **flame** [fleim/플레임] ⓜ (종종 pl.) **불꽃**, 화염, 정열 ⓓ **타오르다**; 확 붉어지다 ☜ 불에 타는 것(flame)

☐ a**flame** [əfléim] ⓑⓗ 〖형용사로는 서술적〗 불타올라(=ablaze), 이글이글〔활활〕 타올라; 낯을 붉혀, 성나서; 빛나서 ☜ a(=on) + flame
♠ His heart **is aflame with** love for her.
그의 심장은 그녀에 대한 사랑**으로 활활 타고 있다**.

에이에프케이엔 AFKN (주한미군방송망)

☐ **AFKN** **A**merican **F**orces **K**orea **N**etwork의 준말, 주한미군방송망

✚ **America**n **아메리카[사람]의, 미국의; 미국인** **force 힘, 세력**, 기세; **폭력**, 강압; **억지로 ~시키다**, **Korea 대한민국** **network 그물[망] 세공**, 〖전기〗 회로망; **방송망, 네트워크**

플로팅 도크 floating dock (물에 떠있는 도크, 부선거(浮船渠))

부선거(浮船渠)란 배처럼 물위에 띄워 배의 건조, 수리, 하역 등을 하기 위한 설비를 말한다.

♣ **어원 : float, flot 뜨다**

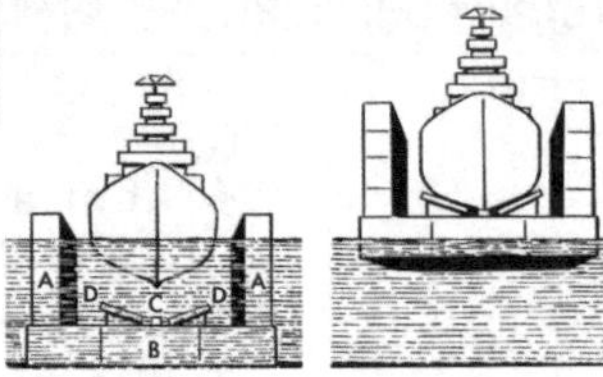

■ **float** [flout] ⓓ (물·공중위에) **뜨다, 띄우다**, 표류하다
☜ 고대영어로 '뜨다'

■ **float**ing [flóutiŋ] ⓗ **떠있는** ⓜ 부유, 부양
☜ 떠 있(float) 는(것)(ing<형접/명접>)

☐ a**float** [əflóut] ⓑ (물위, 공중에) **떠서, 떠돌아**; 해상에, 배위에 ☜ ~위에(a=on) 떠서(float)
ⓑⓐⓝ aground 지상에
♠ **be afloat** in the sea 바다에 **떠있다**.

피트 feet (길이의 단위. 서양인 기준 한 발의 길이)

1 피트(feet)란 12 인치(inches), 1/3 야드(yard), 약 30cm 이다. 이는 원래 서양인의 발(foot) 길이에서 유래한 명칭이다.

■ **foot** [fut/풑] ⓜ **발** ☜ 고대영어로 '발'이란 뜻

■ **feet** [fiːt] ⓜ **피트** 《길이의 단위, 생략: ft》 ☜ foot(발)의 복수

■ **foot**ball [fútbɔ̀ːl/**풋**보올] ⓜ **축구** ☜ 발(foot)로 하는 공(ball) 놀이

☐ a**foot** [əfút] ⓑ **일어나서, 걸어서**; 진행 중(에) ☜ 발(foot) 로(a)
♠ A plot is **afoot**. 음모가 **진행 중에** 있다.

에이에프피 AFP (프랑스 통신사)

☐ **AFP** **A**gence **F**rance-**P**resse의 준말, 프랑스통신사

☜ agent(대리인, 대리점; 정부직원), France(프랑스) press(누르다; 인쇄기)

프로즌 frozen (미국 애니메이션 영화. 『겨울왕국』의 원제. <얼어붙은>이란 뜻)

2013년 개봉한 미국의 애니메이션 모험 영화. 모든 것을 얼려버릴 수 있는 특별한 능력이 있는 엘사는 통제할 수 없는 자신의 힘이 두려워 왕국을 떠나고, 얼어버린 왕국의 저주를 풀기 위해 동생 안나는 언니를 찾아 떠나는데... 이디나 멘젤이 부른 주제곡 Let it go는 전세계적으로 큰 인기를 끌었으며 빌보드 싱글차트 13주 연속 1위를 했다. 2014년 아카데미 장편애니메이션상, 주제가상, 골든글로브 애니메이션상 수상

♣ **어원 : freez, froz, fra, frig(ht) 추운, 차가운; 무서운; 냉담한**

■ **froz**en [fróuzən] ⓢ freeze의 과거분사 ⓗ **언, 몹시 찬**
☜ 차갑게(froz) 하는(en<형접>)

□ af**ra**id [əfréid/어프**뤠**이드] ⓗ 〖서술적 용법〗 **두려워하여**(=in fear), 겁이 나서(=frightened), **걱정하여**
☜ 정말(a/강조) 두려(fra) 운(id<형접>)
♠ **be afraid of (that) ~ ~을 두려워하다**

© Walt Disney Studios

✚ **freez**e **얼음이 얼다**, (물이) **얼다, 얼게하다; 간담을 서늘하게 하다** **frig**(e) 《영.구어》 냉장고 **frig**id **몹시 추운**, 혹한의; 냉담한, 냉랭한 **frigh**t **공포**, 경악

쥬시 후레쉬 껌 Juicy Fresh Gum (롯데제과의 껌 브랜드) * gum 고무(질), 추잉껌

※ **juice** [dʒuːs/주-스] ⓜ **주스** 《과일·채소·고기 따위의 즙이나 액》
☜ 중세영어로 '허브를 끓여 얻은 액체'란 뜻

※ **juic**y [dʒúːsi] ⓗ (-<-c**ier**<-c**iest**) **즙이 많은**, 수분이 많은 ☜ 즙(juice)이 많은(y<형접>)

■ **fresh** [freʃ/프뤠쉬] ⓗ 새로운, **신선한**, 싱싱한 ☜ 고대영어로 '소금기 없는'이란 뜻

□ a**fresh** [əfréʃ] ⓟ **새로이**(=again), 다시 ☜ 정말(a/강조) 신선하게(fresh)
♠ start **afresh 다시** 시작하다

아프리카 Africa (인류의 고향인 아프리카 대륙)

아시아 다음으로 큰 대륙이며, 대륙 한가운데에 적도가 지나고 있어서 무더운 지역이 많다. 사하라사막(Sahara Desert)을 기준으로 백인이 대부분인 북부아프리카와 흑인이 대부분인 중남부아프리카로 나뉜다.

□ **Africa** [ǽfrikə/**애**프뤼커] ⓜ **아프리카대륙** ☜ 라틴어로 '아름답게 빛나다'라는 뜻

□ **Africa**n [ǽfrikən] ⓜⓗ **아프리카(의), 아프리카사람(의)** ☜ Africa + an(~의/~사람)

□ **Afro**-American ⓜⓗ (아프리카계) 미국 흑인(의) ☜ Afro(Africa) + American

애프터서비스 after service (콩글 ▶ 사후봉사) ➔ after-sales service, repair service(수리 서비스), warrantee service(보증 서비스)* service 봉사, 서비스

□ **after** [ǽftər/**앺**터/ɑ́ːftər/**앞**-터] ⓟ **뒤에, 후에**(=behind); ~의 다음에(=next to); ~을 찾아(추구하여), ~을 뒤쫓아 ☜ 고대영어로 '훨씬 뒤에'란 뜻
♠ **After a storm comes a calm. 《속담》 폭풍우 뒤에는 고요가 온다. 고진감래(苦盡甘來)**
♠ The policeman **ran after the thief**. 그 경찰관은 **도둑을 뒤쫓았다**.
♠ **after a while 잠시 후에, 곧**
♠ **after all 결국, ~에도 불구하고**
♠ **after school 방과 후에**
♠ **look after ~ ~을 돌보다, 보살피다**(=take care of, care for)
♠ **seek after (for) ~ ~을 찾다, 추구하다**(=look for, search for)
♠ **take after ~ ~을 닮다**(=resemble, be similar to)

□ **after**noon [æ̀ftərnúːn/앺터**누**운/ɑ̀ːftərnúːn/앞터**누**운] ⓜ **오후** ☜ after + noon(정오)
♠ **this** (tomorrow, yesterday) **afternoon 오늘**(내일, 어제) **오후**

□ **after**thought [ǽftərθɔ̀ːt] ⓜ 되씹어 생각함; 뒷궁리, 재고; 때늦은 생각(지혜); 추상(追想)
☜ after + thought(생각, 사고)

□ **after**ward(s) [ǽftərwərd/**앺**터워드[즈]/ɑ́ːftərwərd/**아**프터워드[즈]] ⓟ **뒤에, 나중에**
☜ after + ward(~쪽에)
♠ three months **afterward** 석 달 **후에**

듀스 어게인 deuce again (연속 동점)

tennis, 탁구(table tennis) 등의 count 용어. deuce(동점)를 계속했을 때 deuce again 이라고 한다.

※ **deuce** [djuːs] ⓜ 〖테니스〗 40대 40의 득점, **듀스**, 〖카드놀이〗 2점

☜ 라틴어로 '2, 둘'이란 뜻. deu = duo = two

□ **again** [əgén/어**겐**, əgéin] ㊢ **다시**(=once more), **또** ☜ 고대영어로 '뒤로, 다시'란 뜻
반 once 한 번
♠ Try it **again**. **다시 한 번** 해봐.
♠ **again and again 되풀이하여, 계속해서**(=over and over again)
♠ **as much** 〔large, many〕 **again (as) (~의) 두 배의 양 [크기, 수] 의**
♠ **over and over again 반복하여**(=many times, repeatedly)
♠ **once** 〔over〕 **again 한 번 더**

□ **again**st [əgénst/어**겐**스트, əgéinst] ㉑ **~에 반(대)하여**(=in opposition to), ~에 대(비)하여
☜ again(역으로, 뒤로) + st(가장<최상급>) 반 for 찬성하여
♠ **against one's will 내 의지와는 달리, 억지로**(=contrary to one's desires)
♠ **go against ~ ~을 거스르다, 위배하다**(=be contrary to)
♠ **run against ~ ~에 부딪히다**(=collide with); **~와 우연히 만나다**
(=meet by chance)

아가멤논 Agamemnon (Troy 전쟁 당시 그리스군의 총사령관)

□ **Agamemnon** [æ̀gəmémnɑn, -nən] ㊢ 『그.신화』 **아가멤논** 《트로이 전쟁 당시 그리스군의 총사령관》 ★ 트로이전쟁은 트로이 왕자인 파리스가 그리스 영웅 아가멤논의 동생이자 스파르타의 왕인 메넬라오스의 부인 헬렌을 납치한데서 비롯되었다.

아가페 agape (비(非)타산적인 사랑, 이타적 사랑; 기독교적 사랑)

□ **agape** [ɑːgɑ́ːpei, ɑ́ːgəpèi, ǽgə-] ㊢ (pl. **-pae**) 기독교적 사랑, 비(非)타산적인 사랑
☜ 그리스어로 형제애, 자선'이란 뜻 비교 eros 성애(性愛), 성적 욕구
㊢ (놀라서) 기가 막혀, 어이없어 ☜ 근대영어로 '입을 벌리고'란 뜻
♠ The most important love is **agape**. 가장 중요한 사랑은 **이타적 사랑**이다.
♠ **be agape (with wonder) 말문이 막히다**

□ **Agape**mone [æ̀gəpéməni, -píːm-] ㊢ (the ~) 사랑의 집 《19세기 중엽 영국의 자유연애주의자 집단》 ☜ 그리스어로 '사랑의 집'이란 뜻

영에이지 Young age (한국 에스콰이어의 신발 브랜드)

한국의 신발 제조업체인 에스콰이어(Esquire)가 청소년을 목표로 하여 만든 캐주얼 신발 브랜드

※ **young** [jʌŋ/영] ㊢ (-<-g**er**<-g**est**) **젊은** ☜ 고대영어로 '젊은, 새로운, 신선한' 이란 뜻

□ **age** [eidʒ/에이쥐] ㊢ **나이; 시대** ㊢ 나이가 들다(=grow old), 늙게 하다
☜ 고대영어로 '나이, 일생'이란 뜻
♠ **come of age 성년이 되다**(=become an adult)
♠ **for one's age ~ ~의 나이에 비해서**
♠ **from** 〔with〕 **age 노령 때문에; 여러 해를 거쳐; 해가 지남에 따라**
♠ **Knowledge in youth is wisdom in age.**
《격언》 젊어서 얻은 지식은 늙어서 지혜이다.

□ **age**less [éidʒlis] ㊢ 영원히 젊은 ☜ 나이(age)가 없는(less)

□ **age**-old [éidʒòld] ㊢ **고대부터의** ☜ 연대(age)가 오래된(old)

□ **age**d [éidʒid, eidʒd] ㊢ **나이 든, 오래된, 늙은; ~ 살의** ☜ 나이(age)가 든(ed)
♠ **the aged = aged people 노인들**

에이전트 agent (대리점), 아젠다 agent (의제, 안건)

♣ **어원 : ag 행하다(=do), 행동하다(=act)**

□ **ag**ency [éidʒənsi] ㊢ **대리(점)**, 알선, 매개; 일, 작용 ☜ agent + cy<명접>

□ **ag**enda [ədʒéndə] ㊢ (pl. **-s, -**) **아젠다**, 의제, 안건, 예정표 ☜ 행해야(ag) 할 것들(enda)
♠ the first item on the **agenda 의사일정**의 첫 번째

□ **ag**ent [éidʒənt] ㊢ **대리인**, 대리점; 간첩; 자연력, 작용물, 약제 ☜ 행하는(ag) 사람(ent)
♠ an insurance **agent** 보험 **중개인**〔설계사〕
♠ special **agent** = indian **agent 첩보원**

□ **Ag**ent Orange **에이전트 오렌지** 《월남전에서 미군이 적지에 사용한 오렌지색 고엽제》
☜ orange(감귤류, 오렌지색)

□ **ag**ile [ǽdʒəl, ǽdʒail] ㊢ 몸이 재빠른, 경쾌한 ☜ 행하는(ag) 것이 빠른(ile)

□ **ag**itate [ǽdʒətèit] ㊢ **몹시 뒤흔들다**; 흥분시키다(=excite); 동요시키다(=cause to move)
☜ 행하러(ag) 가도록(it) 하다(ate<동접>)

그랜저 grandeur (현대자동차의 승용차 브랜드. <위대, 웅대>란 뜻)

♣ 어원 : grand 큰, 과장, 확대, 확장

■ **grand** [grænd/그랜드] ⓗ 웅대한, **웅장한; 위대한** ⓜ **그랜드 피아노** ☜ 고대 프랑스어로 '큰, 대(大)'란 뜻

■ **grand**eur [grǽndʒər, -dʒuər] ⓜ **웅대**, 장려(壯麗), **위대** ☜ 대단한(grand) 것(eur)
♠ **the grandeur of the Alps 알프스의 웅대함**

□ ag**grand**ize [əgrǽndaiz, ǽgrəndàiz] ⓢ 크게 하다. 확대(증대)하다, 강화(과장)하다 ☜ ~을(ag=to) 크게(grand) 만들다(ize)
♠ The king sought to **aggrandize** himself. 왕은 자신의 세력 확장을 도모했다.

□ ag**grand**izement [əgrǽndizmənt] ⓜ 확대, 증대, 강화 ☜ -ment<명접>

그래비티 gravity (우주에서 미아가 된 미국의 SF(공상과학) 영화. <중력>이란 뜻)

♣ 어원 : grav(e), griev, grief, gray, grey 무거운(=heavy)

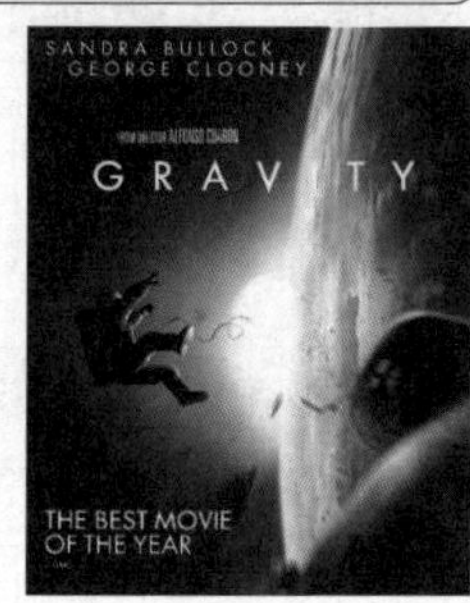

© Warner Bros.

■ **grav**ity [grǽvəti] ⓜ **중력**, 중량 ☜ 무거운(grav) 것(ity)
♠ **the center of gravity 중심(中心)**(생략 : C.G.)

□ ag**grav**ate [ǽgrəvèit] ⓢ **악화시키다** ☜ 더(ag/강조) 무겁게(grav) 하다(ate)
♠ **aggravate** an illness 병을 **악화시키다**, 병을 키우다

□ ag**grav**ation [ǽgrəvèiʃən] ⓜ 악화, 격화; 짜증, 화남 ☜ -ation<명접>

□ ag**grav**ating [ǽgrəvèitiŋ] ⓗ 악화시키는; 화나는 ☜ aggravate + ing<형접>

□ ag**griev**e [əgríːv] ⓢ 학대하다, (권리를) 침해하다 ☜ 더(ag/강조) 무겁게(griev) 하다(e)

✚ grave **무덤; 중대한, 장중한** **grave**yard **묘지, 무덤** **griev**e **슬프게 하다, 몹시 슬퍼하다** **grief 큰 슬픔, 비탄** **gray, grey 회색; 회색의**; 창백한

세그리게이션 segregation (사회 · 정치적 격리)

♣ 어원 : greg 떼, 무리

■ se**greg**ate [ségrigèit] ⓢ **분리(**격리**)하다** ☜ 따로(se) 무리(greg)를 짓게 하다(ate)

■ se**greg**ation [sègrigéiʃən] ⓜ 분리, 격리, 차단 ☜ -ation<명접>

□ ag**greg**ate [ǽgrigèit] ⓜⓗ **총액(의)**(=total), **집합(의)** ⓢ 집합하다 ☜ ~로(ag<ad=to) 모이게(greg) 하다(ate) 반 **segregate** 분리하다
♠ **aggregate** the scores 점수를 **합산하다**

□ ag**greg**ation [ægrigéiʃən] ⓜ 집합(체) ☜ -ation<명접>

□ ag**greg**ative, -tory [ǽgrigèitiv], [-gətɔ̀ːri/-təri] ⓗ 집합적인, 집합성의, 사회성이 강한; 전체(총계)(로서)의 ⓜ 집합(체) ☜ -ative<형접>

✚ con**greg**ate **모이다, 모으다** **greg**arious 떼 지어 사는, 군거성의

업그레이드 upgrade (품질 · 성능의 향상)

♣ 어원 : gress, grad, gree 가다(=go), 걷다(=walk)

■ **grad**e [greid/그뤠이드] ⓜ **등급; 성적** ⓢ **등급을 매기다** ☜ 라틴어로 '걸음, 계단'이란 뜻

■ up**grad**e [ʌ́pgrèid] ⓜ《미》오르막; 증가, 향상, 상승;『컴퓨터』**업그레이드** ☜ 위로(up) 나아가다(grade)

□ ag**gress** [əgrés] ⓢ 공격하다 ☜ ~로(ag<ad=to) 나아가다(gress)
♠ **aggress upon** the public property 공공재산을 **침해하다**

□ ag**gress**or [əgrésər] ⓜ 침략자 ☜ -or(사람)

□ ag**gress**ion [əgréʃən] ⓜ **공격, 침략** ☜ ~로(ag<ad=to) 나아가(gress) 기(ion) 반 **repulsion** 격퇴

□ ag**gress**ive [əgrésiv] ⓗ **침략[공격]적인**, 적극적인 ☜ ~로(ag<ad=to) 나아가(gress) 는(ive)

✚ con**gress** **총회**; 학술대회, 의회(C-) di**gress** 주제를 벗어나다 **grad**ient 경사도, **기울기**, 변화도; 경사져 있는 pro**gress** **전진, 진행; 전진하다, 진척하다** re**gress** 후퇴, 역행, 퇴보; 역행(퇴보)하다 trans**gress** (법률을) 어기다, **~의 한계를 넘다**, 침범하다

고스트버스터즈 Ghostbusters (미국 코믹 영화. <유령사냥꾼들>)

1984년 개봉한 미국의 코믹 어드벤처 영화. 딕머레이, 댄 애크로이드 주연. 유령 사냥꾼들의 이야기를 그렸다. 2016년 리메이크(remake) 되었다.

© Columbia Pictures

■ **ghost** [goust] 명 **유령** ☜ 고대영어로 '영혼'이란 뜻

□ a**ghast** [əgǽst, əgɑ́:st] 형 소스라치게(깜짝)놀라서
☜ 유령(ghast<ghost) 으로부터<으로 인해(a<ad=from) 놀라서
♠ **stand (be) aghast at ~ ~에 기가 막히다, ~에 기겁을 하여 놀라다**

※ **buster** [bʌ́stər] 명 파괴하는 사람(물건); 거대한 것
☜ 부수는(bust) 사람(er)

에이전트 agent (대리점), 아젠다 agent (의제, 안건)

♣ **어원 : ag 행하다(=do), 행동하다(=act)// agit 행동하러 가다**

■ **ag**ent [éidʒənt] 명 **대리인**, 대리점; 간첩; 자연력, 작용물, 약제 ☜ 행하는(ag) 사람(ent)

■ **ag**enda [ədʒéndə] 명 (pl. **-s, -**) **아젠다**, 의제, 안건, 예정표 ☜ 행해야(ag) 할 것들(enda)

□ **ag**ile [ǽdʒəl, ǽdʒail] 형 기민한, 경쾌한(=quick-moving) ☜ 행하는(ag) 것이 빠른(ile)

□ **agit**ato [æ̀dʒətɑ́:tou] 형 격한, 흥분한, 급속한 부 [It.] 『음악』 **아지타토**, 격하게, 급속하게
☜ 이탈리아어로 '끊임없는, 흥분한, 급격한'이란 뜻

□ **ag**itate [ǽdʒətèit] 동 **몹시 뒤흔들다**; 흥분시키다(=excite); 동요시키다(=cause to move)
☜ 행하러(ag) 가도록(it) 하다(ate<동접>) 반 compose 진정시키다
♠ **agitate for** a strike 파업을 **선동하다**

□ **agit**ation [æ̀dʒitéiʃən] 명 **선동**, 교란, 동요, 흥분 ☜ -tion<명접>
♠ **with agitation 흥분하여**

□ **agit**ator [ǽdʒətèitər] 명 **선동가** ☜ -or(사람)

아그네스 Agnes (성녀(聖女). 로마 카톨릭의 처녀 순교자)

© Wikipedia

Saint(성) Agnes(292 ? ~ 304 ?) 로마 카톨릭의 처녀 순교자. 순결과 소녀의 수호성인 Saint Agnes'(s) Eve(성 아그네스 전야. 1월 20일밤)에 어떤 특별한 기원을 드리면 어떤 소녀라도 장래의 남편을 꿈에 본다고 한다.

□ **Agnes** [ǽgnis] 명 Saint ~ 성(聖) **아그네스** 《304년 순교한 로마의 소녀; 순결과 소녀의 수호성인》
♠ **Agnes of God 신의 아그네스**

노트 note (메모, 기록)

♣ **어원 : no, gno, gn 알다(=know)**

■ **no**te [nout] 명 비망록, **메모**; 기록; **어음; 주목** ☜ (나중에) 알 수 있도록 쓴 것

□ a**gno**stic [ægnɑ́stik/-nɔ́s-] 형 『철학』 불가지론(자)의 명 불가지론자
☜ a<an(=not/부정) + 앎(gno)이 바로 서있(st=stand) 는(ic<형접>)
★ 불가지론(不可知論)은 '신의 본체는 알 수 없다'는 중세의 신학사상에서 비롯되었다. 초경험적(超經驗的)인 것의 존재나 본질은 인식 불가능하다고 하는 철학상의 입장이 불가지론이다.
♠ **As an agnostic**, I don't believe in God. **불가지론자로서** 나는 신을 믿지 않는다.

□ a**gno**sticism [ægnɑ́stəsìzəm] 명 불가지론 ☜ -ism(~주의, ~사상)

✚ de**no**te **나타내다**, 표시하다 **gno**sis 영적 인식(지식), 신비적 직관 i**gno**re **무시하다**; 『법률』 기각하다 **no**tice **통지; 주의**, 주목; **예고**, 경고; **고시**, 게시; **알아채다; 주의하다** **no**tion 관념, 개념; **생각** reco**gn**ize 알아보다, **인지하다**

고스톱 Go-Stop (한국의 화투놀이. <계속진행 또는 중단>이란 뜻)

■ **go** [gou/고우] 동 (-/**went**/**gone**) **가다**; 작동하다, 진행하다(되다)
☜ 고대영어로 '가다'란 뜻

□ a**go** [əgóu/어**고**우] 부 **전에** ☜ 고대영어로 '멀리(a=away) 가다(go)'
★ ago는 현재를 기준으로 하는데 비해, 과거의 특정 시점을 기준으로 할 때는 before를 쓴다.
반 hence 지금으로부터 ~후에
♠ **a long time ago 오래 전에, 옛날에**
♠ million years **ago** 백만년 **전**

※ **stop** [stɑp/스땁/stɔp/스톱] 동 (-/stop**t**(stop**ped**)/stop**t**(stop**ped**)) **멈추다, 멈추게[그만두게] 하다, 그치다** 명 **멈춤; 정류소** ☜ 중세영어로 '마개, 막다'란 뜻

✚ outgoing **나가는; 떠나가는**; 은퇴하는 undergo (검열 · 수술을) **받다**; 경험하다

아곤 agon (옛 그리스의 현상(懸賞) 경기회)

고대 그리스에서 상금이나 상품을 내걸고 개최하는 경기회를 뜻하며, 희극에서는 주요 인물간의 갈등을 가리키는 말이다.

♣ **어원 : agon 투쟁, 싸움, 경연**

☐ **agon** [ǽgoun, -ɑn, ɑ:góun] 명 (pl. **-s, -es**) 〖운동 · 음악〗 현상(懸賞)경기; 〖문예〗 (주요 인물간의) 갈등
☜ 그리스어로 '투쟁; 경기'란 뜻

☐ **agon**ist [ǽgənist] 명 투쟁〔경쟁〕자; 작용제; (문학작품의) 주인공
☜ 싸움(agon) 전문가(ist)
♠ **agonist** injection **작용제** 주입

☐ **agon**y [ǽgəni] 명 **고뇌**(= great pain); (심신의) 심한 고통
☜ 투쟁(agon)으로 인한 고통
♠ **in agony 번민[고민]하여**

© quatr.us

☐ **agon**ize [ǽgənàiz] 동 괴롭히다, 번민시키다 ☜ agony + ize<동접>

☐ **agon**izing [ǽgənàiziŋ] 형 고통을 주는 ☜ agonize + ing<형접>

✚ ant**agon**ize 적대하다, 대립하다 deuter**agon**ist 〖고대그리스 연극〗 부주역(副主役), 단역, (특히) 악역 prot**agon**ist 〖연극〗 주역, (소설 · 이야기 등의) 주인공 trit**agon**ist 〖고대그리스 연극〗 제 3 역

아고라 agora (고대 그리스의 광장)

☐ **agora** [ǽgərə] 명 (pl. **-s, -e** [-ri:]) (옛 그리스의) 집회(장), 광장, 시장
☜ 그리스어로 '사람들의 모임, 모이는 곳'이란 뜻
♠ **politics of agora 광장의 정치**

☐ **agora**phobia [æ̀gərəfóubiə] 명 〖심리〗 광장공포증 ☜ agora + phobia(공포증)

그레이스 캘리 Grace Kelly (미국 여배우이자 모나코 왕비)

미국의 영화배우이자 모나코(Monaco)의 왕비(1929-1982). 배우시절에는 우아한 미모와 연기로 인기를 끌었으며, 세계에서 가장 아름다운 왕비로 칭송받았다.

♣ **어원 : grace, gree, gru 호의; 조화, 일치, 동의**

■ **grace** [greis/그뤠이스] 명 **우아**, 호의; 은혜, 은총 동 **우아하게 하다**, 명예를 주다 ☜ 라틴어로 '우미(優美)' 라는 뜻

☐ a**gree** [əgrí:/어그뤼-] 동 **동의하다**, 호응하다
☜ ~에 대해(a=to) 호의로 응하다(gree)
반 **disagree, object** 반대하다, **differ** 다르다
♠ **agree on** ~ (의견 · 조건이) **~과 일치하다**
♠ **agree to + (의견 · 제안) ~에 동의하다**
♠ **agree with + (사람) 동의하다, 적합하다**

© biography.com

☐ a**gree**able [əgrí:əbəl/əgríə-] 형 **찬동하는**; 기분좋은 ☜ agree + able<형접>

☐ a**gree**ably [əgrí:əbli] 부 기분 좋게, 쾌히 ☜ agree + ably<부접>

☐ a**gree**ment [əgrí:mənt] 명 **협정**, 계약 ☜ agree + ment<명접>
♠ **in agreement with ~ ~와 일치[합의]하여; ~에 따라서**

✚ dis**agree 일치하지 않다**, 다르다 con**gru**ous 일치하는, 적합한, 어울리는, 조화하는

필그림파더스 Pilgrim Fathers (신대륙으로 건너간 영국 청교도단)

[미국역사] 1620 년 Mayflower 호를 타고 미국에 건너가 Plymouth 에 정착한 102 명의 영국 청교도단

W.J. Aylward 작 <청교도단의 상륙>

♣ **어원 : gr, egr, agr, agri, agro 땅, 들판, 국가; 토지; 농업**

■ pil**gr**im [pílgrim] 명 **순례자**, 성지참배자
☜ 땅(gr) 주변을(pii) 둘러보다

■ pil**gr**image [pílgrimidʒ] 명 순례 여행 ☜ pilgrim + age<명접>

☐ **agr**arian [əgrέəriən] 형 토지의, 농업의 ☜ 땅(agr) 의(arian)
♠ **agrarian rising 농민 폭동**
♠ **agrarian reform 토지 개혁**

☐ **agri**culture [ǽgrikʌ̀ltʃər] 명 **농업**(=farming)

☞ 땅(agri)을 재배하는(cult) 것(ure)
♠ the Department of **Agriculture** 《미》 **농무**부 《생략: DA》

☐ **agri**culturist [æ̀grikʌ́ltʃərist] ⓜ 농부(=farmer), 농학자 ☞ agriculture + ist(사람)

☐ **agri**cultural [æ̀grikʌ́ltʃərəl] ⓗ **농업의** ☞ agriculture + al<형접>
♠ **the Agricultural Age 농경 시대**
♠ **agricultural implements 농기구**
♠ **agricultural products 농산물**

☐ **agro**logy [əgrɑ́lədʒi/əgrɔ́l-] ⓜ 농업과학, 응용 토양학 ☞ 토지(agro)에 관한 학문(logy)
♠ **major in agrology 농업과학을 전공하다**

☐ **agro**nomics [æ̀grənɑ́miks/-nɔ́m-] ⓜ (pl. 단수취급) 농업 경영학, 작물학
☞ 토지/농업(agro)에 이름을 붙인(nom=name) 학문(ics)

☐ **agro**nomist [əgrɑ́nəmist/əgrɔ́n-] ⓜ 농경가〔학자〕 ☞ agronomy + ist(사람)

☐ **agro**nomy [əgrɑ́nəmi/əgrɔ́n-] ⓜ 농업 경제학, 농학(農學)
☞ 토지/농업(agro) 학문(nomy: 이름을 붙인(nom) 것(y))

※ **father** [fɑ́:ðər/**빠**-더] ⓜ **아버지** ☞ 라틴어로 '아버지'라는 뜻 ★ mother 어머니

아~ ah (감탄사), 오 마이 갓 Oh my god (맙소사) * my 나의 god 신, 하나님

☐ **ah** [ɑ:/아-] ⓖ **아아 !** 《놀람·괴로움·기쁨·슬픔·분함 따위를 나타내는 발성》

☐ **aha, ah ha** [ɑ:hɑ́:, əhɑ́:] ⓖ **아하 !**

☐ **alas** [əlǽs, əlɑ́:s] ⓖ **아아 !**, 슬프다, 가엾도다

■ **oh, O** [ou/오우] ⓖ [의성어] **오오 !**

✚ **aw** 《미》 **저런!**, 아니 !, 에이 ! **ooh** 앗, 어, 아 **oops** 아이쿠, 저런, 아뿔싸, 실례 **ouch 아얏**, 아이쿠 **ugh** 우, 와, 오 《혐오·경멸·공포 따위》 **wow** 《구어》 **야아 !** 《놀라움·기쁨·고통 따위》

헤드폰 headphone (전자기기음을 듣기 위해 머리에 쓰는 청음기)

■ **head**phone [hédfòun] ⓜ **헤드폰** ☞ head(머리) + phone(소리)》

☐ a**head** [əhéd] ⓟ 앞에(=in front of); 앞서(=in advance), **미리**; 앞으로(=forward)
☞ 머리(head) 바로 앞에(a=on) ⓑ aback 뒤에, 뒤로
♠ Go straight **ahead**. 곧장 **앞으로** 가세요.
♠ **ahead of ~ ~보다 앞에[앞서서]**
♠ **go ahead with ~ ~을 계속하다, 속행하다**

크린에이드 clean-aid (한국의 세탁 브랜드. 직역하면 <청결 지원>이란 뜻)

※ **clean** [kli:n/클린-] ⓗ **깨끗한** ☞ 고대영어로 '이물질이 섞이지 않은'이란 뜻

※ dry-**clean** [dráiklí:n] ⓓ **드라이클리닝**하다
☞ 건식(dry) 세탁(clean): 물 대신 유기용제를 이용한 세탁법

☐ **aid** [eid/에이드] ⓜ **원조**, 지원, **도움**; 조력자 ⓓ **원조하다**, 돕다
☞ 고대 프랑스어로 '돕다'란 뜻 ⓑ hinder 방해하다
♠ We **aided** him in the enterprise. 우리는 그의 사업을 **원조했다.**
♠ **a first-aid kit** 〔case, box〕 **구급상자**
♠ **with the aid of ~ ~의 도움으로**

아이다 Aida (에티오피아의 왕녀)

1871년 작곡한 Italy의 베르디 오페라 제목이자 그 여주인공인 에티오피아의 왕녀이다. 오페라 Aida는 spectacle한 걸작이며, 세계의 여러 가극장에서 가장 많이 공연된 오페라이기도 하다.

Metropolitan Opera
< Aida >

☐ **Aida** [ɑ:í:də/aií:-] ⓜ **아이다** 《베르디(Verdi) 작의 오페라(1871); 그 여주인공》

에이즈 AIDS (후천성 면역 결핍증)

♣ **어원 : quire 찾다, 구하다**

☐ **AIDS** [eidz] ⓜ **A**cquired **I**mmune **D**eficiency **S**yndrome의 약자, 후천성 면역 결핍증
♠ **get a AIDS 에이즈에 걸리다**
♠ **an AIDS test = a test for AIDS 에이즈검사**

✚ **acquire 획득[취득]하다**, 익히다 **acquired 획득된**; 후천적인
immune 면역성의; 면역자, 면제자 **deficiency 결핍**, 부족 **syndrome** 증후군, 일정한 행동양식

[연상] 무엇 때문에 에일린(Aileen)은 에일링(ailing.괴로워하는)하고 있나 ?

☐ **Aileen** [eilíːn; Ir. ailíːn] [명] 여자이름 《Helen의 아일랜드어형》
☐ **ail** [eil] [동] 《고어》 (사람이 사물을) **괴롭히다**(=trouble)
☜ 고대영어로 '괴롭히다'란 뜻
♠ What **ails** you? 어찌된 거냐?: 어디가 **아프냐**?
☐ **ail**ing [éiliŋ] [형] 병든, 괴로워하는 ☜ -ing<형접>
☐ **ail**ment [éilmənt] [명] **병**; 불쾌 ☜ -ment<명접>
♠ **cure a(n) ailment** 〔illness, disease〕 **병을 고치다**

에임 aim ([골프 · 슈팅게임] 조준하는 것)

골퍼가 골프코스에서 몸 전체를 공이 날아가야 할 방향의 선과 평행하게 세워주는 것. 또는 슈팅 게임에서 총을 발사했을 때 탄이 적중하는 범위를 말한다. 조준점이라고도 부른다.

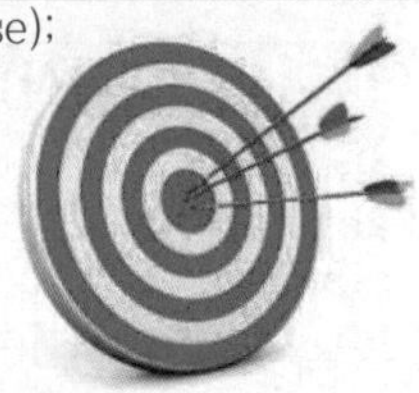

☐ **aim** [eim/에임] [동] **겨누다**, 겨냥하다 [명] **조준**, 겨냥; **목적**(=purpose); 목표 ☜ 라틴어로 '산정하다, 계산하다'란 뜻
♠ **aim at ~ ~을 노리다, 목표로 하다**(=set a goal of~)
♠ **my aim in life 나의 인생목표**
☐ **aim**ing [éimiŋ] [명] 겨냥, 조준 ☜ -ing<명접>
☐ **aim**less [éimlis] [형] **목표[목적]가 없는** ☜ -less(~이 없는)
☐ **aim**lessly [éimlisli] [부] **목적없이**, 정처없이 ☜ aimless + ly<부접>

에어컨 aircon ([콩글] 냉방기) ➔ air-conditioner * conditioner 조절장치

♣ 어원 : **air, aer(o) 공기, 공중, 하늘**
☐ **air** [εər/에어] [명] **공기, 공중** [동] **공기[바람]에 쐬다**
☜ 중세영어로 '지구를 둘러싼 보이지 않는 기체'란 뜻
♠ **by air 비행기로**
♠ **in the air (소문 등이) 퍼져**(=prevailed, spread) ; **미결의**(=undecided)
♠ **on (the) air 방송 중인, 계속 방송되고 있는**(=being broadcast)
☐ **air**-borne [έərbɔ̀ːrn] [형] 공수의, 공수된 ☜ borne(bear(나르다)의 과거분사)
☐ **air**bus [έərbʌ̀s] [명] 대형여객기, **에어버스** ☜ air + bus(버스)
☐ **air**-condition [έərkəndìʃən] [동] 공기 조절을 하다, 냉방〔난방〕장치를 하다
☜ condition(조건, 상태; 조절하다)
☐ **air** conditioner 냉방장치, **에어컨**, 공기조절장치 ☜ -er(장치)
☐ **air**-conditioned [έərkəndìʃənd] [형] **냉(난)방 장치를 한** ☜ -ed(~을 장치한)
☐ **air**craft [έərkræ̀ft, -krɑ̀ːft] [명] **항공기** 《비행선, 비행기, 기구의 총칭》
☜ air + craft(선박, 항공기, 우주선)
☐ **air**field [έərfìːld] [명] **비행장** ☜ air + field(들판, 벌판)
☐ **air** fight 공중전 ☜ fight(싸움; 싸우다)
☐ **air** fleet 항공기 편대 ☜ fleet(함대, 선단, 대(隊))
☐ **air** force 공군 ☜ force(힘, 세력, 폭력, 무력; 군대)
☐ **air**line [έərlàin] [명] 항공로, **항로** ☜ air + line(줄, 선; 진로, 길)
☐ **air**liner [έərlàinər] [명] **정기여객기** ☜ air + line + er
☐ **air**plane [έərplèin/**에**어플레인] [명] **비행기** ☜ air + plane(항공기)
♠ **take an airplane 비행기를 타다**
☐ **air** pocket 에어포켓, 수직기류 ☜ pocket(주머니)
☐ **air** pollution 대기 오염 ☜ pollution(오염, 공해)
☐ **air**port [έərpɔ̀ːrt/**에**어포-트] [명] **공항** ☜ 공중으로(air) 나르다(port)
♠ **an international airport 국제공항**
☐ **air** pressure 기압 ☜ pressure(압력, 압박; 곤경)
☐ **air**proof [έərprùːf] [형] 공기가 통하지 않는 ☜ proof(~을 막는, 견뎌내는; 증명, 증거)
☐ **air**mail [έərmèil] [명] **항공우편** ☜ air + mail(우편)
♠ **Via Airmail 항공편으로**
☐ **air**man [έərmən] [명] (pl. **-men**) **비행사**, 조종사(=pilot) ; 항공병 ☜ air + man(사람)
☐ **air** raid [명] 공습 ☜ air + raid(습격)
♠ **an air-raid warning (alarm) 공습경보**
☐ **air**-raid [έərrèid] [형] **공습의** ☜ raid(급습, 습격)
☐ **air** route 항공로 ☜ route(도로, 길, 노선)
☐ **air** shaft **통풍구** ☜ shaft(굴대, 축, 환기구)
☐ **air**ship [έərʃìp] [명] **비행선** ☜ air + ship(배)

☐ **air**sick [ɛ́ərsìk] ⓗ 항공병에 걸린, 비행기 멀미가 난 ☜ sick(아픈)
☐ **air**sickness [ɛ́ərsìknis] ⓜ 항공병, 비행기 멀미 ☜ sickness(병, 멀미)
☐ **air**speed [ɛ́ərspìːd] ⓜ **풍속**; 대기속도 ☜ speed(속도, 속력)
☐ **air**way [ɛ́ərwèi] ⓜ **항공로**, 항공회사 ☜ way(길, 도로)
☐ **air**y [ɛ́əri] ⓗ (-<-**rier**<-**riest**) **공기의**, 공중의, 공기 같은; 가벼운, **경쾌한** ☜ -y<형접>
♠ **airy dreams 허황된 꿈**
♠ **an airy tread 가벼운 걸음걸이**

✚ **aer**ial 공중선, **안테나; 공기의**, 공기 같은 **aero** 항공(기)의, 항공학(술)의 **aero**plane 《영》 **비행기** 《미》 airplane **aero**drome 《영》 소형비행장

연상 아이가 아일(aisle.복도)에서 사라져 버렸다.

☐ **aisle** [ail] ⓜ **복도, 통로** ☜ 중세 프랑스어로 '날개, 무대의 양옆'
♠ **walk up the aisle 결혼하다**
☐ **aisle** seat (항공기·열차 등의) 통로쪽 좌석 ☜ seat(자리, 좌석; 앉히다)
비교 window seat 창측 좌석

라이언 킹 The Lion King (미국 만화영화. <사자왕>이란 뜻)

1994년 제작된 미국 애니메이션 영화. 어린 사자 심바는 아버지 무파사가 죽은 후 사악한 숙부 스카에 의해 추방된다. 스스로 자신을 지켜야만 하는 심바는 품바와 티몬이라는 괴상한 캐릭터들과 친구가 되고 암사자 날라를 사랑하게 된다. 그리고 마침내 돌아가 자랑스러운 우두머리로서 자신의 자리를 되찾는다. 아카데미 주제곡, 주제가 상 수상. <출처 : 죽기 전에 꼭 봐야 할 영화 1001편 / 요약인용>

© Buena Vista Pictures

♣ **어원 : kin, kind 종족, 친족; 태생, 천성**
※ **lion** [láiən/**라**이언] ⓜ (pl. **-s, -**) **사자** ☜ 고대영어로 '사자'란 뜻
■ **kin**g [kiŋ/킹] ⓜ **왕**, 국왕, 군주 ☜ 종족(kin)을 대표하는 자(g)
■ **kin** [kin] ⓜ [집합적] **친족**, 친척, 일가(=relatives); **혈통** ⓗ 동족인 ☜ 고대영어로 '가족, 종족'이란 뜻
☐ a**kin** [əkín] ⓗ **혈족의, 동족의** ☜ a<ad(~에게로) + kin(친족, 친척/relative)
♠ **be akin to ~ ~와 유사하다**(=be similar to)
■ **kind** [kaind/카인드] ⓜ **종류**; 본질, 본성, 성질 ☜ 고대영어로 '태생' ⓗ **친절한** ☜ 고대영어로 '천성에 따라'란 뜻

아마겟돈 Armageddon (선과 악의 결전장), 알람 alarm clock (자명종)

[성경] 아마겟돈 : 세계종말에 있을 사탄(Satan)과 하나님의 마지막 전쟁의 장소
[영화] 1998년 개봉된 마이클 베이 감독의 SF(공상과학)/재난/액션 영화. 지구와 운석과의 충돌을 소재로 하였다. 브루스 윌리스, 빌리 밥 손튼 주연.

© Buena Vista Pictures

♣ **어원 : arm 무기, 무장시키다**
■ **Arm**ageddon [àːrməgédən] ⓜ 〖성서〗 **아마겟돈** 《세계의 종말에 있을 선과 악의 결전장》 ☜ 히브리어로 '메기도산(Mount of Megiddo)이란 뜻. 팔레스타인 중부에 위치한 이스라엘의 중요한 전투 지역
☐ al**arm** [əláːrm] ⓜ **경보(기)**, 자명종; **놀람** ⓢ 경보하다(=warn); 놀라게 하다(=frighten) ☜ 모두(al<all) 무기를 들어라(arm)
♠ **be alarmed at** (the news) (소식)**에 깜짝 놀라다**
☐ al**arm**ing [əláːrmiŋ] ⓗ **놀랄만한**, 심상치 않은 ☜ alarm + ing<형접>
☐ al**arm**ingly [əláːrmiŋli] ⓑ 놀라서; 놀랄 만큼 ☜ alarming + ly<부접>
☐ al**arm**ism [əláːrmìzm] ⓜ 법석떨게 함; 기우(杞憂), 쓸데없는 걱정 ☜ -ism(상태)
☐ al**arm**ist [əláːrmist] ⓗⓜ 인심을 소란케 하는 (사람); 군걱정하는 (사람) ☜ -ist(사람)

✚ **arm 팔**, (pl) **무기**, 병기 dis**arm** 무기를 거두다 fire**arm** (pl.) 화기 fore**arm** 팔뚝; 미리 무장하다

☐ **alas**(아아!, 슬프다) ➔ **ah**(아아!) **참조**

앨라배마 Alabama (흑인이 많고 인종차별이 심한 미국 남동부의 주)

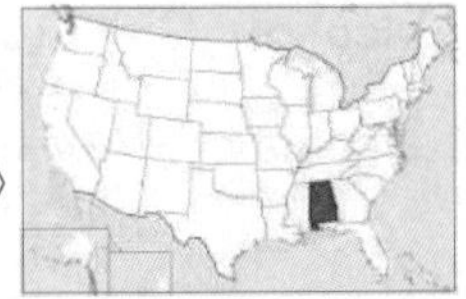
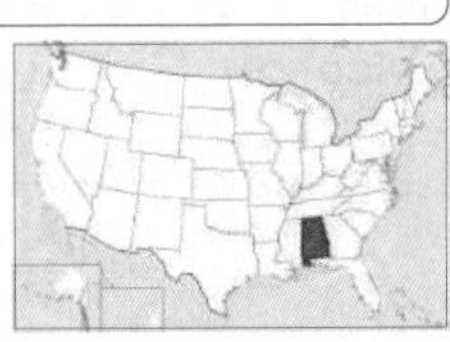

☐ **Alabama** [æ̀ləbǽmə] ⓜ **앨라배마** 《미국 남동부의 주; 주도 Montgomery; 약어: Ala., AL ; 속칭 the Heart of Dixie, the Cotton State》 ☜ 북미인디언어로 '식물을 자르는 도구'란 뜻

A

알라딘 Aladdin (아라비안나이트<천일야화>의 주인공)

아라비안나이트(Arabian Nights' Entertainments)에 등장하는 인물로서 마술램프의 주인. 아라비안나이트는 다른 말로 천일야화(千一夜話) (The Thousand and One Night)라고도 한다.

□ **Aladdin** [əlǽdn] [명] **알라딘** 《The Arabian Nights에 나오는 청년 이름》
♠ **Aladdin's lamp 알라딘의 램프** 《모든 소원을 이루어 준다는 마법의 램프》

※ **Arab** [ǽrəb] [명] (the ~s) **아랍 민족; 아라비아[아랍]사람**; 아라비아종의 말
☜ 아랍어로 '사막의 거주자'란 뜻

※ **Arab**ia [əréibiə] [명] **아라비아** ☜ 아랍(Arab)의 나라(ia)

※ **Arab**ian [əréibiən] [명][형] **아라비아(의)**, **아라비아사람[말](의)** ☜ Arabia + an(~의/~사람)

알라모 Alamo (멕시코와의 전쟁에서 사용된 미국의 알라모 요새)

미국 텍사스(Texas) 주 샌 안토니오(San Antonio)에 있는 알라모 요새. 1836 년 멕시코(Mexico)군에 포위된 미국인 187 명이 전멸된 곳이다.

□ **Alamo** [ǽləmòu] [명] (the ~) **알라모** 요새 ☜ 스페인어로 '목화나무'란 뜻. 당시 그곳엔 목화재배가 광범위하게 이뤄지고 있었다.

알래스카 Alaska (1867 년 미국이 러시아로부터 720 만달러에 구입한 최북단 주)

□ **Alaska** [əlǽskə] [명] **알래스카** 《캐나다 북서쪽에 위치한 미국의 한 주(州); 약어 : Alas.》
☜ 알류트(Aleut) 인디언어로 '거대한 땅'이란 뜻

알바니아 Albania (그리스 북서쪽에 인접한 발칸반도의 공화국)

□ **Albania** [ælbéiniə, -njə] [명] **알바니아** 《그리스와 인접한 발칸반도의 공화국. 수도 티라나(Tirana)》 ☜ 중세 라틴어로 '하얀 도시(Albanopolis)의 나라'란 뜻. 그러나 자국민들은 슈치퍼리아(Shqipëria)나 슈치퍼리(Shqipëri)로 부르는데 이는 '독수리의 나라'란 뜻이다.

앨범 album (사진첩), 알프스 Alps (알프스 산맥)

♣ 어원 : alb, alp, aub 흰, 하얀

□ **alb**um [ǽlbəm/**앨**범] [명] **앨범** 《사진첩, 우표첩, 악보철 등》 ☜ 하얀(alb) 것(um)이라는 의미

□ **alb**umen [ælbjúːmən] [명] (알의) 흰자위; 『식물』 배유(胚乳), 배젖; 『생화학』 =albumin
☜ 라틴어로 '(달걀의) 하얀(alb) 것(umen)'이란 뜻

■ **Alps** [ælps] [명] (the ~) **알프스산맥** ☜ '하얀(Alp) 산'이란 뜻

✚ d**aub** [dɔːb] **칠하다**, 바르다; 더럽히다; 바르기 bed**aub** 처덕처덕 바르다, 마구 칠하다; 더럽히다

알카트래즈 Alcatraz (탈출이 불가능한, 인류 역사상 가장 유명했던 미국의 교도소. <펠리컨>이란 뜻)

□ **Alcatraz** [ǽlkətræ̀z] [명] **알카트래즈** 《미국 San Francisco만(灣) 내에 위치한 작은 섬. 과거 교도소가 있었음》
☜ 스페인어로 '펠리컨'이란 뜻. 펠리컨이 많이 살았으므로.

캐미 chemistry (사람간의 공감대, 끌리는 화학적 반응)

♣ 어원 : chemi, chemo 화학

■ **chemi**stry [kémistri] [명] **화학**, 화학작용, (사람간의) 공감대 ☜ chemi(화학) + stry(구조)

□ al**chem**y [ǽlkəmi] [명] **연금술** 《납·구리 등 값싼 금속으로 금·은을 만들고자 했던 전근대 과학기술》 ☜ al(아랍어 정관사=the) + chemy(중세 연금술=화학)
♠ **Alchemy** died hard. **연금술**은 좀처럼 사라지지 않았다.

□ al**chemi**st [ǽlkəmist] [명] **연금술사** ☜ alchemi + ist(전문가)

알콜 < 알코올 alcohol (술)

□ **alcohol** [ǽlkəhɔ̀(ː)l, -hɑ̀l] [명] **알코올**, 술, 주정(酒精)(《영》 spirit) ☜ 아랍어 알쿨(Al Kuhl)에서 유래했는데, 이는 '눈썹을 그릴 때 쓰는 금속 가루' 또는 '휘발성 액체'를 의미

□ **alcohol**ic [æ̀lkəhɔ́(ː)lik, -hɑ́l-] [형] **알코올**성의 ☜ 알콜(alcohol) 의(ic)
♠ **alcoholic poisoning 알코올 중독**

올드보이 old boy (한국 영화. <정정한 노인>이란 뜻) * boy 소년
올드미스 old miss (콩글 노처녀) ➔ old maid [spinster] * miss 처녀

올드보이는 2003년 개봉한 한국의 미스테리/범죄/스릴러 영화이다. 박찬욱 감독, 최민식, 유지태 주연. 15년간 사설 감금방에 이유도 모른 채 갇혀 있던 주인공이 자신을 감금한 사람의 정체를 밝혀가는 과정을 그린 영화. 2004년 칸영화제 심사위원 대상, 동년 대종상 영화제 5개부문 수상작.

♣ 어원 : old, eld, ald 나이든, 오래된

© Show East

■ **old** [ould/오울드] ⓗ (-<-**er**〔**elder**〕<-**est**〔**eldest**〕) **나이 먹은, 늙은, (만) ~세의**〔인〕 ⓜ **옛날**
☜ 고대영어로 '오래된, 골동품의'란 뜻

■ **eld**er [éldər] ⓗ 〖old의 비교급〗 **손위의, 연장의** ⓜ 연장자
☜ 나이가 많은(eld) + 더(er<비교급>)

□ **ald**erman [ɔ́ːldərmən] ⓜ (pl. **-men**) 《미》 **시의원**, 구청장; 《영》 시 참사회원, 부시장 ☜ 고대영어로 '가장, 족장'이란 뜻.
⇦ 더(er<비교급>) + 나이든(ald) + 남자(man)

□ **ald**ermancy [ɔ́ːldərmənsi] ⓜ 시의원〔구청장〕 직〔지위, 신분〕
☜ alderman + cy(관직)

에일맥주 ale beer (상면 발효방식의 맥주)

에일(ale) 맥주는 라거(lager) 맥주 보다 쓰고 독하며, 포터(porter) 보다 순한 상면 발효방식의 맥주이다.

□ **ale** [eil] ⓜ (쓴 맛이 강한) **에일 맥주**
☜ 초기인도유럽어로 '쓰디 쓴, 맥주'

※ **beer** [biər] ⓜ **맥주, 비어** 《※ ale, porter, stout》
☜ 고대영어로 '음료'란 뜻

다이렉트, 디렉트 direct (중간 매개없이 직접적인)

♣ 어원 : rect, ert 직접의, 똑바른; 옳은

■ di**rect** [dirékt/디**렉**트/dairékt/다이**렉**트] ⓗ **직접적인, 직행의** ⓢ **지시[명령]하다**
☜ 따로(di<dis=apart) 직접(rect)

□ al**ert** [ələ́ːrt] ⓗ **경계하는; 빈틈없는** ⓜ 경계, 경보
☜ 프랑스어로 '망루〔똑바로 세워진(ert) 곳〕 위에서(al=on) 근무 중인'
♠ **be on the alert (for) 빈틈없이 경계하다**

✚ e**rect** **똑바로 선; 직립시키다, 세우다** cor**rect** **옳은, 정확한;** 바로잡다

알렉산더 대왕 Alexander the Great (대제국을 건설한 마케도니아 왕)

마케도니아왕(356-323 B.C.). 그리스-페르시아-인도에 이르는 대제국을 건설하여 그리스 문화와 오리엔트(Orient/동방)문화를 융합시킨 새로운 헬레니즘(Hellenism) 문화를 이룩하였다.

□ **Alexander** [æ̀ligzǽndər/앨릭**잰**더, -zɑ́ːn-] ⓜ (~ the Great) **알렉산더** 대왕

□ **Alexandria** [æ̀ligzǽndriə, -zɑ́ːn-] ⓜ **알렉산드리아** 《북아프리카 나일(Nile)강 어귀의 항구도시》
☜ 알렉산더 대왕의 이름을 따서 만든 도시

※ **great** [greit/그뤠이트] ⓗ **큰, 위대한**, 대단한, 중대한 ☜ 고대 프랑스어로 '큰'이란 뜻

연상 알제리(Algeria) 사람들은 알제브라(algebra.대수학)를 잘 한다(?)

□ **Algeria** [ældʒíəriə] ⓜ **알제리** 《북아프리카의 공화국》 ☜ 아랍어로 '섬들'이란 뜻
★ 정식 국가 명칭은 알제리 인민민주공화국이며, 아랍어 국명은 '알자자이르'이다.

□ **Algerian** [ældʒíəriən] ⓗ **알제리**(사람)의 ⓜ **알제리**사람 ☜ Algeria + an(사람)

□ **algebra** [ǽldʒəbrə] ⓜ **대수학** 《숫자 대신 문자를 사용하여 수학법칙을 규명하는 것》
☜ 아랍수학자 A1 Khwarizmi 의 방정식 저서 'al Jabr'가 유럽으로 전파된 데서
♠ **algebra** of logic 논리 **대수**

알고리즘 algorism (산수)

□ **algorism** [ǽlgərìzəm] ⓜ **아라비아** 숫자 기수, 산수 ☜ algorithm(연산)의 변형

□ **algorithm** [ǽlgərìðəm] ⓜ 연산(방식) ☜ 아랍수학자 Al Khwarizmi(알 화리즈미)의 이름에서 유래

A

알함브라 궁전 Alhambra (스페인의 이슬람식 옛 성(城). <붉은 성>이란 뜻)

□ **Alhambra** [ælhǽmbrə] 명 (the ~) **알함브라** 궁전 《스페인에 있는 이슬람 무어왕들의 옛 성(城)》 ☜ 아랍어로 '붉은 (성)'이란 뜻

□ **Alhambr**esque [ælhæmbrésk] 형 『건축ㆍ장식』 **알함브라** 궁전식의 ☜ Alhambra 풍의(esque)

알리바바 Ali Baba (아라비안나이트<천일야화>에 등장하는 나무꾼)

□ **Ali Baba** [ɑ́:libɑ́:bɑ:, ǽlibǽbə] 명 **아라비안나이트**에 나오는 나무꾼 《도적들의 보물을 발견한》 ★ 『알리바바와 40인의 도적(Ali Baba and the Forty Thieves)』의 원제목은 『Ali Baba』이다. 도적들이 보물을 숨긴 바위문을 열 때 외운 주문은 "열려라 참깨(Open, Sesame)"이다.

□ **Alibaba** [ɑ́:libɑ́:ba:, ǽlibɑ́:bə] 명 **알리바바** 《중국의 전자상거래 온라인 마켓운영 기업》

알리바이 alibi (현장부재증명), 에일리언 alien (외국인, 외계인)

알리바이, 즉 현장부재증명(現場不在證明)이란 법학용어로 범죄사건 등이 일어났을 때에 그 현장에 없었다는 증명. 또는 그 증명을 뒷받침하는 사실을 말한다.

© 20th Century Fox

♣ 어원 : ali, alter, altru 다른, 이상한, 외래의, 외국의; 바꾸다

□ **ali**bi [ǽləbài] 명 **알리바이**, 현장부재증명 ☜ 다른(ali) 곳(bi)
♠ prove [establish, set up] an **alibi** **알리바이**를 입증하다

□ **ali**en [éiljən, -liən] 명 **외국인**; 외계인, **에일리언** 형 **외국(인)의** ☜ 라틴어로 '이상한, 외래의(ali) + en<형접/명접>
♠ **alien** friends (국내에 있는) 우방국 친구

□ **ali**enate [éiljənèit, -liə-] 동 멀리하다; 이간하다; 소외하다; 양도하다 ☜ 외계인(alien)으로 만들다(ate<동접>)

□ **ali**enation [èiljənéiʃən] 명 멀리함; 이간, (자기) 소외; 『법률』 양도 ☜ -ion<명접>

■ **alt**er [ɔ́:ltər] 동 **바꾸다**, 변경하다 ☜ 다르게(alt) 하다(er)

라이터 lighter (점화기구), 라이트급 Lightweight ([투기] 경량급)

■ **light** [lait/라이트] 명 **빛**, 불꽃 형 **가벼운, 밝은** ☜ 고대영어로 '무겁지 않은'

■ **light**er [láitər] 명 **불을 켜는 사람[것]; 라이터**, 점등[점화]기 ☜ -er(사람/장비)

■ **light**weight [láitwèit] 명 표준 무게 이하의 사람[물건]; 『권투ㆍ레슬링』 라이트급 선수 형 경량의 ☜ 가벼운(light) 무게(weight)

□ a**light** [əláit] 동 (말ㆍ차ㆍ배 등에서) **내리다**(=get down); (새가 나뭇가지에) 내려앉다 (=come to rest) 형 비치어, 빛나; 불타서 ☜ 완전히(a/강조) 가볍게(light) 하다
♠ **alight** from a horse 말에서 **내리다**

□ a**light**ing [əláitiŋ] 명 착륙, 강하, 착수 ☜ alight + ing<명접>

■ s**light** [slait] 형 **약간의**, 가벼운 ☜ 게르만계인 프리슬란트어로 '부드러운, 가벼운'

라인 line (줄, 선), 휠 얼라인먼트 wheel alignment (바퀴정렬) * wheel 바퀴, 핸들

♣ 어원 : lign line 줄, 선

■ **line** [lain/라인] 명 **줄, 선**, 라인 ☜ 라틴어로' 리넨(아마)의 밧줄'이란 뜻

■ on-**line** 『전산』 **온라인** ☜ 줄(line)에 붙은(on) (상태)
반 off-line **오프라인** ☜ 줄(line)에서 벗어난(off) (상태)

■ goal **line** 『축구ㆍ육상 등』 **골라인** ☜ goal(골, 득점; 목표, 목적)

□ a**lign** [əláin] 동 일렬로 세우다, 정렬시키다 ☜ ~쪽으로(a<ad) 세운 선(lign<line)
♠ **align oneself with ~ ~와 제휴[동조]하다, ~에게 편들다**

□ a**lign**ment [əláinmənt] 명 정렬, 배열 ☜ ~쪽으로(a<ad) 선(lign<line)을 이루기(ment)
♠ **wheel alignment 휠 얼라인먼트** 《자동차의 바퀴 정렬》

라이크 어 버진 Like a Virgin (미국 팝가수 마돈나의 히트곡. <처녀처럼>이란 뜻)

미국의 팝 가수 마돈나(Madonna)가 1984년 발표하여 그녀를 세계적인 스타로 만들어준 노래. 전 세계적으로 2,100만장의 앨범 판매고를 올렸으며, 빌보드 앨범차트 및 싱글차트 정상에 올랐다.

♣ 어원 : lik(e) 비슷한, 유사한; ~와 같은; 좋은

■ **like** [laik/라이크] 동 **좋아하다** 형 **~처럼, ~와 같은** ☜ 고대영어로 '~과 같은, ~를 닮은'이란 뜻

□ a**like** [əláik] 형 **서로 같은**(=equal), 비슷한(=like each other)

Ⓟ 마찬가지로(=similarly) ☜ 완전히(a/강조) 같은(like)
반 unlike 같지 않은
★ 서술용법으로만 사용하며, 명사를 수식할 경우에는 much 사용
♠ **look alike 같아 보이다**

※ **virgin** [vəːrdʒin] 명 **처녀**, 동정녀 형 **처녀의**, 더럽혀지지 않은
☜ 고대 프랑스어로 '처녀; 동정녀 마리아'란 뜻

라이브 콘서트 live concert (공개 음악회) * concert 콘서트, 연주회

♣ 어원 : live 살아있는, 생생한

■ **live** [laiv/라이브] 형 **살아있는** 부 생방송으로 [liv/리브] 동 **살다**, ~한 생활을 하다
☜ 고대영어로 '살아있다, 생명이 있다, 존재하다'란 뜻

□ a**live** [əláiv] 형 **살아있는**(=living), 생기있는(=lively) 반 dead 죽은
☜ 완전히(a/강조) 살아있는(live)
★ 서술용법으로만 사용하며, 명사를 수식할 경우에는 living 사용
♠ **be alive to ~** (위험 등)**에 민감하다, 빈틈없다** (=be completely aware of)

■ **life** [laif/라이프] 명 (pl. li**ves**) **생명, 삶** ☜ live의 명사형

알칼리 alkali (산(酸)을 중화시키는 강한 염기성(鹽基性) 화합물)

□ **alkali** [ǽlkəlài] 명 (pl. **~(e)s**) 〖화학〗 **알칼리** ☜ 아랍어로 '불에 탄 재'란 뜻.

□ **alkali**ne [ǽlkəlàin, -lin] 형 〖화학〗 알칼리성의 ☜ 알칼리(alkali) 성의(ine)

※ **ac**id [ǽsid] 형 **신**, 신맛의 명 신 것; 산성 ☜ 날카로운(ac) 것(id)

오라이 < 올라잇 all right (좋아), 올백 all back (콩글 앞머리를 모두 뒤로 넘기는 헤어스타일) ➔ straight hair style, combed [slicked] -back hair

한국에서 차가 후진시나 출발시 보조요원이 운전자에게 "좋다"고 신호를 보낼 때 종종 사용하는 말.

□ **all** [ɔːl/올-] 형 **모든**, 전부 명대 **모두, 모든 것** ☜ 고대영어로 '모든'이란 뜻.

< 70년대 버스 안내양 > © 행정안전부 국가기록원

♠ **all ~ not 모든 것이 ~인 것은 아니다** 《부분 부정》
All is not gold that glitters. 《속담》 반짝인다고 모두 금은 아니다.
♠ **all along 처음부터, 그동안 죽, 내내**
♠ **all around 사방에, 도처에**
♠ **all at once 갑자기**(=suddenly, all of a sudden)
All at once she lost her temper. **갑자기** 그녀가 버럭 화를 냈다.
♠ **all but 거의**(=nearly, almost)
♠ **all day (long) 하루 종일**(=the whole day, throughout the day)
♠ **all kinds of 모든 종류의**
♠ **all in all 전부**(=in total), **대체로**(=in general); **가장 소중한 것**
♠ **all night (long) 밤새도록**
♠ **all of ~ ~ 의 모두, 모든 ~**
♠ **all of a sudden 갑자기, 돌연**(=suddenly, all at once)
♠ **all one's life 평생**
♠ **all over the world 전 세계(에)**
♠ **all over 어느 곳이나; 완전히 끝나**
His fame spread **all over the country**.
그의 명성은 **전국에** 퍼졌다.
♠ **all the more 그 만큼 더, 도리어, 오히려 더**(=still more, rather)
♠ **all the same (결국) 같은 일; (그래도) 역시**
♠ **all the time 처음부터 끝까지, 시종**(=at all times, always)
♠ **all the way 내내, 줄곧**
♠ **all right 좋아; 무사히, 틀림없이**
♠ **all sorts of 모든 종류의**
♠ **at all 〔부정문〕 전혀, 〔긍정문〕 여하튼, 〔의문문〕 도데체, 〔조건문〕 이왕 ~ 할 바에는**
Finish the race **at all** events. **어쨌든** 경기를 마치도록 해라.
♠ **at all costs 어떤 대가 [희생]를 치르더라도, 꼭, 기어코**
♠ **be all for nothing (in) (~에) 아무 영향도 없다**
♠ **by all means 반드시, 꼭**(=by any means)
♠ **for all ~ ~에도 불구하고**(=in spite of, with all, notwithstanding)
♠ **in all 통틀어서**

A

♠ **not ~ at all 전혀 ~ 않다, 조금도 ~않다**(=not in the least)
I do**n't** like it **at all**. 나는 그것을 **전혀** 좋아**하지 않는다**.

☐ **all**-important [ɔ́:limpɔ́:rtənt] ⓗ 가장 중요한 ☜ all + important(중요한)

☐ **all**-in [ɔ́:lín] ⓗ 《주로 英》 모든 것을 포함한; 전면적인; 《미》 결연한, 단호한 ⓜ 난투
☜ 모두(all) 안에(in) 넣는

☐ **all**-night [ɔ́:lnάit] ⓗ 밤새의, **철야의** ☜ all(모든) + night(밤)

☐ **all**-out [ɔ́:lάut] ⓗ 총력을 기울인, 철저한 ☜ all + out(밖으로; 철저히)

☐ **all**-powerful [ɔ́:lpáuərfəl] ⓗ 전능의 ☜ all + powerful(강한; 효능있는)

☐ **all right** ⓗ **괜찮은, 수용할 만한** ☜ all(모든) + right(옳은; 오른쪽)
ⓖ **알았어, 좋아, 문제없어**
♠ **Are you all right ? 너 괜찮니?**
♠ **Can you do it ? All right. 할 수 있겠니 ? 문제없어.**

☐ **all**-round [ɔ́:lrάund] ⓗ 다방면의 ☜ all + round(둥근, 한 바퀴를 돈, 사방〔방면〕의)

☐ **all**-star [ɔ́:lstά:r] ⓗ 인기배우 총 출연의, 인기선수 총 출전의 ⓜ 선발팀 선수, **올스타**
☜ all(모든) + star(별; 인기스타)

※ **right** [rait/롸이트] ⓗ **옳은** (⇔ **wrong** 틀린): **오른쪽의** (⇔ **left** 왼쪽의)
☜ 고대영어로 '곧은, 바른, 오른쪽'이란 뜻

※ **back** [bæk/백] ⓜ **등, 뒤쪽** ⓗ **뒤(쪽)의** ⓑ **뒤로[에]** ⓓ **후퇴하다**
☜ 고대영어로 '등, 뒤'라는 뜻 반 front 전면, 앞의 forth 앞으로

알라 Allah (이슬람교의 유일신)

☐ **Allah** [ǽlə, ά:lə] ⓜ 이슬람교 **알라**신 ☜ Al(=the/정관사) + ilah(신)

연상 엘리게이터(alligator.악어)가 자기가 안먹었다고 엘리게이션(allegation.주장)하다

♣ **어원 : leg 정하다, 보내다**

※ **alligator** [ǽligèitər] ⓜ **악어** 《주로 민물에서 사는 미국, 중국산 악어》 = gator
☜ 스페인어의 'el lagarto(도마뱀)'에서 유래

☐ al**leg**e [əlédʒ] ⓓ **단언하다**, 주장하다(=assert) ☜ ~으로(al<ad=to) 정하다(leg) + e
♠ **allege** a matter as a fact 어떤 사항을 사실이라고 **주장하다**

☐ al**leg**ation [æ̀ligéiʃən] ⓜ (증거 없는) 주장, 진술 ☜ allege + ation<명접>

☐ al**leg**ed [əlédʒd, əlédʒid] ⓗ (증거 없이) 주장된 ☜ allege + ed<형접>

☐ al**leg**edly [əlédʒidli, əlédʒid-] ⓑ 주장(하는 바)에 의하면; 소문〔전해진 바〕에 의하면 ☜ -ly<형접>

☐ al**leg**iance [əlí:dʒəns] ⓜ (군주·국가에의) **충성,** 충실, 의무 ☜ allege + i + ance<명접>
☜ ~으로(al<ad=to) 정한(leg) + i + 것(ance<명접>)
♠ **pledge allegiance to ~ ~에 충성을 맹세하다**

아고라 agora (고대 그리스의 광장)

© news.gtp.gr

♣ **어원 : agor, egor 모임; 모임에서 말하다**

■ **agor**a [ǽgərə] ⓜ (pl. **-s, -e** [-rì:])(옛 그리스의) 집회(장), 광장, 시장 ☜ 그리스어로 '사람들의 모임, 모이는 곳'이란 뜻

■ **agor**aphobia [æ̀gərəfóubiə] ⓜ 『심리』 광장공포증
☜ agora + phobia(공포증)

☐ al**egor**y [ǽləgɔ̀:ri/-gəri] ⓜ 우의(寓意), 풍유(諷喩), 비유; 우화
☜ 고대 그리스어로 '다르게(al) + l + 모임에서 말하(egor<agora) 기(y)'란 뜻.
♠ What is the moral to this **allegory**? 이 **우화**에 담긴 교훈은 무엇인가?

☐ al**egor**ic(al) [æ̀ligɔ́(:)rik(əl), -gάr-] ⓗ 우의(寓意)의, 우화(寓話)적(인), 풍유(諷喩)의, 비유적인
☜ allegory + ic(al)<형접>

알레그로 allegro ([It.] [음악] 빠르게)

☐ **allegro** [əléigrou] ⓑ 『음악』 빠르게 ⓜ 빠른 악장
☜ 이탈리아어로 '활발한, 명랑한'

알레르기, 알러지 allergy (이상 민감증)

☐ **allergy** [ǽlərdʒi] ⓜ (pl. **-gies**) **알레르기**, 이상 민감증
☜ 변형된(all<allos) 일(erg<ergon)
♠ **an allergy** to pollen 꽃가루 **알레르기**

엘리베이터 elevator (승강기), 레버 lever (지레)

♣ 어원 : lev, lay, liev, lief 가볍게 하다(=light), 들어 올리다

■ **elev**ate [éləvèit] ⓢ **들어 올리다**, 높이다 ☜ e<ex=on + lev + ate<동접>

■ **elev**ator [éləvèitər/**엘**러베이러/**엘**러베이터] ⓜ **엘리베이터, 승강기** ☜ 밖으로<위로(e<ex=on) 들어 올리(lev) 는(at) 기계(or)

□ al**lay** [əlèi] ⓢ **진정시키다**, (고통, 슬픔을) 완화하다 ☜ ~을(al<ad) 가볍게 하다(lay)
♠ Her fears **were allayed** by the news. 그 소식에 그녀의 불안은 **누그러졌다**.

□ al**lev**iate [əlíːvièit] ⓢ 경감하다, 완화시키다 ☜ ~을(al<ad=to) 가볍게(lev) + i + 하다(ate)
♠ This will help **alleviate** the pain. 이것은 통증을 **완화시키는** 것을 도울 것이다.

□ al**lev**iation [əlìːviéiʃən] ⓜ (고통의) 경감, 완화 ☜ ~을(al<ad=to) 가볍게(lev) + i + 하(at) 기(ion)

□ al**lev**iative [əlíːvièitiv, -viə-] ⓗ 경감〔완화〕하는, 누그러뜨리는 ☜ -ative<형접>

✚ **elev**ated **높은, 고상한** **elev**ation **올리는[높이는] 일; 높은 곳** **lev**er **지레, 레버** **lev**ity 경솔, 경박, 가벼움 re**lev**ant **관련된**, 적절한 re**liev**e **경감하다**; 구제하다 re**lief** **경감**, 제거; **구원**

앨리 캣 Alley Cat (한국의 3 인조 여성가수 그룹. <도둑고양이>란 뜻)

□ **alley** [ǽli] ⓜ **뒷골목**; 오솔길(=narrow path), 골목길, 샛길(=byway) ☜ 고대 프랑스어로 '가다'란 뜻.
♠ **blind alley 막다른 골목; 《비유적》 가망 없는 국면[직업 · 연구 등]**

□ **alley** cat 도둑고양이 ☜ 골목(alley) 고양이(cat)

얼라이드 Allied (미국 로맨틱 첩보영화. <동맹>이란 뜻)

© Paramount Pictures

2016 년 개봉한 미국 로맨틱 첩보영화. 브래드피트, 마리옹 꼬띠아르 주연. 제 2 차 세계대전 중 영국 정보장교와 프랑스 비밀요원간 생긴 남녀의 슬픈 사랑이야기

♣ 어원 : li 묶다(=bind)

□ al**li**ed [əláid, ǽlaid] ⓗ **동맹[연합]한**; (A-) 연합국 측의 ☜ ~을(al<ad=to) 묶다(li) + ed<형접>
♠ **the Allied Forces** (1/2차 세계대전시의) **연합군**

□ al**li**ance [əláiəns] ⓜ 결연, **동맹(국)** ☜ ~을(al<ad=to) 하나로 묶는(li) 것(ance)
♠ **in alliance with ~ ~와 연합[제휴]하여**

□ al**ly** [əlái, ǽlai] ⓢ **동맹[연합 · 제휴]하게 하다** ☜ ~에(al<ad=to) 묶다(ly) ⓑ separate 분리하다, 갈라놓다

게토레이 Gatorade (스포츠 드링크), 앨리게이터 alligator (악어)

게토레이(Gatorade 게이터레이드)는 미국 플로리다대학교 의대팀이 1965 년 학교 미식축구팀(팀명: Gator) 선수들을 위해 개발한, 물보다 10 배 빠른 흡수와 에너지 공급으로 지치지 않게 해주는 스포츠 음료이다. 학교 마스코트이자 미식축구단인 Gator(=alligator 악어)를 돕는(aid) 것이란 의미를 담고 있다.

□ **alligator** [ǽligèitər] ⓜ **악어** 《주로 민물에서 사는 미국, 중국산 악어》 = gator ☜ 스페인어의 'el lagarto(도마뱀)'에서 유래
비교 crocodile **크로코다일** 《주로 민물과 바닷물이 교차하는 곳에 많이 사는 아프리카, 아시아산 악어》

□ **all-night**(철야의, 밤새도록) ➔ **all**(모든; 모든 것) **참조**

로케이션 location (야외촬영)

[영화] 스튜디오(studio)를 벗어난 야외촬영. 줄여서 '로케'라고도 한다.

♣ 어원 : loc 장소(=place)

■ **loc**ate [lóukeit/**로**우케이트] ⓢ **위치를 정하다, 위치하다** ☜ 장소(loc)를 만들다(ate)

■ **loc**ation [loukéiʃən] ⓜ **장소**, 위치; 〖영화〗 **로케이션** ☜ 장소(loc)를 만들(ate) 기(ion)

□ al**loc**ate [ǽləkèit] ⓢ **할당하다, 배치하다** ☜ ~에(al<ad=to) 위치하게 하다(locate)
♠ **allocate** the budget 예산을 **할당하다**.

□ al**loc**ation [æ̀ləkéiʃən] ⓜ 할당, 배치 ☜ ~에(al<ad=to) 위치시키(locate) 기(ion)

✚ **loc**al **지방의** **loc**ality 장소 dis**loc**ate 뒤틀리게 하다, 혼란시키다

A

로또 lotto (숫자카드 맞추기 놀이, 로또 복권)

숫자 읽는 사람(caller)이 읽는 수와 자기 카드 숫자가 맞아서 일렬로 5개 나열하면 이기는 게임

♣ 어원 : lot 제비뽑기

■ **lotto** [látou/lɔ́t-] ⓜ (pl. **-s**) **로또**《숫자를 맞추는 카드놀이의 일종》
☜ 할당한(lot) + t<단모음+단자음+자음반복> + 것(o)

□ al**lot** [əlát/əlɔ́t] ⓢ **할당[분배]하다** ☜ ~을(al<ad=to) 제비(lot)로 나누다
♠ **allot** profits 이익을 **분배하다**

□ al**lot**ment [əlátmənt] ⓜ **할당, 분배** ☜ allot + ment<명접>

연상 카지노에 올인(all in.모두 거는)하는 것을 얼라우(allow.허락하다)하마.

※ **all** [ɔːl/올-] ⓗ **모든**, 전부 ⓜⓓ **모두, 모든 것** ☜ 고대영어로 '모든'이란 뜻.

※ **all**-in [ɔ́ːlín] ⓗ《주로 英》모든 것을 포함한; 전면적인;《미》결연한, 단호한 ⓜ 난투
☜ 모두(all) 안에(in) 넣는 ★ 포커 게임에서 올인(all in)이란 '포트(pot)' 안에 모든 돈을 밀어 넣는 게임자의 '멘트'로서, 이 경우 '포트(pot)' 안에 있는 금액을 모두 걸겠다는 뜻이다.

□ **allow** [əláu/얼라우] ⓢ **허락하다**(=permit), **인정하다** 반 forbid 금하다
☜ 라틴어로 '할당하다, 배당하다'란 뜻.
♠ **allow for ~ ~을 참작하다, 고려하다**(=take into account)
♠ **allow of ~ ~의 여지가 있다; 허용하다**

□ **allow**able [əláuəbl] ⓗ 허락(허용)할 수 있는, 정당한 ☜ allow + able(~할 수 있는)

□ **allow**ance [əláuəns] ⓜ **허용, 허가**; 참작; 급여, 수당, 지급액 ☜ allow + ance<명접>
♠ **make allowance(s) for ~ ~을 참작하다, 고려하다**(=take into consideration)

노블레스 오블리주 noblesse oblige (고위층의 도덕적 의무)

프랑스어로 '고귀한 신분(귀족)'을 뜻하는 noblesse와 '책임이 있다'는 oblige가 합해진 것. 높은 사회적 신분에 상응하는 도덕적 의무를 말한다.

♣ 어원 : lig, li, leag, log, loy, ly 묶다, 연결하다

※ **noble** [nóubəl/노우벌] ⓗ **귀족의, 고귀한** ☜ 알(k**no**w) 만한(a**ble**)

※ **noblesse** [noublés] ⓜ 귀족, 귀족계급 ☜ 알(k**no**w) 만한(a**ble**) 위치에 있는 신분(**sse**)

■ obli**g**e [əbláidʒ/어블라이쥐] ⓢ **~에게 의무를 지우다** ☜ ~에(ob=to) 묶어두(lig) 다(e)

□ al**loy** [ǽlɔi, əlɔ́i] ⓜ **합금** ⓢ **합금하다** ☜ ~에(al<ad=to) 묶다(loy)
♠ Brass is an **alloy** of copper and zinc. 황동은 구리와 아연의 **합금**이다.

□ al**ly** [əlái, ǽlai] ⓢ **동맹[연합·제휴]하게 하다** ☜ ~에(al<ad=to) 묶다(ly)
반 separate 분리하다, 갈라놓다
♠ **ally with ~ ~와 결합[동맹·연합]시키다**

□ al**li**ed [əláid, (종종 명사 앞에서) ǽlaid] ⓗ 동맹의 ☜ ally + ed<형접>

□ al**li**ance [əláiəns] ⓜ **동맹(국)** ☜ ally + ance<명접>

✚ **leag**ue **연맹, 리그(전)** **li**able ~할 책임(의무)이 있는; **~하기 쉬운** **li**ability **~의 책임이 있음**; 경향, 의무 **li**aison **연락**, 접촉, 연락원 ob**lig**ation **의무, 책임** re**lig**ion **종교** re**lig**ious **종교적인**, 신앙심이 깊은 re**li**able **의지가 되는**, 믿음직한 re**ly** **의지하다**, 신뢰하다

일루전 illusion (환상)

♣ 어원 : lus, lud(e) 연극[연주]하다, 속이다, 암시하다, 장난하다

■ il**lus**ion [ilúːʒən] ⓜ **환각**
☜ 머릿속 내부(il<in)가 속임(lus)에 빠지는 것(ion)

□ al**lude** [əlúːd] ⓢ **암시하다**, 언급하다(=refer to)
☜ ~에게(al<ad=to) 암시하다(lude)
♠ **allude** to the problem 그 문제에 대해 **언급하다**

□ al**lus**ion [əlúːʒən] ⓜ **암시**, 언급 ☜ ~에게(al<ad=to) 암시하(lus) 기(ion<명접>)
♠ **make an allusion to ~ ~에 대해 간접적으로 언급하다, 에 둘러 암시하다**

□ al**lus**ive [əlúːsiv] ⓗ 암시적인 ☜ ~에게(al<ad=to) 암시하(lus) 는(ive<형접>)

✚ col**lude** 결탁(공모)하다 de**lude** **속이다** e**lude** 몸을 돌려 피하다 inter**lude** 짬, **사이**, 중간, 동안 **lud**icrous **익살맞은**, 어이없는 pre**lude** **전주곡**, 서곡 pro**lus**ion 서막, 서언

루어낚시 lure fishing (가짜 미끼로 하는 낚시)

♣ 어원 : lure 미끼

■ **lure** [luər] ⓜ 가짜 **미끼; 매력**, 매혹물 ⓢ 유혹하다(=tempt)
☜ 고대 프랑스어로 '(조류인) 매를 다시 불러들이는 장치, 미끼'란 뜻.

□ al**lure** [əlúər] ⓢ **꾀다**, 매혹시키다 ⓜ 매력 ☜ ~에게(al<ad=to) 미끼를 주다(lure)
♠ the **allure** of the big city 대도시의 **매력**

□ al**lure**ment [əlúərmənt] ⓜ 유혹(물) ☜ allure + ment<명접>

□ al**lur**ing [əlúəriŋ] ⓗ 유혹하는, 매력적인 ☜ allure + ing<형접>

□ **ally**(동맹하다, 연합하다) ➔ **alloy**(합금; 합금하다) **참조**

알마 마떼르 Alma Mater ([라틴어] 모교. <젖먹여 기르는 어머니>란 뜻)

♣ 어원 : al 기르다, 자라다

□ **Al**ma Mater [ǽlmə-mɑ́:tər, -méitər] 《L.》 모교(母校), 출신교; 모교의 교가
☜ 라틴어로 '젖먹여 기르는(Alma) 어머니(Mater=mother)'란 뜻

□ **al**manac [ɔ́:lmənæ̀k] ⓜ 《L.》 **달력, 책력**(冊曆), 역서(曆書); 연감(=yearbook)
☜ 라틴어로 '자라는(al) 달(man=moon, month)을 (기록한) 것(ac)'
♠ farmer's **almanac** = farming **almanac** 농사**달력**

□ **al**umnus [əlʌ́mnəs] ⓜ (pl. **-ni** [-nai]) 《L.》 학생; 《미》 (특히 대학의) 졸업생, 동창생, 교우(校友), (학교) 선배 ☜ 라틴어로 '길러진(al) 것(umnus<명접>)'
♠ **an alumni association 동창회, 교우회**

브루스 올마이티 Bruce Almighty (미국 영화. <전지전능한 브루스>란 뜻)

2003년에 개봉된 미국의 코미디 드라마(comedy drama) 영화. 짐캐리(Jim Carrey), 모건 프리먼 (Morgan Freeman) 주연. 한 남자가 갑자기 전지전능한 힘을 갖게 되면서 벌어지는 이야기

© Universal Pictures

■ **might** [mait] ⓜ **힘**, 세력, 권력 ☜ 고대영어로 '힘, 권위, 능력'이란 뜻
㊀ⓢ **~일지도 모른다; ~해도 좋다** ☜ 조동사 may의 과거형

■ **might**y [máiti/**마**이디/**마**이티] ⓗ **강력한, 힘센** ☜ 힘(might)을 가진(y)

□ al**might**y [ɔ:lmáiti] ⓗ **전능한**, 만능의 ⓜ (the A~) 전능자, 신
☜ 모든(al<all) 힘(might)을 가진(y)
♠ **Almighty God = God Almighty 전능하신 하느님**

아몬드 almond (씨앗을 말려 식용하는 터키가 원산지인 식물)

□ **almond** [ɑ́:mənd, ǽlm-] ⓜ 『식물』 편도(扁桃), **아몬드**(나무, 열매, 씨)
☜ 그리스어로 '아몬드 나무'란 뜻

매니큐어 manicure (콩글 손톱에 바르는 화장품) ➔ nail polish

■ **mani**cure [mǽnəkjùər] ⓜ 미조술(美爪術), **매니큐어** ⓢ 매니큐어를 하다; (손·손톱을) 손질하다 ☜ 손(mani)을 손질하기(cure)

■ **many** [méni/메니] ⓗ (-<**more**<**most**) 〘복수명사 앞에 쓰이어〙 **많은**, 다수의, 여러
☜ 손가락(man)이 많은(y<형접>)

■ **most** [moust/모우스트] ⓗ 〘many 또는 much의 최상급〙 (양·수·정도·액 따위가) **가장 큰[많은]**, 최대(최고)의, **대개의** ⓓ **최대량[수]; 최대액; 최대 한도; 대개의 사람들; 대부분** ⓑ 〘much의 최상급〙 **가장; 매우**
☜ 고대영어로 '가장 큰 수, 양, 정도'란 뜻

□ al**most** [ɔ́:lmoust/**올**-모우스트] ⓑ **거의**(=nearly), 대체로 ☜ mostly all의 줄임말
♠ He comes here **almost** every day. 그는 여기 **거의** 매일 오다시피 한다.

A farewell to arms ! (헤밍웨이의 소설. <무기여 잘 있거라>)
A farewell to alms ! (그렉 클라크의 경제학서. <구호는 이제 그만>)

스코틀랜드 출신 캘리포니아 주립대 경제학자 Greg Clark의 저서, <A Fairwell to Alms: A Brief Economic History of the World>(자선행위에 대한 작별; 개략적인 세계의 경제사)라는 이 책은 미국의 주요 매체로부터 엄청난 관심을 받았으며 학계에서도 격렬한 논쟁을 불러일으켰다. 그는 왜 부국(富國)의 원조가 빈국(貧國)의 가난을 해결하지 못하는지에 대한 심층적 질문을 던지며, 아프리카에 동정심만 가득한 구호활동은 정녕 그들을 돕는 길이 아니라고 주장한다.

♣ 어원 : al 기르다, 자라다

※ **fare**well [fὲərwél] ⓖ **안녕!**(=goodbye!) ⓗ **고별[송별]의** ⓜ **작별(의 인사)** ⓢ **작별인사를**

하다 ☜ 그대(thee) 잘(well) 지내게(fare).

※ **to** [(모음 앞) tu/투-, (자음 앞) tə/터, (강) túː/**투**-] 전 **~(쪽)으로, ~까지; ~에게, ~에 대하여; ~을 위하여** ☜ 고대영어로 '~방향으로, ~목적으로'

※ **arm** [aːrm/암-] 명 **팔**; (pl.) **무기**(=weapon), **병기** 동 무장하다, 무장시키다 ☜ 팔(arm)이 곧 무기였으므로

□ **al**ms [ɑːmz] 명 (pl. **-**) 보시(布施); 의연금; 《고어》 자선 (행위), 구호(救護)활동 ☜ 고대영어로 '금품을 베풂, 자선' ⇦ (마음을) 키우는(al) + m + 것(s)
♠ ask for **(an) alms 적선**(積善)을 구하다

□ **al**imony [ǽləmòuni/-mə-] 명 『법률』 별거 수당 《보통 남편이 아내에게 주는》; 이혼 수당; 생활비, 부양비 ☜ (위로) 키우는<양육하는(al) + i + 것(mony<상태, 성질 접미사>)

■ p**al**imony [pǽləmòuni] 명 《미.속어》 (동거하다가 헤어진 여성에게 내는) 위자료 ☜ **pal**(동료, 친구) + al**imony**(별거 수당)

리프트카 lift car (물건을 높은 곳으로 들어 올리는 차량이나 장비) * car 자동차

♣ 어원 : lift, loft 높은 곳; 위로, 위에; 들어 올리다

■ **lift** [lift/리프트] 동 **들어올리다, 향상시키다** 명 **들어올림**, 《영》 승강기 ☜ 고대 노르드어로 '하늘'이란 뜻

■ up**lift** [əplíft] 동 **들어올리다** ☜ 위로(up) 들어 올리다(lift)

□ a**loft** [əlɔ́(ː)ft, -lɑ́-] 부 위에, **높게**(=high up) ☜ 최상층(loft) 으로(a<ad=to)
♠ **go aloft 천국에 가다, 죽다**

알로하 aloha (하와이어로 환영 · 환송의 인사. <안녕>이란 뜻)

□ **aloha** [əlóuhə, ɑːlóuhɑː] 명 (하와이어로 환영 · 환송의) 인사 감 안녕 !

□ **aloha** shirt **알로하 셔츠**, 남방 셔츠 ☜ shirt(셔츠, 와이셔츠)

원 one (1, 하나), 원룸 one-room (콩글 침실 · 거실 · 주방 · 식당이 하나로 된 방) ➔ a studio (apartment), bed-sit

♣ 어원 : one 1, 하나 ⇨ lone, lorn 외로운, 쓸쓸한

■ **one** [wʌn/원] 명형 **하나(의); 어느, 어떤**; (특정한) 사람〔물건〕 ☜ 고대영어로 '하나의'라는 뜻

■ **lone** [loun] 형 **외로운, 고독한**; 고립된 ☜ al**one**의 두음소실

□ al**one** [əlóun/얼**로**운] 형 홀로, 외로이; **다만 ~뿐** ☜ 모두(all) 합해서 하나(one) 반 together 함께
♠ **let** [leave] **~ alone ~을 홀로 놔두다, 내버려 두다, 간섭하지 않다**
♠ **Misfortune seldom comes alone. 《속담》 불행은 혼자서 오지 않는다.**

롱 패스 long pass ([구기 경기] 먼 거리 패스)

■ **long** [lɔːŋ/로옹/lɔŋ/롱] 형 (-<-**er**<-**est**) **긴; 길게 느껴지는** 반 short 짧은 ☜ 고대영어로 '끝에서 끝까지 지속되는'이란 뜻
동 **애타게 바라다**, 열망〔갈망〕하다 ☜ 고대영어로 '나에게는 길게 보이다'란 뜻

□ a**long** [əlɔ́ːŋ/얼**로**옹/əlɔ́ŋ/얼**롱**] 전 **~을 따라서** ☜ 길게(long) 가로질러(a<across) 부 **따라서**, 함께(=together)
♠ **along with ~ ~와 함께**(=together, in company with)
♠ **alongside of ~ ~와 나란히**
♠ **come along ~ 점차 좋아지다, 순조롭게 진행되다**(=get well)
♠ **play along with 적당히 얼버무리다**

□ a**long**side [əlɔ́ŋsɑ́id] 부전 **~의 옆[곁]에** ☜ ~을 따라(along) 옆에(side)
♠ lie **alongside** the pier 선창**에** (배를) 대다

※ **pass** [pæs/패스, pɑːs] 명 『구기』 **합격, 패스; 통행허가** 동 **지나(가)다**, 경과하다, **합격하다, 건네주다** ☜ 중세영어로 '지나가다, 바뀌다'라는 뜻

썬루프 sunroof (햇빛 · 공기의 유입을 조절할 수 있는 승용차 지붕의 작은 문)

※ **sun** [sʌn/썬] 명 (the ~) **태양, 해** ☜ 고대영어로 '태양'이란 뜻

■ **roof** [ruːf, ruf] 명 (pl. **-s**) **지붕**, 정상, 꼭대기, 천장 ☜ 고대영어로 '지붕, 천장'

☐ aloof [əlúːf] 부 **멀리 떨어져**, 멀리서 ☜ (배가) 풍상쪽/지붕(loof<roof)으로(a<ad=to) 향하여 (코스에서) 멀어져
♠ **keep** [hold, stand] **aloof (from) ~ ~에서 멀리 떨어져 있다, 초연해 있다**
☐ aloofness [əlúːfnis] 명 초연함, 냉담 ☜ aloof + ness<명접>

라우드스피커 loudspeaker (확성기)

■ **loud** [laud/라우드] 형 소리가 큰, 큰 목소리의, **시끄러운** ☜ 중세영어로 '시끄러운'이란 뜻
■ **loudspeaker** [láudspìːkər] 명 **확성기** ☜ 시끄럽게(loud) 소리내는(speak) 기계(er)
☐ aloud [əláud/얼라우드] 부 소리내어, **큰소리로**(=loudly) ☜ a(강조) + loud
반 silently 조용히
♠ read **aloud 소리를 내어서** 읽다

알파벳 alphabet (영어 등 라틴어 계열 문자)

☐ **alpha** [ǽlfə] 명 그리스 알파벳의 첫 글자 《A, α ; 로마자의 a에 해당》; 제1위의 것, 제일, 처음 ☜ 히브리/페니키아어로 '시작'이란 뜻.
☐ **alphabet** [ǽlfəbèt/**앨**풔벹, -bit] 명 **알파벳** 《그리스·로마 문자 등 서구언어의 표기에 쓰이는 문자들》 ☜ 그리스어의 첫 번째 글자 'alpha'와 두 번째 글자 'beta'를 합해서 만든 합성어
♠ a phonetic **alphabet** 음표 **문자**
☐ **alphabetic(al)** [æ̀lfəbétik(əl)] 형 **알파벳의, 알파벳순의** ☜ 알파벳(alphabet) 의(ic)
♠ **in alphabetical order 알파벳순으로**
☐ **alphabetically** [æ̀lfəbétikəli] 부 **알파벳순으로** ☜ alphabetical + ly<부접>

알프스 the Alps (유럽 중남부에 있는 알프스산. 4,807m)
앨범 album (사진첩)

♣ **어원 : alb, alp 하얀, 흰**
☐ **Alps** [ælps] 명 (the ~) **알프스산맥** ☜ '하얀(Alp) 산'이란 뜻
☐ **Alpine** [ǽlpain, -pin] 형 **알프스산의** ☜ 알프스산(Alp) 의(ine)
☐ **alpinist** [ǽlpənist] 명 등산가, (A~) 알프스 등산가 ☜ alpine + ist(사람)
♠ **alpine ski 알파인스키** 《알프스의 산악활강에서 발전된 스키경기 종목의 하나》
■ **album** [ǽlbəm/**앨**범] 명 **앨범** 《사진첩, 우표첩, 악보철 등》 ☜ 하얀(alb) 것(um)이라는 의미

레디, 고! Ready, Go ! ([영화] (카메라) 준비, (연기) 시작)

■ **ready** [rédi/**뤠**디] 형 **준비가 된** ☜ 고대영어로 '(말이) 준비된'이란 뜻
☐ **already** [ɔːlrédi/올-**뤠**디] 부 【긍정문】 **이미**, 벌써; 【부정문】 설마 ☜ al(=all) + ready 반 **yet** 아직
♠ I have **already** read the book. 나는 그 책을 **이미** 읽었다.
※ **go** [gou/고우] 동 (-/**went**/**gone**) **가다**; 작동하다, 진행하다〔되다〕
☜ 고대영어로 '가다'란 뜻

알사스 로렌 Alsace-Lorraine (독일과 프랑스가 소유권을 다투던 프랑스 북동부지방)

☐ **Alsace-Lorraine** [ǽlsæs-lɔːréin, ælséis-lɔːréin] 명 (프랑스 북동부의) **알사스 로렌**

소-롱 So long (작별인사. 안녕), 소-소 so-so (그저 그래)

■ **so** [sou/쏘우] 부 **그[이]와 같이: 그[이]만큼; 그렇게, 정말로;** 그러므로, **그래서, 그러하여** ☜ 고대영어로 '이런 식으로, 그만큼, 그러므로'라는 뜻
■ **so** long, **so**-long [sòulɔ́ːŋ/-lɔ́ŋ]] 감 《구어》 안녕(=good-bye)
☜ 고대영어로 '그렇게(so) 오랫동안(long)'이란 뜻
■ **so-so** [sóusòu] 형 《구어》 【수식할 말 뒤에서】 그저 그렇고 그런 (정도의), 좋지도 나쁘지도 않은 부 그저 그만하게, 그럭저럭 ☜ 중세영어로 '적당히'란 뜻
☐ **also** [ɔ́ːlsou/**올**-쏘우] 부 **또한**, 역시(=besides, too) ☜ al(=all) + so
★ also는 문어(文語)적 용법이며, too는 구어(口語)적 용법.
♠ **not only (A) but also (B) A 뿐만 아니라 B 도 역시**

☐ **altar**(제단) ➔ **altitude**(높이, 고도) **참조**

알리바이 alibi ([법률] 현장부재증명), 알트키 Alt key = alternative key

A

♣ **어원 : ali, alter 다른(=other); 바꾸다**

■ **ali**bi [ǽləbài] 명 알리바이, **현장부재증명** ☜ 다른(ali) 곳(bi)

■ **ali**en [éiljən, -liən] 명 **외국인**; 외계인, **에일리언** 형 **외국(인)의** ☜ 다른(ali) 사람 의(en)

□ **alt**er [ɔ́:ltər] 동 **바꾸다**, 변경하다 ☜ 다르게(alt) 하다(er) 비교 altar 제단(祭壇)
♠ **alter** one's course 방침을 **바꾸다**

□ **alter**ation [ɔ̀:ltəréiʃən] 명 **변경**, 개조 ☜ 다른(alter) 것(ation)
♠ **make an alteration on ~ ~을 변경하다**

□ **alter**cate [ɔ́:ltərkèit] 동 언쟁하다 ☜ 의견을 달리(alter) 하다(cate)

□ **alter** ego [ɔ́:ltərí:gou, -égou, ǽl-/ǽl-] 분신(分身), 또 하나의 자기; 완벽한 대역, 심복. (둘도 없는) 친구 ☜ 다른(alter) 나(ego)

□ **alter**nate [ɔ́:ltərnit, ǽl-] 형 **교체의**, 교대의 동 교체하다, 교대하다
☜ 다르게(alter) + n + 만들다(ate)
♠ **on alternate days 하루걸러, 격일로**

□ **alter**nately [ɔ́:ltərnitli, ǽl-] 부 번갈아, 교대로 ☜ -ly<부접>

□ **alter**nation [ɔ̀:ltərnéiʃən, æl-] 명 교대, 교체 ☜ 다르게(alter) + n + 하(at) 기(ion)
비교 altercation 논쟁, 언쟁

□ **alter**native [ɔ:ltə́:rnətiv, æl-] 명 **양자택일**, 대안 형 **둘 중 하나를 선택해야 할**
☜ 다르게(alter) 취하는 것
♠ **The alternatives** are death and submission.
죽음이냐 항복이냐 **둘 중의 하나**다.

□ **alter**natively [ɔ:ltə́:rnətivli, æl-] 부 번갈아서, 양자택일로 ☜ -ly<부접>

※ **key** [ki:/키-] 명 (pl. **-s**) **열쇠**; 해결의 실마리 ☜ 중세영어로 '자물쇠를 여는 도구'

힘 도우 Him Though (성폭력 고발운동의 하나 <그렇다면 그는>이란 뜻)

미투(Me Too), 위드 유(With You) 등 성폭력 고발운동 중의 하나. 성폭력 고백에 대한 짐을 여성이 아닌 가해자에게 지워야 한다는 의미. 미국의 언론인인 리즈 프랭크가 제안한 것으로, '나도 당했다'가 아니라 '그렇다면 그는' 이런저런 짓을 저질렀다는 의미의 새 해시태그를 제안한데서 비롯되었다. <출처 : 이투데이-뉴스팡팡-김다애(2018.2.28.)/일부인용>

※ **him** [him/힘, (약) im] 대 **그를, 그에게**
☜ he(그는, 그가)의 목적격

■ **though** [ðou/도우] 접 **~이지만, 비록 ~일지라도; ~이기는 하지만**
☜ 고대영어로 '비록 ~일지라도'란 뜻
♠ **even though [if] ~ ~에도 불구하고; ~라 하더라도, 비록 ~일지라도**

□ al**though** [ɔ:lðóu/올-**도우**] 접 **비록 ~일지라도, ~이기는 하지만** ☜ 모두(al<all) 양보해도(though)
♠ **Although** he is rich, he is not happy. 그는 부자**지만** 행복하지는 않다.
♠ **Although** I love you. 사랑했지만 ★ 고(故)김광석의 노래 '사랑했지만'을 스웨덴(Sweden) 가수 안드레아스 샌드런드(Andreas Sandlund)가 리메이크(remake)하여 발표한 곡명.

알토 alto (성악 중저음가수)

♣ **alt, ult, al, ol 높은, 성장하다, 자라다, 기르다**

□ **alt**o [ǽltou] 명 〖음악〗 **알토** 가수, 중고음(中高音)(남성 최고음, 여성 저음)
☜ 라틴어로 '높은'이란 뜻.
※ 성악음역(저<고)
(남) bass < baritone < tenor < countertenor
(여) contralto < mezzo-soprano < soprano

□ **alt**imeter [æltímitər, ǽltəmì:tər] 명 고도계 ☜ 높이(alti) 측정(meter)
비교 speedometer 속도계 odometer 주행거리계
tachometer 타코미터, 엔진 RPM 계기, barometer 기압계, seismometer 지진계

□ **alt**itude [ǽltətjù:d] 명 **높이**, 고도, 해발 ☜ 높은(alti) 정도(tude<명접>)
비교 attitude 자세, 태도 aptitude 적성
♠ **at an (the) altitude of ~ = at altitudes of ~ ~의 고도로**

□ **alt**itudinal [æ̀ltətjú:dinəl] 형 고도〔표고(標高)〕의 ☜ altitude + inal<형접>

□ **alt**ar [ɔ́:ltər] 명 **제단** ☜ 높은(alt) 곳에 있는 것(ar)
♠ **lead a woman to the altar** (교회에서) **여자와 결혼하다**

✚ ad**ult** **성인** ad**ult**ery 간통, 부정 ab**ol**ish **폐지[철폐]하다** ab**ol**ition **폐지, 철폐** ad**ol**escence, -cy 청년(기), 사춘기

해피투게더 Happy Together (KBS 2TV 오락프로그램. <같이 있어 행복한>이란 뜻)

※ **happy** [hǽpi/**해**삐] ⓗ (-<-p**ier**<-p**iest**) **행복한**
☜ 고대영어로 '행복한'이란 뜻.

■ **together** [təgéðər/터**게**더] ⓟ **함께** ☜ 고대영어로 '한 자리에 모이(gether<gather)도록 하기 위해(to)'란 뜻

□ al**together** [ɔ̀:ltəgéðər] ⓟ 아주, **전혀**(=completely), **전적으로** ☜ 모두(al<all) 함께(together)
ⓑ partially 부분적으로, 얼마간
♠ The troop was **altogether** destroyed. 그 부대는 전멸했다.

알리바이 alibi ([법률] 현장부재증명)

♣ **어원 : ali, alter, altru 다른, 이상한, 외래의, 외국의; 바꾸다**

■ **ali**bi [ǽləbài] ⓜ 알리바이, **현장부재증명** ☜ 다른(ali) 곳(bi)

□ **altru**istic [æ̀ltru:ístik] ⓗ 이타주의의, 애타적인 ☜ 다른(altru) 사람(ist)을 위한(ic<형접>)
♠ **have altruistic mind 이타적인 마음을 가지다**

□ **altru**istically [æltru:ístikəli] ⓟ 이타적으로 ☜ altruistic + al<형접> + ly<부접>

□ **altru**ism [ǽltru(:)ìzəm] ⓜ 이타주의 ☜ 다른(altru) 사람을 위한 주의(ism)

✚ **ali**en **외국인**; 외계인, **에일리언; 외국(인)의** **alt**er **바꾸다**, 변경하다 in**ali**enable (권리 등이) 양도할〔넘겨 줄〕 수 없는, 옮겨질 수 없는, 빼앗을 수 없는

알루미늄 aluminium (은백색의 가볍고 부드러운 금속원소)

□ **alumin**(i)um [æ̀ljumíniəm] ⓜ **알루미늄** ☜ 라틴어로 '백반(alumin)'이란 뜻

□ **alumnus**(남자졸업생, 동창생, 교우) ➔ **almanac**(달력, 책력) **참조**

브로드웨이 Broadway (미국 뉴욕의 브로드웨이 거리; 연극・뮤지컬계)

미국 New York의 Manhattan을 남북으로 가로지는 길. 부근에 극장이 많아 통상 미국의 연극, musical계를 지칭하는 말로 많이 쓰인다.

♣ **어원 : way 길**

■ Broad**way** [brɔ́:dwèi] ⓜ 뉴욕시를 남북으로 달리는 큰 거리 《부근에 극장이 많음》 ☜ 넓은(broad) 길(way)

■ **way** [wei/웨이] ⓜ **길**, 도로; 방식 ☜ 고대영어로 '길'이란 뜻

□ al**way**s [ɔ́:lweiz/**올**-웨이즈, -wiz, -wəz] ⓟ **늘, 항상, 언제나**
☜ 고대영어로 '모든(all) 길(way + s)에, 내내'라는 뜻 ⓑ sometimes 때때로
♠ **The first step is always the hardest.**
《속담》 첫 번째 발걸음이 항상 가장 어렵다. 시작이 어렵다

✚ high**way** 공공도로, **고속도로**, 큰 길 mid**way** **중도의[에]**, 중간쯤의〔에〕(=halfway)

아이엠스타 I am star (일본의 카드게임. <나는 인기연예인이다>란 뜻)

아이엠스타는 2012년부터 일본 TV에서 방송한 애니메이션(animation)이며, 이를 상업화한 것이 아이엠스타 카드게임(card game)이다. 카드(card)를 예쁘게 꾸며 게임기에서 아이돌(idol/우상)을 코디하는 어린이용 오디션 게임(audition game)이며, 일본 반다이 남코 엔터테인먼트사가 개발했다.

※ **I** [ai/아이] ⓓ **나는** ☜ 고대영어로 '나(1인칭 단수 대명사)'란 뜻

□ **am** [æm:/앰, (약) əm/엄, m/음] ⓢ **이다, 있다** 《be 동사의 현재형》
☜ 고대영어로 '존재하다, 남아있다'는 뜻
♠ I **am** a student. 나는 학생**이다**.

※ **star** [stɑ:r/스따/스타-] ⓜ **별**, 인기연예인 ☜ 고대영어로 '별'이란 뜻

구분	인칭	주격	소유격	목적격	소유대명사	재귀대명서	be동사	do동사	have동사
단수	1	I	my	me	mine	myself	am	do	have
	2	You	your	you	yours	yourself	are		
	3	He	his	him	his	himself	is	does	has
		She	her	her	hers	herself			
		It	its	it	-	itself			

A

투에이앰 2AM (한국의 남성 발라드 음악 그룹. <오전 2 시>란 뜻)
투피앰 2PM (한국의 남성 댄스팝 음악 그룹. <오후 2 시>란 뜻)

□ **a.m.** [éiém/**에**이**앰**] ㉾ **오전에, 오전의** ☜ 라틴어 ante meridiem(정오 이전)의 약자
♠ at 7 **a.m. 오전** 7시에

※ **p.m.** [píːém/**피-앰**] ㉻㉾ **오후에, 오후의** ☜ 라틴어 post meridiem(정오 이후)의 약자
♠ at 4 **p.m. 오후** 4시에

매스 미디어 mass media (대량전달매체) * media 매스컴, 매스미디어

■ **mass** [mæs/매스] ㉠ **덩어리, 모임, 집단** ☜ 그리스어로 '보리로 만든 케이크'

□ a**mass** [əmǽs] ㉢ 쌓다, 축적하다(=accumulate) ☜ ~로(a<ad=to) 덩어리(mass)를 만들다
♠ **amass** a fortune 재산을 **모으다**

아마추어 amateur (어떤 일을 비직업적으로 순수하게 좋아하는 사람)

♣ **어원 : am(a), ami, amic, amor 사랑, 연애(戀愛), 애호**

□ **ama**teur [ǽmətʃùər, -tʃər, -tər, æ̀mətə́ːr] ㉠ **아마추어**, 직업적이 아닌 사람
㉻ 아마추어의, 직업적이 아닌 ㊥ professional 직업적인
☜ ama(사랑) 하는 자(teur). 돈이 목적이 아닌, 일이 단지 좋아서 하는 사람
♠ **amateur** theatricals **아마추어** 연극

□ **ama**teurish [æmətʃúəriʃ] ㉻ 아마추어 같은 ☜ -ish<형접>

□ **ama**teurism [ǽmətʃuərìzəm, -tʃə-, -tjùər-, æ̀mətə́ːrizəm] ㉠ 아마추어 솜씨; 도락; 아마추어의 입장〔자격〕 ☜ -ism(상태, 행동, 특징, 학설)

□ **ama**tive [ǽmətiv] ㉻ 연애의; 호색적인; 다정한 ☜ 연애(ama) 의(tive<형접>)
♠ **have an amative feeling to ~ ~에게 연애감정을 느끼다**

어메이징 그레이스 Amazing Grace (미국인의 영적인 국가(國歌)로 불리는 찬송가. <놀라운 은총>이란 뜻) * 실제 미국 국가(國歌)는 <The Star-Spangled Banner(별이 빛나는 깃발)>임.

미국인의 영(靈)적인 국가(國歌)로 불리는 찬송가. 영국 성공회 사제(司祭) 존 뉴턴(1725~1807)이 과거 흑인 노예무역을 했을 때 흑인을 학대했던 것을 참회하며 1722년 작사했다.

□ a**maze** [əméiz] ㉢ **몹시 놀라게 하다**(=astonish greatly)
☜ 미로(maze/labyrinth) 로(a<ad=to) 들어가다
♠ **be amazed at ~ ~에 깜짝 놀라는**
♠ **be amazed to find** 〔hear〕 **~ ~을 보고**[듣고] **크게 놀라다**

□ a**maze**dly [əméizidli] ㉾ 몹시 놀라 ☜ amaze + ed<형접> + ly<부접>

□ a**maze**ment [əméizmənt] ㉠ **놀람**, 대경실색 ☜ amaze + ment<명접>
♠ **be struck** 〔filled〕 **with ~ ~로 깜짝 놀라다**

□ a**maz**ing [əméiziŋ] ㉻ **놀라운** ☜ amaze + ing<형접>

□ a**maz**ingly [əméiziŋli] ㉾ 놀랄 만큼 ☜ amaze + ing<형접> + ly<부접>

■ **maze** [meiz] ㉠ **미로**(迷路); 당황 ㉢ 당황케 하다 ☜ a**maze**의 두음소실

※ **grace** [greis] ㉠ **우미, 우아**(優雅) ☜ 라틴어로 '우미(優美)' 라는 뜻

아마존 Amazon (❶ 지구의 허파라 불리는 남미의 열대 우림 ❷ 세계 최초·최대의 인터넷서점이자 종합 쇼핑몰)

□ **Amazon** [ǽməzɑ̀n, -zɔ̀n/-zən] ㉠ 〖그리스 전설〗 **아마존** 《흑해 근방의 땅 스키타이(Scythia)에 살았다는 용맹한 여인족》; (종종 a-) 여장부; (the ~) 아마존강 《남아메리카의》; **아마존** 《미국에 본사를 둔 국제적 전자상업회사》 ☜ 그리스어 '아마조스(amazos)'에서 유래. '가슴(mazos)이 없는(a=without) 여자' 라는 뜻. ★ 아마존 여전사들은 활쏘기에 거추장스러운 왼쪽 가슴을 도려냈다고 한다. 남미의 아마존 강은 스페인 원정대가 이곳을 탐사할 때 용맹스러운 여자 원주민에게 많은 공격을 당했었는데 마치 그리스 신화의 여전사 아마조나스를 떠올린다고 하여 붙여진 이름이다.

□ **Amazon**ian [æ̀məzóuniən] ㉻ 아마존 강 유역의; 아마존족(族)과 같은; (a-) (여성이) 남자 못지않은, 호전적인, 난폭한 ☜ -ian<형접>

연상 ▶ 엠비시(MBC) 방송사 옆에 엠버시(embassy.대사관)가 있다(?)

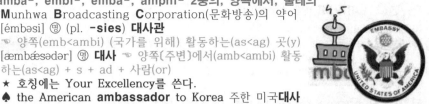

♣ 어원 : ambi-, amba-, embi-, emba-, amphi- 2중의, 양쪽에서, 둘레의
※ **MBC** Munhwa Broadcasting Corporation(문화방송)의 약어
■ **emb**assy [émbəsi] 명 (pl. **-sies**) **대사관**
☜ 양쪽(emb<ambi) (국가를 위해) 활동하는(as<ag) 곳(y)
□ **amb**assador [æmbǽsədər] 명 **대사** ☜ 양쪽(주변)에서(amb<ambi) 활동하는(as<ag) + s + ad + 사람(or)
★ 호칭에는 Your Excellency를 쓴다.
♠ the American **ambassador** to Korea 주한 미국**대사**

연상 댄스팝 걸그룹 f(x)의 맴버(member.구성원) 중에 앰버(Amber.호박)가 있다.

※ **member** [mémbər/멤버] 명 (단체·사회 따위의) **일원**(一員); 회원, 단원, 의원
☜ 고대 프랑스어로 '몸의 일부'란 뜻
□ **amber** [ǽmbər] 명 호박(琥珀)(색), 황갈색, 황색신호 ☜ 중세 라틴어로 '용연(龍涎)향'이란 뜻
★ 호박은 먹는 호박(pumpkin)이 아니고, 침엽수의 송진이 오랫동안 고온, 고압의 땅속에 묻혀 보석처럼 단단하게 화석화 된 물질을 말한다.
♠ shoot the **amber** 《영.속어》 노랑신호가 빨강신호로 바뀌기 전에 쏜살같이 달리다
□ **amber**gris [ǽmbərgrìːs, -gris] 명 용연향(龍涎香) 《향수 원료》 ☜ 회색(gris=gray) 호박(amber)

엠피시어터 Amphitheater (고대 로마의 원형경기장, 원형투기장)

가장 대표적인 앰피시어터로는 이탈리아의 콜로세움(Colosseum)이 있다.

♣ 어원 : amphi-, ambi- 2중의, 양쪽의, 사방의
■ **amphi**bious [æmfíbiəs] 형 **수륙양용의, 양서류의**
☜ (물·육지) 양쪽(amphi)에서 살(bio) 수 있는(us)
■ **amphi**theater, -tre [æmfəθìːətər/-fiθiə-] 명 (옛 로마의) **원형 연기장**, 투기장(鬪技場); (현대의) 원형 경기장(극장)
☜ 사방에서(amphi) 볼 수 있는 극장(theater). 원래 극장은 한쪽 방향에서만 볼 수 있도록 설계되지만, 원형극장은 중앙에 무대가 있어 사방에서 볼 수 있다는 의미
□ **ambi**dexter [æ̀mbidékstər] 형 양손잡이의; 손재주가 비상한; 두 마음을 품은 명 양손잡이; 두 마음이 있는 사람 ☜ 양쪽(ambi)이 오른손(dexter)인
♠ **I'm an ambidexter. 나는 양손잡이이다.**
□ **ambi**dexterity [æ̀mbidékstérəti] 명 양손잡이; 비범한 손재주; 표리부동 ☜ -ity<명접>
□ **ambi**dextrous [æ̀mbidékstrəs] 형 양손잡이의; 다재다능한; 손재주가 있는; 표리부동한
☜ 양쪽(ambi)이 오른손(dextr) 인(ous<형접>)
♠ an **ambidextrous** policy **양다리 (걸치는)** 정책
□ **ambi**guous [æmbígjuəs] 형 **애매한** ☜ 양쪽(ambi)으로 몰고가(ig) + u + 는(ous<형접>)
반 clear, distinct, unambiguous **분명한, 명백한**
♠ **assume an ambiguous attitude 애매한 태도를 취하다**
□ **ambi**guously [æmbígjuəsli] 부 애매하게, 모호하게 ☜ -ly<부접>
□ **ambi**guity [æ̀mbigjúːəti] (pl. **-ties**) 애매, 모호 ☜ 양쪽(ambi)으로 몰고가는(ig) + 것(ity)
□ **ambi**valent [æmbívələnt] 형 애증이 함께하는, 심경이 복잡한
☜ 2가지(ambi) 힘(val<vigor)이 병존하는(ent)
□ **ambi**valence [æmbívələns] 명 감정의 교차, 양면 가치 ☜ -ence<명접>
□ **ambi**vert [ǽmbivə̀ːrt] 명 【심리학】 양향성(兩向性) 성격자
☜ 양쪽(ambi)으로 변할 수 있는(vert) 성향의 사람
□ **ambi**version [æ̀mbivə́ːrʒən, -ʃən] 명 【심리학】 (내향과 외향의) 양향(兩向) 성격
☜ ambivert + sion<명접>
비교 introvert 내성적인 사람, extrovert 외향적인 사람

엠프 amp = amplifier (확성기)

♣ 어원 : ampl-, ambi- 큰, 넓은
□ **ambi**tion [æmbíʃən] 명 대망(=aspiration), **야망** ☜ (마음이) 큰(ambi) 것(tion<명접>)
♠ **fulfill one's ambitions 대망을 실현하다, 야망을 이루다**
□ **ambi**tious [æmbíʃəs] 형 **야망이 있는** ☜ (마음이) 큰(ambi) + t + 것의(ous<형접>)
♠ **Boys, be ambitious ! 소년들이여, 야망을 품어라.**
♠ **be ambitious to ~ ~하기를 열망하다**
□ **ampl**ifier [ǽmpləfàiər] 명 확성기, **앰프** ☜ 크게(ampl) + i + 만드는(fy) 것(er)
□ **ampl**ify [ǽmpləfài] 동 **확대하다**, 넓게 하다 ☜ 넓게(ampl) + i + 만들다(fy)
□ **ampl**e [ǽmpl] 형 **넓은**, 광대한, 충분한 ☜ 고대 프랑스어로 '큰, 넓은'이란 뜻

앰뷸런스 ambulance (구급차)

♣ **어원 : ambul, amble 걷다, 가다**

□ **ambul**ance [ǽmbjuləns] [명] **구급차** ☜ 가는(ambul) 것(ance<명접>)
♠ **ambulance worker 구급대원**

■ pre**amble** [príːæ̀mbəl, priːǽm-] [명] 서문, 머리말 ☜ 미리(pre) 가는(ambul)

부시맨 Bushman (남아프리카에 사는 키 작은 토인)
앰부시 마케팅 ambush marketing (합법을 가장한 비합법적인 마케팅)

교묘히 규제를 피해 가는 마케팅 기법을 <앰부시 마케팅>이라고 하는데, 매복 마케팅이라고도 한다. 대형 스포츠 이벤트에서 공식 후원사가 아니면서도 TV 광고나 개별 선수 후원을 활용해 공식 스폰서인 듯한 인상을 줘 홍보효과를 극대화하는 전략이다. <출처 : 트렌드 지식사전 / 일부인용>

■ **bush** [buʃ/부쉬] [명] **관목, 수풀** ☜ 고대영어로 '수풀, 숲'이란 뜻.
♠ **A bird in the hand is worth two in the bush.**
《속담》 손 안의 새 한 마리는 숲속의 새 두 마리의 가치가 있다.

■ **Bush**man [búʃmən] [명] **부시맨** ☜ 수풀(bush)속에 사는 사람(man). 남아프리카 보츠와나와 나미비아에 걸쳐 있는 칼라하리 사막에 사는 종족.

□ am**bush** [ǽmbuʃ] [명] **매복**, 잠복 [동] 숨어서 기다리다
☜ 고대영어로 '덤불(bush) 안에(am=in) 숨어있다'란 뜻
♠ **fall into an ambush 복병을 만나다**

※ **marketing** [mɑ́ːrkitiŋ] [명] (시장에서의) **매매**; 〖경제〗 **마케팅** 《제조에서 판매까지의 과정》
☜ 매매하(market) 기(ing<형접>)

아멘 amen ([기독교] 기도 끝에 하는 말. <기원하옵니다>란 뜻)

□ **amen** [éimén, ɑ́ː-] [감] **아멘** (기원하옵니다) ☜ 히브리어로 '진실'이란 뜻

매니저 manager (관리자)

♣ **어원 : man, men 따르게 하다, 이끌다(=lead)**

■ **man**age [mǽnidʒ/**매**니쥐] [동] **관리하다**, 경영하다 ☜ 손(man)으로 다루다(age)

■ **man**ager [mǽnidʒər] [명] **경영자**, 관리자, **매니저** ☜ 손(man)으로 다루는(age) 사람(er)

□ a**men**able [əmíːnəbl] [형] 순응하는 ☜ ~쪽으로(a<ad=to) 따르게(men) 하는(able)
♠ **amenable to reason 도리에 따르는**

멘딩 테이프 mending tape (접착테이프) * tape 끈, 테이프

■ **mend** [mend] [동] 수선하다, **고치다**, 개선하다
☜ a**mend** 의 두음소실

mending [méndiŋ] [명] 고치는 일, 수선 ☜ mend + ing<명접>

□ a**mend** [əménd] [동] **고치다**, 수정하다
☜ 고대 프랑스어로 '결함(mend)이 없도록(a=out of) 하다'란 뜻
♠ **make amends for 보상[보충]하다**(=make up for, compensate for)

□ a**mend**ment [əméndmənt] [명] **개정**, 수정, 변경 ☜ -ment<명접>

□ a**mend**s [əméndz] [명] **배상**, 보상 ☜ 고친 것에 대한 보상
♠ **make amends (to a person) (for~) (아무에게)(~을) 보상하다**

□ **amenity**(쾌적, 즐거움) ➔ **amity**(친목, 친선, 우호) **참조**

노 코멘트 No comment (논평·대답을 일체 하지 않음)

♣ **어원 : ment 마음; 생각을 말하다**

※ **no** [nou/노우] [형][부][명] **아니오;** 〔비교급 앞에서〕 조금도 ~않다; 하나의 ~도 없는; 결코 ~아닌; ~이 있어서는 안되다
☜ not + one 에서 non(e)로 발전했다가 다시 n이 탈락한 것

■ com**ment** [kɑ́ment/kɔ́m-] [명] **논평**, 비평; **주해**, 해설 [동] 비평〔논평〕하다
☜ 완전히(com/강조) 생각을 말하다(ment)

□ a**ment** [éimənt] [명] 〖심리〗 (선천성) 정신박약아 ☜ 정신(ment)이 멀리있는(a=away) 아이
♠ **a congenital amentia child 선천성 정신박약아**

□ a**ment**ia [eiménʃiə/əmén-] [명] (선천성) 백치(白痴), 정신박약 ☜ -ia(~증상)

✚ **ment**al **마음의**, 정신의; **지적인; 정신병의** **ment**ion **말하다, 언급하다**, 얘기로 꺼내다 [명] **언급**

아메리카 America (미주(美洲))

☐ **America** [əmérikə/어**메**뤼커] 명 **미국, 아메리카대륙** ☜ 신대륙 발견자인 이탈리아 항해사 아메리고 베스푸치(Amerigo Vespucci)의 라틴명 Americus Vespucius의 이름에서 유래.
♠ **the United States of America** (the U.S.(A).) **미국**
♠ North **America** 북**아메리카**
♠ South **America** 남**아메리카** = Latin **America** 라틴 **아메리카**
♠ Central **America** 중앙**아메리카**
♠ Pax **Americana** 팍스**아메리카나**, 미국의 지배에 의한 평화

☐ **Americanism** [əmérikənìzm] 명 미국말, 미국풍, 미국인 기질 ☜ -ism(상태, 성질)

☐ **American** [əmérikən/어**메**뤼컨] 형 **아메리카[사람]의, 미국의** 명 **미국인** ☜ -an(~의/~사람)
♠ the **American** Civil War **미국** 남북전쟁(1861~65)
♠ **American** dream **미국의** 꿈 《민주주의와 물질적 번영을 구현하려는 건국 초부터의 이상》
♠ **American** English **미국식** 영어
♠ **American** football **미식**축구
♠ **American** Indian **아메리칸** 인디언
♠ the **American** Revolution **미국** 독립전쟁(1775~1783) 《영국 본국과 아메리카 식민지와의 전쟁》

☐ **Amerigo** Vespucci [amerigou-vespurtji] 명 **아메리고 베스푸치** 《아메리카 신대륙 발견자》

모나미 볼펜 monami ball-point pen, 아모레(Amore.[이탈] 사랑) 화장품

모나미(mon ami)는 프랑스어로 '내 친구'(my friend)란 뜻이다.

♣ **어원 : ami, emy, imi, ame, amor 사랑, 연애, 호의, 친구(=friend), 기쁨**

☐ **ami**able [éimiəbəl] 형 **호감을 주는**, 상냥한, 친절한 ☜ 친구(ami) 할 수 있는(able)
♠ **make oneself amiable to ~ ~에게 상냥하게 대하다**

☐ **ami**ability [èimiəbíləti] 명 사랑스러움, 상냥함 ☜ 사랑(ami) 스러움(ability<명접>)

☐ **ami**cable [ǽmikəbəl] 형 **우호적인** ☜ ami + c + able<형접>
♠ **amicable relations 우호 관계**

☐ **ami**cability [æmikəbíləti] 명 우호, 화친, 친선; 친선 행위 ☜ -ability(-able의 명사형)

☐ **ami**go [əmíːgou, ɑː-] 명 《Sp.》 (pl. -s) 친구 ☜ 스페인어로 '친구'란 뜻.

☐ **ami**ty [ǽməti] 명 친목, 친선, 우호 ☜ ami + ty<명접>

☐ **ame**nity [əménəti, -míːn-] 명 쾌적, (pl.) 즐거움, 쾌적한 환경, 문화시설; 예의 ☜ 라틴어로 '매우 기쁜(ame) + n + 것(ity)'이란 뜻.

■ en**emy** [énəmi/**에**너미] 명 **적** ☜ en(=not/부정) + emy(친구)

■ in**imi**cal [inímikəl] 형 적대시하는 ☜ in(=not/부정) + imi(친구) + cal<형접>

미드필드 midfield (경기장 중앙부)

♣ **어원 : mid- 중간**

■ **mid**dle [mídl/**미**들] 형 **한가운데의, 중앙[중간]의** ☜ 중간(mid) + d + 의(le<형접>)

■ **mid**field [mídfiːld] 명 **미드필드**, 경기장의 중앙부, 필드 중앙(의 선수) ☜ 들판/경기장(field)의 중앙(mid)

☐ a**mid** [əmíd] 전 **~의 한복판에**, ~하는 가운데 ☜ a(=on) + 중앙(mid)
♠ **amid tears 눈물을 흘리면서**

☐ a**mid**st [əmídst] 전 《문어》 **~의 한복판에** ☜ 중앙(mid) 쪽에(a<ad) 서있는(st)

아미노산 amino acid (염기성과 산성을 가진 화합물, 단백질을 만드는 성분)
암모니아 ammonia (자극적인 냄새가 나는 질소와 수소의 화합물)

☐ **amine** [əmíːn, ǽmin] 명 【화학】 **아민** ☜ **am**monia + **ine**<화학 접미사>

☐ **amino** [əmíːnou, ǽmənòu] 형 【화학】 **아미노**기(基)를 갖는 ☜ 아민(amine) 의(o)

☐ **ammonia** [əmóunjə, -niə] 명 【화학】 **암모니아 기체**, 암모니아 수(=~ water) ☜ 이집트의 태양신 Amun<ammon + ia(알칼로이드 이름)

※ **acid** [ǽsid] 형 **신, 신맛의**, 【화학】 **산성의** ☜ 라틴어로 '신맛'이란 뜻

패스 미스 pass miss (송구 실패)

※ **pass** [pæs/패스, pɑːs] 명 【구기】 **합격, 패스; 통행허가** 동 **지나(가)다**,

경과하다, **합격하다** ☜ 중세영어로 '지나가다, 바뀌다'라는 뜻
■ **miss** [mis/미스] ⓢ **놓치다**, 빗맞히다 ☜ 고대영어로 '맞추는데 실패하다'라는 뜻
□ a**miss** [əmís] ⓟ **빗나가서**; 잘못되어 ⓗ **빗나간**, 어긋난, 형편이 나쁜
☜ 완전히(a/강조) + miss
♠ **come amiss 달갑지[신통치] 않게 되다**

□ **ammonia**(암모니아 기체) ➔ **amino**(아미노기(基)를 갖는) **참조**

커뮤니케이션 communication (의사소통)

♣ **어원 : mun(i), mon (서로) 나누다, 공유하다, 교환하다; 의무를 다하다**
■ com**muni**cation [kəmjùːnəkéiʃən] ⓜ **전달, 통신**; **교통 수단**
☜ 함께(com) 주고받기(muni)를 + c + 만드는(ate) + 것(ion<명접>)
□ am**munition** [æ̀mjuníʃən] ⓜ **탄약**; 병기, 무기 ☜ A Munition을 잘못 기록한 데서
♠ an **ammunition** box (chest) **탄약**상자
♠ an **ammunition** belt **탄**띠

✚ com**muni**ty **공동 사회**, 공동체; (the ~) **일반 사회** im**muni**ty **면제; 면역**(성) **muni**cipal **시**(市)**의, 자치 도시의** **muni**tion (pl.) **군수품**, 《특히》 **탄약**

앰네스티 Amnesty International (국제사면위원회)

국제사면위원회 앰네스티는 정치, 사상범의 석방운동을 위한 국제조직이며, 1977 년 노벨(Nobel) 평화상을 수상한 바 있다.

□ **amnesty** [ǽmnəsti] ⓜ 은사, 대사(大赦), 특사
☜ ~이 없음(a=not/부정) + 죄에 대한 기억(mnesty = remember)
♠ grant **an amnesty** to criminals 죄인에게 **대사면**을 내리다.
비교 amnestic 건망증 환자; 건망증의
※ **inter**national [ìntərnǽʃənəl/인터**내**셔널] ⓗ **국제적인** ☜ 국가(nation) 간(inter) 의(al)

아마추어 amateur (어떤 일을 비직업적으로 순수하게 좋아하는 사람)

아마추어(amateur)란 문학, 예술, 운동경기 등을 직업으로서가 아니고 취미나 도락으로 하는 사람을 가리킨다. 반대로 직업적으로 하는 사람을 프로(professional)라고 한다.

♣ **어원 : am(a), ami, amic, amor 사랑, 연애(戀愛), 애호, 친구**
■ **ama**teur [ǽmətʃùər, -tʃər, -tər, æ̀mətə́ːr] ⓜ **아마추어**, 직업적이 아닌 사람
ⓗ 아마추어의, 직업적이 아닌 반 professional 직업적인
☜ 사랑(ama) 하는 자(teur). 돈이 목적이 아닌, 일이 단지 좋아서 하는 사람
□ **amor**ous [ǽmərəs] ⓗ 호색의; 연애하고 있는; 연애의; 요염한; ~을 연모하고 있는
☜ 사랑(amor)을 풍기는(ous<형접>)
♠ **cast an amorous at ~ ~에게 추파를 던지다**
□ **am**our [əmúər] ⓜ 《F.》 정사(情事), 바람기, 연애사건; 밀통; 애인 《특히 여성》
☜ 연애(am) 하기(our<명접>)
□ en**amor**, 《영》 -**amour** [inǽmər] ⓢ [주로 수동태] ~에 반하게 하다, 호리다, 매혹하다
☜ 사랑(amor)을 만들다(en=make)
♠ He **is enamored of** the woman. 그는 그녀**에게 반해 있다**.
□ en**amor**ed [inǽmərd] ⓗ 사랑에 빠진; 매혹된, 반한 ☜ -ed<형접>
□ in**amor**ata [inæ̀mərɑ́ːtə] ⓜ 《It.》 애인 《여자》, 《특히》 정부(情婦)
☜ 이탈리아어로 '안에서(in) 사랑(amor)을 품은 여자(ata)'란 뜻
□ in**amor**ato [inæ̀mərɑ́ːtou] ⓜ (pl. **-s**) 《It.》 애인 《남자》, 정부(情夫)
☜ 이탈리아어로 '안에서(in) 사랑(amor)을 품은 남자(ato)'란 뜻
■ par**am**our [pǽrəmùər] ⓜ 《문어》 정부(情夫), 정부(情婦), 애인.
☜ 가까이(par)에서 사랑(am)하는 사람(our)

아메바 amoeba ([생물] 형태가 일정치 않은 단세포생물)

□ **amoeba** [əmíːbə] ⓜ (pl. **-s, -e**) **아메바** ☜ 고대 그리스어로 '변화'란 뜻

몽그렐 mongrel (잡종개)

♣ **어원 : ming. mong 섞(이)다**
■ **mong**rel [mʌ́ŋgrəl, mɑ́ŋ-] ⓜ (동식물의) **잡종**; 《특히》 **잡종개** ⓗ 잡종의
☜ 섞인(mong) 것(rel)

☐ among [əmʌ́ŋ/어**멍**] ㉬ ~의 사이에(서), **~의 가운데에(서)**, ~에 둘러싸인
☜ 고대영어로 '~가운데'란 뜻. ~속에(a=at/in/on) 섞임(mong)
♠ **among** the children 아이들**에 둘러싸여**
♠ **among other things 여럿 가운데서, 더욱이, 특히**
♠ **among the rest 그 중에서도, 그 중의 하나**

✚ **mingle 섞다, 혼합하다**; 어울리다 inter**mingle 섞다, 혼합하다**; 혼합시키다

모럴 해저드 moral hazard (도덕적 해이) * hazard 위험(요소); 장애구역

♣ **어원 : mor(al) 도덕의, 윤리의, 예의상**

■ **moral** [mɔ́(:)rəl, mɑ́r-] ㉱ **도덕(상)의**, 윤리(상)의, 도덕〔윤리〕에 관한; **품행이 단정한** ㉨ **교훈, 도덕; 품행, 몸가짐** ☜ 고대 그리스어로 '도덕, 윤리'

☐ a**moral** [eimɔ́ːrəl, æm-, -mɑ́r-] ㉱ 비도덕적인, 도덕 관념이 없는
☜ 도덕(moral)이 없는(a<an=not)
♠ **amoral** personality **비도덕적** 인격

■ im**moral** [imɔ́(:)rəl, imɑ́r-] ㉱ **부도덕한**; 행실 나쁜; 음란한
☜ 도덕(moral)이 없는(im<in=not)

모르핀 morphine (마약의 일종), 모르페우스 Morpheus ([그神] 꿈·잠의 신)

[그神] 모르페우스는 꿈[잠]의 신(神)으로 꿈에서 사람의 형상을 만든다. 진정 및 수면효과가 있는 마약의 일종인 모르핀도 모르페우스에서 유래하였다.

♣ **어원 : morph 형태, 모양, 조직, 결정(結晶)**

■ **morph**ine [mɔ́ːrfiːn] ㉨ 〖약학〗 **모르핀** ☜ 허상(morph)을 만드는 물질(ine)

■ **Morph**eus [mɔ́ːrfiəs, -fjuːs] ㉨ 〖그리스신학〗 **모르페우스** 《잠의 신 Hypnos의 아들로, 꿈의 신》

☐ a**morph**ous [əmɔ́ːrfəs] ㉱ 형태〔특성〕가 없는, 모호한 ☜ 형태(morph)가 없(a=not) 는(ous<형접>)
♠ an **amorphous** mass of cells with no identity at all
전혀 정체를 알 수 없는 **무정형의** 세포들 덩어리

✚ meta**morph**osis 변형, 변학; 〖의학〗 변태 **morph**ology 〖생물〗 형태학; 〖언어학〗 어형론; 〖지리〗 지형학 poly**morph**ic 다형태의, 다양한

마운드 mound (야구장의 투수판)

♣ **어원 : mound, mount 오르다, 산**

■ **mound** [maund] ㉨ **토루**(土壘); 둑, 제방; **흙무더기; 작은 언덕**, 작은 산
☜ 고대영어로 '손, 방어, 보호'란 뜻

■ **mount** [maunt/마운트] ㉣ (산·계단 따위를) **오르다**(=ascend), (말 따위에) **타다**, 태우다
☜ 라틴어로 '산'이란 뜻

☐ a**mount** [əmáunt/어**마**운트] ㉣ **총계가 ~에 이르다**(=add up to) ㉨ **총액, 총계; 양**
☜ ~까지(a=to) 오르다(mount)
♠ **amount to ~ (총액이) ~가 되다, ~에 달하다**
♠ **an amount of 상당한 (양의)**

✚ dis**mount** (말, 자전거 등에서) **내리다;** 내리기 para**mount 최고의**, 최고권위의 sur**mount** (산, 언덕을) 오르다, (곤란, 장애를) 극복하다 **mount**ain **산, 산악**

암페어 ampere ([전기] 전류의 단위, amp.)

☐ **ampere** [ǽmpiəŕ] ㉨ 〖전기〗 **암페어** 《전류의 단위; 기호 A; 생략: amp.》
☜ 프랑스의 물리학자 A.M. Ampère이름에서

엠피시어터 Amphitheater (고대 로마의 원형경기장, 원형투기장)

가장 대표적인 앰피시어터로는 이탈리아의 콜로세움(Colosseum)이 있다.

♣ **어원 : amphi-, ambi-, amp- 2중의, 양쪽의; 주변의, 사방의**

☐ **amphi**bious [æmfíbiəs] ㉱ **수륙양용의**, 양서류의; 육·해·공군 합동의
☜ 양쪽(amphi)이 살아있(bi<bio) 는(ous<형접>)
♠ **amphibious operation 육해(공)군 합동작전**
♠ **A**mphibious **A**ssault **V**ehicle 수륙양용장갑차(**AAV**)

☐ **amphi**bian [æmfíbiən] ㉨ 양서류(兩棲類) ☜ 양쪽(amphi)이 살아있는(bi<bio) 것(an)

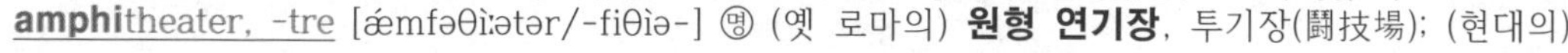

☐ **amphi**theater, -tre [ǽmfəθìːətər/-fiθìə-] ㉨ (옛 로마의) **원형 연기장**, 투기장(鬪技場); (현대의)

원형 경기장(극장) ☜ 사방에서(amphi) 볼 수 있는 극장(theater). 원래 극장은 한쪽 방향에서만 볼 수 있도록 설계되지만, 원형극장은 중앙에 무대가 있어 사방에서 볼 수 있다는 의미

☐ **amp**utate [ǽmpjutèit] [동] (손발을) 자르다, 절단하다《수술로》
☜ 라틴어로 '주변(amp)을 자르다(putate)'란 뜻

☐ **amp**utation [æmpjutéiʃən] [명] 절단(수술) ☜ amputate + ion<명접>

✚ **ambi**dexter 양손잡이 **ambi**guous **애매한, 모호한** **ambi**valent 애증이 함께하는, 심경이 복잡한 **ambi**guity 애매, 모호

앰프 amp = amplifier (확성기)

♣ **어원 : ampl, ambi 큰, 넓은**

☐ **ample** [ǽmpl] [형] **넓은**(=spacious, roomy), 광대한(=large), **충분한**(=quite enough)
☜ 라틴어로 '큰, 가득찬'이란 뜻. [반] scanty 부족한
♠ **ample** living quarters **넓은** 숙소

☐ **ampl**ification [æmpləfəkéiʃən] [명] 확대, 부연 ☜ 넓게(ampl) + i + 만들(fic) 기(ation)

☐ **ampl**ifier [ǽmpləfàiər] [명] 확성기, **앰프** ☜ 크게(ampl) + i + 만드는(fi) 기계(er)

☐ **ampl**ify [ǽmpləfài] [동] 확대하다, **넓게 하다** ☜ 크게(ampl) + i + 만들다(fy)

☐ **ampl**y [ǽmpli] [부] 충분히, 넓게 ☜ 넓(ampl) 게(ly<부접>)

■ **ambi**tion [æmbíʃən] [명] **대망, 야망** ☜ 큰(ambi) 것(tion<명접>)

☐ **amputate**(손발을 자르다) ➔ **amphibious**(수륙양용의, 양서류의) **참조**

암스테르담 Amsterdam (네델란드의 헌법상의 수도이자 항구도시)

☐ **Amsterdam** [ǽmstərdæ̀m] [명] **암스테르담** ※ 헤이그(hague)는 사실상의 수도
☜ 암스텔(Amstel)강의 댐(dam)이 있는 지역

아문젠, 아문센 Amundsen (1911 년 최초 남극을 정복한 노르웨이 탐험가)

☐ **Amundsen** [ɑ́ːmunsən/-mən-] [명] **아문센** 《Roald~, 세계 최초로 남극을 탐험한 노르웨이 탐험가; 1872-1928》

뮤즈 Muse ([그神] 음악의 여신), 뮤직 music (음악)

< The Nine Muses >

♣ **어원 : muse, musi 음악, 즐거움**

■ **Muse** [mjuːz] [명] 〖그.신화〗 **뮤즈**, 학예・시가・음악・무용의 여신

■ **musi**c [mjúːzik/**뮤**-직] [명] **음악** ☜ 라틴어로 '음악의 예술'이란 뜻

☐ a**muse** [əmjúːz] [동] **즐겁게 하다**(=entertain), 즐기다
[반] bore 따분하게 하다
☜ ~에게(a<ad=to) 음악(muse<music)을 들려주다
♠ **amuse oneself with (by) ~ ~하며 즐기다**
♠ **be amused at (by, with) ~ ~을 즐기다**

☐ a**muse**ment [əmjúːzmənt] [명] **즐거움**, 재미 ☜ amuse + ment<명접>
♠ **find much amusement in ~ ~을 크게 즐기다**

☐ a**musi**ng [əmjúːziŋ] [형] **즐거운**, 유쾌한, 재미있는 ☜ amuse + ing<형접>

☐ be**muse** [bimjúːz] [동] 멍하게 하다; 생각에 잠기게 하다
☜ 음악/시상/몽상(muse)에 빠지다(be)

☐ **an**(어떤, 하나의) ➔ **a**(어떤, 하나의) **참조**

싱크로나이즈 synchronized (swimming) (수중 발레) * swimming 수영(용의)

♣ **어원 : chron, crony 시간**

■ syn**chron**ize [síŋkrənàiz] [동] **동시에 발생**(진행, 반복)**하다**, 동시성을 가지다
☜ 같은(syn=same) 시간(chron)을 만들다(ize)
♠ **synchronize** watches 여러 시계를 **같은 시각으로 맞추다**.

☐ ana**chron**ism [ənǽkrənìzəm] [명] 시대착오; 시대에 뒤떨어진 사람(사물); 연대(날짜)의 오기(誤記)
☜ 반대의(ana=anti) 시간(chron)인 상태(ism)

☐ ana**chron**istic(al) [ənæ̀krənístik(əl)] [형] 시대착오의
☜ 반대의(ana=anti) 시간(chron) 의(istc(al))

A

아나콘다 anaconda (남아메리카에 서식하는 큰 구렁이)

☐ **anaconda** [ӕnəkάndə/-kɔ́n-] 명 **아나콘다**《독 없는 큰 뱀; 남아메리카산》; (일반적) 큰 뱀 ☜ 브라질어로는 어원 확인 불가. 스리랑카의 신할리즈족어로 '회초리 뱀; 번개'란 뜻.

컬렉션 collection (물품을 수집해 모은 것)

♣ 어원 : **lect 고르다, 뽑다, 모으다, 선택하다**

■ col**lect** [kəlékt/컬**렉**트] 동 **모으다,** 수집하다; **모이다** ☜ 함께<한 곳으로(col<com) 골라내다(lect)

■ col**lect**ion [kəlékʃən] 명 **수집**, 채집 ☜ collect + ion<명접>

☐ ana**lects** [ǽnəlèkts] 명 (pl.) **선집**(選集), 어록 ☜ 위로(ana=up) 선택된(lect) 것들(s)
♠ the **Analects** (of Confucius) 공자의 **어록**, 논어(論語)

✚ e**lect** **선거하다**, 뽑다, 선임하다 se**lect** **선택하다**, 고르다, 선발하다, 발췌하다, 뽑다

아날로그 analog (변화하는 물리량을 눈금으로 표시한 것)

전압・전류의 변화・크기를 눈금으로 표시하여 연속적으로 변화하는 물리량을 나타낸 것. 디지털 (digital)의 상대적 개념의 용어

♣ 어원 : **log 말, 글, 단어(=word)**

☐ ana**log**(ue) [ǽnəlɔ̀ːg, -lὰg/-lɔ̀] 명 【전산】 연속(형), **아날로그** ☜ 단어(log)에 따라(ana)
♠ an **analog** watch **아날로그**시계

☐ ana**log**y [ənǽlədʒi] 명 **유사성**, 일치 ☜ -y<명접>
♠ **have 〔bear〕 some analogy with 〔to〕 ~ ~와 약간 유사하다**

☐ ana**log**ous [ənǽləgəs] 형 **유사한, 비슷한** ☜ 계속해서(ana=on) 말(log) 하는(ous<형접>)

✚ apo**log**y **사과**, 변명 cata**log**(ue) **목록, 카탈로그** epi**log**ue **맺음말, 에필로그** eu**log**y [júːlədʒi] 찬사, 칭찬 **log**ic **논리(학)**

애널리스트 analyst (투자분석가)

국내의 주식시장 및 파생상품 시장을 분석하고 예측하여 투자전략을 수립하는 사람

♣ 어원 : **analy, ana 분리[분해]하다, 나누다, 풀다**

☐ **analy**sis [ənǽləsis] 명 (pl. **-ses**) 분해, **분석** ☜ 분해하다(analy) + sis<명접>
♠ **in the last 〔final〕 analysis 결국, 요컨대**

☐ **analy**st [ǽnəlist] 명 **분석자** ☜ 분해하다(analy) 사람(ist)

☐ **analy**tic(al) [æ̀nəlítik(əl)] 형 분석의, **분석적인** ☜ 분해하다(analy) + t + 는(ic<형접>)

☐ **analy**ze, 《영》 **analy**se [ǽnəlàiz] 동 **분석하다** ☜ 분해하다(analy) + ze<동접>
♠ **analyze** the problem 〔situation〕 문제〔정세〕를 **분석하다**

☐ **analy**zer [ǽnəlàizər] 명 분석자(=analyser) ☜ analyze + er(사람)

■ **ana**tomy [ənǽtəmi] 명 (pl. **-mies**) **해부(학)** ☜ 분해하여(ana) 자르(tom=cut) 기(y)

아나키즘 anarchism (무정부주의)

♣ 어원 : **arch 지도자**

☐ an**arch**ism [ǽnərkìzəm] 명 **아나키즘**, 무정부주의 ☜ 지도자(arch)가 없는(an=not) 주의(ism)

☐ an**arch**ist [ǽnərkìst] 명 **아나키스트**, 무정부주의자 ☜ -ist(사람)

☐ an**arch**y [ǽnərki] 명 **무정부(상태)**; 무질서, 혼란 ☜ -y<명접>
♠ swift descent into **anarchy** 급격한 **무정부 상태**로의 추락

아나톨리아 Anatolia (옛날의 소(小)아시아. 현재의 터키 지역)

☐ **Anatolia** [æ̀nətóuliə] 명 **아나톨리아**《옛날의 소아시아, 현재의 아시아 터키》 ☜ 고대 그리스어로 '일출'이란 뜻. 위로(ana=up) + 오르다(tolia=rise)

☐ **Anatolia**n [æ̀nətóuliən] 형 **아나톨리아**의, **아나톨리아** 사람〔말〕의 명 **아나톨리아** 사람〔말〕 ☜ Anatolia + an(~의/~사람)

A

애널리스트 analyst (투자분석가)

국내의 주식시장 및 파생상품 시장을 분석하고 예측하여 투자전략을 수립하는 사람

♣ **어원 : analy, ana 분리[분해]하다, 나누다, 풀다**

■ **analyst** [ǽnəlist] 명 **분석자** ☜ 분해하다(analy) 사람(ist)
□ **ana**tomic(al) [æ̀nətάmik(əl), -tɔ́m-] 형 해부(학)의 ☜ anatomy + ic(al)<형접>
□ **ana**tomically [æ̀nətάmikəli] 부 **해부학상**, 해부적으로 ☜ anatomical + ly<부접>
□ **ana**tomist [ənǽtəmist] 명 해부학자 ☜ anatomy + ist(사람)
□ **ana**tomize [ənǽtəmàiz] 동 해부하다(=dissect); 상세히 분해(분석)하다 ☜ -ize<동접>
□ **ana**tomy [ənǽtəmi] 명 (pl. **-mies**) **해부(학)**
☜ 분해하여(ana) 자르(tom=cut) 기(y)
♠ **an anatomy** of the current recession 현 경기 침체에 대한 **분석**

앙시앙 레짐 ancien regime ([F.] 구(舊)체제) * regime 정권, 정치체제, 제도

1789년 프랑스혁명 때 타도의 대상이 되었던 절대왕정체제, 즉 구체제를 일컫는 말

♣ **어원 : an, ance, ante 위로, 먼저, 전에 // cest, cede 가다(=go)**

□ **an**cient [éinʃənt] 형 **옛날의**, 오래된, 구식의 ☜ 전에(ance) + i + 있던(ent)
반 modern 현대의
♠ **in ancient times 오랜 옛날에**
□ **an**cestor [ǽnsestər, -səs-] 명 **선조, 조상** ☜ 먼저(an) 간(cest) 사람(or)
반 descendant 자손, 후손
♠ one's spiritual **ancestor** (정신적으로 가장 영향을 받은) 스승
□ **an**cestral [ænséstrəl] 형 **조상의**, 조상 전대의 ☜ ancestor + al<형접>
□ **an**cestry [ǽnsestri, -səs-] 명 **선조, 조상** ☜ ancestor + y<명접>
■ **ante**cedent [æ̀ntəsíːdənt] 형 **앞서는**, 선행의 명 **선례**
☜ 먼저(ante) 가(cede) 는(ent<형접>)

앵커리지 Anchorage (미국 알래스카주 남부의 항구도시)

미국 알래스카(Alaska)주 남부에 위치한 항구·공항도시. 옛날 보급선이 이곳에 닻을 내리고 정박했다 고 해서 붙여진 이름

♣ **어원 : anch 앞부분, 앞쪽**

□ **anch**or [ǽŋkər] 명 **닻** 동 닻을 내리다 ☜ 앞쪽에(anch) 실려 있는 장비(or)
♠ cast (drop) **anchor** 투묘하다, 정박하다 ☜ 닻(anchor)을 던지다(cast)
□ **anch**orage [ǽŋkəridʒ] 명 닻을 내림, 투묘; (A~) 미 **앵커리지**주 ☜ anchor + age<명접>
□ **anch**or bolt **앵커 볼트** ☜ bolt(볼트, 나사, 빗장)
□ **anch**or buoy **앵커 부이** 《닻의 위치를 알려주는》 ☜ buoy(부이, 부표)
□ **anch**orman [ǽŋkərmæ̀n] 명 『방송』 종합사회자, **앵커맨**
☜ 앞에서(anch) 말하는(or<ora) 남자(man)
★ 여성의 지위와 대우가 남성과 동등해지면서 성차별적 단어도 점차 중성적 의미의 단어로 바뀌고 있다. anchorman도 anchor로 변화됨.
□ **anch**orwoman [ǽŋkərwùmən] 명 『방송』 여성종합사회자, **앵커우먼**
☜ 앞에서(anch) 말하는(or<ora) 여자(woman)

□ **ancient**(옛날의) ➔ **ancestor**(선조, 조상) **참조**

큐엔에이 Q&A (묻고 답하기. <Question and Answer>의 줄임말)

※ **question** [kwéstʃən/**퀘**스췬] 명 **질문, 물음** ☜ 묻는(quest) 것(ion<명접>)
□ **& = and** [ənd/언드, ænd/앤드], [ǽmpərsæ̀nd] 접 《and 기호, **앰퍼샌드**(ampersand)》 **~와(과)**
☜ 라틴어 et(=and). 알파벳 E와 T를 결합해서 만든 기호
★ &(ampersand/앰퍼샌드)는 라틴어 'and per se and(앤 퍼 시 앤드)'의 줄임말이다. 'per se'는 '그 자체로(by itself)'라는 뜻이므로 'and(&) per se and'는 <& 기호는 그 자체로 and>라는 의미이다.
♠ **명령문, and … ~해라, 그러면 …**
Change your thoughts, **and** you will change your world.
너의 생각을 **바꿔라. 그러면** 너는 세상을 바꿀 것이다.
비교 **명령문, or … ~해라, 그렇지 않으면 …**
♠ **and so on** (forth) **등등, ~따위**(=and the like)
♠ **and that 게다가, 더욱이, 그것도**
♠ **and yet 그런데도, 그럼에도 불구하고**

※ **answer** [ǽnsər/**앤**서, ɑ́ːnsər] ⓢ **대답하다**, (질문, 편지에) 답하다 ⓜ **대답, 회답**, 응답
☜ 고대영어로 '대답, 응답'이란 뜻. ~에 대해(an<ad=to) 맹세하다(swer<swear)

안데르센 Andersen (덴마크의 동화작가)

☐ **Andersen** [ǽndərsən] ⓜ **안데르센** 《Hans Christian ~. 덴마크의 동화작가. 1805-75》
★ **대표작 : <인어공주>, <벌거벗은 임금님>, <성냥팔이 소녀>, <미운 오리 새끼> 등 다수**

안데스산맥 Andes (세계에서 가장 긴 남미 서부의 산맥)

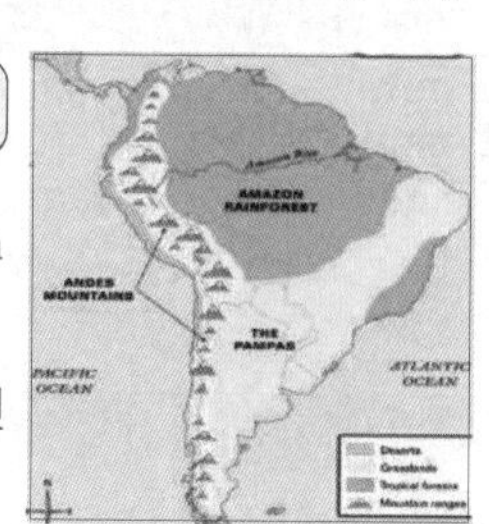

☐ **Andes** [ǽndiːz/**앤**디-즈] ⓜ (pl.)(the ~) **안데스**산맥
☜ 잉카 케추아어로 '높은 봉우리'란 뜻 ★ 총길이 7,000km

☐ **Andean** [ændíːən, ǽn-] ⓗ **안데스**산맥의 ⓜ **안데스**산지 사람
☜ Andes + an(~의/~사람)

☐ **Andean** Group **안데스그룹** 《남미 태평양 연안 4개국의 자유무역연합; 1969년 창설》 ☜ group(떼, 그룹, 집단)

안드로이드 android (기계적 인조인간)

☐ **android** [ǽndrɔid] ⓜ **안드로이드** 《과학소설에 등장하는 기계적 인조인간》
☜ 그리스어로 '사람(andro=man)의 모습(oid=form, shape)'이란 뜻

안드로메다 Andromeda ([그神] 페르세우스(Perseus)가 구해준 미녀)

☐ **Andromeda** [ændrɑ́midə/-drɔ́m-] ⓜ 〖그.신화〗 **안드로메다** 《Perseus가 구해준 에티오피아의 공주》, 〖천문〗 안드로메다 자리

판도라의 상자 Pandora's box ([그神] 제우스가 판도라에게 보낸 상자)

제우스가 판도라에게 보낸 상자. 제우스가 절대 열지 말라는 상자의 뚜껑을 판도라가 열자 안에서 온갖 해독과 재앙이 나와 세상에 퍼지고 상자 속에는 오직 '희망'만이 남았다고 한다. 원래는 판도라의 항아리이지만 번역을 잘못해서 '판도라의 상자'라고 알려지게 되었다. 뜻밖의 재앙의 근원을 말하기도 한다.

♣ **어원 : dor, dona, dot, do 주다(=give), 기부하다; 기증, 증여**

■ <u>Pan**dor**a</u> [pændɔ́ːrə] ⓜ 〖그.신화〗 **판도라** 《Prometheus가 불을 훔쳤기 때문에 인류를 벌하기 위해 Zeus가 지상에 보낸 최초의 여자》
☜ (여러 신들이) 모든(pan) 선물을 준(dor) 여자(a)'란 뜻

PANDORA'S BOX
© pandorasboxmalta.com

■ **dona**tion [dounéiʃən] ⓜ **기부(금), 기증** ☜ 주는(dona) 것(tion<명접>)

☐ anec**do**te [ǽnikdòut] ⓜ **일화**
☜ 밖으로(ec<ex) 전하지(dot) 않는(an=not) 뒷이야기
♠ a funny **anecdote** 재미있는 **일화**

☐ anec**do**tic(al) [æ̀nikdɑ́tik(əl)/-dɔ́t-] ⓗ 일화(逸話)의, 일화를 담은 ☜ -ic(al)<형접>

■ anti**do**te [ǽntidòut] ⓜ **해독제** ☜ ~에 대항하여(anti) 주는(do) 것(te)

※ <u>**box**</u> [bɑks/박스/bɔks/복스] ⓜ **상자; (따귀를) 손바닥[주먹]으로 침** ☜ 고대영어로 '장방형의 나무 용기'란 뜻

아네모네 anemone (지중해 연안 원산의 미나리아재비과의 꽃)

☐ **anemone** [ənéməni] ⓜ 〖식물〗 **아네모네** ☜ 그리스어로 '바람의 딸'이란 뜻.
★ 〖그神〗 anemone는 그리스어로 '바람의 딸'이란 뜻이데, 바람의 신 제프로스가 그의 시녀인 Anemone와 사랑에 빠지자 그의 아내인 플로라가 anemone를 꽃으로 만들어버렸다. 이를 슬피 여긴 제프로스가 봄만 되면 생기있는 바람을 불어 예쁜 꽃을 피우게 했다고 한다.

에스테틱 샵 esthetic shop (피부관리미용실) * shop 가게, 소매점

♣ **어원 : esthet 느낌, 감각; 느끼다(=feel)**

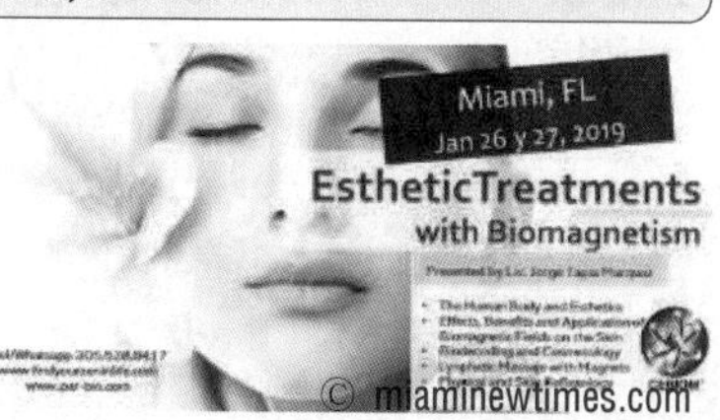

© miaminewtimes.com

■ <u>**esthetic**(al)</u> [esθétik(əl)/iːs-] ⓗ 미(美)의, 미술의; 미학의; 심미적인 ☜ (아름다움을) 느끼(esthet) 는(ic)

■ **esthetic**ism [esθétisizm] ⓜ 유미주의, **에스테티시즘**
☜ esthetic + ism(~주의)

■ a**esthetic** [esθétik/iːs-] ⓗ 미적 감각이 있는; **심미적인** ⓜ **탐미주의자**, 심미안이 있는 사람

	☜ a(강조) + (아름다움을) 느끼(esthet) 는(ic)
□ an**esthetic**	[ӕnəsθétik] ⓗ 무감각한; 마취의 ⓜ 마취제 ☜ 느낌(esthet)이 없(an=not) 는(것)(ic<형접/명접>) ♠ local (topical) **anesthetic** 국부 **마취약(제)** ♠ general **anesthetic** 전신 **마취약(제)**

뉴스 news (새로운 소식)

■ **new**	[njuː/뉴-] ⓗ **새로운** ☜ 고대영어로 '새로운, 신선한, 최근의'라는 뜻
■ **news**	[njuːs/뉴-스, nuːz] ⓜ **뉴스**, 새로운 소식 ☜ 라틴어로 '새로운(new) 것(s)'
□ a**new**	[ənjúː] ⓟ 다시 한 번(=once more), **새로이**(=again) ☜ 완전히(a/강조) 새로운(new) ♠ begin one's life **anew** **새**생활로 들어가다

로스엔젤레스 [엘에이] Los Angeles [LA] (미국 제 2 의 도시) * 1 위는 뉴욕

미국 캘리포니아(California)주 남부태평양에 연한 도시. Los Angeles 는 스페인어이며, 영어로 The angels (천사들)이란 뜻이다. 줄여서 LA 라고 한다. 미국에서 한국 교민이 가장 많이 사는 Korea Town 이 있다.

□ **angel**	[éindʒəl] ⓜ **천사**, 수호신 ☜ 그리스어로 '전령, 사자(使者)'란 뜻 ♠ **an angel of a girl 천사 같은 소녀**
□ **angel**-fish	[éindʒəlfiʃ] ⓜ **에인절 피시** 《관상용 열대어의 일종》 ☜ fish(물고기)
□ **angel**ic(al)	[ӕndʒélik(əl)] ⓗ **천사의**, 천사 같은 ☜ -ic(al)<형접>

앵그리버드 Angry Birds (핀란드산 게임. <화난 새들>이란 뜻) * bird 새

핀란드(Finland)의 로비오 모바일 (Rovio Mobile)이라는 스마트폰 게임(smart phone game) 개발업체 에서 개발한 퍼즐 비디오 게임(puzzle video game). 새들이 돼지에게 도둑맞은 알을 찾기 위해 장애 물을 극복하는 내용임.

© Rovio Mobile

♣ **어원 : ang, anq, anx 걱정, 불안; 화남, 분노; 고통, 번민; 열망**

□ **ang**er	[ǽŋgər/**앵**거] ⓜ **노여움**(=rage), 화, 분노 ⓢ 노하게 하다 (=make angry) ☜ 분노(ang) 함(er<명접>) ♠ **furious with anger 미칠 듯이 화가 나서** ♠ **in (great) anger (몹시) 화가 나서** ♠ **be red with anger 화가 나서 얼굴이 새빨개지다**
□ **angr**y	[ǽŋgri/**앵**그뤼] ⓗ (-<-r**ier**<-r**iest**) **화난**, 성난 ☜ anger + y<형접> ♠ When **angry** count ten; when very **angry**, a hundred. **화**가 났을 땐 10 을 세라. 진짜 **화**가 났을 땐 100 을 세라. ♠ **be angry at (about) ~ ~에 대해 화내고 있다** ♠ **be (get) angry with (at) ~ ~에게[~에 대해] 화가 나다**
□ **Ang**ry Young Men	『문학』 성난 젊은이들 《전후 영국문단에서 기성사회제도에 대한 분노를 나타내는 문학을 쓴 청년작가들》, (일반적으로) 반체제 젊은이(들) ☜ 화난(angry) 젊은(young) 사람들(men)
□ **ang**rily	[ǽŋgrəli] ⓟ **노하여, 성나서**, 화내어 ☜ -ly<부접>
□ **ang**uish	[ǽŋgwiʃ] ⓜ (심신의) 격통; 고민, **큰 고뇌**(=great sorrow) ☜ -ish<동접> ♠ **be in anguish over ~ ~으로 크게 괴로워하다**

트라이앵글 triangle (트라이앵글 악기)

■ tri**angle**	[tráiӕŋgl] ⓜ **삼각형**, 『악기』 **트라이앵글** ☜ 삼(tri) 각형(angle)
□ **angle**	[ǽŋgl/**앵**글] ⓜ **각도**, 각(角); 모서리; 관점(=point of view) ⓢ **낚다**(=fish) ☜ 라틴어로 '각도, 모서리'란 뜻 비교 triangle 3각형 quadrangle, rectangle 4각형 pentagon 5각형 sexangle 6각형 heptagon 7각형 octangle 8각형 ♠ **angle** a camera 카메라 **앵글을 잡다**
□ **angle**r	[ǽŋglər] ⓜ **낚시꾼** ☜ 낚시바늘이 굽은 데서. angle + er(사람)
□ **angul**ar	[ǽŋgjələr] ⓗ **각이 있는**, 모난, 각도의; 무뚝뚝한; 몹시 여윈 ☜ angle + ar<형접> ♠ **angular distance 각거리** ☜ distance(거리, 간격)

✚ oct**angle** 8각형(의) rect**angle** **직사각형** right **angle** 직각 tri**angul**ar **삼각형의** rect**angul**ar **직사각형의**, 직각의

앵글로색슨 Anglo-Saxon (5 세기 영국에 이주한 민족)

앵글로색슨 사람[민족] (5 세기경 영국에 이주한 튜튼족)

♣ **어원 : Anglo- 영국의, 영어의**

☐ **Angle** [ǽŋgl] [명] **앵글**족 사람; (the ~s) 앵글족(族) 《5세기 영국에 이주한 튜튼족의 한 부족》 ☜ 오늘날 독일의 슐레스비히홀슈타인 주에 있는 '앙겔른' 지역을 근원지로 하는 민족. 게르만어로 '낚시'라는 뜻인데 이는 앙겔른 지형이 낚시처럼 굽은 데서 유래. angle (각도; 낚시)

※ **Saxon** [sǽksən] [명] **색슨 사람[족]**; 앵글로색슨 사람, **영국사람**, 잉글랜드 사람; (독일) 작센 사람 [형] 색슨 사람(말)의; 작센(사람)의; 영국의 ☜ 오늘날 독일의 Saxony 지역을 근거지로 하는 민족. 게르만어로 '검, 칼'이란 뜻

☐ **Anglo**-Saxon [ǽŋglousǽksn] [명] (the ~s) **앵글로색슨민족**; 영국계 사람; 영어권 사람

☐ **Anglo**-American [ǽŋglouəmérikən] [형] **영미(英美)의**, 영국계 미국사람의 [명] 영국계 미국사람 ☜ 영국계(Anglo) 미국인(American)

☐ **Angli**can [ǽŋglikən] [형] **영국 국교회**(=the Church of English)의, 성공회의 ☜ 영국(Angle) (교회)의(ic) 사람<신자(an)

☐ **Anglo**-French [ǽŋgloufréntʃ] [형] 영불(英・프)의 ☜ 영국(Anglo)-프랑스(French)의

앙골라 Angola (포르투갈 식민지배에서 독립한 아프리카 서남부의 공화국)

☐ **Angola** [æŋgóulə] [명] **앙골라** 《아프리카 서부의 공화국. 수도 루안다(Luanda)》 ☜ 앙골라 북부의 반투어로 '왕의 칭호'란 뜻.

☐ **angry**(노한, 화난, 성난) ➔ **anger**(노여움) **참조**

☐ **anguish**(고통, 큰 고뇌) ➔ **anger**(노여움) **참조**

© 20th Century Fox

애니메이션 영화 animation movie ([콩글] 만화영화) ➔ animated movie, movie cartoon

♣ **어원 : anim 생명, 호흡, 영혼, 마음**

☐ **anim**al [ǽnəməl/**애**너멀] [명] **동물**, 짐승 [형] 동물의, 동물적인 ☜ anim(생명) + al<형접>
♠ **wild** (domesticated) **animals 야수** (가축)

☐ **anim**alism [ǽnəməlìzm] [명] 수욕(獸慾)주의 ☜ animal + ism(~주의)

☐ **anim**alize [ǽnəməlàiz] [동] 동물화하다 ☜ animal + ize(~화(化)하다)

☐ **anim**ality [æ̀nəmǽləti] [명] 동물성, 수성(獸性) ☜ animal + ity(성질)

☐ **anim**ate [ǽnəmèit] [동] ~에 생명을 불어넣다, **활기[생기]를 주다**
[ǽnəmit] [형] 살아있는(=living); 활발한(=full of life)
☜ 생명(anim)을 불어넣다(ate<동접・형접>) [반] **inanimate** 활기 없는
♠ **things animate** and **inanimate 생물**과 무생물

☐ **anim**ated [ǽnəmèitid] [형] 생기 있는 ☜ animate + ed<형접>

☐ **anim**atedly [ǽnəmèitidli] [부] 활발하게 ☜ animated + ly<부접>

☐ **anim**ating [ǽnəmèitiŋ] [형] 고무적인 ☜ animate + ing<형접>

☐ **anim**ation [æ̀nəméiʃən] [명] **생기**, 활기; **만화영화**, **애니메이션** ☜ anim(생명) + ation<명접>
♠ speak **with animation 활발하게** 말하다

☐ **anim**ism [ǽnəmìzəm] [명] 『철학・심리학』 **애니미즘** 《돌과 나무 등도 생물과 마찬가지로 영혼이 있다고 믿음》, 정령신앙 ☜ anim(생명) + i + sm(주의, 사상)

☐ **anim**osity [æ̀nəmɑ́səti/-mɔ́s-] [명] 악의, 원한, 유한, 증오, 적의 ☜ (복수의) 마음(anim)이 가득한 것(osity<명접>)
♠ **have (an) animosity against** (toward) **~ ~에 원한을 품다.**

☐ **anim**us [ǽnəməs] [명] 적의, 원한, 증오 ☜ (복수의) 마음(anim)이 있음(us<명접>)

in**anim**ate [inǽnəmət] [형] **생명이 없는**, 활기없는, 죽은 ☜ in(=not) + anim + ate<형접>

un**anim**ous [juːnǽnəməs] [형] 한마음의, **만장일치의** ☜ uni(하나) + anim + ous<형접>

앙카라 Ankara (터키의 수도) * 1923 년 공화국 건국 이전에는 이스탄불이 수도였음

☐ **Ankara** [ǽŋkərə, ɑ́ːŋ-] [명] **앙카라** 《터키의 수도》 ☜ 그리스어로 '닻, 굽은 것'이란 뜻
★ 옛 이름은 앙고라(Angora)이다. 서울 여의도에 <앙카라 공원>이 있고, 터키 앙카라에는 <한국공원>이 있다.

앵클 부츠 ankle boots (발목까지 가려지는 정도의 구두)

□ **ankle** [ǽŋkl] ⓜ **발목**, 복사뼈 ☜ 고대영어로 '구부린(ank) 것(le)'
♠ twist (sprain) one's **ankle 발목**을 삐다

※ **boot** [buːt] ⓜ (보통 pl.) **목이 긴 구두**, 장화, **부츠**
☜ 고대 프랑스어로 '장화'란 뜻
♠ **a pair of boots 부츠 한 켤레**

□ annals(연대기, 연대표) ➔ annual(일년의; 연감) 참조

애나벨리 Annabel Lee (애드거 알란 포의 시(詩)에 등장하는 아름다운 소녀)

□ **Annabel Lee** [ǽnəbèl liː] ⓜ **애나밸리** 《미국의 시인 Edgar A. Poe의 시(詩)에 등장하는 해변의 왕국에 사는 아름다운 소녀》

커넥션 connection (연결, 거래처), 콘넥터 < 커넥터 connector (연결기)

♣ **어원 : nect, nex 묶다, 연결하다**

■ con**nect** [kənékt/커**넥**트] ⓢ **잇다, 연결하다** ☜ 함께(con<com) 묶다(nect)

■ con**nect**ion, 《영》 con**nex**ion [kənékʃən] ⓜ **연결, 결합**; **접속**; **관계** ☜ -ion<명접>

■ con**nect**or, -er [kənéktər] ⓜ 연결하는 것; 연결기; 연결관; 『전기』 접속용 소켓 ☜ -or/er(기기, 장비)

□ an**nex**(e) [ənéks, æn-] ⓜ **부가물; 별관**; 분교 ⓢ 부가〔추가〕하다, 병합하다
☜ 라틴어로 '~에(an<ad=to) 묶다(nex=tie)'란 뜻
♠ **annex** one's signature to a letter of recommendation
추천장에 서명을 **첨가하다**

□ an**nex**able [ənéksəbl] ⓗ 합병〔부가〕할 수 있는 ☜ annex + able(~할 수 있는)

□ an**nex**ation [æniksèiʃən] ⓜ 합병, 부가, 병합 ☜ annex + ation<명접>

✚ discon**nect** ~의 연락〔접속〕을 끊다, 분리하다 intercon**nect** 서로 연락〔연결〕시키다〔하다〕

니힐리즘 nihilism (허무주의)

♣ **어원 : nihil 무(無)(=nothing), 허무**

■ **nihil**ism [náiəlìzəm, níːə-] ⓜ 허무주의, **니힐리즘**
☜ 라틴어로 '아무것도 없는 것(nihil) 주의(ism)'란 뜻

□ an**nihil**ate [ənáiəlèit] ⓢ **전멸시키다**(=destroy utterly)
☜ ~을(an<ad=to) 없는 것(nihil)으로 만들다(ate<동접>)
♠ **annihilate** the enemy's army 〔fleet〕 적군을〔함대를〕 **전멸시키다**

□ an**nihil**ation [ənàiəléiʃən] ⓜ **전멸**, 소멸, 섬멸 ☜ ation<명접>

□ anniversary(기념일) ➔ annual(일년의) 참조

아나운서 announcer (방송원) ➔ anchor, anchorman [-woman]

♣ **어원 : nounce 말하다, 알리다**

□ an**nounce** [ənáuns/어**나**운스] ⓢ 알리다, **발표하다**(=publish), 고지하다 (=give notice of) ☜ ~에게(an<ad=to) 말하다(nounce)
♠ She has **announced** her marriage to her friends.
그녀는 친구들에게 결혼한다고 **발표하였다**.

□ an**nounce**r [ənáunsər] ⓜ 고지자, **발표자; 아나운서**, 방송원 ☜ -er(사람)

□ an**nounce**ment [ənáunsmənt] ⓜ **공고**, 고시; **발표**, 공표 ☜ -ment<명접>
♠ **make an announcement of ~ ~을 발표하다**

□ an**nunci**ate [ənʌ́nsièit] ⓢ 고시(告示)〔통고〕하다
☜ ~에게(an<ad=to) 알리(nunci<nounce) 다(ate<동접>)

✚ de**nounce 공공연히 비난하다**, 매도하다 pro**nounce 발음하다**; 선언하다, 선고하다 re**nounce** (권리를) 포기〔단념〕하다; **부인하다**

어노잉 오렌지 Annoying Orange (미국 만화 드라마. <짜증내는 오렌지>란 뜻)

미국의 웹 개그 시리즈(American comedy web series)로 2009 년 유투브(Youtube)에 업로드된 후 큰 인기를 끈 애니메이션 어노잉오렌지가 우리나라에서는 2014 년 투니랜드(Tooniland) 채널에서 <엽기발랄 오렌지>란 제목으로 방영되었다.

☐ **annoy** [ənɔ́i] ⓢ **괴롭히다**(=trouble), 귀찮게 굴다, 짜증나게 하다
☜ 라틴어로 '혐오를 유발하다'란 뜻. 반 gratify 기쁘게 하다
♠ That **annoys** me. 저건 내게 **골칫거리이다**.
☐ **annoying** [ənɔ́iiŋ] ⓗ 괴롭히는, **성가신, 귀찮은**, 지겨운 ☜ annoy + ing<형접>
☐ **annoyance** [ənɔ́iəns] ⓜ 괴로움, 성가심; **당황** ☜ annoy + ance<명접>
※ **orange** [ɔ́(:)rindʒ/오(-)륀지] ⓜ 〖과일〗 **오렌지** ⓗ **오렌지의**, 오렌지색의
☜ 산스크리트어로 '오렌지 나무'란 뜻

비엔날레 biennale (2년마다 열리는 국제전람회)

2년마다 열리는 국제전람회 또는 국제미술전

광주비엔날레
GWANGJU BIENNALE

♣ **어원 : enn, ann 년(年) (=year)**
■ **biennale** [biennɑ́:le] ⓜ 격년 행사, **비엔날레**
☜ 2(bi) 년(enn)마다 하는 것(ale)
☐ **annals** [ǽnəlz] ⓜ **연대기**, 연대표 ☜ ann(=year) + al<명접> + s(복수)
☐ **anniversary** [æ̀nəvə́:rsər] ⓜ **기념일**, 기념제 ⓗ 기념의, 매년의
☜ 해(ann)마다 + i + 돌아오는(vers) 것(ary)
♠ one's wedding **anniversary** 결혼**기념일**
☐ **annual** [ǽnjuəl] ⓗ **일년의** ⓜ **연감**(=yearbook) ☜ ann(=year) + u + al<형접>
♠ an **annual** income **연**수입
☐ **annually** [ǽnjuəli] ⓑ **해마다**, 매년 ☜ annul + ly<부접>
☐ **annum** [ǽnəm] ⓜ 《L.》 연(年), 해(year) 《생략: an.》 ☜ 라틴어 annus(해, 년)의 단수형
☐ **annuity** [ənjú:əti] ⓜ 연금(年金); 연간(年間) 배당금; 연금 수령권
☜ 해(ann)마다 + u + 주는 것(ity<명접>)
☐ **annuitant** [ənjú:ətənt] ⓜ 연금 수령인 ☜ annuity + ant<사람)

✚ bi**ann**ual 연 2회의, 반년마다의(=half-yearly) bi**enn**ial 2년에 한 번의; 2년마다의 (행사), 2년생의 (식물) cent**enn**ial 100년 마다의 mill**enn**ial 1000년 마다의 per**enn**ial 영원한

노우 no (안돼, 부정)

♣ **어원 : no, non, nor, not, nul ~가 아닌, ~가 없는; 미(未), 불(不), 무(無); 부정, 반대**
■ **no** [nou/노우] ⓗⓑⓜ **아니오;** 〖비교급 앞에서〗 **조금도 ~않다; 하나의 ~도 없는**, 조금의 ~도 없는; 결코 ~아닌; ~이 있어서는 안 되다
☜ not + one에서 non(e)로 발전했다가 다시 n이 탈락한 것
☐ an**nul** [ənʌ́l] ⓢ (-ll-) (의결·계약 등을) 무효로 하다, 취소하다; (법령 등을) 폐지〔파기〕하다
☜ ~에(an=not/부정) 아무것도 없게 하다(nul)
☐ an**nul**ment [ənʌ́lmənt] ⓜ 취소, 실효(失效), 폐지, 폐기, 무효화 ☜ -ment<명접>

✚ **nul**lify 무효로 하다, 파기〔취소〕하다, 무가치하게 하다 **not ~않다, ~아니다** **non**e **아무것도 ~않다; 아무도 ~않다**; 조금도 ~않다 **nor ~도 또한 ~않다**

☐ **annunciate**(고시하다, 통고하다) ➔ **announcer**(발표자, 아나운서) **참조**

오인트 크림 oint cream ([화장품] 건성 피부 치료용 연고형 크림)

■ **oint** [ɔ́int] ⓢ (종교 의식에서 머리에) 성유를 바르다
☜ 고대 프랑스어로 '상처에 바르는 연고'란 뜻
■ **oint**ment [ɔ́intmənt] ⓜ 〖약학〗 **연고**, 고약(膏藥) ☜ 고대 프랑스어로 '연고'란 뜻
☐ an**oint** [ənɔ́int] ⓢ (상처 따위에) **기름을**〔연고를〕 **바르다**; (사람의) 머리에 기름을 붓다
☜ 고대 프랑스어로 '~위에(an<on) 연고를 바르다(oint)'란 뜻
♠ **anoint** the burn with ointment 덴 상처에 **연고를 바르다**.
☐ an**oint**ment [ənɔ́intmənt] ⓜ 기름을 바름; (연고 등을) 문질러 바름 ☜ -ment<명접>
※ **cream** [kri:m/크뤼임] ⓜ **크림** ☜ 고대 프랑스어로 '성스러운 기름'이란 뜻

노멀한, 노말한 normal (보통의, 평균의)

♣ **어원 : norm, nom 규칙, 규범, 표준, 기준; 정상, 보통**
■ **norm**al [nɔ́:rməl] ⓗ 정상의, **보통의** ☜ 정상(norm) 의(al<형접>)
■ ab**norm**al [æbnɔ́:rməl] ⓗ 보통과 다른, **비정상인** ☜ 비(非)(ab(=not) 정상의(normal)
☐ a**nom**aly [ənɑ́məli/ənɔ́m-] ⓜ 이례(異例), 비정상, 이상
☜ 비(非)(a(=not) 정상(nom) + a + 임(ly<명접>)
♠ A wingless bird is an **anomaly**. 날개 없는 새는 **이례적**이다.

A

□ a**nom**alous [ənάmələs/ənɔ́m-] 형 이례적인, 비정상적인, 이상한
☜ anomaly + ous<형접>

원피스 one-piece (위 아래가 붙은 일체형 옷) ➔ a dress

♣ 어원 : on, one, once 하나, 한 번

■ **one** [wʌn/원] 명형 **하나(의); 어느, 어떤**; (특정한) 사람(물건)
☜ 고대영어로 '하나의'라는 뜻

■ **once** [wʌns/원스] 부 **한 번**, 일회, **한 차례; 일단**(~하면); 이전에, 일찍이 접 ~하자마자 ☜ 중세영어로 one(하나)의 부사적 소유격

■ **on**ly [óunli/**오**운리] 형 **유일한, 단지 ~뿐인; 최적의**; 다만
☜ 하나(on=one) 같이(iy/like)

□ an**on** [ənάn/ənɔ́n] 부 《고어》 이내(곧); 머지않아; 조만간에; 즉시
☜ 고대영어로 '곧, 즉시(=at once)'란 뜻. an(=at) + on(=once/한 번)
♠ **ever and anon 때때로, 가끔**

※ **piece** [piːs/피-스] 명 **조각**, 단편; (한 벌인 물건 중의) 일부, 부분, 부분품
☜ 중세영어로 '조각'이란 뜻.

※ **dress** [dres/드뤠스] 명 **의복, 옷** 동 **옷을 입다**
☜ 라틴어로 '옷을 입다, 똑바로 세우다'란 뜻

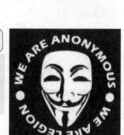

어나니머스 anonymous (국제해커집단. <익명>이란 뜻)

어나니머스는 전 세계에서 활동하는 인터넷 해커(hacker) 집단으로 자신들의 의사에 반하는 사회나 국가 등 특정대상에 대해 공격을 가하는 새로운 형태의 행동주의자들이다. ※ 이에 비해 위키리크스(Wikileaks)는 정부나 기업 등의 비윤리적 행위와 관련된 비밀문서를 공개하는 국제고발전문 웹사이트이다.

♣ 어원 : onym 이름(=name)

□ an**onym**, an**onym**ity [ǽnənìm], [æ̀nənímәti] 명 익명, 가명
☜ 이름(onym)이 없(an=not) 음(ity<명접>)

□ an**onym**ous [ənάnəməs/ənɔ́nə-] 형 **익명의**, 가명의; **작자불명의** ☜ -ous<형접>
♠ an **anonymous** letter **익명의** 편지(투서)

□ an**onym**ously [ənάnəməsli/ənɔ́nə-] 부 익명으로 ☜ -ly<부접>

✚ ant**onym** **반의어**, 반대말 pseud**onym** [súːdənim] 익명, 필명 syn**onym** **동의어**

007 어나더데이 Die Another Day (영국 첩보 영화. <다른 날 죽어>란 뜻)

이안 플레밍(Ian Fleming) 원작의 007 시리즈(series) 20번째 영화. 2002년에 개봉한 영국의 첩보영화로 피어스 브로스넌(Pierce Brosnan), 할리베리(Halle Berry)가 주연을 맡았다. 북한을 배경으로 007 제임스본드(James Bond)가 세계정복을 꿈꾸는 젊은 갑부를 때려잡는다는 내용

© MGM

※ **die** [dai/다이] 동 **죽다** ☜ 고대 덴마크, 노르드어로 '죽다'란 뜻

■ **other** [ʌ́ðər/**어**더] 형 그 밖의, 다른 또 하나의, **다른** 대 **그 밖의 것**
☜ 고대영어로 '제2의, 둘 중의 하나'란 뜻

□ an**other** [ənʌ́ðər/어**너**더] 형대 **또 다른**, 별개의, 다른 하나(사람)의
☜ an(=one) + other
♠ One good turn deserves **another**.
하나의 친절은 **다른 친절**을 가져온다.
♠ **one after another** (셋 이상이) **잇따라, 연속하여, 차례차례**
♠ **one thing, ~ another ~와 ~는 별개다**
♠ **Tomorrow is another day. 내일은 내일의 태양이 뜰 거야.**
- 영화 『바람과 함께 사라지다』에서 '스칼렛 오하라'의 대사 -

※ **day** [dei/데이] 명 **낮**, 주간; **~날** ☜ 고대영어로 '일(日), 날, 일생'이란 뜻

큐엔에이 Q&A (묻고 답하기)

※ **question** [kwéstʃən/**퀘**스춴] 명 **질문, 물음** ☜ 묻는(quest) 것(ion<명접>)

※ **& = and** [ənd/언드, nd, ən, n; (강) ænd/앤드] 접 **~와, 그리고** ☜ 고대영어로 '그래서, 그 다음'이란 뜻. 고대영어로 '그래서, 그 다음의'란 뜻

□ an**swer** [ǽnsər/**앤**서, άːnsər] 동 **대답하다**, (질문, 편지에) 답하다 명 **대답, 회답**, 응답
☜ 고대영어로 '대답, 응답'이란 뜻. ~에 대해(an<ad=to) 맹세하다(swer<swear)
♠ **answer back 말대꾸하다, 항변하다**

♠ **answer for ~ ~에 책임지다**(=be responsible for)
♠ **answer to ~ ~에 부합하다, 답하다**(=correspond to)
♠ **in answer to ~ ~에 답하여, 응하여**
♠ **give [make] an answer to a question. 질문에 대답하다**

☐ an**swer**able [ǽnsərəbl, ɑ́:n-] ㉻ 답할 수 있는, **책임이 있는** ☜ answer + able<형접>
♠ He is **answerable** for his conduct. 그는 자기행위의 **책임을 져야 한다**.

■ **swear** [swɛər] ㉺ (-/**swore/sworn**) **맹세하다**, 선서하다 ㉮ **맹세**, 서약
☜ 초기인도유럽어로 '말하다'란 뜻

© Warner Bros.

앤트 불리 Ant Bully (미국 애니메이션 영화. <개미 불리>란 뜻)

2006년에 개봉한 미국 애니메이션(animation) 영화. 주인공이 개미가 되어 개미들과 모험하는 이야기이다. 줄리아 로버츠(Julia Roberts)와 니콜라스 케이지(Nicols Cage), 메릴 스트립(Meryl Streep) 등이 목소리로 참여했다.

☐ **ant** [ænt] ㉮ **개미** ☜ 고대영어로 '개미'란 뜻.
♠ Once upon a time, there lived **an ant**.
옛날에 **개미 한 마리**가 살고 있었다.

프로타고니스트 protagonist (주역)

작가가 사건을 주도하도록 설정한 인물을 프로타고니스(protagonist)라고 하는데, 그는 작품이나 극중에서 반동인물인 안타고니스트(antagonist)와 대립과 갈등의 관계를 이루는 경우가 일반적이다.

♣ **어원 : agon 싸우다(=struggle, fight)**

■ **agon**ist [ǽgənist] ㉮ 싸우는 사람, 경기자 ☜ 싸우는(agon) 사람(ist)

■ prot**agon**ist [proutǽgənist] ㉮ 주역, 주인공 ☜ 첫째로(prot<proto=first) 싸우는(agon) 사람(ist)

☐ ant**agon**ist [æntǽgənist] ㉮ **적수**, 경쟁자 ㉯ supporter 지지자
☜ 반대(ant<ante)하여 싸우는(agon) 사람(ist)
♠ **a formidable antagonist 강적**

☐ ant**agon**istic [æntægənístik] ㉻ 반대의, 상반되는 ☜ antagonist + ic<형접>

☐ ant**agon**ism [æntǽgənìzm] ㉮ 반대, **적대** ☜ -ism(상태, 성질)

☐ ant**agon**ize [æntǽgənàiz] ㉺ 적대감을 불러 일으키다, 적으로 돌리다; 반대하다
☜ 반대(ant<ante)하여 싸우(agon) 다(ize<동접>)

악틱 몽키즈 Arctic Monkeys (영국 4인조 록밴드. <북극 원숭이들>)

영국의 셰필드 근교 하이그린 출신의 4인조 록밴드이다. 2008년 브릿어워드에서 최고의 영국 앨범상과 최고의 영국 그룹상을 수상했다. 악틱 몽키즈는 인디밴드로서 인터넷에서 인기를 얻어 현실에서도 유명해질 수 있다는 것을 최초로 입증한 그룹이다.

■ **arctic** [ɑ́:rktik] ㉻ (때로 A~) **북극의** ㉮ (the A-) 북극(권)
☜ 그리스어로 '북쪽의'란 뜻.
♠ **Arctic** Pole **북극** ⇔ Antarctic Pole 남극

☐ ant**arctic** [æntɑ́:rktik] ㉻ (때로 A~) **남극의** ㉮ (the A-) 남극(권)(=South Pole)
☜ ant(반대) + arctic(북극) ㉯ artic 북극의
♠ an **antarctic** expedition **남극** 탐험(대)
♠ **Antarctic** Ocean **남극**해 ⇔ Arctic Ocean 북극해

※ **monkey** [mʌ́ŋki/**멍**키] ㉮ (pl. **-s**) **원숭이** ☜ 중세 네덜란드어로 '원숭이'란 뜻

앙시앙 레짐 ancien regime ([F.] 구(舊)체제) * regime 정권, 정치체제, 제도

1789년 프랑스혁명 때 타도의 대상이 되었던 절대왕정체제, 즉 구체제를 일컫는 말

♣ **어원 : an, ante 먼저, 미리, 앞서 // cest, cede 가다(=go)**

■ **an**cient [éinʃənt] ㉻ **옛날의**, 오래된, 구식의 ☜ 먼저(an<ante) 간(cient<cest)

☐ **ante**cede [æ̀ntəsí:d] ㉺ (시간적・공간적・순위적으로) ~에 선행(우선)하다
☜ 먼저(ante) 가다(cede)

☐ **ante**cedent [æ̀ntəsí:dənt] ㉻ **앞서는**, 선행의 ㉮ **선례** ☜ 먼저(ante) 간(cede) 것의(ent)
㉯ subsequent 뒤의
♠ an event **antecedent** to the war 전쟁에 **앞서 일어난** 사건

☐ **ante**cedence, -cy [æntəsí:dns], [-si] ㉮ 선행, 선임; 우선 ☜ 먼저(ante) 간(cede) 것(nce)

✚ **an**cestor **선조, 조상** **an**cestral **조상의**, 조상 전대의 **an**cestry **선조, 조상**

☐ **antedate**((시기적으로) ~에 앞서다) ➔ **date**(날짜) **참조**

오프너 opener (병따개), 오픈북, 오픈게임, 오프닝...

♣ **어원 : op 눈, 광학; 눈을 뜬**

■ **op**en [óupən/**오**우펀] ⓗ (-<**more ~, ~er**<**most ~, ~est**) **열린; 공개된;** (유혹 등에) 빠지기[걸리기] 쉬운; **공공연한** ⓢ **열다;** 개척하다; **공개[개방]하다; 개업하다; 개시하다; 터놓다; 열리다;** 통하다 ☜ 눈(op)을 뜨다(en<동접>)

■ **op**ener [óupənər] ⓜ 여는 사람, 개시자; 따는 도구, 병〔깡통〕따개, **오프너;** 첫 번 경기 ☜ open + er(사람/기계)

☐ ante**lop**e [ǽntəlòup] ⓜ (pl. ~(s)) 〖동물〗 **영양**(羚羊); 《미》 뿔 갈라진 영양(pronghorn); 영양가죽 ☜ 그리스어로 '꽃(antel=flower)처럼 아름다운 눈(op)을 가진 것(e)'이란 뜻

■ **op**tical [ɑ́ptikəl/ɔ́p-] ⓗ **눈의,** 시각〔시력〕의; 빛의, 광학(상)의 ☜ 그리스어로 '눈(op)으로 볼 수 있는(tical<형접>)'이란 뜻

☐ **antemeridian**(오전의) ➔ **meridian**(자오선, 절정) **참조**

안테나 antenna (안테나, 촉각, 더듬이)

☐ **antenna** [ænténə] ⓜ **안테나;** (pl. **-nae**[-ni:]) 촉각(=feeler), 더듬이 ☜ 초기인도유럽어로 '펴다, 펼치다'란 뜻.

☐ **antenna** shop **안테나샵** 《상품, 고객, 지역의 정보수집을 위해 메이커가 여는 직영 점포》 ☜ shop(가게, 상점)

인테리어 interior (콩글 실내장식) ➔ interior design [decoration]

■ inter**ior** [intíəriər] ⓗ 안쪽의, **내부의** ☜ 더(ior) 안으로(inter)

■ exter**ior** [ikstíəriər] ⓗ 바깥쪽의, **외부의** ☜ 더(ior) 밖으로(exter)

■ poster**ior** [pɑstíəriər/pɔs-] ⓗ 후의, **뒤의** ☜ 더(ior) 뒤로(post) + er

☐ anter**ior** [æntíəriər] ⓗ 앞의, **전의** ☜ 더(ior) 앞으로(ante) + r
♠ the **anterior** part **앞**부분, an **anterior** age **전**(前) 시대

☐ anter**ior**ity [æntìəriɔ́(:)rəti] ⓜ (시공간적으로) 앞섬, 앞선 시간〔위치〕 ☜ anterior + ity<명접>

룸메이트 room-mate (동숙자. 방 같이 쓰는 사람)

■ **room** [ru:m/루움, rum] ⓜ **방** 《생략: rm.》 ☜ 고대영어로 '공간'이란 뜻

■ **room**mate [rú:mèit] ⓜ (기숙사·하숙 따위의) **동숙인**(同宿人), 한 방 사람 ☜ 방(room) 친구(mate)

☐ ante**room** [ǽntirù(:)m] ⓜ 곁방, (주실(主室)로 통하는) 작은 방; 대기실 ☜ 라틴어로 '앞쪽의(ante) 방(room)'이란 뜻

✚ bed**room** **침실** class**room** **교실** living **room** 거실 rest **room** (공공시설의) 화장실(《영》 toilet; 《일반》 lavatory), 화장실, 변소; 휴게실 waiting **room** (역·병원 등의) 대합실

핸드폰 hand phone (콩글 휴대폰) ➔ cell(ular) phone, mobile)

♣ **어원 : phon(o), hem, hym 소리, 목소리; 노래**

※ **hand** [hænd/핸드] ⓜ (사람의) **손,** 일손 ⓢ 건네주다 ☜ 고대영어로 '손'이란 뜻

■ **phone** [foun] ⓜ 《구어》 **전화**(기); 수화기 ⓢ **전화를 걸다** ☜ tele**phone**의 줄임말

☐ anti**phon** [ǽntəfɑ̀n/-fɔ̀n] ⓜ (번갈아 부르는) 합창 시가(詩歌); 성가, 응답, 반응 ☜ 그리스어로 '대답하는 소리'란 뜻. ⇦ 반대로(anti) 답하는 소리(phon)

☐ ant**hem** [ǽnθəm] ⓜ 성가, **찬송가;** [일반적] 축가, 송가 ☜ 중세영어로 '찬가'란 뜻. ⇦ (여럿이) 교대(ant=over against)로 내는 소리(hem=sound, voice)'란 뜻.
♠ a national **anthem** **국가**(國歌)

■ **hym**n [him] ⓜ **찬송가,** 성가; [일반적] 찬가 ⓢ 찬송하다 ☜ 히브리어로 '신을 찬양하는 노래'란 뜻

앤솔로지 anthology (시/소설작품집)

A

시(詩)나 소설(小說) 등의 문학작품을 하나의 작품집으로 모아놓은 것을 가리킨다. <꽃다발> 이란 뜻의 앤솔로기아(anthologia)가 원어이다. The Beatles Anthology 등이 있다.

☐ **anthology** [ænθάlədʒi/-θɔ́l-] 명 (pl. **-gies**) **명시선집**, 시집, 명문집 ☜ 꽃(anth) + 문학(ology)
♠ a Shakespeare **anthology** 셰익스피어 **작품집**

앤스러사이트 anthracite (무연탄)

물을 여과하기 위해 사용하는 재료 중의 하나로 과거에는 모래와 자갈을 섞어 사용하였으나 최근에는 유기 여과재인 애스러사이트(무연탄)이 널리 사용된다.

☐ **anthracite** [ǽnθrəsàit] 명 무연탄(=coal) ☜ 숯(anthrac) + 광물(ite)
♠ burn **anthracite** **무연탄**을 태우다

메디컬 앤스러폴러지 medical anthropology (의료인류학)

의료와 관련된 신앙, 지식, 논리, 기술, 사회조직 등을 사회/문화의 맥락에서 종합적으로 연구하는 인류학의 연구영역

♣ 어원 : anthrop 사람, 인류
※ **medical** [médikəl] 형 **의학의** ☜ 의학(medic) 의(al)
☐ **anthrop**ologic(al) [ænθrəpəlάdʒik(əl)/-lɔ́dʒ-] 형 인류학적인
☜ 인류학(anthropology) 적인(ic(al)<형접>)
☐ **anthrop**ologist [ænθrəpάlədʒist] 명 인류학자 ☜ 인류학(anthropology) 자(ist)
☐ **anthrop**ology [æ̀nθrəpάlədʒi/-pɔ́l-] 명 인류학 ☜ 사람/인류(anthrop) 학(ology)
♠ cultural **anthropology** 문화**인류학**
☐ mis**anthrop**e, mis**anthrop**ist [mísənθròup, míz-], [misǽnθrəpist, miz-] 명 사람을 싫어하는 사람, 염세가 ☜ 사람(anthrop)을 싫어하는(mis) 사람(e/ist)
♠ He was **a misanthrope.** 그는 **인간염세주의자**였다.
☐ mis**anthrop**ic(al) [mìsənθrάpik(əl), mìz-/-θrɔ́p-] 형 사람을 싫어하는, 염세적인
☜ 사람(anthrop)을 싫어(mis) 하는(ic(al)<형접>)
반 philanthropic 박애(주의)의, 인정 많은, 인자한

앤티 anti (반대론자)

♣ 어원 : ant, anti, anta, anto 반(反), 항(抗), 대(對), 반대(=against), ~을 막는
☐ **ant**agonist [æntǽgənist] 명 적수, **적대자**, 경쟁자 ☜ 맞서(anti) 싸우는 자(agonist)
☐ **anti**-aircraft [æ̀ntέərkræ̀ft, -krὰːft] 형 방공(용)의 ☜ 항공기(aircraft)에 대항(anti)하는
☐ **anti**-Communism [æntikάmjunìzm, -tai-/-kɔ́m-] 명 반공주의
☜ 반(反)(anti) 공산주의(communism)
☐ **anti**-Nazi [ǽntinάːtsi, -tai] 명형 반나치(당)(의) ☜ 반(反)(anti) 나치(Nazi)
☐ **anti** social [æ̀ntisóuʃəl] 형 반사회적인 ☜ 반(反)(anti) 사회적인(social)
☐ **anti**ag(e)ing [æntiéidʒiŋ, -tai-] 형 노화방지의 ☜ 반(反)(anti) 노화(ageing)
☐ **anti**bacterial [æntibæktíəriəl, -tai-] 형 항균성의 ☜ 항(抗)(anti) 세균성의(bacterial)
☐ **anti**biotic [æntibaiάtik, -tai-] 형 항생물질의 ☜ 항(抗)(anti) 생명(bio) 물질의(tic)
☐ **anti**biotics [æntibaiάtiks, -tai-/-ɔ́t-] (pl. 단수취급) **항생물질학** ☜ -ics(학문)
☐ **anti**body [ǽntibὰdi/-bɔ̀di] 명 항체, 항독소 ☜ 몸(body)에 (침입을) 막는(anti)
☐ **anti**climax [æ̀ntikláimæks] 명 점강법(漸降法) ☜ 점층법(漸層法)(climax)에 반대(anti) 되는
☐ **anti**dote [ǽntidòut] 명 **해독제**, 대책 ☜ 반(反)(anti) 부패(dote)
♠ administer **an antidote** **해독제**를 쓰다
☐ **anti**dumping [æ̀ntidʌ́mpiŋ] 형 반덤핑의 ☜ 반(反)(anti) 덤핑(dumping)
☐ **anti**freeze [ǽntifrìːz] 명 부동액 ☜ 어는(freeze) 것을 막는(anti)
☐ **anti**gas [æntigǽs, -tai-] 형 방독용의 ☜ 가스(gas)를 막는(anti)
☐ **anti**nomic [æ̀ntinάmik/-nɔ́m-] 형 모순된 ☜ 반(反)(anti) 법칙(nomy) 의(ic)
☐ **anti**nomy [æntínəmi] 명 모순; 이율배반, 자가당착 ☜ 법칙(nomy)에 반(反)(anti)함
☐ **anti**nuclear [æntinjúːkliər, -tai-] 형 반핵의 ☜ 반(反)(anti) 핵(nuclear)
☐ **anti**pollution [æntipəlúːʃən, -tai-] 형 공해방지의 ☜ 공해(pollution) 방지(anti)의
☐ **anti**rust [æ̀ntirʌ́st, -tai-] 형 녹을 방지하는, 방청의 ☜ 금속의 녹(rust)을 막는(anti)
☐ **anti**tank [æntitǽŋk, -tai-] 형 대전차(對戰車)용의 ☜ 대(對)(anti) 탱크(tank)
☐ **ant**onym [ǽntənim] 명 **반의어** ☜ 반대(ant)의 이름(onym) 반 synonym 동의어

앤티크 antique (골동품)

♣ 어원 : anti, ante 이전에, 미리(=before)

☐ **anti**cipate [æntísəpèit] (동) **예상하다**, 기대하다(=expect) ☜ 미리(anti) 취하(cip) 다(ate)
♠ **anticipate** a victory 승리를 **예상하다**

☐ **anti**cipation [æntìsəpéiʃən] (명) **예상, 기대** ☜ anticipate + ion<명접>
♠ **with eager anticipation** for spring 봄을 **몹시 기대하며**

☐ **anti**quate [ǽntikwèit] (동) (신제품 등이 나와) ~을 구식이 되게 하다, 낡게 하다.
☜ antique + ate<동접>

☐ **anti**quated [ǽntikwèitid] (형) 낡아 빠진, 안 쓰이는, 노후한; 오래된 ☜ -ed<형접>

☐ **anti**que [æntíːk] (명) 골동품 (형) **고풍의**, 골동품의 ☜ 이전의(옛날) 사람들이 쓰던 것
(반) modern 현대의
♠ an **antique** shop **골동품**점

☐ **anti**quity [æntíkwəti] (명) **낡음**; 고대(=old times); 고풍; (pl.) 고대의 풍습〔제도〕
☜ antique + ity<명접>

텔레파시 telepathy (정신감응)

© smithsonianmag.com

♣ 어원 : path 느낌(=feeling)

■ tele**path**y [təlépəθi] (명) **텔레파시**, 정신감응(술); 이심전심
☜ 멀리(tele)서 통한 느낀(path) 것(y)

☐ anti**path**etic(al) [æ̀ntipəθétik(əl), æntì-] (형) 공연히 싫은, 비위[성미]에 맞지 않는, 반감을 품고 있는 ☜ antipathy + tic(al)<형접>

☐ anti**path**y [æntípəθi] (명) 반감, 혐오 ☜ 반대로(anti) 느낀(path) 것(y)
♠ **have an antipathy to** 〔against〕~ **~에 반감을 갖다**

☐ a**path**etic(al) [æ̀pəθétik(əl)] (형) 냉담한; 무관심한 ☜ 느낌(path)이 없(a=not) 는(etic(al))

☐ a**path**etically [æ̀pəθétikəli] (부) 냉담하게; 무관심하게 ☜ -ly<부접>

☐ a**path**y [ǽpəθi] (명) 냉담; 무관심, 무감동, 무감각 ☜ 느낌(path)이 없(a=not) 음(y)

✚ em**path**y 〖심리학〗 감정이입, 공감 sym**path**y **동정**; 조문, 위문; 공감

☐ **antique**(고풍의), **antiquity**(낡음, 고대) ➔ **anticipate**(예상하다) **참조**

☐ **antitank**(대전차용의), **antonym**(반의어) ➔ **antibiotics**(항생물질학) **참조**

안토니우스 Mark Antony (클레오파트라를 아내로 삼은 고대 로마의 장군)

로마의 장군·정치가(83?~30 B.C.). 제2차 삼두정치를 성립하였다. 이집트 여왕 클레오파트라를 아내로 삼고 옥타비아누스와의 악티움 해전에서 패한 후 이집트로 도피, 그곳에서 자살하였다.

☐ **Antony** [ǽntəni/**앤**터니] (명) (Mark ~) **안토니우스** 《로마의 장군·정치가》

어나니머스 anonymous (국제해커집단. <익명>이란 뜻)

어나니머스는 전 세계에서 활동하는 인터넷 해커(hacker) 집단으로 자신들의 의사에 반하는 사회나 국가 등 특정대상에 대해 공격을 가하는 새로운 형태의 행동주의자들이다. ※ 이에 비해 위키리크스(Wikileaks)는 정부나 기업 등의 비윤리적 행위와 관련된 비밀문서를 공개하는 국제고발전문 웹사이트이다.

♣ 어원 : onym 이름(=name)

■ an**onym**ous [ənάnəməs/ənɔ́nə-] (형) **익명의**, 가명의; **작자불명의**
☜ 이름(onym)이 없(an=not) 는(ous<형접>)

☐ ant**onym** [ǽntənim] (명) **반의어**, 반대말 ☜ 반대(ant<anti) 이름(onym)
♠ What is **an antonym** of 'justice'? 정의(正義)의 **반의어**는 무엇입니까?

☐ ant**onym**ous [æntάnəməs/-tɔ́n-] (형) 반의어의 ☜ -ous<형접>

✚ pseud**onym** [súːdənim] 익명, 필명 syn**onym** **동의어**

앵크셔스 클라스 anxious class (불안계층) * class 학급, 등급, 종류, 사회계급, 계층

사회 경제적 지위나 생활에 불안을 느끼는 미국의 중산층

♣ 어원 : anxi 갈망, 열망; 불안, 걱정

☐ **anxi**ety [æŋzáiəti/앵**자**이어티] (명) **근심, 걱정**, 불안(=uneasiness); 갈망(=eager desire)
☜ 불안/걱정(anxi) + ety<명접>
♠ To be prepared is to have no **anxiety**. 준비하는 것은 **근심**을 없애는 것이다.

☐ **anxi**ous [ǽŋkʃəs] (형) **불안한**, 걱정스러운(=feeling uneasy); 열망하는 ☜ 라틴어로 '마음에 걸리는, 갈망하는'이란 뜻. -ous<형접> (반) easy 마음 편한
♠ an **anxious** feeling **불안한** 느낌

♠ **be anxious at** (about) ~ **~을 걱정[염려]하다**(=be worried about)
♠ **be anxious to** (for) ~ **~을 하고 싶어하다, ~을 바라다**(=be eager for, wish for, be desirous of)

☐ **anxi**ously [ǽŋkʃəsli] ㉮ **걱정하여; 열망하여** ☜ anxious + ly<부접>

삼성 애니콜 SAMSUNG Anycall (1994-2014 판매되었던 삼성전자의 휴대전화 브랜드. <언제 어디서나 통화가 잘 된다>는 뜻) * call 부르다, 전화하다; 부르기, 통화, 방문

♣ 어원 : any 어느, 어떤

☐ **any** [éni/**에**니, (약) əni/어니] ㉬ **어떤, 누구든, 아무도**
☜ 고대영어로 '하나, 어떤'이란 뜻
♠ **any longer** 《주로 의문문·부정문·조건절에서》 **더 이상**
I can't wait **any longer**. 난 **더 이상** 기다릴 수 없다.
♠ **at any moment 언제든지**(=at any time)
♠ **at any price [costs] 어떤 대가를 치르더라도, 기어코**
♠ **at any rate 어쨌든, 어떤 경우라도**(=in any case)
♠ **at any time 언제든지**(=at any moment)
♠ **by any chance 만일, 혹시**(=by chance)
♠ **if any 만일 ~이 (조금이라도) 있다면, 비록 ~이 있다 하더라도**
♠ **in any case 어찌하였든, 여하튼, 아무튼**(=at any rate)

☐ **any**body [énibὰdi/**에**니바리/**에**니바디] ㉦ **누구든지, 아무도, 누군가**
☜ 어떤(any) 사람(body) 이든지

☐ **any**how [énihàu] ㉮ **어떻게 해서든지**, 아무리 ~해도, 여하튼 ☜ 어떤(any) 방법(how) 으로든

☐ **any**more [ènimɔ́ːr] ㉮ 《미》 〖부정문·의문문에서〗 이제는, 더 이상 ☜ 더 이상(more) 어떤(any)

☐ **any**one [éniwʌ̀n/**에**니원] ㉦ **누군가, 누구든지** ☜ 어떤(any) 사람(one)

☐ **any**thing [éniθìŋ/**에**니띵/**에**니씽] ㉦ **무엇이든**, 아무것도, 무언가 ㉭ **어떤 것**
☜ 어떤(any) 것(thing)
♠ Money will do **anything**. 돈은 **무슨 일이든** 할 수 있다.
♠ **anything but** ~ **~이외에는 무엇이든; 결코 ~은 아니다**(=never, not ~ at all)
♠ **anything of** ~ 《의문문·조건절에서》 **조금은**; (부정문에서) **조금도**
♠ **for anything** 《I would not 과 함께》 **무엇을 준대도, 결코**

☐ **any**way [éniwèi] ㉮ **어쨌든**, 하여튼 ☜ 어떤(any) 방식(way) 으로든

☐ **any**where [énihwὲər] ㉮ **어디든지**, 아무데도, 어딘가에 ☜ 어떤(any) 곳(where) 이라도
♠ **get anywhere** 《의문문·부정문에서》 **조금(은) 성공하다**

아오자이 ao dai (베트남 여성의 전통복장. <긴 옷>이란 뜻)

☐ **ao dai** [άːoudài/**아**-오다이] ㉭ **아오자이** 《베트남 여성의 민속복》
☜ 베트남어로 '긴(dai=long) + 의상(ao=outfit)'이란 뜻.

페이스메이커 pacemaker (속도조정자)

■ **pace** [peis/페이스] ㉭ 한 걸음, **걷는 속도**, 걸음걸이
☜ 고대 프랑스어로 '걸음걸이'란 뜻

☐ a**pace** [əpéis] ㉮ 《문어》 **빨리**(=quickly), 신속히(=with speed) ☜ 빠른 걸음으로
♠ **Ill news runs apace. 《속담》 나쁜 소문은 빨리 퍼진다.**
♠ **Ill weeds grow apace. 《속담》 악초는 쉬이 자란다.**

아파치 Apache (❶ 아파치 인디언족 ❷ AH-64 공격헬기)

❶ 가장 용맹했다고 알려진 북미인디언족 ❷ 한·미 육군의 AH-64 공격헬기 별명

☐ **Apache** [əpǽtʃi] ㉭ **아파치**족 《북아메리카 원주민의 한 종족》; 〖군〗 **아파치**헬기 《한·미 육군의 지상공격 헬리콥터 AH-64의 애칭》

아파트 apart (콩글 5 층 이상의 공동주택) ➔ <미> apartment, <영> flat 아파르트헤이드 Apartheid (남아프리카공화국의 인종분리정책)

아파르트헤이드는 1950년부터 실시된 남아프리카공화국의 극단적 인종차별정책이다.. 전 세계적으로 큰 비난을 받았고, 흑인집단거주지역에서 폭동이 발생하였으며, UN을 비롯한 국외압력도 잇따라 1991년 대부분 폐지되었다. 1994년 흑인이었던 넬슨 만델라가 자유총선거에서 최초의 흑인대통령으로 뽑히면서 완전히 철폐되었다.

☐ **apart** [əpάːrt/어**파**-트] ㉮ **떨어져서**(=separately), **헤어져, 따로** ☜ 라틴어로 '~로

(a<ad=to) (퍼진) 부분/조각(part)'이란 뜻. 반 together 함께
♠ **apart from ~ ~은 별개로 하고, ~은 제쳐놓고**(=aside from, in addition to)
♠ **joking apart** (aside) **농담은 그만두고, 과장없이**
♠ **take ~ apart ~을 분해하다, 풀어 헤치다**
♠ Pain and death are **apart** of life. 고통과 죽음은 인생의 한 **부분**이다.

□ **Apart**heid [əpɑ́ːrthèit] 명 **아파르트헤이드**, (남아프리카공화국에서 흑인에 대한) 인종차별정책
☜ 네델란드어로 'apart + heid(=hood/성질, 성향, 집단)'

□ **apart**ment [əpɑ́ːrtmənt] 명 **아파트** ☜ apart + ment<명접>

□ **apathy**(냉담, 무관심) ➔ **antipathy**(반감, 혐오) **참조**

에이프 행어 ape hangers (오토바이의 높은 변형 핸들)

(자전거/오토바이의) 높은 변형 핸들. 이는 꼬리없는 원숭이 같은 모양에서 유래했다.

□ **ape** [eip] 명 **(꼬리없는) 원숭이** 동 흉내내다(=imitate)
☜ 고대영어로 '원숭이'란 뜻. 비교 monkey 원숭이
♠ **play the ape 남의 흉내를 내다; 못된 장난을 치다**

※ **hang**er [hǽŋər] 명 **매다는 사람**, 거는 사람; 교수형 집행인; **옷걸이** ☜ hang + er(사람)

애퍼춰 aperture (카메라의 빛의 양을 조절하는 조리개)

□ **aperture** [ǽpərtʃùər] 명 틈, (작은) 구멍, (렌즈의) 구경 ☜ 라틴어로 '열다, 벗기다'
♠ **aperture** stop **구경** 조리개

아프로디테 Aphrodite ([그神] 사랑과 미(美)의 여신)

[그神] 미소년 아도니스를 사랑한 사랑과 미(美)의 여신; 로마 신화의 비너스(Venus)에 해당한다.

□ **Aphrodite** [æ̀frədáiti/애프러**다**이티] 명 『그.신화』 **아프로디테** 《사랑과 美의 여신》
♠ **Aphrodite** is the Greek goddess of love and beauty.
아프로디테는 사랑과 미(美)의 그리스 여신이다.

아포리즘 aphorism (금언 / 격언 / 경구 / 잠언)

깊은 체험적 진리를 간결하고 압축된 형식으로 나타낸 짧은 글로 금언/격언/경구/잠언 따위를 가리킨다. 세계에서 가장 오래된 유명한 아포리즘으로 히포크라테스의 <아포리즘> 첫머리에 나오는 '인생은 짧고 예술은 길다'는 말이다.

□ **aphorism** [ǽfərìzəm] 명 **아포리즘** (금언, 격언, 경구, 잠언 등)
☜ 고대 그리스어로 '보편적인 진리를 담고 있는 간결한 문구'란 뜻.
♠ 'Heaven helps those who help themselves' is a famous **aphorism**.
'하늘은 스스로 돕는 자를 돕는다'는 유명한 **경구**다

원피스 one-piece (위 아래가 붙은 일체형 옷) ➔ a dress

※ **one** [wʌn/원] 명형 **하나(의); 어느, 어떤**; (특정한) 사람(물건)
☜ 고대영어로 '하나의'라는 뜻

■ one-**piece** [wʌ́npìːs] 명형 (옷이) 원피스(의), (아래위) 내리닫이(의)
☜ one + piece(조각, 일부, 부분)

■ **piece** [piːs/피-스] 명 **조각, 한 개** ☜ 중세영어로 '조각'이란 뜻.
비교 peace 평화, 태평

□ a**piece** [əpíːs] 부 **하나[한사람]에 대하여**(=for each), 각자에게
☜ 한 개(piece) 에(a<ad=to)
♠ He gave us five dollars **apiece**. 그는 우리들 각자에게 5달러**씩** 주었다.

아폴로 Apollo ([그 · 로神] 고대 그리스 · 로마의 태양신)

❶ 옛 그리스/로마의 태양신; 시, 음악, 예언 등을 주관함 ❷ 1969년 달착륙에 성공한 미국의 아폴로 우주선

□ **Apollo** [əpɑ́lou/əpɔ́l-] 명 『그/로.신화』 **아폴로신**(神); 아폴로 우주선

이데올로기 ideology (관념형태)

♣ **어원 : logy 말, 학문**

■ ideo**logy** [àidiάlədʒi] ⓜ 관념학, (사회 · 정치상의) **이데올로기**, 관념형태
☜ 생각/관념(ideo<idea) 학문(logy)

□ apo**log**etic(al) [əpὰlədʒétik(əl)/əpɔ̀l-] ⓗ 변명의, **사죄의**
☜ (비난에서) 벗어나기(ap<ad=away) 위해 말(log) 하는(tic)
♠ an **apologetic** letter **사죄의** 편지

□ apo**log**etically [əpὰlədʒétikəli/əpɔ̀l-] ⓑ 변명(사죄)하여 ☜ apologetical + ly<부접>

□ apo**log**ize [əpάlədʒàiz/əpɔ́l-] ⓢ **사과[사죄]하다**
☜ (비난에서) 벗어나기(ap<ad=away) 위해 말(log) 하다(ize)
♠ **apologize** to a person for a fault 아무에게 **잘못을 빌다**

□ apo**logy** [əpάlədʒi/əpɔ́l-] ⓜ (pl. **-gies**) 변명, **사과**, 사죄
☜ (비난에서) 벗어나기(ap<ad=away) 위해 하는 말(log)
♠ accept an **apology** **사과**를 받아들이다

✚ bio**logy** **생물학** eco**logy** 생태학 geo**logy** **지질학** mytho**logy** **신학** physio**logy** **생리학** psycho**logy** **심리학** theo**logy** **신학** archeo**logy** **고고학**

어포스트로피 apostrophe (생략부호, ’)

♣ **어원 : apo- 멀리**

□ **apo**stle [əpάsl/əpɔ́sl] ⓜ (A-) **사도** 《예수의 12제자의 한 사람》; 주창자, **선구자**
☜ 그리스어로 '(임무수행을 위해) 멀리(apo=away from) 보내다(stle)'란 뜻
♠ an **apostle** of peace 평화의 **사도**

□ **apo**strophe [əpάstrəfi/əpɔ́s-] ⓜ **생략부호**, 소유격부호, 복수부호
☜ 그리스어로 '멀리(apo=away from) 돌린(stroph) 것(e)'이란 뜻, 생략부호(’)가 바깥쪽으로 돌리는 듯한 형태에서 유래

패일룩 pale look (창백한 모습 연출법) * look 보다; 봄, 용모, 패션

[패션] 우아한 드레스에 무거운 색을 사용하고 창백한 살결에 긴 속눈썹과 빨간 입술의 화장으로 창백한 느낌을 한층 강조하는 연출법

■ **pale** [peil] ⓗ **창백한**, 엷은 ☜ 고대 프랑스어로 '창백한, 색이 엷은'이란 뜻

□ ap**pal**l [əpɔ́:l] ⓢ **오싹하게 하다**, 놀라게 하다(=terrify) ☜ ~에 대하여(ap<ad=to) 오싹한(pall)
♠ We **were appalled at** the sight. 우리는 그 광경**을 보고 섬뜩했다**.

□ ap**pal**ling [əpɔ́:liŋ] ⓗ **오싹한**, 소름이 끼치는 ☜ appall + ing<형접>

퍼레이드 parade (행진)

♣ **어원 : par, para, pare, pair 준비하다; 정돈하다; 배열하다**

■ **par**ade [pəréid] ⓜ **열병**(식), 행렬, **퍼레이드**, 행진; **과시**
ⓢ **열지어 행진하다; 과시하다**
☜ 준비/정돈/배열하여(par) 움직임(ade)

□ ap**para**tus [æ̀pəréitəs, -rǽtəs] ⓜ (pl. **-, -es**) (한 벌의) **장치**, 기기(器機), 기구
☜ 라틴어로 '연장, 장치'란 뜻. ⇦ ~을(ap=to) 준비한(para) 것(tus)
♠ a heating **apparatus** 난방(가열) **장치**

□ ap**par**el [əpǽrəl] ⓜ **의복**, 의상; 《특히》 **기성복**; 장식; 《고어》 의장(艤裝) 《돛 · 닻 따위》
☜ 고대 프랑스어로 '~을(ap=to) (미리) 준비한(par) 것(el)'이란 뜻
♠ **ready-to-wear apparel 기성복**

✚ pre**pare** **준비하다**, 채비하다 re**pair** **수리**(수선)**하다; 수선, 수리**

(플레이트) 어피어런스 (plate) appearance ([야구] 타자가 타석에 들어선 횟수)

♣ **어원 : par, pear, pare 보이다, 나타나다**

□ ap**par**ent [əpǽrənt, əpέər-] ⓗ **명백한**(=obvious, visible), 분명한, 겉모양만의
☜ ~쪽으로(ap=to) 나타(par) 난(ent<형접>) ⓑ dubious 애매한, real 진실의
♠ **apparent** to the naked eye 육안으로 **보이는**

□ ap**par**ently [əpǽrəntli, əpέər-] ⓑ 보기에, **외관상으로는** ☜ apparent + ly<부접>

□ ap**par**ition [æ̀pəríʃən] ⓜ 환영, **유령** ☜ 라틴어로 '보이는 것, 나타난 것'이란 뜻

□ ap**pear** [əpíər/어**피**어] ⓢ **나타나다**(=come out), 출현하다
☜ ~쪽으로(ap<ad=to) 나타나다(pear) ⓑ disappear, vanish 사라지다
♠ Paper **appeared** in China around A.D. 100.
종이는 서기 100 년경에 중국에 **출현했다**.

□ ap**pear**ance [əpíərəns/어**피**어런스] ⓜ **출현; 외관**, 겉모양 ☜ -ance<명접>

♠ **Appearances can be deceptive. 《속담》 겉만 봐서는 모른다.**
♠ **to (in) appearance(s) 어느 모로 보나**

✚ disap**pear** **사라지다**, 소멸하다 reap**pear** 다시 나타나다, **재현[재발]하다** trans**par**ent **투명한**

섹스어필 Sex Appeal (성적 매력), 프로펠러 propeller (회전날개, 추진기)

섹스어필이란 다른 사람에게 성적인 흥미를 일으키는 개인의 능력으로 개인의 외향, 의상, 몸짓, 냄새(향수) 등이 성적 매력이 될 수 있다.

♣ **어원 : peal, pel 몰고 가다(=drive), 몰아가다, 몰아내다**

※ **sex** [seks/쎅스] 명 **성**(性), 성별, 성행위 ☜ (남·녀를) 나누다(sex)
□ ap**peal** [əpíːl/어**피**일] 명 **호소**, 간청; 매력(=attraction) 동 **호소[간청]하다**; 항의하다; 흥미를 끌다 ☜ ~쪽으로(ap<ad=to) 마음을 몰아가다(peal)
♠ **make an appeal to ~ ~에 호소하다, 간청하다**(=ask to, beg to)
□ ap**peal**ing [əpíːliŋ] 형 흥미를 끄는, 애원하는, 매력적인 ☜ appeal + ing<형접>
■ **pro**pel [prəpél] 동 **추진하다**, 몰아대다 ☜ 라틴어로 '앞으로(pro) 밀다(pel)'란 뜻
■ **pro**peller [prəpélər] 명 **프로펠러, 추진기**; 추진시키는 사람〔것〕 ☜ er(사람/기계)

✚ com**pel** **강요하다** dis**pel** **쫓아버리다** ex**pel** **쫓아내다**, 추방하다 re**pel** **쫓아버리다**, 격퇴하다

□ **appear**(나타나다), **appearance**(출현, 외관) ➔ **apparent**(명백한) **참조**

그린피스 Greenpeace (국제 환경보호단체. <녹색 평화>란 뜻)

핵실험 반대와 자연보호운동 등을 통해 지구의 환경을 보존하고 평화를 증진시키는 활동을 벌이는 국제비정부기구(NGO).

♣ **어원 : peace, pease, paci 평화**

※ **green** [griːn/그린-] 형 **녹색의** 명 **녹색** ☜ 고대영어로 '살아있는 식물의 색'이란 뜻
■ **peace** [piːs/피-스] 명 **평화** ☜ 중세 앵글로 프렌치어로 '시민의 자유'란 뜻
■ Green**peace** [gríːnpiːs] 명 **그린피스** 《핵무기 반대·야생동물 보호 등 환경 보호를 주장하는 국제적인 단체; 1969년 결성》 ☜ 녹색(green) 평화(peace)
□ ap**pease** [əpíːz] 동 달래다, 진정시키다 ☜ ~을(ap<ad=to) 평화롭게 하다(pease)
♠ **appease ~ with a present 선물로 ~를 달래다.**
□ ap**pease**ment [əpíːzmənt] 명 진정, 완화, 달램; 유화, 양보 ☜ appease + ment<명접>
♠ **an appeasement** policy **유화** 정책
■ **paci**fic [pəsífik] 형 **평화로운**, 평화의, 태평한 ☜ 평화(paci)를 만드는(fic)

팬던트 pendant (늘어뜨린 장식)

♣ **어원 : pend 매달리다**

■ **pend**ant [péndənt] 명 **늘어뜨린 장식**(목걸이, 귀걸이 등) ☜ 매달려(pend) 있는 것(ant)
□ ap**pend** [əpénd] 동 덧붙이다, 첨부하다 ☜ ~에(ap<ad=to) 매달려 있다(pend)
♠ **append** a label to a trunk 트렁크에 꼬리표**를 붙이다**
□ ap**pend**ant, ap**pend**ent [əpéndənt] 형 첨가된, 부수적인; 부속의 명 부수물 ☜ append + ant/ent<형접/명접>
□ ap**pend**ectomy [æ̀pəndéktəmi] 명 『의학』 맹장 수술 ☜ ~에(ap<ad=to) 매달려 있는(pend) 것을 잘라내는(tom) 것(y)
□ ap**pend**icitis [əpèndəsáitis] 명 『의학』 충수염, 맹장염 ☜ ~에(ap<ad=to) 매달(pend) 린(ic<형접>) 염증(itis)
□ ap**pend**ix [əpéndiks] 명 (pl. **-es, -dices**[-disiːz]) **부가물**; 부록(=supplement); 맹장 ☜ ~에(ap<ad=to) 매달려 있는(pend) 것(ix)

애피타이저 appetizer (식전에 먹는 식욕 촉진요리)

♣ **어원 : pet 추구하다**

□ ap**pet**ite [ǽpitàit] 명 **식욕**(=desire for food or drink), **욕구**(=want, carving) ☜ ~을(ap<ad=to 방향) 추구하는(pet) 것(ite<명접>)
♠ lose 〔spoil〕 one's **appetite 식욕**을 잃다
♠ sharpen 〔get up〕 one's **appetite 식욕**을 돋우다
♠ **A good appetite is a good sauce. 《속담》 시장이 반찬이다.**
□ ap**pet**izer [ǽpitàizər] 명 **애피타이저** 《식욕 돋우는 음식》 ☜ -izer(~하게 만드는 것)

□ ap**pet**izing [ǽpətàiziŋ] ⓗ 식욕을 돋우는, 맛있어 보이는 ☜ appetizer + ing<형접>

✚ com**pet**e **겨루다**, 경쟁하다 im**pet**us **힘**, 관성(慣性), 추진력 im**pet**uous (바람・속도 따위가) **격렬한**, 맹렬한 per**pet**rate (나쁜 짓・죄를) 행하다, 범하다 per**pet**ual **영구의**, 영속하는

익스플로전 샷 explosion shot (골프 벙커샷) * shot 발사, 치기, 스냅사진

[골프] 벙커(bunker)에 빠진 공을 쳐낼 때 바로 앞의 모래와 함께 폭발시키듯 공을 날리는 타법으로 블라스트(blast)라고도 한다.

♣ **어원 : plo(d), plau(d) 때리다, 터지다**

■ ex**plod**e [iksplóud] ⓢ **폭발하다**, 폭발시키다
☜ 밖으로(ex) 터지(plod) 다(e)

■ <u>ex**plo**sion</u> [iksplóuʒən] ⓜ **폭발** ☜ 밖으로(ex) 터지는(plo) 것(sion)

□ ap**plaud** [əplɔ́ːd] ⓢ **박수치다**, 갈채하다, 성원하다
☜ ~쪽으로(ap<ab=to) (손바닥을) 때리다(plaud)
♠ We **applauded** the actor. 우리는 그 배우에게 박수갈채를 **보냈다**.

□ ap**plaud**ingly [əplɔ́ːdiŋli] ⓑ 박수갈채하여 ☜ applaud + ing<형접> + ly<부접>

□ ap**plau**se [əplɔ́ːz] ⓜ **박수**, 갈채, **칭찬**(=expression of approval)
♠ a storm (thunder) of **applause** 우레와 같은 **박수 갈채**

□ ap**plau**sive [əplɔ́ːsiv, -ziv] ⓗ 박수갈채의; 칭찬의, 칭찬을 나타내는 ☜ -sive<형접>

✚ im**plod**e 안으로 파열하다 **plaud**it 박수, 갈채, 칭찬

애플사(社) Apple Inc (미국의 세계적인 전자회사)

1976년 스티브 잡스(Steve Jobs), 스티브 워즈니악(Steve Wozniak), 론 웨인(Ron Wayne)에 의하여 창업된 미국의 전자제품 제조회사. 맥북(MacBook), 아이팟(iPod), 아이폰(iPhone), 아이패드(iPad) 등의 전자제품을 생산해온 세계적인 전자회사이다. 삼성전자의 주 경쟁회사라고 할 수 있다.

♣ **어원 : corp(or) 몸, 살, 육체, 시체; 모임, 조직, 집단**

□ <u>**apple**</u> [ǽpl/**애**플] ⓜ **사과**; (A-) 애플사 ☜ 고대영어로 '사과, 과일'이란 뜻
♠ **The apples on the other side of the wall are the sweetest.**
《속담》 담 저쪽 사과가 제일 달다. 남의 떡이 더 커 보인다.

□ **apple** pie 사과파이, **애플파이** ☜ pie(파이, 크림샌드위치)

※ **incorporate** [inkɔ́ːrpərèit] ⓢ **합동시키다**, 합병하다 ☜ 안에(in) 몸/모임(corpor)을 만들다(ate)

※ <u>**Inc., inc**orporated</u> [inkɔ́ːrpərèitid] ⓗ **법인조직의**, 주식회사의; 《미》 (기업명 뒤에) Inc. (=incorporated), 《영》 (기업명 뒤에) Ltd.(=limited) ☜ -ed<형접>

애플리케이션 [앱・어플] application = app (스마트폰 응용 프로그램)

스마트폰(smart phone) 등에 다운(down) 받아 사용할 수 있는 응용프로그램. 원어로는 어플리케이션(application)이나 줄여서 앱(app)이라고 부른다.

♣ **어원 : ply, pli, plic 붙들다; 채우다**

□ ap**pli**ance [əpláiəns] ⓜ **기구**, 장치(=apparatus), 설비
☜ ~에(ap<ad=to) 붙드는(plic) 것(ance<명접>)
♠ medical **appliances** 의료**기구**

□ ap**pli**cable [ǽplikəbəl] ⓗ **적용[응용]할 수 있는** ☜ ~에(ap<ad=to) 붙들(plic) 수 있는(able)

□ ap**pli**cably [ǽplikəbli] ⓑ 적용할 수 있게 ☜ ~에(ap<ad=to) 붙들(plic) 수 있게(ably)

□ ap**pli**cant [ǽplikənt] ⓜ **응모자, 지원자**(=candidate) ☜ -ant<명접>

□ <u>ap**pli**cation</u> [æ̀plikéiʃən] ⓜ **적용**, 응용, 실용성; **신청(서)**
☜ ~에(ap<ad=to) 붙드는(plic) 것(ation<명접>)
♠ **make application for ~ ~을 신청[지원]하다**(=ask for, apply for)

□ ap**pli**cation ware 〖전산〗 응용웨어, 적용웨어 ☜ ware(상품, 제품)

□ ap**pli**ed [əpláid] ⓗ **적용된**, 응용의 ☜ apply + ed<형접>

□ ap**ply** [əplái/어플**라**이] ⓢ **~을 적용하다, 신청하다** ☜ ~에(ap<ad) 붙들다(ply)
♠ **apply for ~ ~을 신청[지원]하다**(=ask for, make application for)

✚ com**ply** **동의[승낙]하다** im**ply** **함축하다**, 암시하다 multi**ply** **곱하다**, 늘리다 sup**ply** **공급하다**

포인트 point (점수)

♣ 어원 : point 뾰족한 끝, 점
point [pɔint/포인트] ⓜ 뾰족한 끝, **점,** 요점; **점수, 포인트** ⓢ **가리키다**, 뾰족하게 하다
☜ 중세영어로 '손가락으로 지시하다, 검의 날카로운 끝'이란 뜻
☐ ap**point** [əpɔ́int] ⓢ **지명하다**, 임명하다, (시일·장소를) 정하다
☜ ~로(ap<ad=to) 낙점하다(point)
♠ **appoint ~ to a post ~를 어떤 지위에 앉히다**
☐ ap**point**ed [əpɔ́intid] ⓗ 정해진, **지정된** ☜ ~로(ap<ad=to) 낙점(point)이 된(ed<형접>)
☐ ap**point**ment [əpɔ́intmənt] ⓜ **지정**, 임명; **약속** ☜ -ment<명접>
♠ **have 〔make〕 an appointment 약속이 있다[약속을 하다]**

포션 portion (몫, 일부), 파트 part (부분)

♣ 어원 : port, part 일부분
■ **portion** [pɔ́ːrʃən/**포**-션] ⓜ **일부**, 부분; 몫(=share) ☜ port(일부분) + ion<명접>
☐ ap**port**ion [əpɔ́ːrʃən] ⓢ 할당하다, 나누다; 배분〔배당〕하다
☜ ~에(ap<ad=to) 할당한(port) 것(tion<명접>)
♠ **apportion** one's time to several jobs 여러 가지 일에 시간을 **할당하다**
■ **part** [pɑːrt/파-트] ⓜ (전체 속의) **일부, 부분** ☜ 라틴어로 '일부분'이란 뜻

포지션 position (위치)

♣ 어원 : pos, pose, posi 두다, 놓다, 배치하다
■ **posi**tion [pəzíʃən/퍼**지**션] ⓜ **위치, 장소** ☜ 놓아둔(posit) 곳(ion)
☐ ap**pose** [əpóuz] ⓢ 나란히 놓다, 병렬하다, 덧붙이다 ☜ ~에(ap<ad=to) 나란히 배치하다(pose)
☐ ap**posi**te [ǽpəzit] ⓗ 적당한, 적절한 ☜ 적당한 곳에(ap<ad=to) 두(posi) 는(te)
♠ **apposite** to the case 실정**에 맞는**, 시의(한술) **적절한**
☐ ap**posi**tion [æ̀pəzíʃən] ⓜ **동격**(관계) ☜ ~에(ap<ad=to) 나란히 배치한(posi) 것(tion)
♠ a noun in **apposition 동격** 명사

✚ dis**posi**tion **배열**, 처분; 성질 im**posi**tion (의무를) 지움, 둠, 놓음 pre**posi**tion **전치사**(약어: prep.)

그랑프리 Grand Prix ([F.] 대상(大賞))

♣ 어원 : price, praise, preci 가치, 값; 가치있는, 가치를 매기다
※ **grand** [grænd] ⓗ **웅대한**, 위대한, 장대한
☜ 고대 프랑스어로 '큰, 대(大)'란 뜻
■ **prise, prize** [prais/프라이스] ⓜ **상(품)**, 상금; **포획물** ⓢ **포획하다; 높이 평가하다** ☜ 고대 프랑스어로 '상, 가치'라는 뜻
☐ ap**prais**al [əpréizəl] ⓜ 평가, 감정, 견적가격 ☜ appraise + al<명접>
☐ ap**prais**e [əpréiz] ⓢ 평가하다, 감정하다, 값을 매기다
☜ ~에(ap<ad=to) 가치(prais)를 매기다(e)
♠ **appraise** a person's ability 아무의 능력을 **평가하다**
☐ ap**preci**able [əpríːʃiəbəl] ⓗ 평가할 수 있는, **분명한**
☜ ~에(ap<ad=to) 가치(prec)를 + i + 매길 수 있는(able)
☐ ap**preci**ate [əpríːʃièit] ⓢ 평가하다; **감사하다**(=feel grateful for)
☜ ~에(ap<ad=to) 가치(prec)를 + i + 매기다(ate<동접>)
㉯ depreciate 얕보다, 값이 내리다
♠ I **appreciate** your kindness. 친절에 **감사합니다**.
☐ ap**preci**ation [əprìːʃiéiʃən] ⓜ **감사**; 진가 ☜ appreciate + ion<명접>
☐ ap**preci**ative [əpríːʃətiv, -ʃièi-] ⓗ 감사의; **감식력이 있는** ☜ appreciate + ive<형접>
♠ **be appreciative of ~ ~을 인정하다; ~에 감사하고 있다**
☐ ap**preci**ator [əpríːʃièitər] ⓜ 감식자; **감상자**; 감사하는 사람 ☜ appreciate + or(사람)

✚ de**preci**ate 평가절하하다, **가치를 떨어뜨리다** de**prec**ate 비난하다, 반대하다 **prec**ious 비싼, **귀중한**, 가치있는 **price 가격**; 값, 시세, 물가 **praise 칭찬**, 찬양; **칭찬하다**

엘시 LC = Listening Comprehension (듣기)
알시 RC = Reading Comprehension (독해)

토익(TOEIC)은 국제공용어로서의 영어숙달 정도를 평가하는 미국 ETS 사의 영어시험 또는 상표명이다. 듣기(LC)와 독해(RC)가 각각 100 문항씩이며, 총 990 점 만점. Test of English for International Communication 의 약자이다.

♣ 어원 : prehen(d) 붙잡다(=take)

※ **listen**ing [lísniŋ] ⓜ 경청; **청취**, 들음 ⓗ 주의 깊은 ☜ 듣다(listen) + ing<명접/형접>
※ **read**ing [rí:diŋ/**뤼**-딩] ⓜ **독서**; 낭독; 학식, 지식; 낭독회; 읽을거리 ☜ 읽(read) 기(ing<명접>)
■ com**prehen**sion [kɑ̀mprihénʃən/kɔ̀m-] ⓜ **이해** ☜ 완전히(com/강조) 잡(prehend) 기(sion<명접>)
□ ap**prehend** [æ̀prihénd] ⓢ **염려하다;** 붙잡다; 이해하다
☜ ~을(ap<ad=to) 붙잡다(prehend) ⓑ **release** 석방하다, 안심시키다
♠ **apprehend** a global oil crisis 전세계적인 석유위기를 **우려하다**
□ ap**prehen**sion [æ̀prihénʃən] ⓜ **이해력; 우려** ☜ apprehend + sion<명접>
□ ap**prehen**sive [æ̀prihénsiv] ⓗ **근심[우려]하는** ☜ apprehend + sive<형접>
□ misap**prehend** [mìsæprihénd] ⓢ 오해하다 ☜ 잘못(mis) 이해하다(prehend)
♠ **Don't misapprehend me. 날 오해하지 마세요.**
□ misap**prehen**sion [mìsæprihénʃən] ⓜ 오해 ☜ 잘못(mis) 이해한(prehend) 것(sion)
■ re**prehend** [rèprihénd] ⓢ 비난하다 ☜ 다시(re) 잡고 늘어지다(prehend)

서프라이즈 surprise (놀람, 경악)

♣ **어원 : pris, pren 잡다(=take)**
■ sur**pris**e [sərpráiz/서프**롸**이즈] ⓢ (깜짝) **놀라게 하다** ⓜ **놀람**, 경악
☜ 위에서(sur) 갑자기 잡다(pris)
□ ap**pris**e [əpráiz] ⓢ ~에 알리다, ~에 통고[통지]하다
☜ ~에게(ap<ad=to) 잡도록(pris) 하다(e)
비교 appraise 평가하다, 인식하다, 감정하다
♠ **apprise ~ of a thing ~에게 무엇을 알리다.**
□ ap**pren**tice [əpréntis] ⓜⓢ **도제[계시]**(로 삼다); **견습**(으로 보내다)
☜ ~를(ap<ad=to) 잡(pren) 다(tice)
♠ **be bound apprentice to ~ ~의 도제(徒弟)가 되다**
□ ap**pren**ticeship [əpréntisʃip] ⓜ 계시 노릇, 그 생활[연한]
☜ -ship(상태, 성질, 신분)
■ **pris**on [prízn] ⓜ 교도소, **감옥**; 구치소 ☜ 계속(on) 잡아두다(pris)

© MBC TV의 <신비한 TV 서프라이즈 >

어프로치샷 approach shot (골프홀 가까이로 공을 침) * shot 발사, 치기, 스냅사진

♣ **어원 : proach, prov, prob, proxim 가까이**
□ ap**proach** [əpróutʃ/어프**로**우취] ⓢ 다가가다, **접근하다**(=come near) ⓜ **접근**(법)
☜ ~로(ap<ad=to) 가까이(proach) 가다
♠ A storm is **approaching**. 폭풍이 **접근하고 있다**.
□ ap**proach**able [əpróutʃəbl] ⓗ 가까이 하기 쉬운 ☜ approach + able<형접>
□ ap**proach**ableness [əpróutʃəblnis] ⓜ 접근가능성, 이해하기 쉬움, 사귀기 쉬움
☜ approachable + ness<명접>
□ ap**proach**ability [əpròutʃəbíləti] ⓜ 접근하기 쉬움, 말붙이기 쉬움
☜ approach + abliity(~하기 쉬움<명접>)
□ ap**proach** light 【공항】 **어프로치라이트**, 활주로 야간진입등 ☜ light(빛, 불, 밝음)
□ ap**proach** shot 【골프】 **어프로치샷**, 홀가까이 공을 침 ☜ shot(발사, 촬영; 탄환)
□ ap**proxim**ate [əprɑ́ksəmèit] ⓢ 접근하다, **접근시키다** [əprɑ́ksəmit] ⓗ 대략의, 비슷한, **어림셈의**
☜ ~에(ap<ad=to) 가까이(proxim) 하다(ate<동접>)
♠ **approximate** cost **대략의** 비용
□ ap**proxim**ately [əprɑ́ksəmitli] ⓑ **대략, 거의** ☜ -ly<부접>
□ ap**proxim**ation [əprɑ̀ksəméiʃən/-rɔ̀ksi-] ⓜ **접근**, 근사(치) ☜ -ation<명접>
■ **proxim**ate [prɑ́ksəmit/prɔ́k-] ⓗ 가장 가까운(=nearest), 바로 다음[앞]의; 근사(近似)한
☜ 라틴어로 '가까이(proxim) 하는(ate)'이란 뜻

□ **approbation**(허가) ➔ **approve**(승인하다) **참조**

프로퍼 컬러 proper color ([패션] 고유색) * color 색상, 빛깔, 안색

[패션] 자연광의 상태에서 눈으로 보는 대상의 색체. 고유색

♣ **어원 : proper, propri 자신의 것(=own)**
■ **proper** [prɑ́pər/프**롸**퍼/prɔ́pər/프**로**퍼] ⓗ **적당한, 적절한** ☜ 자신의 것(proper)인
□ ap**propri**ate [əpróuprièit] ⓗ **적합한, 적절한, 적당한** ⓢ **충당하다; 횡령하다**
☜ ~을(ap<ad=to) 자신의 것(propri)으로 만들다(ate<동접>)
ⓑ inappropriate 부적당한
♠ Don't **appropriate** others' ideas. 남의 아이디어를 **도용하지** 마라
♠ an **appropriate** example **적절한** 예

- ☐ ap**propr**iately [əpróupriətli] 부 **적당히**, 상당하게 ☜ appropriate + ly<부접>
- ☐ ap**propr**iateness [əpróupriətnis] 명 적당, 타당성 ☜ appropriate + ness<명접>
- ☐ ap**propri**ation [əpròupriéiʃən] 명 **전유**, 사용, **충당** ☜ appropriate + ion<명접>
- ☐ ap**propri**ator [əpróuprièitər] 명 (부당한) 전용자, 횡령자 ☜ appropriate + or(사람)
- ■ misap**propri**ate [mìsəpróuprieit] 동 악용하다, (남의 돈을) 남용하다; 착복(횡령)하다 ☜ 잘못(mis) 충당하다(appropriate)

프로브 probe (자동차 배기가스 검사기에 딸린 탐침봉)

배기가스 중에 함유된 일산화탄소, 탄화수소 검사기에 딸린 튜브 모양의 탐침봉. 측정할 때에는 검사기에 호스를 연결한 다음 배기관 끝부분에 삽입하여 측정한다. <출처 : 자동차용어사전 / 일부인용>

♣ **어원 : prob, prov(e), proof 증명하다, 시험하다; 좋은**

- ■ **probe** [proub] 명 『의학』 소식자(消息子), 탐침(探針) 《좁은 관에 삽입하여 질환 따위를 살피는 기구》; 탐침봉 ☜ 시험하는(prob) 것(e)
- ☐ ap**prov**able [əprúːvəbl] 형 시인할 수 있는 ☜ approve + able(~할 수 있는)
- ☐ ap**prov**al [əprúːvəl] 명 **찬성**, 동의, 승인; **시인** ☜ approve + al<명접>
  ♠ conditional **approval** 조건부 **허가**
- ☐ ap**prove** [əprúːv] 동 **승인하다, 찬성하다** ☜ ~에 대해(ap=to) 증명해주다(prove)
  반 disapprove 찬성하지 않다, reprove 비난하다
  ♠ **approve of ~ ~을 찬성하다**(=agree with), **승인하다**(=endorse)
- ☐ ap**prov**ed [əprúːvd] 형 승인된, 찬성한 ☜ approve + ed<형접>
- ☐ ap**prov**ing [əprúːviŋ] 형 찬성하는, 옳다고 인정할 만한 ☜ approve + ing<형접>
- ☐ ap**prov**ingly [əprúːviŋli] 부 찬성하여, 만족스러운 듯이 ☜ approving + ly<부접>
- ☐ ap**prob**ate [ǽprəbèit] 동 《미국·드물게》 인가(면허)하다; 시인하다; 찬동하다 ☜ ~에 대해(ap<ad=to) 증명해주(prob) 다(ate<동접>)
- ☐ ap**prob**ation [æprəbéiʃən] 명 **허가**, 인가 ☜ -ation<명접>
  ♠ meet with a person's **approbation** 아무의 **동의**를 얻다

✚ disap**prove** **불승인하다**, 비난하다 im**prove** **개량하다, 개선하다** re**prove** **꾸짖다**, 비난하다 re**proof** 비난, **질책**; 꾸지람 **prove 증명[입증]하다** **prob**able **개연적인**, 있음직한, 사실 같은 **prob**ation **검정**(檢定), 시험; 입증 water**proof** 방수의; 물이 새지 않는; 《영》 방수복, 레인코트

☐ **approximate**(대략의; 접근시키다) ➔ **approach**(접근, 접근하다) **참조**

에이프릴 April (한국의 댄스팝 걸그룹. <4월처럼 기분 좋은 따뜻함을 노래하고 싶다>는 뜻)

- ☐ **April** [éiprəl/**에**이프럴] 명 **4월** (약어: Ap., Apr.) ☜ 사랑과 미(美)의 여신 '아프로디테(**Aphr**odite)의 달'에서
  ♠ She was born **in April**. 그녀는 **4월에** 태어났다.
- ☐ **April** Fool's Day 만우절(=All Fool's Day) 《4월 1일》 ☜ fool(바보), day(날, ~일)

에이프런 apron (앞치마)

- ☐ **apron** [éiprən] 명 **에이프런, 앞치마**, 행주치마 ☜ 라틴어로 '작은 수건'이란 뜻.
  ♠ **apron** string **앞치마** 끈

아답터 adapter (전기 가감장치)

♣ **어원 : apt, ept 알맞은, 적절한**

- ■ ad**apt** [ədǽpt] 동 **~을 적응시키다**; 개작하다, 번안하다 ☜ ~에(ad=to) 적합하게(apt) 하다
- ■ ad**apt**er, -or [ədǽptər] 명 (전기) 가감장치; 개작자, 번안자 ☜ -er, -or(사람/기계)
- ☐ **apt** [æpt] 형 **~하기 쉬운**(=liable), **~하는 경향이 있는**; 적절한(=suitable) ☜ 라틴어로 '묶다; ~에 적합하다'라는 뜻.
  ♠ **be apt to ~ ~ 하기 쉽다, ~할 경향이 있다.**(=be likely to), **~ 에 능하다, ~을 잘한다**(=be good at, be proficient in)
- ☐ **apt**itude [ǽptitùːd] 명 **경향, 소질, 적성** ☜ 적합한(apt) + i + 것(tude<명접>)
- ☐ **apt**itude test 적성 검사 ☜ test(테스트, 시험, 검사)
- ☐ **apt**ly [ǽptli] 부 적절하게, 알맞게 ☜ apt + ly<부접>
- ☐ **apt**ness [ǽptnis] 명 **적절, 적합성** ☜ apt + ness<명접>

✚ ad**ept** 숙련된, 정통한; 숙련자 in**apt** 부적합한

아쿠아리움 aquarium (수족관)

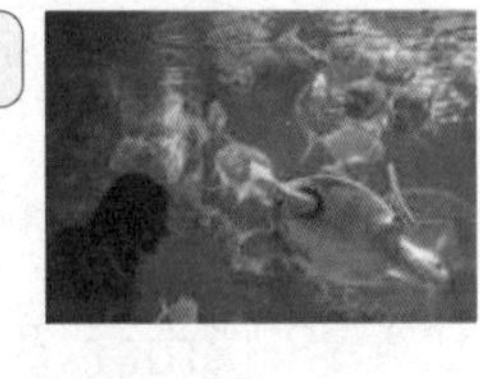

♣ 어원 : aqua, aque, aqui 물

☐ **aqua**farm [ǽkwəfɑ̀:rm, ɑ́:k-] ⓜ 양식장, 양어장
☜ aqua(물) + farm(농장)

☐ **aqua**lung [ǽkwəlʌ̀ŋ] ⓜ **애퀄렁**, (잠수용의) 수중 호흡기
☜ aqua(물) + lung(폐)

☐ **aqua**nautics [æ̀kwənɔ́tiks, ɑ̀:k-] ⓜ [pl. 단수취급] (스쿠버 다이빙에 의한) 수중 탐사
☜ 물(aqua)속에서 항해하는(naut) 것(ics)

☐ **aqua**plane [æ̀kwəpléin] ⓜ 수상스키, **애쿼플레인** ☜ aqua(물) + plane(항공기)

☐ <u>**aqua**rium</u> [əkwɛ́əriəm] ⓜ (pl. **-s,** aquari**a**) 수족관 ☜ aqua(물) + rium(~에 속한 것)

☐ **aqua**tic [əkwǽtik] ⓗ 수생(水生)의; 물의, 물속의, 물 위의 ⓜ 수생 동물; 수초(水草); (pl.) 수상 경기 ☜ aqua(물) + tic<형접/명접>

☐ **aque**duct [ǽkwədʌ̀kt] ⓜ 수도관, 수로(水路) ☜ aqua(물) + duct(도관)

☐ **aque**ous [éikwiəs, ǽk-] ⓗ 물의, 물 같은; 『지질』 (암석이) 수성(水成)의
☜ 물(aque) 의/같은(ous<형접>)

☐ **aqui**culture [ǽkwəkʌ̀ltʃər] ⓜ **수산양식** ☜ aqua(물) + culture(문화)
♠ **rear aquiculture 양식어업을 육성하다**

토마스 아퀴나스 st. Thomas Aquinas (이탈리아의 철학자 · 신학자)

☐ **Aquinas** [əkwáinəs] ⓜ **토마스 아퀴나스** 《st. Thomas~ 이탈리아의 철학자, 신학자; 1225?-74》 ★ **대표 저서 :『신학 대전』**

아랍 Arab (아라비아)

☐ **Arab** [ǽrəb] ⓜ (the ~s) **아랍사람[민족]**, 아라비아사람
☜ 아랍어로 '사막의 거주자'란 뜻
♠ **Arab** Republic of Egypt (the ~) 이집트공화국

☐ <u>**Arab**ia</u> [əréibiə] ⓜ **아라비아** ☜ 아랍(Arab)의 나라(ia)

☐ **Arab**ian [əréibiən] ⓗ **아라비아(사람)의** ☜ 아라비아(Arab) 사람(의)(ian)
♠ **Arabian** Nights' Entertainments (The~) **아라비안**나이트, 천일야화

☐ **Arab**ic [ǽrəbik] ⓗ **아라비아의** ☜ 아라비아(Arab) 의(ic)

☐ **arab**esque [æ̀rəbésk] ⓜ **아라베스크** 《아라비아식 의장(意匠)》
☜ 아라비아(arab) 양식의(esque)

연상 아랍(Arab.아라비아)인들이 애러블(arable.경작지)을 개간하다

※ **Arab** [ǽrəb] ⓜ (the ~s) **아랍사람[민족]**, 아라비아사람
☜ 아랍어로 '사막의 거주자'란 뜻

☐ **arable** [ǽrəbəl] ⓗ 경작에 알맞은, 개간할 수 있는 ⓜ 경작지(=~ land)
☜ 라틴어로 '(쟁기로) 갈(ar<arare) 수 있는(able)'이란 뜻

아랄해(海) Aral Sea (카자흐스탄과 우즈베키스탄 사이에 있는 대염호(大鹽湖))

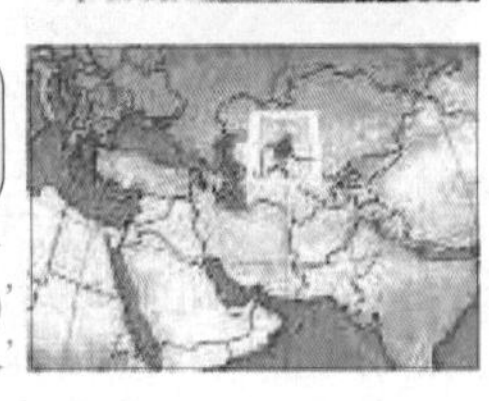

☐ **Aral Sea** [ǽ:rəl si:] ⓜ (the ~) **아랄** 해 《카자흐스탄과 우즈베키스탄 사이에 있는 대염호(大鹽湖)》 ☜ 그리스어로 '섬들의 바다(sea)'

※ **sea** [si:/씨-] ⓜ **바다**, 대양, 대해, 해양 ☜ 고대영어로 '바다, 호수'

연상 아르바이트(Arbeit)로 아비터(arbiter.중재인) 일을 하다.

♣ 어원 : bit, bat 보러 가다

☐ <u>**Arbeit**</u> 《독》 **아르바이트**, 일, 노동; 업적 ★ 독일어 아르바이트(Arbeit)는 원래 의미와는 다르게 한국에서는 '비직업 임시 고용 근로'를 일컫는 콩글리시이다. 아르바이트를 영어로 옮기면 work나 labor가 되겠고, 우리말의 아르바이트(약칭 '알바')는 영어로 part-time job이나 temporary job이 되겠다.

☐ <u>ar**bit**er</u> [ɑ́:rbitər] ⓜ (fem. **-tress**) 중재인, 조정자; 『야구』 심판; 결정적인 요소
☜ ~로(ar=to) (마음대로) 가는(bit) 사람(er)

☐ ar**bit**rary [ɑ́:rbitrèri, -trəri] ⓗ **임의의**, 멋대로의(=capricious); 방자한; 전횡적인, 독단적인 (=despotic) ☜ ~로(ar=to) (마음대로) 가(bit) + r + 는(ary<형접>)
♠ **arbitrary** rule **전제** 정치

☐ ar**bit**rarily [ɑ́:rbiətrèrəli] ⓟ 자유재량으로, 독단적으로; 임의로, 제멋대로

☜ arbitrary<y→i> + ly<부접>
☐ ar**bit**rate [ɑ́ːrbətrèit] [동] 중재〔조정〕하다; 중재 재판에 부치다
☜ ~로(ar=to) (마음대로) 가(bit) + r + 다(ate<동접>)
☐ ar**bit**ration [ɑ̀ːrbətréiʃən] [명] 중재(재판), 조정 ☜ arbitrate + ion<명접>

아버데이 Arbor Day (미국의 식목일. <4월 마지막주 금요일>)

☐ **arbo(u)r** [ɑ́ːrbər] [명] (pl. **-bores**) 수목(樹木), 나무; **정자**(亭子) ☜ 라틴어로 '나무'
☐ **arbor**eal [ɑːrbɔ́ːriəl] [형] 수목의, 나무에 사는 ☜ 나무(arbor) + e + 의(al)
※ **day** [dei/데이] [명] **낮**, 주간; **~날** ☜ 고대영어로 '일(日), 날, 일생'이란 뜻

아치 arch (위가 둥근 궁형문)

♣ **어원 : arc, arch 둥근; 아치, 활, 궁(弓)**
☐ **arc** [aːrk] [명] **호**(弧), **궁형** ☜ 라틴어로 '활, 호(弧), 아치'란 뜻
☐ **arc**ade [ɑːrkéid] [명] **아케이드**, 유개(有蓋) 가로 ☜ 둥근(arc) 것(ade)
☐ **arch** [ɑːrtʃ] [명] **아치, 궁형문** [동] 아치형으로 만들다
☜ 라틴어로 '활, 호(弧), 아치'란 뜻
♠ **triumphal arch 개선문**
☐ **arch**er [ɑ́ːrtʃər] [명] **궁수**, 활 쏘는 사람 ☜ 활(arch) (쏘는) 사람(er)
☐ **arch**ery [ɑ́ːrtʃəri] [명] 궁술, **양궁** ☜ 활(arch) 기술(ery)
☐ **arch**way [ɑ́rtʃwèi] [명] 아치가 있는 통로 ☜ arch + way(길, 도로)

아케이즘 archaism (옛것 숭배주의)

[문학] 일상적으로 더 이상 쓰이지 않는 고어(古語)·고문체(古文體) 등을 특별한 수사적 효과를 기하기 위해 의도적으로 사용하는 것

♣ **어원 : arch 고대의, 옛날의**
☐ **arch**aic [ɑːrkéiik] [형] 고풍의, 고체의, 낡은 ☜ 고대(arch) + a + 의(ic)
☐ **arch**aism [ɑ́ːrkiìzəm, -kei-] [명] **아케이즘**, 고어(古語), 고문체(古文體), 고풍(古風)
☜ 고대(arch) + a + 방법(ism)
☐ **arch**(a)eologist [ɑ̀ːrkiɑ́lədʒist, -ɔ́l-] [명] **고고학자** ☜ 고대(arch) + ae + 학자(ologist)
☐ **arch**(a)eological [ɑ̀ːrkiəlɑ́dʒikəl, -lɔ́dʒ-, -ik] [형] **고고학의** ☜ arch(a)eology + cal<형접>
☐ **arch**(a)eology [ɑ̀ːrkiɑ́lədʒi/-ɔ́l-] [명] **고고학** ☜ 고대(arch) + ae + 학문(ology)
♠ excavate an **archaeological** site **고고학적** 유적지를 발굴하다
☐ **arch**ive [ɑ́ːrkaiv] [명] 문서기록보관소, **아카이브** ☜ 옛날(arch) 것(ive)을 모아둔 곳

☐ **archer**(궁수), **archery**(양궁) ➔ **arch**(아치, 궁형문) **참조**

아르키메데스 Archimedes (고대 그리스의 수학자·물리학자)

☐ **Archimedes** [ɑ̀ːrkəmíːdiːz/아-커**미**-디-즈] [명] **아르키메데스**《고대 그리스 수학자·물리학자. 287-212 B.C.》★ 주요저서 :『부체(浮體)에 대하여』등 다수
♠ **Archimedes' principle 〖물리〗 아르키메데스의 원리**

아키텍처 architecture (건축 양식, 구성 체계)

♣ **어원 : archi 최초의, 최고의, 최대의; 지도자, 우두머리**
☐ **archi**tect [ɑ́ːrkitèkt] [명] **건축가** ☜ 최고/최대로(archi) 설계하는(tect) 사람
♠ the (Great) **Architect** 조물주, 신
♠ the **architect** of one's own fortunes 자기 운명의 개척자
☐ **archi**tectural [ɑ̀ːrkətéktʃərəl] [형] 건축술〔학〕의 ☜ architecture + al<형접>
☐ **archi**tecture [ɑ́ːrkətèktʃər] [명] **건축술, 건축학**; 구조, 구성, 설계, 체계
☜ 최고/최대로(archi) 설계하는(tect) 것(ure)
♠ military **architecture** 축성법

☐ **archive**(문서기록보관소) ➔ **arch**(아치, 궁형문) **참조**

☐ **archway**(아치가 있는 통로) ➔ **arch**(아치, 궁형문) **참조**

악틱 몽키즈 Arctic Monkeys (영국 4인조 록밴드. <북극 원숭이들>)

영국 세필드 근교 하이그린 출신의 4인조 록밴드이다. 2008년 브릿어워드에서 최고의 영국 앨범상과 최고의 영국 그룹상을 수상했다. 악틱 몽키즈는 인디밴드로서 인터넷에서 인기를 얻어 현실에서도 유명해질 수 있다는 것을 최초로 입증한 그룹이다.

□ **arct**ic [ɑ́ːrktik] ⓗ (때로 A~) **북극의** ⓜ (the A-) **북극지방**[권]
☜ 북쪽/북극(arct) 의(ic)
♠ **Arctic** Pole **북**극 ☜ pole(막대기; 극지)
♠ **Arctic** Ocean **북극**해 ☜ ocean(대양, 해양)

■ ant**arct**ic [æntɑ́ːrktik] ⓗ (때로 A~) **남극의** ⓜ (the A-) **남극지방**[권]
☜ 북극(arct) 반대(ant<anti) 의(ic)
♠ **Antarctic** Pole **남**극 ☜ pole(막대기; 극지)
♠ **Antarctic** Ocean **남극**해 ☜ ocean(대양, 해양)

※ **monkey** [mʌ́ŋki/**멍**키] ⓜ (pl. **-s**) **원숭이** ☜ 중세 네델란드어로 '원숭이'란 뜻

아르덴 Ardennes (1·2차 세계대전의 격전지였던 프랑스 북동부 지역)

□ **Ardennes** [ɑːrdén/아-**덴**] ⓜ **아르덴** 《프랑스와 벨기에 접경지역》

아덴트함(艦) HMS Ardent (포클랜드 전쟁에서 침몰한 영국 함정)

[군사] 1982년 남대서양에서 발발한 영국과 아르헨티나(Argentina)간 포클랜드(Falkland)섬 영유권을 둘러싼 전쟁에서 영국이 승리했으나 아덴트(HMS Ardent)함, 쉐필드(HMS Sheffield) 함 등 함정 13척이 아르헨티나 공군기의 공격으로 침몰했다.

♣ 어원 : ard 불타다, 태우다; 불, 열정, 격렬; 바짝 마른(dry)

※ **HMS** **H**er/**H**is **M**ajesty's **S**hip 여왕[황제] 폐하의 군함 《영국 군함 이름 앞에 붙이는 경어적 표현》

□ **ard**ent [ɑ́ːrdənt] ⓗ **열렬한**, 불타는, 격렬한 ☜ 불타(ard) 는(ent)
♠ **ardent** passion 열정, **ardent** friendship **불타는** 우정

□ **ard**ently [ɑ́ːrdntli] ⓟ 열렬하게, 열광적으로 ☜ ardent + ly<부접>

□ **ard**o(u)r [ɑ́ːrdər] ⓜ **열정** ☜ 열정(ard)적인 상태(our<명접>)

□ **ard**uous [ɑ́ːrdʒuəs, -dju-] ⓗ 힘든, 험한, 곤란한 ☜ ard + u + ous<형접>

□ **ard**uously [ɑ́ːrdʒuəsli, -dju-] ⓟ 힘들여, 애써 ☜ -ly<부접>

위아더월드 We are the world (세계적인 가수들이 자선기금 마련을 위해 만든 합창곡. 직역하면 <우리는 세계>이나 <우리는 하나>라는 표현이 적절)

1985년 미국 LA(Los Angeles)에서 마이클 잭슨(Michael Jackson), 라이오넬 리치(Lionel Richie) 등 세계적인 가수 45명이 모여 아프리카 난민을 위한 자선기금 마련을 위해 제작한 노래이다.

※ **we** [wiː/위-, (강) wi/위] ⓓ **우리는[가]**
☜ 고대영어로 '나와 또 다른 사람'

□ **are** [ɑːr/아-, (약) ər] ⓢ **~이다, ~이 있다**
☜ be동사 현재2인칭 단수·복수
♠ You **are** a student. 너는 학생**이다**.

□ **aren't, an't** [aːnt/안-트] ⓢ **~이 아니다, ~이 없다** ☜ are not의 단축어.

※ **the** [ðə/더, (모음 앞) ði] ⓚ **그, 이; ~라는 것; ~의 사람들**
☜ 초기 인도유럽어로 '그것(that)'이란 뜻

※ **world** [wəːrld/워얼드] ⓜ **세계** ⓗ **세계의** ☜ 고대영어로 '세계, 남자의 시대'

구분	인칭	주 격	소유격	목적격	소유대명사	재귀대명사	be동사	do동사	have동사
단수	1	I	my	me	mine	myself	am	do	have
	2	You	your	you	yours	yourself	are		
	3	He	his	him	his	himself	is	does	has
		She	her	her	hers	herself			
		It	its	it	-	itself			
복수	1	We	our	us	ours	ourselves	are	do	have
	2	You	your	you	yours	yourselves			
	3	They	their	them	theirs	themselves			

페널티 에어리어 penalty area (페널티킥 지역), 아레나 arena (경기장)

A

[축구] 골대앞 필드(field)에 표시된 지역으로 이 지역 내에서 수비수가 파울(foul)을 범하면 페널티킥(penalty kick)이 주어진다.

< Arena >

※ **penalty** [pénəlti] ⓜ 형벌, 처벌 ☜ 벌(pen)을 주는(al) 것(ty<명접>)
♠ **pay the penalty of ~ ~에 대한 벌금을 물다**
♠ **penalty kick** 〖축구·력비〗 **페널티킥**

□ **area** [ɛ́əriə/**에**어뤼어] ⓜ **구역**, 지역; **면적**(=space); 분야, 영역; 범위(=range) ☜ 라틴어로 '평지, 열린 공간'이란 뜻.
♠ residential **areas** 주택 **지역**, a commercial **area** 상업 **지구**
♠ **area** code (전화의) 시외국번

□ **are**na [əríːnə/어**리**-너] ⓜ **투기장** 《고대 원형극장의 중앙에 있는》, 경기장, 씨름판, **아레나**
☜ 라틴어로 '싸움하는 공간(are) + na'이란 뜻.
★ 스페인어로 '모래'라는 뜻인데, 모래가 투기장이 된 것은 검투사들의 결투가 있는 날이면 콜롯세움 투기장에 새 모래를 뿌리고, 죽은 검투사 몸에서 나온 피로 물들인 모래를 다시 걷어내는 일들이 반복되면서 모래=투기장이란 의미가 되었다고 한다.

아르곤 argon (색깔과 냄새가 없는 불활성 아르곤 기체)

□ **argon** [ɑ́ːrgɑn/-gɔn] ⓜ 〖화학〗 **아르곤** 《희(稀)가스 원소; 기호 Ar; 번호 18》 ☜ 그리스어로 '게으른, 비활동적인'이란 뜻

연상 아기 바지에 대해 아기 바기(argy-bargy.시끄러운 논쟁)하다

□ **argy-bargy** [aːrgibaːrgi] ⓜ (pl. **-gies**) **토론, 언쟁**
☜ argue(논쟁하다) + y<축소형 어미>, bargain(흥정하다) + y<운율의 일치>

□ **argu**able [ɑ́ːrgjuəbl] ⓗ **논[논증]할 수 있는**; 의심스러운 ☜ argue + able(~할 수 있는)

□ **argu**e [ɑ́ːrgjuː] ⓢ **논하다; 주장하다** ☜ 하얗게/밝게<알게(argu) 하다(e)
♠ He **argued** in favor of 〔against〕 capital punishment.
그는 사형찬성론〔반대론〕을 **주장했다**.
♠ **argue (A) into** 〔out of〕 **(B) A를 설득하여 B시키다** 〔B를 하지 못하게 하다〕
♠ **argue with (A) about** 〔on〕 **(B) B에 대해 A와 논의하다**

□ **argu**ment [ɑ́ːrgjəmənt] ⓜ **논의; 주장** ☜ argue + ment<명접>

□ **argu**mental [ɑ̀ːrgjəméntl] ⓗ 논의의, 논쟁상의 ☜ argument + al<형접>

□ **argu**mentation [ɑ̀ːrgjumentéiʃən] ⓜ 논쟁, 토의; 추론; 논증 ☜ argument + ation<명접>

□ **argu**mentative [ɑ̀ːrgjuméntətiv] ⓗ 논의의, 논쟁을 즐기는 ☜ argument + ative<형접>

아리아 aria (영창, 아리아)

[음악] 영창, 아리아(오페라 등에서 악기의 반주가 있는 독창곡)

□ **aria** [ɑ́ːriə, ǽər-] ⓜ **아리아**, 영창(詠唱) ☜ 고대 그리스어로 '공기'란 뜻

연상 식물이 어리다는 것은 흙이 어리드(arid.건조한)하다는 것이다(?)

□ **arid** [ǽrid] ⓗ 건조한, (토지가) 바싹 마른, 불모(不毛)의; (문장이) 무미건조한; (두뇌·사상이) 빈약한 ☜ 프랑스어로 '건조한'이란 뜻
♠ an **arid** desert **건조한** 사막
♠ an **arid** discussion **무미건조한** 토론

□ **arid**ly [ǽridli] ⓑ 습기가 없이, 건조하게 ☜ arid + ly<부접>

□ **arid**ity [ərídəti] ⓜ 건조; 빈약; 무미건조 ☜ arid + ity<명접>

오라이 < 올라잇 all right (좋아)

한국에서 차가 후진시나 출발시 보조요원이 운전자에게 "좋다"고 신호를 보낼 때 종종 사용하는 말.

※ **all** [ɔːl/올-] ⓗⓓ **모든 (것)** ☜ 고대영어로 '모든'이란 뜻.

■ all **right** ⓗ **괜찮은, 수용할 만한** ⓖ **알았어, 좋아, 문제없어**

■ **right** [rait/롸이트] ⓗ **옳은, 바른; 오른쪽의** ⓜ **권리**; 공정, 우측
☜ 고대영어로 '곧은, 바른, 오른쪽'이란 뜻 반 **wrong** 틀린, **left** 왼쪽의

□ a**right** [əráit] ⓑ **바르게**(=rightly) ☜ 완전히(a/강조) 바르게(right)
♠ if I remember **aright** 내 기억이 **틀림없**다면

라이징스타 rising star (떠오르는 스타) * star 별, 인기연예인, [군] 장군

♣ 어원 : ris, rais(e), rous 오르다, 일어나다, 발생하다

■ **rise** [raiz/롸이즈] ⓢ (-/**rose**/**risen**) 일어서다, (해·달) **떠오르다**, (가격이) 상승하다 ⓜ 상승, 오름 ☜ 중세영어로 '상향 이동'이란 뜻

■ **rising** [ráiziŋ] ⓗ 일어나는, 떠오르는 ☜ -ing<형접>

□ a**rise** [əráiz] ⓢ (-/a**rose**/a**risen**)(문제가) **생기다, 일어나다** ☜ 밖에서(a=out) 생기다
♠ **arise from ~ ~에서 발생하다, 비롯되다**(=be caused from)

□ a**rouse** [əráuz] ⓢ **깨우다**(=awaken), 자극하다 ☜ 밖으로(a=out) 일어나게 하다
♠ **arouse ~ from sleep ~를 깨우다**

✚ **raise 올리다;** 야기하다 **rouse 깨우다**, 일으키다 sun**rise** 해돋이, **일출** **ori**ent (the O~) **동양**

아리스토텔레스 Aristotle (옛 그리스의 철학자)

♣ 어원 : aristo 최상의, 귀족의

□ **aristo**crat [ərístəkræ̀t, ǽrəs-] ⓜ **귀족** ☜ 귀족(aristo) 지배(crat)

□ **aristo**cracy [æ̀rəstάkrəsi] ⓜ (pl. **-cies**) 귀족정치 ☜ 귀족(aristo) 정치(cracy)

□ **aristo**cratic [ərìstəkrǽtik, æ̀ristə-, -ikəl] ⓗ **귀족의, 귀족적인** ☜ 귀족(aristo) 통치(crat) 의(ic)
♠ an **aristocratic** lifestyle **귀족적인** 생활 방식

□ **Aristo**tle [ǽristὰtl/**애**리스타틀] ⓜ **아리스토텔레스** 《옛 그리스의 철학자. 384-322 B.C.》
♠ the Greek philosopher **Aristotle** 그리스 철학자 **아리스토텔레스**

연상 그는 어리숙하게 보여도 어리스메틱(arithmetic.수학) 문제를 잘 푼다.

□ **arith**metic [əríθmətik] ⓜ **산수, 셈** ☜ 수(arithm)를 세는(met) 것(ic<명접>)
♠ **mental arithmetic 암산**

□ **arith**metical [æ̀riθmétikəl] ⓗ 산수(상)의 ☜ arithmetic + al<형접>

□ **arith**metically [æ̀riθmétikəli] ⓑ 산수적으로 ☜ arithmetical + ly<부접>

※ **mathematics** [mæ̀θəmǽtiks] ⓜ **수학** ☜ 배우는(math) 모든(ema) 것(ics)

※ **algebra** [ǽldʒəbrə] ⓜ **대수학**(代數學); 대수 교과서; 대수학 논문 ☜ 아랍수학자 Al Khwarizmi의 방정식 저서 'al Jabr'가 유럽으로 전파된 데서

애리조나 Arizona (대부분이 초원·사막인 미국 남서부의 주)

□ **Arizona** [æ̀rəzóunə] ⓜ **애리조나** 《미국 남서부의 주, 略. Ariz》 ☜ 스페인 바스크어로 '좋은(ariz) 참나무(ona)' 또는 북미 인디언어로 '작은 섬'이란 뜻

아크비어 Ark beer (한국의 수제 맥주)

한국 최초의 수제 맥주 브랜드로서 2016 대한민국 주류 대상 금상 수상 및 2016 영국 International Beer Challenge에서 은상을 수상한 바 있다.

□ **Ark** [ɑːrk] ⓜ (노아의) 방주 《Noah가 대홍수를 피한》 ☜ 라틴어로 '뚜껑달린 대형 상자, 궤'란 뜻.

※ **beer** [biər] ⓜ **맥주, 비어** 《※ ale, porter, stout》 ☜ 고대영어로 '음료'란 뜻

아칸소 Arkansas (빌 클린턴 전 대통령의 고향인 미국 중부의 주)

□ **Arkansas** [άːrkənsɔ̀ː] ⓜ **아칸소** 《미국 중부의 주, 생략: Ark.》 ☜ 북미 인디언어로 '하류의 사람들'이란 뜻

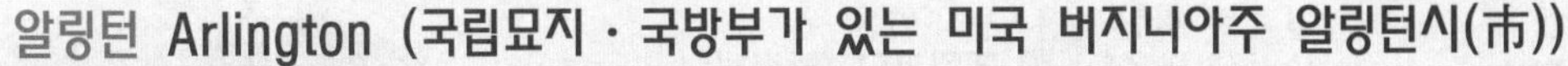

알링턴 Arlington (국립묘지·국방부가 있는 미국 버지니아주 알링턴시(市))

□ **Arlington** [άːrliŋtən] ⓜ **알링턴** 《미국 버지니아州 알링턴市》 ☜ 영국 정치인이었던 Henry Bennet, Arlington 제1백작(1618-1685)의 이름에서 유래
♠ **Arlington** National Cemetery 미국의 **알링턴** 국립묘지

알람 alarm (자명종), 아마겟돈 Armageddon (선(善)과 악(惡)의 결전장)

A

[성경] 세계종말에 있을 사탄과 하나님의 마지막 전쟁의 장소.
[영화] 1998년 개봉된 마이클 베이 감독의 SF(공상과학) 재난 액션 영화. 지구와 운석과의 충돌을 소재로 하였다. 브루스 윌리스, 빌리 밥손튼 등이 주연했다.

© Buena Vista Pictures

♣ **어원 : arm 팔, 무기, 무장시키다**

■ **al<u>arm</u>** [əlάːrm/얼**람**-] ⓜ **경보; 놀람, 공포** ⓢ **놀라게 하다, 경보를 내다** ☜ al(=all 모두) + arm(무기를 들어라)

□ **arm** [aːrm/암-] ⓜ **팔**; (pl.) **무기**(=weapon), **병기** ⓢ 무장하다, 무장시키다 ☜ 팔(arm)이 곧 무기였으므로
♠ **To arms ! 전투준비 !**
♠ **Justice has long arms. 《속담》 정의는 긴 팔을 가지고 있다.**
♠ **arm in arm 서로 팔을 끼고**
♠ **hold ~ in one's arms ~을 껴안다**

□ **<u>Arm</u>ageddon** [ὰːrməgédən] ⓜ 【성서】 **아마겟돈** 《세계의 종말에 있을 선과 악의 결전장》 ☜ 히브리어로 '메기도산(Mount of Megiddo)이란 뜻. 팔레스타인 중부에 위치한 이스라엘의 중요한 전투 지역

□ **arm**ada [ɑːrmάːdə, -méi-] ⓜ 《Sp.》 함대; 군용 비행대; (버스 · 트럭 등의) 대집단
♠ **the Invincible Armada (스페인의) 무적 함대** 《1588년 영국 침략을 꾀했다가 오히려 영국군에 격멸됨》 ☜ 스페인어로 '함대, 해군'이란 뜻

□ **arm**ament [άːrməmənt] ⓜ 무기, 병기; **군대**, 군사력, **군비** ☜ 무장(arm) + a + 시키는 것(ment<명접>)
♠ **the limitation** (reduction) **of armaments 군비 제한** (축소)

□ **arm**ature [άːrmətʃər, -tʃùər] ⓜ (군함 등의) 장갑판(裝甲板); 【동물 · 식물】 보호 기관 《가시 · 껍질 등》; 【건축】 보강재(材) ☜ 무장하는(arm) 것[곳](ature)
비교 amateur 아마추어

□ **arm**chair [άːrmtʃὲər] ⓜ **안락의자** ☜ 팔(arm)걸이가 있는 의자(chair) ⓗ 이론뿐인, 탁상공론의
♠ an **armchair** critic (경험이 없는) **관념적인** 비평가

□ **arm**ed [άːrmd] ⓗ **무장한** ☜ 무장(arm)을 한(ed<형접>)

□ **arm**ful [άːrmfùl] ⓜ **한 아름** ☜ 팔(arm) 가득(ful)

□ **arm**istice [άːrməstis] ⓜ **휴전, 정전**(=truce) ☜ 무기(arm)를 + i + 세워놓(sti) 기(ce<명접>)
♠ **Armistice** Day (제1차 세계대전의) **휴전**기념일 (11월 11일)

□ **arm**o(u)r [άːrmər] ⓜ **갑옷, 철갑** ⓢ 장갑하다 ☜ 무장(arm)하는 물건(or)

□ **arm**o(u)rer [άːrmərər] ⓜ 갑옷 제작자; 병기제조업자; (군내) 무기담당자 ☜ -er(사람)

□ **arm**o(u)ry [άːrməri] ⓜ 병기고; 병기 제작소; 군사 교련장; 《고어》 문장(紋章)(학) ☜ 무장(arm)을 보관하는 곳(ory)

□ **arm**y [άːrmi/**아**-미] ⓜ **군대, 육군** ☜ 무기(arm)를 가진 곳(y<명접>)
♠ **join the army 군에 입대하다**
비교 the Navy 해군, the Air Force 공군, the Marine Cops 해병대

✚ al**arm**ing 놀라운 dis**arm** **무기를 빼앗다** dis**arm**ament **군비축소**, 무장해제 fire**arm** **소화기** fore**arm** 팔뚝; 미리 무장하다 re**arm**ament 재군비, 재무장

아로마 aroma (향기)

□ **<u>aroma</u>** [əróumə] ⓜ 향기, 방향(芳香); (예술품의) 기품 ☜ 그리스어로 '향신료'

□ **aroma**tic(al) [æ̀rəmǽtik(əl)] ⓗ 향기로운 ☜ -ic(al)<형접>
♠ an **aromatic** perfume **향기로운** 향수

□ **aroma**therapy [əròuməθérəpi] ⓜ **아로마테라피**, 방향(芳香)피부미용법 ☜ therapy(치료법)

서라운드스피커 Surround-Speaker (입체 음향스피커) * speaker 확성기, 스피커

♣ **어원 : round 바퀴, 회전; 둥근, 원형의; 돌다**

■ **round** [raund/롸운드] ⓗ **둥근** ⓜ **둥근 것**, 순회; (경기의) 각 회 ⓢ **둥글게 하다** ☜ 라틴어로 '바퀴 같은, 둥근'이란 뜻

■ **<u>surround</u>** [səráund/써**롸**운드] ⓢ **에워싸다, 둘러싸다** ☜ 완전히(sur<super) (한바퀴) 돌다(round)

□ a**round** [əráund/어**롸**운드] ⓟ **주위에**, 사방에 ⓙ **~의 주위에** ☜ 둥근(round) 쪽으로(a<ad=to)
♠ The water whirled **around** the rocks. 물은 바위 **둘레를** 돌며 흐르고 있었다.
♠ He arrived **around** five o'clock. 그는 5시**쯤** 도착했다.

♠ (just) around the corner 저 길모퉁이를 돌아선 곳에
♠ (all) around the world 전 세계에

□ a**round**-the-world [əráundðiːwəːrld/어**롸**운디**워**얼드] ⓗ **세계 일주의** ☜ world(세계)

■ merry-go-**round** [mérigouráund] ⓜ **메리고라운드**, 회전목마
☜ 즐겁게(merry) 둥글게(round) 돌다(go)

□ **arouse**(깨우다) ➔ **arise**(일어나다) **참조**

가스레인지 gas range (콩글 가스 조리기구) ➔ gas stove

♣ 어원 : range, ray 정렬하다

※ **gas** [gæs] ⓜ (pl. **-es**, 《영》 **-ses**) **가스**, 기체
☜ 그리스어로 '공기'란 뜻

■ **range** [reindʒ/뤠인지] ⓜ (가스, 전기, 전자) **레인지: 줄, 열; 산맥; 범위; 거리; 다양성** ⓢ **가지런히 하다**, **정렬시키다**, **한 줄로 늘어서다** ☜ 고대 프랑스어로 '줄, 열, 산맥'이란 뜻

□ ar**range** [əréindʒ/어**뤠**인지] ⓢ **배열하다**, 정돈하다(=put in order); **준비하다**
☜ ~을(ar<ad=to) 정렬하다(range) 반 derange 혼란케 하다
♠ **arrange** books on a shelf 책장의 책을 **정리하다**
♠ **arrange for ~ (약속 등을) 정하다; 준비하다**

□ ar**range**ment [əréindʒmənt] ⓜ **정돈, 배열**, 협정, 준비 ☜ -ment<명접>
♠ the **arrangement** of the furniture 가구의 **배치**

□ ar**ray** [əréi] ⓢ (군대를) 정렬시키다; **배열하다**; 차려입다 ⓜ **정렬**; 군세
☜ ~을(ar<ad=to) 정렬하다(ray)

✚ misar**range** ~의 배열을[배치를] 잘못하다, 틀린 장소에 두다 rear**range** 재정리[재배열]하다
disar**range** 어지럽히다, 혼란시키다

헤드레스트 headrest (자동차의 머리받침대)

♣ 어원 : rest 멈추다, 쉬다; 휴식, 정신적 평온

※ **head** [hed/헤드] ⓜ **머리** 《목 위의 부분, 또는 머리털이 나있는 부분》
☜ 고대영어로 '몸의 꼭대기'라는 뜻

■ **rest** [rest/뤠스트] ⓜ **휴식** ⓢ **쉬다, 쉬게 하다**
☜ 고대영어로 '휴식, 침대, 정신적 평화'란 뜻

□ ar**rest** [ərést] ⓢ **체포하다**(=seize); 저지하다 ⓜ **체포**; 저지
☜ ~을(ar=to) 멈추게 하다(rest) 반 release 석방하다
♠ **arrest** a thief 도둑을 **체포하다**
♠ **be under arrest 체포[수감]되어 있다**

□ ar**rest**ment [əréstmənt] ⓜ 체포, 억류 ☜ -ment<명접>

라이벌 rival (경쟁자)

♣ 어원 : riv(er) 물가, 강

■ **riv**al [ráivəl] ⓜ **경쟁자** ☜ 강가(riv=river)에서 물을 긷는 사람(al)들끼리 경쟁한데서 유래

■ **river** [rívər/뤼버] ⓜ **강** ☜ 고대 프랑스어로 '강, 강가, 강둑'이란 뜻

□ ar**riv**al [əráivəl] ⓜ **도착** ⓗ **도착의** ☜ -al<명접/형접>
♠ **on my arrival** at the office 내가 사무실**에 도착하는 대로**

□ ar**rive** [əráiv/어**롸**이브] ⓢ **도착하다** ☜ (배가) 물가(rive) 에(ar<ad=to) 닿다
반 depart, start 출발하다
♠ **arrive at ~ ~에 도착하다, 결론에 도달하다**(=get to ~)
♠ **arrive in ~ ~에 도착하다**(=get to ~, reach in)

인터로게이터 interrogator ([군사] 적아식별장치의 질문기)

♣ 어원 : rog, rogat 요구하다(=ask)

■ inter**rog**ate [intérəgèit] ⓢ 질문하다; 심문하다
☜ ~사이에서(inter) 요구(rog) 하다(ate)

■ inter**rog**ator [intérəgèitər] ⓜ 심문[질문]자; 『통신』 질문[호출]기(機)
☜ ~사이에서(inter) 요구(rog) 하는(ate) 기계(or)

□ ar**rog**ate [ǽrəgèit] ⓢ (남의 권리를) 침해하다, 사취(詐取)하다
☜ ~에게(ar<ad=to) 요구(rog) 하다(ate)
♠ **arrogate** power to (for) oneself 권력을 **남용하다**

A

☐ ar**rog**ation [æ̀rəgéiʃən] ⓜ 사칭; 횡령; 월권(越權)(행위), 횡포
☞ ~에게(ar<ad=to) (함부로) 요구(rog) 하기(ation<명접>)
☐ ar**rog**ant [ǽrəgənt] ⓗ **거만한, 오만한** ☞ -ant<형접> ⓑ modest 겸손한
♠ assume an **arrogant** attitude **오만한** 태도를 취하다
☐ ar**rog**antly [ǽrəgəntli] ⓟ 거드름피우며 ☞ arrogant + ly<부접>
☐ ar**rog**ance, -ancy [ǽrəgəns(i)] ⓜ 거만, 오만 ☞ -ance/-ancy<명접>

✚ pre**rog**ative (지위 따위에 따르는) **특권, 특전** pro**rog**ue **정회하다**, 정회되다

© 20th Century Fox

브로큰 애로우 Broken Arrow (핵무기 관련 사고. <부러진 화살>이란 뜻)

※ **brok**en [bróukən/브로우컨] ⓗ **부서진, 깨진, 파산한**
☞ 부서(brok) 진(en<형접>)
☐ **arrow** [ǽrou] ⓜ **화살** (비교 bow 활) ☞ 고대영어로 '화살'이란 뜻
♠ **Time flies like an arrow.**
《격언》 시간은 화살과 같이 흐른다.
☐ **arrow**head [ǽrouhèd] ⓜ 화살촉 ☞ 화살(arrow)의 머리(head)

아티스트 artist (예술가)

♣ **어원 : art 기술, 기교, 예술**
■ **art**ist [ɑ́:rtist/아-리스트/아-티스트] ⓜ **예술가, 화가** ☞ -ist(전문가)
☐ **art** [ɑ:rt/아-트] ⓜ **예술, 미술**, 기술 ☞ 라틴어로 '예술, 기술'
♠ a Bachelor of **Arts 문학**사 《생략: B.A.》
♠ **Art is long, life is short. 《격언》 예술은 길고, 인생은 짧다.**
☐ **art**ful [ɑ́:rtfəl] ⓗ 기교가 뛰어난; 교활한 ☞ 기교(art)가 가득한(ful)
☐ **art**fully [ɑ́:rtfəli] ⓟ 교묘하게, 교활하게 ☞ artful + ly<부접>
☐ **art**less [ɑ́:rtlis] ⓗ 소박한, 꾸밈없는 ☞ 기교(art)가 없는(less)
☐ **art**lessly [ɑ́:rtlisli] ⓟ 꾸밈없이, 천진난만하게 ☞ artless + ly<부접>
☐ **art** paper 《영》 아트지(紙) [광택지] ☞ paper(종이)

아르테미스 Artemis ([그神] 달과 사냥의 여신)

[그神] 달・사냥・숲・야수의 여신; 로마신화의 다이아나(Diana)에 해당
☐ **Artemis** [ɑ́:rtəmis] ⓜ 〖그.신화〗 **아르테미스** 《달과 사냥의 여신》

에어컨 aircon (콩글 냉방기) ➔ air-conditioner * conditioner 조절장치

♣ **어원 : air, aer(o), ar 공기, 공중, 하늘**
■ **air** [ɛər/에어] ⓜ **공기, 공중** ⓓ **공기[바람]에 쐬다**
☞ 중세영어로 '지구를 둘러싼 보이지 않는 기체'란 뜻
☐ **ar**tery [ɑ́:rtəri] ⓜ 〖해부학〗 **동맥**; (교통 등의) 간선 ⓑ vein 정맥
☞ 그리스어로 '공기(ar)가 통하는 관(tery=trachea=pipe)'이란 뜻
♠ the main **artery** 대**동맥**

© welltrainedmind.com

아서왕, 아더왕 King Arthur (6세기경 원탁의 기사들과 함께 명검 엑스칼리버를 휘두르며 수많은 무훈을 세운 전설적인 영국왕)

※ **king** [kiŋ/킹] ⓜ **왕**, 국왕, 군주 ☞ 종족(kin)을 대표하는 자(g)
☐ **Arthur** [ɑ́:rθər] ⓜ (King ~) **아서**왕 《6세기경의 영국왕》
♠ the **Arthurian** legend **아서왕의** 전설

인스턴트 아티클 instant article (페이스북 뉴스서비스)

※ **instant** [ínstənt/인스턴트] ⓗ **즉시의, 즉각의** ⓜ **즉시**, 순간; **인스턴트식품** ☞ 가까이에(in) + 서다(stand)
☐ **art**icle [ɑ́:rtikl/아-리끌/아-티클] ⓜ **기사, 논설; 조항, 품목**
☞ 마디(art)로 + i + 된 것(cle<명접>)
♠ **an editorial** 〔a leading〕 **article** (신문의) **사설**
☐ **art**iculate [ɑ:rtíkjəlit] ⓗ 발음이 분명한 ⓓ 또렷하게 발음하다
☞ 마디(art)로 + i + 된 것(cul)을 만들다(ate)

♠ **Articulate** your words. 말을 **똑똑히 하여라.**

■ in**art**iculate [ìnɑːrtíkjəlit] ⓗ 똑똑히 말을 못하는, 발음이 분명치 않은
☜ in(=not/부정) + articulate

A

클립아트 clip art (문서작성시 활용하기 위해 사전 제작된 그림 모음) 아티스트 artist (예술가)

♣ **어원 : art 기술, 기교, 예술**

※ **clip** [klip] ⓢ **자르다**, 베다, 가위질하다, (양·말 따위의 털을) 깎다
☜ 고대 노르드어로 '자르다'란 뜻

■ **art** [ɑːrt/아-트] ⓜ **예술, 미술**, 기술 ☜ 라틴어로 '예술, 기술'이란 뜻

□ **art**ifact [ɑ́ːrtəfæ̀kt] ⓜ 인공물, 가공품, 예술품 ☜ 기술(art)로 + i + 만든 것(fact)

□ **art**ifice [ɑ́ːrtəfis] ⓜ ;교묘한 책략, 술책, 농간; 기술, 기교
☜ 기술(art)로 + i + 만드는(fic) 것(e)

□ **art**ificial [ɑ̀ːrtəfíʃəl] ⓗ **인조의** ⓜ **인공물** ⓑ natural 자연의
☜ 기술(art)로 + i + 만든(fic) + i + 것(의)(al<명접/형접>)
♠ **artificial flowers 조화(造花)**, **artificial** leather **인조** 피혁

□ **art**ificially [ɑ̀ːrtəfíʃəli] ⓑ 인위적으로, 부자연스럽게 ☜ artificial + ly<부접>

□ **art**ificiality [ɑ̀ːrtəfiʃiǽləti] ⓜ 인위(적인 것), 꾸밈 ☜ artificial + ity<명접>

□ **art**illery [ɑːrtíləri] ⓜ [집합적] 포, 대포; (the ~) **포병**; 포술(학)
☜ 중세 라틴어로 '기술(art)과 관련된(il) + l + 것(ery<명접>)'이란 뜻

□ **art**illeryman [ɑːrtílərimən] ⓜ (pl. **-men**) 포병, 포수 ☜ -man(사람, 남자)

□ **art**isan [ɑ́ːrtəzən] ⓜ 장인(匠人), 기능공 ☜ 기능(art) + i + 공(san)

□ **art**ist [ɑ́ːrtist/**아**-리스트/**아**-티스트] ⓜ **예술가, 화가** ☜ -ist(전문가)

□ **art**istic [ɑ́ːrtistic] ⓗ **예술적인** ☜ 예술가(artist) 의(ic)

□ **art**istic(al) [ɑːrtístik(əl)] ⓗ **예술적인** ☜ -ic(al)<형접>

□ **art**istry [ɑ́ːrtistri] ⓜ **예술적 수완**(기교, 효과); **예술품** ☜ 예술가(artist)의 것(ry)

애즈 원 As One (여성 발라드 듀엣 그룹. <하나같은>이란 뜻) * one 1, 하나

© MBC TV <음악캠프>

□ **as** [æz/애즈/아즈] ⓑⓙ **~처럼, ~만큼, ~과 마찬가지로; ~이므로**
☜ 고대영어로 '꼭 그렇게, ~만큼'이란 뜻.
♠ **Do in Rome as the Romans do.**
《속담》 로마에서는 로마인들이 하는 데로 행하라.
♠ **as a matter of fact 사실상, 실제로는**(=in fact)
As a matter of fact, I'm a rice cake lover.
실은 난 떡을 좋아해.
♠ **as a matter of course 당연한 일로서, 물론**(=naturally)
♠ **as a (general) rule 대체로, 일반적으로**
♠ **as a result 결과적으로**
♠ **as a whole 전체적으로**(=generally speaking)
♠ **as ~ as ~ ~ 만큼 ~한, ~와 같은 정도로**(=just as much)
a man **as** simple **as** a child 어린아이**처럼** 순진**한** 사람
♠ **as ~ as any ~ 어떤 ~보다도 더 ~한**(=not inferior (to))
♠ **as ~ as ever 여전히~ 한, 변함없이 ~한**(=as before)
♠ **as ~ as possible 가능한 한**(=as ~ as one can)
I need to go **as** soon **as possible**. 난 **가능한 한** 빨리 갔으면 좋겠다.
♠ **as best one can (may) 할 수 있는 한, 될 수 있는 대로**
♠ **as far as ~ ~에 관한 한<범위> , ~까지<장소>**(=as regards)
♠ **as fas as ~ goes ~에 관한 한**
♠ **as far as ~ is concerned ~에 관한 한**
♠ **as for ~ ~에 대하여 말하면, ~에 관해서는**(=concerning)
♠ **as good as ~ 거의 [사실상] ~와 같은**(=nearly the same as ~)
♠ **as if** (though) **+ 과거동사 마치 ~처럼[같이]**
He acted **as if** he didn't know me. 그는 그가 **마치** 날 모르**는 것처럼** 행동했다.
♠ **as is often the case with ~ ~에게는 흔히 있는 일이지만**
♠ **as it were 말하자면, 이른바**(=so-called, as might be)
He is, **as it were**, a walking dictionary. 그는 **이를테면** 살아 있는 사전이다
♠ **as it is 사실, 그런데 실은, 있는 그대로**
♠ **as likely as not 아마**(=maybe, perhaps)
♠ **as long as ~ ~하는 한, ~하는 동안은**(=since while, so far so)
♠ **as many 그 정도로 많은, 동수의** (=of the same number)

♠ **as many as ~ ~와 같은 수의, ~ 만큼**(=the same number of)
♠ **as much 그 만큼의, 그 정도로**(=as such degree, exactly that)
♠ **as much as ~만큼, 비록 ~ 하지만**(=although, even though)
♠ **as much as to say ~ 마치 ~라고 (말)하기나 하려는 듯이**
♠ **as often as not 대체로, 종종**(=about as many times as not)
♠ **as regards ~ ~에 대하여, ~에 관하여**
♠ **as ~, so ~ ~와 마찬가지로 ~(이다)**
♠ **as soon as ~ ~하자마자**(=no sooner than)
♠ **as such 그와 같이, 그렇게, 그런 자격으로**
♠ **as though ~ 마치 ~인 것처럼**(=as if, apparently)
♠ **as to ~ ~에 관하여, ~에 대하여**
♠ **as usual 여느 때처럼, 평소와 같이**
♠ **as well 게다가, ~도 또한[역시], 마찬가지로**(=in addition)
♠ **(A) as well as (B) B 뿐만 아니라 A 까지도, B 와 마찬가지로 A 도**
(=not only (A) but also (B))
The work requires brain **as well as** brawn.
그 일은 체력**뿐 아니라** 머리**도** 필요하다.
♠ **as yet 아직(껏), 지금까지**
♠ **as you know 당신도 아시다시피, 너[여러분]도 알다시피**
♠ **just as ~ 바로 ~처럼**(=exactly the same as); **바로 ~ 할 때**
♠ **so as to ~ ~하기 위하여** (=in order to, so that ~ may)
♠ **so ~ as to ~ ~ 할 만큼 ~한**(=so ~ that ~)
♠ **such ~ as ~ ~ 처럼 ~한**(=of a kind like)

☐ **ASAP, a.s.a.p.** [èièsèipíː, éisæp] **가능한 한 빨리** ☜ as soon as possible의 단축형

아스베스토 asbestos (석면(石綿)으로 섬유상의 규산염 광물)

☐ **asbestos, -tus** [æzbéstəs, æs-] ⓜ 『광물』 **아스베스토**, 석면; 『연극』 방화(防火) 커튼 ☜ 그리스어로 '죽지 않는', 즉 a(=not) + sbestos(죽는)'이란 뜻
♠ **asbestos** cloth **석면**포(布)

크레센도 crescendo ([음악] 점점 세게)

♣ **어원 : scend, scens, scent 오르다**

■ cre**scend**o [kriʃéndou] ⓜ 『음악』 **크레센도**, 점점 세게
☜ 이탈리아어로 '자라다, 오르다, 증가하다'란 뜻.

☐ a**scend** [əsénd] ⓢ **오르다**(=go up, climb)**, 올라가다** ☜ 위로(a=up) 오르다(scend)
ⓑ de**scend** 내리다, 내려가다
♠ The balloon **ascended** high up in the sky. 기구는 하늘 높이 **올라갔다.**

☐ a**scend**ant, -ent [əséndənt] ⓗ 떠오르는, 뛰어난 ⓜ 우세; 선조, 조상
☜ ascend + ant<형접/명접> ⓑ de**scend**ant **후손, 자손**

☐ a**scend**ance [əséndəns] ⓜ 우세, 우월 ☜ ascend + ance<명접>

☐ a**scend**ancy, -ency [əséndənsi] ⓜ 우세, 패권, 지배권 ☜ ascend + ancy, ency<명접>

☐ a**scend**ing [əséndiŋ] ⓗ 오르는, 상승하는 ☜ ascend + ing<형접>

☐ a**scens**ion [əsénʃən] ⓜ 상승; 즉위 ☜ 위로(a=up) 오르는(scens) 것(ion<명접>)

☐ a**scent** [əsént] ⓜ **상승; 등반** ☜ 위로(a=up) 오르다(scent)
♠ **make an ascent of ~ ~에 오르다**

서티피컷 certificate (자격증, 증명서)

♣ **어원 : cert 확실한**

■ **cert**ificate [sərtífəkit] ⓜ **증명서, 자격증** ☜ 확실하게(cert) + i + 만드는(fic) 것(ate)

■ **cert**ain [sə́ːrtən/**써**-턴] ⓗ **확실한** ☜ -ain<형접>

☐ as**cert**ain [æ̀sərtéin] ⓢ **확인하다, 확정하다** ☜ ~을(as<ad=to) 확실히(cert) 하다(ain)
♠ **ascertain** whether that is true. 그것의 사실 여부를 **확인하다**

☐ as**cert**ainment [æsərtéinmənt] ⓜ 확인, 탐지 ☜ -ment<명접>

레시피 recipe (조리법), 스크립트 script (방송대본)

♣ **어원 : scrib(e), script, cipe 쓰다(=write)**

■ re**cipe** [résəpiː] ⓜ **조리법, 레시피**, 제조법 ☜ 라틴어로 '(약을) 받아라(=receive)'란 의미로 prescription(처방전)에서 유래. 미리(pre) 써준(script) 것(ion)

■ **script** [skript] 명 정본, 손으로 쓴 것, **스크립트**, 방송대본 ☜ 라틴어로 '쓰여진 것'
□ a**scrib**able [əskráibəbl] 형 ~에 돌릴 수 있는 ☜ ascribe + able(~할 수 있는)
□ a**scribe** [əskráib] 동 ~의 탓으로 돌리다 ☜ ~에게(a<ad) 책임이 있다고 쓰다(scribe)
♠ **ascribe (A) to (B) A를 B탓으로 돌리다**(=blame ~ for ~)
He **ascribed** his failure **to** bad luck. 그는 실패를 불운 **탓으로 돌렸다**.
□ a**script**ion [əskrípʃən] 명 탓으로 함, 귀속시킴
☜ ~에게(as<ad=to) 책임이 있다고 쓴(cript) 것(ion<명접>)

✚ de**scribe** **기술하다, 설명하다**, 묘사하다 manu**script** **원고, 필사본** post**script** (편지의) 추신 (P.S.) pre**scribe** **규정하다, 지시하다**; (약을) **처방하다** pre**script**ion **명령, 규정**; 〖의약〗 **처방전** **script**ure (the S~) **성서** sub**scribe** **기부하다, 서명하다, 구독하다**

셉틱맨 Septic Man (캐나다 공포 영화. <부패 인간>이란 뜻)

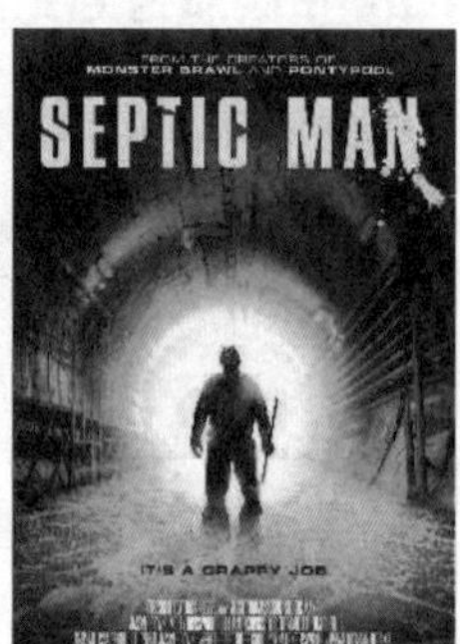

© Foresight Features

2011년 개봉한 캐나다 공포영화. 제이슨 데이빗 브라운, 몰리 던스워스 주연. 정화조에 갇힌 한 남자가 정체를 알 수 없는 살인마와 직면하게 되면서 벌어지는 사투를 다룬 이야기

♣ **어원 : seps, sept 부패한, 썩은**
■ **sept**ic [séptik] 형 부패시키는; 부패에 의한 ☜ 부패(sept) 한(ic)
□ a**sept**ic [əséptik, ei-] 형 무균의; 방부처리를 한; 활기 없는 명 방부제
☜ a(=not/부정) + sept(썩은) + ic<형접/명접>
♠ **aseptic** packaging **살균 처리**〔**무균화**(無菌化)〕 포장.
■ anti**sept**ic [æ̀ntəséptik] 형 무균의; 방부처리를 한; 살균된 명 방부제
☜ anti(반대) + sept(썩은) + ic<형접/명접>
※ **man** [mæn/맨] 명 (pl. **men**) **남자**, 사내; **사람, 인간**, 인류; (pl.) **병사** 동 **인원[병력]을 배치하다** ☜ 고대영어로 '인간, 사람'

애시캔파(M) Ashcan School (20세기초 미국의 생활풍경화파)

20세기초에 도시생활의 현실면을 그린 미국의 생활풍경 화가들

□ **ash** [æʃ] 명 **재**; (종종 pl.) **폐허**; 유골(=bones) ☜ 고대영어로 '재'란 뜻.
♠ Clear the **ashes** from the fireplace. 난로의 **재**를 청소해라.
□ **ash**can [ǽʃkæn] 명 쓰레기통, 재 담는 통 ☜ (양철로 된) 재(ash) 통(can)
□ **ash**tray [ǽʃtrèi] 명 (담배) 재털이 ☜ tray(쟁반, 접시)

연상 자기자신을 드러내길 꺼려하는 샤이(shy.부끄러워하는) 보수층도 많다.

♣ **어원 : sha, she, shy 여성, 암컷; 소심한, 수줍은**
■ **shy** [ʃai] 형 (-<-y**er**〔-**ier**〕<-y**est**〔-**iest**〕) 소심한, 부끄럼타는, **수줍은; 조심성 있는** 동 (말이 소리 등에 놀라) **뒷걸음질 치다** ☜ 고대영어로 '소심한, 쉽게 놀라는'이란 뜻
■ **she** [ʃiː/쉬-, (보통 약) ʃi] 대 (pl. **they**) **그녀는[가]** 《3인칭 여성 단수 주격의 인칭대명사; 소유격·목적격은 her; 소유대명사는 hers》
☜ 고대영어의 hē는 '그(he)'로, hēo, hīo는 '그녀(she)'로 발전
■ **sha**me [ʃeim/쉐임] 명 **부끄러움, 치욕** 동 **부끄럽게 하다**, ~에게 창피를 주다 ☜ 고대영어로 '부끄러움, 죄책감'이란 뜻
□ a**sha**med [əʃéimd] 형 **부끄러워, 수줍어** ☜ 완전히(a/강조) 부끄러(shame)운(ed) 반 proud 뽐내는, 교만한
♠ **be ashamed of ~ ~을 부끄러워하다**

셔츠 shirt (칼라가 달린 서양풍 상의), 스커트 skirt (치마)

♣ **어원 : sh 날카로운, 예리한; 자르다**
■ **sh**irt [ʃəːrt/셔-트] 명 **와이셔츠, 셔츠**; 칼라·커프스가 달린 셔츠 블라우스; 내복
☜ 고대영어로 '(날카로운 것에 의해) 짧게 잘린 의복'이란 뜻
■ **sk**irt [skəːrt/스꺼-트] 명 **스커트, 치마**
☜ 고대영어로 '짧게 잘린 의복', 고대 노르드어로 '치마'란 뜻
■ **sh**ore [ʃɔːr/쇼어] 명 **물가, 바닷가, 해안**(지방), 해변; (바다·호수·강의) 기슭; **지주** 동 상륙시키다; 떠받치다
☜ 고대영어로 '(날카로운 것에 의해) 깎인(sh) 땅〔것〕(ore)'이란 뜻
□ a**sh**ore [əʃɔ́ːr] 부 **땅위에**; 해변에, 물가에 ☜ a(=on) + shore
♠ life **ashore** 육상 생활
■ sea**sh**ore [síːʃɔ́ːr] 명 **해변**, 바닷가, 해안 ☜ 바다(sea) + 해안(shore)

아시아 Asia (6 대주 중 면적도 가장 넓고 인구도 가장 많은 대륙)

6 대주의 하나로 동반구의 북부에 위치하며, 서쪽은 유럽과 이어짐. 세계육지의 1/3 을 차지함.

□ **Asia** [éiʒə/**에**이저, -ʃə] ⓜ **아시아**(대륙)
☜ 고대 메소포타미아 아카드 왕국의 언어로 '해 뜨는 동쪽'이란 뜻

□ **Asia** Minor 소아시아 《흑해와 지중해 사이의 지역》 ☜ minor(보다 작은)

□ **Asia**n [éiʒən, -ʃən] ⓗ **아시아(사람)의** ⓜ **아시아사람**
☜ Asia + an(~의/~사람)
♠ the **Asian** Games 아시아경기대회, **아시안 게임**

■ **ASEAN, A.S.E.A.N.** **A**ssociation of **S**outh**e**ast **A**sian **N**ations 동남아시아국가연합, **아세안**
☜ association(연합, 협회; 교제), nation(국가, 국민)

□ **Asia**tic [èiʒiǽtik, -ʃi-] ⓗ 아시아의, 아시아 사람〔풍〕의 ⓜ 아시아 사람 ☜ -tic<형접>

사이드미러 side mirror (자동차의 측면거울) ➔ side-view mirror

■ **side** [said/싸이드] ⓜ **옆, 측면, 쪽** ☜ 고대영어로 '사람이나 물건의 측면'

□ a**side** [əsáid] ⓟ **옆에, 떨어져서** ☜ 바로(a/강조) 옆에(side)
♠ **aside from ~ ~을 제외하고**(=apart from, except for)
♠ **joking aside (apart) 농담은 그만두고, 과장없이**
♠ **lay aside 곁에 두다**(=lay by), **저축하다**(=lay up), **따로 두다**
♠ **put aside 저축하다**(=save), **따로 떼어두다**(=lay aside)
♠ **set aside 따로 챙겨두다**(=put aside, reserve)

※ **mir**ror [mírər] ⓜ **거울**, 반사경; 본보기, 귀감(龜鑑), 모범 ⓓ 비추다, 반사하다
☜ 라틴어로 '보고 놀라다'란 뜻

✚ **side**walk **보도, 인도** in**side** **안쪽; 내부의[에]** out**side** **바깥쪽; 외부의[에]** up**side** 위쪽

애스크닷컴 Ask.com (미국 웹검색엔진)

애스크닷컴(Ask.com)은 1996 년에 설립된 미국의 웹(web) 검색엔진사이트이다. 규모로는 구글(Google), 야후!(Yahoo!), 빙(Bing), 바이두(百度, BIDU), 알타비스타(AltaVista)에 이어 세계 6 위에 해당된다.

□ **ask** [æsk/애스크/ɑːsk/아-스크] ⓓ **묻다, 질문하다; 부탁하다**
☜ 고대영어로 '묻다, 요구하다'란 뜻
반 answer, reply 대답하다
♠ **ask (A) a favor of (B) A에게 B를 부탁하다**
♠ **ask after ~ ~의 안부[건강상태]를 묻다**(=inquire after)
♠ **ask for ~ ~을 요구하다, 청하다; ~을 찾다**
When you arrive, **ask for** me. 도착하시면 저**를 찾으세요**.
ask for a tip 팁**을 요구하다**
♠ **Asking costs nothing. 《격언》 질문은 아무것도 지불하지 않는다.**

□ **ask**ing [ǽskiŋ] ⓜ 구함, 청구 ☜ -ing<명접>

※ **dot** [dɑt/dɔt] ⓜ **점**, 작은 점; 도트 ⓓ **~에 점을 찍다**
☜ 고대영어로 '작은 반점, 얼룩'이란 뜻

※ **com** [kɑm/kɔm] ⓜ (인터넷 도메인명) ☜ a commercial **com**pany의 약어

슬리핑백 sleeping bag (방수포에 보온기능이 있는 야영용 침낭)

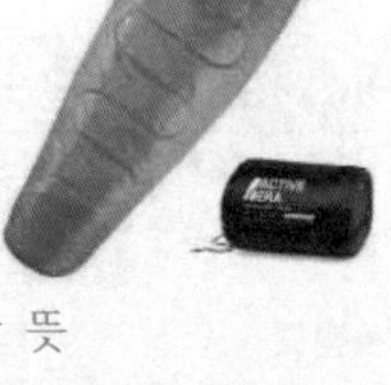

■ **sleep** [sliːp/슬리잎] ⓓ (-/**slept**/**slept**) **잠을 자다**
☜ 고대영어로 '잠, 활동하지 않음'이란 뜻

■ **sleep**ing [slíːpiŋ] ⓜ **잠, 수면** ⓗ **자고 있는** ☜ -ing<명접/형접>

□ a**sleep** [əslíːp/어슬**리**잎] ⓟⓗ **잠들어** ☜ 잠자는(sleep) 중인(a=on)
♠ My baby is **asleep**. 아기가 **자고** 있다.
♠ **fall** 〔drop〕 **asleep 잠들다**

※ **bag** [bæg/백] ⓜ **가방**, 자루 ☜ 고대 노르드어로 '꾸러미, 보따리'란 뜻

아스파라거스 asparagus (숙취에 좋은 백합과 다년생 식물)

□ **asparagus** [əspǽrəgəs] ⓜ 〖식물〗 **아스파라거스**
☜ 그리스어로 '위로(a=up) 자라는(sparag) 것(us)'이란 뜻

스펙트럼 spectrum (분광(分光))

에스펙트는 영화나 TV 화면의 종횡비율(aspect ratio)을 말한다.

♣ **어원 : spect(r) 보다, 보이다; 유령, 도깨비, 귀신**

■ **spectrum** [spéktrəm] ⓜ (pl. **-tra, -s**) 『광학』 **스펙트럼**, 분광(分光); (눈의) 잔상(殘像) ☜ (숨어있는 것이) 보이는(spectr) 것(um)

□ a**spect** [ǽspekt] ⓜ **관점**, (사물의) **면, 국면** ☜ 보는 방향 ⇦ ~쪽(a<ad=to)을 보다(spect)
♠ assume (take on) a new **aspect** 새 **국면**에 접어들다

□ a**spect** ratio 영상비, 종횡비 ☜ ratio(비, 비율)

■ **spect**ator [spékteitər] ⓜ (fem. **-tress**) **구경꾼**, 관객 ☜ 보는(spect) + 사람(ator)

스프레이 spray (분무기), 스프링 spring (용수철)

♣ **어원 : spra, spre, spri, sper 밀어내다, 펼치다, 뻗히다, 튀기다**

■ **spra**y [sprei] ⓜ **스프레이**(액), 분무기; **물보라**, 튀는 물방울; (끝이 갈라져 꽃이나 잎이 튀어나온) **작은 가지** ⓢ 물보라를 날리다 ☜ 독일어로 '불꽃을 튀기다'란 뜻에서

■ **spri**ng [spriŋ/스쁘링] ⓜ **튐, 뛰어오름, 뜀**, 도약, 용수철; **봄**; 활기, 생기; (종종 pl.) **샘**, 원천 ⓢ (-/**sprang**(**sprung**)/**sprung**) **튀다**, 뛰어오르다, 도약하다, 솟아오르다 ☜ 고대영어로 '튀어나오다, 펼치다'란 뜻

□ a**sper**se [əspə́ːrs] ⓢ 헐뜯다, 중상하다; 물을 뿌리다 ☜ ~에게(a<ad=to) (나쁜 말)을 뿌리(sper) 다(se)

□ a**sper**sion [əspə́ːrʒən, -ʃən] ⓜ 비방, 중상; 『가톨릭』 성수(聖水) 살포 ☜ -sion<명접>
♠ **cast aspersions on ~ ~을 중상모략하다**

■ **spre**ad [spred/스쁘레드] ⓢ (-/**spread**/**spread**) **펴다**, 펼치다, 뻗다, 전개하다, 늘이다 ⓜ 퍼짐 ☜ 고대영어로 '펼치다'란 뜻

아스팔트 asphalt (콩글 아스팔트 포장도로) ➔ an asphalt pavement, an asphalted road

□ **asphalt** [ǽsfɔːlt/-fælt] ⓜ (포장용) **아스팔트** 《석유 정제시의 잔류물로 도로포장시 사용되는 탄화수소 화합물》 ⓢ 아스팔트로 포장하다 ☜ 그리스어로 '굳건함, 확실함'이란 뜻

스프라이트 sprite (코카콜라사의 사이다 음료. <요정>이란 뜻)

코카콜라(Coca-Cola; Coke)사(社)의 세계 1등 사이다(soda pop) 브랜드.
* 영어로 cider는 '소다음료'가 아닌 '사과주'를 의미함.

♣ **어원 : spir(e), xpir(e), spri 숨쉬다**

■ **spir**it [spírit/스삐릳] ⓜ **정신, 마음** ☜ 숨을 쉬고 있는(살아 있는)

■ **spri**te [sprait] ⓜ 요정 《자연물의 정령(精靈), 불가사의한 마력을 지닌 님프》 ☜ 숨을 쉬고 있는(죽지 않은) 정령

□ a**spire** [əspáiər] ⓢ **열망하다, 갈망하다** ☜ (원하는 방향)으로(a<ad=to) 숨을 쉬다(spire)
♠ **aspire to the hand of ~ ~ (여자)와의 결혼을 바라다**

□ a**spir**ant [əspáiərənt, ǽspər-] ⓗ 큰 뜻을 품은 ⓜ 열망하는 사람 ☜ aspire + ant<형접/명접>

□ a**spir**ation [æ̀spəréiʃən] ⓜ **열망, 포부, 대망** ☜ aspire + ation<명접>
♠ his **aspirations** for (after) fame 그의 명예**욕**

✚ con**spire** **공모하다, 꾀하다** e**xpire** **만료되다**; 숨을 내쉬다 in**spire** **고무시키다, 격려하다** in**spir**ation **인스피레이션, 영감**(靈感) re**spire** 호흡하다, 한숨 돌리다 su**spire** 한숨 쉬다

아스피린 aspirin (버드나무 껍질로 만드는 진통제)

□ **aspirin** [ǽspərin] ⓜ (pl. **-(s)**) **아스피린**정제(錠劑), 아스피린 알약 ☜ a(아세트산(Acetic Acid)) + Spiraea(버드나무 학명) + in<ine<의약품 접미사>

킥애스 Kick-Ass (영 · 미국 합작 영화. <터프한, 끝내주는>)

2010년부터 시리즈물로 제작된 미국·영국 합작 코미디 액션/범죄영화. 애런 존슨(Aaron Johnson), 클로이 모레츠(Chloe Moretz) 주연. 짝퉁슈퍼히어로 '킥애스(Kick Ass)'가 배트맨 복장을 한 진짜 슈퍼히로인 '힛걸(Hit Girl)'을 만나 마피아와 싸운다는 이야기

© Universal Pictures

※ **kick** [kik/킥] ⓢ (공을) **차다, 걷어차다**
☜ 중세영어로 '발로 가하는 일격'이란 뜻

☐ **ass** [æs, ɑːs] ⓜ **나귀**; [ɑːs] 바보(=fool); ☜ 고대영어로 '암나귀'
엉덩이, 항문; 여자 성기 ☜ arse [ɑːrs] (엉덩이, 항문)의 변형
♠ **make an ass of ~ ~을 우롱하다**
♠ **play the ass 바보짓을 하다**

■ **kick-ass** [kíkæ̀s, -àːs] ⓗ (미.속어) 강렬한, 공격(적극)적인, 터프한(=tough)
ⓜ 힘, 원기 ☜ 엉덩이(ass)를 차다(kick)
♠ **kick ass 《속어》 쫓아내다, 짓밟다, 혼내다; 훌륭하다, 끝내주다**

컨설턴트 consultant (상담역, 자문, 고문)

♣ **어원 : suit, sult, xult, sault, sail, sal 뛰다**

■ con**sult** [kənsʌ́lt] ⓢ **의견[충고]를 구하다, 상담하다** ☜ 함께(con<com) 뛰다(sult)

■ con**sult**ant [kənsʌ́ltənt] ⓜ 의논상대, (회사의) **컨설턴트**, 고문, 자문 ☜ -ant<명접>

☐ as**sail** [əséil] ⓢ **공격하다**(=attack), **착수하다** ☜ ~로(as<ad=to) 뛰어들다(sail)
ⓑ defend 막다, 방어하다
♠ **assail** a castle 성을 **공격하다**

☐ as**sail**ant [əséilənt] ⓗ 공격의, 공격하는 ⓜ 공격자, 가해자 ☜ assail + ant(~의/~사람)

☐ as**sault** [əsɔ́ːlt] ⓜ 공격, 폭행; **강습, 습격** ⓢ 공격하다 ☜ ~로(as<ad=to) 뛰어듦(sault)
♠ gain 〔take〕 a city **by assault 강습하여** 도시를 점령하다

☐ as**sault** boat 〔craft〕 【군사】 상륙용 공격주정(舟艇) ☜ boat(작은 배, 보트), craft(선박, 항공기)

☐ de**sult**ory [désəltɔ̀ːri/-təri] ⓗ 산만한; 변덕스러운; 탈선적인; 엉뚱한
☜ 밑으로(de=down) 뛰(sult) 는(ory<형접>)
♠ continue **in a very desultory manner 산만하게** 계속하다.

✚ in**sult 무례, 모욕; 모욕을 주다** e**xult 기뻐 날뛰다** **sal**ly 출격, 돌격

어새신 크리드 assassin's creed (모험 게임. <암살자의 신념>이란 뜻)

어새신 크리드는 Unisoft Entertainment S.A.가 개발하고 Unisoft가 발행한 Action Adventure Game이다. 주인공이 조상의 과거를 회상하며 1196년도로 돌아가 9명의 암살대상을 찾아 제거하는 것이 주 임무이다. 중세 이슬람교도로 이루어진 비밀 암살집단 '어새신'을 다룬다.

© Unisoft

☐ **assassin** [əsǽsin] ⓜ **암살자**, 자객; (A-) 【역사】 (이슬람교도의) 암살단
《11-13세기의 십자군 시대에 기독교도를 암살·폭행한》
☜ 아랍어로 '마른 풀'이란 뜻에서 '(인도산) 대마 사용자'란 의미로 발전함.
♠ die at the hands of **an assassin 자객**의 손에 죽다

☐ **assassin**ate [əsǽsənèit] ⓢ 암살하다 ☜ -ate<동접>

☐ **assassin**ation [əsæ̀sənéiʃən] ⓜ **암살** ☜ -ation<명접>

※ **creed** [kriːd] ⓜ **신조, 신념**; (the C-) 사도 신경(the Apostles' Creed); 주의, 강령 ☜ 라틴어로 '나는 믿는다'라는 뜻.

☐ **assault**(강습, 습격) ➔ **assail**(공격하다, 착수하다) **참조**

샘플 sample (견본, 표본)

♣ **어원 : sam, sem, sim(ul/il) 같은, 비슷한; (같은 것이) 함께하는**

■ **same** [seim/쎄임] ⓗ **같은, 동일한** ☜ 고대 영어/노르드어로 '~과 같은'이란 뜻

■ **sam**ple [sǽmpəl/sɑ́ːm-] ⓜ **견본, 샘플**, 표본; 실례(實例) ⓗ 견본의 ⓢ 견본을 만들다; 견본이 되다 ☜ example(보기/실례/견본)의 두음 소실

☐ as**sem**ble [əsémbəl] ⓢ **모이다**(=meet), 모으다(=collect); 조립하다, 집합시키다
☜ ~에(as<ad=to) 함께 하(sem) + bl<어근확장> + 다(e) ⓑ dissolve 해산하다
♠ **assemble** parts into a machine 부품으로 기계를 **조립하다**

☐ as**sem**blage [əsémblidʒ] ⓜ 집단, 모임 ☜ assemble + age<명접>

☐ as**sem**bly [əsémbli] ⓜ (pl. **-blies**) **집회, 회합**
☜ ~에(as<ad=to) 함께 하(sem) + bl<어근확장> 기(y<명접>)
♠ an unlawful **assembly** 불법 **집회**

♠ **freedom of assembly 집회의 자유**

☐ as**sem**bly language **어셈블리**어(語) 《컴퓨터 프로그래밍의 저급언어》 ☜ language(언어)
☐ as**sem**bly hall 회의장 ☜ hall(홀, 집회장, 현관)
☐ as**sem**bly line 일관 작업 ☜ line(줄, 선, 전선; 공정의 배열, 순서)
☐ as**sem**blyman [əsémblimən] (명) (pl. **-men**) **의원**; 《미》 주의회 하원의원
☜ (국회에) 함께 하는(assembly) 사람(man)
☐ as**sem**bly plant 조립공장 ☜ plant(식물; 공장)
☐ as**sem**bly room 집회실 ☜ room(방, ~실)
■ en**sem**ble [ɑːnsɑ́ːmbəl] (명) 《F.》 **전체**, 전체적인 조화; 〖복식〗 조화로운 한 벌의 여성복; 〖음악〗 **앙상블** 《중창과 합창을 섞은 대합창》, **합주곡**
☜ 하나(sem)를 만들(en=make) + bl<어근확장> + 기(e)

센스 sense (분별력), 넌센스 nonsense (터무니없는 생각), 센서 sensor (감지기)

♣ **어원 : sens(e), sent 느끼다(=feel)**
■ **sense** [sens/쎈스] (명) (시각·청각·촉각 따위의) **감각**; **의식**, **분별**; **의미** (동) **느끼다**
☜ 라틴어로 '느끼다, 지각하다'란 뜻
■ **nonsense** [nɑ́nsens/nɔ́nsəns] (명) **무의미한 말**; 터무니없는 생각, **난센스**; 허튼말〔짓〕; 시시한 일 (형) 무의미한, 엉터리없는 ☜ 감각/의미(sens)가 없는(non) 것(e)
☐ as**sent** [əsént] (동) **동의[찬성]하다** (명) **동의**, 찬성 (반) dissent 불찬성
☜ ~에 대해(as<ad=to) (같이) 느끼다(sent)
♠ **assent to the proposal 제안에 찬성하다.**
☐ as**sent**ation [æ̀sentéiʃən] (명) 동의, 영합, 부화뇌동 ☜ -ation<명접>
☐ as**sent**ient [əsénʃiənt] (형) 동의〔찬성〕의 (명) 동의자, 찬성자 ☜ -ent(<형접>/사람)

✚ con**sent** **동의[승낙]하다; 동의** dis**sent** **의견을 달리하다, 이의를 말하다;** 불찬성, 이의 **sent**ence **문장**; **판결; 선고하다** **sent**iment (고상한) **감정**, 정서, 정감

콘서트 concert (음악회)

♣ **어원 : sert, cert 결합하다(=join)**
■ **concert** [kɑ́nsə(ː)rt/kɔ́n-] (명) **음악회, 연주회**
☜ (공연자와 청중이) 함께(con<com) 결합하다(cert)
☐ as**sert** [əsə́ːrt] (동) **단언하다, 주장하다**
☜ ~쪽으로(as<ad) 강하게 결합하다(sert)
♠ **assert** one's innocence 자신의 결백을 **주장하다**
♠ **assert oneself 제 고집을 세우다, 주제넘게 나서다**
Justice asserts itself. 정의는 제 고집을 세운다. 사필귀정(事必歸正)
☐ as**sert**ive [əsə́ːrtiv] (형) 단정적인, 주장을 고집하는, 독단적인 ☜ assert + ive<형접>
☐ as**sert**ively [əsə́ːrtivli] (부) 단호히 ☜ assertive + ly<부접>
☐ as**sert**ion [əsə́ːrʃən] (명) **단언, 주장** ☜ -ion<명접>

✚ ex**ert** **발휘하다, 행사하다** ex**ert**ion **노력** in**sert** **삽입하다**, 끼워넣다 de**sert** **버리다**, 사라지다; **사막**, 황무지

레지던트 resident (수련중인 의사)

인턴(intern) 과정을 수료한 뒤 전문의(醫)가 되기 위해 수련 중인 의사

© 20th Television

♣ **어원 : sid, sit, sed, sess 앉다**
■ re**sid**e [rizáid] (동) **살다, 거주하다** ☜ 뒤에(re) 앉다(sid) + e
■ re**sid**ent [rézidənt] (명) **레지던트**(수련의); **거주자** (형) 거주하는
☜ -ent(~의/~사람)
☐ as**sess** [əsés] (동) **평가하다**, 사정하다 ☜ ~쪽에(as<ad=to) 앉아(sess) 살펴보다
♠ He **assessed** the situation correctly. 그는 상황을 정확히 **판단했다**
☐ as**sess**ment [əsésmənt] (명) **사정, 평가**; 세액, 사정액 ☜ assess + ment<명접>
♠ an **assessment** of environmental impact 환경 영향**평가**
☐ as**sess**or [əsésər] (명) (세액의) 사정인 ☜ assess + or(사람)

✚ re**sid**ence **거주** pre**sid**e **의장이 되다** pre**sid**ent **의장, 총재, 회장, 총장**; (종종 P-) **대통령** dis**sid**ent 의견을 달리하는 **sit 앉다** **sed**entary **앉아 있는** **sess**ion **회기, 기간; 학기**

세트 set (한 조(組)), 미래 에셋 Mirae Asset (한국의 금융그룹. <미래 자산>)

미래 에셋은 한국의 금융그룹으로 산하에 증권, 보험, 자산운용, 캐피탈 등의 금융계열사가 있다.

♣ **어원 : set 놓다, 앉다, 배치[설치]하다**

■ **set** [set/쎁] [동] (-/set/set) **두다, 놓다**, 자리잡아 앉히다 [명] 일몰(월몰), 한 조(組), **세트** ☜ 고대영어로 '앉게 하다, 두다'란 뜻

□ as**set** [ǽset] [명] **재산, 자산** ☜ ~에게(as<ad=to) 속한<놓여있는(set) 것
♠ Sociability is a great **asset** to a salesman.
사교성이란 외판원에게는 큰 **자산**이다.

✚ **set**ting **놓기, 설치**; (머리의) **세트** **set**tle **놓다, 정주시키다** be**set** 포위하다, 에워싸다 on**set** 개시, 시작, 착수 off**set** 차감 계산을 하다, **오프셋** 인쇄로 하다.

섹터 sector (구역), 섹스 sex (성(性))

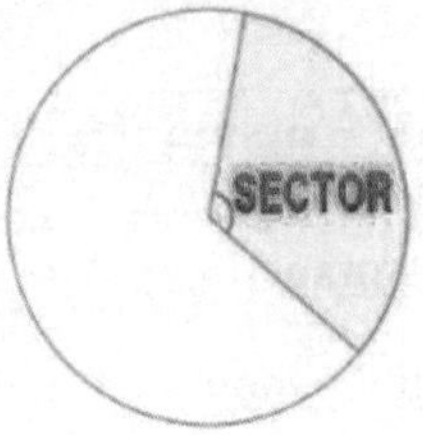

♣ **어원 : sec(t), sev, sex 자르다; 나누다; 따로 떼어내다**

■ **sect**or [séktər] [명] **구역**, 영역; 부채꼴; **부문**, 분야 [동] 부채꼴로 분할하다 ☜ sect + or<접미사>

■ **sex** [seks] [명] **성**(性), 성별; 성행위 [형] 성적인 [동] 암수를 감별하다 ☜ 남녀를 나누다(sex)

■ **sev**ere [sivíər, sə-] [형] (-<-r**er**<-r**est**) **엄한**, 호된, 모진; **엄격한**, 용서 없는, (태풍·병 등이) 심한 ☜ 라틴어로 '(단칼에) 자르듯이(sev) 엄한'이란 뜻

□ as**sev**erate [əsévərèit] [동] 단언하다; 주장하다 ☜ ~에게(as<ad=to) 자르듯(sev) + er<어근확장> + 처신하다(ate)

□ as**sev**eration [əsèvəréiʃən] [명] 단언, 확언, 서언 ☜ -ation<명접>

in**sect** [ínsekt] [명] **곤충, 벌레** ☜ (마디마디가) 안으로(in) 잘린(sect) 것

세단 sedan (지붕이 있는 일반적인 승용차 형식)

♣ **어원 : sid, sit, sed, sess, set 앉다**

■ **sed**an [sidǽn] [명] 《미》 **세단**형 자동차(《영》 saloon) ☜ 라틴어로 '의자'란 뜻. 앉는(sed) 것(an)

■ **sit** [sit/씥] [동] **앉다**, 앉아있다 ☜ 고대영어로 '자리를 점유하다, 앉다'란 뜻

□ as**sid**uous [əsídʒuəs] [형] 부지런한(=diligent), 근면한; 주도면밀한 [반] **lazy** 게으른 ☜ 라틴어로 '꾸준히 참가하는'이란 뜻, ~에(as=to) 앉아 있(sid) + u + 는(ous)
♠ She **is assiduous in** his studies. 그녀는 공부**에 아주 열성이다**.

□ as**sid**uity [æsidjúːəti] [명] 근면 ☜ 꾸준히 참가하는 것. assid + u + ity<명접>

사인 sign (서명하다)

♣ **어원 : sign 표시; 표시하다**

■ **sign** [sain/싸인] [명] **기호, 표시**, 신호, 부호 [동] **서명[사인]하다** ☜ 고대 프랑스어로 '표시, 기호'란 뜻

□ as**sign** [əsáin] [동] **할당[배당]하다** ☜ ~을(as<ad=to) (몫을) 표시해 주다(sign)
♠ **assign** work to each man 각자에게 일을 **할당하다**

□ as**sign**able [əsáinəbl] [형] 할당할 수 있는 ☜ -able(~할 수 있는)

□ as**sign**ation [æsignéiʃən] [명] 할당; 지정; 약속 ☜ -ation<명접>

□ as**sign**ment [əsáinmənt] [명] **할당, 배당, 임명** ☜ -ment<명접>

✚ de**sign**ate **가리키다**, 지시하다 re**sign** **사임하다** **sign**al **신호(의)** **sign**ificant **중요한**, 의미있는 **sign**ature **서명**

샘플 sample (견본, 표본)

♣ **어원 : sam, sem, sim(ul/il) 같은, 비슷한; (같은 것이) 함께하는**

■ **same** [seim/쎄임] [형] **같은, 동일한** ☜ 고대 영어/노르드어로 '~과 같은'이란 뜻

■ **sam**ple [sǽmpəl/sáːm-] [명] **견본, 샘플**, 표본; 실례(實例) [형] 견본의 [동] 견본을 만들다; 견본이 되다 ☜ example(보기/실례/견본)의 두음 소실

□ as**simil**ate [əsíməlèit] [동] **받아들이다, 동화시키다** ☜ ~쪽(as<ad=to)과 같게(sim) 만들다(ate)
♠ **assimilate** the new immigrants 새 이민(移民)을 **동화시키다**

□ as**simil**ation [əsìməléiʃən] [명] 동화(작용) ☜ -ation<명접>

✚ dis**simil**ation 부동화, 이화작용 **simul**ate **가장하다**, ~인 체하다, 흉내 내다 **simil**ar **유사한, 비슷한**

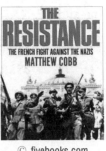

레지스탕스 resistance (2차대전시 프랑스의 지하 저항운동) 어시스트 assist ([축구] 득점자에게 유효한 패스를 보낸 선수)

© fivebooks.com

♣ 어원 : sist 서있다(=stand)

■ resist [rizíst] (동) **저항하다** ☜ ~에 대항하여(re=against) 서있다(sist)

■ resistance [rizístəns] (명) **저항, 레지스탕스** ☜ resist + ance<명접>

□ assist [əsíst] (동) **돕다**(=help, aid), 거들다, **조력하다**
☜ ~쪽에(as<ad=to) 서서(sist) 거들어 주다 (반) resist 저항하다
♠ We'll do all we can to **assist** you.
우린 너를 **도울** 수 있는 일을 다 할 것이다

□ assistance [əsístəns] (명) **원조**, 도움, **조력**, 지원 ☜ assist + ance<명접>

□ assistant [əsístənt] (형) **보조의** (명) **조수, 보조자** ☜ assist + ant(사람)

✚ consist **구성하다** insist **주장하다, 우기다** persist **고집하다** subsist 존재하다, 생존하다

쇼셜 네트워크 서비스 social network service = SNS (사회관계망 서비스)

♣ 어원 : soci 동료, 친구, 사교, 집단, 사회; 교류하다, 연합하다

■ social [sóuʃəl/쏘우셜] (형) **사회의, 사회적인, 사교적인** ☜ 사회(soci) 의(al)

■ **social** network service 사회 관계망 서비스(**SNS**) ☜ network(그물망, 방송망), service(봉사, 서비스)

□ associate [əsóuʃièit] (동) **결합시키다, 교제하다**; 연상하다 [əsóuʃiit, -èit] (명) 동료, 한패, 친구
☜ ~쪽으로(as<ad=to) 사교를(soci) 만들다(ate) (반) dissociate 분리하다
♠ **associate with ~ ~와 교제하다; ~를 연상시키다**
♠ **associate oneself with ~ ~에 가입하다; 찬동하다**

□ associated əsóuʃièitid, -si-] (형) 관련된, 결합된 ☜ associate + ed<형접>

□ associative [əsóuʃièitiv, -si-] (형) 조합의, 결합의 ☜ associate + ive<형접>

□ association [əsòusiéiʃən/어쏘우씨**에**이션] (명) **연합, 협회, 교제**; 연상 ☜ -tion<명접>
♠ **in association with ~ ~와 공동으로, 제휴하여**

✚ **soci**ety **사회, 사교, 모임** **soci**ology **사회학** **soci**alism **사회주의**

소팅 sorting (분류)

♣ 어원 : sort 몫, 일부분, 분류(하다)

■ sort [sɔːrt/쏘-트] (명) **종류**(=kind), 부류 ☜ 중세영어로 '사람 · 동물 등의 그룹'이란 뜻

■ sorting [sɔ́ːrtiŋ] (명) 구분, 분류 ☜ 분류한(sort) 것(ing)

□ assort [əsɔ́ːrt] (동) 분류하다, 정리하다(=classify); 조화되다, 구색을 갖추다
☜ 완전히(as<ad/강조) 분류하다(sort)
♠ It **assorts** well with my character. 내 성격과 잘 **맞는다**

□ assorted [əsɔ́ːrtid] (형) 분류한, 분류된; 조화를 이룬, 골고루 갖춘 ☜ -ed<형접>

□ assortment [əsɔ́ːrtmənt] (명) 유별, 분류; 여러 가지로 구색을 갖춰 놓은 것
☜ assort + ment<명접>

블랙 컨슈머 black consumer (악성 소비자)

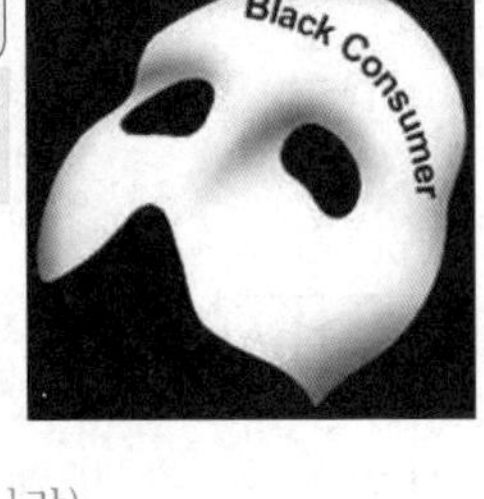

기업 등을 상대로 부당한 이익을 취하고자 제품을 구매한 후 악성민원을 고의적, 상습적으로 제기하는 소비자

♣ 어원 : sum(e), sump 취하다

※ black [blæk/블랙] (형) **검은, 암흑의, 흑인의** (명) **검은색, 암흑**
☜ 고대영어로 '완전히 어두운'이란 뜻

■ consume [kənsúːm, kənsjúːm] (동) **소비[소모]하다**
☜ 완전히(con<com) 취하다(sume)

■ consumer [kənsúːmər] (명) **소비자**(消費者), 수요자 ☜ consume + er(사람)

□ assume [[əsúːm/어**수**움/əsjúːm/어**슈**움] (동) **~라고 여기다, 생각하다, ~인 체하다**(=pretend)
☜ ~을(a<ad=to) 취하다(sume) (반) render 내주다
♠ **assume** to be deaf 귀가 먹은 **체하다**

□ assumed [əsúːmd, əsjúːmd] (형) 가장한, 꾸민, 가정한 ☜ assume + ed<형접>

□ assuming [əsúːmiŋ, əsjúːm-] (형) 거만한, 건방진 ☜ assume + ing<형접>

□ assumingly [əsúːmiŋli] (부) 거만하게 ☜ assuming + ly<부접>

□ assumption [əsʌ́mpʃən] (명) ~라고 생각함, **가정** ☜ -tion<명접>
♠ **on the assumption that ~ ~라는 가정하에**

□ assumptive [əsʌ́mptiv] (형) 가정의, 가설의; 건방진, 주제넘은 ☜ -tive<형접>

✚ pre**sume** **가정하다, 추정하다** re**sume** **다시 시작하다, 회복하다; 요약, 개요**

인슈어테크 InsurTech (IT 기술을 보험산업에 적용한 개념)
어슈어뱅크 assure bank (보험회사가 은행업을 겸하는 것)

인슈어테크(InsurTech)란 인공지능(AI), 블록체인, 핀테크 등의 IT 기술을 보험산업에 적용한 개념이다. 영어의 Insurance(보험)와 Technology(기술)의 합성어이다. <출처 : 위키백과>

♣ **어원 : sur(e) 확실한, 안전한, 틀림없는; 확신하다, 보증하다**

■ **sure** [ʃuər/슈어] ⓗ **확신하는, 틀림없는** ⓟ **확실히**
☜ 중세영어로 '공격으로부터 안전한'이란 뜻

■ in**sure** [inʃúər] ⓢ **보증하다, 보험에 들다** ☜ (누군가를) 확신(보증)(sure) 속에(in) 두다

☐ as**sur**able [əʃúərəbəl] ⓗ 보증할 수 있는 ☜ ~에게(as<ad=to) 확신시킬(sure) 수 있는(able)

☐ as**sur**ance [əʃúərəns] ⓜ **보증, 확신** ☜ assure + ance<명접>
♠ **give an assurance 보증하다**

☐ as**sure** [əʃúər/어**슈**어] ⓢ **~에게 보증[보장]하다, 안심시키다**
☜ ~에게(as<ad=to) 확신시키다(sure) 반 **deceive** 속이다
♠ **be assured of ~ ~을 확신하다**(=be convinced of)

☐ as**sure**d [əʃúərd] ⓗ 보증된, 자신있는 ☜ assure + ed<형접>

☐ as**sure**dly [əʃúərdli] ⓟ 확실히, 틀림없이 ☜ assured + ly<부접>

☐ as**sur**ing [əʃúəriŋ] ⓗ 다짐하는, 자신을 갖게 하는(듯한) ☜ assure + ing<형접>

※ **techno**logy [teknάlədʒi/-nɔ́l-] ⓜ **과학기술, 테크놀로지**; 공예(학); 전문어; 응용과학
☜ 과학기술(techno) 학문(logy)

※ **bank** [bæŋk/뱅크] ⓜ **둑, 제방**; ☜ 고대영어로 '작은 언덕'이란 뜻
은행 ☜ 고대영어로 '(환전상(商)의) 책상, 벤치'란 뜻

✚ en**sure** **~을 책임지다, 보장하다** in**sur**ance **보험**(계약), 보험금 **sure**ly **확실히, 꼭** **sure**ty **보증(인)**, 담보 (물건) reas**sure** **~을 재보증하다**, 안심시키다

앗시리아 Assyria (오늘날 이라크에서 번영했던 고대 제국)

☐ **Assyria** [əsíriə] ⓜ **앗시리아** 《서남아시아의 고대 제국; 수도 니네베(Nineveh)》
☜ 앗시리아 신화의 최고신 아수르신(Assur)에서 유래.

브레인스토밍 brainstorming (집단 · 창의적 발상기법)

© Medium.com

♣ **어원 : stir, stor 돌다, 소용돌이 치다**

※ **brain** [brein/브레인] ⓜ **뇌; 우수인재** ☜ 고대영어로 '뇌'란 뜻

■ **stor**m [stɔːrm/스또옴] ⓜ **폭풍(우)**, 모진 비바람; 강습 ⓢ 폭풍이 불다; 격노하다 ☜ 초기인도유럽어로 '돌다(turn, whirl)'

■ brain**stor**ming [bréinstɔ̀ːrmiŋ] ⓜ **브레인스토밍** 《회의에서 모두가 아이디어를 제출하여 그 중에서 최선책을 결정하는 방법》 ☜ 머리<뇌(brain) 속에 폭풍(storm)이 몰아치듯 혁신적인 아이디어들을 모으는 방식

■ **stir** [stəːr/스떠어] ⓢ **움직이다, 휘젓다**, 뒤섞다; 감동시키다 ⓜ 움직임, 휘젓기, 뒤섞음
☜ 초기인도유럽어로 '돌다(turn, whirl)'란 뜻

☐ a**stir** [əstə́ːr] ⓟⓗ 〖형용사로는 서술적〗 일어나; 흥분하여; 법석대어, 떠들썩하여
☜ a(=on) + stir(소용돌이치다)
♠ **be astir with ~ ~로 소란을 피우다, 떠들썩하다**

토르 Thor (망치<묠니르>로 거인을 죽인 북유럽 신화의 천둥신)

♣ **어원 : thor, thur, thund, tound, ton, tun 천둥, 우레; 천둥치다, 크게 소리치다**

■ **Thor** [θɔːr] ⓜ 〖북유럽 신화〗 **토르** 《천둥 · 전쟁 · 농업을 맡은 뇌신(雷神)》; 《미》 지대지 중거리 탄도 미사일
☜ 고대 노르드어로 '천둥'이란 뜻

■ **Thur**sday [θə́ːrzdei/**떨**스데이/**써**스데이, -di] ⓜ **목요일** 《생략: Thur., Thurs.》 ☜ 고대영어로 '토르(Thor) 의(s) 날(day)'이란 뜻

■ **thund**er [θʌ́ndər] ⓜ **우레(소리)**; 천둥; 《詩》 벼락 ⓢ **천둥치다**
☜ 고대영어로 '천둥, 토르신(神)'이란 뜻

☐ as**ton**ish [əstάniʃ/-tɔ́n-] ⓢ **깜짝 놀라게 하다** 반 ease 안심시키다
☜ 밖에서(as<ex) 천둥치(ton) 다(ish<동접>)
♠ His sudden appearance **astonished** us.
그의 갑작스런 등장은 우리를 **놀라게 했다**.

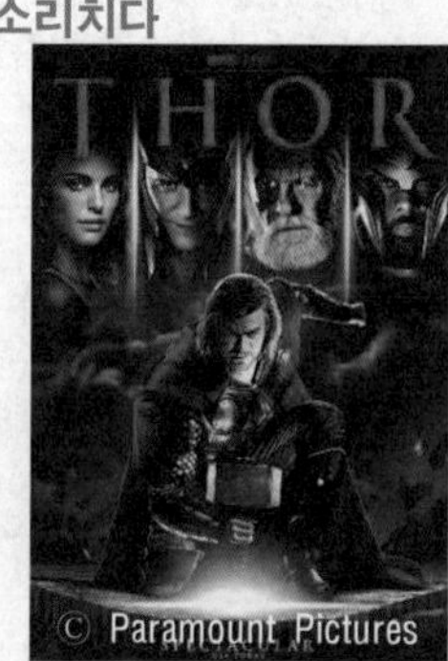

© Paramount Pictures

☐ astonishing [əstάniʃiŋ/əstɔ́niʃiŋ] ⓗ 깜짝 놀라게 하는, **놀라운**, 눈부신 ☜ -ing<형접>
☐ astonishingly [əstάniʃiŋli/əstɔ́niʃiŋli] ⓑ 놀랄만큼, 몹시 ☜ -ly<부접>
☐ astonishment [əstάniʃmənt/əstɔ́niʃmənt] ⓜ **놀람, 경악** ☜ -ment<명접>
☐ astonished [əstάniʃt/-tɔ́n-] ⓗ **(깜짝) 놀란** ☜ -ed<수동형 형접>
♠ **be astonished at ~ ~에 깜짝놀라다**(= be surprised at)
☐ **astound** [əstáund] ⓓ 놀라게 하다, 아연 실색케 하다 ⓗ 깜짝 놀란
☜ 밖에서(as<ex) 천둥치다(tound)
♠ I **was astounded at** the sight. 나는 그 광경**에 깜짝 놀랐다**.
☐ astounded [əstáundid] ⓗ 몹시 놀란 ☜ astound + ed<수동형 형접>
■ stun [stʌn] ⓓ (충격을 가해) **기절시키다**, (음향이) 귀를 멍멍하게 하다 ⓜ 충격; 기절상태
☜ 고대 프랑스어로 '기절시키다'란 뜻. 밖에서(s<ex) 큰 소리를 내다(tun)

스트레이 키즈 Stray Kids (JYP 엔터테인먼트 소속의 9인조 남성 댄스그룹. <길을 잃어 길을 찾는 아이들>이란 뜻)

■ **stray** [strei] ⓓ **길을 잃다; 타락하다; 탈선하다** ⓗ **길 잃은** ⓜ 길 잃은 사람(동물); 미아
☜ street(길, 거리)의 변형
☐ a**stray** [əstréi] ⓑ 길을 잃어; 타락하여 ☜ 길(stray) 밖으로(as<ex) 벗어난
♠ **lead ~ astray ~를 길을 잃게 하다, 타락시키다**
※ **kid** [kid/키드] ⓜ **새끼염소**; 《구어》 **아이**(=child) ☜ 고대 노르드어로 '어린 양'이란 뜻

☐ **astride**(걸터앉아, 올라타고) ➔ **strength**(힘, 세기) **참조**

☐ **astringent**(수축시키는; 신랄한; 엄격한) ➔ **stringent**(절박한, 엄중한) **참조**

스타 star (❶ 별 ❷ 인기연예인 ❸ 군대의 장군)

♣ 어원 : **star, astro, aster 별, 천체**
■ **star** [stɑːr/스따/스타-] ⓜ **별**, 인기연예인 ☜ 고대영어로 '별'이란 뜻
☐ **aster**isk [ǽstərìsk] ⓜ 별표(*) ☜ 별(aster) 모양(isk)
☐ **aster**oid [ǽstərɔ̀id] ⓜ 불가사리; 소행성 ☜ 별(aster) 모양(oid)
☐ **astr**al [ǽstrəl] ⓗ 별의, 별모양의 ☜ 별(astro) 의(al<형접>)
♠ It is an **astral** cookie. 그것은 **별모양의** 쿠키이다.
☐ **astro**biology [æstroubaiάlədʒi/-ɔ́l-] ⓜ 우주(지구 외) 생물학(=exobiology)
☜ 별/천체(astro) 생물(bio) 학문(logy)

헐리웃 스타
< Leonardo DiCaprio >

☐ **astro**chemistry [æstroukémistri] ⓜ 우주(천체) 화학 ☜ 별/천체(astro) 화학(chemistry)
☐ **astro**dome [ǽstrədòum] ⓜ 『항공』 (항공기의) 천체 관측실[창]; (the A-) **아스트로돔**, 투명한 둥근 지붕의 경기장 《미국 Houston에 있는 것이 유명함》
☜ 별/천체(astro) 둥근 지붕(dome) * dome은 그리스어로 '집, 지붕'
☐ **astro**loger [əstrάlədʒər/-trɔ́l-] ⓜ 점성가(=astrologist); 점성술사 ☜ -er(사람)
☐ **astro**logic(al) [æ̀strəlάdʒik(əl)/-lɔ́dʒ-] ⓗ 점성(술)의; 점성학의 ☜ -ic(al)<형접>
☐ **astro**logy [əstrάlədʒi/-trɔ́l-] ⓜ 점성학(술); (고대의) 천문학
☜ 별/천체(astro)로 (점을 치는) 학문(logy)
☐ **astro**(naut) [ǽstrə(nɔ̀ːt)] ⓜ (미) **우주비행사** ☜ 별(astro) 항해(naut<navi<navigation)
★ 휴스턴 애스트로스(Houston Astros)는 미국 major league의 American league 서부 지구에 소속된 프로야구팀이다. 연고지는Texas주 Houston이며, 팀명의 Astros는 <우주비행사들>이라는 뜻으로 항공우주산업도시로 유명한 Houston에서 유래되었다. 홈구장 이름도 Astrodome이다.
♠ He wants to become **an astronaut**. 그는 **우주비행사**가 되고 싶어 한다.
☐ **astro**nautic(al) [æ̀strənɔ́ːtik(əl)] ⓗ 우주 비행(항행)의, 우주 비행사의
☜ 별/천체(astro)를 항해하(naut) 는(ic(al)<형접>)
☐ **astro**nautics [æ̀strənɔ́ːtiks] ⓜ (pl. 단수취급) 항주학(航宙學), 우주 비행학
☜ 별/천체(astro)를 항해하는(naut) 학문(ics)
☐ **astro**nomer [əstrάnəmər/-trɔ́n-] ⓜ **천문학자** ☜ 별(astro) 법/학문(nom)하는 사람(er)
☐ **astro**nomical [æstrənάmikəl/-nɔ́m-, -ik] ⓗ 천문학상의 ☜ astrolonomy + cal<형접>
☐ **astro**nomy [əstrάnəmi/-trɔ́n] ⓜ **천문학** ☜ 별(astro) 법/학문(nomy)
☐ **astro**loger [əstrάlədʒər/-trɔ́l-] ⓜ 점성가 ☜ astrology + er(사람)
☐ **astro**logy [əstrάlədʒi/-trɔ́l] ⓜ **점성술** ☜ 별(astor)(을 보며 점을 치는) 학문(logy)
■ dis**aster** [dizǽstər, -zάːs-] ⓜ **재난, 큰 불행** ☜ dis(나쁜) aster(별)

<영악하게 싸운다>는 영국의 신형 핵잠수함 아스튜트(Astute.영악한)

☐ **astute** [əstjúːt] ⓗ 재빠른; 약삭빠른; 빈틈없는

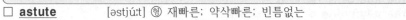

☜ 라틴어로 '교활한' 이란 뜻.
♠ an **astute** politician **약삭빠른** 정치가
□ **astute**ly [əstjúːtli] ㊫ 기민하게, 영악하게 ☜ -ly<부접>
□ **astute**ness [əstjúːtnis] ㊔ 기민, 교묘; 예민함; 영악함 ☜ -ness<명접>

연상 썬데이(Sunday.일요일)에는 썬드리(sundry.잡다한 사람들)가 야외로 놀러 나간다.

※ **Sun**day [sʌ́ndei/**썬**데이] ㊔ **일요일** 《약어 : Sun.》 ☜ 태양(sun)의 날(day)
■ **sundr**y [sʌ́ndri] ㊗ **갖가지의**, 잡다한 ㊐ (pl.) 잡다한 사람들〔일〕, 무수(無數)
☜ 고대영어로 '분리하다, 따로 떼어놓다'란 뜻. -y<형접/명접>
□ a**sunder** [əsʌ́ndər] ㊗ 따로따로 떨어져, **산산조각으로** ☜ 따로(a=apart) 떼내다(sunder)
♠ **break asunder 둘로 쪼개(지)다**
♠ **come asunder 산산이 흩어지다**
♠ **tear asunder ~ ~을 갈기갈기 찢다**

실라버스 syllabus (교수의 교육계획서), 심벌 symbol (상징, 기호)

♣ **어원 : syl, sym, syn, sys 함께, 서로; 같은; 일치**
■ **syl**labus [síləbəs] ㊔ (pl. **~es, -bi**) (강의 따위의) 교수 요목, **실라버스**; 《영》 시간표; 〖법률〗 판결 요지 ☜ 라틴어로 '목록'이란 뜻. 함께(syl) (표시하는) 표(labus)
■ **sym**bol [símbəl] ㊔ **상징**, 표상, **심벌; 기호**, 부호 ㊍ 상징하다, 기호로 나타내다
☜ 라틴어로 '기호'란 뜻. 함께(sym) (의미를) 던지다(bol)
□ a**syl**um [əsáiləm] ㊔ (맹인 · 노인 · 고아 등의) **보호시설, 수용소**
☜ ~안에(a=in) 함께(syl) (모아놓은) 곳(um)
♠ an orphan **asylum** 고아**원**, an **asylum** for the aged 양로**원**

미터 meter (거리단위, 미터)

♣ **어원 : meter, metr 재다, 측정하다**
■ **meter** [míːtər] ㊔ **미터** 《길이의 기본단위; = 100cm ; 기호 m》; 자동계량기 ㊍ **재다, 측정하다** ☜ 그리스어로 '측정'이란 뜻
■ sym**metr**y [símətri] ㊔ **대칭, 균형, 조화** ☜ (양쪽이) 같게(sym) 측정하(metr) 기(y<명접>)
□ asym**metr**ic(al) [èisimétrik(əl)] ㊗ 불균형의, 비대칭의
☜ a(=not) + 같게(sym) 측정하(metr) 는(ic/ical<형접>)
♠ Most people's faces are **asymmetric**. 대부분 사람들의 얼굴이 **비대칭**이다.
□ asym**metr**y [eisímətri, æs-] ㊔ 불균형, 부조화; 비대칭(非對稱) ☜ -y<명접>

✚ geo**metr**y **기하학** dia**meter 직경, 지름** odo**meter** 주행거리계 speedo**meter** 속도계

이메일 주소의 기호 @<골뱅이>는 영어로 장소를 의미하는 'at(~에)' 이다.

❶ 시간(~에) : at은 특정한 시각, on은 날이나 요일, in은 주, 달, 계절, 연도 등 긴 기간 앞에 사용
❷ 장소(~에서) : at은 좁은 지점, in은 넓은 지역, on은 위 접촉면, above는 위쪽, over는 바로 위, beneath는 아래 접촉면, under는 바로 아래, below는 아래쪽, up은 위쪽 방향으로, down은 아래쪽 방향으로 등에 사용

□ **at** [æt/앳, (약) ət/엇] ㊇ 〖장소 · 위치〗 **~에, ~에서;** 〖시점 · 시간〗 **~에 , ~때에**
☜ 방향이나 장소를 뜻하는 라틴어 ad에서 유래
♠ **at** the office 사무실〔회사〕**에서**
♠ **at** five (o'clock) 5**시에**
♠ **at a time 한 번에**
♠ **at first 처음에**
♠ **at hand 바로 가까이에, 즉시 사용할 수 있는**
♠ **at home 집[본국]에서**
♠ **at last 마침내, 드디어**
♠ **at least 적어도**
♠ **at night 밤에**
♠ **at noon** 〔midnight〕 **정오**[자정]**에**
♠ **at once 즉시, 곧, 한꺼번에, 동시에**
♠ **at school 학교에서, 수업 중에**
♠ **at that 그 점에서는; 더구나; 그 말을 듣고**
♠ **at that time 그 때, 그 당시에**
♠ **at the age of ~ ~살 때에**
♠ **at the beginning of ~ ~의 초기에**

♠ at the bottom of ~ ~의 아래쪽[밑바닥]에
♠ at the end of ~ ~의 끝에
♠ at the same time 동시에
♠ at the sight of ~ ~을 보고, ~을 보자마자
♠ at the top of ~ ~의 맨 위[정상]에
♠ at work 직장[일터]에서, 일하고 있는

※ on [ɑn/안, ɔːn/온-, ɔn/온] ㉠ 〖장소 · 위치〗 **~의 위에, ~에서; ~을 타고;** 〖시점 · 시간〗 **~에, ~때에** ☜ 고대영어로 '~안에, ~안으로, ~위에'란 뜻

※ in [in/인, (약) ən/언] ㉠ 〖장소 · 위치〗 **~의 속[안]에서, ~에서;** 〖시점 · 시간〗 **~동안[중]에, ~에, ~때에** ☜ 고대영어로 '~안에'란 뜻

판테온 Pantheon (고대 로마의 신전)

이탈리아(Italy) 로마(Rome)에서 가장 잘 보존되어 있는 건물로 로마제국의 장군이었던 아그리파(M. V. Agrippa)에 의해 만들어졌다. 다신교였던 로마의 모든 신들에 바치는 신전이다.

♣ 어원 : theo, thei, thea, thu 신(神)

■ pan**theo**n [pǽnθiɑ̀n, -ən/pænθíːən] ㉢ **판테온** 《신들을 모신 신전》, 만신전(萬神殿); (the P-) 한 나라의 위인들의 무덤 · 기념비가 있는 전당 ☜ 그리스어로 '모든(pan) 신(theo)을 위한 신전(n)'이란 뜻

□ a**thei**sm [éiθiizəm] ㉢ 무신론 ☜ 신(thei)이 없다(a=without)고 믿는 주의(sm)

□ a**thei**st [éiθiist] ㉢ **무신론자** ☜ 신(thei)이 없다(a=without)고 믿는 사람(ist)
♠ He is a confirmed **atheist**. 그는 확고한 **무신론자**이다.

✚ en**thu**siasm **열광, 열성, 열정** mono**thei**sm 일신교 pan**thei**sm 다신교 poly**thei**sm 다신론, 다신교 **thea**rchy 신정 **thei**sm 유신론, 일신교 **theo**logy **신학**

아테네 Athene (❶ [그神] 지혜의 여신 ❷ 그리스의 수도)

[그神] 아테네의 수호신: 지혜 · 예술 · 전술의 여신. 로마신화의 지혜의 신, 미네르바(Minerva)에 해당

□ **Athen**s [ǽθinz/애씬즈] ㉢ **아테네** 《그리스의 수도, 고대 그리스문명의 중심지》 ☜ 고대 그리스어로 '아테네 여신'이란 뜻.

□ **Athen**ian [əθíːniən] ㉬ 아테네의 ㉢ 아테네사람 ☜ Athene + ian(~의/~사람)

□ **Attica** [ǽtikə] ㉢ **아티카** 《아테네가 중심이었던 고대 그리스의 수도권 지역》

□ **Atticism** [ǽtəsìzəm] ㉬ 아테네문학의 특질 《간결하고 우아한 표현》 ☜ 아티카(Attica)의 특징(sm)

□ **attic** [ǽtik] ㉢ **다락**(방), 고미다락(=garret) ☜ 아테네 건축양식에서 '건물의 맨 위층 장식 기둥'이란 뜻
★ 미국 캘리포니아(California)주 산타모니카(Santa Monica)에 있는 에인젤스 애틱(Angels Attic · 천사의 다락방)은 세계적으로 유명한 인형박물관이다.

애슬릿룩 athlete look (스포츠웨어)

애슬릿(athlete)은 운동선수, 스포츠맨을 뜻하며, 애슬릿룩은 스포츠 유니폼의 감각을 살린 스포츠웨어나 타운웨어(도시에서 입는 캐주얼한 옷)를 말한다.

□ **athlet**e [ǽθliːt] ㉢ **운동선수**, 스포츠맨 ☜ 운동(athlet)하는 사람(e)

□ **athlet**ic [æθlétik] ㉬ **운동경기의** ☜ 운동(athlet) 의(ic)
♠ **an athletic meet(ing) 운동회, 경기회**

□ **athlet**ics [æθlétiks] ㉢ **운동경기**, 《영》 육상경기 ☜ 운동(athlet)하는 것(ics)
★ 미국 서부지구 메이저리그 야구단 중에 오클랜드 애슬레틱스(Oakland Athletics)가 있다.

※ **look** [luk/룩] ㉣ **보다** ㉢ 봄, 용모, 패션 ☜ 고대영어로 '보다, 보는 행동'

아틀란티스 Atlantis (신의 저주로 바닷속에 가라앉았다는 섬)

원래 지중해와 대서양사이에 있는 지브롤터(Gibralter) 해협 서쪽에 있었으나 신의 저주를 받아 바닷속으로 가라앉았다고 전해지는 낙토(樂土)

A

☐ **Atlant**is [ætlǽntis] 명 **아틀란티스**섬 ☞ 대서양(Atlant)의 섬(is)
☐ **Atlant**ic [ætlǽntik/애틀**랜**틱/아틀**란**틱] 명 [the~] 대서양 형 대서양의 ☞ -ic<명접/형접>
♠ the **Atlantic** (Ocean) 대서양

아틀라스 Atlas (인간에게 불을 가져다준 죄로 제우스로부터 하늘을 떠받치고 있으라는 형벌을 받은 신인(神人))

❶ [그神] 지구를 양어깨에 지고 있는 신인(神人) ❷ 미 공군의 대륙간탄도탄 이름.

☐ **Atlas** [ǽtləs] 명 『그.신화』 **아틀라스** 《지구를 어깨에 지고 있는 신인》
☐ **atlas** [ǽtləs] 명 **지도책** ☞ 옛 지도책에 Atlas의 그림이 실린데서 유래

에이티앰 ATM (자동현금인출기)

☐ **ATM** **A**utomated **T**eller **M**achine 자동예금〔현금〕 입출금장치〔기계〕

✚ **auto**mate 자동화하다 **tell**er 말하는 사람, 금전출납계원 **machin**e **기계**(장치)

블로고 스피어 blogosphere (인터넷에 형성된 가상세계. <블로그 영역>이란 뜻)

블로그를 통해 커뮤니티나 소셜 네트워크처럼 서로 연결되어 있는 모든 블로그들의 집합을 말한다. 서로 연결되어 블로그에서 댓글을 달고, 블로그의 글을 읽고, 트랙백을 걸면서 이슈를 확산, 개인적인 의견을 나누며 블로고스피어 즉, 블로그 문화를 성장시키게 된다. <출처 : 시사경제용어사전>

♣ 어원 : sphere 둥근, 구, 범위/영역

■ blogo**sphere** [blɑ́ːgsfìər/blɒg-] 명 **블로고스피어** 《인터넷상에서 서로 연결되어 형성된 blog들의 집합체》 ☞ blog(인터넷 개인 홈페이지) + o + sphere(천체, 공간)
★ blog란 웹(web) 로그(log)의 줄임말로, 보통사람들이 자신의 관심사에 따라 자유롭게 글을 올릴 수 있는 웹 사이트를 말한다.
■ **sphere** [sfiər] 명 **구**(球), **구체, 천체** ☞ 그리스어로 '공, 구(球)'란 뜻
☐ atmo**sphere** [ǽtməsfìər] 명 **대기, 공기; 분위기** ☞ 수증기(atmos)가 있는 영역(sphere)
♠ a tense 〔romantic〕 **atmosphere** 긴장된 〔낭만적인〕 **분위기**
☐ atmo**spher**ic(al) [æ̀tməsférik(əl)] 형 **대기(중)의**, 공기의; **분위기 있는** ☞ ic(al)<형접>
♠ **an atmospheric depression 저기압**
♠ **atmospheric** music **무드** 음악
☐ atmo**spher**ically [æ̀tməsférikəli] 부 대기상, 분위기 있게 ☞ -ly<부접>
hemi**sphere** [hémisfìər] 명 (지구의) **반구** ☞ 반(hemi) 구(sphere)

아톰 Atom (일본 만화 주인공. 인조인간. <원자>라는 뜻)

일본 만화가 데쓰카 오사무가 그린 만화의 주인공. 1951년 잡지 <소년>에 게재되었고, 1963년 TV 만화영화(animation)로 만들어진 후 미국 할리우드(Hollywood) 영화까지 만들어진 인조인간. 한국에서는 1970년대에 <우주소년 아톰>이란 제목으로 TV에서 방영되었다.

♣ 어원 : tom, tem 자르다(=cut)

☐ a**tom** [ǽtəm] 명 **원자**; 미분자, 티끌, 미진(微塵); 극소량
☞ 고대 그리스어로 '분할할 수 없는'. a(=not) + tom(=cut)
♠ break (smash) to **atoms** 산산이 **가루**로 부수다.
♠ **not an atom of ~ ~이 털끝만큼도 없는**
♠ chemical **atoms** 원자 ☞ chemical(화학적인)
♠ physical **atoms** 분자 ☞ physical(물리적인)
☐ a**tom**-bomb [ǽtəmbɑ́m/-bɔ́m] 동 원자폭탄으로 공격하다 ☞ bomb(폭탄을 투하하다)
☐ a**tom** bomb 원자폭탄 ☞ bomb(폭탄)
☐ a**tom**ic [ətɑ́mik/ətɔ́m-] 형 **원자의** ☞ atom + ic<형접>
♠ an **atomic** explosion 핵폭발(=a nuclear explosion)
■ abs**tem**ious [æbstíːmiəs] 형 절제〔자제〕하는, 음식을 삼가는《in》; (음식이) 소박한
☞ 멀리(abs=away) 자르(tem=cut) 는(ious<형접>)

원피스 one-piece (위 아래가 붙은 일체형 옷) ➔ a dress

치마와 블라우스(blouse)가 분리되지 않고 하나(one)로 된 옷의 총칭. 원피스 드레스(one-pieces dress)의 준말이다.

■ **one** [wʌn/원] 명형 **1, 하나(의)** ☞ 고대영어 ān으로 '하나'란 뜻.
☐ at**one** [ətóun/어**토**운] 동 **보상하다, 속죄하다**

☜ at + one의 합성어로 상대방의 의사에 일치하도록 하다

☐ at**one**ment [ətóunmənt] 명 **보상, 죄값** ☜ atone + ment<명접>
♠ **make atonement for** his misdeeds 그의 죄 값**에 대한 보상을 하다**

※ **piece** [piːs/피-스] 명 **조각**, 단편; (한 벌인 물건 중의) 일부, 부분, 부분품
☜ 중세영어로 '조각'이란 것 비교 peace **평화**

※ **dress** [dres/드뤠스] 동 **옷을 입다[입히다]**; 정장하다 명 **의복, 옷**; 여성복, **드레스**
☜ 라틴어로 '옷을 입다, 똑바로 세우다'란 뜻.

A

아토피 atopy (가려움을 동반한 만성적인 알레르기성 피부질환)

☐ **atopy** [ǽtəpi] 명 〖의학〗 **아토피**성 체질 《선천성 과민성》(=atopic allergy)
☜ 그리스어로 '알 수 없는, 이상한'이란 뜻. a(=without) + topy<topos(=place)

아트로시티 Atrocity (독일 남성 5인조 밴드. <포악>이란 뜻)

1985년 결성하여 1990년대 활동했던 독일 남성 5인조 데스메탈(death metal [heavy metal의 하위장르]) band이다. 프로그레시브(progressive)와 클래식(classic)과의 난해한 교류 그리고 테크노(techno), 포크(folk)와의 참신한 공생을 지향하는 개성있는 band이다.

♣ 어원 : atr, atroc 검은; 침울한; 잔인한, 흉악한

☐ **atroc**ity [ətrɑ́səti/ətrɔ́s-] 명 (pl. **-ties**) **포악, 잔학**, 무도
☜ 검은(atroc) 것(ity)

☐ **atroc**ious [ətróuʃəs] 형 **극악한, 잔학한** ☜ -ious<형접>
♠ an **atrocious** crime **잔학한** 범죄
♠ an **atrocious** meal **형편없는** 식사

터치 스크린 touch screen (접촉식 화면)

[컴퓨터] 접촉식 화면 《컴퓨터 화면을 손가락으로 만지면 정보가 입력이 되는 모니터 화면》

♣ 어원 : touch, tach, tact ~에 접촉하다, ~에 들러붙다

■ **touch** [tʌtʃ/터취] 동 (손을) 대다, 만지다, **접촉하다** ☜ 고대 프랑스어로 '접촉하다'

☐ at**tach** [ətǽtʃ] 동 **붙이다, ~에 들러붙다** ☜ ~에(at<ad=to) 접촉하다(tach)
반 detach 떼다
♠ **attach (A) to (B) A를 B에 붙이다**

☐ at**tach**able [ətǽtʃəbl] 형 붙일 수 있는 ☜ attach + able(~할 수 있는)

☐ at**tach**e [æ̀təʃéi, ətǽʃei] 명 《F.》 (대사・공사의) 수행원; 공사〔대사〕관원, 외교관보
☜ 프랑스어로 '대사관에 붙여준 초급 관원'이란 뜻

☐ at**tach**ment [ətǽtʃmənt] 명 **부착, 접착**; 집착; 사모, 애정 ☜ attach + ment<명접>

※ **screen** [skriːn] 명 **칸막이**; 차폐물; **막; 스크린**; (영화의) 영사막
☜ 고대 프랑스어로 '난로 앞에 치는 내화 철망'이란 뜻

✚ de**tach** **떼어내다, 분리하다** con**tact** **접촉; 접촉[연락]하다** **touch**ed 감동된 un**touch**ed 손대지 않은, 언급되지 않은

태클 tackle ([축구, 럭비] 태클)

♣ 어원 : tack, take (붙)잡다

■ **tack**le [tǽkəl] 명 〖축구・럭비〗 **태클; 연장**, 도구 동 ~에 달려들다, 태클하다; **공격하다, 착수하다** ☜ 붙잡(tack) 다(le<동접>)

☐ at**tack** [ətǽk] 동 **공격하다**(=assail, assault), 습격하다; (병이) 침범하다 명 **공격**; 발병
☜ ~을(at<ad=to) 붙잡으려고(tack) 달려들다 반 **defend** 막다
♠ **Attack** is the best defense. **공격**은 최상의 방어이다.

✚ **take** 잡다, **붙잡다, 취하다**, 가지다 mis**take** **잘못**, 틀림; 오해하다 mis**take**n **틀린** unmis**tak**able **틀림없는** s**take** **말뚝**; 화형

컨테이너 container (화물수송용 큰 금속상자)

♣ 어원 : tain, ten 확보하다, 유지하다, 보유하다

■ con**tain** [kəntéin/컨테인] 동 **포함하다; 억제하다** ☜ 함께(con<com) 유지하다(tain)

■ con**tain**er [kəntéinər] 명 **그릇, 용기; 컨테이너** ☜ contain + er(장비)

☐ at**tain** [ətéin] 동 **도달하다, 성취하다** ☜ ~을(at<ad=to) 확보하다(tain)
♠ She **attained** full success. 그녀는 충분한 성공을 **거두었다**.

☐ at**tain**able [ətéinəbl] ⓗ 달성할 수 있는, 이룰 수 있는 ☜ attain + able<형접>
☐ at**tain**ment [ətéinmənt] ⓜ **달성, 도달**; (pl.) 학식 ☜ attain + ment<명접>

✚ enter**tain** **대접[환대]하다**; 즐겁게 하다 main**tain** 지속하다, **유지하다** ob**tain** **얻다, 획득하다** re**tain** **보류하다; 계속 유지하다** sus**tain** **유지[계속]하다** **ten**ant (토지 등의) **차용자, 소작인**

템프테이션 temptation (한국의 댄스팝 걸그룹 AOA 노래. <유혹>이란 뜻)

댄스팝 걸그룹 < AOA >
© YouTube

♣ **어원 : tempt, taunt 시도하다, 시험하다, 유혹하다**

■ **tempt** [tempt] ⓢ **유혹하다, 시험하다** ☜ 라틴어로 '시험하다'
■ **tempt**ation [temptéiʃən] ⓜ **유혹** ☜ -tion<명접>
☐ at**tempt** [ətémpt/어**템**트] ⓢ **시도하다** ⓜ **시도**
☜ ~로(at<ad=to) 시도하다(tempt)
♠ **(make an) attempt to** 〔at〕 **~ ~을 하려고 시도 〔노력〕 하다**
♠ an **attempt** at murder 살인미수(殺人未遂)
♠ A **bold attempt** is half success. **대담한 시도**는 절반의 성공이다.

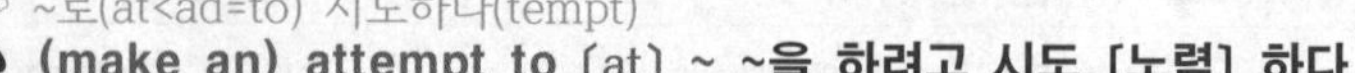

☐ at**tempt**ed [ətémptid] ⓗ 시도한, 미수의 ☜ attempt + ed<형접>

✚ con**tempt** **경멸, 모멸**, 치욕 **taunt** 비웃음, **조롱**; 비웃다; **조롱하다**

텐트 tent (천막)

♣ **어원 : tent, tend, tense 팽팽하게 뻗히다, 펼치다, 늘리다, 넓히다**

■ **tent** [tent/텐트] ⓜ **텐트, 천막** ☜ 초기 인도유럽어로 '펼치다'에서 유래
☐ at**tend** [əténd/어**텐**드] ⓢ **~에 출석하다; 시중들다** ☜ ~로(at<ad=to) 펼치다(tend)
♠ **attend to ~ ~에 주의하다; ~에 열중하다**(=pay attention to)
♠ **attend on** 〔upon〕 **~ ~를 시중들다, 간호하다, 수행하다, 섬기다**
♠ **be attended with (danger) (위험)을 수반하다**
☐ at**tend**ance [əténdəns] ⓜ **출석, 시중** ☜ attend + ance<명접>
☐ at**tend**ant [əténdənt] ⓗ 따라다니는, **수행하는** ⓜ **참석자, 수행원**
☜ attend + ant(<형접>/사람)
☐ at**tent**ion [əténʃən/어**텐**션] ⓜ **주의, 주목**
☜ ~에(at=to) 관심이 뻗친(tent) 것(ion)
♠ **draw** 〔attract〕 **attention to ~ ~에 주의를 끌다**
♠ **pay** 〔give, call〕 **attention to ~ ~에 주의하다, 주목하다**
☐ at**tent**ive [əténtiv] ⓗ **주의 깊은** ☜ ~에(at=to) 관심이 뻗(tent) 친(tiv<형접>)
☐ at**tent**ively [əténtivli] ⓟ **주의깊게**, 정중하게 ☜ -ly<부접>
☐ at**ten**uant [ətén juənt] ⓗ 묽게〔희박하게〕 하는 ⓜ 〖의학〗 (혈액의) 희석제
☜ ~을(at<ad=to) 당겨 가늘게(ten) + u + 하는(ant<형접>)
☐ at**ten**uate [ətén juèit] ⓢ 가늘게 하다, 얇게 하다; 약하게 하다; 묽게 하다; 수척하게 하다 ☜ ~을(at<ad=to) 당겨 가늘게(ten) + u + 하다(ate<동접>)
☐ at**ten**uation [ətènjuéiʃən] ⓜ 가늘게 함; 감소; 감쇠; 저하; 엷게〔묽게〕 함, 희박화(化)
☜ attenuate + ion<명접>)

✚ con**tend** **다투다, 경쟁하다** ex**tend** **뻗히다**, **늘리다**, **넓히다; 베풀다** in**tend** **~할 작정이다, 의도하다** **tend** **~하는 경향이 있다** **tens**ion **긴장(상태)**

테스트 test (시험)

♣ **어원 : test 증명, 증언, 증인, 계약, 시험, 검사; 증언하다, 목격하다**

■ **test** [test/테스트] ⓜ **시험, 검사** ⓢ **시험하다, 검사하다**
☜ 중세영어로 '귀금속의 순도분석에 쓰인 작은 그릇'이란 뜻
☐ at**test** [ətést] ⓢ **증명하다**(=prove), **증언하다** ⓜ 증언, 선서
☜ ~로(at<ad=to) 증언하다(test)
♠ I **attest** the truth of her statement. 나는 그녀의 진술이 사실임을 **증명한다**.
☐ at**test**ation [æ̀testéiʃən] ⓜ 증명, 증언 ☜ attest + ation<명접>
☐ at**test**ed [ətéstid] ⓗ 《영》 증명〔입증〕된; (소・우유가) 무병〔무균〕이 보증된
☜ attest + ed<수동형 형접>

✚ con**test** **논쟁; 경연, 콘테스트** de**test** **혐오하다** pro**test** **단언하다, 항의하다** Pro**test**ant 〖기독교〗 **프로테스탄트**(의), **신교도(의)** **test**ify **증명하다**, 증언하다 **test**imony **증언**

□ **attic**(다락방) ➔ **Athens**(아테네) **참조**

타이어 tire (자동차 바퀴의 고무재질)

■ **tire**, 《영》 **tyre** [taiər] 명 **타이어** ☜ 중세영어로 '옷을 입히다'란 뜻. at**tire**의 두음소실
명 피로 동 **피로[피곤]하게 하다**, 피로해지다
☜ 고대영어로 '실패하다, 중지하다'란 뜻

□ at**tire** [ətáiər] 동 **차려입히다** 명 **옷차림새, 복장, 의복**
☜ (몸을) 완전히(at/강조) 정돈하다(tire)
♠ She **was attired as** a man. 그녀는 남장을 하고 있었다.

애티튜드 attitude (발레의 자세)

□ **attitude** [ǽtitjùːd/**애**리튜-드/**아**티튜-드] 명 **태도, 자세**; 『발레』 **애티튜드** 《한 다리를 뒤로 구부린 자세》 ☜ 이탈리아어로 '태도, 자세'
비교 aptitude 경향, 소질, 적성
♠ **attitude** of mind 마음 가짐
♠ a serious **attitude** 진지한 **태도**

연상 직업으로 변호사는 어떠니(attorney.변호사) ?

□ **attorney** [ətə́ːrni] 명 **변호사**(=lawyer), (사업·법률적) 대리인
☜ 고대 프랑스어로 '지명된 사람'이란 뜻
♠ a circuit **attorney** 《미》 지방 **검사**(檢事)
♠ power(s) of **attorney** **위임**권〔장〕

□ **attorney**ship [ətə́ːrniʃìp] 명 변호사직〔신분〕, 대리권 ☜ -ship(상태, 성질)

트랙터 tractor (견인력을 이용해서 각종 작업을 하는 특수 차량)

♣ **어원 : tract 끌다**

■ **tract**or [trǽktər] 명 **트랙터, 견인차** ☜ 끄는(tract) 기계(or)

□ at**tract** [ətrǽkt] 동 (흥미를) **끌다, 매혹하다** ☜ ~로(at<ad=to) 끌다(tract)
♠ He **was attracted by** her charm. 그는 그녀의 매력**에 끌렸다**.
♠ **attract one's attention ~ ~의 관심을 끌다**

□ at**tract**ive [ətrǽktiv] 형 **사람의 마음을 끄는** ☜ -ive<형접>

□ at**tract**ively [ətrǽktivli] 부 매력적으로 ☜ attractive + ly<부접>

□ at**tract**iveness [ətrǽktivnis] 명 매력, 애교 ☜ attractive + ness<명접>

□ at**tract**ion [ətrǽkʃən] 명 **매력, 유혹** ☜ attract + ion<명접>

✚ abs**tract** **추상적인, 관념상의** de**tract** (가치를) **떨어뜨리다**, 줄이다 ex**tract** **뽑아내다, 빼내다; 추출물** re**tract** 취소하다, 철회하다

디스트리뷰터 distributor ([자동차] 배전기)

디스트리뷰터란 자동차 엔진 부품의 하나로 발전기의 점화 코일에서 발생한 고전압을 엔진의 점화플러그에 순서대로 분배하여 보내주는 장치

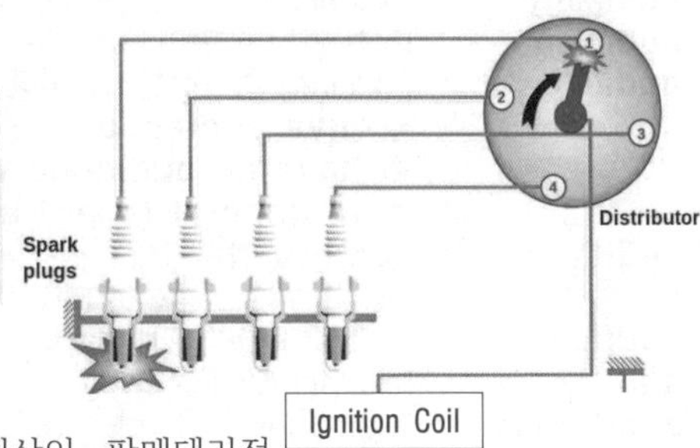

♣ **어원 : tribute 주다**

■ dis**tribute** [distríbjuːt] 동 **분배하다, 배포하다**
☜ 따로따로(dis) 주다(tribute)

■ dis**tribut**or, -er [distríbjətər] 명 **분배자, 배전기**; 도매상인, 판매대리점
☜ distribute + or/er(사람/기기)

□ at**tribute** [ətríbjuːt] 동 **~의 탓으로 돌리다, ~에 귀착시키다**
☜ ~에게(at<ad=to) 책임을 주다(tribute)
♠ **attribute (A) to (B)**
B를 A의 탓으로 돌리다

□ at**tribut**ion [æ̀trəbjúːʃən] 명 속성, 귀속, 귀착; 권능 ☜ attribute + ion<명접>

□ at**tribut**able [ətríbjutəbəl] 형 ~의 탓인, ~에 귀속시킬 수 있는 ☜ -able(~할 수 있는)

□ at**tribut**ive [ətríbjətiv] 형 속성의; 한정적인 ☜ -ive<형접>

■ con**tribute** [kəntríbjuːt] 동 **기부하다, 기증하다, 기여하다** ☜ 함께(con<com) 나눠 주다(tribute)

투어 tour (관광 여행, 유람 여행)

♣ **어원 : tour, tri 돌다, 돌리다(=turn); 마찰하다**

■ **tour** [tuər] 명 **관광 여행**, 유람 여행 동 **유람[여행]하다** ☜ 고대 프랑스어로 '돌다'란 뜻
■ **trip** [trip/츠륖] 명 (짧은) **여행** ☜ (여기저기를) 도는(tri) 것(p)
□ at**tri**te [ətráit] 동 마모시키다 형 마모된 ☜ ~을(at<ad=to) 비비(tri) 다(te)
□ at**tri**ted [ətráitid] 형 마모된, 마멸된 ☜ attrite + ed<형접>
□ at**tri**tion [ətríʃən] 명 마찰; 마멸, 마손 ☜ attrite + ion<명접>
♠ **a war of attrition 소모**전(消耗戰)
■ con**tri**te [kəntráit, kάntrait/kɔ́ntrait] 형 죄를 깊이 뉘우치고 있는; 회개한
☜ 완전히(con/강조) (마음을) 돌(tri) 린(te)

옥션 auction (국내 최초의 인터넷 경매 전문 사이트)

AUCTION.

♣ **어원 : aug, auc 위대한, 증가한**

□ **auc**tion [ɔ́:kʃən] 명 **경매, 옥션** ☜ (가격이 점차) 증가하는(auc) 것(tion<명접>)
♠ **put up at (to) auction 경매에 부치다.**
♠ **hold an auction of ~ ~의 경매를 하다**
□ **auc**tioneer [ɔ̀:kʃəníər] 명 경매인 동 경매하다 ☜ auction + eer(사람/<동접>)
■ **aug**ment [ɔ:gmént] 동 **늘리다, 증가[증대]시키다** 명 **증대** ☜ -ment<동접/명접>
■ **Aug**ust [ɔ́:gəst/**오**-거스트] 명 **8월** (약어 Aug.) 형 (a-) **당당한, 존엄한**(=majestic)
☜ 로마 초대황제 아우구스투스(Augustus) 이름에서 유래

오다시티 audacity ([컴퓨터] 음원편집 프로그램. <대담무쌍>이란 뜻)

□ **audac**ity [ɔ:dǽsəti] 명 **대담 무쌍**; 뻔뻔스러움; 무례; (보통 pl.)
대담한 행위 ☜ 라틴어로 '대담(audac) 함(ity)'이란 뜻.
반 timidity 겁, 소심
♠ He had the **audacity** to question my honesty.
그는 **무례하게** 나의 정직성을 의심했다.

Audacity®

□ **audac**ious [ɔ:déiʃəs] 형 대담한, 뻔뻔스런 ☜ 대담(audac) 한(ious)
□ **audac**iousness [ɔ:déiʃəsnis] 명 대담무쌍, 뻔뻔함 ☜ audacious + ness<명접>

오디오 audio (음향기기), 오디션 audition (예능심사)

♣ **어원 : aud(i), edi, ey 듣다**

□ **audi**o [ɔ́:diòu] 형 『통신』 가청주파(可聽周波)의 명 (pl. **-dios**) 『TV』 (음의) 수신; 음성 부문; 가청(음역), **오디오** ☜ 라틴어로 '나는 듣는다'라는 뜻.
□ **audi**o-visual aids 시청각 교육보조재료 ☜ visual(시각적인), aid(도움, 원조, 조력)
□ **audi**ble [ɔ́:dəbl] 형 **들리는, 청취할 수 있는**, 가청(可聽)의 ☜ -ible<형접>
반 inaudible 들을 수 없는
□ **audi**bility [ɔ̀:dəbíləti] 명 가청성, 들을 수 있음 ☜ audible + ility<명접>
□ **audi**bly [ɔ́:dəbli] 부 들리도록, 들을 수 있도록 ☜ audible + ly<부접>
□ **audi**ence [ɔ́:diəns] 명 [집합적] **청중; 관중**, 관객, 청취(시청)자 ☜ -ence<명접>
♠ **give audience to ~ ~을 청취[접견]하다**
♠ **have an audience with** (the Pope) (교황)**을 배알하다**
♠ **in general (open) audience 공개석에서, 공공연하게**
□ **audi**t [ɔ́:dit] 명 감사, 세무조사; 단속; 청강(聽講) 동 회계 감사하다
☜ 라틴어로 '듣는(audi) 것(t)'이란 뜻. 인터뷰의 중요성을 강조한 단어
□ **audi**tion [ɔ:díʃən] 명 청각; 청력; (가수·배우 등의) **오디션** ☜ 듣는(audi) 것(tion)
□ **audi**tor [ɔ́:ditər] 명 듣는 사람, 방청자; 회계감사관; 감사(監査) ☜ 듣는(audi) + t + 사람(or)
□ **audi**torium [ɔ̀:ditɔ́:riəm] 명 (pl. **-s,** auditori**a**) 청중석, 방청석; 강당, **오디토리엄**
☜ 듣는(audi) + t + 곳(orium)
□ **audi**tory [ɔ́:ditɔ̀:ri/-təri] 형 **청각의** ☜ auditor + y<형접>

✚ in**audi**ble 알아들을 수 없는, 들리지 않는 ob**ey** **복종하다**, 따르다 disob**ey** **따르지 않다. 위반하다**, 반항하다

투낫싱 two-nothing ([야구] 2 스트라이크 - 0 볼)

[야구] 볼카운트가 2 strike no ball 상태를 말한다. 영어에서 zero(O)를 의미하는 nothing 은 naught, nought 에서 유래했다. 이와 반대로 모두(all, any)라는 개념은 naught, nought 의 첫글자 n 을 뺀 aught, ought 로 쓰이게 되었다.

♣ **어원 : aught, ought 어떤 것[일]**

※ **two** [tu:/투-] 명형 **2(의)** ☜ 고대영어로 '2, 둘'이란 뜻.

■ nothing [nʌ́θiŋ/너띵/너씽] ㊐㊑ **아무것[일]도 ~ 없다[않다]** ☜ no + thing
■ naught [nɔːt, nɑːt] ㊑ **무**(無), 《미》 **제로** ☜ n(=not) + aught(=thing)
■ nought [nɔːt, nɑːt] ㊑ 『고어·시어』 무(無), 《영》 제로 ☜ n(=not) + aught(=thing)
□ aught [ɔːt] ㊐㊑ 『고어』 **어떤 일[것]**(=anything) ☜ 고대영어로 '어떤 것'이란 뜻
♠ **for aught I care 《고어》 아무래도 상관없다**
♠ **for aught I know 내가 알고 있는 한에서는, 잘은 모르지만, 아마**
■ ought [ɔːt] ㊐ 《고어·시어》 어떤 일〔것〕, 무언가, 뭣이나(=anything) ㊙ 무엇이든, 조금이라도, 어쨌든 ☜ 고대영어로 '어떤 것'이란 뜻

아우구스투스 Augustus (아우구스투스 황제), 옥션 auction (경매)

♣ **어원 : aug, auc 위대한, 존엄한; 증가한; 증가하다**
■ Augustus [ɔːgʌ́stəs] ㊑ 옥타비아누스(Octavianus) 아우구스투스 《63 B.C. ~ 14 A.D.) 초대 로마황제》 ★ 옥타비아누스는 원로원으로부터 '**존엄한 자**'라는 뜻의 아우구스투스 칭호를 얻고 BC 27년 로마제국의 최초의 황제가 되었다.
□ augment [ɔːgmént] ㊍ **늘리다, 증가[증대]시키다** ㊑ **증대** ☜ -ment<동접/명접>
□ August [ɔ́ːgəst/**오**-거스트] ㊑ **8월** (약어 Aug.) ㊒ (a-) **당당한, 존엄한** ☜ 로마초대황제 아우구스투스(Augustus) 이름에서 유래
■ auction [ɔ́ːkʃən] ㊑ **경매, 옥션** ☜ (가격이 점차) 증가하는(auc) 것(tion<명접>)

연상 영국 왕실의 앤(Anne) 공주도 이젠 여왕이 아닌 앤트(Aunt.아주머니)가 되었다.

※ Anne [æn] ㊑ 여자 이름; 영국 여왕(1665-1714) 《Stuart가(家) 최후의 왕》; 영국 공주(앤 엘리자베스 앨리스 루이즈: 1950-) 《現 국제올림픽위원회 IOC 위원선출위원회 위원장》 ★ 영국의 앤 공주는 젊은 시절엔 국가대표 승마선수로 세계선수권 금메달리스트이기도 하며, 2018년 평창 동계올림픽때 한국을 방문함.
□ aunt [ænt/앤트/ɑːnt/안-트] ㊑ **아주머니** 《이모, 백모, 고모, 숙모 모두 해당》 ☜ 라틴어로 '아버지의 여자 형제'란 뜻.
비교 uncle 아저씨
♠ **My (sainted 〔giddy〕) aunt ! 《속어》 어머(나), 저런**
□ Aunt Mary 마리화나(marijuana) ☜ 대마초를 건조한 것

이어폰 earphone (귀에 꽂는 수신기)

♣ **어원 : ear, aur 귀**
■ ear [iər/이어] ㊑ **귀**; 청각; (보리 등의) 이삭 ☜ 고대영어로 '귀'란 뜻
■ earphone [íərfòun] ㊑ **이어폰**, (라디오 등의) **리시버**, 수신기 ☜ 귀(ear) + 소리(phone)
□ aural [ɔ́ːrəl] ㊒ 귀의; 청각의 ☜ 귀(aur<ear) 의(al<형접>)
비교 oral [ɔ́ːrəl] 구두(口頭)의
♠ **an aural aid 보청기** ☜ 청각(aural)을 돕는(aid) 기기

오로라 Aurora (❶ [로神] 여명의 여신 ❷ 북극광)

[로神] 아우로라. 여명[새벽]의 여신으로 그리스신화의 Eos에 해당한다.

< 북극광 오로라>
© pinotspalette.com

♣ **어원 : aur, ora 빛, 빛나다**
□ aurora [ərɔ́ːrə, ɔːrɔ́ː] ㊑ (pl. **-s, -e**) 서광, 여명, **오로라**, (북)극광 ☜ 라틴어로 '아침의 빛(aur)'이란 뜻
♠ **aurora polaris 극광**
□ aurum [ɔ́ːrəm] ㊑ 《L.》 『화학』 **금** 《금속 원소; 기호 Au; 번호 79》 ☜ 라틴어로 '빛나는(aur) 것(um)'이란 뜻
♠ **aurum foliatum 금박**
■ El Dorado, Eldorado [èldərɑ́ːdou] ㊑ 《Sp.》 **엘도라도** 《(남미 아마존 강변에 있다고 상상한) 황금의 나라; 보물산》 ☜ 스페인어로 El(=the) + d<de(강조) + ora<aur(빛나다) + do<명접>

아우슈비츠 Auschwitz (유태인이 대량 학살된 폴란드에 있는 독일군 수용소)

A

아우슈비츠는 폴란드의 도시로 2차 대전 중 독일군이 유태인을 대량 학살한 아우슈비츠 수용소로 유명하다. 당시 유럽에 살고 있던 약 1100여 만 명의 유대인들 가운데 절반이 넘는 600여 만 명의 유대인들이 아우슈비츠를 포함한 여러 수용소에서 대량 학살되었다.

□ **Auschwitz** [auʃvitz] ⓜ **아우슈비츠** 《폴란드 남서부의 도시; 나치의 유대인 수용소로 유명함》
☜ 어원 확인 불가. 폴란드어로 '오슈비엥침(Oswiecim)'이라고 함.

에비에이터 The Aviator (미·일·독 합작 로맨스 영화. <비행사>란 뜻)

2005년 개봉된 미·일·독 합작 드라마/모험/로맨스 영화. 레오나르도 디카프리오, 케이트 블란쳇 주연. 진취적이고 모험심이 강한 억만장자 하워드 휴즈의 일대기 실화를 바탕으로 제작한 영화.

© Warner Bros.

♣ **어원 : av(i), avar, au 새, 조류, 비행; 날다**

■ **avi**ator [éivièitər, ǽv-] ⓜ 비행사, 조종사
☜ 비행(avi)을 하는(ate) 사람(or)

■ **avar**ice [ǽvəris] ⓜ **탐욕** ☜ 새(avar)처럼 날고 싶은 것(ice<명접>)

□ **au**spice [ɔ́ːspis] ⓜ **길조; 원조**
☜ 새(au)가 나는 것을 보고(spic=look) 조짐을 알다
♠ under favorable **auspices 조짐**이 좋아
♠ under **the auspices** of the company 회사의 **찬조로**

□ **au**spicious [ɔːspíʃəs] ⓗ **상서로운, 경사스러운** ☜ auspice + ous<형접>

□ in**au**spicious [ìnɔːspíʃəs] ⓗ 불길한, 상서롭지 않은, 재수 없는; 불행한, 불운한 ☜ in(=not/부정) + auspicious

□ in**au**spiciously [ìnɔːspíʃəsli] ⓟ 불길하게, 운 나쁘게 ☜ -ly<부접>

연상 오스트리아(Austria) 사람들은 오스티어(austere.검소한)한 사람들이 많다(?)

♣ **어원 : auster 엄격한, 검소한**

※ **Austria** [ɔ́ːstriə] ⓜ **오스트리아** 《유럽 중부의 공화국. 수도 비엔나(Vienna)》
☜ 동쪽(aust) 지역(ria)

□ **auster**e [ɔːstíər] ⓗ (-<-**r**<-**st**) **엄한**, 내핍의, **검소한**, 소박한
☜ 고대 그리스어로 '호된, 엄격한, 검소한'이란 뜻
♠ live an **austere life 검소한 생활**을 하다

□ **auster**ity [ɔːstériti] ⓜ **엄숙; 내핍, 긴축** ☜ austere + ity<명접>
♠ an **austerity** budget **긴축** 예산

오스트레일리아 Australia (오세아니아의 영연방 국가. 호주)
오스트리아 Austria (유럽 중부의 공화국)

□ **Australia** [ɔːstréiljə/오스트**뤠**일려] ⓜ **오스트레일리아, 호주** 《오세아니아의 영연방 국가, 수도 캔버라(Canberra)》 ☜ 남쪽(austra)에 있는 나라(lia)
★ 면적은 알래스카를 제외한 미국 본토와 비슷함. 국가원수는 영국의 엘리자베스 2세 여왕(Queen Elizabeth Ⅱ)이며, 총독(governor general)이 여왕을 대리하여 권한대행을 맡고 있다.

□ **Australia**n [ɔːstréiljən] ⓗ **오스트레일리아의, 호주(사람)의** ⓜ **오스트레일리아 사람, 호주 사람**
☜ Australia + an(~의/~사람)

□ **Austria** [ɔ́ːstriə] ⓜ **오스트리아** 《유럽 중부의 공화국. 수도 비엔나(Vienna)》
☜ 동쪽(aust) 지역(ria)

□ **Austria**n [ɔ́ːstriən] ⓗ **오스트리아[사람]의** ⓜ **오스트리아 사람** ☜ Austria + an(~의/~사람)

연상 오소리는 굴파기에 있어 최고의 오소리티(authority.권위자)이다(?)

♣ **어원 : auth 증가하다, 성장하다**

□ **auth**entic(al) [ɔːθéntik(əl)] ⓗ **믿을 만한, 근거가 있는**
☜ (증거가) 증가하는(auth) 것(ent) 의(ical)
♠ an **authentic** information **확실한** 정보(보도)

□ **auth**enticate [ɔːθéntəkèit] ⓢ 진짜임을 입증하다 ☜ authentic + ate<동접>

□ **auth**enticity [ɔ̀ːθentísəti] ⓜ 진실성, 확실성 ☜ authentic + ity<명접>

□ **auth**or [ɔ́ːθər/**오**-써] ⓜ **저자, 작가**; 창조자 ⓢ **저술하다, 창조하다**
☜ 라틴어로 '창시자'라는 뜻. (권위가) 증가한(auth) 자(or)
♠ We are **the authors** of our own disasters. 인간은 자기 재난의 **저자**이다.

□ **auth**ority [əθɔ́ːriti/어**쏘**-리티] ⓜ **권위, 권위자**; (pl.) 관헌, 당국자
☜ 라틴어로 '저자의 권한'이란 뜻. ⇦ 증가하여(auth) 생기는(ori) 것(ty)

♠ **have no authority over (with) ~ ~에 대하여 권위가 없다**
♠ **on one's own authority 독단으로, 자기 마음대로; 자칭**
♠ **those in authority 당국자**
♠ **under the authority of ~ ~의 지배[권력]아래**

☐ **auth**oritarian [əθɔ̀ːrətέəriən, əθɑ̀r-/ɔːθɔ̀r-] ⓜ 독재(권위)주의자 ⓗ 독재(권위)주의의, 반민주적인
☜ authority + arian(~사람/~의)

☐ **auth**oritarianism [əθɔ̀ːrətέəriənizm, əθɑ̀r-/ɔːθɔ̀r-] ⓜ **권위주의**, 독재주의 ☜ -ism(~주의)

☐ **auth**orities [əθɔ́ːritis] ⓜ **당국** ☜ 권위(authority)가 있어야 하는 곳

☐ **auth**oritative [əθɔ́ːritèitiv] ⓗ **권위 있는** ☜ authority + ative<형접>

☐ **auth**orize [ɔ́ːθəràiz] ⓢ **권위[권한]을 부여하다** ☜ authority + ize<동접>
♠ The Minister **authorized** him to do it.
장관은 그에게 그것을 할 **권한을 주었다**.

☐ **auth**orized [ɔ́ːθəràizd] ⓗ 권한을 부여받은 ☜ authorize + ed<형접>

☐ **auth**orization [ɔ̀ːθərizéiʃən/-rai-] ⓜ 위임, 허가, 권한부여, 공인 ☜ authorize + ation<명접>

오토바이 콩글 autobi (x) ➔ motorcycle, bike, motorbike (○)

♣ **어원 : auto 스스로(=self), 저절로, 자동으로; 혼자서**

☐ **auto** [ɔ́ːto] ⓜ **자동차** ☜ 고대 그리스어로 '스스로'라는 뜻.

☐ **auto**biography [ɔ̀ːtəbaiɑ́grəfi/-ɔ́g-] ⓜ (pl. **-phies**) **자서전**
☜ 스스로(auto)의 삶(bio)을 기록한(graph) 것(y)

☐ **auto**biographic(al) [ɔ̀ːtəbaiɑ̀grəfik(əl)/-ɔ́g-] ⓗ **자서전(체)의**, 자전(自傳)(식)의 ☜ autobiography<y→i> + c(al)<형접>

☐ **auto**cracy [ɔːtɑ́krəsi/-tɔ́k-] ⓜ 독재권, 독재정치, 독재주의 국가
☜ 혼자서(auto) 하는 정치체제(cracy)

☐ **auto**crat [ɔ́ːtəkræt] ⓜ 독재(전제)군주, 독재자 ☜ auto + crat(통치자)

☐ **auto**cratic [ɔ́ːtəkrætik] ⓗ 전제의 ☜ autocrat + ic<형접>

☐ **auto**cratically [ɔ̀ːtəkrǽtikəli] ⓟ 독재적으로 ☜ autocratic + al<형접> + ly<부접>

☐ **auto**graph [ɔ́ːtəgræf, -grɑ̀ː] ⓜ 자필 ⓗ 자필의 ⓢ 자필로 쓰다
☜ 스스로(auto) 기록한 것(graph)

☐ **auto**graphy [ɔːtɑ́grəfi/-tɔ́g-] ⓜ 자서(自書); 자필; 필적; 자필 문서 ☜ -y<명접>

☐ **auto**graphic [ɔ̀ːtəgrǽfik, -grɑ́ː] ⓗ 자필의, 자서의 ☜ autograph + ic<형접>

☐ **auto**graphical [ɔ̀ːtəgrǽfikəl, -grɑ́ː] ⓗ 자서전(체)의, 자전(식)의 ☜ autographic + al<형접>

☐ **auto**mate [ɔ́ːtəmèit/**오**-러메이트/**오**-터메이트] ⓢ **자동화하다**
☜ 자동(auto)을 + m + 만들다(ate)

☐ **auto**mat [ɔ́ːtəmæt] ⓜ 자동판매기 ☜ 독일어 어원형. 자동기계장치란 뜻

☐ **auto** racing 자동차 경주 ☜ race(경주, 레이스; 경주하다) + ing<명접>

☐ **auto** reverse 『전자』 **오토리버스**, (카세트) 자동역전재생
☜ 자동으로(auto) 다시(re) 뒤돌아가다(verse)

오토, 오토매틱 automatic ([자동차] 자동 변속기어 장치)

☐ **auto**matic [ɔ̀ːtəmǽtik] ⓗ **자동의**, 자동적인 ⓜ **자동조작기**
☜ automate + ic<형접/명접>
♠ an **automatic** door **자동**문

☐ **auto**matical [ɔ̀ːtəmǽtikəl] ⓗ **자등적인** ☜ automate + ical<형접>

☐ **auto**matically [ɔ̀ːtəmǽtikəli] ⓟ **자동적으로**, 기계적으로 ☜ automatical + ly<부접>

☐ **auto**mation [ɔ̀ːtəméiʃən] ⓜ **자동조작, 오토메이션** ☜ automate + ion<명접>

☐ **auto**maton [ɔːtɑ́mətɑ̀n/-tɔ́mətn] ⓜ (pl. **-s,** automat**a**) 자동기계장치; 자동인형, **오토마톤**
☜ 그리스어로 '스스로(auto) 생각/활동/행동하는(matos) 것(n)'

☐ **auto**mobile [ɔ́ːtəməbìːl/**오**-러머비일/**오**-터머비일] ⓜ **자동차** 《영》 motocar
☜ 스스로(auto) 움직이는(mobil) 것(e)
♠ **automobile** (liability) insurance **자동차** 손해보험

☐ **auto**motive [ɔ̀ːtəmóutiv] ⓗ **자동차의, 자동의** ☜ 스스로(auto) 움직이(mot) 는(ive)

☐ **auto**nomous [ɔːtɑ́nəməs/-tɔ́n-] ⓗ 자치권이 있는, 자치의, 자율적인
☜ 스스로(auto)의 규칙을 세우(nom) 는(ous<형접>)

☐ **auto**nomist [ɔːtɑ́nəmist/-tɔ́n-] ⓜ 자치론자, 자치주의자 ☜ -ist(사람)

☐ **auto**nomy [ɔːtɑ́nəmi] ⓜ 자치(권); 자치제, 자치단체
☜ 스스로(auto)의 규칙을 세우(nom) 기(y<명접>)

☐ **auto**nym [ɔ́ːtənìm] ⓜ 본명, 실명 ☜ 자신의(auto) 이름(nym=name)
비교 **anonym 가명, 익명 pseudonym 익명, 아호(雅號), 필명(筆名)**

☐ **auto**psy [ɔ́ːtɑpsi, -təp-/-tɔp-] ⓜ 검시(檢屍), 검시(檢視), 시체 해부, 부검(剖檢)

☜ 스스로/직접(auto) (시체를) 보는(ops=sight) 것(y<명접>)

☐ **auto**tomic, **auto**tomous [ɔːtάtəmi/-tɔ́t-], [ɔːtάtəməs] ㊎ 『동물』 (도마뱀 따위의) 제자르기, 자절(自切)
☜ 스스로/직접(auto) 자르(tom) 는(ic/ous)

☐ **auto**tomy [ɔːtάtəmi/-tɔ́t-] ㊎ 『동물』 (도마뱀 따위의) 제자르기, 자절(自切)
☜ 스스로/직접(auto) 자르(tom) 기(y)

☐ **aut**arky [ɔ́ːtɑːrki] ㊎ (국가의) 경제적 자급자족; 경제 자립 정책
☜ 스스로(aut<auto) 달성하는(ark=achieve) 것(y<명접>)

오텀 코튼 autumn cotton (가을 면화)

오텀 코튼(autumn cotton)은 가을용의 직물원단으로서, 윈터코튼(winter cotton)과 같은 뜻이다. 봄·여름용 소재에 비해 두껍고 튼튼한 것이 특징이다.

☐ **autumn** [ɔ́ːtəm/**오**-럼/**오**-텀] ㊎ **가을** ㊞ 가을의 ☜ 초기인도유럽어로 '건조한 계절'
★ autumn 은 주로 영국, fall 은 주로 미국에서 사용
♠ the **autumn** term 가을 학기

☐ **autumn**al [ɔːtʌ́mnəl] ㊞ 가을의 ☜ autumn + al<형접>

※ **cotton** [kάtn/kɔ́tn] ㊎ **솜, 면화**; 『식물』 목화 ☜ 중세영어로 '목화 나무의 씨를 함유하고 있는 흰 섬유 물질'이란 뜻

아우구스투스 Augustus (아우구스투스황제), 옥션 auction (경매)

♣ **어원 : aug, auc, aux 위대한, 존엄한, 증가한; 증가하다**

■ **Aug**ustus [ɔːgʌ́stəs] ㊎ 옥타비아누스(Octavianus) 아우구스투스 《63 B.C.~14 A.D.) 초대 로마 황제》
★ 옥타비아누스는 원로원으로부터 '**존엄한 자**'라는 뜻의 아우구스투스 칭호를 얻고 BC 27년 로마 제국의 최초의 황제가 되었다.

■ **auc**tion [ɔ́ːkʃən] ㊎ **경매, 옥션**
☜ (가격이 점차) 증가하는(auc) 것(tion<명접>)

■ **aug**ment [ɔːgmént] ㊍ **늘리다, 증가[증대]시키다** ㊎ **증대**
☜ -ment<동접/명접>

☐ **aux**iliary [ɔːgzíljəri, -zílə-] ㊞ 보조의, 부(副)의; 예비의
☜ 라틴어로 '도와서 효과를 증가시키다'란 뜻
♠ **an auxiliary verb 조동사**

네임 밸류 name value (콩글 이름값, 명성) ➔ social reputation

♣ **어원 : val, vail 가치, 의미, 가격; 강한**

※ **name** [neim/네임] ㊎ **이름, 성명** ㊍ 이름을 붙이다 ☜ 고대영어로 '이름'이란 뜻

■ **val**ue [vǽljuː/**밸**유-] ㊎ **가치, 유용성** ☜ 고대 프랑스어로 '가치, 값'이란 뜻

☐ a**vail** [əvéil] ㊍ **유용하다** ㊎ **효용** ☜ 쪽에(a<ad=to) 있는 가치(vail)
♠ **avail oneself of ~ ~을 이용하다**(=take advantage of)
♠ **be of avail 도움이 되다, 효과가 있다**

☐ a**vail**able [əvéiləbəl] ㊞ **이용 가능한, 쓸모 있는** ☜ 쪽에(a<ad=to) 가치(vail)를 둘 수 있는(able)
♠ **be available for (to) ~ ~에 도움이 되다, 쓸모가 있다**
♠ employ all **available means** 모든 **가용수단**을 다 쓰다

☐ a**vail**ably [əvéiləbli] ㊟ 유효하게 ☜ available + ly<부접>

☐ a**vail**ability [əvèiləbíləti] ㊎ **유효성**, 유용성, 당선 가능성 ☜ avail + ability<명접>

■ **val**id [vǽlid] ㊞ **확실한, 유효한** ☜ 가치(val)가 있는(id<형접>)

■ e**val**uate [ivǽljuèit] ㊍ **평가하다** ☜ 밖으로(e<ex) 가치(val)를 + u + 만들다(ate)

쉐보레 아발란치 Chevrolet Avalanche (세계 4위 자동차 제조회사)

스위스태생 프랑스인 Louis Chevrolet(1878~1941)가 1911년 설립한 자동차 제조회사로 1918년 미국의 GM과 합병하였다. 세계 4위권 자동차 판매회사다. 아발란치(Avalanche)는 Chevrolet에서 제작한 전통적인 픽업트럭(pickup truck)과 SUV(Sport Utility Vehicle)를 혼합한 형태의 차량이다.

※ **Chevrolet** [ʃèvrəléi, ʃévrəlèi] ㊎ **쉐보레** 자동차회사 [자동차브랜드]
☜ 자동차회사 설립자 루이 쉐보레(Louis Chevrolet)의 이름에서

☐ **avalanche** [ǽvəlæ̀ntʃ, -lὰːnʃ] ㊎ 눈사태, 쇄도
☜ 라틴어로 '산사태'란 뜻. 내려간(aval) 것(anche)
♠ an **avalanche** of questions 질문 **공세**

아방가르드 avant-garde (전위예술가들)

20 세기초 프랑스, 독일을 중심으로 자연주의에 맞서 일어난 예술운동. 기존 예술에 대한 가치와 인식을 부정하고 새로운 예술의 개념을 추구하였다. avant-garde 는 불어이며 원래 군사용어로 척후병이나 선발대를 의미하였다. 영어로 하자면 vanguard 이다.

☐ a**van**t-garde [əvὰ:ntgά:rd, əvǽnt-] ⓜ [집합적] **아방가르드**, 전위예술(가들)
☜ 프랑스어로 'avant(앞서)가는 garde(수비대)'란 뜻.
♠ **avant-garde** pictures **전위** 영화

■ **van**guard [vǽngὰ:rd] ⓜ 〖군사〗 전위, 선봉; [집합적] 선도자 ☜ advant-garde의 변형

연상 볼링의 애버리지(average.평균점수)가 높은 그는 애버리스(avarice.탐욕)가 많은 사람이다.

■ **aver**age [ǽvəridʒ/**애**버뤼쥐] ⓜ **평균(치)** ⓗ **평균의** ⓢ 평균하다
☜ 언제나(aver<ever>) + age<명접>

☐ **avarice** [ǽvəris] ⓜ 탐욕(=greediness), 허욕(虛慾)
☜ 라틴어로 '욕심 많은'이란 뜻
♠ be blind with **avarice 욕심**에 눈이 멀다

☐ **avaric**ious [æ̀vəríʃəs] ⓗ 탐욕스러운 ☜ avarice + ious<형접>

☐ **avaric**iously [æ̀vəríʃəsli] ⓑ 욕심을 부려 ☜ avaricious + ly<부접>

아바타 avatar (자신의 분신(分身))

인도의 神이며, 산스크리트어 avataara 에서 유래하였다. 가상사회에서 자신의 분신을 의미한다.

☐ **avatar** [ǽvətὰ:r] ⓜ **아바타**(인도의 신), 분신(分身), 화신(化身); 구현, 구체화 ☜ 산스크리트어로 '신이 지상에 강림함'이란 뜻

아베마리아 Ave Maria (성모마리아에게 드리는 기도)

☐ **Ave Maria** [ά:veimərí:ə, ά:vi-] ⓜ **아베마리아** 《성모 마리아에게 드리는 기도》
☜ 가톨릭교회의 기도문 중의 하나로 <천사의 인사>라고 하는데 직역하면 '안녕하십니까? 마리아여!'(Hail Mary)란 뜻이다.

어벤저 avenger (복수자), 리벤저 revenger (복수자)

♣ 어원 : **veng(e) 복수하다, 제거하다**

☐ a**venge** [əvéndʒ] ⓢ **~의 복수를 하다**
☜ ~에게(a<ad=to) 복수하다(venge)
♠ **avenge a death of** one's father 아버지**의 원수를 갚다**

☐ a**venge**r [əvéndʒər] ⓜ 복수자 ☜ avenge + er(사람)

■ re**venge**r [rivéndʒər] ⓜ **복수자**
☜ (당한만큼) 도로(re) 복수하는(venge) 사람(er)

■ **venge**ance [véndʒəns] ⓜ **복수** ☜ 복수하(venge) 기(ance<명접>)

© Walt Disney Studios

매디슨 애비뉴 Madison Avenue (미국 뉴욕의 매디슨가(街), 미국 광고업계)

많은 광고사들의 사무실이 모여 있는 미국 뉴욕(New York)의 거리 이름. 미국 맨해튼에 위치한 공원에 미국의 제 4 대 대통령 제임스 매디슨의 이름을 붙여 매디슨 광장(Madison Square)이라고 했으며, 이 매디슨 광장 옆에 난 길이 바로 매디슨 애비뉴(Madison Avenue)이다.

♣ 어원 : **ven 오다**

※ **Madison** [mǽdəsən] ⓜ **매디슨** 《James ~, 미국 제4대 대통령; 1751-1836》

☐ a**ven**ue [ǽvənjù:/**애**버뉴-] ⓜ **대로**(大路), **가로수길**
☜ 라틴어로 '~로(a<ad=to) 오는(ven) 길(ue)'이란 뜻.
♠ a hotel on **Fifth Avenue** 뉴욕의 가장 번화가인 **5번가**에 있는 호텔
비교 Boulevard 대로(보통 6 차선 이상) > Avenue 번화한 도심의 넓은 도로(주로 남북 방향) > Street 애비뉴를 횡단하는 도심의 중형 차도(주로 동서 방향) > road 소형 차도 > drive 골목길 > path 오솔길

볼링 애버리지 bowling average (개인의 볼링 평균점수)

일정기간 볼링게임을 한 사람이 취득한 총 점수(bonus 포함)에 게임수를 나누어 산출한 평균점수

♣ 어원 : **ever, aver 언제나, 늘 // every 모든**

※ **bowl**ing [bóuliŋ] ⓜ 〖스포츠〗 **볼링** ☜ 라틴어로 '둥근 것(bowl) 의(ing<명접>)

A

☐ **aver**age [ǽvəridʒ/**애**버뤄쥐] ⓜ **평균(치)**(=middle value) ⓗ **평균의** ⓓ 평균하다
☜ 언제나(aver<ever) (같은) 것(age<명접>)
♠ **on an (the) average 평균적으로**(=in most cases)
♠ **above (below) the average 보통[평균] 이상**(이하)
♠ **batting average** 〖야구〗 **타율**

■ **ever** [évər/**에**붜] ⓑ 〖의문문〗 **일찍이; 지금까지; 도대체**; 〖부정문〗 **전혀(~않다)**; 〖긍정문〗 **언제나**; 〖조건문〗 **언젠가**; 〖비교급〗 **이제까지**
☜ 고대영어로 '언제나, 항상'이란 뜻

아베르누스호(湖) Avernus (이탈리아 나폴리 부근의 작은 호수. <지옥의 입구>란 뜻)

이탈리아 Napoli(영 Naples) 부근의 작은 호수; 옛날 지옥의 입구라고 알려져 있었다.

☐ **Avernus** [əvə́ːrnəs] ⓜ **아베르누스**호 《이탈리아 Napoli 부근의 작은 호수》

버전 version (상품의 개발 단계 및 순서를 번호로 표시한 것)

♣ **어원 : verse, vert 향하다, 돌리다**

■ **vers**ion [və́ːrʒən, -ʃən] ⓜ **번역, 변형; 판, 버전** ☜ 도는<바뀌는(vers) 것(ion)

☐ a**verse** [əvə́ːrs] ⓗ **싫어하여, 반대하여** ☜ 멀리(a=away) (등을) 돌리다(verse)
반 desirous 원하는
♠ **I am averse** to going (to go) there. 내가 그리로 가는 것은 **싫다**.

☐ a**vers**ion [əvə́ːrʒən, -ʃən] ⓜ **싫음, 혐오** ☜ averse + ion<명접>

☐ a**vers**ive [əvə́ːrsiv, -ziv] ⓗ 혐오의 정을 나타낸; 기피하는 ☜ -ive<형접>

☐ a**vert** [əvə́ːrt] ⓓ (얼굴 따위를) **돌리다, 비키다** ☜ 멀리(a=away) 돌리다(vert)

✚ ad**verse** 반대의; 불리한 con**vert 전환하다, 바꾸다** di**vert** (주의를) **돌리다, 전환하다** in**vert** 거꾸로 하다, 뒤집다 re**vert** 본래 상태로 되돌아가다 sub**vert** (체제 따위를) 뒤엎다, (정부 따위를) 전복시키다 tra**verse 가로지르다, 횡단하다** uni**verse 우주** re**verse 거꾸로[반대로] 하다**

에비에이터 The Aviator (미·일·독 합작 로맨스 영화. <비행사>란 뜻)

2005년 개봉된 미·일·독 합작 드라마/모험/로맨스 영화. 레오나르도 디카프리오, 케이트 블란쳇 주연. 진취적이고 모험심이 강한 억만장자 하워드 휴즈의 일대기 실화를 바탕으로 제작한 영화.

© Warner Bros.

♣ **어원 : av(i), avar, au 새, 조류, 비행; 날다**

☐ **avi**ation [èiviéiʃən, æ̀v-] ⓜ **비행**, 항공; 비행술, 항공학
☜ 비행(avi) 하(ate) 기(ion<명접>)

☐ **avi**ator [éivièitər, ǽv-] ⓜ 비행사, 조종사
☜ 비행(avi)을 하는(ate) 사람(or)
♠ **a civilian (private) aviator** 민간 **비행가**

☐ **av**iatress [éivièitris, ǽvi-] ⓜ 여류 비행사 ☜ -ess<여성형 어미>

☐ **av**iatrix [èiviéitriks, æv-/éivièit-, -tris] ⓜ 여류 비행사
☜ aviator + rix<여성형 어미>

☐ **av**id [ǽvid] ⓗ 탐욕한, 몹시 탐(욕심)나는; 열심인 ☜ 새(av)처럼 날고 싶은 것(id<명접>)
♠ **avid for (of) fame 명예욕이 강한**

☐ **av**idity [əvídəti] ⓜ 갈망(=eagerness), 탐욕(=greediness) ☜ avid + ity<명접>

■ **avar**ice [ǽvəris] ⓜ **탐욕** ☜ 새(avar)처럼 날고 싶은 것(ice<명접>)

■ **au**spice [ɔ́ːspis] ⓜ **길조; 원조** ☜ 새(au)가 나는 것을 보고(spic=look) 조짐을 알다

아비뇽 Avignon (남(南)프랑스의 도시, 중세 교황청 소재지)

☐ **Avignon** [æ̀vinjɔ̃ː/애비**뇨**-, əvínjə/어**비**녀] ⓜ **아비뇽** 《남프랑스의 도시, 1309~1377년 간 로마교황청의 소재지》 ☜ 어원 확인 불가
♠ **Avignon**ese Captivity **아비뇽**유수 《로마교황청이 1309~1377년간 아비뇽으로 이전한 사건. 교황권 약화의 원인이 됨》

보컬 vocal (가창; 노래하는 가수, 성악가)

♣ **어원 : voc, voke, voi 부르다, 목소리**

■ **voc**al [vóukəl] ⓜ **보컬** 《성악·노래를 부르는 가수나 성악가》
ⓗ **음성의** ☜ 목소리(voc) 의(al)

■ **voi**ce [vɔis/보이스] ⓜ **목소리**, 음성 ☜ 부르는(voi) 것(ce)

■ **voc**ation [voukéiʃən] (명) **직업**; 적성, 소질 ☜ (신의) 부름(voc)에 응한(ate) 것(ion<명접>)
□ a**voc**ation [æ̀voukéiʃən] (명) 직업(=occupation); 부업, 내직(內職); 《고어》 취미, 도락
☜ a(ad=to) + vocation
♠ select **avocation** 직업을 **선택하다**.
□ a**voc**ational [æ̀vəkéiʃənəl] (형) 취미의, 여가활동의; 부업의 ☜ -al<형접>
□ a**voc**atory [əvάkətɔ̀:ri/əvɔ́kətəri] (형) 되부르는, 소환하는
☜ ~을(a(ad=to) 부르(voc) 는(atory<형접>)
■ ad**voc**ate [ǽdvəkit, -kèit] (명) **옹호자**, 대변자 [ǽdvəkèit] (동) 옹호〔변호〕하다; 주장하다
☜ ~쪽으로(ad=to) 소리(voc) 치다(ate)

바캉스 vacance ([F.] 휴가) ➔ vacation

♣ **어원 : vac, va(n), void 빈, 공허한**
■ **vac**ation [veikéiʃən/붸이**케**이션] (명) **정기휴가, 휴가여행**
☜ 비우(vac) 기(ation<명접>)
♠ the summer **vacation** (학교의) 여름방학
♠ **take a vacation 휴가를 얻다[보내다]**
□ a**void** [əvɔ́id/어**보**이드] (동) **피하다** ☜ 밖으로(a=out) 비우다(void)
♠ **avoid** danger 위험을 **피하다**
♠ Danger foreseen **is** half **avoided**. 예견된 위험은 반쯤은 **피해진 것이다**.
□ a**void**able [əvɔ́idəbl] (형) **피할 수 있는** ☜ avoid + able<형접>
□ a**void**ance [əvɔ́idəns] (명) 기피, 도피; 무효 ☜ avoid + ance<명접>
■ **vac**uum [vǽkjuəm, -kjəm] (명) (pl. **-s,** vacu**a**) **진공** ☜ 비워진(vac) + u + 것(um<명접>)

캐스팅 보트 casting vote (가부(可否) 동수인 경우 의장이 가지는 결정권)

♣ **어원 : vot, vou(ch), vow (신에게) 맹세하다, (신을) 부르다**
※ **cast** [kæst/캐스트/kα:st/카-스트] (동) (-/cast/cast) **던지다, 내던지다**; (쇠를) 주조하다
(명) 던지기; 주형, 주조물; 배역 ☜ 고대 노르드어로 '던지다'란 뜻
■ **vot**e [vout/보우트] (명) **투표**, 표결, 투표수; **투표[선거]권** (동) **투표하다; 투표하여 가결[의결]하다** ☜ 라틴어로 '(신에게) 맹세하다'란 뜻
■ **vouch** [vautʃ] (동) **보증[보장]하다**, 증인이 되다; 단언하다
☜ 고대 프랑스어로 '(신을) 부르다'란 뜻
□ a**vouch** [əváutʃ] (동) 《문어》 단언〔확언〕하다; 승인하다; 보증하다
☜ 라틴어로 '(법정)에(a=to) 불러(vouch) 분명히 말하게 하다'란 뜻
♠ **avouch for** the quality 품질**을 보증하다**.
■ **vow** [vau] (명) **맹세** (동) **맹세하다** ☜ 라틴어로 '(신에게) 맹세하다'란 뜻
□ a**vow** [əváu] (동) **공언하다**; 인정하다; 자백하다(=confess)
☜ 라틴어로 '(신)에게(a=to) 맹세하다(vow)'란 뜻
♠ He **avows** that he loves drink. 그는 술을 좋아한다고 **인정했다.**
□ a**vow**al [əváuəl] (명) 공언, 언명; 공인; 〖법률〗 인낙(認諾) ☜ avow + al<명접>
□ a**vow**ed [əváuid] (형) 스스로 인정한, 공언한; 공공연한 ☜ avow + ed<형접>
□ a**vow**edly [əváuidli] (부) 공공연하게, 명백히 ☜ avowed + ly<부접>
□ disa**vow** [dìsəváu] (동) 부인하다, 거부하다 ☜ dis(=not/부정) + avow(공언하다)
♠ He **was** quick **to disavow** the rumor. 그는 재빨리 그 소문을 **부인했다**.
□ disa**vow**al [dìsəváuəl] (명) 부인, 거부 ☜ -al<형접>

오 마이 갓 Oh my god (맙소사)

■ **oh, O** [ou/오우] (감) 〖의성어〗 **오오 !**
□ **aw** [ɔ:] (감) 〖의성어〗 《미》 **저런!**, 아니 !, 에이 !
※ **my** [mai/마이, məi, mə] (대) 〖I의 소유격〗 **나의** ☜ mine(나의 것)의 변형
※ **god** [gɑd/가드/gɔd/고드] (명) (G-) (일신교, 특히 기독교의) **신, 하나님**, 하느님,
조물주 ☜ 고대영어로 '신, 조물주'란 뜻 (반) devil 악마

✚ **ah 아아 !** 《놀람, 괴로움, 기쁨, 슬픔, 분함 따위》 **ugh** 우, 와, 오 《혐오·경멸·공포 따위》 **wow** 《구어》 **야아 !** 《놀라움·기쁨·고통 등을 나타냄》

웨이터 waiter (호텔·음식점 등의 종업원)

■ **wait** [weit/웨이트] (동) **기다리다** ☜ 고대 북프랑스어로 '숨어서 기다리다'란 뜻.
■ **wait**er [wéitər] (명) **웨이터**, 시중드는 사람 ☜ wait + er(사람)
□ a**wait** [əwéit] (동) **기다리다, 대기하다** ☜ ~에서(a<ad=to) 기다리다(wait)

♠ I **await** your reply. 당신의 회신(회답)을 **기다립니다**.

모닝콜 morning call (콩글 ▸ 호텔 등에서 투숙객이 요청한 아침 시간에 깨워주는 서비스) ➔ 웨이컵 콜 wake-up call

♣ 어원 : wake 깨어있는

※ **morn**ing [mɔ́ːrniŋ/**모**-닝] 명 **아침**, 오전
☜ 중세영어로 '해뜨기 직전(morn) + ing<명접>'이란 뜻

※ **call** [kɔːl/콜] 동 (큰소리로) **부르다, 불러내다; 깨우다**(=awake); **~에게 전화하다; 방문하다** 명 **부르는 소리**; (상대방을) **불러내기, 통화; 초청; 짧은 방문**
☜ 중세영어로 '큰 외침'이란 뜻

■ **wake** [weik/웨이크] 동 (-/wake**d**/**woke**(**woken**)) **잠이 깨다** 명 **밤샘; 배가 지나간 자리, 웨이크** ☜ 고대 노르드어로 '밤샘; 축일 전야, 얼음에 난 구멍'이란 뜻

■ **wake**-up [wéikʌ̀p] 형 잠을 깨우는 명 《미.속어》 형기의 마지막 날; 《호.구어》 조심스런(현명한) 사람 ☜ 위로 일으켜(up) 깨우는(wake)

□ a**wake** [əwéik] 동 (-/**awoke**(awake**d**)/**awoke**(awake**d**)) **깨우다, 깨어나다** 형 **자지 않고, 눈을 뜨고** ☜ 완전히(a/강조) 깨어있는(wake)
♠ **awake or asleep 자나 깨나**
♠ **be awake** (awakened) **to ~ ~을 알(아채)고 있다**

□ a**wake**n [əwéikən] 동 **깨우다, 깨다, 자각시키다** ☜ awake + en<형접>

□ a**wake**ning [əwéikəniŋ] 명 잠을 깸 형 잠을 깨우는, 각성시키는 ☜ awaken + ing<명접/형접>

서울 국제드라마어워즈 Seoul International Drama Awards (서울 국제 드라마 시상식)

※ **Seoul** [sóul] 명 서울《대한민국의 수도》 ☜ 신라의 수도인 경주가 서라벌(徐羅伐)로 불려진 데서 비롯하였는데, 서라벌은 수도(首都)라는 뜻이다. 이를 좀 더 구체화시키면 '높은(신령스런) 고을'이란 뜻이라고 한다.

※ **international** [ìntərnǽʃənəl/인터**내**셔널] 형 **국제적인**
☜ 국가(nation) 간(inter) 의(al)

※ **drama** [drάːmə/드**롸**-마, drǽmə] 명 (종종 the ~) **극, 연극, 극예술**
☜ 고대 그리스어로 '행위, 연극'이란 뜻

□ **award** [əwɔ́ːrd] 동 **상을 주다**, 수여하다 명 **상**(賞), **상품**
☜ 고대 프랑스어로 '심사숙고 후 의견을 주다'란 뜻
♠ **award a prize to ~ ~에게 상을 주다**
♠ the Grammy **Awards 그래미 어워즈**《미국 최고권위의 음반상(賞)》
♠ the Academy **Award 아카데미 어워드**《미국 최고권위의 영화상(賞)》

□ **award**ee [əwɔ̀ːrdíː] 명 수상자 ☜ award + ee(받는 사람)

구글 어웨어니스 API Google Awareness API (구글 상황인식 업)

사용자의 휴대폰 정보(위치, 사용자의 성향)에 근거하여 현재 상황에 지능적으로 반응하는 휴대폰앱[어플]. 미국 구글사(社) 개발.

Google Awareness API

♣ 어원 : ware 조심하다, 주의하다

※ **API** **A**pplication **P**rogramming **I**nterface 응용프로그램과 운영체계(OS)간 상호접속체계 ☜ application(응용, 신청), program(프로그램, 계획표),interface(접속면, 접속회로)

※ **Google** [gúːgl] 명 (기업명) **구글** 동 (g~) 구글로 검색하다
☜ 10의 100제곱, 즉 1 뒤에 0이 100개 달린 수를 뜻하는 구골(googol)에서 따온 말

□ a**ware** [əwɛ́ər] 형 **알아차린, ~에 대해 알고 있는**
☜ ~에 대해(a<ad=to) 조심하다(ware) 반 ignorant 모르는
♠ **be aware of ~ ~을 깨닫다, ~에 대해 인식하다**

□ a**ware**ness [əwɛ́ərnis] 명 의식, **자각, 인식** ☜ aware + ness<명접>

✚ be**ware 조심하다, 경계하다** una**ware 알지 못하는** **wary** 조심하는, 신중한

하이웨이 highway (고속도로)

♣ 어원 : way 길, 도로

■ **way** [wei/웨이] 명 **길; 방식** ☜ 고대영어로 '길'이란 뜻

■ **highway** [háiwèi] ⓜ 공공도로, **고속도로**, 큰 길 ☜ 고속의(high) 길(way)
■ by**way** [bɑ́iwèi] ⓜ 옆길, 샛길 ☜ 옆(by) 길(way)
□ a**way** [əwéi/어**웨**이] ⓟ **멀리, 떨어져** ☜ 길(way)에서 떨어진(a=off) ⓑ near 가까이
♠ **The best of plan is to run away.**
최고의 계획은 멀리 도망가는 것이다. 삼십육계(三十六計) 줄행랑
♠ **from away 《미》 멀리서부터**
♠ **get away 도망가다**(=flee, escape, run away); **출발하다**
♠ **pass away 지나가다**(=go by, slip by); **죽다, 멸망하다**
♠ **run away 도망가다**(=get away quickly); **가출하다**

오썸! Awesome! (와!~ 멋지다) = Great, Incredible, Very good.

□ **awe** [ɔː] ⓜ **경외감, 두려움** ⓓ **경외감을 갖게 하다** ☜ 고대 노르드어로 '공포'란 뜻.
♠ **awe** and respect **경외감**과 존경심
□ **awe**some [ɔ́ːsəm] ⓗ 두려운, 경탄할 만한, 굉장한 ☜ 두려(awe) 운(some<형접>)
♠ Wow! **That's totally awesome!** 우와! **굉장한데!**
□ **aw**ful [ɔ́ːfəl/**오**-펄] ⓗ **무서운; 몹시, 굉장히** ☜ 두려움(aw)이 가득한(ful)
□ **aw**fully [ɔ́ːfəli] ⓟ **무섭게, 두렵게; 아주**, 무척, 몹시 ☜ awful + ly<부접>
□ **aw**fulness [ɔ́ːfəlnis] ⓜ 두려움, 위엄 ☜ awful + ness<명접>

콰이어트 Quiet (미국 사회심리학자 수전케인의 저서 <내성적인 사람들의 힘>)

<Quiet>는 미국 프린스턴대학과 하버드법대를 우등생으로 졸업한 미국의 사회심리학자 Susan Cain 이 2012 년 펴낸 책이다. 사교적이고 외향적 성격의 소유자 보다 내향적 인간의 특별한 재능과 능력이 더 중요하다고 주장한다. 시사주간지 <Time>이 커버스토리로 다루었고 베스트셀러 반열에도 올랐다.

♣ **어원 : qui, whi 안식, 휴식 ⇦ qui와 whi의 발음이 유사한데서 유래**
■ **qui**et [kwáiət/**콰**이어트] ⓗ (-<-t**er**<-t**est**) **조용한**
☜ 라틴어로 '조용한, 쉬는'이란 뜻
■ **whi**le [hwail/화일] ⓙ **~하는 동안**, 하지만 ☜ 시간적 여유(rest)라는 뜻
□ a**whi**le [əhwáil] ⓟ **잠시, 잠깐** ☜ for a while의 준말 ⓑ forever 영원히
♠ stay **awhile 잠시** 머무르다

어쿼드 awkward (미국 코미디 드라마. <어색하고 이상한>)

2011 년부터 방송을 시작한 미국 MTV 의 24 부작 코메디/드라마. 퀸카(queen-card)가 되고 싶어하는 제나의 좌충우돌 성장이야기지만, 전반적으로 학생들간의 사랑과 우정, 진솔한 내면적 삶을 다룬 하이틴 코메디이다. 애슐리 리카드가 주연을 맡았다.

© MTV

□ **awk**ward [ɔ́ːkwərd] ⓗ (-<-d**er**<-d**est**) **어설픈; 서투른**
☜ 서툴다(awk) + ward<형접>
ⓑ dexterous 솜씨 있는 skil(l)ful 숙련된, 솜씨 좋은
♠ an **awkward** silence **어색한** 침묵
□ **awk**wardly [ɔ́ːkwərdli] ⓟ 어색하게 ☜ awkward + ly<부접>

에이올 AWOL (무단이탈)

미국 남북전쟁(1861-1865) 기간 중 무단이탈을 한 병사는 AWOL(Absent Without Leave) 무단이탈이라고 쓴 표찰을 목에 걸고 다녀야 했다. 망신을 주는 것으로 징계를 한 것이다. 오늘날 회사에서 슬그머니 사라지는 경우에도 종종 쓰인다.

© Universal Pictures

□ **AWOL, awol** [éiɔ̀ːl, èidʌbljuòuél] ⓗⓜ 〖군사〗 **무단 이탈한 (병사)**; 무단결석(외출)한 (자)
※ **absent** [ǽbsənt/**앱**선트] ⓗ **결석한, 부재의** ⓓ **결석하다**, 결근하다
☜ 사람이 없는, 의식/감정(sent<sence)이 멀리 있는(ab=away)
※ **without** [wiðáut/위**싸**웃/wiθáut/위**다**웃] ⓙ **~없이, ~없는**
☜ 완전히(with) ~밖에(out)
※ **leave** [liːv/리-브] ⓓ (-/**left/left**) (뒤에) **남기다, 남기고 가다, 떠나다** ☜ 네덜란드 북부의 고대 프리슬란트어로 '떠나다'란 뜻

□ **awry**(굽어서, 뒤틀려, 잘못되어) ➔ **wrestling**(레슬링) **참조**

연상 인디언들이 등에 엑스(X)자로 액스(axe.도끼)를 메고 다녔다.

☐ **ax(e)** [æks] 명 (pl. **axes** [ǽksiz]) **도끼** 비교 axis 축(軸), 굴대
☜ 초기인도유럽어로 '도끼'란 뜻.
★ 자루가 짧은 손도끼는 해칫(hatchet), 미국 인디언들이 쓰던 전쟁용 도끼는 토마호크(tomahawk)라고 한다.
♠ **have an axe to grind 다른 속셈이 있다**

☐ **ax(e)**man [ǽksmən] 명 (pl. **-men**) 나무꾼 ☜ ax(e) + man(남자, 사람)

맥심 maxim (한국 동서식품의 커피브랜드. <금언>이란 뜻)

♣ **어원 : (m)axim 최대의, 최장의, 극단; 격언, 금언**

■ **maxim** [mǽksim] 명 **격언**, 금언; 처세훈(訓), 좌우명
☜ 라틴어로 '최대의'라는 뜻

■ **maxim**um [mǽksəməm] 형 **최대의**, 최고의 명 (pl. **-ma, -s**) 최대, **최대한, 최고점** ☜ maxim + um<명접>

☐ **axiom** [ǽksiəm] 명 **자명한 이치**, 원리; **격언**, 금언; 『논리 · 수학』 공리(公理) ☜ 라틴어로 '가치있는 것'이란 뜻
♠ lay down **an axiom 자명한 이치**가 되다.

☐ **axiom**atic(al) [æ̀ksiəmǽtik(əl)] 형 자명한; 공리와 같은; 격언적인
☜ axiom + atic<형접>

연상 엑셀(accelerator.자동차 가속장치)과 액슬(axle.차축)은 다르다

※ **accel**erator [æksélərèitər] 명 (자동차의) 가속기, **엑셀러레이터**
☜ ~을(ac=to) 빠르게(celer) 하는(ate) 것(or)

☐ **axle** [ǽksəl] 명 (차륜의) 굴대, 축(軸), 차축 ☜ 고대영어로 '어깨, 축'
♠ Wheels turn on their **axles**. 바퀴는 **축**을 중심으로 회전한다

☐ **axle**tree [ǽksəltrìː] 명 굴대, 차축 ☜ axle + tree(나무)

☐ **axis** [ǽksis] 명 (pl. **axes** [ǽksiːz]) **굴대, 축**(軸), 주축
☜ 라틴어로 '땅이나 하늘의 축'이란 뜻.
♠ **the axis** of the earth 지**축**(地軸)

예스맨 yes-man (윗사람의 명령 · 의견에 무조건 '예' 라고만 하는 사람)

■ **yes** [jes/예스] 부 〔의문사 없는 긍정의 질문에 답하여〕 **네, 그렇(습니)다**
☜ 고대영어로 '그러려면 그렇게 하라'는 뜻

■ **yea** [jei] 부 《고어》 **예, 그렇소**, 그렇고말고; 그렇지 명 **긍정, 찬성**
☜ 고대영어로 '그래'란 뜻

■ **yeah** [jɛə, jɑː] 부 《구어》 = yes ☜ yes의 길게 늘인 발음에서

☐ **ay(e)** [ai] 명 찬성(투표자) 부 예!, 그렇다(=yes) ☜ 중세영어의 a ye로 'oh yes'란 뜻.
★ 함선에서 상관에 대한 대답으로 "Ay(e), ay(e), sir!"라고도 한다.
♠ **the ayes and noes 찬반 쌍방의 투표자**

※ **man** [mæn/맨] 명 (pl. **men**) **남자**, 사내; **사람, 인간**, 인류; (pl.) **병사** 동 **인원[병력]을 배치하다** ☜ 고대영어로 '인간, 사람'이란 뜻

아젤리아, 아잘레아 azalea (진달래)

☐ **azalea** [əzéiljə/어**제**일여] 명 『식물』 **진달래**, 철쭉
☜ 라틴어로 '건조한 땅에서 자라는 식물'이란 뜻
♠ This is a flower called **azalea**. 이것은 **진달래**라고 하는 꽃이다

스카이 블루(sky blue)와 애저 블루(azure blue)는 같은 하늘색이다

※ **sky** [skai/스까이] 명 (the ~ 〔skies〕) **하늘**; 천국 ☜ 고대영어로 '구름(장막)'이란 뜻

☐ **azure** [ǽʒər] 형 푸른빛의 명 하늘색; 창공 ☜ 페르시아어로 '선명한 청색의 보석'이란 뜻.
♠ the **azure** sky **푸른** 하늘, **청**천(青天)

※ **blue** [bluː/블루-] 형명 **파란 색** ☜ 고대 프랑스어로 '창백한', 중세영어로 '하늘색'이란 뜻.

베이비 붐 baby boom (출생율의 급증)

제2차 세계대전 후 1946~1965년 기간 중 미국에서 출생률이 급격히 상승한 현상.

- ☐ **babble** [bǽbəl] ⓢ (어린애들이) **서투른 말로 종알거리다** ⓜ **서투른 말**
  ☜ 초기인도유럽어로 '중얼거리다', 고대영어로 '멍청하게 말하다'란 뜻
- ☐ **babble**r [bǽblər] ⓜ 수다쟁이 ☜ babble + er(사람)
- ☐ **babe** [beib] ⓜ 《시어》 **아기** ☜ 중세영어로 '갓난 아이'란 뜻
- ☐ **baby** [béibi/**베**이비] ⓜ **갓난 아이, 젖먹이** ☜ 중세영어로 '갓난 아이'란 뜻
  ♠ She laid her **baby** on the bed. 그녀는 **아기**를 침대 위에 눕혔다.
- ☐ **baby** boom **베이비붐**, 출생율의 급상승 ☜ boom(벼락경기; 울리는 소리)
- ☐ **baby** buggy 《미》 유모차(= baby carriage) ☜ buggy(유모차, 가벼운 마차)
- ☐ **baby**-sitter [béibisìtər] ⓜ **베이비시터**, (집 지키며) 애 봐주는 사람
  ☜ 아기(baby) 옆에 앉아서(sit) + t<자음반복> + (돌보는) 사람(er)
- ※ **bambino** [bæmbíːnou] ⓜ 어린 그리스도의 상(像)〔그림〕; 어린 아이 ☜ 이탈리아어로 'baby'

바벨탑(塔) Babel (바벨탑), 바빌론 Babylon (고대 Babylonia의 수도)

고대 바빌론(Babylon)에서 높고 거대한 탑을 쌓아 하늘에 닿으려 했던 인간들의 오만한 행동에 분노한 하나님은 본래 하나였던 인간의 언어를 여럿으로 나누는 저주를 내렸다. 그러자 바벨탑 건설은 결국 혼돈 속에서 막을 내렸고, 탑을 세우고자 했던 인간들은 불신과 오해 속에 서로 다른 언어들과 함께 전 세계로 뿔뿔이 흩어지게 되었다.

- ☐ **Babel** [béibəl/bǽb-] ⓜ **바벨** 《바빌로니아의 옛 도읍》; **바벨**탑 ☜ Babylonia에서 유래
- ☐ **Babylon** [bǽbələn/-lɑ̀n] ⓜ **바빌론**, 화려한 악(惡)의 도시 ☜ 바빌로니아 지역 아카드어로 '신의 문'이란 뜻 ★ 바빌론은 이라크 바그다드의 남쪽에 위치했던 고대 도시이다.
- ☐ **Babylon**ia [bæ̀bəlóuniə, -njə] ⓜ **바빌로니아** 《아시아 남서부에 있던 고대 제국》
  ☜ 바빌론(Babylon)의 나라(ia)
- ☐ **Babylon**ian [bæ̀bəlóuniən/-njən] ⓗ **바빌론**의 ⓜ **바빌로니아** 사람〔말〕 ☜ -an(~의/~사람)

박카스 Bacchus ([그神] 술의 신(酒神))

- ☐ **Bacchus** [bǽkəs] ⓜ 〖그.신화〗 **박카스**, 주신(酒神)
  ♠ a son of **Bacchus** 술꾼
- ☐ **Bacch**ic [bǽkik] ⓗ **바카스**신의, **바카스**를 숭배하는 ☜ -ic<형접>
- ☐ **Bacch**ae [bǽkiː, bǽkai] ⓜ (pl.) 주신 **바카스**의 시녀〔무녀〕들 ☜ -ae(복수형 어미)

타바코 tobacco(타바코<포르투갈> ➔ 담바고 ➔ 담배)

- ■ to**bacco** [təbǽkou] ⓜ **담배** ☜ 서인도제도어로 '흡연용 파이프'란 뜻
  ♠ swear off **tobacco** 맹세코 **담배**를 끊다
- ☐ **bacco, baccy** [bǽkəu], [bǽki] ⓜ 《영.구어》 연초(煙草), 담배 ☜ tobacco의 속어

비오큐 BOQ = Bachelor Officers' Quarters (독신장교 숙소) 더 배철러 The bachelor (미국 ABC 데이트쇼 리얼리티 프로그램. <독신남자>)

- ■ **BOQ** **B**achelor **O**fficers' **Q**uarters 〖군사〗 독신 장교 숙소
- ☐ **bachelor** [bǽtʃələr] ⓜ **총각, 독신남자; 학사** 비교 spinster 미혼 여자 ☜ 중세영어로 '젊은 남자; 젊은 기사(knight)'란 뜻
  ♠ the **bachelor**'s degree **학사** 학위
- ☐ **bachelor**ette [bæ̀tʃələrét] ⓜ 처녀, 독신여자 ☜ -ette<여성형 어미>
  ♠ **Bachelorette party 처녀 파티**
  ★ 헨파티(Hen party): 결혼 전날 밤 예비신부가 친구들과 함께 여는 파티
- ☐ **bachelor**hood [bǽtʃələrhùd] ⓜ 미혼, 독신(생활) ☜ -hood(상태, 신분)
- ☐ **bachelor**ship [bǽtʃələrʃìp] ⓜ 독신, 미혼; 학사 자격 ☜ -ship(상태, 신분)

© ABC TV

바칠루스 bacillus (간상균)

♣ 어원 : bac 막대, 지팡이

□ **bac**illus [bəsíləs] [명] **바칠루스**, 간상균(桿狀菌) ☜ 라틴어로 '작은 막대'란 뜻

■ **bac**teria [bæktíəriə] [명] **박테리아, 세균** ☜ 세균모양에서 '작은 막대'란 뜻

백넘버 back number ([콩글] 등번호) ➔ player's number, uniform number, jersey number 백미러 back mirror ([콩글] 후사경) ➔ rear-view mirror 백패스 back pass ([콩글] 후위 연결) ➔ backward pass 백뮤직 back music ([콩글] 배경 음악) ➔ background music

□ **back** [bæk/백] [명] **등, 뒤쪽** [형] **뒤(쪽)의** [부] **뒤로[에]** [동] **후퇴하다** ☜ 고대영어로 '등, 뒤'라는 뜻
[반] front 전면, 앞의 forth 앞으로
♠ **I'll be back. 나는 다시 돌아올 것이다.**
- 영화『터미네이터』에서 '아놀드 슈왈제네거'의 대사 -
♠ **at the back of ~ ~의 뒤[배후]에**(=behind)
♠ **back and forth 앞뒤로, 여기저기에**(=to and fro)
♠ **back up 후원하다; 후퇴시키다**(=support; help)
♠ **behind one's back ~가 없는 곳에서, ~의 등 뒤에서**
♠ **look back on ~ ~을 회고[반성]하다**
♠ **on one's back 반듯이 누워; 병상에 누워**
♠ **on (upon) the back of ~ ~의 뒤[배후]에, ~의 위에, ~에 더하여**
♠ **turn one's back (on) ~에 등을 돌리다**

< Uniform Number >

□ **back**ache [bǽkèik] [명] 등의 아픔, 요통(腰痛) ☜ 등(back) 통증(ache)

□ **back**bite [bǽkbàit] [동] 험담하다 ☜ 뒤에서(back) 물어뜯다(bite)

□ **back**biter [bǽkbàitər] [명] 험담하는 사람 ☜ -er(사람)

□ **back**board [bǽkbɔ̀ːrd] [명] 『농구』 **백보드** ☜ 뒤쪽(back)에 있는 판(board)

□ **back**bone [bǽkbòun] [명] **등뼈, 척추** ☜ 등(back) 뼈(bone)
♠ The **backbone** is another word for spine. **등뼈**는 척추의 다른 말이다

□ **back**er [bǽkər] [명] **후원자** ☜ 뒤에(back) (든든히 서있는) 사람(er)
♠ I've yet to find a **backer**. 나는 아직 **후원자**를 찾지 못했다.

□ **back**field [bǽkfìːld] [명] 『미식축구』 후위 ☜ 뒤쪽(back) 들판(field)

□ **back**fire [bǽkfàir] [명] (내연기관의) 역화(逆火); (산불의 불길 따위를 막기 위한) 맞불 ☜ 뒤에(back) 붙은(지른) 불(fire)

□ **back**ground [bǽkgràund] [명][형] **배경(의)** ☜ 뒤쪽(back) 운동장(ground)

□ **back**hand [bǽkhæ̀nd] [형] 『구기』 **백핸드**의, 역타의 ☜ 뒤쪽(back) 손(hand)
[명] **백핸드**, 역타 [반] forehand 포핸드

□ **back**ing [bǽkiŋ] [명] 후원 ☜ 뒤에 (든든히 서있)기(ing<명접>)

□ **back**space [bǽkspèis] [명] 『컴.자판』 **백스페이스**, 역행 [동] 역행시키다 ☜ 뒤에(back) 있는 공간(space)

□ **back**stage [bǽkstèidʒ] [부] **무대 뒤에서**(뒤의); 비밀로(의) ☜ 무대(stage) 뒤(back)

□ **back**stop [bǽkstɑ̀p/-stɔ̀p] [명] 『야구』 **백네트** ☜ 뒤에(back) 있는 볼 차단(stop)용 그물

□ **back**up [bǽkʌ̀p] [명] 뒷받침; 후원; 저장; 정체; 예비; 대체품(요원); 『컴퓨터』 예비, 보관, **백업** [형] 지원의; 예비의; 대체(보충)의; 보완의 ☜ 뒤에(back) 저장/비축(up)하는

□ **back**-up dancer **백댄서** ★ 백댄서를 back dancer로 표현하는 것은 콩글리시

□ **back**wardness [bǽkwərdnis] [명] 진보(향상)의 더딤; 후진성; 망설임 ☜ 뒤쪽(back) 으로의(ward) + ness<명접>

□ **back**ward(s) [bǽkwərd(z)] [부] **뒤에[로]; 후방에[으로]; 역행하여** [형] **후방의** ☜ -ward(쪽으로)
♠ He **stepped backward** a pace or two. 그는 일, 이보 **물러났다**.

□ **back**yard [bǽkjɑ̀rd] [명] 뒤뜰 ☜ 뒷(back) 마당(yard)

□ a**back** [əbǽk] [부] 뒤로; 『항해』 바람을 돛의 앞으로 받아, 돛이 역풍을 받고 ☜ 뒤쪽(back)을 향하여(a<ad=to)

※ **number, No., N°, no.** [nʌ́mbər/넘버] [명] **수**(數), 숫자; (pl. Nos., N°s, nos.) 《숫자 앞에 붙여》 **제 ~번, 제 ~호, ~번지** 《따위》 ☜ 라틴어로 '수(數), 양(量)'이라는 뜻

바하 Bach (독일의 작곡가, <음악의 아버지>)

□ **Bach** [baːk, baːx] [명] **바하** 《Johann Sebastian ~ ,1685~1750, 독일의 작곡가》
★ 대표작 : <G선상의 아리아>, <토카타와 푸가>, <전주곡과 푸가>, <코랄 전주곡>, <바이올린 협주곡>, <브란덴부르크 협주곡>, <인벤션>, <평균율>, <마태오 수

난곡>, <골드베르크 변주곡>, <푸가의 기법> 등

프란시스 베이컨 Francis Bacon (영국의 철학자. 경험학파의 시조)

☐ **Bacon** [béikən] ⓜ **베이컨** 《Fransis ~. 1561~1626, 영국 수필가·철학자》
★ 베이컨의 묘비명 : "Scientia est potentia."(아는 것이 힘이다)

☐ **Bacon**ian [beikóuniən] ⓜⓗ **베이컨**학파(의) ☜ -an<형접/명접>

베이컨 bacon (돼지 옆구리·등살을 소금에 절이거나 훈제한 것)

☐ **bacon** [béikən] ⓜ **베이컨** 《돼지의 배나 등의 살을 소금에 절여 훈제한 것》
☜ 고대영어로 등(=back)이란 뜻
♠ **bacon and eggs 베이컨에 달걀 반숙을 얹은 요리** 《영국에서 아침식사에 많음》

박테리아 bacteria (세균)

♣ **어원 : bac 막대, 지팡이**

☐ **bac**teria [bæktíəriə] ⓜ **박테리아, 세균** ☜ 세균모양에서 '작은 막대'란 뜻

☐ **bac**teriology [bæktìəriάlədʒi/-ɔ́l-] ⓜ 세균학 ☜ 세균(bacteri) 학(ology)

☐ **bac**teriologist [bæktìəriάlədʒist/-ɔ́l-]ⓜ 세균학자 ☜ bacteri + ology + ist(사람)

☐ **bac**teriological warfare 세균전 ☜ warfare(전투, 전쟁)

■ **bac**illus [bəsíləs] ⓜ **바칠루스**, 간상균(桿狀菌) ☜ 라틴어로 '작은 막대'란 뜻

연상 ▶ 배트맨(batman.박쥐인간)은 배드맨(badman.악당)이 아니다.

※ **bat**man [bǽtmæn] ⓜ (B-) 배트맨; 당번병, 말 당번 ☜ 박쥐(bat) 인간(man)

☐ **bad** [bæd/배드] ⓗ (-<**worse**<**worst**) **나쁜,** (병이) 심한, 해로운; 서투른
☜ 중세영어로 '사악한, 타락한'이란 뜻 ⓑ good 좋은
♠ **bad** habits **나쁜** 버릇
♠ **all for the bad 전적으로 나쁜**
♠ **go bad (음식 등이) 상하다, 썩다**

☐ **bad** blood 적의, 나쁜 감정 ☜ blood(피)

☐ **bad**ly [bǽdli] ⓑ **나쁘게, 서투르게**, 몹시, 심히 ☜ bad + ly<부접>

☐ **bad**ness [bǽdnis] ⓜ 나쁨, 나쁜 상태 ☜ 나쁜(bad) 것(ness)

☐ **bad**man [bǽdmæn] ⓜ (서부시대의) 악당, 무법자 ☜ 나쁜(bad) 사람(man)

뱃지 badge (뱃지, 기장)

☐ **badge** [bædʒ] ⓜ **뱃지, 기장**, 표시 ☜ 라틴어로 '기호, 상징'이란 뜻
♠ Chains are a **badge** of slavery. 사슬은 노예의 **상징**이다.
♠ a **badge** of rank 군인의 계급**장** ☜ rank(등급, 계급)

☐ **badger** [bǽdʒər] ⓓ **집적대다** ⓜ **오소리** ☜ 오소리 얼굴의 U자 무늬가 마치 뱃지(badge)처럼 보인다는 데서 유래
♠ **badger** somebody with questions ~을 질문공세로 **못살게 굴다**.

배드민턴 badminton (배드민턴)

☐ **badminton** [bǽdmintən] ⓜ 〖경기〗 **배드민턴** ☜ 인도에서 최초로 도입했던 영국 보퍼트 공작의 저택이름인 <배드민턴 하우스>에서 유래. Badminton House에서 Badminton은 고대영어로 'Baduhelm이라고 불린 사람의 재산'이란 뜻.
★ 배드민턴은 1820년 경, 인도의 봄베이 지방에서 성행했던 민속 경기인 푸나(Poona)에서 기원하였으며, 당시 인도에 주둔하고 있던 영국 장교들이 이를 배워 본국으로 돌아와 체계를 잡았다고 함. <출처 : 스포츠백과>

배플 baffle (소리·빛·액체 등의 흐름을 차단하는 칸막이)

☐ **baffle** [bǽfəl] ⓜ (스피커의) **배플**, 음향조절장치 ⓓ **당황하게 하다, 좌절시키다**(=frustrate) ☜ 근대영어로 '차페장치'란 뜻
♠ His behaviour **baffles** me.
그의 행동이 나를 **당혹스럽게 한다**.

☐ **baffle**ment [bǽflmənt] ⓜ 좌절시킴, 방해; 당혹 ☜ -ment<명접>

☐ **baffl**ing [bǽfliŋ] ⓗ 저해하는; 당황하게 하는 ☜ -ing<형접>

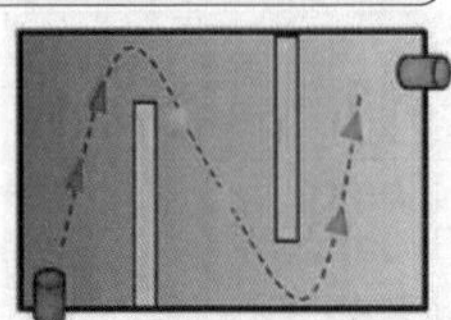
© erosionpollution.com

B

핸드백 handbag (손가방)

※ **hand** [hænd/핸드] [명] (사람의) **손**, 일손 [동] 건네주다 ☜ 고대영어로 '손'이란 뜻
※ hand**bag** [hǽndbæ̀g] [명] 손가방, **핸드백** ☜ hand(손)
□ **bag** [bæg/백] [명] **가방**, 자루(=sack) ☜ 고대 노르드어로 '꾸러미, 보따리'란 뜻
[비교] **bag** (일반적인) 가방, **trunk** 대형 여행가방, **suitcase** 여행가방, **briefcase** 서류가방, **portfolio** 접는 손가방, **satchel** 멜빵있는 학생용 가방, **pouch** 작은 가방
♠ a plastic 〔paper〕 **bag** 비닐 〔종이〕 **봉지**
□ **bag**ful [bǽgfùl] [명] 자루에 가득(한 양), 다량 ☜ bag + ful(~이 가득한)
□ **bag**gage [bǽgidʒ/**배**기쥐] [명] 《미》 **수하물** ☜ 가방(bag) + g + age(집합, 상태)
[비교] **baggage** 《미》 수하물, **luggage** 《영》 수하물, **parcel** 소포
□ **bag**gy [bǽgi] [형] 자루 같은, 헐렁헐렁한 ☜ bag + g<자음반복> + y<형접>

✚ sand**bag** 사낭, 모래주머니, **샌드백** sleeping **bag** 침낭, **슬리핑백**

바그다드 Bag(h)dad (이라크(Iraq)의 수도)

□ **Bag(h)dad** [bǽgdæd/**백**대드] [명] **바그다드** 《이라크의 수도》
☜ 초기인도유럽어로 '신의 선물'이란 뜻

백파이프 bagpipe (스코틀랜드 고지인이 부는 공기주머니 달린 피리)

□ **bagpipe** [bǽgpàip] [명] (종종 pl.) **풍적**, **백파이프** 《스코틀랜드 고지인이 부는 피리》
☜ 가죽 가방(bag)과 파이프(pipe)로 이루어진 부는 악기
□ **bagpipe**r [bǽgpàipər] [명] 백파이프를 부는 사람 ☜ -er(사람)

바하마 Bahamas (중미 카리브해에 있는 영(英) 연방의 섬나라)

□ **Bahamas** [bəhɑ́ːməz/버**하**-머즈] [명] (pl.) (the ~) **바하마** 《Bahama Islands로 이루어진 공화국; 수도 나소(Nassau)》
☜ 스페인어 '썰물(bajamar)'에서 유래한 섬나라란 뜻

바레인 Bahrain (중동 페르시아만에 있는 섬나라)

□ **Bahrain** [bɑːréin] [명] **바레인** 《페르시아만의 바레인 섬을 중심으로 한 독립국; 수도 마나마 Manama》 ☜ 아랍어로 '두 개의 바다'라는 뜻

베일아웃 bailout (비상탈출, 비상구제)

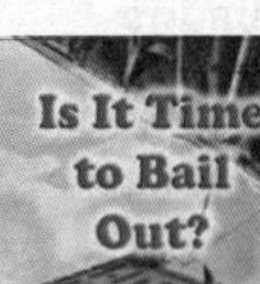

□ **bail**out [beilaut] [명] (낙하산에 의한) 긴급 탈출, (특히 재정적인) 긴급 원조 [형] 긴급 대책의 ☜ 밖으로(out) 구해내다(bail)
□ **bail** [베일] [명] **보석**(保釋), **보석금**(=bail money) [동] 보석하다, 곤경에서 구하다 ☜ 돈으로 교도소에 갇힌 사람을 구제하는 행위
♠ accept 〔allow, take〕 **bail 보석**을 허가하다

비트 bit (컴퓨터 데이터의 최소단위)

♣ 어원 : bit 물다
■ **bit** [bit] [명] **작은 조각**, 조금; 『컴퓨터』 **비트** 《정보전달의 최소 단위, 2진법의 0과 1》
☜ 라틴어로 '물어 뗀 것' 이란 뜻
■ **bit**e [bait] [동] (-/**bit**/**bitten**) **물다, 깨물다** [명] **묾; 한 입**
☜ 고대영어로 '이빨로 물어뜯는 행위'란 뜻.
□ **bait** [bait] [명] **미끼, 먹이**, 유혹(물) ☜ '물게 하다'란 뜻
♠ The fish took the **bait**. 물고기가 **미끼**를 물었다.

베이커리 bakery (빵집, 제과점), 베이킹 파우더 baking power (빵팽창제)

□ **bak**e [beik/베이크] [동] **(빵을) 굽다** ☜ 고대영어로 '빵을 굽다'란 뜻
□ **bak**er [béikər] [명] **빵 가게, 빵 굽는 사람** ☜ -er(사람)
□ **bak**ery [béikəri] [명] **빵집**, 제과점, **베이커리** ☜ -ery(제조의 장소, 가게)
□ **bak**eshop [béikʃɑ̀p/-ʃɔ̀p] [명] 제과점 ☜ bake + shop

□ **bak**ing [béikiŋ] ⓜ **빵 굽기** ⓗ 빵을 굽는 ☜ -ing<형접>
□ **bak**ing heat 작열 ☜ heat(열, 열기, 더위)
□ **bak**ing hot 탈 듯이 뜨거운 ☜ hot(뜨거운)
□ **bak**ing powder **베이킹 파우더** 《빵을 부풀게 하고 풍미를 주는 팽창제》

B

바란스 < 발란스 balance (균형)

□ **balance** [bǽləns/**밸**런스] ⓜ **균형; 저울** ⓢ **평균하다**; (저울에) 달다(=weigh)
☜ 라틴어로 '두 개(ba<bi=two)의 (저울용) 접시(lance<lanx=plate)가 있는'
♠ a spring **balance** 용수철 **저울** ☜ spring(스프링, 용수철; 봄)
♠ **balance** of power 세력의 **균형** ☜ power(힘, 세력, 능력)
♠ **balance sheet** 〖경제〗 **대차대조표**(B/S) ☜ sheet(시트커버, 한 장의 종이)
♠ **be in the balance 미정 상태로 있다, 애매한 상태로 있다**
♠ **keep ~ in balance 균형을 유지하다, 평정을 유지하다**
■ un**balance** [ənbǽləns] ⓜ 불균형 ⓢ 불균형하게 하다 ☜ un(=not) + balance
■ un**balance**d [ənbǽlənst] ⓗ 균형이 잡히지 않은 ☜ unbalance + ed<형접>

발코니 balcony (베란다)

□ **balcony** [bǽlkəni] ⓜ **발코니**, (극장의) 2층 좌석 ☜ 이탈리아어로 '노대(露臺)'란 뜻

볼드이글 bald eagle (미국의 국장(國章)인 흰머리 독수리)

□ **bald** [bɔːld] ⓗ (머리가) **벗어진**, 대머리의; 꾸밈없는; 무미건조한
☜ 고대영어로 '(빛나는) 흰 반점'이란 뜻
♠ a bare 〔**bald**〕 mountain (**나무가 없는**) **민둥**산
□ **bald**ly [bɔ́ːldli] ⓑ 노골적으로 ☜ bald + ly<부접>
□ **bald**headed [bɔ́ːldhèdid] ⓗ 대머리의, 불모의 ☜ bald + head + ed<형접>
□ **bald**ness [bɔ́ːldnis] ⓜ 벗어짐 ☜ bald + ness<명접>
※ **eagle** [íːgəl] ⓜ **독수리** ☜ 라틴어로 '검은 독수리'란 뜻

볼 ball (공)

♣ **어원 : bal(l) 둥근, 공**
ball [bɔːl/보-올] ⓜ **공,** 구(球); 탄알, 포탄 ☜ 중세영어로 '작고 꽉 채워진 구체'
□ **bal**e [beil] ⓜ **곤포** 《거적·새끼 따위로 짐을 포장함》 ☜ 공처럼 둥근데서 유래
♠ **a bale** of cotton 면화 **한 꾸러미**

발리 Bali (이슬람 국가 인도네시아에서 힌두 문화의 전통을 간직한 섬)

□ **Bali** [báːli] ⓜ (인도네시아령) **발리**섬 ☜ 원주민 '발리'족에서 유래.
산스크리트어로 '(신에게) 바친다'라는 뜻
□ **Bali**nese [bɑ̀ːliníːz] ⓜ 발리 섬〔사람〕 ⓗ 발리 섬〔사람〕의
☜ Bali + n + ese(~의/~사람)

보크 balk ([야구] 투수의 규칙위반)

주자가 진루한 상황에서 투수가 타자나 주자를 눈속임하기 위해 투구를 시작했다가 중간에 멈추는 행위, 또는 마운드위에 공을 떨어뜨리는 행위, 주자가 없는 베이스로 견제구를 던지는 경우, 공에 침을 묻히는 경우 심판은 baik(보크)를 선언하고, 주자는 1루 진출하게 된다.

□ **balk, baulk** [bɔːk] ⓜ 장애; 〖야구〗 **보크** ⓢ **방해하다**; (말이) 멈춰서다
☜ 네델란드어로 '고함치다, 소리치다'란 뜻.

발칸반도 Balkan (지중해 동쪽, 유럽 동남부의 반도)

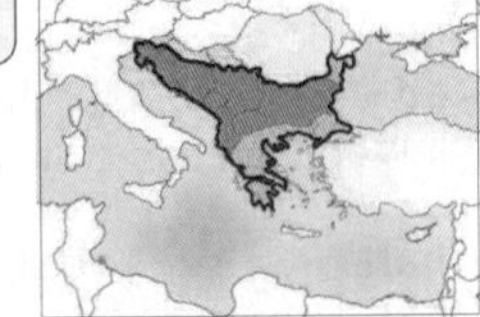

□ **Balkan** [bɔ́ːlkən] ⓗ **발칸반도의** ⓜ (the -s) 발칸제국(the Balkan States) ☜ 불가리아와 세르비아에 걸친 발칸산맥에서 유래. 발칸은 '산'을 뜻하는 투르크어
□ **Balkan** Peninsula (the ~) 발칸반도 ☜ peninsula(반도)

볼 ball (공), 볼펜 콩글 ball pen ➔ ballpoint pen, pen

♣ **어원 : ball 둥근, 공**

□ **ball** [bɔːl/보-올] [명] **공,** 구(球); 탄알, 포탄 ☜ 중세영어로 '작고 꽉 채워진 구체'
※ football 축구, baseball 야구, basketball 농구, volleyball 배구, softball 소프트볼
♠ a **ball** of string 실**타래**
♠ the **ball** of the eye 눈**알**
♠ **powder and ball 탄약**

□ **ball** bearing **볼베어링** ☜ bearing([기계] 베어링)

□ **ball** player 야구선수 ☜ 경기하는(play) 선수(er)

□ **ball**oon [bəlúːn] [명] **기구, 풍선** ☜ '큰 공' 이란 뜻
♠ an observation **balloon** 관측용 **기구**

□ **ball**oonist [bəlúːnist] [명] 기구조종사 ☜ balloon + ist(사람)

□ **ball**ot [bǽlət] [명] **무기명[비밀] 투표** ☜ (투표시 쓰인) '작은 공'의 뜻에서
♠ The chairman is chosen by secret **ballot**.
의장은 비밀 **무기명 투표**로 선출된다.

□ **ball**park [bɔ́ːlpɑ̀ːrk] [명] 《미》 야구장; 범위, 근사치 ☜ ball + park(공원, 경기장)

□ **ball**point (pen) [bɔ́lpɔint pen] [명] **볼펜** ☜ (아주 작은) 구슬침(ballpoint)이 있는 펜(pen)

□ **ball**room [bɔ́ːlrùm] [명] 무도실 ☜ ball + room(방, 실)
★ 2명 내지 그 이상의 사람들이 함께 추는 춤을 볼룸 댄스(ballroom dance)라고 하는데, 볼륨 댄스(volume dance)로 잘못 알고 있는 사람들이 많다. 영어에 이런 용어는 없다.

발라드 ballad (민요, 발라드), 발레 ballet (발레)

♣ **어원 : ball 춤추다**

□ **ball** [bɔːl] [명] **무도회** ☜ 라틴어로 '춤추다'란 뜻

□ **ball**ad [bǽləd] [명] **민요, 발라드**; 감상적인 유행가
☜ 프랑스 남부 프로방스어로 '무도회를 위한 시(詩)'란 뜻.

□ **ball**et [bǽlei, bæléi] [명] **발레**, 무용극; (the ~) **발레**단〔음악, 악보〕 ☜ 라틴어로 '춤추다'란 뜻
♠ the Bolshoi Theater **Ballet** (러시아의) 볼쇼이 **발레단**
☜ 볼쇼이(Bolshoi)는 러시아어로 '큰'이란 뜻

□ **ball**erina [bæ̀ləríːnə] [명] (pl. **-s,** ballerin**e**) [It.] **발레리나**, (발레의) 주연 무희
☜ 이탈리아어로 '춤추는 여자'란 뜻

밸러스트 ballast (안전을 위해 배의 무게를 조절하는 물건)

© TV 조선

□ **ballast** [bǽləst] [명] **밸러스트** 《배에 실은 짐이 적을 때 배의 안전을 위해 더 싣는 돌/모래/물 등》 ☜ 중세영어로 '단순한(bal<bar=mere) 짐(last=load)'이란 뜻
♠ take on **ballast 바닥짐**을 싣다

아이시비엠 ICBM (대륙간 탄도미사일)

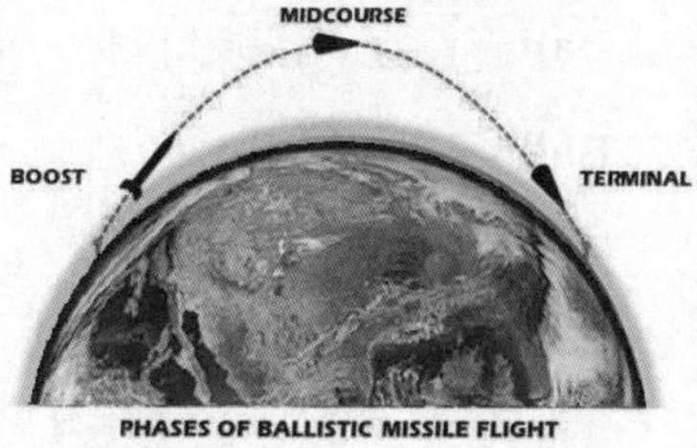

※ **ICBM, I.C.B.M.** **I**nter**c**ontinental **B**allistic **M**issile 대륙간 탄도미사일 [비교] SLBM: 잠수함 발사 탄도미사일

※ **inter** [íntər] [전] 가운데에, 사이에
☜ 라틴어로 '땅(ter=terra) 속에(in)'라는 뜻

※ **inter-** [íntər] [접두] '간(間), 중(中), 상호'의 뜻

※ **continental** [kɑ̀ntənéntl/kɔ̀n-] [형] **대륙의; 대륙성의**
☜ 함께(con<com) 유지하는(tin) 것(ent)

□ **ballistic** [bəlístik] [형] 탄도(학)의; 비행 물체의 ☜ 둥근 것(ball)의 경사도(list) 의(ic)
♠ **ballistic missile 탄도탄, 탄도미사일**

※ **miss**ile [mísəl/mísail] [명] **미사일, 유도탄** ☜ 라틴어로 '던질(miss) 수 있는 것(ile)'이란 뜻

애드벌룬 ad balloon (공중에 띄우는 대형 광고풍선)

♣ **어원 : ball 둥근, 공**

※ **ad** [æd] **ad**vertisement의 줄임말

※ ad**vert**isement, -tiz- [æ̀dvətáizmənt, ædvə́ːrtis-, -tiz-] [명] **광고**, 선전
☜ ~로(ad) 고개를 돌리게(vert) 하는(ise) 것(ment). 즉, 주의를 끄는 것

■ **ball** [bɔːl/보-올] [명] **공,** 구(球); 탄알, 포탄 ☜ 중세영어로 '작고 꽉 채워진 구체'란 뜻

□ **ball**oon [bəlúːn] [명] **기구, 풍선** ☜ '큰 공'이란 뜻
♠ an observation **balloon** 관측용 **기구**

□ **ball**ot [bǽlət] [명] **무기명[비밀] 투표** ☜ '작은 공'의 뜻에서(옛날 찬성 때는 작은 흰 공, 반대 때는 작은 검은 공을 투표함에 넣은 데서)

□ **ball-point (pen)** (볼펜) ➔ **ball**(공) **참조**

B

발삼 balsam (송진 류의 액체)

침엽수에서 분비되는 끈적끈적한 액체로 대표적인 것이 소나무의 송진이다. 독특한 향이 나는 게 특징이다.

■ **balsam** [bɔ́:lsəm] ⓜ **발삼**수지(樹脂), 향유(香油) ☜ 고대영어로 '향유'
□ **balm** [bɑ:m] ⓜ **향유**(香油), 방향(芳香); 진통제 ☜ 그리스어로 '향유'
주의 balm에서 l은 묵음
♠ **a healing** (soothing) **balm 마음을 진정시켜 주는 것**
□ **balm**ily [bɑ́:mili] ⓟ 향기롭게 ☜ balm + ily<부접>
□ **balm**y [bɑ́:mi] ⓗ (-<-mi**er**<-mi**est**) **향유의, 향유같은** ☜ -y<형접>
■ em**balm** [imbɑ́:m] ⓢ 향유를 바르다 ☜ 고대 프랑스어로 '향료로 시체를 보존하다'란 뜻. 향료(balm) 안에(em=in)

유용목재 중 가장 가볍고 단단한 남미 열대산 발사나무(balsa wood)

□ **balsa** [bɔ́:lsə, bɑ́:l-] ⓜ (열대 아메리카산(産)) **발사나무** 《벽오동과의 나무로 가볍고 단단하여 구명용구・모형 비행기 등에 이용됨》; 그 재목; 그 뗏목 ☜ 스페인어로 '(물에) 뜨는 나무, 부목(浮木)'이란 뜻.

발트해(海) the Baltic Sea (북유럽 6개국에 둘러싸인 내해)

□ **Baltic** [bɔ́:ltik] ⓗ **발트 해의** (略. Balt.)
☜ 스칸디나비아어로 '해협'이란 뜻.
□ **Baltic** Sea (the ~) **발트** 해 ☜ sea(바다, 해양)

볼티모어 Baltimore (미국 동부 매릴랜드 주의 항구 도시)

□ **Baltimore** [bɔ́:ltəmɔ̀:r] ⓜ **볼티모어** 《미국 Maryland 주의 항구 도시》
☜ 메릴랜드 주를 개척한 캘버트 가(家)의 '볼티모어 남작'이름에서 유래

발자크 Balzac (나폴레옹 숭배자였던 프랑스 사실주의 작가)

□ **Balzac** [bǽlzæk, bɔ́:l-] ⓜ **발자크** 《Honoréde ~ 프랑스의 소설가; 1799-1850》
★ 대표작: 『외제니 그랑데』, 『절대의 탐구』, 『고리오 영감』, 『골짜기의 백합』, 『농민』 등

뱀부커튼 bamboo curtain (죽(竹)의 장막)

냉전시대에 서방 국가들이 공산주의의 맹주였던 구 소련을 철의 장막(iron curtain)이라고 부르고, 대나무가 많은 중국은 죽의 장막(bamboo curtain)이라고 불렀다.

□ **bamboo** [bæmbú:] ⓜ (pl. **-s**) **대, 대나무**; 죽재(竹材) ☜ 포르투갈어로 '대나무'란 뜻
♠ **a bamboo** grove **대(나무)** 숲
※ **curtain** [kə́:rtən] ⓜ **커튼, 휘장** ☜ 라틴어 cortina(그릇, 덮개)에서 유래

라이방 < 레이밴 Ray Ban (레이밴 선글라스)

세계적인 sunglasses(선글라스) brand(상표). 원래 고공에서 임무를 수행하는 조종사들의 시력을 보호하기 위해 자외선 차단용으로 만들어졌다.

♣ **어원 : ban 금지**
※ **ray** [rei] ⓜ **광선** ⓢ 빛을 발하다 ☜ 라틴어로 '수레바퀴의 살', 고대 프랑스어로 '태양 광선'이란 뜻
♠ **X ray 엑스레이**, 엑스선(사진)
□ **ban** [bæn] ⓜ **금지(령)** ⓢ 금지하다 ☜ 네델란드어로 '금지하다'란 뜻
♠ **a test ban treaty 핵 실험 금지 조약**
□ **ban**ish [bǽniʃ] ⓢ **추방하다**(=exile) ☜ 금지(ban) 하다(ish<동접>)
□ **ban**ishment [bǽniʃmənt] ⓜ 추방, 유형, 귀양 ☜ banish + ment<명접>
■ a**ban**don [əbǽndən] ⓢ **버리다, 포기하다** ☜ 완전히(a/강조) 금지하다(band) + on

바나나 banana (연평균 기온 27℃ 내외에서 자라는 열대 과일)

☐ **banana** [bənǽnə] ⓜ **바나나**, 바나나색(=grayish yellow) ☜ 서아프리카의 토착어
♠ a hand of **bananas 바나나** 한 송이

밴드 < 밴드 band (악단)

♣ 어원 : **band, bend, bind, bond 묶다, 무리**

☐ **band** [bænd/밴드] ⓜ 무리, 악단, **밴드; 띠, 끈**
☜ 고대영어로 '묶는 것, 매는 것'이란 뜻
★ 대일밴드처럼 상처부위에 붙이는 밴드는 그냥 band가 아니고, bandaid, sticky plaster이다.
♠ a band of **robbers (thieves) 도적**단
♠ a **army** band **육군** 군악대

☐ **band**age [bǽndidʒ] ⓜ **붕대; 안대** ⓢ 붕대로 감다 ☜ band + age<명접>
♠ **apply a bandage to~ ~에 붕대를 감다**

☐ **Band**-Aid [bǽndèid] ⓜ (미국의) 반창고(상표명) ⓗ (band-aid) 응급의 ☜ aid(도움, 조력)

☐ **band**it [bǽndit] ⓜ (pl. **-s,** bandit**ti**) (무장한) **산적**, 노상 강도; 악당 ☜ '일단의 무리'

☐ **band**master [bǽndmæstər/-mɑ̀:s-] ⓜ 악장(樂長) ☜ band + master(주인, 영주)

☐ dis**band** [disbǽnd] ⓢ (군대 등을) 해산하다; (군인을) 제대시키다
☜ dis(=against/반대, not/부정) + band(묶다)
♠ **disband** (a) parliament 의회**를 해산하다**.

☐ dis**band**ment [disbǽndmənt] ⓜ 해산, 해체, 제대 ☜ -ment<명접>

✚ **bend 구부리다, 굽히다; 구부러지다** **bend**er 구부리는 도구, 벤찌 **bind 묶다, 철하다** **bond 묶는 것, 끈; 유대, 결속; 접착제, 본드** **bond**age **노예신분, 속박**

배트맨 베인 Batman Bane (배트맨에 맞선 악당)

2012년 개봉한 미국 영화 '다크 나이트 라이즈(The Dark Knight Rises)'에서 영웅 베트맨에 맞서 고담시(Gotham city)의 파멸을 위해 대규모 군단의 선봉에 선 악당이 베인(Bane)이다.

※ **Batman** [bǽtmən] ⓜ **배트맨** ☜ 박쥐(bat) 인간(man)

☐ **bane** [bein] ⓜ **독**(毒), 해악; 재해; 파멸(의 원인); 죽음(=death); 골칫거리 ☜ 고대 고지(高地) 독일어로 '죽음'이란 뜻.
♠ **bane** and antidote **독**과 해독제

■ fly**bane** [flάibèin] ⓜ 파리 죽이는 독; 『식물』 파리 죽이는 풀 《벌레잡이오랑캐꽃 등》
☜ 파리(fly)의 독(bane)

■ rats**bane** [rǽtsbèin] ⓜ 쥐약 《특히 아비산(亞砒酸)》 ☜ 쥐들(rats)의 독(bane)

빅뱅 big bang (❶ 우주의 대폭발 ❷ 한국의 남성 5인조 댄스팝 가수 그룹)

❶ 태초에 엄청난 밀도와 뜨거운 우주가 대폭발을 일으켜 팽창우주가 되었다는 것이 우주의 빅뱅이론 (big bang theory)이다. ❷ 한국의 YG Entertainment 소속의 세계적인 남성 5인조 댄스팝 가수 그룹

※ **big** [big/빅] ⓗ (-<bigg**er**<bigg**est**) **큰**, 거대한, 중대한
㉡ little, small 작은 ☜ 중세영어로 '강한; 부피가 큰'이란 뜻

☐ **bang** [bæŋ/뱅] ⓜ **강타, 포성** ⓢ **탕치다**, 쾅닫다
☜ 의성어. 중세영어로 '갑작스런 큰 폭발음'이란 뜻
♠ **the bang** of a gun **쾅하는** 대포 **소리**

☐ **bang-bang** [bǽŋbǽŋ] ⓜ 요란스런 총격전, 전쟁영화 ☜ 의성어

방콕 Bangkok (태국의 수도, 매년 1,600만 명이 찾는 세계 제1의 관광도시)

☐ **Bangkok** [bǽŋkɑk, -kɔ́k] ⓜ **방콕** 《태국(Thailand)의 수도》 ☜ 타이어로 '천사의 도시'란 뜻

방글라데시 Bangladesh (파키스탄에서 독립, 소국(小國)을 제외하고, 인구밀도 세계 1위의 아시아 서남부의 공화국)

☐ **Bangladesh** [bὰ:ŋglədéʃ, bæ̀ŋ-] ⓜ **방글라데시** 《1971년 파키스탄으로부터 분리 독립; 수도 다카(Dhaka). 공식명칭은 the People's Republic of Bangladesh이다》
☜ 산스크리트어로 '벵갈리 민족(방글라)의 나라(데시)'라는 뜻

□ **banish**(추방하다) ➔ **ban**(금지) **참조**

데이터 뱅크 data bank (자료 집적 · 보존시스템)
인터넷 뱅킹 internet banking (인터넷 금융거래)

※ **data** [déitə, dάːtə, dǽtə] (명) 자료, **데이터**
☜ 라틴어로 '주어진 것'이란 뜻

■ data **bank** 〖컴퓨터〗 자료 은행, **데이터 뱅크**

□ **bank** [bæŋk/뱅크] (명) **둑, 제방**; ☜ 고대영어로 '작은 언덕'이란 뜻
은행 ☜ 고대영어로 '(환전상(商)의) 책상, 벤치'란 뜻
♠ river **bank** 강**둑** ☜ river(강)
♠ a savings **bank** 저축**은행** ☜ saving(저축)
♠ the **Bank** of Korea 한국**은행**

□ **bank** account 은행 예금(계좌) ☜ account(계산, 예금 계좌; 설명)

□ **bank**book [bǽŋkbùk] (명) 은행 통장 ☜ bank + book(책, 서적)

□ **bank** card (은행 발행의) 크레디트 카드 ☜ card(카드, 판지, 엽서)

□ **bank** clerk 은행원 ☜ clerk(점원, 사무원)

□ **bank**er [bǽŋkər] (명) **은행가** ☜ bank + er(사람)

□ **bank**ing [bǽŋkiŋ] (명) **은행업**(무) (형) 은행(업)의 ☜ bank + ing<명접/형접>
♠ **banking** facilities 금융기관 ☜ facility(설비, 시설)

□ **bank** note (은행) 지폐, 은행권 ☜ note(각서, 기록, 문서)

□ **bank**rupt [bǽŋkrʌpt] (명) **파산자** (형) **파산한** ☜ bank + rupt(파괴된)
♠ **go** (become) **bankrupt 파산하다**

□ **bank**ruptcy [bǽŋkrʌptsi] (명) **파산**, 도산 ☜ bankrupt + cy<명접>
♠ **go into bankruptcy 도산하다**

배너 banner (현수막)

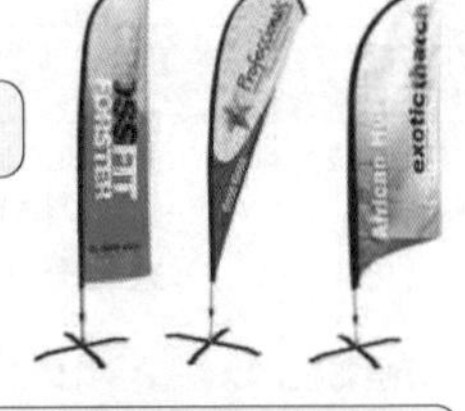

□ **ban**ner [bǽnər] (명) **기**(=flag), 기치, 군기; 표제; **배너**, **현수막**
(동) 기를 달다 ☜ 무리(ban=band)를 + n + 이끄는 것(er)
♠ remove **the banner 현수막**을 제거하다.

베거스 뱅큇 Beggars Banquet (영국 롤링 스톤즈 앨범. <거지의 만찬>이란 뜻)

영국의 록 그룹 롤링 스톤스(The Rolling Stones)가 1968년에 발표한 앨범 제목

※ **beg**gar [bégər] (명) 거지, 가난뱅이
☜ 구걸하는(beg) + g<자음반복> + 사람(er)

□ **banqu**et [bǽŋkwit] (명) 만찬, **연회**, 향연
☜ '작은(et) 벤치(banqu=table)'란 뜻
♠ give (hold) a **banquet 연회**를 열다

밴텀급 Bantamweight (권투의 밴텀급선수)

밴텀급은 권투나 종합격투기의 체급으로서 권투의 경우 총 17개의 체급 중 5번째로 가벼운 체급이다.

□ **bantam** [bǽntəm] (형) 몸집이 작은, 공격적인; 〖권투〗 **밴텀**급의 ☜ 인도네시아 자바섬 북서부 해안에 있는 도시의 이름으로 이곳에서 자란 몸집이 작은 닭을 일컬음.

※ **weight** [weit] (명) **무게, 중량, 체중** ☜ 고대영어로 '무게'란 뜻

연상 ▸ 배너(banner.현수막)에 벤터(banter.농담)라고 적혀 있었다.

※ **banner** [bǽnər] (명) **기**(=flag), 기치, 군기; 표제; **배너**, **현수막** (동) 기를 달다
☜ 무리(ban=band)를 + n + 이끄는 것(er)

□ **banter** [bǽntər] (명) 희롱, **농담** (동) 농담하다 ☜ 근대영어로 '농담하다'란 뜻
♠ He is the king of witty **banter**. 그는 재치있는 **농담**의 황제이다.

반얀트리 banyan tree (인도산 벵갈보리수 나무)

□ **banyan** [bǽnjən] (명) 〖식물〗 **벵골보리수**; (채식주의 인도) 상인; (인도의) 헐렁한 셔츠(상의)
☜ 인도 구자라트어로 '보리수나무', 산스크리트어로 '상인'
♠ One day he meditated **by a banyan tree**.
어느날 그는 **보리수 나무 옆에서** 명상에 잠겼다

※ **tree** [triː/츠리] (명) **나무**, 수목, 교목(喬木); (꽃 · 열매와 구별하여) 나무, 줄기부분

☜ 고대영어로 '나무'란 뜻

뱁티스트 Baptist (침례교도)

프로테스탄트의 최대 교파의 하나. 유아세례를 인정하지 않고 자각적인 신앙고백에 의거 전신을 물에 담그는 침례에 의한 뱁티즘(baptism, 세례)을 주장하는 것에서 이 이름이 붙었으며, 침례파라고도 한다.

□ **bapt**ist [bǽptist] [명] 침례교도, **세례주는 사람** ☜ 세례(bapt)를 행한 사람(ist)
♠ **John the Baptist** 『성서』 세례 요한 《요단 강에서 예수에게 세례를 주었음》
□ **Bapt**ist church 침례교회 ☜ church(교회)
□ **bapt**ism [bǽptizəm] [명] **세례(식)** ☜ bapt + ism(행동, 특징)
□ **bapt**ismal [bæptízməl] [형] 세례(洗禮)의 ☜ baptism + al<형접>
□ **bapt**ize [bæptáiz] [동] **세례를 주다** ☜ 중세영어로 '세례(bapt)를 행하다(ize)'란 뜻

바코드 bar code (줄무늬 기호군)

상품의 포장에 인쇄되어 가격을 표시하거나 책의 표지에서 도서 관리를 위한 정보를 나타내거나 출퇴근 카드 등에 인쇄되는 등 물품을 구분하기 위한 다양한 용도로 사용되는 인식 코드

♣ 어원 : bar(r), barra 막대, 장애물
□ **bar** [bɑːr/바-] [명] **술집, 빠; 막대기; 법정** [동] **막다**, 방해하다 (=prevent) ☜ 라틴어로 '막대기, 장애물'이란 뜻
□ **bar** code **바코드** 《광학판독용 막대형 부호의 라벨》 ☜ code(암호, 약호)

6 71860 01362 4

✚ **barr**ier **장애물, 장벽, 배리어** **barr**icade **바리케이드**, 방책, 장애물; 방책으로 막다 **bar**tender 《미》 술집 지배인, **바텐더** em**barra**ss **당혹하게 하다**, 난처하게 하다 em**barra**ssment **당황, 난처**

[연상] 물고기가 낚시 밥을 먹으려다 밥(barb.미늘)에 걸려 잡히고 말았다.

□ **barb** [bɑːrb] [명] (화살촉・낚시바늘 따위의) **미늘**; (철조망 따위의) **가시** [동] 미늘(가시)을 달다 ☜ 라틴어로 '턱수염'이란 뜻.
♠ He hurt his leg on a **barb-wired fence**.
그 애는 **철조망 울타리**에 다리를 다쳤다.
□ **barb**ed [bɑːrbd] [형] 미늘(가시)가 있는; **신랄한** ☜barb + ed<형접>

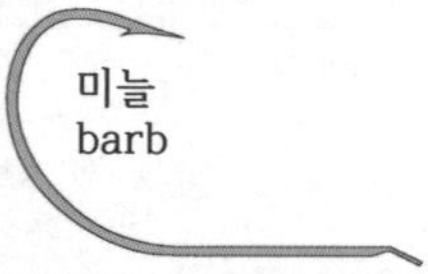

[연상] 알몸을 노출하는 바바리맨(Burberry man)은 바바리언(barbarian.야만인)이다.

♣ 어원 : bar(e) 벌거벗은, 겨우 ~한
※ **Burberry** [bə́ːrbəri, -bèri] [명] **바바리** 방수 무명; **바바리 코트** 《상표명》
☜ 영국의 레인코트 제작사 설립자인 토머스 버버리(Thomas Burberry) 이름에서
★ 바바리 코트(Burberry coat)는 상표명이므로 일반명사화하여 사용하는 것은 콩글리시이다. 바른 표현은 trench coat이다. 여학교 앞에서 바바리코트를 입고 알몸을 노출하는 바바리맨은 콩글리시이며, 이때는 '노출광'이란 표현의 flasher를 써야한다.
■ **bare** [bɛər/베어] [형] **발가벗은**, 노출된; (칼을) 뺀; **속이 빈** [동] 발가벗기다
☜ 고대영어로 '벌거벗은, 열린'이란 뜻 [비교] bear **참다; 곰**
□ bar**bari**an [bɑːrbɛ́əriən] [명] **야만인**, 미개인 [형] 야만적인, 잔인한 ☜ 옛 그리스인들에게 모든 외국어는 '바바(ba-ba)'라로만 들렸기에 이방인을 barbarian이라고 했다
♠ uncivilized 〔**barbarian**〕 manners **야만적** 풍습
□ bar**bar**ic [bɑːrbǽrik] [형] 야만의 ☜ barbar + ic<형접>
□ bar**bar**ity [bɑːrbǽrəti] [명] 만행 ☜ barbar + ity<명접>
□ bar**bari**sm [bɑ́ːrbərìzəm] [명] **야만**, 미개 ☜ barbar + sm(상태, 성질)
□ bar**bar**ous [bɑ́ːrbərəs] [형] **야만스러운**(=savage), 미개한 ☜ barbar + ous<형접>

바베큐 < 바비큐 barbecue (육고기 통구이)

돼지, 소 따위를 통째로 구운 것. 미국 바비큐 레스토랑 간판에는 'Bar-B-Q' 라고도 씀.

□ **barbecue** [bɑ́ːrbikjùː] [명] (통구이용) 불고기 틀; (돼지・소 따위의) **통구이, 바비큐**
☜ 카리브해섬 타이노족어로 '불고기 틀'이란 뜻.
♠ We had a **barbecue** on the beach. 우리는 해변에서 **바비큐 파티**를 벌였다.

바버샵 하모니 barbershop harmony (무반주 남성 4중창)

미국의 경음악 용어로 <무반주 남성 4중창>이란 뜻으로 사용된다. 옛날에는 이발관이 일종의 클럽처럼 되어 있었으며, 그래서 오락으로 합창이나 합주를 하게 되고, 그로부터 독특한 화성(和聲)이 태어났다. 여기에서 태동한 화성이 후에 흑인영가나 재즈에 도입되었다고 한다.

B

□ **barber** [bάːrbər] ⓜ **이발사** (《영》 hairdresser) ☜ 라틴어로 '턱수염'이란 뜻
♠ **barber**-surgeon (옛날의) **이발사** 겸 외과 의사
□ **barber**shop [bάːrbərʃὰp] ⓜ 《미》 **이발관** (《영》 barber's shop) ☜ shop(가게)
※ **harmony** [hάːrməni] ⓜ **조화, 화합, 일치** ☜ 결합(har)된 상태(mon) + y<명접>

바비인형 Barbie Doll (금발의 플라스틱 여자 인형)

'바비'란 이름은 1945년 미국 장난감 회사 마텔(Mattel)을 설립한 루스(Ruth)와 엘리엇 핸들러(Elliot Handler)의 딸 이름 '바바라'에서 따왔다. 바바라의 엄마 루스 핸들러가 바비를 만들었으며 스스로 '바비의 엄마'라고 할 정도로 바비에 애착을 가졌다.

□ **Barbie** doll **바비**인형 《금발의 플라스틱 여자 인형; 상표명》; **바비**인형 같은 여자 《성적 매력은 있으나 멍청해 보이는 여자》
♠ I'd like to have that **Barbie doll**.
저 **바비 인형**을 갖고 싶어요.

바드 bard (켈트족의 음유시인)

□ **bard** [bɑːrd] ⓜ 옛 켈트(Celt)족의 음영(吟詠) 방랑시인; **음유시인**

베어풋 샌들 barefoot sandle (발부위가 많이 노출된 샌들)

베어풋 샌들은 발뒤꿈치나 발등 같은 부분이 많이 보이도록 디자인된 간단한 샌들이다.

♣ **어원 : bare 벌거벗은, 겨우 ~한**

□ **bare** [bɛər/베어] ⓗ **발가벗은**; 가까스로의; **속이 빈** ⓓ **발가벗기다**
☜ 고대영어로 '벌거벗은, 열린'이란 뜻 ⓑ clad 옷을 입은
♠ She likes to walk around **in bare feet**.
그녀는 **맨발로** 걸어 다니길 좋아한다.
□ **bare**back(ed) [bɛ́ərbæk(t)] ⓗ 안장 없는 말의; (말에) **안장 없이**
☜ 드러낸(bare) 등(back) 의(ed<형접>)
□ **bare**faced [bɛ̀ərféist] ⓗ 숨김없는, 뻔뻔스런 ☜ bare + faced(얼굴을 가진)
□ **bare**foot [bɛ́ərfùt] ⓗ **맨발의** ⓑ **맨발로** ☜ bare + foot(발)
□ **bare**footed [bɛ́ərfùtid] ⓗ **맨발의** ☜ barefoot + ed<형접>
□ **bare**ly [bɛ́ərli] ⓑ 겨우, **간신히**; 드러내 놓고, 노골적으로 ☜ bare + ly<부접>
※ **sandal** [sǽndl] ⓜ (여성·어린이용) **샌들**, (고대 그리스·로마 사람의) 짚신 모양의 신발 ☜ 고대 그리스어로 '슬리퍼, 샌들'이란 뜻.

바겐세일 bargain sale (콩글 ▶ 염가판매) ➔ sale

□ **bargain** [bάːrgən] ⓜ **거래, 매매**; 싸게 산 물건 ⓓ 흥정하다
☜ 고대 프랑스어로 '가격을 흥정하다, 싸게(bar<bare) 얻다(gain)'란 뜻
♠ **conclude a bargain 계약을 맺다**
♠ **into (in) the bargain 그 위에, 게다가, 덤으로**
♠ **strike (make) a bargain 매매계약[약속]을 하다, 거래하다**
□ **bargain** hunter 싼 것만 찾아다니는 사람 ☜ hunter(사냥꾼, 사냥개)
※ **sale** [seil/쎄일] ⓜ **판매, 염가매출** ☜ 고대영어로 '판매, 파는 행위'란 뜻

빠지선 < 바지선(船) barge (바닥이 평평한 무동력 거룻배)

운하, 강 등에서 사람, 화물을 싣고 다니는 바닥이 납작한 배. 통상 동력이 없으나 있는 배도 있음.

□ **barge** [bɑːrdʒ] ⓜ **거룻배, 바지** ⓓ 거룻배로 나르다
☜ 고대 프랑스어로 '배'
♠ floating power **barge** 견인바지선
☜ float(부유), power(힘, 동력)
♠ fuel oil **barge** 유류바지선 ☜ fuel(연료)
♠ salvage **barge** 구조바지선 ☜ salvage(해난구조)
♠ floating power **barge** self propelled 자주식(自走式) 바지선
☜ self(자신), propel(추진하다, 몰아대다)

한국 개들은 멍멍하고 짖고, 영·미권 개들은 박박(bark)하고 짖는다

☐ **bark** [bɑːrk/바앜] (명) **짖는 소리; 총성** (동) (개, 여우 등이) **짖다** ☜ 의성어
비교 bark (일반적인 말) 짖다, **howl** 소리를 높여 길게 뽑으며 짖다. **whine** 낑낑거리다, **yelp, yap** 캥캥 짖어대다, **growl** 성내어 으르렁거리다, **snarl** 이빨을 드러내고 으르렁거리다

☐ **bark**ing [bɑ́ːrkiŋ] (형) (잘) 짖는 (명) 짖는 소리 ☜ -ing<형접>
♠ **Barking dogs seldom bite. 《속담》 짖는 개는 물지 않는다.**

☐ **bowwow** [báuwáu] (명) (의성어) 멍멍, **개 짖는 소리** ☜ 의성어

연상 발리(Bali.인도네시아 섬)에도 발리(barley.보리)가 있다.

※ **Bali** [bɑ́ːli] (명) **발리** 《인도네시아 섬》 ☜ 산스크리트어로 '신이 많다'란 뜻

☐ **barley** [bɑ́ːrli] (명) **보리** ☜ 고대영어로 '보리'란 뜻.
비교 wheat 밀, corn 《미》 옥수수; 《영》 밀
♠ raise 〔grow〕 **barley 보리** 농사를 짓다

☐ **barn** [bɑːrn] (명) **헛간** ☜ barley(보리)를 넣는 곳

☐ **barn**yard [bɑ́ːrnjɑ̀ːrd] (명) **헛간의 앞마당**; 농가의 안뜰(farmyard) ☜ yard(안마당)

바로미터 barometer (기압계)

☐ **baro**meter [bərɑ́mitər] (명) **청우계, 기압계; 지표**
☜ 무게(baro=weight)를 재다(meter=measure)
♠ **the barometer** of public opinion 여론의 **바로미터**

☐ **baro**metry [bərɑ́mitri/-rɔ́m-] (명) 기압 측정법
☜ barometer + y(기술, 방법)

☐ **baro**metric(al) [bæ̀rəmétrik(əl)] (형) 기압(계)의, 기압상의 ☜ -ic(al)<형접>

바론 baron (남작(男爵). 귀족등급 중 최하위 작위)

귀족의 등급 중 5등작(等爵: 公·侯·伯·子·男) 가운데 최하위 작위(爵位)이다. 영국에서는 1,000명에 가까운 귀족 중에서 500명이 넘는 과반수를 차지하며, 한국에서는 고려 초기부터 중국의 오작제도(五爵制度)를 들여와, 현남(縣男)이라 하였다. 영국에서는 Lord라 부르고 그 외 국가들에서는 Baron이라고 부른다.

☐ **baron** [bǽrən] (명) **남작**; (특정 산업 분야의) 부호〔거물〕
☜ 고대 게르만어로 '자유인, 고대 프랑스어로 '귀족, 군 지휘관'이란 뜻.
♠ **drug barons** 마약계의 **거물들** ☜ drug(약, 약품; 마약)

☐ **baron**age [bǽrənidʒ] (명) 남작의 지위 ☜ baron + age(신분)

☐ **baron**ess [bǽrənis] (명) **남작 부인**; 여남작 ☜ baron + ess<여성형 어미>

☐ **baron**et [bǽrənit, -nèt] (명) **준(准)남작** 《baron의 아래, Knight의 윗 계급; 영국 세습 위계의 최하위로 귀족은 아님》 ☜ 작은(et) 남작(baron)

바로크 미술(美術) Baroque Art (17세기 이후 남유럽에서 성행한 미술양식)

☐ **baroque** [bəróuk] (명) (the B~) 〖건축〗 **바로크**식(작품) (형) 기이한; **바로크식의**
☜ 프랑스어로 '이례적인, 파격적인, 변칙적인'이란 뜻

※ **art** [ɑːrt/아-트] (명) **예술, 미술** ☜ 라틴어로 '예술, 기술'이란 뜻

바코드 bar code (줄무늬 기호군)

상품의 포장에 인쇄되어 가격을 표시하거나 책의 표지에서 도서 관리를 위한 정보를 나타내거나 출퇴근 카드 등에 인쇄되는 등 물품을 구분하기 위한 다양한 용도로 사용되는 인식 코드

♣ 어원 : bar(r), barra 막대, 장애물

■ **bar** [bɑːr/바-] (명) **술집, 빠; 막대기; 법정**
☜ 라틴어로 '막대기, 장애물'이란 뜻

■ **bar code** **바코드** 《광학판독용 막대형 부호의 라벨》 ☜ code(암호, 약호)

6 71860 01362 4

☐ **barr**ack [bǽrək] (명) (보통 pl.) **막사**, 병영, **바라크** (동) 막사에 수용하다
☜ '목조 오두막집' 이란 뜻
♠ clean up **barrack 병사**를 청소하다

✚ **barr**ier **장애물, 장벽** **barr**icade **바리케이드**, 방책, 장애물 **bar**tender 《미》 술집 지배인, **바텐더**

연상 수많은 배럴(barrel.통)의 물을 배런(barren.불모의)의 땅에 쏟아 부었다.

B

☐ **barr**el [bǽrəl] 명 (중배 부른) **통**; 한 통의 분량, **배럴** 《액량 · 건량의 단위》
☞ 나무(barr)로 만든 것(el)
♠ **a barrel** of beer 맥주 **한 통**

☐ **barren** [bǽrən] 형 **불모의, 빈약한**; 쓸모없는 명 **메마른 땅**, 황무지
☞ 《고어》 프랑스어 'brahain(메마른)'에서 유래 반 **fertile** 비옥한
♠ A desert is **barren**. 사막은 **황무지**이다.

☐ **barren**ness [bǽrənnis] 명 불모; 불임; 무익 ☞ barren + ness<명접>

바리케이드 barricade (통행차단물)

♣ **어원 : bar, barri 막대, 장애물**

☐ **barri**cade [bǽrəkèid] 명 방책, 장애물, 통행차단물, **바리케이드**
☞ 진행(cade)을 저지하다(barri)
♠ set 〔put〕 up **a barricade 바리케이드**를 치다

☐ **barri**er [bǽriər] 명 **장벽, 방책, 배리어** ☞ 차단하는(barri) + 장비(er)
♠ tariff **barrier** 관세 **장벽**

바터시스템 barter system (교환무역제)

☐ **barter** [bάːrtər] 동 **(물물) 교환하다** 명 **물물교환** ☞ 고대 프랑스어로 '물물 교환하다'란 뜻.
♠ They **bartered** grain for salt. 그들은 곡식을 소금과 **물물교환했다.**

※ **system** [sístəm/**씨**스텀] 명 **체계, 계통, 시스템** ☞ 함께<모두(sy<syn) 세우는(st) 것(em)

바리톤 barytone, baritone (중간음역대 가수)

[음악] 테너(tenor)와 베이스(bass)의 중간 남성음, 바리톤 가수

☐ **barytone, baritone** [bǽrətòun] 명 **바리톤** 가수
☞ 그리스어로 '깊은(bary/bari) 음조(tone)'란 뜻.

베이스 base ([야구] 루(壘))

♣ **어원 : base, basi 바닥(=bottom)**

☐ **base** [beis/베이스] 명 **기초, 토대;** 〖야구〗 **베이스** 형 **비열한** (=mean), 천한 동 **기초를 두다** ☞ 라틴어로 '기초'라는 뜻
♠ third base 〖야구〗 3루
♠ **base (A) on** 〔upon〕 **(B) B를 A의 기초위에 두다**
base the calculation **on** the latest statistics
최근의 통계를 평가**의 기초로 삼다**.
♠ **be based on ~ ~에 바탕을 두다, ~에 근거하다**

☐ **base**ball [béisbɔ̀ːl/**베**이스보올] 명 **야구** ☞ base + ball(공)
♠ a baseball game 〔park, player〕 야구 경기〔장, 선수〕

☐ **base** camp **베이스캠프** ☞ camp(야영지, 주둔지)

☐ **base**less [béislis] 형 근거 없는 ☞ base + less(~이 없는)

☐ **base**ly [béisli] 부 비열하게 ☞ base + ly<부접>

☐ **base**ness [béisnis] 명 비열 ☞ base + ness<명접>

☐ **base**ment [béismənt] 명 **지하실, 최하부** ☞ base + ment<명접>
비교 basement 지하실, **cellar** 저장용 지하실, **shelter** 피난용 지하실

☐ **basi**c [béisik/**베**이식] 형 **기본의, 근본적인** 명 **기본, 기초** ☞ base + ic<형접/명접>

☐ **basi**cally [béisikəli] 부 **근본적으로** ☞ base + ical<형접> + ly<부접>

☐ **basi**s [béisis] 명 (pl. **-ses**) **기초**, 토대(=foundation) ☞ base + sis<명접>

■ a**base** [əbéis] 동 (지위 등을) 떨어뜨리다 ☞ 바닥(base) 으로(a<ad=to)

■ de**base** [dibéis] 동 (가치 등을) 떨어뜨리다 ☞ 바닥(base) 아래로(de<down)

배쉬풀 인형 bashful doll (영국제 부끄러워하는 동물 인형)

☐ **bash**ful [bǽʃfəl] 형 **수줍어하는**, 부끄러워하는, 숫기 없는
☞ 고대 프랑스어로 '욕보이다, 창피를 주다'란 뜻.
♠ a **bashful** girl **수줍어하는** 소녀

☐ **bash**fully [bǽʃfəli] 부 수줍어(부끄러워)하여 ☞ bashful + ly<부접>

☐ **bash**fulness [bǽʃfəlnis] 명 수줍음 ☞ bashful + ness<명접>

※ **doll** [dɑl/달, dɔl/돌] 명 **인형** ☜ 친숙한 여성이름 도로시(Dorothy)에서. Dorothy를 어원 분석하면 그리스어로 '신(thy<theos)의 선물(doro<doron=gift)'이란 뜻. 영어에서 r이 l로 변하고 이하 뒷부분이 생략되어 doll이 됨.

B

그레이트 베이슨 Great Basin (미국 6개주에 걸쳐있는 대(大)분지)

미국 네바다・유타・캘리포니아(California)・아이다호・와이오밍・오리건 등 6개주에 걸쳐있는 광대한 분지

※ **great** [greit/그뤠이트] 형 **위대한** ☜ 고대영어로 '큰'이란 뜻
□ **basin** [béisən] 명 물동이, **한 동이[대야]** 가득한 분량; **웅덩이**, 분지 ☜ 라틴어로 '물그릇'이란 뜻.
♠ **a basin** of water 물 **한 동이**

□ **basis**(기초, 토대) ➔ **base**(기초) **참조**

연상 마스크(mask.가면)을 쓴 채로 바스크(bask.햇볕을 쬐다)하다

※ **mask** [mæsk/매스크/mɑːsk/마-스크] 명 **가면** ☜ 고대 프랑스어로 '얼굴을 검게 하다'란 뜻
♠ a gas (surgical) **mask** 가스 **방독면** (수술용 **마스크**)
□ **bask** [bæsk, bɑːsk] 동 **햇볕을 쬐다**, 몸을 녹이다 ☜ 고대 노르드어로 '목욕하다'란 뜻.
♠ **bask** in the sunshine 햇볕을 **쬐다**

바스켓 basket (농구 골대), 바케스 < 버킷 bucket (양동이)

□ **basket** [bǽskit/**배**스낏/bάːsket/**바**스켓] 명 **바구니**; 【농구】 **골대** ☜ 초기 켈트어로 '묶음, 꾸러미, 짐'이란 뜻
♠ **a basket** of apples 사과 **한 바구니**
□ **basket**ball [bǽskitbɔ̀ːl, bάːs-] 명 **농구, 농구공** ☜ basket + ball(공)
♠ have **a basketball game 농구 시합**을 하다
□ **basket**ful [bǽskitfùl, bάːs-] 형 **한 바구니 가득한** ☜ 바구니(basket) 가득한(ful)
♠ **a basketful of** apples **바구니에 가득한** 사과
■ **bucket** [bʌ́kit] 명 **버킷, 양동이** ☜ 고대 프랑스어로 '양동이'란 뜻

바스크 Basque (스페인으로부터 분리독립을 주장하고 있는 스페인 서부지역)

스페인 서부지역, 피레네산맥 남쪽 지방. 정식 명칭은 바스콩가다스(Vascongadas)인데 이는 '바스크 인의 거주 지역'이라는 뜻이다. 주민의 대부분은 바스크인으로 스페인으로부터의 분리 독립을 주장하고 있다. 바스크는 '산 사람들'이라는 뜻이다. <출처 : 세계지명 유래 사전>

□ **Basque** [bæsk, bɑːsk] 명 **바스크** 사람, **바스크**말; (b~) **바스크** 《겨드랑이 아래 부분부터 엉덩이까지 가리는 여성용 속옷의 일종》 형 **바스크**인의 ☜ 라틴어로 '산(山) 사람들'이란 뜻
♠ **the Basque region** of Spain 스페인의 **바스크 지방**

베이스 bass (최저음 가수), 베이스 기타 bass guitar

♣ 어원 : **base, bass 바닥(=bottom), 낮은**
□ **bass** [beis] 명 【음악】 **베이스**, 최저음 가수 형 저음의 ☜ 이탈리아어로 '낮은'
□ **bass** guitar 【음악】 **베이스 기타** ☜ guitar(【악기】 기타)
□ **bas**soon [bəsúːn, bæs-] 명 【음악】 **바순**, 파곳 《낮은음 목관악기》 ☜ 이탈리아어로 'basso(=base) + one<확대 접미사>
■ **base** [beis/베이스] 명 **기초, 토대;** 【야구】 **베이스** 형 **기초적인** 동 **기초를 두다** ☜ 라틴어로 '기초'라는 뜻

바스타드 소드 bastard sword (유사잡종 전투검)

1422년 벌어진 벨린초나전투(The Battle for Bellinzona) 당시 스위스 용병들은 베기와 찌르기가 동시에 가능하고 양손검과 한손검의 장점을 모두 갖춘 새로운 개념의 검을 사용해 전투에서 승리했는데 이 검이 <유사잡종>이란 뜻의 바스타드 소드이다. <출처 : 무기의 세계>

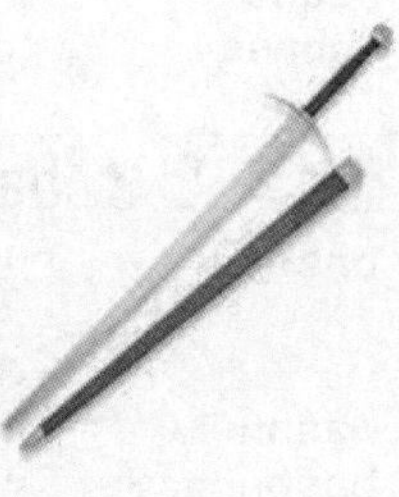

□ **bastard** [bǽstərd] 명 서자, **사생아**; 가짜; (동식물의) 잡종 ☜ 고대 프랑스어로 '부인 이외의 여자가 낳은 귀족출신의 자식'이란 뜻.
♠ You **poor bastard**! 이 **불쌍한 녀석아**!

B

※ **sword** [sɔːrd] [명] **검** ☜ 고대영어로 '검(劍)'이란 뜻
★ 1982년 개봉된 'sword'란 미국영화가 있었는데 한국에서는 제목을 '스워드'로 붙였다. 그러나 정확한 발음은 '스워드' 보다는 '소-드'에 가깝다.

베이스트 baste (고기를 구우면서 양념장을 끼얹어 바르는 것)

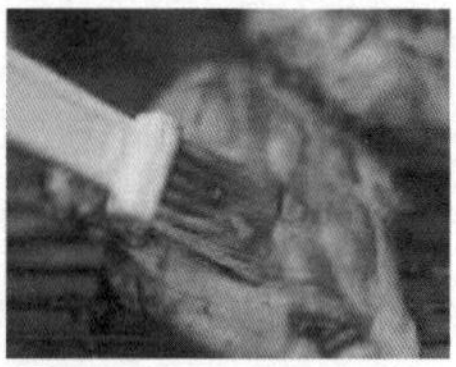

☐ **baste** [beist] [동] (바늘로) 시치다; ☜ 고대 프랑스어로 '옷을 꿰매다'
《고기를 구우면서》 **양념을 치다**; ☜ 고대 프랑스어로 '적시다'
치다, 야단치다. ☜ 고대 노르드어로 '때리다'란 뜻
♠ **Baste** it from time to time 가끔씩 그것에 **양념을 해 주세요.**

바스티유 Bastille ([F.] 최초 요새로 건설되었고, 18c 전제정치의 상징이 되자 파리시민들에 의해 점령당한 감옥)

1370년 백년전쟁 때 파리 방위를 위해 이 요새가 건설되었다. 루이 13세 때 정치가 리슐리외가 감옥으로 개조하였고, 주로 국사범들이 투옥되었다. 이후 바스티유는 전제정치의 상징으로 변모하자 1789년 7월 14일 파리 시민들이 바스티유감옥을 습격, 점령하였으며 그 뒤 이 감옥은 혁명정부의 명령으로 철거되었다.

☐ **Bastille** [bæstíːl] [명] **바스티유** 감옥 ☜ 프랑스어로 '요새, 성채; 성의 문탑'이란 뜻.
♠ the **Bastille** Day 프랑스혁명 기념일(7월 14일)

빠따 < 배트 bat (야구 배트)

♣ 어원 : **bat, beat 치다**

☐ **bat** [bæt/배트] [명] **야구배트;** 박쥐 [동] **(배트로) 공을 치다**
☜ 고대영어로 '몽둥이; 몽둥이로 치다'란 뜻.
♠ beat with a **bat 방망이**질을 하다

✚ a**bat**e **감소시키다** com**bat** **전투; 싸우다** de**bat**e **토론**, 논쟁; **논쟁[토론]하다** re**bat**e 환불, **리베이트**; 할인(=discount) **beat** **치다, 두드리다**, 이기다; (심장이) 뛰다 **beat**en **두들겨 맞은**

배치 프로세싱 batch processing ([컴퓨터] 일괄처리)

☐ **batch** [bætʃ] [명] 한 묶음, 한 때; (빵・도자기 등의) 한번 구워낸 것
☜ 고대영어로 '구운 것', 중세영어로 '유사한 물건의 집합'이란 뜻.
♠ **a batch of** cookies **한 번에 구워 내는** 쿠키의 양

※ **process** [prάses/프**라**쎄스/próuses/프**로**우쎄스] [명] **진행, 과정; 방법** [동] **가공[저장]하다**
☜ 앞으로(pro) 가다(cess)

해피바스 Happy Bath (아모레퍼시픽의 목욕용품 브랜드. <행복한 목욕>이란 뜻)

※ **happy** [hǽpi/**해**삐] [형] (-<-pi**er**<-pi**est**) **행복한**
☜ 고대영어로 '행복한'이란 뜻.

☐ **bath** [bæθ/배쓰/bɑːθ/바-쓰] [명] (pl. **-s** [bæðz]) **목욕(탕); 욕실**
[동] 목욕시키다 ☜ 고대영어로 '물, 진흙 등에 몸을 담금'이란 뜻
♠ **take** (have) **a bath 목욕하다**

☐ **bath**e [beið] [동] **목욕하다**, (냇가 등에서) 미역 감다, 씻다 [명] 미역, 목욕 ☜ 고대영어로 '씻다, 목욕하다'란 뜻.
♠ **have a bathe 미역 감다**

☐ **bath**er [béiðər] [명] 미역감는 사람 ☜ bathe + er(사람)

☐ **bath**ing [béiðiŋ] [명] **미역감기**, 수영; 목욕 [형] 수영용의
☜ bathe + ing<명접/형접>

☐ **bath**robe [bǽθròub] [명] 《미》 (목욕 전후에 입는) 화장옷, 실내복
☜ robe(길고 품이 넓은 겉옷)
★ 목욕가운을 bath gown으로 표현하는 것은 콩글리시이며, bathrobe가 올바른 표현이다.

☐ **bath**room [bǽθrù(ː)m, bάːθ-] [명] **욕실, 화장실** ☜ bathe + room(방)

☐ **bath**tub [bǽθtə̀b] [명] 욕조, 목욕통 ☜ bath + tub(통, 물통)

밧세바 Bathsheba ([성서] 다윗왕의 아내이자 솔로몬의 어머니)

☐ **Bathsheba** [bæθʃíːbə, bǽθʃəbə] [명] 『성서』 **밧세바** 《남편 우리야(Uriah)가 전사한 뒤 다윗왕의 아내가 되어 솔로몬을 낳음》

< 영화, 다윗과 밧세바 >

배트맨 Batman (망토를 이용하여 하늘을 나는 초인)

배트맨은 DC 코믹스에서 출판한 만화책에 나오는, 박쥐를 본뜬 전신 슈트와 망토, 첨단 무기로 무장한 가상의 슈퍼히어로이다. 1939년 5월 처음 등장하였다. 배트맨은 곧 인기 있는 만화 캐릭터가 됐으며, 이후 미국 헐리웃 영화로도 제작되어 크게 흥행하였다.

☐ **Bat**man [bǽtmən] 명 (pl. **-men**) **배트맨** 《만화의 주인공인 초인(超人)》
☜ bat + man(사람)

■ **bat** [bæt] 명 **박쥐** ☜ 고대 노르드어로 '박쥐'란 뜻

바톤 터치 baton touch (콩글 ▸ 바톤 전달) ➔ baton pass, passing the baton

☐ **baton** [bətɑ́n, bæ-, bǽtən] 명 【경기】 (릴레이용) **바톤**; (경찰의) 방망이, (악단의) **지휘봉**; **관장**(官杖) ☜ 고대 프랑스어로 '막대기'란 뜻
♠ The conductor is holding **a baton**. 지휘자가 **지휘봉**을 쥐고 있다.

※ **touch** [tʌtʃ/터취] 동 (손을) 대다, **만지다**, **접촉하다** ☜ 고대 프랑스어로 '접촉하다'란 뜻

※ **pass** [pæs/패스/pɑːs/파-스] 동 **지나가다, 통과하다, 건너다; 합격하다; 보내다, 넘겨주다; 승인하다; 사라지다** 명 **통행**, 통과; **패스**; 여권; (산)**길, 고개**
☜ 라틴어로 '걸음, 보행'이란 뜻

빠따 < 배트 bat (야구 배트)

♣ **어원 : bat, beat 치다**

■ **bat** [bæt/배트] 명 **야구배트;** 박쥐 동 **(배트로) 공을 치다**
☜ 고대영어로 '몽둥이; 몽둥이로 치다'란 뜻.

☐ **bat**sman [bǽtsmən] 명 (pl. **-men**) 야구 **타자** ☜ 때리는(bat) + s + 사람(man)

☐ **bat**talion [bətǽljən] 명 【군대】 **대대** ☜ (적을) 타격하는(bat) + t + al + 것(ion)

☐ **bat**ter [bǽtər] 명 야구 **타자**(=batsman)) 동 **난타[연타]하다**
☜ 때린(bat) + t<단모음+단자음+자음반복> + 사람(er)
♠ **The batter** hit a homer way over the left fence.
타자는 왼쪽 담장을 훌쩍 넘기는 홈런을 쳤다

☐ **bat**tered [bǽtərd] 형 **찌그러진**, 오래 써서 낡은; (생활에) 지친 ☜ batter + ed<형접>

☐ **bat**tery [bǽtəri] 명 **한 벌의 기구[장치]**; 【전기】 축전지, **배터리**; 구타
☜ 치는(bat) 행위/성질(ery<명접>)

☐ **bat**ting [bǽtiŋ] 명 **타격**, **배팅** ☜ bat + t<단모음+단자음+자음반복> + ing<명접>

☐ **bat**tle [bǽtl/**배**틀/배틀] 명 **전투, 투쟁, 배틀** 동 **싸우다**
☜ bat + t<단모음+단자음+자음반복> + le<명접/동접>

☐ **bat**tle cry 함성 ☜ cry(외치다, 소리치다, 울다; 외침; 흐느껴 욺)

☐ **bat**tlefield [bǽtəlfìld] 명 **싸움터**, 전장; 논쟁점 ☜ battle + field(들판, 전장, 경기장)

☐ **bat**tlement [bǽtlmənt] 명 총안(銃眼)이 있는 벽 ☜ battle + ment<명접>

☐ **bat**tleship [bǽtəlʃìp] 명 **전함**(= warship) ☜ battle + ship(배, 함선)

✚ a**bat**e **감소시키다** com**bat** **전투; 싸우다** de**bat**e 토의; **토론하다** re**bat**e 환불, **리베이트**; 할인
beat **치다, 두드리다, 이기다**; (심장이) 뛰다

보들레르 Baudelaire (<악마파 · 신비파의 선구자>로 불리는 프랑스 시인)

☐ **Baudelaire** [boudəlέər] 명 **보들레르** 《Charles Pierre ~ ,1821-67, 프랑스의 시인, 비평가》
★ 대표작 : 《악(惡)의 꽃 Les Fleurs du Mal》

보크 balk ([야구] 투수의 규칙위반)

주자가 진루한 상황에서 투수가 타자나 주자를 눈속임하기 위해 투구를 시작했다가 중간에 멈추는 행위, 또는 마운드위에 공을 떨어뜨리는 행위, 주자가 없는 베이스로 견제구를 던지는 경우, 공에 침을 묻히는 경우 심판은 baik(보크)를 선언하고, 주자는 1루 진출하게 된다.

☐ **ba(u)lk** [bɔːk] 명 장애; 【야구】 **보크** 동 **방해하다**; (말이) 멈춰서다
☜ 고대영어로 '산등성이, 제방'이란 뜻
♠ **I do not balk** at that. 나는 그것을 **방해하지 않는다**

보크사이트 bauxite (알루미늄 원광)

☐ **bauxite** [bɔ́ːksait] 명 **보크사이트** 《알루미늄 원광》
☜ 처음 발견된 프랑스 남부의 레보(Les Baux)라는 지명에서 유래

연상 ▸ 야구심판은 "볼(ball)" 이라고 볼(bawl.외치다)했다.

※ **ball** [bɔːl/보-올] ⓜ **공,** 구(球); 탄알, 포탄 ☜ 중세영어로 '작고 꽉 채워진 구체'란 뜻
□ **bawl** [bɔːl] ⓢ **고함치다**, 외치다; 소리쳐(서) 팔다; 호통치다
☜ 중세 라틴어로 '개처럼 짖다'란 뜻
♠ Don't **bawl** at him. 그**에게 고함[야단]치지** 마라.

봄베이 Bombay (인도의 항구도시)

■ Bom**bay** [bɑmbéi/bɔm-] ⓜ **봄베이, 뭄바이** 《인도의 항구도시》 만(灣)
☜ 산스크리트어로 'Mumba 여신', 포르투갈어로 '좋은 만(灣)'이란 뜻.
□ **bay** [bei/베이] ⓜ (작은) **만**(灣) 《gulf보다 작음》; 짖는 소리; 궁지 ⓢ 짖다
☜ 라틴어로 '물줄기', 고대 프랑스어로 '구멍'이란 뜻
♠ **the Bay** of Wonsan 원산**만**(= Wonsan Bay)
♠ **the Bay** of Pigs 피그스**만** 《쿠바 남서안의 만》
□ **bay** window 퇴창, 돌출된 창, 밖으로 내민 창 ☜ bay(내닫이 창) + window(창문)
■ em**bay** [imbéi] ⓢ (배를) 만안에 들여보내다 ☜ 만(bay) 안으로(en<in<into)

픽시드 베이오니츠 Fixed Bayonets (미국 전쟁 영화. <총검장착>이란 뜻)

1951년 개봉한 미국의 액션 드라마 전쟁 영화. 리차드 베이스하트(Richard Basehart), 진 에반스(Gene Evans) 주연. 한국전쟁을 무대로 한 전쟁영화. 제임스 딘(James Dean)이 병사로 출연

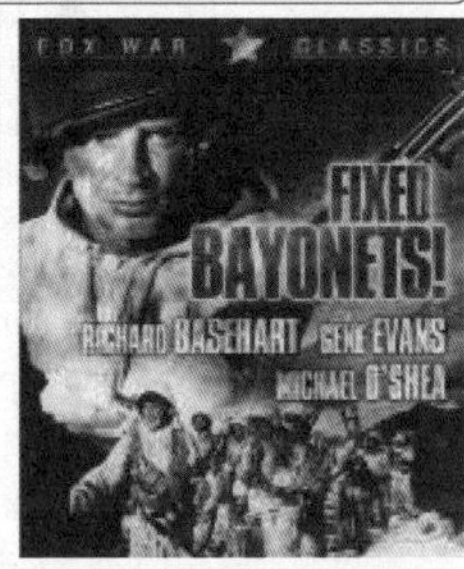

© 20th Century Fox

※ **fix** [fiks/픽스] ⓢ **고정하다; 고치다**
☜ 라틴어로 '움직일 수 없는, 고정된'
□ **bayonet** [béiənit, -nèt, bèiənét] ⓜ 대검; **총검**; (the ~) 무력; (pl.) 보병, 군세(軍勢) ☜ 군용 철재 무기를 만들었던 프랑스의 해안 도시 Bayonne에서 유래.
♠ **by the bayonet 무력으로**
♠ **bayonet drill** 〔fencing〕 **총검술(術)**

바자회(會) baza(a)r (자선시장, 특매장)

□ **baza(a)r** [bəzɑ́ːr] ⓜ (중동의) **시장**, 특매장; **바자**, 자선시장
☜ 페르시아어로 '시장'이란 뜻
♠ **hold a bazar in aid of ~ ~을 후원하여 바자를 열다.**

비비시 B.B.C. (영국의 대표적인 세계 최대의 글로벌 공영방송사)

□ **B.B.C.** **B**ritish **B**roadcasting **C**orporation 영국방송협회
♠ **BBC** is a television channel in Britain. **BBC** 는 영국의 TV 채널이다.

✚ **British 영국의, 영국국민의; 영국인** **broad**casting 방송, 방영 **corp**oration (사단) **법인**, 협회

비시 B.C. (기원전, 예수 탄생 前)

B.C.와 A.D.는 예수 탄생일을 기준으로 구분하여 사용한다.

□ **B.C.** [bíːsíː] ⓜ **기원전** ☜ Before Christ의 약자
♠ He was born in 63 **B.C.** 그는 **기원전** 63 년에 태어났다.
※ **A.D.** [èidíː] ⓜ **기원후** ☜ Anno Domini = in the year of our Load, 즉 '서기 ~년'의 뜻으로 사용

워너비 wannabe (동경하는 사람. want to be의 축약어 <되고 싶은>이란 뜻), 레쓰비 Let's be (커피음료 브랜드)

레쓰비는 롯데칠성음료에서 생산/판매하고 있는 커피음료로 Let's Be Together에서 Together가 생략되었다. <우리 함께 레쓰비를 마시자>라는 뜻이다.

※ **let** [let/렡] ⓢ (-/let/let) 시키다, **하게 하다, ~을 허락하다**(=allow to) ☜ 고대영어로 '허락하다, 뒤에 남기다, 출발하다'란 뜻
※ **let's** [letʃ] **~합시다** 《let us의 준말》
□ **be** [biː,/비-] ⓢ **(be〔am · are · is〕/was · were/been) ~이다, ~이 있다**
☜ 고대영어로 '존재하다, 되다'란 뜻

《be동사는 변칙동사로서 그대로 쓰이지 않고 주어에 따라 어형 변화한다. 단, 조동사(will, can, may 등)나 사역동사(let, have, make 등) 뒤에서는 동사원형인 be가 그대로 쓰인다》

♠ I **am** 〔was〕 ~ 나는 **~이다** [~였다]
♠ You 〔They/We〕 **are** 〔were〕 ~ 너는(그들은/우리는) **~이다** [~였다]
♠ He 〔She/It〕 **is** 〔was〕 ~ 그는(그녀는/그것은) **~이다** [~였다]
♠ **be + 과거분사 + by ~ ~에 의해 …되다 〔수동태〕**
♠ **be ~ing ~하고 있는 중이다 〔진행형〕**
♠ **be it true or not 사실이든 아니든**
♠ **be ~ what it may ~은 어쨌든**
♠ **To be or not to be, that is the question.**
사느냐 죽느냐, 그것이 문제로다. - Shakespeare 작 Hamlet 중에서-

☐ **be**en [bin/빈] ㉠ be의 과거분사

☐ **be**ing [bíːiŋ/**비**잉] ㉠ be의 현재분사·동명사 ㉡ 현재 있는, 지금의 ㉢ **존재**, 생명; 인간, 인류; 본성 ☜ be + ing<형접/명접>
♠ absolute **being** 〖철학〗 절대**존재** ☜ absolute(절대적인)
♠ actual **being** 실**재** ☜ actual(실제의, 현실의)
♠ **human beings 인간, 인류** ☜ human(인간의, 사람의)
♠ **the Supreme Being 신(神)** ☜ supreme(최고의, 최상의)
♠ **be being + 과거분사 ~되고 있는 중이다 〔진행형 수동태〕**

※ **together** [təgéðər/터**게**더] ㉤ **함께, 같이**
☜ 고대영어로 '한 자리에 모이(gether<gather)도록 하기 위해(to)'란 뜻

비치파라솔 beach parasol (콩글 ▶ 해변용 큰 양산) ➔ beach umbrella

☐ **beach** [biːtʃ/비-취] ㉢ **해변, 해안**(=seashore) ☜ 고대영어로 '시냇가'란 뜻.
♠ The man is lying **on the beach**. 남자가 **해변에** 누워 있다.

☐ **beach**head [bíːtʃhèd] ㉢ (상륙작전의) 교두보, 거점 ☜ 해안(beach)의 중추부(head)

※ **parasol** [pǽrəsɔ̀ːl, -sɑ̀l/-sɔ̀l] ㉢ (여성용) **양산**, **파라솔**
☜ 태양(sol)을 차단하는 낙하산(포물선)(para)

※ **umbrella** [ʌmbrélə] ㉢ **우산, 양산** ☜ 이탈리아어로 '작은 그늘'이란 뜻. umbr(그늘) + ella(작은)

비콘 라이트 beacon light (항공기의 충돌방지등, 신호용 불빛)

충돌방지를 위해 주의를 끌도록 만든 섬광등. 통상 항공기 동체 위에 설치되어 깜빡이거나 혹은 회전하는 형식으로 다른 항공기들에게 주의를 환기시킨다.

☐ **beacon** [bíːkən] ㉢ **횃불, 봉화**; 봉화대(탑); 등대; 신호소 ☜ '신호'의 뜻에서
♠ **A beacon does not shine on its base.**
《속담》 등불은 그 발치를 비추지 않는다. 등잔 밑이 어둡다

beckon [békən] ㉠ **손짓[고개짓, 몸짓 등]하여 부르다**, ~에게 신호하다
☜ 고대영어로 '고개를 끄덕이거나 몸짓으로 신호를 보내다'란 뜻.

※ **light** [lait/라이트] ㉢ **빛**, 불꽃 ㉡ **가벼운, 밝은**
☜ 고대영어로 '무겁지 않은'

비즈 beads (구멍이 뚫린 작은 구슬)

수예품, 실내장식, 복식, 장신구 등에 쓰이는 구멍이 뚫린 작은 구슬. 비즈(beads)는 고대 주술적·신앙적 목적의 염주알을 가리키는 말인데 16세기에 이르러 의복 소재로 쓰이게 되었다.

☐ **bead** [biːd] ㉢ **구슬**, 염주알; (pl.) 염주, 로사리오(=rosary); (pl.) 목걸이 ☜ 고대영어로 '기도'란 뜻
♠ A **bead curtain** separated the two rooms.
구슬 커튼이 그 두 방을 나누고 있었다.

비이커 beaker (실험용 비이커)

☐ **beak** [biːk] ㉢ (새의) **부리**. 부리 모양의 것; (그릇의) 주둥이, 매부리코 ☜ 고대 프랑스어로 '새의 부리'란 뜻
♠ The bird has a red **beak**. 그 새의 **부리**는 빨갛다.

☐ **beaker** [bíːkər] ㉢ (굽달린) 큰 컵; 그 한 컵의 분량; **비이커**(화학 실험용) ☜ '주둥이'가 달린 컵

B

레이저 빔 laser beam (레이저 광선)

※ **laser** [léizər] ⓜ 『물리』 **레이저** 《분자의 고유 진동을 이용하여 전자파를 방출하는 장치》 ☜ **l**ight **a**mplification by **s**timulated **e**mission of **r**adiation의 약어

□ **beam** [biːm] ⓜ **광선; 대들보** ⓢ **빛을 내다**
☜ '들보'가 일직선이라서 '광선'의 의미도 갖게 됨
♠ the reflection of a **beam** of light off a mirror. 거울에서 발하는 **빛**의 반사

□ **beam**ing [bíːmiŋ] ⓗ **빛나는** ☜ beam + ing<형접>

젤리빈 jelly bean (겉은 딱딱하고 속은 젤리로 된 콩모양 과자)
빈폴 Bean Pole (삼성물산 · 제일모직의 의류 브랜드)

※ **jelly** [dʒéli] ⓜ **젤리** 《펙틴 · 젤라틴 · 한천(寒天) · 알긴산 등의 교질분을 재료로 응고시킨 식품》 ☜ 고대 프랑스어로 '젤리'란 뜻

■ jelly**bean** [dʒélibiːn] ⓜ **젤리빈**, 콩 모양의 젤리과자 ☜ 콩(bean) 모양의 젤리(jelly)

□ **bean** [biːn] ⓜ **콩** ☜ 고대영어로 '콩, 콩과 식물'이란 뜻
♠ **Catch two pigeons with one bean. 《속담》 일석이조(一石二鳥)** (=Kill two birds with one stone.)

□ **bean** pole 콩의 줄기나 덩굴을 받치는 긴 막대기; 키다리 ☜ pole(막대기, 장대)

두산 베어스 Doosan bears (서울이 연고지인 프로야구단)

서울시를 연고지로 하는 한국야구위원회(KBO) 소속 리그 팀(league team)이다. 1982년 두산기업은 팀이름을 오비 베어스(OB Bears)로 지었다가 1999년 현재의 두산 베어스(Doosan Bears)로 개칭하였다. 2016년까지 한국시리즈 총 5회 우승하였다.

□ **bear** [bɛər/베어] ⓜ **곰** ☜ 고대영어로 '곰'이란 뜻
♠ He is **a bear of** a man. 그는 (덩치가) **곰 같은** 사람이다.

□ **bear** hug 힘찬 포옹; 『레슬링』 **베어허그** ☜ hug(포옹, 껴안다)

■ teddy **bear** **테디베어**, (봉제의) 장난감 곰 ☜ teddy는 Theodore Roosevelt 대통령의 애칭이며, 그가 새끼곰을 살려주는 만화에서 힌트를 얻어 만들어졌음.

베어링 bearing (축받이)

♣ **어원 : bear 나르다, 견디다; 애를 낳다**

□ **bear** [bɛər/베어] ⓢ (-/**bore/born(e)**) **운반하다, 지탱하다, 견디다; (애를) 낳다**
☜ 고대영어로 '나르다'란 뜻 **비교** bare 벗은, 텅 빈
♠ **bear in mind 기억하다, 명심하다**
♠ **bear on** 〔upon〕 ~ **~에 관계가[영향이] 있다; ~을 압박하다**
♠ **bear oneself 처신하다, 거동하다**
♠ **bear out ~ ~을 지지하다; 확증[입증]하다**
♠ **bear the burden of ~ ~을 떠맡다, 곤란을 참다**
♠ **bear witness** 〔testimony〕 **to** 〔against〕 ~ **~의 증언**〔반대 증언〕**을 하다** ☜ testimony(증언, 고백; 선언)
♠ **have no** 〔some〕 **bearing on** 〔upon〕 ~ **~에 관계가 없다**〔있다〕

□ **bear**able [bέərəbəl] ⓗ **견딜 수 있는**, 견딜만한 ☜ bear + able(~할 수 있는)

□ **bear**er [bέərər] ⓜ **운반인**, 짐꾼 ☜ bear + er(사람)

□ **bear**ing [bέəriŋ] ⓜ **태도; 방위각**; 『기계』 축받이, **베어링** ☜ bear + ing<명접>

✚ un**bear**able **견딜 수 없는**, 참기 어려운 **born 타고난, 선천적인** in**born 타고난, 천부의**; 선천성의

스웨인 포크비어드 Sweyn Forkbeard (포크수염을 한 덴마크 왕)

987년 쿠데타로 왕권을 찬탈한 후 유럽 북해 제국 건설 토대를 마련한 덴마크 왕. 덴마크 · 노르웨이 · 잉글랜드의 왕인 크누트 대왕의 아버지이다. 본명은 스베인 튜구스베그(Sveinn Tjuguskegg)이며, 수염이 포크처럼 양쪽으로 갈라져 있어 일명 포크발드, 포크비어드라고 불린다.

※ **fork** [fɔːrk/뽀오크] ⓜ **식탁용 포크**
☜ 고대영어로 '끝이 갈라진 무기'라는 뜻

□ **beard** [biərd] ⓜ **(턱)수염** ☜ 고대영어로 '턱수염'이란 뜻
♠ He was disguised with **a false beard**.

그는 **가짜 수염**으로 변장하고 있었다.

☐ **beard**ed [bíərdid] ⓗ 수염을 기른 ☜ beard + ed<형접>
☐ **beard**less [bíərdlis] ⓗ 수염이 없는; 풋내기의 ☜ beard + less(~이 없는)

B

베어러 서비스 Bearer Service (무손실 정보통신서비스)

종합정보통신망(ISDN : Intergrated Service Digital Network)에서 정보의 신호전달을 손실없이 그대로 전달하는 서비스

☐ **bear**er [bέərər] ⓜ **운반인**, 짐꾼 ☜ 나르는(bear) 사람(er)
♠ Send back word **by the bearer. 심부름꾼 편에** 답장을 주시오.
※ **service** [sə́ːrvis/**써**-뷔스] ⓜ (종종 pl.) **봉사, 수고, 공헌, 이바지** ☜ 봉사하(serve) 기(ce)

비스트 beast (한국의 6인조 전(前) 댄스팝 남성 가수 그룹)

그룹명은 'Boys of EAst Standing Tall'의 약자로 "동쪽 아시아에 우뚝 선 소년들" 이라는 의미를 갖고 있으며, 또 강한 퍼포먼스(performance)를 추구하기에 '야수'(beast)란 뜻도 있다고 한다.

☐ **beast** [biːst/비-스트] ⓜ **짐승, 금수, 야수** ☜ 고대 프랑스어로 '야수'란 뜻.
♠ **a wild beast 야수** ☜ wild(야생의, 난폭한)
♠ **a beast of prey 맹수** 《사자·범 따위》 ☜ prey(포식; 먹이)
☐ **beast**ly [bíːstli] ⓗ (-<beastl**ier**<beastl**iest**) **짐승같은**, 잔인한; 지독한
ⓟ 몹시, 아주 ☜ beast + ly<부접>
♠ **beastly** weather **고약한** 날씨 ☜ weather(기상, 날씨)
☐ **beast**liness [bíːstlinis] ⓜ 짐승 같음, 잔인함, 야수성(性) ☜ beastly + ness<명접>

빠따 < 배트 bat (야구 배트), 비트 beat (박자)

♣ **어원 : bat, beat 치다**
bat [bæt/배트] ⓜ **야구배트** ⓢ **(배트로) 치다** ☜ 중세영어로 '치다, 때리다'
☐ **beat** [biːt] ⓢ (-/**beat**/**beat**〔**beaten**〕) **치다, 두드리다, 이기다**; (심장이) 뛰다
ⓜ 치기; 고동, 박자, **비트**; 순찰구역 ☜ 고대영어로 '반복적으로 때리다'란 뜻
♠ **beat back 격퇴하다**
♠ **on the** 〔one's〕 **beat 순찰 중에**
☐ **beat**en [bíːtn] ⓗ **두들겨 맞은**; 패배한; 밟아 다져진 ☜ beat + en<형접>
☐ **beat**er [bíːtər] ⓜ 몰이꾼; 망치 ☜ beat + er(사람)
☐ **beat**ing [bíːtiŋ] ⓜ 때림, 치기 ☜ beat + ing<명접>

비틀즈 Beatles (내놓는 곡마다 빅히트 치며 1960년대 전 세계 팝 음악을 평정한 영국의 4인조 록밴드)

THE BEATLES

1960년 영국의 리버풀에서 결성된 4인조 rock band(록 밴드). 이름을 딱정벌레(beetles)에 착안하여 비트(beat)음악을 연상시키는 BEAT-les로 작명했다.

☐ **Beatles** [bíːtlz] ⓜ (pl.) (the ~) 비틀즈《영국의 4인조 록 그룹; 1962-70》
※ **bee**tle [bíːtl] ⓜ **딱정벌레**, 갑충 ☜ 고대영어로 '무는 곤충'이란 뜻
♠ **The beetle is a beauty in the eyes of its mother.**
《속담》 딱정벌레도 어미 눈에는 아름답다. 고슴도치도 제 새끼는 귀엽다.
※ **bee** [biː/비-] ⓜ **꿀벌**(=honeybee), (일반적) **벌; 일꾼** ☜ 고대영어로 '벌'이란 뜻

뷰티 beauty (아름다움), 뷰티샵 beauty shop (미장원)

♣ **어원 : beau, belle 아름답다**
☐ **beau** [bou] ⓜ (pl. **-s, -x**) **멋쟁이 남자** ☜ '아름다운' 뜻의 남성형 ※ 여성형은 belle
☐ **beau**teous [bjúːtiəs] ⓗ 《시어》 **믿을 수 없을 정도로 아름다운**, 황홀할 정도로 아름다운
☜ beauty + ous<형접>
☐ **beau**tification [bjùːtəfikéiʃən] ⓜ 미화(美化), 장식 ☜ 아름다움을(beauty) 만들(fic) 기(ation<명접>)
☐ **beau**tiful [bjúːtifəl/**뷰**-리펄/**뷰**-터펄] ⓗ **아름다운** ☜ beauty + ful(~로 충만한) ⓑ **ugly** 추한
☐ **beau**tifully [bjúːtəfəli] ⓟ **아름답게** ☜ beautiful + ly<부접>
☐ **beau**tifulness [bjúːtəfəlnis] ⓜ 아름다움 ☜ beautiful + ness<명접>
☐ **beau**tify [bjúːtəfài] ⓢ **아름답게 하다** ☜ beauty + fy(만들다)
☐ **beau**ty [bjúːti/**뷰**-리/**뷰**-티] ⓜ **미(美), 미인**
☜ 고대 프랑스어로 '아름다움, 아름다운 사람'이란 뜻.
♠ **beauty shop** 〔salon, parlor〕 **미장원** ☜ shop(가게, 상점)

□ beauty shop 미장원(=beauty parlor) ☜ shop(가게, 상점, 작업장; 쇼핑하다)
■ belle [bel] ⓜ 미인, 미녀 ☜ 프랑스어/라틴어로 '아름다운'이란 뜻
♠ the belle of society 사교계의 여왕 ☜ society(사회; 사교계)
■ bel canto 『음악』 벨칸토 창법, 아름다운〔매끄러운〕 창법
☜ bel + canto(『음악』 주도적 선율)

B

비버 beaver (댐을 잘 만드는 쥐목 수상동물)

□ beaver [bíːvər] ⓜ (pl. -s, -) 비버 《쥐목 비버과 비버속 동물》
☜ 고대영어로 '비버'라는 뜻
♠ Tom worked diligently like a beaver.
톰는 비버처럼 부지런히 일했다.

■ eager beaver 일벌레, 열심히 일하는 사람 ☜ 열심인(eager) 비버(beaver)

익스큐즈 미 Excuse Me (댄스팝 걸그룹 AOA의 노래. <실례합니다>란 뜻) 비코즈 어브 유 because of you (걸그룹 애프터스쿨의 노래. <너 때문에>)

♣ 어원 : cause, caus, cuse, cusa, curs 원인, 이유; 원인을 돌리다, 벌을 가하다
■ excuse [ikskjúːz/익스큐-즈] ⓢ 변명하다; 용서하다 [ikskjúːs/익스큐-스] ⓜ 변명, 해명; 사과 ☜ 원인(cuse)을 멀리<없애다(ex=out)
■ cause [kɔːz/코-즈] ⓜ 원인, 사유 ☜ 라틴어로 '원인, 이유'란 뜻
□ because [bikɔ́ːz/비코-즈/-kɔ́z] ⓙ (왜냐하면) ~이므로, ~ 때문에 ☜ 원인(cause)이 있다(be)
♠ because of ~ ~ 때문에, ~한 까닭으로(=on account of~, due to~)
■ accuse [əkjúːz] ⓢ 고소[고발]하다, 비난하다
☜ ~에게(ac<ad=to) 원인을 돌리다/벌을 가하다(cuse<cause)
※ me [miː/mi/미-/미] ⓓ 《I의 목적격》 나를, 나에게
☜ 1인칭 단수 인칭대명사의 변형된 형태
※ you [juː/유-, (약) ju] ⓓ 너는(네가), 당신은(이/가), 여러분은(이/가)
☜ 고대영어로 '너희, 그대들', 초기인도유럽어로 '두 번째 사람'이란 뜻

□ beckon(고개를 끄덕이다, 손짓하여 부르다) ➔ beacon(봉화, 수로 표지) 참조

컴백 comeback (복귀)

■ come [kʌm/컴] ⓢ (-/came/come) 오다, 도착하다
☜ 고대영어로 '도달할 목적으로 움직이다'란 뜻
■ comeback [kʌ́mbæ̀k] ⓜ (원래의 지위·직업·신분으로의) 되돌아감; 컴백; (병으로부터의) 회복; 복귀 ☜ 다시/뒤로(back) 오다(come)
□ become [bikʌ́m/비컴] ⓢ (-/became/become) ~이[가] 되다; 어울리다
☜ 고대영어로 '발생하다, 일어나다'란 뜻. '와서(come) ~가 되다(be)'
ⓑ misbecome 어울리지 않다
♠ become of ~ 결국 ~이 되다
What has become of that matter? 그 건은 결국 어떻게 되었습니까?
□ becoming [bikʌ́miŋ] ⓗ 어울리는, 알맞은, 적당한 ☜ become + ing<형접>
□ unbecoming [ənbikʌ́miŋ] ⓗ 어울리지 않는, 온당치 않은, 보기 흉한
☜ un(=not/부정) + becoming(어울리는)
□ becomingly [bikʌ́miŋli] ⓑ 어울리게 ☜ becoming + ly<부접>

✚ income 소득, 수입 outcome 성과, 결과, 결론 upcoming 다가오는, 닥쳐오는, 앞으로 올 welcome 어서 오십시오; 환영하다; 환영; 환영받는

베드씬 bed scene ([영화] 남녀의 정사장면) = bedroom scene, sex scene 베드타운 bed town (대도시 주변의 주택도시)

□ bed [bed/베드] ⓜ 침대; 모판, 화단 ☜ 고대영어로 '잠자리, 침대, 침상'이란 뜻
※ twin bed 1인용 침대, double bed 2인용 침대, twin beds (1인용 침대가 짝을 이룬) 트윈 베드, bunk bed (아동용) 2단 침대, trundle bed 바퀴 달린 침대, waterbed 물침대
♠ make a 〔the, one's〕 bed 잠자리를 펴다〔개다〕
□ bedbug bedbug] ⓜ 빈대 ☜ bed + bug(곤충, 벌레)
□ bedclothes [bédklòuz, bédklòuðz] ⓜ (pl.) 침구 ☜ bed + cloth(천, 헝겊) + s<복수>
□ bedding [bédiŋ] ⓜ 침구류 ☜ bed + d<단모음+단자음+자음반복> + ing<명접>
□ bedroom [bédrùːm, bédrùm] ⓜ 침실 ☜ bed + room(방)

☐ **bed**side [bédsàid] 명 **침대 곁** ☜ bed + side(옆, 곁)
☐ **bed**time [bédtàim] 명 **취침시간** ☜ bed + time(시간)
☐ **bed** town **베드타운** 《대도시 주변의 주택도시. 주로 잠만 자고, 일은 대도시에서 한다는 데서 생겨난 말》 ☜ town(읍, 도회지)

B

☐ a**bed** [əbéd] 부 《고어》 잠자리에, 누워서; 병석에 ☜ 침대(bed) 로(a<ad=to)
※ **scen**e [siːn/씬-] 명 (영화·TV 등의) **장면**; 배경; **경치**, 풍경; **무대**; (극의) **장**(場) ☜ 그리스어로 '무대'란 뜻

연상 비비탄(beebee.공기총알,BB탄)을 비(bee.벌)처럼 쏘다.

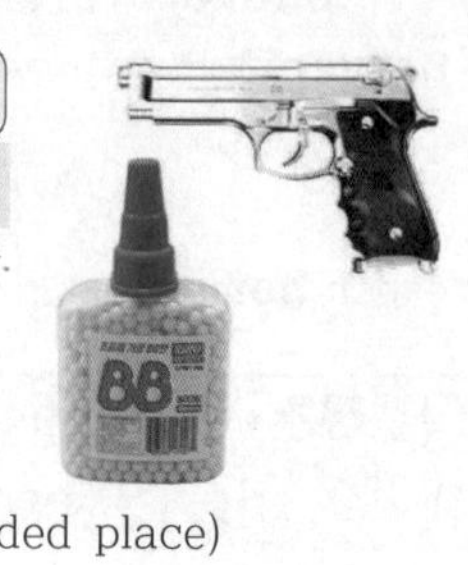

BB탄은 지름 0.175인치의 공기총탄이며, Ball bearing 또는 bullet ball의 약자이다.

☐ **bee** [biː/비-] 명 (꿀)**벌**; 일꾼; (경쟁) 모임 ☜ 고대영어로 '벌'이란 뜻.
♠ **as busy as a bee 몹시 바쁜**
♠ **A bee** stung my arm. **벌**이 내 팔을 쏘았다.
☐ **bee**bee [bíːbìː] 명 공기총, **BB**탄총 ☜ '벌'처럼 '매운 맛을 보여주는 총'으로 암기
☐ **bee**hive [bíːhàiv] 명 (꿀벌의) **벌집, 벌통**; 사람이 붐비는 장소(=crowded place) ☜ bee + hive(꿀통)
☐ **bee**house [bíːhàus] 명 양봉장(場)(=apiary) ☜ 벌(bee)의 집(house)
☐ **bee**keeper [bíːkìpər] 명 양봉가(家)(=apiarist) ☜ bee + 지키는(keep) 사람(er)
☐ **bee**keeping [bíːkìpiŋ] 명 양봉 ☜ bee + keep + ing<명접>
☐ **bee**line [bíːlàin] 명 (벌집으로 돌아가는 벌의 진로와 같은) 일직선, 직선 2점 간의《최단거리》 ☜ bee + line(줄, 선)
■ busy **bee** 바쁘고 부지런히 일하는 사람 ☜ 바쁜(busy) 벌(bee)

연상 비치파라솔(beach umbrella) 옆에 비치(beech.너도밤나무)가 한 그루 서있다.

※ **beach** [biːtʃ] 명 **해변, 물가, 해안** ☜ 고대영어로 '시냇가'란 뜻.
☐ **beech** [biːtʃ] 명 **너도밤나무** ☜ 고대영어로 '너도밤나무'란 뜻
♠ forests planted with **beech 너도밤나무**를 심어 놓은 숲
※ **umbrella** [ʌmbrélə] 명 **우산, 양산** ☜ 이탈리아어로 '작은(ella) 그늘(umbe)'이란 뜻.

비프스테이크 beefsteak (구은 서양식 쇠고기)

☐ **beef** [biːf] 명 **쇠고기** ☜ 고대 프랑스어로 '소'란 뜻
♠ **Beef** is an important part of our diet.
쇠고기는 우리 식단의 중요한 부분이다.
☐ **beef**alo [bíːfəlòu] 명 (pl. **-(e)s**) **비팔로** 《들소와 축우의 교배 품종; 육우》 ☜ 라틴어로 '야생 소'란 뜻.
☐ **beef**steak [bíːfstèik] 명 **두껍게 썬 쇠고기점, 비프스테이크** ☜ beef + steak
♠ I'd like to have a **beefsteak**. **비프스테이크**를 먹고 싶습니다.
※ **steak** [steik] 명 **스테이크**, (스테이크용) 고기 ☜ 중세영어로 '굽기 위해 자른 두꺼운 고기 조각'이란 뜻

☐ **beehive**(벌집), **beekeeper**(양봉가), **beekeeping**(양봉) ➔ **bee**(꿀벌) **참조**

☐ **been**(be의 과거분사) ➔ **be**(이다, 있다) **참조**

삐삐 beeper (긴급 무선호출장치)

☐ **beep** [biːp] 명 〖의성어〗 삐-하는 소리〔신호, 경적, 시보〕 ☜ 의성어
☐ **beep**er [bíːpər] 명 삐삐, 신호발신장치, (긴급)무선호출장치 《beep 소리가 남》 ☜ beep + er(기계)

비어 beer (맥주)

☐ **beer** [biər] 명 **맥주, 비어** ☜ 고대영어로 '음료'란 뜻
★ 발효 도중 생기는 거품과 함께 상면으로 떠오르는 효모를 이용하여 만드는 상면발효맥주로는 ale, porter, stout가 있으며, 발효가 끝나면서 가라앉는 효모를 이용하여 만드는 하면발효맥주는 Lager 맥주가 있다.
♠ double **beer** 독한 **맥주** ☜ double(2 배)
♠ black **beer** 흑**맥주** ☜ black(검은)

♠ draft 〔draught〕 **beer** 생(生)**맥주**(=beer on draft〔draught〕)
☜ draft(통에서 따라내기)

□ **beer** garden　**비어가든**, 노천 맥주집 ☜ garden(정원)
□ **beer** hall　**비어홀** ☜ hall(넓은 공간)
□ **beer** house　**비어홀** ☜ house(집)
□ **beer**-mat　[bíərmæ̀t] ⓜ **비어매트**, 맥주잔 받침 ☜ beer + mat(매트, 멍석, 받침)

B

비트루트 주스 beetroot juice (사탕무우 주스)

□ **beet**　[biːt] ⓜ (검붉은 뿌리를 채소로 먹는) **사탕무**
☜ 고대영어로 '사탕무'란 뜻.
♠ We can obtain sugar from **beet**.
사탕무에서 설탕을 얻을 수 있다.
※ **root**　[ruːt/루-트, rut] ⓜ **뿌리**; (문제의) **근원** ☜ 고대영어로 '식물의 뿌리'라는 뜻
※ **juice**　[dʒuːs] ⓜ (과일 · 채소 · 고기 따위의) **주스, 즙, 액**
☜ 중세영어로 '허브를 끓여 얻은 액체'란 뜻

베토벤 Beethoven (악성(樂聖: 음악의 성인)으로 불린 독일의 귀머거리 작곡가)

□ **Beethoven**　[béitouvən] ⓜ **베토벤** 《Ludwig van ~ ; 1770-1827, 독일의 작곡가》
★ 대표곡 : <엘리제를 위하여>, <비창 소나타>, <월광 소나타>, <#5 운명 교향곡>, <#6 전원 교향곡>, <#9 합창 교향곡> 등

프리폴 free fall (스카이다이버가 뛰어내릴 때 낙하산을 펼치기 전 30초 내 보여주는 다양한 스턴트와 기술. <자유낙하>란 뜻)

♣ 어원 : fall, fail, faul, fals(e) 떨어지다, 실수하다, 속이다
※ **free**　[friː/프리-] ⓗ (-<free**r**<free**st**) **자유로운, 속박없는**
☜ 고대영어로 '면제하다'란 뜻
■ **fall**　[fɔːl/뽀올] ⓢ (-/**fell**/**fallen**) **떨어지다, 낙하하다** ⓜ **떨어짐**, 강하, 강우; **가을**; 붕괴 ☜ 고대영어로 '떨어지다, 실패하다, 썩다, 죽다'란 뜻
■ free **fall**　자유낙하, (가치의) 급락 ☜ 자유로운(free) 낙하(fall)
□ be**fall**　[bifɔ́ːl] ⓢ (-/be**fell**/be**fallen**) **일어나다**(=happen to), 생기다; (~할) 운명이 되다
☜ 완전히(be=completely) 떨어지다(fall)
♠ Incidents can **befall** anyone. 사고는 누구에게나 **일어날** 수 있다.
■ **false**　[fɔːls/뽈-스] ⓗ **그릇된**, 잘못된; 거짓의; **가짜의**, 위조의
☜ 고대영어로 '(종교적인) 거짓말'이란 뜻
■ **fault**　[fɔːlt/뽈-트] ⓜ **결점; 과실**, 실수; **책임** ☜ 실수한(faul) 것(t)

□ **befit**(~에 적합하다, ~에 어울리다) ➔ **fit**(~에 적합하다; 적절한) **참조**

비시 B.C. = Before Christ (기원전, 예수 탄생 前)

□ **before**　[bifɔ́ːr/비**포**어, bəfɔ́ːr/버**포**어] ⓟ **~의 전에**, **~앞에**, ~보다 먼저 ☜ 앞에(fore) 있는(be)
ⓑ behind 후방에, 늦게　after 다음에, 뒤에, 후에
♠ **before long 머지않아, 곧**(=soon)
□ **before**hand　[bifɔ́ːrhæ̀nd] ⓤ 이전에; **미리** ☜ 앞(before) 쪽에(hand)

보이프렌드 boyfriend (남자친구), 걸프렌드 girl friend (여자친구)

■ **friend**　[frend/프렌드] ⓜ **벗, 친구; 자기편**, 지지자, 동료
☜ 초기 독일어로 '애인, 친구'란 뜻
■ boy**friend**　[bɔ́ifrènd] ⓜ **남자 친구** ⓑ girl friend 여자친구 ☜ boy + friend(친구)
□ be**friend**　[bifrénd] ⓢ ~의 친구가 되다, ~의 편이 되다 ☜ 친구(friend)가 되다(be)
♠ **befriend** a person in many way 사람과 여러모로 **친해지다**.

베거 룩 beggar look (거지같은 의상)

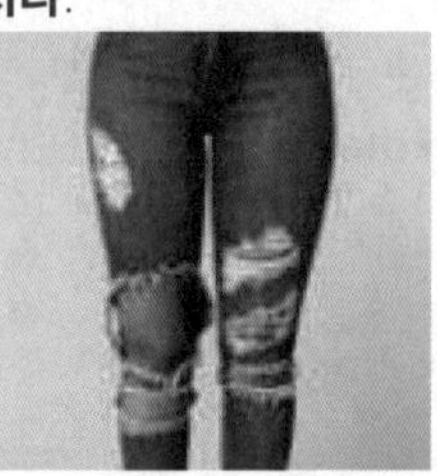

'거지'를 뜻하는 말로 거지 룩이나 가난뱅이 룩으로 번역된다. 일부러 구멍을 내거나 찢고 얼룩지게 한 옷을 입는 스타일을 말한다.

□ **beg**　[beg/베그/벡] ⓢ **간청하다, 빌다, 구하다**
☜ 고대영어로 '구걸하다, 빌다'

♠ **I beg your pardon. 실례합니다. 용서해 주세요;**
《끝을 올려 발음하면》 **다시 한 번 말씀해 주시겠습니까?**

□ **beg**gar [bégər] 명 **거지** ☜ beg + g<자음반복> + ar(사람)
♠ **Beggars must not be choosers.**
《속담》 빌어먹는 놈이 이밥 조밥 가리랴.

□ **beg**garly [bégərli] 형 거지 같은 ☜ beggar + ly<형접>

□ **beg**gary [bégəri] 명 거지 신세; 빈궁 ☜ beggar + y<명접>

※ **look** [luk/룩] 동 **보다** 명 봄, 용모, 패션 ☜ 고대영어로 '보다, 보는 행동'

게터 getter ([전기] 전구 내 잔류가스를 흡수시키는 물질)
겟어웨이 getaway (미국 범죄 · 액션 영화. <도망, 도주>란 뜻)

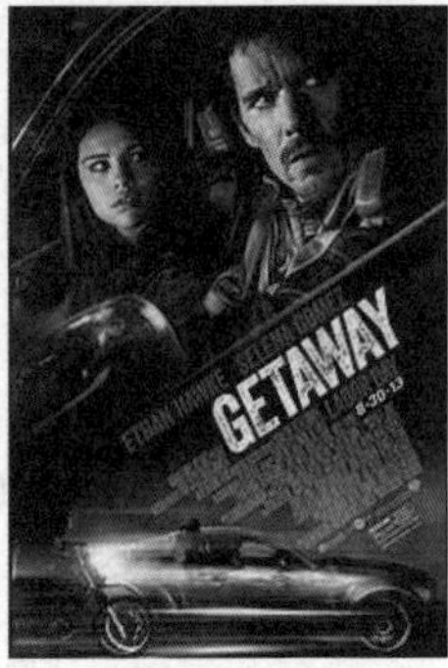

© Warner Bros.

■ **get** [get/겥] 동 (-/**got**/**gotten**) **얻다, 받다**, 잡다
☜ 초기인도유럽어로 '붙잡다, 움켜쥐다'란 뜻

■ **get**ter [gétər] 명 『전기』 **게터**; 얻는 사람
☜ get + t<자음반복> + er(사람)

■ **get**away [gétəwèi] 명 (범인의) 도망, 도주 ☜ 멀리(away) 취하다(get)

□ be**get** [bigét] 동 (-/**begot**/**begotten**) (자식을) **낳다**
☜ 얻음(get)을 만들다(be)
(-/**begat**/**begot**) 생기게 하다; (결과로서) 초래하다
♠ Money **begets** money. 돈이 돈을 **낳는다**.

□ **beggar**(거지) ➔ **beg**(간청하다, 빌다, 구하다) **참조**

오리지날 original (원본, 진본)

♣ **어원 : gin 시작**

■ ori**gin**al [ərídʒənəl] 형 **최초의, 원시의** ☜ 최초(origin) 의(al)

□ be**gin** [bigín/비**긴**] 동 (-/**began**/**begun**) **시작하다** ☜ 고대영어로 '시도하다'
반 end, finish 끝나다
♠ **begin by ~ing 우선 ~하기 시작하기**
♠ **begin with ~ ~부터[로] 시작하다**
♠ **at the beginning of ~ ~의 처음에**
♠ **in the beginning 처음에, 태초에**
♠ **to begin with 우선 첫째로**(=in the first place)

□ be**gin**ner [bigínər] 명 **초심자**, 초학자; 개시자 ☜ begin + n<자음반복> + er(사람)

□ be**gin**ning [bigíniŋ/비**기**닝] 명 **처음, 시작** 형 **최초의** ☜ begin + n + ing<명접/형접>

□ **begrudge**(시기하다) ➔ **grudge**(싫어하다, 인색하게 굴다) **참조**

비가일드 The Beguiled (미국 서부영화. <매혹당한 사람들>)

2017년 제작된 미국 서부/드라마 영화. 엘르패닝(Elle Fanning), 니콜키드먼(Nicole Kidman) 주연. 미국 남북전쟁 시기 부상당한 장군이 여자 기숙학교에서 지내게 되면서 장군을 사랑하게 된 소녀들간의 질투와 기만이 만연하자 원장은 특단의 조치를 내린다. 토마스 J. 칼리넌 소설을 영화화한 것.

© Focus Features

♣ **어원 : guile 속이다; 사기**

■ **guile** [gail] 명 **교활**, 배신; 기만; 술책 ☜ 고대불어로 '속이다; 사기'

□ be**guile** [bigáil] 동 **속이다**, 기만하다
☜ 완전히(be=completely) 기만하다(guile)
♠ **beguile ~ by flattery 감언으로 ~를 속이다**

□ be**guile**ment [bigáilmənt] 명 기만, 기분전환 ☜ beguile + ment<명접>

하프라인 half line (경기장을 양분하는 선)

[운동] 경기장 따위를 중앙에서 둘로 가르는 선. 양팀의 진영을 구분한다. 양방의 골라인에서 같은 거리에 있다.

■ **half** [hæf/햎/hɑːf/하앞] 명 (pl. **halves**) **반, 절반** ☜ 고대영어로 '절반'이란 뜻

□ be**half** [bihǽf, -hɑ́ːf] 명 **측, 편; 이익** ☜ 한쪽(half)을 만들다(be)
♠ **in behalf of ~ ~을 위하여, ~의 이익이 되도록**
♠ **on behalf of ~ ~을 대표[대리]하여, ~을 위하여**

※ **line** [lain/라인] 명 **선, 줄** ☜ 라틴어로' 리넨(아마)의 밧줄'이란 뜻

코엑스 COEX (한국종합무역센터에 있는 종합전시관 / 서울시 소재)
킨텍스 KINTEX (한국국제전시장 / 고양시 소재)

♣ 어원 : **hibit, habit, have 잡다(=take), 가지다(=have), 살다(=live)**

※ **COEX** — **CO**nvention and **EX**hibition center 국제회의 및 전시 센터

※ **KINTEX** — **K**orea **INT**ernational **EX**hibition center 한국국제전시장

■ ex**hibit**ion — [èksəbíʃən] [명] **전람(회)**, 전시회, 박람회; 출품물 ☜ 밖에(ex) 두는(hibit) 것(ion)

■ **have** — [hæv/해브, (약) həv, əv, ("to"앞에서 흔히) hæf] [동] **가지다, 가지고 있다; 먹다, 마시다** ☜ 고대영어로 '가지고 있다'란 뜻

□ be**have** — [bihéiv] [동] **행동하다** ☜ 마음속에 가지고 있는(have) 것을 만들어 내다(be=make)
♠ He **behaves** himself like a gentleman. 그는 신사처럼 **행동한다**.

□ be**hav**ior — [bihéivjər] [명] **행동, 행실**; 동작, 태도; 품행 ☜ behave + ior<명접>
♠ **be (stand) on one's good (best) behavior 근신중이다; 얌전하게 있다**

□ be**hav**iorism — [bihéivjərìzm] [명] **행동주의** ☜ behavior + ism(~주의)

✚ **habit 습관, 버릇; ~에 살다** **habit**ation **주소; 거주** in**habit ~에 살다**, 거주(존재)하다 in**hibit 금하다**, 억제하다 pro**hibit 금지하다** misbe**have** 나쁜 짓을 하다 misbe**hav**ior 비행, 부정행위

□ **behead**(목을 베다, 참수시키다) ➔ **head**(머리) **참조**

비하인드 스토리 behind story (숨겨진 이야기)

■ **hind** — [haind] [형] (-<-d**er**<-d**(er) most**) **뒤쪽의**, 후방의 ☜ 고대영어로 '뒤, 뒤쪽의'란 뜻.

□ be**hind** — [biháind/비**하**인드] [부] **~ 뒤에** ☜ 뒤에(hind) 있다(be)
♠ **behind** the house 집 **뒤에, behind one's back ~의 등 뒤에서, ~가 없는 자리에서**
♠ **behind the times 시대에 뒤떨어져서**
♠ **behind time 시간에 늦게, 지각하여**

□ be**hind**hand — [biháindhæ̀nd] [형][부] 뒤떨어진, 뒤떨어져서 ☜ behind + hand(~쪽, 방향)

※ **story** — [stɔ́:ri/스**또**-뤼] [명] (pl. -r**ies**) **이야기** ☜ hi**story**(역사)의 두음 소실

홀딩 holding ([스포츠] 껴안거나 잡아 범하게 되는 반칙)

■ **hold** — [hould/호울드] [동] (-/**held/held**) **붙잡다** ☜ 고대영어로 '포함하다, 쥐다'란 뜻

■ **hold**ing — [hóuldiŋ] [명] 움켜쥠; 지지. **보유**, 점유, 소유(권); 『권투』 껴안기 《반칙》; 『배구』 공을 잠시 받치고 있기 《반칙》; 『농구』 방해 행위; 『미식축구』 ball carrier 이외의 상대를 잡음 《반칙》 ☜ hold + ing<명접>

□ be**hold** — [bihóuld/비**호**울드] [동] (-/be**held**/be**held**) **보다**, 바라보다 ☜ 유지함(hold)을 만들다(be)
♠ **Behold !** There goes the woman. **봐라 !** 그녀가 간다.

□ be**hold**er — [bihóuldər] [명] **구경꾼**(=onlooker, spectator; audience) ☜ behold + er(사람)

□ **being**(be의 현재분사) ➔ **be**(이다, 있다) **참조**

베이루트 Beirut (중동 레바논 공화국의 수도)

□ **Beirut** — [beirú:t] [명] **베이루트** 《Lebanon 공화국의 수도》 ☜ 히브리어로 '샘, 우물'이란 뜻.

벨라루스 Belarus (유럽 북동부 내륙에 있는 나라)

□ **Belarus** — [bjèlɑrú:s] [명] 백(白)러시아, **벨라루스** 공화국 《독립국가연합의 한 공화국; 수도는 민스크(Minsk)》 ☜ '하얀(bela<belaya) 러시아(russia)'란 뜻

□ **belated**(뒤늦은; 구식의) ➔ **late**(늦은; 최근에; 죽은) **참조**

□ **bel canto**(벨칸토 창법) ➔ **beauty**(아름다움) **참조**

메탄가스 밸치 methane gas belch (메탄가스 분출)

※ **methane** — [méθein] [명] 『화학』 **메탄** ☜ methyl(메틸) +ane<화학 접미사>. 그리스어로 '알코올(methy) 나무(hyle) + ane(화학적 요소)'

※ **gas** — [gæs/개스] [명] (pl. **-es**) **가스, 기체** ☜ 그리스어로 '공기'란 뜻

□ **belch** — [beltʃ] [동] **트림하다**, 뿜어내다 ☜ 고대영어로 '팽창하다, 부풀리다'란 뜻

♠ a **belch** of flame 확 내뿜는 화염

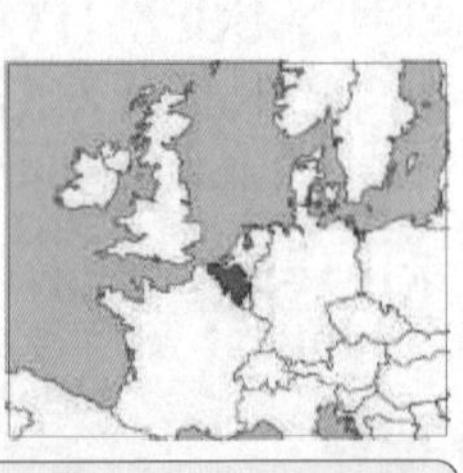
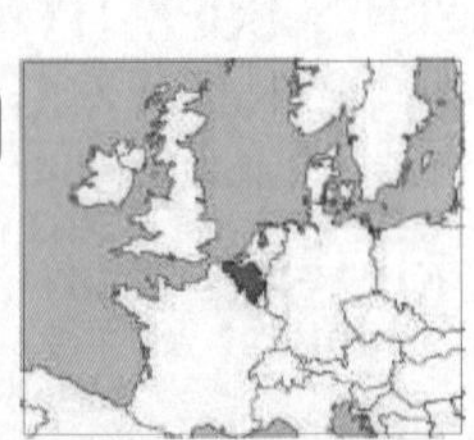
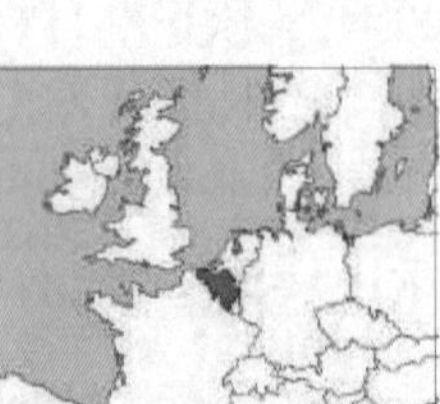

벨기에 Belgium (유럽 북서부의 입헌군주국)

☐ **Belgi**um [béldʒəm] ⓜ **벨기에** 《the Kingdom of ~, 수도 브뤼셀 Brussels》 ☜ 켈트족의 일파인 벨게(Belgae) 족에서 유래

☐ **Belgi**an [béldʒən] ⓗ **벨기에 [사람]의** ⓜ **벨기에 사람** ☜ -an(~의/~사람)

벨그라드 [베오그라드] Belgrade (세르비아의 수도)

베오그라드(Beograd)는 세르비아의 수도이며, 오스트리아와의 국경 방면에서 동쪽을 향하여 흐르는 사바강(江)이 도나우강에 합류하는 지점 우안에 위치한다.

☐ **Belgrade** [bélgreid, -grɑːd, -græd] ⓜ **베오그라드** 《세르비아의 수도》 ☜ 슬라브어로 '하얀(bel/beo) 도시(grad)'란 뜻

☐ **belie**(거짓[잘못] 전하다) ➔ **lie**(거짓말; 거짓말하다) **참조**

라이프 스타일 life style (생활양식)

♣ **어원 : life, live, lief, live 살다, 맡기다, 사랑하다**

■ **life** [laif/라이프] ⓜ (pl. **lives**) **삶, 생명, 생활, 인생, 활기** ☜ 고대영어로 '일생'이란 뜻

■ **live** [liv/리브] ⓢ **살다** ☜ **alive**(살아있는)의 두음소실

☐ be**lief** [biliːf, bə-] ⓜ **믿음**, 확신, 신념; 신앙, 신뢰 ☜ be(존재하다) + lief(삶)
♠ **beyond belief 믿을 수 없는, 놀라운**

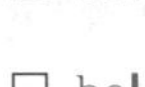

☐ be**lieve** [bilíːv/빌리-브, bə-] ⓢ **믿다**(=trust), ~라고 생각하다 ☜ 삶<사랑(liev)이 존재하다(be) + e ⓑ **doubt 의심하다**
♠ **believe in ~ ~을 신뢰하다; ~의 존재를 믿다**
♠ **make believe ~ ~로 믿게 하다, ~인 체하다**

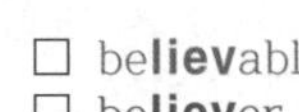

☐ be**liev**able [bilíːvəbl] ⓗ 믿을만한, **믿을 수 있는** ☜ 믿을(believe) 수 있는(able)

☐ be**liev**er [bilíːvər] ⓜ 믿는 사람, **신자**, 신봉자 ☜ 믿는(believe) 사람(er)

※ **style** [stail/스따일] ⓜ **스타일, 양식, 방식; 문체**, 필체; 어조 ☜ 라틴어로 '철필(펜), 표현방식'이란 뜻

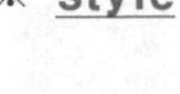

✚ disbe**lief** **불신, 의혹** misbe**lief** 그릇된 신념[생각, 신앙] re**lief** **구원** unbe**liev**able **믿을 수 없는**

☐ **belittle**(과소평가하다) ➔ **little**(작은, 시시한) **참조**

벨 bell (종)

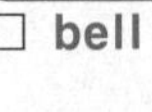

☐ **bell** [bel/벨] ⓜ **종, 벨**, 방울, 초인종 ⓢ 방울을 달다 ☜ 고대영어로 '고함치다, 소리 지르다'란 뜻

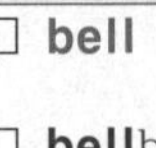

☐ **bell**boy [bélbɔi] ⓜ 〚미국〛 (호텔의) **벨보이**(=bellhop) ☜ bell + boy(소년)

☐ **bell**-house [bélhàus] ⓜ 종각(鐘閣) ☜ bell + house(집, 주택, 가정)
♠ **bell the cat 자진하여 어려운 일을 맡다** 《'고양이 목에 방울달기'라는 이솝우화에서》

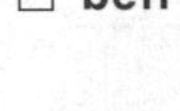

벨 Bell (전화기를 발명한 미국인)

☐ **Bell** [bel] ⓜ **벨** 《Alexander Graham ~ ,1847~1922 전화기를 발명한 미국의 과학자》

베스띠벨리 bestibelli (한국 신원그룹의 여성복 브랜드. <최고의 아름다움>)
벨칸토 bel canto (이탈리아의 가창기법. <아름다운 노래>란 뜻)

♣ **belle, beau 아름다움**

■ **bel** canto 〚음악〛 **벨칸토** 창법, 아름다운〔매끄러운〕 창법 ☜ canto(〚음악〛 주도적 선율)

☐ **belle** [bel] ⓜ **미인**, 미녀 ☜ 프랑스어/라틴어로 '아름다운'이란 뜻
♠ **the belle** of society 사교계의 **여왕** ☜ society(사회; 사교계)

☐ **belle** amie [belæmíː] 《F.》 미모의 (여자) 친구 ☜ 프랑스어로 '아름다운(belle=beautiful) 여자친구(amie)'란 뜻

☐ **belle** laide [belléid] 《F.》 잘 생기지는 못했으나 매력 있는 여자(jolie laide) ☜ 프랑스어로 '아름다운(belle=beautiful) 숙녀(laide=lady)'란 뜻

벨로나 Bellona ([로神] 전쟁의 여신)

♣ **bell 전투(=bellum); 싸우다**

■ **Bellona** [bəlóunə] ㊐ 〖로.신화〗 **벨로나** 《전쟁의 여신》; 키가 큰 미인

□ **bell**igerent [bəlídʒərənt] ㊔ 교전 중인; 교전국의; **호전적인** ㊐ 교전국; 전투원 ☜ 전쟁(bell) 하기(ig)를 더(er) 좋아하는(사람)(ent)
♠ **belligerent** powers **교전**국

□ **bell**ow [bélou] ㊕ (소가) **큰소리로 울다**, 짖다; 울부짖다 ㊐ 울부짖음; (pl.) 풀무 ☜ 고대영어로 '큰 소리로 울다'란 뜻. bell(소리치다, 포효하다) + ow
♠ She **bellowed out** loudly. 그녀는 크게 **고함쳤다**.

■ re**bel** [rébəl] ㊐ **반역자** ☜ 뒤에서(re=back) 싸우는(bel) 사람

■ re**bell**ion [ribéljən] ㊐ **모반, 반란**, 폭동 ☜ rebel + l<자음반복> + ion<명접>

벨리댄스 belly dance (배꼽춤)

♣ **belly 배(腹)**

□ **belly** [béli] ㊐ **배**, 위(=stomach)
☜ 초기인도유럽어로 '부풀어 오른 것'이란 뜻
♠ **The belly has no ears. 《속담》 금강산도 식후경, 수염이 석자라도 먹어야 양반**
☜ 배는 귀가 없어 배 고프면 아무 소리도 들리지 않는다.

□ **belly**ache [bélièik] ㊐ 복통 ☜ belly + ache(통증)

□ **belly** board **벨리보드** 《배에 깔고 파도 타는 판》 ☜ board(널, 판자)

※ **dance** [dæns/댄스/dɑːns/단-스] ㊐ **춤, 댄스** ☜ 중세영어로 '춤추다'

롱타임 long time (오랜 시간) ⇔ 숏타임 short time (짧은 시간)

■ **long** [lɔːŋ/로옹/lɔŋ/롱] ㊔ (-<long**er**<long**est**) **긴, 오랜, 오랫동안**
☜ 고대영어로 '끝에서 끝까지 지속되는'이란 뜻

□ be**long** [bilɔ́(ː)ŋ/빌**롱**, -lɑ́ŋ] ㊕ **~에 속하다**, 소유물이다 ☜ 오랫동안(long) 존재하다(be)
♠ **belong to ~ ~에 속하다**
That **belongs to** me. *그것은 나**에게 속한다.*** ➔ 그것은 내 **것이다**.

□ be**long**ing [bilɔ́(ː)ŋiŋ] ㊐ (pl.) 소유물, **소지품** ☜ belong + ing<형접>

※ **time** [taim/타임] ㊐ (관사 없이) **시간, 때;** 시일, 세월; ~회, ~번
☜ 초기인도유럽어로 '나눈 것'이란 뜻

러브 love (사랑)

■ **love** [lʌv/러브] ㊐ **사랑** ㊕ **사랑하다**
☜ 고대영어로 '사랑하는 감정, 로맨틱한 성적 매력'이란 뜻

□ be**love**d [bilʌ́vid, -lʌ́vd] ㊔ **사랑하는**, 귀여운 ㊐ 애인 ☜ 사랑(love)이 존재(be) 하는(ed)
♠ my **beloved** son **사랑하는** 아들

로테크 low-tech (수준 낮은 기술) ⇔ 하이테크 high-tech (첨단 기술)

■ **low** [lou/로우] ㊔ **낮은** 《키·고도·온도·위도·평가 따위》; **기운 없는**
☜ 중세영어로 '보통 수준보다 아래'란 뜻

■ **low**-tech [lóutèk] ㊔ 기술 수준이 낮은 ☜ low + tech(기술상의)

□ be**low** [bilóu/빌**로**우] ㊗ 〖장소〗 **~보다 아래에**; ~할 가치가 없는 ㊝ **아래로[에]**, 하위에
☜ 아래에(low) 있다(be) ㊥ above 위에 **비교** bellow 큰 소리로 울다; 짖다
♠ **from below 아래로부터**

안전벨트 seat belt, safety belt (안전띠)

※ **seat** [siːt/씨이트] ㊐ **자리, 좌석** ㊕ **착석시키다** ☜ 고대 노르드어로 '자리, 위치'

※ **safe**ty [séifti/**쎄**이프티] ㊐ **안전** ☜ 안전한(safe) 것(ty<명접>)

□ **belt** [belt/벨트] ㊐ **띠**(=band); **지대**(=zone) ㊕ **띠를 매다** ☜ 라틴어로 '허리띠'
♠ **the Green Belt 그린벨트**, (도시주변의) 녹지대 ☜ green(녹색)
♠ **the Blue Belt 블루벨트**, (해양보존의) 청정구역 ☜ blue(청색)

□ **bemoan**(슬퍼하다, 애도하다) ➔ **moan**(신음하다; 신음) **참조**

☐ **bemuse**(멍하게 하다) ➔ **amuse**(즐겁게 하다) **참조**

벤치 bench (긴 의자), 벤치마크 benchmark (기준점)

B

☐ **bench** [bentʃ/벤취] ⓜ **벤치, 긴 의자** ☜ 고대영어로 '긴 의자'란 뜻
☐ **bench**er [béntʃər] ⓜ 벤치에 앉은 사람, 보트를 젓는 사람 ☜ bench + er(사람)
☐ **bench**mark [béntʃmὰːrk] ⓜ **벤치마크**, 기준(점), 척도; 표준가격
☜ 【측량】 강둑(bench<bank)의 수심 관측용 푯대(mark)

밴드 < 밴드 band (악단)

♣ **어원 : band, bend, bind, bond 묶다, 구부리다**
■ **band** [bænd/밴드] ⓜ 무리, 악단, **밴드; 띠, 끈**
☜ 고대영어로 '묶는 것, 매는 것'이란 뜻
☐ **bend** [bend/벤드] ⓢ (-/**bent**/**bent**) **구부리다, 굽히다; 구부러지다**
☜ 고대영어로 '묶다, 구부리다'란 뜻
♠ **be bent on ~ ~에 열중하고 있다, ~을 결심하고 있다**
☐ **bent** [bent] ⓗ **굽은; 마음이 쏠린** ⓜ **좋아함; 성향; 경향**; 굴곡 ☜ bend의 과거분사
☐ **bend**er [béndər] ⓜ 구부리는 도구, 벤찌 ☜ bend + er(장비, 기기)
■ **bind** [baind] ⓢ (-/**bound**/**bound**) **묶다, 철하다** ☜ 페르시아어로 '묶다'란 뜻.
■ **bond** [bɑnd/반드, bɔnd] ⓜ **묶는 것, 끈; 유대, 결속; 접착제, 본드**
☜ 초기인도유럽어로 '묶다'란 뜻.

네델란드 Netherlands (국토의 1/3이 바다보다 낮은 유럽 국가, 튤립 · 풍차의 나라)

♣ **어원 : nether, neath 아래의[에], 낮은**
■ **nether** [néðər] ⓗ 《문어 · 희곡》 아래(쪽)의; 지하의, 지옥의
☜ 고대영어로 '밑의, 밑으로'란 뜻.
■ **Nether**lands [néðərləndz] ⓜ (the ~) **네델란드**(Holland). 《공식 국명은 the Kingdom of the Netherlands이며, 수도는 암스테르담(Amsterdam)이다. 정부 소재지는 헤이그(The Hague). 형용사는 Dutch》
☜ 네델란드어로 '(바다보다) 낮은(nether) 땅(lands)' 이란 뜻
☐ be**neath** [biníːθ/비니-쓰, -níːð] ⓙ **~의 바로 밑에, ~보다 낮은, ~할 가치가 없는** ⓑ (바로) **밑에 [으로]** ☜ be(=by) + neath(아래에)
반 on 위에, above ~의 위쪽에
비교 down 아래로, beneath, below 바로 밑에, under ~의 아래에
♠ **beneath** a window 창 **밑에**
■ under**neath** [ʌ̀ndərníːθ] ⓙ **~의 아래에** ☜ '(덮이거나 숨겨진 것)의 아래에'라는 뜻

베네딕트 Benedict, Narsia (서양 수도회의 아버지)

그리스도교의 성인. 이탈리아에서 출생. 로마 근교의 수미아코의 동굴에서 참회와 기도의 생활을 보낸 뒤 수도원을 설립하고 후대 수도원 생활의 기본이 된 <베네딕트회 규칙>을 편술했다. 서양 수도회의 아버지라 불린다.

♣ **어원 : bene, beni 좋은, 은총**
☐ **bene**diction [bènədíkʃən] ⓜ 축복, 감사기도
☜ 은총(bene)을 말하(dic) 기(tion<명접>)
☐ **bene**dictory [bènədíktəri] ⓗ 축복의 ☜ -ory<형접>
■ **bene**volent [bənévələnt] ⓗ 자비심 많은, **인자한**, 인정 많은
☜ 은총(bene)으로 선회(vol) 한(ent<형접>)
■ **beni**gn [bináin] ⓗ **친절한**, 인자한
☜ 라틴어로 '은총(beni)으로 태어난(gn)'이란 뜻

픽션 fiction (꾸며낸 이야기), 논픽션 nonfiction (사실적 기록)

♣ **어원 : fic, fac 만들다(=make), bene- 좋은, 은총**
■ **fic**tion [fíkʃən/뻭션] ⓜ **소설, 꾸며낸 이야기** ☜ 만들어 낸(fic) 것(tion)
■ non**fic**tion [nʌnfíkʃən] ⓜ **논픽션**, 소설이 아닌 산문 문학 (전기 · 역사 · 탐험기록 등)
☜ 만든 것(fiction)이 아닌(non)
☐ bene**fac**tor [bénəfæ̀ktər] ⓜ **은인; 후원자** ☜ 좋은(bene) 일을 하는(fac) 사람(or)
☐ bene**fac**tion [bènəfǽkʃən] ⓜ 자비, 선행, 자선; 기부금 ☜ bene + fac + tion<명접>

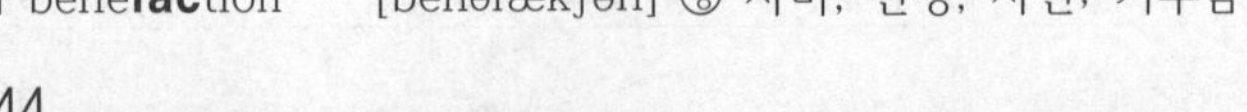

☐ bene**fic**ence [bənéfəsəns] ⓜ **선행**, 은혜, 자선 ☜ bene + fic + ence<명접>
☐ bene**fic**ent [bənéfəsənt] ⓗ **자선심이 많은** ☜ 좋은(bene) 일을 하(fac) 는(ent<형접>)
☐ bene**fic**ently [bənéfisəntli] ⓟ 지혜롭게 ☜ bene + fic + ent + ly<부접>
☐ bene**fic**ial [bènəfíʃəl] ⓗ **유익한**, 이로운 ☜ 좋은(bene) 것을 만드(fic) 는(ial<형접>)
♠ A good diet **is beneficial** to health. 좋은 음식은 건강에 **이롭다**.
☐ bene**fic**ially [bènəfíʃəli] ⓟ 유익하게 ☜ beneficial + ly<부접>
☐ bene**fic**iary [bènəfíʃièri, -fíʃəri] ⓜ 수익자, 수혜자; (연금 등의) 수령인 ☜ -ary(사람)
☐ bene**fit** [bénəfit/**베**너퓥] ⓜ **이익, 이득** ☜ 좋은(bene) 일을 만드는(fit<fic) 것
♠ **for the benefit of ~ ~을 위하여, ~의 이익을 위하여**

✚ **fac**tory **공장** arti**fic**ial **인공의, 인위적인** ef**fic**ient **능률적인, 효과적인** magni**fic**ent **장대한, 장엄한** super**fic**ial **표면상의**, 외면의

베네룩스 Benelux (벨기에 · 네델란드 · 룩셈부르크의 총칭)

벨기에 · 네덜란드 · 룩셈부르크 등 3국의 머리글자를 따서 붙인 3국의 총칭. 제2차 세계대전 중 런던에 망명하였던 이들 3국 정부는 1944년 9월 관세동맹(關稅同盟) 조약에 조인하였는데, 그것을 베네룩스 관세동맹이라고 부르게 된 데에서 '베네룩스'라는 명칭이 생겼다.

☐ **Benelux** [bénəlʌ̀ks] ⓜ **베네룩스** 《Belgium, Netherlands, Luxemburg 세 나라의 총칭》
☜ **Be**lgium + **Ne**therlands + **Lux**emburg 합성어

베네딕트 Benedict, Narsia (서양 수도회의 아버지)

그리스도교의 성인. 이탈리아에서 출생. 로마 근교의 수미아코의 동굴에서 참회와 기도의 생활을 보낸 뒤 수도원을 설립하고 후대 수도원 생활의 기본이 된 <베네딕트회 규칙>을 편술했다. 서양 수도회의 아버지라 불린다.

♣ **어원 : bene, beni 좋은, 은총**
■ **bene**diction [bènədíkʃən] ⓜ 축복, 감사기도 ☜ 은총(bene)을 말하(dic) 기(tion<명접>)
☐ **bene**volent [bənévələnt] ⓗ 자비심 많은, **인자한**, 인정 많은
☜ 은총(bene)으로 선회(vol) 한(ent<형접>)
♠ a **benevolent** smile (attitude) **자애로운** 미소(태도)
☐ **bene**volently [bənévələntli] ⓟ 지혜롭게 ☜ benevolent + ly<부접>
☐ **bene**volence [bənévələns] ⓜ **자비심**, 박애; 선행, 자선 ☜ bene + vol + ence<명접>
☐ **beni**gn [bináin] ⓗ **친절한**, 인자한 ☜ 라틴어로 '은총(beni)으로 태어난(gn)'이란 뜻
♠ Though he talks in a rough manner, his actions **are benign**.
비록 그가 말은 거칠게 하지만, 그의 행동은 **친절하다**.
반 malign (병이) 악성인 ☜ 라틴어로 '나쁘게(mali) 태어난(gn)'이란 뜻
☐ **beni**gnly [bináinli] ⓟ 친절하게, 인자하게, 자비롭게 ☜ -ly<부접>
☐ **beni**gnant [binígnənt] ⓗ 자비로운, 친절한, 다정한; 온화한; 유익한 ☜ -ant<형접>
☐ **beni**gnity [binígnəti] ⓜ 친절, 인자, 자비; 온화 ☜ -ity<명접>

벤허 Ben Hur (미국 루 월리스의 역사소설 · 영화; 그 주인공)

로마제국시대, 유대청년 벤허가 시련을 통해 신의 섭리를 깨닫게 된다는 내용. 미국 루 월리스가 1880년에 쓴 베스트셀러 소설 <벤허 : 그리스도의 이야기>를 1959년 윌리엄 와일러 감독이 1500만 달러를 들여 20세기 최고의 종교영화로 제작하였다. 1960년 11개 부문에서 아카데미상을 수상했다.

☐ **Ben Hur** [bén-həːr] ⓜ **벤허**(소설 제목; 그 주인공)

벤담 Bentham (영국의 철학자. 공리주의자)

영국의 윤리학자, 법률학자, 정치론자, 변호사로서 윤리학설에서 공리주의를 주장했다. 각 개인의 이익을 만족시키는 공리(共利)가 '최대 다수의 최대 행복'을 얻는 수단이라고 하여, 이기주의를 긍정하고 자본주의 사회의 존재 방식을 예찬했다.

☐ **Bentham** [bénθəm, -təm] ⓜ **벤담** 《Jeremy ~, 영국의 철학자 · 법률가; 1748-1832》

연상 ▸ 넘(너무) 추워서 손발이 넘(numb.감각을 잃은)했다.

■ **numb** [nʌm] ⓗ (얼어서) **감각을 잃은, 곱은**, 언; 마비된 ⓢ 감각을 잃게 하다, 마비시키다
☜ 중세영어로 '움직임이나 느낌을 잃은'이란 뜻
☐ be**numb** [binʌ́m] ⓢ **무감각 하게하다**, 마비시키다, 저리게 하다; 실신케 하다; 멍하게 하다
☜ be<동사형 접두사> + numb(무감각한)
♠ **be benumbed with (by) cold 추위에 마비되다**
☐ be**numb**ed [binʌ́md] ⓗ 감각을 잃은, (손발 따위가) 곱은 ☜ benumb + ed<형접>

벤젠 benzene ([화학] 벤젠)

☐ **benzene** [bénziːn] 명 『화학』 **벤젠** 《콜타르에서 채취, 용제(溶劑); 물감의 원료》
☜ 독일어로 벤조산(酸)(benz=benzoic acid) + ene/ine<화학 접미사>

앙케이트 < 앙케트 enquete ([F.] 소규모의 여론조사) ➔ questionnaire, survey

♣ **어원 : quest, quisit, quir(e), query, quet 찾다, 구하다; 묻다, 요구하다**

■ en**quet**e [ɑːŋkét; [F.] ɑkɛt] 명 **앙케트** 《똑같은 질문에 대한 여러 사람의 답변을 얻는 소규모의 설문 조사》
☜ 라틴어로 '안에서(en<in) 찾다(quet) + e

■ **quest** [kwest] 명 **탐색**(=search), 탐구(=hunt), 추구(=pursuit) 동 (사냥개가) 추적하다
☜ 고대 프랑스어로 '~을 찾다, 사냥하다'란 뜻

■ **quest**ion [kwéstʃən/**퀘**스쳔] 명 **질문**, 심문, **물음**(⇔ answer); 『문법』 의문문; 의심, **의문**; (해결할) **문제** 동 **질문하다**, 묻다; 의심하다
☜ quest + ion<명접>

☐ be**queath** [bikwíːð, -kwíːθ] 동 『법률』 (동산을) 유증(遺贈)하다, **유언으로 증여하다**
☜ (후대에) 추구함(queath)을 만들다(be)
♠ He **bequeathed** his estate to her. 그는 재산을 그녀에게 **물려주었다**.

☐ be**queath**al [bikwíːðəl] 명 유증, 물려줌 ☜ bequeath + al<명접>

☐ be**queath**ment [bikwíːðmənt] 명 유언으로 물려줌, 유증(遺贈), 유산 ☜ bequeath + ment<명접>

☐ be**quest** [bikwést] 명 유산, 유물, 유품 ☜ (후대에) 추구함(quest)이 있는(be) 것

✚ con**quest** **정복**; 획득(물), 전리품 in**quest** (배심원의) 심리, 사문(査問); 검시(檢屍) re**quest** 요구, **요청**; 요구하다, **요청하다** re**quire** **요구[요청]하다**; **필요로 하다**

비리브먼트 Bereavement (미국 스릴러영화. <사별>이란 뜻)

2010년 개봉한 미국의 스릴러 영화. 알렉산드라 다드다리오, 마이클 빈 주연. 통각불감증 소년을 납치 후 또 다른 여자들을 납치한 사이코패스가 소년의 몸에 상처를 내가며 인질들을 공포에 몰아넣는 살인마 이야기. 국내에서는 <사이코패스>란 제목으로 상영되었다.

© Anchor Bay Entertainment

☐ be**reave** [biríːv] 동 (-/bereave**d**/**bereft**) 잃게 하다, 빼앗다, (육친 등을) **앗아가다** ☜ be<동사 접두사> + 빼앗다(reave)

☐ be**reave**d [biríːvd] 형 (가족과) 사별한, 유족이 된 ☜ bereave + ed<형접>
♠ **the bereaved family** of the war dead 전쟁 **유가족**

☐ be**reave**ment [biríːvmənt] 명 사별, 가족의 사망 ☜ bereave + ment<명접>

☐ be**reft** [biréft] 형 **빼앗긴, 잃은** ☜ bereave의 과거분사 ➔ 형용사

그린베레 green beret (미국 육군 특수부대. <녹색 베레모>)

1952년 창설된 미국 육군 특수부대의 별칭으로, 직역하면 '녹색 베레모' 라는 뜻이다. 대(對) 게릴라전용으로 만들어진 정예부대다.

© Warner Bros.

※ **green** [griːn/그린] 명형 **녹색(의)** ☜ 고대영어로 '살아있는 식물의 색'

☐ **beret** [bəréi, bérei] 명 **베레**모
☜ 고대 프랑스의 가스코뉴(Gascon)어로 '모자'란 뜻.

■ **barret** [bǽrət] 명 **배럿** 《베레모보다 납작한 모자, 특히 가톨릭 신부 모자의 일종》 ☜ 근대영어로 '납작한 모자'란 뜻

■ **biretta** [birétə] 명 모관(毛冠)(=berretta, birretta) 《가톨릭 성직자의 사각모》 ☜ 중세영어로 '성직자가 쓴 정사각형 모자'란 뜻

아이스버그 iceberg (빙산), 뉘른베르크 Nuremberg (독일의 도시)

제2차 세계대전 종전 후 전범자 재판으로 유명한 뉘른베르크(Nuremberg)는 독일어로 Nürnberg인데, 원래 이름은 Neronberg였다고 한다. 로마의 네로(Nero)황제가 뉘른베르크에 있는 산(berg)에 올라가 이곳에 도시를 건설하라고 지시한데서 <네로의 산(Neronberg)>이 되었다고 한다.

♣ **어원 : berg 산, 산맥**

☐ **berg** [bəːrg] 명 빙산(=iceberg) ☜ ice**berg**의 줄임말

■ ice**berg** [áisbəːrg] 명 빙산; 《구어》 냉담한 사람 ☜ 네덜란드어로 '얼음(ice) 산(berg)'

■ Nurem**berg** [njúərəmbəːrg] 명 **뉘른베르크** 《독일 남부의 도시; 나치스 전범 재판을 한 곳》
☜ 독일어로 '네로(Nürn<Neron<Nero)의 산(berg)'이란 뜻

베르그송 Bergson (프랑스의 철학자)

프랑스의 철학자. 콜레주 드 프랑스의 교수를 지냈다. 그는 프랑스 유심론(唯心論)의 전통을 계승하면서도, C.R. 다윈, H.스펜서 등의 진화론의 영향을 받아 생명의 창조적 진화를 주장하였다. 이와 같은 그의 학설은 철학・문학・예술 영역에 큰 영향을 주었다

□ **Bergson** [bə́ːrgsən, bέərg-] 명 **베르그송** 《Henri ~ ,프랑스의 철학자, 1859-1941》
□ **Bergson**ian [bəːrgsóuniən, bεərg-] 형명 **베르그송** 철학의 (신봉자) ☞ -an(~의/~사람)
□ **Bergson**ism [bəːrgsənìzəm] 명 **베르그송** 철학 ☞ -sm(주의)

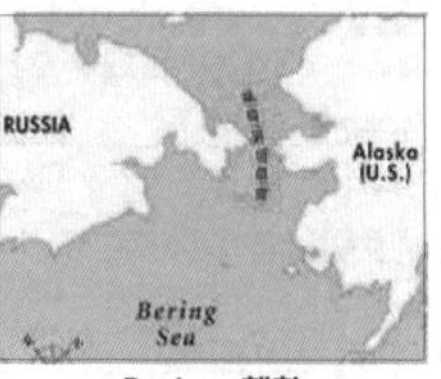

< Bering 해협 >

베링 Bering (덴마크 항해가. 배링해협 발견자)

□ **Bering** [bíəriŋ, bέər-] 명 **베링** 《Vitus ~ , 덴마크의 항해가; 1680-1741》
♠ the **Bering** Sea **베링**해 《시베리아와 알래스카 사이》
♠ the **Bering** Strait **베링**해협 ☞ strait(해협)

베를린 Berlin (독일의 수도)

□ **Berlin** [bəːrlín/벌-**린**] 명 **베를린** 《독일의 수도》 ☞ 고대 폴라브어로 '습지'란 뜻. 슈프레(Spree)강 주변의 낮고 습한 땅에 있는 옛 도시의 위치와 관련함.
♠ **the Berlin Wall** (동서독 간의) **베를린 장벽** 《1961-1989》 ☞ wall(벽)

베를리오즈 Berlioz (관현악법을 창시한 프랑스의 작곡가)

□ **Berlioz** [bérliòuz, béər-] 명 **베를리오즈** 《Louis Hector ~ ,1803~69, 프랑스의 작곡가》

버뮤다 Bermuda (항공기・선박의 실종사고가 잦은 대서양 서부의 군도)

□ **Bermuda** [bə(ː)rmjúːdə] 명 **버뮤다** 《대서양 상 영국령 군도 중 최대의 섬》; (the ~s) **버뮤다** 제도 ☞ 1515년 이 섬을 최초 발견한 스페인 탐험가 후안 데 베르무데즈(Juan de Bermudez)의 이름에서 유래.
♠ the **Bermuda** Triangle **버뮤다** 삼각수역 《Florida, 버뮤다 제도 및 푸에르토리코를 잇는 삼각형의 수역으로 항공기・선박 사고가 잦음》 ☞ triangle(삼각형)

베른 Bern(e) (스위스의 수도)

□ **Bern(e)** [bəːrn/버언] 명 **베른** 《스위스의 수도》 ☞ 초기인도유럽어로 '습지'란 뜻. ★ 베른은 1191년 도시 건설자로 유명한 체링겐가(家)의 베르톨트 5세가 아레강(江) 좌안에 군사적인 요새로서 건설하였다. 현재 도시 전체가 유네스코 문화유산으로 지정되어 있다.

베르누이 Bernoulli (스위스의 수학자, 물리학자)

□ **Bernoulli** [bəːrnúːli/버-**누**울리] 명 **베르누이** 《Daniel ~, 1700~1782, 스위스의 수학자, 물리학자》
♠ **Bernoulli effect** 『물리』 **베르누이 효과**
♠ **Bernoulli principle** 『물리』 **베르누이** 원리 《유체의 속도와 압력의 관계를 정립한 이론》 ★ 유체의 속도와 압력은 반비례

스트로베리 strawberry (양딸기)

※ **straw** [strɔː] 명 **짚**, 밀짚, 지푸라기; 빨대, **스트로** ☞ 초기 독일어로 '널리 퍼져있는 것'
□ **berry** [béri] 명 (pl. **-ries**) **딸기류의 과일**, 장과(漿果) ☞ 고대영어로 '딸기 같은 핵 없는 소(小)과실'이란 뜻
■ straw**berry** [strɔ́ːbèri/-bəri] 명 (pl. **-ries**) 딸기, **양딸기**; 딸기색; 딸기코 ☞ straw + berry(딸기류 소과실)

연상 버스(bus.버스)에 버스(berth.침대)도 있더라.

※ **bus** [bʌs/버스] 명 **버스** ☞ 프랑스어 omni**bus**(승합마차)의 줄임말
비교 double-decker 더블데커(2층버스),

limousine 리무진버스

□ **berth** [bəːrθ] (명) (기차, 여객기 따위의) **침대**; **정박[계류] 위치**, 투묘지 (동) 정박하다(시키다) ☜ 근대영어로 '(배나 선원이) 견디는(ber=bear) 곳(th)'이란 뜻
♠ foul **berth** 〖항해〗 (충돌 위험이 있는) 나쁜 **정박 위치**

시커 seeker (목표물 탐지장치), 시스루 see-through (속이 비치는 옷)

♣ **어원 : see, seek, seech, seem (눈으로) 보다, (눈에) 보이다, (눈으로) 확인해서) 알게 되다, (눈으로) 찾다**

■ **seek** [siːk/씨익] (동) (-/**sought**/**sought**) **찾다; 추구[탐구]하다, 노력하다; 수색[탐색]하다** ☜ 고대영어로 '(눈으로) 찾다'란 뜻

■ **seek**er [síːkər] (명) 수색(탐구, 추구(追求), 구도(求道))자; (미사일의) **목표물 탐색 장치, 시커** ☜ 찾는(seek) 사람/장치(er)

■ **see**-through, **see**-thru [síːθrùː] (형) (천 · 직물 따위가) 비치는 (명) 투명; 비치는 옷, **시스루** ☜ ~을 통하여(꿰뚫어)(through) 보다(see)

□ be**seech** [bisíːtʃ] (동) (-/be**sought**/be**sought**) **간청[탄원]하다** ☜ 고대영어로 '사방에서(be) 간절히 찾다(seek)'란 뜻
♠ I **beseech** you to forgive him. 제발 그를 용서해 **주시오**.

□ be**seech**ingly [bisíːtʃiŋli] (부) 간청하여, 탄원하듯이 ☜ beseech + ing<형접> + ly<부접>

■ **see**m [siːm/씨임] (동) **~으로[처럼] 보이다[생각되다]** ☜ 중세영어로 '겉으로는 ~인 것처럼 보이다'란 뜻

세트 set (집합, 무대장치)

♣ **어원 : set 두다, 놓다(=put), 앉다(=sit)**

■ **set** [set/셑] (명) **한 세트, 한 쌍**, 집합; 일몰 (동) (set-set-set) **놓다, 두다** 배치하다 ☜ 고대영어로 '앉게 하다, 두다'란 뜻

□ be**set** [bisét] (동) (beset-beset-beset) **포위하다**, 에워싸다; 봉쇄하다 ☜ 주위(be)에 두다(set)
♠ **be beset by** enemies 적**에게 포위되다**

□ be**set**ment [bisétmənt] (명) 포위, 괴롭힘, 달라붙기 ☜ -ment<명접>

□ be**set**ting [bisétiŋ] (형) 붙어 다니며 괴롭히는(명) ☜ beset + t<자음반복> + ing<형접>

✚ as**set** **자산, 재산** on**set** **습격**; 개시; 출발, 착수 **set**ting **놓기**, 두기, (머리의) 세트 **set**tle **놓다, 정주시키다; 진정시키다; 해결하다**

사이드미러 side mirror (콩글 자동차의 측면거울) ➔ side-view mirror

■ **side** [said/싸이드] (명) **옆, 측면, 쪽** ☜ 고대영어로 '사람이나 물건의 측면'이란 뜻

□ be**side** [bisáid/비**싸**이드] (전) **~의 곁에**, ~와 나란히; ☜ 바로(be/강조) 옆(side)에 **~외에**(=besides) ☜ 바깥쪽(side)에 있다(be)
♠ He sat **beside me**. 그는 **내 곁에** 앉았다.
♠ **beside oneself 정신을 잃고, 미쳐**

□ be**side**s [bisáidz/비**싸**이즈] (전) **~외에[밖에]** (부) **그 위에, 게다가** ☜ beside + s<소유격의 부사용법>

※ **mirror** [mírər] (명) **거울** ☜ 라틴어로 '보고 놀라다'란 뜻

언더시즈 Under Siege (미국 액션 영화. <포위당한>이란 뜻)

© Warner Bros.

1992년에 개봉한 미국의 액션/스릴러 영화. 스티븐 시걸 주연. 미 해군 순양함 미조리함내에서 전(前) 네이비씰 출신인 요리사가 함내에 적재되어 있는 핵무기를 탈취하려는 악당과 싸워 승리한다는 이야기

♣ **sieg, sit 앉아 있다**

※ **under** [ʌ́ndər/**언**더] (전) **~의 (바로) 아래에, ~의 밑에** ☜ 고대영어로 '바로 아래에, 앞에, ~가운데'라는 뜻

■ **siege** [siːdʒ] (명) **포위 공격** ☜ 중세영어로 '자리, 좌석'이란 뜻. (둘레에) 앉아있는(sieg) 것(e)

□ be**siege** [bisíːdʒ] (동) **~을 포위(공격)하다**; ~을 에워싸다 ☜ 주위(be)를 둘러싸다(siege)
♠ **besiege** a city 도시**를 포위 공격하다**

베스트셀러 best seller (가장 많이 팔린 물건)

□ **best** [best/베스트] ⓗ 〖good · well의 최상급〗 **가장 좋은, 최선의**
☜ 고대영어로 '가장 품질이 좋은, 첫 번째의'란 뜻
㉯ worst 가장 나쁜, 최악의
비교 good · well < better < best
♠ **at best 잘해야, 기껏해야**
♠ **at one's best 한창 때에, 활짝 피어, 전성기에**
♠ **do one's best 최선을 다하다**
♠ **to the best of ~ ~하는 한(에서는)**

□ **best**-known [béstnóun] ⓗ **가장 잘 알려진** ☜ best + known(알려진)
□ **best** seller **베스트셀러** 《어떤 기간에 가장 많이 팔린 책이나 음반 등》
※ **sell** [sel/쎌] ⓢ **팔다, 판매하다** ☜ 고대영어로 '주다'란 뜻
※ **sell**er [sélər] ⓜ 파는 사람, **판매인**; 잘 팔리는 상품 ☜ sell + er(사람)

연상 아이돌그룹 비스트(beast)가 팬들에게 앨범을 비스토우(bestow.증여) 했다.

전(前) 보이 그룹 비스트(Beast)는 'Boys of EAst Standing Tall'의 약자로 "동쪽 아시아에 우뚝 선 소년들" 이라는 의미를 갖고 있으며, 또 강한 performance를 추구하기에 '야수'(beast)란 뜻도 있다고 한다.

※ **beast** [bi:st] ⓜ **짐승, 가축** ☜ 고대 프랑스어로 '야수'란 뜻.
□ **bestow** [bistóu] ⓢ **수여[증여]하다** ⓜ 수여, 증여 ☜ 완전히(be/강조) 채워주다(stow)
♠ **bestow** a title on (upon) a person 아무에게 칭호**를 주다**.
□ **bestow**al [bistóuəl] ⓜ 증여, 선물 ☜ bestow + al<명접>
■ mis**bestow** [mìsbistóu] ⓢ 부당하게 주다 ☜ 잘못(mis) 주다(bestow)

베팅 betting (내기)

□ **bet** [bet] ⓜ **내기**, 건 돈 ⓢ (-/bet(bet**ted**)/bet(bet**ted**))(내기를) **걸다**, 내기하다 ☜ 중세 범죄 속어로 '(서로간) 몰수 약속'
♠ **I bet you. 틀림없이, 꼭** 《'내가 돈을 걸겠다'는 확신에 찬 말》
■ **bet**ting [bétiŋ] ⓜ 내기, **베팅** ☜ 내기(bet) + t<자음반복> + 하기(ing)
■ a**bet** [əbét] ⓢ (부)추기다, 선동(충동, 교사)하다
☜ ~로(a<ad=to) 베팅(bet)하러 가자고 조르다

기브 앤 테이크 give-and-take (주고받기), 테이크아웃 takeout

♣ **어원 : take 취하다, 받다**

■ **give**-and-take [gívəntéik] ⓜ **기브앤테이크**, 주고받기 ☜ 주다(give) 그리고(and) 받다(take)
■ **take** [teik/테이크] ⓢ (-/**took**/**taken**) **받다, 잡다, 취하다, 가지고[데리고] 가다; 필요로 하다** ⓜ 잡힌 것, **포획량** ☜ 고대 노르드어로 '취하다'란 뜻
■ **take**out [téikàut] ⓜ 지출; 《미》 사 가지고 가는 음식 (《영》 takeaway)
☜ 밖으로(out) 취하다(take)
□ be**take** [bitéik] ⓢ -/be**took**/be**taken**) ~로 향하다: ~에 호소하다; 정성을 쏟다
☜ 취함(take)을 만들다(be=make)
♠ He **betook** himself to his room. 그는 자기 방으로 **갔다**.

✚ in**take** **흡입구** mis**take** **잘못**, 틀림; 오해하다 under**take** **떠맡다**, (책임을) **지다; 착수하다**

싱크탱크 think tank (두뇌집단), 탱크 tank ([군사] 전차)

두뇌집단, 지식집단으로 각 분야의 전문 Staff가 책임지고 중립적 입장과 장기적인 관점에서 정책입안의 기초가 되는 각종 시스템을 연구·개발하는 독립적인 기관이다.

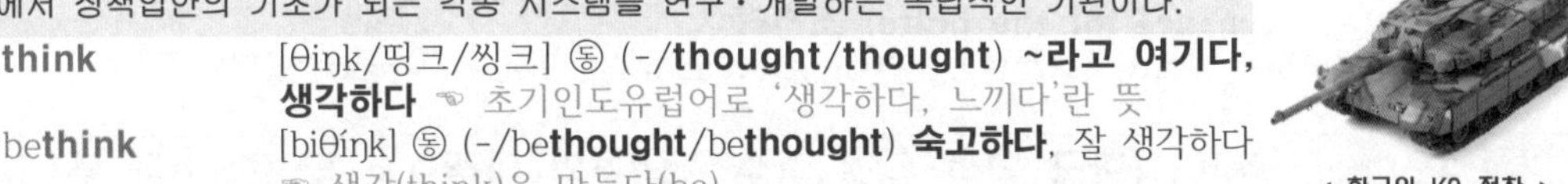

< 한국의 K2 전차 >

■ **think** [θiŋk/띵크/씽크] ⓢ (-/**thought**/**thought**) **~라고 여기다, 생각하다** ☜ 초기인도유럽어로 '생각하다, 느끼다'란 뜻
□ be**think** [biθíŋk] ⓢ (-/be**thought**/be**thought**) **숙고하다**, 잘 생각하다
☜ 생각(think)을 만들다(be)
♠ **bethink oneself 잘 생각해 보다, 곰곰이 생각하다.**
※ **tank** [tæŋk] ⓜ (물 · 연료 · 가스) **탱크**; 〖군사〗 전차, **탱크** ☜ 포르투갈어로 '물 저장통'

베들레헴 Bethlehem (팔레스타인에 있는 그리스도의 탄생지) * 예루살렘 남서쪽 8km 지점

☐ **Bethlehem** [béθliəm, -lihèm] 명 **베들레헴** 《Palestine의 옛 도시; 예수의 탄생지》
☜ 히브리어로 '메소포타미아 농업신의 집'이란 뜻

B

트랜스포머 Transformer (미국 공상과학 영화. <변신로봇>이란 뜻)

2007년부터 제작된 마이클 베이 감독의 변신로봇 시리즈 영화. 생명의 힘을 지닌 <정육면체 금속>으로 인해 변신로봇족이 탄생했지만 어느날 그 금속은 우주로 날려가 버린다. 로봇족은 그것을 찾기 위해 온 우주로 흩어져 수색을 시작한다. 드디어 지구에서 단서를 찾은 로봇들이 각종 차량/기계로 위장하여 추적을 시작한다. 이에 인간에게 우호적인 오토봇과 파괴적인 디셉티콘간 최후의 결전이 벌어지는데...

© Paramount Pictures

♣ 어원 : tra, trans 건너편, 횡단, 변화; 가로질러, 관통하여; 이동하다, 바꾸다

■ **trans**form [trænsfɔ́ːrm] 동 (외형을) **변형시키다, 변환[변압]하다**
☜ 형태(form)를 바꾸다(trans)

■ **trans**former [trænsfɔ́ːrmər] 명 변화시키는 사람(것); 『전기』 변압기, **트랜스**
☜ transform + er(사람/기계)

☐ be**tra**y [bitréi] 동 **배반[배신]하다**; (조국・친구 등을) **팔다**; (비밀을) **누설하다** 명 배반 (행위); 폭로; 밀고
☜ 통과하여<넘겨(tra) 주다(be)
♠ Judas **betrayed** his Master, Christ.
유다는 스승 그리스도를 **배반하였다.**

☐ be**tra**yal [bitréiəl] 명 배신 ☜ betray + al<명접>

☐ be**tra**yer [bitréiər] 명 배신자, 매국노 ☜ betray + er(사람)

트루라이즈 True Lies (미국 액션 코미디 영화. <순수한 거짓말>)

1994년 개봉한 미국의 액션 코미디 영화. 아놀드 슈왈제네거, 제이미 리 커티스 주연. 컴퓨터 회사 판매담당인 남편에게 싫증이 난 아내가 가짜 첩보원과의 비밀스런 만남을 즐기지만 남편이야 말로 진짜 첩보원이었던 것. 가족까지 철저히 속이고 비밀임무 수행에 매진해온 남편이지만 질투에 눈이 멀어 아내와 테러범들의 인질신세가 되고 마는데... <출처 : 네이버영화 / 요약인용>

© 20th Century Fox

■ **true** [truː/츠루-] 형 **진실한, 사실의** ☜ 고대영어로 '성실한, 정직한'

■ **truth** [truːθ/츠루-쓰] 명 **진실** ☜ true + th<명접>

■ **troth** [trɔːθ, trouθ] 명 진실, 충성; 약혼 ☜ tro<true) + th<명접>

☐ be**troth** [bitrɔ́ːθ, -tróuð] 동 **약혼시키다**, 약혼하다
☜ 약혼(troth) 하다(be)
♠ They were **betrothed**. 그들은 **약혼했다**

☐ be**troth**al [bitrɔ́ːθəl] 명 약혼(식) ☜ -al<명접>)

☐ be**troth**ed [bitrɔ́ːθt, -tróuðd] 형 약혼한(=engaged), 약혼자의 명 약혼자
☜ -ed<형접>

※ **lie** [lai/라이] 명 **거짓말** 동 (-/lie**d**/lie**d**) **거짓말하다;**
☜ 고대영어로 '배신하다, 속이다'란 뜻.
(-/**lay**/**lain**) **드러눕다, 누워있다** ☜ 고대영어로 '드러눕다'

베스트셀러 best seller (가장 많이 팔린 물건)

■ **best** seller **베스트셀러** 《어떤 기간에 가장 많이 팔린 책이나 음반 등》

■ **best** [best/베스트] 형 〔good・well의 최상급〕 **가장 좋은, 최선의**
☜ 고대영어로 '가장 품질이 좋은, 첫 번째의'란 뜻 반 worst 가장 나쁜, 최악의

☐ **better** [bétər/**베**러/**베**터] 형 (**good** · **well**<**better**<**best**) **~더 좋은, ~더 나은** 《양자 중에서》 동 좋아하다, 개선하다 ☜ 고대영어로 '우수한'이란 뜻. 반 worse 더 나쁜
♠ **feel better (기분이) 전보다 나아지다**
♠ **all the better 오히려 더 좋게, 그만큼 더욱**
♠ **be better off 더욱 부유하다, 형편이 더 낫다**
♠ **for the better 호전[개선]의, 나은 쪽으로**
change **for the better 호전되**다

☐ **better**ment [bétərmənt] 명 개선, 개량(=improvement) ☜ better + ment<명접>

트윈폴리오 twin folio (한국 남성 듀엣 가수. <악보의 마주보는 두 면>이란 뜻)

1960년대 후반 윤형주와 송창식으로 구성된 2인조(듀엣) 남성 포크(통키타) 그룹으로, 두 사람의 영롱한 어쿠스틱 기타(통기타) 연주와 감미로운 보컬 화음으로 초기 한국 포크의 '고운 노래'를 확립했다.

■ **twin** [twin] 명 **쌍둥이**, '2'의 의미 ☜ 고대영어로 '2중의'란 뜻

☐ be**tween** [bitwíːn/비**튀**-인] 전부 (둘) **사이에,** (둘) **사이의,** (둘) **사이에서**
☜ 둘(tween) 사이에 있다(be)

♠ between (A) and (B) A와 B 사이에
♠ between ourselves 〔you and me〕 우리끼리 이야기지만

※ folio [fóuliòu] ⓜ (pl. -s) (전지의) 2절지(二折紙); 2절판(折判) 책; 마주보는 두 페이지; (서류·원고의) 한 장 ☜ 잎(foil) + o

B

연상 비버(beaver.하천에 사는 쥐목 동물)가 비버(bibber.술고래)가 되어 돌아왔다, 베버리지 beverage (음료)

♣ 어원 : bib, bever 마시다

※ **beaver** [bíːvər] ⓜ (pl. -s, -) **비버** 《쥐목 비버과 비버속 동물》
☜ 고대영어로 '비버'라는 뜻

■ **bib** [bib] ⓜ 턱받이, 가슴받이; (선수의) 등번호판 ☜ 라틴어로 '마시다'란 뜻

■ **bibber** [bíbər] ⓜ 술고래, 모주꾼 ☜ 마시는(bib) + b<자음반복> + 사람(er)

■ im**bib**e [imbáib] ⓢ (술 등을) 마시다; 흡입하다 ☜ 안으로(im<in) 마시다(bib) + e

□ **bever**age [bévəridʒ] ⓜ (물 이외의) **마실 것**, 음료 ☜ 마실(bever) 것(age)
♠ alcoholic **beverages** 알코올 **음료**
♠ cooling **beverages** 청량 **음료** ☜ 시원하게(cool) 하는(ing)

비벌리 힐스 Beverly Hills (미국 LA 근교에 있는 부자촌, 즉 LA의 강남)

□ **Beverly Hills** [bévərli hils] ⓜ **비벌리 힐스** 《미 서부의 부자도시》
☜ Beavery는 영국 요크셔에 있는 마을 이름을 딴 것인데 이는 고대영어로 '비버(bever =beaver)의 집(ly=lodge)이란 뜻. hil(언덕) + s

웨일링 월 Wailing Wall (예루살렘의 통곡의 벽)

© spiritualray.com

예루살렘의 구시가지에 있는 높이 18m의 돌담으로 예루살렘 신전의 일부. 이곳은 유대교도들의 성지이다. 유대인들은 매주 금요일 이곳에 모여 기도를 올리고 '예레미야 애가' 등을 부르는데 그 소리가 다른 교도들에게는 울부짖는 것처럼 들리기 때문에 이런 이름이 붙었다고 한다.

■ **wail** [weil] ⓢ **울부짖다** ☜ 고대 노르드어로 '슬퍼하다'란 뜻

□ be**wail** [biwéil] ⓢ **비탄하다**, 몹시 슬퍼하다, 통곡하다 ☜ 통곡(wail) 하다(be)
♠ **bewail** one's misfortunes 자기의 불행을 **한탄하다**.

※ **wall** [wɔːl/월] ⓜ **벽** ☜ 라틴어로 '누벽(壘壁)'이란 뜻

워닝 warning (경고)

■ **warn** [wɔːrn/워언] ⓢ **경고하다** ☜ 고대영어로 '임박한 위험을 알리다'란 뜻

■ **warn**ing [wɔ́ːrniŋ] ⓜ 경고, 경계 ⓗ 경고의, 경계의 ☜ warn + ing<명접/형접>

■ **ware** [wɛər] ⓗ 조심성 있는 ⓢ 주의하다, 삼가다 ☜ 고대영어로 '지키다'란 뜻
ⓜ **제품**, 판매품 ☜ 고대영어로 '상품'이란 뜻

□ be**ware** [biwέər] ⓢ **조심하다**, 주의하다, 경계하다 ☜ be(do) + ware(조심하다)
♠ **Beware of** the dog 개**조심**

■ a**ware** [əwέər] ⓗ **깨닫고[의식하고] 있는** ☜ ~을(a<ad=to) 경계하다(ware)

와일드캣 wild cat (한국 해군의 대(對)잠수함 헬기. <들고양이>란 뜻)

Wildcat(AW-159)은 현재 한국 해군이 운용 중인 영국산 링스 헬기의 개량형 다목적 헬기이다.

■ **wild** [waild/와일드] ⓗ **야생의, 거친** ⓜ 황무지, 황야
☜ 고대영어로 '자연상태의, 미개한'이란 뜻

■ **wild**er [wíldər] ⓢ 길을 잃다, 당황하다, 당황하게 하다
☜ 황야(wild)로 들어서다(er<동접>)

□ be**wild**er [biwíldər] ⓢ **당황하게 하다**; 《고어》 현혹시키다.
☜ be<동접> + wilder
♠ **bewilder** the reader 독자를 **당황케 하다**.

□ be**wild**ered [biwíldərd] ⓗ 당황한, 당혹한 ☜ bewilder + ed<형접>

□ be**wild**ering [biwíldəriŋ] ⓗ 어리둥절한 ☜ bewilder + ing<형접>

□ be**wild**eringly [biwíldəriŋli] ⓟ 당황하여, 어리둥절하여 ☜ bewildering + ly<부접>

□ be**wild**erment [biwíldərmənt] ⓜ 당황, 어리둥절함 ☜ bewilder + ment<명접>

※ **cat** [kæt/캣] ⓜ **고양이** **비교** kitty, kitten 새끼고양이 ☜ 고대영어로 '집고양이'란 뜻

위치스 사바스 Witches' Sabbath (고야의 그림. <악마의 연회>)

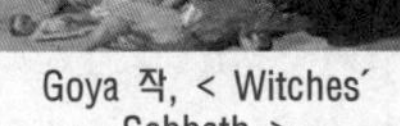

Goya 작, < Witches' Sabbath >

❶ 악마의 연회 ((1년에 한 차례 밤에 악마들이 연다는 잔치))
❷ 에스파냐의 화가 프란시스코 고야(Francisco Jose de Goya Y Lucientes)의 작품

B

■ **witch** [witʃ] 명 **마녀**, 여자 마법사; 무당 동 **마법을 쓰다**; 매혹하다
☜ 고대영어로 '여자 마법사'란 뜻 **비교** wizard 남자 마법사

□ be**witch** [biwítʃ] 동 넋을 빼놓다, 홀리다; (~에게) **마법을 걸다**
☜ 완전히(be) 마법을 걸다(witch)
♠ Did she **bewitch** you? 그녀가 널 **홀렸었**니?

□ be**witch**ed [biwítʃt] 형 마법에 걸린, 매혹된, 넋을 잃은 ☜ -ed<형접>

□ be**witch**ing [biwítʃiŋ] 형 (남을) 매혹하는, 황홀하게 하는 ☜ bewitch + ing<형접>

※ **Sabbath** [sǽbəθ] 명 (보통 the ~) 안식일《유대교에서는 토요일, 기독교는 일요일》; (s-) 안식, 평화; 휴식 기간 ☜ 히브리어로 '중지하다, 휴식하다'란 뜻

비욘드 랭군 Beyond Rangoon (미얀마 민주화운동을 다룬 미국 영화)

© Columbia Pictures

□ be**yond** [bijɑ́nd/비**얀**드/bijɔ́nd/비**욘**드] 전 『장소』 **~의 저쪽에, ~을 넘어서[건너서];** 『시각·시기』 ~을 지나서; 『정도·범위·한계』 ~을 넘어서, ~이 미치지 않는 곳에
☜ be(강조) + yond(~의 저쪽에)
♠ **beyond** the river 강 **건너에**, **beyond** the hill 언덕을 **넘어서, beyond** seas 해**외에**
♠ **beyond description 형언할 수 없을 정도로, 뭐라고 말할 수 없이**

※ **Rangoon** [ræŋgúːn] 명 **랭군**《미얀마의 수도. 옛 이름 다곤(Dangon)을 1755년 아라움파야왕이 개명하였다》
☜ 버마어로 '다툼/갈등의 끝'이란 뜻

부탄 Bhutan (국민의 행복지수가 세계 1위인 히말리아 산속의 작은 왕국)

□ **Bhutan** [buːtɑ́ːn, -tǽn] 명 **부탄**《인도 북동의 히말라야 산록에 있는 왕국; 수도 팀부(Thimbu)》 ☜ 산스크리트어로 bhota(=Tibet/티벳) + anta(=end/끝). 지역민어로는 '드루크윸 Druk yul(용(龍)의 나라)'라고 한다.

□ **Bhutan**ese [buːtəníːz, -s] 명 **부탄** 사람(말), 형 **부탄** 사람(말)의 ☜ -ese(~의/~사람)

비엔날레 biennale (2년마다 열리는 국제전람회)

2년마다 열리는 국제전람회 또는 국제미술전. 예) 광주비엔날레

♣ **어원 : bi- 2개의**

□ **bi**annual [baiǽnjuəl] 형 연 2회의, 반년마다의 ☜ 해(ann)마다 2(bi)번의(ual<형접>)
♠ She passed through the **biannual test**.
그녀는 **반년마다 시행되는 시험**에 합격했다.

□ **bi**annually [baiǽnjuəli] 부 연 2회로, 반년마다 ☜ -ly<부접>

□ **bi**ennale [biennɑ́ːle] 명 격년 행사, **비엔날레** ☜ 2(bi) 년(enn<ann)마다 의(ale<ial)
비교 triennial 3년마다의 행사

□ **bi**ennial [baiéniəl] 형 2년마다의; 2년간 계속되는; 『식물』 2년생의 명 『식물』 2년생 식물; 2년마다의 시험(모임, 행사) ☜ 2(bi) 년(enn<ann)마다 의(al)

□ **bi**centennial [bàisenténiəl] 형 2백년(째)의; 2백년(기념)제(祭)의 명 2백년(기념)제; 2백년기(忌); 2백년(째) ☜ 2(bi) 100(cent) 년(enn<ann) 째의(ial<형접/명접>)

□ **bi**cycle [báisikəl/**바**이시끌] 명 **자전거** 동 **자전거를 타다[타고 가다]**
☜ en ro(bi)의 바퀴(cycle)

□ **bi**focal [baifóukəl] 형 이중 초점의; 원시·근시 양용의《안경 따위》 명 이중 초점 렌즈
☜ 두 개(bi)의 초점(foc) 의(al)

□ **bi**gamist [bígəmist] 명 중혼자(重婚者) ☜ bigamy + ist(사람)

□ **bi**gamous [bígəməs] 형 중혼의; 중혼(죄를 범)한 ☜ bigamy + ous<형접>

□ **bi**gamy [bígəmi] 명 중혼(죄), 이중 결혼 ☜ 2중(bi)의 결혼(gamy=marriage) ※ digamy 재혼

□ **bi**ke [baik] 명 **자전거**, 오토바이 동 자전거를 타다
♠ **bike-riding 자전거 타기** ☜ 타(ride) 기(ing)

□ **bi**lateral [bailǽtərəl] 형 양측의, 쌍방의, 두 면이 있는 ☜ 2개(bi)의 (방향으로) 옮기(late) 는(ral<형접>) **비교** biliteral 두 글자의, 두 글자로 된

B

바이어스 bias (선입관, 편견)

☐ **bias** [báiəs] ⓜ **성향**; 사선(斜線), 엇갈림; 선입견, 편견 ☜ 프랑스어로 '비스듬한'이란 뜻
♠ **be biased against** (in favor of) ~ **~에게 편견**(호감)**을 가지고 있다**.
☐ **bias**(s)ed [báiəst] ⓗ 치우친, 편견을 가진, 편중된 ☜ bias + ed<형접>
☐ un**bias**(s)ed [ənbáiəst] ⓗ 선입견(편견)이 없는, 공평한 ☜ un(=not) + bias + ed
☐ un**bias**(s)edly [ənbáiəstli] ⓟ 편견없이, 공평하게 ☜ -ly<부접>

바이애슬론 biathlon (스키와 사격을 합친 동계 스포츠)

♣ 어원 : bi- 2개의
☐ **bi**athlon [baiǽθlɑn/-lɔn] ⓜ **바이애슬론** 《스키와 사격을 합친 스포츠》 ☜ 2개(bi)의 종목(athlon)
♠ **Biathlon** is a combination of cross-country skiing and shooting. **바이애슬론**은 크로스컨트리 스키와 사격을 혼합한 것이다.
☐ **bi**lingual [bailíŋgwəl] ⓗ **두 나라 말을 하는**; 2개 국어를 병용하는 ☜ 2개(bi)의 언어(lingu) 의(al<형접>)
♠ **bilingual in** English and Spanish 영어와 스페인어 **둘 다 구사하는 사람**
☐ **bi**linguist [bailíŋgwist] ⓜ 두 나라 말을 잘 하는 사람 ☜ -ist(사람)
☐ **bi**llion [bíljən] ⓜ (pl. **-s**) 《미》 **10억**(million의 천 배); 《영》 조(兆) ☜ 원래 영국에서 bi(둘) + (mi)llion(100만)→100만×100만 = 1조(兆)를 의미했으나 요즘에는 미국뿐만 아니라 영국에서도 10억으로 환산한다.
☐ **bi**monthly [baimʌ́nθli] ⓜⓟ 격월(의/로); (드물게) 월 2회(의) ☜ 두(bi) 달(month) 씩(ly<부접>)
☐ **bi**nocular [bənάkjələr] ⓗ 두 눈(용)의 ☜ 두(bi) + n + 눈(ocul) 의(ar<형접>)
☐ **bi**partisan, -zan [baipάːrtəzən] ⓗ 두 정당의; 양당 제휴[연립]의, 초당파(超黨派)의 ☜ 두(bi) 당파의(partisan)
☐ **bi**racial [bairéiʃəl] ⓗ 두 인종의(으로 된) ☜ 두(bi) 인종(raci) 의(al<형접>)
☐ **bi**sect [baisékt] ⓢ 양분하다; 갈라지다; 『수학』 이등분하다 ☜ 둘(bi)로 자르다(sect)
☐ **bi**section [baisékʃən] ⓜ 양분, 2등분 ☜ -ion<명접>
☐ **bi**ssextile [baisékstəl, bi-/-tail] ⓜ 윤년(=leap year) ⓗ 윤년의 ☜ 두 번(bi)의 + s + 6(sex=six)이 있는(tile<형접>)
★ 고대 로마황제 카이사르는 알렉산드리아 천문학자들의 권고에 따라 양력을 만들었는데 양력에서 한 해의 길이는 365일과 1/4로 추정되었으므로 4년 주기력을 도입했다. 즉, 처음 3년은 365일이었고 네 번째 해는 366일이었다. 윤년에는 2월에 하루를 더 추가했는데 이 날은 6이 두 번 있는(366) 해의 날이란 뜻의 'bissextus(윤일, 2월 29일)'라고 불렀다.

바이블 the Bible (성경)

☐ **Bible** [báibəl/**바**이벌] ⓜ (the ~) **성경** ☜ 그리스어로 'biblion(책)'이란 뜻.
♠ The **Bible** says 666 is the Number of the Beast. **성서**에 따르면 666 은 짐승의 숫자이다.
★ 성경은 B.C. 11 세기부터 A.D. 2 세기에 이르는 동안 기록된 총 66 권의 책들의 묶음이다. 구약(舊約)은 유대교의 경전으로 총 39 권이고, 신약(新約)은 총 27 권이다. 여기서 제외된 것들은 외경(外經)과 가경(假經)이라고 한다.
☐ **bibli**cal [bíblikəl] ⓗ (종종 B-) 성서의, 성서에서 인용한 ☜ bible + ial<형접>

☐ **bicameral**([의회] 양원제의) ➔ **camera**(사진기) **참조**

연상 비커(beaker.실험용 컵)를 서로 차지하려고 비커(bicker.말다툼)하다

※ **beaker** [bíːkər] ⓜ **비커**, (굽 달린) 큰 컵; 그 한 컵의 분량; **비커** 《화학 실험용》 ☜ 고대 노르드어로 '주둥이(beak)가 달린 것(er)'이란 뜻
☐ **bicker** [bíkər] ⓢ 말다툼하다(=quarrel); (개천 따위가) 졸졸 흐르다(=babble) ⓜ 말다툼, 언쟁; 졸졸거림 ☜ 독일어로 '(뾰족한 것으로) 쪼다(bick=pick)'
♠ **bicker about ~ ~에 대해 언쟁하다**

싸이클 cycle (자전거)

♣ 어원 : cycle, cyclo 구르다, 회전하다; 둥근, 원
■ **cycle** [sáikl] ⓜ **순환(기)**, **주기;** 『전파』 **싸이클**, 주파 ⓢ 순환하다, 자전거를 타다(타고 가다) ☜ 그리스어로 '원, 바퀴'란 뜻

☐ bi**cycle** [báisikəl/**바**이시끌] ⓜ **자전거** ⓢ **자전거를 타다[타고 가다]**
☜ bi(두개의) + cycle(바퀴)
♠ A man is riding **a bicycle**. 한 남자가 **자전거**를 타고 있다.

☐ bi**cycl**ist [báisiklist] ⓜ 자전거 타는 사람 ☜ bicycle + ist(사람)

☐ **bike** [baik] ⓜ **자전거**, 오토바이 ☜ bicycle의 단축 변형어
♠ He is fixing **the bike**. 그가 **자전거**를 고치고 있다.

☐ **bike**-riding [báikràidiŋ] ⓜ **자전거 타기** ☜ ride(타다) + ing<명접>

en**cyclo**p(a)edia [ensàikloupíːdiə] ⓜ 백과사전(百科事典)
☜ 전체(cycle) 계통에 걸친(en=in) 교육(pedia)

비드 bid (입찰, 유치신청)

비드(bid)란 매수하고자 하는 의사 또는 그 주문을 말한다. 반대 개념으로는 애스크(ask)가 사용된다.

☐ **bid** [bid/비드] ⓜ **입찰**, 유치신청; 『카드』 으뜸패 ⓢ (-/**bade**/**bidden**) **명령하다**; (-/bid/bid**den**) (값을) **매기다**, 입찰하다 ☜ 고대영어로 '빌다, 간청하다, 요구하다'
♠ **bid price 입찰 가격** ☜ price(가격)

☐ **bid**der [bídər] ⓜ 입찰자 ☜ bid + d<단모음+단자음+자음반복> + er(사람)

☐ **bid**ding [bídiŋ] ⓜ **입찰**, 값매김; **명령** ☜ bid + d + ing<형접>

비데 bidet (화장실의 국부세척기)

☐ **bidet** [bidéi, bidét/bíːdei] ⓜ **비데** 《여성용 국부 세척기(器)》
☜ 프랑스어로 '작은 말(=pony)'이란 뜻. 16세기에 변기 옆에 물을 담아놓고 뒤처리를 하던 도기(陶器)를 비데라고 했는데 거기에 앉은 모습이 마치 말을 탄 모습 같다고 하여 이런 이름이 붙었다.
★ 비데는 중세 십자군 원정 때 말을 타는 기마부대의 기사들에 의해 발명되었다. 그들은 너무 오랫동안 말을 타다보니 치질에 걸린 사람들이 많았는데 특히 용변 후 이를 씻는 일이 고역이었으므로 이런 발명품이 탄생하게 되었다.
♠ **Bidet** rental agreement **비데** 렌탈 약정서

☐ **biennale(격년행사)**, **biennial**(2년마다의) ➔ **biannual**(연 2회의) **참조**

☐ **bifocal**(이중 초점의) ➔ **biannual**(연 2회의) **참조**

빅벤 Big Ben (영국 국회의사당 탑위의 큰 시계종. <체구가 큰 벤자민>이란 뜻)

☐ **big** [big/빅] ⓗ (-<big**ger**<big**gest**) **큰**, 거대한, 중대한
☜ 중세영어로 '강한; 부피가 큰'이란 뜻 반 little, small 작은
♠ **big-league 톱 클래스의; 대형의** ☜ league(연맹, 범주)
♠ **Big** Bang **빅뱅**; 우주대폭발 《100~150 억년전 농축된 기체가 폭발하여 우주탄생의 기원이 되었다는 이론》
☜ bang(폭발음, 쿵・쾅・펑・탕 등)

© en.wikipedia.org

☐ **Big** Ben **빅벤** 《영국 국회의사당 탑 위의 Westminster clock에 달린 큰 시계종》 ☜ 1859년 건설 책임자였던 벤저민 홀(**Ben**jamin Hall)의 큰 체구에서 유래 ★ 영국 런던 웨스트민스터 궁전 북쪽 끝에 있는 시계탑의 별칭으로, 정식 명칭은 엘리자베스 타워(Elizabeth Tower)이다.

☐ **Big** Dipper 북두칠성 ☜ dipper(국자). dip(퍼내다) + p<자음반복> + er(기기)

☐ **big** game 큰 시합; 큰 사냥감, 맹수 사냥 ☜ game(놀이, 경기, 시합)

☐ **big**ly [bígli] ⓑ 젠체하며 거드름 부리며 ☜ big + ly<부접>

☐ **big**mouth [bígmàuθ] ⓜ 《속어》 수다스러운 사람 ☜ 큰(big) 입(mouth)

☐ **big**ness [bígnis] ⓜ 크기, 위대 ☜ big + ness<명접>

☐ **bigamy**(이중결혼) ➔ **biannual**(연 2회의) **참조**

☐ **bike**(자전거) ➔ **bicycle**(자전거), **biennale**(비엔날레) **참조**

비키니 bikini (❶ 여자수영복 ❷ 미국의 원자폭탄 실험장이 된 마샬군도의 환초)

☐ **bikini** [bikíːni] ⓜ 여자수영복; **비키니** 《마셜군도에 있는 환초(環礁); 미국의 원자폭탄실험장 (1946-58)》 ☜ 1950년대 초 유럽에서 보급이 시작된 이 수영복은 그 모양이 너무 충격적이어서 원폭 실험장을 빗대 비키니로 부르게 되었다.
♠ **wear a bikini** (bathing suit) **비키니를 입다**

☐ **bilingual**(두 나라 말을 하는) ➔ **biathlon**(바이애슬론) **참조**

삐라 < 빌 bill (삐라, 광고지; 계산서; 지폐)

☐ **bill** [bil/빌] 명 **계산서; 삐라**, 광고지; 《미》 **지폐**; 【회기】 법안; 신고서
☜ 중세 라틴어로 '봉인된 문서'란 뜻.
♠ the telephone (electricity/gas) **bill** 전화비 (전기/가스요금) **고지서**
♠ **post (up) a bill 벽보를 붙이다**

☐ **bill**board [bílbɔ̀ːrd] 명 **빌보드**, 게시판 ☜ bill(광고지) + board(판지)
★ billboard는 옥외광고의 하나로 고속도로변 등에 세운 대형 광고판을 말하지만, Billboard chart라고 하면 미국의 음악잡지 《빌보드》에서 발표하는 팝뮤직의 인기 순위를 말한다.

☐ **bill** of sale 매도 증서 ☜ sale(판매)

슈빌 shoebill (아프리카산 대형 황새. <구두같은 부리>라는 뜻)

아프리카에 분포하는 대형 황새다. '넓적부리황새'라고도 한다. 부리가 구두처럼 넓적하게 생겨 '구두(shoe)와 같은 부리(bill)'라는 뜻의 '슈빌(shoebill)'이라 불린다. 깃털의 빛깔은 회색이다. 키는 115~150㎝이고, 날개를 편 몸의 길이는 최고 230~260㎝에 달한다.

shoe**bill** [ʃúːbìl] 명 **슈빌** 《(아프리카산) 황새와 비슷하고 부리가 큰 새》
☜ 구두(shoe) 같은 부리(bill)

☐ **bill** [bil] 명 **부리** 동 (비둘기 등이) 부리를 서로 비비다, 서로 애무하다 ☜ 고대영어로 '새의 부리, 코끼리의 코'란 뜻.
♠ **bill and coo (남녀가) 서로 애무하며 사랑을 속삭이다**

포켓볼 콩글 pocket ball(×) ➔ 포켓 빌리어즈 pocket billiards, pool

한국에서 포켓볼(pocketball)이란 15개의 공들을 큐로 쳐서 6개의 포켓에 집어넣는 당구 경기의 하나인데, 실제 영어에서는 포켓볼이란 용어는 사용하지 않는다. 그 대신 포켓 빌리어즈(pocket billiards) 또는 풀(pool)이란 용어를 사용한다.

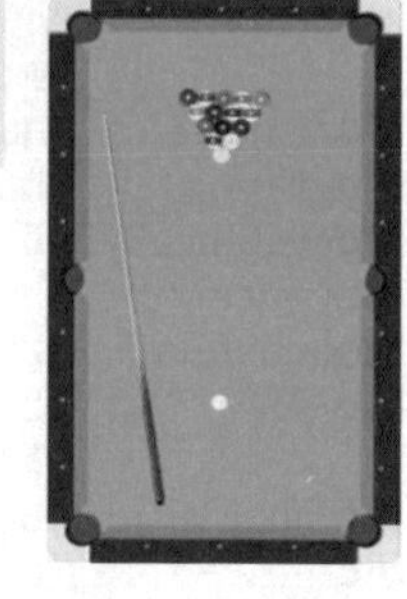

※ **pocket** [pάkit/**파**킽/pɔ́ket/**포**켙] 명 **포켓, 호주머니**; 쌈지, 지갑
☜ 작은(et) 주머니(pock)

☐ **billiards** [bíljərdz] 명 (pl., 종종 단수취급) **당구**
☜ 고대 프랑스어로 '통나무'란 뜻
♠ **play (at) billiards 당구를 치다**

※ **pool** [puːl] 명 **물웅덩이**; (수영용) 풀; (내기용) 당구
☜ 고대영어로 '작은 물줄기'

☐ **billion**(10억) ➔ **biathlon**(바이애슬론) **참조**

연상 필로우(pillow.베개)가 빌로우(billow.큰 물결)에 떠내려갔다.

※ **pillow** [pílou] 명 **베개** 동 **베개를 베다** ☜ 라틴어로 '쿠션'이란 뜻

☐ **billow** [bílou] 명 **큰 물결** 동 (바람에 돛·커튼 등이) 부풀어 오르다
☜ 고대 노르드어로 '파도, 물결'이란 뜻
♠ The curtains **billowed** in the breeze. 미풍에 커튼이 **부풀어 올랐다**.

☐ **bimonthly**(격월) ➔ **biathlon**(바이애슬론) **참조**

아이스빈 ice bin (얼음을 담는 그릇)

※ **ice** [ais/아이스] 명 **얼음, 빙판** 동 **얼리다**
☜ 고대영어로 '얼음, 얼음조각'

☐ **bin** [bin] 명 (지하실의) 포도주 저장소; (뚜껑달린) **큰 상자**
☜ 고대영어로 '여물통, 구유'란 뜻.
♠ **a rubbish bin 쓰레기통**

밴드 < 밴드 band (악단), 바인더 binder (서류보관철)

♣ **어원 : band, bend, bind, bond 묶다, 무리**

■ **band** [bænd/밴드] 명 무리, 악단, **밴드; 띠, 끈** ☜ 고대영어로 '묶는 것, 매는 것'이란 뜻

■ **bend** [bend/벤드] ⓢ (-/**bent**/**bent**) **구부리다, 굽히다; 구부러지다** ☜ '묶다'의 뜻에서 유래

□ **bind** [baind] ⓢ (-/**bound**/**bound**) **매다, 묶다**; 의무를 지우다
☜ 고대영어로 '끈으로 묶다'란 뜻. 반 loose 풀다 liberate 해방하다
♠ **bind up** a wound 상처를 **붕대로 묶다**
♠ **bind oneself to ~ ~할 것을 약속하다, 맹세하다**
♠ **be bound up with ~ ~와 이어져 있다, ~와 밀접한 관계가 있다**

□ **bind**er [baindər] 명 서류보관철; 제본업자, 묶는 사람 ☜ bind + er(사람)
□ **bind**ery [báindəri] 명 제본소 ☜ bind + ery(장소)
□ **bind**ing [báindiŋ] 명 장정, 제본 형 묶는, 의무적인 ☜ bind + ing<명접/형접>
■ re**bind** [ribáind] ⓢ 다시 고쳐묶다, 제본을 다시하다 ☜ 다시(re) 묶다(bind)

빙고 bingo (빙고놀이; 법석)

□ **bingo** [bíŋgou] 명 (pl. **-s**) **빙고** 《수를 기입한 카드의 빈 칸을 메우는 복권식 놀이》 ☜ 근대영어로 '어린이의 숫자 모으기 보드 게임'이란 뜻, 또는 '갑작스런 깨달음 또는 놀라움'의 감탄사

□ **binocular**(두 눈의) ➔ **biathlon**(바이애슬론) **참조**

바이오리듬 biorhythm (생체리듬)

인간의 신체, 감정, 지성에 주기가 있다고 하는 학설에서의 그 주기

♣ **어원 : bio 살아있는, 생명의; 삶, 생명**

□ **bio**chemical [bàioukémik(əl)] 형 생화학의, 생화학적인 명 생화학 제품
☜ 삶(bio)의 연금술(chem) 의(ical<형접>)
♠ **bio**chemical oxygen demand **BOD**, 생물학적 산소요구량
☜ oxygen(산소), demand(요구)

□ **bio**chemistry [bàioukémistri] 명 생화학 ☜ chemistry(화학)
□ **bio**graphy [baiágrəfi, bi-/-ɔ́g-] 명 **전기**, 전기문학 ☜ 삶(bio)을 기록한(graph) 것(y)
♠ I read a **biography** of Admiral Lee Sun-shin. 나는 이순신 제독의 **전기**를 읽었다
□ **bio**grapher [baiágrəfər, bi-/-ɔ́g-] 명 **전기작가** ☜ 삶(bio)을 기록하는(graph) 사람(er)
□ **bio**graphic(al) [bàiougrǽfik(əl)] 형 **전기의**, 전기적인 ☜ biography + ic(al)<형접>
□ **bio**graphically [bàiəgrǽfikəli] 부 전기체로, 전기상으로 ☜ biographical + ly<부접>
□ **bio**logical [bàiəládʒikəl/-lɔ́dʒ-] 형 **생물학(상)의** ☜ biology + ical<형접>
□ **bio**logist [baiálədʒist/-ɔ́l-] 명 **생물학자** ☜ biology + ist(사람)
□ **bio**logy [baiálədʒi/-ɔ́l-] 명 **생물학** ☜ 생물(bio)에 대한 + 학문(logy)
♠ Jack teaches **biology** in high school. 잭은 고등학교에서 생물을 가르친다
□ **bio**medical [bàiouméd ikəl] 형 **생물의학의** ☜ bio + medical(의학의, 의약의)
□ **bio**nics [baiániks/ -ɔ́n-] 명 (단수취급) **생체공학**, **바이오닉스**
☜ **bio**logy(생물학) + electro**nics**(전자공학)의 합성어
□ **bio**rhythm [báiouriðm] 명 생체 리듬, **바이오리듬** ☜ bio + rhythm(리듬, 율동, 주기적 반복)
□ **bio**sphere [báiəsfìər] 명 (우주) **생물권** ☜ bio + sphere(구체, 구형; 영역)
■ auto**bio**graphy [ɔ̀:təbaiágrəfi/-ɔ́g-] 명 자서전, 자전문학 ☜ 자신(auto)의 + biography
■ anti**bio**tic [æntibaiátik, -tai-/ -ɔ́t-] 명형 항생물질(의) ☜ 반(anti) 생명(bio) (물질) 의(tic)

□ **bipartisan**([의회] 양당 제휴의) ➔ **biathlon**(바이애슬론) **참조**

□ **biped**(두 발의 (동물)) ➔ **expedient**(편리한; 수단, 방편) **참조**

□ **biracial**(두 인종의) ➔ **biathlon**(바이애슬론) **참조**

아이스 버찌 ice birch (문양이 매우 우수한 자작나무)

※ **ice** [ais/아이스] 명 **얼음, 빙판** ⓢ **얼리다** ☜ 고대영어로 '얼음, 얼음조각'
□ **birch** [bə:rtʃ] 명 **자작나무** ☜ 고대영어로 '자작나무'란 뜻
♠ He switched the slave **with a birch**.
그는 **자작나무**(회초리)**로** 노예를 때렸다.(휘두렀다)

앵그리버드 Angry Birds (핀란드산 게임. <화난 새들>이란 뜻)

핀란드의 로비오 모바일이라는 스마트폰 게임 개발업체에서 개발한 퍼즐 비디오 게임(puzzle video game). 새들이 돼지에게 도둑맞은 알을 찾기 위해 장애물을 격파하는 내용임.

B

※ **angry** [ǽŋgri/**앵**그뤼] ⓗ (-<-r**ier**<-r**iest**) **화난**, 성난 ☞ anger + y<형접>
□ **bird** [bəːrd/버-드] ⓜ **새** ☞ 고대영어로 '어린 새, 병아리'란 뜻.
♠ **Black Bird 블랙버드** 《미국의 전략정찰기 SR-71》 ☞ black(검은)
♠ **black bird 공격성이 강한** ☞ black(검은)
□ **bird**cage [bə́ːrdkèidʒ] ⓜ 새장 ☞ bird + cage(새장, 우리)
□ **bird**ie [bə́ːrdi] ⓜ 〖소아어〗 **새**, 작은 새《애칭》; 〖골프〗 **버디** 《기준 타수(par)보다 하나 적은 타수로 구멍에 넣음》 ☞ 작은(ie) 새(bird)
비교 eagle 〖골프〗 이글 《표준 타수보다 둘이 적은 타수》
□ **bird**man [bə́ːrdmæn, -mən] ⓜ (pl. **-men**) 비행사 ☞ bird + man(남자, 사람)
□ **bird**seed [bə́ːrdsìːd] ⓜ 새의 모이 ☞ bird + seed(씨앗, 종자; 씨를 뿌리다)
□ **bird**'s-eye view 조감도(鳥瞰圖) ☞ 새(bird) 의('s) 눈(eye)으로 보는 전경(view)
□ **bird** strike **버드 스트라이크** 《항공기와 새떼의 충돌》 ☞ strike(타격; 때리다)

버밍엄 Birmingham (잉글랜드 중부의 공업도시)

영국 중서부 웨스트미들랜드 주의 주도. 산업혁명 당시 제철공업의 중심도시였다. 흑향(Black Country)이라고도 하였다. 지명은 앵글로색슨 계열의 '버밍(Birming)인의 촌락(ham)'이라는 뜻이다. 이 도시에는 현재 8,000여 개의 공장이 있다.

□ **Birming**ham [bə́ːrmiŋəm] ⓜ **버밍엄** 《영국 West Midlands주의 공업 도시; 생략: Birm.》
[bə́ːrmiŋhæ̀m] ⓜ **버밍햄** 《미국 Alabama주의 도시》
☞ 앵글로색슨족의 '버밍(Birming)인의 마을(ham)'이란 뜻

해피 버스데이 투 유 Happy birthday to you ! (당신의 생일을 축하합니다)

※ **happy** [hǽpi/**해**삐] ⓗ (-<-pi**er**<-pi**est**) **행복한** ☞ 고대영어로 '행복한'이란 뜻.
□ **birth** [bəːrθ/버어쓰] ⓜ **출생, 탄생** ☞ 고대 노르드어로 '출생'이란 뜻 ⓑ **death** 죽음
♠ **by birth 태생은, 타고난**
♠ **give birth to ~ ~을 낳다; ~의 원인이 되다**
□ **birth**day [bə́ːrθdèi/**버**어쓰데이] ⓜ **생일** ☞ 출생(birth)한 날(day)
□ **birth**mark [bə́ːrθmɑ̀ːrk] ⓜ 점, **모반**(母斑); 특징 ☞ birth + mark(기호, 자국, 표시, 특징)
□ **birth**place [bə́ːrθplèis] ⓜ **출생지** ☞ birth + place(장소)
□ **birth** rate **출생율** ☞ birth + rate(율, 비율)
□ **birth**right [bə́ːrθràit] ⓜ **타고난 권리**, 생득권 ☞ birth + right(권리, 권한)
□ **birth**stone [bə́ːrθstòun] ⓜ 탄생석 ☞ 탄생(birth)한 달을 상징하는 보석(stone)
★ 〖월별 탄생석〗 1월 garnet(석류석), 2월 amethyst(자수정), 3월 aquamarine(남옥) or bloodstone(혈석), 4월 diamond(다이아몬드), 5월 emerald(에메랄드), 6월 pearl (진주) or alexandrite(알렉산더석) or moonstone(월장석), 7월 ruby (루비), 8월 sardonyx(붉은 줄무늬 마노) or peridot(감람석), 9월 sapphire(사파이어), 10월 opal(오팔) or tourmaline(전기석), 11월 yellow topaz(황옥), 12월 turquoise(터키옥) or zircon(지르콘).
■ re**birth** [ribə́ːrθ] ⓜ 재생, 갱생, 부활 ☞ 다시(re) 출생(birth)
■ mis**birth** [misbə́ːrθ] ⓜ 유산(=abortion) ☞ 잘못된(mis) 출생(birth)
※ **to** [(모음 앞) tu/투-, (자음 앞) tə/터, (강) túː/**투**-] ⓟ 〖방향・시간〗 **~(쪽)으로, ~까지**; 〖결과・효과〗 **~에게, ~에 대하여**; 〖목적〗 **~을 위하여**
☞ 고대영어로 '~방향으로, ~목적으로'란 뜻
※ **you** [juː/유-, (약) ju/유, jə] ⓓ **당신, 너, 여러분** ☞ 초기 인도유럽어로 '두 번째 사람'

비스켓 < 비스킷 biscuit (비스킷 과자)

□ **biscuit** [bískit] ⓜ 《영》 **비스킷**(《미》 cracker, cookie), 《미》 (말랑말랑한) 소형 빵
☞ 라틴어로 '두 번(bis) 구운(cuit) 것'이란 뜻

섹스 sex (성(性)), 섹터 sector (구역, 영역)

♣ 어원 : **sex, sect 자르다; 나누다**
■ **sex** [seks] ⓜ **성**(性), 성별, 남녀별; 성욕, 성교 ⓗ 성적인, 성에 관한 ⓢ 암수를 감별하다 ☞ 남녀를 나누다(sex)
■ **sect**or [séktər] ⓜ **구역,** 영역; 부채꼴; **부문**, 분야 ⓢ 부채꼴로 분할하다 ☞ sect + or<접미사>

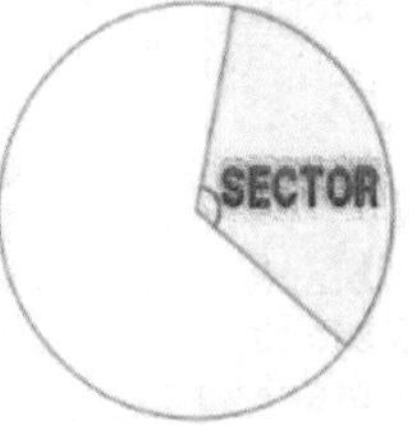

□ bi**sect** [baisékt] ⓢ 양분하다, 갈라지다 ☞ 둘(bi)로 자르다(sect)
♠ **Bisect** the given apple. 주어진 사과를 **이등분하시오**.
□ bi**sect**ion [baisékʃən] ⓜ 양분, 2등분(하기) ☞ bisect + ion<명접>

✚ in**sect** **곤충, 벌레** in**sect**icide 살충(제) inter**sect** **가로지르다**, 교차하다 dis**sect** **해부[절개]하다**

B

시 비숍 Sea Bishop (중세 유럽의 인간형상을 한 바다 괴물)

중세 유럽에서 바다에 산다고 알려진, 인간 같은 얼굴을 한 괴물. 시 비숍(바다의 주교)이라고 불린다. 노르웨이 등 북부 지방에서는 해안에 올라오거나, 그물에 걸리는 일도 있었다고 하며 기록으로도 남아 있다. 몸은 비늘로 덮여 있고, 수도승의 복장을 하고 있는 것처럼 보인다.

※ **sea** [siː/씨-] ⓜ **바다**, 대양, 대해, 해양 ☜ 고대영어로 '바다, 호수'
☐ **bishop** [bíʃəp] ⓜ (가톨릭 · 그리스 정교의) **주교**; 『체스』 **비숍** 《주교 모자 모양의 장기말》 ☜ '감독하는 자'란 뜻
♠ the **Bishop** of Oxford 옥스퍼드 (교구의) **주교**
■ arch**bishop** [ɑ́ːrtʃbíʃəp] ⓜ (신교의) 대감독; (가톨릭교 · 그리스 정교의) 대주교 ☜ 그리스어로 '우두머리(arch=chief) 주교(bishop)'란 뜻

비스마르크 Bismarck (독일 제국을 통일한 철혈재상)

독일의 정치가. 제국 통일을 위해 의회의 반대에도 불구하고 군비 확장을 추진하여 '철혈 재상'이란 명칭이 붙었다. 강력한 리더십으로 독일을 통일하였으며, 독일의 초대 황제가 되었다. 통일 후 유럽의 평화 유지에 진력하였으며 여러 동맹과 협상 관계를 체결했다.

☐ **Bismarck** [bízmɑːrk/**비**즈마-크] ⓜ **비스마르크** 《Otto von ~ , 1815~98, 독일 제국의 정치가》

비트 bit (컴퓨터 데이터의 최소단위), 바이트 byte (8bit로 구성되는 정보 단위)

♣ **어원 : bit 물다**
☐ **bit** [bit/빝] ⓜ **작은 조각, 조금;** 『컴퓨터』 정보전달의 최소 단위 (2진법의 0과 1) ☜ '물어 뗀 것'이란 뜻
♠ **bit by bit 조금씩, 점차로**
♠ **a bit of 한 조각의, 소량의**
♠ **a (little) bit 조금**
♠ **every bit 어느 모로 보아도, 전혀, 전부**

One Bit
1	0	1	1	1	0	1	0
One Byte

☐ **bit**e [bait] ⓢ (-/**bit**/**bit**(**bitten**)) **물다**, 깨물다 ⓜ **묾; 한 입** ☜ 고대영어로 '이빨로 물어뜯는 행위'란 뜻. 비교 byte [컴퓨터] 바이트
♠ **bite into ~ ~을 베어 먹다; 먹어 들어가다, 부식하다**
☐ **bit**er [báitər] ⓜ 무는 사람, 사기꾼 ☜ bite + er(사람)
☐ **bit**ing [bítiŋ] ⓗ **물어 뜯는**, 살을 에는 듯한; 신랄한 ☜ bite + ing<형접>
☐ **bit**ingly [báitiŋli] ⓟ 호되게, 살을 에듯이, 신랄하게 ☜ biting + ly<부접>
☐ **bit**ter [bítər/**비**러/**비**터] ⓗ **쓴, 쓰라린,** (추위 등이) 모진, **지독한** ⓜ **쓴맛**, 고난 ☜ '물어서 아픈'이란 뜻 반 **sweet** 단, 단 것
☐ **bit**terly [bítərli] ⓟ **쓰게**, 심하게, 살을 에듯이 ☜ bitter + ly<부접>
☐ **bit**terness [bítərnis] ⓜ **쓴 맛**, 쓰라림, 신랄 ☜ bitter + ness<명접>
■ **byte** [bait] ⓜ 『컴퓨터』 **바이트** 《정보 단위로서 8비트로 됨》 ☜ 1956년 IBM 컴퓨터의 초기 설계단계에서 Werner Buchholz박사에 의해 만들어진 단어로 bite가 bit로 잘못 쓰지 않도록 하기 위한 의도적인 변형에서 유래.

연상 빗자루 모양이 비자르(bizarre.특이한)하다

☐ **bizarre** [bizɑ́ːr] ⓗ 《F.》 기괴한(=grotesque), 특이한 ☜ 프랑스어로 '기묘한, 환상적인'이란 뜻
♠ a **bizarre** situation (incident, story) **기이한** 상황 (사건, 이야기)

블랙박스 black box (비행 · 주행자료 자동기록장치)

♣ **어원 : black 검은, 어두운; 흑색(黑色)**
☐ **black** [blæk/블랙] ⓗ **검은, 암흑의, 흑인의** ⓜ **검은색, 암흑** ☜ 고대영어로 '완전히 어두운'이란 뜻 반 **white** 흰, 흰색, 흰 옷, 백인
♠ He wore a **black coat** today. 그는 오늘 **검정색 코트**를 입었다.
♠ **black eye (맞아서) 멍든 눈**
♠ **black** popular music **흑인** 대중음악
☐ **black**-and-white ⓗ 흑백의, 단색의; 흑백논리의 ☜ 흑색(black) 과(and) 백색(white)
☐ **black**berry [blǽkbèri] ⓜ **검은 딸기** ☜ berry(딸기류 과일)
☐ **black**bird [blǽkbəːrd] ⓜ 《영》 **검은 새;** 《미》 **찌르레기과 새**; 《미》 정찰기 SR-71

☜ 검은(black) 새(bird)

☐ **black**board [blǽkbɔ̀ːrd/블**랙**보오드] ⓜ **칠판, 흑판** 비교 white board 화이트보드
☜ 검은(black) 판자(board)
♠ write **on the blackboard 칠판에** 글을 쓰다

☐ **black box** **블랙박스** 《비행 · 주행 기록장치》 ☜ 검은(black) 상자(box)
★ 항공기의 블랙박스는 비행기록장치(Flight Data Recorder, FDR)와 조종실녹음장치(Cockpit Voice Recorder, CVR)가 한 세트로 구성된다. 우리가 통상 블랙박스라고 부르는 것과는 달리 실제 색상은 사고시 찾기 쉽도록 오렌지색을 띠고 있다.

☐ **black** comedy **블랙코미디** 《사회풍자가 담긴 희극》 ☜ comedy(코미디, 희극)

☐ **black**en [blǽkən] ⓢ **검게 하다** ☜ 검게(black) 만들다(en=make)

☐ **black** hole **블랙홀** 《강한 중력으로 인해 빛을 포함해 어떤 것도 빠져나올 수 없는 시공간 영역》 ☜ hole(구멍)

☐ **black**ish [blǽkiʃ] ⓗ 거무스름한 ☜ 검(black) 은(ish<형접>)

☐ **black**list [blǽklìst] ⓜ (요주의 인물의) 명단, 요시찰 인명부 ☜ list(명단)

☐ **black**mail [blǽkmèil] ⓜ 등치기, 공갈, 갈취(한 돈) ☜ 고대영어로 '검은(black) 말씨(mail)'란 뜻

☐ **black**mailer [blǽkmèilər] ⓜ 공갈자 ☜ -er(사람)

☐ **black** market 암시장 ☜ market(시장)

☐ **black**ness [blǽknis] ⓜ **검음**, 암흑; 흉악 ☜ -ness<명접>

☐ **black**out [blǽkàut] ⓜ 등화관제(燈火管制) ☜ 완전히(out/강조) 검은 것(black)

☐ **black** power **블랙파워** 《흑인 지위향상운동》 ☜ power(힘, 동력, 능력)

☐ **black**smith [blǽksmiθ] ⓜ **대장장이** ☜ 검은(black) 쇠를 다루는 장인(smith)

인플루엔자 influenza (유행성 감기)
블로다운 blowdown (원자로 냉각 파이프의 갑작스러운 파열)

♣ **어원 : flu(x), flo(w), blo(w), bla(d) 흐르다, (바람이) 불다, 부풀다**

■ in**flu**enza [ìnfluénzə] ⓜ **인플루엔자**, 유행성 감기, 독감 《구어로는 flu》
☜ 안으로(in) 흘러들어오는(flu) 것(enza<이탈리아어로 명접>)

■ **flu**ent [flúːənt] ⓗ **유창한** ☜ 흐르(flu) 는(ent<형접>)

■ **flow** [flou/플로우] ⓢ **흐르다, 흘리다** ⓜ **흐름** ☜ 고대영어로 '흐르다'란 뜻.

■ **blow** blou/블로우] ⓢ (-/**blew/blown**) **불다, 불어대다; 폭파하다** ⓜ **한바탕 불기**; **강타**, 구타, (정신적인) 타격 ☜ 고대영어로 '불다, 숨을 내쉬다'란 뜻

■ **blow**-down [blóudàun] ⓜ **블로다운** 《원자로 냉각 파이프의 갑작스러운 파열》; (바람으로 넘어진) 나무 ☜ (강한 바람이) 불어(blow) 무너뜨리다(down)

☐ **bla**dder [blǽdər] ⓜ (the ~) 〖해부〗 방광, 기포 ☜ 부풀어 팽창된(bald) + d + 것(er)
♠ empty the **bladder** ***방광**을 비우다* ➔ 방뇨(放尿)하다.

블레이드 blade ([기계] 날개 · 칼날의 총칭)

☐ **blade** [bleid] ⓜ **칼날**, (프로펠러 · 선풍기의) 날개; (스케이트화의) **블레이드**
☜ 고대영어로 '풀잎'이란 뜻
♠ a sharp **blade** 예리한 칼**날**, a **blade** of grass 풀**잎**

레임덕 lame duck (임기말의 통치부재현상)
블레임룩 blame look (사회적으로 논란이 되는 옷차림)

♣ **어원 : (b)lame 상처를 입히다, 불경스런 말을 하다**

■ **lame** [leim] ⓗ **절름발이의** ⓢ 절름발이로 만들다 ☜ 고대영어로 '절름발이'란 뜻.

☐ **blam**able [bléiməbl] ⓗ 비난할 만한 ☜ blame + able(~할 수 있는)

☐ **blame** [bleim/블레임] ⓢ **나무라다**, 비난하다, 탓하다 ⓜ 비난, 책망
☜ 고대 프랑스어로 '비난하다'란 뜻 반 praise 칭찬; 칭찬하다
♠ I don't **blame** him for it. 난 이 일로 그를 **비난하**지 않는다.
♠ **be to blame 책망받아야 하다, ~이 나쁘다**

☐ **blame**less [bléimlis] ⓗ **비난할 점이 없는** ☜ blame + less(~이 없는)

☐ **blame**lessly [bléimlisli] ⓟ 나무랄 데 없이 ☜ blameless + ly<부접>

☐ **blame**worthy [bléimwə̀ːrði] ⓗ 비난할 만한 ☜ blame + worthy(~의 가치가 있는)

※ **duck** [dʌk] ⓜ **오리** ☜ 고대영어로 '오리'란 뜻

※ **look** [luk/룩] ⓢ **보다, 주시하다** ⓜ **봄; 안색; (패션의) 외관, 모양**
☜ 고대영어로 '보다, 보는 행동'이란 뜻

□ **blanch**(희게 하다) ➔ **blank**(공백의) **참조**

블랜드 bland (부드러운 커피맛의 평가용어)

커피용어로 혀 가장자리에서 감지할 수 있는 부드럽고 온화함의 정도를 표현하는 커피맛의 평가기준 용어

□ **bland** [blænd] ⓗ 온화한, **부드러운**; 단조로운, 지루한
☜ 라틴어로 '즐거운, 유쾌한'이란 뜻 **비교** blend 섞다, 혼합하다
♠ **bland** background music **단조로운** 배경 음악

블랭크 blank ([스포츠] 선수활동 공백기)
블랭킷 에어리어 blanket area (방송 난청지역)

♣ **어원 : blank, blanc 흰, 하얀**

□ **blank** [blæŋk] ⓜ **공백**, 백지, 괄호 ⓗ **공백의**, 괄호의 ☜ 고대 프랑스어로 '하얀'
♠ Fill the **blank spaces**. **빈 칸**을 채워라.

□ **blank**et [blǽŋkit] ⓜ **담요** ⓓ 담요로 덮다 ☜ 하얀(blank) 것(et<명접>)
♠ a **blanket** of snow *눈 **담요*** ➔ 사방을 온통 덮은 눈

□ **blanc**h [blæntʃ, blɑːntʃ] ⓓ **희게 하다**; 표백하다, 창백해지다
☜ 고대 프랑스어로 '희게 하다, 씻다'란 뜻
♠ He **blanched at** the news. 그는 그 소식**을 듣고 창백해졌다**.

※ **area** [ɛ́əriə/**에**어뤼어] ⓜ **지역** ☜ 라틴어로 '평지, 열린 공간'이란 뜻.

□ **blare**(울려 퍼지다, 고함치다) ➔ **blast**(한바탕의 바람; 폭풍) **참조**

아이린 카라(Irene Cara)의 히트곡 페임(fame.명성)

아이린 카라는 1959년 미국 출생의 싱어송라이터(singer-songwriter)이자 배우이다. 1980년에 주인공으로 출연했던 영화 <Fame>에서 부른 이 주제가는 아카데미상 주제가 부문에서 수상했다.

© levstudio.co.il

♣ **어원 : fa, fe, phe 목소리, 말** ※ **f와 ph는 발음이 같은데서**

■ **fa**me [feim/**쀄**임] ⓜ **명성**, 명예, 평판 ⓓ 유명하게 하다
☜ 말(fa)로 평가된 것

■ **fa**ble [féibəl] ⓜ **우화**, 교훈적 이야기 ☜ 말(fa)해진 것

□ blas**phe**me [blæsfíːm] ⓓ **불경스러운 말을 하다**, 모독하다
☜ 신에 대해 허튼소리(blas=blah-blah-blah)와 말(phe)을 하다
♠ **blaspheme against** God 신을 **저주하다**

□ blas**phe**my [blǽsfəmi] ⓜ **신에 대한 불경**, 모독 ☜ blaspheme + y<명접>

■ pro**phe**cy [prάfəsi/prɔ́-] ⓜ **예언**, 예언서 ☜ 앞날에 대해(pro) 말(phe)해진 것

■ pro**fe**ssor [prəfésər/프뤄**풰**서] ⓜ **교수** ☜ 앞에서 공개적으로(pro) 말(fe)하는 사람(or)

블래스트 Blast From The Past (미국 코미디/로맨스 영화. <과거로부터의 돌풍>)

1999년 제작된 미국 코미디/로맨스 영화. 브렌든 프레이저, 알리시아 실버스톤 주연. 한 과학자가 소련의 수소폭탄 보유 소식을 듣고 집안에 방공호를 만든다. 어느 날 비행기 추락을 수소폭탄 공격으로 오인한 나머지 방공호에 피신, 35년을 그곳에서 지내게 된다. 35년 후 그의 아들이 드디어 지상으로 나오게 되는데...

♣ **어원 : bla(d), blo(w) 흐르다, (바람이) 불다, 부풀다**

□ **blast** [blæst, blɑːst] ⓜ **한바탕의 바람**, 돌풍, **폭풍; 폭발** ⓓ **폭발하다** ☜ 고대영어로 '불다, 내뿜다'란 뜻
♠ **blow a blast on** the siren 기적을 **울리다**.

□ **blare** [blɛər] ⓓ (나팔이) **울려 퍼지다; 고함치다** ⓜ (나팔의) 울림; 고함 ☜ 중세 네델란드어로 '소리치다'란 뜻
♠ **the blare** of car horns 요란한 자동차 경적 **소리**들

※ **from** [frʌm/프럼/frɔm/프롬] ⓙ **~로부터; ~출신의**
☜ 초기 독일어로 '앞쪽으로 (이동한), ~에서 멀어진'이란 뜻.

※ **past** [pæst/패스트/pɑːst/파-스트] ⓗ **지나간, 과거의** ⓜ (보통 the ~) **과거** ⓙ (시간이) **지나서; 지나쳐서; ~이상**
☜ passed의 옛 꼴. 지나(pass) 간(ed<수동형 형접>)

© New Line Cinema

블론드 blond (금빛, 금발)

인도유럽어 bhle(브레, 블). 우리말의 '불'도 여기에서 유래되었다고 한다. 불은 푸른색, 붉은색, 하얀색, 어두운 색 등 여러 가지가 있다.

♣ 어원 : bl, fl 불, 빛나다, 밝게 하다

■ **bl**ue [blu:/블루] ⓗⓜ **파란(색)** ☜ 푸른 불꽃. 고대 프랑스어로 '창백한', 중세영어로 '하늘색'이란 뜻.

■ **bl**ond(e) [blɑnd/blɔnd] ⓗⓜ **금발(의)**, **블론드**(의) ☜ 금빛 불꽃

□ **bl**aze [bleiz] ⓜ **불꽃**(=bright flame), 화염 ⓓ **타오르다**; 포고하다 ☜ 고대영어로 '밝은 불꽃'이란 뜻

♠ The fire is **in a blaze**. *불이 **화염속에** 있다.* ➔ 불이 활활 타오른다.

□ **bl**azer [bléizər] ⓜ 운동복; 빛나는 것 ☜ blaze + er(~한 것)

□ **bl**azing [bléiziŋ] ⓗ **타오르는 (듯한)** ☜ blaze + ing<형접>

□ **bl**eak [bli:k] ⓗ **바람받이의**, 어두운, 암담한, 비관적인, **황량한**, 한랭한 ☜ 고대 노르드어로 '창백한, 희끄무레한'이란 뜻.

♠ a **bleak** view **황량한** 경치

♠ a **bleak** wind **찬** 바람

□ **bl**each [bli:tʃ] ⓜ 표백(제) ⓓ **표백하다[되다]**, 희게 하다 ☜ 고대영어로 '희게 하다'란 뜻

□ **bl**eacher [blí:tʃər] ⓜ 표백업자; (보통 pl.) (옥외 경기장의 지붕 없는) 관람석 ☜ bleach + er(사람)

■ **fl**ame [fleim/플레임] ⓜ 불길, **불꽃**, 화염 ☜ 라틴어로 '불꽃, 불에 타는 것'

한국 염소는 매-애 하고 울고, 영·미권 염소는 블-릿 하고 울다

□ **bleat** [bli:t] ⓓ (양·염소·송아지가) **매애 울다**; 재잘재잘 지껄이다; 우는 소리를 하다 ⓜ (염소·송아지의) 울음소리 ☜ 의성어

♠ goats 〔sheep〕 **bleat** 염소〔양〕가 **매애**하고 울다.

□ **bleed**(출혈하다) ➔ **bless**(~에게 은총을 내리다) **참조**

□ **bleep**(삐-하는 신호음), **bleeper**(무선호출기) ➔ **blip**(영상; 일시적인 급상승) **참조**

비비크림 BB cream (색조가 있는 수분공급 크림)

BB크림은 독일 피부과에서 환자 피부 치료 후 자외선과 외부 자극으로 부터 피부를 보호하기 위해서 발라주는 용도로 사용되었다. 정식 명칭은 '블레미시 밤(Blemish Balm)'으로 피부과 치료 후 피부재생 및 보호 목적으로 주로 사용하는 제품이다. 잡티를 가려주고 피부톤을 정리해준다.

□ **blemish** [blémiʃ] ⓜ **흠**, 오점, 결점 ⓓ ~에 흠을 내다, 더럽히다 ☜ 중세영어로 '결점, 흠'이란 뜻

♠ His record is **without (a) blemish.**
그의 경력에는 **(한 점의) 오점도 없다.**

※ **balm** [bɑ:m] ⓜ **향유**, 방향; 진통제 ⓓ (통증 따위를) 진정시키다 ☜ 그리스어로 '향유'란 뜻

※ **cream** [kri:m/크뤼임] ⓜ **크림** ☜ 고대 프랑스어로 '성스러운 기름'이란 뜻

블렌딩 Blending (원두커피를 섞는 과정)

커피를 볶기 전 또는 볶은 후 서로 다른 원두를 섞어 좋은 맛과 향을 얻기 위한 과정

□ **blend** [blend] ⓓ **섞다**, 혼합하다; 섞이다 ☜ 고대영어로 '섞다'란 뜻
반 sort 분류하다

♠ **blend** milk and cream (together) 밀크와 크림을 **섞다**

♠ **Oil and water will not blend. 기름과 물은 섞이지 않는다.**

□ **blend**ing [bléndiŋ] ⓜ 혼합(물) ☜ blend + ing<명접>

블러드 하운드 bloodhound (영국 경찰견. <피의 사냥개>란 뜻)
블러디 메리 Bloody Mary (영국 여왕 Mary 1세의 별명. <피의 메리>란 뜻)

메리 1세(Mary Tudor. 1496~1558)는 잉글랜드 및 아일랜드 왕국의 여왕이다. 호색한이었던 헨리 8세와 아라곤의 캐서린 사이에서 태어난 딸이다. 재위기간 동안 로마 가톨릭 복고정책으로 개신교와 성공회를 탄압하여 '블러디 메리(Bloody Mary, 피의 메리)'라는 별명이 붙었다

♣ 어원 : blood, bless, bliss 피, 피를 흘리다

■ **blood** [blʌd/블러드] ⓜ **피, 혈액** ☜ 고대영어로 '피'란 뜻

■ **blood**hound [blʌ́dhàund] 명 **블러드하운드** 《영국산 경찰견. '피의 사냥개'란 뜻》
☜ 피흘리며 달아나는 사냥감을 끝까지 추적한데서 유래

■ **blood**shed(ding) [blʌ́dʃèd(iŋ)] 명 **유혈; 학살** ☜ 피(blood)를 흘리다(shed)

■ **blood**y [blʌ́di] 형 **피의, 피가 나는** ☜ blood + y<형접>

□ **bleed** [bliːd] 동 (bleed-**bled**-**bled**) **출혈하다**
☜ 고대영어로 '피를 흘리다'
♠ **bleed to death 출혈로 죽다**

□ **bless** [bles/블레스] 동 (bless-**blest**〔bless**ed**〕-**blest**〔bless**ed**〕)
축복하다, 신에게 바치다, 은혜를 베풀다 반 curse 저주하다
☜ 초기 독일어로 '피로 정화하다'란 뜻
♠ **God bless you. 신의 은총이 있기를 !**
♠ **be blessed with ~ ~의 혜택을 받다**

□ **bless**ed [blest, blésid] 형 **축성**(祝聖)**된**, 신성한
☜ bless + ed<수동형 형접>

□ **bless**edness [blésidnis] 명 행운, 행복 ☜ 축복(bless) 받은(ed) 것(ness)

□ **bless**ing [blésiŋ] 명 (하나님의) **은총, 축복** ☜ bless + ing<능동형 형접>

□ **bliss** [blis] 명 **다시없는 기쁨** 반 woe 비애, 고난
♠ **Ignorance is bliss. 《속담》 모르는 것이 약.**

□ **bliss**ful [blísfəl] 형 더없이 행복한, **지복의** ☜ bliss + ful(~이 가득한)

브라운 블라이트 brown blight (붉은 잎마름병)

차나무 병명. 잎이나 어린 가지에 발생하며, 한 해, 조풍해 등으로 차나무 수세가 약화된 경우나 오누키 애매미충 피해를 받는 경우 많이 발생한다.

※ **brown** [braun/브라운] 형명 **갈색(의)** ☜ 고대영어로 '갈색의, 어두운'

□ **blight** [blait] 명 (식물의) **마름병**, (사기·희망 등을) 꺾는 것 동 마르게 하다 ☜ 고대 노르드어로 '창백해지다'란 뜻
♠ He started to talk about **blight.** 그는 **병충해**에 대하여 말하기 시작했다.

블라인드 blind (창문의 가림막)

□ **blind** [blaind/블라인드] 명 (햇볕을 차단하는) **차단막**, 차일, **블라인드**; 눈가리개
형 **눈 먼**, 장님의; **맹목적인**, 진면목이 없는 동 **눈멀게 하다**
☜ 고대영어로 '시력이 낮은, 어둠에 싸인'이란 뜻
♠ **Love is blind. 사랑은 맹목이다.**
♠ **be blind to ~ ~이 보이지 않다, ~을 모르다**

□ **blind**er [blάindər] 명 (보통 pl.) (말의) 눈가리개 가죽 ☜ blind + er<명접>

□ **blind** flight 〔flying〕 맹목〔계기〕비행 ☜ flight/flying(비행)

□ **blind**fold [blάindfòuld] 형 눈이 가려진, 무분별한 ☜ blind + fold(접다, 싸다, 덮다)

□ **blind**ly [bláindli] 부 **맹목적으로**, 무턱대고 ☜ blind + ly<부접>

□ **blind**ness [bláindnis] 명 **맹목**, 무분별 ☜ blind + ness<명접>

윙크 wink (윙크하다)

■ **wink** [wiŋk] 동 **눈을 깜박이다**(=blink) 명 **눈을 깜박임, 눈짓** ☜ 중세영어로 '움찔하다'

□ **blink** [bliŋk] 동 **눈을 깜박거리다** 명 **깜박임** ☜ 독일어로 '번쩍이다, 깜박거리다'란 뜻
♠ **in a blink 눈 깜박할 사이에**

삐삐 beeper (무선호출기)

■ **beep** [biːp] 명 삐-하는 소리〔신호, 경적, 시보〕 ☜ 의성어

■ **beep**er [bíːpər] 명 삐삐(=pager), 신호발신장치, (긴급) 무선호출장치 《beep 소리가 남》
☜ beep + er(기계, 장치)

■ **bleep** [bliːp] 명 삐이하는 신호음; 《방송속어》 (온당치 못한 어구를 삭제하기 위한) 전자음; 《구어》 무선 호출기 동 무선 호출기가 (삐삐) 울리다; 무선 호출기로 부르다 ☜ 의성어

■ **bleep**er [blíːpər] 명 무선 호출기 ☜ bleep + er(기계, 장치)

□ **blip** [blip] 명 (레이더의 스크린에 나타나는) **영상; 일시적인 급상승** 동 삑 소리를 내다
☜ 의성어
♠ **a temporary blip 일시적인 문제**

□ **bliss**(다시없는 기쁨), **blissful**(지복의) ➔ **bless**(~에게 은총을 내리다) **참조**

블리스터 blister (물집)

[자동차] 도금이나 도장면 표면이 부풀어 일어난 부분을 말하며, 모재(母材)와의 결합이 불완전할 때 일어난다.

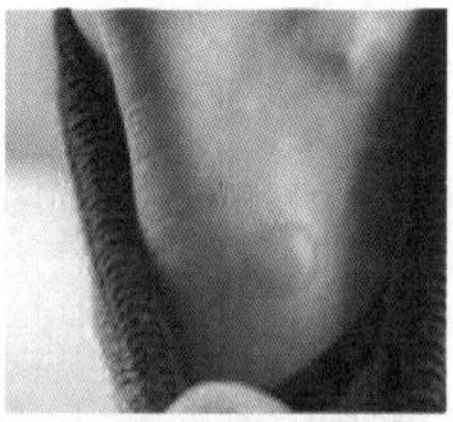

□ **blister** [blístər] [명] **물집**, 수포, 불에 데어 부푼 것 [동] 물집이 생기게 하다 ☜ 중세 네덜란드어로 '팽창, 종기'란 뜻
♠ I **got a blister on** my finger. 손가락**에 물집이 생겼다**.

[연상] 블라인드(blind.창문의 가림막)를 걷으면 마음이 블라이드(Blithe.즐거운)해진다.

※ **blind** [blaind/블라인드] [명] (햇볕을 차단하는) **차단막**, 차일, **블라인드**; 눈가리개 [형] **눈 먼**, 장님의; **맹목적인**, 진면목이 없는 [동] **눈 멀게 하다** ☜ 고대영어로 '시력이 낮은, 어둠에 싸인'이란 뜻
□ **blithe** [blaið] [형] **즐거운**, 유쾌한; 쾌활한; 경솔한, 부주의한 ☜ 고대영어로 '즐거운'이란 뜻
♠ a **blithe** and carefree girl **쾌활하고** 근심걱정 없는 소녀

블리자드 blizzard (심한 눈보라, 폭풍설(雪))

□ **blizzard** [blízərd] [명] 강한 눈보라, **블리자드** 《풍설·혹한을 동반하는 폭풍》 ☜ 미국영어로 '맹렬한 폭풍우'란 뜻
♠ a fearful **blizzard** 무서운 **눈보라**

□ **blop**(작은 얼룩) ➔ **blot**(얼룩, 더럽히다) **참조**

브로크 < 블럭 block (덩어리), 블로킹 blocking ([배구] 공격차단)

□ **bloc** [blɑk/blɔk] [명] 《프》 **블록** 《국가간의 연합》; ~권(圈) 《정치·경제상의》; 《미》 (특정 목적을 위한 국회의) 연합 의원단 ☜ 프랑스어로 '집단, 큰 덩이'
♠ **bloc** economy **블록** 경제
□ **block** [blɑk/블락/blɔk/블록] [명] **덩어리; 받침(나무)**; 방해물; (시가의) 한 구획 [동] 방해하다(=get in the way of); (통행을) 막다 ☜ 고대 프랑스어로 '통나무, 큰 덩이'란 뜻.
♠ concrete **blocks** 콘크리트 **블록**
□ **block**ade [blɑkéid/blɔk-] [명] **봉쇄**, 폐쇄, 방해 ☜ **block** + barric**ade**(방책)
□ **block**head [blɑ́khèd] [명] 멍청이, 바보 ☜ block + head(머리)
□ **block**ing [blɑ́kiŋ/blɔ́k-] [명] 【배구】 **블로킹** 《네트 옆에서 점프하여 양손 또는 한손을 위로 뻗어 상대의 공격을 막는 플레이》 ☜ block + ing<명접>

블론디 Blondie (미국 7인조 혼성그룹)

1976년 결성된 미국 7인조 혼성 그룹. 대표곡으로는 Maria, Call me, The Tide is High, Heart of Glass 등이 있다.

□ **blond(e)** [blɑnd/blɔnd] [형] **금발의, 블론드의**; 피부가 흰 [명] 금발의 사람 ☜ 초기인도유럽어로 '붉은 머리의'란 뜻
♠ fine **blond hair** 아주 가느다란 **금발**
♠ Is she **blond hair**? 그녀는 **금발머리** 입니까?
□ **blond**-haired [blɑ́ndhὲərd/ blɔ́nd-] **금발의** ☜ 붉은(blond) 머리(hair) 의(ed)
※ **ash-blond** 엷은 금발의, 잿빛을 띤 블론드의
bottle blond 《미.속어》 머리를 염색하여 금발이 된 사람
□ **blond**ie [blɑ́ndi/blɔ́n-] [명] 금발의 살결이 흰 여자 ☜ blond + ie<명접>
□ **blond**ish [blɑ́ndiʃ/blɔ́n-] [형] **블론드** 빛깔을 띤 ☜ blond + ish(~경향이 있는<형접>)

블러드 하운드 bloodhound (영국 경찰견. <피의 사냥개>란 뜻)
블러디 메리 Bloody Mary (영국 여왕 Mary 1세의 별명. <피의 메리>란 뜻)

Mary 1세(Mary Tudor. 1496~1558)는 잉글랜드 및 아일랜드 왕국의 여왕이다. 호색한이었던 헨리 8세와 아라곤의 캐서린 사이에서 태어난 딸이다. 재위기간 동안 로마 가톨릭 복고정책으로 개신교와 성공회를 탄압하여 '블러디 메리(Bloody Mary, 피의 메리)'라는 별명이 붙었다

♣ **어원 : blood, bless, bliss 피, 피를 흘리다**
□ **blood** [blʌd/블러드] [명] **피, 혈액** ☜ 고대영어로 '피'란 뜻

♠ **the blood and iron policy** (비스마르크의) **철혈정책**
♠ **the Bloodless Revolution** (영국의) **무혈혁명**

☐ **blood** bank　《미》 혈액은행 ☞ bank(은행)
☐ **blood**hound　[blʌ́dhàund] 명 **블러드하운드**《영국산 경찰견. '피의 사냥개'라는 뜻》 ☞ 피흘리며 달아나는 사냥감을 끝까지 추적한데서 유래
☐ **blood**ily　[blʌ́dili] 부 피를 흘려서, 무참하게 ☞ blood + ily<부접>
☐ **blood**less　[blʌ́dlis] 형 **무혈의; 창백한**, 핏기없는 ☞ 피(blood)가 없는(less)
☐ **blood**root　[blʌ́drù:t] 명 (뿌리가 붉은) 양귀비과의 식물 ☞ 붉은(blood) 뿌리(root)
☐ **blood**shed(ding)　[blʌ́dʃèd(iŋ)] 명 **유혈**; 학살 ☞ 피(blood)를 흘리다(shed)
☐ **blood**shot　[blʌ́dʃàt/-ʃɔ̀t] 형 충혈된 ☞ 피(blood)가 흩뿌려진(shot)
☐ **blood**thirsty　[blʌ́dθərsti] 형 피에 굶주린 ☞ blood + thirsty(목마른, 갈망하는)
☐ **blood** vessel　혈관 ☞ vessel(용기, 그릇; 도관, 혈관)
☐ **blood**y　[blʌ́di] 형 (-<bloodi**er**<bloodi**est**) **피의, 피가나는** ☞ blood + y<형접>

✚ **bleed 출혈하다**　**bless 축복하다**, 신에게 바치다, 은혜를 베풀다　**bliss 다시없는 기쁨**

블룸버그 Bloomberg (미국의 금융 · 뉴스미디어 그룹)

창업자 마이클 블룸버그(Michael R. Bloomberg)가 1981년 창업한 금융정보 및 뉴스를 제공하는 미국의 미디어그룹

♣ **어원 : flo, blo 꽃, 꽃이 피다**
☐ **blo**om　[blu:m] 명 **꽃**(=flower), 만개　동 **꽃이 피다**, 개화하다 (=blossom) ☞ 초기인도유럽어로 '꽃이 피다, 번창하다'란 뜻.
　반 fade 시들다, 쇠퇴하다
　♠ **be in full bloom (꽃이) 만발하다**
☐ **Blo**omberg　[blú:mbə:rg] 명 **블룸버그**《미국의 금융 및 뉴스미디어》 ☞ bloom(꽃) + berg(산, 산맥)
☐ **blo**oming　[blú:miŋ] 형 **활짝 핀** ☞ bloom + ing<형접>
☐ **blo**ssom　[blάsəm/blɔ́s-] 명 **꽃**, 개화, 만발　동 꽃을 피우다 ☞ 초기인도유럽어로 '꽃이 피다, 번창하다'란 뜻
　♠ **come into blossom 꽃이 피기 시작하다.**
■ **flo**wer　[fláuər/플라우어] 명 **꽃**(=blossom) ☞ 라틴어 florem(꽃)에서 유래
■ **flo**urish　[flə́:riʃ, flʌ́riʃ] 동 **번창[번성]하다**　명 화려한 꾸밈, 화려함 ☞ 꽃(flour=flower) + ish<동접>

연상 트위터가 블록(bloc.특정상대 차단 기능) 때문에 블롯(blot.얼룩) 범벅이 되다.

※ **bloc**　[blɑk/blɔk] 명《프》 **블록**《국가간의 연합》; ~권(圈)《정치 · 경제상의》; 《미》 (특정 목적을 위한 국회의) 연합 의원단 ☞ 프랑스어로 '집단, 큰 덩이'
☐ **blot**　[blɑt/blɔt] 명 **얼룩**(=spot, stain), 더러움　동 **더럽히다**; 얼룩지게 하다 ☞ 고대 노르드어로 '얼룩, 오점'이란 뜻
　♠ I had my dress washed because of **the blot**. **얼룩** 때문에 드레스를 세탁했다.
　♠ **blot out (글자 등을) 지우다; (경치를) 가려 안 보이게 하다**
☐ **blot**ting paper　**압지(押紙)** ☞ (잉크가) 번지는(blotting) 종이(paper)

블라우스 blouse (여성 · 아이들의 헐렁한 셔츠)

프랑스어 블루즈에서 온 말로, 어깨에서 허리까지로 된 상반신에 착용하는 가벼운 소재로 만들어진 헐렁한 셔츠

☐ **blouse**　[blaus, blauz] 명 **블라우스**《여성 · 아이들의 헐렁한 셔츠》 ☞ 프랑스어로 '모직물'이란 뜻

< Blowdown >

인플루엔자 influenza (유행성 감기)
블로다운 blowdown (갑작스러운 파열[분출])

♣ **어원 : flu(x), flo(w), blo(w), bla(d) 흐르다, (바람이) 불다, 부풀다**
■ in**flu**enza　[ìnfluénzə] 명 **인플루엔자**, 유행성 감기, 독감《구어로는 flu》 ☞ 안으로(in) 흘러들어오는(flu) 것(enza<이탈리아어로 명접>)
■ **flu**ent　[flú:ənt] 형 **유창한** ☞ 흐르(flu) 는(ent<형접>)
■ **flow**　[flou/플로우] 동 **흐르다, 흘리다**　명 **흐름** ☞ 고대영어로 '흐르다'란 뜻.
☐ **blow**　[blou/블로우] 동 (-/**blew/blown**) **불다, 불어대다; 폭파하다**　명 **한바탕 불기**; **강타**, 구타, (정신적인) 타격 ☞ 고대영어로 '불다, 숨을 내쉬다'란 뜻
　♠ **blow down 불어 쓰러뜨리다**

♠ **blow off 불어 날려 버리다, (증기 따위를) 내뿜다**
♠ **blow up 폭파하다**
♠ **at a (one) blow 일격에, 한 번 쳐서**

☐ **blow**-by　[blóubài] ⓢ **블로바이**식의 《배기가스를 태워 오염을 더는 방식》
☜ (실린더와 피스톤) 사이로(by) 압축 또는 폭발 가스가 새는 것(blow)
★ 유출된 블로바이 가스는 다시 연소실로 되돌려 보내어 재 연소시킨 후 배출시켜 대기오염을 방지한다.

☐ **blow**-down　[blóudàun] ⓜ **블로다운,** 《원자로 냉각 파이프의》 갑작스러운 파열; (바람으로 넘어진) 나무 ☜ (강한 바람을) 불어(blow) 무너뜨리다(down)

☐ **blow** dryer　헤어 드라이어 ☜ 건조시키는(dry) 기계(er)

☐ **blow**er　[blóuər] ⓜ 부는 사람; 송풍기; 헤어드라이어 ☜ blow + er(사람/기계)

☐ **blow**n　[bloun] ⓢ **부푼**; 숨이 찬, 펑크 난 ☜ blow의 과거분사 ➔ 형용사

☐ **blow**out　[blóuàut] ⓜ 파열, 폭발 ☜ 밖으로(out) 불어내다<내뿜다(blow)

☐ **blow**-wave　[blóuwèiv] ⓜ **블로웨이브** 《머리를 드라이어로 말리면서 매만지는 방법》
☜ (뜨거운) 바람을 불어(blow) 물결(wave) 모양의 머리를 하다

☐ **blow**y　[blóui] ⓢ 바람이 부는(센) ☜ blow + y<형접>

■ **blu**ster　[blʌ́stər] ⓓ (바람・물결이) **거세게 몰아치다**; (사람이) 미친 듯이 날뛰다.
☜ 중세 저지(低地) 독일어로 '거칠게 불다'란 뜻

■ **flux**　[flʌks] ⓜ (물의) **흐름**(=flowing); (액체・기체 등의) 유동
☜ 고대 프랑스어로 '흐름, 구르기'란 뜻

블루칼라 blue-collar (육체노동자), 블루진 blue jeans (청바지)

☐ **blue**　[bluː/블루-] ⓢⓜ **파란(색); 우울(한)**
☜ 고대 프랑스어로 '창백한', 중세영어로 '하늘색'이란 뜻.
♠ **the Blue Bird 파랑새** 《행복의 상징》

☐ **blue**bell　[blúːbèl] ⓜ **블루벨** 《종 모양의 남빛꽃이 피는 풀》 ☜ bell(종)

☐ **Blue** belt　청정수역 ☜ belt(띠; 지대)

☐ **blue**berry　[blúːbèri] ⓜ (pl. **-ries**) (열매가 푸른) **블루베리** 《월귤나무의 일종》 ☜ blue + berry(딸기류 과실)

☐ **blue**bird　[blúːbəːrd] ⓜ (날개가 푸른) **울새** ☜ blue + bird(새)

☐ **blue**-collar　[blúːkàlər] ⓜ 육체노동자 ⓢ 육체노동자의 ☜ 청색 작업복(셔츠)에서
비교 white-collar 사무직 종사자, gray-collar 수리・보수 작업에 종사하는 노동자, pink-collar (여자들의) 저임금 일자리

☐ **blu(e)**ish　[blúːiʃ] ⓢ **푸른 빛을 띤** ☜ blue + ish<형접>

☐ **blue**print　[blúːprìnt] ⓜ 청사진, 세밀한 계획 ⓢ 세밀한 ⓓ 계획을 세우다
☜ 푸른(blue) 인화지(print) ★ 청사진은 크롬산 제2철 암모늄의 수용액과 적혈염과의 혼합액을 종이에 발라서 건조시킨 것으로 감광지의 제작이 용이하고 값이 싸기 때문에 설계도 등에 널리 사용된다.

☐ **blue**s　[bluːz] ⓜ (pl.) (the ~)(단・복수취급) 《구어》 울적한 기분, 우울; **블루스** 《노래・곡》 (=slow dancing) ☜ 우울한(blue) 것(s)

※ **jean**　[dʒiːn/dʒein] ⓜ **진** 《올이 가늘고 질긴 무명의 일종》, (pl.) 진으로 만든 바지류, (일반적) 바지 ☜ 중세영어로 '이탈리아 제노바산의 면포'라는 뜻

클리프 행어 cliffhanger (미국 액션 영화. <절벽에 매달린 자, 스릴 만점>이란 뜻)

❶ 1993년에 제작된 실베스터 스탤론 주연의 미국 영화. 록키산악공원 구조대원이 인명 구조 도중 조난자가 금고를 가로채어 국외 탈출을 시도하다 불시착한 내무성 요원들이라는 사실을 알고 손바닥 같이 훤한 지리를 이용해서 테러리스트들을 처치해나간다는 이야기. ❷ 클리프행어(cliffhanger)란 서스펜스가 연속되는 드라마나 영화를 가리키는 용어이기도 하다.

© TriStar Pictures

♣ **어원 : iff, uff 절벽, 벼랑**

■ cl**iff**　[klif] ⓜ (특히 해안의) **낭떠러지**, 벼랑, 절벽
☜ 고대영어로 '가파른 경사'란 뜻

■ cl**iff**hang　[klífhæ̀ŋ] ⓓ 아슬아슬한 상태로 끝나다 ☜ cliff + hang(매달다, 매달리다)

■ cl**iff**hanger　[klífhæ̀ŋər] ⓜ 스릴 만점의 영화(드라마); 마지막 순간까지 손에 땀을 쥐게 하는 상황(경쟁) ☜ 절벽(cliff)에 매달린(hang) 사람(er)

☐ bl**uff**　[blʌf] ⓢ **절벽의** ⓜ 절벽 ⓓ 허세부리다
☜ 근세영어로 '넓은 수직절벽, 중세 네델란드어로 '허풍떨다'란 뜻
♠ **make a bluff 허세를 부려 위협하다**

☐ bl**uff**y　[blʌ́fi] ⓢ 절벽 같은, 험한, 벼랑이 있는 ☜ bluff + y<형접>

□ bluffness blʌ́fnis] [명] 무뚝뚝함; 절벽 ☜ bluff + ness<명접>

블라인드 blind (창에 달아 빛을 가리는 물건)

♣ 어원 : blind, blund 눈 먼, 눈을 감은

■ <u>blind</u> [blaind] [형] **눈먼**, 장님의, **맹목적인** [명] **블라인드**, 차일
☜ 고대영어로 '시력이 낮은, 어둠에 싸인'이란 뜻

□ **blund**er [blʌ́ndər] [명] **큰 실수**, 대(大)실책 [동] **큰 실수를 범하다**
☜ 고대 노르드어로 '눈을 감다, 졸다'란 뜻
♠ He **has blundered**. 그는 **큰 실수를 범했다**.

□ **blunt** [blʌnt] [형] **무딘**(=dull), 날 없는 ☜ 고대 노르드어로 '눈을 감은'이란 뜻
[반] sharp 날카로운

블러 blur (포토샵에서의 번짐효과 기능)

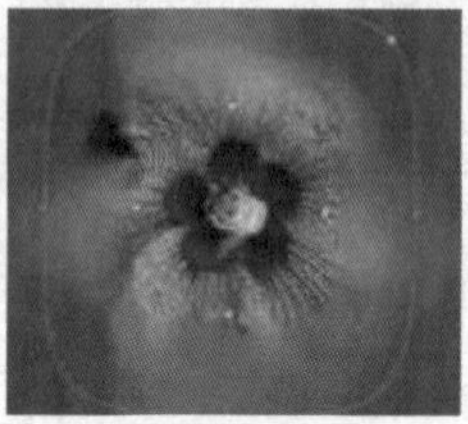

□ **blur** [bləːr] [명] (시력·인쇄 따위의) **흐림**; 더러움 [동] 흐리게 하다
☜ 근세영어로 '잉크로 더럽히다'란 뜻
♠ **blurred** eyes ***흐리게 보이는*** 눈 ➔ 침침한 눈

플라이 fly (날다)

♣ 어원 : fly, flu, blu 날아오르다, 달아오르다

■ <u>fly</u> [flai/플라이] [동] (-/**flew/flown**) (새·비행기 따위가) **날다**
☜ 고대영어 fleoge(날아다니는 곤충)에서

■ **flu**sh [flʌʃ/플러쉬] [동] (물이) **왈칵[쏟아져] 흐르다**; ☜ 물이 흐르(flu) 다(sh)
(얼굴이) **확 붉어지다** [명] (얼굴의) **홍조** ☜ 빛을(flu) 발하다(sh)

□ **blu**sh [blʌʃ] [동] **얼굴을 붉히다**, 얼굴이 빨개지다 [명] **얼굴을 붉힘**
☜ 고대영어로 '붉어지다, 빛나다'란 뜻.
♠ She **blushed** for (with) shame. 그녀는 부끄러워 **얼굴을 붉혔다**.

□ **blu**shingly [blʌ́ʃiŋli] [부] 얼굴을 붉히고 ☜ blush + ing<형접> + ly<부접>

인플루엔자 influenza (유행성 감기)
블로다운 blowdown (갑작스러운 파열[분출])

< Blowdown >

♣ 어원 : flu(x), flo(w), blo(w), bla(d) 흐르다, (바람이) 불다, 부풀다

■ <u>in**flu**enza</u> [ìnfluénzə] [명] **인플루엔자**, 유행성 감기, 독감 《구어로는 flu》
☜ 안으로(in) 흘러들어오는(flu) 것(enza<이탈리아어로 명접>)

■ **flu**ent [flúːənt] [형] **유창한** ☜ 흐르(flu) 는(ent<형접>)

□ **blu**ster [blʌ́stər] [동] (바람·물결이) **거세게 몰아치다**; (사람이) 미친 듯이 날뛰다 ☜ 중세 저지(低地) 독일어로 '거칠게 불다'란 뜻
♠ He **blustered at** her. 그는 그녀**에게 호통을 쳤다**.

■ <u>**blow**-down</u> [blóudàun] [명] **블로다운** 《원자로 냉각 파이프의 갑작스러운 파열》; (바람으로 넘어진) 나무 ☜ (강한 바람을) 불어(blow) 무너뜨리다(down)

■ **flow** [flou/플로우] [동] **흐르다, 흘리다** [명] **흐름** ☜ 고대영어로 '흐르다'란 뜻.

■ **flux** [flʌks] [명] (물의) **흐름**(=flowing); (액체·기체 등의) 유동
☜ 고대 프랑스어로 '흐름, 구르기'란 뜻

스케이트보드 skateboard 키보드, 빌보드, 블랙보드...

♣ 어원 : board 판지, 판자, 탈것, 탁자

※ <u>skate</u> [skeit/스께이트] [명] **스케이트** ☜ 고대 북프랑스어로 '죽마(竹馬), 즉 2개의 대나무 장대에 발판을 만들어 걷는 놀이'란 뜻

□ <u>board</u> [bɔːrd/보-드] [명] **널빤지, 판자**; 탁자; (B~) 위원회 [동] (배, 기차, 비행기 따위에) **타다** ☜ 고대영어로 '판자, 평평한 표면'이란 뜻
♠ **go (get) on board (배·비행기 등에) 타다**
♠ **on board 배 위에, 배[비행기, 차] 안에[의]**
♠ **Board Of Directors 이사회** ☜ director(관리자, 지시자)

□ **board**er [bɔːrdər] [명] (식사를 제공받는) **하숙생, 하숙인**
☜ (세끼 식사를 제공하는) 식탁(board)에 앉은 사람(er)

□ **board**ing [bɔːrdiŋ] [명] 널빤지, **판자** ☜ board + ing<명접>
♠ **boarding pass (여객기의) 탑승 패스(권)** ☜ pass(허가, 통과, 합격)

□ **board**ing-house [bɔ́ːrdiŋ-hàus] [명] 하숙집, 기숙사 ☜ 하숙(boarding) 집(house)

☐ **board**ing-school [bɔ́ːrdiŋ-skùːl] ⓜ 기숙 학교 ☜ 기숙(boarding) 학교(school)

✚ a**board** **배로[에]**, 배에 타고 black**board** **칠판, 흑판** bill**board** **빌보드**, (옥외의) 광고(게시)판 key**boar**d **건반, 키보드;** (컴퓨터 등의) 키를 치다 notice **board** 게시판, 고시판

B

연상 보트(boat)위에서 보우스트(boast.자랑하다)하다

※ **boat** [bout/보우트] ⓜ **보트, 작은 배** ☜ 고대영어로 '쪼갠 것'이라는 뜻.
☐ **boast** [boust] ⓢ **자랑하다**, 떠벌리다 ☜ 중세영어로 '자랑, 허풍'이란 뜻
♠ **make a boast of ~ ~을 자랑하다**
☐ **boast**er [bóustər] ⓜ 허풍쟁이, 자랑쟁이 ☜ boast + er(사람)
☐ **boast**ful [bóustfəl] ⓗ 자랑스러운, 풍떠는 ☜ boast + ful<형접>
☐ **boast**fully [bóustfəli] ⓑ 자랑스러운 듯이, 자랑스럽게 ☜ boastful + ly<부접>

보트 boat (작은 배)

☐ **boat** [bout/보우트] ⓜ **보트, 작은 배** ☜ 고대영어로 '쪼갠 것'이라는 뜻.
※ **ferryboat** 나룻배, **flying boat** 비행정, **lifeboat** 구명정, **motorboat** **모터보트,** **racing boat** **레이싱 보트**, 경주용 보트, **rowboat**, **rowing boat** 노 젓는 보트, **sailboat**, **sailing boat** 범선, **tugboat** **터그보트**, 예인선
☐ **boat**el [boutél] ⓜ **보텔** 《선박의 주인이나 승객이 이용하는 호텔》
☜ boat + motel(모텔: 자동차 여행자 숙박소)
☐ **boat**ing [bóutiŋ] ⓜ 보트 젓기 ☜ boat + ing<명접>
☐ **boat**house [bóuthàus] ⓜ 보트 집 ☜ boat + house(집, 주택)
☐ **boat**man [bóutmən] ⓜ (pl. **-men**) **배젓는 사람**, 뱃사공 ☜ boat + man(사람)
☐ **boat** race **보트 경주** ☜ race(경주)

봅슬레이 bobsled · bobsleigh (경주용 썰매)

♣ **어원 : bob 끄덕거리다**
☐ **bob** [bɑb/bɔb] ⓜ (머리·몸을) **까닥거림**, 단발머리 ⓢ **갑자기 위아래로 움직이다[흔들다]**
☜ 중세영어로 '갑자기 위아래로 흔드는 행동'이란 뜻
♠ a **bob** of the head 고개를 **까닥거림**
☐ **bob**sled [bɑ́bslèd] ⓜ **봅슬레이** 《앞뒤에 두 쌍의 활주부(runner)와 조타 장치를 갖춘 2-4인승의 경기용 썰매로, 시속이 130km 이상이나 됨》 ☜ 근대영어로 '끄덕거리는(bob) 썰매(sled, sleigh)'란 뜻
♠ Two-men **bobsled** is a speed sport: A brakeman and a pilot work together. 2인 **봅슬레이**는 스피드 스포츠이다: 브레이크맨과 파일럿이 협동한다.
☐ **bob**sledding [bɑ́bslèdiŋ] ⓜ **봅슬레이** 경기 ☜ bobsled + d<자음반복> + ing<명접>
☐ **bob**sleigh [bɑ́bslèi] ⓜ **봅슬레이** ☜ 끄덕거리는(bob) 썰매(sled, sleigh)

보카치오 Boccaccio (<데카메론>을 저술한 이탈리아의 작가)

☐ **Boccaccio** [boukɑ́ːtʃiòu/bɔk-] ⓜ **보카치오** 《Giovanni ~ , 이탈리아의 작가; 1313-75》
※ **Deca**meron [dikǽmərən] ⓜ **데카메론** 《G. Boccaccio가 1351년 발표한 단편소설》
☜ 이탈리아어로 '10(deca) 일(meron<hemera=day)간의 이야기'란 뜻
★ 『데카메론』은 페스트를 피하여 피에솔레 언덕에 모여든 10명의 젊은 남녀가 2주일에 걸쳐 모두 10일 동안 각각 하루에 하나씩 총 100편의 이야기를 주고받는다는 형식의 소설이다.

비오디 BOD (생물화학적 산소 요구량)

☐ **BOD** **B**iochemical **O**xygen **D**emand 생물화학적 산소 요구량

✚ **bio**chemical 생화학의, 생화학적인; 생화학 제품 **oxy**gen 〖화학〗 **산소** de**mand** **요구[청구](하다)**

연상 코드(code.암호)를 보니 보드(bode.징조)가 좋지 않다

※ **code** [koud/코우드] ⓜ **법전; 신호법; 암호**, 약호 ☜ 고대 프랑스어로 '법전, 법 체계'란 뜻
☐ **bode** [boud] ⓢ **전조[징조]가 되다**, 징조이다 ☜ 고대영어로 '알리다, 예고하다'
♠ The crow's cry **bodes** rain. 까마귀가 우는 것은 비가 올 **징조이다**.
☐ **bode**ful [bóudful] ⓗ 전조가 되는; 불길한 ☜ bode + ful<형접>
☐ **bode**ment [bóudful] ⓜ 전조, 징후, 흉조; 예감, 예언 ☜ bode + ment<명접>

B

보디가드 bodyguard (경호원)

© Warner Bros.

☐ **bodi**ly [bάdəli/bɔ́d-] ⓗ **신체[육체]상의** ☜ body + ly<형접>
☐ **body** [bάdi/**바**리/bɔ́di/**보**디] ⓜ **몸; 본문** ☜ 고대영어로 '통'이란 뜻
반 mind 마음, soul 정신
♠ a human **body** 인간의 **몸**
♠ male (female) **body** 남성의(여성의) **몸**
♠ naked **body** 벗은 **몸**
♠ **give body and soul to ~ ~에 전심 전력을 다하다**
☐ **body**build [bάdibìld/ bɔ́di-] ⓜ 체격 ☜ 몸(body)을 세우다<다지다(build)
☐ **body** builder **보디빌더** 《운동, 식이요법으로 체격을 다지는 사람》 ☜ 다지는(build) 사람(er)
☐ **body**guard [bάdigὰrd] ⓜ 경호원 ☜ 몸(body)을 지키는 사람(guard)
☐ **body** language **보디랭귀지**, 몸짓 말 ☜ language(말, 언어)
※ **guard** [gɑːrd/가-드] ⓜ **경계; 호위병[대]** ⓢ **지키다, 망보다, 경계하다**
☜ 고대 프랑스어로 '지켜보다, 지키다'란 뜻

✚ anti**body** 항체(抗體) em**body** 형태를 부여하다, **구체화하다** em**bodi**ment 구체화

보잉 Boeing (미국 항공기 제작회사)

☐ **Boeing** [bóuiŋ] ⓜ **보잉**사(社)(Boeing Company) 《미국 민간항공기 제작회사》
☜ 1916년 미국 시애틀에서 비행기 제조회사를 설립한 윌리엄 보잉(William E. Boeing)의 이름에서 유래

연상 백(bag.가방)을 박(bog.습지)에 버렸다.

※ **bag** [bæg/백] ⓜ **가방**, 자루 ☜ 고대 노르드어로 '꾸러미, 보따리'란 뜻
☐ **bog** [bɑg, bɔ(ː)g] ⓜ 소택지(沼澤地), **습지** ☜ 아일랜드어로 '습지'란 뜻
♠ The horse got stuck in **the bog**. 말이 **습지**에 빠졌다.
☐ **bog**gy [bάgi, bɔ́ːgi/bɔ́gi] ⓗ 늪이 많은, 소택지의 ☜ bog + g + y<형접>

보기 bogey ([골프] 파(par(기준타수))보다 하나 많은 타수)

☐ **bogey** [bóugi] ⓜ 『골프』 **보기** 《기준 타수(par)보다 하나 많은 타수》; 《영》 기준 타수(par)
☜ 근대영어로 '숨어있는 도깨비'란 뜻. 잡힐 듯 하면서도 쉽게 잡히지 않는 보기 타수를 보기맨(bogey man) 같다고 한 데서 유래했다.

보고타 Bogota (남미의 아테네라고 불리는 콜롬비아의 수도)

☐ **Bogota** [bòugətάː] ⓜ **보고타** 《남아메리카 Colombia 공화국의 수도; Santa Fe de Bogotá의 줄임말》 ☜ 콜롬비아 지바족어로 "Bacata(지바족의 주거지)'란 뜻에서 유래.

보헤미안 bohemian (방랑자)

☐ **Bohemia** [bouhíːmiə] ⓜ **보헤미아** 《체코의 서부 지방》, (종종 b-) (예술가 등의) 자유 분방한 세계 ☜ B.C. 4~1세기경에 이 곳에 정착한 켈트계의 '보이족(Boii)의 나라'란 뜻.
☐ **Bohemia**n [bouhíːmiən] ⓗ **보헤미아**(인)의; 체코말의 ⓜ **보헤미아사람**(말)
☜ Bohemia + an(~의/~사람) ★ 영국의 록밴드 퀸(Queen)의 명곡인 <보헤미안 랩소디(Bohemian Rhapsody)>에 등장하는 보헤미안의 뜻은 15세기 무렵부터 이 지역에서 다수 거주한 자유로운 방랑자들인 집시들을 보헤미안이라고 부른 데서 유래한다.
☐ **bohemia**n [bouhíːmiən] ⓜ **보헤미안** 《자유분방하게 사는, 흔히 예술계통에 종사하는 사람》; 방랑자, 집시 ☜ Bohemia + an(사람)
♠ a noble **Bohemian** 귀족출신의 **자유인**
♠ the **bohemian** spirit **야인**기질(野人氣質)

보일러 boiler (물을 끓여 난방하는 장치) ➔ heater (포괄적 난방장치)

☐ **boil** [bɔil/보일] ⓢ **끓다** ⓜ **비등** ☜ 고대 프랑스어로 '끓다, 기포가 일다'란 뜻
♠ The water **is boiling.** 물이 **끓고 있다**.
☐ **boil**er [bɔ́ilər] ⓜ **끓이는 사람; 보일러** ☜ boil + er(장비/기계)
☐ **boil**ing [bɔ́iliŋ] ⓗ **끓는, 끓어오르는** ☜ boil + ing<형접>

♠ boiling water 열탕
♠ boiling point 비등점, 끓는점 《100℃; 212°F》
♠ boil down 끓여[바싹] 졸이다; 간단히 말하다, 요약하다

B

바이얼레이션 violation ([농구] 파울(foul)이외의 규칙위반)

♣ 어원 : viol, boist 난폭한, 거친, 사나운, 폭력적인

■ **viol**ate [váiəlèit] 동 **어기다**; (신성을) **모독하다** ☜ 라틴어로 '난폭하게 다루다'
■ **viol**ation [vàiəlèiʃən] 명 **위반, 위배** ☜ violate + ion<명접>
□ **boist**erous [bɔ́istərəs] 형 **몹시 사나운, 거친; 떠들썩한** ☜ 더(er) 격렬(boist) 한(ous<형접>)
♠ a **boisterous** party **떠들썩하고 즐거운** 파티

볼드체 boldface(d) type (선의 굵기가 두꺼운 글자체)

□ **bold** [bould] 형 **대담한**, 용감한; (선 등이) 굵은 ☜ 고대영어로 '용감한, 대담한, 강한'
반 shy 수줍은, cowardly 소심한
♠ a **bold** idea **대담한** 생각
□ **bold**face [bóuldfèis] 명 〖인쇄·컴퓨터〗 **볼드**체 ☜ bold + face(얼굴, 서체)
□ **bold**faced [bóuldfèist] 형 〖인쇄·컴퓨터〗 **볼드**체의 ☜ boldface + ed<형접>
□ **bold**ly [bóuldli] 부 **대담하게**; 뻔뻔스럽게 ☜ bold + ly<부접>
□ **bold**ness [bóuldnis] 명 **대담**, 배짱 ☜ bold + ness<명접>
□ em**bold**en [embóuldən] 동 대담하게 하다, (아무에게) 용기를 주다
☜ 대담하게(bold) 만들(em=make) 다(en<동접>)
♠ He **was greatly emboldened by** my words of encouragement.
그는 나의 격려**에 큰 용기를 얻었다**.

볼레로 bolero (경쾌한 스페인 무용)

□ **bolero** [bəlέərou] 명 **볼레로**, 경쾌한 스페인 무용; (부인용) 짧은 웃옷
☜ 스페인어로 '빙빙 도는(bol=ball) 것(ero)'이란 뜻

볼리비아 Bolivia (남미 중서부의 공화국. <볼리바르의 나라>)

스페인 식민지배로부터 콜롬비아, 베네수엘라, 에콰도르, 페루, 볼리비아의 5개국을 해방시킨 남미 독립투쟁의 기수, 베네수엘라의 시몬 볼리바르(Simon Bolivar)의 이름을 따서 국명을 지었다.

< Simon Bolivar >

□ **Bolivia** [bəlíviə] 명 **볼리비아** 《남아메리카 중부의 공화국; 수도 라파스 및 수크레(La Paz<행정 수도>, Sucre<사법 수도>》 ☜ 남미를 스페인으로부터 해방시킨 베네수엘라의 시몬 볼리바르(Simon Bolivar)의 이름에서 유래

볼셰비키 Bolshevik (구 러시아 사회민주노동당의 다수파)

구 소련공산당의 전신인 러시아사회민주노동당 정통 다수파. 멘셰비키(소수파)와 대립. 정통적 서구 마르크스주의의 영향을 받은 멘셰비키가 부르주아 민주주의 혁명을 당면과제로 삼아 민주적 투쟁방식을 강조한 데 반해 볼셰비키는 무산계급에 의한 폭력적 정권탈취와 체제변혁을 위하여 혁명적 전략전술을 채택하였다.

♣ 어원 : bol, bolshe, bolshi, bolshoi, bil, bilit 큰, 위대한, 강한

□ **Bolshevik** [bάlʃəvìk, bɔ́(:)l-] 명 **볼셰비키** 《(1917년 혁명 후 정권을 잡은) 러시아 사회민주노동당의 다수파》 ☜ 러시아어로 '다수'란 뜻
★ 러시아의 볼쇼이 발레단(Bolshoi Ballet)도 '큰 발레단'이란 뜻
♠ **the Bolshevik Revolution 볼셰비키혁명**(革命)
□ **Bolshevi**sm [bάlʃəvìzəm, bɔ́(:)l-] 명 **볼셰비키**의 주장(주의) ☜ -sm(주의)
□ de**bilit**ate [dibílətèit] 동 (사람·몸을) 쇠약하게 하다
☜ 아래로(de=down) 강하게(bilit) 만들다(ate<동접>)
□ de**bilit**ation [dibìlətéiʃən] 명 쇠약(화), 허약(화) ☜ -ation<명접>

< Blowdown >

인플루엔자 influenza (유행성 감기)
블로다운 blowdown (갑작스러운 파열[분출])

♣ 어원 : flu, flo(w), blo(w), bol 흐르다, (바람이) 불다, 부풀다

■ in**flu**enza [ìnfluénzə] 명 **인플루엔자**, 유행성 감기, 독감 《구어로는 flu》
☜ 안으로(in) 흘러들어오는(flu) 것(enza<이탈리아어로 명접>)

■ **flow** [flou/플로우] ⓢ **흐르다, 흘리다** ⓜ **흐름** ☜ 고대영어로 '흐르다'란 뜻.
■ **blow** [blou/블로우] ⓢ (-/**blew/blown**) **불다, 불어대다; 폭파하다** ⓜ **한바탕 불기; 강타**, 구타, (정신적인) 타격 ☜ 고대영어로 '불다, 숨을 내쉬다'란 뜻
■ **blow**-down [blóudàun] ⓜ **블로다운** 《원자로 냉각 파이프의 갑작스러운 파열》; (바람으로 넘어진) 나무 ☜ (강한 바람을) 불어(blow) 무너뜨리다(down)
□ **bol**ster [bóulstər] ⓜ 덧베개 ⓢ 북돋우다, 강화(개선)하다
☜ 고대영어로 '베개'란 뜻. 부풀어 올라(bol) 서있는(st) 것(er)
♠ **bolster up** ~ ~를 기운(용기)나게 **북돋아 주다**

볼트 bolt (나사못)

□ **bolt** [boult] ⓜ **볼트, 전광**; 나사못, **빗장** ☜ 고대영어로 '화살'이란 뜻
♠ **a bolt from the blue 맑은 하늘에 날벼락, 청천벽력**
♠ Screw **the bolt** tight. **볼트를** 돌려서 단단히 조여라.
♠ **a lightning bolt 번개** ☜ 불이 번쩍이는(lightning)
♠ **screw bolt 나사 볼트** ☜ screw(나사, 나사못)
♠ **anchor bolt** (건축) 기초 볼트, **앵커 볼트** ☜ anchor(닻)
□ **bolt** hole 볼트 구멍; (곤란한 상황에서) 빠져나갈 구멍, 도피처 ☜ hole(구멍)
□ **bolt**-on [bóultòn] ⓗ 볼트로 죄는, (기계 등에) 손쉽게 접합할 수 있는
☜ 볼트(bolt)로 붙인(on: 접촉면에 닿은)

바머 Bomber (폭격기) 예) B-1(Lancer), B-2(Spirit)...

군용기의 두문자는 항공기의 특성을 가리킨다. **A**(Attacker) 공격기, **B**(Bomber) 폭격기, **C**(Cargo) 수송기, **E**(Electronic) 전자전기, **F**(Fighter) 전투기, **H**(Helicopter) 헬리콥터, **P**(Patrol) 초계기, **R**(Recon- naissance) 정찰기, **T**(Trainer) 훈련기, **O**(Observation) 관측기, **OV**(Observation Vertical) 수직이착륙 관측기, **U**(Utility) 다용도기, **SR**(Strategic Reconnaissance) 전략정찰기 등

□ **bomb** [bɑm/ bɔm] ⓜ **폭탄** ☜ 라틴어로 '쿵쾅거리는 소리'란 뜻.
♠ **an atomic bomb 원자폭탄**
♠ **a hydrogen bomb 수소폭탄**
♠ **a time bomb 시한폭탄**
♠ the threat of **the bomb** 핵무기의 위협
□ **bomb**ard [bambɑ́:rd/ bɔm-] ⓢ 포격하다, 폭격하다 ⓜ 포탄 던지는 사람, 폭격기 ☜ 폭탄(bomb) (던지는) 사람/기계(ard)

B-52

□ **bomb**ardment [bambɑ́:rdmənt/ bɔm-] ⓜ **포격**, 폭격 ☜ bombard + ment<명접>
♠ face **a bombardment of** accusations **맹렬한** 비난에 직면하다.
□ **bomb**er [bɑ́mər/ bɔ́m-] ⓜ 폭격기 ☜ 폭탄(bomb)을 투하하는 기계(er)
주의 bomber의 두 번째 b는 묵음

봄배스트 bombast (16-17세기 의복에 넣던 목화솜)

□ **bombast** [bɑ́mbæst/bɔ́m-] ⓜ 과장된 말, 호언장담 ⓗ 《고어》 과대한, 과장된
☜ 라틴어로 '목화솜'이란 뜻. 옷 속에 넣어 부피를 크게 한 것에서 유래
♠ Most actors would play Hamlet as a creature of **bombast**.
대부분의 영화배우들은 햄릿을 **허세를 부리는** 인물로 연기한다.

봄베이 Bombay (인도의 항구도시, 현재 뭄바이로 개칭됨)

■ **bay** [bei/베이] ⓜ (작은) **만**(灣) 《gulf보다 작음》
☜ 라틴어로 '물줄기', 고대 프랑스어로 '구멍'이란 뜻
♠ **the Bay** of Wonsan 원산**만**(= Wonsan Bay)
□ Bom**bay** [bɑmbéi/bɔm-] ⓜ **봄베이, 뭄바이** 《인도의 항구도시》 만(灣)
☜ 산스크리트어로 'Mumba 여신', 포르투갈어로 '좋은 만(灣)'이란 뜻.
■ em**bay** [imbéi] ⓢ (배를) 만안에 들여보내다 ☜ 만(bay) 안으로(em<in<into)
※ **Bollywood** [bɑ́:liwùd/bɔ́-] ⓜ **발리우드**, 인도 영화산업
☜ **B**ombay(봄베이) + H**ollywood**(할리우드)의 합성어

보너스 bonus (상여금), 봉주르 bon jour ([F.] 안녕하십니까. <좋은 날>)

♣ **어원 : bon, boon 아주 좋은, 맛있는**
□ **bon**anza [bounǽnzə] ⓜ (금・은의) 부광대(富鑛帶); 노다지; 대성공, 뜻밖의 행운
☜ 스페인어로 '행운'이란 뜻. 좋은(bon) 것(anza)

☐ **bon**bon [bάnbὰn/bɔ́nbɔ̀n] 명 《F.》 **봉봉** 《설탕을 위주로 만든 사탕・과자》
☜ 프랑스어로 'bon(좋은)'의 반복적 사용
☐ **bonny, -nie** [bάni/bɔ́ni] 형 (-<-ni**er**<-ni**est**) 《스코》 (젊은 처녀 등이) **예쁘장한**, 귀여운 ☜ 고대 프랑스어로 '좋게(bon) + n + 보이는(y<형접>)'이란 뜻
☐ **bon**us [bóunəs] 명 상여금, **보너스** ☜ 라틴어로 '좋은(bon) 것(us)'이란 뜻.
동 ~에 조성금을〔보너스를〕 내다.
♠ **a year-end bonus 연말 보너스**
☐ **boon** [buːn] 명 은혜(=blessing), **혜택**, 이익 ☜ 중세영어로 '좋은'이란 뜻.
♠ **be** 〔prove〕 **a great boon to ~ ~에게 큰 은혜가 되다.**

밴드 < 밴드 band (악단), 본드 bond (접착제) ➔ (super) glue

♣ **어원 : band, bend, bind, bond 묶다, 무리**
■ **band** [bænd/밴드] 명 무리, 악단, **밴드; 띠, 끈**
☜ 고대영어로 '묶는 것, 매는 것'이란 뜻
■ **bend** [bend/벤드] 동 (-/**bent**/**bent**) **구부리다, 굽히다; 구부러지다**
☜ 고대영어로 '묶다, 구부리다'란 뜻
■ **bind** [baind] 동 (-/**bound**/**bound**) **묶다, 철하다** ☜ 페르시아어로 '묶다'란 뜻.
☐ **bond** [bɑnd/bɔnd] 명 **묶는[매는, 잇는] 것**; 접착제; 결속, 속박, 굴레
☜ 고대영어로 '묶는 것, 사슬, 족쇄'란 뜻
♠ the **bond** between nations 국가간의 **유대**
☐ **bond**age [bάndidʒ/bɔ́nd-] 명 **속박**, 굴레, **노예신분** ☜ bond + age<명접>
☐ **bond**man [bάndmən/bɔ́nd-] 명 (pl. **-men**) 노예 ☜ ~에게 매여 있는(bond) 사람(man)
☐ **bonds**man [bάndzmən/bɔ́ndz-] 명 (pl. **-smen**) 보증인; 농노 ☜ 속박(bond) 의(s) 사람(man)

본 차이나 bone china (뼛가루를 섞어 만든 고급 도자기류)

중국의 도자기가 유럽으로 유입된 18세기 이후부터 영국은 중국식 자기를 모방하여 결실을 본 것이 본차이나(bone china)라는 이름으로 통용된 영국식 도자기다. 소뼈를 섞어 만들어 골회자기(骨灰瓷器)라고도 하는데 가볍고 단단하며 맑은 빛이 도는 반투명 도자기이다.

☐ **bone** [boun/보운] 명 **뼈**, 골질; (pl.) 해골, 유골 ☜ 고대영어로 '뼈'란 뜻
♠ The dog hides **the bone** in the ground.
그 개는 **뼈다귀**를 땅 속에 숨긴다.
■ back**bone** [bǽkbòun] 명 **등뼈**, 척추 ☜ back(뒤, 등)
☐ **bon**fire [bάnfàiər/bɔ́n-] 명 (축하・신호의) **큰 횃불**, 화톳불, 모닥불
☜ 중세영어로 '뼈(bon=bone)가 타는 불(fire)'이란 뜻.
☐ **bony** [bóuni] 형 (-<-n**ier**<-n**iest**) 뼈의, 뼈뿐인, **골질**(骨質)**의**
☜ 뼈(bon<bone) 의(y)

Bone China

※ **china** [tʃáinə] 명 고령토, 자기(그릇) ☜ '중국산 도자기'란 뜻에서
※ **China** [tʃáinə/**촤**이너] 명 **중국** ☜ 중국을 최초로 통일한 진(秦)나라의 이름에서 유래

본 Bonn (통일 전 서독의 수도)

☐ **Bonn** [bɑn/bɔn] 명 **본** 《독일 통일 전 서독의 수도》 ☜ 켈트(Celt)어로 '도시'란 뜻.
1세기 중엽 로마군의 성채(城砦)인 카스트라 본넨시아(Castra Bonnensia)에서 유래했다. Bonn의 라틴어식 표기가 Bonnensia이다.

본넷 < 보닛 bonnet (자동차 엔진룸 덮개) ➔ 《미》 hood, 《영》 bonnet

☐ **bonnet** [bάnit/bɔ́n-] 명 (자동차의) **보닛** 《엔진덮개》(《미》 hood); (여자・아이들이 쓰는) 모자
동 모자를 씌우다 ☜ 힌두어로 '덮어쓰는 것'이란 뜻
♠ **keep ~ under one's bonnet ~을 비밀로 덮어두다**

☐ **bonny**(예쁘장한), **bonus**(상여금) ➔ **bonbon**(봉봉) **참조**

☐ **bony**(뼈의) ➔ **bone**(뼈) **참조**

부기우기 boogie-woogie (템포가 빠른 재즈)

☐ **boogie** [bú(:)gi] 명 =boogie-woogie; 《미.속어》 디스코 음악 ☜ 1920년대 후반 미국 남부의 흑인 피아니스트들이 고안한 피아노 블루스의 댄싱 주법
☐ **boogie-woogie** [bú(:)giwú(:)gi] 명 〚음악〛 **부기우기** 《템포가 빠른 재즈 피아노곡; 그 춤》

☜ woogie는 boogie의 반복적인 리듬 형태로 의미는 없음.

스케치북 sketchbook (사생첩(寫生帖))

■ **sketchbook** [skétʃbùk] 명 사생첩, **스케치북** ☜ 밑그림(sketch)을 그리는 책(book)

☐ **book** [buk/북] 명 **책** ☜ 초기 독일어로 '너도 밤나무; 책'이란 뜻
♠ **a book of reference 참고서**
※ **guidebook** 안내서, 편람 **handbook** 핸드북, 안내서 **notebook** 공책, **textbook** 교과서, **telephone book** 전화번호부

☐ **book**binding [búkbàiniŋ] 명 제본(술) ☜ book + bind(묶다) + ing<명접>

☐ **book**bindery [búkbàindəri] 명 제본소 ☜ book + bind + ery(장소)

☐ **book**case [búkkèis] 명 **책장, 서가**, 책꽂이 ☜ book + case(상자)

☐ **book**ing [búkiŋ] 명 장부기입, **기장**; **부킹**, 계약 ☜ 기록해(book) 두기(ing<명접>)
★ 나이트클럽에서 웨이터가 남녀를 즉석에서 짝지어 주는 '부킹'은 영어로 meet new partner (people)이다.

☐ **book**ish [búkiʃ] 형 서적상의, 딱딱한 ☜ book + ish<형접>

☐ **book**keeper [búkkìpər] 명 **부기계원**, 장부계원 ☜ book + 지키는/관리하는(keep) 사람(er)

☐ **book**keeping [búkkìpiŋ] 명 부기(簿記) ☜ book + keep(지키다) + ing<명접>

☐ **book**let [búklit] 명 (보통 종이 표지의) **작은 책자** ☜ 작은(let) + 책(book)

☐ **book**maker [búkmèikər] 명 저술가, 편집자 ☜ 책(book)을 만드는(make) 사람(er)

☐ **book**plate [búkplèit] 명 장서표 ☜ book + plate(장서표, 표찰; 접시)

☐ **book**seller [búksèlər] 명 **서적상**, 책장수 ☜ 책(book)을 파는(sell) 사람(er)

☐ **book**shelf [bukʃelf] 명 **서가**, 장서 (pl. **-shelves**) ☜ book + shelf(선반)

☐ **book**shop [búkʃàp] 명 **책방, 서점** ☜ book + shop(가게, 상점)

☐ **book**store [búkstɔ̀ːr] 명 **책방, 서점** ☜ book + store(가게, 상점)

☐ **book**worm [búkwə̀rm] 명 **책벌레**, 독서광 ☜ book + worm(벌레)

베이비붐 baby boom (출생율의 급상승)

베이비 붐《제2차 세계대전 후 미국에서 출생률이 급격히 상승한 현상》

※ **baby** [béibi/**베**이비] 명 **갓난 아이, 젖먹이** ☜ 중세영어로 '갓난 아이'란 뜻

☐ **boom** [buːm] 명 **쿵하고 울리는 소리; 벼락 경기, 붐** 동 **쿵하고 울리다, 갑자기 경기가 좋아지다** ☜ 후기중세영어 bombon(벌 등이 윙윙거리다)에서 유래
♠ **the boom** of a cannon 대포의 **굉음**
♠ **a boom** in car sales 자동차 판매의 **붐**

☐ **boom**ing [búːmiŋ] 형 꽝 하고 우는(울리는); 경기가 급등한 ☜ boom + ing<형접>
♠ **booming** prices **폭등하는** 물가

부메랑 boomerang (호주<오스트레일리아> 원주민의 무기)

☐ **boomerang** [búːmərӕ̀ŋ/**부**-머랭] 명 **부메랑**《호주 원주민의 무기》; 자업자득이 되는 것 동 (부메랑처럼) 되돌아오다 ☜ 호주 원주민 애보리진어로 '던지는 무기'란 뜻
♠ throw a **boomerang 부메랑**을 던지다

☐ **boon**(혜택, 이익) ➔ **bonbon**(봉봉) **참조**

부스터 booster (로켓의 추진장치)

☐ **boost** [buːst] 동 **밀어 올리다**; 신장시키다, 북돋우다 ☜ 근대영어로 '밀어 올리다'란 뜻
♠ **boost exports** (profits) **수출**(수익)**을 신장시키다**
♠ **boost prices 물가를 끌어올리다**

☐ **boost**er [buːstə(r)] 명 원조자, 후원자; **부스터**《로켓 따위의 보조추진장치》 ☜ boost + er(사람/장치)

부츠 boots (목이 긴 구두, 장화)

☐ **boot** [buːt/부-트] 명 (보통 pl.) **부츠, 목이 긴 구두,**《미》**장화**, (호텔의) 구두닦이 ☜ 고대 프랑스어로 '목이 긴 구두'란 뜻
♠ a pair of **boots 부츠** 한 켤레
♠ put on **boots 부츠[장화]**를 신다
♠ take off **boots 부츠[장화]**를 벗다

♠ **to boot 게다가, 더욱이, 그것도**(앞서 한 말에 덧붙일 때)

☐ **boot**black [búːtblæk] ⓜ 《미》 길가의 구두닦이(《영》 shoeblack)
☜ boot + black(구두약으로 닦아 광을 내다)

부스 booth (칸막이로 된 가설 전시장)

☐ **booth** [buːθ] ⓜ (pl. **-s**) **노점**, 매점, **칸 막은 좌석; 공중전화박스**; 초소
☜ 고대 덴마크어로 '임시 거주하다', 중세영어로 '임시구조물'
♠ **a phone booth 공중전화 부스**

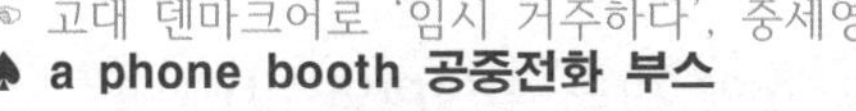

연상 ▸ 전리품을 집안에 들였더니 부티(booty.전리품)가 난다.

☐ **booty** [búːti] ⓜ 노획물, **전리품** ☜ 고대 프랑스어로 '전리품'이란 뜻.
♠ He brought **a lot of booties**.
그는 **많은 전리품**을 가져왔다.
♠ **play booty 한통속이 되어 상대방을 속이다.**

비오큐 BOQ (독신장교숙소)

☐ **BOQ** **B**achelor **O**fficers' **Q**uarters 【군사】 독신장교숙소

✚ **bachelor 총각, 독신남자; 학사** offi**c**er **장교**, 공무원; 경관 **quart**er **4분의 1; 15분**; (pl.) **숙소**

보랙스 borax ([화학] 붕사<硼砂>)

붕사(硼砂)란 붕소를 함유한 백색결정체로서 강한 열에 녹이면 유리와 비슷하게 변한다. 방부제 및 에나멜, 유리의 원료로 쓰인다.

☐ **borax** [bóuræks, bɔ́ː-] ⓜ 【화학】 **붕사**; 《미.속어》 싸구려 ☜ 페르시아어로 '붕사'란 뜻

보더 프린트 border print (천 가장자리에 단과 평행되게 프린트한 무늬)

☐ **border** [bɔ́ːrdər/**보**-더] ⓜ **가장자리**, 변두리, **경계**, 국경 ⓗ 국경의 ⓢ 인접하다 ☜ 고대 프랑스어로 '방패의 가장자리'란 뜻.
♠ a **border** army **국경** 수비대

☐ **border**land [bɔ́ːrdərlæ̀nd] ⓜ 국경지대 ☜ border + land(땅)

☐ **border**line [bɔ́ːrdərlàin] ⓗ **국경(근처)의** ☜ line(줄, 선; 전선(前線))

☐ **border** line 국경선, **경계선**

※ **print** [print/프륀트] ⓢ **인쇄하다; 출판**(간행)**하다**; (마음 · 기억에) 인상을 주다; 무늬를 박다 ⓜ **인쇄**; 출판물; **자국**; 인상; 판화; 날염 ☜ 라틴어로 '누르다'라는 뜻

보링 boring (뚫은 구멍을 크게 하는 과정)

❶ [자동차] 실린더 보링의 준말로 엔진의 실린더가 한계 이상으로 마모되었을 때 엔진 내벽에 생긴 상처를 없애 소음을 줄이고 엔진 오일 감소를 막기 위해 보링 머신으로 피스톤 오버 사이즈에 맞추어 실린더 벽을 깎아내는 작업. 다만 실린더 보링은 배기량이 늘거나 내구성이 떨어지는 역효과도 있다.
❷ 토질이나 암석 내에 있는 토사(土砂)나 물, 기름 등을 채취할 목적으로 구멍을 뚫는 것.

☐ **bore** [bɔːr] ⓢ (구멍을) **뚫다**; 지루하게 하다 ⓜ 구멍, 구경; 따분한 사람
☜ 고대영어로 '구멍을 뚫다'란 뜻.
♠ **bore** one's way through the crowd
혼잡한 사람들 사이를 **뚫고 나아가다**.
♠ He is a bit of a **bore**. 그는 좀 **지루한 친구**이다.

☐ **bore**d [bɔːrd] ⓗ 지루한, 싫증나는 ☜ bore + ed<형접>

☐ **bore**dom [bɔ́ːrdəm] ⓜ 권태; **지루함** ☜ bore + dom(상태)

☐ **bore**hole [bɔ́ːrhòul] ⓜ 【채광】 (석유 · 수맥 탐사용) 시추공 ☜ bore + hole(구멍)

☐ **bore**some [bɔ́ːrsəm] ⓗ 지루한, 싫증나는 ☜ bore + some(~ 상태의)

☐ **bor**ing [bɔ́ːriŋ] ⓜ 구멍을 뚫음, **천공** ☜ bore + ing<명접>

베어링 bearing (축받이)

■ **bear** [bɛər/베어] ⓢ (-/**bore**/**borne**(**born**)) **참다, 견디다, 기대다**; (애를) **낳다; 운반하다** ☜ 고대영어로 '가져오다, 생산하다, 견디다'란 뜻
♠ **bear in mind 기억하다, 명심하다**

■ **bear**ing [béəriŋ] 명 『기계』 축받이, **베어링; 태도; 방위각** ☜ bear + ing<명접>

□ **born** [bɔːrn/보-온] 형 **타고난**, 선천적인, **태어난** 반 **acquired** 후천적인
☜ bear(낳다)의 과거분사 ➔ 형용사
♠ **born of ~ ~에서 태어난, ~출신의**
♠ **born to ~ ~로 태어난, ~을 타고난**
He was **born to** the Kims. 그는 김씨**로[가문에] 태어났**다.

□ **born**e [bɔːrn] 동 bear(낳다) 이외의 뜻의 과거분사

B

보르네오 Borneo (세 나라가 같은 섬에 있는 동남아의 섬)

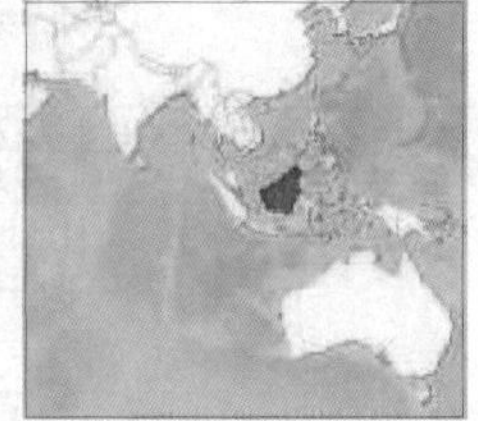

동남아시아 말레이제도에 있는 섬이다. 남중국해・자바해・셀레베스해 등에 둘러싸여 있는 세계 제3의 큰 섬으로, 북부는 브루나이와 말레이시아, 남부는 인도네시아로 나뉘어져 있다. 한 섬에 세 나라가 함께 있는 것은 전 세계에서 보르네오 섬이 유일하다.

□ **Borneo** [bɔ́ːrniòu] 명 **보르네오**(섬) 《Malay 제도에 있는, 세계에서 세 번째로 큰 섬》 ☜ 산스크리트어로 '땅, 지역, 지방'이란 뜻.

□ **borough**(자치 읍면, 자치구; 자치도시) ➔ **burg**(읍, 시) **참조**

바로워즈 the Borrowers (영・미국 합작 영화. <빌려간 사람들>이란 뜻)

1997년 개봉한 영・미 합작 가족 코미디 영화. 존 굿맨, 짐 브로드벤트, 셀리아 아임리 주연. 손가락크기만한 소인들이 인간들을 피해 집안 곳곳에 숨어살면서 필요한 물건을 인간들에게서 몰래 빌려갔지만 돌려줄 줄을 몰라 인간들이 이들을 추격하면서 결전까지 벌이게 된다는 이야기

□ **borrow** [bάrou/**바**로우/bɔ́rou/**보**로우] 동 **빌리다, 차용하다**
☜ 고대영어로 '빌리다'란 뜻 반 **lend** 빌려주다
♠ **Borrowing makes sorrowing. 《속담》 빚은 근심의 근원**

□ **borrow**er [bɔ́(ː)rəuə] 명 **빌려 쓰는 사람**, 차용인 ☜ borrow + er(사람)
비교 **borrow** 휴대용 물건을 일시적으로 빌리다, **lend, loan** 일정기간 무엇을 빌려주다, **rent** 돈을 내고 (차나 집, 보트, 의류 등을) 빌리다

보스니아 헤르체고비나 Bosnia and Herzegovina (유럽 발칸반도의 나라)

□ **Bosnia and Herzegovina** [bάzniə ænd hɛərtsəgouvíːnə/bɔ́z-] 명 **보스니아 헤르체고비나** 《유럽 발칸반도에 있는 나라. 수도는 사라예보(Sarajevo)》 ☜ 보스니아는 Bosna강(江)에서 유래하였고, 헤르체고비나는 헝가리어로 '군주'를 뜻함.

부점 bosom ([패션] 드레스 셔츠의 가슴부분)

예장용의 셔츠에는 이 부분에 장식을 꾸미는 경우가 많은데, 단단히 풀칠한 것을 스타치트 부점(starched bosom), 주름을 배합한 것을 플리티드 부점(pleated bosom)이라고 한다.

□ **bosom** [búzəm, búː-] 명 《문어》 **가슴, 속**, (여자의) 유방, 가슴 속
동 가슴에 품다, 간직하다 형 가슴의; 친한
☜ 고대영어로 '가슴, 유방'이란 뜻
♠ **a bosom friend 친구** (=a close friend)

□ **bosom**y [búzəmi] 형 《구어》 (여자가) 가슴이 풍만한 ☜ -y<형접>

보스포러스해협(海峽) Bosporus Straits (아시아와 유럽의 경계선. <소가 건넌 해협>)

□ **Bosporus** [bάspərəs/bɔ́s-, -fərəs] 명 (the ~) **보스포러스** 해협
☜ 그리스어로 '소가 건너다'란 뜻

※ **strait** [streit/스뜨뤠이트] 명 **해협**; (보통 pl.) **곤경** 형 《고어》 좁은, 답답한; 『종교』 엄격한
☜ 라틴어로 '팽팽하게 당기다', 고대 프랑스어로 '꽉 조이는, 좁아진'이란 뜻
비교 **straight** 곧은, 똑바로 선, 정돈된
★ 고유명사에 붙일 때는 보통 복수로서 단수 취급한다.
♠ **the Straits of Dover 도버 해협**

보스 boss (두목)

□ **boss** [bɔ(ː)s/bɑs] 명 **두목, 보스**, 우두머리 동 두목이 되다 ☜ 네델란드어로 '주인'이란 뜻.

♠ one's **boss** at the office 직장 **상사**

보스턴 Boston (미국에서 역사가 가장 오래된 도시)

B

□ **Boston** [bɔ́(:)stən, bɑ́s-] 명 **보스턴** 《미국 매사추세츠 Massachusetts주의 주도》
☜ 중세 성(聖) 보톨프(St. Botolph)가 영국 동부에 가톨릭 교회를 지으면서 Botolph's Town이나 Botolph's Stone이라 불리던 것이 결국 Boston이 되었고 이후 그곳의 청교도들이 미국에 건너와 이 이름을 그대로 붙였다.
♠ the **Boston** Massacre **보스턴** 학살사건 《1770년 일어난 영국군과 보스턴 시민간의 충돌 사건》 ☜ massacre [mǽsəkər] 대량학살
♠ the Boston Tea Party **보스턴** 차(茶) 사건 《1773년 발생》

보타니 베이 Botany Bay (호주 시드니에 있는 만(灣))

1776년 영국 탐험가 제임스 쿡 선장이 호주에 최초로 상륙한 지점이다. 당시 탐험대에 동참한 박물학자 조지프 뱅크스가 이 만에서 다양한 식물을 발견하였으므로 이곳을 식물의 만(Botany Bay)라고 명명했다. 1778년 영국 해군의 아서 필립이 이곳에 영국 죄수들의 유형지를 세웠다.

□ **botany** [bɑ́təni/bɔ́t-] 명 (pl. **-nies**) **식물학**
☜ 고대 그리스어로 '풀잎'이란 뜻
♠ He **majored in botany** at the university. 그는 대학에서 **식물학을 전공했다**.

□ **botani**cal [bətǽnikəl] 형 **식물(학)의** ☜ botany + ical<형접>
♠ **botanical garden 식물원**

□ **botani**st [bɑ́tənist/bɔ́t-] 명 **식물학자** ☜ botany + ist(사람)

※ **bay** [bei/베이] 명 **만**(灣) ☜ 라틴어로 '물줄기', 고대 프랑스어로 '구멍'이란 뜻

비엔날레 biennale (2년마다 열리는 국제전람회)

2년마다 열리는 국제전람회 또는 국제미술전. 예) 광주비엔날레

♣ 어원 : **bi-, bo- 2개의**

■ **bi**ennale [biennɑ́:le] 명 격년 행사, **비엔날레** ☜ bi(2) + enn(년)마다 의(ale<al)

■ **bi**cycle [báisikəl/**바**이시끌] 명 **자전거** ☜ 2개(bi)의 바퀴(cycle)

■ **bi**ke [baik] 명 **자전거**, 오토바이 동 자전거를 타다 ☜ bicycle의 단축 변형어

□ **bo**th [bouθ/보우쓰] 명형 **양자(의), 양쪽(의)** 부 **ⓐ도 ⓑ도(양쪽 다)**
♠ **both (A) and (B) A도 B도 모두, 양쪽 다** 반 neither Ⓐ nor Ⓑ
Exercise is good for **both** body **and** mind .
운동은 몸**과** 마음 **양쪽에 다** 좋다.

돈 보더 투 노크 Don't bother to knock (미국 스릴러 영화. <노크는 필요없어요> 라는 뜻)

© 20th Century Fox

1952년 개봉한 미국 드라마/스릴러 영화. 리차드 위드마크, 마릴린 먼로 주연. 정신병원에서 갓 나온 여자가 호텔에서 베이비시터로 일하게 되지만 본연의 임무는 망각하고, 엉뚱한 행동만 하다가 결국 다시 정신병이 도지게 되면서 파국을 맞는다는 이야기.

※ **don't** [dount/도운트] 동 **~ 하지 않다** ☜ do not의 줄임말

□ **bother** [bɑ́ðər/bɔ́ð-] 동 **~을 괴롭히다**, 귀찮게 하다
☜ 앵글로 아일랜드어로 '~에게 폐를 끼치다'란 뜻
♠ Don't **bother** yourself about it. 그 일로 **괴로워하지** 마라.

□ **bother**some [bɑ́ðərsəm/bɔ́ð-] 형 귀찮은, 번거로운, 성가신 ☜ -some(~상태의)

※ **to** [(모음 앞) tu/투-, (자음 앞) tə/터, (강) tú:/**투**-] 전 〖방향·시간〗 **~(쪽)으로, ~까지**; 〖결과·효과〗 **~에게, ~에 대하여**; 〖목적〗 **~을 위하여**
☜ 고대영어로 '~방향으로, ~목적으로'란 뜻

※ **knock** [nɑk/나크/nɔk/노크] 동 (문을) **두드리다**, 치다 명 **노크**
☜ 고대영어로 '두드리다, 치다'란 뜻

보틀넥 인플레 bottleneck inflation (생산부족에 의한 물가상승)

일부 산업의 생산요소 부족이 파급시키는 물가상승

□ **bottle** [bɑ́tl/**바**틀/bɔ́tl/**보**틀] 명 **병, 술병** 동 **병에 담다** ☜ 라틴어로 '통'이란 뜻
♠ **a bottle of** beer **한 병의** 맥주

□ **bottle**d [bɑ́tld/bɔ́tld] 형 병에 넣은 ☜ bottle + ed<형접>

□ **bottle**neck [bάtlnèk/bɔ́tl-] 명 병의 목, 좁은 입구 ☜ bottle(병) + neck(목)

■ **butl**er [bʌ́tlər] 명 **집사**, 하인의 우두머리
☜ 고대 프랑스어로 '포도주통(butl=bottle) 관리담당관(er)'이란 뜻.

※ **inflation** [infléiʃən] 명 **부풀림**; 부품, 팽창; 〖경제〗 **통화팽창**, **인플레(이션)**
☜ 안으로(in) 공기를 넣(flate) 기(ion<명접>)

벨보텀 트라우저즈 bell bottom trousers (나팔바지)
원샷 one shot (콩글 건배) ➔ bottoms up <바닥이 위로 가게>

무릎에서 아래에 플레어를 넣어 단을 나팔형으로 한 바지. 원래 미국 해군의 수병이 입던 것인데, 1960~70년대에 일반 젊은이들 사이에서 유행했다.

※ **bell** [bel/벨] 명 **종; 방울, 벨** 동 **~에 종을 달다**
☜ 고대영어로 '고함치다, 소리 지르다'란 뜻

□ **bottom** [bάtəm/**바**럼, bɔ́təm/**보**텀] 명 **밑바닥; 기초**, 토대
☜ 고대영어로 '땅, 밑바닥'이란 뜻 반 top 꼭대기
♠ send a ship to the **bottom** 배를 가라앉히다.
♠ **at bottom 마음속은, 마음은**(=at heart); **본심은**
♠ **at the bottom of ~ ~의 밑바닥[구렁텅이]에; ~의 밑에, 주원인으로**

□ **bottom** gear 《영》 최저속 기어(《미》 low gear) ☜ gear(기어, 전동장치)

□ **bottom**less [bάtəmlis/ bɔ́t-] 형 **밑바닥 없는**, 매우 깊은; 누드의, 전라(全裸)의
☜ bottom + less(~이 없는)

※ **trouser** [tráuzər] 명 (남자용) **바지** 형 바지(용)의
☜ 중세 아일랜드어로 '몸에 꼭 맞는 반바지'란 뜻

※ **shot** [ʃαt/ʃɔt] 명 발포, **발사, 탄환**; 총성; 〖사진·영상〗 촬영, 스냅(사진), 한 화면, **샷**
☜ shoot의 단축형. 고대영어로 '쏘기'란 뜻

※ **up** [ʌ́p/**업**] 부 (낮은 곳에서) **위(쪽으)로, 위에**, (논의·화제에) **올라**; 힘차게, 완전히
☜ 초기인도유럽어로 '아래에서 위로'란 뜻

웬 더 바우 브레이크 When the bough breaks
(미국 공포 영화. <가지가 부러질 때>란 뜻)

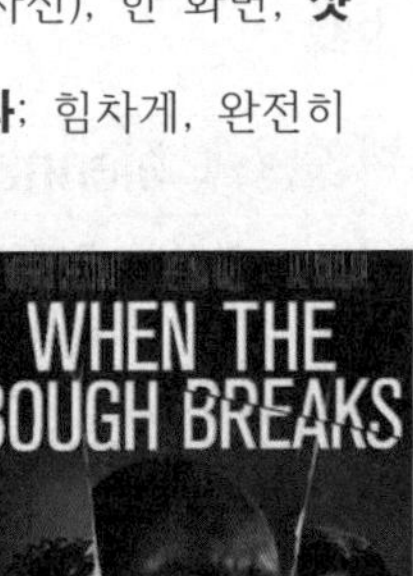

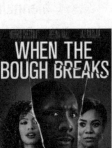

© Screen Gems

2016년 개봉한 미국 공포 영화. 아이를 갖지 못한 부부가 대리모를 통해 아이를 갖기를 원하지만 싸이코 대리모가 남편에게 애정을 갖게 되면서 넘어서는 안 될 선을 넘게 되고 결국 임신한 채 사라진 대리모는 차에 치여 죽게 되지만 부부는 아이를 살려낸다는 이야기.

※ **When** [hwen/휀] 부접 〖의문부사〗 **언제; 어떤 때에**
☜ 고대영어로 '언제'라는 뜻

□ **bough** [bau] 명 **큰 가지**(=main branch)
☜ 고대영어로 '어깨, 팔, 나뭇가지'
♠ The bird settled **on a bough**. 새가 **가지에** 앉았다.

※ **break** [breik/브뤠이크] 동 (-/**broke/broken**) **부수다, 깨지다** 명 **깨짐; 휴식**
☜ 고대영어로 '고체를 잘게 쪼개다'란 뜻.

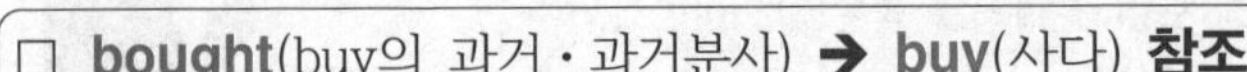
□ **bought**(buy의 과거·과거분사) ➔ **buy**(사다) **참조**

불바르 < 블러바드 boulevard (가로수가 있는 산책길)

□ **boulevard** [bú(:)ləvὰ:rd] 명 넓은 가로수 길(산책 길); 《미》 큰길, 대로《생략: blvd.》
☜ 고대 프랑스어로 '산책길, 가로수길'이란 뜻
♠ **along a boulevard 큰 길을 따라**

리바운드 rebound ([농구] 공의 되튐)

♣ 어원 : boun(d) 쿵 치다

■ re**bound** [ribáund] 동 (공 등이) 되튀다 ☜ 다시(re) 쿵 치다(bound)
[ríːbàund, ribáund] 명 되튐, 반발

□ **bound** [baund] 명 **튐**(=spring) 동 **튀어 오르다, 되튀다**
☜ 고대 프랑스어로 '뛰어 오르다'란 뜻
♠ **at a bound 단 한 번의 도약으로, 일약**

□ **boun**ce [bauns] 동 튀어 오르다, (공 등이) **튀다** ☜ 중세영어로 '탁/쿵 치다'란 뜻

□ **boun**cer [báunsər] 명 거대한 사람(물건); 도약자, 튀어 오르는 물건 ☜ -er(사람)

☐ **boun**cing [báunsiŋ] ⓗ 잘 튀는. (아기 등이) 기운 좋은, 튼튼한 ☜ -ing<형접>
♠ a **bouncing** baby **활기찬** 아기

바인더 binder (서류철 묶음철)

B

♣ 어원 : bind, bound 묶다
■ **bind** [baind/바운드] ⓢ (-/**bound**/**bound**) **묶다**
☜ 고대영어로 '끈으로 묶다'란 뜻.
■ **bind**er [baindər] ⓜ **묶는 사람[것]**; 《특히》 (서류 따위를) 철하는 표지, **바인더**
☜ bind + er(기기)
☐ **bound** [baund] ⓜ (pl.) **경계**(선), **범위; 한계** ☜ bind의 과거분사 ➔ 형용사
ⓗ **묶인, 의무가 있는**; (책이) **장정**(裝幀)**한; ~로 향하는[행의]**
♠ **be bound for ~ ~행이다, ~로 향하다**
♠ **be bound to ~ ~하지 않으면 안 되다; 《미》 ~할 결심이다**
She **is bound to** go. 그녀는 **갈 결심이다**.
♠ **at a bound 단 한 번의 도약으로, 일약**
☐ **bound**ary [báundəri] ⓜ **경계**(선); (보통 pl.) 한계, 범위, 영역 ☜ -ary<명접>
☐ **bound**less [báundlis] ⓗ **무한한**, 끝없는 ☜ bound + less(~이 없는)
☐ **bound**lessly [báundlisli] ⓟ 무한히, 끝없이 ☜ boundless + ly<부접>
■ in**bound** [ínbáund] ⓗ 도착하는, 들어오는 ☜ 범위(bound) 안으로(in)
■ out**bound** [áutbáund] ⓗ 외국으로 가는, 시외로 가는 ☜ 범위(bound) 밖으로(out)

보너스 bonus (상여금), 봉주르 bon jour ([F.] 안녕하십니까. <좋은 날>)

♣ 어원 : bon, boon, boun 아주 좋은, 맛있는
■ **bon**us [bóunəs] ⓜ 상여금, **보너스** ⓢ ~에 조성금을〔보너스를〕 내다.
☜ 라틴어로 '좋은(bon) 것(us)'이란 뜻.
■ **bon**bon [bάnbὰn/bɔ́nbɔ̀n] ⓜ 《F.》 **봉봉** 《설탕을 위주로 만든 사탕 · 과자》
☜ 프랑스어로 'bon(좋은)'의 반복적 사용
■ **boon** [buːn] ⓜ 은혜(=blessing), **혜택**, 이익 ☜ 중세영어로 '좋은'이란 뜻.
☐ **boun**ty [báunti] ⓜ **관대함**; 박애; **하사품**(下賜品) ☜ 좋은(boun) 것(ty<명접>)
♠ **the bounty** of Nature 자연의 **자비로움**
☐ **boun**teous [báuntiəs] ⓗ 관대한, 풍부한 ☜ bounty<y→e> + ous<형접>
☐ **boun**tiful [báuntifəl] ⓗ 관대한, 인정 많은(=bounteous)
☜ bounty + ful<형접>

부케 bouquet ([F.] 부케, 꽃다발)

☐ **bouquet** [boukéi, buː-] [F.] ⓜ **부케**, 꽃다발
☜ 프랑스어로 '작은 숲'이란 뜻

부르주아(지) bourgeois(ie) (유산계급)

원래 중세 도시에 거주하던 프랑스 시민을 가리켰으나 근대 민주주의혁명의 주체로서 봉건사회를 타도하고 봉건적 토지소유를 폐기하여 시민사회가 발전하고 자본제 생산양식에 입각한 근대사회가 형성되자, 자본가 계급을 형성하게 되었다. 18~19세기 유산계급

☐ **bourgeois** [burʒwɑː/부르즈와] ⓜ (pl. ~) 《F.》 중산 계급의 시민 《주로 상인 계급》, 유산자, **부르주아** ⓗ 중산층의, 자본주의적인
☜ 프랑스어로 '성/도시(Bourg) 안에 거주하는 부유한 자들(eois)'이란 뜻.
♠ the **bourgeois** society **부르조아** 사회
♠ a traditional **bourgeois** family 전통적인 **중산층** 가문

바우트 bout (복싱 · 펜싱 등의 한판승부)

[복싱] 보통 아마추어 바우트는 한 라운드에 3분씩 3번의 라운드를 하고, 프로 바우트는 한 라운드에 3분씩 15라운드를 한다. [펜싱] 남자(여자) 경기시간은 6분(5분)이지만 한 경기자가 5개(4개)의 히트를 경기시간 내에 얻으면 바우트는 종료된다.

☐ **bout** [baut] ⓜ 한 판 승부; (권투 · 펜싱 따위의) 경기 ☜ 중세영어로 '결투'란 뜻
♠ **have a bout with ~ ~와 승부를 겨루다**

부티크 boutique (여자용 유행복 · 악세서리 매장)

☐ **boutique** [bu(:)tíːk] 명 《F.》 **부티크** 《값비싼 유행 여성복·액세서리를 파는 양품점·백화점의 매장》 ☜ 라틴어로 '창고'란 뜻

레인보우 rainbow (무지개)
엘보 elbow (팔꿈치; 팔꿈치 통증 질환; L자 모양의 관(管))

♣ 어원 : **bow 구부러진 것**

■ rain**bow** [réinbòu] 명 **무지개** ☜ rain(비) + bow(구부러진 것)

■ el**bow** [élbou] 명 **팔꿈치**; (의자의) 팔걸이; L 자 모양의 관, **엘보**
☜ 고대영어로 '팔(ell)의 활(bow)'이란 뜻

☐ **bow** [bou/보우] 명 **활**, 활모양(의 것); **절**; (종종 pl.) 뱃머리, 선수(船首)
동 **활처럼 구부리다, 절하다**, (허리를) 굽히다 ☜ 고대영어로 '활'이란 뜻
♠ He **bowed** to me. 그는 나에게 **절을 했다**.
♠ draw **a bow** **활**을 당기다

☐ **bow**man [bóumən] 명 (pl. **-men**) 궁수(弓手) ☜ bow + man(사람, 남자)

연상 의사는 타월(towel.수건)로 환자의 바우얼(bowel.창자)를 닦았다

※ **towel** [táuəl] 명 **타월**, 세수 수건 ☜ 고대 프랑스어로 '수건'이란 뜻

☐ **bowel** [báuəl] 명 **창자**(의 일부), (보통 pl.) 창자; 내장(=intestines)
☜ 고대 프랑스어로 '창자, 내장'이란 뜻.
♠ bind 〔loosen, move〕 **the bowels** 설사를 멈추게〔변을 보게〕 하다

바우어새 bower bird (암컷을 유인하기 위해 정자를 만드는 호주 새)

오스트레일리아[호주]와 뉴기니에 서식하는 새이며 바우어(Bower)를 지어놓고 암컷을 유인하는 습성으로 유명하다.

☐ **bower** [báuər] 명 나무 그늘진 휴식 장소, **나무 그늘; 정자**
☜ 고대영어로 '방, 오두막'이란 뜻.
♠ There is **a bower** at the end of the garden.
정원의 끝에는 **나무그늘 휴식장소**가 있다.

☐ **bower**y [báuəri] 형 정자가 있는; 나무 그늘이 있는 ☜ bower + y<형접>

※ **bird** [bəːrd/버-드] 명 **새** ☜ 고대영어로 '어린 새, 병아리'란 뜻.

볼링 bowling (공을 굴려 세워져 있는 10개의 핀을 쓰러뜨리는 실내경기)

☐ **bowl** [boul/보울] 명 **사발, 나무공** ☜ 고대영어로 '둥근; 단지, 사발'이란 뜻
♠ **punch bowl 펀치보울**, 화채그릇; 주발모양의 분지
☜ punch(레몬즙·설탕·포도주 등의 혼합 음료)
♠ **finger bowl 핑거보울** 《과일 먹은 후 손 씻는 그릇》 ☜ finger(손가락)

☐ **bowl**er [bóulər] 명 (볼링의) 공놀이하는 사람 ☜ bowl + er(사람)

☐ **bowl**ing [bóuliŋ] 명 **볼링** ☜ bowl + ing<명접>

☐ bowwow(개 짖는 소리, 멍멍) ➔ bark(짖다) 참조

박스 box (사각 상자), 복싱 boxing (권투)

☐ **box** [bɑks/박스/bɔks/복스] 명 **상자; (따귀를) 손바닥[주먹]으로 침**
☜ 고대 그리스어로 '회양목으로 만든 상자'란 뜻
※ jewel box 보석상자 mail box 우편함 police box 파출소
box office (극장의) 매표소; (흥행) 수익

☐ **box**er [bɑ́ksər/bɔ́ks-] 명 복서, 권투선수 ☜ box + er(사람)
☜ 고대영어로 '장방형의 나무 용기'란 뜻

☐ **box**ing [bɑ́ksiŋ/bɔ́ks-] 명 **복싱, 권투** ☜ 복싱은 4각의 박스(box)내에서 한데서

■ ice**box** [áisbɑ̀ks/ -bɔ̀ks] 명 **아이스박스**, 냉장고(=refrigerator, fridge)
☜ 얼음(ice)을 담는 상자(box)

보이스카우트 the Boy Scouts (소년단. <소년 정찰병>이란 뜻)

1907년 영국의 R.S.베이든 파웰이 창설. 그는 남아프리카 보어전쟁(네델vs영국) 때 소년들을 정찰활동에 활용했던 경험을 기반으로 청소년들에게 건전한 시민정신 배양 및 다양한 야외생활기술 습득을 위해 소년시절의 훈련 필요성을 통감하고, 퇴역 후 보이스카우트를 창설했다.

B

□ **boy** [bɔi/보이] ⓜ **소년, 남자 아이**
☜ 중세영어로 '하인, 평민, 악당'이란 뜻
♠ a **boy**s' school **남**학교
□ **boy**ish [bɔ́iiʃ] ⓐ 소년 같은, 소년다운 ☜ boy + ish(~같은)
□ **boy**friend [bɔ́ifrènd] ⓜ **남자 친구** 반 girl friend 여자친구
☜ boy + friend(친구)
□ **boy**hood [bɔ́ihud] ⓜ **소년기, 소년시대**
☜ boy + hood(성질·상태·계급·신분을 나타내는 명사어미)
■ cow**boy** [káubɔ̀i] ⓜ **목동, 카우보이** ☜ cow(암소) + boy
※ **scout** [skaut] ⓜ **정찰(병), 척후(병)**
☜ 중세영어로 '정보를 찾아다니다', 고대 프랑스어로 '(조용히) 듣다'란 뜻

보이코트 boycott (집단배척)

□ **boycott** [bɔ́ikɑt/-kɔt] ⓜ **보이콧**, 불매 동맹, 배척 ⓢ 보이콧하다, 배척하다
☜ 아일랜드의 Charles Boycott의 이름에서. 아일랜드 귀족의 영지 관리인이었던 찰스 보이콧은 지역 노동자들을 난폭하게 대하고 쫓아내는 것으로 악명이 높았는데, 이런 그의 행동에 분개한 지역 상인들이 보이콧에게 물건을 판매하지 않았고, 노동자들도 보이콧의 농장에서 일하기를 거부했다.
♠ I've decided to **boycott** the elections. 나는 **선거 불참**을 선언했다.

브라켓 < 브래킷 bracket ([건축] 까치발)

♣ 어원 : brac(e) 팔; 죄다
□ **brace** [breis] ⓜ **버팀대, 지주**(支柱) ⓢ **죄다**; 분발시키다
☜ 라틴어로 '팔, 팔뚝'이란 뜻
♠ **Brace yourself ! 마음 단단히 먹어라.**
□ **brace**r [bréisər] ⓜ 죄는 물건 ☜ 죄는(brace) 장비(er)
□ **brace**let [bréislit] ⓜ 팔찌, (pl.) 〖구어〗 수갑 ☜ 작은(let) 팔(brace)
□ **brac**ket [brǽkit] ⓜ **까치발, 선반받이** ☜ 작은(et) 팔(brace) + k
■ em**brace** [embréis] ⓢ 얼싸안다, 껴안다(=hug), **포옹하다**
☜ 팔(brace) 안으로(em<in)

연상 배거(begger.거지)들 중엔 브래거(bragger.떠벌이)가 많다

♣ 어원 : brag 과시하다, 자랑하다
※ **begger** [bǽgər] ⓜ **거지** ☜ 구걸하는(beg) + g<단모음+단자음+자음반복> + 사람(er)
□ **brag** [bræg] ⓢ **자랑하다**, 자만하다, 허풍떨다 ☜ 중세영어로 '자랑하다'란 뜻
♠ **make brag of ~ ~을 자랑하다**
□ **brag**gart [brǽgərt] ⓜ 허풍선이, 자랑꾼 ☜ 자랑(brag) + g<자음반복> + 꾼(art)
□ **brag**ger [bræg] ⓜ 허풍선이, 자랑꾼 ☜ 자랑하는(brag) + g + 사람(er)

브람스 Brahms (<헝가리 무곡>을 작곡한 독일의 작곡가)

□ **Brahms** [brɑːmz] ⓜ **브람스** 《Johannes ~ , 독일의 작곡가; 1833-97》

웨이브 브레이드 wave braid (꾸불꾸불한 장식용 끈)
브레이드 자수 braid embroidery (실을 꼬아서 만든 끈자수)

※ **wave** [weiv] ⓜ **파도, 물결** ☜ 고대영어로 '앞뒤로 움직이다'란 뜻
□ **braid** [breid] ⓜ **꼰 끈**; 땋은 머리 ⓢ (머리를) 땋다; (리본을) 엮다
☜ 고대영어로 짜다, 뜨다'란 뜻.
♠ a straw **braid** 밀짚으로 **꼰 납작한 끈**
■ em**broid**ery [embrɔ́idəri] ⓜ **자수(품)**, 수(놓기); 윤색 ☜ embroider(자수하다, 수놓다) + y<명접>

브레인 brain (뇌 ; 우수인재), 브레인스토밍 brainstorming

□ **brain** [brein/브뤠인] ⓜ **뇌; 우수인재** ☜ 고대영어로 '뇌'란 뜻
♠ have good 〔bad〕 brains 머리가 좋다〔나쁘다〕

B

☐ **brain**less [bréinlis] ⓗ 머리가 나쁜 ☜ brain + less(~이 없는)
☐ **brain**storming [bréinstɔ̀ːrmiŋ] ⓜ **브레인스토밍** 《회의에서 모두가 아이디어를 제출하여 그 중에서 최선책을 결정하는 방법》 ☜ 머리<뇌(brain) 속에 폭풍(storm)이 몰아치듯 혁신적인 아이디어들을 모으는 방식
☐ **brain** trust **브레인 트러스트** 《두뇌위원회, 고문단》 ☜ trust(신뢰, 위탁; 고문단)
☐ **brain**washing [bréinwɑ̀ʃiŋ, -wɔ(ː)ʃ-] ⓜ 세뇌 ☜ 뇌(brain)를 씻(wash) 기(ing<명접>)
☐ **brain**work [bréinwə̀ːrk] ⓜ 정신노동 ☜ brain + work(일, 노동)
☐ **brain**worker [bréinwə̀ːrkər] ⓜ 정신노동자 ☜ brain + worker(노동자, 일꾼)
☐ **brain**y [bréini] ⓗ (-<-n**ier**<-n**iest**) 《구어》 머리가 좋은 ☜ brain + y<형접>

브레이크 brake (브레이크, 제동기)

☐ **brake** [breik/브뤠이크] ⓜ **브레이크, 제동기** ⓢ **브레이크를 걸다**
☜ 중세 네델란드어로 '깨뜨리다(break), 중단하다'란 뜻 **비교** break **깨다; 깨지다**
★ 브레이크 등을 말할 때는 brake light가 아닌 parking light라고 해야 하고, 사이드 브레이크는 side brake가 아닌 emergency brake가 옳다.
♠ He pressed his foot down sharply on the **brake pedal**.
그는 급히 **브레이크 페달**을 발로 꾹 밟았다.
☐ **brake** drum **브레이크 드럼**, 제동통 ☜ drum(북, 드럼통)
☐ **brake** failure **브레이크** 고장 ☜ failure(실패)
☐ **brake** fluid (유압브레이크의) **브레이크** 액 ☜ fluid(유체, 액체)
☐ **brake** light **브레이크** 등 ☜ light(등, 불빛)
☐ **brake** lining **브레이크 라이닝** ☜ lining(안대기, 안감)
☐ **brake** pedal **브레이크 페달** ☜ pedal(발판)

브렌치 오피스 branch office (지점, 지부, 출장소)

☐ **branch** [bræntʃ/브뢘취/brɑːntʃ/브롼-취] ⓜ **가지, 분파** ☜ 고대 프랑스어로 '가지'란 뜻
♠ an overseas **branch** 해외 **지점**
비교 branch 줄기에서 나는 가지, **bough** 큰 가지, **twig** 잔가지, **spray** 잎이나 꽃이 붙어 있는 잔 가지
※ **office** [ɑ́ːffis/**아**-퓌스/ɔ́fis/**오**퓌스] ⓜ 임무, 직무; 관청, **사무소, 사무실**
☜ 라틴어로 '공적인 의무'란 뜻

브랜드 brand (상표, 상품의 이름)

☐ **brand** [brænd] ⓜ **상표**, 상품의 이름, **브랜드**, **품질; 낙인** ⓢ **낙인을 찍다**
☜ 중세영어로 '뜨거운 쇠로 만든 자국, 낙인'이란 뜻
♠ the **brand** of Cain 가인의 **낙인** 《살인죄》
☐ **brand**-new [brǽndnjúː] ⓗ **아주 새로운, 신품의** ☜ new(신(新), 새로운)

브랜디 brandy (화주ㆍ火酒)

소주ㆍ위스키처럼 도수가 높은 술, 불을 붙이면 탈 수 있을 정도로 독한 증류주

☐ **brandy** [brǽndi] ⓜ 화주(火酒), **브랜디** ☜ 근대영어로 '증류주(酒)'란 뜻
♠ Do you want to drink some **brandy** ? **브랜디** 좀 마실래?

브라스밴드 brass band (취주악단(吹奏樂團))

♣ **어원 : brass, braz 구리, 놋쇠, 동(銅)**
☐ **brass** [bræs, brɑːs] ⓜ **놋쇠, 황동**; 뻔뻔함
☜ 고대영어로 '놋쇠, 청동'이란 뜻
♠ **(as) bold as brass** ***놋쇠****처럼 뻔뻔한* ➔ **아주 철면피한**
☐ **brass band** 취주악단(吹奏樂團) ☜ band(무리, 떼, 악단)
☐ **brass**y [brǽsi, brɑ́ːsi] ⓗ (-<brass**ier**<-ss**iest**) 놋쇠의, 값싼 ☜ brass + y<형접>
☐ **braz**en [bréizən] ⓗ 놋쇠로 만든, 단단한; 뻔뻔스러운 ⓢ 뻔뻔스럽게 해내다
☜ 고대영어로 '놋쇠로 만든, 놋쇠의'라는 뜻.
☐ **braz**en-faced [bréiznfèist] ⓗ 철면피인, 뻔뻔스러운 ☜ brazen + 얼굴(face) 의(ed)
☐ **braz**ier [bréiʒər] ⓜ 화로 ☜ 놋쇠(braz) 기계(ier)

브라자 < 브레지어 brassiere (여성용 가슴가리개)

☐ **brassiere** [brəzíər] 명 **브레지어**(=bra) ☜ 프랑스어로 '팔보호대, 어린이의 속옷이나 어깨걸이'란 뜻에서 유래
■ **bra**less [brɑ́:lis] 형 (여성해방운동의 상징으로) 브레지어를 하지 않는, 노브라(주의)의 ☜ bra<brassiere) + less(~이 없는)
■ **bra** [brɑ:] 명 **브라** (=brassiere) ☜ brassiere의 줄임말
■ no-**bra** [nóubrɑ́:] 형 **노브라**의, 브래지어를 하지 않은 ☜ 브라(bra)가 없는(not)

B

브라보 bravo (잘한다!, 좋아!, 브라보!)

♣ **brav 훌륭한**
☐ **brave** [breiv/브뤠이브] 형 **용감한**(=courageous); **훌륭한, 화려한** ☜ 중세 프랑스어로 '빛나는, 용감한'이란 뜻 반 **cowardly, timid** 겁 많은
★ 미국 메이저리그 야구단 중에 애틀랜타 브레이브스(Atlanta Braves)가 있다. 원래는 보스턴 브레이브스(Boston Braves)였다가 밀워키 브레이브스(Milwaukee Braves)로 옮긴 다음 다시 애틀랜타로 옮긴 팀이다.
♠ a **brave** soldier **용감한** 병사
☐ **brave**ly [bréivli] 부 **용감하게, 훌륭하게** ☜ brave + ly<부접>
☐ **brave**ry [bréivəri] 명 **용감** ☜ brave + ry<명접>
☐ **bravo** [brɑ́:vóu] 감 잘한다, 좋아, **브라보**(갈채할 때의 외침) 동 갈채하다 ☜ 이탈리아어로 '용감한'이란 뜻에서 유래

연상 브라우니(Brownie.스코틀랜드의 작은 요정)는 브라우니(brawny.억센)하다

※ **Brownie** [bráuni] 명 〖Sc.전설〗 **브라우니** 《밤에 몰래 농가의 일을 도와준다는 작은 요정》 ☜ 스코틀랜드어로 '농가에 머무는 자비로운 도깨비'란 뜻.
☐ **brawn** [brɔ:n] 명 (억센) 근육; 완력; 삶아서 소금에 절인 돼지고기 ☜ 고대 프랑스어로 '살찌거나 근육질의 부분'이란 뜻.
☐ **brawn**y [brɔ́:ni] 형 (-<-ni**er**<-ni**est**) 근골(筋骨)이 늠름한, 억센, 튼튼한; 센 ☜ -y<형접>
♠ He is a **brawny** man. 그는 **힘이 센** 사람이다.

☐ **brazen**(놋쇠로 만든) ➔ **brass**(놋쇠) **참조**

브라질 Brazil (축구와 삼바축제로 유명한 남미의 국가)

남아메리카 중앙부에 있는 나라이다. 라틴아메리카에서는 스페인이 아닌 유일하게 포르투갈 식민지에서 발전한 나라로 국토면적 세계 5위, 인구 세계 5위의 대국이다. 축구와 삼바축제로 유명하다.

☐ **Brazil** [brəzíl] 명 **브라질** 《정식 명칭은 the Federative Republic of ~; 수도 브라질리아(Brasilia)》 ☜ 포르투갈어로 '붉은 염료를 채취하는 나무'란 뜻.
☐ **Brazil**ian [brəzíljən] 명 **브라질**사람 형 **브라질**(사람)의 ☜ -an(~사람/~의)

브리치 파이크 breach pike (중세 유럽의 장창)

13~16세기 유럽에서 사용된 장병무기. 60~70센티미터나 되는 긴 창날이 달린, 장창의 일종이다. 이 무렵의 기사들은 호버크(hauberk)라고 불리는 쇠사슬 갑옷을 입고 있었는데 브리치 파이크는 그 쇠사슬의 틈새 공격에 적합한 무기였다.

☐ **breach** [bri:tʃ] 명 **깨뜨림, 파괴**; (성벽 등의) 갈라진 틈; 위반 ☜ break의 변형. 고대영어로 '분쇄, 깨뜨림'이란 뜻
♠ **breach** an agreement 협정을 **위반하다**
※ **pike** [paik] 명 미늘창, (17세기까지 쓰던) 창 ☜ 프랑스어로 '찌르다'란 뜻

브레드 버터 bread and butter (버터 바른 빵)

☐ **bread** [bred/브뤠드] 명 **빵; 생계**(=livelihood) ☜ 고대영어로 '조각', 초기 독일어로 '발효된 빵, 조리된 음식'이란 뜻
※ **bread and butter** 버터 바른 빵 **bread and cheese** 치즈를 곁들인 빵 **bread and milk** 우유에 빵을 찢어 넣은 것 **bread and salt** 빵과 소금(환대의 표시) **bread and scrape** 버터를 살짝 바른 빵 **bread and water** 빵과 물만의 식사 **bread and wine** 성찬(식)
☐ **bread**fruit [brédfrùt] 명 빵나무(의 열매) ☜ fruit(과일, 열매)
☐ **bread**winner [brédwìnər] 명 (한 가정의) 밥벌이하는 사람; 생계 수단; 생업(生業)

☜ 빵(bread)을 획득한(win) + n<자음반복> + 사람(er)

※ **and** [ənd/언드, nd, ən, n; (강) ænd/앤드] [접] **~와, 그리고**
☜ 고대영어로 '그래서, 그 다음'이란 뜻

※ **butter** [bʌ́tər/**버**러/**버**터] [명] **버터** ☜ 고대영어로 '버터'란 뜻

B

□ **breadth**(너비, 폭) ➔ **broad**(넓은) **참조**

브레이크 댄싱 break dancing (격렬한 춤) * dancing 댄스, 춤(추기)

♣ 어원 : **break 깨다, 부수다**

□ **break** [breik/브뤠이크] [동] (-/**broke**/**broken**) **부수다, 깨지다** [명] **깨짐; 휴식**
☜ 고대영어로 '고체를 잘게 쪼개다'란 뜻 [반] mend, repair 수선하다
[비교] brake (자동차 등의) 브레이크, 제동 장치

♠ **break the record 기록을 깨다**
♠ **break away 도망치다, 이탈하다, 갑자기 그만두다**
♠ **break down ~ ~을 파괴하다, 쓰러뜨리다; 부서지다, 고장나다**
Break down that door! 그 문을 **부숴라**.
♠ **break in ~ (말을) 길들이다; (아이들을) 훈육하다; 말참견하다**
♠ **break into ~ ~에 침입하다; ~하기 시작하다**
He tried to **break into** an apartment. 그는 한 아파트에 **침입을 시도했다**.
♠ **break loose 탈출하다, 도망치다**
♠ **break off ~ ~을 꺾어 내다; (갑자기) 그만두다; 가로막다**
♠ **break out (전쟁 등이) 일어나다; (종기가) 생기다; 탈출하다**
♠ **break through ~ ~을 밀어 젖히고 나아가다, (곤란을) 이겨나가다**
♠ **break up ~ 산회(散會)하다; 붕괴하다; 방학이 되다**
♠ **break with ~ ~와 관계를 끊다**

□ **break**able [bréikəbl] [형] 깨지기 쉬운 ☜ break + able(~하기 쉬운)

□ **break**age [bréikidʒ] [명] 파손, 손상, 파괴 ☜ break + age<명접>

□ **break**down [bréikdàun] [명] **고장, 파손**; (자료 등의) 분석 ☜ 깨(break)져 아래로(down) 무너짐
♠ the **breakdown** of law and order 법과 질서의 **와해**

□ **break**er [bréikər] [명] 부서지는 파도; 파괴자 ☜ break(부수다, 부서지다) + er<명접>

□ **break**fast [brékfəst/브**뤡**풔스트] [명] **아침식사, 조식** ☜ 단식(fast)을 깨다(break)

□ **break**neck [bréiknèk] [형] (목이 부러질 정도로) 위험하기 짝이 없는 ☜ 목(neck)이 부러진(break)

□ **break**out [bréikàut] [명] 『군사』 포위돌파, 탈주 ☜ 깨(break)고 밖으로(out) 나감

□ **break**through [bréikθrùː] [명] 『군사』 **적진돌파**, 비약적 발전, **타개책**, 새로운 발견〔발명〕
☜ 깨(break)고 통과(through)함

□ **break**up [bréikʌ̀p] [명] 붕괴, 와해 ☜ 위에(up)까지 깨(break)짐

✚ **brok**en **부서진, 낙담한; 파산한**, 깨어진 **brok**en-down 쓸모없게 된, 부서진 **brok**en-hearted **기죽은**; 비탄에 잠긴; 상실한, **실연한** out**break** 발발, 돌발, 폭동 un**broke**n 파손되지 않은, 완전한 **breach 깨뜨림, 파괴**; (성벽, 제방 등의) 갈라진 틈; 위반, 불이행, 침해

브레스트 핀 breast pin (가슴 장식핀) * pin 핀, 못바늘, 안전핀

< 전(前) 미국 국무부장관 콘돌리자 라이스 >

[패션] 브로치의 일종인 가슴 장식핀. 의복의 가슴팍에 다는 장식핀. 종종 정치인들은 정치적 의미를 담아 대내외에 드러내기도 한다.

□ **breast** [brest/브뤠스트] [명] **가슴; 옷가슴, 젖통이, 유방**
☜ 초기인도유럽어로 '부풀다, 팽창하다'란 뜻
♠ give **the breast** to a child 아기에게 **젖**을 물리다

□ **breast** stroke **개구리헤엄** ☜ stroke(치기; 수영법)

□ **breast**-beating [bréstbìːtiŋ] [명] **가슴을 치면서 호소함**, 강력히 항의함
☜ 가슴(breast)을 치(beat) 기(ung<명접>)

□ **breast**-feed [bréstfìːd] [동] (-/-**fed**/-**fed**) (유아를) 모유로 키우다
☜ breast + feed(먹이다, 부양하다)

■ a**breast** [əbrést] [부] 나란히 ☜ 가슴위 유방이 나란히. a(=on) + breast(가슴)

노 브리딩 No breathing (숨 안쉬고 수영하기) * no ~이 없는, 아닌; 금지, 부정
사이드 브리딩 Side breathing (고개를 돌려 호흡하면서 수영하기) * side 옆, 측면, 쪽

□ **breath** [breθ/브뤠쓰] [명] **숨, 호흡** ☜ 초기 독일어로 '숨(쉬기), 증기'란 뜻
♠ **draw a long** 〔deep〕 **breath** 심호흡하다; 한숨 쉬다
♠ **out of breath** 헐떡이며, 숨이 차서

♠ **take (away) one's breath** ~를 놀라게 〔경탄하게〕 하다

□ **breath**e [bri:ð/브뤼-드] ⓢ **숨쉬다, 호흡하다** ☜ breath + e<동접>
♠ I want to **breathe** fresh air. 나는 신선한 공기를 **호흡하**고 싶다.
♠ **breathe in 숨을 들이쉬다**

□ **breath**er [bríːðər] ⓜ 숨쉬는 것; 잠깐 쉼; 심한 운동 ☜ breathe + er<명접>

□ **breath**ing [bríːðiŋ] ⓜ 호흡(법), 숨쉬기; 휴식; 미풍 ☜ breathe + ing<명접>

□ **breath**less [bréθlis] ⓗ **숨을 죽인; 숨찬** ☜ breath + less(~이 없는)

□ **breath**lessly [bréθlisli] ⓑ 숨을 죽이고; 숨을 헐떡이고 ☜ breathless + ly<부접>

□ **breath**taking [bréθtèikiŋ] ⓗ 아슬아슬한, **깜짝 놀랄** ☜ 숨(breath)을 가져가/취하(take) 는(ing<형접>)

□ **breath**takingly [bréθtèikiŋli] ⓑ **아슬아슬하게**, 깜짝 놀랄 만하게 ☜ breathtaking + ly<부접>

□ **breed** [bri:d] ⓢ (-/**bred**/**bred**) (새끼를) **낳다, 기르다, 양육하다** ☜ 고대영어로 '알을 품다'

□ **breed**er [bríːdər] ⓜ 종축(種畜: 씨를 받을 가축), 번식하는 동물〔식물〕
☜ 낳을(breed) 동물(er<명접>)

□ **breed**ing [bríːdiŋ] ⓜ 번식, 양식(養殖); 양육, 사육; 교양 ☜ breed + ing<명접>

■ **brood** [bru:d] ⓜ (동물의) 한 배 새끼; 한 가족; 무리, 종족
☜ 고대영어로 '태아, 번식, 사육'이란 뜻

브리치블록 breechblock (총의 노리쇠)

총기의 뒤쪽에 있는 강철 소재의 블록(탄을 약실에 넣어 장전하고, 사격 후에는 탄피를 약실에서 빼낼 수 있게 고안된 장치)로 노리쇠라고 한다.

□ **breech** [bri:tʃ] ⓜ 포미(砲尾), 총개머리; 궁둥이; 〖의학〗 둔위, 역위 《태어날 태아의 자세가 거꾸로 된 것》 ☜ 근세영어로 '어떤 것의 뒷부분'이란 뜻
♠ **a breech delivery 둔위출산** 《아이를 거꾸로 낳음》

□ **breech**block [bríːtʃblɑ̀k/ -blɔ̀k] ⓜ (총의) 노리쇠 뭉치, (대포의) 마개쇠
☜ breech + block(덩이, 묶음, 받침)

브리치스 바이블 Breeches Bible (반바지[앞치마] 성서. 제네바 성서)

흠정성서 원본에는 없는 창세기 3장 7절을 추가해 1560년에 제네바에서 초판을 낸 성서. 창세기 3장 7절 <자기들이 벗은 줄을 알고 무화과 나무 잎을 엮어 치마로 삼았더라(한글번역본)> 구절에서 치마부분이 영어로는 Breeches(반바지)란 단어로 되어 있어 그렇게 명명되었다.

□ **breech**es [brítʃiz] ⓜ (pl.) **바지**(=trousers); 《구어》 **(반)바지**
☜ 고대영어로 '바지'
♠ **a pair of breeches 짧은 바지 한 벌**
♠ **There is no taking trout with dry breeches.**
《스페인 속담》 바른 바지 입고 송어 잡지는 못한다.

※ **Bible** [báibəl/**바**이벌] ⓜ (the~) **성경** ☜ 그리스어로 'biblion(책)'이란 뜻.

□ **breed**(낳다, 기르다, 양육하다) ➔ **breathe**(숨쉬다, 호흡하다) **참조**

시 브리즈 Sea Breeze (<바닷바람>이라는 뜻을 가진 칵테일)

1980년대 미국에서 대유행한 이 칵테일은 알코올 도수가 낮은 드링크로, 그 이름이 주는 신선한 느낌과 더불어 많은 사람들에게 인기를 얻었다. 영화 〈프렌치 키스(French Kiss)〉에서 주인공 맥 라이언이 프랑스 해변에서 바닷바람을 맞으며 즐겼던 칵테일이기도 하다.

※ **sea** [si:/씨-] ⓜ **바다**, 대양, 대해, 해양 ☜ 고대영어로 '바다, 호수'

□ **breeze** [bri:z] ⓜ **산들바람, 미풍**(=light wind) 반 gale 질풍
☜ 고대 스페인어로 '차가운 북동풍'이란 뜻.
※ a land breeze 육지바람 a light breeze 남실바람 a gentle breeze 산들바람 a moderate breeze 건들바람 a fresh breeze 흔들바람 a strong breeze 된바람

□ **breez**y [bríːzi] ⓗ (-<-zi**er**<-zi**est**) **산들바람이 부는**, 시원한, 기운찬
☜ breeze + y<형접>

□ **brethren**(종교상의 형제) ➔ **brother**(형제) **참조**

□ **brevity**(간결, 요약) ➔ **brief**(짧은, 간결한) **참조**

연상 술을 좋아하는 부류의 사람들이 주로 술을 브루(brew.양조하다)한다

☐ **brew** [bruː] ⓢ (맥주 등을) **양조하다** ☜ 고대영어로 '끓여서 음료를 만들다'란 뜻.
♠ Beer **is brewed from** malt. 맥주는 맥아**로 양조된다**.
☐ **brew**age [brúːidʒ] ⓜ 양조주〔음료〕; 양조(법) ☜ brew + age<명접>
☐ **brew**er [brúːər] ⓜ 양조자 ☜ brew + er(사람)
☐ **brew**ery [brúːəri] ⓜ (pl. **-eries**) (맥주) 양조장 ☜ brew + ery(장소)
☐ **brew**ster [brúːstər] ⓜ 《고어·방언》 양조자(=brewer) ☜ brew + ster(사람)

브레즈네프 독트린 Brezhnev Doctrine (브레즈네프 주의)

공산주의 수호를 위해서는 소련이 다른 공산국의 문제에 개입할 권리가 있다는 주의

☐ **Brezhnev** [bréʒnef] ⓜ **브레즈네프** 《Leonid ~ , 옛 소련 공산당 서기장; 1906-82》
※ **doctrine** [dάktrin/dɔ́k-] ⓜ **교리**, 주의, **독트린** ☜ 가르치는(doct) 것(rine)

브라이브 The Bribe (미국 스릴러·첩보 영화. <뇌물>이란 뜻)

1949년 제작된 미국 스릴러/드라마 영화. 로버트 테일러, 에바 가드너, 찰스 로튼 주연. 중미의 한 섬까지 범인을 쫓아온 연방경찰이 피의자인 여인을 사랑하게 되면서 악당들로부터 수사지연 명목으로 뇌물을 받는다. 결국 일당을 체포하고 사랑하는 여자와 새생활을 시작하게 되지만 경찰이 부적합하다고 생각하고 경찰을 그만둔다는 이야기.

© Metro-Goldwyn-Mayer

☐ **bribe** [braib] ⓜ **뇌물** ⓢ **뇌물을 쓰다**, 매수하다
☜ 고대 프랑스어로 '구걸하러 다니다, 간청하러 가다'란 뜻
♠ **give** 〔offer〕 **a bribe 뇌물을 주다**
♠ **take** 〔accept〕 **a bribe 수뢰하다, 뇌물을 받다**
☐ **bribe**e [braibíː] ⓜ 수뢰자 ☜ 뇌물(bribe)을 받은 사람(ee)
☐ **bribe**ry [bráibəri] ⓜ 뇌물(을 주는〔받는〕 행위), 증회, 수뢰
☜ bribe + ry<명접>

브릭 brick (미국산 브릭 치즈. <벽돌>이란 뜻)

1875년 위스콘신주에서 스위스 치즈기술자 존 조시에 의해 처음 소젖으로 만들어진 미국산 치즈. 이 치즈의 이름은 벽돌 모양으로 만들어진 데서 연유한다. 지방함량은 50% 정도, 숙성기간은 2~3개월로 칼로 쉽게 잘리고 부드러운 맛과 향을 가지고 있다.

☐ **brick** [brik] ⓜ [집합적] **벽돌** ⓢ 벽돌을 깔다 ☜ 고대 프랑스어로 '벽돌'이란 뜻
♠ **brick over** a garden path 정원의 작은 길에 **벽돌을 깔다**
☐ **brick**layer [bríklèiər] ⓜ 벽돌쌓는 직공(=brickmason) ☜ 층(lay)을 쌓는 사람(er)
☐ **brick** wall 벽돌 벽; 큰 장벽 ☜ wall(벽)

런어웨이 브라이드 Runaway Bride (미국 코미디 영화. <도망가는 신부>)

1999년 개봉한 미국 코미디 멜로 영화. 줄리아 로버츠, 리차드 기어 주연. 미국 USA Today 칼럼니스트가 결혼식 때마다 도망간다는 신부에 대해 취재를 나섰다가 그녀의 심리를 이해하게 되고, 조언해 주는 과정에서 애정이 싹터 결혼에 이르게 된다는 이야기.

© Paramount Pictures

※ **runaway** [rʌnəwèi] ⓜ 도망자, 탈주자 ☜ 멀리(away) 달아나다(run)
☐ **brid**al [bráidl] ⓗ **신부의** ⓜ 결혼식 ☜ bride + al<형접/명접>
☐ **bride** [braid] ⓜ **신부, 새색시** ☜ 고대영어로 '신부'란 뜻.
♠ a toast to **the bride** and groom 신랑 **신부**를 위한 건배
☐ **bride**groom [bráidgrù(ː)m] ⓜ **신랑**
☜ 신부(bride)의 신랑<하인<말구종(groom)
☐ **bride**smaid [bráidzmèid] ⓜ 신부들러리 ☜ 신부(bride) 의(s) 시녀(maid)
☐ **bride**sman [bráidzmən] ⓜ 신랑들러리 ☜ 신부(bride)(s)를 지키는 신랑의 남자친구들(man)
☐ **bride**-to-be [bráidtəbìː] ⓜ (pl. **bride**s-to-be) 신부가 될 사람 ☜ to-be(~가 될 존재)

타워 브리지 tower Bridge (영국 템즈강에 있는 다리. <탑 다리>란 뜻)
케임브리지 Cambridge (영국 케임브리지(대학). <Cam강의 다리>란 뜻)

영국 템즈 강 상류에 세워진 타워브리지는 국회의사당의 빅 벤과 함께 런던의 랜드마크로 꼽히는 건축물이다. 1894년 총 길이 260m로 완성되었다.

< Tower Bridge >

※ **tower** [táuər/**타**워] ⓜ **탑** ☜ 고대영어로 '망루, 감시탑'이란 뜻

☐ **bridge** [bridʒ/브릿쥐] ⓜ **다리, 교량; (군함의) 함교, 브리지** ⓢ **다리를 놓다** ☜ 초기인도유럽어로 '나무로 된 둑길'이란 뜻
- ♠ the Golden Gate **Bridge** (미국 샌프란시스코의) 금문교
- ♠ the **Bridge** of Sighs (이탈리아 베니스의) 한숨(탄식)의 다리
- ♠ A **bridge** too far 『영화』 멀고 먼 다리
- ♠ A **bridge** of Kwaii 『영화』 콰이강의 다리
- ♠ **bridge** music 『방송』 간주음악

브라이들 bridle (말의 굴레)

기수가 말의 진행 방향을 조종할 수 있도록 한 마구[굴레]. 즉, 말의 머리 위로 맞춰진 가죽으로 된 끈. 고삐와 재갈이 포함된다.

☐ **bridle** [bráidl] ⓜ **말의 굴레** 《재갈 · 고삐 따위의 총칭》; **고삐; 구속**, 속박 ☜ 초기 독일어로 '가죽 끈, 고삐'란 뜻.
- ♠ **seize the bridle** of a runaway horse 도망한 말의 **고삐를 잡다**.

브리핑 briefing (요약보고, 상황설명)

♣ 어원 : **brief, brev, bridg(e) 짧은, 줄인; 적요, 요약, 대강**

☐ **brief** [bri:f/브뤼잎] ⓗ **간단한, 단시간의** ☜ 라틴어로 '짧은, 낮은, 작은, 얕은'이란 뜻
- ♠ **in brief 간단히 말하면**(=in short), **요컨대**

☐ **brief**case [brí:fkèis] ⓜ 서류 가방 ☜ brief + case(상자)

☐ **brief**ing [brí:fiŋ] ⓜ 요약보고, 상황설명 ☜ 짧게 하는(brief) 것(ing<명접>)

☐ **brief**ly [brí:fli] ⓑ **간단히** ☜ brief + ly<부접>

☐ **brief**ness [brí:fnis] ⓜ 간략 ☜ brief + ness<명접>

☐ **brev**ity [brévəti] ⓜ 간결, 간략 ☜ 짧은(brevi) 것(ty<명접>)

✚ ab**brevi**ate **생략하다**, 단축하다 ab**brevi**ation **생략**, 단축 a**bridg**e **요약하다**, 단축하다 de**brief** (임무종료 후) 결과를 보고하다, 보고를 듣다 una**bridg**ed 생략되지 않은

블리츠 브리게이드 Blitz Brigade ([F.] 게임. <전면전 전투여단>)

프랑스 비디오게임 개발회사인 게임로프트(Gameloft SE)사의 모바일 전투게임. 제2차 세계대전을 배경으로 하며, 싱글모드는 물론 12명까지 멀티플레이도 가능하다. Blitz Brigade는 독일어 blitzkrieg(전면전)과 영어 brigade(여단)의 합성어이다.

© Gameloft SE

☐ **brigade** [brigéid] ⓜ 『군사』 **여단**(旅團) ☜ 이탈리아어로 '무리, 떼'란 뜻
- ♠ **fire brigade 소방서, 소방대**

☐ **brigadi**er [brìgədíər] ⓜ 『영군』 여단장, 육군 준장 《여단장의 계급》 ☜ 무리(brigad)를 이끄는 사람(ier)
- ♠ **brigadier general** 『미군』 (육군 · 공군 · 해병대) **준장** 《생략: Brig. Gen.》 ☜ general(장군, 장성)

■ **brigand** [brígənd] ⓜ 산적, 도적 ☜ 고대 프랑스어로 '비정규군'이란 뜻

라이터 lighter (불을 붙이는 점화기구)

♣ 어원 : **light, bright, brill 밝은, 빛나는**

■ **light** [lait/라이트] ⓜ **빛**, 불꽃 ⓗ **가벼운, 밝은** ☜ 고대영어로 '무겁지 않은'이란 뜻

■ **light**er [láitər] ⓜ 불을 붙이는 사람(것), 점화기, **라이터** ☜ light + er(주체)

☐ **bright** [brait/브라이트] ⓗ **밝은, 맑은** ⓑ dark 어두운 ☜ 고대영어로 '밝은, 빛나는'이란 뜻
- ♠ a **bright** day **쾌청한** 날씨

☐ **bright**en [bráitn] ⓢ **밝게 하다, 즐겁게 하다** ☜ 밝게(bright) 하다(en<동접>)

☐ **bright**eyed [bráitàid] ⓗ **눈이**(눈매가) **시원한**(또렷한) ☜ 빛나는(bright) 눈(eye) 의(ed)

☐ **bright**ly [bráitli] ⓑ **맑게** ☜ bright + ly<부접>

☐ **bright**ness [bráitnis] ⓜ **밝음; 현명** ☜ bright + ness<명접>

☐ **brill**iant [bríljənt] ⓗ **찬란한, 빛나는** ☜ 빛나(brill) + i + 는(ant<형접>)

☐ **brill**iantly [bríljəntli] ⓑ 빛나게, 훌륭하게 ☜ brilliant + ly<부접>

□ **brill**iance, -cy [bríljəns, -si] 명 **광채**, 광택; 재기 발랄 ☜ brill + i + ance<명접>
□ **brisk** [brisk] 형 **활발한, 기운찬** ☜ 스코틀랜드어로 '신속한, 활발한'이란 뜻

브리머 brimmer ([패션] 챙이 넓고 긴 모자)

□ **brim** [brim] 명 (컵·그릇 등의) **가장자리, 테두리**, (모자의) **테**(=rim), **챙**
동 넘칠 정도로 채우다[차다] ☜ 고대 노르드어로 '가장자리'란 뜻.
♠ **fill a glass to the brim** 컵에 **찰랑찰랑하게** 따르다.
□ **brim**ful(l) [brímfúl] 형 넘칠 정도의 ☜ brim + ful(~가득한)
□ **brim**fully [brímfúli] 부 넘칠 정도로 ☜ brimful + ly<부접>
□ **brim**less [brímlis] 형 가장자리 없는; 테 없는 ☜ brim + less(~이 없는)
□ **brim**med [brímd] 형 (~한) 테두리의; 넘칠 듯한 ☜ brim + m + ed<형접>
□ **brim**mer [brímər] 명 찰랑찰랑 넘치게 따른 잔[그릇 따위]; 가득 찬 잔
☜ brim + m<단모음+단자음+자음반복> + er<명접>
□ **brim**ming [brímiŋ] 형 넘칠 듯한, 넘치게 따른 ☜ brim + m + ing<형접>
□ **brink** [briŋk] 명 (벼랑의) **가장자리**; (산의) 정상; 물가
☜ 중세 저지(低地) 독일어로 '모서리, 가장자리'란 뜻.
♠ **be on the brink of ~ 바야흐로 ~하려고 하다**
□ **brink**(s)manship [bríŋk(s)mənʃìp] 명 극단정책, 벼랑끝 전술
☜ brink + man + ship(정책, 전술; 수완, 재주)

해피 버스데이 투 유 Happy birthday to you ! (생일 축하합니다)

♣ 어원 : **bir, bear, bri 나르다, 가져오다, 데려오다**
※ **happy** [hǽpi/**해**삐] 형 (-<-pi**er**<-pi**est**) **행복한** ☜ 고대영어로 '행복한'이란 뜻.
■ **bir**th [bəːrθ/버어쓰] 명 **출생, 탄생**
☜ 고대 노르드어로 '출생'이란 뜻. (신이) 가져온(bir) 것(th)
■ **bir**thday [bə́ːrθdèi/**버**어쓰데이] 명 **생일** ☜ 출생(birth)한 날(day)
■ **bear** [bɛər/베어] 동 (-/**bore**/**born(e)**) **운반하다, 지탱하다, 견디다; (애를) 낳다** ☜ 고대영어로 '나르다'란 뜻 비교 bare 벗은, 텅 빈
□ **bri**ng [briŋ/브링] 동 (-/**brought**/**brought**) **가져오다, 데려오다**
☜ 고대영어로 '나르다, 가져오다, 데려오다'란 뜻
♠ **Bring (A) to (B) A를 B에[에게] 가져오다[데려오다]**
I'll **bring** her **to** the meeting. 나는 그녀를 그 모임**에 데려올** 것이다.
♠ **bring about 일으키다, 야기하다, 초래하다, 낳다**
♠ **bring back 도로 찾다; 되부르다; 상기시키다**
♠ **bring forth (열매를) 맺다, 생기다; 발표하다**
♠ **bring forward (안건·논의 따위를) 제출하다**
♠ **bring ~ home to ~을 명심시키다, 뼈저리게 느끼게 하다**
♠ **bring in 가져오다, 소개하다; (소송을) 제기하다, (의안을) 제출하다; ~의 수입이 있다**
♠ **bring ~ into the world ~을 낳다**
♠ **bring on 가져오다; (일을) 야기시키다, 생기게 하다, 만들어내다**
♠ **bring out (뜻을) 분명히 하다, (진상 따위를) 밝히다; 출판하다; (색채 등을) 돋보이게 하다; (재능을) 발휘시키다, 생각해 내다**
♠ **bring oneself to ~ ~할 마음이 생기다**
♠ **bring to ~ 의식을 회복시키다**
♠ **bring to life 소생시키다**
♠ **bring to light 공표하다, 밝히다**
♠ **bring to mind ~을 생각나게 하다**
♠ **bring to pass 생기게 하다**
♠ **bring up 기르다, 교육하다; (화재 따위를) 내놓다**
※ **to** [(모음 앞) tu/투-, (자음 앞) tə/터, (강) túː/**투**-] 전 〖방향·시간〗 **~(쪽)으로, ~까지**; 〖결과·효과〗 **~에게, ~에 대하여**; 〖목적〗 **~을 위하여**
☜ 고대영어로 '~방향으로, ~목적으로'란 뜻
※ **you** [juː/유-, (약) ju/유, jə] 대 **당신, 너, 여러분**
☜ 초기 인도유럽어로 '두 번째 사람'이란 뜻

□ **brink**(가장자리) ➔ **brim**(가장자리, 테두리) **참조**

브리스크 워크 brisk walk (구보와 보행의 중간보행)

[체육] 브리스크 워크는 트레이닝 기간 중 구보와 보행을 하는데, 그 경우 시행하는 급속하며 활발한 보행을 말하고, 브리스크 스텝은 보행 스텝(walking step)과 구보 스텝(running step)의 중간 속도로 행진하는 스탭을 말한다.

B

□ **brisk** [brisk] ⓗ **활발한, 기운찬** ☜ 스코틀랜드어로 '신속한, 활발한'이란 뜻
반 slow, slack, dull 활발치 않은
♠ **at a brisk pace 활발한 걸음으로**

□ **brisk**ly [brískli] ⓟ **활발하게**, 민첩하게 ☜ brisk + ly<부접>

□ **brisk**ness [brísknis] ⓜ 활발 ☜ brisk + ness<명접>

※ **walk** [wɔːk/워어크] ⓢ **걷다, 보행하다** ⓜ **걷기** ☜ 고대영어로 '구르다'란 뜻

브리슬 다이스 bristle dice (주사위 속임수. <돼지털 주사위>란 뜻)

주사위 속임수로 주사위의 구석 자리에 가늘게 비어져 나오게 하여 끼워 넣은 돼지의 억센 털 또는 작은 핀과 함께 장식한 주사위를 일컬으며, 이는 일정한 숫자로 굴려지는 것을 방지하기 위함이다.

□ **bristle** [brísəl] ⓜ 뻣뻣한 털, 강모(剛毛) ⓢ (짐승이) 털을 곤두세우다; 빳빳하게 들어서다; 격노하다 ☜ 고대영어로 '뻣뻣한 털'이란 뜻
♠ **bristle with ~ ~이 아주 많다 [~으로 꽉 차 있다]**

□ **bristle**d [brísəld] ⓗ 억센 털이 난, 빳빳하게 들어선 ☜ bristle + ed<형접>

□ **bristl**ing [brísəliŋ] ⓗ 빳빳하게 들어선 ⓜ 청어속의 물고기 ☜ bristle + ing<형접/명접>

□ **bristl**y [brísəli] ⓗ (-<-tl**ier**<-tl**iest**) 뻣뻣한 털의(이 많은) ☜ bristle + y<형접>

※ **dice** [dais] ⓜ (pl.) **주사위**; 주사위놀이, 노름
☜ 중세영어로 '정육면체로 자르다; 주사위 놀이를 하다'란 뜻

브리태니커 백과사전 Encyclopaedia Britannica (대영백과사전. 영어권에서 가장 오래된 일반 백과사전. 1768년 초판 발행)
브렉시트 Brexit (영국의 유럽연합 탈퇴. <Britain + exit의 합성어)

영국은 England(잉글랜드), Scotland(스코틀랜드), Wales(웨일즈) 그리고 Northern Ireland(북아일랜드)로 이루어진 Great Britain(대 영국)을 말하는 것으로 **정식 국호는 the United Kingdom of Great Britain and Northern Ireland이고 줄여서 U.K.라고 쓴다.** 영국은 BC 55년 로마의 Caesar(시저)에 의해 정복된 이후 400년 간 로마의 식민지가 된다. 당시 로마인들이 영국을 부르던 이름이 Britain이다. 그러다가 4세기에 유럽 대륙에 살던 Anglo-Saxon(앵글로색슨)족이 영국으로 건너와 원주민이던 Celt(켈트)족을 몰아내고 나라를 세웠는데 이후 영국은 "앵글족의 땅"이란 뜻의 England로 불리게 된다.

□ **Britain** [brítən] ⓜ **영국** ☜ 라틴어로 '영국'. Great Britain(대 영국)의 약칭
★ 브리타니아(Britannia)는 현재의 영국 브리튼섬에 대한 고대 로마시대의 호칭
♠ **Great Britain 대 영국** 《England, Scotland, Wales를 하나의 단위로 본 것》

□ **Britan**nica [britǽnikə] ⓗ 영국의 ☜ The Encyclopaedia Britannica 『대영백과사전』과 같이 책이름 따위에 쓰임

□ **British** [brítiʃ/브리디쉬/브리티쉬] ⓗ **영국의, 영국국민의** ⓜ (the ~) **영국인, 영어**
☜ 고대영어로 '고대 브리튼(Brit=Briton) (사람)의(ish)'란 뜻.
♠ **the British Empire 대영제국**
♠ **the British Museum 대영박물관**

□ **British**er [brítiʃər] ⓜ 영국인(=Englishman) ☜ British + er(사람)

□ **Briton** [brítn] ⓜ **브리튼** 사람 《옛날 브리튼섬에 살았던 켈트계의 민족》; 《문어》 영국인
☜ 고대 프랑스어로 '영국과 아일랜드 지역에 살았던 켈트족'이란 뜻

■ **B.B.C.** **B**ritish **B**roadcasting **C**orporation 영국방송협회, **비비시**

※ **exit** [égzit, éksit] ⓜ **출구; 퇴장, 퇴진** ⓢ **나가다** ☜ 밖으로(ex) 가다(it)
★ 건물의 출구에 <비상구(exit)>라고 쓰여 있는데, exit라고 하면 '출구'를 의미하므로 '비상구'를 바르게 표현할 때는 emergency exit라고 해야 한다.

브레이크 댄싱 break dancing (격렬한 춤)

♣ **어원 : break, brit 깨다, 부수다**

■ **break** [breik/브뤠이크] ⓢ (-/**broke**/**broken**) **부수다, 깨지다**
ⓜ **깨짐; 휴식** ☜ 고대영어로 '고체를 잘게 쪼개다'란 뜻.

□ **brit**tle [brítl] ⓗ 부서지기(깨지기) 쉬운; 무상한
☜ 고대영어로 '깨지기(brit) 쉬운(tle)'이란 뜻.
♠ a **brittle** temperament **불안정한** 성격

※ **dancing** [dǽnsiŋ, dɑ́ːns-] ⓜ **댄스, 춤**(연습), 춤추기 ☜ 중세영어로 '춤추기'란 뜻

브로치 broach (쇠꼬챙이)

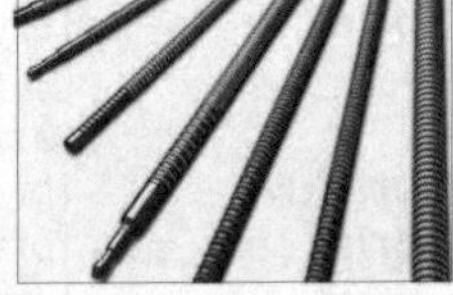

[공업] 여러 가지 모양의 구멍이나 홈·면을 깎는 공구. 필요에 따라 적당한 공구를 브로칭 머신에 장착하여 사용한다. 브로치를 이용하여 여러 가지 모양의 구멍이나 홈을 가공하는 작업을 브로치 가공이라고 한다.

□ **broach** [broutʃ] ⓜ 고기굽는 꼬치, 꼬챙이; 송곳; 큰 끌; (탑 위의) 첨탑 ⓢ (하기 힘든 이야기를) 꺼내다 ☜ 라틴어로 '뾰족한 도구'란 뜻
비교 brooch **브로치** 《옷에 다는 장식핀》
♠ He is roasting fish on **a broach**. 그가 생선을 **꼬챙이**에 꿰어서 굽고 있다.
♠ **broach** a topic in conversation 화제(話題)를 **끄집어 내다**.

브로드웨이 Broadway (미국의 연극·뮤지컬계)

미국 New York(뉴욕)의 Manhattan(맨해튼) 길을 비스듬하게 가로지르는 길을 Broadway라고 부른다. 물리적인 길을 뜻하는 말이기도 하지만 실제로는 극장 들이 많아 미국의 연극, 뮤지컬계를 일컫는 말로 쓰인다.

□ **broad** [brɔːd/브로-드] ⓗ **폭넓은** ⓑ narrow 좁은 ☜ 고대영어로 '넓은'이란 뜻
♠ a **broad** street **넓은** 도로
□ **broad**cast [brɔ́ːdkæ̀st/브로-드캐스트/brɔ́ːdkɑ̀ːs/브로-드카스트] ⓢ (-/-cast(-cast**ed**)/-cast(-cast**ed**)) **방송[방영]하다** ☜ 널리(broad) 던지다(cast)
□ **broad**casting [brɔ́ːdkæ̀stiŋ] ⓜ 방송(a broadcasting station 방송국) ☜ -ing<명접>
□ **broad**en [brɔ́ːdn] ⓢ 확장하다, **넓히다** ☜ 넓게(broad) 만들다(en)
□ **broad**-leaved [brɔ́ːdlíːvd, -líːft] ⓗ 잎이 넓은 ☜ 넓은(broad) 잎(leaf) 의(ed<형접>)
□ **broad**ly [brɔ́ːdli] ⓑ 널리, 명백히 ☜ broad + ly<부접>
□ **broad**minded [brɔ́ːdmàinded] ⓗ 마음이 넓은 ☜ 넓은(broad) 마음(mind) 의(ed<형접>)
□ **broad**side [brɔ́ːdsàid] ⓜ (집 따위의) 넓은 면. 뱃전; [집합적] 우현 또는 좌현의 대포; 그 일제사격 ☜ 넓은(broad) 면(side)
□ **Broad**way [brɔ́ːdwèi] ⓜ 뉴욕시를 남북으로 달리는 큰 거리 《부근에 극장이 많음》 ☜ 넓은(broad) 길(way)
□ **bread**th [bredθ, bretθ] ⓜ **폭, 넓이** ☜ 넓은(bread) 것(th)
a**broad** [əbrɔ́ːd] ⓑ **해외로, 외국에, 널리** ☜ 넓은(broad) 곳으로(a<ad=to)

브로콜리 broc(c)oli (항암식품으로 알려진 채소)

브로콜리는 비타민 C가 레몬의 2배로 감기 예방과 피부건강에 효과적이다.

□ **broc(c)oli** [brɑ́kəli/brɔ́k-] ⓜ 〖야채〗 **브로콜리**, 모란채의 일종 ☜ 이탈리아어로 '양배추의 싹'이란 뜻

브로슈어 brochure ([F.] 팜플렛, 안내서), 브로커 broker (중개인)

□ **brochure** [brouʃúər/브로우**슈**어] ⓜ **브로슈어**, 팜플렛, 안내서 ☜ 프랑스어로 '함께 꿰맨 것, 가제본(假製本)'이란 뜻.
□ **broker** [bróukər] ⓜ 중개인, **브로커** ☜ 앵글로 프렌치어로 brocour(작은 무역상)이란 뜻. 함께 꿰맨<서로 이어주는 사람

브로일 broil (식품·고기를 불에 직접 쬐어 굽기)

식품을 가스나 전기 등의 열원의 직접적인 위나 아래에서 조리하는 것. 팬 브로일(pan broil)은 센 불 위에서 무겁고 기름을 두르지 않은 또는 때에 따라 약간 기름칠한 두꺼운 프라이팬에 고기나 생선을 재빨리 굽는 방법이다.

□ **broil** [brɔil] ⓢ (고기 따위를) **불에 굽다**, 쬐다; 싸움하다 ⓜ 굽기, 쬐기; 싸움 ☜ 고대 프랑스어로 '불에 굽다'란 뜻
♠ **broiled** chicken **그릴[숯불]에 구운** 닭고기
■ **boil** [bɔil/보일] ⓢ **끓다** ⓜ **비등** ☜ 고대 프랑스어로 '끓다, 기포가 일다'란 뜻

브레이크 댄싱 break dancing (격렬한 춤)

♣ **어원 : break, brok 깨다, 부수다**
■ **break** [breik/브뤠이크] ⓢ (-/**broke/broken**) **부수다, 깨지다** ⓜ **깨짐; 휴식** ☜ 고대영어로 '고체를 잘게 쪼개다'란 뜻.

□ **brok**e [brouk/브로욱] ⓗ **파산하여** ☜ break의 과거분사 ➔ 형용사
♠ **I am broke. 나는 빈털터리야. 난 파산했다.**
□ **brok**en [bróukən/브**로**우컨] ⓗ **부서진, 낙담한; 파산한**, 깨어진
☜ break의 과거분사 ➔ 형용사
□ **brok**en-down [bróukəndáun] ⓗ 쓸모없게 된, 부서진 ☜ 밑으로(down) 부서진(broken)
□ **brok**en-hearted [bróukənhá:rtid] ⓗ **기죽은**; 비탄에 잠긴; 상실한, **실연한**
☜ 부서진(broken) 마음(heart) 의(ed)
■ un**broke**n [ənbróukən] ⓗ 파손되지 않은, 완전한 ☜ 부서지지(broken) 않은(un=not)
※ **dancing** [dǽnsiŋ, dá:ns-] ⓜ **댄스, 춤**(연습), 춤추기
☜ 중세영어로 '춤추(dance) 기(ing<명접>)'란 뜻

□ **broker**(중개인, 브로커) ➔ **brochure**(브로슈어, 팜플렛) **참조**

브로마이드 bromide (콩글 브로마이드 사진) ➔ (초상화) portrait, (그림 · 사진) picture

bromide란 bromine化은(silver bromide)을 감광제로 사용한 사진용 인화지에 연예인, 가수 등이 그려져 있는 대형 사진이다. 그러나 bromide는 콩글리시이고, 바른 영어 표현은 portrait, picture이다.

□ **brom**ide [bróumaid] ⓜ **브로마이드** 사진; 지루한 사람(이야기)
☜ 그리스어로 '악취(brom) + ide<화학 접미사>
□ **brom**ine [bróumi(:)n] ⓜ 『화학』 **브롬**, 취소(臭素)《비금속 원소; 기호 Br; 번호 35》
☜ 그리스어로 '악취(brom) + ine<화학 접미사>'란 뜻.

브론테 Brontë (영국의 세 자매 소설가)

□ **Brontë** [brάnti/brɔ́n-] ⓜ **브론테**《영국의 세 자매 소설가: Charlotte ~ (1816-55); Emily ~ (1818-48); Anne ~ (1820-49)》 ★ 샬럿 브론테의 대표작 <제인에어>, 에밀리 브론테의 대표작 <폭풍의 언덕>, 앤 브론테의 대표작 <와일드펠 홀의 소작인>

브론토사우루스 brontosaur(us) (뇌룡(雷龍). 중생대 초식 공룡)

□ **brontosaur**(us) [brάntəsɔ̀:rəs/brɔ́n-] ⓜ **브론토사우루스**, 뇌룡(雷龍)《중생대 공룡의 일종》
☜ 그리스어로 '번개(bronto=thunder) + 공룡(saur)'이란 뜻

브론즈 bronze (청동(靑銅))

□ **bronze** [brɑnz/ brɔnz] ⓜ **청동(제품)** ⓗ **청동제[색]의** ⓢ **청동색으로 만들다**
☜ 라틴어로 '청동'이란 뜻.
♠ **bronze statue** (청동으로 만든) **동상**
♠ **bronze medal 동메달** ※ silver medal 은메달, gold medal 금메달
♠ **Bronze Age 청동기 시대**

브로치 brooch (옷의 깃, 앞가슴에 다는 장신구)

□ **brooch** [broutʃ, bru:tʃ] ⓜ **브로치**, 가슴장식핀(=breast pin)
☜ 고대 프랑스어로 '긴 바늘'이란 뜻 비교 broach 브로치, 꼬챙이

브루드 The Brood (캐나다 공포 영화. <한 배 새끼>란 뜻)

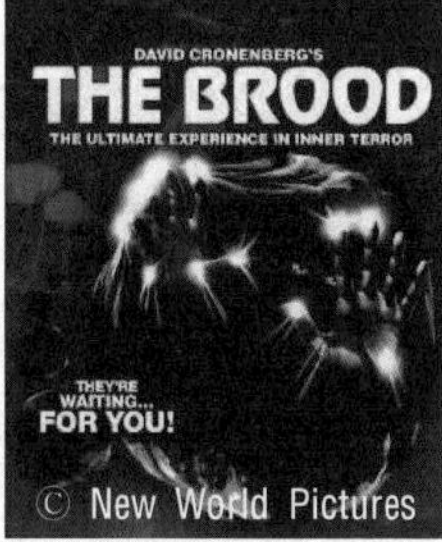

© New World Pictures

1979년 개봉한 캐나다 공포 영화. 올리버 리드, 사만다 에가 주연. 히스테리로 아이를 낳는 여성 괴물이 등장한다. 영화는 모계의 언어를 히스테리의 언어로 치환하고, 남성 없이 생식하는 여성을 괴물로 만든다.

□ **brood** [bru:d] ⓜ《집합적》한 배 병아리; (동물의) 한 배 새끼; 무리, 종족, 품종 ⓢ 알을 품다, **심사숙고하다**
☜ 고대영어로 '태아, 번식, 사육'이란 뜻
♠ **brood over** one's misfortune 불행을 **곰곰이 생각하다**

연상 브루클린(Brooklyn)에는 브루크(brook.개천)가 많다

※ **Brook**lyn [brúklin] ⓜ **브루클린**《미국 뉴욕시에 있는 자치구 또는 오하이오주에 있는 도시》
☜ 유럽의 베흐트(Vecht)강가에 건설된 네덜란드의 자치도시 브뢰컬런(Breukelen)에

서 유래. 고대 고지(高地) 독일어로 '습지대'란 뜻

☐ **brook** [bruk] ⓜ **시내, 개천** ☜ 고대영어로 '흐르는 시냇물, 여울'이란 뜻
♠ cross over **a brook 개울**을 건너다

브룸 broom (컬링 경기에서 얼음닦는 도구. <빗자루>란 뜻)

☐ **broom** [bru(:)m] ⓜ **비, 데크브러시** 《자루와 털이 긴》; 〖식물〗 금작화(金雀花) ☜ 초기 독일어로 '가시나무'란 뜻.
♠ sweep **with a broom 비로** 쓸다

☐ **broom**stick [brú(:)mstìk] ⓜ 빗자루 ☜ broom + stick(막대기)

브로스 broth (묽은 스프)

[요리] 브로스(broth)는 물이나 원재료에 육류나 생선 또는 채소 등을 넣고 약한 불에서 끓인 육수의 일종이다. 브로스에는 향신료 또는 허브를 넣기도 하고 넣지 않기도 한다.

☐ **broth** [brɔ(:)θ, brɑθ] ⓜ (살코기·물고기의) **묽은 수프; 고깃국**
☜ 고대영어로 '고기를 끓인 액(液)'이란 뜻
♠ **chicken broth 닭고기 수프**(죽)

브로맨스 bromance ([신조어] 남자들간의 진한 우정. <brother + romance>)

☐ **bro**mance [bróumæ̀ns/brʌumæns] ⓜ **브로맨스**, 남자들간의 진한 우정
☜ 형제(**bro**ther) + 로맨스/연애사건(ro**mance**)의 합성어

☐ **brother** [brʌðər/브**뤄**더] ⓜ **남자 형제**, 형(오빠) 또는 (남)동생
☜ 고대영어로 '같은 아버지나 어머니의 아들'이란 뜻
♠ **elder** (younger) **brother 형** (동생)

☐ **brother**hood [brʌðərhùd] ⓜ **형제 관계; 형제애**
☜ brother + hood(상태, 신분)
♠ international **brotherhood** 국제 **친선**

☐ **brother**-in-law [brʌðərinlɔ̀:] ⓜ (pl. brother**s**-) **자형, 매부, 처남**, 시숙 등
☜ 법(law) 안에서(in) 형제(brother)

☐ **brother**ly [brʌðərli] ⓗ **형제의**, 형제다운 ☜ brother + ly<형접>

☐ **brethren** [bréðrən] ⓜ (pl.) (종교상의) **형제**, 동일 조합원, 동업자; 동포
☜ brother의 변형 ★ **혈족상의 형제에는 쓰지 않음**

아이브라우 eyebrow (눈썹)

■ eye**brow** [áibràu] ⓜ 눈썹 ☜ eye(눈) + brow

☐ **brow** [brau] ⓜ **이마**; (보통 pl.) **눈썹**(=eyebrows) ☜ 고대영어로 '눈썹'이란 뜻
♠ high**brow** 지식인 ☜ '이마가 넓은'의뜻 《독일 내과의사 Franz Joseph Gall이 창시한 phrenology(골상학)에서 유래》. high(높은, 넓은) + brow
♠ middle**brow** 평범한 교양을 갖춘 사람 ☜ middle(중간의) + brow
♠ low**brow** 교양(지성)이 낮은 사람 ☜ low(낮은, 좁은) + brow

브라운 아이드 걸스 Brown Eyed Girls (한국의 4인조 댄스팝 걸그룹. <갈색눈의 소녀들>)

☐ **brown** [braun/브롸운] ⓜ **갈색** ⓗ **갈색의** ☜ 고대영어로 '어두운, 어스레한'
♠ light (dark) **brown** 연한 (짙은) **갈색**

☐ **brown**-eyed [bráunàid] ⓗ 갈색눈의 ☜ 갈색(brown) 눈(eye) 의(ed<형접>)
★ 검은 눈은 black eyes가 아니라 dark brown eyes이다. black eye는 맞아서 멍든 눈.
비교 blue-eyed 푸른 눈의, red-eyed 붉은색 눈의

☐ **brown**ish [bráuniʃ] ⓗ 갈색을 띤 ☜ brown + ish(~경향이 있는)

☐ **brown** study 멍하니 생각에 잠김, 공상 ☜ study(공부, 학과; 묵상)

※ **girl** [gə:rl/거얼] ⓜ **계집아이, 소녀**, 미혼여성 ☜ 고대영어로 '어린이' 라는 뜻

브라우저 browser (인터넷 검색 소프트웨어)

인터넷상의 모든 정보를 볼 수 있게 해주고, 하이퍼텍스트 문서 검색을 도와주는 응용 프로그램. 대표적인 웹브라우저로는 인터넷 익스플로러(Internet Explorer), 구글 크롬(Google Chrome), 마이크로소프트 엣지(Microsoft Edge), 모질라 파이어폭스(Mozilla Firefox), 애플 사파리(Apple Safari), 오페라(Opera), 넷스케이프(Netscape) 등이 있다.

☐ **browse** [brauz] ⓜ **새싹**; 이것저것 구경하고 다님 ⓢ 살짝 엿보다, 훑어보다

☜ 고대 프랑스어로 '새싹', 중세영어로 '돌아다니며 새싹을 뜯어먹다'란 뜻
♠ **browse** the Internet 인터넷 **서핑을 하다**

□ **browse**r [brauzə(r)] ⓜ **브라우저** 《인터넷 검색 프로그램》, 둘러보는 사람
☜ browse + er(주체)
♠ **web browser 웹 브라우저** ☜ web(거미줄, 직물, 망(network))

B

□ **bruise**(타박상, 상처자국), **bruiser**(난폭한 자) ➔ **brutal**(잔인한) **참조**

브런치 brunch (조반 겸 점심)

□ **brunch** [brʌntʃ] ⓜ 《구어》 **브런치**, 조반 겸 점심, 이른 점심
☜ **br**eakfast(조반, 아침식사) + **l**unch(점심)의 합성어
♠ take (have) **brunch 브런치**를 먹다
■ **breakfast** [brékfəst/브**렉**풔스트] ⓜ **아침식사, 조식** ☜ 단식(fast)을 깨다(break)
■ **lunch** [lʌntʃ/런치] ⓜ **점심**, 《미》 간단한 식사 ☜ luncheon보다 간소하게 먹는 점심

브루나이 Brunei (동남아 보르네오섬 북부에 있는 영연방 독립국. 세계 최 부국(富國) 중 하나. 국토의 85%가 삼림으로 세계에서 두 번째로 공기좋은 나라)

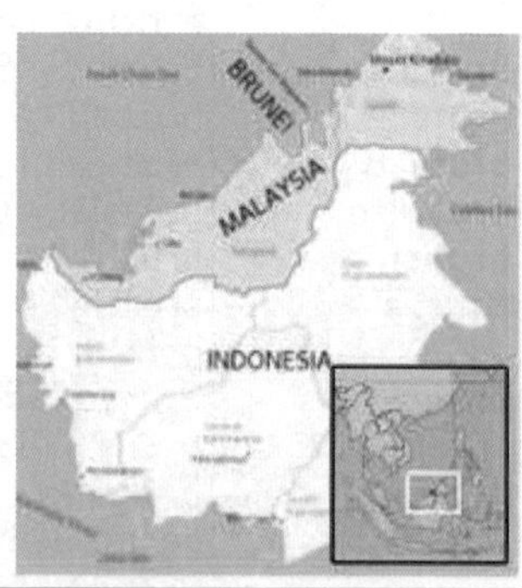

□ **Brunei** [brúːnai, -nei] ⓜ **브루나이** 《동남아시아 보르네오섬 북부의 영연방 독립국; 1983년 독립. 수도는 반다르 스리 브가완(Bandar Seri Begawan)》 ☜ 말레이어로 '이보다 더 좋을 수는 없다'는 뜻이며, 정식 국명은 <네가라 브루나이 다루살렘(Negara Brunei Darussalam)>인데, 이는 '평화가 깃든 살기 좋은 나라'라는 뜻

브런트 코드 brunt cord (한국의 브런트사(社)에서 출시한 신개념 멀티탭)

한국의 브런트(BRUNT)사가 출시한 USB포트와 착탈형 자석이 내장된 휴대용 멀티탭 코드. 220볼트 소켓 1개와 USB 충전포트 2개로 제작되어 있고, 벽이나 철제가구 등에 탈부착이 가능하며, 작고 가벼운 것이 특징이다.

□ **brunt** [brʌnt] ⓜ (공격의) **주력, 예봉**(銳鋒)
☜ 고대 노르드어로 '들불처럼 나아가는 것'이란 뜻
♠ **break the brunt of ~ ~의 예봉을 꺾다**
♠ **bear the brunt of ~ ~을 정면에서 맞다.**
※ **cord** [kɔːrd] ⓜ **새끼줄, 끈** ☜ 고대 프랑스어로 '끈, 줄'

브러시 brush (붓, 솔)

♣ **어원 : brush 솔, 붓; 숲, 잡목**
□ **brush** [brʌʃ/브뤄쉬] ⓜ **붓, 솔** ⓢ **솔질하다** ☜ 고대 프랑스어로 '솔'이란 뜻
♠ **brush off (브러시로) ~을 털어버리다, 청소하다; 퇴짜놓다; 내쫓다**
♠ **brush up 솔질을 하다; 다시 고쳐 하다**
□ **brush**-pencil [brʌ́ʃipènsəl] ⓜ 화필 ☜ brush + pencil(연필)
□ **brush**up [brʌ́ʃʌ̀p] ⓜ 닦음, 손질; 복습 ☜ 완전히(up) 솔질하다(brush)
□ **brush** wheel 『기계』 **브러시 휠**(청소, 연마용) ☜ wheel(바퀴, 둥근 것)
□ **brush**wood [brʌ́ʃwùd] ⓜ 곁가지; (관목의) 숲, 덤불 ☜ 잡목(brush)의 숲(wood)
□ **brush**y [brʌ́ʃi] (-<-h**ier**<-h**iest**) ⓗ 솔 같은, (털이) 덥수룩한 ☜ brush + y<형접>
■ under**brush** [ʌ́ndərbrʌ̀ʃ] ⓜ 관목(灌木); 덤불 ☜ 숲(brush) 아래(under)의 나무

연상 브러시(brush.붓)를 브러스끄(brusque.무뚝뚝)한 그녀에게 건네주다.

※ **brush** [brʌʃ/브뤄쉬] ⓜ **붓, 솔** ⓢ **솔질하다** ☜ 고대 프랑스어로 '솔'이란 뜻
□ **brusque** [brʌsk] ⓗ **무뚝뚝한**, 통명스러운 ☜ 이탈리아어로 '날카로운, 거친'이란 뜻
♠ He explained the situation in **a brusque tone**.
그는 **퉁명스런 말투**로 상황을 설명했다.
□ **brusque**ly [brʌsk/brusk] ⓟ 퉁명스럽게, 무뚝뚝하게 ☜ brusque + ly<부접>

브뤼셀 Brussels · Bruxelles (서유럽 벨기에의 수도)

유네스코 세계문화유산에 지정된 세계에서 가장 아름다운 광장, 그랑플라스가 있는 벨기에의 수도로 인구 100만 명 남짓의 작은 도시다. 제1·2차 세계대전에서 큰 피해를 입었다. 유럽연합(EU) 및 북대서양조약기구(NATO) 본부 등 국제기구가 많이 위치하고 있어 서유럽의 수도 구실을 하고 있다.

☐ **Brussels, Bruxelles** [brʌ́səlz] ㉢ **브뤼셀** 《벨기에의 수도》 ☜ 독일어로 '늪지대에 정착'이란 뜻

브루투스 Brutus (양아버지인 카이사르를 죽인 로마의 정치가)

로마 공화정 말기의 정치가. 공화정 말기 왕이 되고자 하는 카이사르의 야심을 알아채고 그를 암살했으나 사면되었다. 그 후 안토니우스, 옥타비아누스 군과 싸우다 패해 자살했다. 카이사르가 그의 양자였던 브루터스의 칼에 찔려 죽으면서 "브루터스 너도냐?"라고 했다는 말은 유명하다.

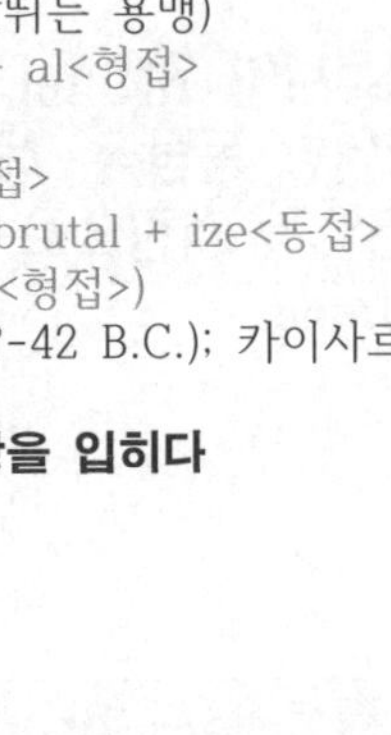

♣ **어원 : bru(t), brui, bri 난폭한, 부수는**

☐ **brut**e [bruːt] ㉢ **짐승, 금수**; (the ~s) **짐승류** 《인간에 대하여》
㉦ **금수 같은** ☜ 근세영어로 '짐승'이란 뜻
♠ **brute** courage ***짐승 같은 용기*** ➔ 만용(蠻勇: 분별없이 날뛰는 용맹)

☐ **brut**al [brúːtl] ㉦ **잔인한**(=cruel), 사나운; **모진**, 가차 없는 ☜ brut + al<형접>

☐ **brut**ally [brúːtəli] ㉥ 야수같이, 잔인하게 ☜ brutal + ly<부접>

☐ **brut**ality [bruːtǽləti] ㉢ 잔인, 무자비; 야만적 행위 ☜ brutal + ity<명접>

☐ **brut**alize [brúːtəlàiz] ㉣ 짐승처럼 하다〔되다〕; 잔인하게 하다〔되다〕 ☜ brutal + ize<동접>

☐ **brut**ish [brúːtiʃ] ㉦ 잔인한; 야만적인 ☜ 난폭한(brut) 경향이 있는(ish<형접>)

☐ **Brut**us [brúːtəs] ㉢ **브루투스** 《Marcus Junius ~ , 로마의 정치가(85?-42 B.C.); 카이사르 암살자의 한 사람》

☐ **brui**se [bruːz] ㉢ **타박상**; 상처 자국; (마음의) 상처 ㉣ **~에게 타박상을 입히다**
☜ 중세영어로 '난폭한(brui) 행동으로 생긴 것(se)'이란 뜻.

☐ **brui**ser [brúːzə] ㉢ 권투선수, 거한 ☜ bruise + er(사람)

■ de**bri**s [dəbríː, déibriː/déb-] ㉢ (pl. -) 파괴의 자국, 부스러기, **파편**
☜ 떨어져나가(de) 부서진(bris)

버블 bubble (거품)

☐ **bubble** [bʌ́bəl] ㉢ **거품, 버블; 기포**(氣泡) 《유리 따위 속의》 ㉣ **거품이 일다**
☜ 중세 네델란드어로 '거품'이란 뜻
♠ champagne **bubbles** 샴페인 **거품**

☐ **bubble** gum 풍선껌 ☜ gum(고무, 껌)

☐ **bubbl**y [bʌ́bli] ㉦ (-<-li**er**<-li**est**) 거품 이는, 거품투성이의 ☜ -y<형접>

빅벅헌터 Big Buck Hunter (수사슴 사냥 게임)

2000년에 출시된 사냥 게임. '빅벅 헌터(Big Buck Hunter)'도 '디어 헌터(Deer Hunter)' 시리즈와 마찬가지로 사슴 사냥을 주 소재로 하지만 암컷은 쏘지 않고 수컷만 쏴야 한다. 사슴 개체 보호를 위해 암컷은 죽이지 않는 사냥 규칙을 게임에서도 따르는 것이다.

※ **big** [big/빅] ㉦ (-<-gg**er**<-gg**est**) **큰**, 거대한, 중대한
☜ 중세영어로 '강한; 부피가 큰'이란 뜻 ㉺ **little, small** 작은

☐ **buck** [bʌk] ㉢ **수사슴**(=stag); (양·토끼 따위의) 수컷 ㉺ **doe** 암컷
☜ 고대영어로 '숫염소, 수사슴'이란 뜻.
♠ **a buck party 남자들만의 파티** ★ stag party가 일반적
♠ **The buck stops here. 모든 책임은 내가 진다 - 해리 트루먼 -**
☜ 포커에서 딜러의 순번을 정하기 위해 사용했던 것이 buckhorn knife(손잡이가 사슴뿔로 된 칼)이었다. 이 칼이 앞에 놓여 있으면 딜러가 되고, pass the buck하면 '딜러의 자리를 넘겨주다'는 뜻인데, 이것이 '남에게 책임을 전가하다'란 부정적인 의미가 되었고, 여기서 the buck stop here(모든 책임을 내가 진다)라는 표현도 더불어 만들어졌다.

※ **hunter** [hʌ́ntər] ㉢ (fem. **-tress**) **사냥꾼**(-tsman) ☜ 사냥하는(hunt) 사람(er)

부쿠레슈티 Bucharest (유럽 동남부 루마니아의 수도)

☐ **Bucharest** [bjúːkərèst] ㉢ **부쿠레슈티** 《루마니아 Rumania의 수도》
☜ 루마니아어로 '즐거운 도시'란 뜻

펄벅 Pearl S. Buck (장편소설 <대지(大地)>를 쓴 미국 여류 소설가)

미국 소설가. 장편 처녀작《동풍·서풍》을 비롯해 빈농으로부터 입신하여 대지주가 되는 왕룽[王龍]을 중심으로 그 처와 아들들 일가의 역사를 그린 장편《대지》등이 그녀의 대표적인 작품이다. 미국의 여류작가로서는 처음으로 노벨문학상을 수상하였다.

B

□ **Buck** [bʌk] ⓜ **펄 벅**《Pearl ~ , 미국의 여류작가; 1892-1973》

바케스 < 버킷 bucket (물통)
버킷리스트 bucket list (죽기 전에 꼭 하고 싶은 일의 목록)

© Warner Bros.

□ **bucket** [bʌ́kit] ⓜ **버킷, 양동이** ☜ 고대 프랑스어로 '양동이'란 뜻
♠ **bucket list 버킷리스트**《죽기 전에 꼭 하고 싶은 일의 목록》☜ 고대 자살방법 중 하나인 높은 곳에 밧줄을 매달고 양동이 위에 올라가 밧줄을 목에 걸고 나서 양동이를 발로 걷어 차는 것(kick the bucket 죽다, 자살하다)에서 bucket list는 죽기 전 하고 싶은 일의 목록을 뜻하게 되었다.
□ **bucket**ful [bʌ́kitfùl] 양동이 가득 ☜ bucket + ful(가득한)
■ **basket** [bǽskit/**배**스낏/bɑ́:sket/**바**스켓] ⓜ **바구니;**〘농구〙**골대**
☜ 초기 켈트어로 '묶음, 꾸러미, 짐'이란 뜻

버킹엄 궁전 Buckingham Palace (영국 왕실 궁전)

□ **Buckingham** [bʌ́kiŋəm] ⓜ **버킹엄** 공작 ☜ 버킹엄 궁전이 원래 버킹엄 공작의 집이었음.
palace [pǽlis, -əs] ⓜ **궁전, 왕궁, 궁궐**
☜ 로마 황제가 최초의 궁전을 세운 팔라틴 언덕(Palatine Hill)에서 유래

버클 buckle (혁대의 고리)

□ **buckle** [bʌ́kəl] ⓜ 죔쇠, 혁대 고리, **버클** ⓢ 죔쇠로 죄다
☜ 고대 프랑스어로 '방패 중앙에 있는 돌기; 금속 고리'란 뜻
♠ She **buckled** her safety belt. 그녀가 안전벨트의 **버클을 잠갔다**.

□ **bucolic**(양치기의, 목가적인) ➔ **bull**(황소) **참조**

연상 버드와이저(Budweiser) 맥주에 버드(bud.새싹, 꽃봉오리)가 생겼다

□ **Bud**weiser [bʌ́dwàizər] ⓜ **버드와이저**《미국의 대표적 맥주; 상표명; 略 Bud》
☜ 버드와이저(Budweiser)는 체코 출신 미국인 아돌프 부쉬(Adolphus Busch)가 설립한 미국의 대표적인 라거 맥주 브랜드이다. 버드와이저란 이름은 그가 체코의 고향 마을 이름을 따서 붙였다고 한다.
□ **bud** [bʌd] ⓜ **싹, 눈; 꽃봉오리** ☜ 중세영어로 '앞으로 밀어낸 것, 싹, 눈'이란 뜻
♠ **put forth the bud 싹이 나다**.

부다페스트 Budapest (유럽중부 헝가리의 수도)

□ **Budapest** [bú:dəpèst, bù:dəpést] ⓜ **부다페스트**《헝가리 Hungary의 수도》
☜ 원래 Buda와 Pest는 별개의 도시였다가 1872년 합병되었다. Buda는 '물'이란 뜻이고, Pest는 '솥, 가마'란 뜻이다.

부처님 Buddha (붇다 → 불타 → 부텨 → 부처)

□ **Buddh**a [bú:də] ⓜ **부처, 석가모니** ☜ 산스크리트어로 '깨어 있다, 깨닫다'란 뜻
□ **Buddh**ism [bú:dizəm] ⓜ **불교** ☜ -sm(교의, 주의)
♠ believe 〔profess〕 in **Buddhism 불교**를 믿다
□ **Buddh**ist [bú:dist] ⓜ **불교도**, 불교신자 ☜ -ist(사람)

버짓 호텔 budget hotel (객실요금이 저렴한 호텔)

경제적 사정으로 저렴한 호텔을 이용하는 계층은 실속형 사람들로서 숙박은 저렴한 호텔에서 하고 식사와 관광은 알차게 하는 계층을 겨냥해 개발한 것이 버짓호텔이다. 객실요금이 일반호텔에 비하여 20~50% 정도가 저렴하여 주요 고객은 가족여행객이다.

□ **budget** [bʌ́dʒit] ⓜ **예산; 예산안** ☜ 라틴어로 '가죽 가방(지갑)'이란 뜻

♠ **make a budget 예산을 편성하다**
♠ **open the budget 의회에 예산안을 제출하다.**

☐ **budget**ary [bʌ́dʒitèri/-təri] ⓗ 예산의, 예산에 관한 ☜ budget + ary<형접>

※ **hotel** [houtél/호우**텔**] ⓜ **호텔**, 여관 ☜ 손님을 접대하는(hot) 곳(el<명접>)

버드와이저 Budweiser (미국의 대표적인 맥주 브랜드)

☐ **Bud**weiser [bʌ́dwàizər] ⓜ **버드와이저** 《미국의 대표적 맥주; 상표명; 略 Bud》
☜ 버드와이저(Budweiser)는 체코 출신 미국인 아돌프 부쉬(Adolphus Busch)가 설립한 미국의 대표적인 라거 맥주 브랜드이다. 버드와이저란 이름은 그가 체코의 고향 마을 이름을 따서 붙였다고 한다.

버팔로 buffalo (물소, 들소)

☐ **buffalo** [bʌ́fəlòu] ⓜ (pl. **-s, -es**, 《집합적》 **-lo**) **물소, 들소**
☜ 포르투갈어로 '물소'란 뜻

☐ **buff** [bʌf] ⓜ (물소 등의) 담황색의 연한 가죽
☜ 근세영어로 '물소의 가죽'이란 뜻.

부페 < 뷔페 buffet (뷔페 식당)

☐ **buffet** [bəféi/버**풰**이, buféi/bʌ́fit] ⓜ **뷔페**가 있는 간이식당, (역・열차・극장 안의) 식당, **뷔페** ☜ 프랑스어로 '긴 의자, 식기 찬장'이란 뜻
[bʌ́fit] ⓜ (손바닥・주먹으로 하는) 타격(=blow) ⓢ 치다
☜ 고대 프랑스어로 '타격, (철썩) 때리기'란 뜻
♠ a **buffet-style** breakfast **뷔페 스타일의** 아침 식사

■ re**buff** [ribʌ́f] ⓜ 거절; 저지, 좌절 ⓢ 거절하다; 저지하다
☜ 중세 프랑스어로 '저지하다, 급히 멈추게 하다'란 뜻

버그 bug (컴퓨터 프로그램의 오류)

[컴퓨터] 소프트웨어나 하드웨어의 오류・오동작. 초창기에 컴퓨터 고장의 원인이 릴레이 접점 사이에 나방이 끼어 있던 것으로부터 유래되었다. 컴퓨터 기술 분야에서 '버그'란 컴퓨터 프로그램의 코딩 오류를 의미하는 용어이다.

☐ **bug** [bʌg] ⓜ **곤충, 벌레**; 《영》 빈대(=bedbug) ☜ 근세영어로 '곤충'이란 뜻
♠ **a movie bug 영화광**

☐ **bug**gy [bʌ́gi] ⓗ 벌레투성이의; 《영》 2륜 경마차; 《미》 4륜 경마차
☜ 근대영어로 '벌레(bug)가 + g + 들끓는(y)', '가벼운 탈 것'이란 뜻.

☐ **bug**hunter [bʌ́ghʌ̀ntər] ⓜ **곤충채집가**, 곤충학자
☜ 곤충(bug)을 사냥하는(hunt) 사람(er)

☐ **bug**hunting [bʌ́ghʌ̀ntiŋ] ⓜ 곤충채집 ☜ bug + hunt + ing<명접>

■ de**bug** [diːbʌ́g] ⓢ ~의 결함(잘못)을 조사하여 제거하다.
☜ 벌레(bug)를 떼어내다(de=off)

뷰글 bugle (나팔)

마우스피스에 입술을 대고 공기의 진동으로 소리를 내는 금관악기. 오늘날 군대에서 쓰이고 있는 무판(無瓣)의 신호용은 1750년경 하노버왕가에 의해서 쓰인 것이 그 최초이다. 18세기 말에는 많은 뷰글용 행진곡도 작곡되었다.

☐ **bugle** [bjúːgəl] ⓜ (군대용) 나팔 ☜ 라틴어로 '새끼 황소'란 뜻
♠ **bugle call 집합 나팔소리** ☜ call(외침, 신호소리; 부르다)

☐ **bugle**r [bjúːglər] ⓜ 나팔수 ☜ bugle + er(사람)

※ **vuvuzela** [vuːvuːzéilə] ⓜ **부부젤라** 《아프리카산 요란한 소리를 내는 트럼펫 모양의 플라스틱 악기》 ☜ 남아공 줄루어로 '부-부-소리를 내다'란 뜻

빌딩 building (건축물), 보디빌딩 body building (운동 기구를 사용하여 근육을 발달시키는 일)

< Body Building >

☐ **build** [bild/빌드] ⓢ (-/**built/built**) **짓다, 세우다**
☜ 중세영어로 '집을 짓다'란 뜻. ⓑ destroy 파괴하다
♠ He has **built** himself a new house. 그는 집을 신축했다.
♠ **build up ~ ~을 쌓아 올리다**

☐ **build**er [bíldər] ⓜ **건축가**, 건축업자 ☜ build + er(사람)
☐ **build**ing [bíldiŋ/**빌**딩] ⓜ **건축(물), 빌딩** ☜ 세우(build) 기(ing<명접>)
♠ **body building 보디빌딩** ☜ 몸(body) 만들기(building)
☐ **build**ing blocks 집짓기 놀이의 나무토막 ☜ block(큰 덩이, 큰 토막) + s<복수>
☐ **built** [bilt] ⓗ **조립된** ☜ build의 과거분사 ➔ <형용사>
■ re**build** [riːbíld] ⓢ (-/re**built**/re**built**) 재건하다, 다시 세우다 ☜ re-(다시)

B

HID 벌브 HID bulb (고광도 발광램프 전구)

HID(High Intensity Discharge Lamp 고광도발광램프) 벌브는 얇은 캡슐 안에 제논가스, 금속 융화물이 양극의 몰리브텐 전극에 방전하여 에너지화 되어 빛을 방출한다. 기존 전구보다 발광량이 많고, 수명이 긴 것이 특징이다.

OE Xenon HID Bulbs

☐ **bulb** [bʌlb] ⓜ 구근(球根), 알뿌리; **전구**(=electric bulb)
☜ 라틴어로 '구근, 양파'란 뜻
♠ a 60-watt **bulb** 60와트 **전구**

불가리아 Bulgaria (유럽 동남부 발칸반도의 동부에 있는 공화국)

☐ **Bulgaria** [bʌlgέəriə, bul-] ⓜ **불가리아** 《유럽 동남부 발칸반도의 동부에 있는 공화국; 수도 소피아(Sofia)》 ☜ 불가르(Bulgar)족의 나라(ia). Bulgar는 투르크어로 '섞인'이란 뜻.

벌지전투 Battle of the Bulge (2차대전 독일군 최후의 대반격작전)

벌지전투(Battle of the Bulge)는 제2차 세계대전 서부전선에서 독일군 최후의 대반격에 대해 연합군이 붙인 이름이다. 벌지(Bulge)는 영어로 '부풀어 오른 것'을 뜻한다. 독일군의 진격에 의해 전선의 일부가 돌출된 것을 가리켜 미군이 붙여준 이름에서 유래되었다.

© Warner Bros.

※ **battle** [bǽtl] ⓜ **전투, 투쟁, 배틀** ⓢ ~와 싸우다
☜ bat(치다, 때리다) + t + le<명접/동접>
☐ **bulge** [bʌldʒ] ⓜ **부푼 것**, 부풂; (물통 따위의) **중배**; 【조선 · 선박】 **벌지**《흘수선(吃水線) 밑의 선복(船腹)의 불룩함; 어뢰 방어용》
☜ 초기인도유럽어로 '부풀다, 팽창하다'란 뜻.
♠ **bulging** eyes **통방울**눈

벌크선(船) bulk carrier (화물운반선)

벌커(Bulker)라고도 부른다. 포장하지 않은 화물을 그대로 적재할 수 있는 화물전용선을 말한다. 석탄전용선, 광석전용선, 시멘트전용선, 곡물전용선 등이 있다.

☐ **bulk** [bʌlk] ⓜ **부피, 용적**; (비포장) 상품 ⓗ 전부의, 대량의
☜ 고대 노르드어로 '산더미, 배에 실은 짐'이란 뜻.
♠ It is of vast **bulk**. 그것은 아주 크다.
♠ **in bulk 짐으로 꾸리지 않은 채로**; 대량으로
☐ **bulk**ily [bʌ́lkili] ⓟ 부피가 크게 ☜ bulky + ly<부접>
☐ **bulk**y [bʌ́lki] ⓗ (-<-ki**er**<-ki**est**) **부피가 큰**, (커서) 다루기 거북한 ☜ bulk + y<형접>
※ **carrier** [kǽriər] ⓜ **운반자, 운반차량, 항공모함**(aircraft ~) ☜ 운반하는(carry) 것(er)

불독 bulldog (불독. <황소 같은 개>란 뜻), 불도저 bulldozer

☐ **bull** [bul] ⓜ **황소**; (물소 · 코끼리 · 고래 등의) 수컷 ☜ 고대 노르드어로 '숫소'
♠ **bull** in a china shop 도자기 가게 안의 **황소** 즉 막무가내
☐ **bull**dog [búldɔ(ː)g] ⓜ **불독** ☜ bull + dog
☐ **bull**dozer [búldòuzər] ⓜ **불도저** ☜ 황소(bull)같은 힘을 주는(doze) 장비(er)
☐ **bull**fight [búlfait] ⓜ **투우** ☜ 소(bull)와의 싸움(fight)
☐ **bull**fighter [búlfaitər] ⓜ 투우사 ☜ bull + fight + er(사람)
☐ **bull**fighting [búlfaitiŋ] ⓜ 투우 ☜ bull + fight + ing<명접>
☐ **bull** pen **불펜** 《【투우】 투우가 투우장에 드나드는 통로, 【야구】 구원투수의 준비운동장소》
☜ 황소(bull)의 우리/축사(pen)
☐ **bull**y [búli] ⓜ **약한 자를 못살게 구는 사람** ☜ 황소(bull)같이 들이대는 사람(y<명접>)
☐ **bu**colic(al) [bjuːkάlik(əl)] ⓗ 양치기의, 목가적인 ⓜ (보통 pl.) 목가
☜ 소(bu<bull)와 함께(co) 생활하는

불릿타임 bullet time ([영화] 특수시각효과. <총알시간>이란 뜻)

초고속 카메라를 360도 전 방향에 설치하여 360도 정지 회전쇼트와 특수 시각효과를 구현. 날아오는 총알처럼 일반적으로는 포착할 수 없는 장면들을 360도 슬로모션으로 구현한다. 이러한 효과는 버추얼 카메라를 이용해 촬영한다. 영화 <매트릭스>를 통해 널리 알려졌다.

B

♣ **어원 : bull 끓어오르다, 밖으로 흘러 넘치다**

□ **bull**et [búlit] [명] **탄알**, 권총탄, 소총(기관총)탄; 〖인쇄〗 (주의를 끌기 위해 찍는) 큰 점
☜ 중세 프랑스어로 '포탄'이란 뜻. 끓어오르는(bull) 작은 것(et)
♠ **bullet** wounds **총알**에 의한 상처

□ **bull**etin [búlətin] [명] **게시, 고시** ☜ 밖으로 흘러넘치는(bullet) 것(in<명접>)

□ **bull**etin board 게시판 ☜ board(판자, 판지; 위원회)

□ **bull**etproof [búlətprùːf] [형] 방탄의 ☜ 총알(bullet)을 막는(proof)

□ **bull**etproof vest (jacket) 방탄조끼 ☜ vest(조끼), jacket(상위 위에 덧입는 것; 웃옷)

■ e**bull**ient [ibúljənt, -bʌ́l-] [형] 비등하는, 끓어 넘치는; 원기 왕성한
☜ 밖으로(e<ex) 끓어 넘치(bull) + i + 는(ent)

※ **time** [taim/타임] [명] (관사 없이) **시간, 때;** 시일, 세월; ~회, ~번
☜ 초기인도유럽어로 '나눈 것'이란 뜻

□ **bully**(약한 자를 못살게 구는 사람) ➔ **bull**(황소) **참조**

블로다운 blowdown (갑작스러운 파열[분출])
불웍 bulwark (영국해군의 강습상륙함. <성채(城砦)>란 뜻)

< Blowdown >

♣ **어원 : blow, bul (바람이) 불다, 부풀(리)다, 강화하다**

■ **blow** [blou/블로우] [동] (-/**blew**/**blown**) **불다, 불어대다; 폭파하다**
[명] **한바탕 불기**; **강타**, 구타, (정신적인) 타격
☜ 고대영어로 '불다, 숨을 내쉬다'란 뜻

■ **blow**-down [blóudàun] [명] **블로다운** 《원자로 냉각 파이프의 갑작스러운 파열》; (바람으로 넘어진) 나무 ☜ (강한 바람을) 불어(blow) 무너뜨리다(down)

□ **bul**wark [búlwərk] [명] (종종 pl.) **성채, 보루**; 뱃전의 현장(舷牆); 방파제; 방벽; 방어물
☜ 초기독일어로 '부풀린<강화한(bul) 건축물(wark=work)'이란 뜻
♠ a **bulwark** of democracy 민주주의의 **보루(방벽)**

영화 트랜스포머에서 쉐보레 카마로 스포츠카로 등장하는 정찰 로봇 범블비(Bumblebee.호박벌)

■ **bee** [biː/비-] [명] **꿀벌**, (일반적) **벌; 일꾼** ☜ 고대영어로 '벌'이란 뜻.

□ bumble**bee** [bʌ́mblbìː] [명] 〖곤충〗 뒝벌, **호박벌** ☜ 중세영어로 '크고 털이 많은 벌'
[비교] (honey) bee 꿀벌; wasp, hornet 말벌; bumblebee 호박벌; drone 숫벌; queen bee 여왕벌
♠ **Bumblebee** changes the yellow sports car.
범블비는 노란 스포츠카로 변신한다.

밤바 < 범퍼 bumper (자동차 앞뒤의 완충기)

□ **bump** [bʌmp] [명] **충돌, 부딪히는 소리** [동] **부딪히다**
☜ 근세영어로 '심하게 부딪히다'란 뜻.
♠ We **bumped into** each other 우리는 서로 **쾅하고 부딪혔다.**

□ **bump**er [bʌ́mpər] [명] (자동차의) **범퍼** ☜ bump + er(물체)

□ **bump**er-to-bumper (자동차가) 꽉 들어찬; 꽉 들어차서

□ **bump**y [bʌ́mpi] [형] 울퉁불퉁한, 덜컹거리는 ☜ bump(충돌하다) + y<형접>

번즈 buns (건포도를 넣고 계란칠을 한 달고 둥근 소형 빵)

□ **bun** [bʌn] [명] **건포도 롤빵** 《건포도를 넣은 달고 둥근 빵》, 둥그런 빵 《hamburger 등에 씀》 ☜ 중세영어로 '밀가루 떡'이란 뜻
※ bath buns 바스 번즈, chelsea buns 첼시 번즈, hot cross buns 핫 크로스 번즈, hotdog buns 핫도그 번즈, hamburger buns 햄버거 번즈, sandwich buns 샌드위치 번즈

번들 bundle ([컴퓨터] 무료 제공 소프트웨어. <묶음>이란 뜻)

하드웨어 또는 소프트웨어를 구입할 때 무료로 제공하는 소프트웨어. '묶음'이란 뜻으로, 원래는 별도로 판매하는 제품을 한데 묶어서 패키지로 판매하는 형태를 말하나 요즘에는 컴퓨터 또는 하드웨어 장치를 살 때 패키지의 일부로서 함께 판매되는 것을 이른다. 본래의 의미처럼 몇 가지 프로그램을 함께 포장하여 파는 것을 뜻하기도 한다.

B

□ **bundle** [bʌ́ndl] ⓜ **묶음, 묶은 것, 꾸러미**(로 만든 것) ☜ 고대영어로 '묶음'이란 뜻
♠ **a bundle of** letters 한 묶음의 편지

□ **bunch** [bʌntʃ] ⓜ **다발, 송이**(=cluster) ☜ 중세영어로 '돌출한 것, 혹'이란 뜻
♠ **a bunch of** grapes **한 송이의** 포도
♠ **a bunch of** flowers **한 다발의** 꽃

방갈로 bungalow (베란다가 있는 목조단층집)

□ **bungalow** [bʌ́ŋgəlòu] ⓜ **방갈로** ☜ 힌두어로 '낮은 초가집'이란 뜻
★ 우리나라 숲속 휴양지에 많은 우리식 표현인 방갈로는 영어로는 cabin으로 표현해야 더 적합하다.
♠ **Bungalows** are a type of house. **방갈로**는 주택의 한 유형이다.

빵카 < 벙커 bunker ([골프] 장애구역, [군사] 지하엄폐호)

□ **bunk** [bʌŋk] ⓜ **잠자리**, (배 · 기차 따위의) 침대; 《구어》 침상
☜ **bunk**er의 줄임말
♠ He left his **bunk** and went up on deck again.
그는 **침대**에서 일어나 다시 갑판으로 나갔다.

□ **bunk**er [bʌŋkər] ⓜ (배의) 연료 창고; 〖골프〗 **벙커** 《모래땅의 장애 구역》; 〖군사〗 **벙커**, 지하엄폐호 ☜ 고대 스웨덴어로 '배의 화물을 보호하기 위해 사용된 널빤지'에서 18c. 스코틀랜드어로 '좌석, 긴 의자', 19c '흙으로 만든 의자', 1차대전시 '흙(구덩이)을 파서 만든 요새' 등으로 의미가 확장됨.

□ **Bunk**er Hill **벙커힐** 《미국 Boston의 언덕; 독립전쟁시의 싸움터》 ☜ hill(언덕)

바니걸스 bunny girls (70년대 한국의 쌍둥이 자매그룹. <토끼소녀>)

□ **bun** [bʌn] ⓜ 《영》 토끼, 다람쥐 《의인화된 명칭》
☜ 스코틀랜드어로 '토끼의 꼬리'란 뜻

□ **bunny** [bʌ́ni] ⓜ 《애칭》 **토끼**(=rabbit); 다람쥐 ☜ bun(토끼) + y<명접>
♠ **Bunny** is a pet name for a rabbit.
버니는 토끼의 애칭이다.

□ **bunny** girl 토끼옷을 입은 호스테스, (B~) (특히) Payboy Club의 버니걸
☜ girl(소녀, 계집아이)

< 바니걸스 음반 >

번트 bunt ([야구] 번트를 대다)

□ **bunt** [bʌnt] ⓜ (머리 · 뿔 따위로) 받기, 밀기; 〖야구〗 **번트** ⓢ (머리 · 뿔 따위로) 받다, 밀다; 〖야구〗 **번트**하다 ☜ 고대 프랑스어로 '튕기다'란 뜻
♠ **The sacrifice bunt** is a success! **그 희생 번트**는 성공이야!

번얀 Bunyan (영국의 작가. <Pilgrim's Progress>의 저자)

□ **Bunyan** [bʌ́njən] ⓜ **번얀** 《John ~, 영국의 작가; 1628-88》

부이 buoy (물위에 띄워 표식용으로 사용되는 부표), 소노부이 sonobuoy

□ **buoy** [bú:i, bɔi] ⓜ **부표** ☜ 초기 독일어로 '표식, 신호'란 뜻.
♠ a mooring **buoy** 계류 **부표**

□ **buoy**ancy, -ance [bɔ́iənsi, bú:jən-], [-əns] ⓜ **부력**(浮力); **경쾌**
☜ buoy + ancy/ance<명접>

□ **buoy**ant [bɔ́iənt] ⓗ 부양성 있는, 부력이 있는, 뜨기 쉬운; **쾌활한**, 활기 있는 ☜ buoy + ant<형접>

□ **buoy**ant force 부력(浮力) ☜ force(힘)

■ sono**buoy** [sάnəbɔ̀i, -bù:i/ sɔ́nəbɔ̀i] ⓜ **소노부이** 《잠수함을 찾는 음파탐지부표》 ☜ 소리(sono)를 찾는 부표(buoy)

B

버 burr ([기계공학] 금속절단부위에 생기는 가시 모양의 그루터기)

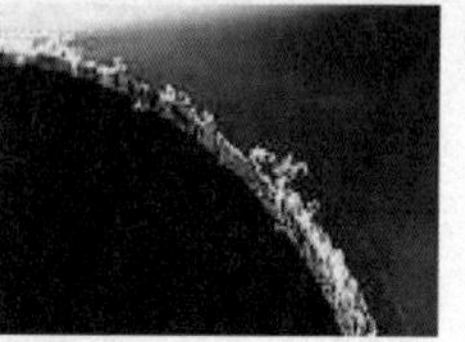

☐ **bur, burr** [bəːr] ⓜ (밤 따위 열매의) 가시, 깔쭉깔쭉하게 깎은 자리
☜ 고대 노르드어로 '뻣뻣한 털, 강모(剛毛)'란 뜻
♠ **A chestnut bur** fell on my head.
밤송이가 내 머리 위에 떨어졌다.

바바리코트 Burberry (콩글 방수코트의 일종) ➔ trench coat

☐ **Burberry** [bə́ːrbəri, -bèri] ⓜ **바바리** 방수 무명; **바바리 코트** 《상표명》
☜ 영국의 레인코트 제작사 설립자인 토머스 버버리(Thomas Burberry) 이름에서

바디버든 body burden ((방사능 등) 체내 축적 유해물질))

※ **body** [bάdi/**바**리/bɔ́di/**보**디] ⓜ **몸; 본문** ☜ 고대영어로 '통'이란 뜻
☐ **burden** [bə́ːrdn] ⓜ (물리적 · 정신적인) **짐, 부담; 걱정** ⓢ **~에게 짐을 지우다**
☜ 고대영어로 '짐, 무게; 책임, 의무'란 뜻 ⓑ lighten 가볍게 하다
♠ **a burden** of responsibility 책임의 **무거운 짐**
☐ **burden**some [bə́ːrdnsəm] ⓗ 무거운, 괴로운, 귀찮은 ☜ burden + some<형접>

뷰로 bureau (작은 서랍이 달린 사무용 책상)

☐ **bureau** [bjúərou] ⓜ (pl. **-s/-x**) (관청의) **국; 사무(편집)국**, 《미》 (거울 달린) 옷장, 《영》 (서랍 달린) 사무용 책상
☜ 프랑스어로 '사무실, 책상'이란 뜻
♠ **a bureau** of information 《미》 안내**소**, 접수처
☐ **bureau**cracy [bjuərάkrəsi] ⓜ 관료 정치(제도, 주의)
☜ bureau + cracy(정체, 제도)
☐ **bureau**crat [bjúərəkræ̀t] ⓜ 관료적인 사람; 관료; 관료(독선)주의자
☜ **bureaucr**acy + **at**(사람)
☐ **bureau**cratic [bjùərəkrǽtik] ⓗ 관료 정치의; 관료식의(적인); 번문욕례(繁文縟禮)의
☜ bureaucrat + ic<형접>

햄버거 hamburger (햄벅스테이크와 야채 등을 넣은 둥근 빵)

■ ham**burger** [hǽmbəːrgər] ⓜ **햄버거** 《두 개의 둥근 빵에 쇠고기로 다져만든 패티(patty)와 간단한 채소를 넣어 만든 미국식 패스트푸드》
☜ '독일 함부르크(Hamburg) 식의(er)' 스테이크란 뜻
■ cheese**burger** [tʃízbə̀rgər] ⓜ **치즈버거** 《치즈와 햄버거를 넣은 샌드위치》
☐ **burger** [bəːrgər] ⓜ 《구어》 ☜ ham**burger**의 약어

함부르크 Hamburg (독일 북부에 있는 항구도시. 독일 제2의 도시)

♣ **어원 : burg 성(城)** ※ **berg 언덕, 산(山)**
■ Ham**burg** [hǽmbəːrg] ⓜ **함부르크** 《독일 북부의 항구도시. 독일 제2의 도시》
☜ 독일어로 '강의 하구에 있는 도시'란 뜻. 811년 카를 대제가 하마부르크 성(城)을 쌓은 것이 시(市)의 기원.
☐ **burg** [bəːrg] ⓜ 《미.구어》 읍(=town), 시(=city); 《영》 =borough
☜ 초기 독일어로 '자치도시; 축성'이란 뜻
☐ **burg**ess [bə́ːrdʒis] ⓜ (자치시의) 공민, 시민; 『역사』 자치시 선출 대의원
☜ burg + ess<명접>
☐ **burg**her [bə́ːrgər] ⓜ (자치 도시의) 공민, 시민 ☜ burg + h + er(사람)
☐ **burrow** [bə́ːrou, bʌ́r-] ⓜ **굴** 《여우 · 토끼 따위의》; 숨는 곳, **피난(은신)처** ⓢ 굴을 파다, 진로를 트다 ☜ 고대영어로 '요새, 성채'란 뜻
♠ **burrow** into bed 잠자리에 **기어들다.**
☐ **borough** [bə́ːrou/bʌ́rə] ⓜ 《미》 **자치 읍면, 자치구** 《어떤 주의》; 《영》 **자치[특권] 도시**
☜ 초기 독일어로 '요새, 성채, 도시'란 뜻
♠ the London **borough** of Westminster 런던의 웨스트민스터 **자치구**
■ Scar**borough** [skάːrbəːrə, -bʌ̀rə, -bərə] ⓜ **스카버러** 《영국 잉글랜드 노스요크셔주(州)에 있는 항구도시》 ☜ 고대 노르드어로 '스카티(Skarthi)라고 불린 사람의 요새'란 뜻.
★ 스카버러 페어(Scarborough Fair/스카버러 시장)는 영국의 전통 발라드인데 <사이먼 & 가펑클>이 편곡해서 불렀고, 영화 <졸업>의 OST로 삽입되면서 더 유명해졌다. 연인에게 버려진 남자가 제3자를 통해 스카버러에 사는 옛 연인에게 안부를 전하

는 형식의 내용이다. 우리나라에서는 박인희가 <스카브로의 추억>으로 번안해 불렀다.

■ Stras**bourg** [strǽzbəːg] 명 **스트라스부르** 《프랑스 동북부, 알사스 지방의 중심도시》
☜ '큰 길(stras)의 도시(bourg)'란 뜻

B

버글러 혼 burglar horn ([자동차] 손대면 울리는 도둑방지용 경적)

□ **burgl**ar [bə́ːrglər] 명 **강도, 빈집털이**, 밤도둑; 《미.속어》 사기꾼
☜ 라틴어로 '도둑질하는(burgl) 사람(ar)'이란 뜻
♠ **burglar** alarm **도난** 경보기
♠ a bank **burglar** 은행 **강도**

□ **burgl**ary [bə́ːrgləri] 명 강도죄, (야간) 불법 가택 침입
☜ burglar + y<상태, 성질 명접>

※ **horn** [hɔːrn] 명 (소・양・코뿔소 등의) **뿔**, 사슴뿔; (악마 따위의) 뿔
☜ 고대영어로 '동물의 뿔'이란 뜻.

□ **burial**(매장) ➔ **bury**(묻다) **참조**

부르키나 파소 Burkina Faso (아프리카 서부의 공화국)

□ **Burkina Faso** [bərkíːnə-fáːsou] 명 **부르키나 파소** 《아프리카 서부의 공화국; 수도 와가두구 (Quagadougou)》 ☜ 지역원주민어로 '침범할 수 없는 사람들의 땅'이란 뜻

버레스크 Burlesque (미국 뮤지컬・멜로 영화. <익살 연극>)

© Screen Gems

2010년 개봉한 미국의 뮤지컬/멜로 영화. 쉐어, 크리스티나 아길레라 주연. 순박한 시골소녀가 큰 무대에서 노래하고 싶다는 꿈을 안고 LA로 가서 우연히 발견한 클럽, '버레스크'. 춤과 노래가 환상적으로 우어러진 세계에서 꿈을 키우고 사랑하게 된다는 이야기

□ **burl**esque [bərlésk] 형 해학적인, 광대의 명 익살 연극, 해학극, **버레스크**
☜ 익살(burl<burk) 스런<~과 같은(esque)

버마 Burma (미얀마의 옛 명칭)

□ **Burma** [bə́ːrmə] 명 **버마** 《미얀마의 옛 명칭; 수도 양곤 Yangon, 랭군 Rangoon은 별칭》
☜ 미얀마의 버마(Burma)족에서 유래

가스 버너 gas burner (가스 연소기)

♣ **어원 : burn, bus, burst 불에 타다, 불이 솟구치다**

■ gas **burn**er **가스 버너** ☜ gas(가스, 기체)

□ **burn** [bəːrn/버-언] 동 (-/burn**t**/burn**t**) (불에) **타다**; (-/burn**ed**/burn**ed**) (등불이) **빛을 내다** ☜ 고대 노르드어로 '불에 타다, 빛나다'란 뜻.
♠ **be burned to death 불에 타 죽다**
♠ **burn down 전소하다, 불기운이 약해지다**
♠ **burn to the ground 완전히 타다[태우다], 전소하다**
♠ **burn up 다 태워[타] 버리다; 《미》 열을 올리다**
♠ **be burnt to ashes 타서 재가 되다; (집 등이) 소실되다**

□ **burn**er [bə́ːrnər] 명 연소기 ☜ 불에 타는(burn) 장비(er)

□ **burn**ing [bə́ːrniŋ] 형 **타고 있는** ☜ 불에 타고(burn) 있는(ing)

□ **burn**t [bəːrnt] 형 **탄, 불에 덴** ☜ burn의 과거분사 ➔ 형용사

□ **burst** [bəːrst/버-스트] (-/-/-) 동 **폭발하다**, 파열하다, 파열시키다
☜ 고대영어로 '갑자기 부서지다'란 뜻
♠ **burst into ~ 갑자기 ~하기 시작하다, 불쑥 뛰어들다**
♠ **burst on (upon) ~ ~에 갑자기 나타나다; ~을 엄습하다**
♠ **burst out ~ing 갑자기 ~하기 시작하다**

■ out**burst** [áutbəːrst] 명 폭발, 파열 ☜ 외부로(out) 불이 솟구치다(burst)

■ com**bus**tion [kəmbʌ́stʃən] 명 **연소**; (유기체의) 산화(酸化); 흥분, 소동
☜ 모두(com) 타는(bus) 것(tion<명접>)

□ **burrow**(굴, 피난처) ➔ **burg**(읍, 시) **참조**

□ **burse**(귀중품 주머니; 장학금) ➔ **purse**(돈지갑) **참조**

썩은 스토로베리(strawberry.딸기)를 베리(bury.파묻다)하다

※ straw**berry** [strɔ́ːbèri/-bəri] 명 **딸기** ☜ straw(밀짚) + berry(딸기류)
☐ **bur**ial [bériəl] 명 **매장, 매장식** ☜bury<y→i> + al<명접>
♠ **the burial** at sea **수장**(手葬)
☐ **bur**row [bə́ːrou, bʌ́r-] 명 (여우·토끼 따위의) **굴**; 숨는 곳, 피난〔은신〕처
☜ 땅을 파고(bur) 사는 곳
☐ **bury** [béri/**베**뤼] 동 **파묻다, 매장하다, 묻다**
☜ 고대영어로 '언덕을 오르다, 숨기다, 무덤에 묻다'란 뜻
♠ **bury oneself in ~ ~에 몰두하다, 파묻히다**
♠ **be buried** alive 생**매장되다**, 세상에서 잊혀지다

버스 bus

☐ **bus** [bʌs/버스] 명 (pl. **-(s)es**) **버스** ☜ 프랑스어 omni**bus**(승합마차)의 줄임말
비교 double-decker 더블데커(2층버스), **limousine** 리무진(공항버스)
♠ **minibus** 소형버스 ☜ mini-(소형의)
♠ **omnibus 옴니버스**, 승합마차 ☜ omni-(전(全), 총(總), 범(汎))
♠ **sightseeing bus** 관광버스 ☜ 풍경(sight)을 보(see) 는(ing<형접/명접>)
♠ **school bus** 통학버스, **스쿨버스** ☜ school(학교)
♠ **by bus 버스로, 버스를 타고**
☐ **bus** stop 버스 정류장 ☜ stop(멈추다; 정류장)
■ omni**bus** [ámnəbʌ̀s, -bəs/ɔ́m-] 명 (pl. **~es**) **승합마차; 버스**《생략: bus》 형 여러 가지 것을 포함하는; 총괄적인 ☜ 프랑스어로 '모든 사람을 위한 (탈 것)'이라는 뜻

부시맨 Bushman (남아프리카에 사는 키 작은 토인)

☐ **bush** [buʃ/부쉬] 명 **관목, 수풀** ☜ 고대영어로 '수풀, 숲'이란 뜻.
♠ **A bird in the hand is worth two in the bush.**
《속담》 손 안의 새 한 마리는 숲속의 새 두 마리의 가치가 있다.
☐ **Bush**man [búʃmən] 명 **부시맨** ☜ 수풀(bush)속에 사는 사람(man). 남아프리카 보츠와나와 나미비아에 걸쳐 있는 칼라하리 사막에 사는 종족. ★ 영화 <부시맨>의 원제는 <The God must be crazy(신은 미쳤음에 틀림없다)>이다.
☐ **bush**y [búʃi] 형 (-<-hi**er**<-hi**est**) **관목이 무성한**; 털이 많은
☜ -y<형접>
■ am**bush** [ǽmbuʃ] 명 **잠복; 매복** 동 숨어서 기다리다, 매복하다
☜ 고대영어로 '수풀(bush) 속에(am=in) 숨어있다'는 뜻.

<부시맨>을 소재로 한 미국의 코미디 영화
© 20th Century Fox

부셸 bushel (부셸 / 8갤런)

☐ **bushel** [búʃəl] 명 **부셸**《약 8갤런=약 36리터=약 2말》 ☜ 고대 프랑스어로 '곡물이나 과일의 부피를 세는 그릇'이란 뜻

비즈니스 business (사업)

☐ **busi**ness [bíznis/**비**즈니스] 명 **사업; 직업** ☜ 고대영어로 '열망하는(busi) 것(ness)'
♠ **do business 장사하다**, 상거래를 하다
♠ **on business 사업차; 용무가 있어, 상용으로**
☐ **busi**ness agent 대리점; 노조의 집행위원 ☜ agent(대리점; 정부직원, 정보원)
☐ **busi**nesslike [bíznislàik] 형 사무적인, 실제적인 ☜ business + like(~같은)
☐ **busi**nessman [bíznismæ̀n] 명 (p. **-men**) **사업가, 비즈니스맨** ☜ business + man(남자)
★ 여성의 지위와 대우가 남성과 동등해지면서 성차별적 단어도 점차 중성적 의미의 단어로 바뀌고 있다. businessman도 businessperson으로 변화됨.
☐ **busi**ly [bízəli] 부 **바쁘게, 부지런히** ☜ busy + ly<부접>
☐ **busy** [bízi/**비**지] 형 (-<-si**er**<-si**est**) **바쁜, 분주한** ☜고대영어로 '열망하는'
♠ **be** 〔keep〕 **busy (in) ~ing ~하느라고 바쁘다**, 바쁘게 ~하고 있다
☐ **busy** body [bízibàdi/ -bɔ̀d] 명 남의 일로 바쁜 사람 ☜ 바쁜(busy) 몸(body)

바스트 < 버스트 bust (❶ [조각·석고] 반신상 ❷ 여성의 앞가슴)

☐ **bust** [bʌst] 명 **흉상, 반신상**; (여성의) **앞가슴** ☜ 이탈리아어로 '상반신'이란 뜻
비교 B-W-H : **bust**(가슴)-**waist**(허리)-**hip**(골반부)의 약자

버슬 bustle (스커트 뒷부분을 부풀리기 위한 물건)

스커트의 뒤쪽 허리부분을 부풀려 과장하기 위하여 허리에 대는 허리받이 총칭. 19세기 초기의 것은 고래수염이나 철사·말총 등을 넣은 딱딱한 천 등으로 부풀게 한 일종의 페티코트였는데, 후기에는 독립용구가 고안되어 쿠션 형식으로 만든 것, 철사로 얽어서 틀 모양을 한 것, 천으로 주름을 잡아서 만든 것 등 여러 가지가 있다.

☐ **bust**le [bʌ́sl/**버슬**] [동] **떠들다, 부산떨다**, 재촉하다 [명] **소동**, 야단법석
☜ 중세영어로 '돌진(bust) 하다(le<동접>)'란 뜻
[반] quiet 진정시키다; 평온

☐ **bust**ling [bʌ́sliŋ] [형] **떠들썩한**, 번잡한, 설치는 ☜ bustle + ing<형접>

☐ **busy**(바쁜), **busybody**(참견하기 좋아하는 사람) ➔ **business**(사업) **참조**

[연상] 그는 나의 벗이다. 벗(But.그러나), 그는 나를 지지하지 않았다.

☐ **but** [bʌt/벋, (약) bət] [접] **그러나, 하지만, 그렇지만** [부] **다만** [접] **~을 제외하고는**
☜ 고대영어로 '반대로; 밖으로(=out)'란 뜻.
♠ a young **but** wise man (나이는) 어리**지만** 현명한 사람
♠ He is poor **but** cheerful. 그는 가난**하지만** 명랑하다.
♠ **all but 거의**(=nearly, almost)
♠ **but for~ ~이 없다면**(=without)
♠ **but little 거의 ~하지 않다**(=very little)
♠ **but that 만일 ~이 아니면; ~이란 것**
♠ **not A ~ but B A가 아니고 B**
♠ **not only A ~ but also B A뿐만 아니고 B도**

[연상] 부처님이 지나는 길목에 부처(butcher.푸줏간)가 있다.

☐ **butch**er [bútʃər] [명] **푸줏간**, 고깃간〔정육점〕 주인; (동물) 도살업자; 학살자
☜ 고대 프랑스어로 '동물을 도살하는(butch) 사람(er)'이란 뜻.
♠ **The butcher** began to sell pork.
정육점 주인이 돼지고기를 팔기 시작했다.
♠ Hitler was **a cruel butcher** in the second world war.
히틀러는 2차대전 당시 **무자비한 학살자**였다.

☐ **butch**ery [bútʃəri] [명] 도살장; 학살, 살생 ☜ butcher + y<명접>

☐ **butch**erly [bútʃərli] [형] 도살자 같은, 잔인한 ☜ butcher + ly<부접>

버틀러 The butler (미국 영화. <대통령의 집사>)

© The Weinstein Company

2013년 개봉한 Lee Daniel's 감독의 미국 드라마 영화. 포레스트 휘태커, 오프라 윈프라 주연. 1952년부터 1986년까지 무려 34년간 백악관에서 8명의 대통령을 수행한 대통령의 집사, 흑인 세실 게인즈의 실화를 바탕으로 제작된 감동 이야기

☐ **butl**er [bʌ́tlər] [명] **집사**, 하인의 우두머리
☜ 고대 프랑스어로 '포도주통(butl=bottle) 관리담당관(er)'
♠ The **butler** led the guest to the living room.
집사는 손님을 거실로 안내했다

☐ **butt** [bʌt] [명] 큰 술통; 한 통《용적 단위; 영국에선 108-140, 미국에선 126갤런》 ☜ 고대 프랑스어 bot로 '(중배 부른) 통'이란 뜻

■ **bottle** [bɑ́tl/**바**를/bɔ́tl/**보**틀] [명] **병, 술병** [동] **병에 담다**
☜ 라틴어로 '통'이란 뜻

버트 butt (골프채 등의 손잡이 부분)

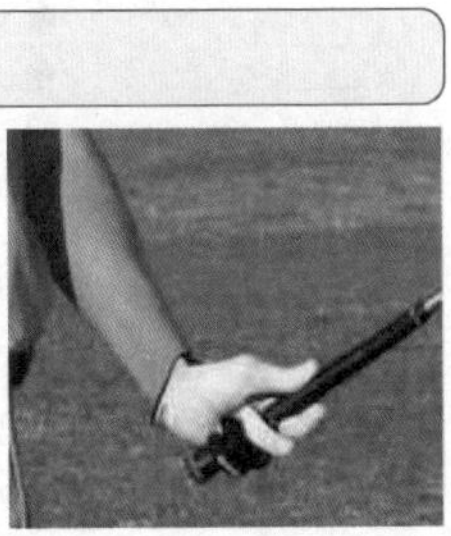

[체육] '굵은 쪽의 맨 앞'이라는 뜻으로 골프채에서 그립 쪽의 샤프트 맨 앞을 뜻한다. 당구의 큐, 테니스 라켓, 하키의 스틱 손잡이 끝부분, 엽총의 개머리판 끝 부분, 낚싯대의 손잡이 등을 지칭한다. 또는 머리로 상대방을 치받는 것도 버트라고 한다.

☐ **butt** [bʌt] [명] (총의) **개머리**; (웃음거리의) 대상 [동] 머리〔뿔〕로 치받다 ☜ 중세영어로 '후부, 엉덩이'란 뜻.
♠ **butt** ~ in the stomach ~의 배를 **머리로 받다**

☐ **butt**er [bʌ́tər] [명] 머리〔뿔〕로 받는 짐승; 미는 사람 ☜ butt + er(주체)

버터 butter (버터)

☐ **butter** [bʌ́tər/**버**러/**버**터] (명) **버터** ☜ 고대영어로 '버터'란 뜻

☐ **butter**fly [bʌtərflài] (명) **나비**; 『수영』 **접영** ☜ 마녀가 나비로 변하여 버터나 우유를 훔친다는 미신에서

☐ **butter**y [bʌ́təri] (형) 버터와 같은, 버터를 바른; 《구어》 알랑거리는 ☜ -y<형접>

♠ **butterfly effect 나비효과, 버터플라이 이펙트**

♠ **butterfly stroke 『수영』 버터플라이, 접영(법)** ☜ stroke(타격, 수영법)

보턴 < 버튼 button (단추)

☐ **button** [bʌ́tn] (명) **단추** (동) **단추를 채우다** ☜ 고대 프랑스어로 '돌기'란 뜻

♠ She is sewing **a button**. 그녀는 **단추**를 꿰매고 있다.

☐ **button**hole [bʌ́tnhòul] (명) **단추구멍** ☜ hole(구멍)

un**botton** [ʌnbʌ́tən] (동) 단추를 풀다 ☜ un-(= not/부정)

바이어 buyer (수입상)

☐ **buy** [bai/바이] (동) (-/**bought**/**bought**) **사다, 구매하다**

☜ 고대영어로 '대금을 치르고 ~을 얻다'란 뜻 (반) sell 팔다

♠ **buy in 사들이다**

♠ **buy out (돈으로 권리나 지위를) 사다**

♠ **buy up (전부) 매점하다**

☐ **buy**able [bάiəbl] (형) 살 수 있는 ☜ buy + able(~할 수 있는)

☐ **buy**er [báiər] (명) 구매자, **수입상, 바이어** ☜ buy + er(사람)

♠ **buyer**'s market **구매자** 시장

☐ **buy**ing [bάiŋ] (명) 구매 ☜ buy + ing<형접>

부저 < 버저 buzzer (소리 신호 알림장치)

농구 등에서 경기의 가장 마지막에 울리는 경보기의 하나로, 벨과 마찬가지로 전자적으로 접극자(아마튜어)를 진동시키는데, 벨을 두드리지 않고 아마튜어의 충돌하는 소리를 연속하여 울리게 한다.

☐ **buzz** [bʌz] (동) (벌·기계 따위가) **윙윙거리다. 바쁘게 돌아다니다** (명) (윙윙) 울리는 소리; 소문 ☜ '곤충이 날아다니는 소리'의 의성어

♠ **the buzz** of bees hunting nectar 꿀을 찾아다니는 벌들의 **윙윙거림**

♠ All the **buzz** is about the woman. 그 여자에 대한 **소문**이 무성하다.

☐ **buzz**er [bʌ́zər] (명) 윙윙거리는 벌레; 기적, 사이렌; 『전기』 **버저** ☜ -er(주체)

바이패스 bypass (우회로)

☐ **by** [bai/바이] (전) **~의 곁에; ~에 의하여** (부) **곁에, 지나서**

☜ 고대영어로 '~가까이, ~안에, ~옆에, ~주변에, ~동안에'란 뜻

비교 시한(~까지)을 나타내는 전치사로 쓰일 때 **by**는 **완료 시한**에 finish, complete 등과 쓰이며, **till · until**은 **계속 시한**에 last(계속하다)나, wait, stay 등과 함께 쓰인다.

♠ a novel (written) **by** Hemingway 헤밍웨이의〔**에 의해** 쓰여진〕 소설

♠ **by and by 얼마 안 있어, 이윽고**

♠ **by and large 대체로, 전반적으로**

♠ **by bus** 〔car, subway〕 **버스**〔승용차, 지하철〕**로[를 타고]**

♠ **by chance 우연히, 뜻밖에**

♠ **by express 속달로, 급행으로**

♠ **by land 육로로**

♠ **by mistake 실수로**

♠ **by oneself 혼자서, 단독으로**(=alone)

♠ **by post 우편으로**

♠ **by the time (that) ~ ~할 즈음, ~할 때까지**

♠ **by the way 그런데, 그건 그렇고**

♠ **by turns 번갈아, 교대로**(=in rotation; one after another)

♠ **by way of ~ ~로써(수단 · 방법), ~을 지나서[경유하여]**

♠ **close** 〔hard, near〕 **by 바로 곁[옆]에**

♠ **stand by 곁에 서다, 방관하다**

- ☐ **by**-election [bάiilèkʃən] ⓜ 보결 선거 ☜ 측면<부가적으로(by) 치르는 선거(election)
- ☐ **by**gone [bάigɔ̀ːn, -gàn/ -gɔn] ⓗⓜ **지나간 (일)** ☜ 옆(by)을 지나간(gone)
- ☐ **by**pass [báipæ̀s, -pὰːs] ⓜ 샛길, **바이패스**(자동차용 우회로) ☜ 옆(by)을 지나가다(pass)
- ☐ **by**path [báipæθ/ -pὰːθ] ⓜ 샛길(=byway), 옆길 ☜ 옆(by) + 길(path)
- ☐ **by**-product [báiprὰdəkt/ -prɔ̀d-] ⓜ 부산물 ☜ 측면<부가적으로(by) 생산된 물품(product)
- ☐ **by**stander [báistæ̀ndər] ⓜ **방관자, 구경꾼** ☜ 옆(by)에 서있는(stand) 사람(-er)
- ☐ **by**street [báistrìːt] ⓜ 뒷거리, 뒷골목 ☜ 측면(by)의 거리(street)
- ☐ **by**way [báiwèi] ⓜ 샛길, 옆길 ☜ 옆(by) 길(way)
- ☐ **by**word [báiwə̀rd] ⓜ 속담; 웃음거리; (나쁜) 전형 ☜ 측면<부가적인(by) 말(word)
- ☐ **by**-work [bάiwə̀ːrk] ⓜ 부업 ☜ 측면<부가적인(by) 일(work)

빠이 빠이 < 바이 바이 bye-bye (안녕 = Good-bye)

- ☐ **by(e)** [bai/바이] ⓖ 《구어》 **안녕 !** 《헤어지며 하는 인사》 ☜ good-bye의 줄임말
- ☐ **bye-bye** [bàibài] ⓖ 《구어》 안녕 ! (=Good-bye !)
- ■ good-**by(e)** [gùdbái/굿**바**이] ⓖ 안녕; **안녕히 가[계]십시오**. ⓜ (pl. **-s**) 작별인사
  ☜ God be with ye(하나님과 함께 하시옵소서)의 줄임말

비트 bit (컴퓨터 데이터의 최소단위)
바이트 byte (8bit로 구성되는 정보 단위)

One Bit

1	0	1	1	1	0	1	0

One Byte

♣ 어원 : bit 물다

- ■ **bit** [bit/빝] ⓜ **작은 조각, 조금;** 〖컴퓨터〗 **정보전달의 최소 단위** (2진법의 0과 1) ☜ '물어 뗀 것'이란 뜻.
- ■ **bit**e [bait] ⓓ (-/**bit/bitten**) **물다, 깨물다** ⓜ **묾; 한 입**
  ☜ 고대영어로 '이빨로 물어뜯는 행위'란 뜻.
- ☐ **byte** [bait] ⓜ 〖컴퓨터〗 **바이트** 《정보 단위로서 8비트로 됨》 ☜ 1956년 IBM 컴퓨터의 초기 설계단계에서 Werner Buchholz박사에 의해 만들어진 단어로 bite가 bit로 잘못 쓰지 않도록 하기 위한 의도적인 변형에서 유래.
  ♠ Eight bits is equal to one **byte**. 8비트는 1**바이트**이다.

비잔틴제국(帝國) Byzantine Empire (동로마제국(A.D. 330-1453년))

- ☐ **Byzant**ium [bizǽnʃiəm, -tiəm] ⓜ **비잔티움** 《지금의 터키 이스탄불 Istanbul》
  ☜ 기원전 7세기에 비잔티움을 세운 그리스의 장군, 비자스(Byzas)의 이름에서 유래. -um<장소 접미사>
- ☐ **Byzant**ine [bízəntìːn, -tàin, báizen-, bizǽntin] ⓗ 동로마제국의, **비잔틴**식의 ⓜ **비잔틴**사람
  ☜ Byzant + ine(~의/~사람)
  ♠ **Byzantine** Art **비잔틴**(동로마) 제국에서 번성하였던 그리스도교 예술
  ♠ the **Byzantine** Empire **동로마**제국
- ☐ **Byzant**inesque [bizæntənésk] ⓗ (건축, 예술의) **비잔틴**식의 ☜ Byzantine +esque(~양식의)

C

옐로 캡 yellow cab (미국 뉴욕의 택시. <노란 택시>란 뜻)

※ **yellow** [jélou/**옐**로우] 명 **노랑**, 황색 형 **노란**, 황색의
☜ 고대영어로 '노란(색)'이란 뜻

□ **cab** [kæb] 명 **택시**(=taxicab)
☜ 라틴어로 '(뛰어 돌아다니는) 야생 염소'란 뜻
♠ take **a cab 택시**를 타다,
♠ hail **a cab 택시**를 부르다

카바레 cabaret (음식과 술, 예능인의 쇼가 있는 특수 사교장)

□ **cabaret** [kæbəréi] 명 《F.》 **카바레**; 카바레의 쇼 동 카바레에 출입하다
☜ 고대 프랑스어로 '방'이란 뜻

캡틴 captain (선장)

♣ **어원 : c(h)ap, cab 머리**

■ **cap**tain [kǽptin/**캡**틴] 명 **장(長), 우두머리; 선장**, 함장; 『육·공군』 대위, 『해군』 대령
☜ 중세영어로 '우두머리'라는 뜻

■ **cap**ital [kǽpitl] 명 **수도; 대문자; 자본(금)**, (종종 C-) 자본가 계급 형 **주요한**, 으뜸가는
☜ 고대 프랑스어로 '머리의'라는 뜻

□ **cab**bage [kǽbidʒ] 명 **양배추** ☜ 머리(cab) + b<자음반복> + 모양의 것(age)
♠ one head of **cabbage 양배추** 한 통

■ **chap**ter [tʃǽptər/**쳅**터] 명 (책·논문 따위의) **장(章)** 《생략: chap., ch., c.》
☜ 라틴어로 '책의 주요 부분'이란 뜻

캐비넷 cabinet (장식장)

♣ **어원 : cabin 방**

□ **cabin**et [kǽbənit] 명 **장식장, 캐비넷**; 진열장; (보통 the C-) **내각**
☜ 고대 프랑스어로 '작은(et) 방(cabin)'이란 뜻
♠ form **a cabinet 내각**을 조직하다, 조각(組閣)하다
♠ shadow **cabinet** 《영》 야당〔예비〕 **내각** ☜ shadow(그림자)

□ **cabin** [kǽbin/**캐**빈] 명 **오두막**(=hut); **선실**, 객실 ☜ 고대 프랑스어로 '방'이란 뜻
♠ **uncle Tom's cabin 톰 아저씨의 통나무집**
★ 1852년 해리엇 비처 스토(Harriet Beecher Stowe)부인이 쓴 소설. 흑인노예들의 비참한 실상을 따뜻한 인간애를 지닌 노예 톰의 시련을 통해 사실적으로 묘사한 작품으로 진정한 자유와 평등, 그리고 사랑의 의미를 담고 있다.

케이블카 cable car (삭도차(索道車))

□ **cable** [kéibəl] 명 (철사·삼 따위의) **케이블, 굵은 밧줄**; 전선, 해저전선 ☜ 중세 라틴어로 '소의 고삐'란 뜻
♠ There are some people **in the cable car**.
케이블 카에 몇 사람이 타고 있다.
♠ **cable** TV 〔television〕 **케이블**TV, 유선방송

※ **car** [kɑːr/카-] 명 **자동차** ☜ 라틴어로 '2개의 바퀴가 달린 켈트족의 전차'란 뜻

한국의 닭은 꼬꼬댁하고 울고, 영·미권 닭들은 캐클(cackle)하고 운다

□ **cackle** [kǽkəl] 명 《의성어》 **꼬꼬댁·꽥꽥** 《암닭·거위 등의 우는 소리》; 깔깔대는 웃음
☜ 의성어
♠ break into **a cackle** of laughter 갑자기 **깔깔** 웃어대다

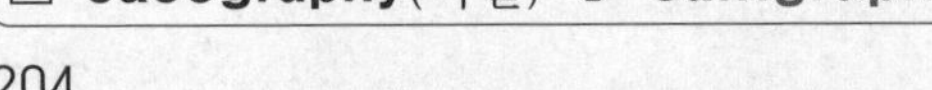

□ **cacography**(악필) ➔ **calligraphy**(달필, 서도) **참조**

☐ **cacophony**(불협화음; 불쾌한 음조) ➔ **phone**(전화, 전화를 걸다) **참조**

캑터스 리그 cactus league ([미국 야구] 애리조나주 스프링캠프. <선인장 리그>)

애리조나 주는 미국 메이저리그 야구의 스프링캠프로 유명하다. 메이저리그 30개 팀은 미국 동남부의 플로리다 주와 서남부의 애리조나 주로 나뉘어 스프링캠프를 벌이는데, 애리조나 주 스프링캠프[전지훈련]는 캑터스 리그(Cactus League)라고 한다. 애리조나 주의 명물인 선인장(cactus)을 따서 붙인 이름이다.

C

☐ **cactus** [kǽktəs] 명 (pl. **-es, -ti**) 〖식물〗 **선인장**
☜ 그리스어로 '시실리의 가시투성이 식물'이란 뜻
♠ a **cactus** covered in prickles 가시로 뒤덮여 있는 **선인장**

※ **league** [liːg/리-그] 명 **연맹, 동맹, 리그**; 맹약; 경기 연맹 ☜ 한 데 묶(leag) 기(ue)
♠ **league** match **리그**전

캐드 CAD (컴퓨터 보조 설계)

☐ **CAD** **C**omputer-**A**ided **D**esign **캐드**, 컴퓨터 보조 설계

✚ **computer 전자계산기, 컴퓨터**; 계산하는 사람 **aid 돕다**, 원조하다 **design 디자인**, 도안; **설계; 디자인하다; 설계하다**

캐디 caddie, caddy ([골프] 골프 도우미)

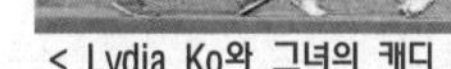
< Lydia Ko와 그녀의 캐디 >

☐ **caddie**, **caddy** [kǽdi] 명 〖골프〗 **캐디**, 골프 도우미; 심부름꾼 ☜ 영국의 메리 여왕이 1562년 골프를 칠 때 그녀를 시중들던 프랑스의 귀족 아이들(cadet)을 불렀던 호칭에서 유래
♠ work as a **caddie** **캐디**로 일하다

☐ **cadet** [kədét] 명 사관생도; 사관후보생 ☜ 프랑스어로 '귀족아이들'이란 뜻

카덴차 cadenza ([음악] 악장의 종료 직전 부리는 기교적 솔로 독주부분)

♣ **어원 : cad 떨어지다(=fall), 우연히 발생하다**

☐ **cad**enza [kədénzə] 명 《It.》〖음악〗 **카덴차** 《협주곡 · 아리아 따위에서 독주자〔독창자〕의 기교를 나타내기 위한 장식(부)》 ☜ 떨어지는(cad) 것(enza<ence).즉, 음악을 마치는 부분은 음이 떨어지는 부분이라는 뜻임. ★ **카덴차는 마침꼴, 종지형이라고도 하는데, 악곡이나 악장의 마침 직전에 연주자가 기교를 최대한 발휘할 수 있도록 구성된 화려하고 자유스런 무반주 부분임.**

☐ **cad**ence [kéidəns] 명 **운율,** 박자, 리듬; 억양 ☜ 떨어지는(cad) 것(ence)
♠ That poem has a pleasing **cadence**. 그 시는 **운율**이 경쾌하다.

☐ **cad**enced [kéidənst] 형 운율적인 ☜ cadence + ed<형접>

☐ **cad**ent [kéidənt] 형 리듬있는 ☜ -ent<형접>

☐ **cadet**(사관생도) ➔ **caddie**(골프 도우미) **참조**

캐딜락 Cadilac (미국 GM사의 최고급 승용차 브랜드)

☐ **Cadilac** [kédəlæk] 명 **캐딜락** 《미국제 고급자동차의 상표명》 ☜ 미국 디트로이트(Detroit)시를 개척한 프랑스 귀족 Le Sieur Antoine de la Mothe Cadillac경의 이름에서 유래. 캐딜락 가문의 문장도 엠블럼으로 적용함.

카드뮴 cadmium (금속원소 48번)

☐ **cadmium** [kǽdmiəm] 명 〖화학〗 **카드뮴** 《금속 원소; 기호 Cd; 번호 48》
☜ '카드모스(Cadmus)의 금속(ium)'이란 뜻
♠ **cadmium** cell **카드뮴** 전지

☐ **Cadmus** [kǽdməs] 명 〖그.신화〗 **카드모스** 《용을 퇴치하여 Thebes를 건설하고 알파벳을 그리스에 전한 페니키아의 왕자》

카두세우스 Caduceus ([그神] 의학을 상징하는 지팡이)

☐ **caduceus** [kədjúːsiəs, -ʃəs] 명 (pl. **-cei**) 〖그.신화〗 **카두세우스**, Zeus의 사자(使者) Hermes의 지팡이 《두 마리의 뱀이 감기고 꼭대기에 쌍날개가 있는 지팡이; 평화 · 상업 · **의술의 상징**》 ☜ 그리스어로 '선구자의 지팡이'란 뜻

※ **Asclepius** [æsklíːpiəs] 명 〖그.신화〗 **아스클레피오스** 《의술(醫術)의 신; Apollo의 아들》

C

시저 · 케사르 · 카이사르 Caesar (로마의 장군 · 정치가. <황제>란 뜻)

☐ **Caesar** [síːzər] 명 **시저**, **카이사르** 《Julius ~, 로마의 장군 · 정치가 · 역사가; 100-44 B.C.》; 로마 황제, **황제** ☜ 시저의 본명은 가이우스 줄리어스(Gaius Julius). 후에 시저(Caesar)를 성으로 붙임.

☐ **Caesar**ean, -ian [sizέəriən] 형 **Caesar의**; 로마 황제의; 제왕의
☜ -ean/-ian<형접>
♠ **Caesarean section** 〔operation〕 **제왕절개(帝王切開) 수술**
☜ 로마황제 시저가 제왕절개로 태어났다는 설에서 유래

카페 café, cafe (커피를 파는 집)

☐ **café**, **cafe** [kæféi, kə-] 명 《F.》 **커피점**(=coffee house), 다방; 간이 식당
☜ 프랑스, 이탈리아어로 '커피'란 뜻

☐ **cafe**teria [kæ̀fitíəriə] 명 《미》 **카페테리아** 《셀프 서비스 식당》. [Sp.= coffee shop]
☜ 멕시칸 스페인어로 '커피(cafe) 점(teria)'이란 뜻

카페인 caffeine (식물성 알칼로이드 흥분제 성분)

☐ **caffeine** [kæfíːn, kǽfiːin] 명 **카페인** ☜ 독일어로 'coffee(커피) + ine<화학 접미사>

☐ **caffeine**-free [kæfíːnfríː] 형 카페인 없는 ☜ 카페인(caffeine)으로부터 자유로운(free)

☐ **caffein**ism [kǽfiːənìzm] 명 카페인 중독 ☜ -ism(~상태)

케이지 cage (새장)

☐ **cage** [keidʒ] 명 **새장**; 우리; 감옥; 포로수용소 동 **새장[우리]에 넣다**
☜ 라틴어로 '텅 빈 곳, 동물의 우리'란 뜻
♠ **cage** a tiger 호랑이를 **우리에 가두다**
♠ **cage** bird **새장에서 기르는** 새

케른 cairn ([등산] 기념 · 이정표로서의 원추형 돌무덤)

☐ **cairn** [kɛərn] 명 **케른** 《등산자가 기념 · 이정표로서 쌓은 원추형 돌무덤》
☜ 프랑스지역 갈리아어로 '뿔'이란 뜻

가인, 카인 Cain ([성서] 동생 아벨(Abel)을 죽인 아담(Adam)의 장남)

☐ **Cain** [kein] 명 〖성서〗 **가인** 《아담(Adam)의 장남, 아우 아벨(Abel)을 죽임》
♠ Descendants of **Cain 카인**의 후예 《황순원의 장편소설》

카이로 Cairo (아프리카 북부 이집트의 수도)

☐ **Cairo** [káiərou] 명 **카이로** 《이집트 아랍 공화국의 수도》 ☜ 아라비아어로 '강자'

케이크 cake (양과자)

☐ **cake** [keik/케이크] 명 **케이크**, 양과자; (딱딱한) 덩어리
☜ 중세영어로 '납작하거나 비교적 두께가 얇은 구운 반죽 덩어리'란 뜻
♠ a sponge **cake** 카스텔라
♠ **a cake of soap 비누 한 개**

■ rice **cake** 떡 ☜ rice(쌀, 밥)
■ rice-**cake** soup 떡국 ☜ soup(스프, 고깃국물)

캘러미티 제인 Calamity Jane (미국 코미디 영화. <사고뭉치 제인>)

© Warner Bros.

1953년 개봉한 미국의 코미디 · 뮤지컬 · 멜로 영화. 도리스 데이, 하워드 킬 주연. 캘러미티 제인은 1870년대 미 서부 다코타주(州)에 실존했던 서부 개척시대 인물로, 제인이라는 인물에게서 무거움과 역사적 평가를 배제한 채로 데드우드라는 작은 마을에서 벌어지는 유쾌한 소동을 다룬 영화

☐ **calamit**ous [kəlǽmitəs] 형 몹시 불행한, 비참한 ☜ calamity + ous<형접>

☐ **calamit**ously [kəlǽmitəsli] 부 불행하게, 비참하게 ☜ calamitous + ly<부접>

□ **calamit**ousness [kəlǽmitəsnis] ⓜ 불행, 재난 ☜ calamitous + ness<명접>

□ **calamity** [kəlǽməti] ⓜ (pl. **-ties**) **재난**; 참화, 재해(=misery); 불행
☜ 라틴어로 '손해, 피해'란 뜻. 그리스어로 '메뚜기, 밀짚'이란 뜻이 있는데 이는 메뚜기 때에 의한 '곡물파괴'를 의미한다고 여겨짐.
비교 **disaster** (개인·사회 전반의) 큰 재해《생명·재산 따위의 손실이 따름》, **catastrophe** (개인·특정집단의) 비참한 결과를 가져오는 재해, **calamity** 큰 고통과 슬픔을 가져오는 재해나 불행
♠ **man-made calamity 인재(人災)**

C

칼슘 calcium (석회질)

♣ **어원 : calc, culc, calx 석회질, 생석회**

□ **calc**ium [kǽlsiəm] ⓜ 〖화학〗 **칼슘** 《금속 원소; 기호 Ca; 번호 20》
☜ 라틴어로 '석회석(calc) + ium<명접>'이란 뜻

□ **calc**ulate [kǽlkjəlèit] ⓢ **계산하다**(=reckon), **산정하다** ☜ 고대에 계산할 때 돌판 위에 석회석으로 숫자를 표기한데서 유래
♠ **calculate** the cost (of) 비용을 **따지다**

□ **calc**ulable [kǽlkjələbəl] ⓗ 계산(예측·신뢰)할 수 있는 ☜ calculate + ble<형접>

□ **calc**ulating [kǽlkjulèitiŋ] ⓗ 계산하는, 타산적인 ☜ calculate + ing<형접>

□ **calc**ulation [kælkjuléiʃən] ⓜ **계산**, 셈 ☜ calculate + ion<명접>

□ **calc**ulative [kǽlkjəlèitiv, -lətiv] ⓗ 타산적인, 계획적인 ☜ calculate + ive<형접>

□ **calc**ulator [kǽlkjəlèitər] ⓜ 계산자(者); 〖컴퓨터〗 계산기; 오퍼레이터 ☜ -or(사람/기계)

□ **calc**ulus [kǽlkjələs] ⓜ (pl. **-es, -li**) 〖의학〗 **결석**(結石); 〖수학〗 계산법; 미적분학
☜ 라틴어로 '계산할 때 사용된 석회석 조약돌'이란 뜻.

□ in**calc**ulable [inkǽlkjələbəl] ⓗ 헤아릴 수 없는, 무수한, 무한량의; 어림할 수 없는; 믿을(기대할) 수 없는 ☜ in(=not/부정) + calculable(계산할 수 있는)
♠ **incalculable value 헤아릴 수 없는 가치**

□ in**calc**ulability [inkæ̀lkjuləbíləti] ⓜ 셀 수 없음, 무수; 예측할 수 없음
☜ in(=not/부정) + 계산할(calculable)<able→abil> 수 있음(ity<명접>)

■ mis**calc**ulate [miskǽlkjulèit] ⓢ 계산을 잘못하다, 오산하다 ☜ mis(잘못) + calculate

캘커타 Calcutta (1995년 콜카타(Kolkata)로 개칭된 인도 최대의 도시)

□ **Calcutta** [kælkʌ́tə] ⓜ **캘커타** 《인도 북동부의 항구》 ☜ 힌두 여신 칼리(Kali)의 이름에서 유래

카렌다 < 캘린더 calendar (달력)

□ **calendar** [kǽlindər/**캘**린더/kάlendar/**칼**렌다] ⓜ **달력**(=almanac), **책력** ☜ '금전출납부'의 뜻. 원래 calends(초하루)가 지불마감 날이었던 데서 유래
♠ the solar **calendar** 양력
♠ the lunar **calendar** 음력

□ **calends** [kǽləndz] ⓜ (pl.) 초하룻날 《고대 로마력의》 ☜ 라틴어로 '달의 첫날'

연상 송아지는 어디로 뛸지 갈피(calf)를 못 잡는 짐승이다

□ **calf** [kæf, kɑːf] ⓜ (pl. **calves**) **송아지** ☜ 고대영어로 '어린 소'란 뜻
♠ The stray **calf** walked in last night.
그 길 잃은 **송아지**는 간밤에 걸어 들어왔어요.
♠ **It is old cow's notion that she never was a calf.**
《프랑스 속담》 그것은 송아지였던 적을 모르는 암소의 생각이다.
개구리 올챙이 적 모른다.

캘리버 caliber (총알의 직경)

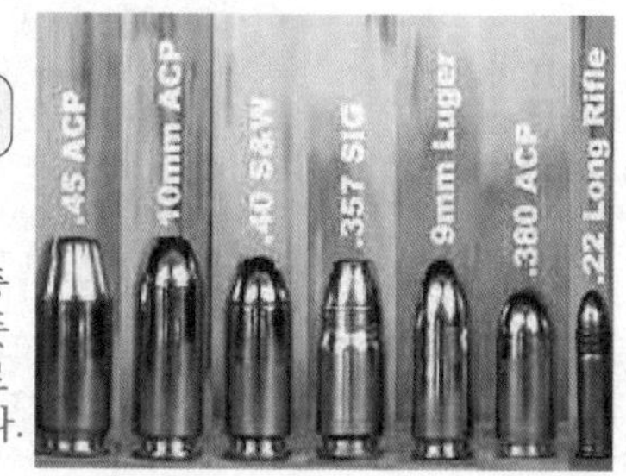

□ **caliber, -bre** [kǽləbər] ⓜ (총포의) 구경; (탄알의) **직경**
☜ 아랍어로 '주물의 형틀'
♠ a 38-**caliber** revolver(pistol) 38**구경** 권총
★ 우측 그림에서 .45는 0.45인치(11.43mm)란 뜻이고, ACP란 Automatic Colt Pistol의 약자로 콜트권총에 사용하기 위해 만들어진 탄이란 의미다.

캘리코 calico (평직으로 짜서 표백한 면직물)

날실・씨실에 30~40번 면사를 사용한 평직으로, 표백・풀먹이기와 광택 가공을 한 것. 유럽에서는 17세기 이후 인도에서 각종 면직물을 수입하여 이것을 보통 캘리코(Calico)라고 하였는데, 이는 인도의 캘리컷 항(港: 오늘날의 코지코드)에서 유래한다.

☐ **calico** [kǽlikòu] ⓜ (pl. **-(e)s**) 《영》 **캘리코, 옥양목**(면직물)
☜ 중세영어로 '흰색 무명 천'이란 뜻

캘리포니아 California (미국 태평양 연안에 있는 주(州))

☐ **California** [kæ̀ləfɔ́ːrnjə] ⓜ **캘리포니아** 《미국 태평양 연안의 주; 생략: Calif., Cal.》 ☜ 스페인어로 '뜨거운 난로' 또는 스페인 소설에 나오는 '상상의 보물섬' 이름에서 유래했다는 설.
♠ the Gulf of **California** **캘리포니아** 만(灣)

☐ **Californi**an [kæ̀ləfɔ́ːrnjən] ⓗ **캘리포니아주의** ⓜ **캘리포니아 사람**
☜ -an(~의/~사람)

칼리프 caliph ([이슬람] 신의 권력 대행자)

☐ **caliph, ka-, -lif** [kéilif, kǽl-] ⓜ **칼리프** 《Muhammad 후계자의 칭호, 지금은 폐지》
☜ 아랍어로 '후계자, 계승자'란 뜻

콜택시 call taxi (전화로 호출하는 택시), 리콜 recall (소환)

☐ **call** [kɔːl/콜] ⓢ (큰소리로) **부르다, 불러내다; 깨우다**(=awake); **~에게 전화하다: 방문하다** ⓜ **부르는 소리;** (상대방을) **불러내기, 통화; 초청; 짧은 방문**
☜ 중세영어로 '큰 외침'이란 뜻
♠ **Call** me a taxi. 택시를 **불러 주시오**.
♠ **call after ~ ~을 따라 이름 짓다**
♠ **call at + 장소 ~을 방문하다**
call at my office 내 사무실**에 들르다**
♠ **call back ~ ~을 취소하다; 다시 불러들이다**
♠ **call for ~ ~을 구하다; 요구하다, ~을 청하다; 필요로 하다**
We heard a **call for** help. 우리는 도움**을 요청하는** 소리를 들었다.
♠ **call forth ~ ~을 불러일으키다, ~을 야기시키다**
♠ **call in ~ ~를 부르다; ~를 불러들이다; 초대하다, 회수하다**
♠ **call off ~ 취소하다, 중지하다; 불러서 가게 하다**
♠ **call on** 〔upon〕 **+ 사람 ~를 방문하다; 요구하다**
♠ **call out 도전하다, 소집하다, 큰 소리로 부르다**
♠ **call to ~ ~을 소리쳐 부르다, ~에게 외치다**
♠ **call ~ to mind** 〔memory, remembrance〕 **~을 상기하다**
♠ **call up 전화를 걸다; (기억 따위를) 상기시키다**
♠ **what is called 소위, 이른바**

☐ **call** bell 초인종 ☜ bell(벨, 종)

☐ **call** box 《미》 (신고용) 비상연락전화, 《영》 공중전화박스 ☜ box(박스, 상자)

☐ **call**ed game 〖야구〗 **콜드게임** 《일몰・비・한쪽의 일방적인 시합으로 인해 중지된 시합》
☜ game(게임, 경기, 시합)

☐ **call**er [kɔ́ːlər] ⓜ 부르는 사람, 소집자; **방문객**, 손님 ☜ call + er(사람)

☐ **call** girl (전화로 불러내는) 매춘부, **콜걸** ☜ girl(소녀, 젊은 여자, 처녀)

☐ **call**ing [kɔ́ːliŋ] ⓜ **부름**, 외침; 점호; 소집 ☜ call + ing<명접>

☐ **call** loan 〖금융〗 **콜론** 《요구불(청구에 의해 바로 지급받을 수 있는) 단기대부금》
☜ loan(대부(금), 융자)

☐ **call** money 〖금융〗 **콜머니** 《요구불 단기 차입금》 ☜ money(돈, 금전, 화폐)

☐ **call** sign 〖통신〗 호출부호, **콜사인** ☜ sign(신호, 기호, 부호)

■ re**call** [rikɔ́ːl/뤼**코**올] ⓢ **생각나게 하다, 상기하다, 도로 부르다** ⓜ **리콜**, 소환
☜ re(다시) + call(불러내다)

※ **taxi** [tǽksi/**택**시] ⓜ (pl. **-(e)s**) **택시**(=taxicab) ☜ 라틴어로 '요금'이란 뜻

캘리그라피 calligraphy (손으로 쓴 아름답고 개성있는 글자체)

♣ **어원 : graph 쓰다, 기록하다, 그리다**

☐ calli**graph**ic(al) [kæ̀ligrǽfik(əl)] ⓗ 서예의; 달필의 ☜ calligraphy + ic(al)<형접>

☐ calli**graph**er, -phist [kəlígrəfər], [-fist] ⓜ **달필가, 서예가** ☜ -er/-ist(사람)

☐ calli**graph**y [kəlígrəfi] ⓜ **달필**; **서도**(書道), 서예; 필적
☜ 아름다운(calli) 서법/서풍/기록법(graphy)
♠ **The calligraphy** is an elegant art. **서도(書道)**는 기품 있는 예술이다.
☐ caco**graph**y [kækάgrəfi/-kɔ́g-] ⓜ 오철(誤綴); 악필
☜ 그리스어로 '나쁘게(caco=bad) 기록한 것(graphy)'이란 뜻
☐ caco**graph**ic(al) [kəkάgrəfik(əl)/kækɔ́g-] ⓗ 악필의, 철자가 틀린 ☜ -ic(al)<형접>

✚ epi**graph**y 비문, 비명(碑銘); 비명 연구, 금석학(金石學) ortho**graph**y 바른 철자, 정자법, 철자법 Porno**graph**y 춘화, 외설책, 에로책; 호색 문학, **포르노그래피**

칼로리 calorie (열량 단위)

♣ **어원 : cal 열(熱), 냉(冷)**
☐ **cal**lous [kǽləs] ⓗ (피부가) **굳어진**, 못이 박힌; 냉담한 ☜ 냉(cal) + l + 한(ous<형접>)
♠ a **callous** attitude **냉담한** 태도
☐ **cal**orie, -ry [kǽləri] ⓜ **칼로리** 《열량 단위》 ☜ cal(열) + orie(=orient/지향하게 하다)
☐ **cal**m [kɑːm/카암] ⓗ **고요한**, 평온한 ⓢ 가라앉히다 ☜ 냉(cal)한 + m
♠ **calm down 진정하다, ~을 진정시키다**
☐ **cal**mly [kάːmli] ⓑ **고요히**, 온화하게; 침착히; 냉정히 ☜ 냉정(calm) 하게(ly<부접>)
☐ **cal**mness [kάːmnis] ⓜ **평온**, 냉정, 침착 ☜ 냉정(calm) 함(ness<명접>)
■ s**cal**d [skɔːld] ⓢ **데게 하다** ⓜ (끓는 물·김에 의한) 뎀, 화상
☜ 밖으로(s<es<ex=out) 나온 열기(cal)에 데다

칼뱅, 캘빈 Calvin (프랑스 태생 스위스 종교개혁가)

☐ **Calvin** [kǽlvin] ⓜ **칼뱅** 《John ~ , 프랑스 태생 스위스 종교개혁자; 1509-64》

칼립소 Calypso ([그神] 바다의 님프·요정)

칼립소는 신비의 섬 오귀기아(Ogygia)에 사는 바다의 님프(요정)이다. 트로이전쟁을 승리로 이끌고 귀향하는 도중에 풍랑을 만나 표류하게 된 오디세우스를 사랑하여, 그를 여러 해 동안 자신의 섬에 붙잡아 두지만 제우스의 명에 따라 그를 떠나보낸다. 흔히 타이탄(Titan)족인 아틀라스(Atlas)의 딸이라고 한다.

☐ **Calypso** [kəlípsou] ⓜ (pl. **-(e)s**) 〖그.신화〗 **칼립소** 《Odysseus를 Ogygia섬에 머물게 한 요정》; (c~) 〖음악〗 **칼립소** 《서인도 제도 Trinidad 원주민의 춤과 노래》
☜ 그리스어로 '숨기는 여자'란 뜻

캄보디아 Cambodia (폴 포트 공산 정권이 양민 200만명을 학살한 킬링필드의 나라)

☐ **Cambodia** [kæmbóudiə] ⓜ **캄보디아** 《아시아 남동부의 왕국; 수도는 프놈 펜(Phnom Penh)》
☜ 민족의 전설적인 조상, 캄부(Kambu)에서 유래.
■ **Kampuchea** [kæ̀mputʃíːə] ⓜ **캄푸치아** 《1976년에 캄보디아를 고친 이름이나, 1989년에 다시 State of Cambodia로 개칭》 ☜ 캄보디아의 베트남식 발음.

케임브릿지 Cambridge (영국 케임브리지 대학이 있는 도시)

☐ **Cambridge** [kéimbridʒ] ⓜ **케임브리지** 《① 영국 남동부의 도시; (그 도시의) Cambridge 대학 ② 미국의 Massachusetts주의 도시; Harvard, M.I.T. 두 대학의 소재지》
☜ 'Cam강(江)의 다리(bridge)란 뜻. Cam강은 영국 잉글랜드 동부에 있는 그레이트 우즈강(River Great Ouse)의 지류이다.
♠ **Cambridge** University **케임브리지** 대학 《영국의 대학》

케멀 camel (미국 담배. <낙타>란 뜻)

1913년에 R.J. 레이놀즈 타바코(R. J. Reynolds Tobacco Company)에서 처음 출시한 담배의 브랜드. 이 담배는 터키산과 미국산 잎을 혼합하고 향료를 넣어 부드러운 맛을 냈다. camelus는 낙타란 말의 라틴어로 이것은 낙타의 아랍명 Jamel에서 유래했다.

☐ **camel** [kǽməl] ⓜ 〖동물〗 **낙타** ☜ 아랍어로 '(짐을) 나르다'란 뜻
♠ ride on **a camel 낙타**를 타다
♠ the Arabian **camels** 단봉 **낙타**
♠ the Bactrian **camels** 쌍봉 **낙타**
☐ **camlet** [kǽmlit] ⓜ 낙타 모직물 ☜ 아랍어로 '벨벳, 우단'이란 뜻.

카멜롯 Camelot ([영국전설] 아서왕의 궁전이 있었다는 곳)

Camelot은 영국 전설에 아서(Arthur) 왕의 궁전이 있었다는 곳인데, 비유적으로 '(행복이 넘치는) 목가적 장소나 시대, 매혹적인 시대나 분위기'를 뜻한다. 미국 제35대 대통령 존 F. 케네디(John F. Kennedy) 시절에 많이 쓰인 말이다. 영화 '카멜롯의 전설'의 원제목은 First Knight(최고의 기사, 1995)이다.

C

□ **Camelot** [kǽməlὰt/-lɔ̀t] ⓜ **캐밀롯**《영국 전설에 Arthur 왕의 궁전이 있었다는 곳》

카멜롯의전설

© Columbia Pictures

카메오 · 까메오 cameo (명배우의 단역 출연)

□ **cameo** [kǽmiòu] ⓜ (pl. **-eos**) **카메오**《양각으로 아로새긴 보석·돌·조가비 등; (명배우가 단역으로서 연기하는) 짧은 묘미있는 연기》☜ 아랍어로 '꽃봉우리'란 뜻

카메라 camera (사진기)

♣ 어원 : **cam, cham** 방; 의회

□ **cam**era [kǽmərə] ⓜ (pl. **-eras**) **카메라**, 사진기 ☜ 최초의 사진기는 매우 큰 상자였는데 이를 '작은 방'이라고 부른 데서 유래
♠ click (press) the shutter of a **camera** **카메라** 셔터를 누르다

□ **cam**eraman [kǽmərəmæ̀n, -mə̀n] ⓜ (pl. **-men**) (신문사 등의) 사진반원; 〖영화〗 촬영 기사; 사진사 ☜ camera + man(남자, 사람)

□ bi**cam**eral [baikǽmərəl] ⓗ 〖의회〗 상하 양원제의, 이원제의 ☜ 두 개(bi)의 방/의회(camer=chamber)가 있는(al<형접>)

■ **cham**ber [tʃéimbər/**췌**임버] ⓜ《고어》**방**, 《특히》 침실; **의회** ☜ 고대 프랑스어로 '방'이란 뜻

카메룬 Cameroon (서아프리카에 위치한 공화국)

□ **Cameroon, -roun** [kæ̀mərú:n] ⓜ **카메룬**《서아프리카 동쪽의 공화국; 수도 야운데(Yaoundé)》☜ 포르투갈어로 '참새우가 많은 강'이란 뜻

캄플라지 < 카무플라주 camouflage (위장)

□ **camouflage** [kǽmuflὰ:ʒ, kǽmə-] ⓜ 〖군〗 위장, **카무플라주**; 변장; 기만, 속임 ☜ 프랑스어로 '가장하다, 베일을 쓰다'란 뜻
♠ a **camouflage** (army) uniform **얼룩무늬** 군복

캠프파이어 campfire (야영의 모닥불), 캠페인 campaign (사회적 운동), 캠핑카 camping car (콩글 각종 생활설비를 갖춘 자동차) → camper, trailer

♣ 어원 : **camp(us), champ** 평야, 들판

□ **camp** [kæmp/캠프] ⓜ 〖군〗 **야영지**, **야영천막**; **진영**; (산·해안 따위의) **캠프장** ⓢ 천막을 치다 ☜ 라틴어로 '열린 들판'이란 뜻
♠ **Camp David 캠프 데이비드**《미국 Maryland주에 있는 미국 대통령 전용 별장》
♠ **Camp Humphreys**《평택에 있는》**험프리스** 주한미 육군기지
☜ 1962년 헬기추락사고로 순직한 Benjamin K. Humphreys 준위의 이름을 따서 명명했다. 2017년 11월 7일 미국의 트럼프대통령과 문재인 대통령이 캠프 험프리스에서 만나 굳건한 한미동맹을 재확인했다.

□ **camp**craft [kǽmpkræ̀ft/-krὰ:ft] ⓜ 캠프 생활법, 캠프(생활)기술 ☜ 평야/야영(camp) 기술(craft)

□ **camp**er [kǽmpər] ⓜ 야영자, **캠프하는 사람; 캠프용 트레일러[자동차]** ☜ camp + er(사람/기계)

□ **camp**fire [kǽmpfàiər] ⓜ **야영의 모닥불**, **캠프파이어** ☜ camp + fire(불)

□ **camp**ing [kǽmpiŋ] ⓜ 천막 생활; 야영, 노영; 캠프 ☜ camp + ing<명접>

□ **camp**site [kǽmpsàit] ⓜ **야영지** ☜ camp + site(터, 장소)

□ **camp**aign [kæmpéin/캠**페**인] ⓜ (일련의) **군사행동**; (사회적) **운동; 캠페인**, **유세** ☜ 중세영어로 '들판에서의 군사작전'이란 뜻
♠ a sales **campaign 판매 촉진** 운동

□ **camp**aigner [kæmpéinər] ⓜ (사회·정치 등의) **운동가**; 노병, 노련한 사람 ☜ -er(사람)

□ **campus** [kǽmpəs] ⓜ (대학의) **교정, 구내**; 대학, 학원; 대학 생활 ☜ 라틴어로 '평평한 땅, 들판'이란 뜻

✚ en**camp** 〖군사〗 진을 치다, **야영하다**, 주둔시키다 s**camp**er **재빨리 달리다;** 뛰어다님; 질주

캄퍼 camphor (장뇌(樟腦): 녹나무에서 추출·증류하여 석출한 결정체)

녹나무를 증류해 얻는 고체성분. 무색·반투명 결정으로 독특한 향기가 있음. 셀룰로이드, 무연화약, 필름, 강심제 또는 방충제·방취제, 진통제 제조 등에 사용됨.

☐ **camphor** [kǽmfər] ⓜ **장뇌**(樟腦) ☜ 말레이어로 '녹나무'란 뜻

알베르 카뮈 Albert Camus (프랑스의 무신론적 실존주의 철학자, 작가)

☐ **Camus** [kæmjúː] ⓜ **카뮈** 《Albert ~, 프랑스의 작가; 노벨 문학상 수상; 1913-60》
★ 대표작 : 『이방인』, 『시지프의 신화』, 『칼리귤라』, 『페스트』 등

캔 커피 can coffee (콩글 작은 금속통에 담긴 판매용 커피) → canned coffee

♣ 어원 : can 대롱, 管

☐ **can** [kæn] ⓜ 《미》 양철통, (통조림의) 깡통, **캔**; 《영》 **금속제의 액체 용기** 《손잡이·뚜껑·주둥이가 있는》 ⓢ 통조림으로 만들다 ☜ 대롱(can)의 한쪽을 막은 것
♠ a coffee **can** 커피**통**

☐ **can**al [kənǽl] ⓜ **운하**; 수로 ☜ 대롱(can)처럼 양쪽으로 흐르는 것(al<명접>)
♠ **The canal** is almost 100 years old. **그 운하**는 거의 100년이 되었다.

☐ **can**alize [kənǽlaiz, kǽnəlàiz] ⓢ 운하를 파다 ☜ canal + ize<동접>

☐ **can**ned [kænd] ⓗ **통조림한** ☜ can의 과거분사. can + n + ed<형접>

☐ **can**teen [kæntíːn] ⓜ (병사의) 반합, 휴대 식기; 수통; 야영용 취사도구 상자; 《영》 군(軍) 매점 ☜ 이탈리아어로 '포도주 저장고'란 뜻.

※ **coffee** [kʌ́ːfi/**커**-피, kɔ́ːfi, kɑ́fi] ⓜ **커피** 《나무·열매·음료》; 커피색, 다갈색; 한 잔의 커피 ☜ 중세영어로 '아라비아와 에티오피아가 원산지인 나무의 씨앗을 볶아 만든 음료'란 뜻

위캔두잇 We Can Do It (2차 세계대전 당시 미국의 선전 포스터. <우리는 할 수 있다>는 의미)

제2차 세계대전 당시 미국의 선전포스터 중 하나. 노동자·근로자의 사기진작을 위해 공장노동자 '제럴딘 도일'을 모델로 제작되었다. 1980년대 여성주의를 촉발시키는데 사용되었고, 1994년 잡지 스미소니언의 표지 및 1999년 미국 제1종 우편물 우표로도 사용되었다. <출처 : 위키백과>

※ **We** [wiː/위- (강) wi] ⓓ 〖인칭대명사 1인칭 복수·주격〗 **우리가, 우리는** ☜ 고대영어로 '나와 또 다른 사람'이란 뜻

☐ **can** [kæn/캔, kən] ⓢ 〖능력〗 **~할 수 있다;** 〖허가〗 **~해도 좋다;** 《현재부정형 cannot=can't, 과거 could, 과거부정형 could not=couldn't》 〖추측〗 [부정문] **~할[일] 리가 없다**, ~이면 곤란하다; 〖의뢰〗 **~해주(시)겠습니까** 《Could you ~가 보다 공손한 표현임》 ☜ 고대영어로 '알다, ~할 힘을 갖다'란 뜻
♠ I **can** do it. 난 그것을 **할 수 있다**.
♠ I **can** swim. 난 수영을 **할 수 있다**.
♠ You **can** smoke here. 여기서 담배를 피워**도 된다**
♠ It **cannot be** true. 사실**일 리가 없다**
♠ **Can** you give me a ride? 저를 차에 태워주**실 수 있으세요**?
♠ **can afford to ~ ~할 여유가 있다**

☐ **can**not [kǽnɑt/**캔**낱, kənɑ́t/kǽnɔt, kənɔ́t] ⓢ **~할 수 없다, ~해선 안 된다** ☜ can not의 연결형
♠ **cannot (help) but ~ ~하지 않을 수 없다**
I **cannot help but** like her. 나는 그녀를 좋아**하지 않을 수 없다**.
♠ **cannot help ~ing ~하지 않을 수 없다**
♠ **cannot (A) too (B) 아무리 B 해도 지나치게 A 하는 일은 없다**
♠ **cannot (A) without (B) B 안 하고선 A 못하다, A 하면 반드시 B 하다**

☐ **can**'t [kænt/캔트/kɑːnt/칸-트] ⓢ **~ 할 수 없다, ~해선 안 된다** ☜ cannot의 줄임말

☐ **could** [kud/쿠드, (약) kəd] ⓢ **~ 할 수 있었다, ~할 수 있다, ~해도 되다; ~하였을 게다** ☜ can의 과거형

☐ **could**n't [kúdnt/**쿠**든트] ⓢ **~ 할 수 없었다, ~해선 안 되었다** ☜ could not의 줄임말

※ **do** [duː/두- (약) du, də] ⓩⓢ **행하다** 《현재 do, 직설법 현재 3인칭 단수 does; 과거 did》; 〖부정·의문문〗 일반동사를 돕는 조동사(助動詞) 역할

☜ 고대영어로 '만들다, 행하다'란 뜻

※ **it** [it/잍] ㊐ 【3인칭 단수 중성의 주격】 **그것은[이]** ☜ 초기 인도유럽어로 '이것'이란 뜻

가나안 Canaan (서(西)팔레스타인의 옛 이름. 하나님이 유대민족에게 약속한 낙원)

□ **Canaan** [kéinən] ㊔ 【성서】 **가나안** 《서(西)팔레스타인》; 약속의 땅; 낙원, 이상향
☜ 고대 샘계언어인 아람어로 '낮은 땅' 또는 '열중하는 자'란 뜻

□ **Canaan**ite [kéinənait] ㊔ (이스라엘 사람이 와서 살기 전의) 가나안 사람 ☜ ite(사람)

C

캐나다 Canada (북아메리카의 영연방 국가)

□ **Canada** [kǽnədə/**캐**너더] ㊔ **캐나다** 《수도 오타와(Ottawa)》
☜ 북미 인디언어로 '마을, 부락'이란 뜻 ★ **캐나다의 국가원수**는 영국의 엘리자베스 2세 여왕(Queen Elizabeth Ⅱ)이며, 총독(governor general)이 여왕을 대리하여 권한대행을 맡고 있다.

□ **Canad**ian [kənéidiən/커**네**이디언] ㊐ **캐나다(사람)의** ㊔ **캐나다 사람**
☜ -ian(~의/~사람)
♠ **Canadian** whiskey **캐나다** 위스키
♠ **Canadian** French (프랑스계 캐나다사람이 말하는) **캐나다** 프랑스말

□ **canal**(운하) ➔ **can**(양철통) **참조**

카나리아 canary (되샛과의 새), 카나리워프 Canary Wharf (영국 런던의 금융중심지)

□ **canary** [kənέəri] ㊔ **카나리아** (=canarý bírd) ☜ 스페인어로 '(카나리아 제도 원산의) 카나리아 새'라는 뜻 ★ **카나리아 제도(諸島)는 북서아프리카 모로코 서방 115km 대서양상에 위치한 스페인령 화산 제도이다.**

※ wharf [hwɔːrf] ㊔ (pl. **-s**, whar**ves**) **부두**, 선창(pier) ㊍ (배를) 부두에 매다
☜ 고대영어로 '배를 댈 수 있는 해안 또는 제방'이란 뜻

■ **Canary** Wharf **카나리워프** 《영국 런던 템즈 강변의 새로운 금융중심지》
☜ 원래 이곳은 강의 퇴적지로 '개들의 섬(Isle of dogs)'으로 불렸고, 큰 선박들이 닻을 내리던 곳이었다. Canary는 개를 의미하는 라틴어 canis와 닻을 내리는 곳이란 의미의 wharf가 결합되어 만들어진 지명이다. ★ 영국 런던의 금융중심지였던 더 시티(The City)에서 신 금융특구로 대체되고 있는 카나리워프는 미국 월스트리트와 함께 세계금융시장의 양대축으로 불린다.

※ Fisherman's Wharf **피셔맨즈 워프** 《미국 샌프란시스코 어항의 선창가; 관광지》
☜ 어부(fisherman)의(s) 부두*wharf) ★ **피셔맨즈워프는** 샌프란시스코에서 가장 유명한 관광지이며, 이곳에서 매년 미국 항공모함의 에어쇼도 개최된다.

캔버라 Canberra (전형적 계획도시인 오스트레일리아[호주]의 수도)

□ **Canberra** [kǽnbərə] ㊔ **캔버라** 《오스트레일리아의 수도》
☜ 호주 원주민 에보리진어로 '만남의 장소'란 뜻

캉캉춤 cancan (발을 높이 쳐드는 프랑스 춤)

□ **cancan** [kǽnkæ̀n] ㊔ 《F.》 **캉캉**춤 ☜ 프랑스어로 '소란, 소동'이란 뜻.

캔슬 cancel (취소)

♣ **어원 : cancel, chancel 망(網)(=net), 빗장, 창살문, 격자; 가로대; 장애, 장벽**

□ **cancel** [kǽnsəl] ㊍ **취소[중지]하다** ㊔ **취소**; 말살; (계약의) 해제; (인쇄) 삭제 부분
☜ 라틴어로 '격자(x)를 만들다; 빗장, 격자모양(x)'이란 뜻.
♠ **cancel** permission 허가를 **취소하다**

□ **cancel**lation, -cela- [kæ̀nsəléiʃən] ㊔ 말살, 취소; 해제; 【수학】 소거(消去)
☜ cancel + l<단모음+단자음+자음반복> + ation<명접>

■ **Chancel**lor [tʃǽnsələr, tʃɑ́ːn-] ㊔ 《영》 대법관; 재무장관(財務長官); 총리, 수상
☜ 라틴어로 '빗장(chancel)을 채우는 + l + 사람(or)'이란 뜻

킹크랩 king crab (왕게)

몸통 길이만 20cm정도 되는 큰 게를 말한다. 다리가 큰 것은 150~170cm 정도가 된다. 소라게에 가깝고 집게를 포함한 4쌍의 다리를 갖는다. 한대성으로, 훗카이도, 베링해, 알래스카 연안 등에 분포하고 있다. 각 부에 고기가 많고 소금에 데워 초간장으로 먹으면 맛이 좋다.

© akmarine.org

※ **king** [kiŋ/킹] [명] **왕**, 국왕, 군주 ☜ 종족(kin)을 대표하는 자(g)

■ **crab** [kræb] [명] 『동물』 **게** 《게 종류의 갑각류 총칭》
☜ 고대 노르드어로 '게'란 뜻

□ **cancer** [kǽnsər] [명] 『의학』 **암**; (사회적) 병폐 ☜ 라틴어로 암을 cancrum(게)라고 표현한데서 유래 ★ 고대 그리스의 의학자 히포크라테스는 환자의 종양을 진찰하고 나서 그 표면이 게 껍데기처럼 울퉁불퉁하고, 주위로 뻗쳐나가는 암세포의 모습이 마치 게(cancrum) 다리와 같다고 해서 암을 Cancer라고 이름 지었다.
♠ **get cancer 암에 걸리다**
♠ die of **lung cancer 폐암**으로 죽다
♠ **cancer** of the breast 〔stomach〕 유방〔위〕**암**

□ **cancer**ed [kǽnsərd] [형] 암에 걸린 ☜ cancer + ed<형접>

■ **canker** [kǽŋkər] [명] 폐해, 해독; 『의학』 옹(癰); 구강 궤양〔암〕
☜ 라틴어로 '악성 종양'이란 뜻.

샹델리에 chandelier (장식을 호화롭게 한 집합등)

♣ 어원 : cand(id), cend, chand 흰, 빛, 빛나다, 불타다

■ **chand**elier [ʃæ̀ndəlíər] [명] **샹들리에** 《장식을 호화롭게 한 집합등》
☜ 중세영어로 '촛대'란 뜻.

□ **cand**escent [kændésənt] [형] 백열(白熱)의, 작열의
☜ 라틴어로 '하얗게〔빛나게〕 되다'

□ **candid** [kǽndid] [형] 정직한, **솔직한**(=frank) ☜ 라틴어로 '하얀'이란 뜻
♠ a **candid** statement 〔interview〕 **솔직한** 진술〔인터뷰〕

□ **candid**ly [kǽndidli] [부] 공평하게 ☜ candid + ly<부접>

□ **candid**ate [kǽndidèit, -dit] [명] **후보자**; 지원자, 지망자 ☜ 라틴어로 '하얀(candid) (가운을 입은) 사람(ate)', 즉 '관직을 바라는 사람'이라는 뜻
♠ register as **a candidate 후보** 등록을 하다

□ **candid**ature, -dacy [kǽndidətʃùər, -tʃər] [명] 입후보; 후보 자격 ☜ candidate + ure/acy<명접>

□ **cand**le [kǽndl] [명] **(양)초**, 양초 비슷한 것; 촉광
☜ 초기 인도유럽어로 '빛나는(cand) 것(le)'이란 뜻
♠ put out a **candle 초**를 끄다

□ **cand**lelight [kǽndəllàit] [명] **촛불**(빛) ☜ candle + light(불, 빛)

□ **cand**lestick [kǽndlstìk] [명] **촛대** ☜ candle + stick(막대기, 지팡이)

□ **cand**o(u)r [kǽndər] [명] **공정**, 공평무사; 솔직, 담백 ☜ 흰(cand) 것(or/our<명접>)
♠ **with candor 공정하게**

□ **cen**se [sens] [동] ~에 향을 피우다; 분향하고 예배하다 ☜ 하얗게 타는(cen) 것(se)

□ **cen**ser [sénsər] [명] 향로(香爐) 《쇠사슬에 매달아 흔드는》 ☜ cense + er<명접>

□ in**cand**escent [ìnkəndésənt] [형] 백열의; 백열광을 내는; 눈부신, 빛나는
☜ 속에서(in) 빛나는(candescent)

□ in**cend**iary [inséndièri] [형] 불나게 하는, 방화의; 선동적인
☜ 속에서(in) 빛나게(cend) + i + 하는(ary<형접>)

□ in**cend**iarism [inséndiərìzəm] [명] 방화(放火) ☜ incendiary + sm(행위, 상태)

□ in**cen**se [ínsens] [명] **향**(香); 향냄새〔연기〕; (일반적) 방향(芳香)
☜ 속에서(in) 하얗게 타는(cen) 것(se)

캔디 candy (사탕)

□ **candy** [kǽndi/**캔**디] [명] (pl. -d**ies**) 《미》 **캔디**, 사탕 ☜ 아랍어로 '설탕'이란 뜻
♠ a piece of **candy 캔디** 1개
♠ **candy** store 《미》 **과자**점(《영》 sweetshop)
♠ **candy** wedding **캔디**혼식, 결혼 3주년

[연상] 케인(cane.지팡이)을 들고 허리케인(hurricane.카리브해 태풍)과 맞서다

※ **hurricane** [hə́:rəkèin, hʌ́ri-/hʌ́rikən] [명] **폭풍, 태풍, 허리케인** 《초속 32.7m 이상》
☜ 마야신화에 나오는 우라칸(Huracan)이라는 '태풍의 신'에서 유래

□ **cane** [kein] [명] (등나무) **지팡이**, 단장(=walking stick) 《영국에서는 특히 가늘고 가벼운 것》
☜ 그리스어로 '갈대'란 뜻.

♠ The old man walks with a **cane**. 그 노인은 **지팡이**를 짚고 다닌다.

☐ **canker**(폐해) ➔ **cancer**(암) **참조**

☐ **canned**(통조림한) ➔ **can**(양철통, 깡통) **참조**

C

칸 영화제 Cannes Film Festival (프랑스 칸에서 개최되는 영화제)

프랑스 남부의 휴양도시 칸(Cannes)에서 매년 5월 개최되는 국제영화제로 베네치아 국제영화제, 베를린 국제영화제와 함께 세계 3대 영화제로 꼽힌다. 칸 영화제는 영화의 예술적인 수준과 상업적 효과의 균형을 잘 맞춤으로써 세계 영화의 만남의 장으로서 명성을 얻게 되었다.

☐ **Cannes** [kænz] ⓜ 〖지리〗 **칸** 《프랑스 남동부의 보양지; 영화제로 유명》
☜ 프랑스어로 '갈대'란 뜻

※ **film** [film] ⓜ 〖사진〗 **필름**; **영화**; 영화산업 ☜ 고대영어로 '얇은 막'이란 뜻

※ **festival** [féstəvəl] ⓜ 잔치, **축제** ☜ 중세영어로 '축제(fest<feast) 의(ival) 날(day)'의 단축어

카니발 carnival (축제)

< 브라질의 삼바 축제 >

♣ 어원 : **carn, cann, car, cor 고기, 시체, 육체의**

☐ **cannibal** [kǽnəbəl/**캐**너벌] ⓜ **식인종** ⓗ 식인의; 서로 잡아먹는
☜ (사람) 고기(cann)를 먹는 사람들(ibal)
★ 콜럼버스는 2차 신대륙 항해 시 서인도제도 동쪽의 소앤틸리스 제도에 도착했는데, 그곳 사람들은 자신들을 'canibalis'라고 칭했다. 이들에겐 식인 풍습이 있어서 이들의 이름을 따 식인종을 'cannibal'이라고 칭하게 되었다.

☐ **cannibal**ism [kǽnəbəlìzm] ⓜ 사람을 잡아먹는 풍습 ☜ cannibal + ism(특성, 풍습)

☐ **cannibal**ization [kæ̀nəbələzéiʃən/-bəlai-] ⓜ 동족 살해; 시장 잠식; (폐품 이용의) 수리; 조립
☜ cannibal + ize<동접> + ation<명접>
★ 한 기업의 신제품이 기존 주력제품의 시장을 잠식하는 현상을 카니발리제이션(cannibalization) 이라고 한다.

☐ **carnival** [kɑ́ːrnəvəl/**카**-너벌] ⓜ **카니발, 사육제**(謝肉祭) 《가톨릭교국에서 사순절(Lent) 직전 3일 내지 1주일 간에 걸친 축제》; 행사, 축제, 제전
☜ 고기(carn)를 + i + 먹으며(vor=devour) 벌이는 것(-al)
♠ There's a real **carnival** atmosphere in the streets.
거리는 진짜 **축제** 분위기다.

캐논볼 The Cannonball Run (미국·홍콩 합작 코미디·액션 영화. <포탄 경주>)

1981년 개봉한 미국·홍콩 합작의 코미디·액션 영화. 성룡, 버트레이놀즈, 로저무어, 파라포셋 주연. 오하이오주에서 LA까지 3천마일을 달리는 미대륙 횡단 자동차 경주대회에 참가한 참가자들은 경기에 우승하기 위해 온갖 기발한 방법을 다 동원한다. 참고로 캐논볼 경주는 1933년 뉴욕-LA를 53.5시간 동안 횡단한 레이서 Erwin "Cannon Ball" Baker의 이름을 따온, 1970년대 벌어진 무규칙 장거리 레이스였다.

© 20th Century Fox

☐ **can**non [kǽnən] ⓜ (pl. **-s**) **대포** 《지금은 보통 gun》
☜ 고대 프랑스어로 '큰 통'

☐ **can**nonball [kǽnənbɔ̀ːl] ⓜ 포탄 《지금은 보통 shell》; 무릎을 껴안고 하는 다이빙; 〖테니스〗 강속 서브; 《구어》 특급 열차
☜ cannon + ball(볼, 공)

☐ **can**nonry [kǽnənri] ⓜ 연속 포격; [집합적] 대포 ☜ cannon + ry<명접>

☐ **can**non shot 포탄, 포격; 착탄거리 ☜ shot(발사, 착탄거리, 사정)

※ **run** [rʌn/뤈] ⓢ (-/**ran**/**run**) **달리다**; **흐르다**; **경영하다** ⓜ **뛰기**, 달리기, **경주**; (물 등의) **유출**, 흐름 ☜ 고대영어로 '물의 흐름'

카누 canoe (길쭉하고 선두와 선미가 뾰족한 배)

☐ **canoe** [kənúː] ⓜ **카누**; 마상이, 가죽배 ⓢ 카누를 젓다
☜ 스페인어로 '통나무를 파서 만든 배'란 뜻
♠ The **canoe** cut through the water. **카누**가 물살을 갈랐다.

카논 canon (교회의 법규)

☐ **canon** [kǽnən] ⓜ 〖기독교〗 **카논** 《기독교 신앙·행위의 기준》; 교회의 법규
☜ 고대영어로 '규칙, 법'이란 뜻

캐노피 canopy (전투기 조종실 위쪽의 투명한 유리덮개)

□ **canopy** [kǽnəpi] ⓜ **천개**(天蓋: 관의 뚜껑), 닫집; 『항공』 (조종석의 투명한) 덮개; 낙하산의 갓 ☜ 고대 프랑스어로 '침대커튼'이란 뜻

칸타빌레 cantabile ([음악] 노래하듯이)

□ **cantabile** [kɑːntάːbilèi/kɑːntάːbilè] ⓗⓑ 『음악』 《It.》 **칸타빌레,** 노래하듯(한) ☜ 이탈리아어로 '노래(can) + t + 할 수 있는(abile=able)'이란 뜻

칸타타 cantata (대규모 다악장 성악곡)

□ **cantata** [kəntάːtə] ⓜ 《It.》 『음악』 **칸타타**, 교성곡(交聲曲) 《독창·합창에 기악 반주가 있는 일관된 내용의 서정적 성악곡》 ☜ 이탈리아어로 '(이야기를) 노래로 부르는 것'이란 뜻

□ **cantor** [kǽntər] ⓜ (성가대의) 합창 지휘자, 선창자; (유대 교회의) 독창자 ☜ 라틴어로 '가수, 시인, 배우'란 뜻

캔터베리 Canterbury (켄터베리 대성당이 있는 영국 Kent주의 도시)

□ **Canterbury** [kǽntərbèri, -bəri] ⓜ **캔터베리**, 영국 Kent주(州)의 도시 《영국 국교(國敎) 총본산 소재지》 ☜ 고대영어로 '켄트 주민들의 도시'란 뜻

♠ The **Canterbury** Tales **캔터베리**이야기 《14세기 초서(Chaucer)가 쓴 운문》

캔버스 canvas (유화를 그릴 때 쓰는 천)

□ **canvas** [kǽnvəs] ⓜ **범포**(帆布); 텐트, 덮개; **캔버스**, 화포(花布) ☜ 고대 프랑스어로 '돛의 천'이란 뜻

□ **canvass** [kǽnvəs] ⓜ 선거운동, 유세; 권유 ⓢ 유세하다; **권유하며 다니다; 상세히 조사하다** ☜ canvas의 변형. canvas로 채를 치듯 흔들다<사람의 마음을 뒤흔들다

♠ **canvass** for a newspaper 신문의 **주문을 받으러 다니다**.

□ **canvass**er [kǽnvəsər] ⓜ 운동〔권유〕원, 주문 받는 사람; 투표 검사관 ☜ canvass + er(사람)

그랜드 캐년 Grand Canyon (미국 콜로라도강의 대협곡)

콜로라도 강에 의한 침식으로 깎여 있는 그랜드 캐니언은 깊이가 약 1,500m나 되는 세계에서 가장 경관이 뛰어난 협곡이다. 애리조나 주에 있으며 그랜드 캐니언 국립공원(Grand Canyon National Park)을 가로지른다.

※ **grand** [grænd] ⓗ **웅대한, 광대한, 장대한** ☜ 고대 프랑스어로 '큰'이란 뜻

□ **canyon** [kǽnjən] ⓜ (개울이 흐르는 깊은) **협곡**(=cañon) ☜ 스페인어로 '깊이 움푹 꺼진 곳'이란 뜻.

♠ Fight your way to **the canyon** floor. 적진을 뚫고 **협곡** 쪽으로 이동하라.

칸초네 canzone (민요풍의 가곡)

□ **canzone** [kænzóuni/-tsóu-] ⓜ (pl. **-ni**) 《It.》 **칸초네**, 민요풍의 가곡 ☜ 이탈리아어로 '노래'란 뜻.

컨셉 concept (개념), 캡션 caption (자막), 캡춰 capture (갈무리)

♣ **어원 : cap, capt, cept, ceive 잡다, 받아들이다, 이해하다**

■ con**cept** [kάnsept/kɔ́n-] ⓜ 『철학』 **개념**, 생각; 구상(構想), 발상 ☜ 함께(con<com) 생각을 잡다(cept)

□ **cap**able [kéipəbəl] ⓗ **~할 수 있는; 역량 있는** ☜ 받아들일(cap) 수 있는(able)

♠ **be capable of ~ing ~을 할 수 있다, ~을 감당할 수 있다**

□ **cap**ably [kéipəbli] ⓑ 솜씨 있게, 유능하게 ☜ capable + ly<부접>

□ **cap**ability [kèipəbíləti] ⓜ 할 수 있음, 가능성; **능력**, 역량, 재능 ☜ -ability(능력)

□ **cap**acious [kəpéiʃəs] ⓗ 포용력이 있는; **널찍한** ☜ 받아들일(cap) 수 있는/충분한(acious<-acity의 형접>)

□ **cap**acitate [kəpǽsətèit] ⓢ (~을) 가능하게 하다(=enable), ~에게 능력〔자격〕을 주다 ☜ 받아들일(cap) 수 있게(acit) 만들다(ate<동접>)

□ **cap**acity [kəpǽsəti] 명 **수용량**; 용적; **역량**, 재능 ☜ 받아들일(cap) 수 있는 것(acity)
♠ intellectual **capacity** 지적 **능력**
♠ **to capacity (수용력의) 최대한으로, 꽉 차게**
□ **cap**tion [kǽpʃən] 명 (기사 따위의) 표제, 제목, (삽화의) 설명문; 『영화』 자막 ☜ 잡은(capt) 것(ion<명접>)
□ **cap**tive [kǽptiv] 형 **사로잡힌, 감금된; 포로**; (사랑・공포에) 사로잡힌 사람 ☜ 잡(capt) 힌(ive<형접>)
□ **cap**tivate [kǽptəvèit] 동 매혹하다, 뇌쇄하다(=charm) ☜ captive + ate<동접>
□ **cap**tivating [kǽptəvèitiŋ] 형 매혹적인 ☜ captive + ing<형접>
□ **cap**tivity [kæptívəti] 명 **감금; 속박** ☜ captive + ity<명접>
□ **cap**ture [kǽptʃər] 명 **포획** 동 **사로잡다** ☜ 잡은(capt) 것(ure)
■ inter**cept** [ìntərsépt] 동 **도중에서 빼앗다**; 차단하다 ☜ ~사이에서(inter) 잡다(cept)

캡틴 captain (선장), 현대캐피탈 capital (현대자동차그룹 계열의 할부금융회사)

♣ 어원 : **cap, cab, chap 머리, 우두머리**
■ **cap**tain [kǽptin/**캡**틴] 명 **장**(長), 지도자; 보스; **선장**, 『육・공군』 대위; 『해군』 대령 ☜ 중세영어로 '우두머리'라는 뜻
□ **cap** [kæp/캡] 명 (양태 없는) **모자** ☜ 고대영어로 '머리를 보호하는'
비교 hat (양태 있는) 모자 ★ 우리말 중의 자외선 차단모자 썬캡(sun cap)은 콩글리시이며, 바른 표현은 sun hat이다.
♠ wear one's hat(**cap**) **모자**를 쓰다
♠ a college **cap** 대학의 제모 a steel **cap** 철모(=helmet) a peaked **cap** 챙 달린 모자
□ **cap**e [keip] 명 **곶, 갑**(岬); (the C~) 희망봉 《남아프리카 공화국 남단의 곶》; (여성의) 어깨망토 ☜ 라틴어로 '머리'란 뜻
□ **cap**ital [kǽpitl] 명 **수도; 대문자; 자본(금)**, (종종 C-) 자본가 계급 형 **주요한**, 으뜸가는 ☜ 고대 프랑스어로 '머리의'라는 뜻
♠ Cairo is the **capital** of Egypt. 카이로는 이집트의 수도이다.
♠ a **capital** city 〔town〕 수도 a **capital** letter 대문자 **Capital** and Labor 노사

© Paramount Pictures

□ **cap**italism [kǽpitəlìzəm] 명 **자본주의**; 자본의 집중 ☜ capital + ism(~주의)
□ **cap**italist [kǽpitəlist] 명 **자본가**; 자본주의자 ☜ capital + ist(사람)
□ **cap**italistic [kæ̀pitəlístik] 형 자본주의의, 자본가의 ☜ capitalist + ic<형접>
□ **cap**italize [kǽpitəlàiz] 동 대문자로 쓰다; ~에 투자하다; 자본화(資本化)하다 ☜ capital + ize<동접>
□ **Cap**itol [kǽpitl] 명 **카피톨** 《옛 로마의 Jupiter 신전》; Capitol이 있는 언덕; 《미》 (the ~) **국회 의사당** ☜ 라틴어로 '주피터의 신전, 도시의 수호자'란 뜻
□ **cap**rice [kəprí:s] 명 변덕, 줏대 없음, 무정견; 공상적인 작품; 기상곡 ☜ 이탈리아어로 '머리(cap)가 헝클어진(rice=curl)'이란 뜻
□ **cap**ricious [kəpríʃəs] 형 변덕스러운, (마음이) 변하기 쉬운, 일시적인 ☜ -ous<형접>
□ **cap**size [kǽpsaiz] 동 (배가) 뒤집히다, 전복시키다〔하다〕 명 전복 ☜ 라틴어로 '머리(cap)를 돌리다(size=turn)'란 뜻
□ **cap**ut [kéipət, kǽpət] 명 (pl. **capita**) 《L.》 『해부』 **머리**(=head); 두상돌기
■ **cab**bage [kǽbidʒ] 명 **양배추**, 캐비지 ☜ 라틴어로 '머리'라는 뜻
■ **chap**ter [tʃǽptər/**췝**터] 명 (책・논문 따위의) **장**(章) 《생략: chap., ch., c.》 ☜ 라틴어로 '책의 주요 부분'이란 뜻

케이퍼 영화 caper movie [heist film] 범죄영화

케이퍼 무비(caper movie)는 범죄 영화의 하위장르 중 하나로, 범죄를 모의하고 실행하는 과정을 상세히 보여주는 영화이다. 하이스트 필름(Heist film) 이라고도 한다.

♣ 어원 : **capr, caper 염소, 염소가 놀라서 갑자기 뛰기 시작하다**
□ **caper** [kéipər] 동 **신나게 뛰놀다** 명 신나게 뛰놀기, 야단법석; 범죄(계획) ☜ 중세영어로 '높이 뛰다, 건너뛰다'란 뜻
♠ The children **capered about** on the beach. 아이들이 해변을 **신나게 뛰어 다녔다**.
♠ The thief's next **caper** was a bank robbery. 그 도둑의 다음 번 **범죄**는 은행을 터는 것이었다.

< 대표적인 Caper 영화, 크리미널 게임 >

□ **Capr**icorn [kǽprikɔ̀:rn] 명 『천문』 염소자리(the Goat) ☜ 염소(capr) + r + 뿔(corn)
※ **movie** [mú:vi/**무**-뷔] 명 《구어》 **영화** ☜ 움직이는(mov) 것(ie)

※ **heist** [haist] 명 《속어》 강도, 도둑 동 강도질하다
☜ hoist(감아올리다)의 변형. 속어로 '소매치기하다'란 뜻.

※ **film** [film/퓌음] 명 얇은 껍질(막·층); 〖사진〗 **필름**; (한 편의) **영화**
☜ 고대영어로 '피막, 얇은 피부'란 뜻 ★ l이 거의 발음되지 않음.

C

알 카포네 Al Capone (미국 마피아단의 두목, 별명은 스카페이스(Scarface))

□ **Capone** [kəpóuni/커**포**우니] 명 **카포네** 《Al(phonso) ~, 미국 마피아단의 두목; 1899-1947》

캡슐 capsule (❶ 얇고 작은 갑 ❷ 우주 비행체의 기밀 용기)

♣ 어원 : caps, cask 작은 상자, 그릇

□ **caps**ule [kǽpsəl/-sjuːl] 명 (약·우주 로켓 등의) **캡슐**; 요약
☜ 작은 상자(caps)를 감싸고(sule) 있는 것
♠ This medicine comes in **capsules**. 이 약은 **캡슐**로 되어 있다.

□ **caps**ulate [kǽpsəlèit, -sju-] 동 캡슐에 넣다; 요약하다 ☜ capsule + ate<동접>

■ en**caps**ulate [inkǽpsjəlèit] 동 캡슐로 싸다 ☜ 캡슐(capsul) 안에(en<in) 넣다(ate)

■ **cask**et [kǽskit, kάːs-] 명 (귀중품·보석 등을 넣는) **작은 상자** ☜ et(작은) + cask

□ **caption**(표제, 자막), **captive**(포로) ➔ **capacity**(수용능력) **참조**

□ **captivity**(사로잡힘), **capture**(포획) ➔ **capacity**(수용능력) **참조**

스포츠카 sports car, 카트 cart (2륜 짐마차)
카센터 car center (콩글 자동차 정비소) ➔ auto repair [mechanic] shop

♣ 어원 : car, char 탈 것, 달리다, 나르다, 흐르다

■ sports **car** **스포츠카**, 경주용 자동차 ☜ 경주용(sports) 자동차(car)

■ **car**t [kaːrt] 명 2륜 **짐마차**, 손수레 ☜ 고대영어로 '2륜 짐마차, 전차'란 뜻

□ **car** [kaːr/카-] 명 **자동차** ☜ 라틴어로 '2개의 바퀴가 달린 켈트족의 전차'란 뜻
♠ **by car 자동차로**
♠ **sport(s) car 스포츠카** 《스피드에 중점을 두어 만든 오락·경주용 자동차》
♠ **car ferry 카페리** 《바다건너 자동차를 실어 나르는 비행기나 여객선》

□ **car**riage [kǽridʒ] 명 (일반적인) **차, 탈것** ☜ carry + age<명접>

□ **car**rier [kǽriər] 명 **운반인**, 운송업자; **항공모함**(=aircraft ~) ☜ 나르는(carry) 주체(er)

■ **char**iot [tʃǽriət] 명 (고대의) **2륜 전차** 《전쟁·사냥·경주에 말 두필이 끈 2륜 마차》
☜ 탈(char) 것(iot)

※ **center**, 《영》 **centre** [séntər/**쎈**터] 명 **중심**(지); **핵심**; **중앙** ☜ 라틴어로 '원의 중심'

카라카스 Caracas (남미 베네수엘라의 수도)

□ **Caracas** [kərάːkəs, -rǽ-] 명 **카라카스** 《Venezuela의 수도》 ☜ 인디오족의 일파인 '카라카스족'에서 유래

카라멜 < 캐러멜 caramel (캐러멜 과자)

□ **caramel** [kǽrəməl, -mèl] 명 **캐러멜**, 설탕엿, 캐러멜 과자
☜ 라틴어로 '막대(cara=stick) 꿀(mel=honey)'이란 뜻

캐럿 carat (보석의 무게단위)

□ **carat** [kǽrət] 명 **캐럿** 《보석의 무게 단위; 200mg》
☜ 아랍어로 '캐롭(carob)나무 열매'란 뜻
♠ an **18-carat** gold ring **18금** 반지

카라반 < 캐러밴 caravan (승용차로 끌고 다니는 이동식 주택)

□ **caravan** [kǽrəvæ̀n] 명 [집합적] (사막의) **대상**(隊商); 여행대(隊); 이주민의 마차대; (집시 등의) 포장마차; 대형 트럭; 《영》 (자동차로 끄는) 이동 주택, 트레일러 하우스(trailer) ☜ 고대 프랑스어로 '사막의 상인들'이란 뜻
♠ A **caravan** of merchants and their camels crossed the desert.
낙타를 탄 **대상**들이 사막을 가로질러갔다.

C

카본 carbon (가볍고 단단한 탄소섬유소재) 카뷰레터 carburetor (내연기관의 기화기(氣化器))

♣ **어원 : carbo, carbu 탄소, 숯**

□ **carbo**hydrate [kὰːrbouháidreit] ⓜ **탄수화물** ☜ carbon + hydrate(수산화물)

□ **carbo**lic [kɑːrbάlik/-bɔ́l-] ⓗ 탄소의; **콜타르성**(性)**의** ☜ carbon + l + ic<명접>

□ **carbon** [kάːrbən] ⓜ 『화학』 **탄소** 《비금속 원소; 기호 C; 번호 6》 ☜ 라틴어로 '석탄'이란 뜻
♠ **carbon** monoxide 『화학』 일산화**탄소**
♠ **carbon** paper **카본**지 《복사용》

□ **carbo**nate [kάːrbənèit] ⓜ 탄산염 ⓢ 탄산가스로 포화시키다; 탄화시키다 ☜ carbon + ate<명접/동접>
♠ **carbonate** water **소다**수
♠ **carbonated** drinks **탄산**음료

< carburetor >

□ **carbo**nic [kɑːrbάnik/-bɔ́n-] ⓗ **탄소의** ☜ carbon + ic<형접>
♠ **carbonic** acid gas **탄**산가스

□ **carbu**ret [kάːrbərèit, -bjərèt] ⓢ 탄소와 화합시키다, 탄소화합물을 섞다 ☜ carbon + uret<라틴어로 고풍(古風) 접미사>

□ **carbu**ret(t)or [kάːrbərèitər, -bjə-, -re-] ⓜ 탄화장치; (내연기관의) 기화기, **카뷰레터** ☜ carburet + or(기계, 장치)

카니발 carnival (축제)

♣ **어원 : carn, car, cor 고기, 시체, 육체의**

■ **carn**ival [kάːrnəvəl] ⓜ **카니발, 사육제**(謝肉祭) 《가톨릭교국에서 사순절(Lent) 직전 3일 ~ 1주일간에 걸친 축제》, 축제, 제전 ☜ 고기(carn)를 + i + 먹으며(vor=devour) 벌이는 것(-al)

■ **carn**al [kάːrnl] ⓗ **육체의**(=fleshly); 육감적인(=sensual) ☜ 육체(carn) 의(al)

□ **car**cass [kάːrkəs] ⓜ (짐승의) **시체** ☜ 고대 프랑스어로 '죽은 동물의 사체'란 뜻
♠ dressed **carcass** 지**육**(枝肉) 《도축한 소・돼지 따위의 가죽・내장・머리・발・꼬리 등을 제거한 것》

■ **cor**pse [kɔːrps] ⓜ (특히 사람의) **시체**, 송장 ☜ 라틴어 corpus(몸)에서 유래

카드 card, 카툰 cartoon (풍자화), 차트 chart (일람표)

♣ **어원 : card, cart, chart 종이 조각, 판지, 상자**

□ **card** [kɑːrd/카-드] ⓜ **카드; 판지; 명함; (카드놀이의) 패** ☜ 중세 프랑스어로 '종이 한 장'이란 뜻
♠ invitation **card** 초대장, 안내장, admission **card** 입장권, membership **card** 회원권, application **card** 신청 카드, student **card** 학생증, identity **card** 신분증, business **card** (상용) 명함, wedding **card** 결혼 청첩장, post **card** 엽서, christmas **card** 크리스마스 카드

□ **card**board [kάːrdbɔ̀ːrd] ⓜ **판지** ☜ card + board(판)
♠ **cardboard** city (도시의) **판자**촌

✚ dis**card** **버리다**, 해고하다; 포기, 해고 **cart**on (판지로 만든) 상자; 판지, 마분지 **cart**oon 풍자화, **(시사) 만화**, **카툰**; 연재만화; 만화화하다 **chart** **해도**, 수로도; **도표**, 그림, **차트** **chart**er **헌장**

가디건 < 카디건 cardigan (털실로 짠 스웨터)

□ **cardigan** [kάːrdigən] ⓜ **카디건** 《앞을 단추로 채우는 스웨터(cardigan sweater)》 ☜ 크림전쟁 때 영국의 카디건 백작이 의복을 고안해 애용한 데서 유래

아코디언 accordion (손풍금)

♣ **어원 : cord, card, cardio 마음, 심장, 핵심**

■ ac**cord** [əkɔ́ːrd] ⓢ **일치하다, 조화하다** ☜ ~쪽으로(ac<ad) 마음이 일치하다(cord)

■ ac**cord**ion [əkɔ́ːrdiən] ⓜ **아코디언**, 손풍금 ☜ 마음(cord) 쪽으로(ac=to) 다가가는 것(ion)

□ **card**inal [kάːrdənl] ⓗ **주요한, 기본적인**; 주홍색의 ⓜ 주홍색; 추기경

☜ 심장(card)과 같은(ine) 것의(al)
★ 미국 메이저리그 야구단, 세인트루이스 카디널스(St. Louis Cardinals) 선수들이 주홍색(cardinal) 양말을 신었던 데서 유래
♠ **cardinal sin (때로 유머) 심각한 실수, 해서는 안 되는 짓**

☐ **card**iology [kὰːrdiάlədʒi/-ɔ́l-] 명 심장(병)학(學) ☜ 심장(병)(cardio) 학문(logy)
♠ the American College of **Cardiology** 미국 **심장병** 학회

오바마케어 ObamaCare (오바마대통령의 의료보험 개혁 법안)
트럼프케어 TrumpCare (트럼프대통령의 의료보험 개혁 법안)

❶ 버락 오바마 대통령이 주도한 미국의 의료보험 시스템 개혁 법안으로 전 국민의 건강보험 가입을 의무화하는 내용을 골자로 함. 2014년 1월부터 시행됨. ❷ 트럼프케어는 오바마마케어의 핵심인 건강보험 의무가입조항을 삭제하고, 저소득층에 대한 보조금을 폐지하는 대신 연령에 따른 세액공제를 도입하도록 한 것.

♣ **어원 : care, char, cher 사랑, 걱정; 사랑하는, 보살피는**

☐ **care** [kɛər/케어] 명 **걱정; 주의**, 조심 동 걱정하다, **주의하다, 돌보다** ☜ 고대영어로 '슬픔, 걱정'이란 뜻. 슬픔이나 걱정은 사랑의 발로에서 나오는 것이다.
♠ **care about ~ ~을 걱정하다, ~에 관심을 가지다**
♠ **care for ~ ~을 돌보다; (부정·의문) 좋아하다, 원하다**
♠ **care to ~ ~을 원하다, 희망하다**(=hope, desire)
♠ **take care 주의하다**
♠ **take care of ~ ~을 돌보다; ~에 주의하다 [신경을 쓰다]**
♠ **with care 조심하여, 신중히**

☐ **care**free [kέərfriː] 형 **근심[걱정]이 없는** ☜ 근심(care)으로부터 자유로운(free)

☐ **care**ful [kέərfl/**케**어플] 형 **주의 깊은**, 조심스러운 ☜ 사랑하는 마음(care)이 많은(ful)
♠ **be careful about ~ ~에 마음을 쓰다; ~을 걱정하다**
♠ **be careful of ~ ~을 소중히 하다; ~에 주의하다**

☐ **care**fully [kέərfəli] 부 **주의하여** ☜ careful + ly<부접>

☐ **care**fulness [kέərfəlinis] 명 **조심**, 신중함 ☜ careful + ness<명접>

☐ **care**less [kέərlis] 형 **부주의한**, 무관심한 ☜ 사랑하는 마음(care)이 없는(less)

☐ **care**lessly [kέərlisli] 부 **부주의하게** ☜ careless + ly<부접>

☐ **care**lessness [kέərlisnis] 명 **부주의** ☜ 사랑하는 마음(care)이 없는(less) 것(ness)

☐ **care**ss [kərés] 명 **애무** 동 **애무하다** ☜ 라틴어로 '사랑하다'란 뜻
♠ a gentle **caress** 부드러운 **애무**

■ **char**ity [tʃǽrəti] 명 **자애**, 자비, 사랑 ☜ 고대영어로 '빈민에 대한 자선'이란 뜻

■ **c/o, c.o.** [kέərɔv] 『편지』 ~씨 댁내, ~방(方), 전교(轉交: 다른 사람을 거쳐 교부함)
☜ **c**are **o**f의 약어
♠ Mr P. Brown, **c/o** Ms M. Jones M. 존스**씨 댁내** P. 브라운 귀하

카트 cart (2륜 짐마차), 카페리, 캐리어, 카풀, 스포츠카...

♣ **어원 : car, char 탈 것, 달리다, 나르다, 흐르다**

■ **car**t [kaːrt] 명 2륜 **짐마차**, 손수레 ☜ 고대영어로 '2륜 짐마차, 마차, 전차'

■ **car** [kaːr/카-] 명 **자동차**
☜ 라틴어로 '2개의 바퀴가 달린 켈트족의 전차'

☐ **car**eer [kəríər] 명 (직업상의) **경력**, 생애, 직업 ☜ 차도(車道)란 뜻
♠ a change of **career 직업** 변경

☐ **car**ful [kάːrfùl] 명 자동차(차량) 한 대분 ☜ car + ful(가득 찬)

☐ **car**go [kάːrgou] 명 (pl. **~(e)s**) (선박·항공기 등의) **화물**, 뱃짐
☜ 라틴어로 '짐마차'란 뜻
♠ load (discharge) **cargo 짐**을 싣다 (부리다)

☐ **car**rier [kǽriər] 명 **운반인**, 운송업자; **항공모함**(=aircraft ~) ☜ 운반하는(carry) 주체(er)

■ **car**ry [kǽri/**캐**뤼] 동 (-/carri**ed**/carri**ed**) **운반하다**, 나르다; **휴대하다**
☜ 고대 북프랑스어로 '운반하다'란 뜻

카리브해(海) Caribbean Sea (대서양과 멕시코만에 접한 바다)
캐리비안베이 Caribbean Bay (에버랜드 리조트의 물놀이공원)

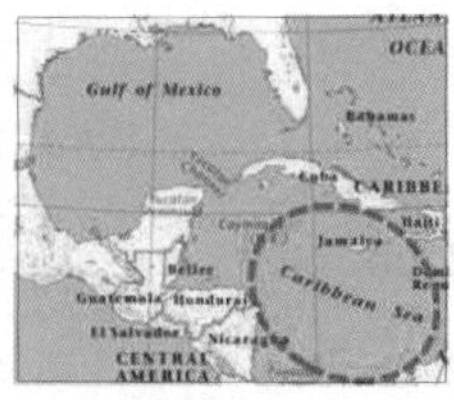

☐ **Carib** [kǽrəb] 명 (pl. **-s, -**) **카리브** 사람 《서인도 제도 남부·남아메리카 북동부의 원주민》 ☜ 서인도제도 아라와크(Arawak)족어로 '용감한 자, 강한 자'란 뜻

☐ **Carib**bean [kæ̀rəbíːən, kəríbiən] 형 **카리브** 해(사람)의 ☜ carib + b + ean(~의/~사람)

♠ the **Caribbean** Sea **카리브** 해
♠ Pirates of the **Caribbean 카리브해**의 해적
☐ **Cari**com, **CARI**COM [kæ̀rəkɑ́m] ⓜ **카리콤**, 카리브 공동체〔공동시장〕《CARIFTA를 모체로 카리브 해역 10개국이 1974년에 발족》
☞ **Cari**bbean **Com**munity and Common Market의 약어
※ **sea** [siː/씨-] ⓜ **바다**, 대양, 대해, 해양 ☞ 고대영어로 '바다, 호수'란 뜻

C

캐리커쳐 caricature (풍자만화)

☐ **car**icature [kǽrikətʃùər, -tʃər] ⓜ **풍자만화**
☞ 라틴어로 '마차(car)에 과적한 것', 과적한 상황을 풍자적으로 그린 데서
♠ **make a caricature of ~ ~을 만화화하다**
☐ **car**icaturist [kǽrikətʃùərist] ⓜ 풍자 만화가 ☞ caricature + ist(사람)

카알라일 Carlyle (영국의 사상가)

영국 사상가·역사가. 대자연은 신의 의복이고 모든 상징·형식·제도는 가공의 존재에 불과하다고 주장. 저서 《프랑스 혁명(The French Revolution)》(1837)을 통해 혁명을 지배계급의 악한 정치에 대한 천벌이라 하여 지지하고 영웅적 지도자의 필요성을 제창했다.

☐ **Carlyle** [kɑːrláil] ⓜ **칼라일** 《Thomas ~, 영국의 사상가·역사가; 1795-1881》

카나비거리 Carnaby Street (영국 런던의 패션 거리)

☐ **Carnaby** [kɑ́ːrnəbi] ⓜ **카나비** 《영국 런던의 패션·쇼핑 거리》
☞ 1683년에 지어진 카나비 하우스에서 유래. 카나비는 스칸디나비아 사람의 이름이라고 함.
※ **street** [striːt/스뜨뤼-트/스트뤼-트] ⓜ **가(街), 거리** 《생략: St.》
☞ 고대영어로 '도로'란 뜻

카네이션 carnation (카네이션 꽃), 카니발 carnival (축제)

♣ 어원 : **carn, car, cor 살, 고기, 시체, 육체의**
☐ **carn**al [kɑ́ːrnl] ⓗ **육체의**(=fleshly); 육감적인(=sensual) ☞ 육체(carn) 의(al)
♠ **carnal** appetite 〔desire〕 성욕
☐ **carn**age [kɑ́ːrnidʒ] ⓜ 살육, 대량 학살; 시체, 주검 ☞ 시체(carn) + age<명접>
♠ a scene of **carnage 대학살**의 현장
☐ **carn**ation [kɑːrnéiʃən] ⓜ 『식물』 **카네이션**; 연분홍 ☞ 라틴어로 '살(색)'이란 뜻
☐ **carn**ival [kɑ́ːrnəvəl] ⓜ **카니발, 사육제**(謝肉祭) 《가톨릭교국에서 사순절(Lent) 직전 3일~1주일간에 걸친 축제》, 축제, 제전 ☞ 고기(carn)를 + i + 먹으며(vor=devour) 벌이는 것(-al)
☐ **carn**ivorous [kɑːrnívərəs] ⓗ **육식(성)의**, 육식류의 ☞ 고기(carn)를 + i + 먹(vor=devour) 는(ous)
■ **car**cass [kɑ́ːrkəs] ⓜ (짐승의) **시체** ☞ 고대 프랑스어로 '죽은 동물의 사체'란 뜻
■ **cor**pse [kɔːrps] ⓜ (특히 사람의) **시체**, 송장 ☞ 라틴어 corpus(몸)에서 유래

카네기 홀 Carnegie Hall (뉴욕시에 있는 연주회장)

☐ **Carnegie** [kɑ́ːrnəgi, kɑːrnéigi] ⓜ **카네기** 《Andrew ~, 미국의 강철왕; 1835-1919》
※ **hall** [hɔːl] ⓜ **홀**, 집회장; (종종 H-) 공회당
☞ 고대영어로 '집회장, 집, 궁전, 사원, 재판소'란 뜻

크리스마스 캐롤 Christmas carol (예수님 탄생을 찬미하는 노래)

♣ 어원 : **car, chor, choit 노래, 노래하다**
※ **Christmas** [krísməs/크뤼스머스] ⓜ **크리스마스, 성탄절**(~ Day) 《12월 25일; 생략; X mas》
☞ 그리스도(Christ)의 미사(mass)
☐ **carol** [kǽrəl] ⓜ 기쁨의 노래(=joyous song), **축가** ⓢ 기뻐 노래하다
☞ 중세 라틴어로 '플룻에 맞춰 추는 춤'이란 뜻
♠ **A Christmas Carol** is a touching story.
크리스마스 캐롤은 감동적인 이야기이다.
■ **chor**al [kɔ́ːrəl] ⓗ 합창대의; 합창(곡〔용〕)의. 일제히 소리내는 《낭독 따위》
☞ 라틴어로 '노래(chor) 하는(al)'이란 뜻
■ **chor**us [kɔ́ːrəs] ⓜ 『음악』 **합창; 합창곡**; (노래의) 합창 부분, 후렴(=refrain); [집합적] 합창대
☞ 라틴어로 '춤추고 노래하는 사람들'이란 뜻
■ **choir** [kwáiər] ⓜ [집합적] 합창단, (교회) **성가대** ☞ 라틴어로 '합창단'이란 뜻

카프 carp ([고기] 잉어)

외식용어로 카프(carp)는 흐르는 물이나 연못에 서식하는 잉어를 일컫는다. 그 종류에는 Mirror, Scale, Leather 3종이 있다. 육질은 부드럽고 소화가 잘되며 겨울에 질이 가장 좋다.

Bighead carp Grass carp

Black carp Silver carp

☐ **carp** [kɑːrp] 명 (pl. **-s**, [집합적] **-**) **잉어**(과의 물고기)
☜ 고대 프랑스어로 '잉어'란 뜻
♠ the silver **carp** 붕어

카르페 디엠 carpe diem ([L.] 현재의 삶을 즐겨라)

☐ **Carpe diem** [kάːrpi díːem] 《L.》 **카르페 디엠**, 현재의 삶을 즐겨라.
♠ **Carpe diem. Seize the day, Make your lives extraordinary.**
카르페 디엠. 오늘을 즐기게. 삶을 특별하게 만들어봐.
- 영화 『죽은 시인의 사회』에서 '키딩' 선생의 대사 -

카펜터즈 the Carpenters (미국의 남매 팝가수. 직역하면 <목수들>)

1970년대 미국에서 활동한 팝 음악 듀오이다. 성(姓)이 카펜터(Carpenter)인 남매가 멤버였으며 1969년 데뷔하였다. 1973년 발표한 〈Top of the world〉 가 빌보드차트 1위에 오르면서 많은 인기를 얻었다. 1983년 2월 4일 동생 카렌 카펜터가 거식증으로 사망하면서 해체되었다.

☐ **car**penter [kάːrpəntər] 명 **목수**, 목공 ☜ 라틴어로 '마차 제작자'란 뜻
♠ let some work to **a carpenter 목수**에게 일을 하청 주다
♠ a **carpenter**'s shop ***목수의 작업장*** ➔ 목공소
☐ **car**pentry [kάːrpəntri] 명 목수일, 목공일 ☜ carpenter + ry(직업, 일)

카페트 carpet (양탄자, 융단)

☐ **carpet** [kάːrpit] 명 융단, **양탄자** ☜ 고대 이탈리아어로 '두꺼운 모직물'이란 뜻

캐리어 carrier (화물운반기구), 스포츠카, 카트, 카페리, 카풀...

♣ **어원 : car, char 탈 것, 달리다, 나르다, 흐르다**
※ **car** [kɑːr/카-] 명 **자동차** ☜ 라틴어로 '2개의 바퀴가 달린 켈트족의 전차'
☐ **car**riage [kǽridʒ] 명 (일반적인) **차, 탈것** ☜ carry + age<명접>
☐ **car**rier [kǽriər] 명 **운반인**, 운송업자, 보균자; **항공모함**(=aircraft ~)
☜ carry + er(사람/장비) ★ **가지고 다니는 핸드 캐리(어)는** hand carry가 아닌 carry(ing)-on이다.
☐ **car**rier pigeon 전서구(傳書鳩) ☜ (편지를) 전하는(carrier) 비둘기(pigeon)
☐ **car**ry [kǽri/**캐**뤼] 동 (-/carri**ed**/carri**ed**) **운반하다**, 나르다; **휴대하다** ☜ 고대 북프랑스어로 '운반하다'란 뜻
♠ **carry away 가져가다; 황홀하게 하다, 도취시키다**
♠ **carry back 되가져가다; 회상시키다, 상기시키다**
♠ **carry off ~ 획득하다, 빼앗다**
♠ **carry on 영위하다, 계속하다**(=continue)
♠ **carry out 실행하다, 성취하다; 의무를 다하다**
♠ **carry through 끝까지 견디다; 이루다, 관철하다**
♠ **carry ~ too far** (to excess) **~ ~을 도를 지나치게 하다**
☐ **car**rying [kǽriiŋ] 명형 운송(의) ☜ carry + ing<명접/형접>
☐ **car**t [kɑːrt] 명 2륜 **짐마차**(달구지), 손수레 ☜ 고대영어로 '2륜 짐마차'란 뜻
☐ **car**twheel [kάːtwìːl] 명 **수레바퀴** ☜ cart + wheel(바퀴; 자동차의 핸들)

카로틴 carotene (황적색 색소로 비타민A 형성 前의 물질)

당근, 수박, 토마토 등에 많이 함유되어 있는 황적색 내지 빨강·보라색 색소의 일종으로 비타민A의 전구체

■ **carot**ene, **carot**in [kǽrətìːn] 명 【화학】 **카로틴** 《일종의 탄수화물》
☜ 라틴어로 'carot(=carrot/당근) + ene/in<화학 접미사>'
☐ **carrot** [kǽrət] 명 【식물】 **당근** ☜ 그리스어로 '당근'이란 뜻.
♠ **carrot and stick 당근과 채찍**, 상(賞)과 벌, 회유와 위협 (정책)

카르타고 Carthage (코끼리떼를 몰고 알프스산을 넘어 로마로 진격한 한니발 장군의 모국인 아프리카 북안의 고대 도시국가, 지중해 통상의 요충지였음.)

□ **Carthage** [káːrθidʒ/**카**-띠쥐] ⓜ **카르타고**《아프리카 북부의 고대 도시국가; B.C. 146년에 로마군에 의해 멸망》 ☜ 페니키아어로 '새로운 도시'란 뜻 ★ 로마인은 카르타고의 주민을 포에니라 불렀는데 이는 페니키아人이란 뜻이며, 이곳은 오늘날 튀니지이다.

C

□ **Carthagi**nian [kάːrθədʒiniən] ⓗⓜ **카르타고**의 (사람) ☜ -nian(~의/~사람)

카드 card, 카툰 cartoon (풍자화), 차트 chart (일람표)

♣ **어원 : card, cart, chart 종이 조각, 판지, 상자**

■ **card** [kaːrd/카-드] ⓜ **카드; 판지; 명함; (카드놀이의) 패**
☜ 중세 프랑스어로 '종이 한 장'이란 뜻

■ **card**board [kάːrdbɔ̀ːrd] ⓜ **판지** ☜ card + board(판)

□ **cart**ography [kaːrtάgrəfi/-tɔ́g-] ⓜ 지도 제작(법), 제도(법)
☜ 지도(cart=chart)를 기록하는(graph) 법(y)

□ **cart**ographic(al) [kὰːrtəgrǽfik(əl)] a. 지도 제작(법)의 ☜ cartography + ic(al)<형접>

□ **cart**on [kάːrtən] ⓜ (판지로 만든) 상자; 판지, 마분지 ☜ 판지(cart)로 만든 것(on)
♠ **a carton of** cigarettes 담배 **한 상자**《10갑들이》

□ **cart**oon [kaːrtúːn] ⓜ 풍자화, **(시사) 만화**, **카툰**; 연재 만화 ⓓ 만화화하다
☜ 종이(cart) 위에 그린 것(oon)
♠ **draw a cartoon** 〔comic book〕 **만화를 그리다**

□ **cartoon**ist [kaːrtúːnist] ⓜ 만화가; 밑그림쟁이 ☜ cartoon + ist(사람)

■ **chart** [tʃaːrt] ⓜ **해도**, 수로도; **도표**, 그림, **차트** ☜ 라틴어로 '종이, 지도'란 뜻

■ **chart**er [tʃάːrtər] ⓜ **헌장**, (목적·강령 등의) 선언서; (the C-) 유엔 헌장
☜ 라틴어로 '편지, 문서'란 뜻. 작은(er<el) 종이(chart)

잉크 카트리지 ink cartridge (헤드가 달린 교환식 잉크통)

잉크젯 프린터에서 사용되는 잉크통과 헤드가 일체화된 것으로 잉크 교환과 헤드 유지가 동시에 가능하다.

※ **ink** [iŋk/잉크] ⓜ **잉크** ☜ 라틴어로 '안에서(in) 타다(k<kaiein=burn)'란 뜻

□ **cart**ridge [kάːrtridʒ] ⓜ **카트리지**《잉크젯 프린터의 **잉크통**, 만년필의 잉크, 총기의 **탄약통** 등의 교환·조작을 쉽도록 일체화된 것》
☜ 이탈리아어로 '종이 두루마리'란 뜻
♠ I changed the ink **cartridge** in my printer.
나는 프린터 잉크 **카트리지**를 바꿔 끼웠다.
♠ **cartridge** bag 〔box, case〕 **탄약** 주머니〔상자, 탄피〕

□ **cartwheel**(짐마차의 바퀴) ➔ **carry**(운반하다) **참조**

카빙 carving (조각술)

조각가가 연마재를 이용하여 돌, 나무 등을 조각하거나, 요리사가 고기의 특정부위를 잘라내어 먹기좋게 제공하는 것, 또는 과일을 멋있게 커팅하는 모든 행위를 카빙(carving)이라고 한다.

□ **carve** [kaːrv] ⓓ **새기다**, **베다**, 파다, ~에 조각하다(=inscribe)
☜ 고대영어로 '자르다(=cut)'란 뜻
♠ They **carved** their initials on the desk.
그들은 책상 위에 자신들의 이름 첫 글자들을 **새겼다**.

□ **carve**r [kάːrvər] ⓜ **조각가**; 고기를 써는 사람〔나이프〕
☜ carve + er(사람/장비)

□ **carv**ing [kάːrviŋ] ⓜ **조각(술)** ☜ carve + ing<명접>

카사블랑카 Casablanca (아프리카 서북부 모로코의 항구)

□ **Casablanca** [kæ̀səblǽŋkə, kὰːsəblάːŋkə] ⓜ **카사블랑카**《모로코 서북부의 항구》
☜ '흰(blan<blank) 집(casa=cabin)이 많은 곳(ca)'이란 뜻

카사노바 Casanova (엽색꾼, 호색꾼)

□ **Casanova** [kæ̀zənóuvə, -sə-] ⓜ 엽색(獵色)꾼, 색마(=lady-killer).
☜ 새로운(nova) 집(casa). 18c. 스페인계 이탈리아의 문학가이자 모험가이며 엽색가

인 Giacomo Girolamo Casanova의 이름에서 유래.
일찍이 성직자가 되었으나 추문에 의하여 투옥되었고 유럽 각 나라의 궁정에 출입, 기괴한 생애를 보냈다. 파리에서는 마리 앙투아네트의 총애를 받기도 하였다. 매춘과 강간을 즐기고 사기 행각까지 저지른 범죄자였다고 한다.

C

케이스 case (사례), 케스케이드 cascade (작은 인공 폭포)

케스케이드란 계단상으로 흘러내리는 인공폭포 또는 마술사가 카드를 한 장씩 떨어뜨리는 기술

♣ 어원 : cas, cade, cid 떨어지다(=fall)

□ **case** [keis/케이스] 명 **경우**(=occasion), **사례** ☜ 떨어진(cas) 일(e)
♠ a common **case** 흔한 **예**, a **case** in point 적절한 **사례**
♠ **as the case may be 경우에 따라서**
♠ **in any case 여하튼 간에, 어떻든**
♠ **in case (of, that) ~ ~의 경우에는; ~의 경우에 대비하여**
♠ **in ninety-nine cases out of a hundred 백 중에서 구십 구까지**
비교 **in nine cases out of ten 십중팔구까지**
♠ **in the case of ~ ~에 관해서는, ~의 경우는**
♠ **in no case 결코 ~은 아니다**

□ **cascade** [kæskéid] 명 (계단상으로) 흘러내리는 **작은 폭포**; (정원의) 인공폭포
☜ 이탈리아어로 '폭포'라는 뜻. 떨어지고(cas) 또 떨어지다(cade)
비교 cataract 큰 폭포

□ de**cid**uous [disídʒuːəs] 형 낙엽성의; (이·뿔 등이) 빠지는, 탈락하는; 일시적인, 비영구적인
☜ 분리되어(de=off) 떨어지(cid) 는(uous)
♠ **a deciduous tree 낙엽수**

■ oc**cas**ion [əkéiʒən/어**케**이전] 명 **(특별한) 경우[일]**, 행사; **기회, 호기; 이유**, 근거
☜ ~로(oc=to) 떨어지는(cas) 것(ion)

케이스 case (상자; 사례), 캐쉬 cash (현금), 카세트 cassette

♣ 어원 : cas, case, cash 상자, 통

□ **case** [keis/케이스] 명 **상자, 용기**(容器) ☜ 라틴어로 '담는(cas<cap) 것(e)'
♠ a (dressing) **case** 화장품 **케이스** a pillow **case** 베갯**잇**
a case of wine 포도주 **한 상자**

□ **case**ment [kéismənt] 명 (경첩이 달린) **여닫이 창**(=casement window) ☜ case + ment<명접>

□ **case**work [kéiswərk] 명 **케이스워크, 사회복지사업** ☜ case + work(일, 노동; 직장)

□ **cash** [kæʃ] 명 **현금, 캐쉬** ☜ '현금을 보관하던 상자'에서 유래
♠ **cash card 캐쉬 카드**, 현금 자동인출카드(=ATM card)
cash discount **현금** 할인 **cash** dispenser **현금** 자동 지급기

□ **cash**book [kǽʃbùk] 명 현금 출납장 ☜ cash + book(책, 장부)

□ **cash**ier [kæʃíər, kə-] 명 **출납원**; 회계원 ☜ cash + i + er(사람)

□ **cash** payment 현금 지불 ☜ payment(지불, 지급, 납부)

□ **cash** register 금전등록기 ☜ register(기록, 등록기)

□ **cas**k [kæsk, kɑːsk] 명 **통**(=barrel); 한 통(의 양) 동 통에 넣다
☜ 중세 프랑스어로 '통; 투구'란 뜻.

□ **cas**ket [kǽskit, kɑ́ːs-] 명 (귀중품을 넣는) **작은 상자**, 손궤 ☜ 작은(et) 통(cask)

□ **cas**sette [kæsét, kə-] 명 (보석 따위를 넣는) **작은 상자**; (녹음·녹화용의) **카세트**
☜ cas(통) + s + ette(작은)

□ **cassette** player (녹음·비디오 테이프용) **카세트 플레이어** ☜ play(작동하다) + er(기계)

□ **cassette** tape recorder **카세트 테이프 리코더** ☜ tape(끈), record(기록하다) + er(기계)

카지노 casino (오락이 있는 도박장)

□ **casino** [kəsíːnou] 명 (pl. **-s,** casin**i**) 《It.》 **카지노** 《연예·댄스 따위를 하는 도박장을 겸한 오락장》 ☜ 이탈리아어로 '작은 집'이란 뜻

카스피해(海) the Caspian Sea (중앙아시아의 내해)

□ **Caspian Sea** [kǽspiən ~] 명 (the ~) **카스피**해(海) 《중앙아시아에 있는 세계에서 가장 큰 내해》
☜ 라틴어로 '하얀(caspi=white) 사람들(an)의 바다(sea)'란 뜻

※ **sea** [siː/씨-] 명 **바다**, 대양, 대해, 해양 ☜ 고대영어로 '바다, 호수'란 뜻

C

카산드라 Cassandra ([그神] 트로이의 여자 예언자)

☐ **Cassandra** [kəsǽndrə] ⓜ 〖그.신화〗 **카산드라** 《Troy의 여자 예언자》; 흉사(凶事)의 예언자

카시오페이아 Cassiopeia (카시오페이아 자리)

☐ **Cassiopeia** [kæ̀siəpíːə] ⓜ 〖그.신화〗 **카시오페이아**; 〖천문〗 **카시오페이아** 자리
☜ 고대 에티오피아의 케페우스(Cepheus)왕의 왕비. 허영심이 많았음.
♠ the **Cassiopeia**'s Chair 〖천문〗 **카시오페이아**의 의자 《카시오페이아 자리 중의 5개의 별》

케스팅 보트 casting vote (찬반 동수일 때 의장이 던지는 결정투표)

☐ **cast** [kæst/캐스트/kɑːst/카-스트] ⓢ (-/cast/cast) **던지다, 내던지다**; (쇠를) 주조하다 ⓜ 던지기; 주형, 주조물; 배역 ☜ 고대 노르드어로 '던지다'란 뜻
♠ **cast a ballot** (vote) **투표하다**
♠ **cast a glance 힐끗 보다**

☐ **cast**ing [kǽstiŋ] ⓜ 주조(鑄造); 던지기; 포기(抛棄); 배역, **캐스팅** ☜ -ing<명접>

※ **vot**e [vout/보우트] ⓜ **투표**, 표결, 투표수; **투표[선거]권** ⓢ **투표하다; 투표하여 가결[의결]하다** ☜ 라틴어로 '(신에게) 맹세하다'란 뜻

✚ broad**cast** **방송[방영]하다** fore**cast** **예상**, 예측; **예보; 예상[예측 · 예보]하다**

케스터네츠 castanet (조개모양의 타악기)

스페인과 이탈리아에서 댄스리듬을 잡는 데 주로 쓰이는 조개모양의 타악기. 상아 또는 단단한 나무로 만들며 두 손에 한 개씩 손가락에 끼고서 부딪쳐 소리를 낸다. 밤나무를 재료로 사용할 당시 밤나무를 가리키는 스페인어 castaño(카스타노)에서 유래했다.

☐ **castanet** [kæ̀stənét] ⓜ (보통 pl. **-s**) **캐스터네츠** 《타악기》 ☜ 라틴어로 '밤(나무)'

chestnut [tʃésnʌ̀t, -nət] ⓜ **밤**; 밤나무(=~ tree); 밤색, 고동색 ⓗ 밤색의
☜ 밤나무의 라틴어 Castanea에서 유래. '껍질이 큰(chest) 견과류(nut)'

카스트 caste (인도의 세습 계급제도)

☐ **caste** [kæst, kɑːst] ⓜ **카스트** 《인도의 세습적인 계급》, 4성(姓) 제도, 4성의 하나; [일반적] 특권 계급(의 신분); 배타적 계급 (제도) ☜ 포르투갈어로 '혈액의 순수성 보존'이란 뜻
♠ **caste** mark (인도인의 이마에 찍는) **카스트**의 표시

※ **Brahman** [brάːmən] ⓜ (pl. **-s**) **브라만**, 바라문(婆羅門) 《인도 사성(四姓)의 제1계급인 승려계급》 ☜ 산스크리트어로 '기도하는 자'란 뜻

※ **Kshatriya** [kʃǽtriə] ⓜ **크샤트리아** 《인도 4성(姓) 중의 제2계급; 귀족과 무사》
☜ 산스크리트어로 '귀족을 보호하는 자'

※ **Vaisya** [váisjə, -ʃjə] ⓜ **바이샤** 《인도 4성(姓)의 제3계급, 평민》
☜ 산스크리트어로 '상인, 지주'란 뜻

※ **Sudra** [súːdrə] ⓜ **수드라** 《인도 4성(姓)의 제4계급; 노예》
☜ 산스크리트어로 '실, 꿰매다'란 뜻

※ Un**touch**able [əntətʃəbəl] ⓜ 불가촉 천민(不可觸賤民) 《인도 카스트제도에 속하지 않는 최하층 천민. 달리트(Dalit), 하리잔(Harijan)이라고도 한다》 ☜ 접촉할(touch) 수 없(un=not) 는(able)

롯데 캐슬 Lotte Castle (롯데건설의 아파트 브랜드)

롯데캐슬(Lotte Castle)은 롯데건설의 아파트 브랜드이다. 캐슬(성채)이라는 이름답게 웅장함을 강조하며, 통상 아파트단지 입구에 세워지는 캐슬게이트는 롯데캐슬 아파트만의 상징이다. 아파트 이름 뒤에 카이저, 레전드, 골드, 퍼스트, 갤럭시, 팬텀 등의 영어 단어를 많이 붙인다.

< Castle Gate >

※ **Lotte** [láti/**라**티] ⓜ 한국의 롯데그룹 ☜ 독일의 문호 괴테가 쓴 <젊은 베르테르의 슬픔>의 여주인공 '샤롯데'에서 애칭인 '롯데'를 따와 지은 것

☐ **castle** [kǽsl/캐슬/kάːsl/**카**-슬] ⓜ **성**, 성곽 ☜ 공격(stle)을 차단하는<자르는(ca<carve) 곳
♠ **An Englishman's house is his castle.**
《속담》 영국 사람의 집은 성(城)이다. 사생활 침해 사절

■ New**castle** [njúːkæ̀səl, -kɑ̀ːsəl] ⓜ **뉴캐슬** 《석탄 수출로 유명한 영국 북부의 항구도시》
☜ 새로운(new) 성(城)(castle)

피델 카스트로 Fidel Castro (49년간 통치한 쿠바의 최고지도자)

☐ **Castro** [kǽstrou] ⓜ **카스트로** 《Fidel ~, 쿠바의 혁명가ㆍ수상, 1927-2016》

캐주얼 웨어 casual wear (평상복)

☐ **casual** [kǽʒuəl] ⓗ **우연한**, **무심결의**; 격식을 차리지 않는, 평상시에 입는
☜ 라틴어로 '기회/사건(cas<case) + u + 의(al)'란 뜻 ⓑ expected 기대된
♠ **casual wear 평상복**, 경쾌한 복장

☐ **casual**ly [kǽʒuəli] ⓟ **우연히**; 문득; 무심코 ☜ casual + ly<부접>

☐ **casual**ty [kǽʒuəlti] ⓜ (불의의) **사고**, 재난, 상해(傷害), 사상자, 희생자, 부상자
☜ casual + ty<명접>

캣 우먼 cat woman (미국ㆍ호주 합작 영화. <고양이 여인>)

2004년 개봉한 미국-호주 합작의 액션ㆍ판타지ㆍ범죄 영화. 할리 베리, 벤자민 브렛 주연. 화장품 회사에서 그래픽 디자이너로 일하는 소심한 한 여성이 노화방지 화장품에 감춰진 회사의 무서운 비밀을 알게 되고, 비밀이 누설될 것을 우려한 회사는 그녀를 살해한다. 그러나 그녀는 고양이들의 신비로운 힘에 의해 부활해 힘과 민첩함, 초자연적 감각으로 세상을 지배하게 된다.

CATWOMAN

© Warner Bros.

☐ **cat** [kæt/캗] ⓜ **고양이** ☜ 고대영어로 '집고양이'
비교 kitty, kitten 새끼고양이
♠ **A cat has nine lives. 《속담》 고양이는 목숨이 아홉 있다 [쉽게 죽지 않는다]**

☐ **cat**-and-dog [kǽtəndɔ́:g/-dɔ́g] ⓗ 사이가 나쁜, 견원지간(犬猿之間)의
☜ 고양이(cat) 와(and) 개(dog) 사이의

☐ **cat**-eyed [kǽtàid] ⓗ 밤눈이 밝은 ☜ 고양이(cat) 눈(eye) 의(ed<형접>)

☐ **cat**fish [kǽtfìʃ] ⓜ (pl. **-(es)**) 메기 ☜ 고양이(cat) (수염이 있는) 물고기(fish)

☐ **cat**ty [kǽti] ⓗ 고양이 같은, 교활한(=cattish) ☜ cat + t<자음반복> + y(~같은)

☐ **cat**erpillar [kǽtərpilər] ⓜ 『곤충』 **모충**, 쐐기벌레; (탱크 바퀴 같은) 무한궤도(차), **캐터필러**
☜ '털 많은 고양이'란 뜻

※ wo**man** [wúmən/우먼] ⓜ (pl. **-men**) **여자, (성인) 여성**
☜ 고대영어로 성인여자를 뜻하는 wife와 man의 합성어

✚ she-**cat** 암고양이; 앙큼한 여자 fat **cat** **팻캣** 《부자 또는 정당에 거액을 기부하는 재력가》 tom**cat** 수고양이; 《미.속어》 호색꾼; (T-) 《미》 **톰캣**, F-14 함재전투기 애칭 《現 퇴역》

카톨릭 < 가톨릭 Catholic (천주교도)

♣ **어원 : cath, cata 밑의, 밑으로, 아래에**

■ **Cath**olic [kǽθəlik] ⓗ (로마) **가톨릭교회의, 천주교의**, 구교의; (c~) 보편적인 ⓜ (로마) **가톨릭교도**, 구교도, **천주교도**(Roman Catholic)
☜ (세례 때 머리위에서) 밑으로(cata) 성수(ole)를 붓는(lic)

☐ **cata**comb [kǽtəkòum] ⓜ (보통 pl.) 지하 묘지; (the -s, the C-s) (로마의) **카타콤** 《로마시대 기독교도 피난처였던 지하묘지》 ☜ cata(~밑의<지하의) + comb(벌집=honeycomb)

☐ **cata**log(ue) [kǽtəlɔ̀:g, -lɑ̀g/-lɔ̀g] ⓜ **목록, 카탈로그** 《상품의 안내서》
☜ (상품의) 아래에(cata) 설명하는 말(log)

☐ **cata**lyst [kǽtəlist] ⓜ 촉매(=catalyzer); 기폭제; 《비유》 촉매 작용을 하는 사람(것, 사건)
☜ 아래로(cata) 느슨하게(ly<leu=loosen) 하는 매개체(sis)

☐ **cata**ract [kǽtərӕkt] ⓜ **큰 폭포** ☜ 밑으로(cata) 행하는<떨어지는(act)
비교 cascade 작은 (인공) 폭포

☐ **cata**rrh [kətɑ́:r] ⓜ 『의학』 **카타르**(점막의 염증); 콧물; 《영》 감기
☜ 그리스어로 '밑으로(cata) 흐르다(rrh=flow)'란 뜻
비교 Qatar [kɑ́:tɑ:r, kətɑ́:r] 아라비아반도 연안의 카타르 왕국

☐ **cata**strophe [kətǽstrəfi] ⓜ (희곡의) 대단원(大團圓); **대이변**, 대참사
☜ 밑으로(cata) 떨어진 별(astr<aster)에 대해 말하다(phe)

☐ **cath**ode [kǽθoud] ⓜ 『전기』 (전해조ㆍ전자관의) 음극
☜ 그리스어로 '밑으로(cath<cata) 난 길(ode=way)'이란 뜻

☐ **cath**ode ray [kǽθoudrèi] ⓜ 음극선 ☜ ray(빛, 광선)

☐ **cath**ode-ray tube 음극선관, 브라운관 ☜ tube(금속ㆍ유리ㆍ고무 따위의 관(管), 통)

캐터펄트 catapult (항공모함에서의 항공기 사출기)

활주거리가 짧은 항공모함에서 항공기가 이륙시에는 화약·증기·압축공기 등의 동력을 이용하여 <캐터펄트>라는 사출기를 항공기 앞쪽 바퀴(Nose Landing Gear)에 걸어 항공기를 앞쪽으로 던져 버리는 방식으로 이륙시킨다. 원래는 그리스·로마시대의 투석기를 가리키는 말이었다.

☐ **cata**pult [kǽtəpʌ̀lt] 명 **쇠뇌**, 투석기; 『항공』 **캐터펄트** 《항공모함의 비행기 사출장치》 ☜ 그리스어로 '무기(cata=armor)를 던지는(pul<pel) 것(t)'이란 뜻.

캐처 catcher ([야구] 포수), 캐치프레이즈 catchphrase (이목을 끄는 표어)

☐ **catch** [kætʃ/캐취] 동 (-/**caught**/**caught**) **붙들다, (붙)잡다, 쥐다** 명 **포획**
☜ 중세 프랑스어로 '사냥하다'란 뜻 반 miss 놓치다
♠ **catch a cold 감기에 걸리다**
♠ **catch at ~ ~을 잡으려고 하다; 덤벼들다**
♠ **catch on (with) ~ ~에게 인기를 얻다, 유행하다**
♠ **catch one's attention ~의 관심을 끌다**
♠ **catch up with ~ ~을 따라붙다**
♠ **be caught up in ~ ~에 휘말리다**(휩쓸리다)

☐ **catch**er [kǽtʃər] 명 **잡는 사람**(물건); 『야구』 **포수**, **캐처** 《타석에서 투수의 공을 받는 사람》
☜ catch + er(사람)

☐ **catch**phrase, **catch** phrase **캐치프레이스**, 주의를 끄는 글귀, (짤막한) 유행어, 표어
☜ (사람의 마음을) 잡는(catch) 문구(phrase)

카테고리 category (범주, 분류)

☐ **category** [kǽtəgɔ̀:ri/-gəri] 명 『논리』 **범주, 카테고리**; 종류, 부류, 부문
☜ 그리스어로 '밑으로(cate<cata) 모으는(gor=gather) 것(y)'이란 뜻
♠ **category romance 카테고리 로맨스** 《일정한 틀에 따라 쓰여진 로맨스 소설》

케이터링 catering (행사장·여객기 등의 음식 공급업무)

☐ **cater** [kéitər] 동 **음식물을 조달**(장만)**하다**
☜ 중세영어로 '식량구매자'란 뜻.
♠ Who will be **catering** the wedding ?
결혼식에 **음식**은 누가 **준비**하죠 ?

☐ **cater**er [kéitərər] 명 (fem. **-ess**) 요리 조달자, 음식을 마련하는 사람; 연회 주선 담당자
☜ -er(사람)

☐ **cater**ing [kéitəriŋ] 명 **케이터링** 《행사장·여객기 따위의 음식 제공 업무》 ☜ -ing<명접>

☐ **caterpillar**(무한궤도차) ➔ **cat**(고양이) **참조**

카타르시스 catharsis (예술에 의한 정화작용)

☐ **cathar**sis [kəθɑ́:rsis] 명 (pl. **-ses**) 『의학』 배변(排便); 『문학』 정화(淨化), 상상적 경험, **카타르시스** 《비극 따위에 의한 정신의 정화》; 『의학』 정화법
☜ 그리스어로 '깨끗이 하는(cathar<catharos) 것(sis)'이란 뜻

캐세이 퍼시픽 Cathay Pacific Airways Ltd. (홍콩 영국계항공사)

1946년 창설된 홍콩을 거점으로 하는 영국계 항공사. 캐세이(Cathay)는 마르코 폴로가 처음 사용했으며, 거란에서 유래를 찾을 수 있는 중국의 명칭이다. 특히 영국에서 중국의 명칭으로 예전부터 사용되어 왔다. 중국어 명칭은 국태항공공사(國泰航空公司)이다.

☐ **Cathay** [kæθéi, kə-] 명 《고어·시어》 중국
☜ 936-1122년간 베이징을 통치한 몽골 타타르 왕조의 이름

※ **pacific** [pəsífik] 형 **평화로운**(=peaceful); (P-) **태평양의** 명 (the P-) **태평양** (Pacific Ocean) ☜ 라틴어로 '평화(pac<pax)를 + i + 만들다(fic)'란 뜻.
마젤란이 태평양을 보고 '이 바다가 조용하다'고 말한 데서 유래.

※ **airway** [ɛ́ərwèi] 명 **항공로** ☜ air(공기, 공중) + way(길)

카톨릭 < 가톨릭 Catholic (천주교도)
카타콤 catacomb (로마시대 기독교도 피난처였던 지하묘지)

♣ 어원 : cath, cata 밑의, 밑으로, 아래에

□ **Cath**olic [kǽθəlik] ⓗ (로마) **가톨릭교회의, 천주교의**, 구교의; (c~) 보편적인 ⓜ (로마) **가톨릭교도**, 구교도, **천주교도**(Roman Catholic)
☜ (세례 때 머리위에서) 밑으로(cata) 성수(ole)를 붓는(lic)
♠ the **Catholic** Church (로마) **가톨릭**교회, 천주교회

□ **Cath**olicism [kəθɑ́ləsìzəm] ⓜ **가톨릭교**(의 교의(敎義)·신앙·제도), 천주교
☜ Catholic + ism(교리, 신앙)

□ **cath**edral [kəθíːdrəl] ⓜ 주교좌 성당, **대성당**
☜ 그리스어로 '밑에(cat(=down) 앉는(hedr<sed) 것(al)'이란 뜻.

< Catacomb >

■ **cata**comb [kǽtəkòum] ⓜ (보통 pl.) 지하 묘지; (the -s, the C-s) (로마의) **카타콤** 《로마시대 기독교도 피난처였던 지하묘지》 ☜ cata(~밑의<지하의) + comb(벌집=honeycomb)

□ **cathode**(음극) ➔ **catastrophe**(대이변) **참조**

카토 Cato (대(對)카르타고 강경파이자 스키피오를 견제한 로마의 장군·정치가)

□ **Cato** [kéitou] ⓜ **카토** 《Marcus ~ , 옛 로마의 장군·정치가; 234-149 B.C.》

캐틀 독 cattle dog (호주의 소몰이 개. 목축견)

□ **cattle** [kǽtl/**캐**를/**캐**틀] ⓜ [집합적] **소, 축우**; **가축**(=livestock)
☜ 중세영어로 '재산', 라틴어로 '머리의<주된(cat<cap) + t<자음반복> + 것(le<명접>)
♠ He has 50 **cattle** on his farm.
그는 농장에는 50 마리의 **소**가 있다.

□ **cattle** breeding **목**축(업) ☜ breed(새끼를 낳다, 기르다) + ing<명접>

□ **cattle** drover **목**동, 소몰이꾼 ☜ 몰고 간(drove: drive의 과거) 사람(er)

□ **cattle**-lifter [kǽtllìftər] ⓜ 소도둑 ☜ 소(cattle)를 들어올리는<들어내는(lift) 자(er)

□ **cattle** pen 외양간 ☜ pen(우리, 축사)

□ **cattle** run **목**장 ☜ run(달리다, 뛰다; 달리기, 경영, 사육장)

※ **dog** [dɔ(ː)g/도(-)그, dɑg] ⓜ **개** ☜ 고대영어로 '개'라는 뜻

씨에이티비 CATV (공동 시청 안테나 텔레비전)

TV 방송의 난시청 대책으로서 동축 케이블이나 광섬유 케이블 등 광대역을 전송할 수 있는 전송매체를 이용하여 영상, 음성 등의 정보를 가입자에게 전송하는 시스템을 지칭한다. 최근에는 케이블을 이용한 TV방송이라는 의미로 Cable TV의 약어로 사용되고 있다.

□ **CATV** **C**ommunity **A**ntenna **T**ele**v**ision 유선〔공동 안테나〕 텔레비전 또는 Cable TV

✚ **communi**ty **공동 사회**, 공동체; **일반 사회** **antenna 안테나**; 촉각, 더듬이 **tele**vision **텔레비전**

코카서스 Caucasus (카스피해와 흑해 사이에 있는 산맥)

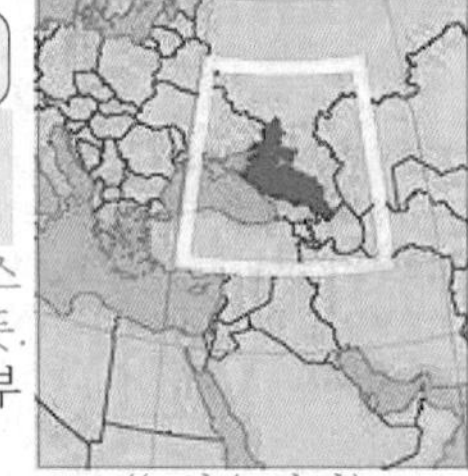

러시아 남부의 카스피해와 흑해 사이에 있는 산맥을 부르는 이름. 러시아러로는 카프카즈·캅카스, 영어로는 코카서스·코카시아라고 하는데 약 1,200㎞ 정도 뻗어 있다.

□ **Caucasus** [kɔ́ːkəsəs] ⓜ (the ~) **코카서스 산맥**(지방) ☜ 고대 흑해/카스피해 북방에 살던 스키타이족의 언어로 '눈처럼 흰 산'이란 뜻.

□ **Caucasia** [kɔːkéiʒə] ⓜ **코카서스** 《흑해와 카스피해 사이의 러시아 남부 산악지방》 ☜ Caucasus + ia(~땅, 지방, 나라)

□ **Caucasia**n [kɔːkéiʒən] ⓗⓜ **코카서스(인)**의, 백인(의); **카프카스** 사람 ☜ -an((~의/~사람)

플로리다 Florida (미국 남동부의 주, 반도), 플라워 flower (꽃)

♣ 어원 : flor, flour, flowr 꽃

■ **Flor**ida [flɔ́(ː)ridə, flɑ́r-] ⓜ **플로리다** 《미국 동남쪽 끝 대서양 해안에 있는 주(州); 생략: Fla., Flor., FL》 ☜ '꽃의 축제'의 뜻에서

■ **flour**ish [flə́ːriʃ, flʌ́riʃ] ⓢ **번영[번성]하다**(=thrive); (동·식물이) 잘 자라다 ☜ 꽃(flour) 이 피다(ish)

■ **flower** [fláuər/플**라**우어] ⓜ **꽃**(=blossom), 화초, 화훼(花卉) ☜ 중세영어로 '꽃'

□ cauli**flower** [kɔ́ːləflàuər] ⓜ **콜리플라워**, 꽃양배추 ☜ 줄기(caul) 꽃(flower)

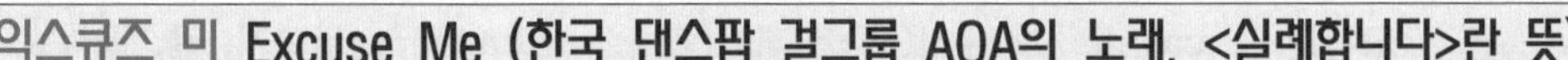

익스큐즈 미 Excuse Me (한국 댄스팝 걸그룹 AOA의 노래. <실례합니다>란 뜻)

C

♣ 어원 : cause, caus, cuse 원인, 이유

■ **excuse** [ikskjúːz/익스**큐**-즈] ⓢ **용서하다** [ikskjúːs/익스**큐**-스] ⓜ **변명, 해명; 사과**
☜ 원인<비난(cuse)을 없애다(ex<out)
♠ **Excuse me 실례합니다, 죄송합니다** ☜ 직역하면 '저를 용서해 주세요'

□ **caus**al [kɔ́ːzəl] ⓗ 원인의 ☜ cause + al<형접>

□ **caus**ality [kɔːzǽləti] ⓜ 인과 관계 ☜ causal + ity<명접>

□ **caus**ative [kɔ́ːzətiv] ⓗ 원인이 되는; 『문법』 사역적인 ☜ cause + ative<형접>

□ **cause** [kɔːz/코-즈] ⓜ **원인, 사유** ☜ 라틴어로 '원인, 이유'란 뜻
♠ I will fast **in the cause of** justice. 나는 정의를 **위해** 금식을 시작할 것이다.
♠ **cause (A) to (B) A가 B하게 하다**
♠ **cause (A) into (B) A를 B로 바꾸다**

□ **cause**-and-effect [kɔ́ːzəndífekt] ⓗ 원인과 결과의, 인과(因果) 관계의 ☜ effect(결과, 효과)

□ **cause**less [kɔ́ːzlis] ⓗ 이유없는, 원인없는 ☜ cause + less(~이 없는)

■ be**cause** [bikɔ́ːz/비**코**-즈, -kάz, -kʌ́z/-kɔ́z] ⓙ **(왜냐하면) ~이므로, ~ 때문에**
☜ 원인(cause)이 되다(be)

※ **me** [miː/mi/미-/미] ⓓ 〔I의 목적격〕 **나를, 나에게** ☜ 1인칭 단수 인칭대명사의 변형된 형태

홀로코스트 Holocaust (독일 나치스의 유대인 대학살)

제2차 세계대전 중 나치 독일이 자행한 유대인 대학살. 특히 폴란드 아우슈비츠의 유대인 포로수용소가 해방될 때까지 600만 명에 이르는 유대인이 인종청소라는 명목 아래 나치스에 의해 학살되었는데, 인간의 폭력성, 잔인성, 배타성, 광기를 극단적으로 보여준 20세기 최대의 치욕적 사건이다.

© libguides.wustl.edu

♣ 어원 : caust, caut 태우다, 녹슬다, 부패하다

■ **holocaust** [hάləkɔ̀ːst, hóu-] ⓜ (유대교의) 전번제(全燔祭) 《짐승을 통째 구워 신 앞에 바침》; 대학살; (the H-) 나치스의 유대인 대학살
☜ 완전히(hol) 불태우는(caust) 것

□ **caut**ion [kɔ́ːʃən] ⓜ **조심, 신중** ☜ 불을 피워(caut) 알리는 것(ion<명접>)
♠ **use caution 조심하다**

□ **caut**ious [kɔ́ːʃəs] ⓗ **주의 깊은, 신중한, 조심하는**
☜ 불을 피워(caut) 알리는(ious)

□ **caut**iously [kɔ́ːʃəsli] ⓑ 조심스럽게 ☜ cautious + ly<부접>

□ **caut**iousness [kɔ́ːʃəsnis] ⓜ 조심성 ☜ cautious + ness<명접>

캐벌리 셔츠 cavalry shirt (기병 상의 스타일의 스포츠 상의)

기병(騎兵)의 셔츠에서 힌트를 얻은 스포츠 셔츠. 가슴에 버튼 여밈식으로 떼어 내거나 붙일 수 있는 '빕 프런트(bib front)' 라 불리는, 보강용 패치(바대천)가 달린 스타일의 셔츠.

< Cavalry Shirt >

♣ 어원 : caval, chival 말, 기마

□ **caval**ry [kǽvəlri] ⓜ [집합적] 기병, **기병대** ☜ 말(caval)로 구성된 것(ry)
♠ The **cavalry** attacked the enemy with lightning speed.
기병대는 쏜살같이 적군을 공격했다.

□ **caval**ryman [kǽvəlrimən/-mæ̀n] ⓜ (pl. **-men**) 기병 ☜ man(사람, 남자)

□ **caval**ier [kæ̀vəlíər] ⓜ 《영.고어》 **기사**(=knight); 멋쟁이(남자) ☜ 말(caval)을 탄 + i + 사람(er)

□ **caval**ierly [kæ̀vəlíərli] ⓑ 기사답게 ☜ cavalier + ly<부접>

□ **caval**cade [kæ̀vəlkéid] ⓜ 기마대; 기마행렬; 퍼레이드 ☜ caval(기마) cade(대(隊))

■ **chival**ry [ʃívəlri/**쉬**벌리] ⓜ **기사도**, 기사도 정신 《여성에게 상냥하고 약자를 돕는》
☜ 고대 프랑스어로 '기사도'란 뜻

※ **sh**irt [ʃəːrt/셔-트] ⓜ **와이셔츠, 셔츠**; 칼라·커프스가 달린 셔츠 블라우스; 내복
☜ 고대영어로 '(날카로운 것에 의해) 짧게 잘린 의복'이란 뜻

캐비넷 cabinet (장식장)

♣ 어원 : cabin 방 ⇦ cab, cav 빈, 공허한, 파인 곳, 동굴

■ **cabin**et [kǽbənit] ⓜ **장식장, 캐비넷**; 진열장; (보통 the C-) **내각**
☜ 고대 프랑스어로 '작은(et) 방(cabin)'이란 뜻

□ **cav**e [keiv] ⓜ **굴**, 동굴 ☜ 고대 프랑스어로 '동굴, 지하실'이란 뜻
♠ the **cave** period **동굴** 주거 시대

□ **cav**ern [kǽvərn] ⓜ **동굴**, 굴(=cave) ☜ 라틴어 caverna(동굴)에서

□ **cav**ity [kǽvəti] ⓜ (pl. **-ties**) 구멍(=hole), **공동** ☜ cave + ity<명접>

✚ con**cav**e 옴폭한, **오목한** ex**cav**ate ~에 구멍〔굴〕을 파다〔뚫다〕 ex**cav**ation **굴파기, 굴, 굴착**

씨비에스 CBS (전통 저널리즘이 강한 미국 콜롬비아방송사)

☐ **CBS** **C**olumbia **B**roadcasting **S**ystem 미국 콜롬비아방송사 《현재의 정식 명칭은 CBS Inc.임》

✚ **Columbia** 《시어》 미국; **컬럼비아** 대학 **broadcast 방송[방영]하다** **broadcasting 방송(의)**, 방영(의) **system 체계**, 계통, 시스템

켈트족(族) Celt, Kelt (영국에 정착한 흰 피부 · 금발 · 과묵한 성격의 유목민족)

☐ **Celt**, Kelt [selt, kelt] ⓜ **켈트 사람**, (the ~s) 켈트족 《인도-아리안 인종의 한 분파; 아일랜드 · 웨일스 · 스코틀랜드 고지 등에 삶》 ☜ 라틴 유령어로 '돌칼, 돌도끼'란 뜻

☐ **Celt**ic, Keltic [séltik, kélt-], [kéltik] ⓗ 켈트의, **켈트족[말]의** ⓜ 켈트 사람(말) ☜ -ic(~의/~사람)

세르반테스 Cervantes (스페인 작가. <돈키호테>의 저자)

☐ **Cervantes** [sərvǽntiːz/서**밴**티-즈] ⓜ **세르반테스** 《Miguel de ~ Saavedra, 스페인 작가로 Don Quixote의 작자; 1547-1616》

악세서리 accessory (콩글 보석류) ➔ jewelry

♣ **어원 : cess, cease, cede, ceed 가다, 오다**

■ ac**cess** [ǽkses] ⓜ **접근, 출입** ☜ ~로(ac<ad=to) 가다(cess)

■ ac**cess**ory, -ary [æksésəri] ⓜ (보통 pl.) 부속물; 부속품, **액세서리** ☜ -ory(따라가는 것)

☐ **cess**ation [seséiʃən] ⓜ **정지, 휴지, 중지** ☜ cess(=cease) + ation<명접>

☐ **cease** [siːs/씨-스] ⓢ **그만두다**(=desist), **중지하다** ☜ (적군을) 가게(cess) 하다(ase) ⇨ 적군을 퇴각시켜 전쟁을 중지하다

♠ **Cease fire ! 사격중지 !**

☐ **cease**less [síːslis] ⓗ **끊임없는**, 부단한(=incessant) ☜ cease + less(~이 없는)

☐ **cease**lessly [síːslisli] ⓑ 끊임없이 ☜ ceaseless + ly<부접>

☐ **cease**lessness [síːslisnis] ⓜ 끊임없음 ☜ ceaseless + ness<명접>

✚ ex**ceed** (수량 · 정도 · 한도 · 범위를) **넘다, 초과하다** ne**cess**ary **필요한, 없어서는 안 될** re**cede** **물러나다**, 퇴각하다 pro**cess** **진행, 과정; 방법; 가공[저장]하다**

시더 cedar (히말라야 삼목속의 나무를 통틀어 이르는 말)

☐ **cedar** [síːdər] ⓜ 히말라야 삼목(杉木); 삼나무, 향나무(목재) ☜ 그리스어로 '삼나무'란 뜻

♠ **a cedar tree** thickly covered with foliage 빽빽한 잎으로 덮인 **삼나무**

엑셀 excel (MS에서 개발한 표계산 소프트웨어 프로그램)

♣ **어원 : cel, ceil 높은, 하늘**

■ ex**cel** [iksél] ⓢ (남을) **능가하다**, (~의 한도를) 넘다 ☜ 하늘(cel) 밖으로(ex)

■ ex**cel**lent [éksələnt/**엑**썰런트] ⓗ 우수한, 일류의, **훌륭한, 뛰어난** ☜ excel + l<단모음+단자음+자음반복> + ent<형접>

☐ **ceil**ing [síːliŋ/**씨**일링] ⓜ **천장**; 한계; 최고 한도 ☜ 높은(ceil) 곳에 있는 것(ing)

♠ a fly on **the ceiling 천장**의 파리

☐ **cel**estial [səléstʃəl] ⓗ **하늘의**; 천체의 ☜ 하늘(cel) 의(estial)

반 earthly, terrestrial 지상의, 속세의 infernal 지옥의

♠ **celestial** blue **하늘**빛

셀라돈 그린 celadon green (밝은 회색과 연청색이 섞인 청자색)

☐ **celadon** [sélədàn, -dn/-dɔ̀n] ⓜⓗ 청자(색)(의); (도자기에 칠하는) 회록색 유약 ☜ 근세 프랑스 작가 오노레 뒤르페((Honoré d'Urfé; 1567-1625) 가 쓴 전원풍 소설 『라스트레(L'Astree)』에서 아스트레(Astree) 라는 여인을 사랑하는 목동 **셀라돈**(Céladon)에서 유래. 셀라돈은 비색(秘色)인 **청녹색**의 리본을 달고 있었다고 한다.

celadon green

♠ It is a famous Koryo **celadon**. 그것은 유명한 고려**자기**이다.

※ **green** [griːn/그륀-] ⓗ **녹색의**; 야채의, 싱싱한 ⓜ **초록빛**, 녹색
☜ 고대영어로 '살아있는 식물의 색'이란 뜻

셀러브리티, 셀렙 celebrity, celeb (유명 인사)

유명인(有名人) 또는 셀러브리티(Celebrity), 셀렙(Celeb)은 대중들로부터 주목을 받고 영향을 끼치는 사람이다. 이 용어는 부(흔히 명성과 부를 가진 사람들)를 가진 사람이나 특정한 분야에서 엄청난 인기와 영향을 끼치는 사람을 뜻하는 용어로 자주 사용된다.

♣ **어원 : celeber, celebr 널리 알리다, 축하하다, 기념하다**

☐ **celebr**ate [séləbrèit] ⓢ **경축하다**; (의식·제전을) 거행하다 ☜ celebr + ate<동접>

☐ **celebr**ated [séləbrèitid] ⓗ **고명한**, 유명한 ☜ celebr + ate(동접) + ed<형접>

☐ **celebr**ation [sèləbréiʃən] ⓜ **축하**; 축전, 의식 ☜ celebr + ation<명접>

☐ **celebr**ator, -er [séləbrèitər] ⓜ 축하하는 사람 ☜ celebr + at + or[er](사람)

☐ **celebr**ity [səlébrəti] ⓜ **명성**(名聲)(=fame), 유명인, 명사 ☜ celebr + ity<명접>
♠ **TV celebrities** 텔레비전 **유명 연예인들**
♠ **in celabration of ~ ~을 축하하여**

셀러리 celery (독특한 향이 있는 서양식 미나리)

☐ **celery** [séləri] ⓜ 〖식물〗 **셀러리** ☜ 고대 그리스어로 '야생 파셀리'

☐ **celestial**(하늘의) ➔ **ceiling**(천장) **참조**

셀로판지(×) ➔ 셀로판 cellophane (공기가 새지 않는 섬유소) 핸드폰 handphone (콩글 휴대폰) ➔ cell(ular) phone, mobile (phone)

♣ **어원 : cell 저장실, 작은 방, 세포**

☐ **cell** [sel/쎌] ⓜ **작은 방; 독방; 〖생물〗 세포** ☜ 라틴어로 '작은 방'이란 뜻
♠ put a person in a **cell** 아무를 **독방**에 넣다.

☐ **cell**ar [sélər] ⓜ **지하실** ⓢ 지하실에 보관하다 ☜ 작은 방(cell) 같은 곳(ar)
♠ **put ~ in a cellar ~를 독방에 넣다**

☐ **cell**ophane [séləfèin] ⓜ **셀로판** 《공기가 새지 않는 재생섬유소를 종이와 같이 얇은 필름으로 만든 것》 ☜ 섬유소(**cell**ulose)를 + **o** + 드러내다(**-phane**)

☐ **cell phone** 휴대폰, 휴대 전화, 핸드폰(=cellular phone) ☜ phone(전화기, 수화기)
★ 셀폰(cell phone)이란 지역을 셀(cell) 단위로 구분한 이동통신망을 구성하여 지역이동 중에도 음성과 데이터를 송수신할 수 있는 단말기를 말한다.

☐ **cell**ular [séljələr] ⓗ 세포로 된, 세포질(모양)의 ☜ 세포(cell)로 된 것(ul) 의(ar)

☐ **Cell**uloid [séljəlɔ̀id] ⓜ **셀룰로이드** 《원래 상표명》; 《구어》 영화(의 필름)
☜ 미국 발명가 존 웨슬리 하얏트가 만든 합성섬유. **cellul**ose + **-oid**<명접>

☐ **cell**ulose [séljəlòus] ⓜ 〖화학〗 **셀룰로오스**, 섬유소(素) ☜ 스위스의 화학자 자크 E. 브랜덴버거에 의해 만들어진 섬유소. 라틴어로 '작은 방'이란 뜻

※ **mobile** [móubəl, -biːl/-bail, -bi(ː)l] ⓗ 움직이기 쉬운, **이동할 수 있는**, 기동성의; 〖군사〗 이동하는; 변하기 쉬운; 변덕스러운 ⓜ 《미.구어》 자동차; 〖기계〗 가동부(部); 〖미술〗 모빌 작품 《움직이는 부분이 있는 조각》
☜ 라틴어로 '움직이는'이란 뜻

첼로 cello (바이올린보다 2배로 큰 찰현악기)

☐ **cello**, **'cello** [tʃélou] ⓜ (pl. **-s**) 《It.》 〖음악〗 첼로(=violoncello)
☜ 비올론첼로(violoncello)의 약칭. 이탈리아어로 '작으면서 큰 비올(viol:중세 현악기)'이란 뜻.

켈트족(族) Celt, Kelt (영국에 정착한 흰 피부·금발·과묵한 성격의 유목민족)

☐ **Celt**, Kelt [selt, kelt] ⓜ **켈트 사람**, (the ~s) 켈트족 《인도-아리안 인종의 한 분파; 아일랜드·웨일스·스코틀랜드 고지 등에 삶》 ☜ 라틴 유령어로 '돌칼, 돌도끼'란 뜻

☐ **Celt**ic, Keltic [séltik, kélt-], [kéltik] ⓗ 켈트의, **켈트족[말]의** ⓜ 켈트 사람(말)
☜ Celt + ic(~의/~사람)

시멘트 cement (토목·건축용의 무기질의 결합경화제)

☐ **cement** [simént] ⓜ **시멘트**, 양회; 접합제 ⓢ 접합시키다
☜ 고대 프랑스어로 '시멘트, 회반죽'이란 뜻
♠ mix sand and **cement** 모래와 **시멘트**를 배합하다

세머테리 정션 Cemetery Junction (영국 코미디 영화. <묘지앞 교차로>)

2010년 개봉한 영국 코미디 영화. 크리스찬 쿠크, 톰 휴즈, 펠리시티 존스 주연. 1970년대의 영국을 배경으로 삶이 비관적인 젊은이들이 묘지(Cemetery) 앞의 교차로(Junction)에서 하릴없이 오고가며 그곳을 벗어나지 못한다. 삶의 선택이 필요한 교차로는 수없이 많이 앞에 놓여 있다.

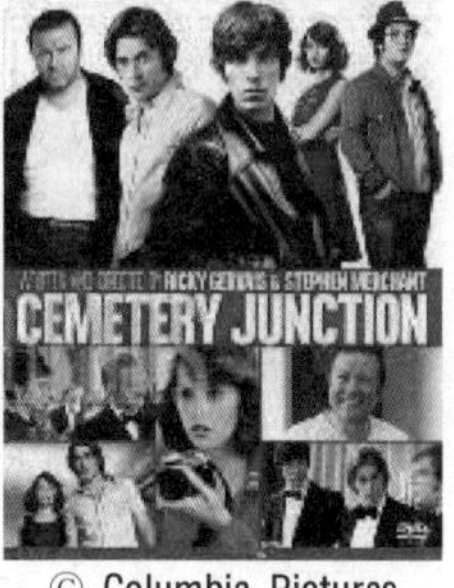

© Columbia Pictures

☐ **cemetery** [sémətèri/-tri] ⓜ (pl. **-teries**) (교회에 부속되지 않은) **묘지**, 공동묘지 ☜ 그리스어로 '잠을 자는 곳'이란 뜻
♠ be buried in **a cemetery** **묘지**에 매장되다
※ **junction** [dʒʌ́ŋkʃən] ⓜ 연합, **접합**; **교차점**, 합류점
☜ 연결(junc) 하기(tion<명접>

☐ **cense**(향을 피우다), **censer**(향로) ➔ **candle**(양초) **참조**

센서스 census (인구조사)

♣ 어원 : **cens** 조사하다, 검열하다, 비난하다
☐ **cens**or [sénsər] ⓜ **검열관**; 〖고대로마〗 감찰관 ⓢ 검열하다, 삭제하다
☜ 조사하는(cens) 사람(or)
♠ The news reports had been heavily **censored**.
그 뉴스 보도는 심하게 **검열당한**(가위질당한) 상태였다.
☐ **cens**orable [sénsərəbl] ⓗ 검열에 걸릴 (만한) ☜ censor + able(~할 만한)
☐ **cens**orship [sénsərʃìp] ⓜ **검열** (계획, 제도) ☜ censor + ship(상태)
☐ **cens**ure [sénʃər] ⓜ **비난**, 책망 ⓢ 비난하다, 나무라다 ☜ 비난(cens) 하다(ure)
☐ **cens**urable [sénʃərəbəl] ⓗ 비난할 (만한) ☜ censure + able(~할 만한, ~할 수 있는)
☐ **cens**us [sénsəs] ⓜ (통계) 조사; **인구 조사, 국세 조사** ☜ 조사하는(cens) 것(us)

센트 cent (미국 · 캐나다 화폐단위 1달러의 1/100), 퍼센트 percent (백분율)

♣ 어원 : **cent-** 100, 백(百), 100분의 1

☐ **cent** [sent/쎈트] ⓜ **센트**《미국 · 캐나다 등의 화폐 단위, 1달러의 100분의 1》; **1센트짜리 동전** ☜ 라틴어로 '100'이란 뜻
♠ a five-**cent** piece 5**센트**짜리 동전
☐ **cent**enary [séntənèri, senténəri/sentíːnəri] ⓗ 100의; **100년간의**
☜ cent(100) + enn(년) + ary<형접>
☐ **cent**ennial [senténiəl] ⓗ 100년(째)의, **100년마다의**
☜ cent(100) + enn(년) + ial<형접>
♠ a **centennial** celebration 100주년 기념 행사
☐ **cent**igrade [séntəgrèid] ⓗ **100분도(分度)의**; (종종 C-) **섭씨의** 《생략: C., c., Cent., cent.》
☜ cent(100) + i + grade(등급)
♠ a temperature of 40 degrees **centigrade** **섭씨** 40도의 온도
☐ **cent**igram, -gramme [séntəgræ̀m] ⓜ **센티그램** 《생략: cg; 100분의 1그램》
☜ cent(100) + i + gram(그램)
☐ **cent**iliter, -litre [séntəlìːtər] ⓜ **센티리터** 《생략: cl.; 100분의 1리터》 ☜ cent(100) + i + liter(리터)
☐ **cent**imeter, -metre [séntəmìːtər] ⓜ **센티미터** 《생략: cm; 1미터의 100분의 1》
☜ cent(100) + i + meter(미터)
♠ Only one **centimeter** of snow fell on that day.
그날 1**센티미터**의 눈만 내렸다.
☐ **cent**ipede [séntəpìːd] ⓜ 〖동물〗 지네 ☜ cent(100) + i + ped(발) + e
☐ **cent**ury [séntʃuri/쎈추리] ⓜ **1세기, 백년** ☜ cent(100) + i + ury<명접>
♠ in the mid-seventeenth **century** 17**세기** 중엽에
■ per**cent**, per **cent** [pərsént/퍼**쎈**트] ⓜ (pl. **-, -s**) **퍼센트**, 100분 《기호 %; 생략: p.c., pct.》; 《구어》 **백분율** ☜ 라틴어로 '100에 대하여'란 뜻

센터 center (중심)

♣ 어원 : **center, centr(o)** 중심, 핵심
☐ **center**, 《영》 **centre** [séntər/**쎈**터] ⓜ **중심**(지); **핵심**; **중앙** ☜ 라틴어로 '원의 중심'이란 뜻
♠ the arts **center** 예술의 **전당**

♠ **in the center of ~ ~의 중심에, 중간에**
♠ **center fielder 〖야구〗 센터필더, 중견수**

☐ **centr**al [séntrəl/**쎈**트럴] [형] **중심의, 중앙의; 중심부[중앙부]의** ☜ -al<형접>
♠ the **Central** African Republic **중앙** 아프리카 공화국
♠ the **C**entral **I**ntelligence **A**gency《미》중앙정보국《약어: **CIA**》

☐ **centr**ally [séntrəli] [부] 중앙에, 중심으로 ☜ central + ly<부접>

C

☐ **centr**alism [séntrəlizm] [명] 중앙집권제(주의) ☜ central + ism(~주의, ~제도)

☐ **centr**alize [séntrəlàiz] [동] 중심에 모으다, 한 점에 집합시키다; 집중시키다 ☜ -ize<동접>

☐ **centr**osphere [séntrəsfiər] [명] 〖지질〗 (지구의) 중심핵; 〖생물〗 (세포의) 중심구(球)
☜ (지구의) 중심(centro) 영역(sphere)

✚ con**centr**ation **집중**, 전념, 전심　de**centr**ation 탈중심화, 중심이탈

세라믹 ceramic (고온에서 구워 만든 도기)

♣ **어원 : ceram 흙으로 만든**

☐ **ceram**ic [sərǽmik] [명] **도기, 세라믹**　[형] 세라믹의, 도기(陶器)의
☜ 흙으로 만(ceram) 든(것)(ic<명접/형접>)

☐ **ceram**ics [sərǽmiks] [명] (pl. 단수취급) 요업; [복수취급] 도자기류
☜ 흙으로 만드는(ceram) 학문/기술/예술(-ics<명접>)
♠ **ceramic** manufactures **도**그릇, 도깨그릇, 도자기

☐ **ceram**ist, **ceram**icist [sérəmist], [sərǽməsist] [명] 요업가; 도예가 ☜ -ist(사람)

씨리얼 cereal (아침식사 대용으로 먹는 곡물식품)
골 세러머니 goal ceremony ([콩글] 득점 기념 제스쳐) ➔ goal celebration

♣ **어원 : cere 곡식, 음식**

< Cereal >

☐ **cere**al [síəriəl] [명] (보통 pl.) 곡물, **곡류; 씨리얼**, 곡물식품《아침 식사용 cornflakes, shredded wheat, oatmeal 등》 [형] **곡류[곡물]의** ☜ 곡물(cere) 의(al<형접>)
♠ **cereal** fortified with extra vitamins
비타민을 추가로 강화한 **곡물식**

☐ **cere**mony [sérəmòuni/-məni] [명] **의식**; 의전《공적・국가적인》
☜ 곡물(cere)로 제사지내는 행위(mony<명접>)
♠ an awards (opening) **ceremony** 시상**식** (개회**식**)
♠ wedding (engagement) **ceremony** 결혼**식** (약혼**식**)

☐ **cere**monial [sèrəmóuniəl] [형] **의식의**; 정식의 ☜ ceremony + al<형접>

☐ **cere**monious [sèrəmóuniəs] [형] 격식을 갖춘 ☜ ceremony + ous<형접>

☐ **cere**moniously [sèrəmóuniəsli] [부] 격식을 갖추어 ☜ ceremonious + ly<부접>

☐ **Cere**s [síəriːz] [명] 〖로.신화〗 **케레스**《농업의 여신; 그리스의 데메테르(Demeter)에 해당》

※ **goal** [goul] [명] **골, 결승점[선]**; 득점; 목표, 목적지 ☜ 중세영어로 '경계'의 뜻

셀렙(celeb=celebrity.유명인사)의 세렙(cereb.뇌)은 크다(?)

♣ **어원 : cereb(r) 뇌**

■ **celebr**ity [səlébrəti] [명] **명성**(名聲)(=fame), 유명인, 명사 ☜ 라틴어로 '대중, 명성'

☐ **cereb**ellum [sèrəbéləm] [명] 소뇌 ☜ cereb(뇌) + el(작은) + um<명접>

☐ **cerebr**al [sérəbrəl, sərí:-] [형] 대뇌의; 뇌의; 지적인 ☜ 라틴어로 '뇌(cerebr) 의(al<형접>)'란 뜻.
♠ He suffered from **cerebral palsy**. 그는 **뇌성마비**로 고통스러워 했다.
♠ She is a very **cerebral** woman. 그녀는 매우 **지적인** 여자다.

☐ **cerebr**ation [sèrəbéiʃən] [명] 대뇌작용 ☜ 뇌(cerebr)가 행한(ate) 것(ion<명접>)

☐ **cerebr**um [sérəbrəm, sərí:-] [명] 대뇌 ☜ 뇌(cerebr) + um<명접>

콘서트 concert (연주회, 음악회)

♣ **어원 : cert, cern 확실한, 확신하다, 확인, 보증**

■ con**cert** [kánsə(:)rt/kɔ́n-] [명] 연주회, 음악회, **콘서트**　[동] **협정하다**
☜ (약속을) 서로(con) 확실하게(cert) 하다

☐ **cert**ain [sə́ːrtən/**써**-턴] [형] **확신하는; 확실한, 신뢰할 수 있는**
☜ 확실(cert) 한(ain)
♠ **for certain** 틀림없이, **확실히**
♠ **make certain (that~)** (~이 맞는지) 확인하다.

☐ **cert**ainly [sə́ːrtənli/**써**어턴리] [부] **확실히; 물론** ☜ certain + ly<부접>

☐ **cert**ainty [sə́:rtənti] ⓜ (객관적인) **확실성**, 확신 ☜ certain + ty<명접>
☐ **cert**ificate [sərtífəkit] ⓜ **증명서**; 검정서; 면(허)장; **수료증**
☜ 확실하게(cert) + i + 만들(fic) + 다(ate<동접>)
♠ issue a **certificate** (to) **증명서**를 발급하다
☐ **cert**ification [sə̀:rtəfikéiʃən] ⓜ **증명(서), 검정**(檢定), 보증 ☜ certificate + ion<명접>
☐ **cert**ify [sə́:rtəfài] ⓢ **증명[보증]하다**; 증언하다; 검정하다 ☜ 확실하게(cert) 만들다(ify)
♠ **This is to certify that ~ 이 증서는 ~임을 증명한다.**
☐ **cert**itude [sə́:rtətjù:d] ⓜ **확신**(감); 확실(성) ☜ 확실한(cert) 것(tude<명접>)

C

✚ as**cert**ain **확인[규명]하다** con**cern** **~에 관계하다, ~에 관계되다** dis**cern** **식별[분별]하다**

세슘 cesium (일본 후쿠시마 원전사고로 유명해진 알칼리 금속)

☐ **cesium** [sí:ziəm/**시**-지엄] ⓜ 〚화학〛 **세슘** 《금속 원소; 기호 Cs; 번호 55》
☜ 라틴어로 '푸른 회색'이란 뜻 ★ 2011년 발생한 일본 후쿠시마 원자력 발전소 폭발사고로 유명해진 방사능 오염물질은 세슘의 동위원소인 세슘-137인데, 이는 자연에는 존재하지 않고 핵 반응로나 핵실험에서의 핵 연료 분열에서만 주로 생성된다.
♠ **cesium** clock **세슘**시계 《원자 시계의 일종》

☐ **cessation**(정지) ➔ **cease**(중지하다) **참조**

세잔 Cezanne (프랑스의 후기 인상파 화가)

☐ **Cezanne** [sizǽn/시**잰**] ⓜ **세잔** 《Paul ~, 프랑스의 후기 인상파 화가; 1839-1906》
★ 대표작: <흑인 사피온>, <생트 빅투아르산>, <트럼프를 하는 사람들>, <정원사 바리에> 등

차드 Chad (<아프리카의 죽은 심장>이라고 불리는 아프리카 중북부의 공화국)

☐ **Chad** [tʃæd] ⓜ **차드** 《아프리카 중북부의 공화국; 공식명은 the Republic of ~; 수도 은자메나(N'Djamena)》; **차드**호(湖)《아프리카 중북부》 ★ Tchad라고도 적음
☜ 국명은 차드호수에서 유래. '광활한 수면'이란 뜻 ★ 국토가 바다로부터 격리되어 있고 대부분의 지역이 사막기후인 탓에 '아프리카의 죽은 심장'이라고 불리며, 수단·소말리아와 함께 세계 최빈국으로 꼽힌다.

차도르 chador (이슬람 여성들이 쓰는 검은 베일)

☐ **chador, -dar** [tʃʌ́dər] ⓜ **차도르** 《이슬람, 특히 이란 여성이 사용하는 커다란 검은 천; 얼굴만 내놓고 머리에서 발끝까지 가림》
☜ 페르시아어로 '덮개, 씌우개'란 뜻

Hijab Chador Niqab Burka

쇼퍼 chauffeur (VIP 경호·통역·의전을 동시에 수행하는 특수 전문 운전기사)

쇼퍼는 리무진 등의 최고급 승용차에 귀빈들을 태우고 운전하며 경호, 통역, 의전 등 일반 운전기사가 해내지 못하는 전문 서비스를 제공하는 특수 운전기사를 의미한다. 미국과 유럽 선진국에서는 오랜 전통의 전문 직업으로 인정받고 있다.

♣ **어원 : chauff, chaf 불을 지피다, 따뜻하게 하다**
■ **chauff**eur [ʃóufər, ʃoufə́:r] ⓜ 《F.》 (주로 자가용차의) 운전사
☜ 증기자동차 시대 '불을 붙이는 사람'이란 뜻
☐ **chaf**e [tʃief] ⓢ (손 따위를) **비벼서 따뜻하게 하다**; (피부가) 까이다
☜ 라틴어로 '따뜻하게 하다'란 뜻
♠ **chafe** one's cold hands 찬 손을 **비벼서 따뜻하게 하다**

채프 chaff (적 레이다 교란을 위해 공중에 살포하는 금속조각)

적의 레이더 에너지를 반사시켜 방해하기 위해 항공기가 비행 중 공중에 뿌리는 알루미늄 따위의 얇은 금속 반사체. 적의 레이다나 미사일이 진짜 항공기를 찾기 어렵게 한다.

☐ **chaff** [tʃæf/tʃɑ:f] ⓜ **왕겨**; 여물; 〚군사〛 **채프** 《레이더 탐지 방해용의 금속편, 비행기에서 뿌림》 ☜ 고대영어로 '왕겨; 폐물'이란 뜻
★ 채프는 적의 레이다나 Semi-Active 미사일을 기만하는 것이고, 플레어는 적의 열추적 미사일을 기만하는 수단이다.

체인 chain (쇠사슬), 체인점 chain store (연쇄점)

□ **chain** [tʃein/췌인] ⓜ **쇠사슬; 연쇄**(連鎖), **연속(물)** ⓢ **사슬로 매다**
☜ 라틴어로 '쇠사슬'이란 뜻
♠ **chain up 쇠사슬로 매다**

□ **chain**less [tʃéinlis] ⓗ 사슬이 없는, 속박 없는 ☜ chain + less(~이 없는)

□ **chain** store 《미》 **체인스토어, 연쇄점** (《영》 multiple shop〔store〕) ☜ store(상점)

C

휠체어 wheelchair (장애인용 바퀴달린 의자)

■ wheel**chair** [hwíːltʃɛ̀ər] ⓜ (보행 부자유자용(用)의) 바퀴 달린 의자, **휠체어**
☜ 바퀴(wheel) 달린 의자(chair)

□ **chair** [tʃɛər/췌어] ⓜ (1인용) **의자;** (the ~) **의장석[직]**
☜ 고대 프랑스어로 '의자'란 뜻.
♠ Sit on your **chair**! 네 **의자**에 앉아!

□ **chair**man [tʃɛ́ərmən] ⓜ (pl. **-men**) **의장**, 사회자 ☜ 의자(chair)에 앉은 사람(man)
★ 여성의 지위와 대우가 남성과 동등해지면서 성차별적 단어도 점차 중성적 의미의 단어로 바뀌고 있다. chairman도 chairperson로 변화됨.
♠ elect him **chairman** 그를 **의장**으로 선출하다

칼슘 calcium (뼈와 치아의 구성 요소)

♣ **어원 : calc, chal 석회**

■ **calc**ium [kǽlsiəm] ⓜ 〚화학〛 **칼슘** 《금속 원소; 기호 Ca; 번호 20》
☜ 라틴어로 '석회석(calc) + ium<명접>'이란 뜻

■ **calc**ulate [kǽlkjəlèit] ⓢ **계산하다**(=reckon), **산정하다** ☜ 고대에 계산할 때 돌판 위에 석회석으로 숫자를 표기한데서 유래

□ **chalk** [tʃɔːk/초-크] ⓜ **초크, 분필;** (크레용 그림용의) **색분필**
☜ 고대영어로 '부드럽고 하얀 석회석'이란 뜻
♠ write in **red chalk 빨간색 분필**로 쓰다

챌린저호(號) challenger (미국 우주왕복선)

□ **challenge** [tʃǽlindʒ] ⓜ **도전(장)** ⓢ **도전하다** ☜ 고대 프랑스어로 '비난하다, 논쟁하다'에서 '싸움을 걸다, 도전하다'란 뜻으로 발전.
♠ **Challenges are what make life interesting; overcoming them is what makes life meaningful. 도전은 인생을 흥미롭게 만들며, 도전의 극복이 인생을 의미있게 한다.** - 조슈아 J. 마린 -

□ **challenge** cup 우승컵, (경기의) **도전**배 ☜ cup(컵, 찻잔; 우승컵)

□ **challenge** flag 우승기 ☜ flag(기(旗), 깃발)

□ **challenger** [tʃǽlindʒər] ⓜ 도전자 ☜ challenge + er(사람)

카메라 camera (사진기)

♣ **어원 : cam, cham (아치형 천장이 있는) 작은 방**

■ **cam**era [kǽmərə] ⓜ (pl. -era**s**) **카메라**, 사진기 ☜ 최초의 사진기는 매우 큰 상자였는데 이를 '작은 방'이라고 부른 데서 유래 ⓜ (pl. -era**e**) 판사실

□ **cham**ber [tʃéimbər/**췌**임버] ⓜ 《고어》 **방**, 《특히》 침실; **의회** ☜ 고대 프랑스어로 '방'이란 뜻.
♠ **chamber** concert **실내**악 연주회
♠ **chamber** music **실내**악

□ **cham**berlain [tʃéimbərlin] ⓜ **의전관, 시종** ☜ '방에 딸린 사람'이란 뜻

□ **cham**bermaid [tʃéimbərmèid] ⓜ (호텔의) 객실 담당 메이드; 하녀, 시녀
☜ chamber + maid(아가씨, 미혼여성; 시녀)

카멜레온 chameleon (몸 빛깔을 자유롭게 바꾸는 도마뱀)

□ **chameleon** [kəmíːliən, -ljən] ⓜ **카멜레온**; 변덕쟁이
☜ chame(작은) + leon(사자)

샴페인 champagne (프랑스 샹파뉴 지역에서 생산된 발포성 와인)

□ **champagne** [ʃæmpéin] ⓜ **샴페인** ☜ 프랑스 포도주 원산지 샹파뉴(Champagne)에서

샹젤리제 Champs-Elysees (프랑스 파리의 최대 번화가)

□ **Champs-Elysees** [ʃɑ̀ːnzeilizéi] ⓜ《F.》(Elysian fields) **샹젤리제**《파리의 번화가》 ☜ 〖그.신화〗'영웅이나 선인이 사후에 가는 낙원인 엘리시움(Elysium)의 들판(champ)'이란 뜻

챔피언 champion (선수권 대회 우승자, 선수권 보유자), 캠프, 캠페인...

♣ **어원 : camp(us), champ 평야, 들판**

□ **champ**ion [tʃǽmpiən] ⓜ (fem. **-ess**) 전사(戰士), 투사, **챔피언, 선수권 보유자,** 우승자
☜ 라틴어로 '전장<들판(Champ)에서 싸우는 사람(ion)

□ **champ**ionship [tʃǽmpiənʃìp] ⓜ **선수권**, 우승; (보통 pl.) 선수권 대회
☜ champion + ship(상태, 성질)

■ **camp** [kæmp/캠프] ⓜ 〖군〗 **야영지**, **야영천막**; **진영**; (산·해안 따위의) **캠프장** ⓢ 천막을 치다 ☜ 라틴어로 '열린 들판'이란 뜻

■ **camp**aign [kæmpéin/캠**페**인] ⓜ (일련의) **군사행동**; (사회적) **운동; 캠페인, 유세**
☜ 중세영어로 '들판에서의 군사작전'이란 뜻

찬스 chance (기회)

□ **chance** [tʃæns/챈스/tʃɑːns/찬-스] ⓜ **기회, 가망; 우연**
☜ 고대 프랑스어로 '우연; 기회, 행운'이란 뜻
♠ **by chance 우연히**
♠ **chance on** 〔upon〕 **우연히 만나다[발견하다]**
♠ **stand no chance against ~ ~에 대해 승산이 없다**
♠ **the chances are (that) ~ 아마[어쩌면] ~일 것이다**

■ be**chance** [bitʃǽns, -tʃɑ́ːns] ⓢ《고어》(~에게 우연히) 일어나다, 생기다
☜ 우연(chance)히 되다(be)

캔슬 cancel (취소)

♣ **어원 : cancel, chancel 망(網), 빗장, 창살문, 격자; 가로대; 장애, 장벽**

■ **cancel** [kǽnsəl] ⓢ **취소**〔중지〕**하다** ⓜ **취소**; 말살; (계약의) 해제; (인쇄) 삭제 부분
☜ 라틴어로 '격자(x)를 만들다; 빗장, 격자모양(x)'이란 뜻.

□ **Chancellor** [tʃǽnsələr, tʃɑ́ːn-] ⓜ《영》대법관; 재무장관(財務長官); 총리, 수상
☜ 라틴어로 '빗장(chancel)을 채우는 + l + 사람(or)'이란 뜻
♠ They submitted their reports to **the chancellor** yesterday.
그들은 어제 **재무장관**에게 보고서를 제출했다.

□ **chancery** [tʃǽnsəri, tʃɑ́ːn-] ⓜ《미》형평법(衡平法) 재판소 ☜ 라틴어로 '격자, 창살문'이란 뜻

샹들리에 chandelier (호화로운 장식등)

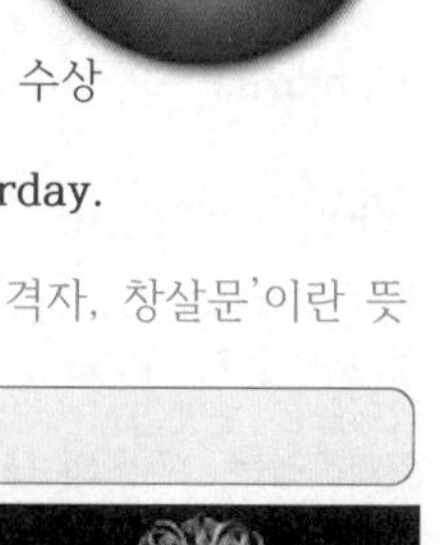

♣ **어원 : cand(id), cend, chand 흰, 빛, 빛나다**

□ **chandelier** [ʃæ̀ndəlíər] ⓜ **샹들리에**《천장에서 내리 드리운 호화로운 장식등》 ☜ 라틴어로 '촛대'라는 뜻

■ **candid** [kǽndid] ⓗ 정직한, **솔직한**(=frank) ☜ 라틴어로 '하얀'이란 뜻

■ **candid**ate [kǽndidèit, -dit] ⓜ **후보자**; 지원자, 지망자
☜ 라틴어로 '하얀(candid) (가운을 입은) 사람(ate)', 즉 '관직을 바라는 사람'이라는 뜻

■ **cand**le [kǽndl] ⓜ **(양)초**, 양초 비슷한 것; 촉광
☜ 초기인도유럽어로 '빛나는(cand) 것(le)'이란 뜻

체인지 change (바꾸다), 인터체인지, 체인지업...

♣ **어원 : change 바꾸다, 변화하다, 교환하다**

□ **change** [tʃeindʒ/췌인지] ⓢ **바꾸다**; 교환하다; 변하다; 갈아타다; (옷을) 갈아입다 ⓜ **변화; 거스름돈, 잔돈** ☜ 고대 프랑스어로 '바꾸다'란 뜻
♠ **change for the better 좋아지다, 호전하다**
♠ **change one's mind 생각을 바꾸다, 마음이 변하다, 고쳐 생각하다**

□ **change**able [tʃéindʒəbl] ⓗ **변하기 쉬운**, (날씨 따위가) 변덕스러운 ☜ change + able(~하기 쉬운)

□ **change**ably [tʃéindʒəbli] ⓟ 변하기 쉽게 ☜ change + ably<able의 형접>

☐ **change**ability [tʃèindʒəbíləti] 명 변하기 쉬운 성질 ☜ change + ability<able의 명접>
☐ **change**ful [tʃéindʒfəl] 형 변화가 많은 ☜ change + ful(가득한)
☐ **change**fully [tʃéindʒfəli] 부 변화가 많아서 ☜ changeful + ly<부접>
☐ **change**less [tʃéindʒlis] 형 변화없는 ☜ change + less(~이 없는)
☐ **change**over [tʃéindʒòuvər] 명 (정책 등의) 변경; (내각 등의) 경질, 개조; (형세의) 역전
☜ (밑에서) 위로(over) 바꾸다(change)
☐ **change**-up [tʃéindʒʌ̀p] 명 『야구』 = change of pace; (자동차 기어의) 고속 변환
☜ 위로<고속으로(up) 바꾸다(change)

✚ ex**change** **교환하다**, 바꾸다 inter**change** **서로 교환하다;** 상호 교환, 교체; (고속도로의) 입체 교차(점), **인터체인지** un**change**d 불변의, **변하지 않는**

티비 채널 TV channel

☐ **channel** [tʃǽnl] 명 강바닥, **수로; 해협** 《strait보다 큼》; 경로; (라디오 · TV 등의) **채널**
☜ 라틴어로 '물길, 수로'란 뜻

샹송 chanson (프랑스의 대중가요)

< Edith Piaf >
© allmusic.com

♣ **어원 : chan 노래하다**
☐ **chan**son [ʃǽnsən/ʃɑːŋsɔ́ːn] 명 《F.》 노래, 가요, **샹송**
☜ 고대 프랑스어로 '노래, 서사시'란 뜻
☐ **chan**t [tʃænt, tʃɑːnt] 명 **노래**, 멜로디 동 (노래 · 성가를) **부르다**
☜ 라틴어로 '노래'란 뜻
♠ **lead a chant 구호를 선창하다**
☐ **chan**teuse [ʃæntúːz] 명 《F.》 여가수 《특히 나이트클럽의》
☜ -euse<여성형 접미사>

카오스 chaos (대혼돈)

그리스인(人)의 우주개벽설(cosmogonia)에서 만물발생 이전의 원초상태. 그리스 인들은 카오스로 부터 모든 것이 발생하였다고 생각하였다. '혼돈(混沌)'이라고 번역되는 경우가 많으나, 원뜻은 '입을 벌리다(chainein)'로, 이것이 명사화하여 '캄캄한 텅빈 공간'을 의미하게 되었다.

☐ **chaos** [kéiɑs/-ɔs] 명 (천지 창조 이전의) 혼돈; **무질서**, 대혼란
☜ 고대 그리스어로 '아주 깊은 틈'이란 뜻 반 cosmos 질서
♠ The political situation is **in chaos**. 정국(政局)이 **혼돈 상태에** 있다.
☐ **chaot**ic [keiɑ́tik/-ɔ́t-] 형 **혼돈된**; 무질서한, 혼란한 ☜ chaos + tic<형접>

채피 chappie (미국 SF 영화. <꼬마>란 뜻)

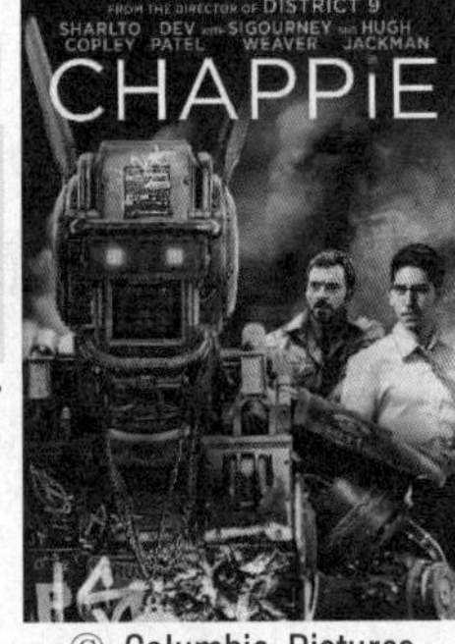

© Columbia Pictures

2015년 개봉한 미국의 액션/범죄/SF/스릴러 영화. 휴 잭맨, 샬토 코플리 주연. 세계 최고의 로봇 개발자가 고도의 인공지능을 탑재하고 성장하는 로봇 '채피'를 개발하자 악당들은 눈엣가시 '채피'를 제거하기 위한 음모를 꾸미게 되고, 로봇 '채피'와 로봇을 통제하려는 '인간'의 대결이 시작된다.

☐ **chap** [tʃæp] 명 《구어》 **놈**, 녀석(=fellow, boy); 사나이; 《미국 남 · 중부》 아이; 《영.방언》 고객, 단골. ☜ **chap**man의 줄임말
☐ **chap**man [tʃǽpmən] 명 (pl. **-men**) 《고어》 상인; 《영》 행상인
☜ 고대영어로 '상인'
☐ **chap**pie, **chap**py [tʃǽpi] 명 《구어》 놈, 녀석; 꼬마 ☜ chap의 애칭

채플 chapel (예배당)

☐ **chapel** [tʃǽpəl] 명 **채플**, **예배당** 《학교 · 병원 · 병영 · 교도소의》, (교회의) 부속 예배당
☜ 라틴어로 '작은(el) 망토(chap)'란 뜻
♠ keep 〔miss〕 **chapels 채플**에 출석하다 〔결석하다〕
☐ **chapl**ain [tʃǽplin] 명 **예배당 목사** 《궁정 · 학교 따위의 예배당에 속하는》
☜ 라틴어로 '(성(聖)St. 마르틴의) 망토(chapel) 관리인(ain)'이란 뜻

캡틴 captain (선장) 케이프타운 Cape Town (남아공 희망봉의 도시)

♣ **어원 : cap, cape, cab, chap 머리, 우두머리; 모자**
■ **cap**tain [kǽptin/캡틴] 명 **장**(長), 지도자; 보스; **선장**, 『육 · 공군』 대위; 『해군』 대령 ☜ 중세영어로 '우두머리'라는 뜻

■ **cap** [kæp/캡] 명 (양태 없는) **모자** ☜ 고대영어로 '머리를 보호하는'이란 뜻
비교 hat (양태 있는) 모자
■ **cape** [keip] 명 **곶, 갑**(岬); (the C~) 희망봉(峰) 《남아프리카 공화국 남단의 곶》; (여성의) 어깨망토 ☜ 라틴어로 '머리'란 뜻
□ **chap**ter [tʃǽptər/**챕**터] 명 (책·논문 따위의) **장**(章) 《생략: chap., ch., c.》
☜ 라틴어로 '책의 주요 부분'이란 뜻
※ **town** [taun/타운] 명 **읍**; (the ~) 도회지 《country와 대조해서》
☜ 고대영어로 '울타리를 둘러친 곳, 집들이 모여 있는 곳'이란 뜻

C

캐릭터 character (등장인물)

□ **character** [kǽriktər/**캐**릭터] 명 **특성, 성격; (등장) 인물; 문자; 기호**
☜ 고대 프랑스어로 '생김새, 특성, 성격'이란 뜻.
♠ a face without any **character 특징**이 없는 얼굴
♠ **be characteristic of ~ ~의 특성을 나타내다, ~이 특유하다**
□ **character**istic [kæ̀riktərístik] 형 **특징적인, ~에 특유한** 명 **특질**, 특성 ☜ -istic<형접/명접>
□ **character**istically [kæ̀riktərístikəli] 부 특징으로서, 특성을 나타내도록 ☜ -ly<부접>
□ **character**ization [kæ̀riktəri-zéiʃən/ -rai-] 명 **성격묘사** ☜ characterize + ation<명접>
□ **character**ize [kǽriktəràiz] 동 **~의 특성을 나타내다, 특징지우다** ☜ character + ize<동접>

콜타르 coaltar (아스팔트·페인트 용재)

석탄의 건류로 생성되는 흑갈색의 점성이 높은 액상 물질. 고온 타르와 저온 타르가 있으나 간단히 콜타르라 할 때는 고온 타르를 의미한다. 대부분은 제철용 코크스 제조과정의 부산물로 얻어진다.

■ **coal** [koul] 명 **석탄** ☜ 고대영어로 '숯'이란 뜻
♠ brown (hard) **coal** 갈탄 (무연탄), **coal**-bed **탄**층, **coal** mine **탄**광, **coal** oil **석**유
■ **coal**-tar [kóultɑ̀ːr] **콜타르** ☜ tar(타르: 유기물의 열분해에 의해 생기는 검은 점성 액체)
□ char**coal** [tʃɑ́ːrkòul] 명 **숯**, 목탄 ☜ 고대 프랑스어로 '변하는(char=turn) 석탄'이란 뜻

배터리 차징 battery charging (전지 충전)

♣ **어원 : charg, carg 짐, (마차에) 짐을 싣다**
※ **bat**tery [bǽtəri] 명 **한 벌의 기구[장치]**; 〖전기〗 축전지, **배터리**; 구타
☜ bat(치다) + t<단모음+단자음+자음반복> + ery<명접>
□ **charg**e [tʃɑːrdʒ/좌-쥐] 동 **충전하다**; 장전하다; **청구하다**, 채우다, (책임을) 지우다 명 **대가**, 요금; 책임; 비난, 고소; 부담; 돌격, 진군나팔(북) ☜ 라틴어로 '마차에 짐을 싣다'란 뜻
♠ **be in charge of ~ ~의 책임을 지다**
♠ **charge expenses to ~ ~의 비용을 지우다**
♠ **be charged with ~ ~이 부과되다; ~ 죄로 고발되다**
♠ **charge at (on) ~ ~을 향해 돌진하다**
♠ **in charge of ~ ~을 맡고[책임지고] 있는, ~에게 맡겨진**
♠ **on a (the) charge of ~ ~의 죄로, 혐의로**
♠ **take charge of ~ ~을 떠맡다, 담임하다, 감독하다**
♠ **at one's own charge 자비로**
□ **charg**eable [tʃɑ́ːrdʒəbl] 형 부과해야 할, 고발되어야 할 ☜ -able(~할 수 있는)
□ **charg**er [tʃɑ́ːrdʒər] 명 (장교용) 군마(軍馬); 돌격자; 충전기 ☜ -er(사람/기계)
□ **charging** [tʃɑ́ːrdʒiŋ] 명 충전 ☜ charge + ing<명접>

✚ dis**charg**e (배에서) **짐을 내리다**; 면제하다 **carg**o 적화(積貨), **뱃짐**, 화물 over**charg**e 지나치게 비싼 값을 부르다, 과적하다 re**charg**e 재충전(재장전)(하다); 역습(하다) sur**charg**e 과적, 폭리, 과도한 부담; 과적하다 under**charg**e 제값보다 싸게 청구하다; 과소청구

카트 cart (2륜 짐마차), 캐리어 carrier (화물운반기구)

♣ **어원 : car, char 탈 것, 달리다, 나르다, 흐르다**
■ **car**t [kɑːrt] 명 **2륜 짐마차**, 손수레 ☜ 고대영어로 '2륜 짐마차, 마차, 전차'
■ **car** [kɑːr/카-] 명 **자동차** ☜ 라틴어로 '2개의 바퀴가 달린 켈트족의 전차'
■ **car**rier [kǽriər] 명 **운반인**, 운송업자; **항공모함**(=aircraft ~)
☜ 나르는(carry) 사람/기계/장비(er)
□ **char**iot [tʃǽriət] 명 (고대의) **2륜 전차**(戰車) 《전쟁·경주에 말 두필이 끈 2륜 마차》
☜ 고대 프랑스어로 '마차'란 뜻

카리스마 charisma (비범한 통솔력)

♣ 어원 : charis(t), charit 은혜, 감사

□ **charisma** [kərízmə] 명 (pl. **-ta**) 〖신학〗 성령의 은사(恩賜); **카리스마**, 비범한 통솔력(개성) ☜ 고대 그리스어로 '은혜'란 뜻

□ **charismatic** [kæ̀rizmǽtik] 형 **카리스마**적인 ☜ charisma + tic<형접>

□ **charitable** [tʃǽrətəbəl] 형 **자비로운** ☜ 은혜(charit) + 로운(able<형접>)

□ **charitably** [tʃǽrətəbəli] 부 자비롭게; 관대하게 ☜ -ably<able의 부접>

□ **charity** [tʃǽrəti] 명 **사랑, 자비, 박애(심), 관용** ☜ 은혜를 베풂(charit) 기(y<명접>)

♠ It's kind of a **charity thing**. 그것은 일종의 **자선 활동**이다.

■ Eu**charist** [júːkərist] 명 (the ~) 〖가톨릭〗 성찬식; (성찬용) 빵과 포도주 ☜ 그리스어로 '감사함; 주(主)의 만찬'이란 뜻. 감사(charist)를 만들다(en)

© bookdepository.com

차밍스쿨 < 참스쿨 charm school (여성에게 미용 등을 가르치는 학교)

□ **charm** [tʃɑːrm/좌-암] 명 **매력**(=fascination); **마력**(=spell) 동 **매혹하다** ☜ 고대 프랑스어로 '마술의 매력'이란 뜻

♠ **charm school 참스쿨**《여성에게 미용·예법·교양 등을 가르치는 학교》

♠ She is a woman with a great deal of **charm**. 그녀는 아주 **매력있는** 여자이다.

□ **charm**ed [tʃɑːrmd] 형 매혹된; 마법에 걸린 ☜ charm + ed<형접>

□ **charm**er [tʃɑ́ːrmər] 명 마법사; 매혹하는 여자 ☜ charm + er(사람)

□ **charm**ing [tʃɑ́ːrmiŋ] 형 **매력적인**, 아름다운 ☜ charm + ing<형접>

© rtvgames.com

카드 card, 차트 chart (환자병력카드, 히트곡 순위표)

♣ 어원 : card, cart, chart 종이 조각, 판지, 상자

■ **card** [kaːrd/카-드] 명 **카드; 판지; 명함; (카드놀이의) 패** ☜ 중세 프랑스어로 '종이 한 장'이란 뜻

■ **cart**oon [kaːrtúːn] 명 풍자화, **(시사) 만화, 카툰**; 연재 만화 ☜ 종이(cart) 위에 그린 것(oon)

□ **chart** [tʃaːrt] 명 **해도**, 수로도; **도표**, 그림, **차트** ☜ 라틴어로 '종이, 지도'란 뜻

□ **chart**er [tʃɑ́ːrtər] 명 **헌장**, (목적·강령 등의) 선언서; (the C-) 유엔 헌장 ☜ 라틴어로 '편지, 문서'란 뜻. 작은(er<el) 종이(chart)

♠ the Great **Charter** 〖영史〗 대**헌장**, **마그나카르타**(Magna Charta)

★ 마그나카르타는 1215년 영국 존 왕의 실정에 분격한 귀족·승려가 왕의 권한을 제한하고, 국민의 자유와 권리를 보장하기 위하여 국왕에게 서명을 강요하여 받은 약정서이다.

□ **chart**ered [tʃɑ́ːrtərd] 형 특허 받은; 면허의; 공인된 ☜ charter + ed<형접>

□ **Chart**ist [tʃɑ́ːrtist] 명 인민헌장운동 참가자(지지자) ☜ chart + ist(사람)

스티플 체이스 steeple chase = SC ([육상] 장거리 장애물 경주)

[육상경기] 장거리 장애물 경주를 말한다. 일반적으로 SC라고 약기한다. 예를 들면 3,000m SC라고 표기한다. 수 마일을 달리는 경주마의 크로스컨트리 지구력 레이스도 스티플 체이스라고 한다.

※ **steeple** [stíːpəl] 명 (교회 따위의) **뾰족탑** ☜ 고대영어로 '높은 탑'이란 뜻

□ **chase** [tʃeis] 동 **뒤쫓다**, 추적하다; 추격하다 ☜ 라틴어로 '잡다'란 뜻

♠ **chase** the thief 도둑을 **쫓다**

♠ **in chase of ~ ~을 추적하여**

□ **chase**r [tʃéisər] 명 쫓는 사람, 추적자; 사냥꾼; 〖공군〗 추격기 ☜ -er(사람)

캐즘 chasm (지층의 움직임으로 생긴 깊은 구렁 또는 깊게 갈라진 틈)

□ **chasm** [kǽzəm] 명 (지면·바위 따위의) **깊게 갈라진 틈**; 깊은 구렁 ☜ 그리스어로 '크게 벌어진 구멍'이란 뜻

♠ a deep **chasm** 깊은 **골**

■ **chap** [tʃæp] 명 (보통 pl.) (살갗·입술 등의) 갈라짐, 튼 데 동 (살갗이) 트다 ☜ 중세 네델란드어로 '짧게 자르다'란 뜻

■ **chop** [tʃap/tʃɔp] 동 팍팍 찍다, 자르다, 빼개다, 잘게(짧게) 자르다 ☜ 중세영어로 '짧게 자른 것'이란 뜻

샤시 < 섀시 chassis (자동차의 기본 골격, 차대)

☐ **chassis** [ʃǽsiː] ⓜ (pl. **-**) (자동차 따위의) 차대 ☜ 고대 프랑스어로 '뼈대'란 뜻

체이스트 베리 Chaste berry (여성호르몬 불균형을 제어하는 순비기나무 열매)

Chaste (tree) berry는 주로 지중해에서 자라는 순비기나무의 열매이다. 난소 안에 있는 황체에서 분비되어 생식주기에 영향을 주는 여성호르몬인 프로게스테론의 혈중농도를 높여 여성호르몬 불균형을 제어하고 남성호르몬 수치를 줄이는 등의 효과가 있다고 알려진 허브(herb)다.

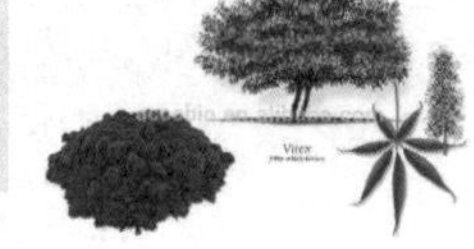

♣ 어원 : **cast, chast 순결한, 결점없는**

☐ **chast**e [tʃeist] ⓗ 정숙한, **순결한**; 고상한 ☜ 라틴어로 '깨끗한, 순결한'이란 뜻
♠ a **chaste** kiss on the cheek 볼에 하는 **순수한** 입맞춤

☐ **chast**ely [tʃéistli] ⓟ 정숙하게, 순결하게 ☜ chaste + ly<부접>

☐ **chast**en [tʃéisən] ⓢ **벌하다**; (사람을) 단련시키다 ☜ 순결하게(chast) 하다(en)

☐ **chast**ise [tʃæstáiz] ⓢ 《문어》 응징하다; 벌하다, 질책(비난)하다 ☜ 순결하게(chast) 하다(ise)

☐ **chast**ity [tʃǽstəti] ⓜ 정숙; **순결** ☜ chaste + ity<명접>

※ **berry** [béri] ⓜ 『식물』 **장과**(漿果); 딸기류의 열매; 말린 씨앗
☜ 고대영어로 '딸기 같은 핵 없는 소(小)과실'이란 뜻

채팅 chatting (컴퓨터 온라인상에서 접속자간 대화하는 것)

☐ **chat** [tʃæt] ⓢ **잡담하다**, 담화하다 ⓜ **잡담**, 담소, 수다 ☜ 중세영어로 '잡담하다'란 뜻
♠ I have **a chat** with my friends. 친구들과 **수다** 떨어요.

☐ **chat**ter [tʃǽtər] ⓢ **재잘거리다** ⓜ 지껄임, **수다** ☜ chat + t + er(계속 ~하다)

☐ **chat**terbox [tʃǽtərbɑks/-bɔks] ⓜ 수다쟁이 ☜ 수다(chatter)가 계속 나오는 상자(box)
비교 saucebox 건방진 녀석, 풋내기

☐ **chat**ting [tʃǽtiŋ] ⓜ **(컴퓨터 on-line 상의) 대화, 채팅** ☜ chat + t + ing<명접>

☐ **chat**ty [tʃǽti] ⓗ 수다스러운, 잡담의 ☜ chat + t + y<형접>

샤또 와인 chateau wine (프랑스 보르도 지방의 우량 포도주)

♣ 어원 : **chateau, chatela 성(城)(=castle)**

☐ **chât**eau [ʃætóu] ⓜ (pl. **-x**) 《F.》 **성(城)**; 대저택; **샤토** 《프랑스의 보르도 산지(産地)의 포도원》 ☜ 라틴어로 '성(城)'이란 뜻

☐ **chatela**in [ʃǽtəlèin] ⓜ 《F.》 성주(城主)
☜ 프랑스어로 '성(chatela)의 여자(in)'란 뜻

☐ **chatela**ine [ʃǽtəlèin] ⓜ 성주의 마님; 여자 성주
☜ 프랑스어로 '성(chatela)의 여자(ine)'란 뜻
★ D.H. Lawrence가 1928년 출간한 소설, 『차탈레 부인의 사랑 · Lady chatterley's Lover』에서의 chatterley와 chatelaine간 스펠링 구별

※ **wine** [wain/와인] ⓜ **와인, 포도주** ☜ 고대영어로 '포도주'란 뜻

초서 Chaucer (중세 영국 최대의 시인)

☐ **Chaucer** [tʃɔ́ːsər] ⓜ **제프리 초서** 《Geoffrey ~ , 영국의 시인; 1340?-1400》
★ 대표작 : 『캔터베리 이야기 · The Canterbury Tales』

쇼퍼 chauffeur (VIP 경호 · 통역 · 의전을 동시에 수행하는 특수 전문 운전기사)

쇼퍼는 리무진 등의 최고급 승용차에 귀빈들을 태우고 운전하며 경호, 통역, 의전 등 일반 운전기사가 해내지 못하는 전문 서비스를 제공하는 특수 운전기사를 의미한다. 미국과 유럽 선진국에서는 오랜 전통의 전문 직업으로 인정받고 있다.

♣ 어원 : **chauff, chaf 불을 지피다, 따뜻하게 하다**

☐ **chauff**eur [ʃóufər, ʃoufə́ːr] ⓜ 《F.》 (주로 자가용차의) **운전사**
☜ 프랑스어로 '(증기자동차 시대) 불을 붙이는 사람'이란 뜻

☐ **chauff**euse [ʃoufə́ːz] ⓜ 《F.》 여자 운전사 ☜ chauff(운전사) + euse(여자)

■ **chaf**e [tʃeif] ⓢ (손 따위를) **비벼서 따뜻하게 하다** ☜ 라틴어로 '따뜻하게 하다'

쇼비니즘 chauvinism (광신적 애국주의)

☐ **chauvin**ism [ʃóuvənìzəm] ⓜ **쇼비니즘**, 맹목(광신)적 애국주의 ☜ -ism(~주의)

★ 프랑스의 연출가 코냐르가 지은 속요(俗謠) 《삼색모표(三色帽標)》(1831)에 나오는 나폴레옹 군대에 참가하여 분전하고, 황제를 신(神)과 같이 숭배하여 열광적이고도 극단적인 애국심을 발휘했던 N.쇼뱅(Chauvin)이라는 병사의 이름에서 유래

☐ **chauvin**ist [ʃóuvvinist] ⑬ **쇼비니스트**, 광신적 애국주의자 ☜ -ist(사람)

C

칩 시크 cheap chic (개성있는 값싸고 멋진 제품)

가격이 저렴하면서 실용성과 심미성까지 겸비한 제품이나 옷차림

© amazon.com

☐ **cheap** [tʃiːp/취-잎] ⑬ **싼**, 값이 싼 ☜ 고대영어로 '사고팔다'란 뜻
♠ **A cheap purchase is money lost.**
《속담》 싸게 구입한 것은 돈을 낭비하는 것이다, 싼 게 비지떡

☐ **cheap**en [tʃíːpən] ⑤ 싸게 하다, 값을 깎아주다 ☜ cheap + en<동접>

☐ **cheap**ie [tʃíːpi] ⑬ 《미.구어》 싸구려 물건〔영화〕 ☜ -ie<y의 옛 철자>

☐ **cheap**ly [tʃíːpli] ⑭ 싸게 ☜ cheap + ly<부접>

☐ **cheap**ness [tʃíːpnis] ⑬ 염가 ☜ cheap + ness<명접>

※ **chic** [ʃi(ː)k] ⑬ (옷 등이) 매력 있고 유행에 어울리는, 멋진, 스마트한 ⑬ (특히 옷의) 멋짐, 기품, 우아; (독특한) 스타일 ☜ 프랑스어로 '속임수, 사기'란 뜻

치트 cheat (겜블링에서 상대를 속이는 행위)
다이어트 치팅데이 diet cheatting day (주1회 많이 먹는 날)

❶ 치트란 겜블링게임에서 속임수로 상대를 속이는 행위이다. ❷ 치팅데이란 다이어트 중인 사람이 일주일 중 한 끼는 자신이 먹고 싶은 음식을 조금 많이 먹는다는 날이다. 먹어도 평소 식단 섭취량을 기억하는 몸에서는 살이 찌는 반응을 하지 않는다.

☐ **cheat** [tʃiːt] ⑤ 기만하다, **속이다** ☜ 고대 프랑스어 es**cheat**의 두음소실
♠ **cheat** sheet 《미.속어》 **컨닝** 페이퍼. 비교 cunning 교활한; 약삭빠른
♠ **cheat A out of B A를 속여 B를 빼앗다**

☐ **cheat**er [tʃíːtər] ⑬ 사기〔협잡〕꾼 ☜ cheat + er(사람)

■ es**cheat** [istʃíːt] ⑬ 『법률』 복귀(復歸), (토지・재산의) 몰수 ⑤ (재산을) 복귀시키다〔복귀하다〕 ☜ 라틴어로 '밖으로(es<ex) 떨어지다(cheat=fall)'란 뜻

※ **diet** [dáiət] ⑬ (일상의) **음식물**; (치료・체중조절을 위한) **규정식**, 식이요법 ☜ 그리스어 diaita(건강한 삶의 방식)이란 뜻

※ **day** [dei/데이] ⑬ **낮**, 주간; **하루**; (종종 D-) ~날 ☜ 고대영어로 '일, 날, 일생'이란 뜻

체크카드 check card (직불카드와 신용카드의 기능을 혼합한 카드)

체크카드는 직불카드와 신용카드를 절충한 형태의 지불결제수단 카드이다. 전국의 모든 신용카드 가맹점에서 24시간 사용할 수 있으나, 신용카드의 현금서비스 및 할부 기능을 없앰으로써 신용불량자가 발생할 요소를 차단했다. 또 현금카드(캐시카드)의 기능도 겸한다.

♣ **어원 : 페르시아어 shah 왕(王) → scacus(왕의 말판놀이) → esches (저지・체스) → chess・check**

☐ **check**, 《영》 **cheque** [tʃek/쉐크] ⑬ **저지; 감독, 점검, 대조, 검사**; **수표**; 바둑판(체크) 무늬 ⑤ **저지하다, 조사[점검]하다**; 수표를 떼다 ☜ 고대 프랑스어로 '체스경기, (적의 공격을) 저지하다'란 뜻
♠ **check and balances 견제와 균형** 《입법・사법・행정 삼권간의》
♠ **check in** ~ (접수처에 기록하고) **호텔에 투숙하다**
♠ **check out** ~ (계산을 치르고) **호텔을 나오다**
♠ **check into** ~ 《미.구어》 **~에 출근[도착]하다**
♠ **check up (on)** ~ **대조하다; 자세히 조사하다**
♠ **check with** ~ **~와 의논[타협]하다, 맞춰보다**

☐ **check**book [tʃékbùk] ⑬ 《미》 수표장 ☜ check + book(책, 장부)

☐ **check**er, **cheq**uer [tʃékər] ⑬ **바둑판 무늬**; ☜ 체크 무늬(check) + er<명접> **검사자; 현금 출납원** ☜ 검사(check)하는 사람(er)

☐ **check**ers, **cheq**uers [tʃékərz] ⑬ (pl.) 서양장기 ☜ 체크무늬(checker)로 된 것(s)

☐ **check**-in [tʃékìn] ⑬ (호텔에서의) 숙박 절차, **체크인** ☜ check + in(들어옴)

☐ **check**list [tʃéklìst] ⑬ 《미》 대조표, 점검표, **체크리스트** ☜ check + list(표)

☐ **check**mate [tʃékmèit] ⑬ 『체스』 외통장군(=mate); (계획・사업 등의) 좌절; 『체스』 장군! 《단지 Mate! 라고도 함》 ☜ check + mate(외통장군)

☐ **check**-out [tʃékàut] ⑬ (호텔 등에서의) 퇴숙 절차, **체크아웃** ☜ check + out(나감)

☐ **check**point [tʃékpɔ̀int] ⑬ 검문소 ☜ check + point(점, 점수; 지점, 장소)

☐ **check**up [tʃékəˌp] 대조; 점검, 검사; (정기) 건강진단; (기계의) 분해 검사
☜ 완전한(up) 점검(check)
■ **chess** [tʃes] ⓜ **체스**, 서양장기 ☜ 고대 프랑스어로 '체스경기'란 뜻.
※ **card** [kɑːrd/카-드] ⓜ **카드**; 판지(板紙), 마분지 ☜ 중세 프랑스어로 '종이 한 장'이란 뜻

빰이 칙칙(cheek.빰)하다

☐ **cheek** [tʃiːk/취-잌] ⓜ **빰, 볼**, (pl.) 양볼; 뻔뻔함 ☜ 고대영어로 '턱, 턱뼈'란 뜻
♠ **have a cheek 뻔뻔하다, 건방지다**
☐ **cheek**bone [tʃíːkbòun] ⓜ **광대뼈** ☜ cheek + bone(뼈)
☐ **cheek**y [tʃíːki] ⓗ 뻔뻔스러운, 철면피한 ☜ cheek + y<형접>
■ rosy**cheek**ed [róuzitʃiːkt] ⓗ 빰이 불그스레한 ☜ rosy(장미빛의) + cheek + ed<형접>

치어리더 cheerleader (응원단장)

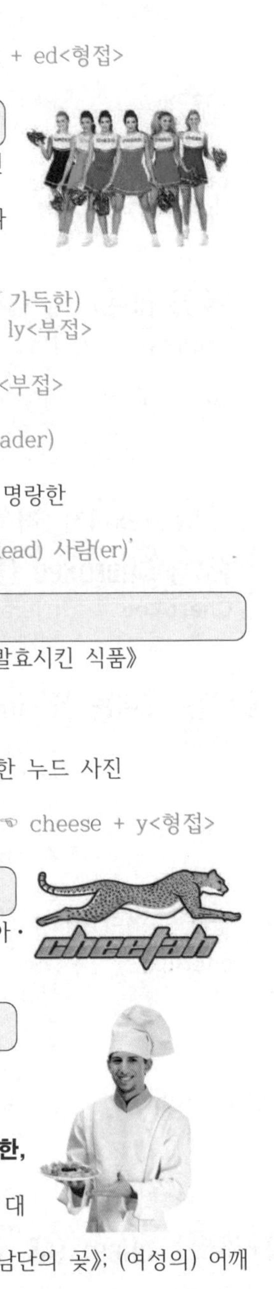

☐ **cheer** [tʃiər/취어] ⓜ **환호, 갈채**, 격려 ⓢ **~에 갈채를 보내다**, 성원하다, 응원하다 ☜ 고대 프랑스어로 '얼굴(표현)'이란 뜻
♠ **cheer on ~** ~을 성원하다, 소리 지르며 격려하다; 부추키다
♠ **cheer up ~ ~을 격려하다**; 기운이 나다
☐ **cheer**er [tʃíərər] ⓜ 갈채하는 사람, 응원자 ☜ cheer + er(사람)
☐ **cheer**ful [tʃíərfəl] ⓗ **쾌활한**, 기분 좋은, 기운찬 ☜ cheer + ful(~이 가득한)
☐ **cheer**fully [tʃíərfəli] ⓑ **기분 좋게**, 쾌활하게, 명랑하게 ☜ cheerful + ly<부접>
☐ **cheer**fulness [tʃíərfəlnis] ⓜ 유쾌함 ☜ cheerful + ness<명접>
☐ **cheer**ily [tʃíərili] ⓑ **기분 좋게**, 쾌활하게, 명랑하게 ☜ cheery + ly<부접>
☐ **cheer**iness [tʃíərinis] ⓜ 기분이 썩 좋음 ☜ cheery + ness<명접>
☐ **cheer**leader [tʃíərlìːdər] ⓜ 《미》 응원단장 ☜ 응원하는(cheer) 지도자(leader)
☐ **cheer**less [tʃíərlis] ⓗ 우울한 ☜ cheer + less(~이 없는)
☐ **cheer**y [tʃíəri] ⓗ (-<-ri**er**<-ri**est**) 기분 좋은; 원기 있는(=lively), 명랑한
☜ cheer + y<형접>
※ **lead**er [líːdər/**리**-더] ⓜ **선도자, 지도자, 리더** ☜ 중세영어로 '이끄는(lead) 사람(er)'

치즈 cheese (우유를 응고시켜 만든 발효식품)

☐ **cheese** [tʃiːz/**취**-즈] ⓜ **치즈** 《우유 속에 있는 카세인을 뽑아 응고·발효시킨 식품》
☜ 라틴어로 '치즈'란 뜻
☐ **cheese**burger [tʃíːzbərgər] ⓜ **치즈버거** 《치즈와 햄버거를 넣은 샌드위치》
☜ cheese + burger(~제(製)의 햄버거)
☐ **cheese**cake [tʃíːzkèik] ⓜ **치즈케이크** 《과자》; 《구어》 성적 매력을 강조한 누드 사진
☜ cheese + cake(과자)
☐ **chees**y [tʃíːzi] ⓗ (-<-si**er**<-si**est**) 치즈 질(質)의, 치즈 맛이 나는 ☜ cheese + y<형접>

치타 cheetah (포유류 중 가장 빠른 고양잇과 동물)

☐ **cheetah** [tʃíːtə] ⓜ **치타** 《표범 비슷한 동물; 길들여 사냥에 씀; 남아시아·아프리카산》 ☜ 인도 산스크리트어로 '작은 반점이 있는 것'

셰프 chef (요리사)

♣ 어원 : **cap, cape, cab, chap, chef, chief 머리, 우두머리**
☐ **chef** [ʃef] ⓜ 《F=chief》 요리사, 주방장, 쿡(=cook)
☜ 고대 프랑스어로 '지도자, 통치자'란 뜻
■ **chief** [tʃiːf/취-잎] ⓜ (pl. **-s**) **장(長)**, 우두머리, 지배자 ⓗ **주요한, 최고의** ☜ 고대 프랑스어로 '지도자'란 뜻
■ **cap**tain [kǽptin] ⓜ **장**(長), 지도자; 보스(=boss); **선장**, 〖육·공군〗 대위; 〖해군〗 대령 ☜ 중세영어로 '우두머리'라는 뜻
■ **cape** [keip] ⓜ **곶, 갑**(岬); (the C~) 희망봉 《남아프리카 공화국 남단의 곶》; (여성의) 어깨망토 ☜ 라틴어로 '머리'란 뜻

체호프 Chekhov (러시아의 소설가·극작가)

☐ **Chekhov** [tʃékɔːf/-ɔf] ⓜ **안톤 체호프** 《Anton ~, 러시아의 소설가·극작가; 1860-1904》
★ 대표작 : **『개를 데리고 다니는 여인』, 『벚꽃동산』, 『갈매기』, 『나의 인생』, 『다락방이 있는 집』, 『세 자매』** 등

케미 chemistry ([신조어] 남녀사이의 화학적 반응)

Chemistry(케미스트리)를 줄여서 케미라고 한다. 보통 화학이라는 뜻이지만 사람사이의의 화학반응을 일컫는데, 특히 미디어 속 남녀 주인공이 현실에서도 잘 어울리는 것을 상징하는 신조어이다.

C

♣ **어원 : chem, chemo 화학, 연금술**

□ **chem**ical [kémikəl] ⓗ **화학의**, 화학상의; 화학용의; 화학적인
☜ 라틴어로 '연금술(chem) 의(ical<형접>)'란 뜻
♠ **chemical** fiber **화학** 섬유 the **chemical** industry **화학** 공업
chemical reaction **화학** 반응 **chemical** textile **화학** 섬유
chemical weapons **화학** 무기 a **chemical** works **제약** 공장
chemical warfare (독가스 등을 사용하는) **화학**전

□ **chem**ically [kémikəli] ⓟ 화학적으로 ☜ chemical + ly<부접>

□ **chem**ist [kémist] ⓜ **화학자** ☜ 라틴어 alchimista(=alchemist.연금술사)의 줄임말

□ **chem**istry [kémistri] ⓜ **화학** ☜ chemist + ry<명접>

□ **chemo**therapy [kèməθérəpi] ⓜ 화학 요법 ☜ 화학(chemo)적 치료법(therapy)

al**chem**y [ǽlkəmi] ⓜ 연금술; 연단술; 《비유》 마력, 비법
☜ 고대 프랑스어로 '연금술'이란 뜻

슈미즈 chemise (엉덩이까지 내려오는 여성용 속옷 상의)

□ **chemise** [ʃəmíːz] ⓜ (여성의) 속옷의 일종, **슈미즈**; 시프트 드레스
☜ 라틴어로 '셔츠, 속옷'이란 뜻

□ **chemise**tte [ʃèmizét] ⓜ **슈미젯** 《chemise 위에 입어 목과 가슴을 가리는 속옷》 ☜ 프랑스어로 '여성의 속옷'이란 뜻.
chemise + ette(작은)

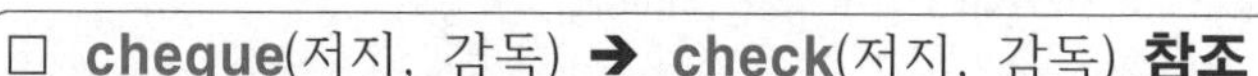

□ **cheque**(저지, 감독) ➔ **check**(저지, 감독) **참조**

체로키 Cherokee (북미 인디언족)

□ **Cherokee** [tʃérəkìː] ⓜ (pl. **-(s)**) **체로키**족 《북아메리카 인디언》; 미국 캘리포니아주 뷰트카운티에 있는 자치구 ☜ 인디언어로 '동굴에 사는 사람들'이란 뜻

연상 그녀는 체리(cherry.벚나무 열매)를 너무 체리쉬(cherish.소중히 하다)한다.

□ **cherry** [tʃéri/**췌**뤼] ⓜ **버찌, 벚나무**(~ tree) ☜ 고대영어로 '벚나무'란 뜻
♠ **cherry** blossom (보통 pl.) **벚꽃** (빛깔)
♠ **cherry** pie **체리** 파이

□ **cher**ish [tʃériʃ] ⓓ **소중히 하다**, 귀여워하다 ☜ 프랑스어로 '친애하는(=cher, dear)'
♠ **cherish** a child 아이를 **귀여워하다[소중히 기르다]**

케루빔 cherubim ([성서] 아홉 천사 중 지식을 맡은 제2위 천사)

□ **cherub** [tʃérəb] ⓜ (pl. **-s, -im**) 『성서』 **케루빔** 《제2계급에 속하는 천사; 지식을 맡음》. (pl. -s) 『미술』 천동(天童) 《날개를 가진 귀여운 아이의 그림》 ☜ 히브리어로 '날개달린 천사'란 뜻
♠ She's the **cherub** for the job.
그녀는 그 직업에 있어서는 **천사** 같다.

□ **cherub**ic [tʃərúːbik] ⓗ 천사의, 천사 같은; 천진스러운, 귀여운
☜ cherub + ic<형접>

□ **chess**(서양장기) ➔ **check**(저지; 감시) **참조**

체스트 chest (❶ 가슴 ❷ 정리한 물품을 넣어 두는 장)

□ **chest** [tʃest] ⓜ 흉곽, **가슴; 상자**, 장롱, **금고**, 밀폐 용기; **자금**
☜ 고대영어로 '가슴; 상자'란 뜻
♠ The **chest** is out and the shoulders are back.
가슴은 밖으로 내밀고, 어깨는 뒤로 폅니다.
♠ I found **a treasure chest** at last. 나는 마침내 **보물상자**를 발견했다.

□ **chest** thumping 젠체함, 호언장담 ☜ thumping(탁하고 치는, 거대한)

☐ **chest**y [tʃésti] 형 (-<-ti**er**<-ti**est**) 흉부질환에 걸리기 쉬운, 흉부질환의 ☜ -y<형접>

케스터네츠 castanet (조개모양의 타악기)

■ **castanet** [kæ̀stənét] 명 (보통 pl. **-s**) **캐스터네츠** 《타악기》 ☜ 라틴어로 '밤(나무)'. 밤나무를 재료로 사용할 당시 밤나무를 가리키는 스페인어 castaño(카스타노)에서 유래

☐ **chestnut** [tʃésnʌ̀t, -nət] 명 **밤**; 밤나무(=~ tree); 밤색, 고동색 형 밤색의 ☜ 밤나무의 라틴어 Castanea에서 유래. '껍질이 큰(chest) 견과류(nut)'
♠ crack **chestnut 밤**을 까다

C

시보레 < 쉐보레 Chevrolet (세계 4위의 자동차 브랜드)

1911년에 스위스 태생 프랑스인 루이 쉐보레(Louis Chevrolet:1878~1941)가 설립하여 1918년부터 제너럴모터스(GM)의 일부를 이루고 있는 자동차 브랜드. 단일 브랜드로 세계 4위이다.

☐ **Chevrolet** [ʃèvrəléi, ʃévrəlèi] 명 **쉐보레** 《미국 GM사의 자동차 브랜드》 ☜ 자동차회사 설립자 루이 쉐보레(Louis Chevrolet)의 이름에서

추잉검 chewing gum (씹는 껌)

☐ **chew** [tʃuː] 동 **씹다**; 깨물어 바수다 ☜ 고대영어로 '물다, 씹다'란 뜻
♠ **chew something over ~ ~을 곰곰이 생각하다**(차근차근 논의하다)

☐ **chew**ing [tʃuːiŋ] 명 씹기 ☜ chew + ing<명접>

☐ **chew**y [tʃúːi] 형 잘 씹어지지 않는 ☜ 잘 씹어야(chew) 할(y<형접>)

※ **gum** [gʌm] 명 **고무질**, 점성(粘性) 고무 ☜ 중세영어로 '식물성 건조 수지'란 뜻

장개석 Chiang Kai-shek (중국 공산당과의 내전에서 패한 후 대만으로 정부를 옮겨 중화민국을 세운 초대 총통이자 국민당 총재)

중국 국민당을 이끈 정치가. 1931년 만주사변 후 공산당과의 내전을 중지하고 국공합작을 통해 항일운동에 매진하였다. 그러나 2차 대전 후 중국 공산당과의 내전에서 패한 후 대만으로 정부를 옮겨 '자유중국' '대륙반공'을 제창하며 중화민국 총통과 국민당 총재로서 타이완을 지배하였다.

☐ **Chiang Kai-shek** [tʃiáːŋ-kàiʃék/치**앙**-**카**이**쉑**] 명 **장개석**(蔣介石) 《중화민국 초대 총통, 1887-1975》

그녀는 매우 시크(chic.스마트하고 매력있는)한 여자다. 칩 시크 cheap-chic (개성있는 값싸고 멋진 제품)

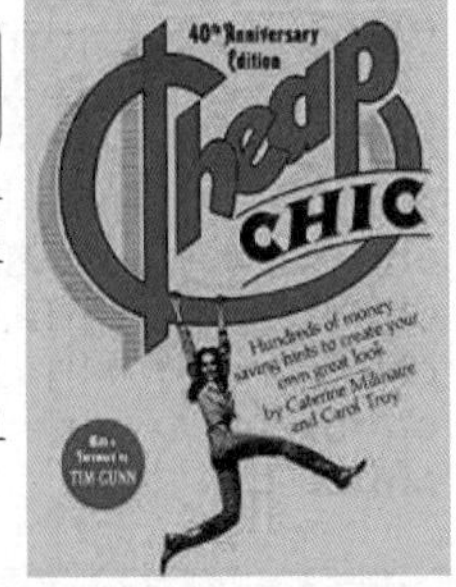

☐ **chic** [ʃi(ː)k] 형 (옷 등이) 매력 있고 유행에 어울리는, 멋진, 스마트한 명 (특히 옷의) 멋짐, 기품, 우아; (독특한) 스타일; 유행, 현대풍 ☜ 프랑스어로 '숙련, 기술'이란 뜻
♠ a **chic** hat 멋진 모자

■ cheap **chic** **칩 시크** 《돈을 들이지 않고 멋 내는 옷치레; 개성 있고 값싸고 멋진 제품》 ☜ 값싸고(cheap) 멋진(chic)

시카고 Chicago (미국에서 범죄가 가장 심한 도시)

☐ **Chicago** [ʃikɑ́ːgou, -kɔ́ː-] 명 **시카고** 《미국 중부의 대도시》 ☜ 북미 인디언 알곤킨족(Algonquian)어로 '야생 양파가 있는 곳'이란 뜻 ★ **시카고는 미국에서 가장 위험**한 도시로 시라크(Chiraq = Chicago + Iraq)라고 불리기까지 한다.

치킨 chicken (병아리)

☐ **chick** [tʃik] 명 **병아리, 새 새끼** ☜ chicken의 줄임말

☐ **chicken** [tʃíkin/**취**킨] 명 (pl. **-(s)**) **새새끼, 병아리; 닭고기, 닭** ☜ 고대영어로 '병아리, 새의 새끼'란 뜻
♠ **fried** (roast) **chicken 닭구이, 후라이드 치킨**

☐ **chicken**-and-egg (논의(論議) 따위가) 닭이 먼저냐 달걀이 먼저냐의 ☜ egg(새알, 달걀)

☐ **chicken** breast 새가슴 ☜ breast(가슴, 유방)
☐ **chicken** liver 겁쟁이(=chicken heart) ☜ liver(간(肝), 간장(肝臟))

연상 ▸ 선생님은 칭얼대는 좌일드(child.어린이)를 심하게 좌이드(chide.꾸짖다)했다.

※ **child** [tʃaild/좌일드] 명 (pl. **children**) **아이**; 어린이, 아동; 유아 ☜ 고대영어로 '아이'란 뜻
☐ **chide** [tʃaid] 동 (-/**chid/chidden**〔**chid**〕) **꾸짖다**, 비난하다
☜ 고대영어로 '꾸짖다', 고대 고지(高地) 독일어로 '쐐기를 박다'란 뜻
♠ **chide** ~ into apologizing ~를 **꾸짖어** 사과하게 하다.

캡틴 captain (선장), 셰프 chef (요리사)

© Paramount Pictures

♣ 어원 : cap, cape, cab, chap, chef, chief 머리, 우두머리
■ **cap**tain [kǽptin] 명 **장**(長), 지도자; 보스(=boss); **선장**, 『육·공군』 대위; 『해군』 대령 ☜ 중세영어로 '우두머리'라는 뜻
■ **chef** [ʃef] 명 《F=chief》 요리사, 주방장, 쿡(=cook)
☜ 고대 프랑스어로 '지도자, 통치자'란 뜻
☐ **chief** [tʃiːf/취-잎] 명 (pl. **-s**) **장(長)**, 우두머리, 지배자 형 **주요한, 최고의** ☜ 고대 프랑스어로 '지도자'란 뜻
♠ the **chief** cause 〔problem, reason〕 **주된** 원인〔문제, 이유〕
☐ **chief**ly [tʃíːfli] 부 **주로**(=mainly), 흔히, 대개 ☜ chief + ly<부접>
☐ **chief**tain [tʃíːftən] 명 **두목**, 왕초, 수령, 추장, 족장 ☜ 머리(chief)를 차지하다(tain)

칠더마스 Childermas ([가톨릭] 아기 추모의 날; 12월 28일)

사악한 유대의 왕 헤롯은 동방박사들이 '유대인의 왕'이 될 갓난아기를 찾고 있다고 하자 병사들에게 베들레헴에서 두 살이 안 된 남자 아이들을 모조리 죽이라는 명령을 내렸다. 하지만 성모 마리아의 남편인 요셉은 천사의 경고를 받고 갓난아기 예수와 함께 이집트로 피신해 위기를 모면했다. 가톨릭교회의 경우 12월 28일을 칠더마스(Childermas)라고 하고 금식과 애도의 날로 정했다.

☐ **child** [tʃaild/좌일드] 명 (pl. **children**) **아이**; 어린이, 아동; 유아
☜ 고대영어로 '아이'란 뜻
♠ The **child** talks like a man. 그 **아이**는 어른스럽게 말한다
♠ **child** abuse **아동** 학대, **child** welfare **아동** 복지
☐ **child**birth [tʃáildbəːrθ] 명 출산(율) ☜ child + birth(출산, 출생, 태생)
☐ **child**care [tʃáildkɛər] 명 육아 ☜ child + care(돌봄, 주의)
☐ **child**e [tʃaild] 명 《고어》 **도련님, 귀공자** ☜ child의 변형
☐ **Child**ermas [tʃíldərməs/-mæ̀s] 명 『가톨릭』 아기의 날 《무고한 어린이 순교 축일(Holy Innocents' Day)》 ☜ childer(어린이) + mass(=missa.예배집회)
☐ **child**hood [tʃáildhùd] 명 **어린 시절, 유년 시절** ☜ child + hood(연령층)
☐ **child**ish [tʃáildiʃ] 형 **어린애 같은**, 앳된, 유치한; 어리석은 ☜ child + ish<형접>
☐ **child**ishly [tʃáildiʃli] 부 어린애답게 ☜ childish + ly<부접>
☐ **child**ishness [tʃáildiʃnis] 명 어린애 같음 ☜ childish + ness<명접>
☐ **child**less [tʃáildlis] 형 아이가 없는 ☜ child + less(~이 없는)
☐ **child**like [tʃáildlàik] 형 《좋은 뜻》 어린애 같은, **어린애다운** ☜ child + like(~같은)
☐ **child**ren [tʃíldrən] 명 **어린이들** ☜ child의 복수

칠레 Chile (하루에 4계절이 공존하는 남미 서부의 공화국)

☐ **Chile, Chilli** [tʃíli] 명 **칠레** 《남아메리카 서남부의 공화국; 수도 산티아고(Santiago)》 ☜ 인디오말로 '땅이 끝나는 곳'이란 뜻 ★ 국토의 남북길이가 4,300km(한반도의 약 4배), 평균 폭은 177km이다.
☐ **Chile**an, **Chili**an [tʃíliən] 형 칠레의 명 칠레사람 ☜ Chile + an(~의/~사람)
☐ **chili** [tʃíli] 명 (pl. **-es**) 『식물』 칠레 고추 《열대 아메리카 원산》
☜ Chilli의 변형
☐ **chili** sauce **칠리소스** 《칠레고추·양파 등이 든 토마토 소스》
☜ sauce(소스, 양념)

연상 ▸ 칠레(Chile)남쪽은 항상 칠리(chilly.냉랭)한 기운이 감돈다

☐ **chill** [tʃil] 명 **냉기**, 한기 형 **냉랭한, 냉담한** ☜ 고대영어로 '추운'이란 뜻
♠ the **chill** of early dawn 새벽의 **냉기**
☐ **chill**ing [tʃíliŋ] 형 냉랭한; 냉담한 ☜ chill + ing<형접>

□ **chill**iness [tʃílinis] ⓜ 냉기, 한기; 냉담 ☜ chilly + ness<명접>
□ **chill**room [tʃílrùm] ⓜ 냉장실 ☜ chill + room(방, 실(室))
□ **chilly** [tʃíli] ⓗ (-<-llier<-lliest) **냉랭한, 냉담한**, 으스스한 ☜ chill + y<형접>

차임벨 chime bell (시각을 알리거나 호출용으로 쓰는 전자벨)

C

□ **chime** [tʃaim] ⓜ **차임**, (문·시계 등의) 차임; 차임 소리, (라디오의) 시보
☜ 라틴어/고대영어로 '심벌즈'라는 뜻
♠ **chime in** 조화하다; 맞장구를 치다
■ **cymbal** [símbəl] ⓜ 〖음악〗 (보통 pl.) **심벌즈** 《타악기》 ☜ 고대영어로 '심벌즈'
※ **bell** [bel/벨] ⓜ **종**; 방울, 초인종, 벨 ☜ 고대영어로 '고함치다, 소리 지르다'란 뜻

키메라 chimera ([그神] 불을 뿜는 괴물)

□ **Chimera** [kimíːrə, kai-] ⓜ 〖그.신화〗 **키메라** 《사자의 머리, 염소의 몸, 뱀의 꼬리를 한 불을 뿜는 괴물》

<콜로라도의 Chimney Rock>

침니 chimney ([등반] 굴뚝모양의 바위; 굴뚝모양의 바위 틈)

□ **chimney** [tʃímni] ⓜ **굴뚝** 《집·기관차·기선·공장 따위의》
☜ 고대 프랑스어로 '난로, 벽로'란 뜻
♠ clean out the **chimney 굴뚝** 청소를 하다

침팬지 chimpanzee (사람과 가장 닮은 유인원)

□ **chimpanzee** [tʃìmpænzíː, tʃimpǽnzi] ⓜ 〖동물〗 **침팬지** 《아프리카산》
☜ 앙골라 반투어로 '서아프리카의 큰 원숭이'란 뜻

친밴드 chin-band (모자에 달린 턱끈, 턱띠)

턱띠, 턱 피륙 등의 뜻. 12세기 유럽 부인들이 관 모양의 머리에 쓰는 물건을 안전하게 유지시키기 위해 이용했으며, 이것을 친 스트랩(chin strap)이라고 불렀다. 13세기가 되자 그것에 대신하는 길고 작은 천이 이용되었는데, 이것을 친밴드라고 불렀다. <출처 : 패션전문자료사전 / 일부인용>

□ **chin** [tʃin] ⓜ **턱**; 턱끝 ☜ 고대영어로 '턱'이란 뜻
♠ with (one's) **chin** in hand 손으로 **턱**을 괴고
□ **chin**bone [tʃínbóun] ⓜ 〖동물·해부학〗 아래턱(뼈) ☜ chin + bone(뼈)
※ **band** [bænd/밴드] ⓜ **밴드, 끈, 띠**; 악대, 악단 ☜ 고대영어로 '묶는 것, 매는 것'

본 차이나 bone china (소 뼛가루를 섞어 만든 영국식 고급 도자기)

중국의 도자기가 유럽으로 유입된 18세기 이후부터 영국은 중국식 자기를 모방하여 결실을 본 것이 본차이나(bone china)라는 이름으로 통용된 영국식 도자기다. 소뼈를 섞어 만들어 골회자기(骨灰瓷器)라고도 하는데 가볍고 단단하며 맑은 빛이 도는 반투명 도자기이다.

♣ **어원 : china, chino 중국 (중국을 통일한 진(秦)나라에서 유래)**
※ **bone** [boun] ⓜ 뼈, 골질; (pl.) 해골, 유골 ☜ 고대영어로 '뼈'란 뜻
□ **china** [tʃáinə] ⓜ 고령토, **자기**(그릇) ☜ '중국산 도자기'란 뜻에서
□ **China** [tʃáinə/**촤**이너] ⓜ **중국** ☜ 중국 '진(秦)나라'의 이름에서 유래
♠ the People's Republic of **China** 중화인민공화국, 중국(中國)
♠ the Republic of **China** 중화민국 《대만 정부》
□ **China**town [tʃáinətàun] ⓜ **차이나타운**, 중국인 거리 ☜ china + town(읍, 마을)
□ **Chin**ese [tʃainíːz/촤이**니**-즈, -níːs] ⓗ **중국(인, 어)의** ⓜ (pl. -) **중국인[어]**
☜ China + ese(~의/~사람)
□ **Chin**ese Empire (the ~) (역대의) 중국 왕조 《1912년 이전의》 ☜ empire(제국(의))
□ **Chin**ese Wall (the ~) 만리장성(=the Great Wall of China) ☜ wall(벽, 성벽; 장애)
□ **Chino**-Korean [tʃáinoukəríːən, tʃáinnəkəríːən, -kouríːən] ⓗ 한중(韓中)의
☜ Chino(중국의) ★ Sino-Korean이 더 일반적임.

치누크 Chinook (❶ 북미 인디언 치누크족 ❷ CH-47 수송헬기 별명)

□ **Chinook** [ʃinúːk, -núk, tʃi-] ⓜ **치누크**족 《미국 북서부 컬럼비아 강 유역에 살던 아메리카 원주민》; CH-47 헬기의 별명 ☜ 북미 인디언어로 '눈(snow)을 먹는 바람'이란 뜻

메모리칩 memory chip (기억장치를 구성하는 칩)

1비트의 정보를 담는 수천 개의 셀로 이루어져 기억장치를 구성하는 칩. 칩(chip)이란 마이크로칩(microchip)을 줄여서 말한 것으로, 그 안에 컴퓨터 메모리나 마이크로프로세서의 논리회로 등이 들어 있는, 작지만 대단히 복잡한 모듈들을 의미한다.

※ **memory** [méməri/**메**머뤼] ⓜ **기억, 기억력** ☜ 고대 프랑스어로 '정신, 기억, 기록'이란 뜻

☐ **chip** [tʃip] ⓜ (나무) 토막, **조각**; 〖컴퓨터〗 **칩** 《집적 회로를 붙인 반도체 조각》
☜ 고대영어로 '작은 나무/돌 조각'이란 뜻
♠ **chip** card **반도체 칩**을 실제로 넣은 카드 《credit card 등》

카이로프랙틱 chiropractic (신경 · 근육 · 골격 체계를 약물 · 수술 없이, 손으로 행하는 척추 조정[지압] 요법)

♣ **어원 : chiro 손**

☐ **chiro**graph [kairάgrəf/-rɔ́g-] ⓜ 증서, 자필 증서(自筆證書)
☜ 그리스어로 '손(chiro)으로 쓰다(graph)'란 뜻

☐ **chiro**graphy [kairάgrəfi/-rɔ́g-] ⓜ 필법; 서체; 필적, 서(書) ☜ 손(chiro)으로 쓰는(graph) 법(y)
♠ **He be skilled in chirography. 그는 달필이다.**

☐ **chiro**logy [kairάlədʒi/-rɔ́l-] ⓜ 수화법(手話法); 손의 연구 ☜ 손(chiro)의 학문(logy)

☐ **chiro**mancy [káirəmæ̀nsi] ⓜ 수상술, 손금보기 ☜ 손(chiro)으로 보는 점(mancy)
♠ **I prefer chiromancy. 나는 손금보는 것을 선호한다.**

☐ **chiro**mancer [káirəmæ̀nsə] ⓜ 수상가(手相家), 손금 보는 사람 ☜ -er(사람)

☐ **chiro**pody [kirάpədi, kai-/-rɔ́p-] ⓜ 손발 치료 ☜ 손(chiro)과 발(pod)dp 관한 것(y)

☐ **chiro**podist [kirάpədist, kai-/-rɔp-] ⓜ 손발 치료 전문의사 ☜ -ist(사람)

☐ **chiro**practic [kàirəprǽktik] ⓜ 〖의학〗 척추 조정〔지압〕 요법, **카이로프랙틱**
☜ 손(chiro)으로 하는(pract) 것(ic)
♠ **Chiropractic care** is very safe for children.
척추 교정 요법 치료는 어린이들에게 매우 안전하다.

케이론 Chiron ([그神] 의술 · 궁술 · 예술 · 예언에 능한 현자)

☐ **Chiron** [kairan, -ren] ⓜ 〖그.신화〗 **케이론** 《가장 현명한 centaur로서 예언 · 의술 · 음악에 능했음》

한국 새들은 짹짹하고 울고, 영 · 미권 새들은 첩첩(chirp)하고 운다.

☐ **chirp** [tʃəːrp] ⓜ **짹짹** 《새 · 벌레의 울음 소리》 ⓢ **짹짹 울다,** 지저귀다
☜ 중세영어로 '새가 지저귀다'란 뜻
♠ **sparrows** chirp **참새**가 지저귀다.

치즐 chisel (금속 · 비금속의 가공 · 절단 등에 사용하는 홈파기 공구)

☐ **chisel** [tʃízəl] ⓜ **끌**, 조각칼, (조각용) 정 ⓢ 끌로 파다, 조각하다
☜ 라틴어로 '절단하는 도구'란 뜻
♠ **chisel** marble 대리석을 **끌로 깎다〔조각하다〕**

쉬벌리 chivalry: Medieval Warfare (중세 기사들의 전투를 묘사한 전자게임) 캐벌리 셔츠 cavalry shirt (기병 상의 스타일의 스포츠 상의)

♣ **어원 : cabal, caval, chival 말(=horse); 기마, 마차, 기사도**

☐ **chival**ry [ʃívəlri] ⓜ **기사도**, 기사도적 정신 《충의 · 용기 · 인애 · 예의를 신조로 하며, 여성에게 상냥하고 약자를 돕는》; 기사들
☜ 중세 라틴어로 '기수, 승마자'
♠ the Age of **Chivalry 기사도** 시대 《10-14세기》
♠ He is full of **chivalry** and can't be patience with injustice. 그는 **기사도 정신**이 강하여 불의를 참지 못한다.

< Cavalry Shirt >

☐ **chival**rous [ʃívəlrəs] ⓗ **기사의**, 기사적인; 무용(武勇)의, 의협의 ⓜ 기사도 시대 ☜ chivalry + ous<형접>

■ **caball**ero [kæ̀bəljέərou] ⓜ (pl. **-s**) 《Sp.》 (스페인의) 신사, 기사(=knight)
☜ 스페인어로 '스페인 기사/신사'란 뜻

■ **caval**ry [kǽvəlri] ⓜ [집합적] **기병(대)**; 《특히》 기갑 부대

☜ 이탈리아어로 '기마 민병대'란 뜻

※ shirt　[ʃəːrt/셔-트] ⓜ **와이셔츠, 셔츠**; 칼라 · 커프스가 달린 셔츠 블라우스; 내복
☜ 고대영어로 '(날카로운 것에 의해) 짧게 잘린 의복'이란 뜻

클로렐라 chlorella (우주식으로 연구되고 있는 녹조 식물)

♣ 어원 : chlor 녹색(의)

☐ **chlor**ella　[klərélə] ⓜ 〖식물〗 **클로렐라** 《녹조(綠藻)의 일종; 우주식(食)으로 연구되고 있음》 ☜ 그리스어 chloros(녹색) + 라틴어 ella(작은)

☐ **chlor**ine　[klɔ́ːrin] ⓜ 〖화학〗 **염소, 클로르** 《비금속 원소; 기호 Cl; 번호 17》 ☜ 그리스어로 '녹색(chloros) 요소(ine<화학 접미사>)

초콜렛 < 초콜릿 chocolate (카카오나무 열매의 씨를 볶아 만든 가루에 우유, 설탕, 향료 등을 섞어 만든 것)

☐ **chocolate**　[tʃɔ́ːkəlit/**초**-컬릳, tʃάk-/tʃɔ́k-] ⓜ **초콜릿**; 초콜릿 과자〔음료〕 ⓗ 초콜릿의
☜ 멕시코 아즈텍어로 '카카오콩'이란 뜻. 카카오콩은 초콜릿의 원재료
★ 16세기 초 멕시코를 탐험한 에르난 코르테스(Hernán Cortés)가 스페인의 귀족층에 초콜릿을 소개함으로써 17세기 중반 유럽 전역으로 퍼졌다.

테이스터스 초이스 Nescafé Taster's Choice (네슬레의 인스턴트 커피 브랜드. <맛을 보는 자의 선택>이란 뜻)

※ **taste**r　[téistər] ⓜ 맛보는〔맛을 감정하는〕 사람
☜ 맛을 보는(taste) 사람(er)

☐ **choice**　[tʃɔis/초이스] ⓜ **선택**(하기), 선정
☜ 고대영어로 '선택하다, 맛보다'란 뜻
ⓗ (-<-c**er**<-c**est**) 잘 고른, 정선한(=well-chosen)
♠ Which is your **choice** ? 어느 것으로 **선택**했니 ?
♠ **by choice 좋아서, 스스로 택하여**
♠ **have no choice but to ~ ~할 수 밖에 없다**
♠ **make a choice 선택하다**

☐ **choose**　[tʃuːz/추-즈] ⓢ (-/**chose**/**chosen**) 고르다, **선택하다**; 선정하다
☜ 고대영어로 선택하다'란 뜻
♠ **choose (A) President A를 대통령으로 뽑다**
♠ **cannot choose but ~ ~하지 않을 수 없다, ~할 수 밖에 없다**

☐ **choos**er　[tʃúːzə] ⓜ 선택자 ☜ choose + er(사람)

☐ **choos**y　[tʃúːzi] ⓗ 선택에 신중한, 까다로운 ☜ choose + y<형접>

■ **chose**n　[tʃóuzn/**초**우즌] ⓗ **선발된**; 정선된 ☜ choose의 과거분사 ➔ 형용사
♠ a **chosen** book **선정**(選定) 도서

코러스 chorus (여러 사람이 서로 화음을 이루면서 부르는 합창)

■ **chor**us　[kɔ́ːrəs] ⓜ 〖음악〗 **합창; 합창곡**; (노래의) 합창 부분, 후렴(=refrain); [집합적] 합창대 ☜ 라틴어로 '춤추고 노래하는 사람들'이란 뜻

☐ **choir**　[kwáiər] ⓜ [집합적] **합창단**, (교회의) **성가대** ☜ 라틴어로 '합창단'
♠ a **choir** member **합창단**원

☐ **choir**boy　[kwáiərbɔ̀i] ⓜ (성가대의) 소년 가수 ☜ choir + boy(소년)

☐ **choir**master　[kwáiərmæ̀stər, -mὰːstər] ⓜ 성가대〔합창단〕 지휘자
☜ choir + master(주인, 장(長))

초크 choke (엔진의 공기흡입조절장치)

<초크가 열린 상태>
<초크가 닫힌 상태>

[기계] 냉각상태의 엔진 시동을 걸 때, 가솔린의 혼합비를 높이기 위하여 공기의 흡입을 적게 하는 일[장치]. 최근 가솔린 차량은 수동초크 대신 자동초크가 사용된다.

☐ **choke**　[tʃouk] ⓢ **질식시키다, 숨이 막히다** ⓜ 질식, 목맴; (엔진의) 공기흡입 조절장치 ☜ 고대영어로 '숨이 막히다'란 뜻
♠ **choke the life out of ~ ~을 목졸라 죽이다, 교살하다.**

☐ **choke**d　[tʃoukt] ⓗ 목매인 ☜ choke + ed<형접>

☐ **choke**r　[tʃóukər] ⓜ 숨 막히게 하는 사람, (숨을) 막는 것
☜ choke + er(사람/주체)

☐ **chok**ing　[tʃóukiŋ] ⓗ 숨 막히는; (감동으로) 목이 메는 듯한

☜ choke + ing<형접>

☐ **chok**y [tʃóuki] ⓗ (-<-ki**er**<-ki**est**) 숨 막히는 듯한 ☜ choke + y<형접>

콜레라 cholera (콜레라균에 의한 전염성 감염 질환)

☐ **cholera** [kάlərə/kɔ́l-] ⓜ **콜레라**, 호열자 ☜ 그리스어로 '설사로 특징되는 질병'이란 뜻.

☐ **cholera**ic [kὰləréiik/kɔ̀l-] ⓗ **콜레라**(성)의, 유사 콜레라의 ☜ cholera + ic<형접>

C

콜레스테롤 cholesterol (동맥경화를 일으키는 세포막 구성 물질)

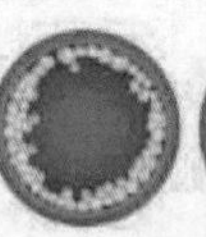
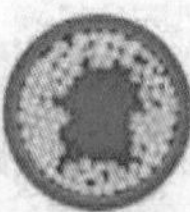
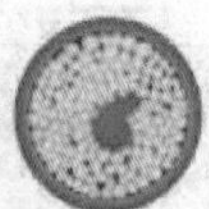

콜레스테롤은 우리 몸의 혈액 등에 많이 들어있는 대표적인 스테로이드 물질이다. 콜레스테롤이 전혀 없으면 사람은 생명을 유지할 수 없다. 하지만 콜레스테롤이 정상 수치보다 높을 때는 동맥이 굳는 동맥경화를 일으킨다.

☐ **cholesterol** [kəléstəròul, -rɔ̀l], -**terin** [kəléstərin/kɔ-] ⓜ 『생화학』 **콜레스테롤** 《지방·혈액·담즙 따위에 있음》 ☜ 그리스어로 chole(담즙) + steroes(고체).

☐ **cholesterol**-rich [kəléstəroulrítʃ, -rɔ̀l-] ⓗ **콜레스테롤**이 많은 ☜ -rich(~이 풍부한)

촘스키 Chomsky (미국의 언어학자이자 진보적 정치평론가)

☐ **Chomsky** [tʃάmski/tʃɔ́m-] ⓜ **노암 촘스키** 《(Avram) Noam ~, 미국의 언어학자·정치평론가, 매사추세츠 공과대학 교수, 변형생성 문법 창시; 1928~ 》

☐ **choose**(선택하다) ➔ **choice**(선택) **참조**

촙스틱 chopstick (젓가락), 촙히트 chop hit ([야구] 도끼질 타구)

☐ **chop** [tʃɑp/tʃɔp] ⓢ **자르다**, 패다, 베다 ⓜ 절단 ☜ 고대영어로 '자르다'란 뜻

♠ **chop up** a cabbage 양배추**를 잘게 썰다**

♠ **chop** the tree **down** 나무**를 베어 넘기다**

☐ **chop** hit **촙 히트** 《『야구·소프트볼』 도끼로 내리치듯이 휘두르는 타구》 ☜ hit(치다, 때리다)

☐ **chop**per [tʃάpər] ⓜ 자르는 사람(물건); 도끼; 고기 자르는 큰 식칼; 헬리콥터 ☜ chop + p<단모음+단자음+자음반복> + er(사람/장비)

☐ **chop**stick [tʃάpstìk] ⓜ (보통 pl) 젓가락 ☜ 절단(chop)된 막대기(stick)

쇼팽 Chopin (<피아노의 시인>으로 불린 폴란드 태생 피아니스트)

☐ **Chopin** [ʃóupæn/ʃɔ́pæn] ⓜ **쇼팽** 《Frédéric François ~, 폴란드 태생 피아니스트·작곡가; 1810-49》 ★ **대표곡 : 『장송 행진곡』, 『즉흥 환상곡』 등 다수**

☐ **choral**(합창대의, 합창곡의) ➔ **chorus**(합창, 합창곡) **참조**

코드 chord (기타·바이올린 같은 현악기의 줄)

☐ **chord** [kɔːrd] ⓜ (악기의) **현**(=string), 줄; 심금(心琴), 감정 ⓢ ~의 가락을 맞추다 ☜ 라틴어로 '악기의 줄, 현(絃)'이란 뜻

♠ **strike** (touch) **the right chord 심금을 울리다**

연상 그는 바닥에 초를 칠하고 닦는 초어(chore.잡일)만 하고 살았다.

☐ **chore** [tʃɔːr] ⓜ 지루한(싫은) 일; (pl.) **잡일, 허드렛일** ☜ 중세영어로 '임시직'이란 뜻

♠ doing the **household** (domestic) **chores 집안일**을 하는

꼬레오그래퍼 choreographer (안무가, 발레 편성가)

© news.usc.edu

☐ **choreo**graphy [kɔ̀ːriάgrəfi/kɔ̀ːriɔ́g-] ⓜ (무용·발레의) 안무(법); 무용술 ☜ 그리스어로 '춤(choreo=dance)을 기록하다(graphy)'란 뜻

☐ **choreo**grapher [kɔ̀(ː)riάgrəfər/ -ɔ́g-] ⓜ **안무가; 무용가**(교사) ☜ -er(사람)

♠ A **choreographer** synchronizes dancers.
안무가는 무용수들의 춤동작을 통일시킨다.

코러스 chorus (여러 사람이 서로 화음을 이루면서 부르는 합창), 캐롤 carol

♣ 어원 : car, chor, choit 노래, 노래하다

□ **chor**us [kɔ́:rəs] 명 『음악』 **합창; 합창곡**; (노래의) 합창 부분, 후렴(=refrain); [집합적] 합창대
☜ 라틴어로 '춤추고 노래하는 사람들'이란 뜻
♠ a mixed **chorus** 혼성 합창
♠ **chorus** boy (girl) **코러스 보이(걸)** 《가극 등의 남자(여자)가수 겸 무용수》

□ **chor**al [kɔ́:rəl] 형 합창대의; 합창(곡(용))의. 일제히 소리 내는 《낭독 따위》.
☜ 라틴어로 '노래(chor) 하는(al)'이란 뜻

■ **choir** [kwáiər] 명 [집합적] **합창단**, (교회) **성가대** ☜ 라틴어로 '합창단'이란 뜻

■ **carol** [kǽrəl] 명 기쁨의 노래(=joyous song), **축가** 동 기뻐 노래하다
☜ 중세 라틴어로 '플룻에 맞춰 추는 춤'이란 뜻

C

□ **chose**(choose의 과거), **chosen**(선발된) ➔ **choice**(선택) **참조**

그리스도 Christ (구세주. <세상을 구원하는 주님>이란 뜻)
크라이스트 처치 Christ Church (영국에 있는 세계유일의 대학 겸 성당)

□ **Christ** [kraist] 명 **그리스도** 《구약 성서에서 예언된 구세주의 출현으로서 기독교 신도들이 믿은 나사렛 예수(Jesus)의 호칭, 뒤에 Jesus Christ로 고유명사화됨》
☜ 라틴어로 '기름 부어진 자, 구세주'란 뜻

< 예수 그리스도 >

□ **Christ** child (the ~) 아기 예수 ☜ child(어린이)

□ **christ**en [krísn] 동 **세례를 주다**, (세례를 주어) 기독교도로 만들다 (=baptize) ☜ 고대영어로 '세례를 베풀다'란 뜻
♠ She **was christened** John.
그는 요한**이라는 세례명을 받았다**.

□ **Christ**ian [krístʃən/크뤼스쳔] 명 **기독교도**; 《구어》 문명인 형 **그리스도의; 기독교의** ☜ 그리스도(Christ)를 믿고 따르는 자(ian)
♠ the **Christian** view of the world **기독교적** 세계관
♠ behave like **a Christian** **인간[문명인]**답게 행동하다.

□ **Christ**ianity [krìstʃiǽnəti] 명 (pl. **-ties**) **기독교**(신앙, 정신, 주의, 사상) ☜ -ity<명접>

□ **Christ**ian name **세례명**(=given name = first name = personal name) ☜ name(이름)
비교 surname 성(姓)(= family name = last name)

□ **Christ**mas [krísməs/크뤼스머스] 명 **크리스마스, 성탄절**(~ Day) 《12월 25일; 생략: **X mas**》
☜ 그리스도(Christ)의 미사(mas=mass). ★ 크리스마스는 예수의 탄생일로 알고 있으나, 성경에 예수의 탄생일은 기록되어 있지 않으며, 원래의 의미는 '예수께 드리는 미사(성찬(聖餐) 의식)'이라고 한다.
♠ green **Christmas** 눈이 오지 않는(따뜻한) **크리스마스**
♠ white **Christmas** 눈이 내린 **크리스마스**
♠ **Christmas** party (present) **크리스마스** 축하회(선물)
♠ **A merry Christmas (to you). 성탄을 축하합니다.**

■ pre-**Christ**ian [pri:krístʃən] 형 예수 이전의 ☜ pre-(전, 앞, 미리) ⇔ post-(뒤, 후)

※ **church** [tʃə:rtʃ/처-취] 명 (기독교의) **교회**(당), 성당; 예배 ☜ '주님의 집'이란 뜻

애거사 크리스티 Dame Agatha Christie (영국 여류 추리 작가)

□ **Christie** [krísti] 명 **크리스티** 《Dame Agatha ~, 영국의 여류 추리 소설가. 명탐정 Hercule Poirot가 등장하는 일련의 작품으로 유명; 1891-1976》
★ 대표작 : 『스타일즈장(莊) 살인사건』, 『오리엔트특급 살인사건』 등 다수

크롬 chrome (은백색의 광택을 가진 금속)

□ **chrom**atics [kroumǽtiks] 명 (pl.) [단수취급] 색채론, 색채학
☜ 색깔(chroma) 학문(tics)

□ **chrome** [kroum] 명 『화학』 **크롬**; 크롬 합금, 크롬 도금 동 **크롬** 염색하다; **크롬** 도금하다 ☜ 그리스어로 '색깔(=color)'이란 뜻

□ **chrom**ium [króumiəm] 명 『화학』 **크롬, 크로뮴** 《금속 원소; 기호 Cr; 번호 24》
☜ chrome + ium<금속 원소 접미사>

□ **chrom**osome [króuməsòum] 명 『생물』 염색체 ☜ 색깔(chromo)이 있는 형체(some)

싱크로나이즈 synchronized (swimming) (수중 발레) * swimming 수영(하는)

♣ 어원 : chron, crony 시간

■ synchronize [síŋkrənàiz] ⓢ **동시에 발생**(진행, 반복)**하다**, 동시성을 가지다 ☜ 같은(syn) 시간(chron)을 만들다(ize)
□ **chron**ic [krάnik/krɔ́n-] ⓗ **장기간에 걸친**; 『의학』 만성의, 고질의 ☜ 시간(chron) 의(ic<형접>
♠ a **chronic** disease **만성**병
□ **chron**ically [krάnikəli/krɔ́n-] ⓑ 만성적으로 ☜ chronic(al) + ly<부접>
□ **chron**icle [krάnikl/krɔ́n-] ⓜ **연대기**(年代記); 역사; (the C-s) 『성서』 역대기(歷代記) 《구약성서의》 ☜ chronic + le<명접>
♠ **a chronicle of war 전쟁의 연대기**
□ **chron**icler [krάniklər/krɔ́n-] ⓜ 연대기 편찬자 ☜ chronicle + er(사람)
□ **chron**ology [krənάlədʒi/-nɔ́l-] ⓜ 연대학; 연대기, 연표 ☜ 시간(chron)에 관한 학문(ology)
□ **chron**ologic(al) [krὰnəlάdʒik(əl)/krɔ̀nəlɔ́dʒik(əl)] ⓗ 연대순의, 연대학적인 ☜ chronology + cal<형접>
□ **chron**ologist [krənάlədʒist/-nɔ́l-] ⓜ 연대학자, 연표(年表)학자 ☜ -ist(사람)
□ **chron**ologize [krənάlədʒàiz/-nɔ́l-] ⓢ 연대순으로 배열하다, 연표를 만들다 ☜ -ize<동접>
□ **chron**ometer [krənάmitər/-nɔ́m-] ⓜ **크로노미터** 《천문・항해용 정밀 시계》; [일반적] 정밀 시계 ☜ 시간(chron)을 + o + 재는 것(meter)
□ **chron**ometry [krənάmitri/-nɔ́m-] ⓜ 시각 측정; 측시술(測時術) ☜ -y(방법, 기술)
■ ana**chron**ism [ənǽkrənìzəm] ⓜ 시대착오; 시대에 뒤떨어진 사람(사물); 연대(날짜)의 오기(誤記) ☜ ~에 반하는(ana=against) 시간(chron) 행태(ism)

연상 크리스탈(Crystal)은 크리샌더멈(chrysanthemum.국화)향을 너무 좋아한다.

※ **crystal** [krístl] ⓜ **수정(구슬)**; 크리스털 유리; 결정(체); (C-) 여자이름 ⓗ 수정의; 투명한; 결정(체)의 ☜ 고대영어로 '맑은 얼음, 투명한 광물'이란 뜻
□ **chrys**anthemum [krisǽnθəməm] ⓜ 『식물』 국화; (C-) 국화속(屬) ☜ 그리스어로 '금빛(chrys=golden)의 꽃(anthemum=flower)'
♠ a **chrysanthemum** show **국화** 전람회

연상 그 남자의 첩(妾)은 첩(chub.황어)을 엄청 싫어한다.

□ **chub** [tʃʌb] ⓜ (pl. **-s**; [집합적] **-**) 『어류』 잉어속(屬)의 물고기, 황어(黃魚) ☜ 근세영어로 '미끼로 사용되는 짧고 두꺼운 민물고기'
□ **chubbi**ness [tʃʌ́binis] ⓜ 토실토실함, 통통하게 생김 ☜ chubby + ness<명접>
□ **chubby** [tʃʌ́bi] ⓗ (-<-bb**ier**_-bb**iest**) **살이 찐, 오동통한**, 똥똥한 ☜ 근대영어로 '잉어속(屬) 물고기(=chub)를 닮은'이란 뜻
♠ He is so **chubby** that he seems like a pig. 그는 너무 **통통해서** 돼지 같다.

자끄 < 자크 < 처크 < 척 chuck (지퍼 = zipper)

□ **chuck** [tʃʌk] ⓜ 『기계』 **척** 《선반(旋盤)의 물림쇠》; **지퍼**(=zipper) ⓢ **내던지다, 그만두다** ☜ chock의 변형
♠ **chuck ~ away ~를 버리다**
□ **chunk** [tʃʌŋk] ⓜ (치즈・빵・고기 따위의) **큰 덩어리**; 《구어》 땅딸막한 사람 ☜ 근대영어로 '짧고 두꺼운 것'이란 뜻
♠ **a chunk of** meat 고기 **한 덩어리**
■ **chock** [tʃαk/tʃɔk] ⓜ (자동차・항공기 바퀴에 괴는) 굄목, 쐐기 ⓢ 쐐기로 괴다(고정시키다) ☜ 근대영어로 '나무 조각; (나무・돌 따위의) 큰 덩이'란 뜻

한국 닭들은 꼬꼬(구구)하며 울고, 영어권 닭들은 척(chuck)하고 운다

□ **chuck** [tʃʌk] ⓢ (닭을) 구구(꼬꼬)하고 부르다; (말을) 이랴! 하고 몰다 ☜ 의성어
□ **chuck**le [tʃʌ́kl] ⓜ **낄낄 웃음**, 미소; (암탉이 병아리를 부르는) 꼬꼬하는 울음소리 ⓢ **낄낄 웃다**; (혼자서) 기뻐하다 ☜ 의성어
♠ **chuckle out 낄낄 웃으며 말하다**

크라이스트 처치 Christ Church (영국에 있는 세계유일의 대학 겸 성당)

영국 잉글랜드 옥스퍼드(Oxford)에 있는 세계유일의 대학 겸 성당이다. 1532년 헨리 8세가 설립하였다. 성당의 화려한 스테인드글라스가 유명하며, 영화《해리포터》에서 마법학교의 식당 장면이 이곳에서 촬영되었다. 13명의 영국 총리를 배출한 명문대학이다. 뉴질랜드 남섬 북동 연안에 이 대학의 이름을 따서 붙인 뉴질랜드 최대 도시 Christchurch가 있다.

C

※ **Christ** [kraist] 명 **그리스도**《구약 성서에서 예언된 구세주의 출현으로서 기독교 신도들이 믿은 나사렛 예수(Jesus)의 호칭, 뒤에 Jesus Christ로 고유명사화됨》 ☞ 라틴어로 '기름 부어진 자, 구세주'란 뜻

☐ **church** [tʃəːrtʃ/처-취] 명 (기독교의) **교회**(당), 성당; 예배 ☞ '주님의 집'이란 뜻
♠ **go to the church 교회에 가다.**
♠ **go to** 〔attend〕 **church 예배에 참석하다.**
♠ **go into** 〔enter〕 **the Church 성직에 앉다, 목사가 되다.**

☐ **church**goer [tʃə́ːrtʃgòuər] 명 교회에 다니는 사람 ☞ 교회(church)에 다니는(go) 사람(er)

☐ **church**man [tʃə́ːrtʃmən] 명 (pl. **-men**) **성직자**, 목사; 독실한 신도; 영국 국교도 ☞ church + man(사람)

☐ **church** mouse 가난뱅이 ☞ 교회(church)에 사는 쥐(mouse)

☐ **church**yard [tʃə́ːrtʃjàːrd] 명 **교회 경내**; (교회 부속의) **묘지** ☞ church(교회) + yard(마당)

처칠 Winston Churchill (2차대전 중 영국 총리를 지낸 세기의 정치가)

☐ **Churchill** [tʃə́ːrtʃil] 명 **윈스턴 처칠**《Sir Winston ~ , 영국의 정치가; 노벨문학상 수상(1953); 1874-1965》 ★ 1953년 6년간 집필해온 전 6권짜리『제2차 세계대전』으로 노벨문학상을 수상함. 학창시절 학교 부적응 낙제생에서 대영제국의 총리가 된 입지전적 인물

연상 천(賤)한 애들이 흙탕물을 마구 천(churn.휘젓다)하고 돌아다니다

☐ **churn** [tʃəːrn] 동 **휘젓다**; 교유기로 휘젓다〔휘저어 버터를 만들다〕 명 **교유기**(攪乳器)《버터를 만드는 큰 통》; 동요(動搖);《영》큰 우유통
☞ 중세영어로 '버터를 만들기 위해 (밀크나 크림을) 휘젓다'란 뜻
♠ **churn** butter 〔cream〕 (우유를) **휘저어** 버터〔크림〕을 **만들다.**

키케로 Cicero (고대 로마의 정치가ㆍ철학자)

☐ **Cicero** [sísəròu/**시**서로우] 명 **키케로**《Marcus Tullius ~, 고대 로마의 정치가ㆍ철학자; 공화주의 사상가; 106-43 B.C.》

☐ **cicero**ne [sìsəróuni, tʃìtʃə-] 명 (pl. **-s,** ciceron**i**)《It.》(명승지의) 관광 안내인 ☞ 'Cicero와 같은 웅변가'란 뜻에서

엘 시드 El Cid (이슬람 무어인과 싸운 스페인의 전설적 영웅)

☐ **Cid** [sid] 명 (the ~) **(엘) 시드**《11세기에 스페인에서 아랍계 이슬람교도 무어인(Moors)과 싸운 기독교 옹호의 전설적 영웅 Ruy Diaz에게 내려진 칭호. 그의 공훈을 노래한 서사시; El Cid 라고도 한다》 ☞ 스페인어로 '두령, 수령'이란 뜻

© Allied Artists

사이다 cider (콩글 탄산음료) ➔ lemon-lime soda, Sprite, Seven-up

☐ **cider** [sáidər] 명 사과즙; **사과술** ☞ 아랍어로 '강한 음료'란 뜻
♠ **cider** brandy (**사과술**로 만든) 모조 브랜디
★ 알코올성 음료로서 사과즙을 발효시킨 것은 hard cider이고, 발효시키지 않은 것은 sweet cider임. 한국의 '사이다'는 탄산수(soda pop)이지 영어의 cider(사과주)가 아님.

시가 cigar (담배의 일종, 여송연(呂宋煙))

☐ **cigar** [sigɑ́ːr] 명 **여송연**, 엽궐련, **시가**《담뱃잎을 만 것을 다시 고급 담뱃잎으로 감싸 만든 담배》 ☞ 마야어로 '담배잎을 피우다'란 뜻
♠ **cigar** store **담뱃**가게

☐ **cigar**ette, -ret [sìgərét] 명 **궐련(卷煙)**《얇은 종이로 말아놓은 담배》
☞ 작은(ette) 시가(cigar)
♠ a pack of **cigarettes 담배** 한 갑
♠ **cigarette** butt **담배** 꽁초 **cigarette** case **담배** 케이스

※ **tobacco** [təbǽkou] 명 **담배** ☞ 서인도제도어로 '흡연용 파이프'란 뜻

키메리안 Cimmerian ([그神] (암흑속에 산다는) 키메르족의 사람)

☐ **Cimmer**ian [simíəriən] ㊊ **키메르**족의 사람 《Homer의 시에서 영원한 어둠의 나라에 살았다는 민족》 ㊌ **키메르**족의

C

신시내티 Cincinnati (도시 건축물이 아름다워 미국의 파리(Paris of America)라고 불리는 Ohio의 주도)

☐ **Cincinnati** [sìnsənǽti] ㊊ **신시내티** 《미국 오대호 인근에 있는 오하이오(Ohio) 주의 도시》
☜ 독립전쟁에서 승리한 후 고향으로 돌아간 조지워싱턴을 적의 공격으로부터 로마를 구하고 미련없이 고향으로 떠난 로마의 정치가 신시나투스(Cincinnatus)에 비유하여 1790년 초대 총독이었던 아서 세인트 클레어가 명명한 이름

☐ **cincture**(울로 쌈; 에워싸다) ➔ **precinct**(관할구역, 구내) **참조**

신데렐라 Cinderella (프랑스작가 페로의 동화. 그 주인공)

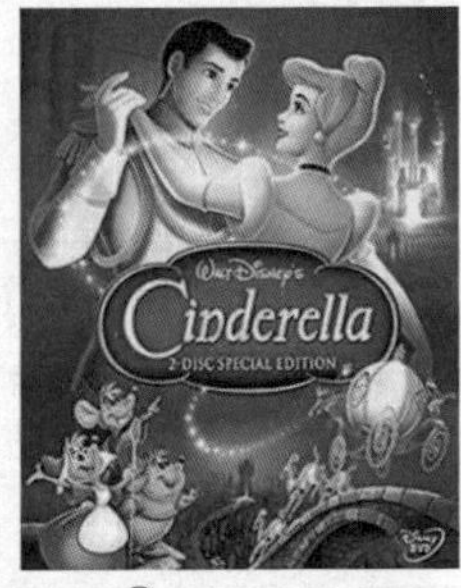

© amazon.com

☐ **cinder** [síndər] ㊊ (석탄 등의) **탄 숯**; 뜬숯; (용광로의) 쇠찌끼
☜ 라틴어로 '재', 그리스어로 '먼지'란 뜻.

☐ **Cinder**ella [sìndərélə] ㊊ **신데렐라** 《계모와 자매에게 구박받다가, 마침내 행복을 얻은 동화 속의 소녀》
☜ 그을음 투성이의(cinder) 소녀(ella<여성형 접미사>)
♠ **Cinderella complex 신데렐라 콤플렉스** 《여성이 남성에게 의존하려는 잠재적 욕망》

시네마 cinema (영화)

☐ **cine** [síni, sínei] ㊊ 영화 (=motion picture), 영화관 ☜ **cine**ma의 줄임말

☐ **cinema** [sínəmə] ㊊ (보통 the ~, 집합적) **영화**, 영화관(~ theater)
☜ cinémagraph의 줄임말. '움직임(cinema)을 기록(graph)한 것'이란 뜻.
♠ **go to the** 〔a〕 **cinema 영화 보러 가다**
♠ **cinema complex 시네마 콤플렉스** 《여러 개의 홀을 가진 영화관》
♠ **cinema** fan 〔goer〕 《영》 영화팬

☐ **cinema**goer [sínəməgòuər] ㊊ 영화팬 ☜ 영화관(cinema)에 (수시로) 가는(go) 사람(er)

☐ **cinema**tize [sínəmətàiz] ㊍ 영화화하다 ☜ cinema + t + ize<동접>

사이퍼 cipher (❶ 글로 쓰인 암호 ❷ 특별히 디자인된 이름 첫 글자들)

☐ **cipher, 《영》 cypher** [sáifər] ㊊ **영**(零)의 기호, 제로(0); 아라비아 숫자; **암호**(문), 부호
☜ 아랍어로 '0'을 뜻함. 초기 암호는 아라비아숫자로 이루어진데서 유래
♠ a **cipher** code 〔telegram〕 **암호**표〔전보〕
♠ a **cipher** officer (대사관의) **암호** 해독관
♠ **in cipher 암호로 (쓴)**

< 시저가 사용했다는 시저사이퍼(Caesar cipher) 해독 링 기념 메달 >

☐ **cipher**-key [sáifərkìː] ㊊ 암호 해독〔작성〕의 열쇠 ☜ key(열쇠)

☐ **cipher**punk [sáifərpʌ̀ŋk] ㊊ **사이퍼펑크** 《수신자만이 알 수 있는 암호로 정보를 보내는 사람》 ☜ 암호(cipher)를 보내는 풋내기(punk)

☐ **cipher**text [sáifərtèkst] ㊊ (plaintext(평문)에 대한) 암호문 ☜ text(본문)

☐ de**cipher** [disáifər] ㊍ (암호문 등을) 해독하다(=decode), 번역〔판독〕하다 ㊊ (암호문 등의) 해독; 번역 ☜ 암호(cipher)에서 분리된(de=away)
♠ **decipher** ancient Egyptian hieroglyphics 고대 이집트의 상형문자**를 해독하다.**

☐ de**cipher**ment [disáifərmənt] ㊊ 해독, 판독 ☜ -ment<명접>

■ inde**cipher**able [ìndisáifərəbəl] ㊌ 판독〔해독〕할 수 없는
☜ in(=not/부정) + 암호 판독(cipher) 할 수 있는(able)

시아이큐 CIQ ([공항 · 항만] 출입국시의 3대 절차)

☐ **CIQ** **C**ustoms, **I**mmigration and **Q**uarantine 〖공항 · 항만〗 (출입국시의 3대 절차) 관세, 입국심사, 검역

✚ **custom 관습, 풍습**; **관세**; **세관** im**migr**ation **이주**; 입국; 이민자 **quaran**tine 격리 《전염병 예방을 위한》, 교통 차단; 검역(의); 검역소; 검역하다; 격리하다

써클 circle (콩글 ▶ 동아리) ➔ club, society, group

♣ 어원 : circl, circul, circum 둥근, 주위, 주변에

☐ **circl**e [sə́ːrkl/**써**어클] 명 **원**; (종종 pl.) (동일 이해의) **집단**, ~계(界), 동아리, **써클**; (교제·활동·세력 등의) **범위** 동 **선회하다**, 돌다 ☜ 라틴어로 '둥근(circl) 것(e)'이란 뜻
♠ draw a **circle 원**을 그리다, sit in a **circle** 빙 둘러앉다. political **circles** 정**계**

☐ **circl**et [sə́ːrklit] 명 작은 원, (금·보석 등의) 장식 고리; 반지(=ring); 헤드밴드 ☜ 둥글게(circl) 된 작은 것(et)

☐ **circu**it [sə́ːrkit] 명 **순회**, 주위; **우회**; 〖전기〗 **회로** ☜ 돌아가는(circ) + u + 것(it)
♠ **circuit** breaker 〖전기〗 **회로** 차단기, **써킷 브레이커**; 〖주식〗 주가폭락 방지책

☐ **circu**itous [sərkjúːitəs] 형 도는 길의 ☜ circuit + ous<형접>

☐ **circu**itously [sərkjúːitəsli] 부 멀리 돌아서 ☜ circuitous + ly<부접>

☐ **circul**ar [sə́ːrkjələr] 형 **원형의**, 둥근; 빙글빙글 도는; **순환성의** ☜ 원형(circul) 의(ar<형접>)

☐ **circul**arize [sə́ːrkjələràiz] 동 회람(回覽)을 돌리다; 원형으로 만들다 ☜ -ize<동접>

☐ **circul**arly [sə́ːrkjələrli] 부 둥글게 ☜ -ly<부접>

■ en**circl**e [ensə́ːrkl] 동 **에워[둘러]싸다**; 일주하다 ☜ en(만들다) + circle(원)

써큘레이션 circulation ([의학] 혈액순환; [출판] 발행부수)

♣ 어원 : circl, circul, circum 둥근, 주위, 주변에

☐ **circul**ate [sə́ːrkjəlèit] 동 돌(리)다, **순환하다; 순환시키다** ☜ circul + ate<동접>

☐ **circul**ation [sə̀ːrkjəléiʃən] 명 **순환; 유통, 발행부수** ☜ circul + ation<명접>
♠ **the circulation of blood 혈액의 순환**

☐ **circul**ator [sə́ːrkjəlèitər] 명 (정보·병균 등의) 유포자, 전달자; (화폐) 유통자 ☜ circulate + or(사람)

☐ **circul**atory [sə́ːrkjələtɔ̀ːri/-léitəri] 형 (혈액·물·공기 따위의) 순환의; 순환성의 ☜ circulate + ory<형접>

☐ **circum**cise [sə́ːrkəmsàiz] 동 할례(割禮)를 행하다, 포경수술을 하다 ☜ (음경의 표피를) 둥글게(circum) 자르다(cise=cut)
♠ The baby **was circumcised**. 그 아기는 **할례를 받았다**.

☐ **circum**cision [sə̀ːrkəmsíʒən] 명 할례 《유대교 따위의 의식》; 〖의학〗 포경 수술 ☜ -ion<명접>

☐ **circum**ference [sərkʌ́mfərəns] 명 **원주**(圓周); 주위; 주변(지역) ☜ 원 주위에(circum) 옮겨(fer) 지는 것(ence)

☐ **circum**ferential [sərkʌ̀mfərénʃəl] 형 원주의; 주위의; 완곡한 ☜ -tial<형접>

써커스 < 서커스 circus (마술곡예, 곡마단)

♣ 어원 : circl, circul, circum 둥근, 주위, 주변에

☐ **circum**fuse [sə̀ːrkəmfjúːz] 동 주위에 붓다(쏟다); 에워싸다(=surround), 감싸다(=bathe) ☜ 주위에(circum) 붓다(fuse)

☐ **circum**fusion [sə̀ːrkəmfjúːʒən] 명 주위에 쏟아 부음; 살포 ☜ -ion<명접>

☐ **circum**locution [sə̀ːrkəmloukjúːʃən] 명 완곡; 에두른〔완곡한〕 표현; 핑계 ☜ 빙 둘러(circum) 말하(locu) 기(tion<명접>)

☐ **circum**navigate [sə̀ːrkəmnǽvəgèit] 동 배로 일주하다, (세계를) 주항(周航)하다 ☜ (지구) 주위를(circum) 항해하다(navigate)

☐ **circum**navigation [sə̀ːrkəmnǽvəgèiʃən] 명 **세계 일주 항해** ☜ circum + navigate + ation<명접>
♠ He broke all records of **circumnavigation**. 그는 모든 **세계 일주** 기록을 깼다.

CIRCUS

☐ **circum**scribe [sə̀ːrkəmskráib] 동 ~의 둘레에 선을 긋다 ☜ 원을(circ) 주위에(um) 그리다(scribe)

☐ **circum**scription [sə̀ːrkəmskrípʃən] 명 한계를 정함; 제한; 경계선; 범위 ☜ 원을(circ) 주위에(um) 그리(script) 기(ion<명접>)

☐ **circum**scriptive [sə̀ːrkəmskríptiv] 형 제한된, 경계를 한정하는 ☜ -ive<형접>

☐ **circum**spect [sə́ːrkəmspèkt] 형 신중한(=prudent), 주의 깊은, 용의주도한 ☜ 빙 둘러(circum) 살펴보다(spect)

☐ **circum**spection [sə̀ːrkəmspékʃən] 명 주의 깊음; 용의주도함; 신중함 ☜ -ion<명접>

☐ **circum**spective [sə̀ːrkəmspéktiv] 형 주의 깊은; 신중한 ☜ -ive<형접>

☐ **circum**stance [sə́ːrkəmstæ̀ns/**써**-컴스**탠**스, -stəns] 명 (보통 pl.) **상황, 환경; 주위의 사정** ☜ 주위에(circum) 서다(stance)
♠ **if the circumstance allows 형편이 허락되면**

☐ **circum**stantial [sə̀ːrkəmstǽnʃəl] 형 우연의; 상세한; 정황에 따른 ☜ circumstance + tial<형접>

☐ **circum**stantially [sə̀ːrkəmstǽnʃəli] ㊝ 형편상, 부수적으로 ☜ -ly<부접>
☐ **circum**vent [sə̀ːrkəmvént] ㊍ 피하다, 모면하다; 우회하다; 함정에 빠뜨리다(=entrap)
☜ 빙 둘러(circum) 가다(vent=go)
♠ **circumvent the law 법망을 피하다**
☐ **circum**vention [sə̀ːrkəmvénʃən] ㊐ 선수 치기, 우회; 책략을 쓰기 ☜ -ion<명접>
☐ **circum**volution [sə̀ːrkəmvəljúːʃən] ㊐ 회전; 말아(감아)들임; 소용돌이; 우회로(迂回路)
☜ 빙 둘러(circum) 도는/구르는(volu) 것(tion<명접>)
☐ **circum**volve [sə̀ːrkəmvάlv/-vɔ́lv] ㊍ 회전시키다, 회전하다(=revolve)
☜ 빙 둘러(circum) 돌/구르(volv) 다(e)
☐ **circu**s [sə́ːrkəs] ㊐ **서커스**, 곡마, 곡예; 곡마단 ☜ '둥근 고리'의 뜻에서
♠ **Circus** Maximus (고대 로마의) **원형** 대경기장

씨즘 CISM (국제군인스포츠위원회)

벨기에 브뤼셀에 본부가 있다. CISM 주관하에 4년마다 세계군인올림픽이라 불리는 CISM World Games가 개최되는데 이 대회는 올림픽, 유니버시아드와 함께 세계3대 종합스포츠대회에 속한다. 2015년 10월 대한민국 경북 문경에서 전 세계 117개국이 참여한 제6회 세계군인체육대회가 개최된 바 있다.

☐ **CISM** [sízm] ㊐ 《F.》 국제군인스포츠위원회. **C**onseil **I**nternational du **S**port **M**ilitaire의 약어 (《영어》 International Military Sports Council)

시스턴 cistern (변기 세정용 물탱크)

변기 세정용 물을 일시적으로 저장해 두기 위한 화장실내 변기 세정용 물탱크. 설치된 장소에 따라서 변기 뒤 위쪽에 위치한 high cistern과 변기 바로 뒤에 위치한 low cistern이 있다.

☐ **cistern** [sístərn] ㊐ 물통, 수조(水槽), **물탱크**
☜ 고대 프랑스어로 '지하감옥'이란 뜻
♠ **The cistern** is in the loft. **물탱크**는 윗층에 있다.

☐ **citadel**(성채, 최후의 피난처) ➔ **city**(도시) **참조**

익사이팅 스포츠 exciting sports (흥미진진한 스포츠), 리사이틀 recital (연주회)

번지점프, 래프팅 등 스포츠 중에서 다소 위험할 수도 있지만 짜릿하고 즐거우면서도 스트레스를 확 풀어주는 익스트림 스포츠(extreme sports)를 익사이팅 스포츠(exciting sports)라고도 한다.

♣ **어원 : cite 소집하다, 불러내다, 호출하다**
■ ex**cit**ing [iksáitiŋ] ㊓ **흥분시키는**, 자극적인
☜ (감정을) 밖으로(ex) 불러내(cit) 는(ing)
☐ **cite** [sait] ㊍ **인용하다**, **인증하다**; 소환하다
☜ 라틴어로 '불러내다'란 뜻
♠ **cite** a case 판례를 **인용하다**
♠ **cite** an example 예를 **들다**

< Rafting >

☐ **cit**ation [saitéiʃən] ㊐ 인증, 인용; 『법률』 소환, 소환장 ☜ 불러내(cite) 기(ation<명접>)
■ in**cite** [insáit] ㊍ **자극(격려)하다**; 부추기다, 선동하다 ☜ 안으로(in) 불러내다(cite)
■ re**cit**al [risáitl] ㊐ 암송, 낭독; 상술(詳述); 이야기; 『음악』 독주(회), 독창(회); (1인 또는 소수의) 연주(회), **리사이틀** ☜ 다시(re) 불러내(cit) 기(al<명접>)
※ **sport** [spɔːrt/스뽀-트] ㊐ (또는 pl.) **스포츠**, 운동, 경기; (pl.) 운동회, 경기회
☜ 중세영어로 '유쾌한 오락'이란 뜻

씨티은행(銀行) Citibank (미국의 다국적 종합금융기업)

1812년 뉴욕씨티뱅크로 설립되어 1863년 내셔널씨티뱅크오브뉴욕으로 바뀌었다. 1897년 미국 은행 가운데 최초로 해외업무를 시작했다. 한국에서는 1983년 설립된 한미은행이 2004년 씨티은행과 통합되어 탄생했다. 주요 사업은 일반 은행 업무, 신탁 업무, 외국환 업무 등이다.

♣ **어원 : citi, city, civ, cita 시민, 공민, 문명, 도시**
☐ **cita**del [sítədl] ㊐ 성채; 요새; (군함의) 포탑; 아성; 최후의 거점
☜ 고대 이탈리아어로 '도시(cita) + d + 작은(el)'란 뜻
♠ a **citadel** of conservation 보수주의의 **거점**

☐ **citi**zen [sítəzən] ㊐ **시민**; **공민**, **국민**
☜ 시민(citi) 화(-ze) 된(-en) 사람들
♠ a **citizen** of the world 세계**인**(=cosmopolitan)

♠ **citizen** defense (핵전쟁 등으로부터의) **시민**방위
☐ **citi**zenship [sítəzənʃìp] ⓜ 시민권, 국적 ☜ citizen + ship(신분, 상태)
☐ **city** [síti/씨리/씨티] ⓜ **시, 도시**, 도회 《town보다 큼》 ☜ 고대 프랑스어로 '시, 도시'란 뜻
♠ New York **City** 뉴욕**시** 《New York주에 있는 미국 최대의 도시》
♠ a strange **city** 낯선 **도시**
☐ **civ**ic [sívik] ⓗ **시민〔공민〕의**; 시의, 도시의 ☜ 시민(civ) + 의(ic)
♠ **civic** duties **시민의** 의무, **civic** life **시민〔도시〕** 생활,
civic rights **시민〔공민〕**권
☐ **civi**l [sívəl] ⓗ **시민〔공민〕의, 공민으로서의**; 내정의; 민간의, 일반시민의; **예의바른**
☜ 고대 프랑스어로 '시민의'란 뜻
☐ **civi**lian [sivíljən] ⓜ **민간인,** 비전투원 ⓗ 일반인의, 민간의 ☜ civil + ian(~의/~사람)
☐ **civi**lity [sivíləti] ⓜ **정중함**, 공손함; 예의바름 ☜ civil + ity<명접>
☐ **civi**lization [sìvəlizéiʃən] ⓜ **문명, 개화**, 교화 ☜ 문명적(civil)으로 만드는(ize) 것(ation)
☐ **civi**lize, 《영》 -lise [sívəlàiz] ⓢ **개화하다, 문명화하다**; 교화하다; 세련되게 하다 ☜ civil + ize<동접>
☐ **civi**lized [sívəlàizd] ⓗ **개화된, 교화된**; 예의 바른, 교양이 높은 ☜ -ed<형접>
※ **bank** [bæŋk/뱅크] ⓜ **둑, 제방**; ☜ 고대영어로 '작은 언덕'이란 뜻
은행 ☜ 고대영어로 '(환전상(商)의) 책상, 벤치'란 뜻

클래드 clad (여러 금속판을 압연·접합하여 장점만을 취하는 신소재)

금속판을 겹쳐 압연하여 기계적으로 접착한 것. 여러 가지 금속을 함께 결합하여 각 금속의 장점만을 취하는 고급 신소재. 그중 열전도율, 열보존율, 열효율성이 뛰어난 알루미늄과 내염성, 내산성, 내알카리성, 내식성이 뛰어난 스테인리스 스틸 접합소재가 가장 널리 쓰이고 있다.

■ **cloth**e [klouð/클로우드] ⓢ (-/cloth**ed**〔**clad**〕/cloth**ed**〔**clad**〕) **옷을 입다, ~에게 옷을 입히다; 싸다, 덮다**
☜ 고대영어로 '옷을 입다'란 뜻
☐ **clad** [klæd] ⓗ (종종 결합사로) **입은**, 덮인 ⓢ (금속에) 다른 금속을 입히다〔씌우다〕 ☜ clothe(옷을 입다)의 과거분사 ➔ 형용사
♠ The walls and floors **are clad with** ceramic tiles.
벽과 바닥은 세라믹 타일**로 덮여 있었다**.
■ iron**clad** [άiərnklæ̀d] ⓗ 철판을 입힌〔댄〕, 장갑의; 깨뜨릴 수 없는, 엄격한 《계약·협정 따위》
ⓜ 철갑함(鐵甲艦) ☜ 철갑(iron)을 두른(clad)
■ snow-**clad** [snóuklæ̀d] ⓗ 《문어》 눈으로 덮인 ☜ 눈(snow)으로 덮인(clad)

클레임 claim (거래에서의 손해배상 청구 또는 이의 제기)

♣ 어원 : **claim, clam 크게 소리치다**
☐ **claim** [kleim/클레임] ⓢ (당연한 권리로서) **요구[청구]하다** ⓜ (권리로서의) **요구, 청구** (=demand) ☜ 고대 프랑스어로 '소리 지르다, 선언하다'란 뜻 ⓑ disclaim 포기하다
♠ **claim damages 손해 배상을 요구하다**
♠ **lay claim to ~ ~에 대한 권리[소유권]을 주장하다**
☐ **claim**able [kléiməbl] ⓗ 청구할 수 있는 ☜ -able(~할 수 있는)
☐ **claim**ant [kléimənt] ⓜ **요구자**, 주장자, 신청인; (배상 따위의) 원고 ☜ -ant(사람)
☐ **clam**or, 《영》 -our [klǽmər] ⓜ **떠들썩함**, 왁자지껄 떠듦, 소란; 떠들어대다, 외치다
☜ 고대 프랑스어로 '외치다, 소리치다, 호소하다'란 뜻
☐ **clam**orous [klǽmərəs] ⓗ **시끄러운**, 소란스런, 떠들썩한(=noisy) ☜ -ous<형접>

✚ ac**claim** **갈채(하다), 환호(하다)** ex**claim** (감탄하여) 외치다; 큰 소리로 말하다〔주장하다〕
pro**claim** **포고[선언]하다**, 공포하다 re**claim** **교정[개선]하다**; 동물을 길들이다(=tame)

클램 clam (조개. 조개구이)

♣ 어원 : **clam 묶다, 죄다**
☐ **clam** [klæm] ⓜ **대합조개**; 꺽쇠, 죔쇠
☜ 조개의 경우 입을 다물면 죄게 되므로
♠ shut up like **a clam** 《구어》 갑자기 입을 다물다
♠ dig out **clams 조개**를 캐다
☐ **clam**shell [klǽmʃèl] ⓜ 대합조개의 조가비 《조개껍질》; 【기계】 (준설기의) 흙 푸는 버킷 ☜ clam + shell(껍질, 조가비)
☐ **clam**p [klæmp] ⓜ **꺾쇠**, 거멀장, 죔쇠; (나사로 죄는) 죔틀
☜ 고대영어로 '족쇄; 속박'이란 뜻

클라이밍 climbing (암벽 등반)

♣ 어원 : climb, clamb 오르다

■ **climb** [klaim] (동) (산 따위에) **오르다**, 등반하다; (손발을 써서) 기어오르다 ☜ 고대영어로 '오르다'란 뜻
♠ **climb a mountain 등산하다**

■ **climbing** [kláimiŋ] (형) 기어오르는, 상승하는, 등산용의 (명) 기어오름, 등반; 등산 ☜ climb + ing<형접/명접>

■ **climber** [kláimər] (명) **기어오르는 사람**; 등산가(=mountaineer) ☜ climb + er(사람)

□ **clamber** [klǽmbər] (동) **기어오르다**, (애쓰며) 기어오르다 ☜ 중세영어로 '오르다'란 뜻
♠ **clamber up** terrible crags 굉장히 험준한 바위를 **기어오르다.**

C

□ **clamor**(떠들석함), **clamorous**(떠들석한) ➔ **claim**(요구, 청구) **참조**

클래시 오브 클랜 clash of clans (핀란드산 글로벌 모바일 전략 게임. 직역하면 <씨족의 충돌>이란 뜻)

© SUPERCELL

※ **clash** [klæʃ] (명) **충돌**, 격돌; (의견·이해 등의) 불일치; 부조화; (종 등의) 땡땡 울리는 소리 (동) **부딪치는[쨍그렁] 소리를 내다** ☜ 중세영어로 '금속물체가 부딪히는 소리'의 의성어
♠ **a clash** of viewpoints 견해의 **불일치**.
♠ **a clash** of colors 색의 **부조화**

□ **clan** [klæn] (명) 《특히 스코틀랜드 고지 사람의》 **씨족**(氏族), 벌족(閥族); 당파, 파벌 ☜ 고대 아일랜드어로 '자손, 종족'이란 뜻

■ **KKK, K.K.K. Ku Klux Klan** 미국의 백인우월주의 비밀결사단 ☜ 그리스어 Kyklos(단체) + 영어 Clan(집단)의 합성어

마우스를 클릭(click.딸깍하는 소리)하다

♣ 어원 : cli, cla (의성어) 부딪히는 소리가 나다

□ **clang** [klæŋ] (동) **땡[철커덩] 하고 울리다**; 뎅그렁 울다; 뎅그렁 소리를 내며 움직이다(달리다) ☜ 그리스어로 '날카로운 소리'란 뜻
♠ **clang** a bell 종을 **땡 치다**

□ **clango(u)r** [klǽŋgər] (명) 쨍그렁(뎅그렁) 울리는 소리 ☜ 근세영어로' 날카로운 금속 소리'란 뜻

□ **clank** [klæŋk] (동) (무거운 쇠붙이 따위가) 탁(철꺽)하고 울리다 (명) 철꺽, 탁, 철커덩 (하는 소리) ☜ 근대영어로 '날카롭고 딱딱한 금속성 소리'란 뜻
♠ The swords clashed and **clanked.** 칼과 칼이 맞부딪쳐 **쨍그렁 소리가 났다.**

□ **clap** [klæp] (명) **파열음** (동) (가볍게) **치다[두드리다]**; (손뼉을) **치다**; 박수갈채하다 ☜ 중세영어로 '갑작스럽고 날카롭고 시끄러운 소리'란 뜻
♠ **clap one's hands 박수를 치다**

□ **click** [klik] (명) **딸깍[찰칵]하는 소리** (동) 딸깍(찰칵) 소리나다(소리내며 움직이다) ☜ 근세영어로 '작고 날카로운 소리'라는 의성어
♠ The door **clicked shut**. 문이 **철컥 하고 닫혔다.**

✚ **clash 충돌**, 격돌; **부딪치는[쨍그렁] 소리를 내다** **clasp** (철컥하고) **걸쇠로 잠그다**; **걸쇠, 버클, 죔쇠** **clatter 덜커덕덜커덕**(딸그락딸그락)**하는 소리**; 덜커덕덜커덕 거리다(울리다)

클라리넷 clarinet (목관악기. <맑은 소리>라는 뜻)

♣ 어원 : clar, clear 밝은, 맑은, 깨끗한, 선명한, 분명한

□ **clarification** [klæ̀rəfikéiʃən] (명) 정화(淨化); 청징법(淸澄法); (액체 등을) 깨끗이 하기 ☜ 밝게(clar) + i + 만들(fic) 기(ation<명접>)

□ **clarifier** [klǽrəfàiər] (명) 정화기(器); 청정제(劑) ☜ clarify + er(기계/주체)

□ **clarify** [klǽrəfài] (동) (의미·견해 따위를) **분명[명료]하게 하다**, 해명하다 ☜ 맑게(clar) + i + 만들다(fy)
♠ **clarify one's political course 정치 노선을 분명히 하다**

□ **clarinet** [klæ̀rənét, klǽrinət] (명) **클라리넷** 《목관악기》 ☜ 라틴어로 '맑은 소리'란 뜻.

□ **clarion** [klǽriən] (명) **클라리온** 《예전에 전쟁 때 쓰인 나팔》 ☜ '맑은 소리'

□ **clarity** [klǽrəti] (명) **명쾌함**; 투명함 ☜ 맑(clar) + i + 음(ty)

■ **clear** [kliər/클리어] (형) **맑은, 명백한, 명확한**, 갠, 깨끗한; 열린 (동) **명백하게 하다,** (장애

물을) **제거하다;** (문제를) **해결하다;** (빚 등을) **청산하다;** (날씨가) **개다**
☜ 고대영어로 '맑은, 밝은'이란 뜻

□ **clash**(충돌) ➔ **clan**(씨족, 종족) **참조**

클래식 classic (콩글 고전 음악) ➔ classical music

♣ 어원 : **class 분류, 등급, 계급, 학급; 고전**

□ **class** [klæs/클래스/klɑːs/클라-스] ⓜ (공통 성질의) **종류**, 부류; 등급, (보통 pl.) (사회) 계급; **학급**, 반, 학년; **수업** ⓗ 계급의, 계급적인; 학급의, 반의 ⓓ **분류하다**
☜ 라틴어로 '사람의 구분, 분류'란 뜻
♠ a **first class** restaurant **일류** 레스토랑
♠ (the) **class** struggle **계급**투쟁
♠ **class** meeting **학급**회의

□ **class**-conscious [klǽskɑ́nʃəs/ klɑ́ːskɔ́n-] ⓗ 계급의식을 가진 ☜ class + conscious(의식하고 있는)

□ **class**ic [klǽsik] ⓗ (예술품 따위가) 일류의, 최고 수준의; **고전의, 고전적인**
☜ 최고 등급(class) 의(ic)
♠ a **classic** method **대표적인** 방법
♠ **classic** design **고전적인** 디자인

□ **class**ical [klǽsikəl] ⓗ (문학・예술에서) **고전적인**, 정통파의 ☜ classic + al<형접>

□ **class**icism [klǽsəsìzəm] ⓜ 고전주의 ☜ classic + ism(~주의)

□ **class**ification [klæ̀səfikéiʃən] ⓜ **분류(법)**, 유별(법), 종별 ☜ classify + c + ation<명접>

□ **class**ified [klǽsəfàid] ⓗ **분류된**, 유별의; 기밀의, 비밀의 ☜ classify + ed<형접>

□ **class**ify [klǽsəfài] ⓓ **분류[유별]하다**; 등급으로 나누다 ☜ class + i + fy<동접>
♠ **classify** books by subjects 책을 항목별로 분류하다

□ **class**less [klǽslis] ⓗ (사회가) 계급 차별이 없는 ☜ 계급(class)이 없는(less)

□ **class**mate [klǽsmèit] ⓜ **동급생,** 급우; 동창생 ☜ 학급(class) 동료(mate)

□ **class**room [klǽsrù(ː)m/클**래**스루움] ⓜ **교실** ☜ 학급(class) 방(room)

□ **class**work [klǽswə̀ːrk] ⓜ **교실 학습** ☜ 학급(class) 일(work)

□ **clatter**(덜거덕덜거덕 거리다) ➔ **clang**(땡 하고 울리다) **참조**

클로우즈업 close-up (영화・사진의 근접촬영)

♣ 어원 : **clos, claus, clud, clus 닫다, 덮다, 가두다; 밀착시키다**

■ **clos**e [klouz/클로우즈] ⓓ (눈을) 감다, (문・가게 따위를) **닫다, 닫히다**; 덮다; **차단하다; 끝내다** ⓗ **가까운**(=near), 절친한; **정밀한**; **닫힌** ⓑ **~과 접하여, 밀접하여, 바로 곁에** ☜ 라틴어로 '닫다; (간격이) 좁은'이란 뜻.

■ **clos**e-up [klóusʌp] ⓜ 〖영화・사진〗 대사(大寫), 근접 촬영, **클로즈업**; (일의) 실상
☜ 더 크게(up/강조) 밀착시키다(close)

□ **claus**e [klɔːz] ⓜ (조약・법률 등의) 조목, **조항**; 〖문법〗 **절**(節) ☜ (일정하게) 가둔(claus) 것(e)
♠ saving **clause** 유보**조항**, 단서

✚ in**clos**e, en**clos**e **둘러싸다, 에워싸다** dis**clos**e **나타내다; 드러내다**, 들추어내다, 폭로〔적발〕하다 un**clos**e 열(리)다; 나타내다; 드러나다, 드러내다

클로 claw (영화 『엑스맨』 울버린의 갈고리 모양의 손톱 무기. <발톱>이란 뜻)

□ **claw** [klɔː] ⓜ (고양이・매 따위의) **발톱**; (게・새우 따위의) **집게발** ⓓ 할퀴다 ☜ 고대영어로 '맹금의 발톱; 쇠 갈고리'란 뜻
♠ **cut the claws of ~ ~의 발톱을 잘라 내다, ~을 무력하게 만들다.**

□ **claw**ed [klɔ́ːd] ⓗ (주로 합성어로서) ~의 발톱을 가진 ☜ -ed<형접>

□ **claw** hammer 못뽑이, 장도리 ☜ hammer(해머, 망치)

■ iron-**claw**ed [áiərnklɔ́ːd] ⓗ (무)쇠발톱을 가진 ☜ iron(쇠) + claw + ed<형접>

■ sharp**claw**ed [ʃɑ́ːrpklɔ́ːd] ⓗ 날카로운 발톱이 있는 ☜ sharp(날카로운) + claw + ed<형접>

클레이 사격(射擊) clay target shooting (진흙 표적 사격)

수렵을 대신해 사격을 즐기는 피전 슈팅(Pigeon Shooting)은 살아있는 비둘기(Pigeon)를 날린 뒤 총으로 쏘아 맞추는 경기인데 비인간적이라는 논란이 일자 살아있는 비둘기 대신 진흙(Clay)으로 빚은 접시 모양의 표적을 쓰면서 클레이사격이라는 이름으로 불리게 되었다.

☐ **clay** [klei] ⓜ **점토**(粘土), 찰흙; 흙(=earth) ☜ 고대영어로 '찰흙'
♠ **clay pigeon 클레이피전** 《공중에 던져 올리는 진흙으로 만든 접시꼴 과녁》 ☜ pigeon(비둘기)
※ **target** [tάːrgit] ⓜ 과녁, **표적; 목표** ☜ 고대영어로 '가벼운 방패'란 뜻
※ **shoot**ing [ʃúːtiŋ] ⓜ **사격**, 발사; 총사냥; 【영화】 **촬영** ☜ -ing<명접>

클레이모어 claymore mine (금속파편을 비산시키는 대인지뢰)

클레이모어(M18A1)는 지향성 대인지뢰이며, 중세 스코틀랜드의 양날 검인 클레이모어에서 따왔다. 미국에서 개발되어 베트남전쟁에서 큰 효과를 얻었는데, 특히 지상에 세워서 설치한다는 점에서 가장 큰 효과를 얻었다. 현재 대한민국에서도 생산 중에 있다. <출처 : 위키백과 / 일부인용>

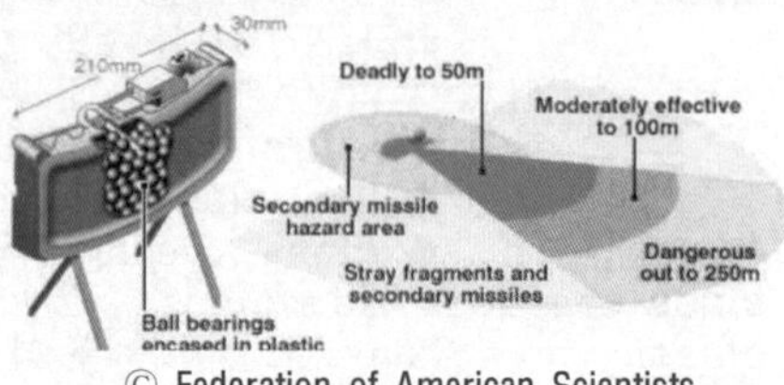

© Federation of American Scientists

☐ **claymore** [kléimɔ̀ːr] ⓜ (중세 스코틀랜드 고지인이 사용한) 양날의 큰 검
☜ 중세 스코틀랜드어로 '(양날이 있는) 큰(more) 검(clay)' 이란 뜻.
♠ **Claymore mines** were widely used during the Vietnam war.
클레이모어 지뢰는 베트남 전쟁 때 많이 사용되었다.
※ **mine** [main] ⓜ **광산**, 탄광; **무진장한 자원**; 【군사】 지뢰, 기뢰 ☜ 라틴어로 '광석, 금속'

드라이 클리닝 dry cleaning (물 대신 유기 용제(有機溶劑)로 때를 빼는 세탁 방법. 건식 세탁(물)) * 물세탁을 할 수 없는 모직물, 실크 따위의 세탁에 쓴다.

※ **dry** [drai/드라이] ⓗ (-<dri**er**<dri**est**) **마른, 건조한**, 물기가 없는; 건성(건식)의 ☜ 고대영어로 '건조한, 마른'이란 뜻
☐ **clean** [kliːn/클리인] ⓗ **청결한, 깨끗한, 순수한** ⓟ 깨끗이 ⓓ 정결히 하다 ☜ 고대영어로 '오물이 없는'이란 뜻
♠ **wash oneself clean 몸을 깨끗이 씻다**
♠ **clean up** (out) **청소하다**
☐ **clean**er [klíːnər] ⓜ **깨끗이 하는 사람**; 세탁소 주인; 청소부(기) ☜ -er(사람/주체)
☐ **clean**ing [klíːniŋ] ⓜ **청소**; (옷 따위의) 손질, 세탁, **클리닝** ☜ -ing<명접>
☐ **clean**ish [klíːniʃ] ⓗ 말쑥한, 제법 깨끗한 ☜ -ish<형접>
☐ **clean**ly [klénli] ⓗ (-<-li**er**<-li**est**) **깨끗한 것을 좋아하는** ☜ -ly<형접>
☐ **clean**lily [klénlili] ⓟ 깨끗이, 말끔히 ☜ cleanly + ly<부접>
☐ **clean**liness [klénlinis] ⓜ **청결**(함); 깔끔함 ☜ cleanly + ness<명접>
☐ **clean**ness [klíːnnis] ⓜ 청결, 결백 ☜ clean + ness<명접>
☐ **clean**se [klenz] ⓓ **정결하게**(깨끗이) **하다**, 세척하다 ☜ clean + se<동접>
☐ **clean**ser [klénzər] ⓜ 청소부; 세제(洗劑), **클렌저** ☜ cleanse + er(사람/주체)
☐ **clean**-shaven [klíːnʃéivn] ⓗ 수염을 말쑥하게 깎은 ☜ shave(면도하다) + en<형접>
☐ **clean**sing [klénziŋ] ⓜ 정화(淨化), 세척, 청소 ☜ cleanse + ing<명접>
☐ **clean**sing cream **클렌징 크림** 《유지성(油脂性)의 세안용 크림》 ☜ cream(화장용 크림)
☐ **clean**up [klíːnʌ̀p] ⓜ 대청소; 일소, 정화; 잔적 소탕 ☜ 강조<위로(up)

클라리넷 clarinet (목관악기. <맑은 소리>라는 뜻)

♣ **어원 : clar, clear 밝은, 맑은, 깨끗한, 선명한, 분명한**
■ **clar**inet [klæ̀rənét, klǽrinət] ⓜ **클라리넷** 《목관악기》 ☜ 라틴어로 '맑은 소리'란 뜻
☐ **clar**ion [klǽriən] ⓜ **클라리온** 《예전에 전쟁 때 쓰인 나팔》 ☜ 라틴어로 '맑은(clar) 것(ion)'
☐ **clear** [kliər/클리어] ⓗ **맑은**, **명백한, 명확한**, 갠, 깨끗한; 열린 ⓓ **명백하게 하다,** (장애물을) **제거하다;** (문제를) **해결하다;** (빚 등을) **청산하다;** (날씨가) **개다**
☜ 고대영어로 '맑은, 밝은'이란 뜻
♠ **clear** water **맑은** 물, a **clear** sky **맑은** 하늘
♠ **clear away 치우다; (안개 따위가) 걷히다**
♠ **clear off 제거하다; (빚 따위를) 청산하다; (날씨가) 개다**
♠ **clear up (날씨가) 개다; 치우다, 해결하다**
☐ **clear**ance [klíərəns] ⓜ **정리**; **출항[출국]허가**(서); 【항공】 관제 승인 ☜ -ance<명접>
☐ **clear**ing [klíəriŋ] ⓜ **청소**; (장애물의) 제거 ☜ clear + ing<명접>
☐ **clear**ly [klíərli/클**리**얼리] ⓟ **똑똑히, 분명히**; 밝게 (빛나는) ☜ clear + ly<부접>
☐ **clear**ness [klíərnis] ⓜ 맑음, **밝기; 명료도**; 결백 ☜ clear + ness<명접>

크레바스 crevasse (빙하의 갈라진 틈)
클리버 cleaver ([요리] 손도끼를 닮은 조리용 부엌칼)

♣ **어원 : crev, clev, cleav 쪼개다, 나누다**

■ **crev**asse [krivǽs] ⓜ 《F.》 갈라진 틈, (빙하의) 균열, **크레바스**; 《미》 (둑의) 터진〔파손된〕 곳 ☜ 고대 프랑스어로 '갈라진 틈'이란 뜻

C

□ **cleav**e [kliːv] ⓢ (-/**clove**〔**cleft**〕/**cloven**〔**cleft**〕) **쪼개다**, 찢다; (물로) 쪼개어 가르다 ☜ 고대영어로 '쪼개다, 나누다'란 뜻
♠ **cleave** a piece of wood 장작을 **쪼개다**

□ **cleav**er [kliːvər] ⓜ 쪼개는 사람〔물건〕; 고기를 토막내는 큰 칼, **클리버** ☜ cleave + er(사람/장비)

□ **cleft** [kleft] ⓗⓜ **쪼개진 (조각), 갈라진 (틈)** ☜ cleave의 과거분사 ➔ <형용사>

클레망소 Clemenceau (프랑스의 정치가)

프랑스의 정치가이자 언론인이며 의사. 상원의원과 총리 겸 내무장관을 지냈으며 육군장관이 되어 제1차 세계대전에서 프랑스를 승리로 이끌었다. 파리강화회의에 프랑스 전권대표로 참석하였고 베르사유조약을 강행하였다. <출처 : 두산백과 / 일부인용>

□ **Clemenceau** [klèmənsóu] ⓜ **클레망소** 《Georges ~, 프랑스의 정치가; 1841-1929》
★ 프랑스 해군의 <클레망소 항공모함>은 1961년 취역한 후 1997년 퇴역하였다.

클레멘타인 Clementine (미국 민요에 등장하는 여자. <부드러운 여자>란 뜻)

미국 민요 <클레멘타인>은 골드러시 시대인 1849년에, 금광을 찾아 일확천금을 꿈꾸며 서부의 캘리포니아로 몰려왔던 포티나이너(forty-niner)들에 의해 만들어진 노래인데, 강에서 익사한 여자 아이 클레멘타인을 추도하기 위해 만든 노래이다.

♣ **어원 : clemen(t) 부드러운, 온후한, 온화한, 관용적인**

□ **clemen**cy [klémənsi] ⓜ 인자함, 너그러움; (기후의) 온화함 ☜ 부드러(clemen) 움(cy)

□ **clement** [klémənt] ⓗ 온후한; 자비스러운, 관대한(=merciful); (기후가) 온화한, 온난한(=mild) ☜ 라틴어로 '부드러운, 온화한'이란 뜻
♠ The weather is quite **clement**. 날씨가 꽤 **온화하다**.

□ **Clement**ine [kléməntàin, -tiːn] ⓜ 클레멘타인 《여자 이름》 ☜ 라틴어로 '온후한(clement) 여자(ine<여성 접미사>)'란 뜻

렌치 wrench (너트를 죄는 기구) = 멍키 스패너 monkey wrench [spanner]

■ wrench [rentʃ] ⓢ (갑자기, 세게) **비틀다**(=twist), 비틀어 돌리다; 비틀어 〔잡아〕 떼다 ⓜ 세차게 비틂; 『기계』 **렌치** 《볼트·너트 따위를 꽉 물고 돌리는 공구》 ☜ 고대영어로 '비틀기; 술책'이란 뜻

□ clench [klentʃ] ⓢ (이를) **악물다**; (손·주먹 따위를) **꽉 쥐다**; (물건을) 단단히 잡다〔쥐다〕 ☜ 중세영어로 '꽉 쥐다'란 뜻
♠ **clench** 〔grit〕 one's teeth 이를 **악물다**

클레오파트라 Cleopatra (고대 이집트의 마지막 여왕)

고대 이집트 프톨레마이오스 왕조의 여왕. 로마 케사르[시저]의 애인이었으나 케사르가 암살되자 안토니우스 장군과 사랑하기에 이르렀고, 이에 노한 황제 옥타비아누스의 정벌군과 악티움 해전에서 싸워 패전, 안토니우스와 함께 이집트로 돌아온 뒤 자살했다. 그녀의 파란 많은 생애는 많은 문학작품의 소재가 되었다.

□ **Cleopatra** [kliːəpǽtrə, -pɑ́ːtrə] ⓜ **클레오파트라** 《이집트 최후의 여왕: 69-30 B.C.》

© medium.com

♠ **Cleopatra**'s nose, had it been shorter, the whole face of the world would have been changed. **클레오파트라**의 코가 조금만 낮았더라면, 세계의 모든 형세가 달라졌을 것이다.

클러지 칼라 clergy colour (성직자가 목에 두르는 하얀 깃)

클러지 칼라는 원형의 하얀 옷깃이다. 이는 깃이 없는 셔츠에 부착하는 개신교회 성직자 복장이다. 클러지 칼라의 하얀 날은 '칼'을 상징하는데 이것은 성직자가 신도들을 만나고 예배를 인도하는 동안 성사(聖事)를 집행하는 의례적인 자기(liturgical self)로 거듭나는 것을 뜻한다.

♣ **어원 : cler 성직자, 사무원(옛날에는 문자를 아는 사람이 성직자 뿐이었음), 점원**

□ **cler**gy [klə́ːrdʒi] 명 [집합적] 목사, **성직자들** 《영국에서는 영국 국교회의 목사》 ☜ 고대 프랑스어로 '배운 사람, 학자'란 뜻
♠ privilege (benefit) of **clergy** **성직자**의 특권
□ **cler**gyman [klə́ːrdʒimən] 명 (pl. **-men**) **성직자**, (특히 영국 국교회의) 목사 ☜ clergy + man(사람)
□ **cler**ical [klérikəl] 형 목사의, **성직(자)의; 서기**(=clerk)**의** 명 성직자, 목사 ☜ 성직자(cler) 의(ical<형접>)
□ **cler**k [kləːrk/클러억/klɑːk/클라악] 명 (관청·회사·은행 따위의) **서기**, **사무원**(관), 사원; **점원**, 직원 ☜ 고대 프랑스어로 '성직자, 학자'란 뜻
♠ a bank **clerk** 은행**원**
※ colo(u)r [kʌ́lər/**컬**러] 명 **색**, 빛깔, 색채; 채색, 색조 ☜ 라틴어로 '감추다'란 뜻

연상 클리브랜드(Cleveland) 사람들은 매우 클리버(clever.영리한)하다.

□ **Cleve**land [klíːvlənd] 명 **클리블랜드** 《잉글랜드 북부의 주》; 미국 Ohio주의 항구·공업도시 ☜ 1796년 이 도시를 건설한 벤저민 클리브랜드 장군의 이름에서 유래
□ **clever** [klévər/클**레**버] 형 (-<-**rer**<-**rest**) **영리한**(=bright), 현명한; **손재주 있는** ☜ 노르웨이 방언으로 '능숙한'이란 뜻
♠ a **clever** child **똑똑한** 아이
□ **clever**ly [klévərli] 부 **영리하게**; 솜씨있게, 잘; 《방언》 완전히 ☜ clever + ly<부접>
□ **clever**ness [klévərnis] 명 **영리함**, 솜씨 있음, 교묘; 민첩 ☜ clever + ness<명접>

클리쉐 cliche (진부한 표현, 고정관념)

CLICHÉ

□ **cliche** [kli(ː)ʃéi] 명 《F.》 **진부한 표현**(사상, 행동), **상투적인 문구** ☜ 프랑스어로 '고정관념, 상투적 수단'이란 뜻.
♠ You should try to avoid the use of **cliche**.
너는 **상투적인 어구**의 사용을 피하도록 노력해야 한다.

□ **click**(딸깍하는 소리) ➔ **clang**(땡 하고 울리다) **참조**

클리프 행어 cliffhanger (미국 액션 영화. <절벽에 매달린 자, 스릴 만점>이란 뜻), 클라이맥스 climax (최고조)

STALLONE
CLIFFHANGER
L'ULTIMA SFIDA
© TriStar Pictures

♣ 어원 : **cli(m)**, **cline 기울다, 경사지다, 구부러지다**
□ **client** [kláiənt] 명 **의뢰인; 고객**, 단골손님; 사회 복지 혜택을 받는 사람 ☜ 라틴어로 '기대다'란 뜻
♠ a lawyer with many famous **clients**
유명한 **의뢰인**이 많은 변호사
□ **cliff** [klif] 명 (특히 해안의) **낭떠러지**, 벼랑, **절벽** ☜ 고대영어로 '가파른 경사'
□ cl**iff**hang [klífhæ̀ŋ] 동 아슬아슬한 상태로 끝나다 ☜ cliff + hang(매달다, 매달리다)
□ cl**iff**hanger [klífhæ̀ŋər] 명 스릴 만점의 영화(드라마); 마지막 순간까지 손에 땀을 쥐게 하는 상황(경쟁) ☜ 절벽(cliff)에 매달린(hang) 사람(er)
□ **cliff**sman [klífsmən] 명 (pl. **-men**) 암벽타기의 명수 ☜ 절벽(cliff) 의(s) 남자/사람(man)
□ **cliff**y [klífi] 형 (-<-ffi**er**<-ffi**est**) 벼랑 진, 낭떠러지의 ☜ cliff + y<형접>
□ **clim**ate [kláimit] 명 **기후**, 풍토; 환경, 분위기, 기풍; 풍조 ☜ 그리스어 klima로 '지구의 태양에 대한 경사(clim)가 만드는(ate) 것'
♠ continental **climate** 대륙성 **기후**
□ **clim**atic(al) [klaimǽtik(əl)] 형 기후의 ☜ climate + ic(al)<형접>
□ **clim**atically [klaimǽtikəli] 부 기후상으로 ☜ climatical + ly<부접>
□ **clim**atologic(al) [klàimətəlɑ́dʒik(əl)/-lɔ́dʒ-] 형 기후학(상)의 ☜ 기후학(climatology) + ic(al)<형접>
□ **clim**atologist [klàimətɑ́lədʒist/-tɔ́l-] 명 기후학자 ☜ 기후학(climatology) + 자(ist)
□ **clim**atology [klàimətɑ́lədʒi/-tɔ́l-] 명 기후(풍토)학 ☜ 기후(climate) 학문(ology)
□ **cli**max [kláimæks] 명 (사건·극 따위의) **최고조**, 절정; 『수사학』 점층법 ☜ 그리스어로 '사다리; 최고(max)로 기울인(cli)'이란 뜻
♠ **reach** (come to) **a climax 절정에 달하다.**
□ **clim**e [klaim] 명 (종종 pl.) **지방**, 나라; 기후, 풍토 ☜ **clim**ate의 줄임말

✚ de**cline** (아래로) **기울다**, 내리막이 되다; (해가) 져가다 in**cline** (마음이) **내키게 하다**, **기울이다**, (머리를) 숙이다; **기울다** re**cline 기대게 하다**, 의지하다, (몸을) 눕히다; **기대다**(=lean), 눕다

클라이밍 climbing (암벽 등반)

♣ 어원 : climb, clamb 오르다

☐ **climb** [klaim] [동] (산 따위에) **오르다**, 등반하다; (손발을 써서) 기어오르다 ☜ 고대영어로 '오르다'란 뜻
[주의] climb의 b는 묵음임.
♠ **climb** a mountain 산을 **오르다,** 등산하다
♠ **climb up 애써서 오르다, 기어오르다**

☐ **climb**er [kláimər] [명] **등산가, 기어오르는 사람** ☜ climb + er(사람)

☐ **climbing** [kláimiŋ] [명] 올라감, 등산 [형] 기어오르는, 상승하는 ☜ climb + ing<명접/형접>

clamber [klǽmbər] [동] **기어오르다**, (애쓰며) 기어오르다 ☜ 중세영어로 '오르다'

C

클린치 clinch ([권투] 상대를 껴안는 행위)

♣ 어원 : linch, lench, rench, ling 꽉 쥐다, 꽉 물다, 달라붙다

☐ **clinch** [klintʃ] [동] (박은 못의 끝을) **구부리다**; 고정시키다, 죄다; 【권투】 (상대를) 껴안다; 성사시키다 ☜ clench의 변형
♠ be in a **clinch** (권투선수가) **클린치**하고 있다, 껴안고 있다

☐ **clinch**er [klíntʃər] [명] 구부려 박는 도구, 꺾쇠; 결정적 요인, 결정타 ☜ 꽉 무는(clinch) 도구(er)

☐ **cling** [kliŋ] [동] (-/**clung**/**clung**) **달라붙다**; 매달리다, 집착하다 ☜ 고대영어로 '달라붙다'란 뜻
♠ The wet clothes **clung** to my skin. 젖은 옷이 살에 **달라붙었다**.
♠ **cling to ~ ~에 달라붙다, ~에 집착하다**

☐ **cling**y [klíŋi] [형] (-<-gi**er**<-gi**est**) 들러붙는, 끈적이는 ☜ cling + y<형접>

✚ **clench** (이를) **악물다**; (주먹 등을) **꽉 쥐다** **wrench** (세게) **비틀다**, 비틀어 돌리다; **렌치** 《조이는 공구》

클리닉 clinic (전문병원)

☐ **clinic** [klínik] [명] 임상; **진료소**, 진찰실; 개인〔전문〕 병원, **클리닉** ☜ 라틴어로 '병상을 방문하는 의사'란 뜻
♠ a free **clinic** 무료 **진료소**

☐ **clinic**al [klínikəl] [형] **임상의**; 병상의, 병실용의 ☜ clinic + al<형접>

☐ **clinic**al diary 병상 일지 ☜ diary(일지, 일기장)

클립아트 clip art (컴퓨터 문서작성을 돕는 여러 조각 그림)

☐ **clip** [klip] [동] **자르다**, 베다, 가위질하다, (양·말 따위의 털을) 깎다 ☜ 고대 노르드어로 '자르다'란 뜻
♠ **clip** a person's hair 아무의 머리를 **깎다**

☐ **clip**per [klípər] [명] 깎는〔치는〕 사람; (pl.) 나뭇가지를 치는 가위, 이발기계; 쾌속선 ☜ clip + p<단모음+단자음+자음반복> + er(사람/장비)

☐ **clip**ping [klípiŋ] [명] 가위질, 깎기; 오려낸 기사 [형] 잘라내는; 훌륭한, 멋진 ☜ clip + p<단모음+단자음+자음반복> + ing<명접/형접>

※ **art** [ɑːrt/아-트] [명] **예술, 미술**; (종종 pl.) 예술작품, 미술작품; (특수한) 기술, 기예, 술(術) ☜ 라틴어로 '예술, 기술'이란 뜻

클립 clip (서류 고정 집게)

☐ **clip** [klip] [명] **클립**, 종이〔서류〕 집게〔끼우개〕 [동] **꽉 쥐다**, (물건을) 클립으로 고정시키다 ☜ 고대영어로 '포옹'이란 뜻
♠ **clip** papers 서류를 **클립으로 철하다**

클로우즈업 close-up (영화·사진의 근접촬영)
클록 앤 대거 cloak-and-dagger operation (스파이작전)

<클록앤대거>는 1982년 스파이더맨 코믹스에 처음 등장한 슈퍼히어로 캐릭터이다. <클록앤대거>란 '망토 속에 숨긴 비수'란 뜻으로 스파이 활동을 의미한다. 그동안 <클록앤대거>는 여러 드라마, 영화 등 장르를 넘나드는 크로스오버(crossover) 형태로 등장하였다.

♣ 어원 : clo, clos 닫다, 덮다, 가두다, 밀착시키다

■ **clos**e [klouz/클로우즈] ㊐ (눈을) 감다, (문·가게 따위를) **닫다, 닫히다**; 덮다; **차단하다; 끝내다** ㊒ **가까운**(near), 절친한; **정밀한; 닫힌** ㊕ **~과 접하여, 밀접하여, 바로 곁에**
☜ 라틴어로 '덮다, 닫다'란 뜻

■ **clos**e-up [klóusʌp] ㊔ 〖영화·사진〗 대사(大寫), 근접 촬영, **클로즈업**; (일의) 실상
☜ 더 크게(up/강조) 밀착시키다(close)

□ **clo**ak [klouk] ㊔ **소매 없는 외투, 망토** ㊐ ~을 덮다
☜ 라틴어로 '여행자용 망토'란 뜻. 가리는(clo) 것(ak)
♠ wear 〔put on〕 a **cloak 망토**를 몸에 걸치다

□ **clo**ak-and-dagger [klóukəndǽgər] ㊒ 스파이 활동의, 음모의; 스파이〔첩보〕물의
☜ 망토(cloak) 와(and) 단도(dagger)

□ **clo**ak-and-sword [klóukənsɔ́:rd] ㊒ 사랑과 검의, 활극풍의, 시대극의
☜ 망토(cloak) 와(and) 검(sword)

□ **clo**akroom [klóukrù(:)m] ㊔ **외투류[휴대품] 보관소** ☜ cloak + room(방, 실(室))

둠스데이 클락 Doomsday clock (지구 종말시계)

핵전쟁의 위험도를 상징적으로 보여주는 시계. 또는 운명의 날 시계, 지구 종말의 시계 등으로도 불린다. 1947년 만들어졌다. 둠스데이 클락은 처음에는 자정 7분 전에 맞춰졌다. 자정이란 인류의 파멸을 가져올 전면적인 핵전쟁 발발을 의미한다. 2018년 1월말 현재 23시58분을 가리키고 있다. 북핵실험과 북미간의 갈등심화로 인해 핵전쟁 위험이 고조된 것이다. <출처 : 국민일보 2018.1.29.일자>

※ **doom** [du:m] ㊔ **운명**, 숙명; 파멸; 죽음; 최후의 심판
☜ 고대영어로 '법, 심판'이란 뜻.

※ **doom**sday [dú:mzdèi] ㊔ 최후의 심판일 ☜ 운명(doom) 의(s) 날(day)

□ **clock** [klɑk/클락/klɔk/클록] ㊔ (괘종·탁상) **시계**
☜ 중세영어로 '벨이 달린 시계' ★ 휴대용 시계는 watch
♠ The **clock** gains 〔loses〕. **시계**가 빠르다〔늦다〕

The Doomsday Clock
Vox

□ **clock**maker [klɑ́kmèikər/klɔ́k-] ㊔ 시계 제조〔수리〕인 ☜ clock + 만드는(make) 사람(er)

□ **clock** tower 시계탑 ☜ tower(서양식 탑)

□ **clock**wise [klɑ́kwàiz/klɔ́k-] ㊒㊕ (시계 바늘처럼) 우로〔오른쪽으로〕 도는
☜ 시계(clock) (바늘이 도는) 방향으로(wise)

□ **clock**work [klɑ́kwə̀:rk/klɔ́k] ㊔ 시계〔태엽〕장치 ☜ work(일, 작업, 제작품; 일하다)

□ **o'clock** [əklɑ́k/어클**락**/əklɔ́k/어클**록**] ㊕ **~시**(時); ~시 방향 ☜ 'of the clock'의 줄임말
★ '몇 시 몇 분'의 경우에는 보통 생략함
♠ at 12 **o'clock** sharp 12**시** 정각에

클로그 댄스 clog dance (탭댄스의 모티브가 된 아일랜드와 영국의 나막신 춤)

□ **clog** [klɑg/klɔg] ㊔ **방해물**, 장애물; (pl.) **나막신** ㊐ (~의 흐름·기능을) 방해하다 ☜ 노르웨이어로 '울퉁불퉁한 통나무'란 뜻
♠ **clog** supports **나막신** 굽

※ **dance** [dæns/댄스/dɑ:ns/단-스] ㊐ **춤추다** ㊔ **댄스, 춤**, 무용; 댄스곡
☜ 중세영어로 '춤추다'란 뜻

클로우즈업 close-up (영화·사진의 근접촬영)
클로징 멘트 closing ment (콩글 끝맺음 말) ➔ closing comment

♣ 어원 : **clos, clo, clud, claus, clus 닫다, 덮다, 가두다, 밀착시키다**

□ **clos**e [klouz/클로우즈] ㊐ (눈을) 감다, (문·가게 따위를) **닫다, 닫히다**; 덮다; **차단하다; 끝내다** ㊒ **가까운**(=near), 절친한; **정밀한; 닫힌** ㊕ **~과 접하여, 밀접하여, 바로 곁에** ☜ 라틴어로 '덮다, 닫다'란 뜻
♠ **bring ~ to a close** (일을) **끝나게 하다, 끝내다**
♠ **close at hand 가까이에, 절박하여**
♠ **close by ~ ~의 가까이에, ~의 바로 곁에**
♠ **close in ~ 가두다, 에워싸다; 다가오다**
♠ **close in on** 〔upon〕 **~ (적·어둠 따위가) ~에 다가오다**
♠ **close on** 〔upon〕 **~ ~에 가까운; 거의**
♠ **close up ~ ~을 닫다, 밀집하다; 막히다; (상처가) 아물다**
♠ **be close to ~ ~에 접근해 있다**

□ **clos**ed [klóuzd] ㊒ **닫은**, 폐쇄한; 비공개의; 배타적인 ☜ close + ed<형접>

□ **clos**e-knit [klóusnít] ㊒ 긴밀하게 맺어진 ☜ 밀착하여(close) (뜨개를) 짜다(knit)

□ **clos**ely [klóusli/클**로**우슬리] ㊕ **밀접하게**, 근접하여; **면밀히** ☜ close + ly<부접>

□ **clos**eness [klóusnis] 명 접근, 밀집 ☜ close + ness<명접>
□ **clos**er [klóuzər] 명 **닫는 것**(사람), 폐색기 ☜ close + er(사람/기계)
□ **clos**et [klázit/klɔ́z-] 명 **벽장** 형 사실(私室)의; 은밀한 ☜ 닫힌(clos) 것<방(et)
□ **clos**e-up [klóusʌp] 명 『영화·사진』 대사(大寫), 근접 촬영, **클로즈업**; (일의) 실상
☜ 더 크게(up/강조) 밀착시키다(close)
□ **clos**ing [klóuziŋ] 명 **폐쇄**, 폐지; 종료; 결산 형 마지막의; 폐회의
☜ close + ing<명접/형접>
♠ **closing ceremony 폐회식, 폐막식**
□ **clos**ure [klóuʒər] 명 폐점, 휴업; 마감, 폐쇄, 폐지 ☜ close + ure<명접>
□ **clo**ister [klɔ́istər] 명 수도원; (통상 pl.) 회랑(回廊) ☜ 라틴어로 '폐쇄된 곳'
♠ **cloister** garth **회랑으로 둘러싸인** 안뜰 ☜ garth(안뜰)

✚ dis**clos**e **드러내다**, 폭로하다 en**clos**e 둘러싸다, **에워싸다** con**clud**e **끝내다, 결말을 짓다**, 종결하다; (조약을) **체결하다** in**clud**e **포함하다**[시키다] **clo**ak **소매 없는 외투, 망토**

레이다 클러터 radar clutter (레이다상에 맺힌 불필요한 반사파)

※ **radar** [réidaːr] 명 『전자』 **레이더**, 전파 탐지기; (속도 위반 차량 단속용) 속도 측정 장치 ☜ **Ra**dio **D**etecting **A**nd **R**anging의 약자
□ **clot** [klɑt/klɔt] 명 떼, (엉긴) **덩어리** 동 덩어리지다; 응고하다
☜ 고대영어로 '덩어리'란 뜻
♠ a **clot** of blood 핏**덩이**
□ **clout** [klaut] 명 **강타**; (정치적인) **권력**, 영향력
☜ 고대영어로 '덩어리진 것'이란 뜻.
♠ political (financial) **clout** 정치적(재정적) **영향력**
□ **clut**ter [klʌ́tər] 명 난장판, 어지러움, 혼란; 소란 동 떠들다, 혼잡하게 하다
☜ 중세영어로 '응어리가 되다'란 뜻
♠ The room is in **a clutter**. 방 안이 **어수선**하다.

클로토 Clotho ([그神] 인간운명의 실을 뽑는 여인)

[그神] 운명의 3여신(모이라이) 중 장녀로 '인간 운명의 실을 뽑는 여인'이다. 모이라이들은 인간의 생명을 관장하는 실을 관리하는데 한 명이 그 실을 뽑으면 다른 한 명은 이를 감고 나머지 한 명은 인간의 목숨이 다하면 그 실을 끊는다고 한다.

♣ **어원 : cloth 천, 피륙**
□ **cloth** [klɔ(ː)θ/클로쓰, klɑθ] 명 (pl. **-s** [-ðz,-θs]) **천**, 헝겊, 직물, 양복감
☜ 고대영어로 '천, 돛'이란 뜻
□ **cloth**e [klouð/클로우드] 동 (-/cloth**ed**(**clad**)/cloth**ed**(**clad**)) **옷을 입다, ~에게 옷을 입히다; 싸다, 덮다** ☜ 고대영어로 '옷을 입다'란 뜻
♠ **be clothed** (clad) **in ~ ~을 입고 있다**
□ **cloth**es [klouðz/클로우즈] 명 (pl.) **옷**, 의복; 세탁물 ☜ cloth + es<복수>
♠ a suit of **clothes 옷** 한 벌,
♠ **Fine clothes make the man. 《속담》 옷이 날개**
□ **cloth**ing [klóuðiŋ] 명 [집합적] 의류, 피복; 덮개 ☜ cloth + ing<명접>
□ **Cloth**o [klóuθou] 명 『그.신화』 **클로토** 《생명의 실을 잣는 운명의 신》
■ **clad** [klæd] 형 ~을 입은, ~으로 덮인; 장비한 명 피복(被覆) 금속, 피복(외장)재
☜ 《고어·문어》 clothe의 과거분사 ➔ <형용사>

클라우드 cloud (컴퓨터 서비스 사업자의 서버. <구름>이란 뜻)

컴퓨팅 서비스 사업자 서버를 구름 모양으로 표시하는 관행에 따라 '서비스 사업자의 서버'로 통한다. 소프트웨어와 데이터를 인터넷과 연결된 중앙 컴퓨터에 저장, 인터넷에 접속하기만 하면 언제 어디서든 데이터를 이용할 수 있도록 하는 것이다. <출처 : 한경경제용어사전>

□ **cloud** [klaud/클라우드] 명 **구름**; 먼지 ☜ 고대영어로 '바위 덩어리'
♠ covered with **cloud(s) 구름**에 덮이어
♠ **cloud** drift 뜬**구름**
□ **cloud**ed [kláudid] 형 구름에 덮인, 흐린 ☜ cloud + ed<형접>
□ **cloud**ily [kláudili] 부 흐려서, 몽롱하게 ☜ cloud + ly<부접>
□ **cloud**iness [kláudinis] 명 흐린 날씨 ☜ cloudy + ness<명접>
□ **cloud**less [kláudlis] 형 구름이 없는 ☜ cloud + less(~이 없는)
□ **cloud**y [kláudi/클**라**우디] 형 (-<-di**er**<-di**est**) **흐린**, 구름이 낀 ☜ -y<형접>

□ **clout**(강타, 권력) ➔ **clot**(덩어리) **참조**

클로버 clover (토끼풀)

□ **clover** [klóuvər] 명 『식물』 **클로버**, 토끼풀 ☜ 고대영어로 '클로버'란 뜻
♠ **be (live) in (the) clover** ***클로버 속에 살다*** ➔ **호화롭게 살다**

□ **clover**leaf [klóuvərlìf] 명 (pl. **-leaves**) (클로버꼴의) 입체 교차로; 클로버꼴의
☜ clover + leaf(잎)

C

연상 크라운(crown.왕관)을 클라운(clown.어릿광대)에게 씌워줬더니 쓰고 도망갔다.

※ **crown** [kraun/크롸운] 명 **왕관**; (the ~; the C-) 제왕
☜ 라틴어로 '머리에 쓰는 관(冠)'이란 뜻

□ **clown** [klaun] 명 **어릿광대**, 익살꾼; 시골뜨기 동 익살부리다
☜ 라틴어로 '농부, 식민지인'이란 뜻
♠ He was always the class **clown**. 로버트는 항상 **학급**의 광대였다.

나이트클럽 nightclub (밤에 술을 마시며 춤 · 쇼를 즐길 수 있는 곳)

■ night**club** [náitklʌb] 명 **나이트클럽**(=nightspot) ☜ night(밤) + club(사교회장)

□ **club** [klʌb/클럽] 명 **곤봉**; 타봉(打棒); (사교 따위의) **클럽**, 동호회; **나이트 클럽**, 카바레
동 곤봉으로 치다, 때리다
☜ 고대 노르드어로 '몽둥이'란 뜻, 중세영어로 '무리지어 모이다'란 뜻
♠ This **club** is composed of 300 members. 이 **클럽**은 회원이 300 명이다

□ **club**house [klʌ́bhàus] 명 클럽 회관; 운동선수용 로커 룸 ☜ club + house(집, 가옥)

칵테일 cocktail (혼합주)

■ **cock** [kɑk/kɔk] 명 **수탉** ☜ 고대영어로 '수탉' 반 hen 암탉
★ **미국에서 수탉은 rooster를 흔히 씀**

■ **cock**tail [kɑ́ktèil/kɔ́k-] 명 **칵테일**, 혼합주《양주와 감미료 · 향료를 혼합한》 ☜ cock(수탉) + tail(꼬리). 여러 설이 있지만 특히 '투계판에서 닭의 꽁지 깃털을 뽑아 술잔에 넣어 마셨다'는 설에서 유래

□ **cluck** [klʌk] 명 (암탉이) **꼬꼬 우는 소리** 동 (암탉이) 꼬꼬 울다; (혀를) 차다
☜ 고대영어로 '시끄럽게 하다'. 의성어
♠ Chickens **clucked** in the hen house. 닭들이 닭장에서 **꼬꼬댁거렸다.**

클루 clue (이랜드 그룹의 로맨틱 액세서리 브랜드. <실마리, 단서>란 뜻)

□ **clue** [kluː] 명 (수수께끼를 푸는) **실마리**, (조사 · 연구의) 단서
동 ~에게 실마리를 주다 ☜ 고대영어로 '실뭉치'란 뜻
♠ **get a clue 실마리를 얻다**

□ **clue**less [klúːlis] 형 단서 없는; 《구어》 어리석은, 무지한
☜ -less(~가 없는)

연상 10개의 램프(lamp.등불)를 한 럼프(lump.덩어리)로 묶었더니 엄청 밝았다.

※ **lamp** [læmp/램프] 명 **등불, 램프**, 남포
☜ 중세영어로 '가연성 액체를 담고 있는 용기'란 뜻

■ **lump** [lʌmp] 명 **덩어리**, 한 조각; **혹**; 멍청이; 《영》 임시건설노동자 동 **한 묶음으로 하다**
☜ 중세영어로 '작은 금속 덩어리'란 뜻

□ c**lump** [klʌmp] 명 수풀, 덤불; 육중한 걸음걸이; (흙 등의) 덩어리 동 쿵쿵 걷다
☜ 중세영어로 '덩어리'란 뜻
♠ **a clump of** trees (bushes) **한 무리의** 나무들 (덤불들)

연상 넘(너무) 추워서 손발이 넘(numb.감각을 잃은)했다.

♣ 어원 : numb, lums 감각을 잃다, 느낌이 없다

■ **numb** [nʌm] 형 (얼어서) **감각을 잃은, 곱은**, 언; 마비된 동 감각을 잃게 하다, 마비시키다
☜ 중세영어로 '움직임이나 느낌을 잃은'이란 뜻

■ be**numb** [binʌ́m] 동 **무감각 하게하다**, 마비시키다, 저리게 하다; 실신케 하다; 멍하게 하다
☜ 감각을 일게(numb) 하다(be<동사형 접두사>)

□ c**lums**y [klʌ́mzi] 형 (-<-si**er**<-si**est**) **서투른; 꼴사나운**, 세련되지 않은

☜ 중세영어로 'c + 추위로 '감각을 잃(lums) 은(y)'이란 뜻
♠ He's **clumsy** with tools. 그는 연장 다루는 데 **서투르다**.

☐ c**lums**ily [klʌ́mzili] ⓟ 솜씨 없이 ☜ clumsy<y→i> + ly<부접>
☐ c**lums**iness [klʌ́mzinis] ⓜ 서투름, 꼴불견 ☜ clumsy<y→i> + ness<명접>

C

클러스터 cluster (산업 집적지)

산업집적지. 유사 업종에서 다른 기능을 수행하는 기업, 연구기관, 지원기관들이 한 곳에 모여 있어서 정보와 지식 공유를 통한 시너지 효과를 노릴 수 있다. <출처 : 매일경제용어사전 / 일부인용>

☐ **cluster** [klʌ́stər] ⓜ (과실 · 꽃 따위의) **송이**, 한 덩어리(=bunch); 떼, 집단
☜ 고대영어로 '송이'란 뜻
♠ **a cluster of** grapes 포도 **한 송이**

클러치 clutch (엔진동력을 차단 · 연결해 주는 축이음 장치)
클린치 clinch ([권투] 상대를 껴안는 행위)

☐ **clutch** [klʌtʃ] ⓢ **(꽉) 잡다**; 붙들다, 부여잡다 ⓜ **붙잡음**, 움켜 쥠; 『기계』 **클러치**
☜ 고대영어로 '꽉 쥐다'란 뜻
♠ **A drowning man will clutch at a straw.**
《속담》 물에 빠진 사람은 지푸라기라도 잡으려 한다.

■ **clinch** [klintʃ] ⓢ (박은 못의 끝을) **구부리다**; 고정시키다, 죄다; 『권투』 (상대를) 껴안다; 성사시키다 ☜ clench의 변형
■ **clench** [klentʃ] ⓢ (이를) **악물다**; (손 · 주먹 따위를) **꽉 쥐다**; (물건을) 단단히 잡다(쥐다) ☜ 중세영어로 '꽉 쥐다'란 뜻

☐ **clutter**(난장판; 소란) ➔ **clot**(덩어리) **참조**

센티미터 cm (길이의 단위. 1m=100cm)

☐ **cm**, centimeter(s) [séntəmìːtər] ⓜ **센티미터** 《생략: cm; 1미터의 100분의 1》
☜ cent(100) + meter(측정, 계량, 미터)

씨엔엔 CNN (세계최고의 뉴스 브랜드, 미국의 뉴스 전문 유선TV 방송망)

미국의 24시간 뉴스 전문 유선 텔레비전 방송업체. 세계 최고의 뉴스 브랜드로 전 세계 212개국 2억 가구에 전파를 보내고 있다. 1980년 테드 터너가 설립하였다.

☐ **CNN** 《미》 **C**able **N**ews **N**etwork 케이블 뉴스 방송망

☐ **c/o**(care of의 약어, ~씨 댁내) ➔ **care**(걱정, 주의) **참조**

코치 coach ([경기] 지도원, 강사)

☐ **coach** [koutʃ] ⓜ (의식용) **공식 마차**, 역마차; 『경기』 **코치**; 지도원 ⓢ 마차로 나르다, 지도하다 ☜ 중세영어로 '4륜 마차'란 뜻. 19세기 초에 coach는 학생을 시험에 '데려다 주는 개인 교사'를 뜻하는 옥스퍼드 대학교의 속어로 등장했다.
♠ The fairy changed a pumpkin into a **coach**.
요정은 호박을 **마차**로 변하게 했다.
♠ He is **a coach** and a player. 그는 **코치**이자 선수이다

☐ **coach** box 마부석 ☜ box(상자, 마부석)
☐ **coach**ee [koutʃíː] ⓜ 코치를 받는 사람 ☜ coach + ee(사람: 객체)
☐ **coach**man [kóutʃmən] ⓜ (pl. **-men**) **마부**; (송어 낚는) 제물 낚시 ☜ man(남자, 사람)
■ stage**coach** [stéidʒkòutʃ] ⓜ (예전의) 역마차, 승합 마차 ☜ stage(역) + coach(마차)

☐ **coact**(협력하다), **coaction**(협력) ➔ **act**(행동하다, 활동하다) **참조**

콜타르 coal tar (아스팔트 · 페인트 용재)

석탄의 건류로 생성되는 흑갈색의 점성이 높은 액상 물질. 고온 타르와 저온 타르가 있으나 간단히 콜타르라 할 때는 고온 타르를 의미한다. 대부분은 제철용 코크스 제조과정의 부산물로 얻어진다.

☐ **coal** [koul/코울] ⓜ **석탄** ☜ 고대영어로 '석탄'이란 뜻
♠ brown **coal** 갈**탄**, hard **coal** 무연**탄**, soft **coal** 역청**탄**, small **coal** 분**탄**

□ **coal**-bed [kóulbèd] 명 탄층 ☜ coal + bed(침대, 지층)
□ **coal** mine 탄광 ☜ mine(광산, 탄광; 지뢰)
□ **coal** oil 석유 ☜ oil(기름)
□ **coal** tar [kóultà:r] **콜타르** ☜ tar(타르: 점성의 검은색 액체)
■ char**coal** [tʃɑ́:rkòul] 명 **숯**, 목탄 ☜ 고대 프랑스어로 '변하는(char=turn) 석탄'이란 뜻.

C

콤바인 combine (수확 · 탈곡 둘 다 가능한 복식 수확기)

♣ **어원 : co, com 함께, 합동 // al, ali 자양분을 주다, 기르다**
■ **com**bine [kəmbáin/컴**바**인] 동 **~을 결합시키다**, **겸하다**, 연합[합병 · 합동]시키다 명 (정치상의) 연합, (수확 · 탈곡기능이 겸비된) **콤바인**, 복식 수확기
☜ 함께(com) 묶다(bine)
□ **co**alesce [kòuəlés] 동 (뼈가) 붙다, 접착하다; 합동[연합]하다
☜ 함께(co<com) 기르기(al) 시작하다(esce)
□ **co**alition [kòuəlíʃən] 명 **연합**, 합동(=union); (정치적) 연립, 제휴
☜ 함께(co<com) 기르는(ali) 것(tion)
♠ **form a coalition 연합[제휴]하다**
♠ **coalition** forces **다국적**군

연상 마라톤 코스(course.진로)가 너무 코스(coarse.조잡한)하다

※ **course** [kɔ:rs/코오스] 명 **진로**, 행로; **코스**, 침로; 진행, 진전, 추이; 방침, 방향 ☜ 라틴어로 '경주의 진로; 달리다'란 뜻
□ **coarse** [kɔ:rs] 형 **거친, 조잡한**; 저속한, 열등한; (직물의) 결이 거친
☜ 중세영어로 '보통의'란 뜻. 이후 '일생 생활시 걸치는 거친 천'이란 의미로 변천
♠ big **coarse** hands 크고 **투박한** 손
□ **coarse**n [kɔ́:rsən] 동 거칠게 하다[되다] ☜ coarse + en<동접>
□ **coarse**ly [kɔ́:rsli] 부 조잡하게 ☜ coarse + ly<부접>
□ **coarse**ness [kɔ́:rsnis] 명 (결의) 거칢; 조잡함 ☜ coarse + ness<명접>

코스타리카 Costa Rica (중앙아메리카의 나라. <풍요의 해안>이란 뜻)

■ **Costa** Rica [kɑ́stərí:kə, kɔ́:s-/kɔ́s-] 명 **코스타리카** 《중앙 아메리카의 공화국. 수도: 산 호세(San José)》 ☜ 스페인어로 '풍요로운 해안'(= rich coast)이란 뜻.
□ **coast** [koust/코우스트] 명 **연안, 해안** 동 연안 항해하다
☜ 라틴어로 '가장자리, 변두리'란 뜻
♠ **on the coast 해안에서, 연안에**, the Pacific **coast** 태평양 **연안**
□ **coast**al [kóustəl] 형 **연안의, 근해의** ☜ coast + al<형접>
□ **coast** guard 해안[연안]경비대(원); 수상경찰(관) ☜ guard(감시, 경호인)
□ **coast**line [kóustlàin] 명 **해안선** ☜ coast + line(줄, 선)

코트 coat (양복의 상의), 코팅 coating (입힘) ➔ lamination

□ **coat** [kout/코우트] 명 (양복의) **상의**; 외투, 코트 동 **상의로 덮다, 상의를 입히다**
☜ 고대 프랑스어로 '웃옷'이란 뜻
♠ She wore a black **coat** today. 그녀는 오늘 검정색 **코트**를 입었다.
□ **coat**ing [kóutiŋ] 명 덮음, **입힘**; 『광학』 (렌즈의 반사 방지를 위한) **코팅** ☜ coat + ing<명접>

✚ great**coat** (군인의 두꺼운) 외투(=topcoat); 방한 외투 over**coat** **오버(코트)**, 외투; 보호막 《페인트 · 니스 등》 top**coat** **톱코트**, 가벼운 외투; (페인트 따위의) 마무리 칠, (페인트 · 사진의) 보호막

연상 코엑스(COEX.종합전시관)내에서 경쟁사 직원들을 코욱스(coax.감언으로 설득)하다

※ **COEX** **Co**nvention(총회) & **Ex**hibition(전시회)의 약어. (서울 강남구 삼성동 한국종합무역센터 내에 있는) **종합전시관**
□ **coax** [kouks] 동 **감언으로 설득하다**, 달래다, 꾀다
☜ 근세영어로 '아첨하고 애원하며 유혹하다'란 뜻
♠ **coax ~ away** [out] **~를 꾀어서 데리고 나가다**

□ **cob**(옥수수속) ➔ **maize**(《영》 옥수수) **참조**

코발트색 cobalt blue (암청색)

□ **cobalt** [kóubɔːlt] [명] 〖화학〗 **코발트** 《금속 원소; 기호 Co; 번호 27》; 코발트 채료 ☜ 독일어로 '도깨비'란 뜻

※ **blue** [bluː/블루-] [형][명] **파란(색); 우울(한)**
☜ 고대 프랑스어로 '창백한', 중세영어로 '하늘색'이란 뜻.

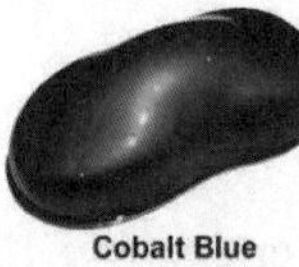
Cobalt Blue

[연상] 구두수선공의 코가 부풀어 올라 코블러(cobbler)가 되었다?

□ **cobbler** [kάblər/kɔ́bl-] [명] 구두수선공; 서투른 직공 ☜ 중세영어로 '구두수선공'이란 뜻
♠ **The cobbler's wife goes the worst shod. 구두 수선공의 아내는 떨어진 신발을 신게 마련이다, ➔ 《속담》 대장장이 집에 식칼이 논다.**

※ **blue** [bluː/블루-] [형][명] **파란(색); 우울(한)**
☜ 고대 프랑스어로 '창백한', 중세영어로 '하늘색'이란 뜻.

코브라 cobra (❶ 인도 · 아프리카산 독사 ❷ AH-1 공격헬리콥터의 별명)

□ **cobra** [kóubrə] [명] 〖동물〗 **코브라**, 인도 · 아프리카산 독사; (육군의) 공격 헬리콥터 AH-1의 애칭 ☜ 라틴어로 '뱀'이란 뜻
♠ A bite from a **cobra** can kill in minutes.
코브라에게 물리면 몇 분 안에 죽을 수도 있다.

웹 브라우저 web browser (인터넷 정보검색 프로그램)

■ **web** browser 〖컴퓨터〗 **웹 브라우저** 《인터넷에서 웹(www: world wide web) 정보 검색 프로그램》 ☜ 거미줄처럼 연결된 인터넷망(web)을 구경하는(browse) 사람(er)

□ cob**web** [kάbwèb/kɔ́b-] [명] **거미집[줄]** [동] 거미줄을 치다
☜ 고대영어로 '거미줄'
♠ have a **cobweb** in the throat
*목구멍 안에 **거미집**이 있다* ➔ 목이 마르다.

□ cob**web**bed [kάbwèbd/kɔ́b-] [형] 거미줄이 치인; 머리가 돈
☜ cobweb + b + ed<형접>

코카콜라 Coca-Cola (청량음료의 일종)

□ **Coca**-Cola [kóukəkóulə] [명] 《미》 **코카콜라** 《미국의 청량 음료의 일종; 상표명》
☜ 코카(Coca) 나뭇잎과 콜라(Cola) 열매로 만들어진데서 유래.

□ **coca**ine [koukéin, kóukein] [명] 〖화학〗 **코카인** 《coca의 잎에서 채취하는 마취제, 마약》
☜ 코카(Coca) 나무 + ine<화학성분 접미사>
♠ **be addicted to cocaine 코카인에 중독되다**

■ **Coke** [kouk] [명] **코크스**; 《미.속어》 Coca-Cola 《상표명》 ☜ Coca-Cola의 줄임말

칵테일 cocktail (혼합주)

□ **cock** [kαk/kɔk] [명] **수탉**(⇔ hen 암탉) ☜ 고대영어로 '수탉'이란 뜻
★ 미국에서 수탉은 rooster를 흔히 씀
♠ **As the old cock crows, the young cock learns. 늙은 닭이 우는 대로 어린 닭도 배운다. 《속담》 서당개 3년이면 풍월을 읊는다.**

□ **cock**-a-doodle-doo [kάkədùːdldúː/kɔ́k-] [명] 꼬끼오 《수탉의 울음소리》 ☜ 의성어

□ **cock**ney [kάkni/kɔ́k-] [명] (종종 C-) **런던 토박이**, 런던 사투리
☜ '촌닭', '촌놈'이란 뜻에서 [비교] Bow bells 런던 토박이
♠ a **cockney** accent **런던내기** 말씨〔사투리〕

□ **cock**pit [kάkpìt/kɔ́k-] [명] 투계장(鬪鷄場); 싸움터; (비행기 · 우주선 · 요트 따위의) 조종석〔실〕
☜ 중세영어로 '싸움닭(cock)을 위한 공간<구멍(pit)'

□ **cock**tail [kάktèil/kɔ́k-] [명] **칵테일**, 혼합주 《양주와 감미료 · 향료를 혼합한》 ☜ 수탉(cock)의 꼬리(tail). 여러 설이 있지만 특히 '투계판에서 닭의 꽁지 깃털을 뽑아 술잔에 넣어 마셨다'는 설에서 유래
♠ **have 〔throw〕 a cocktail party 칵테일 파티**를 열다

■ pea**cock** [píːkὰk/-kɔ̀k] [명] (pl. **-s**, [집합적] **-**) 〖조류〗 **공작** 《특히 수컷; 암컷은 peahen》, 겉치레꾼 [동] 뽐내다, 허세〔허영〕부리다
☜ 고대영어로 'pea(=peafowl.공작) + cock(수탉)'이란 뜻

코코아 cocoa (카카오콩을 갈아 만든 분말)

☐ **cocoa** [kóukou] [명] **코코아** 《cacao씨의 가루》, 코코아(음료); 코코아색, 다갈색 [형] 코코아(색)의 ☜ 근대영어로 '카카오나무'란 뜻. 초콜릿의 원재료가 되는 카카오콩을 생산하는 카카오나무는 코코아나무라고도 부른다.
♠ a cup of **cocoa 코코아** 한 잔

■ **cacao** [kəkɑ́:ou, -kéi-] [명] (pl. **-s**) **카카오** 《열대 아메리카산의 카카오나무의 열매》 ☜ 초콜렛(chocolate)이나 코코아(cocoa)의 원재료가 되는 카카오콩 식물

C

■ **choco**late [tʃɔ́:kəlit/**초**컬릳, tʃɑ́k-/tʃɔ́k-] [명] **초콜릿**; (pl.) 초콜릿 과자; 초콜릿 음료 ☜ 멕시코 아즈텍어로 '카카오콩'이란 뜻

코코넛 coconut (코코스 야자의 열매)

☐ **coco**nut [kóukənʌ̀t] [명] **코코야자 열매**, **코코넛** ☜ coco(코코 야자수) + nut(견과)
♠ **coconut** products 코코야자의 생산품 《비누, 인조(人造) 버터 등》

씨오디 COD (화학적 산소 요구량)

☐ **COD** **C**hemical **O**xygen **D**emand 화학적 산소요구량

✚ **chemical 화학의**, 화학상의; 화학용의; 화학적인 **oxygen** 〖화학〗 **산소** **demand 요구[청구]하다**

코드 code (암호, 부호)

☐ **code** [koud/코우드] [명] **법전; 신호법; 암호**, 〖전산〗 코드, 부호 ☜ 고대 프랑스어로 '법 체계, 법전'이란 뜻
♠ break the enemy's **codes** 적의 **암호**를 해독하다
♠ the civil 〔criminal〕 **code** 민**법**〔형**법**〕
♠ the **code** of civil 〔criminal〕 procedure 민사〔형사〕소송**법**
♠ the **Code** of Hammurabi 함무라비 **법전**

☐ **code**x [kóudeks] [명] (pl. **-dices**) (성서・고전의) 사본; 약전(藥典); 《고어》 법전 ☜ 라틴어로 '책'이란 뜻

■ en**code** [enkóud] [동] (보통문을) 암호로 고쳐 쓰다; 암호화〔기호화〕하다 ☜ 암호(code)를 만들다(en)

■ de**code** [di:kóud] [동] **디코드**하다, (암호문을) 해독하다, 번역하다 ☜ 암호(code)로부터 멀어지다(de=away)

닥터 피쉬 Doctor Fish (서아시아 하천수역에 서식하는 담수어종)

은백색의 체표에 검은 잔점이 있으며 빨판 형태의 입이 있다. 사람의 피부 각질이나 병소에 달려들어 먹는 경향이 있어 닥터 피쉬라고 불리며, 이를 이용한 스파테라피 등이 성행하기도 한다. 해수어 가운데서도 일부 서전 피쉬(Surgeon fish)를 닥터 피쉬라 부르기도 한다. <출처 : 아쿠아플라넷 여수>

♣ **어원 : fish 물고기, 물고기를 잡다**

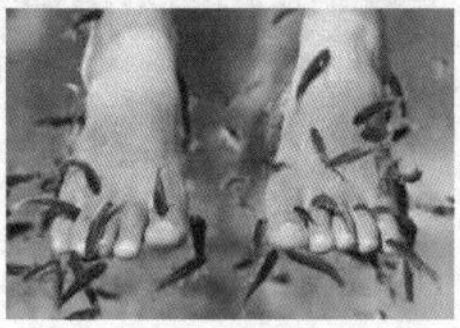

※ **doctor** [dɑ́ktər/**닥**터/dɔ́ktər/**독**터] [명] **박사**; 의학 박사 《생략: D., Dr.》, **의사** ☜ 가르치는(doct) 사람(or)

■ **fish** [fiʃ/퓌쉬] [명] (pl. **-es**) **물고기**, 어류, 생선 [동] **낚시질하다** ☜ 고대영어로 '물고기'란 뜻

☐ cod**fish** [kɑ́dfiʃ] [명] (pl. **-es**, [집합적] ~) 〖어류〗 대구(=cod) ☜ cod(대구) + fish(물고기)
♠ spicy **codfish** stew **대구**매운탕
♠ **make codfish of ~ ~을 결정적으로 이기다**
We **made codfish of** the game. 우리는 경기**를 결정적으로 이겼다**.

프로듀서[피디] producer (영화감독, 연출가) ➔ 《미》 director

♣ **어원 : duc 이끌다**

■ pro**duc**er [prədjú:sər] [명] **생산자**, 제작자; 〖연극・영화〗 《영》 감독, 연출가(《미》 director); 《미》 **프로듀서** 《연출・제작의 책임자》 ☜ 앞으로(pro) 이끄는(duce) 사람(er)

■ e**duc**ation [èdʒukéiʃən/**에**주**케**이션] [명] **교육**, 훈육, 훈도; 양성 ☜ 밖으로(e<ex) 소질을 이끌어내는(duc) 것(tion<명접>)

☐ coe**duc**ation [còedʒukéiʃən] [명] **남녀공학** ☜ 함께(co<com) 받는 교육(education)
♠ He is going to a **coeducation** school.그는 **남녀공학** 학교를 다닌다.

☐ coe**duc**ational [còedʒukéiʃənəl] [형] 남녀공학의 ☜ coeducation + al<형접>

☐ co(-)e**d** [kóuéd] 명 《미.구어》 (남녀공학의) 여대생 ☜ **coed**ucational의 줄임말
★ co-ed는 남자가 다니는 학교에 여학생이 함께 다닌다는 성차별적 어의(語義)가 내포되어 있는 단어이다.

이퀄 equal (같은(=))

♣ 어원 : equ(i) 같은, 같게

■ equal [íːkwəl/**이**-퀄/**이**-퀄] 형 **같은, 동등한** 명 동등〔대등〕한 사람 동 ~와 같다〔대등하다〕
☜ 공평(equ) 한(al)

☐ co**equ**al [kouíːkwəl] 형명 동등한 (사람), 동격의 (사람)
☜ 함께<양쪽이(co) 같은(equ) + al<형접/명접>
♠ The union is composed of **four coequal and sovereign states**.
그 연합국은 **4 개의 동등하고 주권적인 주들**로 구성되어 있다.

☐ co**equ**ality [kòuiːkwɑ́ləti/-kwɔ́l-] 명 동등, 동격 ☜ -ity<명접>

✚ in**equ**ality **같지 않음, 불평등**, 불공평, 불균형 ad**equ**ate (어떤 목적에) 어울리는, **적당한, 충분한**

에너지 energy (힘, 원기)

♣ 어원 : er(g), or(g), ur(g) 일, 작업, 작용, 힘

■ en**erg**y [énərdʒi/**에**너쥐] 명 정력, 활기, **원기**, (말・동작 따위의) **힘**
☜ 내부(en<in)의 힘(erg) + y

☐ co**er**ce [kouə́ːrs] 동 강요하다, **강제하다**(=force); (아무를) 강요하여 ~하게 하다 ☜ 함께(co<com) 힘(er<erg)으로 밀어 넣다(ce)
♠ **coerce** obedience 복종을 **강요하다**

< Clean Energy >

☐ co**er**cible [kouə́ːrsəbl] 형 강제〔위압〕할 수 있는 ☜ coerce + ible(~할 수 있는)

☐ co**er**cion [kouə́ːrʃən] 명 강제; 위압; 압제 정치 ☜ coerce + ion<명접>

☐ co**er**cive [kouə́ːrsiv] 형 강제적인, 위압적인, 고압적인 ☜ coerce + ive<형접>

코엑스 COEX (한국종합무역센터에 있는 종합전시관 / 서울시 소재)
킨텍스 KINTEX (한국국제전시장 / 고양시 소재)

☐ **COEX** **CO**nvention and **EX**hibition center 국제회의 및 전시 센터

※ **KINTEX** **K**orea **INT**ernational **EX**hibition center 한국국제전시장

케이티엑스 KTX (한국의 초고속열차)

♣ 어원 : ex 밖으로

※ **KTX** **K**orea **T**rain e**X**press 한국고속철도

■ **ex**press [iksprés] 동 **표현하다**, 나타내다 형 **명백한**, 분명한; 지급의, 급행의 명 (기차 등) **직통편** ☜ 밖으로(ex) 밀어내다<누르다(press)

■ **ex**ist [igzíst] 동 **존재[실재]하다**, 현존하다 ☜ 밖에(ex) + i + 서있다(st<stand)

☐ co**ex**ist [kòuigzíst] 동 같은 때〔장소〕에 존재하다; (평화) 공존하다
☜ 함께(co<com) 존재하다(exist)

☐ co**ex**istence [kòuigzístəns] 명 **공존**(共存), 병립(倂立) ☜ coexist + ence<명접>
♠ peaceful **coexistence** 평화 **공존**

커피 coffee (커피나무의 열매를 볶아서 간 가루)

☐ **coffee** [kʌ́ːfi/**커**-피, kɔ́ːfi, kɑ́fi] 명 **커피** 《나무・열매・음료》; 커피색, 다갈색; 한 잔의 커피
☜ 중세영어로 '아라비아와 에티오피아가 원산지인 나무의 씨앗을 볶아 만든 음료'란 뜻
★ 우리말의 밀크커피(milk coffee)는 콩글리시이며, 정확한 표현은 coffee with milk, coffee with cream and sugar이다.
♠ Let's have a **coffee**. **커피** 마시자.

☐ **coffee**pot [kɔ́(ː)fipɑ̀t] 명 **커피포트**, 커피 (끓이는) 주전자; 《미.속어》 (심야 영업의) 간이식당
☜ coffee + pot(단지, 냄비)

☐ **coffee** shop **커피숍**, 다방; (호텔 등의 간단한 식당을 겸한) 다실 ☜ shop(상점)

■ **café, cafe** [kæféi, kə-] 명 《F.》 **까페**, (가벼운 식사도 할 수 있는) **커피점**, 레스토랑
☜ 프랑스어로 '커피, 다방'이란 뜻

■ **cafe**teria [kæ̀fitíəriə] 명 《미》 **카페테리아** 《셀프 서비스 식당》. [Sp.=coffee shop]
☜ 스페인어로 '커피숍'이란 뜻

연상 코핀(coffin.관)을 잘못 옮기다간 코피 터진다.

☐ **coffin** [kɔ́ːfin, kάf-] 명 관(棺), 널 ☜ 그리스어로 '바구니'란 뜻에서
♠ **drive a nail into one's coffin**
~의 ***관****에 못을 박다* ➔ **(담배 · 술 등으로) 수명을 단축하다**

C

에이전트 agent (대리점), 아젠다 agent (의제, 안건)

♣ **어원 : ag 행하다(=do), 행동하다(=act), 몰다(=drive)**
■ **ag**ent [éidʒənt] 명 **대리인**, 대리점; 간첩; 자연력, 작용물, 약제 ☜ 행하는(ag) 사람(ent)
■ **ag**enda [ədʒéndə] 명 (pl. **-s, -**) **아젠다**, 의제, 안건, 예정표 ☜ 행해야(ag) 할 것들(enda)
■ **ag**itate [ǽdʒətèit] 동 **몹시 뒤흔들다**; 흥분시키다(=excite); 동요시키다(=cause to move)
☜ 행하러(ag) 가도록(it) 하다(ate<동접>)
☐ co**g**ent [kóudʒənt] 형 적절한, 설득력 있는; 강제력 있는
☜ 함께(co<com) (의견을 한 곳으로) 몰아가(g<ag=drive) 는(ent<형접>)
♠ **cogent** evidence **설득력이 있는** 증거
☐ co**g**ency [kóudʒənsi] 명 (의론 · 추론의) 설득력 ☜ -ency<명접>

네이티브 스피커 native speaker (모국어로 말하는 사람)

♣ **어원 : nat, nasc 태어나다**
■ **nat**ive [néitiv/**네**이리브/**네**이티브] 형 **출생(지)의**; 원주민(토착민)의; **그 지방 고유의; 타고난** ☜ 태어(nat) 난(ive)
☐ cog**nat**e [kάgneit/kɔ́g-] 형 **조상이 같은**, 동족의; 같은 어족의
☜ 같은(cog<com) 피로 태어난(nat) + e
♠ German and Dutch are **cognate** languages.
독일어와 네덜란드어는 **동일 어족의** 언어들이다.
☐ cog**nat**ion [kagnéiʃən/kɔg-] 명 동족관계, 친족; 여계친(女系親) ☜ -ion<명접>
비교 cognition 인식(작용)
※ **speaker** [spíːkər] 명 **말(이야기)하는 사람**; 강연자, 변사(辯士); 웅변가; **스피커**, 확성기 (=loudspeaker) ☜ speak(말하다) + er(사람/기계)

코기토 에르고 숨 cogito, ergo sum (나는 생각한다. 고로 나는 존재한다.)

♣ **어원 : gi, gn, gno 알다(=know)**
☐ co**gi**to, ergo sum [kάdʒitòu-ə́ːrgousʌ́m] 《L.》 (= I think, therefore I am.)
나는 생각한다, 고로 나는 존재한다. 《데카르트(Descartes)의 말》
☜ (깊은 사색을 통해) 완전히(co<com) 알게 되다(gi) + to
☐ co**gni**tion [kagníʃən/kɔg-] 명 인식(력 · 작용), 인지; 지각(된 것); 지식
☜ 완전히(co<com) 아는(gni) 것(tion<명접>)
♠ need for **cognition** (심리학) **인지** 욕구; **인지**적 욕구
☐ co**gni**tional [kagníʃənəl/kɔg-] 형 인지(상)의 ☜ cognition + al<형접>
☐ co**gni**tive [kάgnətiv/kɔ́g-] 형 인식의; 인식력이 있는 ☜ -tive<형접>
☐ co**gni**ze [kάgnaiz/kɔ́g-] 동 『철학』 인지(인식)하다 ☜ -ize<동접>
■ reco**gni**ze [rékəgnàiz/**레**커그나이즈] 동 **알아주다, 인정하다**; 인지하다
☜ 다시(re) 완전히(co) 알게(gn) 되다(ize<동접>)

코히어런스 coherence ([음악] 음파 · 파동의 가(可)간섭성 · 통일성)

음악을 저역, 중역, 고역의 분리된 집합체가 아니라 통일성 있게 하나로 합쳐진 인상을 표현하는 말. 시스템이나 개별 제품의 성능을 표현할 때도 사용될 수 있다. 소리가 끊김 없이 서로 이어지고 연결된 것처럼 들리는 것이다. <출처 : 오디오용어사전 / 일부인용>

♣ **어원 : here, her, hes 달라붙다, 붙이다**
☐ co**here** [kouhíər] 동 밀착하다; 응집(凝集)하다; 시종일관하다.
☜ 같이(co<com) 들러붙는(here)
♠ Solids have a greater tendency to **cohere** than liquids.
고체는 액체보다 **응집하는** 성향이 강하다.
♠ A sentence that does not **cohere** is hard to understand.
일관성이 없는 문장은 이해하기 힘들다.
☐ co**here**nce, -ency [kouhíərəns], [-ənsi] 명 긴밀성; 결합; (문체 · 이론 등의) 일관성
☜ cohere + ence/ency<명접>
☐ co**here**nt [kouhíərənt] 형 **응집성의**, 밀착하는; 조리가 서는 ☜ cohere + ent<형접>

☐ co**hes**ion [kouhíːʒən] 명 **점착**(粘着), **결합**; 단결, 유대 ☜ co + hes + ion<명접>
☐ co**hes**ive [kouhíːsiv] 형 **점착력이 있는**; 밀착(결합)하는 ☜ co + hes + ive<형접>

✚ ad**here** **점착하다**; 고수하다, 집착하다 **hes**itate **주저하다**, 망설이다, 결단을 못 내리다
in**here** 본래부터 타고나다, 내재하다

C

코일 coil (도선(導線)을 고리모양으로 감은 것)

♣ 어원 : coil 모으다
☐ **coil** [kɔil] 명 **사리**, 고리; 『전기』 **코일** 동 사리를 틀다, **똘똘 감다**
☜ 라틴어로 '모으다'란 뜻
♠ The snake **coiled** (a)round its victim. 뱀이 먹이를 **휘감았다**.
■ re**coil** [rikɔ́il, ríːkɔ̀il] 명 (용수철 따위의) 되튐; (총포의) 반동 동 **되튀다; 후퇴하다** ☜ 다시(re) 모으다(coil)

비트코인 bitcoin (사이버 공간에서의 가상화폐)

비트코인은 물리적인 형태가 없는 온라인 가상화폐(사이버 머니)로 발행기관이 없고 통화량도 이미 정해져 있다. 2008년 나카모토 사토시라는 정체불명의 수학자가 창안했으며, 2009년 미국이 막대한 양의 달러를 찍어내 시장에 공급하는 양적완화가 시작되자 달러화 가치 하락 우려가 겹치면서 비트코인이 대안 화폐로 주목받기 시작했다.
<출처 : 한경 경제용어사전 / 일부인용>

■ bit**coin** [bítkɔ̀in] 명 **비트코인**. 온라인 가상화폐 ☜ bit(소액화폐) + coin(동전)
☐ **coin** [kɔin/코인] 명 **주화**(鑄貨), 동전 동 (화폐를) 주조하다
☜ 라틴어로 '쐐기'라는 뜻. 돈을 주조하는 거푸집이 쐐기모양이었던 데서.
♠ **Much coin, much care.** **《속담》 돈이 많으면 걱정도 많다.**
♠ **coin** changer **동전** 교환기
☐ **coin**age [kɔ́inidʒ] **화폐 주조** ☜ coin(주조하다) + age<명접>
♠ the **coinage** of one's brain 두뇌의 산물

데카당스 decadence (퇴폐적 예술운동)

19세기 후반 프랑스에서 시작되어 유럽 전역으로 전파된 퇴폐적인 경향 또는 예술운동. 병적인 상태에 대한 탐닉, 기괴한 제재에 대한 흥미, 관능주의적 성향, 성적인 도착증, 과민한 자의식, 현실 사회에 대한 반감, 자연미의 거부와 인공적 스타일의 추구 등은 데카당파 예술가들의 공통된 특징이 된다. <출처 : 문학비평용어사전 / 일부인용>

♣ 어원 : cad, cid, cas 떨어지다, 부패하다
■ de**cad**ence [dékədəns, dikéidns] 명 쇠미; 타락; (문예상의) 데카당 운동
☜ 밑으로(de) 떨어진(cad) 것(ence<명접>
☐ coin**cid**e [kòuinsáid] 동 **동시에 일어나다**; (둘 이상의 일이) 부합(일치)하다
☜ 동시에 함께(co<com) ~위로(in<on) 떨어지다(cid) + e
♠ The two events **coincided with** each other. 두 사건이 **동시에 발생했다**.
☐ coin**cid**ence [kouínsədəns] 명 (우연의) **일치**, 부합; **동시 발생** ☜ coincide + ence<명접>
☐ coin**cid**ent [kouínsədənt] 형 **일치[부합]하는**; 동시에 일어나는 ☜ -ent<형접>
☐ coin**cid**ental [kouìnsədéntl] 형 (우연히) 일치하는 ☜ coincident + al<형접>
☐ coin**cid**entally [kouìnsədéntli] 부 일치(부합)하여 ☜ coincidental + ly<부접>

✚ oc**cid**ent (the O-) **서양**; 서양문명 ac**cid**ent (돌발) **사고**, 재난; 재해, 상해 in**cid**ent **일어나기 쉬운;** 사건, **생긴 일**; (어떤 사건의) **부수 사건**

☐ **coke**(코크스, 코카콜라) ➔ **Coca-Cola**(코카콜라) **참조**

콜드크림 cold cream (냉기(冷氣)가 있는 마사지 화장크림)

☐ **cold** [kould/코울드] 형 **추운, 찬**; **냉정한, 냉담한**, (마음이) 찬
☜ 고대영어로 '찬, 추운'이란 뜻 반 hot 뜨거운, warm 따뜻한
♠ a **cold** manner **냉담한** 태도
♠ **catch (a) cold 감기 들다**
☐ **cold**-blooded [kóuldblʌ́did] 형 냉혈의; 냉혹한 ☜ cold + blood(피) + ed<형접>
☐ **cold** fish 쌀쌀맞은(냉담한) 사람, 건방진 사람 ☜ fish(물고기)
☐ **cold** front 『기상』 한랭전선 ☜ front(앞, 정면, 전선)
☐ **cold**-hearted [kóuldháːrtid] 형 냉담한 ☜ cold + heart(마음, 심장) + ed<형접>
☐ **cold**ly [kóuldli] 부 차게, **춥게**; **냉담[냉정]하게** ☜ cold + ly<부접>

☐ **cold**ness [kóuldnis] ⓜ **추위**, 차가움; 냉랭함, 냉담, 냉정 ☜ cold + ness<명접>
☐ **cold** sweat 식은 땀 ☜ sweat(땀)
☐ **cold** war (종종 C~ W~) 냉전 ☜ war(전쟁)
※ **cream** [kriːm/크뤼임] ⓜ **크림** ☜ 고대 프랑스어로 '성스러운 기름'이란 뜻

콜라보레이션 collaboration (음악가들간의 일시적 협업)

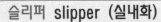

♣ 어원 : labor 노동, 고생; 일하다
☐ col**labor**ate [kəlǽbərèit] ⓢ **공동으로 일하다**, 합작(공동연구)하다
☜ 함께(col<com) 노동(labor)을 만들다(ate)
♠ **collaborate** on a work with a person
아무와 **공동으로 일을 하다**.
☐ col**labor**ation [kəlæ̀bəréiʃən] ⓜ **협동**, 합작; 협조 ☜ -ation<명접>
♠ **in collaboration with ~ ~와 협력하여**

✚ e**labor**ate **공들인; 정교한; 애써 만들다; 상세히 말하다** **labo(u)r 노동; 수고; 노동하다; 애쓰다**

콜라주 collage ([미술] 추상적 구성법)

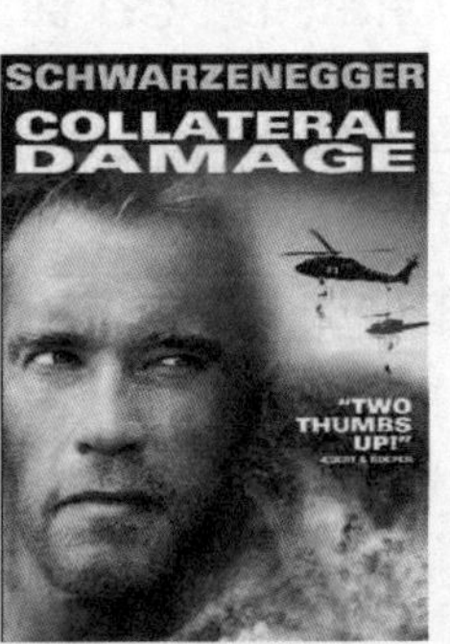

© KissPNG

♣ 어원 : col, coll 붙이다
☐ **coll**age [kəlɑ́ːʒ] ⓜ《F.》〖미술〗**콜라주**《인쇄물 오려낸 것・눌러 말린 꽃・헝겊 등을 화면(畫面)에 붙이는 추상 미술의 수법》; 그 작품
☜ (아교로) 붙이는(coll) 것(age)
♠ **a collage** of words and pictures from magazines.
잡지에서 오린 단어와 사진으로 만든 **콜라주**
■ proto**col** [próutəkɑ̀l, -kɔ̀ːl/-kɔ̀l] ⓜ (문서의) 원본; 의정서(議定書); 의전, **프로토콜**
☜ 문서의 처음에(proto) 붙여(col) 놓은 것

슬리퍼 slipper (실내화)

♣ 어원 : (s)lip, lap, lapse 넘어지다, 떨어지다, 미끄러지다
■ **slip** [slip/슬립] ⓢ **미끄러지다**, 미끄러져 넘어지다(=trip)
☜ 고대영어로 '미끄러지다'란 뜻
■ **slip**per [slípər] ⓜ (pl.) (가벼운) **실내화** ☜ 미끄러지는(slip) + p + 것(er)
☐ col**lapse** [kəlǽps] ⓢ **무너지다**, 붕괴하다; (교섭이) 결렬되다; (가격이) 폭락하다
☜ 함께(col<com) 넘어지다(lapse)
♠ The negotiations **have collapsed**. 교섭은 **결렬되었다**.
☐ col**laps**ible [kəlǽpsəbl] ⓗ 접을 수 있는, 조립식의 ☜ -ible<형접>

✚ e**lapse** (때가) **경과하다** **lapse 착오, 실수**; (시간의) **경과**, 흐름, 추이

화이트 칼라 white collar (사무직 근로자. <흰색 와이셔츠>를 의미)

☐ **collar** [kɑ́lər/kɔ́lər] ⓜ **칼라, 깃**, 접어 젖힌 깃 ⓢ 깃을 달다 ☜ 라틴어로 '목걸이'란 뜻
♠ **wear (take) a person's collar 아무를 섬기다[좇다]**
■ white-**collar** [hwaitkɑ́lər/-kɔ́lər] ⓗ (복장이 단정한) 사무직 계급의, 샐러리맨의
☜ 흰(white) 깃(collar)의. 희색 Y셔츠는 '사무직 근로자'를 의미
■ blue **collar** 육체노동(자) ☜ 푸른(blue) 옷은 <질긴 작업복>, 즉 '육체노동자'를 의미
■ horse **collar** 말의 목사리, 가슴걸이; 《야구속어》 무득점, 영패 ☜ horse(말)

콜레트럴 데미지 Collateral Damage (미국 액션 영화. <부수적 피해>란 뜻)

SCHWARZENEGGER
COLLATERAL DAMAGE
"TWO THUMBS UP!"

© Warner Bros.

2002년 개봉한 미국 액션/스릴러 영화. 아놀드 슈왈제네거 주연. 콜롬비아 반군이 자행한 폭탄 테러에 가족을 잃은 한 소방관의 복수를 다룬 영화

♣ 어원 : lateral 옆의(=side), 나란한
■ **lateral** [lǽtərəl] ⓗ **옆의**(으로의), 측면의
☜ 라틴어로 '측면(later) 의(al)'란 뜻
☐ col**lateral** [kəlǽtərəl/kɔl-] ⓗ **평행한**, **서로 나란한**; 부수적인; 방계의
ⓜ **담보물** ☜ 함께(col<com) + lateral
♠ **collateral** circumstance **부수적인** 사정
♠ Do you have any **collateral**? **담보**가 있습니까?
■ bi**lateral** [bailǽtərəl] ⓗ 양측의, 쌍방의, 좌우 동형의 ☜ 두 개의(bi=two)

■ multi**lateral** [mʌ̀ltilǽtərəl] ⓗ 다각적인; 여러 국가가 관계하고 있는
☜ 여러(multi)

※ **damage** [dǽmidʒ] ⓜ **손해, 피해**, 손상(=injury) ⓓ 손해를 입히다
☜ 저주(dam) 당함(age)

리그(전) league (match) (팀이 돌아가면서 대전하는 경기방식)

미리 짜여진 경기 일정에 따라 우승을 다투는 팀들의 모임으로, 연맹(聯盟)이라고도 한다. 경기에 참가한 팀이 돌아가면서 모두 대전하는 경기 방식이다. 리그전(league戰)이라고도 한다. <출처 : 두산백과>

♣ **어원 : league, lege, legi 결속하다, 동료**

■ **league** [liːg] ⓜ **연맹, 동맹**, 리그; 맹약; 경기 연맹 ☜ 중세 프랑스어로 '동맹'

□ col**league** [kάliːg/kɔ́l-] ⓜ (같은 관직·전문 직업의) **동료**; 동업자
☜ 함께(col<com) 결속하다(league)
♠ our friend and **colleague** 우리의 친구이자 **동료**

□ col**lege** [kάlidʒ/**칼**리지/kɔ́lidʒ/**콜**리지] ⓜ **칼리지**, 단과대학, (종합대학의) 학부 ☜ 함께(col<com) 결속하다(lege)

□ col**legi**an [kəlíːdʒiən] ⓜ 대학생(졸업생) ☜ college + an(사람)

□ col**legi**ate [kəlíːdʒit, -dʒiit] ⓗ 대학의, 대학생용의 ☜ college + ate<형접>

컬렉션 collection (물품을 수집해 모은 것)

♣ **어원 : lect 고르다, 뽑다, 모으다**

□ col**lect** [kəlékt/컬**렉**트] ⓓ **모으다,** 수집하다; **모이다**
☜ 함께<한 곳으로(col<com) 골라내다(lect)
♠ **collect** stamps 우표를 **수집하다**

□ col**lect**ed [kəléktid] ⓗ 모은; 침착한 ☜ -ed<형접>

□ col**lect**ion [kəlékʃən] ⓜ **수집**, 채집 ☜ -ion<명접>

□ col**lect**ive [kəléktiv] ⓗ **집합적인**; 〖문법〗 집합의; 집단, 공동체 ☜ -ive<형접>

□ col**lect**ively [kəléktivli] ⓑ 집합적으로 ☜ -ly<부접>

□ col**lect**or [kəléktər] ⓜ **수집가**; 채집자; 수금원, 징세원 ☜ collect + or(주체)

✚ e**lect** (투표 따위로) **선거하다**, 뽑다, 선임하다 se**lect** **선택하다**, 고르다

□ **college**(단과대학), **collegian**(대학생 (졸업생)) ➔ **colleague**(동료) **참조**

연상 슬라이드(slide.미끄러지다)하다가 컬라이드(collide.부딪히다)하다

♣ **어원 : lide 부딪히다, 깨지다**

※ **sl<u>ide</u>** [slaid] ⓓ (-/**slid/slid**(**slidden**)) **미끄러지다; 미끄러지게 하다** ⓜ **미끄러짐**, 활주; 미끄럼틀; 〖야구〗 **슬라이드**; (환등용) **슬라이드; 산사태**
☜ 고대영어로 '미끄러지다'란 뜻

□ col**lide** [kəláid] ⓓ **충돌하다** ☜ 서로(col<com) 부딪히다(lide)
♠ The boat **collided with** a rock. 보트는 바위**와 충돌하였다**.

□ col**li**sion [kəlíʒən] ⓜ **충돌**; 격돌; (의견·이해 따위의) 대립, 불일치 ☜ collide + sion<명접>
♠ **come into collision (with) ~ ~와 충돌하다**

콜리 collie (영국산 양 지키는 개)

□ **coll**ie [kάli/kɔ́li] ⓜ **콜리** 《원래 양 지키는 개; 스코틀랜드 원산》
☜ 중세영어로 '석탄색(coii=coal)의 것(ie)'란 뜻.

■ **coal** [koul/코울] ⓜ **석탄** ☜ 고대영어로 '석탄'이란 뜻

■ **coal** tar [kóultὰːr] **콜타르** ☜ tar(타르: 점성의 검은색 액체)

로케이션 location (야외촬영)

[영화] 스튜디오(studio)를 벗어난 야외촬영. 줄여서 '로케'라고도 한다.

♣ **어원 : loc 장소(=place)**

■ **loc**ate [lóukeit/**로**우케이트] ⓓ **위치를 정하다, 위치하다** ☜ 장소(loc)를 만들다(ate)

■ **loc**ation [loukéiʃən] ⓜ **장소**, 위치; 〖영화〗 **로케이션** ☜ 장소(loc)를 만들(ate) 기(ion)

□ col**loc**ate [kάləkèit/kɔ́l-] ⓓ 한곳에 두다, 나란히 놓다; (적절히) 배치하다; 〖문법〗 (말을) 연결시키다 ☜ 함께(col<com) 위치하게 하다(locate)
♠ **collocate** dishes on a shelf 접시들을 선반**에 배열하다**

□ col**loc**ation [kὰləkéiʃən/kɔ̀l-] ⓜ 병치(竝置); 배열, 배치; (문장 속의) 말의 배열; 〖문법〗 연어

(連語)(관계) ☜ -ation<명접>
■ dis**loc**ate [dísloukèit] [동] 뒤틀리게 하다, 혼란시키다 ☜ dis(=not/부정) + locate

모놀로그 monologue (독백, 1인극), 콜로퀴엄 colloquium (전문가 회의)

♣ **어원 : log, logue, loqui 말, 말하다**

■ <u>mono**logue**</u> [mάnəlɔ̀:g, mɔ́nəlɔ̀g] [명] 〖연극〗 **모놀로그**, 독백, 혼자 하는 대사
☜ 혼자서(mono) 하는 말(logue)

□ col**logue** [kəlóug] [동] 밀담하다; 음모를 꾸미다; 《방언》 공모하다
☜ 함께(col<com) (비밀리에) 말하다(logue)

□ col**loqu**ial [kəlóukwiəl] [형] 구어(口語)(체)의, **일상 회화의**
☜ 함께(col<com) 말하는(loqui) al<형접>
♠ the **colloquial** 〔spoken〕 English **회화체의** 영어

□ col**loqu**ialism [kəlóukwiəlìzm] [명] 구어적 표현, 구어체, 회화체 ☜ -ism(~성향, ~체제)

□ <u>col**loqu**ium</u> [kəlóukwiəm] [명] (pl. **-s**, -qui**a**) 전문가 회의, **콜로퀴엄**; (대학에서의) 세미나
☜ 함께(col<com) 말하는(loqui) 것(um<명접>)

□ col**loqu**y [kάləkwi/kɔ́l-] [명] 대화, 대담; 〖미.의회〗 자유 토의 ☜ -y<명접>

✚ **logic 논리**, 논법; 조리 circum**locu**tion 완곡; 완곡한 표현; 핑계 e**loqu**ent **웅변의**, 능변인; 설득력 있는; 감동적인 al**locu**tion 연설, 강연; 교황 담화 **loqu**acious 말 많은, 수다스러운; 시끄러운

일루전 illusion (환각, 환상)

환각 또는 환상. 일종의 착각으로 본래는 실재하지 않은 형상을 마치 실재하는 것 같이 지각하는 작용 및 그 형상을 일컬음. <출처 : 미술대사전 / 요약인용>

♣ **어원 : lud(e), lus 연기하다, 행동하다, 희롱하다, 연주하다**

■ <u>il**lus**ion</u> [ilú:ʒən] [명] **환영**(幻影), **환각**, 환상, 망상; 착각
☜ 머릿속에서(il<in) 희롱하는(lus) 것(ion)

□ col**lude** [kəlú:d] [동] 은밀히 결탁하다, 공모하다 ☜ ~와 함께(col<com) 희롱하다(lude)
♠ Several people **had colluded** in the murder.
그 살인에는 여러 사람들이 **공모했었다**.

□ col**lus**ion [kəlú:ʒən] [명] 공모; 〖법률〗 통모(通謀) ☜ -ion<명접>

□ col**lus**ive [kəlú:siv] [형] 공모의 ☜ -ive<형접>

✚ al**lude 언급하다**; 암시하다 de**lude** 미혹시키다; **속이다**; 속이어 ~시키다 e**lude** 교묘히 피하다, 회피하다 inter**lude** 동안, 중간참; **간주곡** pre**lude** 〖음악〗 **전주곡**, 서곡; 서막, 서문, 서론

콜롬비아 Colombia (남미 북서부에 있는 공화국)

□ **Colombia** [kəlʌ́mbiə] [명] **콜롬비아** 《수도 보고타(Bogotá)》 ☜ 미(美)대륙을 발견한 Columbus의 이름에서 유래. '콜롬부스의 이탈리아명은 (Colombo)인데서. 콜롬부스(Colombo)의 나라(ia<국가 접미사>)'란 뜻

콜롬보 Colombo (스리랑카의 수도)

□ **Colombo** [kəlʌ́mbou] [명] **콜롬보** 《스리랑카의 수도》 ☜ 싱할리어로 '항구, 성채'란 뜻.

콜론 colon (쌍점, :)

□ **colon** [kóulən] [명] **콜론** 《:의 기호; 구두점의 하나》 ☜ 그리스어로 '손발'이란 뜻.
[비교] semicolon 세미콜론(;)
★ **대구(對句) 사이, 설명구·인용구 앞에, 시간·분·초 사이 등에 사용됨**

칼럼 column (신문, 잡지 따위의 특별 기고)

■ **column** [kάləm/kɔ́l-] [명] **기둥**, 원주; 〖신문〗 **칼럼**, 특별 기고란; 〖군사〗 종대; **종렬**
☜ 고대 프랑스어로 '기둥'이란 뜻

□ **colonel** [kə́:rnəl] [명] 《미》 《육군·공군·해병대》 **대령**; 연대장 ☜ 대열(column)의 뜻에서 유래
♠ be promoted to **colonel 대령**으로 진급하다

쾰른 Cologne (서독 라인강변의 도시. <식민지>란 뜻)

□ <u>**Cologne**</u> [kəlóun] [명] **쾰른** 《독일 Rhine 강변의 도시; 독어 Köln》

☜ 로마제국의 식민지(colony)란 뜻

- ☐ **coloni**al [kəlóuniəl] ⓗ **식민(지)의** ☜ colony + al<형접>
- ☐ **coloni**alism [kəlóuniəlìzm] ⓜ 식민지주의, 제국주의 ☜ colonyal + ism(~주의)
- ☐ **coloni**st [kάlənist] ⓗ **해외 이주민**, 식민지 개척자 ☜ colony + ist(사람)
- ☐ **coloni**ze [kάlənàiz] ⓢ 식민지로 만들다; 식민시키다 ☜ colony + ze<동접>
- ☐ **colony** [kάləni/**칼**러니/kɔ́ləni/**콜**러니] ⓜ **식민지**; 【그·로史】 식민시(市) ☜ 농지(農地)란 뜻
  ♠ former British **colonies** 과거 영국의 **식민지들**

C

칼라 < 컬러 colo(u)r (색깔), 콜로라도 Colorado (미국 서부에 있는 주)

- ☐ **colo(u)r** [kʌ́lər/**컬**러/**칼**라] ⓜ **색, 빛깔**, 색채; 채색, 색조; 명암; **안색**
  ☜ 라틴어로 '감추다'란 뜻
  ♠ a movie in **color 천연색** 영화(=color film)
- ☐ **colo(u)r**-blind [kʌ́lərblàind] ⓗ **색맹의** ☜ blind(눈먼, 장님의)
- ☐ **colo(u)r**ed [kʌ́lərd] ⓗ **채색된, ~색의**; 유색(인)의, 《미》《특히》 흑인의 ☜ -ed<형접>
- ☐ **colo(u)r**ful [kʌ́lərfəl] ⓗ **색채가 풍부한**, 다채로운; 극채색(極彩色)의 ☜ -ful<형접>
- ☐ **colo(u)r**ing [kʌ́ləriŋ] ⓜ 착색(법); **채색**; 안료, 그림물감, 색소 ☜ -ing<명접>
  ★ 전화대기음을 원하는 음악으로 바꿔주는 통신서비스를 컬러링(coloring)이라고 하는데, 이는 단조로운 대기음에 '색깔을 입힌다'는 뜻이다. 콩글리시이다. 영어의 바른 표현은 hold music(대기음)이다.
- ☐ **colo(u)r**less [kʌ́lərlis] ⓜ 퇴색 ⓗ **무색의; 핏기가 없는**, 창백한 ☜ -less(없는)
- ☐ **Color**ado [kὰlərǽdou, -rάː-/kɔ̀lərάː-] ⓜ **콜로라도** 《미국 서부에 있는 주(州); 생략: Colo., Col., CO》; (the ~) **콜로라도**강(江) 《대협곡 Grand Canyon으로 유명》
  ☜ 스페인어로 '색이 있는, 살색의, 붉은'이란 뜻. =colored.

콜롯세움 Colosseum (로마의 원형 경기장. <거대한 것>이란 뜻)

♣ 어원 : coloss 거인 같은, 거대한

- ☐ **Coloss**eum [kὰləsíːəm/kɔ̀lə-] ⓜ **콜로세움** 《로마의 큰 원형 경기장》
  ☜ 거대한(coloss) 것(um<명접>)
- ☐ **coloss**al [kəlάsəl/-lɔ́sl] ⓗ **거대한**; colossus와 같은; 《구어》 어마어마한, 굉장한 ☜ coloss + al<형접>
  ♠ **colossal** fraud **어머어마한** 사기
- ☐ **coloss**us [kəlάsəs/-lɔ́s-] ⓜ (pl. **-si, -es**) 거상(巨像); 거인, 거대한 물건; (the C-) **콜로서스** 《이집트 Rhodes 섬에 있는 Apollo 신의 거상. 세계 7대 불가사의 중의 하나》
  ☜ 거대한(coloss) 것(us<명접>)

연상 콜트(Colt.콜트권총)로 콜트(colt.망아지)를 쏘다

- ☐ **Colt** [koult] ⓜ **콜트**식 자동 권총 《상표명》 ☜ 미국의 무기제조회사를 설립한 '새뮤얼 콜트(Samuel Colt)' 이름에서 유래
- ☐ **colt** [koult] ⓜ **숫 망아지** 《특히 4살쯤까지의 수컷》
  ☜ 고대영어로 '어린 말'이란 뜻. 비교 filly 암 망아지
  ♠ a baby **colt** 어린 **말**

컬럼비아 Columbia (미국의 컬럼비아 대학)

- ☐ **Columbia** [kəlʌ́mbiə] ⓜ 《시어》 미국; **컬럼비아 대학** 《New York시에 있음》; **컬럼비아** 《미국 South Carolina의 주도》 비교 Colombia (남미) 콜롬비아
  ☜ 신대륙을 발견한 Columbus의 이름에서
- ☐ **Columbus** [kəlʌ́mbəs] ⓜ **콜럼버스** 《Christopher ~, 신대륙을 발견한 이탈리아의 탐험가; 1451?-1506》

칼럼 column (신문, 잡지 따위의 특별 기고)

- ☐ **column** [kάləm/kɔ́l-] ⓜ **기둥**, 원주; 【신문】 **칼럼**, 특별 기고란; 【군사】 종대; **종렬**
  ☜ 고대 프랑스어로 '기둥'이란 뜻
  ♠ **in column of** fours 4**열 종대로**
- ■ **colonel** [kə́ːrnəl] ⓜ 《미》《육군·공군·해병대》 **대령**; 연대장 ☜ 대열(column)의 뜻에서 유래

코만치 Comanche (❶ 인디언 코만치족 ❷ 미군의 RAH-66 헬기 별명)

- ☐ **Comanche** [koumǽntʃiː] ⓜ (pl. **-, -s**) (북아메리카 인디언 중의) **코만치**족; **코만치**어(語)

☜ 북미 인디언어로 '적(敵), 외래인'이란 뜻.

허니콤 honeycomb (벌집)

♣ 어원 : comb, kemp(t) 이가 고른 빗, 격자모양의 도구 ⇦ 이빨, 발톱

■ **honeycomb** [hʌ́nikòum] ⓜ (꿀) **벌집**; 벌집 모양의 물건 ⓗ 벌집 모양의
☜ 벌(honey) 격자모양집(comb)

□ **comb** [koum] ⓜ **빗**; (닭의) 볏; 벌집 ⓓ **빗질하다**
☜ 닭의 볏도 빗 모양을 닮았다 **주의** comb의 b는 묵음임.
♠ **go through (over) ~ with a fine comb. ~을 자세히 조사하다**

□ **comb**ing [kóumiŋ] ⓜ 빗질; (pl.) 빗질하여 빠진 털 ☜ comb + ing<명접>

□ un**kempt** [ʌnkémpt] ⓗ 단정하지 못한, 난잡한, 빗질하지 않은
☜ un(=not/부정) + 단정하게 빗질하다(kempt=comb)

빠따 < 배트 bat (야구 배트)

♣ 어원 : bat, beat 치다

■ **bat** [bæt/배트] ⓜ **야구배트** ⓓ **(배트로) 치다** ☜ 중세영어로 '치다, 때리다'란 뜻

□ com**bat** [kámbæt, kʌ́m-] ⓜ **전투** ⓓ **싸우다** ☜ 서로(com) 치다(bat)
♠ **combat** for freedom of speech 언론의 자유를 위해 **싸우다**

□ com**bat**ant [kəmbǽtənt, kámbət-, kʌ́m-] ⓜ **전투원** ⓗ 싸우는
☜ combat + ant(~사람/~하는) 반 **noncombatant** 비(非) 전투원의

□ com**bat**ive [kəmbǽtiv, kámbətiv, kʌ́m-] ⓗ 싸움을 좋아하는, 호전적인 ☜ -ive<형접>

□ com**bat**ively [kəmbǽtivli, kámbətivli, kʌ́m-] ⓟ 싸움조로 ☜ -ly<부접>

✚ a**bat**e **감소시키다** de**bat**e **토론**, 논쟁; **논쟁[토론]하다** re**bat**e 환불, **리베이트**; 할인(=discount) **beat 치다, 두드리다**, 이기다; (심장이) 뛰다

콤비 콩글 combi (단짝) ➔ combination, 콤비네이션 피자..

♣ 어원 : bi- 둘(2)

□ com**bi** [kámbi/kɔ́m-] ⓜ 두 가지 이상의 기능을 가진 기계(도구); 승객・화물겸용 비행기
☜ **combi**nation의 줄임말

□ com**bi**ne [kəmbáin/컴**바**인] ⓓ **결합시키다**, 연합(합병・합동)시키다, **겸하다**
[kámbain/**캄**바인/kɔ́mbain/**콤**바인] ⓜ 《미.구어》 기업합동; (정치상의) 합동; 『농업』 **콤바인** 《수확/탈곡을 동시에 할 수 있는 기계》 ☜ 2개(bi)를 하나로(com) 하다(ne)
♠ **combine** two parties into one 두 정당을 하나로 **합치다**.
♠ **combine** harvester 『농업』 **콤바인**(=combine)

□ com**bi**ned [kəmbáind] ⓗ **결합**(연합・합동)**한** ☜ combine + ed<형접>
♠ a **combined** squadron **연합** 함대
♠ **combined** operations (exercises) 『군사』 **연합** 작전

□ com**bi**nation [kàmbənéiʃən/kɔ̀m-] ⓜ **결합, 짝맞추기**; 연합
☜ 2개(bi)를 하나로(com 하는(na) 것(tion<명접>)
♠ a solid **combination** 일치 **단결**

버너 burner (연소기)

♣ 어원 : burn, bus, burst, bust 불에 타다, 불이 솟구치다

■ **burn** [bəːrn/버-언] ⓓ (-/burn**t**/burn**t**) (불에) **타다**; (-/-**ed**/-**ed**)
(등불이) **빛을 내다** ☜ 고대 노르드어로 '불타다, 빛나다'란 뜻

■ **burn**er [bəˊːrnər] ⓜ 연소기 ☜ 불에 타는(burn) 장비(er)

□ com**bust**ion [kəmbʌ́stʃən] ⓜ **연소**; (유기체의) 산화(酸化); 흥분, 소동
☜ 모두(com) 타는(bust) 것(ion<명접>)
♠ spontaneous **combustion** 자연 **발화**

□ com**bust**ible [kəmbʌ́stəbəl] ⓗ 타기 쉬운, 연소성의; 격하기 쉬운 ⓜ (보통 pl.) 연소물, 가연물
☜ 모두(com) 타기(bust) 쉬운(ible<형접>)

✚ **burst 폭발하다**, 파열하다, 파열시키다 out**burst** 폭발, 파열

컴백 comeback (되돌아옴, 복귀), 커밍아웃 coming out (성(性)소수자가 자신의 성적 지향이나 정체성을 공개적으로 드러내는 일)

♣ 어원 : come 오다, 가다

☐ **come**back [kʌ́mbæ̀k] [명] (원래의 지위・직업・신분으로의) 되돌아감; **컴백**; (병으로부터의) 회복; 복귀 ☜ 다시/뒤로(back) 오다(come)

♠ **make** 〔stage〕 **a comeback 복귀[재기]하다**

☐ **come** [kʌm/컴] [동] (-/**came**/**come**) **오다**; (상대방에게 또는 상대방이 가는 쪽으로) **가다**

☜ 고대영어로 '도달할 목적으로 움직이다'란 뜻

♠ I'm **coming** in a minute. 지금 곧 **가겠다** 《네가 있는 곳으로》

♠ **come about 생기다, 일어나다**

♠ **come across ~ ~을 우연히 만나다, 우연히 찾아내다**

♠ **come along (길을) 따라 오다, 함께 가다; 잘 진행되다**

♠ **come at ~ ~에 이르다, ~을 얻다, ~을 파악하다**

♠ **come back (to) (~로) 돌아오다; 회복하다; 생각나다**

♠ **come by ~ ~을 손에 넣다, 획득하다**

♠ **come down 내리다, 내려가다; 전해지다**

♠ **come down with ~ (병에) 걸리다**

♠ **come from ~ ~의 출신이다, ~에서 나오다**

Where do you **come from** ? 당신은 어디 **출신**입니까 ?

< Come Back Home >

♠ **come in 들어오다; 유행하게 되다, 사용되다**

♠ **come in handy** 〔useful〕 **소용되다, 쓸모있게 되다**

♠ **come into ~ ~에 들어오다[가다], (~상태가) 되다, ~을 물려받다**

♠ **come into being 탄생하다**

♠ **come into one's mind** 〔head〕 **생각이 떠오르다**

♠ **come near (to) ~ing 거의 ~할 지경이다, 하마터면 ~할 뻔하다**

♠ **come of ~ ~의 태생이다, ~의 결과이다**

He **comes of** a good family. 그는 **양가(良家) 태생**이다.

♠ **come off ~ (~에서) 떨어지다 〔이탈하다〕; (행사가) 거행되다**

♠ **come on** 〔upon〕 **다가오다, 등장하다; 어서 가자, 빨리, 기운 내**

♠ **come out 나오다, 발매되다, 출판되다; (사실이) 판명되다**

♠ **come out of ~ ~에서 밖으로 나오다**

♠ **come over 건너오다; (집을) 불쑥 방문하다; (외국에서) 이주해오다**

♠ **come round 돌아(서) 오다, 회복하다**

♠ **come through 견디어 내다, 잘 해 내다, 성공하다**

♠ **come to ~ 결국 ~이 되다; ~에 이르다; ~하게 되다**

♠ **come to an end 끝나다, 마치다**

The life of any hit product will **come to an end** someday.
인기 제품도 언젠가는 그 **수명이 다하**게 되어 있다.

♠ **come together 만나다, 모이다**

♠ **come to one's mind (생각이) 마음에 떠오르다**

♠ **come true 사실이 되다, (예언이) 들어맞다**

♠ **come under ~의 부류에 들다, ~에 편입되다; (영향을) 받다**

♠ **come up 다가가다[오다]; (떠)오르다; (폭풍이) 일어나다**

♠ **come up against ~ ~에 직면하다**

♠ **come upon ~ ~을 우연히 만나다; 습격하다; 요구하다; 문득 떠오르다**

♠ **come up to ~ ~에 달하다, ~에 필적하다**

♠ **come up with ~ ~을 따라잡다; ~을 제안하다, 생각해 내다**

☐ **come**-and-go [kʌ́məngóu] [명] 내왕, 오감 ☜ 오다(come) 그리고(and) 가다(go)

☐ **come**down [kʌ́mdàun] [명] 영락(零落), 퇴보; (지위 따위의) 실추 ☜ 아래로(down) 오다(come)

☐ **come**r [kʌ́mər] [명] **올 사람**; 온 사람 ☜ come + er(사람)

☐ **come**liness [kʌ́mlinis] [명] (용모가) 예쁨; 단정함; 적합 ☜ comely(예쁜) + ness<명접>

☐ **come**ly [kʌ́mli] [형] 잘 생긴, 아름다운, 알맞은 ☜ be**comely**의 두음소실

♠ a **comely** face **어여쁜** 얼굴

☐ **com**ing [kʌ́miŋ/**커**밍] [형] (다가)**오는**, 다음의 ☜ 오고(come) 있는(ing)

♠ the **coming** generation 〔**week**〕 **다음** 세대〔주〕

☐ **com**ing-out [kʌ́miŋáut] [명] (pl. coming**s**-out) (상류 계급 여성의) 사교계 정식 데뷔, 데뷔 축하 파티; 《구어》 **커밍아웃**, 동성애자임을 공식적으로 밝히는 일

☜ Coming out of the closet(벽장 속에서 나오다)의 줄임말.

☐ up**com**ing [ʌ́pkə̀miŋ] [명] 다가오는, 이윽고 나타날〔공개될〕(=forthcoming)

☜ 위로(up) 오(come) 는(ing<형접>

✚ be**come** **~이[가] 되다** in**come** **수입; 소득** out**come** **결과**, 과정; **성과** over**come** **극복하다**

코미디언 comedian (희극 배우)

☐ **comedi**an [kəmíːdiən] [명] **희극 배우**, **코미디언**; 익살꾼 ☜ comedy + an(사람)

□ **comedy** [kάmədi/kɔ́m-] ⓜ (pl. **-dies**) **희극**, **코미디**; 유머
☜ 고대 프랑스어로 '한 편의 시(詩)'란 뜻
♠ a light **comedy** 경(輕)**희극**
♠ **Life is a tragedy when seen in close-up, but a comedy in long-shot. 인생은 가까이서 보면 비극이지만 멀리서 보면 희극이다**
- 영화배우 찰리 채플린 -

C

□ **comic** [kάmik/kɔ́m-] ⓗ **희극(풍)의**, 익살스런, **우스운**; 《미》 만화의
☜ 그리스어로 '희극의'란 뜻

□ **comic**al [kάmikəl] ⓗ **익살맞은**; 얄궂은 ☜ comic + al<형접>

□ **comic**ally [kάmikəli] ⓗ 익살맞게, 우습게 ☜ comical + ly<부접>

□ **comic books** **만화책** ☜ book(책, 서적; 예약하다)

© Naver 영화

코멧 comet (미국 멜로·판타지 영화. <혜성>이란 뜻)

2015년 개봉한 미국의 멜로/판타지 영화. 저스틴 롱, 에미 로섬 주연. 6년 전, LA 유성 쇼에서 첫 눈에 사랑에 빠졌던 두 사람. 사랑을 믿지 않는 남자와 늘 사랑을 확인받고 싶어하는 여자가 서로에게 이끌리지만 빈번히 다툼을 반복한다. 꿈에서 이 모든 사랑의 기억과 미래를 보게 된 남자는 비로소 진짜 사랑의 의미를 깨닫고 여자를 찾아간다...

□ **comet** [kάmit/kɔ́m-] ⓜ 【천문】 **혜성** ☜ 그리스어로 '머리가 긴'
♠ Halley's **comet** 핼리 **혜성** ((76년 주기))

□ **comet**ary [kάmitèri/kɔ́mitəri] ⓗ 혜성의; 혜성 같은 ☜ -ary<형접>

포르테 forte ([음악] 강하게)

♣ **어원 : fort, forc(e) 강화하다, 강요하다, 힘을 북돋아주다**

■ **forte** [fɔ́ːrti, -tei] ⓗ 《It.》 【음악】 **포르테**의, 강음의 ⓟ 강하게, 세게 《생략: f.》 ⓜ 장점, 특기 ☜ 라틴어/이탈리아어로 '강한'이란 뜻

■ **fort** [fɔːrt] ⓜ 성채, 보루, **요새** ☜ 고대 프랑스어로 '요새, 강한 남자'란 뜻

□ com**fort** [kʌ́mfərt/**컴**풔트] ⓜ **위로**, 위안, **위로가 되는 것[사람]** ⓢ **위안하다,** 편하게 하다
☜ 서로(com) 힘을 북돋아주다(fort)
ⓑ discomfort 불쾌, uncomfortable 불유쾌한, 기분이 언짢은
♠ **give comfort to ~ ~을 위로하다**

□ com**fort**able [kʌ́mfərtəbəl/**컴**풔더블/**컴**퍼터벌] ⓗ **기분 좋은, 편한**, **안락한**; 고통(불안)이 없는
☜ 서로(com) 힘을 북돋아 주(fort) 는(able<형접>)

□ com**fort**ably [kʌ́mfərtəbəli] ⓟ **기분좋게**; 편안하게, 안락하게 ☜ -ably<부접>

□ com**fort**er [kʌ́mfərtər/**컴**풔터] ⓜ 위문자 ☜ -er(사람)

□ com**fort**less [kʌ́mfərtlis] ⓗ 위안이 없는, 쓸쓸한 ☜ -less(~이 없는)

✚ ef**fort** **노력**, 수고, 진력(盡力) en**force** **실시[시행]하다**, 집행하다; 강요(강제)하다 **force** **힘**, 세력, 에너지; **폭력**, **무력; 설득력; 억지로 ~을 시키다** rein**force** **보강하다, 강화하다, 증강하다**

□ **comic**(익살스런, 우스운), **comical**(익살맞은) ➔ **comedy**(희극, 코메디) **참조**

□ **coming**(오는) ➔ **come**(오다) **참조**

콤마 comma (쉼표)

□ **comma** [kάmə/kɔ́mə] ⓜ 쉼표, **콤마** 《,》; 【음악】 **콤마** 《큰 음정 사이의 미소한 음정차(音程差)》
☜ 그리스어로 '잘린 조각'이란 뜻
♠ **to the last comma and dot 완전히, 철저한**
He is a vegetarian **to the last comma and dot**.
그는 **철저한** 채식주의자야.

© 20th Century Fox

코만도 Commando (특수부대의 원조격인 영국의 특공대)

특수부대의 원조격인 영국 육군의 특수부대 코만도는 2차대전 때 수세에 몰린 영국군이 독일군에 맞서기 위해 창설된 소규모 게릴라부대이다. 명칭은 남아프리카 보어전쟁에서 탁월한 능력을 보였던 보어군의 소규모 게릴라부대 Commando를 따서 지었다. 영어 command와 철자가 비슷하지만 사실 전혀 별개의 단어다.

♣ **어원 : mand, mend 명령하다, (권한을) 위임하다**

□ com**mand**o [kəmǽndou, -mάːn-] ⓜ (pl. **-(e)s**) 게릴라 부대(원); (특히 남아프리카 보어인(Boers)의) 의용군; (영국의) 특공대(원)

☜ 남아프리카 네델란드어로 '사령관 직속의 부대'란 뜻.

□ com**mand** [kəmǽnd/커**맨**드/kəmɑ́ːnd/커**만**-드] [동] **명(령)하다,** 지배[지휘]하다, ~의 값어치가 있다 [명] **명령**, 지휘, 통솔; 지배력
☜ 완전히(com) 권한을 위임하다(mand). 즉 명령하다 [비교] commend 추천하다
♠ **command** silence 정숙을 **명하다**
♠ **at one's command 마음대로 쓸 수 있는, 마음대로 되는**
♠ **have a command of ~ ~을 마음대로 쓸 수 있다**
♠ **take a command of ~ ~을 지휘하다, ~의 지휘관이 되다**

□ com**mand**ant [kɑ́məndæ̀nt, -dɑ̀ːnt/kɔ̀məndǽnt, -dɑ́ːnt] [명] 지휘관 ☜ command + ant(사람)

□ com**mand**er [kəmǽndər/-mɑ́ːnd-] [명] **지휘관, 사령관**; (해군) 중령 ☜ command + 사람(er)

□ com**mand**er in chief (pl. commander**s** **–**) 총사령관 ☜ chief(장(長), 우두머리, 지배자)

□ com**mand**eer [kɑ̀məndíər/kɔ̀m-] [동] 징집[징용]하다; 징발하다; 강제로 뺏다
☜ 강제로(com/강조) 명령(mand) 하다(eer)

□ com**mand**ing [kəmǽndiŋ/-mɑ́ːnd-] [형] 지휘하는; **당당한**; 전망이 좋은 ☜ -ing<형접>

□ com**mand**ment [kəmǽndmənt/-mɑ́ːnd-] [명] **율법, 계율**; (C~) 모세의 십계 중 하나
☜ command + ment<명접>
♠ **Ten Commandments** 『성서』 **십계** 《모세가 시나이 산에서 하느님으로부터 받은 10개조의 계율》

□ com**mend** [kəménd] [동] 칭찬하다; **추천[위탁]하다** ☜ 완전히(com) 위임하다(mend)
♠ **commend** one's soul to God 신에게 영혼을 **내맡기다**

□ com**mend**able [kəméndəbl] [형] 추천할 수 있는, 훌륭한 ☜ command + able<형접>

□ com**mend**ably [kəméndəbli] [부] 훌륭하게 ☜ command + ably<부접>

□ com**mend**ation [kɑ̀məndéiʃən/kɔ̀m-] [명] **칭찬**; 추천; 위탁, 위임; 상(賞), 상장 ☜ -ation<명접>

□ **commodore** [kɑ́mədɔ̀ːr/kɔ́m-] [명] (해군) **준장**; 《영》 함대 사령관; 《경칭》 제독
☜ 프랑스어로 '사령관(=commander)'이란 뜻

메모 memo (나중에 기억하기 위해 기록하는 것)

♣ **어원 : mem, memo, memor 기억하다. 기념하다**

■ **memo** [mémou] [명] (pl. **-s**) 《구어》 비망록, **메모** ☜ **memo**randum의 줄임말

■ **memor**andum [mèmərǽndəm] [명] (pl. **-s,** memorand**a**) **비망록**, **메모**
☜ 라틴어로 '기억할 만한 일'이란 뜻

■ **memor**y [méməri/**메**머뤼] [명] **기억(력)**; 추억, 추상, 회상; 『컴퓨터』 기억장치(용량), **메모리**
☜ 고대 프랑스어로 '정신, 기억, 기록'이란 뜻

□ com**memor**ate [kəmémərèit] [동] **기념[축하]하다** ☜ 함께(com) 기념(memor)하다(ate)

□ com**memor**able [kəmémərəbəl] [형] 기념할 만한 ☜ -able<형접>

□ com**memor**ation [kəmèməréiʃən] [명] **기념**, 축하; 기념식, 축전; 기념물 ☜ -tion<명접>
♠ **in commemoration of ~ ~을 기념하여**

□ com**memor**ative [kəmémərèitiv, -rə-] [형] 기념의; 《서술적》 ~을 기념하는 ☜ -tive<형접>

■ re**mem**ber [rimémbər/뤼**멤**버] [동] **기억하다, 생각해 내다**, 상기하다
☜ 다시(re) 기억해내다(mem) + ber

커멘스먼트 commencement (미국 대학의 학위수여식)

♣ **어원 : menc, mence 시작하다, 개시하다**

□ com**mence** [kəméns] [동] **시작하다**, 개시하다
☜ com(강조) + 시작하다(mence)
♠ **commence** a lawsuit 소송을 **제기하다**

□ com**mence**ment [kəménsmənt] [명] 시작, **개시**; 착수; (the ~) (대학) 졸업식 ☜ commence + ment<명접>
★ 대학졸업은 끝이 아니라 새로운 시작이기도 하기 때문에 미국에서는 graduation을 쓰지 않고 commencement를 쓴다. 또한 미국 대학의 학위수여식 때 저명인사가 하는 축사를 commencement address라고 하는데 명문대학의 경우 누가 축사를 하느냐에 세간의 관심이 집중되기도 한다.

■ recom**mence** [rìkəméns] [동] 재개하다, 다시 시작하다 ☜ 다시(re) + commence

□ **commend**(칭찬하다), **commendation**(칭찬) ➔ **command**(명령하다) **참조**

메저링 컵 measuring cup (눈금이 새겨진 계량컵)

♣ **어원 : meas(ur), mensur, met 재다, 측정하다**

measur**e** [méʒər/**메**저] [동] **~을 재다, 측정[평가]하다; ~의 길이[폭 · 높이]이다**
☜ 라틴어로 '측정하다'란 뜻

☐ com**mensur**able [kəménʃərəbəl] ⓗ 동일 기준〔척도〕로 계량할 수 있는; 균형 잡힌, 상응(相應)한
☜ 같은(com) (크기로) 측정할(mensur) 수 있는(able)

☐ com**mensur**ate [kəménʃərit] ⓗ 같은 양〔면적, 크기〕의, 같은 시간의; 비례한, 균형이 잡힌, 상응한
☜ 같은(com) (크기로) 측정되(mensur) 는ate)
♠ **be commensurate with ~ ~과 잘 맞는다, 적합하다, 비례하다**

☐ com**mensur**ation [kəmènsəréiʃən / -ʃəréi-] ⓜ 동량(同量); 비례, 균형, 균등; 약분 ☜ -ation<명접>

C

■ im**measur**able [iméʒərəbəl] ⓗ **헤아릴 수 없는; 광대한**
☜ im<in(=not) + 측정(measur) 할 수 있는(able)

※ **cup** [kʌp/컵] ⓜ **찻종, 컵, 잔** ☜ 고대영어, 라틴어로 '잔'이란 뜻

노 코멘트 No comment (논평 · 대답을 일체 하지 않음)

♣ **어원 : ment 마음; 생각을 말하다**

※ **no** [nou/노우] ⓗ **~이 없는[않는, 아닌]** ⓟ **아뇨, 아니** ⓜ **부정**, 거절
☜ not + one에서 non(e)로 발전했다가 다시 n이 탈락한 것

☐ com**ment** [kάment/kɔ́m-] ⓜ **논평**, 비평; **주해**, 해설 ⓢ 비평〔논평〕하다
☜ 완전히(com/강조) 생각을 말하다(ment)
♠ **give 〔make〕 comment on ~ ~에 대해 논평하다**

☐ com**ment**ary [kάməntèri/kɔ́məntəri] ⓜ **논평**, 비평; 『방송』 (시사 문제 · 스포츠 등의) 해설
☜ comment + ary<명접>

☐ com**ment**ate [kάməntèit/kɔ́mən-] ⓢ 해설〔논평〕을 하다 ☜ -ate<동접>

☐ com**ment**ator [kάməntèitər/kɔ́mən-] ⓜ **주석자**; 『방송』 (시사)해설자; 실황 방송원 ☜ -ator(사람)

✚ **ment**al **마음의**, 정신의; **지적인; 정신병의** **ment**ion **말하다, 언급하다**, 얘기로 꺼내다; **언급**

슈퍼마켓 supermarket, CM commercial message (광고 방송)

♣ **어원 : mark, merc(h) 매매하다, 구매하다**

■ super**mark**et [sú:pərmὰ:rkit] ⓜ **슈퍼마켓**
☜ super(대단한, 뛰어난) + market(시장)

■ **mark**et [mά:rkit/**마**-킽] ⓜ **장**; 장날(~ day); **시장; 시황, 시세**
☜ 라틴어로 '무역, 사고팔기'를 의미

■ **merch**ant [mə́:rtʃənt/**머**-천트] ⓜ **상인**; 《영》 도매 상인; 《미》 소매 상인 ⓗ 상인의, 상업의 ☜ 매매하는(merch) 사람(ant)

☐ com**merc**e [kάmərs/**카**머스/kɔ́mərs/**코**머스] ⓜ **상업**; 통상, 무역, 거래; **교섭**
☜ 함께(com) 교환하다(merce)
♠ chamber of **commerce 상업**회의소

☐ com**merc**ial [kəmə́:rʃəl] ⓗ **상업[무역]상의**; 통상의 ☜ commerce + al<형접>
♠ **a commercial** transaction **상**거래

☐ com**merc**ial film 광고 선전용 TV 필름, **시에프(CF)** ☜ film(필름, 영화)
★ 시에프(CF)는 통상 television advert(TV 광고), commercial message(광고 방송) 등으로 표현한다.

☐ com**merc**ial message 광고방송, **시엠(CM)** ☜ message(전갈, 서신, 메시지)

☐ com**merc**ially [kəmə́:rʃəli] ⓟ 상업상 ☜ commercial + ly<부접>

☐ com**merc**ialism [kəmə́:rʃəlìzəm] ⓜ 상업주의 ☜ commercial + ism(~주의)

☐ com**merc**ialize [kəmə́:rʃəlàiz] ⓢ 상업화하다 ☜ commercial + ize<동접>

☐ **commiseration**(동정, 가엾게 여기다) ➔ **misery**(고통, 비참함) **참조**

미사일 missile (유도탄), 커미션 commission (수수료)

commission은 흥정을 붙여주거나 남의 물건을 위탁판매해 주고받는 정당한 돈인데도 한국에서는 종종 직위를 이용해 받아 챙기는 '검은 돈'으로 인식되어지곤 한다.

♣ **어원 : miss, mit 허락하다, 위임하다, 용서하다**

■ **miss**ile [mísəl/-sail] ⓜ **미사일**, **유도탄**
☜ 라틴어로 '던질(miss) 수 있는 것(ile)'

☐ com**miss**ion [kəmíʃən/커**미**션] ⓜ **커미션, 수수료**; 위임(장), 위원회 ⓢ 위임하다 ☜ commit + sion<명접>
♠ **a commission of inquiry 조사위원회**

< Missile >

☐ com**miss**ioner [kəmíʃənər] ⓜ (정부가 임명한) **위원** ☜ commitment + er(사람)

☐ com**mit** [kəmít] ⓢ **위탁하다,** 위원회에 회부하다, (죄 · 과실 등을) 범하다
☜ 완전히(com) 위임하다(mit)

♠ **commit** a bill to a committee 의안을 위원회에 **회부하다**
♠ **commit oneself to ~ ~에 몸을 맡기다, ~한다고 약속하다**

☐ com**mit**ment [kəmítmənt] ⓜ **위탁, 위임; 헌신** ☜ commit + ment<명접>
☐ com**mit**tee [kəmíti/커**미**리/커**미**티] ⓜ **위원회** ☜ commit + t + ee(객체)
♠ The **committee** meets today at two. **위원회**는 오늘 2시에 열린다.
☐ com**mit**teeman [kəmítimən, -mæ̀n] ⓜ (pl. **-men**) 위원 ☜ committee + man(남자, 사람)

✚ ad**mit** **허락하다, 인정하다; 수용하다** dis**miss** **내쫓다**, **퇴거시키다, 해고하다** per**mit** **허락[허가]하다** re**mit** (죄를) 사하다, **용서하다**; 위탁하다

C

모델 model (❶ 상품선전의 수단이나 예술작품의 보조적 활동에 참여하는 자 ❷ 모형)

♣ **어원 : mod, modul 기준이 되는, 적합한, 편안한**

■ **mod**el [mάdl/**마**를/mɔ́dl/**모**들] ⓜ **모델, 모형, 모범**, 기준 ⓢ **~의 모형을 만들다** ☜ 라틴어로 '근소한 차이, 표준'이란 뜻
☐ com**mod**ious [kəmóudiəs] ⓗ 넓은, 널찍한; 《고어》 편리한 ☜ 모두(com) 편안한(mod) + i + (ous<형접>)
☐ com**mod**ity [kəmάdəti/-mɔ́d-] ⓜ (pl. **-ties**) (pl.) **상품**; **유용한 물품**; 《고어》 편리 ☜ commodi + ty<명접>
♠ prices of **commodities** **물**가

✚ incom**mod**e 불편하게 하다, 폐를 끼치다 **mod**ify **수정[변경]하다** accom**mod**ate **편의를 도모하다**; **숙박시키다**, **수용하다, 조정하다**

☐ **commodore**(해군 준장) ➔ **command**(명령하다) **참조**

영(英) 연방 국가를 통상 코먼웰스(commonwealth)라 부른다.

중세 '공동善'이란 의미의 코먼웰스가 '영(英)연방'이란 의미로 사용된 것은 제1차 세계대전 이후의 일이다. 1차대전 후 영국은 재정이 파탄 상태에 이르자 캐나다·호주·뉴질랜드 등 과거 6개 대영제국 일부국가들과 함께 '브리티시 코먼웰스(British Commonwealth)'를 결성하였고, 2차대전 후에는 아시아·아프리카의 유색 식민국들이 독립하자 이들을 포함한 '코먼웰스 오브 네이션스(Commonwealth of Nations)'를 출범시켰다.

♣ **어원 : communi, common 공동의, 공공의; 나누다, 공유하다**

☐ **common** [kάmən/**카**먼/kɔ́mən/**코**먼] ⓗ (-<-**er**(**more** -)<-**est**(**most** -)) **공통의**, 공동의, **사회일반의; 보통의** ☜ 고대 프랑스어로 '공동의, 일반의'란 뜻
♠ **in common 공통적으로, 공동으로**
♠ **out of common 비범한, 이상한**
♠ **be common to ~ ~에 공통이다**
☐ **common**er [kάmənər/kɔ́m-] ⓜ 평민 ☜ common + er(사람)
☐ **common**ly [kάmənli/kɔ́m-] ⓟ **일반적으로, 보통** ☜ common + ly<부접>
☐ **common**ness [kάmənnis/kɔ́m-] ⓜ 보통, 평범 ☜ common + ness<명접>
☐ **common**place [kάmənplèis/kɔ́m-] ⓗ 평범한, 진부한 ⓜ **평범한 일[것], 흔해 빠진 말[이야기]** ☜ 보통(common)의 입장/경우(place)
☐ **common**s [kάmənz/kɔ́m-] ⓜ (pl.) 평민, 서민 ☜ common + s<복수>
☐ **common** sense **상식**(적 판단력), 양식(良識) ☜ sense(감각, 느낌)
☐ **common**-sense [kάmən séns] ⓗ 상식적인, 상식(양식)이 있는 ☜ 일반적인(common) 상식의(sense)
☐ **common**weal [kάmənwìːl/kɔ́m-] ⓜ 공익, 공안, 공중의 복리; 《고어》 공화국 ☜ 공공(common)의 복리/번영/행복/안녕(weal)
☐ **common**wealth [kάmənwèlθ/kɔ́m-] ⓜ **국민**; **공화국**; **연방**(聯邦) ☜ 공공(common)의 복지(wealth)
■ un**common** [ənkάmən] ⓗ **흔하지 않은**, 진귀한, 보통이 아닌, 비범한 ☜ un(=not)

모션 motion (동작), 모터 motor (전동기)

♣ **어원 : mot 움직이다, 진행하다; 동요시키다**

■ **mot**ion [móuʃən/**모**우션] ⓜ **운동, 동작; 동의**(動議: 안건제기) ⓢ **몸짓으로 지시[신호, 요구]하다** ☜ 움직이(mot) 기(ion<명접>)
■ **mot**or [móutər/**모**우러/**모**우터] ⓜ **모터**, 발동기, 내연기관; 전동기; 자동차 ☜ 움직이는(mot) 기계(or)
☐ com**mot**ion [kəmóuʃən] ⓜ 동요; 흥분; 소동, 소요, 폭동 ☜ 함께(com) 움직(mot) 임(ion<명접>)
♠ **be in commotion 동요하고 있다**

♠ create 〔cause〕 a commotion 소동을 일으키다

□ com**move** [kəmúːv] ⓢ 동요〔흥분〕시키다 ☜ 함께(com) 움직이다(move)

< 파리코뮌 포스터 >

커뮤니케이션 communication (의사소통)
파리 코뮌 the Commune (of Paris) (파리혁명정부)

1789년 프랑스 혁명 이후 1871년 3월 28일부터 5월 28일 사이에 파리 시민과 노동자들의 봉기에 의해서 수립된 혁명적 자치정부

♣ 어원 : communi, common 공동의, 공공의; 나누다, 공유하다

□ **commun**al [kəmjúːnəl, kámjə-/kɔ́m-] ⓗ 지자체의; 공공의; 사회일반의
☜ commun + al<형접>

□ **commune** [kámjuːn/kɔ́m-] ⓜ **코뮌** 《중세 유럽제국의 최소 행정구》; 지방 자치체; (공산권의) 인민공사 정부》; ⓢ 『문어』 **친하게 사귀다[이야기하다]**
☜ 라틴어로 '공동의, 일반의'란 뜻

□ **communi**cate [kəmjúːnəkèit] ⓢ (지식·정보를) **전달[통보]하다**; **의사소통하다, 통신하다**
☜ 나눔(communi)을 + c + 만들다(ate<동접>)
♠ communicate opinions with ~ ~와 의견을 나누다

□ **communi**cable [kəmjúːnəkəbl] ⓗ 전할 수 있는, 전염성의 ☜ -able(할 수 있는, 하기 쉬운)

□ **communi**cation [kəmjùːnəkéiʃən] ⓜ **전달, 통신**; **교통수단** ☜ -ate(만들다) + ion<명접>
♠ in communication with ~ ~와 연락[통신]하여
♠ communication gap 의사소통의 단절

□ **communi**cative [kəmjúːnəkèitiv, -nikətiv] ⓗ 허물없는, 터놓는, 수다스러운 ☜ -ate + ive<형접>

□ **communi**cator [kəmjúːnəkèitər] ⓜ 전달자, 발신기 ☜ -ate(만들다) + or(사람)

□ **communi**on [kəmjúːnjən] ⓜ **친교**; (영적) **교섭**; 성찬식 ☜ commune + ion<명접>
♠ hold communion with ~ ~와 영적으로 사귀다

□ **communi**sm [kámjənìzəm/kɔ́m-] ⓜ (종종 C-) **공산주의**(운동, 정치 체제), **코뮤니즘**
☜ commune + ism(~주의)

□ **communi**st [kámjənist/kɔ́m-] ⓜⓗ **공산주의자(의)**; (또는 C-) 공산당(의)
☜ commune + ist(사람)

□ **communi**ty [kəmjúːnəti/커**뮤**-니디/커**뮤**-니티] ⓜ **공동 사회**, 공동체; (the ~) **일반 사회**(the public)
☜ communi + ty<명접>
♠ the Jewish 〔foreign〕 **community** 유대인〔거류 외국인〕 **사회**

□ **communi**ze [kámjənàiz/kɔ́m-] ⓢ (토지·재산 따위를) 공유〔국유〕로 하다; 공산화하다
☜ 나눔(communi)을 만들다(ize<동접>)

■ **common** [kámən/**카**먼/kɔ́mən/**코**먼] ⓗ (-<-**er**〔**more** -〕<-**est**〔**most** -〕) **공통의**, 공동의, **사회일반의**; **보통의** ☜ 고대 프랑스어로 '공동의, 일반의'란 뜻

커뮤터 commuter (정기권 통근자)

□ **com**mute [kəmjúːt] ⓢ 교환〔변환〕하다; 지급 방법을 바꾸다, 대체(對替)하다; 《미》 정기〔회수〕권으로 다니다
☜ 라틴어로 '함께(com) 바꾸다(mute)'란 뜻
♠ I **commute** to the city every day.
나는 매일 시내로 **통근한다**.

□ **com**mutation [kàmjutéiʃən/kɔ̀m-] ⓜ 정기권 통근; 교환
☜ commute + ation<명접>
♠ a **commutation** ticket **정기** 승차권

□ **com**muter [kəmjúːtər] ⓜ 《미》 (교외) 정기권 통근자〔이용자〕
☜ commute + er(사람)

© lionsgate

모션 motion (어떤 몸놀림이나 동작)

♣ 어원 : mot 움직이다, motion 움직임

■ **motion** [móuʃən/**모**우션] ⓜ **운동**, 활동; (기계 따위의) 운전; **동작**, 거동, 몸 ⓢ **몸짓으로 알리다** ☜ 움직이(mot) 기(ion<명접>)

□ com**motion** [kəmóuʃən] ⓜ **동요**; 흥분; **소동**, 소요, 폭동 ☜ 함께하는(com) 동작(motion)
♠ create 〔cause〕 a commotion 소동을 일으키다

□ com**move** [kəmúːv] ⓢ 동요〔흥분〕시키다, 교란하다 ☜ com + move(움직이다)

씨디 CD = compact disc (소형의 광학식 디지털 디스크)

□ **com**pact [kəmpǽkt, kámpækt] ⓗ **꽉 찬**, 밀집한, **치밀한**; (체격이) 탄탄한; 소형의

㉮ **계약**, 맹약(=agreement) ㉯ 계약을 맺다 ☜ 완전히(com) 죄다(pact)
♠ a **compact** car **소형** 자동차

※ **disc, disk** [disk] ㉮ 원반; **디스크, 레코드** ☜ 라틴어로 '고리, 원반'이란 뜻

C

꼼빠니아 compagna ([It.] 한국의 여성의류 브랜드. <친구>란 뜻)

이탈리아어로 친구, 안내인을 뜻한다. 한국의 여성의류 브랜드 중 하나

♣ 어원 : pan 빵

□ com**pan**y [kʌ́mpəni/**컴**퍼니] ㉮ **동료**, 일행; 교제, 사교; **회사**, 조합
☜ 함께(com) 빵(pan)을 먹음(y)
♠ A man is known by **the company** he keeps.
사귀는 **친구**를 보면 그의 사람됨을 알 수 있다.
♠ **for company 교제상, 동무하기 위하여**
♠ **in company 사람 틈에서, 사람 앞에서**
♠ **in company with ~ ~와 함께, ~와 더불어**
♠ **keep company with ~ ~와 교제하다, ~와 동행하다**

□ com**pan**ion [kəmpǽnjən/컴**패**년] ㉮ **동료** ☜ company + ion(사람)

□ com**pan**ionable [kəmpǽnjənəbl] ㉰ 사귀기 좋은 ☜ companion + able(~하기 쉬운)

□ com**pan**ionship [kəmpǽnjənʃìp] ㉮ **친구로 사귀기, 교제** ☜ companion + ship(상태)

✚ accom**pan**y **~를 동반하다** accom**pan**iment **부속물**, 수반하는 물건 **pan**ification 빵제조

컴파스 compass (❶ 제도용 양각기 ❷ 나침반)

♣ 어원 : pass 걸음으로 재다 // par 자로 잰 듯이 동등한

□ com**par**e [kəmpέər/컴**페**어] ㉯ **비교하다**, 견주다, 대조하다
☜ 양쪽 모두(com) 동등하게(par) + e
♠ **compare to ~ ~에 비유하다**
♠ **compare (A) with (B) ~A를 B와 비교하다**
compare Seoul **with** other large cities.
서울을 다른 대도시와 **비교하다**.
♠ **(as) compared with ~ ~와 비교하면**
♠ **by comparison 비교하면, 비교적**
♠ **in (by) comparison with ~ ~에 비하면**

□ com**par**able [kάmpərəbəl/kɔ́m-] ㉰ **비교되는**; 필적하는; 상당하는, 동등한
☜ compare + able(~할 수 있는)

□ com**par**ative [kəmpǽrətiv] ㉰ **비교의**, 비교에 의한 ☜ compare + ative<형접>

□ com**par**atively [kəmpǽrətivli] ㉱ **비교적(으로)**; 꽤, 상당히 ☜ comparative + ly<부접>

□ com**par**ison [kəmpǽrisən] ㉮ **비교, 유사, 비유** ☜ compar + i + son<명접>
♠ **make a comparison between (A) and (B) A와 B를 비교하다**

□ com**pass** [kʌ́mpəs] ㉮ **나침반**, 나침의; (보통 pl.) (제도용) **컴퍼스**, 양각기 ㉯ ~의 주위를 돌다; 에워싸다 ☜ 양쪽 모두(com) (길이가 대등하게) 걸음으로 재다(pass)
♠ the points of **the compass 나침반**의 방위

□ en**compass** [inkʌ́mpəs] ㉯ 둘러(에워)싸다, 포위하다, 포함하다; 완수하다
☜ 안으로(en<into) 둘러싸다(compass)

□ en**compass**ment [inkʌ́mpəsmənt] ㉮ 포괄, 둘러쌈, 포위; 망라 ☜ -ment<명접>

파트 part (부분), 파티 party (모임; 정당)

< 미국 녹색당 로고 >

♣ 어원 : part 나누다; 일부, 부분

■ **part** [pɑːrt/파-트] ㉮ (전체 속의) **일부, 부분;** (전체에서 분리된) 조각, 단편 ☜ 라틴어로 '일부, 조각, (나누어 준) 몫'이란 뜻

■ **part**y [pάːrti/**파**-리/**파**-티] ㉮ (사교) 모임, 회(會), **파티**; 당, 당파; **정당**; **일행** ☜ 라틴어로 '나눈(part) 것(y)'이란 뜻. 특정한 목적을 가진 일부 사람들의 '모임'에서 '파티'란 의미도 생겨났다.

□ com**part** [kəmpάːrt] ㉯ 구획하다, 칸을 막다 ☜ 완전히(com) 나누다(part)

□ com**part**ment [kəmpάːrtmənt] ㉮ 칸막이, **구획**; (객차·객선내의) 칸막이 방
☜ -ment<명접>
♠ a smoking **compartment** (철도의) 흡연**실[차·구역]**

패시브 passive ([체육] 수동적·소극적인 선수)

♣ 어원 : pass, pat(i) 고통을 겪다, 견디다, 괴로워하다, 동정하다

■ **pass**ive [pǽsiv] ⓗ **수동적인; 무저항의; 비활동적인**
☜ 견디(pass) 는(ive<형접>)

Passive
Active

□ com**pass**ion [kəmpǽʃən] ⓜ **불쌍히 여김,** (깊은) 동정(심)
☜ 함께(com) 동정하(pass)는 것(ion<명접>)
♠ **have** 〔take〕 **compassion on** 〔upon, for〕 ~ **~을 불쌍히 여기다.**

C

□ com**pass**ionate [kəmpǽʃənit] ⓗ 동정심이 있는, **인정 많은** [kəmpǽʃənèit] ⓓ《미・영. 고어》 불쌍히 여기다, 동정하다 ☜ -ate<형접/동접>
□ com**pass**ionately [kəmpǽʃənitli] ⓟ 불쌍히 여기어 ☜ -ly<부접>
□ com**pati**ble [kəmpǽtəbəl] ⓗ **양립하는**, 모순되지 않는 ⓑ incompatible 맞지 않는
☜ 함께(com) 견딜(pati) + 수 있는(able<형접>)
□ com**pati**bility [kəmpætəbíləti] ⓜ 양립성, 적합, 모순이 없음 ☜ compatible + ity<명접>

✚ **pati**ent **인내심이 강한**, 끈기 좋은〔있는〕 in**pati**ent 입원 환자 out**pati**ent (병원의) 외래환자

프로펠러 propeller (회전날개, 추진기)

♣ 어원 : pel 밀다, 누르다, 몰고 가다, 몰아대다

■ pro**pel** [prəpél] ⓓ **추진하다**, 몰아대다 ☜ 앞으로(pro) 밀다(pel)
■ pro**pel**ler [prəpélər] ⓜ **프로펠러**, 추진기; 추진시키는 사람
☜ 앞으로(pro) 미는(pel) + l<단모음+단자음+자음반복> + 것(er)
□ com**pel** [kəmpél/컴**펠**] ⓓ 강제하다, **억지로 ~시키다** ☜ 세게(com/강조) 밀다(pel)
♠ **compel** a person to 〔into〕 submission 아무를 **억지로** 굴복**시키다**
□ com**pel**ling [kəmpéliŋ] ⓗ **강제적인**, 억지의 ☜ compel + ing<형접>
□ com**pul**sion [kəmpʌ́lʃən] ⓜ 강요, **강제**; 〖심리〗 강박 충동 ☜ compel + sion<명접>
♠ **by compulsion 강제로**
□ com**pul**sive [kəmpʌ́lsiv] ⓗ **강제적인**, 억지로의, 강박감에 사로잡힌 ☜ -sive<형접>
□ com**pul**sory [kəmpʌ́lsəri] ⓗ 강제된, **강제적인**; 의무적인; **필수의** ☜ -ory<형접>

✚ dis**pel** **쫓아버리다**; (근심 등을) 없애다 ex**pel** **쫓아내다**, 물리치다, (해충 등을) 구제하다 im**pel** **추진하다, 억지로 ~시키다** re**pel** **쫓아버리다**, 격퇴하다

페니 penny (영국의 화폐 단위) * 1pound의 100분의 1로 2018년말 기준, 원화로 약 15원

♣ 어원 : pen, pend 돈; 계량하다, 균형을 잡다, 무게를 재다

■ **pen**ny [péni/**페**니] ⓜ (pl. **-ies, pence**) **1페니**, 1페니의 청동화《영국의 화폐》 ☜ 고대영어로 '페니화'란 뜻
□ com**pend**ium [kəmpéndiəm] ⓜ (pl. **-s**, -di**a**) 대요, 개략, 요약, 개론; 일람표
☜ 모두(com) 무게를 잰(pend) 것(ium)
♠ **a compendium** of information 정보의 **요약**
□ com**pend**ious [kəmpéndiəs] ⓗ (책 등이) 간결한, 간명한 ☜ -ious<형접>
□ com**pen**sate [kάmpənsèit/kɔ́m-] ⓓ **보상[변상]하다**; 보충하다
☜ 함께(com) 돈(pen)을 + s + 주다(ate<동접>)
♠ **compensate** a person for loss 아무에게 손실을 **배상하다**
□ com**pen**sation [kὰmpənséiʃən/kɔ̀m-] ⓜ **배상**, 보상(배상)금, 《미》 **보수**, 봉급
☜ compensate + ion<명접>
□ com**pen**satory [kəmpénsətɔ̀ːri/-təri] ⓗ 배상의, 보상의; 보충의 ☜ compensate + ory<형접>

✚ dis**pen**se **분배하다**; 베풀다 ex**pen**sive **돈이 드는, 값비싼**; 사치스런 **pen**sion (퇴직) **연금**, 부조금

애피타이저 appetizer (식사 전에 먹는 식욕 돋우는 음식)

♣ 어원 : pet 추구하다

■ ap**pet**izer [ǽpitàizər] ⓜ 식욕 돋우는 음식; 전채(前菜)
☜ ~를/~로(ap<ad=to) 추구하는(pet) 것(izer)
□ com**pet**e [kəmpíːt] ⓓ 겨루다, **경쟁하다**; 서로 맞서다 ☜ 함께<서로(com) 추구하다(pet) + e
♠ **compete** against other countries in trade 무역으로 다른 나라와 **겨루다**
□ com**pet**ence, -tency [kάmpətəns/kɔ́m-], [-i] ⓜ 적성, 자격, **능력**
☜ compet + ence/ency<명접>
□ com**pet**ent [kάmpətənt/kɔ́m-] ⓗ 적임의, **유능한**; 〖생물〗 반응력이 있는
☜ compet + ent<형접> ⓑ incompetent 무능한, 쓸모없는
□ com**pet**ition [kὰmpətíʃən/kɔ̀m-] ⓜ **경쟁**, 겨루기 ☜ compet + ition<명접>
□ com**pet**itive [kəmpétətiv] ⓗ **경쟁의**, 경쟁에 의한; 경쟁적인 ☜ compet + itive<형접>
□ com**pet**itively [kəmpétətivli] ⓟ 경쟁적으로, 경쟁하여 ☜ competitive + ly<부접>
□ com**pet**itiveness [kəmpétətivnis] ⓜ 경쟁 ☜ competitive + ness<명접>

□ com**pet**itor [kəmpétətər] 명 (fem. **-tress**) **경쟁자**, 경쟁 상대
☜ 추구하러/경쟁하러(compet) 가는(it) 사람(or)

✚ im**pet**uous **격렬한, 맹렬한** im**pet**us **힘**, 추진력, **운동량**, 관성(慣性) per**pet**ual **영구의, 끊임없는**

필로티 piloti (1 층은 기둥만 있는 건축형태. <기둥>이란 뜻>

♣ **어원 : pile, pill 쌓다; 기둥**

■ **pil**oti(s) [pilάti/-lɔ́ti] 명 《F.》 〖건축〗 **필로티** 《건물의 높은 지주(支柱); 밑을 툭 틔워 놓음》 ☜ 프랑스어로 '받치는 기둥'이란 뜻

■ **pile** [pail/파일] 명 **쌓아올린 것**, 더미 동 쌓아올리다; 쌓이다
☜ 중세영어로 '쌓아올리다'란 뜻.

■ **pill**ar [pílər] 명 **기둥**; 표주(標柱), 기념주; 대각(臺脚) ☜ 쌓아올린(pill) 것(ar)

□ com**pil**ation [kὰmpəléiʃən/kɔ̀m-] 명 편집(물), 편찬(물) ☜ compile + ation<명접>

□ com**pile** [kəmpáil] 동 **편집하다**, 편찬하다; **수집하다** ☜ 함께(com) 쌓아(pile) 엮다
♠ **compile** a guidebook 안내서를 **만들다**

□ com**pile**r [kəmpáilər] 명 편집(편찬)자; 〖컴퓨터〗 번역기, **컴파일러** 《BASIC, COBOL, PASCAL 등의 프로그래밍(고급) 언어를 기계어로 번역하는 프로그램》
☜ compile + er(기계)

플리바게닝 plea bargaining (유죄협상제도)

수사과정에서 피의자[범죄자]가 유죄를 시인하거나 수사에 적극 협조하는 대신 검찰이 구형을 가볍게 해주는 유죄협상제도

♣ **어원 : plea(d), pleas, plac, plais 기쁘게 하다, 위로하다**

■ **plea** [pliː] 명 **탄원, 청원; 변경** ☜ 라틴어로 '기쁘게 하는 것'이란 뜻

■ **pleas**ant [pléznt/플레즌트] 형 (-<-**er**(**more** ~)<-**est**(**most** ~)) **즐거운, 유쾌한**
☜ 기쁘게(pleas) 하는(ant)

□ com**plac**ent [kəmpléisənt] 형 만족한, 자기만족의 ☜ 완전히(com/강조) 기쁘게(plac) 하는(ent)
♠ I don't want you to become **complacent**. 나는 네가 **안주하**기를 원하지 않는다.

□ com**plac**ence, -ency [kəmpléisəns], [-i] 명 자기만족 ☜ -ence/ency<명접>

□ com**plais**ant [kəmpléisənt, -zənt, kάmpləzæ̀nt] 형 사근사근한, 고분고분한; 공손한, 친절한
☜ 완전히(com/강조) 만족시키(plais) 는(ant<형접>)

□ com**plais**ance [kəmpléisəns, -zəns, kάmpləzæ̀ns] 명 은근함(=civility), 정중함, 사근사근함
☜ -ance<명접>

※ **bargain** [bάːrgən] 명 **매매, 거래** ☜ 고대 프랑스어로 '값을 깎다'란 뜻

✚ dis**pleas**e **불쾌하게 하다** un**pleas**ant **불쾌한**, 기분 나쁜, 싫은

제품에 대해 컴플레인(complaint.불만사항)을 제기하다

♣ **어원 : pla, plague 역병, 전염병**

□ com**pla**in [kəmpléin] 동 **불평하다**, 푸념하다, 한탄하다 ☜ 함께(com) 역병(pla)에 걸리다(in)
♠ Some people are always **complaining**. 항상 **불평만 하는** 사람이 있다.
♠ **complain about (of) ~ ~에 대해 불평하다, 호소하다**

□ com**pla**inant [kəmpléinənt] 명 〖법률〗 원고, 고소인(=plaintiff) ☜ complain + ant(사람)

□ com**pla**int [kəmpléint] 명 **불평, 불만**, 푸념; 불평거리, 고충; 〖민사〗 고소
☜ 함께(com) 역병(pla)에 걸린(in) 것(t)
♠ be full of **complaints** about one's food 음식에 대해 **불평**이 많다

■ **plague** [pleig] 명 역병(疫病), **전염병**; (흔히 the ~) 페스트, 흑사병
☜ 고대 프랑스어로 '악성 질병'이란 뜻

□ **complaisant**(공손한, 친절한) ➔ **complacent**(만족한, 자기만족의) **참조**

기름을 풀(full.가득)로 채우다

♣ **어원 : full 가득 찬 // fill, ple, pli 채우다**

■ **full** [ful/뿔] 형 **가득한**; 충만한 ☜ 초기 독일어로 '가득 찬'이란 뜻.

■ **fill** [fil/삘] 동 **채우다, ~으로 충만하다** ☜ 초기 인도유럽어로 '채우다'란 뜻.

□ com**ple**ment [kάmpləmənt/kɔ́m-] 명 **보충물** 동 **보완하다**
☜ 완전히(com) 채운(ple) 것(ment<명접>)
♠ Love and justice **are complements** each of the other.
사랑과 정의는 서로 **더불어야 완전해진다.**

☐ com**ple**mentary [kɑ̀mpləméntəri/kɔ̀m-] ⓗ **보완[보충]적인** ☜ complement + ary<형접>
비교 complimentary 칭찬[찬사]의; 아첨 잘 하는; 무료[우대]의
☐ com**ple**te [kəmplíːt/컴플**리**-트] ⓢ **완성하다** ⓗ **전부의, 완전한** ☜ 완전히(com) 채우(ple) 다(te)
☐ com**ple**tely [kəmplíːtli] ⓑ **완전히**, 철저히 ☜ complete + ly<부접>
☐ com**ple**teness [kəmplíːtnis] ⓜ 완전 ☜ complete + ness<명접>
☐ com**ple**tion [kəmplíːʃən] ⓜ **성취, 완성**; 수행, 실행 ☜ complete + ion<명접>
♠ **bring (work) to completion (일을) 완성시키다**

✚ **ple**nty **많음**, 가득, 풍부, 다량, 충분 accom**pli**shment **성취, 완성**, 수행, 이행 im**ple**ment **도구**, 기구, 수단; 권한을 주다 sup**ple**ment **보충, 추가, 부록;** 보충하다

오이디푸스 콤플렉스 Oedipus complex (무의식적 갈등)

오이디푸스 컴플렉스는 지그문트 프로이트가 제시한 개념이다. 남근기에 생기기 시작하는 무의식적인 갈등으로 어머니를 손에 넣으려는, 또한 아버지에 대한 강한 반항심을 품고 있는 앰비밸런스적인 심리를 받아들이는 상황을 말한다. <출처 : 위키백과>

< 스핑크스와 오이디푸스 >
© Britannica

♣ **어원 : ple(x), pli(c) 엮다, 짜다; 채우다**
※ **Oedipus** [édəpəs, íːd-] ⓜ 『그.신화』 **오이디푸스** 《부모와의 관계를 모르고 아버지를 죽이고 어머니를 아내로 삼은 그리스 도시국가 테베(Thebes)의 왕》
☐ com**plex** [kəmpléks, kɑ́mpleks/kɔ́mpleks] ⓗ **복잡한**, 착잡한
[kɑ́mpleks/kɔ́m-] ⓜ 복합체; 종합 빌딩; 『정신분석』 **콤플렉스**, 무의식적 감정 ☜ (여러 개를) 서로<함께(com) 엮다(ple) + x
★ 열등감은 inferiority complex로 표현함이 적절하다
♠ the military-industrial **complex** 군산(軍産) **복합체**
☐ com**plex**ion [kəmplékʃən] ⓜ **안색**; 외모; 양상 ☜ complex + ion<명접>
☐ com**plex**ity [kəmpléksəti] ⓜ **복잡(성)**, 착잡 ☜ complex + ity<명접>
☐ com**plic**ate [kɑ́mplikèit/kɔ́m-] ⓢ **복잡하게 하다**, 까다롭게 하다
☜ (여러 개를) 함께(com) 엮(plic) 다(ate<동접>)
♠ **complicate** matters 일을 **복잡하게 만들다**
☐ com**plic**ated [kɑ́mplikèitid/kɔ́m-] ⓗ **복잡한** ☜ complicate + ed<형접>
☐ com**plic**ation [kɑ̀mpləkéiʃən/kɔ̀m-] ⓜ **복잡**; (사건의) **분규** ☜ complicate + ion<명접>
☐ com**plic**ity [kəmplísəti] ⓜ 공모, 공범, 연루(連累) ☜ -ity<명접>

디스플레이 display (표시장치)

♣ **어원 : pla, pli, ply 구부리다, 접다, 포개다**
■ dis**pla**y [displéi/디스플**레**이] ⓢ **표시하다**; 전시하다 ⓜ **전시**(회), 표시
☜ 펼치다, 펼침. dis(=not/부정) + pla(접다) + y<명접>
■ du**pli**cate [djúːpləkit] ⓗ **이중의**, 복사의 ⓢ 복사[복제]하다 ⓜ **복제**(품)
☜ 둘(du)로 포개(pli) + c + 다(ate<동접>)
☐ com**pli**ance, -ancy [kəmpláiəns, -i] ⓜ **승낙, 응낙** ☜ comply + ance/ancy<명접>
☐ com**pli**ant [kəmpláiənt] ⓗ 고분고분한 ☜ comply + ant<형접>
☐ com**pli**ment [kɑ́mpləmənt/kɔ́m-] ⓜ **경의**, 칭찬; **아첨**; **의례적인 인사말**
☜ comply + ment<명접>
☐ com**pli**mentary [kɑ̀mpləméntəri/kɔ̀mplə-] ⓗ **칭찬하는**; **무료의**, 초대의 ☜ -ary<형접>
☐ com**ply** [kəmplái] ⓢ **응하다, 따르다** ☜ 완전히(com) 구부리다(ply)
♠ **comply with** a rule 규칙을 **따르다**

☐ **component**(구성하고 있는) ➔ **compose**(구성하다, 작곡하다) **참조**

포털 portal (네이버, 다음, 구글 등 인터넷 접속시 거쳐야 하는 사이트)

♣ **어원 : port 나르다, 운반하다**
■ **port** [pɔːrt/포-트] ⓜ **항구(도시)**, 무역항 ☜ (물건을) 운반하는 곳
■ **port**able [pɔ́ːrtəbəl] ⓗ 들고 다닐 수 있는; **휴대용의** ⓜ **휴대용 기구**
☜ 운반(port)할 수 있는(able)
■ **port**al [pɔ́ːrtl] ⓜ (우람한) **문, 입구; 정문; 포털사이트**
☜ (~를 통해) 운반하는(port) 곳(al<명접>)
☐ com**port** [kəmpɔ́ːrt] ⓢ 처신하다, 행동하다(=behave); 일치[적합, 조화]하다
☜ 함께(com) 나르다(port)
♠ **comport oneself with dignity 위엄 있게 거동[행동]하다**

☐ com**port**ment [kəmpɔ́ːrtmənt] ⓜ 거동, 태도, 동작 ☜ -ment<명접>

포즈(pose.자세)를 취하다, 콤포넌트 component (고음재생 전용 스피커)

♣ **어원 : pos(e), pon 놓다, 두다**

■ **pose** [pouz] ⓜ **자세, 포즈**; 마음가짐(=mental attitude) ⓢ **자세[포즈]를 취하다** ☜ 고대 프랑스어로 '놓다, 두다'란 뜻

☐ com**pon**ent [kəmpóunənt] ⓗ **구성하고 있는**, 성분을 이루는 ☜ -ent<형접>
♠ **component** parts **구성** 요소[부분], 성분

☐ com**pon**ential [kὰmpənénʃəl/kɔ̀m-] ⓗ 구성요소의, 성분의 ☜ -ial<형접>

< Component >

☐ com**pose** [kəmpóuz] ⓢ **조립[구성]하다; 작문[작곡]하다; 조정하다**
☜ 함께(com) 놓다(pose)
♠ Ten men **compose** the committee.
열 명의 남자들이 그 위원회를 **구성하고 있다**.
♠ **be composed of ~ ~으로 이루어지다**(=be consist of ~)

☐ com**pose**d [kəmpóuzd] ⓗ **침착한**; ~로 이루어진 ☜ compose + ed<형접>

☐ com**pose**dly [kəmpóuzidli] ⓑ 태연하게, 침착하게 ☜ -ly<부접>

☐ com**pose**r [kəmpóuzər] ⓜ **작곡가**, 조정자 ☜ compose + er(사람)

☐ com**pos**ite [kəmpάzit, kɔ́mpɔzit] ⓗ **혼성[합성]의** ⓜ 합성물
☜ 함께(com) 놓다(pos) + ite<형접/명접>

☐ com**pos**ition [kὰmpəzíʃən/kɔm-] ⓜ **구성**; 합성; **작문; 작곡** ☜ -ion<명접>

☐ com**pos**itive [kəmpάzitiv/-pɔ́z-] ⓗ 합성의, 복합적인 ☜ -ive<형접>

☐ com**pos**t [kάmpoust/kɔ́m-] ⓜ 혼합물; 회반죽; 배합토, 배양토, 혼합 비료, 퇴비
☜ 고대 프랑스어로 '(땅을 비옥하게 하기 위해 나뭇잎과 똥거름을) 함께(com) 섞어 놓은(pos) 것(t)'이란 뜻

☐ com**pos**ure [kəmpóuʒər] ⓜ **침착**, 냉정, 평정, 자제 ☜ -ure<명접>

콤파운드 compound (자동차 흠집 제거제)

자동차의 흠집을 제거하거나 코팅/광택을 낼 수 있는 제품으로 결함이 있는 도장 면의 색상을 깨끗하고 안전하게 복원시켜 표면이 다시 깨끗해지도록 한다. 산화, 부식, 스크래치를 제거할 수 있고, 헝겊, 스펀지, 패드 등에 제품을 묻혀서 사용한다.

☐ com**pound** [kəmpáund, kɔ́mpaund] ⓢ (하나로) **합성하다, 조합[혼합]하다**
[kάmpaund/kɔ́m-] ⓗ **합성의**, 복합의, 혼성의; 복잡한 ⓜ 혼합[합성]물; 구내, 수용소
☜ 함께(com) 두다(pound=put) ⓑ analyze 분해하다
♠ **compound** word **합성**어
♠ Common salt is **a compound** of sodium and chlorine.
일반 소금은 나트륨과 염소의 **혼합물**이다.

LC listening comprehension (듣기), RC reading comprehension (독해)

토익(TOEIC)은 국제공용어로서의 영어숙달 정도를 평가하는 미국 ETS사의 영어시험 또는 상표명이다. 듣기(LC)와 독해(RC)가 각각 100문항씩이며, 총 990점 만점, Test of English for International Commu- nication(국제적 언어소통을 위한 영어시험)의 약자

♣ **어원 : prehen(d) 잡다, 붙잡다**

※ **listen**ing [lísniŋ] ⓜ 경청; **청취**, 들음 ⓗ 주의 깊은
☜ listen + ing<명접/형접>

※ **read**ing [ríːdiŋ/**뤼**-딩] ⓜ **독서**; 낭독; 학식; 낭독회 ☜ 읽(read) 기(ing)

☐ com**prehend** [kὰmprihénd/kɔ̀mpr-] ⓢ (완전히) **이해하다; 포함하다**
☜ 완전히(com) 잡다(prehend)
♠ Science **comprehends** many disciplines.
과학에는 많은 분야가 **(포함되어) 있다.**

☐ com**prehen**sible [kὰmprihénsəbəl/kɔ̀m-] ⓗ 이해할 수 있는 ☜ -comprehen + s + ible<형접>

☐ com**prehen**sibly [kὰmprihénsəbli/kɔ̀m-] ⓑ 이해할 수 있게 ☜ -ibly<부접>

☐ com**prehen**sibility [kὰmprihèn-səbíləti/kɔ̀m-] ⓜ 이해할 수 있음 ☜ -ibility<명접>

☐ com**prehen**sion [kὰmprihénʃən/kɔ̀m-] ⓜ **이해** ☜ -sion<명접>

☐ com**prehen**sive [kὰmprihénsiv/kɔ̀m-] ⓗ 이해력이 있는; **포괄적인; 넓은** ☜ -sive<형접>

☐ com**prehen**sively [kὰmprihénsivli/kɔ̀m-] ⓑ 널리, 포괄적으로 ☜ -ly<부접>

☐ com**prehen**siveness [kὰmprihénsivnis/kɔ̀m-] ⓜ 포괄성, 이해력이 있음 ☜ -ness<명접>

✚ ap**prehend** 이해하다, **깨닫다; 체포하다** misap**prehend** 오해하다 re**prehend** 비난하다

프레스센터 press center (언론회관), 컴프레서 compressor (압축기)

♣ 어원 : press 누르다

■ **press** [pres/프뤠스] ⓢ **누르다**; **강조하다**; **압박하다**; 돌진하다; **서두르다** ⓜ **누름**; **인쇄기**; **출판물** ☜ 고대 프랑스어로 '누르다, 짜다'란 뜻

□ com**press** [kəmprés] ⓢ **압축하다, 압착하다** ☜ 완전히(com) 누르다(press)
♠ **compress** one's lips 입술을 **굳게 다물다**

□ com**press**ed [kəmprést] ⓗ **압축[압착]된**; 간결한 ☜ compress + ed<형접>

□ com**press**ible [kəmprésəbl] ⓗ 압축할 수 있는 ☜ compress + ible<형접>

□ com**press**ion [kəmpréʃən] ⓜ **압축**, 압착; 간결성 ☜ compress + ion<명접>

□ com**press**ive [kəmprésiv] ⓗ 압축력이 있는 ☜ compress + ive<형접>

□ com**press**or [kəmprésər] ⓜ **압축기**; **컴프레서** ☜ compress + or(장비/기계)

※ **center**, 《영》 **centre** [séntər/쎈터] ⓜ **중심**(지); **핵심**; **중앙** ☜ 라틴어로 '원의 중심'이란 뜻

✚ de**press** **풀이 죽게 하다, 우울하게 하다** im**press** **~에게 감명[감동]을 주다** op**press** **압박하다**, 억압[학대]하다 re**press** **억누르다**; 저지(제지, 진압)하다 sup**press** **억압하다**; **진압하다**

서프라이즈 surprise (깜짝 놀라게 하다), 엔터프라이즈 enterprise (사업)

♣ 어원 : pris(e) 잡다, 쥐다

■ sur**prise** [sərpráiz/서프**롸**이즈] ⓢ **(깜짝) 놀라게 하다**; **불시에 치다** ☜ 위에서(sur=super) 잡다(prise)

■ enter**prise** [éntərpràiz] ⓜ **기획**, 계획《특히 모험적인》; **기업**(체), 사업; 기업경영 ☜ 사이에서(enter<inter) (모험심에) 사로잡히다(prise)

□ com**pris**al [kəmpráizəl] ⓜ 포함, 함유; 요약 ☜ 함께(com) 잡은(pris) 것(al)

□ com**prise** [kəmpráiz] ⓢ **포함하다**; 의미하다; ~으로 이루어져 있다; 구성하다 ☜ 함께(com) 잡다(prise)
♠ The United States **comprises** 50 states. 미국은 50개 주**로 이루어져 있다.**

MBC TV의 <신비한 TV 서프라이즈 >

✚ **pris**on **교도소**, 감옥; 구치소; 금고, 감금 im**pris**on **투옥하다**, 수감[감금, 구속]하다

미사일 missile (추진기를 달고 순항하는 유도탄)

♣ 어원 : miss, mit 보내다

■ **miss**ile [mísəl/-sail] ⓜ **미사일**, **유도탄** ☜ 라틴어로 '던질(miss) 수 있는 것(ile)'이란 뜻

■ pro**mise** [prάmis/프**롸**미스/prɔ́mis/프**로**미스] ⓜ **약속**, 계약 ⓢ **약속[서약]하다** ☜ 앞으로(pro) 던지다(mise)

□ compro**mise** [kάmprəmàiz/kɔ́m-] ⓜ **타협**, 화해, 양보 ⓢ **타협하다** ☜ 함께(com) 약속하다(promise)
♠ **make a compromise with ~ ~와 타협하다.**

□ compro**mis**ing [kάmprəmàiziŋ/kɔ́m-] ⓗ (말·행위가) 명예를 손상시키는, 신용을 떨어뜨리는 ☜ compromise + ing<형접>

■ trans**mit** [trænsmít, trænz-] ⓢ (화물 등을) 보내다, **부치다**, 발송하다 ☜ 건너<넘어서(trans) 보내다(mit)

프로펠러 propeller (회전날개, 추진기)

♣ 어원 : pel, pul 밀다, 누르다; 몰로 가다, 몰아대다

■ pro**pel** [prəpél] ⓢ **추진하다**, 몰아대다 ☜ 앞으로(pro) 밀다(pel)

■ pro**pel**ler [prəpélər] ⓜ **프로펠러**, 추진기; 추진시키는 사람 ☜ 앞으로(pro) 미는(pel) + l<단모음+단자음+자음반복> + 것(er)

■ **pul**se [pʌls] ⓜ **맥박**, 고동; (광선·음향 따위의) **파동**, 진동; 『전기』 **펄스** ☜ (주기적으로) 미는(pul) 것(se)

□ com**pul**sion [kəmpʌ́lʃən] ⓜ 강요, **강제**; 『심리』 강박 충동 ☜ 완전히(com) 미는(pul) + s + 것(ion<명접>)
♠ **by compulsion 강제로**

□ com**pul**sive [kəmpʌ́lsiv] ⓗ **강제적인**, 강박감에 사로잡힌 ☜ -ive<형접>

□ com**pul**sory [kəmpʌ́lsəri] ⓗ **강제적인**; 의무적인; **필수의** ☜ -ory<형접>

□ **compunction**(양심의 가책, 후회) ➔ **punctual**(시간을 엄수하는) **참조**

컴퓨터 computer (전자회로를 이용해 다양한 데이터를 처리하는 기기)

♣ 어원 : put 계산하다, 생각하다

□ com**put**ation [kɑ̀mpjutéiʃən/kɔ̀m-] ⓜ **계산**; 산정액 ☜ compute + ation<명접>

□ com**put**e [kəmpjúːt] ⓢ **계산(산정(算定))하다**, 평가하다; 어림잡다
☜ 함께(com) 계산하다(put) + e
♠ **compute** the area of a field 밭의 면적을 **계산하다**

□ com**put**er, -tor [kəmpjúːtər] ⓜ **컴퓨터**; **전자계산기** ☜ compute + er/or(사람/기계)

□ com**put**erize [kəmpjúːtəràiz] ⓢ ~을 전자계산기로 처리하다 ☜ computer + -ize<동접>

□ com**put**er-run **컴퓨터 런**, (프로그램의) 실행 ☜ run(달리다; 작동, 실행)

C

✚ de**put**e 위임하다 dis**put**e **논쟁하다**; 논의하다 im**put**e (책임을) **~에게 돌리다**, ~의 탓으로 하다 re**put**e **평판**; 명성; 신용; ~라고 여기다, 간주하다 re**put**ed 평판이 좋은; ~이란 평판이 있는

카메라 camera (사진기)

♣ **어원 : camera, comra 방**

■ **camera** [kǽmərə/**캐**머뤄] ⓜ (pl. -era**s**) **카메라**, 사진기 ☜ 라틴어로 '어두운 방'이란 뜻. 최초의 사진기는 매우 큰 상자였는데 이를 '작은 방'이라고 부른 데서 유래

□ **comrad**e [kɑ́mræd, -rid/kɔ́m-] ⓜ **동료**, 동지, 친구, 벗, 전우
☜ 중세 프랑스어로 '함께(com) 방을 쓰게 된 동료(rade)'란 뜻
♠ a **comrade** in arms 전**우**, 동지

□ **comrad**eship [kɑ́mrædʃìp, -rid/kɔ́m-] ⓜ 동지애, 우애 ☜ -ship(관계, 성질, 상태)

콤셋 COMSAT, Comsat (미국의 콤샛 통신위성)

□ **COMSAT, Comsat** [kɑ́msæt/kɔ́m-] ⓜ **콤샛** 《미국의 통신위성 회사》; (c-) **콤샛** 통신위성 ☜ **Com**munications **Sat**ellite의 약어

✚ **communi**cation **전달, 통신**; **교통수단** **satel**lite **위성(의)**; 인공위성(의); 위성국; 위성 도시; 수행자

콩트 Comte ([철학] 프랑스의 철학자, 실증주의 창시자)

오귀스트 콩트는 실증주의의 창시자로 불린다. 《실증철학 강의》에는 그의 사상의 핵심이 담겨 있다. 콩트의 사상은 과학의 정신이 자연물에서 벗어나 인간의 삶에까지 확장되는 데 기여했다. 그는 추상적인 말이나 종교적인 믿음에 의지하지 않고, 보이고 증명할 수 있는 것만을 확실하게 여겼다. <출처 : 처음 읽는 서양 철학사>

□ **Comte** [kɔːnt] ⓜ **콩트** 《Auguste ~, 프랑스의 철학자·사회학자; 1798-1857》

캐비넷 cabinet (장식장)

♣ **어원 : cabin 방 ⇦ cab, cav 빈, 공허한, 파인 곳, 동굴**

■ **cabin**et [kǽbənit] ⓜ **장식장**, **캐비넷**; 진열장; (보통 the C-) **내각**
☜ 고대 프랑스어로 '작은(et) 방(cabin)'이란 뜻

■ **cav**e [keiv] ⓜ **굴**, 동굴 ☜ 고대 프랑스어로 '동굴, 지하실'이란 뜻

□ con**cav**e [kɑnkéiv/kɔn-] ⓜ 옴폭한, **오목한**, 요면(凹面)의
☜ (위아래가) 서로(con<com) 비어있는(cav) + e
♠ a **concave** lens **오목** 렌즈

□ con**cav**ity [kɑnkǽvəti/kɔn-] ⓜ 가운데가 옴폭함 ☜ concave + ity<명접>

■ ex**cav**ation [èkskəvéiʃən] ⓜ **굴 파기**, **굴**, 땅파기; 〖고고학〗 **발굴**
☜ 밖으로(ex) 굴(cav)을 파다(ate) + ion<명접>

핸드폰 콩글 handphone(×) ➔ 셀폰 cellphone, cellular phone(○)

♣ **어원 : cell, ceal 세포; 작은 방, 지하실; 숨기다**

■ **cell** [sel/쎌] ⓜ **작은 방**; (교도소의) 독방; 〖생물〗 **세포**
☜ 중세 라틴어로 '수도승의 작은 방'이란 뜻

■ **cell**phone [sélfòun] ⓜ 〖통신〗 (셀 방식) **휴대전화**(=mobile phone)
☜ cellular phone의 줄임말. 무선 전신이 지역별 셀룰러(구획) 방식의 중계국을 통해 이뤄진다는 뜻에서 유래된 말.

■ **cell**ular [séljələr] ⓗ 세포로 된, 세포질(모양)의
☜ 세포(cell)로 된 것(ul(e)) 의(ar<형접>)

□ con**ceal** [kənsíːl] ⓢ **숨기다**; 숨다 ☜ 완전히(con<com) 숨기다(ceal)
♠ **conceal** one's identity 신분을 **숨기다**

□ con**ceal**ed [kənsíːld] ⓗ 숨겨진 ☜ -ed<형접>

□ con**ceal**ment [kənsíːlmənt] ⓜ **은폐**; 잠복; 숨는 곳 ☜ conceal + ment<명접>
♠ be (remain) in **concealment** **숨어** 있다

악세서리 accessory (콩글 보석류) ➔ jewelry

♣ 어원 : cess, cede, ceed 가다(=go), 양보하다(=yield)

■ ac**cess** [ǽkses] 명 **접근**, 면접, 출입; 접근
☜ ~로(ac<ad=to) 따라 가기(cess)

■ ac**cess**ory [æksésəri] 명 (보통 pl.) **부속물**; 부속품, **악세서리**
☜ ~로(ac<ad=to) 따라 가는(cess) 것(ory)

□ con**cede** [kənsíːd] 동 **인정하다**, 시인하다(=admit); 양보하다 ☜ 서로(con<com) 양보하다(cede)
♠ **concede** defeat 패배를 **인정하다**

■ con**cess**ion [kənséʃən] 명 양보, 허가 ☜ 서로(con) 양보하(cess) 기(ion<명접>)

✚ pre**cede** 선행(선도)하다, **앞장서다** re**cede** **물러나다**, 퇴각하다; 멀어지다 ex**ceed** (수량·정도·한도를) **넘다**, 초과하다; 상회하다 pro**ceed** (앞으로) **나아가다, 가다**, 전진하다

컨셉 concept (개념), 컨셉트 카 concept car (신개념, 새 스타일, 새 기술을 적용한 시제품 차량)

♣ 어원 : cept, ceit, ceive 취하다, 잡다(=take)

■ con**cept** [kάnsept/kɔ́n-] 명 『철학』 **개념**, 생각; 구상(構想), 발상
☜ 완전히(con<com) 취하기(cept)

□ con**ceit** [kənsíːt] 명 자부심, **자만**, 자기 과대 평가 ☜ 스스로에 완전히(con<com) 취한 것(ceit)
♠ be full of **conceit** 한껏 **자만**에 빠져 있다

□ con**ceit**ed [kənsíːtid] 형 **자부심이 강한**; 젠 체하는, 우쭐한 ☜ conceit + ed<형접>

□ con**ceit**edly [kənsíːtidli] 부 건방지게, 거들먹거리며 ☜ conceited + ly<부접>

□ con**ceive** [kənsíːv] 동 (감정·의견 따위를) **마음에 품다, 상상하다**; **이해하다**
☜ 생각을 완전히(con<com) 취하다(ceive)
♠ **conceive** a hatred 증오를 **느끼다**

□ con**ceiv**able [kənsíːvəbl] 형 생각할 수 있는 ☜ conceive + able(~할 수 있는)

□ con**ceiv**ably [kənsíːvəbli] 부 생각되는 바로는, 상상컨데 ☜ conceive + ably<부접>

✚ de**ceive** **속이다, 기만하다** inter**cept** **도중에서 빼앗다**, 가로채다; 요격하다 miscon**cept**ion 오해, 그릇된 생각 per**ceive** **지각**(知覺)**하다**, 감지하다; **이해하다** re**ceive** **받다**, 수령하다

콘센트 concent (콩글 플러그를 끼워 전기를 통하게 하는 장치) ➔ socket

♣ 어원 : cent, chan(t) 노래하다

□ con**cent** [kənsént] 명 《고어》 (소리·음성의) 일치, 조화; 협조
☜ 라틴어로 '함께(con<com) 노래하다(cent<canere=sing)'란 뜻.
♠ **get concent from ~ ~로부터 동의를 얻다**

■ **chan**son [ʃǽnsən/ʃɑːŋsɔ́ːŋ] 명 《F.》 노래, 가요, **샹송** ☜ 고대 프랑스어로 '노래, 서사시'란 뜻

■ **chant** [tʃænt, tʃɑːnt] 명 **노래**, 멜로디 동 (노래·성가를) **부르다** ☜ 라틴어로 '노래'란 뜻

※ **socket** [sάkit/sɔ́k-] 명 **꽂는[끼우는] 구멍**, (전구 등의) **소켓** 동 소켓에 끼우다, 소켓을 달다
☜ 중세영어로 '쟁기'란 뜻. 이는 쟁기같이 생긴데서 유래.

센터 center (중앙, 중심), 콘센트 concent (콩글 전기 배선과 코드의 접속에 쓰는 기구) ➔ (electrical) outlet, (wall) socket, power point

♣ 어원 : center, centr 중심, 중앙, 한 가운데

■ **center**, 《영》 **centre** [séntər/**쎈**터] 명 **중심**(지); **핵심**; **중앙** ☜ 라틴어로 '원의 중심'이란 뜻

□ con**centr**ate [kάnsəntrèit/kɔ́n-] 동 **집중시키다**; 한 점에 모으다
☜ 완전히(con<com) 중심(centr)에 모으다(ate)
♠ **concentrate one's attention on** (upon) **~ ~에 주의를 집중하다**
♠ **concentrate on** (upon) **~ ~에 집중[전념]하다**

□ con**centr**ated [kάnsəntrèitid/kɔ́n-] 형 집중된 ☜ concentrate + ed<형접>

□ con**centr**ation [kὰnsəntréiʃən/kɔ̀n-] 명 **집중**, 전념, 전심; 『화학』 농축 ☜ -ation<명접>
♠ (a) **concentration** of armaments 군사력의 **집결**

✚ ec**centr**ic 보통과 다른, **별난, 괴벽스러운** ego**centr**ic 자기 중심의, 이기적인; 개인 중심의

컨셉 concept (개념), 컨셉트 카 concept car (신개념, 새 스타일, 새 기술을 적용한 시제품 차량)

♣ 어원 : cept, ceit, ceive 취하다, 잡다(=take)

□ **con<u>cept</u>** [kάnsept/kɔ́n-] 명 『철학』 **개념**, 생각; 구상(構想), 발상
☜ 완전히(con<com) 취하기(cept)
♠ **The concept of beauty** changes according to the times.
미(美)의 개념은 시대에 따라 변한다

□ con**cept**ion [kənsépʃən] 명 **개념**, 생각; 파악, 이해; 착상; 임신(=pregnancy) ☜ -ion<명접>
□ con**cept**ional [kənsépʃənəl] 형 개념(상)의 ☜ conception + al<형접>
□ con**cept**ive [kənséptiv] 형 개념적인 ☜ concept + ive<형접>
□ con**cept**ual [kənséptʃuəl] 형 개념상의 ☜ concept + ual<형접>
■ con**ceit** [kənsíːt] 명 자부심, **자만**, 자기 과대평가
☜ (스스로에) 완전히(con<com) 취한 것(ceit)

C

콘서트 concert (음악회)

♣ 어원 : cert, cern 확실하게 하다, 확인하다, 확신하다

□ con**cern** [kənsə́ːrn/컨**써**언] 동 **~에 관계하다**, ~에 관계되다; **관심을 갖다** ☜ 서로(con)의 관계를 확실하게(cert) 하다
♠ **be concerned with (in) ~ ~와 관련을 맺다, 관계하다**
♠ **be concerned about (for) ~ ~에 대해 걱정하다, 염려하다**
♠ **concern oneself with ~ ~에 관심을 가지다, ~을 걱정하다**

□ con**cern**ed [kənsə́ːrnid] 형 걱정스러운; 관계있는 ☜ concern + ed<형접>
□ con**cern**edly [kənsə́ːrnidli] 부 걱정하여, 염려하여 ☜ concerned + ly<부접>
□ con**cern**ing [kənsə́ːrniŋ] 전 **~에 관하여** ☜ concern + ing<형접>
□ con**cern**ment [kənsə́ːrnmənt] 명 관계, 용건, 사무 ☜ concern + ment<명접>
□ con<u>**cert**</u> [kάnsə(ː)rt/kɔ́n-] 명 연주회, **음악회**, **콘서트** 동 **협정하다**
☜ (약속을) 서로(con) 확실하게(cert) 하다 ★ **개인 연주회는** recital임.
□ con**cert**o [kəntʃértou] 명 (pl. **-ti, -s**) 『음악』 협주곡, **콘체르토** 《관현악 반주의 독주곡》
☜ concert의 이탈리아어

✚ **cert**ificate **증명서**; 검정서; 면허증; 수료증 dis**cern** 분별하다, **식별하다**

악세서리 accessory (콩글 보석류) ➔ jewelry

♣ 어원 : cess, cede, ceed 가다(=go), 양보하다(=yield)

■ ac**cess** [ǽkses] 명 **접근**, 면접, 출입; 접근 ☜ ~로(ac<ad=to) 따라 가기(cess)
■ <u>ac**cess**ory</u> [æksésəri] 명 (보통 pl.) **부속물**; 부속품, **악세서리**
☜ ~로(ac<ad=to) 따라 가는(cess) 것(ory<명접>)
■ con**cede** [kənsíːd] 동 **인정하다**, 시인하다(=admit); 양보하다
☜ 서로(con<com) 양보하다(cede)
□ con**cess**ion [kənséʃən] 명 **양보**; **면허** ☜ 서로(con<com) 양보하(cess) 기(ion<명접>)
♠ **make a concession to ~ ~에게 양보하다**
□ con**cess**ive [kənsésiv] 형 양보적인, 양여의; 양보를 나타내는 ☜ concess + ive<형접>
♠ a **concessive** clause 『문법』 **양보**절

✚ pre**cede** 선행(선도)하다, **앞장서다** re**cede** **물러나다**, 퇴각하다 ex**ceed** **넘다**, 초과하다; 상회하다

리콜 recall (회사측이 행하는 자사제품에 대한 결함보상, 소환수리), 콜택시...

♣ 어원 : call, cil, cit 부르다, 불러내다, 불러들이다, 요청하다

■ **call** [kɔːl/코올] 동 **소리쳐 부르다**; 상기시키다; **~에게 전화를 걸다; 방문하다** 명 **부르는 소리**; (상대방을) **불러내기, 통화; 초청; 짧은 방문** ☜ 중세영어로 '큰 외침'이란 뜻
■ <u>re**call**</u> [rikɔ́ːl] 동 **생각해 내다**, 상기하다 ☜ 다시(re) 부르다(call)
■ coun**cil** [káunsəl/**카**운설] 명 **회의**; 협회; **위원회**, 심의회, 평의회
☜ 함께(coun<com) 불러내다(cil)
□ con**cil**iate [kənsílièit] 동 달래다, 무마(회유)하다. 화해시키다
☜ (양쪽을) 함께(con<com) 불러내(cil) + i + 다(ate<동접>)
♠ **conciliate** a child with a present 어린애를 선물로 **달래다**.
□ con**cil**iation [kənsìliéiʃən] 명 조정, 화해, 융화 ☜ conciliate + ion<명접>
□ con**cil**iator [kənsílièitər] 명 조정자 ☜ conciliate + or(사람)
□ con**cil**iatory [kənsíliətɔ̀ːri/-təri] 형 달래는 듯한, 융화적인 ☜ conciliator + y<형접>

✚ re**concil**e **화해시키다**; 조정하다; 조화시키다, 일치시키다 re**cit**e **암송하다**

콘사이스 concise (휴대용 사전 또는 소형 사전)

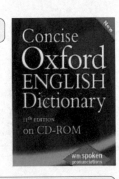

♣ 어원 : cis(e) 자르다(=cut)

□ concise [kənsáis] ⓗ **간결한**, 간명한
☜ 불필요한 것을 함께(con<com) 자르다(cise)
♠ a **concise** statement **간결한** 진술

□ concisely [kənsáisli] ⓑ 간결히, 간명하게 ☜ concise + ly<부접>

□ concision [kənsíʒən] ⓜ 간결, 간명; 절단, 분리 ☜ concise + ion<명접>

✚ decision **결정, 결심**, 결의 excise 물품세, 소비세, 면허세; 잘라내다 incise 절개하다; ~을 째다; ~에 표(문자, 무늬)를 새기다 precise **정밀한, 정확한**

Concise Oxford ENGLISH Dictionary
11th EDITION on CD-ROM
New
With spoken pronunciations

클로즈업 close-up (근접 촬영)

♣ 어원 : close, clude, cluse 문을 닫다; 가까운

■ close-up [klóusʌp] ⓜ 『영화·사진』 근접 촬영, **클로즈업**
☜ 더 크게(up/강조) 밀착시키다(close)

■ close [klouz/클로우즈] ⓓ (문을) **닫다**; 폐쇄(휴업)하다; (일을) **끝내다** ⓗ **닫힌**; **가까운**; **정밀한** ☜ 중세영어로 '닫다, 둘러싸다'란 뜻

□ conclude [kənklúːd/컨클**루**-드] ⓓ **끝내다**, **결론을 내리다**, 종결하다
☜ 완전히(con<com/강조) 문을 닫다(clude)
♠ **conclude** an argument 논증을 **마치다**
♠ **to conclude 《통상 문두에서》 결론적으로 말하면, 끝으로**

□ conclusion [kənklúːʒən] ⓜ **결말**, 종결, **결론**; 결정, 판정
☜ 완전히(con<com/강조) 문 닫는(clus) 것(ion<명접>)
♠ **come to a conclusion 끝나다, 결론에 달하다**

□ conclusive [kənklúːsiv] ⓗ **단호한**, 결정적인, 확실한, 종국의 ☜ conclus + ive<형접>

□ conclusively [kənklúːsivli] ⓑ 결정적으로 ☜ conclusive + ly<부접>

✚ exclude **못 들어오게 하다**, 배척하다 include **포함하다** seclude (사람을) **~에서 떼어놓다**

꼼빠니아 compagna ([It.] 한국의 여성의류 브랜드. <친구>란 뜻)

이탈리아어로 친구, 안내인을 뜻한다. 한국의 여성의류 브랜드 중 하나

♣ 어원 : com = company 동료, 회사

■ company [kʌ́mpəni/**컴**퍼니] ⓜ **동료**, 일행; 교제, 사교; **회사**, 조합
☜ 함께(com) 빵(pan)을 먹음(y)

□ concomitant [kankάmətənt, kən-/kənkɔ́m-] ⓗ 공존의, 부수의 ⓜ 부수물
☜ 함께(con<com) + 동료(com=company)로서 가다(it) + ant<형접/명접>
♠ an **concomitant** (accompanying) phenomenon **수반되는** 현상

아코디언 accordion (손풍금)

♣ 어원 : cord 마음, 조화, 일치

■ accordion [əkɔ́ːrdiən] ⓜ **아코디언**, 손풍금
☜ 고대 프랑스어로 '조화를 이루다'란 뜻

■ accord [əkɔ́ːrd] ⓓ **일치[조화]하다**; **일치[조화]시키다** ⓜ 조화, **일치**
☜ ~를 향한(ac=to) (같은) 마음(cord)을 가지다

□ Concordia [kankɔ́ːrdiə/kɔn-] ⓜ 『로.신화』 **콘코르디아**, 조화와 평화의 여신

□ concord [kάnkɔːrd, kάŋ-/kɔ́ŋ-, kɔ́n-] ⓜ (의견·이해의) **일치**; (사물간의) 화합, 조화
☜ 함께(con<com)하는 마음(cord)
♠ **in concord with ~ ~와 일치[화합]하여, 사이좋게**

□ concordance [kankɔ́ːrdəns, kɔn-] ⓜ 조화, **일치**, 화합 ☜ concord + ance<명접>
♠ **in concordance with ~ ~에 따라서**

□ concordant [kankɔ́ːrdənt, kən-/kɔn-] ⓗ 화합하는, 조화하는, 일치하는; 협화(음)의
☜ concord + ant<형접>

■ discord [dískɔːrd] ⓜ 불화, **불일치** ☜ dis(부정=not) + cord(마음)
[diskɔ́ːrd] ⓓ 일치하지 않다

코스 course (진로)

♣ 어원 : course, cur 달리다(=run), 흐르다(=flow)

■ course [kɔːrs/코-스] ⓜ **진행, 방향, 진로**; **방침, 과정** ⓓ 달리다

☜ 라틴어로 '달리기, 여행; 방향'이란 뜻

□ con**course** [kάnkɔːrs, kάŋ-/kɔ́ŋ-, kɔ́n-] ⓜ **집합**; 합류(점); 경마장, 경기장
☜ 함께(con<com) 한 곳으로 달려가는(course) 것
비교 concours [F.] 콩쿠르, 경연(=contest)
♠ **an immense concourse** of the population 사람들의 **대군집**

■ con**cur** [kənkə́ːr] ⓢ 일치하다, **동의하다**; 협력하다
☜ 함께(con<com) 달려가(cur) 도와주다

콘크리트 concrete (시멘트+모래+자갈+골재를 섞고 물에 반죽한 혼합물)

□ con**cret**e [kάnkriːt, kάŋ-, kɑnkríːt/kɔ́ŋ-] ⓜ **콘크리트**, 포장면; 응고물 ⓗ **구체적인**, 실재하는; 굳어진 ☜ 완전히(con) 굳히다(cret) + e
♠ a **concrete** block **콘크리트** 블록
♠ **in the concrete 구체적으로**

□ con**cret**ely [kάnkriːtli, kάŋ-, kɑnkríːtli/kɔ́ŋ-] ⓑ 구체적으로 ☜ -ly<부접>

□ con**cret**ion [kɑnkríːʃən, kɑŋ-, kən-] ⓜ 응결; 응고물; 구체화
☜ 완전히(con) 굳힌(cret) 것(ion<명접>)

코스 course (진로)

♣ **어원 : course, cur 달리다, 흐르다**

■ **course** [kɔːrs/코-스] ⓜ **진행, 방향, 진로; 방침, 과정** ⓢ 달리다
☜ 라틴어로 '경주의 진로; 달리다'란 뜻

□ con**cur** [kənkə́ːr] ⓢ 일치하다, **동의하다**; 협력하다 ☜ 함께(con<com) 달려가다(cur)
♠ **concur with** a person's proposal 아무의 제의**에 동의하다**

□ con**cur**rence, -ency [kənkə́ːrəns, -kʌ́rəns], [-i] ⓜ 일치, 병발(倂發: 두가지 일이 한꺼번에 일어남)
☜ concur + r<단모음+단자음+자음반복> + ence/ency<명접>

□ con**cur**rent [kənkə́ːrənt, -kʌ́rənt] ⓗ 동시발생의, 수반하는; 의견이 같은, 일치하는
☜ concur + r<단모음+단자음+자음반복> + ent<형접>

□ con**cur**rently [kənkə́ːrəntli, -kʌ́rəntli] ⓑ 동시에, 함께, 공동으로 ☜ -ly<부접>

□ con**course** [kάnkɔːrs, kάŋ-/kɔ́ŋ-, kɔ́n-] ⓜ **집합**; 합류(점); 경마장, 경기장
☜ 함께(con<com) 한 곳으로 달려가는(course) 것
♠ **make a concourse 무리를 이루다**

✚ **cur**rent 통용하고 있는; 현행의 in**cur ~을 초래하다** oc**cur** (사건이) **일어나다, 생기다**

디스커션 discussion (토론)

♣ **어원 : cuss 치다, 흔들다**

■ dis**cuss** [diskʌ́s] ⓢ **토론[논의]하다**(=debate)
☜ 원탁에서(disc) 서로 치다/흔들다(cuss)

■ dis**cuss**ion [diskʌ́ʃən] ⓜ **토론**; 토의, 검토 ☜ discuss + ion<명접>

□ con**cuss** [kənkʌ́s] ⓢ (뇌)진탕을 일으키게 하다; 세차게 흔들다, 충격을 주다 ☜ 강하게(con/강조) 흔들다(cuss)
♠ He **was concussed** after the fall.
그는 넘어진 후 **뇌진탕을 일으켰다**.

□ con**cuss**ion [kənkʌ́ʃən] ⓜ 진동, 격동, 충격; 『의학』 진탕(震盪) ☜ -ion<명접>

□ con**cuss**ive [kənkʌ́siv] ⓗ 충격의, 충격을 주는; 진탕성(震盪性)의 ☜ -ive<형접>

■ per**cuss** [pərkʌ́s] ⓢ 치다, 두드리다; 『의학』 타진하다 ☜ 강하게(per/강조) 치다(cuss)

데미지 damage (손해, 피해)

< Wind Damage >

♣ **어원 : dam, damn 저주하다, 비난하다**

■ **dam**age [dǽmidʒ] ⓜ 손해, 피해, 손상 ☜ 저주(dam) 당함(age)

■ **damn** [dæm] ⓢ 비난하다, 매도하다; 혹평하다 ⓖ 제기랄 ⓜ 저주, 매도 ☜ 고대 프랑스어로 '비난하다, 힐난하다'란 뜻

□ con**demn** [kəndém] ⓢ 비난하다, 나무라다; 규탄(매도)하다
☜ 완전히(con<com) 저주하다(demn)
♠ **condemn** war as evil 전쟁을 악이라고 **비난하다**

□ con**demn**ation [kὰndemnéiʃən/kɔ̀n-] ⓜ **비난**; 유죄 판결, 죄의 선고 ☜ -ation<명접>

□ con**demn**ed [kəndémd] ⓗ 유죄 선고를 받은 ☜ condemn + ed<형접>

□ con**temn** [kəntém] ⓢ 《문어》 경멸하다, 업신여기다 ☜ condemn의 변형

□ in**demn**ify [indémnəfài] ⓢ ~에게 배상(보상)하다

☜ in(=against/반대, not/부정) + 저주(damn)를 + i + 만들다(fy)

♠ **indemnify a person for damage ~에게 손해를 배상하다**

☐ in**demn**ification [indèmnəfikéiʃən] 명 보상(금·물자), 배상; 보장, 보증; 면책
☜ in(=against/not) + demn + i + fic + ation<명접>

☐ in**demn**ity [indémnəti] 명 (법률적인) 보호, 보장; (법률적 책임 · 형벌로부터의) 면책, 사면; 배상
☜ in(=not/부정) + 저주(damn) 만들기(ity<명접>)

■ god**dam(n)** [gάdǽm/gɔ́d-] 감 《구어》 빌어먹을, 제기랄 형 《강조》 전연, 전혀
☜ god(신) + damn(저주)

■ hot **damn** 《속어》 (놀랍고 기쁠 때) 감탄사 ☜ hot(뜨거운) + damn

콘덴싱 보일러 condensing boiler (고온 배기가스 재활용 보일러)

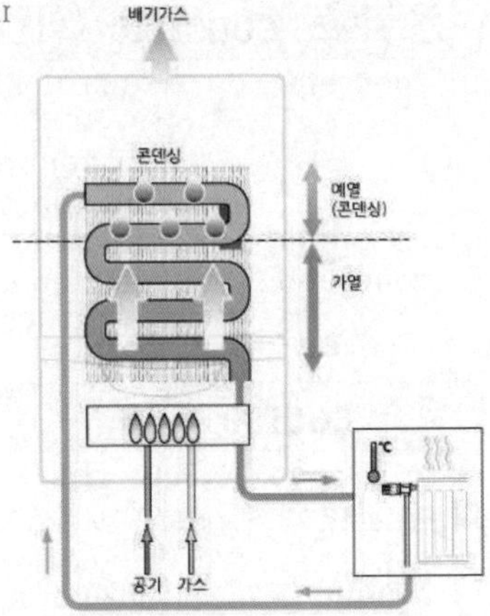

♣ **어원 : dense 밀집한, 짙은**

☐ <u>con**dense**</u> [kəndéns] 동 **응축하다, 압축하다; 농축하다**
☜ 함께(con<com) 진하게(dense) 하다
♠ **condense** a gas to a liquid
기체를 액체로 **응축하다**

☐ con**dens**able [kəndénsəbəl] 형 응축할 수 있는
☜ condense + able(~할 수 있는)

☐ con**dense**d [kəndénst] 형 **응축[응결]한; 요약한**, 간결한
☜ condense + ed<형접>
♠ **condensed** type 〖인쇄〗 **폭이 좁은** 활자체

☐ con**dens**ation [kəndenséiʃən] 명 **압축, 응축, 농축**; 〖물리〗 응결; 〖화학〗 액화 ☜ condense + ation<명접>

☐ con**dense**r [kəndénsər] 명 응결기, 응축기, 냉각기; 〖전기〗 축전기, **콘덴서**
☜ condense + er(장비)

※ <u>**boil**er</u> [bɔ́ilər] 명 **끓이는 사람; 보일러** ☜ 끓이는(boil) 사람/기계(er)

© Vaillant

크레센도 crescendo ([음악] [It.] 점점 세게)

♣ **어원 : scend, scent, scens, send 보내다, 올라가다**

■ <u>cre**scend**o</u> [kriʃéndou] 부 《It.》 〖음악〗 점점 세게, **크레센도** 《생략: cres(c).; 기호 〈 》
☜ 이탈리아어로 '점차 증가하는, 커지는'이란 뜻.

■ cre**scent** [krésənt] 명 **초승달** 형 초승달 모양의 ☜ 점점(cre) 올라가다(scent)

☐ conde**scend** [kὰndisénd/kɔ̀n-] 동 **생색을 내다, 겸손하게 굴다**, 자신을 낮추다
☜ 완전히(con<com) 아래로(de) 보내다(scend)
♠ **condescend to ~ 생색내다; 겸손하게 ~하다**
Don't **condescend to** me. *내게 **생색내지** 마* ➔ 내 앞에서 잘난 체하지 마.

☐ conde**scens**ion [kὰndisénʃən/kɔ̀n-] 명 겸손 ☜ condescend + sion<명접>

☐ conde**scend**ing [kὰndəséndiŋ/kɔ̀n-] 형 겸손한 ☜ condescend + ing<형접>

☐ conde**scend**ingly [kὰndəséndiŋli/kɔ̀n-] 부 자신을 낮추어 ☜ condescending + ly<부접>

■ de**scend** [disénd] 동 내리다, **내려가다** ☜ 아래로(de=down) 보내다(scend)

■ de**scend**ant [diséndənt] 명 **자손**, 후예 ☜ 아래로(de=down) 보내진(scend) 사람(ant)

에어컨 aircon (콩글 냉방기) ➔ air-conditioner * air 공기, 대기, 하늘

♣ **어원 : dit, dic, dict 말하다**

☐ <u>con**dit**ion</u> [kəndíʃən/컨디션] 명 **상태; 지위; 조건** 동 **조건을 설정하다**
☜ 여러 조건을 함께(con<com) 말하는(dit) 것(ion)
★ 몸 상태를 표현할 때는 physical condition 이라고 해야 한다.
♠ the **condition** of all success
모든 성공의 **필수 요건**
♠ **be in condition 건강하다; 좋은 상태이다; 사용할 수 있다**
♠ **be out of condition 건강하지 않다; 나쁜 상태다; 사용할 수 없다**
♠ **on condition that ~ ~이라는 조건부로, ~이라면**
♠ **on no condition 무슨 일이 있더라도 ~하지 않다**

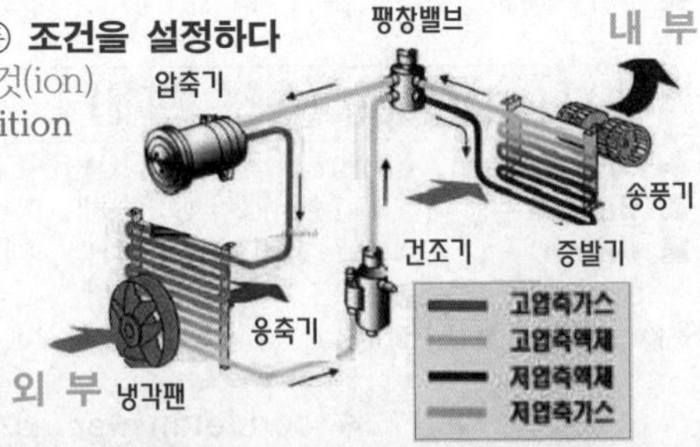

< 차량에어컨 작동원리 >
© compressortech.co.uk

☐ con**dit**ional [kəndíʃənəl] 형 **조건부의**; 잠정[가정]적인, 제한이 있는 ☜ -al<형접>

☐ con**dit**ionally [kəndíʃənəli] 부 조건부로 ☜ -ly<부접>

□ con**dit**ioned [kəndíʃənd] ⓗ 조건부의; ~한 상태의 ☜ -ed<형접>
□ con**dit**ioner [kəndíʃənər] ⓜ 조절하는 사람〔물건〕; 공기조절 장치; 트레이너; (동물의) 조교자; 유연제; 첨가물 ☜ -er(사람/장비)
♠ **air-conditioner 에어컨(AC)**
□ con**dit**ioning [kəndíʃəniŋ] ⓜ (공기의) 조절; 조절하기, 적응시키기; (동물의) 조교; 조건부 ☜ -ing<명접>
□ uncon**dit**ional [ʌ̀nkəndíʃənl] ⓗ **무조건의**, 무제한의, 절대적인 ☜ un(=not/부정) + conditional

C

연상 달러(dollar.영미권 화폐)가 없으니 돌러(dolor.슬픔)하다

♣ **어원 : dol, dole 노력, 고통, 슬픔; 슬프다, 우울하다**
※ **dollar** [dάlər/**달**러/dɔ́lər/**돌**라] ⓜ **달러** 《미국·캐나다 등지의 화폐단위; 100센트; 기호 $, $》
☜ 독일어로 '골짜기에서 만들어진 것'이란 뜻
■ **dole** [doul] ⓜ 《고어·시어》 **비애**(=woe), **비탄** ⓢ 비탄하다 ☜ 라틴어로 '슬퍼하다'란 뜻
■ **dolo(u)r** [dóulər] ⓜ 《시어》 슬픔, 비애, 상심(=grief) ☜ -or/-our<명접>
□ con**dole** [kəndóul] ⓢ 조상(弔喪)하다, 조위(弔慰)하다; 위로〔동정〕하다
☜ 함께(con<com) 슬퍼하다(dole)
♠ **condole with ~ on** 〔upon〕 one's affliction 누구의 불행**에 대해 ~를 위로하다**
□ con**dole**nce [kəndóuləns] ⓜ 애도, (종종 pl.) 조상, 조사
☜ 함께(con<com) 슬퍼하다(dole) + ence<명접>
♠ **Please accept my sincere condolences. 충심으로 애도의 말씀을 드립니다.**
□ con**dol**atory [kəndóulətɔ̀ːri/-təri] ⓗ 조상(弔喪)〔조위, 애도〕의 ☜ -atory<형접>
■ in**dol**ent [índələnt] ⓗ **나태한, 게으른** ☜ 노력(dol)이 없(in=not) 는(ent<형접>)

콘도 condo (공동지분 개념의 주거시설) = condominium, resort hotel
도메인 domain (인터넷 주소를 알기 쉬운 영문으로 표현한 것. <영토>란 뜻)

♣ **어원 : domin, domain 소유권, 지배권**
□ con**domin**ate [kəndάmənit, kɑn-/-dɔ́m-] ⓗ 공동 지배〔통치〕의
☜ 함께(con) 소유권(domin)을 가지는(ate<형접>)
□ con**domin**ium [kὰndəmíniəm/kɔ̀n-] ⓜ (pl. **-s**) 《미》 **콘도미니엄**; 분양 아파트, 공동 주권
☜ 함께(con) 소유한(dominate) 것(ium<명접>)
♠ Did you book **the condominium** ? **콘도** 예약은 했습니까

✚ **domain 영토**; 영역 **domin**ate **지배[통치]하다**, 위압하다 pre**domin**ate 주권 장악하다, **우세하다**

판도라의 상자 Pandora's box ([그神] 제우스가 판도라에게 보낸 상자)

제우스가 판도라에게 보낸 상자. 제우스가 절대 열지 말라는 상자의 뚜껑을 판도라가 열자 안에서 온갖 해독과 재앙이 나와 세상에 퍼지고 상자 속에는 오직 '희망'만이 남았다고 한다. 원래는 판도라의 항아리이지만 번역을 잘못해서 '판도라의 상자'라고 알려지게 되었다. 뜻밖의 재앙의 근원을 말하기도 한다.

♣ **어원 : dor, dona, dot, do 주다(=give), 기부하다; 기증, 증여**
■ **Pandora** [pændɔ́ːrə] ⓜ 〖그.신화〗 **판도라** 《Prometheus가 불을 훔쳤기 때문에 인류를 벌하기 위해 Zeus가 지상에 보낸 최초의 여자》
☜ (여러 신들이) 모든(pan) 선물을 준(dor) 여자(a)'란 뜻
■ **don**ate [dóuneit, dounéit] ⓢ (자선사업 등에) **기증[기부]하다** ☜ 주(don) 다(ate<동접>)
■ **don**ation [dounéiʃən] ⓜ 증여, **기증**(품), **기부**(금) ☜ -ation<명접>
□ con**don**e [kəndóun] ⓢ 용서하다, 묵과하다 ☜ 완전히(con<com/강조) 주다(don) + e
♠ We do not **condone** your actions. 우리는 너의 행동을 **용서할** 수 없다.
□ con**don**ation [kὰndounéiʃən/kɔ̀n-] ⓜ (죄, 특히 간통의) 용서, (죄를) 눈감아 줌
☜ condone + ation<명접>
■ over**do**se [óuvərdòus] ⓜ (약의) 과다복용 ⓢ 약을 과다복용〔투여〕하다
☜ 지나치게(over) 주다(do) + se
※ **box** [bɑks/박스/bɔks/복스] ⓜ **상자; (따귀를) 손바닥[주먹]으로 침**
☜ 고대영어로 '장방형의 나무 용기'란 뜻

콘도르 condor (아메리카 신대륙의 거대한 맹금류)

□ **condor** [kάndər, -dɔːr/kɔ́ndɔːr] ⓜ 〖조류〗 **콘도르** 《남아메리카·북아메리카 서부산 독수리》 ☜ 잉카 케추아어로 '큰 새'란 뜻

프로듀서[피디] producer (영화감독, 연출가) ➔ 《미》 director

♣ **어원 : duce, duct 이끌다(=lead)**

■ **produce**r [prədjú:sər] 명 **생산자**, 제작자; 〖연극 · 영화〗《영》 감독, 연출가(《미》 director); 《미》 프로듀서 《연출 · 제작의 책임자》 ☜ 앞으로(pro) 이끄는(duce) 사람(er)

□ con**duce** [kəndjú:s] 동 도움이 되다, 공헌하다, (어떤 결과로) 이끌다 ☜ 함께(con<com) 이끌다(duce)
♠ Rest **conduces** to health. 휴식은 건강에 **도움이 된다**.

□ con**duct** [kάndʌkt/kɔ́n-] 명 **행위**; 품행; **지도**, 지휘 동 행동하다, **지휘하다, 이끌다**, 안내하다; **수행하다** ☜ 함께(con<com) 이끌다(duce)
♠ **under the conduct of ~ ~의 안내[지도]로**

□ con**duct**ion [kəndʌ́kʃən] 명 (파이프로 물 따위를) 끌기; 유도 (작용); 〖물리〗 전도대 ☜ conduct + ion<명접>

□ con**duct**ive [kəndʌ́ktiv] 형 전도(성)의, 전도력이 있는 ☜ -ive<형접>

□ con**duct**or [kəndʌ́ktər] 명 **안내자**, 지도자; (전차 · 전차의) **차장**; 〖음악〗 **지휘자** ; 〖물리 · 전기〗 전도체 ☜ -or(사람)

□ mis**conduct** [miskάndəkt] 명 품행이 나쁨, 비행(非行); 부정[위법]행위; 직권남용; 간통 ☜ 잘못(mis)된 행위(conduct)

유니콘 Unicorn (머리에 뿔이 하나 달린 전설의 말모습 동물)

♣ **어원 : corn, cone 뿔**

■ uni**corn** [jú:nikɔ:rn] 명 일각수(一角獸) 《말 비슷하며 이마에 뿔이 하나 있는 전설적인 동물》 ☜ 하나의(uni) 뿔(corn)을 가진

□ **cone** [koun] 명 **원뿔체**, 원뿔꼴; 〖수학〗 원뿔; 뾰족한 봉우리; 화산추 ☜ 라틴어로 '원뿔'이란 뜻.
♠ **cone off** (교통을 제한하기 위해) **원뿔형 표지로 차단[폐쇄]하다**

팩트 fact (사실), 픽션 fiction (허구, 소설), 논픽션 nonfiction (사실적 산문문학)

♣ **어원 : fa, fac(t), fect, fic(t) 만들다(=make)**

■ **fact** [fækt/빽트] 명 **사실**, 실제(의 일), 진실 ☜ (실제로) 벌어진<만들어진(fact) 일

■ **fic**tion [fíkʃən] 명 [집합적] **소설**; 꾸민 이야기, 가공의 이야기 ☜ (사실이 아닌) 만들어 낸(fic) 것(ion)

■ non**fic**tion [nὰnfíkʃən] 명 **논픽션**, 소설이 아닌 산문문학 《전기 역사 탐험 기록 등》 ☜ non(=not/부정) + fiction(허구, 가공의 이야기)

□ con**fect** [kάnfekt/kɔ́n-] 명 과자; 설탕절임, 캔디(=candy)
[kənfékt] 동 만들다, 조제하다; 과자로 만들다; (구실을) 만들어내다 ☜ 함께 (섞어)(con<com) 만들다(fect)

□ con**fect**ion [kənfékʃən] 명 과자, 캔디; 설탕절임; 조제, 제조 ☜ -ion<명접>
♠ **Candy is a confection. 사탕은 과자이다.**

□ con**fect**ionery [kənfékʃənèri/-nəri] 명 과자류; 과자 제조〔판매〕; 제과점 ☜ confection + ery(제조 장소, 가게, ~류(類))

하이파이 Hi-Fi (원음을 충실하게 재생하는 음향기기의 특성)

♣ **어원 : fid, fed, fy 믿다, 신뢰하다**

■ **Hi-Fi** [háifái] 명 (라디오 · 전축이 원음을 재생하는) 고충실도, **하이파이** ☜ 고(high) 충실도(fidelity)의 약어

※ **high** [hái/**하**이] 형 **높은** ☜ 고대영어로 '높은, 키가 큰, 고급스런'이란 뜻

■ **fid**elity [fidéləti, fai-] 명 **충실**, 충성, **성실**; (부부간의) **정절** ☜ 신뢰하다(fid) + el + ity<명접>

□ con**fed**eracy [kənfédərəsi] 명 동맹, **연합**(=league); 연합체, 연맹국, **동맹국**, 연방 ☜ 함께(con<com) 신뢰(fed) + er + 함(acy)
♠ **the (Southern) Confederacy** 〖미국역사〗 남부 연방

□ con**fed**erate [kənfédərit] 형 **동맹한**, 연합한; **공모한**; (C-) 〖미.역사〗 남부 연방의 ☜ 함께(con) 신뢰(fed) + er + 하는(al<형접>)
♠ **the Confederate army** ***동맹***군 ➔ 〖미.역사〗 남군

□ con**fed**eration [kənfèdəréiʃən] 명 동맹(국), **연합(국)**; 《특히》 연방; (the C-) 〖미.역사〗 아메리카 연합정부 ☜ -ation<명접>

✚ confide (비밀 따위를) **털어놓다**; **신임하다**, 신뢰하다 defy **도전하다**; **무시하다**

카페리 car ferry (여행객과 자동차를 함께 싣고 운항하는 여객선)

♣ **어원 : fer 옮기다, 나르다, 운반하다**

※ **car** [kɑːr/카-] ⓜ **자동차**
☜ 라틴어로 '2개의 바퀴가 달린 켈트족의 전차'란 뜻.

■ **ferry** [féri] ⓜ **나루터**, 도선장; **나룻배**, 연락선
☜ 나르는(fer) 것/곳(ry)

□ con**fer** [kənfəːr] ⓢ **수여하다**; **의논[협의]하다**
☜ 함께(con<com) (학위/의견 등을) 옮기다(fer)
♠ **confer a thing on** (upon) **~ ~에게 물건을 주다.**

□ con**fer**ment [kənfəːrmənt] ⓜ 수여, 증여 ☜ 함께(con<com) 옮기(fer) 기(ment<명접>)

□ con**fer**ence [kάnfərəns/kɔ́n-] ⓜ 회담, **협의**, 의논; **회의**, 협의회
☜ 함께(con<com) (의견을) 나르다(fer) + ence<명접>
♠ **a general conference 총회**
♠ **be in** (hold a) **conference ~ ~ 회의를 하고 있다** (열다)

프로, 프로페셔널 professional (직업선수, 프로선수)

♣ **어원 : fess 말하다**

■ pro**fess**ional [prəféʃənəl] ⓗ 직업의, **직업적인** ⓜ **프로**, **전문가**
☜ 공개적으로 앞에서(pro) 말하다(fess) + ion<명접> + al<형접>

□ con**fess** [kənfés] ⓢ **자백[자인]하다**, **고백[공언]하다** ☜ 함께 서로(con<com) 말하다(fess)
♠ **confess** one's fault to a person 아무에게 자기의 과실을 **고백하다**

□ con**fess**edly [kənfésidli] ⓑ 명백히 ☜ confess + ed<형접> + ly<부접>

□ con**fess**ion [kənféʃən] ⓜ 고백, 실토, **자백**, 자인 ☜ confess + ion<명접>
♠ **a confession** of guilt 죄의 **자백**

□ con**fess**ional [kənféʃənəl] ⓗ 자백의 ☜ confession + al<형접>

□ con**fess**or [kənfésər] ⓜ 자백자, 참회자 ☜ confess + or(사람)

하이파이 Hi-Fi (원음을 충실하게 재생하는 음향기기의 특성. <고충실도>란 뜻)

♣ **어원 : fid, fed, fy 믿다, 신뢰하다**

■ **Hi-Fi** [háifái] ⓜ (라디오・전축이 원음을 재생하는) 고충실도, **하이파이**
☜ 고(high) 충실도(fidelity)의 약어

※ **high** [hái/**하**이] ⓗ **높은** ☜ 고대영어로 '높은, 키가 큰, 고급스런'이란 뜻

■ **fid**elity [fidéləti, fai-] ⓜ **충실**, 충성, **성실**; (부부간의) **정절**
☜ 신뢰하다(fid) + el + ity<명접>

□ con**fid**e [kənfáid] ⓢ (비밀 따위를) **털어놓다**; **신임하다**, 신뢰하다
☜ 완전히(con<com) 맡기다(fid)
♠ **confide one's secret to ~ 비밀을 ~에게 털어놓다**

□ con**fid**ence [kάnfidəns/kɔ́n-] ⓜ (남에 대한) **신용, 신뢰** ☜ -ence<명접>

□ con**fid**ent [kάnfidənt/kɔ́n-] ⓗ **확신하는**; **자신이 있는** ☜ -ent<형접>
♠ **be confident of ~ ~을 확신하다**

□ con**fid**ential [kὰnfidénʃəl/kɔ̀n-] ⓗ **신임이 두터운**; 내밀한(=secret), **기밀의**
☜ confident + ial<형접>

□ con**fid**entially [kὰnfədénʃəli/kɔ̀n-] ⓑ 터놓고, 내밀히, 신임하여 ☜ -ly<부접>

□ con**fid**ently [kάnfidəntli/kɔ́n-] ⓑ **확신을 갖고**, 대담하게, 자신만만하게 ☜ -ly<부접>

파이낸셜 타임즈 Financial Times (영국에서 발행하는 국제경제 전문 조간신문. <금융 시대>란 뜻)

FINANCIAL TIMES

US and EU in WTO challenge to China

♣ **어원 : fin, fine, finish 끝나다, 끝내다**

■ **fin**ancial [finǽnʃəl, fai-] ⓗ **재정상의**, 재무의; 재계의; 금융상의 ☜ (계산이) 끝난(fin) 것(ance<명접>) 의(al)

□ con**fine** [kənfáin] ⓢ **제한[한정]하다**; 가두다
[kάnfain/kɔ́n-] ⓜ (보통 pl.) 경계, 국경; 경계지(선); 한계, 범위 ☜ 완전히(con<com) 끝내다(fine)
♠ **be confined to ~ ~에 틀어박혀 있다**
♠ **on the confines of ~ ~의 경계에; ~할 지경에**
♠ **confine oneself to ~ ~에 들어박혀 있다, 국한하다**

☐ confined [kənfáind] ⓗ 제한된, 갇힌, 묶인, 좁은; (군인이) 외출 금지된; (임산부가) 해산에 들어간 ☜ confine + ed<형접>

☐ confinement [kənfáinmənt] ⓜ **제한**; 감금 ☜ 완전히(con<com) 끝낸(fine) 것(ment)
♠ **under confinement 감금되어**

※ **time** [taim/타임] ⓜ **시간, 때; 기일, 시기; 일생**; 세월; **정세**; ~회, **~번; 곱** ⓢ **시기에 맞추다; 시간을 재다; 시간을 정하다** ☜ 초기인도유럽어로 '나눈 것'이란 뜻

C

✚ finish **끝내다**, 완료[완성]하다 infinite **무한한**, 무수한 define **정의를 내리다**, **규정짓다**, 한정하다

로펌 Law Firm (전문변호사들로 구성된 법률회사)

♣ **어원 : firm 확고히 하다, 확실히 하다**

※ **law** [lɔː/로-] ⓜ (the ~) **법률, 법**, 국법; (개개의) 법률, 법규 ☜ 고대 노르드어로 '놓인 것, 정해진 것'이란 뜻

■ **firm** [fəːrm/풔엄] ⓗ (-<-**er**<-**est**) **굳은**, 단단한, 튼튼한, 견고한 ☜ 라틴어로 '단단하게 하다, 서명으로 확인시켜주다'란 뜻

☐ confirm [kənfəːrm] ⓢ **확실히 하다**, 확증하다; **확인하다** ☜ 함께(con<com) 확고히 하다(firm)
♠ **confirm a reservation 예약을 확인해 두다**

☐ confirmable [kənfəːrməbl] ⓗ 확인할 수 있는 ☜ confirm + able(~할 수 있는)

☐ confirmation [kὰnfərméiʃən/kɔ̀n-] ⓜ **확정**; **확인**, 인가; 비준; 확증 ☜ -ation<명접>
♠ **in confirmation of ~ ~을 확인하여, ~의 확증으로서**

☐ confirmative [kənfəːrmətiv] ⓗ 확정적인 ☜ -ative<형접>

☐ confirmed [kənfəːrmd] ⓗ **확립된; 확인된**; 고정된, **만성의**, 상습적인 ☜ -ed<형접>
♠ a **confirmed** disease 고질, **만성**병

affirm [əfəːrm] ⓢ 확언하다, **단언하다**; 긍정하다 ☜ ~을(af=to) 확고히 하다(firm)

피스컬 폴리시 fiscal policy (재정정책)

재정정책 중에서 정부예산의 수지를 통하여 완전고용과 경제의 안정적 성장을 실현하려는 재정정책을 피스컬 폴리시라 하여 일반 재정정책과는 구별해 사용하고 있다. <출처 : 두산백과>

♣ **어원 : fisc 금고, 재산**

■ **fiscal** [fískəl] ⓗ **국고의**; 재정(상)의, 회계의 ☜ 재산(fisc) 의(al<형접>)
♠ **fiscal year 회계연도**

☐ confiscate [kάnfiskèit, kənfís-/kɔ́n-] ⓢ **몰수[압류]하다**; 징발하다 ☜ 완전히(con<com) 재산(fisc)을 넣다(ate)
♠ **confiscate** the liquor 술을 **압수하다**

☐ confiscation [kὰnfəskéiʃən/kɔ̀n-] ⓜ 몰수, 압수; 『법률』 사유재산 몰수 ☜ confiscate + tion<명접>

※ **policy** [pάləsi/pɔ́l-] ⓜ **정책**, 수단; **보험증권**, 도박 ☜ 도시(국가)를 관장하다

플라밍고 flamingo (홍학; 홍학이 많이 사는 플로리다 남부 마을)
플래쉬 flashlight (섬광등; 회중 전등)

♣ **어원 : flam, flar, flagr, flash 불에 타다**

■ **flamingo** [fləmíŋgou] ⓜ (pl. **-(e)s**) **플라밍고**, 홍학(紅鶴) ☜ '불타는 듯한 새'라는 뜻

■ **flash** [flæʃ/플래시] ⓢ **번쩍이다**, 확 발화하다 ⓜ **번쩍임, 번쩍 일어나는 발화** ☜ 스웨덴어로 '밝게 타다'란 뜻

☐ conflagration [kὰnfləgréiʃən/kɔ̀n-] ⓜ **대화재**; (전란・큰 재해 등의) 발생 ☜ 완전히(con<com) 불에 탄(flagr) 것(ation<명접>)
♠ The **conflagration** destroyed the entire town.
대화재로 도시 전체가 완전히 파괴되었다.

✚ flame 불길, **불꽃**; 정열; **타오르다** inflame **불태우다**, **흥분시키다** flare **너울거리는 불길**; 섬광 신호, 조명탄; (불꽃이) **너울거리다**

화이팅 < 파이팅 fighting (콩글 힘내자) ➔ Way to go!, Go go! Go for it!, Let's go!, You can do it!, Come on!, Cheer up!

♣ **어원 : fight, flict 때리다**

■ fighting [fáitiŋ] 명 **싸움, 전투** 형 **싸우는; 전투의**; 호전적인
☜ 고대영어로 '싸우다(fight)' + ing<명접/형접>
□ conflict [kάnflikt/kɔ́n-] 명 **충돌, 투쟁, 전투**; 분쟁; 갈등
동 충돌하다 ☜ 서로(con<com) 때리다(flict)
♠ **a conflict** of arms *무장 **전투*** ➔ 교전
♠ **in conflict with ~ ~와 충돌[상충]하여**
□ conflicting [kάnfliktiŋ/kɔ́n-] 형 서로 싸우는, 일치하지 않는
☜ -ing<형접>
□ confliction [kənflíkʃən] 명 싸움, 충돌 ☜ -ion<명접>
□ conflictive [kənflíktiv] 형 상반되는, 모순되는 ☜ -ive<형접>
■ afflict [əflíkt] 동 **괴롭히다**, 피해를 주다 ☜ ~를(af<ad=to) 때리다(flict)
■ inflict [inflíkt] 동 (타격·상처·고통 따위를) **주다, 입히다**, 가하다
☜ (마음) 속을(in) 때리다

< 걸그룹 트와이스의 Cheer Up >
© Mnet

C

인플루엔자 [플루] infuenza (유행성 독감)

♣ **어원 : flu 흐르다(=flow), 전염되다**
■ influenza (flu) [ìnfluénzə] 명 유행성 감기, **독감, 인플루엔자[플루]**
☜ 내부로(in) 흘러드는(flu) 것(enza)
■ influence [ínfluəns] 명 **영향** 동 **~에게 영향을 미치다**
☜ 내부로(in) 흘러드는(flu) 것(ence<명접>)
□ confluence [kάnfluəns/kɔ́n-] 명 (강 따위의) 합류(점); (사람 따위의) 집합, 군중
☜ 함께(con<com) 흐르는(flu) 것(ence<명접>)
♠ **a confluence of social factors 사회적 요소들의 융합**
□ confluent [kάnfluənt/kɔ́n-] 형 합류하는, 합쳐지는 명 합류하는 강; 지류(支流)
☜ 함께(con<com) 흐르다(flu) + ent<형접/명접>
□ conflux [kάnflʌks/kɔ́n-] 명 (강 따위의) 합류(점); (사람 따위의) 집합, 군중
☜ 함께(con<com) 흐르는(flu) 것(x)

✚ **flu**ent **유창한** af**flu**ent 풍부한, 유복한

유니폼 uniform (제복)

♣ **어원 : form 모양, 형태; 모양을 만들다**
■ uniform [júːnəfɔ̀ːrm/유너포옴] 형 **동일한**, 같은 명 **제복**, 군복, 유니폼
☜ 하나의(uni) 형태/모양(form)
□ conform [kənfɔ́ːrm] 동 (사회규범 등에) **따르게 하다, 맞게 하다**
☜ 완전한(con<com) 모양을 갖추다(form)
비교 confirm 확인하다, 확증하다; 승인하다
♠ **conform** oneself to the fashion 유행을 **따르다**
□ conformable [kənfɔ́ːrməbl] 형 일치한, 적합한 ☜ -able<형접>
□ conformably [kənfɔ́ːrməbli] 부 일치하여, 순응하여 ☜ -ably<부접>
□ conformation [kὰnfɔːrméiʃən/kɔ̀n-] 명 구조(構造), 형태; 적합, 일치 ☜ -ation<명접>
□ conformity [kənfɔ́ːrməti] 명 **비슷함**; 적합, 일치; 준거, 복종 ☜ -ity<명접>
♠ **in conformity with (to) ~ ~와 일치하여; ~에 따라서**

© Army Times

✚ **form**ation **형성**; 구성, 편성; 『군사』 **대형**, 진형, 편대 re**form** **개정[개혁·개선]하다**, 개량하다
per**form** **실행[이행·수행]하다, 연기[상연]하다** trans**form** (외형을) **변형시키다**, 바꾸다

퓨전요리 fusion cuisine (여러 음식을 섞어 새로 발전시킨 요리)

♣ **어원 : fus(e), found 붓다, 섞다; 녹다**
■ fuse [fjuːz] 명 (폭뢰·포탄 따위의) **신관**(信管), 도화선; 『전기』 **퓨즈** 동 **녹이다, 녹다**
☜ 이탈리아어로 '(물레의 실을 감는) 가락'이란 뜻
■ fusion [fjúːʒən] 명 **용해**(융해)물; 합동, 연합, 합병; 『물리』 핵융합; 『음악』 **퓨전** 《재즈에 록 등이 섞인 음악》 ☜ 섞는(fus) 것(ion)
□ confound [kənfáund, kɑn-/kɔn-] 동 **혼동하다**, **당황케[난처하게] 하다**
☜ 완전히(con<com) 섞다(found)
□ confounded [kənfáundid] 형 혼란한; **당황한**; 《구어》 **터무니없는**; 경칠놈의 ☜ -ed<형접>
□ confoundedly [kənfáundidli] 부 지독하게 ☜ -ly<부접>
□ defuse, -fuze [di(ː)fjúːz] 동 (폭탄의) 신관을 제거하다; ☜ 퓨즈(fuse)를 떼내다(de=off)
~의 긴장을 완화하다 ☜ 완전히(de/강조) 녹이다(fuse)
■ confuse [kənfjúːz] 동 **혼동하다**, **어리둥절하게 하다**, 잘못 알다 ☜ 완전히(con<com) 섞다(fuse)

※ **cuisine** [kwizíːn] ⓜ 요리 솜씨, 요리(법) ☜ 라틴어로 '요리하다'란 뜻

프론티어 정신(精神) frontier spirit (개척자 정신)

< 미국 서부개척시대 서부로 국경을 넓혀나간 개척자들 >

♣ **어원 : front 이마**

■ **front** [frʌnt/프런트] ⓜ (the ~) **앞**, **정면**, 앞면; 표면; (건물의) 정면
☜ 고대 프랑스어로 '이마'란 뜻

■ **front**ier [frʌntíər, frɑn-, frʌntiə] ⓜ 국경, **국경 지방**; (pl.) **개척의 영역** ☜ 이마(front) 보다 더 앞쪽(ier)

□ con**front** [kənfrʌ́nt] ⓢ **직면하다**, ~와 마주 대하다; ~와 만나다
☜ 서로(con<com) 이마(front)를 대다
♠ **be confronted by** 〔**with**〕 **~ (어려움 등에) 직면하다**

□ con**front**ation [kɑ̀nfrəntéiʃən/kɔ̀n-] ⓜ 대항, 대결 ☜ -ation<명접>

□ con**front**ment [kənfrʌ́ntmənt] ⓜ 대항, 대결 ☜ confront + ment<명접>

※ **spirit** [spírit] ⓜ **정신**, 영(靈)(=soul), 마음
☜ 라틴어로 '숨을 쉬고 있는〔살아 있는〕'이란 뜻

공자 Confucius (중국 춘추전국시대의 사상가, 유교(儒敎)의 창시자)

□ **Confucius** [kənfjúːʃəs/컨**퓨**-셔스] ⓜ **공자** 《552-479 B.C.; 유교의 창시자》
★ 유교(儒敎)란 공자를 시조로 하고 인의(仁義)를 근본으로 하는 정치와 도덕의 실천을 주장하는 유학의 가르침으로 《사서오경(四書五經)》을 경전으로 한다. 사서(四書)는 유교의 기본 경전인 《대학(大學)》·《논어(論語)》·《맹자(孟子)》·《중용(中庸)》을 말하고, 오경(五經)은 《시경(詩經)》·《서경(書經)》·《주역(周易)》·《예기(禮記)》·《춘추(春秋)》 등을 말한다. 그중 《논어(論語)》는 공자와 그의 제자들의 말과 행동을 기록한 책이다
☜ 중국어 孔夫子의 라틴어식 표기. Con(孔) + fu(夫) + cius(子)

□ **Confucian** [kənfjúːʃən] ⓗ 공자의; 유교의 ☜ Con(孔) + fu(夫) + cian<형접>

■ **Kongzi** [kɔ́ːŋzíː] ⓜ 공자(孔子) ☜ 중국 만다린어(북경 방언)의 로마식 표기

퓨전요리 fusion cuisine (여러 음식을 섞어 새로 발전시킨 요리)

♣ **어원 : fus(e), found 붓다, 섞다; 녹다**

■ **fuse** [fjuːz] ⓜ (폭뢰·포탄 따위의) **신관**(信管), 도화선; 『전기』 **퓨즈** ⓢ **녹이다, 녹다**
☜ 이탈리아어로 '(물레의 실을 감는) 가락'이란 뜻

■ **fus**ion [fjúːʒən] ⓜ **용해**〔융해〕물; 합동, 연합, 합병; 『물리』 핵융합; 『음악』 **퓨전** 《재즈에 록 등이 섞인 음악》 ☜ 섞는(fus) 것(ion)

□ con**fuse** [kənfjúːz] ⓢ **혼동하다**, **어리둥절하게 하다**, 잘못 알다 ☜ 완전히(con<com) 섞다(fuse)
♠ **be** 〔become, get〕 **confused 당황하다; ~을 혼동하다**
♠ **in confusion 당황하여, 혼란되어**

□ con**fuse**d [kənfjúːzd] ⓗ 당황한; **혼란한**; 어리둥절한 ☜ -ed<형접>

□ con**fuse**dly [kənfjúːzdli] ⓑ 어찌할 바를 몰라, 당황하여 ☜ -ly<부접>

□ con**fus**ing [kənfjúːziŋ] ⓗ **혼란시키는**; **당황케 하는** ☜ -ing<형접>

□ con**fus**ion [kənfjúːʒən] ⓜ **혼동**, 혼란 (상태), 분규; 착잡 ☜ -ion<명접>
♠ **be in confusion 당황하다; 혼란스럽다**

※ **cuisine** [kwizíːn] ⓜ 요리 솜씨, 요리(법) ☜ 라틴어로 '요리하다'란 뜻

연상 그는 컴퓨터(computer)와 다투는 컨퓨터(confuter.논박자)이다

♣ **어원 : fut, fight 때리다**

■ com**put**er, -tor [kəmpjúːtər] ⓜ **컴퓨터**; **전자계산기** ☜ -er(사람/기계)

□ con**fut**ation [kɑ̀nfjutéiʃən/kɔ̀n-] ⓜ 설파, 논박 ☜ confute + ation<명접>

□ con**fut**e [kənfjúːt] ⓢ 설파〔논박〕하다; 꼼짝 못하게 만들다(=silence)
☜ 라틴어로 '억누르다'라는 뜻. 완전히(con/강조) + fut(때리다) + e
♠ **confute** 〔rebut, refute〕 **an argument** 주장을 **반박**〔**논박**〕**하다**

□ con**fut**er [kənfjúːtər] ⓜ 논박자, 논박하는 사람 ☜ confute + er(사람)

■ **fight** [fait/파이트] ⓢ (-/**fought**/**fought**) **싸우다**, 전투하다 ☜ 고대영어로 '싸우다'란 뜻

콩가 conga (쿠바의 춤)

□ **conga** [kɑ́ŋgə/kɔ́ŋ-] ⓜ **콩가** 《아프리카에서 전해진 쿠바의 춤》; 그 곡
☜ 아프리카 콩고(Congo)에서 기원한데서 유래.

트랜스잰더 콩글 transgender(×) ➔ transsexual(○) (자신의 육체적인 성(性)과 정신적인 성이 반대라고 생각하는 사람)

♣ 어원 : gen, gener 출생, 태어나다

■ **gen**der [dʒéndər] 명 『문법』 **성**(性), 성칭(性稱); 《구어·우스개》 **성**, 성별(=sex) ☜ 태어난(gen) 것(der)

■ trans**gender** [trænsdʒéndər] 명 성전환자, **트랜스젠더** ☜ 성(gend)을 바꾼(trans) 사람(er)

■ **gen**e [dʒiːn] 명 『생물』 유전자, 유전 인자, 겐 ☜ 태어난(gen) + e

□ con**gen**ial [kəndʒíːnjəl] 형 **같은 성질의**, 마음이 맞는, 성격에 맞는 ☜ 같이(con<com) 태어난(gen) al<형접>

♠ **congenial** to one's tastes 취미**에 맞는**

□ con**gen**ially [kəndʒíːnjəli] 부 성미에 맞게 ☜ -ly<부접>

□ con**gen**iality [kəndʒìːniǽləti] 명 (성질·취미 등의) 합치; 잘 맞음; 쾌적함 ☜ -ity<명접>

□ con**gen**ital [kəndʒénətl] 형 (병·결함 등) 타고난, 선천적인 ☜ 함께 가지고(con<com) 태어난(gen) + it + al<형접>

♠ **congenital** deformity **선천적** 불구자

□ indi**gen**ous [indídʒənəs] 형 **토착의, 원산의**, 고유한 ☜ ~지역(di=district) 내에서(in) + 태어(gen) + u + 난(ous<형접>)

■ **gener**ate [dʒénərèit] 동 낳다, (전기·열 등을) **발생시키다** ☜ 만들(gener) 다(ate<동접>)

리더스 다이제스트 Reader's digest (미국의 월간잡지. <독자의 요약문>) 레지스터 register (속도·금전출납 따위의 자동등록기)

♣ 어원 : gest, gist 옮기다

※ **read**er [ríːdər/뤼-더] 명 **독자; 독서가**; 독본; 『컴퓨터』 읽개, 판독기 ☜ read + er(사람/기계)

■ di**gest** [didʒést, dai-] 동 **소화하다**, **간추리다** [dáidʒest] 명 개요, 요약 ☜ 분리해서(di=off) 옮기다(gest)

□ con**gest** [kəndʒést] 동 **혼잡하게 하다**, 혼잡해지다 ☜ 함께(con<com) 옮기다(gest)

♠ The traffic **is congested**. 교통이 **혼잡하다**

□ con**gest**ed [kəndʒéstid] 형 (사람·교통 등이) 혼잡한; 밀집한; (화물 등이) 정체한; 『의학』 울혈(충혈)된 ☜ congest + ed<형접>

□ con**gest**ion [kəndʒéstʃən] 명 혼잡, (인구) 과잉, **밀집** ☜ -ion<명접>

♠ **the congestion** of cities 도시의 **과밀화**

✚ in**gest** 섭취하다 re**gist**er **등록[등기]부**; **자동기록기; 기재[기명]하다** sug**gest** **암시[제안]하다**

콩고 Congo (중부 아프리카의 콩고 인민공화국)

□ **Congo** [kɑ́ŋgou/kɔ́ŋ-] 명 (the ~) **콩고** 강; 콩고 인민공화국 《아프리카 중부에 있는 공화국; 공식명은 People's Republic of the Congo; 수도 브라자빌(Brazzaville)》 ☜ 아프리카 바투어로 '산'이란 뜻

그라시아스 Gracias ([Sp.] 감사합니다) = [Eng.] Thanks

♣ 어원 : grac, grat(e), grati 감사, 고마움

■ **grac**e [greis] 명 **우아**; 호의, (신의) **은총**; (식전·식후의) 감사 기도 ☜ 고대 프랑스어로 '신의 은총'이란 뜻

■ **grati**fy [grǽtəfài] 동 **기쁘게 하다, 만족시키다**; (욕망 따위를) 채우다 ☜ 감사(grati)하게 만들다(ty)

□ con**grat**ulate [kəngrǽtʃəlèit] 동 **축하하다**, ~에 축하의 말을 하다 ☜ 함께(con<com) 감사(grat)를 + ul + 만들다(ate<동접>)

♠ **I congratulate you. 축하합니다.**

□ con**grat**ulation [kəngrӕtʃəléiʃən] 명 **축하**, 경하; (pl.) 축사 ☜ -ion<명접>

♠ **Congratulations ! 축하합니다.**

□ con**grat**ulatory [kəngrǽtʃələtɔ̀ːri/-təri] 형 축하의 ☜ -ory<형접>

세그리게이션 segregation ([사회학] 사회 · 정치적 격리)

♣ **어원 : greg 떼, 무리**

■ se**greg**ate [ségrigèit] ⓢ **분리〔격리〕하다**
☜ 따로(se) 무리(greg)를 짓게 하다(ate)

■ se**greg**ation [sègrigéiʃən] ⓜ 분리, 격리, 차단 ☜ -ation<명접>

□ con**greg**ate [kɑ́ŋgrigèit/kɔ́ŋ-] ⓢ **모이다**, 집합하다
☜ 함께(con<com) 무리(greg)를 짓게 하다(ate)
♠ **congregate** dining ***모여서*** *먹는 식사*
➔ 회식(=dining together)

□ con**greg**ation [kɑ̀ŋgrigéiʃən/kɔ̀ŋ-] ⓜ **모임;** 집합, 회합; (종교적인) 집회
☜ congregate + ion<명접>

□ con**greg**ational [kɑ̀ŋgrigéiʃənəl/kɔ̀ŋ-] ⓗ (교회) 집회의 ☜ -al<형접>

✚ ag**greg**ate **(~을) 모으다**, 모이다; 집합하다 dese**greg**ate 인종차별을 폐지하다

탑그레이드 top grade (일등의), 업그레이드 upgrade (품질 · 성능의 향상)

♣ **어원 : gress, grad, gree 가다(=go), 걷다(=walk)**

※ **top** [tɑp/탑/tɔp/톱] ⓜ **정상; 최고** ⓗ **최고의, 첫째의** ⓢ 정상에 오르다
☜ 고대영어로 '꼭대기'란 뜻

■ **grad**e [greid/그뤠이드] ⓜ **등급; 성적** ⓢ **등급을 매기다** ☜ 라틴어로 '걸음, 계단'이란 뜻.

■ up**grad**e [ə́pgrèid] ⓜ《미》오르막; 증가, 향상, 상승; 〖컴퓨터〗 **업그레이드**
☜ 위로(up) 나아가다(grade)

□ con**gress** [kɑ́ŋgris/**캉**그뤼스/kɔ́ŋgres/**콩**그뤠스] ⓜ (C~) **국회**(《영》 Parliament); (대표자 · 사절 · 위원 따위의) **대회** ☜ 함께(con<com) 가다(gress)
★ 대한민국 국회는 the National Assembly로 표기한다.
♠ the annual **congress** 연차 **대회**

□ con**gress**ional [kəngréʃənəl, kəŋ-/kɔŋ-] ⓗ **회의의**; (종종 C-)《미》의회의
☜ 함께(con<com) 가는(gress) 것(ion<명접>) 의(al<형접>)
♠ a **congressional** hearing **의회** 청문회

□ con**gress**man [kɑ́ŋgresmən] ⓜ (pl. **-men**) (종종 C-)《미》**국회의원**,《특히》하원의원
☜ congress + man(남자, 사람)

✚ pro**gress** **전진**, 진행; **진보**; **전진[진척]하다** trans**gress** (한계를) **넘다**; 어기다, 범하다

그레이스 켈리 Grace Kelly (미국 여배우이자 모나코 왕비)

미국의 영화배우이자 모나코(Monaco)의 왕비(1929-1982). 배우시절에는 우아한 미모와 연기로 인기를 끌었으며, 세계에서 가장 아름다운 왕비로 칭송받았다.

♣ **어원 : grace, gree, gru 호의; 조화, 일치, 동의**

■ **grace** [greis/그뤠이스] ⓜ **우아**, 호의 ⓢ **우아하게 하다**, 명예를 주다
☜ 라틴어로 '우미(優美)' 라는 뜻

□ con**gru**ent [kɑ́ŋgruənt, kəngrú:-/kɔ́ŋ-] ⓗ 일치하는, 조화로운
☜ 라틴어로 '함께(con<com) 조화(gru) 하는(ent)'이란 뜻

□ con**gru**ence [kɑ́ŋgruəns, kəngrú:-/kɔ́ŋ-] ⓜ 일치, 조화, 적합 ☜ -ence<명접>

□ con**gru**ous [kɑ́ŋgruəs/kɔ́ŋ-] ⓗ 일치하는, 적합한, 어울리는, 조화하는 ☜ -ous<형접>
♠ This work **is congruous to** my character. 이 일은 내 성격**에 맞는다**.

■ a**gree** [əgrí:/어그**뤼**-] ⓢ **동의하다**, 호응하다 ☜ ~에 대해(a=to) 호의로 응하다(gree)

프로젝트 project (사업계획)

♣ **어원 : ject 던지다**

■ pro**ject** [prədʒékt] ⓢ **발사하다, 계획하다, 투영하다** ⓜ **계획, 기획**
☜ 앞으로(pro) 던지다(ject)

□ con**ject**ural [kəndʒéktʃərəl] ⓗ 추측적인, 억측의 ☜ conjecture + al<형접>

□ con**ject**ure [kəndʒéktʃər] ⓜ **어림짐작**; 추측; (사본 따위의) 판독
☜ (생각을 특정한 것에) 모두(con<com) 던지(ject) 기(ure<명접>)
♠ hazard a **conjecture** **추측**해〔헤아려〕 보다, **짐작**으로 말하다

✚ ob**ject** **물건, 사물; 목적; 대상; 반대하다** re**ject** **거절하다** sub**ject** **지배를 받는; 백성**; **과목**, **주제**; **주어;** 지배하다, **복종시키다**

C

조인 join (결합하다), 조인트 joint (이음매)

♣ 어원 : join 합치다, 결합하다, 잇다, 인접하다

■ **join** [dʒɔin/조인] ⓢ **결합[연합]하다**, 합치다; 참가하다
☜ 고대 프랑스어로 '합치다, 연결하다'란 뜻

■ **join**t [dʒɔint] ⓜ **이음매**, 【기계】 조인트; 【해부】 **관절**
☜ 연결한(join) 것(t)

□ con**join** [kəndʒɔ́in] ⓢ 결합하다(시키다); 연합하다(시키다)
☜ 서로(con) 결합하다(join)
♠ The couple **was conjoined as** man and wife in marriage.
그 부부는 결혼으로 남편과 아내**로 결합했다.**

□ con**join**t [kəndʒɔ́int, kɑn-/kɔndʒɔ́int] ⓗ 잇닿은, 꼭 붙은, 결합한; 공동(연대)의
☜ 서로(con) 결합(join) 한(t)

✚ en**join** **명령**(강요)**하다** ad**join** ~에 인접하다 dis**join** 떼다, 분리하다(시키다) re**join** 재(再)결합하다. 재회하다 sub**join** 추가(보충)하다

컨주게이션 conjugation ([화학] 두 화합물이 서로 결합하는 작용)

♣ 어원 : jug 겹치다, 메우다

□ con**jug**ate [kɑ́ndʒəgèit/kɔ́n-] ⓢ 【문법】 (동사를) **활용[변화]시키다**
[kɑ́ndʒəgit, -gèit/kɔ́n-] ⓗ 결합한 ☜ 함께(con<com) 겹치게(jug) 한(ate)
♠ The verb 'go' **conjugates** irregularly.
동사 'go'는 불규칙하게 **활용된다**.

□ con**jug**ation [kɑ̀ndʒugéiʃən] ⓜ 【문법】 (동사의) **활용**(活用), 어형 변화; 결합, 배합, 접합
☜ conjugate + ion<명접>
♠ regular (irregular) **conjugation** 규칙(불규칙) **변화**

□ sub**jug**ate [sʌ́bdʒugèit] ⓢ 정복하다, 복종(예속)시키다
☜ 아래에(sub) 겹치게(jug) 하다(ate)

□ sub**jug**ation [sʌ́bdʒugèiʃən] ⓜ 정복, 진압; 종속 ☜ -ation<명접>

정크션 junction (두 개 이상이 만나는 지점)

♣ 어원 : junct 잇다, 결합하다(=join), 접합하다

■ **junct**ion [dʒʌ́ŋkʃən] ⓜ **접합(점)**, 교차점; (강의) 합류점
☜ 결합(junct) 함(ion)

□ con**junct** [kəndʒʌ́ŋkt, kɑ́ndʒʌŋkt/kɔ́n-] ⓗ 결합된, 연결된; 공동의
ⓜ 결합한 것(사람) ☜ 함께(con<com) 접합한(junct) (것)

□ con**junct**ion [kəndʒʌ́ŋkʃən] ⓜ **결합**, **연결**; **접속**; 【문법】 **접속사**
☜ 함께(con<com) 접합(junct) 함(ion<명접>)
♠ **in conjunction with ~ ~와 함께, ~와 협력하여; ~에 관련하여**

□ con**junct**ional [kəndʒʌ́ŋkʃənəl] ⓗ 접속사의, 접속적인 ☜ -al<형접>

□ con**junct**iva [kɑ̀ndʒʌŋktáivə/kɔ̀n-] ⓜ (pl. -va**s**, -va**e**) 【해부학】 (눈알의) 결막
☜ 중세 라틴어 membrana conjunctiva(《영》 conjunctive membrane)의 줄임말로 '(눈꺼풀의 안과 눈알의 겉이) 연결된 막'이란 뜻.

□ con**junct**ive [kəndʒʌ́ŋktiv] ⓗ **결합하는**; 공동의 ☜ ive<형접>

□ con**junct**ivitis [kəndʒʌ̀ŋktəváitis] ⓜ 【의학】 결막염 ☜ conjunctiva + itis(염증)

□ con**junct**ure [kəndʒʌ́ŋktʃər] ⓜ 국면, 사태; 위기, 비상사태; 《드물게》 결합
☜ 함께(con<com) 연결된/얽힌(junct) 것(ure<명접>)
♠ **at (in) this conjuncture 이 (위급한) 때에, 이 중차대한 시기에**

■ ad**junct**ion [ədʒʌ́ŋkʃən] ⓜ 부가; 【수학】 첨가 ☜ ~에(ad=to) 접합(junct) 함(ion)

■ dis**junct**ion [disdʒʌ́ŋkʃən] ⓜ 분리, 분열, 괴리, 분단 ☜ 반대로(dis) 접합(junct) 함(ion)

주어리 jury ([재판, 경기] 배심원), 인저리 타임 injury time ([축구] 선수부상 등 경기지연에 대한 보상시간)

♣ 어원 : jur(e) (신에게) 맹세하다; 법

■ **jur**y [dʒúəri] ⓜ [집합적] **배심(원)**; 심사위원단 ☜ 라틴어로 '(신에게) 맹세하다'란 뜻
비교 referee (축구·권투의) 주심, umpire (경기의) 부심

■ in**jure** [índʒər] ⓢ **상처[손해]를 입히다**, 다치게 하다
☜ 불법을 저지르다. ⇦ in(=not/부정) + jure(법)

■ in**jur**y [índʒəri] ⓜ (사고 등에 의한) **상해**, **부상**, **위해**(危害) ☜ -y<명접>

□ con**jur**ation [kɑ̀ndʒəréiʃən/kɔ̀n-] ⓜ 간청, 기원 ☜ conjure + ation<명접>

☐ con**jure** [kάndʒər, kΛ́n-] ⓢ **마술로 ~하다; 환기하다**
[kəndʒúər] ⓢ《문어》~을 탄원하다, 기원하다
☜ 주문을 걸다. 함께(con<com) + 맹세하다(jure)
♠ **conjure away 마법으로 쫓아버리다**

☐ con**jur**er, -or [kάndʒərər, kΛ́n-, kəndʒúərər] ⓜ 마술사; 요술쟁이 ☜ -er, -or(사람)

※ **time** [taim/타임] ⓜ (관사 없이) **시간, 때;** 시일, 세월; ~회, ~번
☜ 초기인도유럽어로 '나눈 것'이란 뜻

커넥션 connection (연결, 거래처), 커넥터 > 콘넥터 connector (연결기)

♣ **어원 : nect 묶다, 연결하다**

☐ con**nect** [kənékt/커**넥**트] ⓢ **잇다, 연결하다** ☜ 함께(con<com) 묶다(nect)
♠ **connect up** (가스·전기·전화 등을 본관·간선 따위에) **접속시키다**
♠ **be connected with ~ ~와 (친척) 관계에 있다**

☐ con**nect**ed [kənéktid] ⓗ 연결된 ☜ -ed<수동형 형접>

☐ con**nect**ing [kənéktiŋ] ⓗ 연결하는 ☜ -ing<능동형 형접>

☐ con**nect**ion, 《영》 con**nex**ion [kənékʃən] ⓜ **연결, 결합; 접속; 관계**
☜ connect + ion<명접>
♠ **be in connection 연관되어 있다; 전화가 이어져 있다**

☐ con**nect**ive [kənéktiv] ⓗ 접속성의 ⓜ 연결물; 접속어 ☜ -ive<형접/명접>

☐ con**nect**ively [kənéktivli] ⓟ 접속적으로 ☜ -ly<부접>

☐ con**nect**or, -er [kənéktər] ⓜ 연결하는 것; 연결기; 연결관; 『전기』 접속용 소켓
☜ connect + or/er(기기, 장비)

✚ discon**nect** ~의 연락(접속)을 끊다, 분리하다 intercon**nect** 서로 연락(연결)시키다(하다)

코네티컷 Connecticut (미국 북동부에 있는 주(州))

☐ **Connecticut** [kənétikət] ⓜ **코네티컷** 《미국 북동부의 주(州); 생략: Conn., CT》
☜ 북미 인디언어로 '긴 강(江)의 고장'이란 뜻

노트 note (콩글 공책) ➔ notebook
노트북 notebook (콩글 노트북컴퓨터) ➔ laptop

♣ **어원 : not(e), noti (잊지 않도록) 기록(하다), (주의를 끌기위해) 표시하다; 알다**

■ **note** [nout] ⓜ (짧은) **기록**; (pl.) **각서**, 비망록, **메모**; **주(해)**, 주석; **짧은 편지**; 주의, 주목; (악기의) **음**; 《영》 **지폐** ⓢ **적어두다; 주의하다**
☜ 라틴어로 '주의를 끌기위한 표시'란 뜻

■ **note**book [nóutbùk/**노**울북/**노**우트북] ⓜ **노트, 공책**, 필기장, 수첩, 비망록
☜ 기록하는(note) 책(book)

☐ con**note** [kənóut] ⓢ (단어가) 어떤 의미를 함축하다 《mother(어머니)라는 말은 '자애(慈愛)'를 암시하는 등》; 의미하다, 내포하다, 암시하다 ☜ 함께(con) 표시하다(note)
♠ Dark suits **connote** intelligent business people.
검은 수트는 지적인 사업가라는 **의미를 내포한다**.

☐ con**not**ation [kὰnoutéiʃən/kɔ̀n-] ⓜ 함축, 언외지의(言外之意); 내포 ☜ connote + ation<명접>

■ de**not**ation [dìːnoutéiʃən] ⓜ 명시적 의미, 원뜻; 지시, 표시; 기호; 명칭
☜ 완전히(de/강조) (보이게) 표시한(note) 것(ation)

연상 넙치가 친구의 넙셜(nuptial.결혼식)에 참가하였다.

♣ **어원 : nub, nupt 결혼(하다), 부부, 배우자**

■ **nupt**ial [nΛ́pʃəl] ⓗ 결혼 생활의, **결혼(식)의** ⓜ (pl.) 결혼식, 혼례
☜ 라틴어로 '남편을 취하다'란 뜻

☐ con**nub**ial [kənjúːbiəl] ⓗ 결혼(생활)의; 부부의, 배우자의
☜ 함께(con<com) 결혼(nub) 한(ial<형접>)
♠ enter **the connubial state 결혼 상태**에 들어가다.

☐ con**nub**iality [kənjùːbiǽləti] ⓜ 결혼, 부부관계, 혼인 ☜ -ity<명접>

✚ pre**nupt**ial 혼전(婚前)의; 교미 전의 post**nupt**ial 결혼 후의; 신혼여행의; (동물의) 교미 후의
nubile [njúːbil, -bail] 나이찬, 혼기의; (여자가) 성적 매력이 있는

앙케이트 < 앙케트 enquete ([F.] 소규모의 여론조사) ➔ questionnaire, survey

♣ 어원 : quest, quisit, quir(e), query, quet 찾다, 구하다; 묻다, 요구하다

■ en**quet**e [ɑ:ŋkét; [F.] ɑkɛt] ⓜ **앙케트** 《똑같은 질문에 대한 여러 사람의 답변을 얻는 소규모의 설문 조사》 ☜ 라틴어로 '안에서(en<in) 찾다(quet) + e

■ **quest** [kwest] ⓜ **탐색**(=search), 탐구(=hunt), 추구(=pursuit) ☜ 고대 프랑스어로 '찾다, 사냥하다'란 뜻

□ con**quer** [kάŋkər/kɔ́ŋ-] ⓢ (무력으로) **정복하다**, (적을) 공략하다 ☜ 라틴어로 '완전히(con<com/강조) 찾다, 얻다(quer)'란 뜻
♠ **conquer the world 세계를 제패하다**

□ con**quer**or [kάŋkərər/kɔ́ŋ-] ⓜ **정복자**; 승리자, 극복자 ☜ -or(사람)

□ con**quer**able [kάŋkərəbəl/kɔ́ŋ-] ⓗ 정복할 수 있는 ☜ -able(~할 수 있는)

□ con**quest** [kάŋkwest/kɔ́ŋ-] ⓜ **정복**; 획득(물), 전리품 ☜ 완전히(con<com) 추구함(quest)

✚ **quest**ion **질문**; **문제; 질문하다** **query** 질문, 의문; 묻다 in**quest** 심리; 검시(檢屍) re**quest** **요청**, **부탁; 요청하다** ac**quisit**ion 취득, **획득**; 습득 ac**quire** 손에 넣다, **획득하다**; 얻다

조셉 콘래드 Joseph Conrad (폴란드 태생의 영국 해양 소설가)

□ **Conrad** [kάnræd/kɔ́n-] ⓜ **콘래드** 《Joseph ~, 폴란드 태생의 영국 해양 소설가(1857~1934)》
★ 대표작 : 『나르시소스號의 흑인』, 『어둠의 심장』, 『로드 짐』, 『노스트로모』 등

사이언스지(誌) Science (세계 최고 권위의 미국 과학전문 주간지)
YTN 사이언스 YTN science (YTN 과학전문방송)

♣ 어원 : sci 알다, 이해하다

■ **sci**ence [sáiəns/**싸**이언스] ⓜ **과학**; 《특히》 자연 과학 ☜ 아는(sci) 것(ence<명접>)

□ con**sci**ence [kάnʃəns/kɔ́n-] ⓜ **양심**, 도의심, 도덕 관념 ☜ (상식인) 모두(con<com) 아는 것(science)
♠ **the freedom of conscience 양심의 자유**

□ con**sci**enceless [kάnʃənslis / kɔ́n-] ⓗ 비양심적인, 파렴치한 ☜ -less(~이 없는)

□ con**sci**entious [kὰnʃiénʃəs/kɔ̀n-] ⓗ **양심적인**, 성실한 ☜ (상식인) 모두(con<com) 아는 것(scient) 의(ous<형접>)

□ con**sci**entiously [kὰnʃiénʃəsli/kɔ̀n-] ⓟ 양심적으로 ☜ conscientious + ly<부접>

□ con**sci**ous [kάnʃəs/kɔ́n-] ⓗ **의식[자각]하고 있는**, **정신[의식]이 있는** ☜ 함께(con<com) 알고(sci) 있는(ous) 반 unconscious 모르는, 무의식적인
♠ **become conscious 제정신이 들다**
♠ **be** (become) **conscious of ~ ~을 의식하다, ~을 알아채다**

□ con**sci**ously [kάnʃəsli/kɔ́n-] ⓟ **의식적으로, 자각하여** ☜ conscious + ly<부접>

□ con**sci**ousness [kάnʃəsnis/kɔ́n-] ⓜ **의식, 자각** ☜ conscious + ness<명접>

스크립트 script (방송대본), 레시피 recipe (조리법)

♣ 어원 : scrib(e), script, cipe 갈겨쓰다(=write)

■ **script** [skript] ⓜ 정본, 손으로 쓴 것, **스크립트**, 방송대본 ☜ 라틴어로 '쓰여진 것'이란 뜻

■ re**cipe** [résəpi:] ⓜ **조리법, 레시피**, 제조법 ☜ 라틴어로 '(약을) 받아라(=receive)'란 의미로 prescription(처방전)에서 유래. 미리(pre) 써준(script) 것(ion)

□ con**scribe** [kənskráib] ⓢ 병적(兵籍)에 넣다, 징집하다; 제한하다 ☜ 라틴어로 '함께(con<com) 쓰다(scribe)'란 뜻

□ con**script** [kάnskript/kɔ́n-] ⓗ 병적에 등록된, 징집된 ⓜ 징집병
[kənskrípt] ⓢ 징집하다 ☜ 라틴어로 '함께(con<com) 쓰다(script)'란 뜻
♠ a **conscript** soldier 신병, **징집**병

□ con**script**ee [kὰnskriptí:/kɔ̀n-] ⓜ 《미.구어》 징집자; 신병 ☜ -ee(사람: 피동인)

□ con**script**ion [kənskrípʃən] ⓜ 징병 (제도), 모병; 징발, 징집 ☜ -ion<명접>
♠ evade **conscription 징병**을 기피하다

✚ **Script**ure **성서** pre**script**ion **명령, 규정**; 『의약』 **처방전** de**scribe 기술[설명, 묘사]하다** manu**script 원고, 필사본** post**script** (편지의) 추신(P.S.) sub**scribe 기부[서명, 구독]하다**

상투스 Sanctus ([천주교] 성가곡. <거룩하시다>란 뜻)
새크리파이스 번트 Sacrifice Bunt ([야구] 희생번트)

< Sacrifice Bunt >

♣ 어원 : sacri, secr, sanc 신성한

■ **sacrifice** [sǽkrəfàis/쌔크뤄퐈이스] 명 희생, **산 제물** 동 **희생으로 바치다** ☜ 신성하게(sacri) 하다(fice)

■ **sacred** [séikrid] 형 **신성한**(=holy); 신에게 바쳐진, 신을 모신 ☜ 신성(sacr) 한(ed<형접>)

□ con**secr**ate [kάnsikrèit/kɔ́n-] 동 **신성하게 하다, 봉헌하다**; 전념하다 ☜ 완전히(con<com) 신성하게(secr) 하다(ate)
♠ **consecrate** a shrine 성당을 신**에게 바치다**, 헌당(獻堂) 하다

□ con**secr**ated [kάnsikrèitid/kɔ́n-] 형 신에게 바친, 성화(聖化)된 ☜ -ed<형접>

□ con**secr**ation [kὰnsəkréiʃən/kɔ̀n-] 명 **신성화**; (C-) 【가톨릭】 축성(祝聖); **봉헌** ☜ -ation<명접>

■ **sanc**tion [sǽŋkʃən] 명 **재가**, 인가; (일반적) 시인, 찬성 ☜ 신정하게(sanc) 함(tion)

■ **sanc**tify [sǽŋktəfài] 동 **신성하게 하다**, 축성(祝聖)하다 ☜ 신성하게(sanc) 하다(tify)

시퀀스 sequence (사건 · 행동 등의 연쇄적인 순서 · 절차)

♣ 어원 : sequ, secu 뒤따르다(=follow)

■ **sequ**ence [síːkwəns] 명 **연속, 속발**; **결과** ☜ 뒤따르는(sequ) 것(ence)

□ con**secu**tion [kὰnsikjúːʃən/kɔ̀n-] 명 연속; 논리적 관련, 조리(條理) ☜ 계속(con<com) 뒤따르는(secu) 것(tion<명접>)

□ con**secu**tive [kənsékjətiv] 형 **연속적인**, 잇따른 ☜ -tive<형접>
♠ It rained four **consecutive** days. 나흘 **계속해**서 비가 왔다.

□ con**secu**tively [kənsékjətivli] 부 연속적으로, 계속하여 ☜ -ly<부접>

□ con**sequ**ence [kάnsikwèns/kɔnsikwəns] 명 **결과**; **중대성** ☜ 함께(con<com) 뒤따르는(sequ) 것(ence<명접>)
♠ **in (as a) consequence of ~ ~의 결과(로서), ~때문에**

□ con**sequ**ent [kάnsikwènt/kɔ́nsikwənt] 형 **결과의**; 필연의 ☜ -ent<형접>

□ con**sequ**ential [kὰnsikwénʃəl/kɔ̀n-] 형 결과로 일어나는; 젠체하는; 중요한 ☜ -ial<형접>

□ con**sequ**entially [kὰnsikwénʃəli/kɔ̀n-] 부 그 결과로서, 필연적으로; 거만하게 ☜ -ly<부접>

□ con**sequ**ently [kάnsikwèntli/kɔ́nsikwəntli] 부접 **따라서**, 그 결과로서 ☜ -ly<부접>

■ incon**sequ**ent [inkάnsikwènt, -kwənt/-kɔ́nsikwənt] 형 비논리적인(=illogical), (앞뒤가) 모순된 ☜ in(=not/부정) + consequent(결과의, 필연의)

센스 sense (분별력), 넌센스 nonsense (터무니없는 생각)

♣ 어원 : sens(e), sent 느끼다(=feel)

■ **sense** [sens/쎈스] 명 (시각 · 청각 · 촉각 따위의) **감각**; **의식, 분별**; **의미** 동 **느끼다** ☜ 라틴어로 '느끼다, 지각하다'란 뜻

■ **non**sense [nάnsens/nɔ́nsəns] 명 **무의미한 말**; 터무니없는 생각, **난센스**; 허튼말(짓); 시시한 일 형 무의미한, 엉터리없는 ☜ 감각/의미(sens)가 없는(non) 것(e)

□ con**sens**us [kənsénsəs] 명 (의견 · 증언 따위의) **일치**; 여론; 【생리】 교감(交感) ☜ 함께(con) 느끼는(sens) 것(us<명접>)
♠ a **consensus** of opinion 의견의 **일치**; 세론

□ con**sent** [kənsént/컨**쎈**트] 동 **동의[승낙]하다** 명 **동의**, 승낙 ☜ 함께(con<com) 느끼다(sent) 반 dis**sent** 의견을 달리하다

□ con**sent**aneous [kὰnsentéiniəs/kɔ̀n-] 형 일치(합치)된; 만장일치의 ☜ -aneous<형접>

□ con**sent**ient [kənsénʃənt] 형 동의하는; 이의 없는, 만장일치의 ☜ -ient<형접>

✚ as**sent** **동의[찬성]하다; 동의** **sent**ence **문장**; **판결; 선고하다** **sent**iment (고상한) **감정**, 정서, 정감

서비스 service (콩글 무료 봉사) ➔ no charge, free of charge

♣ 어원 : serve, cervi 봉사하다; 지키다, 보존하다, 계속하다

■ **serve** [səːrv/써-브] 동 **섬기다**, 시중들다, 봉사하다 ☜ 중세영어로 '~에게 습관적으로 복종하다'란 뜻

■ **service** [sə́ːrvis/써-뷔스] 명 (종종 pl.) **봉사**, 공헌; (기차 등의) **편**(便); (관청 등의) **부문**; **복무**, 병역; **고용**; **예배** 동 편리하게 하다; 수리하다; (도움을) 제공하다 ☜ serve + ce<명접/동접>

□ con**serve** [kənsə́ːrv] 동 **보존하다**; 보호하다 ☜ 함께(con<com) 지켜 나가다(serve)
♠ **conserve one's strength for ~ ~에 대비하여 체력을 유지하다**

□ con**serv**ation [kὰnsəːrvéiʃən/kɔ̀n-] 명 보호, 관리; **보존, 유지**, 존속 ☜ -ation<명접>

□ conservatism [kənsə́ːrvətìzəm] 명 **보수주의**; 보수적 경향; (종종 C-) (영국, 캐나다의) 보수당의 주의〔강령〕 ☜ -ism(~주의)
□ conservative [kənsə́ːrvətiv] 형 **보수적인**, 보수주의의; 전통적인 ☜ -ative<형접>
♠ the **Conservative** Party 〖영〗 보수당
♠ **Neo-Con**servatives **네오콘** 《미국의 신보수주의자로 대외정책에서 강경한 입장을 취하는 것이 특징》
□ conservatory [kənsə́ːrvətɔ̀ːri/-təri] 명 **온실** ☜ -ory(장소)

C

✚ observe **관찰하다**; (관찰에 의해) **알다**; **진술하다**; **준수하다** preserve **보존[저장]하다** reserve **비축하다**; **예약해 두다**

스타 star (별, 인기연예인, [군대] 장군), 휴스턴 애스트로스 Houston Astros (미국 휴스턴市 프로야구단 이름. <휴스턴 별들>) * 미 항공우주국(NASA)이 휴스턴에 위치

♣ 어원 : star, astro, aster, sider, sidu 별
■ **star** [stɑːr/스따/스타-] 명 **별**, 인기연예인 ☜ 고대영어로 '별'
■ **astronomy** [əstrάnəmi/-trɔ́n-] 명 **천문학** ☜ 별(astro) 학문(nomy)
□ **consider** [kənsídər/컨씨더] 동 **~라고 생각하다, 숙고[고려]하다**
☜ 함께(con<com) 별(sider)을 관찰하다
♠ all things **considered**
고려된 *모든 것* ➔ 만사를 고려하여, 결국
□ considerable [kənsídərəbəl/컨씨더뤄블] 형 (사람이) **중요한**; **적지 않은**
☜ -able<형접>
□ considerably [kənsídərəbli] 부 꽤, **상당히** ☜ -ably<부접>
□ considerate [kənsídərit] 형 **동정심 많은, 인정이 있는**, 잘 생각해 주는
☜ -ate<형접>
□ consideration [kənsìdəréiʃən] 명 **고려**; **고려할 사항[문제]** ☜ -ation<명접>
♠ **in consideration of ~ ~을 고려하여, ~때문에**
♠ **take ~ into consideration 고려에 넣다, ~을 참작하다.**
♠ **treat ~ with consideration ~를 정중히 대우하다.**
♠ **under consideration 고려 중에[의]**
□ considering [kənsídəriŋ] 접전 ~을 생각하면, ~에 비해서 ☜ -ing<형접>
■ disaster [dizǽstər, -zάːs-] 명 **천재**; **재앙**, 재난 ☜ 별(astro)에서 멀어진(dis=away)

영화 <스타탄생 포스터>
ⓒ metacritic.com

사인 sign (서명), 디자인 design

♣ 어원 : sign ~에 표시하다, 부호를 붙이다; 표시, 부호, 기호
■ **sign** [sain/싸인] 명 **기호, 표시**, 신호, 부호 동 **서명[사인]하다**
☜ 고대 프랑스어로 '표시, 기호'란 뜻
■ **design** [dizáin/디자인] 명 **디자인, 설계** 동 **디자인하다, 설계하다**
☜ 각각 분리하여(de=off) 표시하다(sign)
□ consign [kənsáin] 동 **건네주다**; **위탁하다**, (돈을) 맡기다; 탁송하다
☜ 완전히(con<com) 서명(sign)을 마치다
♠ **consign** the body to the flames 시체를 화장하다.
♠ **consign ~ to oblivion ~을 잊어버리다** ☜ oblivion(망각)
□ consignment [kənsáinmənt] 명 위탁 (판매), 탁송(託送) ☜ -ment<명접>
□ consignation [kὰnsignéiʃən/kɔ̀nsai-] 명 교부; (상품의) 위탁, 탁송; 공탁 ☜ -ation<명접>
□ consignee [kὰnsainíː/kɔ̀n-] 명 (판매품의) 수탁자, 수탁 판매자; 수하인(受荷人)
☜ consign + ee(받은 사람, 피동자)

✚ designate **가리키다, 지명하다, 나타내다** resign (지위 · 관직 따위를) **사임하다, 포기[단념]하다**

어시스트 assist ([축구 · 농구 등] 득점과 직접적으로 연결되는 패스) 레지스탕스 resistance (2차대전시 독일군에 대한 프랑스의 지하저항운동)

♣ 어원 : sist, sta, stit 서있다(=stand)
■ **assist** [əsíst] 동 **원조하다, 거들다**, 조력하다 ☜ ~의 곁에(as<ad) 서있다(sist)
■ resist [rizíst] 동 **~에 저항하다**; 격퇴하다; 방해하다
☜ ~에 대항하여(re=against) 서있다(sist)
■ **resistance** [rizístəns] 명 **저항**, 반항; 반대; 저항력; 방해 ☜ -ance<명접>
□ consist [kənsíst/컨씨스트] 동 **~로 되어[이루어져] 있다; 일치하다**
☜ 함께(con<com) 서있다(sist)
♠ **consist in ~ ~에 있다, ~에 존재하다**(=lie in ~)

♠ **consist of ~ ~으로 이루어지다**(=be composed of ~; be made up of ~)
Water **consists of** hydrogen and oxygen.
물은 수소와 산소**로 되어 있다**.
♠ **consist with ~ ~와 양립하다, ~에 일치하다**

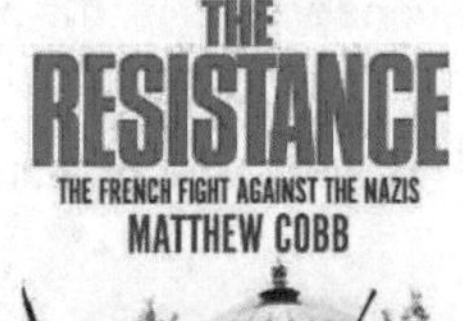

© fivebooks.com

C

☐ con**sist**ency, -ence [kənsístənsi], [-ns] 명 **일관성**; 언행일치
☜ -ency/ence<명접>
☐ con**sist**ent [kənsístənt] 형 (의견·행동·신념 등이) **일관된**, (언행이) **일치된**
☜ consist + ent<형접> 반 inconsistent 일치하지 않는
☐ con**sist**ently [kənsístəntli] 부 **시종 일관하여** ☜ -ly<부접>

✚ de**sist** 중지(단념)하다 in**sist** **주장하다, 우기다** per**sist** **고집하다, 지속하다**

쇼셜리즘 socialism (사회주의) 쇼셜 네트워크 서비스 social network service = SNS (사회관계망 서비스)

♣ 어원 : **soci 동료, 친구, 사교, 집단, 사회; 교류하다, 연합하다**

■ **soci**al [sóuʃəl/쏘우셜] 형 **사회의, 사회적인, 사교적인**
☜ 사회(soci) 의(al)
■ **social** network service 사회 관계망 서비스**(SNS)**
☜ network(그물망, 방송망), service(봉사, 서비스)
■ **soci**alism [sóuʃəlìzəm] 명 **사회주의** ☜ 사회(social) 주의(ism)
☐ con**soci**ate [kənsóuʃièit] 동 제휴하다, 연합(합동)시키다; 연합하다
☜ 함께(con) 사교/연합(soci)을 만들다(ate)
♠ **consociate with** the firm 그 회사**와 제휴하다**
☐ con**soci**ation [kənsòuʃiéiʃən] 명 연합, 동맹, 결합; 협의회 ☜ -ation<명접>

솔로 Solo ([음악] 독주)

♣ 어원 : **solo, sol(e), soli 혼자인, 외로운, 유일한, 단독의**

■ **solo** [sóulou] 명 (pl. **-s,** sol**i**) 『음악』 **독주(곡); 독창(곡)**; 『항공』 단독비행
☜ 라틴어로 '혼자서, 고독한'이란 뜻
■ **sole** [soul] 형 **오직 하나[혼자]의**, 유일한 ☜ 라틴어로 '혼자서'란 뜻
☐ con**sole** [kənsóul] 동 **위로[위문]하다** ☜ 함께(con<com) 외로움(sole)을 달래주다
☐ con**sol**ation [kὰnsəléiʃən/kɔ̀n-] 명 **위로**, 위안 ☜ console + ation<명접>
♠ a letter of **consolation 위문**편지
☐ con**soli**date [kənsάlədèit/-sɔ́l-] 동 (회사를) **합병[통합]하다**
☜ 함께(con<com) 하나가(soli) + d + 되게 하다(ate<동접>)
♠ **consolidated** two companies into one 두 회사를 하나로 **합병하다**
☐ con**soli**dated [kənsάlədèitid/-sɔ́l-] 형 합병 정리된, 통합된; 고정(강화)된 ☜ -ed<형접>
☐ con**soli**dation [kənsὰlədéiʃən] 명 **합동, 합병**; (회사 등의) 정리 통합 ☜ colsolidate + ion<명접>
☐ con**sol**atory [kənsάlətɔ̀ːri/kənsɔ́lətəri] 형 위로의 ☜ -ory<형접>

✚ de**sol**ate **황량한**; **쓸쓸한**, 외로운, 고독한 i**sol**ate **고립시키다**, 분리(격리)하다

소니 SONY (일본의 전자업체. <라틴어 sonus(소리) + 영어 속어 sonny (소년)>을 의미), 소나타 sonata (기악 독주곡. <[It.] 울려퍼지다>란 뜻)

♣ 어원 : **son 소리(=sound), 음향, 음성**

■ **son**ic [sάnik/sɔ́n-] 형 소리의, 음(파)의; 음속의 ☜ 소리(son) 의(ic<형접>)
■ **son**ar [sóunɑːr] 명 **소나**, 수중 음파탐지기, 어군(魚群)·잠수함 탐지기
☜ **so**und **na**vigation **r**anging의 약어
■ **son**ata [sənάːtə] 명 『음악』 **소나타**, 주명곡(奏鳴曲), 기악 독주곡
☜ 이탈리아어로 '울려 퍼지다'란 뜻
☐ con**son**ance, -nancy [kάnsənəns/kɔ́n-], [-i] 명 《비유적》 협화(協和), 조화, 일치; 『음악』 협화(음); 『물리』 공명(共鳴) ☜ 서로 같은(con<com) 소리가(son) 나는 것(ance/ancy<명접>)
☐ con**son**ant [kάnsənənt/kɔ́n-] 명 **자음** 형 일치(조화)하는; 『음악』 협화음의
☜ 서로 같은(con<com) 소리가(son) 나는(ant<형접>) 반 vowel 모음
♠ **behavior consonant with one's words 언행일치**

✚ dis**son**ant 『음악』 불협화(음)의, 귀에 거슬리는; 부조화의 re**son**ant 공명하는; 반향하는, 울리는

컨소시엄 consortium (공통의 목적을 위한 협회나 조합)

♣ **어원 : sort 운명, 숙명; 운명에 따라 나뉘다**

■ **consortium** [kənsɔ́ːrʃiəm, -sɔ́ːrtiəm] ⓜ (pl. **-tia, -s**) 협회, 조합
☜ 같은(con<com) 운명(sort)을 지닌 것(ium)

■ **sort** [sɔːrt/쏘-트] ⓜ **종류**(=kind), 부류 ☜ 라틴어 '운명'의 뜻에서

□ con**sort** [kánsɔːrt/kɔ́n-] ⓜ (특히 국왕·여왕 등의) **배우자** ☜ 함께(con<com) 운명(sort)적으로 만난 사람 **비교** spouse (법률적) 배우자
♠ He is the queen's **consort**. 그는 여왕의 **배우자**이다.
♠ the prince **consort** 여왕의 **부군**

■ as**sort** [əsɔ́ːrt] ⓢ **분류하다**, 유별(類別)로 정리하다(=classify)
☜ ~을(as<ad=to) 운명에 따라 나누다(sort)

스펙터클 spectacle (볼거리가 풍부한), 스펙트럼 spectrum (빛의 분리) 프로스펙스 prospecs (한국의 대표적인 스포츠화 브랜드. <prose> 참조)

♣ **어원 : spect, spic 보다(=look), 살펴보다, 조사하다**

■ **spectacle** [spéktəkəl] ⓜ **광경**, 볼만한 것, 장관(壯觀); (pl.) **안경**
☜ 볼 만한(spect(a)) 것(cle)

■ **spectrum** [spéktrəm] ⓜ (pl. **-tra, -s**) 〖광학〗 **스펙트럼**, 분광(分光)
☜ 눈에 보이는(spect) 것(rum)

□ con**spic**uous [kənspíkjuəs] ⓗ 눈에 띄는, **확실히 보이는**
☜ 완전히 잘(con<com/강조) 보이(spic(u)) 는(ous<형접>)
반 inconspicuous 눈에 띄지 않는
♠ a **conspicuous** error **분명한** 착오
♠ a **conspicuous** road sign **보기 쉬운** 도로 표지
♠ **a broad conspicuous of 광범위한, 가지각색의**

□ con**spic**uously [kənspíkjuəsli] ⓟ 뚜렷하게 ☜ -ly<부접>

□ con**spic**uousness [kənspíkjuəsnis] ⓜ 현저 ☜ -ness<명접>

✚ in**spect** **조사[검사, 시찰]하다** pro**spect** **전망**; 경치; **예상**, 기대 re**spect** **존경(하다), 존중(하다)**

인스피레이션 inspiration (영감(靈感))

♣ **어원 : spir(e) 숨쉬다, 호흡하다**

■ in**spire** [inspáiər] ⓢ **고무[격려]하다, 영감을 주다** ☜ 안으로(in) 숨을 쉬다(spire)

■ in**spir**ation [ìnspəréiʃən] ⓜ **인스피레이션**, **영감**(靈感) ☜ inspire + ation<명접>

□ con**spir**acy [kənspírəsi] ⓜ 공모, **음모** ☜ conspire + acy<명접>
♠ **take part in conspiracy 한 패에 가담하다**

□ con**spir**ation [kɑ̀nspəréiʃən/kɔ̀n-] ⓜ 모의; 협력 ☜ conspire + ation<명접>

□ con**spir**ator [kənspírətər] ⓜ **공모자**; 음모자 ☜ conspire + ator(~하는 사람)

□ con**spir**atorial [kənspìrətɔ́ːriəl] ⓗ 음모의, 공모의 ☜ conspirator + ial<형접>

□ con**spire** [kənspáiər] ⓢ **음모를 꾸미다** ☜ 함께(con<com) 숨을 쉬다(spire)
♠ **conspire against** the state 〔a person's life〕 반란〔암살〕을 **꾀하다**

✚ a**spire** **열망하다**, 포부를 갖다 per**spire** **땀을 흘리다**

스테이플러 stapler (금속제의 철침으로 종이 등을 철하는 기구)

♣ **어원 : sta- 서다, 세워놓다, 고정시키다, 안정시키다**

■ **stap**le [stéipəl] ⓜ (U 자 모양의) 꺾쇠; (호치키스의) 철(綴)쇠, 철침, **스테이플**; 거멀못 ⓢ 꺾쇠〔철쇠〕로 박다〔고정시키다〕
☜ 고대 노르드어로 '고정시키다'란 뜻

■ **stap**ler [stéiplər] ⓜ 호치키스, **스테이플러**; 〖제본〗 철사기(鐵絲機), 책을 철사로 철하는 기계(=stapling machine) ☜ staple + er

■ **stab**le [stéibl] ⓗ **안정된**, 견고한; 견실한, 착실한; 복원력〔성〕이 있는
ⓜ **마구간** ☜ 제자리에 서있(stab) 는(le) 반 un**stab**le 불안정한

□ con**stable** [kánstəbl/kʌ́n-] ⓜ 《영》 **순경**; 〖영.역사〗 중세의 성주(城主)
☜ 마구간(stable) 백작(con<count)
♠ **Police Constable** Jordan 조던 **순경**

스탠드 stand (세움대; 경기장 등의 계단식 관람석) * 탁상용 전등은 desk lamp가 바른 표현

♣ **어원 : stand, stant, st 서다, 세우다**

■ **stand** [stænd/스땐드/스탄드] ⓢ (-/**stood/stood**) **서다, 서 있다**
ⓜ 섬, 서 있음, 일어섬, 기립; ~대, 세움대; 계단식 관람석
☜ 라틴어로 '서있는(sta) 것/곳(nd)'이란 뜻

□ con**stant** [kάnstənt/**칸**스턴트/kɔ́nstənt/**콘**스턴트] ⓗ **불변의**, 일정한; 《문어》 **충실한** ☜ 함께(con<com) 서있는(stant)
반 inconstant 변하기 쉬운, 절개 없는
♠ **constant** attention **부단한** 주의

□ con**st**ancy [kάnstənsi/kɔ́n-] ⓜ **불변**, 항구성 ☜ -ancy<명접>

□ con**stant**ly [kάnstəntli/kɔ́n-] ⓑ **끊임없이**; 빈번히 ☜ -ly<부접>

✚ circum**st**ance **상황, 환경; 주위의 사정** di**st**ance **거리**, 간격 in**st**ance **실례**, **보기**, 사례, 예증

콘스탄티노플 Constantinople (터키 이스탄불의 구칭. 동(東)로마제국의 수도)

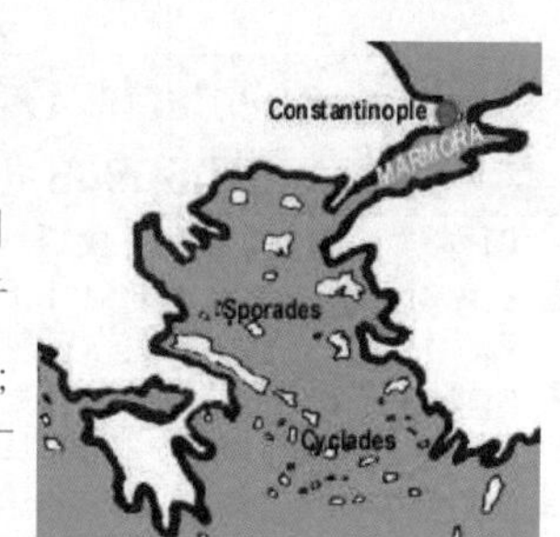

□ **Constantine** [kάnstəntàin, -tìːn/kɔ́nstəntàin] ⓜ **콘스탄티누스** 대제 《Constantine the Great, 280?-337》 ☜ 313년 밀라노 칙령을 통해 기독교를 국교로 공인한 로마 황제

□ **Constantinople** [kὰnstæntinóupl/kɔ̀n-] ⓜ **콘스탄티노플** 《터키의 도시; 지금의 이스탄불(Istanbul)》 ☜ 콘스탄티누스(Constantinus) 황제의 이름에서 유래

스텔라 stellar (한국의 발라드 · 댄스 걸그룹. <별>이란 뜻)

♣ **어원 : stella 별**

■ **stellar** [stélər] ⓗ 별의; 별 같은 ☜ 라틴어로 '별'이란 뜻. 초기인도유럽어 sterla < ster = star

□ con**stella**tion [kὰnstəléiʃən] ⓜ 『천문』 **별자리**
☜ 함께 한(con<com) 별(stella) + tion<명접>
♠ the **constellation** of Orion 오리온 **별자리**

스타트 start (출발, 시작)

♣ **어원 : sta(r), sti, ste(r) 단단한, 강(직)한, 신속한**

■ **star**t [stɑːrt/스타-트] ⓢ **출발하다; 시작하다, 시작되다** ⓜ **출발**
☜ 중세 네델란드어로 '돌진하다'란 뜻

□ con**ster**nation [kɑːnstərnéiʃən] ⓜ 섬뜩 놀람, 소스라침, 당황; 경악; 실망
☜ 모두(con<com) 경직되게(ster) + n + 만들(ate) 기(ion)
♠ **in** 〔with〕 **consternation 당황하여**
♠ throw a person into **consternation** 아무를 깜짝 놀라게 하다.

✚ **ster**ile 메마른, **불모의**; 흉작의; 불임의; 무익한 **ster**n **엄격한**, **단호한**, 근엄한; (배의) 선미, **고물**

스탠드 stand (세움대; 경기장 등의 계단식 관람석)

♣ **어원 : st(a), stitu(te) 서다, 세우다**

■ **stand** [stænd/스땐드/스탄드] ⓢ (-/**stood/stood**) **서다, 서 있다**
ⓜ 섬, 서 있음, 일어섬, 기립; ~대, 세움대; 계단식 관람석
☜ 라틴어로 '서있는(sta) 것/곳(nd)'이란 뜻

□ con**stitute** [kάnstətjùːt/kɔ́n-] ⓢ **구성하다**, 조직〔설립〕하다
☜ 모두<함께(con<com) 세워놓다(stitute)
♠ **constitute** an acting committee 임시 위원회를 **설치하다**

□ con**stitut**ion [kὰnstətjúːʃən/kɔ̀n-] ⓜ **구성**(構成), **체질, 헌법, 정체**(政體)
☜ constitute + ion<명접>

□ con**stitut**ional [kὰnstətjúːʃənəl/kɔ̀n-] ⓗ **구성[조직]상의**, **체질상의**, **헌법상의**
☜ constitution + al<형접>
♠ a **constitutional** disease 〔disorder〕 **체질**병, **체질성** 질환

□ con**stitut**ionally [kὰnstətjúːʃənəli/kɔ̀n-] ⓑ 선천〔체질〕적으로; 입헌적으로, 헌법상
☜ constitutional + ly<부접>

□ con**stitu**ent [kənstítʃuənt] ⓗ **조직[구성]의** ☜ constitute + ent<형접>
♠ the **constituent parts** of water 물의 **성분**

□ con**stitu**ency [kənstítʃuənsi] ⓜ 유권자, 선거구 ☜ constitute + ency<명접>

♠ sweep a **constituency 선거구**에서 압도적 다수를 차지하다

✚ de**stitute 빈곤한, 결핍한** in**stitute 세우다, 설립하다; 연구소; 대학** pro**stitute** 매춘부

컨테이너 container (화물 수송용 컨테이너)

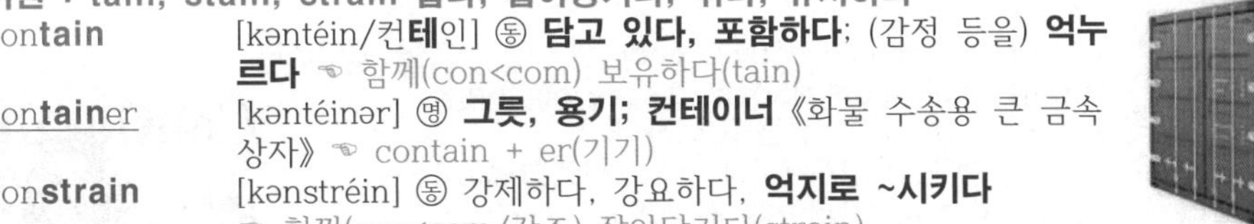

♣ **어원 : tain, stain, strain 잡다, 잡아당기다, 묶다, 유지하다**

■ con**tain** [kəntéin/컨**테**인] ⓢ **담고 있다, 포함하다**; (감정 등을) **억누르다** ☜ 함께(con<com) 보유하다(tain)

■ con**tain**er [kəntéinər] ⓜ **그릇, 용기; 컨테이너** 《화물 수송용 큰 금속 상자》 ☜ contain + er(기기)

□ con**strain** [kənstréin] ⓢ 강제하다, 강요하다, **억지로 ~시키다** ☜ 힘껏(con<com/강조) 잡아당기다(strain)
♠ **constrain** obedience 복종을 **강요하다**
♠ **be constrained to ~ 부득이[하는 수 없이] ~하다**

□ con**strain**ed [kənstréind] ⓗ 강제적인, 강요당한; 부자연스런; 어색한 ☜ -ed<형접>

□ con**strain**edly [kənstréindli] ⓑ 억지로, 무리하게, 강제적으로; 부자연하게 ☜ -ly<부접>

□ con**strain**t [kənstréint] ⓜ **강제**, 압박 ☜ 힘껏(con/강조) 잡아당기는(strain) 것(t)
♠ **by constraint 억지로, 무리하게**
♠ **under** 〔in〕 **constraint 압박을 받아**

✚ de**tain ~을 못가게 붙들다**; 기다리게 하다 ab**stain 절제하다**, 끊다, 삼가다 **strain 잡아당기다**, 꽉 죄다; **긴장시키다** re**strain 제지[방해]하다**, 억제하다

스트레스 stress (심리적 압박감)

♣ **어원 : stress 압력; 누르다 ➔ strict 팽팽하게 당기다; 묶어두다**

■ **stress** [stres] ⓜ **압박**, 강제; 〖물리〗 **압력**; 힘 ⓢ **강조하다** ☜ di**stress**의 두음소실

■ di**stress** [distrés] ⓜ **고통, 고뇌; 빈곤** ⓢ **괴롭히다** ☜ 아래로(di=down) 누르다(stress)

■ **strict** [strikt] ⓗ **엄격한, 엄밀한** ☜ 라틴어로 '세게 당기다'란 뜻

□ con**strict** [kənstríkt] ⓢ 압축하다; 죄다; 수축시키다 ☜ 함께(con) 세게 당기다(strict)
♠ **be contricted by a wire 철사로 조여 있다**

□ con**strict**ion [kənstríkʃən] ⓜ 압축, 수축, 긴축; 죄어드는 느낌; 죄어진 부분; 죄어지는 것; 〖음악〗 (발성 기관의) 협착 ☜ -ion<명접>

□ con**strict**ive [kənstríktiv] ⓗ 압축하는; 수축성의, 괄약적(括約的)인 ☜ -ive<형접>

인프라 infrastructure (기반시설)

♣ **어원 : struct, stru 세우다, 건축하다(=build)**

■ **struct**ure [strʌ́ktʃər] ⓜ **건물; 구조**; 조직, 체계; 사회 구조 ☜ 세운(struct) + 것(ure<명접>)

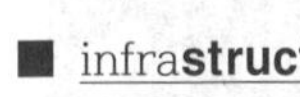

■ infra**struct**ure [ínfrəstrʌktʃər] ⓜ 하부 조직〔구조〕, 기반; 기초 구조, 토대 ☜ 아래에(infra) 세운(struct)

□ con**struct** [kənstrʌ́kt] ⓢ **조립하다**; 세우다, 건조〔축조 · **건설**〕**하다** ☜ 함께(con<com) 세우다(struct)
♠ **construct** a factory 공장을 **세우다**

□ con**struct**ion [kənstrʌ́kʃən] ⓜ **건설, 구조**, 건축, 구성; 해석 ☜ -ion<명접>
♠ **bear a construction 해석되다**
♠ **put a false construction on ~ ~을 곡해하다**
♠ **put a good** 〔bad〕 **construction on** 〔upon〕 **~ ~을 선의**〔악의〕**로 해석하다**
♠ **under** 〔in course of〕 **construction 공사 중, 건설 중**

□ con**struct**ional [kənstrʌ́kʃənəl] ⓗ 구조상의, 건설상의 ☜ -al<형접>

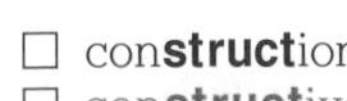

□ con**struct**ive [kənstrʌ́ktiv] ⓗ **건설적인, 구조적인** ☜ -ive<형접>
♠ **constructive** criticism **건설적[적극적]** 비평

□ con**struct**ively [kənstrʌ́ktivli] ⓑ 건설적으로 ☜ -ly<부접>

□ con**struct**or [kənstrʌ́ktər] ⓜ 건설자 ☜ -or(사람)

□ con**stru**e [kənstrúː] ⓢ ~의 뜻으로 취하다; **해석하다**, 추론하다 ☜ 완전히(con<com) 세우다(stru) + e
♠ What he said **was** wrongly **construed**. 그가 말한 것이 잘못 **해석되었다**.

콘술 consul (로마공화정 시대의 최고관직, 집정관)

□ **consul** [kɑ́nsəl/kɔ́n-] ⓜ **영사**; 〖로마역사〗 집정관; 〖프랑스역사〗 총독 ☜ 함께(con<com)하는 바퀴(sul)란 뜻. 당시 두 명의 집정관이 같이 근무한데서 유래

♠ the British **Consul** in Tangier. 탕헤르 주재 영국 **영사**

컨설턴트 consultant (상담역, 자문)

♣ 어원 : sult 뛰다, 뛰어넘다, 극복하다

□ con**sult** [kənsʌ́lt] [동] **~의 의견을 듣다;** (사전 등을) **참고하다; 상의[의논]하다**
☜ 함께(con) 뛰어넘다(sult)
♠ **consult** a person's convenience 아무의 사정**을 고려하다**
♠ **consult** one's pocketbook (before buying)
(사기 전에) 주머니 사정**을 고려하다**

□ con**sult**ant [kənsʌ́ltənt] [명] 의논상대; (회사 등의) **컨설턴트**, 고문
☜ 함께(con<com) 극복하는(sult) 사람(ant)

□ con**sult**ation [kὰnsəltéiʃən/kɔ̀n-] [명] **상담**, 의논; 자문 ☜ -ation<명접>
♠ I made the decision **in consultation with** him.
나는 그**와 상담하여** 결정했다.

□ con**sult**ing [kənsʌ́ltiŋ] [형] 전문적 조언을 주는, 자문의 ☜ -ing<형접>

블랙 컨슈머 black consumer (악성 민원 제기자)

♣ 어원 : sum(e), sump 가지다, 취하다, 떠맡다

※ **black** [blæk/블랙] [형] **검은, 암흑의, 흑인의** [명] **검은색, 암흑**
☜ 고대영어로 '완전히 어두운'이란 뜻

□ con**sume** [kənsúːm] [동] 다 써버리다; **소비하다**, 소모하다 ☜ 완전히(con<com) 가지다(sume)
♠ **consume** one's energy 힘을 **다 써버리다**

□ con**sum**edly [kənsúːmidli/-sjúːm-] [부] 극도로, 대단히, 엄청나게, 심하게 ☜ -ly<부접>

□ con**sume**r [kənsúːmər] [명] **소비자**(消費者), 수요자 ☜ consume + er(사람)
♠ a **consumers'** union **소비자** 협동조합

□ con**sum**ing [kənsúːmiŋ] [형] 소모하는 ☜ -ing<형접>

□ con**sump**tion [kənsʌ́mpʃən] [명] **소비**; 소비고(액) ☜ 완전히(con<com) 가지는(sump) 것(tion<명접>)
♠ a **consumption** guild (association) **소비**조합

□ con**sump**tive [kənsʌ́mptiv] [형] 소모성의 [명] 폐병환자 ☜ -tive<형접/명접>

✚ as**sume** **~라고 생각하다[여기다], ~을 맡다, 취하다** re**sume** **다시 차지하다**, 회복하다; **다시 시작하다** sub**sume** 『논리』 포섭(포함)하다; 규칙을 적용하다

써머리, 서머리 summary (요약), 서밋 summit (정상회담)

♣ 어원 : sum 최고, 정점; 개요

■ **sum** [sʌm/썸] [명] **총계; 개요** [동] **총계[합계]하다; ~의 개요를 말하다** ☜ 라틴어로 '최고'란 뜻

< South Korea-US Summit >

■ **sum**mary [sʌ́məri] [명] (pl. -**ries**) **요약**, 개요, 적요(서), 일람
☜ 개요(sum)에 + m<단모음+단자음+자음반복> + 이른 것(ary)

■ **sum**mit [sʌ́mit] [명] **정상**, 꼭대기, 절정; [the ~] 절정; [the ~] (국가의) 정상급; 정상회담
☜ 라틴어로 '가장 높은(sum) + m<자음반복> + 곳(it)'이란 뜻

□ con**sum**mate [kάnsəmèit/kɔ́n-] [동] **성취[완성]하다** [형] 완벽한, 능숙한
☜ 완전히(con<com) 정점(sum)에 + m<자음반복> + 이르게 하다(ate)
♠ He was a **consummate** performer. 그는 **완벽한** 연기자였다.

□ con**sum**mately [kάnsəmèitli/kɔ́n-] [부] 완전하게, 극도로 ☜ -ly<부접>

□ con**sum**mation [kὰnsəméiʃən] [명] 완성, (목적 · 소망 따위의) 달성 ☜ consummmate + ion<명접>

콘택트 렌즈 contact lens (안경 대신 각막에 붙여 사용하는 렌즈)

♣ 어원 : tact, tag, tam, touch 접촉하다, 손대다

□ con**tact** [kάntækt/**칸**택트/kɔ́ntækt/**콘**택트] [명] **접촉** [동] **접촉[연락]하다**
☜ 서로(con<com) 접촉하다(tact)
♠ **be in contact with ~ ~와 접촉하고 있다; ~와 사귀고 있다.**
♠ **be out of contact with ~ ~와 접촉하고 있지 않다**
♠ **break** (make) **contact 전류를 끊다**(통하다); **교제를 끊다**(시작하다)
♠ **establish one's contact with ~ ~와 접촉[연락]을 취하다.**

□ con**tag**ion [kəntéidʒən] [명] 접촉 전염(감염) [비교] infection (공기로) 전염, 감염
☜ 서로(con<com) 접촉한(tag) 것(ion)
♠ Smallpox spreads **by contagion**. 천연두는 **접촉 전염으로** 퍼진다.

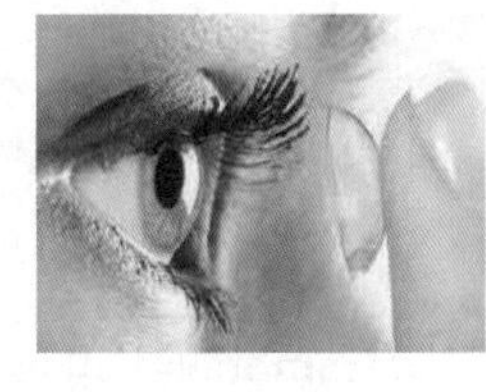

C

☐ con**tag**ious [kəntéidʒəs] ⓗ **전염성의**; 만연하는, 전파하는
☜ 서로(con<com) 접촉하여(tag) 옮기는(ious)
비교 contiguous 인접한, 연속된
♠ **a contagious disease (접촉) 전염병**

☐ con**tam**inate [kəntǽmənèit] ⓢ 더럽히다, 오염하다
☜ 서로(con<com) 접촉하여(tam) + in + 더럽히다(ate)

☐ con**tam**ination [kəntæ̀mənéiʃən] ⓜ **오염**; 더러움 ☜ -tion<명접>
♠ radioactive **contamination** 방사능 **오염**

※ **lens** [lenz] ⓜ (pl. **-es**) **렌즈**; 렌즈꼴의 물건; 〖해부〗 (눈알의) 수정체
☜ 라틴어로 '렌즈콩(lentil)이란 뜻. 렌즈란 이 콩의 모양에서 유래되었다.

✚ in**tact** 본래대로의, 손대지 않은 **touch 손대다, 접촉하다; 가볍게 누르다; 감동시키다; 접촉**

컨테이너 container (화물수송용 대형 금속 상자)

♣ **어원 : tain, ten 붙잡다, 보유하다, 담고 있다**

☐ con**tain** [kəntéin/컨**테**인] ⓢ **담고 있다, 포함하다**; (감정 등을) **억누르다**
☜ 모두<함께(con<com) 담고있다<보유하다(tain)
♠ **contain** much salt 염분을 많이 **함유하다**

☐ con**tain**er [kəntéinər] ⓜ **그릇, 용기; 컨테이너** 《화물 수송용 큰 금속 상자》 ☜ contain + er(기기)

☐ con**tain**ment [kəntéinmənt] ⓜ 봉쇄 (정책); 견제, 억제; 포함, 포괄 ☜ -ment<명접>

■ coun**ten**ance [káuntənəns] ⓜ 안색, **표정** ☜ 마음속에 담고 있는 것. 모두<함께(con<com) 붙잡아(ten<tain) 두는 것(ance)

☐ **contemn**(경멸하다) ➔ **condemn**(비난하다) **참조**

템플 스테이 temple stay (사찰 문화 체험)

♣ **어원 : templa 신탁의 장소, 사원, 성전**

■ **temple** [témpəl/**템**펄] ⓜ **신전**, 절, 사원; 회당; 교회당
☜ 라틴어로 '신의 가호를 기원하기 위한 건물'이란 뜻

☐ con**templa**te [kɑ́ntəmplèit, -tem-/kɔ́n-] ⓢ **응시하다; 심사숙고하다**
☜ 함께(con<com) 사원(templa<temple)에 머물며 묵상하다(ate)
♠ **contemplate** a problem 문제를 **숙고하다**

☐ con**templa**tion [kɑ̀ntəmpléiʃən/kɔ̀ntem-] ⓜ **응시; 예상**
☜ contemplate + ion<명접>

☐ con**templa**tive [kəntémplətiv, kɑ́ntəmplèi-/kɔ́ntemplèi-] ⓗ 명상적인, 심사숙고하는 ☜ contemplate + tive<형접>

☐ con**templa**ble [kəntémpləbəl] ⓗ 생각할 수 있는, 꾀할 수 있는 ☜ -ble(~할 수 있는)

※ **stay** [stei/스떼이] ⓢ (-/stay**ed**〔《古》staid〕/stay**ed**〔《古》staid〕) **머무르다, 체류하다**; 멈추다 ⓜ **머무름, 체재** ☜ (가지 않고) 서있(sta) 다(y)

템포 tempo (빠르기, 박자)

♣ **어원 : tempo(r) 시간, 시대, 때**

■ **tempo** [témpou] ⓜ (pl. **-s**, temp**i**) 《It.》 〖음악〗 빠르기, 박자, **템포** 《생략: t.》; (활동·운동 등의) 속도 ☜ 라틴어로 '시간, 계절, 시간의 일부'란 뜻

■ **tempor**ary [témpərèri/-rəri] ⓗ **일시적인, 임시의**, 순간의, 덧없는
☜ (일시적) 시간(tempor) 의(ary<형접>)

☐ con**tempor**ary [kəntémpərèri/-pərəri] ⓗ **(~과) 동시대의; 현대의**, 최신의
☜ 같은(con<com) 시대(tempor) 의(ary<형접>)
♠ **contemporary** accounts **당시의** 기록

☐ con**tempor**aneous [kəntèmpəréiniəs] ⓗ 같은 시대의, 동시 존재〔발생〕의 ☜ -ary<형접>

☐ con**tempor**ize [kəntémpəràiz] ⓢ 같은 시대로 하다, 시대를 같게 하다 ☜ -ize<동접>

■ ex**tempor**ary [ikstémpərèri/-rəri] ⓗ 즉석의, 즉흥적인
☜ 시간적 여유 없이 ⇦ 시간(tempor) 밖(ex) 의(ary<형접>)

템프테이션 temptation (한국의 댄스팝 걸그룹 AOA의 노래. <유혹>이란 뜻)

♣ **어원 : tempt 시험하다, 시도하다; 유혹하다**

■ **tempt** [tempt] ⓢ **유혹하다, 시험하다** ☜ 라틴어로 '시험하다'란 뜻

■ **tempt**ation [temptéiʃən] ⓜ **유혹(물)** ☜ 유혹(tempt) 하기(ation<명접>)

☐ con**tempt** [kəntémpt] 명 **경멸, 모멸**, 치욕
☜ 철저히(con<com/강조) 시험당하다(tempt)
♠ **bring** (fall) **into contempt 창피를 주다**(당하다).
♠ **contempt of court** (Congress) **법정**(국회) **모욕죄**
♠ **have** (hold) ~ **in contempt ~를 얕보다, 경멸하다.**
♠ **in contempt (of) ~ ~을 경멸[무시]하여**

C

☐ con**tempt**ible [kəntémptəbəl] 형 **경멸할만한** ☜ contempt + ible(~할 만한)
♠ You are a **contemptible** worm! 너는 **비열한** 녀석이다.

☐ con**tempt**uous [kəntémptʃuəs] 형 **사람을 얕잡아 보는** ☜ -uous<형접>
♠ a **contemptuous** smile **남을 얕보는 듯한** 웃음

☐ con**tempt**uously [kəntémptʃuəsli] 부 경멸하여, 건방지게 ☜ -ly<부접>

■ at**tempt** [ətémpt/어**템**프트] 동 **시도하다** 명 **시도** ☜ ~로(at<ad=to) 시도하다(tempt)

텐트 tent (천막)

♣ 어원 : ten, tent, tend 뻗다, 펴다, 늘이다; ~까지 미치다

■ **tent** [tent/텐트] 명 **텐트, 천막** ☜ 초기 인도유럽어로 '펼치다'란 뜻

■ **tend** [tend/텐드] 동 **~하는 경향이 있다; ~로 향하다**
☜ 고대 프랑스어로 '펼치다'란 뜻

☐ con**tend** [kənténd] 동 **다투다; 주장하다** ☜ 함께(con<com) 손을 뻗다(tend)
비교 content 만족; 내용(물); 요지
♠ **contend with** (against) ~ **~와 다투다, 싸우다**
contend with the enemy 적**과 싸우다**.

☐ con**tent**ion [kənténʃən] 명 **말다툼**, 논쟁 ☜ con + tent + ion<명접>
♠ a bone of **contention** ***논쟁****의 뼈(핵심)* ➔ 쟁인(爭因)
♠ **in contention 논쟁 중에**

☐ con**tent**ious [kənténʃəs] 형 논쟁적인 ☜ con + tent + ious<형접>

■ ex**tend** [iksténd/익스**텐**드] 동 **뻗다, 늘이다, 넓히다; 베풀다; 넓어지다**
☜밖으로(ex) 뻗다(tend)

콘텐츠 > 컨텐츠 contents (내용물)

♣ 어원 : tent 포함하다, 포함되다

☐ **content** [kəntént/컨**텐**트] 형 **만족하여** 명 **만족** [kάntent/**칸**텐트/kɔ́ntent/**콘**텐트] (pl.) **내용**, 알맹이; 차례, 목차 ☜ 함께(con<com) 확보한(ten) 것(t)
♠ **be content with ~ ~에 만족하다**
♠ **in content 만족하여**
♠ **to one's heart's content 마음껏, 만족할 때까지**
♠ **content oneself with ~ ~에 만족하다**

☐ con**tent**ed [kənténtid] 형 **만족하고 있는**, 느긋해 하는; 기꺼이 ~하는 ☜ -ed<형접>
♠ He **is** (rests) **contented with** his lot. 그는 제 분수**에 만족하고 있다**.

☐ con**tent**edly [kənténtidli] 부 만족하여 ☜ -ly<부접>

☐ con**tent**ment [kənténtmənt] 명 **만족(하기)** ☜ -ment<명접>
♠ live **in contentment 만족하게** 살다.

테스트 test (시험), 콘테스트 contest (경쟁)

♣ 어원 : test 시험하다, 증명하다; 증언하다; 목격하다

■ **test** [test/테스트] 명 **시험, 검사** 동 **시험하다, 검사하다**
☜ 중세영어로 '귀금속의 순도분석에 쓰인 작은 그릇'이란 뜻

☐ con**test** [kάntest/**칸**테스트/kɔ́ntest/**콘**테스트] 명 **경쟁; 논쟁**
[kəntést] 동 **논쟁하다** ☜ 함께/서로(con<com) 증언하다(test)
♠ a beauty **contest** 미인 콘테스트
a musical **contest** 음악 **콩쿠르**
♠ a speech (an oratorical) **contest** 웅변**대회**

☐ con**test**able [kəntéstəbl] 형 다툴 만한; 논쟁의 여지가 있는, 의심스러운
☜ 함께/서로(con<com) 증언할(test) 만한(able)

☐ con**test**ant [kəntéstənt] 명 경쟁자 ☜ contest + ant(사람)

☐ con**test**ation [kὰntestéiʃən/kɔ̀n-] 명 논쟁, 소송; 쟁점, 주장 ☜ -ation<명접>

✚ at**test 증명하다, 증언하다** de**test 몹시 싫어하다, 혐오하다** pro**test 항의(하다), 단언하다; 주장**

텍스트북 textbook (교과서)

♣ 어원 : text 짜다(=weave)

■ **text** [tekst] ⓜ **본문**, 원문 ☜ 짜인 것
■ **text**book [tékstbùk/**텍**스트북] ⓜ **교과서** ☜ (내용이) 잘 짜여진(text) 책(book)
■ **text**ure [tékstʃər] ⓜ **직물**, **피륙**, (천의) **결** ⓢ 직조하다 ☜ 짜여진(text) 것(ure)
□ con**text** [kάntekst/kɔ́n-] ⓜ **문맥**, 전후관계; 정황 ☜ 함께(con<com) 짜맞추다(text)
♠ take (a sentence) out of **context** (문장을) **문맥**을 무시하고 해석하다
□ con**text**ual [kəntékstʃuəl] ⓗ 문맥상의, 전후 관계의 ☜ -ual<형접>

C

링컨 컨티넨탈 Lincoln Continental (미국 포드社의 고급자동차 브랜드)
콘티 콩글 conti (×) (방송대본) ➔ continuity, script

♣ 어원 : tin(u), ting 유지하다(=hold), 연결하다

※ **Lincoln** [líŋkən] ⓜ **링컨** 《Abraham ~ 미국의 제16대 대통령, 1809-65》
□ con**tin**ent [kάntənənt/**칸**터넌트/kɔ́ntinənt/**콘**티넌트] ⓜ **대륙**, 육지: (the C-) 《영》 유럽 대륙 《영국 제도(諸島)와 구별하여》; (the C-) 《미》 북아메리카 대륙
☜ 함께(con<com) 유지하는(tin) 것(ent<명접>)
♠ the New **Continent** 신**대륙** 《남북 아메리카》
♠ the Old **Continent** 구**대륙** 《유럽 · 아시아 · 아프리카》
□ con**tin**ental [kὰntənéntl/kɔ̀n-] ⓗ **대륙의; 대륙성[풍]의**
☜ 함께(con<com) 유지하는(tin) 것(ent) 의(al<형접>)
♠ **continental** breakfast (빵과 커피[홍차] 정도의) 가벼운 아침 식사
♠ **continental** climate **대륙성** 기후
♠ **continental** shelf **대륙**붕

< 1977 Lincoln Continental >

□ con**ting**ent [kəntíndʒənt] ⓗ 우발적인, 우연의; 부수적인; ~을 조건으로 하는
☜ 함께(con<com) 연결(tin) 된(ent<형접>)
♠ a **contingent** event **불의의** 사건
□ con**ting**ently [kəntíndʒəntli] ⓑ 우연히, 의존적으로 ☜ -ly<부접>
□ con**ting**ency [kəntíndʒənsi] ⓜ 우연(성); 우발 사건, 부수적인 사건 ☜ -ency<명접>
□ con**tinu**al [kəntínjuəl] ⓗ 잇따른, **계속적인**, 연속적인 ☜ continue + al<형접>
□ con**tinu**ally [kəntínjuəli] ⓑ **계속해서**, 끊임없이; 빈번히 ☜ -ly<부접>
□ con**tinu**ance [kəntínjuəns] ⓜ 영속; **계속**, 연속; 체류 ☜ -ance<명접>
□ con**tinu**ation [kəntìnjuéiʃən] ⓜ **계속됨**, 연속; 지속; 체류 ☜ -ation<명접>
□ con**tinu**e [kəntínjuː/컨**티**뉴-] ⓢ **계속하다**, 지속(持續)하다
☜ 함께(con<com) 유지하다(tin) + ue
□ con**tinu**ity [kὰntənjúːəti/kɔ̀n-] ⓜ **연속성**, 연속 상태; 『영화 · 방송』 **콘티**(=script), 촬영[방송]용 대본 ☜ -ity<명접>
□ con**tinu**ous [kəntínjuəs] ⓗ 계속적인, **끊임없는**, 부단한 ☜ -ous<형접>
□ con**tinu**ously [kəntínjuəsli] ⓑ **연속적으로**, 끊임없이 ☜ -ly<부접>
■ per**tin**acious [pə̀ːrtənéiʃəs] ⓗ 집요한, 완고한; 끈기있는, 불굴의
☜ 완전히(per) 유지하고(tin) 있는(acious)

토큐 < 토크 torque ([물리] 물체를 회전시키는 힘; 비틀림 모멘트)

물체를 회전시키는 힘. 예를 들어 자동차가 최대토크 38.8kgf,m 1,750~3,000rpm일 경우 1분당 1,750~3,000번 엔진이 회전할 때 38.8kg의 회전력이 발휘되는 것을 말한다. 비틀림 모멘트라고 한다. <출처 : 한경 경제용어사전 / 일부인용>

♣ 어원 : torq(ue), tort 비틀다

■ **torque** [tɔːrk] ⓜ 『기계 · 물리』 **토크**, 회전시키는(비트는) 힘 ☜ 라틴어로 '비틀다, 돌다'란 뜻
■ **tort**ure [tɔ́ːrtʃər] ⓜ **고문; 심한 고통**; 고뇌 ⓢ 고문하다, 괴롭히다 ☜ 비틀(tort) 기(ure)
□ con**tort** [kəntɔ́ːrt] ⓢ **잡아 비틀다**, 왜곡하다 ☜ 함께(con<com) 비틀다(tort)
♠ **a face contorted with pain 고통으로 일그러진 얼굴**
□ con**tort**ion [kəntɔ́ːrʃən] ⓜ 뒤틀림; 찡그림; 왜곡 ☜ -ion<명접>
□ con**tort**ionist [kəntɔ́ːrʃənist] ⓜ 곡예사; 곡해하는 사람 ☜ -ist(사람)
□ con**tort**ive [kəntɔ́ːrtiv] ⓗ 비뚤어진, 뒤틀린; 비틀어지게 하는, 비틀어지기 쉬운
☜ 함께(con<com) 비트(tort) 는(ive<형접>)

투어 tour (관광 여행, 유람 여행)

♣ 어원 : tour, tri 돌다, 돌리다(=turn); 마찰하다

■ **tour** [tuər] ⓜ **관광 여행**, 유람 여행 ⓢ **유람[여행]하다**

< World Tour >

☜ 고대 프랑스어로 '돌다'란 뜻

■ **tour**ist [túərist] 명 (관광) 여행자, **관광객** ☜ 여행하는(tour) 사람(ist)

□ con**tour** [kάntuər/kɔ́n-] 명 **윤곽**, 외형; 윤곽선; 등고선 ☜ 완전히(con/강조) 한 바퀴 돌다(tour)
♠ **contour** line **등고선**

C

□ con**tri**te [kəntráit, kάntrait/kɔ́ntrait] 형 죄를 깊이 뉘우치고 있는; 회개한 ☜ 완전히(con/강조) (마음을) 돌(tri) 린(te)

□ con**tri**tion [kəntríʃən] 명 『신화』 통회(痛悔), 회개; (깊은) 회한 ☜ -ion<명접>

□ de**tri**ment [détrəmənt] 명 손해, 손상; 손해의 원인, 유해물 ☜ 완전히(de/강조) 마모된(tri) 것(ment<명접>)

□ de**tri**mental [dètrəméntl] 형 유해한, 손해되는 명 해로운 사람[것] ☜ -al<형접/명접>
♠ Smoking **is detrimental to** health. 흡연은 건강**에 해롭다**.

✚ at**tri**tion 마찰; 마멸; 소모; 감소; 『신화』 불충분한 회오(悔悟) **tri**p (짧은) **여행**

이란-콘트라 사건(事件) Iran-Contra Affair

1986년 미국 레이건 행정부의 국가안전보장회의(NSC)가 니카라과 좌익정부 전복을 위해 비밀리에 이란에 무기를 판매하고, 그 대금의 일부를 중미 니카라과 콘트라 반군에 지원한 사건이다.

□ **con** [kan/kɔn] 부 반대하여 형 반대의 명 반대자, 반대투표 ☜ = contra
♠ **pros and cons 찬반양론(贊反兩論)**

□ **contra** [kάntrə/kɔ́n-] 전 ~에 (반)대하여 ☜ 라틴어로 '역(逆), 반대, 반항'이란 의미

콘트라베이스 contrabass (가장 크고 낮은 음을 내는 현악기)

콘트라베이스는 기존의 베이스 악기인 첼로(cello)보다 크기가 '두 배 크다'는 뜻의 더블베이스(Double bass), 또는 한 옥타브 낮은 소리가 나는 '곱절의 저음'이라는 뜻의 콘트라베이스(contrbass)라고도 불렀다. <출처 : Paul Brun, 「A New History of the Double bass」>

♣ **어원 : contra- ~에 반대[대항]하여; 반대의, 상반되는**

□ **contra** [kάntrə/kɔ́n-] 전 ~에 (반)대하여 ☜ 라틴어로 '역(逆), 반대, 반항'이란 의미

□ **contra**band [kάntrəbæ̀nd/kɔ́n-] 명 밀수(품), 밀매(품) 형 금지의 ☜ (법에) 반하여(contra) 금지시킨(ban) + d

□ **contra**bandist [kάntrəbæ̀ndist / kɔ́n-] 명 밀무역업자; 밀수업자 ☜ -ist(사람)

□ **contra**bass [kάntrəbèis/kɔ́n-] 형 『음악』 최저음의 명 **콘트라베이스** (=double bass) 《최저음의 대형 현악기》 ☜ 이탈리아어로 '낮은 음(bass=base)에 대항하는(contra=against)'이란 뜻

□ **contra**cept [kὰntrəsépt/kɔ̀n-] 동 피임하다 ☜ 임신에 반하다 ⇦ (생명을) 취함(cept=take)에 반하다(contra)

□ **contra**ception [kὰntrəsépʃən/kɔ̀n-] 명 피임(법) ☜ -ion<명접>
비교 contraption 새로운 고안, 신안(新案), 기묘한 기계

□ **contra**ceptive [kὰntrəséptiv/kɔn-] 형 피임(용)의 명 피임약; 피임용구 ☜ -ive<형접/명접>

□ **contracept**(피임하다), **contraception**(피임), **contraceptive**(피임용의; 피임약)
➔ **contradict**(부정하다; 모순되다) **참조**

트랙터 tractor (견인력을 이용해서 각종 작업을 하는 특수 차량)

♣ **어원 : tract 끌다(=draw), 끌어내다, 잡아당기다**

■ **tract**or [trǽktər] 명 **트랙터**, 견인(자동)차 ☜ 끄는(tract) 기계(or)

□ con**tract** [kάntrækt/**칸**트랙트/kɔ́ntrækt/**콘**트랙트] 명 **계약**, 약정; 계약서 ☜ 서로(con<com) 끌어당기다(tract)
♠ **by contract 도급으로**
♠ **make** (enter into) **a contract with ~ ~와 계약을 맺다**
♠ **contract out 계약에 의해 (일을) 주다, 하청으로 내다, 외주하다**
♠ **contract (oneself) in 참가 계약을 하다**
♠ **contract (oneself) out (of) ~ 《영》 (계약·협약을) 파기하다, (~에서) 탈퇴하다**

□ con**tract**ed [kάntrækt/kɔ́n-] 형 줄어든, 줄인; 옹졸한 ☜ contract + ed<형접>

□ con**tract**ion [kəntrǽkʃən] 명 **단축, 축소**; 수축, 수렴 ☜ 서로(con<com) 끌어당기(tract) 기(ion<명접>)

□ con**tract**or [kəntrǽktər/kάntræktər] 명 **계약자**; 도급자, (공사) 청부인

☜ 서로(con<com) 끌어당기는(tract) 사람(or)
♠ a general **contractor 청부업자**

✚ abs**tract 추상적인; 추상**; 추상[추출]하다 at**tract** (주의 · 흥미 등을) **끌다, 유인하다** ex**tract 뽑아내다**, 빼어내다 re**tract 철회하다**, 취소하다 sub**tract 빼다, 감하다**

이란-콘트라 사건(事件) Iran-Contra Affair

1986년 미국 레이건 행정부의 국가안전보장회의(NSC)가 니카라과 좌익정부 전복을 위해 비밀리에 이란에 무기를 판매하고, 그 대금의 일부를 중미 니카라과 콘트라 반군에 지원한 사건이다.

♣ **어원 : con-, contra- ~에 반대[대항]하여, 반대의, 상반되는**

□ **con** [kan/kɔn] ㊫ 반대하여 ㊮ 반대의 ㊔ 반대자, 반대투표 ☜ = contra
♠ **pros and cons 찬반양론(贊反兩論)**

□ **contra** [kάntrə/kɔ́n-] ㉠ ~에 (반)대하여 ☜ 라틴어로 '역(逆), 반대, 반항'이란 의미

□ **contra**dict [kὰntrədíkt/kɔ̀n-] ㊜ **부정[부인]하다; 모순되다**; 반대(반론)하다
☜ 반하여(contra) 말하다(dict)

□ **contra**diction [kὰntrədíkʃən/kɔ̀n-] ㊔ **부정,** 부인; 반박, 반대; **모순** ☜ contradict + ion<명접>
♠ **in contradiction to ~ ~에 반하여, ~와 정반대로**

□ **contra**dictious [kὰntrədíkʃəs/kɔ̀n-] ㊮ 반대(반박)하기 좋아하는, 논쟁을 좋아하는
☜ contradict + ious<형접>

□ **contra**dictory [kὰntrədíktəri/kɔ̀n-] ㊮ 모순된, 양립치 않는, 자가 당착의; 반항적인
☜ contradict + ory<형접>

□ **contra**pose [kάntrəpòuz/kɔ́ntrəpòuz] ㊜ 대치(對置)(대비)하다
☜ ~에 대항하여(contra) 두다(pose=put)

□ **contra**position [kὰntrəpəzíʃən/kɔ̀n-] ㊔ 대치(對置); 대립, 대조
☜ ~에 대항하여(contra) 두는(pos=put) 것(ition<명접>)
♠ **in contraposition to** (with) **~ ~에 대치[대조]하여**

□ **contra**rily [kάntrerəli/kɔ́n-] ㊫ 반대로, 이에 반해서 ☜ contrary + ily<부접>

□ **contra**ry [kάntreri/kɔ́n-] ㊮ **반대의; 적합지 않은** ㊔ **정반대** ☜ 반대(contra) 의(ry)
♠ a **contrary** current **역**류, **contrary** wind **역**풍
♠ **contrary to ~ ~에 반하여, ~에 상반된**
♠ **on the contrary 이에 반하여, 오히려, ~은 커녕**
♠ **to the contrary 그와 반대로, 반대 취지의**

□ **contra**st [kάntræst/kɔ́ntrɑːst] ㊔ **대조** ㊜ **대조하다** ☜ 반대하여(contra) 서다(st=stand)
♠ the **contrast** between light and shade 명암(明暗)의 **대조**
♠ **by contrast 대조해 보면,**
♠ **by contrast with ~ ~와의 대조[대비]에 의해**
♠ **in contrast to** (with) **~ ~와 대비하여; ~와는 현저히 달라서**

□ **contra**vene [kὰntrəvíːn/kɔ̀n-] ㊜ (법률 따위를) 위반하다
☜ (법에) 반하여(contra) 오다(vene=come)

□ **contra**vention [kὰntrəvénʃən/kɔ̀n-] ㊔ 위반(행위), 위배; 반대, 반박; (유럽의) 경범죄
☜ contravene + tion<명접>

※ **affair** [əfέər/어**풰**어/어**빼**아] ㊔ **일**, 업무, 직무; **사건**, 사태, 추문; 정사
☜ 라틴어로 '~을(af<ad=to) 만든<행한(fa<fac) 것(ir)'이란 뜻.

디스트리뷰터 distributer ([자동차] 배전기)

자동차 부품의 하나로, 점화(點火) 코일에 발생한 고전압을 점화 순서대로 점화 플러그에 배전하는 기기이다. 단속기(斷續器), 점화 시기 조정 장치, 배전부(配電部) 등으로 구성되어 있다. <출처 : 자동차 용어사전>

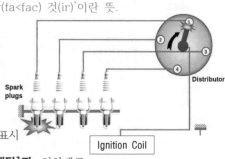

♣ **어원 : tribut(e) 주다, 할당하다**

■ **tribute** [tríbjuːt] ㊔ **공물, 조세; 찬사**, 감사의 표시
☜ 라틴어로 '바쳐진 것'이란 뜻

■ dis**tribut**or, -er [distríbjətər] ㊔ **분배[배포 · 배급 · 배달]자**; 영화배급업자; 『전기』 배전기《내연 기관용》 ☜ 따로따로(dis) 주는(tribut) 사람[기계](or)

□ con**tribute** [kəntríbjuːt] ㊜ (금품 따위를) **기부[기증]하다** ☜ 함께(con<com) 나누어 주다(tribute)
♠ **contribute** money to relieving the poor 빈민 구제를 위해 돈을 **기부하다**
♠ **contribute to ~ ~에 기여하다**

□ con**tribut**ion [kὰntrəbjúːʃən/kɔ̀n-] ㊔ **기부(금)**; 기증(품); 기고; 공헌 ☜ contribute + ion<명접>
♠ **lay under contribution 강제적으로 기부시키다**
♠ **make a contribution to** (toward) **~ ~에 기부[공헌]하다**

□ con**tribut**or [kəntríbjətər] ⓜ **기부[공헌]자**; 기고(투고)가 ☜ -or(사람)
□ con**tribut**ive, con**tribut**ory [kəntríbjətiv], [kəntríbjətɔ̀ːri/-təri] ⓗ 공헌하는, 보조의
☜ -ive/-ory<형접>
□ re**tribut**ion [rètrəbjúːʃən] ⓜ 보답; 징벌; 『신학』 응보, 천벌; 보복
☜ 다시/도로(re=back) 주는(tribut) 것(ion<명접>)
■ **attribute** [ətríbjuːt] ⓢ (~의) **탓으로 돌리다** ☜ ~에게로(at<ad=to) (원인을) 주다(tribute)

C

□ **contrition**(회개, 뉘우침) ➔ **contour**(윤곽, 외형; 등고선) **참조**

트로피 trophy (우승컵)

♣ **어원 : trop(h), triv(e) 되돌아가다(=return)**
■ **trophy** [tróufi] ⓜ **전리품**; **트로피**, 우승배
☜ (적을) 되돌아가게(troph) 하고 얻은 것(y)
■ **trop**ical [trάpikəl/trɔ́p-] ⓗ **열대(지방)의**; 열정적인
☜ (태양이) 되돌아오는(trop) + i + 곳의(cal)
□ con**triv**ance [kəntráivəns] ⓜ **고안(품)**, 장치 ☜ contrive + ance<명접>
□ con**trive** [kəntráiv] ⓢ **연구하다; 고안하다**; 용케 ~하다; 꾀하다, 도모하다
☜ 함께(con<com) 돌이켜(trive) 생각하다
♠ **contrive** (devise) **a stratagem** 책략을 **꾸미다**
□ con**triv**er [kəntráivər] ⓜ 고안자 ☜ contrive + er(사람)

리모콘 콩글 remocon (×) (원격 조작) ➔ remote control, remote, (informal) zapper

※ **remote** [rimóut] ⓗ (-<-t**er**<-t**est**) **먼**, 먼 곳의
☜ 라틴어로 '뒤로<멀리(re) 움직이다(mot) + e'란 뜻
□ **control** [kəntróul/컨츠**로**울] ⓜ **지배**(력); 관리; **억제**, 통제 ☜ 양치기가 양피 두루마리에 양의 숫자를 기록하여 대조하다 ⇦ **con**trast(대조) + **rol**l(두루마리)
♠ **control oneself 자제하다**
♠ **be beyond (one's) control 제어하기 힘들다, 힘에 부치다**
♠ **be under control 지배[관리]하에 있다**
♠ **bring** (get, put) **~ under control ~을 억제[진압]하다, 누르다**
♠ **keep under control ~을 누르고 있다, 제어하다**
□ **control**lable [kəntróuləbl] ⓗ 지배(억제)할 수 있는 ☜ control + l + able<형접>
□ **control**led [kəntróuld] ⓗ 지배하의; 통제된 ☜ control + l<자음반복> + ed<형접>
□ **control**ler [kəntróulər] ⓜ **관리인**; (회계) **감사관** ☜ control + l + er(사람)

버전 version (상품의 개발 단계 및 순서를 번호로 표시한 것)

♣ **어원 : vers(e), vert 돌리다, 뒤집다, 바꾸다(=turn)**
■ **vers**ion [və́ːrʒən, -ʃən] ⓜ **번역**(서); (성서의) **역**(譯); **~판**(版)
☜ 돌리는(vers) 것(ion)

v1 V2 V3 V4

□ contro**vers**y [kάntrəvə̀ːrsi/kɔ́n-] ⓜ **논쟁**, 논의; 말다툼
☜ 반대로(contro) 뒤집는/도는(vers) 것(y<명접>)
♠ **arouse** (cause) **much controversy 크게 물의를 일으키다.**
♠ **beyond** (without) **controversy 논쟁의 여지없이, 당연히.**
♠ **have** (enter into) **a controversy with ~ ~와 논쟁하다.**
♠ **hold** (carry on) **a controversy with** (against)**~ ~와 의론하다**
□ contro**vers**ial [kὰntrəvə́ːrʃəl/kɔ̀n-] ⓗ 논쟁의, **논쟁거리가 되는** ☜ -ial<형접>
□ contro**vert** [kάntrəvə̀ːrt/kɔ́n-] ⓢ 논의(논쟁·토론)하다, 부정하다 ☜ 반대로(contro) 돌다(vert)
□ contro**vert**ible [kὰntrəvə́ːrtəbl/kɔ̀n-] ⓗ 논의(논쟁)의 여지가 있는, 논쟁할 만한
☜ 반대로(contro) 뒤집을/돌(vert) 수 있는(ible)
□ incontro**vert**ible [inkὰntrəvə́ːrtəbl/-kɔ̀n-] ⓗ 명백한, 논의(논쟁)의 여지가 없는
☜ in(=not/부정) + controvertible
□ incontro**vert**ibly [inkὰntrəvə́ːrtəbli/-kɔ̀n-] ⓑ 명백히, 논의할 필요도 없이 ☜ -ly<부접>

✚ con**vert 전환하다**, 바꾸다 in**vert 거꾸로 하다**, 뒤집다 re**verse 거꾸로 하다**, 반대로 하다; 반대

이벤트 event (콩글 판촉행사) ➔ promotional event

♣ **어원 : ven 오다, 가다; 모이다**
■ e**vent** [ivént/이**벤**트] ⓜ (중요한) **사건, 행사**

☜ 밖으로(e<ex) 나오는(ven) 것(t)

☐ con**ven**e [kənvíːn] ⓢ 모으다, 소집〔소환〕하다
☜ 함께(con<com) 모이다(ven) + e

☐ con**ven**ience [kənvíːnjəns] ⓜ **편리, 편의** ☜ 모든(con<com) 것이 모여 있는(ven) + i + 것(ence<명접>)
♠ **c**on**v**enience **s**tore = CVS 편의점

☐ con**ven**ient [kənvíːnjənt] ⓗ **편리한, 형편이 좋은**, 편의한 ☜ -ent<형접>

☐ con**ven**iently [kənvíːnjəntli] ⓑ **편리하게**, 형편 좋게 ☜ -ly<부접>

☐ con**ven**t [kάnvənt/kɔ́n-] ⓜ **수도회**, 《특히》 수녀단; **수도원**
☜ 함께(con<com) 모이는(ven) 곳(t)

< 미국 배우 톰 크루즈의 영화 프로모션 © 연합 >

C

☐ con**ven**ticle [kənvéntikəl] ⓜ (종교상의) 비밀 집회(소); 비밀 예배
☜ 함께(con<com) 모이(ven) 는(tic<형접>) 곳(것)(le<명접>)

☐ con**ven**tion [kənvénʃən/컨**벤**션] ⓜ (정치・종교적) 대회; **집회**; **협약**
☜ 함께(con<com) 모이는(ven) 것(tion)
♠ **convention center 컨벤션 센터** 《회의 장소나 숙박시설이 집중된 지구 또는 종합 빌딩》

☐ con**ven**tional [kənvénʃənəl/컨**벤**셔널] ⓗ **전통적인; 관습적인**
☜ (대대로) 같이(con<com) 내려오는(ven) 것(tion) 의(al)

☐ con**ven**tionally [kənvénʃənəli] ⓑ 인습적으로, 진부하게 ☜ -ly<부접>

☐ con**ven**tionality [kənvènʃənǽləti] ⓜ **관례**〔전통, 인습〕 **존중**; (종종 the **-ities**) 상투성; 관습
☜ conventional + ity<명접>

✚ ad**ven**ture **모험(심)** pre**ven**t **막다**, 방해하다; **예방하다**

버전 version (상품의 개발 단계 및 순서를 번호로 표시한 것)

♣ 어원 : vers(e), vert, verg(e) 돌리다, 뒤집다, 바꾸다(=turn)

■ **vers**ion [vəːrʒən, -ʃən] ⓜ **번역**(서); (성서의) **역**(譯); **~판**(版)
☜ 돌리는(vers) 것(ion)

v1 V2 V3 V4

☐ con**verge** [kənvəːrdʒ] ⓢ 한 점〔선〕에 모이다, 집중하다
☜ (중앙을 향해) 함께(con<com) 돌다(verge)
♠ His supporters **converged on** Seoul for the rally.
그의 지지자들이 그 집회에 참석하기 위해 서울**로 모여들었다**.

☐ con**verg**ent [kənvəːrdʒənt] ⓗ 한 점으로 향하는, 한데 모이는; 〖군사〗 (포위) 집중적인
☜ -ent<형접>

☐ con**verg**ence [kənvəːrdʒəns] ⓜ 한 점에의) 집중, 집중성〔상태〕; **컨버전스** 《여러 가지 성능을 하나로 융합하여 전자 제품이나 디지털 기기를 만들어 내는 일》

☐ con**verse** [kənvəːrs, kάnvəːrs/kɔ́nvəːrs] ⓗ **역**(逆)**의**, **거꾸로의**, 전환한, 뒤바뀐 ⓢ **담화하다**
☜ 서로(con<com) 돌아가며(verse) 말하다
♠ **converse** situation **반대의** 상황
♠ **converse** in English 영어로 **회화하다**

☐ con**verse**ly [kənvəːrsli, kάnvəːrsli/kɔ́nvəːrsli] ⓑ 거꾸로, 반대로; 거꾸로 말하면 ☜ -ly<부접>

☐ con**vers**ation [kὰnvərséiʃən/칸벌**쎄**이션/kɔ̀nvərséiʃən/콘버**쎄**이션] ⓜ **회화**, 대담, 대화, 좌담
☜ converse + ation<명접>
♠ I **held a conversation with** her yesterday.
어제 나는 그녀**와 대화했다**.

☐ con**vers**ational [kὰnvərséiʃənəl/칸벌**세**이셔널/kɔ̀nvərséiʃənəl/콘버**쎄**이셔널] ⓗ **회화(체)의**, 좌담식의; 이야기 잘하는 ☜ conversation + al<형접>

☐ con**vers**ion [kənvəːrʒən, -ʃən] ⓜ 변환, **전환**, 전화(轉化) ☜ converse + ion<명접>

☐ con**vert** [kənvəːrt] ⓢ **전환하다**, 바꾸다; 개종하다 ☜ 완전히(con<com) 돌다(vert)

☐ con**vert**er [kənvəːrtər] ⓜ 주파수 변환기, TV 채널 변환기, **컨버터**
☜ 완전히(con<com) 바꾸는(vert) 기계(er)

☐ con**vert**ible [kənvəːrtəbl] ⓗ **바꿀 수 있는**, 개조할 수 있는 ☜ convert + ible(할 수 있는)

☐ recon**vers**ion [riːkənvəːrʒən] ⓜ 재개종(再改宗); 복당(復黨); 부흥; 재전환
☜ 다시(re) 전환하기(conversion)

✚ ad**vert**ise, -tize **광고하다**, 선전하다 di**verge** **분기하다**, 갈라지다

콘벡스 버튼 convex button ([패션] 볼록단추)

♣ 어원 : vex, vec, veh 가져오다, 부풀어 오르다

☐ con**vex** [kanvéks, kən-/kɔnvéks] ⓗ **볼록한**, 철면(凸面)의
☜ 함께(con<com) 가져오다(vex)

♠ **convex** and concave lenses **볼록** 및 오목렌즈

□ con**vec**tion [kənvékʃən] ⓜ 대류, 기류, 환류; 운반, 전달
☜ 함께(con<com) 가져오는(vex) 것(tion<명접>)

■ **ve**hicle [víːikəl, víːhi-] ⓜ **수송 수단**, 탈것 ☜ 가져오는(veh) + i + 것(cle)

※ **button** [bʌ́tn] ⓜ **단추** ⓢ **단추를 채우다** ☜ 고대 프랑스어로 '돌기'란 뜻

C

컨베이어 conveyer (운반장치), 보이저 voyager (미국의 탐사위성)

♣ **어원 : vey, voy, voi 보내다**

□ con**vey** [kənvéi] ⓢ **나르다, 운반[전달]하다** ☜ 함께(con<com) 보내다(vey)
♠ Please **convey** this message to him. 이 말을 그에게 **전하시오**

□ con**vey**able [kənvéiəbl] ⓗ 나를 수 있는 ☜ -able<형접>

□ con**vey**ance [kənvéiəns] ⓜ **운반**, 수송, **전달** ☜ -ance<명접>

□ con**vey**er, -or [kənvéiə] ⓜ 운반 장치; (유동 작업용) **컨베이어** ☜ convey + er/or(기계)

□ con**voy** [kάnvɔi/kɔ́n-] ⓜ **호송, 호위, 콘보이**; 호위자(대); 호위함(선)
[kάnvɔi, kənvɔ́i/kɔ́nvɔi] ⓢ **호위[경호, 호송]하다**(=escort)
☜ 함께(con<com) 보내다(voy)

■ **voy**ager [vɔ́iidʒər, vɔ́iədʒ-] ⓜ 항해자, 항행자; 모험적 항해자; 여행자; (V-) 【우주】 **보이저** 《미국의 목성 · 토성 탐사 위성》 ☜ 항해(voyage)하는 자(er)

빅토리 Victory ([로神] 승리의 여신), 빅토리아여왕 Queen Victoria

♣ **어원 : vict, vinc 승리(자), 정복(자); 승리하다, 정복하다**

■ **vict**ory [víktəri/**뷕**터뤼] ⓜ **승리**, 전승, 승전 ☜ vict(승리하다) + ory<명접>

■ **Vict**oria [viktɔ́ːriə] ⓜ 【로.신화】 승리의 여신상; 영국의 빅토리아 여왕 (1819-1901) ☜ 승리(vict) 자(or) + 이름접미사(ia)

□ con**vict** [kənvíkt] ⓢ **~의 유죄를 입증하다, 유죄를 선언하다**
☜ 완전히(con<com) 승리하다(vict) ⓑ **acquit** 방면(放免)하다

□ con**vict**ion [kənvíkʃən] ⓜ **유죄 판결; 신념**, 확신 ☜ convict + ion<명접>

□ con**vinc**e [kənvíns] ⓢ **납득[확신]시키다** ☜ 완전히(con<com) 승리하다(vinc) + e
♠ **be covinced of ~ ~을 확신하다**
♠ **convince (A) of (B) A에게 B를 깨닫게 하다**

□ con**vinc**ible [kənvínsəbl] ⓗ 수긍할 수 있는 ☜ convince + ible(~할 수 있는)

□ con**vinc**ing [kənvínsiŋ] ⓗ **설득력 있는**, 납득(수긍)이 가게 하는 ☜ convince + ing<형접>

□ con**vinc**ingly [kənvínsiŋli] ⓑ 납득할 수 있게 ☜ convincing + ly<부접>

■ e**vict** [ivíkt] ⓢ 【법률】 (가옥 · 토지에서) 퇴거시키다, 쫓아내다
☜ 밖으로(ex) 승리하다(vict)

서바이벌 게임

© yes24.com

서바이벌 게임 survival game ([레포츠] 안전한 전투장비를 착용하고 행하는 모의 전쟁놀이. <생존 게임>이란 뜻)

♣ **어원 : viv, vit(a) 살다; 생기있는**

■ sur**viv**e [sərváiv] ⓢ **생존하다[살아남다]**, (남보다) 오래 살다, 잔존하다
☜ 라틴어로 '넘어서(sur) 살다(vive)'란 뜻

■ sur**viv**al [sərváivəl] ⓜ **살아남음, 생존**, 잔존; 생존자, 잔존물; 유물, 유풍 ☜ -al<명접>

□ con**viv**e [kάnvaiv/kɔ́n-] ⓜ 식사(연회)를 같이 하는 사람들(동아리들)
☜ 함께/더불어(con<com) 살아가는(viv) 자들(e)

□ con**viv**ial [kənvíviəl] ⓗ 주연(연회)의, 환락의; 연회를 좋아하는; 명랑한, 쾌활한
☜ 함께/더불어(con<com) 살아가(viv) 는(ial)
♠ On holidays, Tom is in **a convivial mood**.
휴일이면 톰은 **기분이 명랑**해진다.

□ con**viv**iality [kənvìviǽləti] ⓜ 주연, 연회, 환락; 유쾌함 ☜ -ity<명접>

※ **game** [geim/게임] ⓜ 놀이, 유희, 오락, 장난; **경기, 시합**, 승부
☜ 고대영어로 '경기, 재미'란 뜻

✚ **viv**id **생생한**, 활발한, **발랄한**, 선명한, **밝은** re**viv**e **소생(하게) 하다** re**viv**al **소생, 재생**, 부활; **부흥**; (the R-) 문예 부흥; (연극 · 영화의) **리바이벌**, 재상연, 재상영

보컬 vocal (가창; 노래하는 가수, 성악가)

♣ **어원 : voc, vok 목소리; 불러내다**

■ **voc**al [vóukəl] ⓗ **목소리의**, 음성의 ⓜ (음악의) 보컬(연기), 가창(歌唱)
☜ 목소리(voc) 의(al)

■ **voc**ation [voukéiʃən] [명] **천직; 사명감; 직업** ☜ (신의) 목소리(voc) + ation<명접>
□ con**voc**ation [kὰnvəkéiʃən/kɔ̀n-] [명] (회의·의회의) 소집; (소집된) 집회
☜ 모두(con<com) 불러내는(voc) 것(ation<명접>)
□ con**vok**e [kənvóuk] [동] (회의·의회 따위를) 소집하다, 불러 모으다
☜ 모두(con<com) 불러내다(vok) + e
♠ **convoke** a council (assembly, parliament) 의회를 **소집하다**

✚ e**voke** (영혼 등을) 불러내다, **일깨우다**, 환기시키다 in**voke** **기원하다, 빌다**; (법에) **호소하다; 발동하다** pro**voke** **화나게 하다; 자극하여 ~시키다, 불러일으키다**

리볼버 권총 revolver (탄창이 회전하며 발사되는 연발권총)

♣ 어원 : **volv(e), volu, volt 돌다, 회전하다; 변하다**
■ re**volve** [rivάlv/-vɔ́lv] [동] **회전하다**, 선회(旋回)하다
☜ 계속(re) 회전하다(volve)
■ re**volv**er [rivάlvər] [명] (회전식) **연발 권총** ☜ 계속(re) 회전하는(volv) 것(er)
□ con**volve** [kənvάlv/-vɔ́lv] [동] 감다; 감기다; 둘둘 말다(감다); 휘감기다
☜ 함께(con<com) 감다(volve)
□ con**volu**tion [kὰnvəlúːʃən/kɔ̀n-] [명] 소용돌이, 회선(回旋) (상태) ☜ -tion<명접>
♠ the bizarre **convolutions** of the story
그 이야기의 기이하게 **얽히고설킨 내용**

□ **convoy**(호송하다) ➔ **convey**(운반하다) **참조**

비아 Bia ([그神] 폭력의 여신)

그리스 신화에 등장하는 폭력을 의인화한 여신. 티탄 전쟁 때 형제들과 함께 제우스의 편에 서서 싸운 공로로 그의 충신이 되었다. 제우스는 자신의 명을 어기고 인간을 도운 프로메테우스를 벌할 때 비아와 크라토스 남매를 형벌의 집행자로 삼았다. <출처 : 그리스로마신화 인물백과>

♣ 어원 : **bia ➔ vio(l), vul 난폭하다, 난폭하게 잡아당기다**
■ **viol**ence [váiələns] [명] **격렬함**, 맹렬함; **폭력** ☜ 난폭한(viol) 것(ence)
■ **viol**ent [váiələnt] [형] **격렬한**, 맹렬한, **난폭한** ☜ 난폭(viol) 한(ent)
□ con**vul**se [kənvʌ́ls] [동] 진동시키다; 경련을 일으키게 하다
☜ 함께(con<com) 난폭하게 잡아당기다(vul) + se
□ con**vul**sion [kənvʌ́lʃən] [명] (보통 pl.) **경련**, (특히 어린아이의) 경기(驚氣)
☜ convulse + ion<명접>
♠ The child went into **convulsions**. 그 아이가 **경기**를 일으켰다.

한국의 비둘기는 구구하며 울고, 영어권 비둘기는 쿠우(coo)하고 운다

□ **coo** [kuː] [명] (pl. **-s**) **꾸꾸** 《비둘기 울음 소리》 [동] (-/-**ed**/-**ed**) (비둘기가) 꾸꾸 울다
☜ 페르시아어로 '비둘기'란 뜻
■ cuc**koo** [kú(:)kuː] [명] (pl. **-s**) 뻐꾸기; 뻐꾹 《뻐꾸기의 울음소리》
☜ 고대 프랑스어로 '뻐꾸기'란 뜻.

쿠커 cooker (난로·오븐 등의 조리기구)

□ **cook** [kuk/쿡] [동] **요리[조리]하다**, 음식을 만들다 [명] **쿡, 요리사**
☜ 고대영어로 '요리'란 뜻
♠ **cook** fish 물고기를 **요리하다**,
♠ **be cooked alive 찌는 듯이 덥다.**
♠ **cook away ~ 삶아서 ~을 없애다,**
♠ **cook off (탄알이) 열 때문에 폭발하다.**
♠ **cook the books 장부를 속이다,**
♠ **cook up ~ ~을 재빨리 요리하다; 《속어》 가열하여 (마약을) 준비하다.**
♠ **cook up a storm 대량으로 요리하다.**
♠ **cook with gas** (butane, electricity, microwave, radar)
《미.속어》 훌륭히 하다; 올바른 생각을 하다; 최첨단적인 일에 밝다.
♠ **What's cooking ? = What cooks ? 《구어》 무슨 일이냐; 별일 없느냐**
□ **cook**book [kúkbùk] [명] 《미》 요리책(《영》 cookery book) ☜ cook + book(책, 장부)
□ **cook**er [kúkər] [명] 요리(조리) 기구 ☜ 요리하는(cook) 기구(er)
□ **cook**ery [kúkəri] [명] **요리법** ☜ 요리하는(cook) 방법(ery)

☐ **cook**ing [kúkiŋ/**쿠**킹] (명) **요리**(법) (형) **요리(용)의** ☜ 요리(cook) 하는(ing)

쿠키 cookie, cooky (과자 빵)

☐ **cookie, cooky** [kúki] (명) 《미》 **쿠키, 과자빵** 《비스킷류》
☜ 네덜란드어로 '작은 빵'이란 뜻

쿨러 cooler (냉각기)

☐ **cool** [ku:l/쿠울] (형) **시원한**, 서늘한; (의복 따위가) 시원스러운
☜ 고대 노르드어로 '춥다'란 뜻 [반] **warm** 따뜻한
♠ a **cool** chamber ***시원한*** *방* ➔ 냉장실, a **cool** drink **시원한** 음료
☐ **cool**er [kú:lər] (명) **냉각기**; 《미》 냉장고; 《구어》 냉방 장치 ☜ 시원한(cool) 기계(er)
☐ **cool**-headed [kú:lhédid] (형) 냉정한 ☜ 차가운(cool) 머리(head) 의(ed)
☐ **cool**ing-off period 냉각기간 ☜ period(기간)
☐ **cool**ly [kú:lli] (부) **시원하게**, 차갑게; 냉정하게; 쌀쌀맞게 ☜ 시원(cool) 하게(ly)
☐ **cool**ness [kú:lnis] (명) 냉정, 침착 ☜ cool + ness<명접>
■ **cold** [kould/코울드] (형) **추운, 찬**; **냉정한, 냉담한**, (마음이) 찬
☜ 고대영어로 '찬, 추운'이란 뜻 [반] **hot** 뜨거운, **warm** 따뜻한

쿨리 coolie (인도·중국의 짐꾼·인력거꾼)

☐ **coolie, cooly** [kú:li] (명) (인도·중국의) **쿨리**; 하급 노무자
☜ 힌두어로 '고용된 하인'이란 뜻

라쿤 raccoon (미국 너구리)

■ rac**coon** [rækú:n, rə-] (명) (pl. **-(s)**) 〖동물〗 미국 너구리
☜ 북미 인디언 알곤킨어로 '냄새를 찾는 손' 또는 '그가 손으로 긁는다'란 뜻.
☐ **coon** [ku:n] (명) 〖동물〗 **미국 너구리**(=raccoon) ☜ raccoon의 줄임말

컵 cup (잔)

■ **cup** [kʌp/컵] (명) **찻종, 컵**, 잔; 우승컵 ☜ 고대영어, 라틴어로 '잔, 통'이란 뜻
☐ **coop** [ku(:)p] (명) 닭장, 우리, 장; 《영》 (물고기를 잡는) 어살; 《속어》 가두는 장소, 교도소
☜ 고대영어, 라틴어로 '통'이란 뜻
♠ chicken **coop** **닭장**

오페라 opera (가극 = 음악·연극 등의 종합예술)

♣ **어원 : opera 일, 노동; 일하다**
■ **opera** [ɑ́pərə/ɔ́p-] (명) **오페라, 가극** ☜ 이탈리아어로 '일, 노동'
■ **opera**te [ɑ́pərèit/ɔ́p-] (동) **작동하다, 움직이다, 수술하다, 경영하다**
☜ 일을 하게(opera) 하다(ate<동접>)
■ **opera**tion [ɑ̀pəréiʃən/아퍼**뤠**이션/ɔ̀pəréiʃən/오퍼**뤠**이션] (명) **가동**(稼動), **작용, 작업, 실시, 수술** ☜ 일하게 하는(operate) 것(ion<명접>)
☐ co(-)**opera**te [kouɑ́pərèit/-ɔ́p-] (동) **협력[협동]하다** ☜ 함께(co<com) 일하다(operate)
♠ **cooperate with ~ ~와 협력하다**
☐ co(-)**opera**tion [kouɑ̀pəréiʃən/-ɔ̀p-] (명) **협력**, 협동, 제휴
☜ 함께(co<com) 일하는(operate) 것(ion<명접>)
♠ economic **cooperation** 경제 **협력**
♠ technical **cooperation** 기술 **제휴**
♠ **in cooperation with ~ ~와 협력[협동]하여**
☐ co(-)**opera**tive [kouɑ́pərèitiv, -ərətiv/-ɔ́pərətiv] (형) **협력적인, 협동의** (명) 협동조합
☜ 함께(co<com) 일하(operate) 는(ive<형접>)
☐ co(-)**opera**tor [kouɑ́pərèitər/-ɔ́p-] (명) 협력자 ☜ -or(사람)

오다 < 오더 order (주문)
코디네이트 co(-)ordinate ([패션] 아름다운 의상 연출법)

♣ **어원 : ord(er), ordin 질서, 순서, 서열, 위치, 계급; 정하다, 정렬하다**
■ **order** [ɔ́:rdər/**오**-더] (명) (종종 pl.) **명령, 주문**; **순서**, 정돈, 질서 (동) **주문[명령]하다**, 정돈

하다 ☜ 고대 프랑스어로 '규칙, 종교적 질서', 라틴어로 '줄, 열; 배열'이란 뜻

□ co(-)**ordin**ate [kouɔ́ːrdənit, -nèit] ⓗ **대등한**, 동등한, 동격의, 동위의 ⓜ 동등한 것, 동격자; 『수학』 좌표; (pl.) 『복식』 **코디네이트** 《색깔·소재·디자인 따위가 서로 조화된 여성복》 ☜ 함께(co<com) 정렬하다(ordin) + ate<형접> 반 subordinate 하위의, 부수의
♠ **a coordinate** 〔subordinate〕 **conjunction 등위** 〔종속〕 **접속사**

□ co**ordin**ation [kouɔ̀ːrdənéiʃən] ⓜ **동등**(하게 함); 대등(관계) ☜ -tion<명접>

□ co**ordin**ator [kouɔ́ːrdənèitər] ⓜ **동격으로 하는 사람[것]** ☜ -or(사람)

C

로보캅 RoboCop (미국 SF 영화. <로봇 경찰>이란 뜻)

2014년에 개봉한 미국의 SF/액션/범죄영화. 조엘 킨나만, 사무엘 잭슨, 게리 올드만 주연. 범죄와 무질서로 혼란에 빠진 도시에서 한 경찰이 예기치 못한 사고로 치명적 부상을 입는다. 로봇기술을 이용해 완벽한 '로보캅'으로 재탄생하지만 되살아나는 기억으로 인해 업무에 지장을 초래하고, 자신을 그렇게 만든 이를 응징하러 나선다. <NAVER영화>

© Columbia Pictures

※ **robot** [róubət, -bɑt/róubɔt] ⓜ **로봇**, 인조인간
☜ 체코어로 '강요된 노동자'란 뜻

□ **cop** [kɑp/kɔp] ⓜ 《구어》 **순경**(=policeman); 《영.속어》 체포, 포박 ⓓ 《영.속어》 (범인을) 잡다 ☜ copper의 줄임말
♠ **Somebody call the cops! 누구 경찰 좀 불러요!**

□ **cop**per [kɑ́pər/kɔ́pər] ⓜ 구리; 순경 ☜ 라틴어 capere로 '붙잡는 사람'이란 뜻.

쿠데타 coup d'État ([F.] 무력정변. <국가에 대한 일격>이란 뜻)

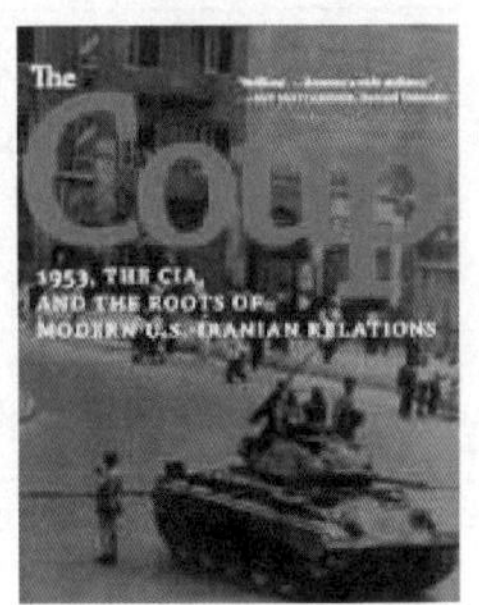

♣ 어원 : **cop, coup 자르다, 치다, 때리다, 물리치다**

■ **coup** [kuː] ⓜ (pl. **-s**) 《F.》 불의의 일격; 대히트, 대성공; 명안; **쿠데타** ☜ '치다'의 뜻에서 **주의** coup의 p는 묵음임.

■ re**coup** [rikúːp] ⓓ (손실을) 회복하다, 메우다; 되찾다
☜ 다시(re) 물리치다(coup)

□ **cope** [koup] ⓓ **겨루다**, 맞서다, **대처하다**, 극복하다
☜ 고대 프랑스어로 '치다, 때리다'란 뜻
♠ **cope with** a difficulty 어려운 문제**를 잘 처리하다**.

코펜하겐 Copenhagen (안데르센의 나라 덴마크의 수도)

□ **Copenhagen** [kòupənhéigən, -hɑ́-] ⓜ **코펜하겐** 《덴마크의 수도》 ☜ 덴마크어로 '상인의 항구'

코페르니쿠스 Copernicus (지동설을 주장한 폴란드의 천문학자)

□ **Copernicus** [koupə́ːrnikəs] ⓜ **코페르니쿠스** 《Nicolaus ~, 지동설을 제창한 폴란드의 천문학자; 1473-1543》

□ **Copernican** [koupə́ːrnikən] ⓗ **코페르니쿠스**(설)의, 지동설의 ☜ -an(~의)
♠ the **Copernican** system **지동**설

키프러스, 사이프러스 Cyprus (지중해 동단의 섬·공화국)

※ **Cyprus** [sáiprəs] ⓜ **키프로스** 《지중해 동단의 섬·공화국; 수도 니코시아(Nicosia)》
☜ 그리스어로 '사이프러스 나무의 땅'이란 뜻.

□ **copper** [kɑ́pər/kɔ́pər] ⓜ **구리**, 동(銅), **동전** ☜ '키프로스(고대 로마의 구리채굴장소)의 금속'이란 뜻. **copper** ⇦ Koper ⇦ Kupfar ⇦ Kyprios ⇦ **Cyprus**
♠ Brass is an alloy of **copper** and zinc. 놋쇠는 **구리**와 아연의 합금이다.

콥트교도 Copt (이집트의 기독교도)

□ **Copt** [kɑpt/kɔpt] ⓜ **콥트** 사람 《고대 이집트인의 자손》; 《특히》 **콥트** 교도 《예수를 믿는 이집트인》 ☜ 그리스어로 '이집트인'이란 뜻

□ **Coptic** [kɑ́ptik/kɔ́p-] ⓜⓗ 콥트 사람(의); 콥트어(語)(의); (c-) 은은한 적갈색
☜ copt + ic<명접/형접>
♠ the **Coptic** Church **콥트**교회 《그리스도 단성설(單性說)을 주창하여 로마 카톨릭 교회에서 이탈한 이집트 교회》

카피 copy (복사), 카피라이터 copywriter (광고문안 작성자)

♣ 어원 : cop 풍부, 다량, 재생산

□ **copi**ous [kóupiəs] ⓗ 매우 많은, **풍부한**; 내용이 풍부한; 어휘수가 많은
☜ 풍부(copi) 한(ous<형접>)

□ **copy** [kάpi/**카**피/kɔ́pi/**코**피] ⓜ **사본**, 부본(副本); 복사; 모사, 모방 ⓢ 모방하다, 베끼다; 복사하다 ☜ 중세 라틴어로 '재생산'이란 뜻
♠ **make a copy (of) ~ (~을) 복사하다**

□ **copy**book [kάpibùk/kɔ́pi-] ⓜ 습자(習字: 글자 쓰기를 배워 익힘) 교본 ☜ book(책)

□ **copy**cat [kάpikæ̀t] ⓜ 《구어・경멸적》 모방하는 사람 ☜ copy(복사) + cat(고양이)

□ **copy**ist [kάpiist/kɔ́p-] ⓜ 필생(筆生); 모방자 ☜ -ist(사람)

□ **copy**right [kάpiràit] ⓜ 판권, **저작권** ☜ 사본(copy)에 대한 권한(right)

□ **copy**writer [kάpiràitər/kɔ́p-] ⓜ **광고문안 작성자, 카피라이터**
☜ 광고문안(copy)을 쓰는(write) 사람(er)

코럴해(海) the Coral Sea (호주 북동쪽에 위치한 산호해)

□ **coral** [kɔ́:rəl, kάr-/kɔ́r-] ⓜ **산호** ☜ 아랍어로 '작은 돌'이란 뜻
♠ **coral** island **산호**섬, **coral** reef **산호**초

□ **Coral** Sea (the ~) 산호해 ☜ '산호초가 발달한 해역'이란 뜻
★ 호주 북동부의 바다. 제2차 세계대전시 미・일간 항모전이 벌어진 곳

※ **sea** [si:/씨-] ⓜ **바다**, 대양, 대해, 해양 ☜ 고대영어로 '바다, 호수'란 뜻

전기 코드 electrical cord

♣ 어원 : electra, electro 전기

※ **electr**ic [iléktrik] ⓗ **전기(성)의**, 전기를 띤; 발전용의; 전기로 움직이는
☜ 그리스어로 '호박'이란 뜻. ★ B.C. 600년경 그리스의 철학자 탈레스가 헝겊으로 호박(amber)을 닦다가 정전기 현상을 보게 되었는데, 당시로서는 이를 알 리가 없었고, 1600년 영국 물리학자 길버트가 이를 '전기(electricity)'라고 명명했다.

※ **electr**ical [iléktrikəl] ⓗ **전기에 관한**; **전기에 의한** ☜ -al<형접>

□ **cord** [kɔ:rd] ⓜ **새끼, 끈**; (밧)줄《rope보다 가늘고 string보다 굵음》; 『전기』 코드(=chord)
☜ 고대 프랑스어로 '끈, 줄'이란 뜻
♠ I tied my bag with a red **cord**. 나는 내 가방을 빨간색 **끈**으로 묶었다.

레코드 record (축음기의 음반; 기록・등록)

♣ 어원 : cord, core, cour 심장, 가슴, 마음

■ re**cord** [rékərd/**뤠**커드] ⓜ **기록**, 등록; 음반, **레코드** [rikɔ́:rd/뤼**코**-드]
ⓢ **기록하다**, 녹음하다 ☜ 다시(re) 마음(cord)속에 간직하다

□ **cord**ial [kɔ́:rdʒəl/-diəl] ⓗ **충심으로부터의**, 따뜻한
☜ 라틴어로 '마음'이란 뜻
♠ offer you my very warm and **cordial** thanks for~
~대하여 **충심으로** 감사한다.

□ **cord**ially [kɔ́:rdʒəli/-diəli] ⓑ **진심으로**; 성심껏; 몹시 ☜ -ly<부접>

□ **cord**iality [kɔ̀:rdʒiǽləti, kɔ:rdʒǽl-/-diǽl-] ⓜ 진심, 정중함; 성실 ☜ -ity<명접>

□ **core** [kɔ:r] ⓜ **핵심**, 중심, (과일의) 응어리, 속 ☜ 고대 프랑스어로 '과일의 핵'이란 뜻

✚ **cour**age **용기**, 담력, 배짱 en**cour**age **용기를 돋우다**, 격려하다

코린트 Corinth (고대 그리스 상업・예술의 중심지)

□ **Corinth** [kɔ́:rinθ, kάr-/kɔ́r-] ⓜ **코린트**《옛 그리스의 예술・상업의 중심지, 그리스 남부의 항구》 ☜ 그리스의 태고민족인 펠라스기어로 '뾰족한 끝'이란 뜻

□ **Corinth**ian [kərínθiən] ⓗ **코린트**의; **코린트** 사람의; 『건축』 **코린트**식의; 우아한 ☜ -ian<형접>

코르크 cork (코르크 마개)

□ **cork** [kɔ:rk] ⓜ **코르크** ☜ 중세영어로 '오크나무(oak) 껍질'이란 뜻
♠ draw a **cork** from a bottle 병의 **코르크**를 뽑다.

□ **cork**screw [kɔ́:rkskrù:] ⓜ 타래송곳《마개뽑이・목공용》 ☜ screw(나사)

콘 플레이크 corn flakes (대중적인 아침 식사대용 저열량 식품)

□ **corn** [kɔːrn/코온] 명 《미》 **옥수수**; 《영》 **곡물**, 곡류, 곡식
☜ 고대영어로 '곡류 식물의 하나의 씨앗'이란 뜻
♠ **corn** pone 《미》 **옥수수빵** ☜ pone(미국 남부의 옥수수빵)
♠ **corn** silk **옥수수** 수염 ☜ silk(비단, 명주실)

□ **corn**field [kɔ́ːrnfiːld] 명 《미》 **옥수수밭**; 《영》 밀밭
☜ 옥수수(corn) 밭/들판(field)

□ **corn** flour 옥수수 가루 ☜ 옥수수(corn) + 밀가루(flour)

□ **corn**starch [kɔ́ːrnstàːrtʃ] 명 **콘스타치** 《옥수수 녹말 가루로 푸딩이나 아이스크림 등의 재료 또는 세탁용 풀로 씀》
☜ 옥수수(corn) 녹말/전분/풀(starch)

※ **flake** [fleik] 명 **얇은 조각**, 박편(薄片); 조각; **플레이크** 《납알을 얇게 으깬 식품》
☜ 고대영어로 '눈송이'란 뜻

콘비프 corn(ed) beef (소금물에 절인 쇠고기 통조림)

콘비프는 아일랜드 사람들이 즐겨 먹는 음식으로 소금물에 절인 쇠고기(Brisket 뱃살, 가슴살)를 말한다. 콘비프에서 'corned'는 '소금으로 간을 맞춘'이란 뜻으로 쓰인다. 일반적으로는 통조림제품으로 잘 알려져 있다 <출처 : 두산백과>

□ **corned** [kɔːrnd] 형 작은 알로 만든; 소금에 절인(=salted); 《속어》 만취한
☜ 중세영어로 '소금에 절인'이란 뜻

※ **beef** [biːf] 명 **쇠고기**; 고기 ☜ 고대 프랑스어로 '소'란 뜻

코너 corner (모퉁이), 코너킥 corner kick

□ **corner** [kɔ́ːrnər/코-너] 명 **모퉁이**, 길모퉁이; (방·상자 따위의) 구석, 귀퉁이; 곤경 동 구석에 두다 ☜ 고대 프랑스어로 '구석'이란 뜻
♠ **look in every nook and corner 구석구석 찾아보다[살피다]**
☜ nook (구석, 모퉁이)

□ **corner**ed [kɔ́ːrnərd] 형 궁지(곤경·구석)에 몰린 ☜ corner(구석에 두다) + ed<형접>

□ **corner**stone [kɔ́ːrnərstòun] 명 초석, 귓돌(=quoin); 기초 ☜ corner + stone(돌)

※ **kick** [kik/킥] 동 (공을) **차다, 걷어차다** ☜ 중세영어로 '발로 가하는 일격'

코로나 corona (일식 때 생기는 태양의 광환), 크라운 crown (왕관)

♣ **어원 : coron, corol, crown 왕관, 화관(花冠)**

□ **corol**la [kərɑ́lə/-rɔ́lə] 명 『식물』 꽃부리, 화관 ☜ 라틴어로 '작은 왕관'

□ **corol**lary [kɔ́ːrəlèri, kɑ́r-/kərɔ́ləri] 명 당연한(자연의) 결과; 『논리학·수학』 따름정리, 계(系); 추론(推論)
☜ 라틴어로 '화관(corol)에 + l + 속한 것(ary)'이란 뜻. 화관(花冠)은 마땅히 결과가 좋은 자에게 주어진 것에서 유래
♠ His promotion is **corollary**. 그의 승진은 **당연한** 결과이다.

□ **corona** [kəróunə] 명 (pl. **-s, -e**) 관(冠), 화관 《옛 로마에서 전공을 세운 상(賞)으로 준 것》; 『천문』 **코로나** 《일식 때 그 둘레에 보이는 광관(光冠)》 ☜ 라틴어로 '왕관'이란 뜻

< CORONA >

□ **coron**ation [kɔ̀ːrənéiʃən/kɔ̀r-] 명 **대관식**(戴冠式), **즉위식**; 대관, 즉위 ☜ -ation<명접>
♠ **perform a coronation (ceremony) 대관식**을 거행하다

□ **coron**et [kɔ́ːrənit, kɑ́r-/kɔ́r-] 명 (왕자·귀족 등의) **보관**(寶冠); (금·은제의) 여성용 머리장식 ☜ 중세영어로 '작은(et) 왕관(coron)'

■ **crown** [kraun/크라운] 명 **왕관**; (the ~; the C-) 제왕
☜ 라틴어로 '머리에 쓰는 관(冠)'이란 뜻

< Crown >

코르드 발레 corps de ballet ([F.] 군무를 추는 조역의 무용단원들)

♣ **어원 : corp (인간의) 몸, 육체**

□ **corp**oral [kɔ́ːrpərəl] 형 **육체의, 신체의**; 개인의
☜ 육체(corp) + or + 의(al)

□ **corp**orate [kɔ́ːrpərit] 형 **법인(조직)의**; 단체의
☜ (하나의) 몸을(corp) + or + 이루다(ate<동접>)
♠ **corporate** property **법인** 재산

□ **corp**orately [kɔ́ːrpəritli] 부 단체적으로 ☜ corporate + ly<부접>

☐ **corp**oration [kɔ̀ːrpəréiʃən] ⓜ **법인**, 협회, 사단 법인 ☜ -tion<명접>
☐ **corps** [kɔːr/코-] ⓜ (pl. **corps** [kɔːrz]) 〖군사〗 **군단**, 병단; (특수 임무를 띤) ~단(團); 부대
☜ 라틴어로 '몸, 육체'이란 뜻 주의 corps의 ps는 묵음
♠ **Marine Corps 해병대**
☐ **corp**se [kɔːrps] ⓜ (특히 사람의) **시체**, 송장 ☜ 라틴어 corpus(몸)에서 유래
☐ **corp**us [kɔ́ːrpəs] ⓜ (pl. **-pora, -es**) 《L.》 **신체**; 《우스개》 시체, 송장
☜ 라틴어로 '몸'이란 뜻
♠ **Corpus** Christi 〖카톨릭〗 **성체** 축일
※ **ball**et [bǽlei/bæléi] ⓜ **발레**, 무용극; (the ~) **발레**단(음악, 악보) ☜ 라틴어로 '춤추다'란 뜻

다이렉트, 디렉트 direct (직행으로, 똑바로)

♣ 어원 : rect(i) 똑바른, 직접적으로; 올바른
■ di**rect** [dirékt/디렉트/dairékt/다이렉트] ⓓ **지도[지시]하다**; 관리(감독)하다 ⓗ 곧은, **직행의**; 직접의 ⓑ 똑바로, 직행으로; 직접적으로
☜ 아래(di=down)로 바르게(rect) 가리키다
■ di**rect**ion [dirékʃən/디렉션/dairékʃən/다이렉션] ⓜ **방향**, 방위; 명령, **지시**; 감독, 지도, 관리
☜ direct + ion<명접>
☐ cor**rect** [kərékt/커렉트] ⓗ **옳은, 정확한** ⓓ 바로잡다, 정정하다
☜ 완전히(cor<com) 똑바른(rect)
♠ That's **correct**. 그게 **옳다**.(**맞다**)
☐ cor**rect**ly [kəréktli] ⓑ 바르게, **정확히**, 틀림없이 ☜ correct + ly<부접>
☐ cor**rect**ness [kəréktnis] ⓜ 정확성 ☜ correct + ness<명접>
☐ cor**rect**ion [kərékʃən] ⓜ **정정, 수정**; 교정(校正) ☜ correct + ion<명접>
☐ cor**rect**ive [kəréktiv] ⓗ 정정하는 ☜ correct + ive<형접>

✚ indi**rect** **간접적인**, 2차적인; 우회하는 e**rect** **똑바로 선**, 직립(直立)의; 똑바로 세우다

릴레이 relay ([육상경기] 이어달리기, 계주)

♣ 어원 : lay, lat 나르다, 옮기다
■ re**lay** [ríːlei] ⓜ **교대자**; **릴레이 경기, 계주**; (공 따위의) 중계
☜ 라틴어로 '뒤에(re) 남기다(lay)', 즉 '뒤와 연결하다'란 뜻
■ re**lat**ion [riléiʃən/릴레이션] ⓜ **관계**, 관련 ☜ 다시(re) 나르는(lat) 것(ion<명접>)
☐ corre**lat**e [kɔ́ːrəlèit, kɑ́r-/kɔ́r-] ⓓ **서로 관련시키다** ☜ 서로(cor<com) 관계하다(relate)
♠ Hatred is a **correlate** of love. = Hatred and love are **correlates**.
애증(愛憎)은 **상호 관계에 있다**.
☐ corre**lat**ion [kɔ̀ːriléiʃən] ⓜ **상호관계**, 상관관계 ☜ 서로(cor<com) 관계하는(relate) 것(ion)
☐ corre**lat**ive [kərélətiv/kɔ-] ⓗ 상관적인 ☜ -ive<형접>

큐알코드 QR(Quick Response. 빠른응답) Code (격자형의 2차원 정보코드)

QR코드는 1차원 바코드보다 훨씬 많은 정보를 담을 수 있는 격자무늬의 2차원 코드이다. 스마트폰으로 QR코드를 스캔하면 각종 정보를 제공받을 수 있다. 1994년 일본 덴소웨이브사(社)가 개발하여 무료로 제공하였다. <출처 : 두산백과>

♣ 어원 : spond, spont, spons, spous (신에게) 맹세하다, 서약하다
※ **quick** [kwik/퀵] ⓗ **빠른**; 즉석의 ☜ 고대영어로 '살아있는'이란 뜻
■ re**spons**e [rispɑ́ns/-spɔ́ns] ⓜ **응답**, 대답; 반응
☜ 도로(re) 답하(spons) 기(e)
■ re**spond** [rispɑ́nd/-spɔ́nd] ⓓ **응답하다**, 대답하다; 반응하다
☜ (신에게) 서약하면(spond) 신이 반응한다(re)
☐ corre**spond** [kɔ̀ːrəspɑ́nd, kɑ̀r-] ⓓ **일치하다; 교신[서신왕래]하다**
☜ 함께(cor<com) 응답하다(respond)
♠ The broad lines on the map **correspond to** roads.
지도상의 굵은 줄은 도로**에 해당한다**.
♠ **correspond to ~ ~에 부합하다, ~에 해당하다**
♠ **correspond with ~ ~와 편지 왕래를 하다, ~에 일치[부합]하다**
☐ corre**spond**ence [kɔ̀ːrəspɑ́ndəns, kɑ̀r-] ⓜ **일치**, 조화; **상응; 통신** ☜ -ence<명접>
☐ corre**spond**ent [kɔ̀ːrəspɑ́ndənt, kɑ̀r-] ⓜ **통신인, 특파원** ☜ -ent(사람)
☐ corre**spond**ing [kɔ̀ːrəspɑ́ndiŋ, kɑ̀r-] ⓗ **상응[일치]하는** ☜ -ing<형접>
☐ corre**spond**ingly [kɔ̀ːrəspɑ́ndiŋli, kɑ̀r-] ⓑ 부합하여, 적합하게 ☜ -ly<부접>

✚ **spont**aneous **자발적인**; 무의식적인 **spous**e **배우자**; (pl.) 부부

커리큘럼 curriculum (교과과정)

♣ 어원 : cur, cor 달리다, 흐르다

□ curriculum [kəríkjələm] 명 (pl. **-s**, curricul**a**) **커리큘럼, 교육[교과]과정**
☜ 라틴어 currere(말달리는 코스)에서 유래

□ **cor**ridor [kɔ́:ridər, kάr-, -dɔ̀:r] 명 【건축】 **복도**, (좁은) 통로, 회랑(回廊)
☜ 라틴어로 '달리는(cor) + r + id + 장소(or)'란 뜻
♠ This **corridor** opens into the hall. 이 **복도**는 홀로 통한다.

■ **cur**rent [kə́:rənt/**커**-런트, kʌ́r-] 형 지금의, 현재의; **현행의, 통용되는** 명 **흐름, 유통; 경향; 전류** ☜ 고대 프랑스어로 '달리(cur) + r + 는(ent<형접>)'이란 뜻

연상 콜라보레이션(collaboration.음악가들간의 일시적 협업)을 대충하지 말고 커라버레이션(corroboration.확실히 하기) 해라.

♣ 어원 : robor 강한(=strong)

※ **collaboration** [kəlæ̀bəréiʃən] 명 **협동**, 합작; 협조
☜ 함께(col<com>) 노동(labor)을 만드는 것(ation<명접>)

□ cor**robor**ate [kərάbərèit/-rɔ́b-] 동 (소신·진술 등을) 확실히 하다, 확증(확인)하다; 보강하다
☜ 확실히(cor<com/강조) 강하게(robor) 하다(ate<동접>)
♠ **corroborate** one's opinion 자신의 의견**을 확실하게 하다**.

□ cor**robor**ation [kərάbərèiʃən/-rɔ́b-] 명 확실히 하기; 확증; 확증적인 사실(진술); 【법률】 보강 증거
☜ -ation<명접>

□ cor**robor**ant [kərάbərənt/-rɔ́b-] 형 강하게 하는; 확증하는 명 강장제; 확증재료
☜ 확실히(cor<com/강조) 강하게(robor) 하는(ant<형접>)

방카로타 bankarotta ([It.] 파산. <부서진 벤치>라는 뜻)

중세 이탈리아의 환전소를 방카(banka)라 하는데, 이들이 고객을 속였을 경우 행정관이 이 방카(banka)를 부쉈다(rotta)는 데서 유래하였다.

♣ 어원 : rupt, rod 부수다, 깨다

■ bank**rupt** [bǽŋkrʌpt, -rəpt] 명 **파산자, 지급불능자** 형 **파산한**
☜ 환전상의 책상(bank)이 파괴된(rupt)

□ cor**rupt** [kərʌ́pt] 형 **타락한, 부패한**, 부정한 ☜ 완전히(cor<com) 부숴진(rupt)
♠ a **corrupt** politician **타락한** 정치인

□ cor**rupt**ible [kərʌ́ptəbl] 형 부패(타락)하기 쉬운; 뇌물이 통하는 ☜ -ible(~하기 쉬운)

□ cor**rupt**ion [kərʌ́pʃən] 명 **타락; 퇴폐** ☜ -ion<명접>

□ cor**rupt**ive [kərʌ́ptiv] 형 부패시키는, 부패성의; 타락시키는 ☜ -ive<형접>

□ cor**rod**e [kəróud] 동 부식(침식)하다 ☜ 완전히(cor<com) 부수다(rod) + e
♠ Acid **corrodes** metal. 산(酸)은 금속을 **부식시킨다**.

□ cor**ros**ion [kəróuʒən] 명 **부식**(작용), **침식** ☜ -ion<명접>

✚ ab**rupt** 느닷없는, 갑작스러운, **뜻밖의** inter**rupt** **가로막다**, 저지하다, **중단시키다**

코르셋 corset (여성용 속옷의 일종)

□ **corset** [kɔ́:rsit] 명 (종종 pl.) **코르셋**
☜ 고대 프랑스어로 '여성복의 몸통부분'이란 뜻

코르시카 Corsica (나폴레옹이 출생한 지중해 프랑스령의 섬)

□ **Corsica** [kɔ́:rsikə] 명 **코르시카** 《지중해 프랑스령의 섬. 나폴레옹 1세의 출생지》 ☜ 그리스어로 Kalliste(가장 아름다운 곳)이란 뜻이며, 현재도 '일 드 보테(Île de Beauté 아름다운 섬)'로 불린다.

코르벳함(艦) corvette (경무장한 소형 쾌속 호위함)

□ **corvet**(te) [kɔ:rvét] 명 **코르벳**함(艦) 《옛날의 목조 범장(帆裝) 전함; 대공·대잠수함 소형 쾌속 호위함》 ☜ 중세 네덜란드어로 '추적선'

코사인 cosine=cos ([삼각함수] 직각삼각형의 한 예각을 낀 빗변과 밑변의 비)
사인 sine=sin ([삼각함수] 직각삼각형의 변의 비)

☐ **cosine** [kóusàin] 명 『수학』 **코사인** 《생략: cos》 ☜ **co**mplementary(보충하는) + **sine**(사인)

■ **co**mplementary [kàmpləméntəri/kɔ̀m-] 형 **보완적인**
☜ 완전히(com) 채우는(ple) 것(ment<명접>) 의(ary<형접>)

C

※ **sine** [sain] 명 『수학』 **사인**, 정현(正弦) 《생략: sin》 ☜ 라틴어로 '곡선'이란 뜻.

코스모스 cosmos (❶ 우주 ❷ [식물] 코스모스꽃)

COSMOS
CARL SAGAN

♣ 어원 : cosmo, cosm(e) 우주, 세계; 질서

☐ **cosme**tic [kazmétik/kɔz-] 명 (pl.) **화장품** 형 **화장용의**; 미용의; 표면상의 ☜ 조화로운 세계(cosme) 의(tic)
♠ the **cosmetics** industry **화장품** 산업
♠ **cosmetic** surgery **미용(성형)** 외과(=plastic surgery)

☐ **cosm**ic(al) [kázmik(əl)/kɔ́z-] 형 **우주의**; 우주론의 ☜ cosm + ic(al)<형접>

☐ **cosm**ically [kázmikəli/kɔ́z-] 부 우주의 법칙에 따라서 ☜ -ly<부접>

☐ **cosm**ic dust 우주진(宇宙塵) ☜ dust(먼지)

☐ **cosm**ic rays 우주선(宇宙線) ☜ ray(광선)

☐ **cosmo**drome [kázmədròum/kɔ́z-] 명 (특히, 러시아의) 우주선 (발사) 기지(基地), 우주센터
☜ 우주(cosmo) 진로/항로(drome=course)

☐ **cosmo**logy [kazmálədʒi/kɔzmɔ́l-] 명 우주 철학, 우주론 ☜ 우주(cosmo) 학(logy)

☐ **cosmo**logic(al) [kàzmouládʒik(əl)/kɔ̀zmoulɔ́dʒ-] 형 우주론의, 우주 철학적인
☜ cosmology<y→i> + cal<형접>

☐ **cosmo**logist [kazmálədʒist/kɔzmɔ́l-] 명 우주론 학자, 우주론자 ☜ -ist(사람)

☐ **cosmo**naut [kázmənɔ̀:t/kɔ́z-] 명 (특히 러시아의) **우주 비행사**, 우주 여행자
☜ 우주(cosmo) 선원/항해사(naut) 비교 **astronaut** 우주비행사

☐ **cosmo**nette [kàzmənét/kɔ̀z-] 명 (특히 러시아의) 여성 우주 비행사(=astronautess)
☜ -ette<여성 접미사>

☐ **cosmo**polis [kazmápəlis/kɔzmɔ́p-] 명 **국제 도시**
☜ **cosmo**politan(세계주의의) + megao**polis**(대도시) 합성어

☐ **cosmo**politan [kàzməpálətən/kɔzməpɔ́l-] 형 **세계주의의** 명 세계주의자
☜ 세계(cosmo) 도시(polis) 시민(tan)

☐ **cosmo**politanism [kàzməpálətənìzm/kɔ̀zməpɔ́l-] 명 세계주의, 사해동포주의
☜ cosmopolitan + ism(~주의)

☐ **cosmo**polite [kazmápəlàit/kɔzmɔ́p-] 명 **세계주의자**; 전 세계 분포종 《동식물》
☜ 세계(cosmo) 도시(polis) 사람(te)

☐ **cosmo**s [kázməs/kɔ́zmɔs] 명 (질서와 조화의 표현으로서) **우주**, 질서 있는 체계; 『식물』 **코스모스** ☜ 그리스어로 '질서'란 뜻
★ 미 항공우주국 NASA 연구원이었던 천문학자 칼 에드워드 세이건(Carl Edward Sagan: 1934-1996)이 저술한 책 『코스모스(Cosmos)』는 과학서적으로 80년대 유명한 베스트셀러이다. 이 책은 TV 다큐멘터리로도 방영돼, 전 세계 60개국 5억 인구가 시청했다.
♠ the natural laws of the **cosmos** **우주**의 자연 법칙

코사크, 코삭, 카자크, 카자흐 Cossack (코사크 기병)

15세기 말부터 20세기 초까지 우크라이나와 러시아 남부에 있었던 군사집단. 구성원의 출신국가는 다양하였다. <출처 : 위키피디아>

☐ **Cossack** [kásæk, -sək/kɔ́sæk] 명 **코사크[카자흐]** 사람; 카자흐 기병
☜ 러시아/투르크어로 '모험가, 유목민'이란 뜻

■ **Kazakh**stan [kɑ̀:zɑ:kstɑ́:n] 명 **카자흐스탄** 공화국 《Republic of ~; 중앙아시아의 독립국가 연합 가맹국; 수도 아스타나(Astana)》
☜ 투르크어로 '유목민(Cossack) + 페르시아어로 '땅, 국가(stan)'란 뜻

코스트코 Costco (미국의 회원제 창고형 할인매장 사업체)

COSTCO

Costco는 1983년 미국에서 설립된 대형유통업체로 한국에도 지사가 있다. 정확한 회사명은 Costco Wholesale Corporation이다. '값(비용)'이란 cost와 '기업'의 앞글자 co(corporation)를 합친 글이다. <출처 : 네이버 기관단체 사전>

☐ **cost** [kɔ:st/코-스트, kɔst] 명 **가격, 비용**; (상품・서비스에 대한) **대가;** 희생 동 (비용이

얼마) **들다** ☞ 고대 프랑스어로 '비용'이란 뜻.
♠ **at a (the) cost of ~ ~비용으로, ~을 희생하여**
♠ **at all costs (any cost) 어떻게 해서라도, 꼭, 어떤 희생을 치르더라도**
♠ **to one's cost 피해를 입고, 쓰라린 경험을 통하여**

☐ **cost**liness [kɔ́:stlinis/kɔ́st-] [명] 고가, 사치 ☞ costly + ness<명접>
☐ **cost**ly [kɔ́:stli/kɔ́st-] [형] (-<-li**er**<-li**est**) **값비싼** ☞ cost + ly<부접>
※ **corporation** [kɔ̀:rpəréiʃən] [명] 〖법률〗 **법인**, 협회, 사단 법인; 《미》 **유한 회사, 주식 회사**
☞ (하나의) 몸(corp)을 + or + 이루는(ate) 것(ion<명접>)

코스타리카 Costa Rica (중앙아메리카의 공화국)

☐ **Costa Rica** [kάstəríːkə, kɔ́:s-/kɔ́s-] [명] **코스타리카** 《중앙아메리카의 공화국; 수도 산호세(San José)》 ☞ 스페인어로 '풍요로운 해안'(= rich coast)이란 뜻.

코스프레 [콩글] cospre (게임 · 만화 속 등장인물로 분장하여 즐기는 것) ➔ costume play

☐ **costume** [kάstjuːm/kɔ́s-] [명] (특히 여성의) **복장**, 복식(服飾), **의상**, 몸차림 ☞ 라틴어로 '관습, 습관; 의복'이란 뜻
♠ **costume** ball ***옷차림*** *무도회* ➔ 가장 무도회
♠ **do (stage) a costume play 코스프레를 하다**

※ **play** [plei/플레이] [동] **놀다, 경기[시합]을 하다; 연주[연극]하다, 상연[상영]하다; 출연하다**; 행동(수행)하다 [명] **놀기, 놀이; 경기**, 시합; **솜씨; 연극; 활동**
☞ 고대영어로 '빠른 동작'이라는 뜻 ★ 어린이가 놀 때는 play, 어른들이 놀 때는 hang out(~에서 많은 시간을 보내다)을 쓴다.

코티지 치즈 cottage cheese (부드러운 치즈. <시골집 치즈>란 뜻)

숙성시키지 않은 부드러운 백색 치즈의 하나. 흰색이고 신맛이 강하며 지방질이 적다. <출처 : 표준국어대사전>

☐ **cot** [kɑt/kɔt] [명] (양 · 비둘기 등의) **집**, 우리(=cote), 《시어》 시골집; 《미》 **간이침대** ☞ 힌두어로 '침상, 침대'란 뜻
☐ **cot**e [kout] [명] (양 따위의) 우리, (비둘기 따위의) 집
☞ 고대영어로 '작은 집'
☐ **cot**tage [kάtidʒ/kɔ́t-] [명] **시골집; 작은 집**; (시골풍의) 소별장
☞ cot + t<단모음+단자음+자음반복> + age<명접>
♠ **cottage** industry **가내**공업
☐ **cot**tager [kάtidʒər/kɔ́t-] [명] 시골에 사는 사람 ☞ cot + t + age + er(사람)
dove**cote** [dʌ́vkὰt/-kɔ̀t] 비둘기집 ☞ dove(평화의 상징으로서의 비둘기) + cote
※ **cheese** [tʃiːz/**취-즈**] [명] **치즈** 《우유 속에 있는 카세인을 뽑아 응고 · 발효시킨 식품》
☞ 라틴어로 '치즈'란 뜻

코트 디부아르 Cote d'Ivoire (아프리카 서부 대서양 연안의 공화국)

☐ **Cote d'Ivoire** [kout-divwaer, -vwaː] [명] **코트 디부아르** 《아프리카 서부 대서양 연안에 있는 공화국. 법적 수도 아무수크로(Yamoussoukro), 행정경제 수도 아비장(Abidjan)》
☞ 프랑스어로 '상아 해안'(= Ivory coast)이란 뜻.

터미널 terminal (종착역)
터미네이터 terminator (미국 SF 영화. <종결자>)

© Orion Pictures

♣ **어원 : termin 끝, 한계, 경계**
■ **termin**al [tə́ːrmənəl] [형] 말단(末端)의, **종말의** [명] **끝, 말단**; 종점(終點), **터미널**, 종착역 ☞ 라틴어로 '끝(termin) + al<형접/명접>'란 뜻
■ **termin**ate [tə́ːrmənèit] [동] **끝내다**; 종결시키다 ☞ 한계(termin)를 두다(ate)
☐ co**termin**al [koutə́ːrmənl] [형] 두 변 공유의, (각(角)이) 양변 공유인
☞ 함께(co<com) 경계를(termin) 접한(al<형접>)
☐ co**termin**ous [ditə́ːrmənit] [형] 한정된, 확정된, 명확한, 확실한 ☞ -ous<형접>
♠ **be conterminous with** North Korea
북한**과 국경이 서로 접하다**

코튼벨트 Cotton Belt (미국 남부의 목화생산지대)

☐ **cotton** [kάtn/**카**튼/kɔ́tn/**코**튼] ⓜ **솜**, 면화; 〖식물〗 **목화**; 무명(실)
☜ 중세영어로 '목화 나무의 씨를 함유하고 있는 흰 섬유 물질'
☐ **cotton**y [kάtni/kɔ́t-] ⓗ 솜 같은, 부풀부풀한; 보드라운 ☜ -y<형접>
※ **belt** [belt/벨트] ⓜ **띠**(=band); **지대**(=zone) ⓓ **띠를 매다**
☜ 라틴어로 '허리띠'

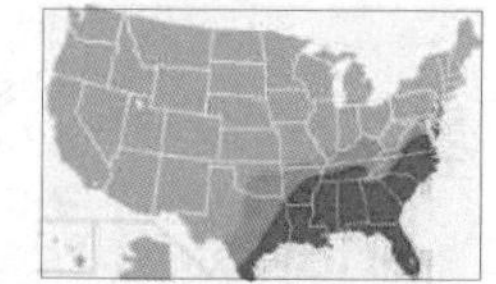

C

카우치 포테이토 couch potato (TV만 보고 있는 사람)

☐ **couch** [kautʃ] ⓜ **침상, 소파** ⓓ 눕다, 눕히다
☜ 고대 프랑스어로 '침대'란 뜻
♠ She is sitting on **a couch**. 그녀는 **소파**에 앉아 있다.
☐ **couch** potato **카우치 포테이토** 《TV만 보고 있는 사람》
☜ '소파에서 포테이토 칩스를 먹으며 뒹굴거린다'는 뜻
☐ **couch**ette [kuːʃét] ⓜ 〖철도〗 (유럽의) 침대차칸, 기차의 접이식 침대, **쿠쉐** ☜ 프랑스어로 '작은(ette) 침대(couch)'란 뜻.
※ **potato** [pətéitou/퍼**테**이토우] ⓜ (pl. **-es**) **감자**
☜ 중세 스페인어 및 아이티의 카리브어로 '단 감자'란 뜻

코프시럽 cough syrup (감미료 · 색소가 첨가된 마시는 기침 감기약)

☐ **cough** [kɔ(ː)f, kαf] ⓜ **기침**, 헛기침 ⓓ **기침을 하다** ☜ 고대영어로 '소리치다'란 뜻
♠ **give a cough 기침을 하다**
※ **syrup** [sírəp, sə́ːr-] ⓜ **시럽**; 당밀(糖蜜) ☜ 아랍어로 '마실 것'이란 뜻

☐ **could**(can의 과거형), **couldn't**(could not의 줄임말) ➔ **can**(~할 수 있다, ~해도 좋다) **참조**

리콜 recall (회사측이 행하는 자사제품에 대한 결함보상, 소환수리)

♣ 어원 : **call, cil, cit 부르다, 불러내다, 불러들이다, 요청하다**
■ **call** [kɔːl/코올] ⓓ **소리쳐 부르다**; 상기시키다; **~에게 전화를 걸다; 방문하다**
ⓜ **부르는 소리;** (상대방을) **불러내기, 통화; 초청; 짧은 방문**
☜ 중세영어로 '큰 외침'이란 뜻
■ re**call** [rikɔ́ːl] ⓓ **생각해 내다**, 상기하다 ☜ 다시(re) 부르다(call)
☐ coun**cil** [káunsəl/**카**운설] ⓜ **회의**; 협회; **위원회**, 심의회, 평의회
☜ 함께(coun<com) 불러내다(cil)
♠ the **Council** of Economic Advisers 《미》 (대통령의) 경제자문**위원회**
☐ coun**cil**(l)or [káunsələr] ⓜ (시의회 등의) **의원**; 평의원; **고문관**; (대사관의) 참사관
☜ council + or(사람)

<출처 : 위키피디아>

✚ **cite 인용하다**, **인증하다**; 소환하다 re**cit**e **암송하다** re**cit**al **암송**, 낭독; **리사이틀**, 독주(회), 독창(회) in**cit**e **자극[격려]하다**; 부추기다, 선동하다

카운슬러 counselor (전문상담원)

☐ **counsel** [káunsəl] ⓜ **상담**, 조언, 권고, 충고 ⓓ 조언하다, 충고하다, 권하다 ☜ 라틴어로 '계획, 의견'이란 뜻.
⇦ 함께(coun<com) 소리치다(sel=shout)
♠ She **counseled** me to quit smoking.
그녀는 내게 담배를 끊으라고 **충고하였다.**
☐ **counsel**ing [káunsəliŋ] ⓜ **카운슬링,** 개인 지도〔상담〕 ☜ 상담하는(counsel) 것(ing)
☐ **counsel**(l)or [káunsələr] ⓜ **고문**, 상담역, **카운슬러**; 《미》 법정 변호사 ☜ -or(사람)

카운트다운 countdown (초(秒) 읽기), 카운터, 디스카운트...

♣ 어원 : **count 세다, 계산하다**
☐ **count** [kaunt/카운트] ⓓ **세다, 계산하다** ⓜ **계산**, 셈, 집계
☜ 고대 프랑스어로 '함께(co<com) 세다(unt)'란 뜻
♠ **count** the money 돈을 **세다**
♠ **count for nothing** 〔little〕 **대수롭지 않다, 중요치 않다**
♠ **count on** 〔upon〕 ~ **~을 믿다, 기대하다**(=expect)
♠ **count out (물건을) 하나씩 천천히 세다; 제외하다; 졌다고 판정하다, (권투에서 10 초를 세어) 녹아웃을 선언하다**
☐ **count**able [káuntəbl] ⓗ **셀 수 있는**, 계산할 수 있는 ☜ 셀(count) 수 있는(able)
☐ **count**down [káuntdàun] ⓜ (로켓 발사 때 등의) **초**(秒)**읽기** ☜ down(아래로, 거꾸로)

☐ **count**er [káuntər] ⓜ **계산인; 계산대**, 카운터 ☜ 계산하는(count) 곳(er)
☐ **count**ing room (house) 회계실(과) ☜ room(방, 실), house(집)
☐ **count**less [káuntlis] ⓗ **셀 수 없는**, 셀 수 없을 정도로 많은, 무수한
☜ 계산할(count) 수 없는(less)

✚ ac**count** **계산**, 셈; **계정**; **계산서**, 청구서 dis**count** **할인**(액); (어음 등의) 할인율; **할인하다**
mis**count** 잘못 세다[계산하다]; 오산, 계산 착오 un**count**able 무수한, **셀 수 없는**, 계산할 수 없는

C

☐ **count**(백작) ➔ **county**(군(郡)) **참조**

컨테이너 container (화물수송용 대형 금속 상자)

♣ 어원 : tain, ten 붙잡다, 보유하다, 담고 있다
■ con**tain** [kəntéin/컨테인] ⓢ **담고 있다, 포함하다**; (감정 등을) **억누르다**
☜ 함께(con<com) 보유하다(tain)
■ con**tain**er [kəntéinər] ⓜ **그릇, 용기; 컨테이너** 《화물 수송용 큰 금속 상자》 ☜ contain + er(기기)
☐ coun**ten**ance [káuntənəns] ⓜ 안색, **표정** ☜ 마음속에 담고 있는 것. 함께 (con<com) 붙잡아(ten<tain) 두는 것(ance<명접>)
♠ change **countenance 안색**을 바꾸다

카운터파트 counterpart (업무의 접촉 상대)

♣ 어원 : counter, contro, contra 반대의, 거꾸로, 반대로
☐ **counter** [káuntər] ⓗ **반대의**, 역의; 명령 철회의, 취소의 ⓟ **반대로**, 거꾸로 ⓢ **대항하다**
☜ 라틴어로 '반대로'란 뜻
♠ a **counter** proposal **반대** 제안
☐ **counter**act [kàuntərǽkt] ⓢ **거스르다**, 방해하다; **중화**(中和)**하다** ☜ act(행동하다)
☐ **counter**action [kàuntərǽkʃən] ⓜ (약의) 중화(작용); (계획의) 방해, 저항
☜ counter + action(행위, 작용)
☐ **counter**attack [káuntərətæ̀k] ⓜ 역습, 반격 ☜ counter + attack(공격)
☐ **counter**charge [káuntərtʃὰ:rdʒ] ⓜ 〖군사〗 역습, 반격; 맞고소 [kauntərtʃά:rdʒ] ⓢ 반격(반론)하다, 맞고소하다 ☜ 반대로(counter) 충전/돌격하다(charge)
♠ **a countercharge against ~ ~에 대한 반격**
☐ **counter**check [káuntərtʃèk] ⓜ 대항(억제) 수단, 저지, 방해 ☜ 반대로(counter) 저지(check)
☐ **counter**claim [káuntərklèim] ⓜ 반대 요구, 《특히》 반소(反訴) ⓢ 반소하다, 반소를 제기하다
☜ ~에 반대하여(counter) 고소하다/요구하다(claim)
☐ **counter**claimant [kàuntərkléimənt / -tə-] ⓜ 반대 요구인, 반소자 ☜ -ant(사람)
☐ **counter**clockwise [kàuntərklάkwaiz/-klɔ́k-] ⓟ 왼쪽으로 볼게, 반시계방향으로 돌게**(CCW)**
☜ counter + clock(시계) + -wise(~방향으로)
☐ **counter**feit [káuntərfìt] ⓢ **위조하다** ⓗ 모조의; 가짜의 ☜ 반대로(counter) 만들다(feit)
♠ **counterfeit** note **위조**지폐
☐ **counter**feiter [káuntərfìtər] ⓜ 위조자, 모조자, 《특히》 화폐 위조자 ☜ -er(사람)
☐ **counter**force [káuntərfɔ̀:rs] ⓜ 반대(저항) 세력; 〖군사〗 (선제) 무력 분쇄 공격; 〖미군〗 핵무기에 의한 반격 ☜ 반대(counter) 힘/세력(force)
☐ **counter**mand [kàuntərmǽnd, -mά:nd] ⓢ (명령·주문을) 취소(철회)하다 ⓜ 주문취소, 철회
☜ 반대로(counter) 명령하다(mand)
☐ **counter**part [káuntərpὰ:rt] ⓜ **부분, 짝의 한 쪽**; 상대물 ☜ 상대(counter) 편/한쪽(part)
♠ **The negotiation counterpart come out. 협상 상대가 나오다.**
☐ **counter**plot [káuntərplὰt/-plɔ̀t] ⓜ 적의 의표를 찌르는 계략, 대항책 ⓢ (적의 책략의) 의표를 찌르다 ☜ 반대/대항하는(counter) 계략(plot)
■ **contro**vert [kάntrəvə̀:rt/kɔ́n-] ⓢ 논의(논쟁·논박)하다, 부정하다 ☜ 반대로(contro) 돌다(vert)

☐ **countess**(백작 부인) ➔ **county**(군(郡)) **참조**

크로스컨트리 cross-country (야지횡단 경기)
컨트리뮤직 country music (미국의 대중 전통음악)

♣ 어원 : country 나라, 지역, 지방, 시골
■ cross-**country** [krɔ́:skʌ́ntri/krɔ́s-] ⓗ 들판(야지)을 횡단하는; 전국적인; **크로스컨트리**(경기)의
ⓜ **크로스컨트리** 경주 ☜ 야지(country)를 가로지르는(cross)
☐ **country** [kʌ́ntri/**컨**트뤼] ⓜ (pl. -tr**ies**) **나라, 국가**; (the ~) **시골**; **지역**
☜ 중세영어로 '구역, 태어난 땅'이란 뜻

♠ So many countries, so many customs.
《속담》 나라마다 풍속이 다르다.

☐ **country**man [kʌ́ntrimən] 명 (pl. **-men**) (one's ~) **동포, 동향인; 촌사람** ☜ country + man(남자)

☐ **country** music **컨트리 뮤직** 《미국 남부의 민속음악》 = contry-and-western 컨트리 웨스턴 ☜ music(음악)

C

☐ **country**side [kʌ́ntrisàid] 명 시골; (시골의) **한 지방**; [집합적] 지방민 ☜ country + side(측면, 옆)

☐ **country** gentleman 지방의 대지주; 시골 선비 ☜ gentleman(신사)

카운티 county (행정구역단위. <백작(count)의 관할구역>이란 뜻)

☐ **count** [kaunt] 명 (유럽 대륙의) **백작** ☜ 라틴어로 '황제의 대리자'란 뜻
★ 영국에서는 earl. 단 earl의 여성은 countess
♠ **The Count of Monte Cristo 몬테크리스토 백작**
♠ **Count Dracula 드라큐라 백작**

☐ **count**ess [káuntis] 명 (종종 C-) **백작 부인** 《count 및 영국의 earl의 부인》; 여(女)백작 ☜ -ess<여성 접미사>
♠ **countess mara 카운테스 마라** 《백작부인 마라가 직접 만든 명품 넥타이; 남성 의류 전문 브랜드》

☐ **count**y [káunti/**카**운티] 명 《미》 **군**(郡) 《State 밑의 행정 구획》; 《영》 **주**(州) 《최대의 행정·사법·정치 구획》 ☜ 라틴어로 '백작(count)의 것(y<명접>)'
♠ The Bridges of **Madison County 매디슨 카운티**의 다리 《미국 영화》

커플 couple (한 쌍)

♣ **어원 : upl 묶다, 결합하다**

☐ co**upl**e [kʌ́pl/**커**플] 명 **한 쌍, 둘**; (같은 종류의) 두 개〔사람〕; **부부** ☜ 함께(co<com) 묶다(upl(e))
♠ a newly wedded **couple** 신혼 **부부**
♠ **a couple of ~ 두 개의; 두서넛의**

☐ co**upl**ing [kʌ́pliŋ] 명 연결, 결합, 짝지움; 〖기계〗 **커플링**, 연결기 ☜ 함께(co<com) 묶는(upl) 것(ing<명접>)

쿠데타 coup d'État ([F.] 무력정변). <국가에 대한 일격>
쿠폰 coupon (승차권)

♣ **어원 : coup, cop 자르다, 치다, 때리다, 물리치다**

☐ **coup** [kuː] 명 (pl. **-s**) 《F.》 불의의 일격; 대히트, 대성공; 명안; **쿠데타** ☜ 그리스어로 '치다; 일격'이란 뜻

☐ **coup**on [kjúːpɑn/-pɔn] 명 회수권의 한 장; 승차권, **쿠폰**; 경품권; 식권; 배급권 ☜ '떼어(잘라) 쓰는 표'란 뜻
♠ I have **a coupon** for the movie.
나는 그 영화의 **쿠폰**을 갖고 있다

■ **cope** [koup] 동 **겨루다**, 맞서다, **대처하다**, 극복하다 ☜ 고대 프랑스어로 '때리다, 치다'란 뜻

■ re**coup** [rikúːp] 동 (손실을) 회복하다, 메우다; 되찾다 ☜ 다시(re) 물리치다(coup)

레코드 record (축음기 음반; 기록·등록)

♣ **어원 : cord, core, cour 심장, 가슴, 마음**

■ re**cord** [rékərd/**뤠**커드] 명 **기록**, 등록; 음반, **레코드** [rikɔ́ːrd/뤼**코**-드] 동 **기록하다**, 녹음하다 ☜ 다시(re) 마음(cord)속에 간직하다

☐ **cour**age [kə́ːridʒ/**커**-뤼지, kʌ́r-] 명 **용기**, 담력 ☜ 심장(cour)의 행위(age)
★ courage는 정신력을, bravery는 대담한 행위를 강조.
♠ **have the courage to ~ ~할 용기가 있다**

☐ **cour**ageous [kəréidʒəs] 형 **용기 있는**, 용감한, 담력 있는, 씩씩한 ☜ -ous<형접>

☐ **cour**ageously [kəréidʒəsli] 부 용감하게 ☜ courageous + ly<부접>

✚ **cord**ial **충심으로부터의**, 따뜻한 **core 핵심**, 중심, (과일의) 응어리, 속 en**cour**age **용기를 돋우다**

코스 course (경로, 진로)

♣ 어원 : course, cur 달리다

☐ **course** [kɔːrs/코-스] 명 **진로**, 경로; (배・비행기의) **코스**, **침로**; 골프코스; **진행, 방침**
☜ 라틴어로 '달리기, 여행; 방향'이란 뜻
♠ **in due course 조만간; 이윽고; 순조롭게 되면**
♠ **in due course of time 때가 되면**
♠ **in (the) course of ~ ~동안에**
♠ **in (the) course of time 때가 경과함에 따라, 마침내, 불원간에**
♠ **of course 물론, 당연히**

✚ dis**course** **강화**(講話), 강연, 설교 inter**course** **교제**, 교섭, 교류 **cur**rent 통용하는; 현행의

C

테니스 코트 tennis court

♣ 어원 : court 둘러싸인 장소, 법정, 궁궐

※ **tennis** [ténis/**테**니스] 명 **테니스** ☜ 고대 프랑스어로 '잡다(ten<take) + n + is'

☐ **court** [kɔːrt/코-트] 명 **안마당**, 뜰; (테니스 등의) **코트**; (종종 C~) **궁정; 법정**
☜ 라틴어로 '둘러싸인 마당'이란 뜻
♠ **court** of domestic relations 《미》 가정 **법원**

☐ **court**eous [kəːrtiəs/kɔ́ːr-] 형 **예의바른**, 정중한
☜ 법정/궁궐(court)에서 + e + 갖춰야 하는(ous<형접>)
♠ in **courteous** terms **정중한** 말씨로

☐ **court**eously [kəːrtiəsli/kɔ́ːr-] 부 예의 바르게 ☜ courteous + ly<부접>

☐ **court**eousness [kəːrtiəsnis/kɔ́ːr-] 명 예의 바름, 공손 ☜ courteous + ness<명접>

☐ **court**esy [kɔ́ːrtəsi] 명 **예의**, 공손〔정중〕함 ☜ court + e + sy<명접>

☐ **court**house [kɔ́ːrthàus] 명 **법원**; 《미》 **군청**(소재지) ☜ 법정(court)이 있는 집(house)

☐ **court**ier [kɔ́ːrtiər] 명 **조신**(朝臣) 《조정에서 벼슬살이를 하는 모든 신하》
☜ 궁궐(court) + i + 사람(er)

☐ **court**ly [kɔ́ːrtli] 형 (궁정인 처럼) 우아한, 품격 있는 ☜ court + ly<부접>

☐ **court**-martial [kɔ́ːrtmɑ́ːrʃəl] 명 (pl. **courts-**) 군법 회의 ☜ martial(전쟁의, 군사의)

☐ **court**yard [kɔ́ːrtjàːrd] 명 **안마당**, 안뜰 ☜ 둘러싸인(court) 마당(yard)

☐ **court**ship [kɔ́ːrtʃìp] 명 (여자에 대한) **구애**, 구혼
☜ 궁궐식의 예의를 갖춘(court) 구애 기술(ship)

연상 키가 더 커진 직계 커즌(cousin.사촌)

☐ **cousin** [kʌ́zn/**커**즌] 명 **사촌**, 종(從)형제〔자매〕 ☜ 고대 프랑스어로 '조카, 사촌'이란 뜻.
⇦ 같은<함께하는(cou<com) 자매(sin=sister)의
♠ a first 〔full, own〕 **cousin** 친**사촌**

이벤트 event (콩글 판촉행사) ➔ promotional event

< 미국 배우 톰 크루즈의 영화 프로모션 © 연합 >

♣ 어원 : ven 오다, 가다; 모이다

■ e**ven**t [ivént/이**벤**트] 명 (중요한) **사건, 행사**
☜ 밖으로(e<ex) 나오는(ven) 것(t)

☐ co**ven**ant [kʌ́vənənt] 명 **계약**, 서약, 맹약 동 계약하다
☜ 함께(con<com) 와서(ven) 맺는 것(ant<명접>)
♠ God's **covenant** with Abraham 하느님이 아브라함과 하신 약속

✚ ad**ven**ture **모험(심)** con**ven**tion 대회; **집회**; **협약** pre**ven**t **막다**, 방해하다; **예방하다**

커버 cover (덮개)

♣ 어원 : cover 완전히 가리다, 덮다

☐ **cover** [kʌ́vər/**커**버] 동 (뚜껑을) **덮다**, 씌우다, 싸다 명 **덮개**, 커버
☜ 완전히(co<com) 덮다(over)
♠ **be covered with ~ ~로 덮여있다**

☐ **cover**ed [kʌ́vərd] 형 덮인 ☜ cover + ed<수동형 형접>

☐ **cover**age [kʌ́vəridʒ] 명 **적용 범위** ☜ 덮음의(cover) 상태(age<명접>)

☐ **cover**ing [kʌ́vəriŋ] 명 **덮음**; 지붕; 피복; 엄호 ☜ 덮는(cover) 것(ing<명접>)

☐ **cover**let [kʌ́vərlit] 명 **침대보**; 덮개; 이불 ☜ 작은(let) 덮개(cover)

☐ **cover**t [kʌ́vərt, kóu-] 형 숨은, 덮인; 비밀의 ☜ = covered의 변형

✚ dis**cover** **발견하다**; 깨닫다 re**cover** **되찾다**; 회복하다 un**cover** **뚜껑[덮개]를 벗기다, 폭로하다**

큐피드 Cupid ([로神] 사랑과 욕망의 신)

♣ 어원 : cupid, covet 욕망; 바라다

■ **Cupid** [kjúːpid] 명 【로.신화】 **큐피드** 《사랑의 신》; 《드물게》 미소년
☜ 라틴어로 '애욕'이란 뜻. 그리스 신화의 사랑의 신(神) 에로스 (Eros)와 같다.

■ **cupid**ity [kjuːpídəti] 명 물욕, 탐욕, 욕망 ☜ cupid + ity<명접>

□ **covet** [kʌ́vit] 동 (남의 것을) **몹시 탐내다**, 바라다, 선망하다
☜ (영어) **covet** ⇦ (프랑스어) coveitier ⇦ (라틴어) **cupid**itare(욕망)
♠ Do not **covet** what belongs to others. 남의 물건을 **탐내지** 마라.

□ **covet**ous [kʌ́vitəs] 형 몹시 탐내는 ☜ covet + ous<형접>

□ **covet**ously [kʌ́vitəsli] 부 탐욕스럽게 ☜ covetous + ly<부접>

인큐베이터 incubator (미숙아 보육기)

♣ 어원 : cub, cov 눕다, 누워 품다

■ in**cub**ate [ínkjəbèit, íŋ-] 동 (알을) 품다, (세균 따위를) 배양하다. 숙고하다, (조산아 등을) 보육기에 넣어 기르다 ☜ 속에(in) 눕게(cub) 하다(ate)

■ in**cub**ator [ínkjəbèitər, íŋ-] 명 부화기; 세균 배양기; 조산아 보육기, **인큐베이터**; 계획을 꾸미는 사람 ☜ incubate + or(사람)

□ **cov**ey [kʌ́vi] 명 한배의 병아리; (메추라기 등의) 무리, 떼; 《우스개》 가족, 일단, 대(隊)
☜ 라틴어로 '(한 배로) 알을 품은(cov) 것(ey)'란 뜻
♠ **a covey** of birds 새 **떼**

■ **cub**icle [kjúːbikl] 명 칸막이한 작은 방(침실); (도서관의) 열람실
☜ 눕는(cub) + i + (작은) 곳(cle)

카우보이 cowboy (소몰이꾼, 목동)

□ **cow** [kau/카우] 명 (pl. **-s**) **암소**, 젖소 ☜ 고대영어로 '암소'
♠ a milk **cow** 젖**소**

□ **cow**boy [káubɔ̀i] 명 **카우보이**, 목동 ☜ 암소(cow) + 소년(boy)

□ **cow**boy boot **카우보이 부츠** 《뒤축이 높고 꿰맨 자리의 모양새에 공들인 가죽 장화》

□ **cow**boy hat **카우보이** 모자 《테가 넓고 춤이 높은 모자》 ☜ hat(테가 있는 모자)

□ **cow**slip [káuslìp] 명 【식물】 앵초(櫻草)의 일종, 《미》 눈동이나물의 일종
☜ 고대영어로 '소(cow) 똥(slip=dung)'이란 뜻. 소가 똥 싼 곳에서 잘 자란다고 함.

※ **gaucho** [gáutʃou] 명 (pl. **-s**) **가우초** 《남아메리카 카우보이; 스페인 사람과 인디언의 튀기》
☜ 칠레 인디오 아라우칸족어로 '배회하는 자'란 뜻

연상 그 카우보이(cowboy.소몰이꾼)는 카우어드(coward.겁쟁이)였다.

■ **cow**boy [káubɔ̀i] 명 **카우보이**, 목동 ☜ 암소(cow) + 소년(boy)

□ **cow**ard [káuərd] 명 **겁쟁이**; 비겁한 자 형 겁 많은, 비겁한
☜ 라틴어로 '꼬리(cow=tail)같은 자(ard)'란 뜻
♠ play **the coward 비겁한 짓**을 하다

□ **cow**ardice [káuərdis] 명 겁, 비겁 ☜ coward + ice<명접>

□ **cow**ardly [káuərdli] 형 겁 많은 부 비겁하게 ☜ coward + ly<부접>

워크샵 workshop ([기업 · 기관] 실습을 겸한 연구집회)

■ **work** [wəːrk/워-크] 명 **일**, 작업, 노동; **직업; 제작품; 예술 작품; 공사** 동 **노동하다, 일하다**; (기계 · 기관 등이) **움직이다; 일시키다** ☜ 고대영어로 '행한 일'이란 뜻

■ **work**shop [wə́ːrkʃɑ̀p/-ʃɔ̀p] 명 일터, **작업장**, 직장; (참가자가 실습을 행하는) 연수회, 공동 연구회 ☜ work + shop(가게, 상점; 공장, 일터)

■ **work**er [wə́ːrkər/**워**-커] 명 **일하는 사람, 노동자** ☜ work + er(사람)
비교 walker 보행자, 산책하는 사람

□ co-**work**er [kóuwə̀ːrkər] 명 함께 일하는 사람, 협력자, 동료(=fellow worker)
☜ 함께(co<com) 일하는(work) 사람(er)
♠ My new **co-worker** is a native of Holland.
나의 새 **동료**는 네덜란드 출신이다.

■ over**work** [òuvərwə́ːrk] 동 **과로하다, 과로시키다**, 너무 일을 시키다 명 **과로**
☜ 지나친(over) 일(load)

C

□ **cowslip**(앵초) ➔ **cow**(암소) **참조**

레퀴엠 requiem (죽은 이를 위한 미사, 위령곡)

♣ 어원 : qui, coi 조용한, 차분한

■ **qui**et [kwáiət/**콰**이얼] ⓗ (-<-**er**<-**est**) **조용한**, 고요한, 소리 없는
☜ 라틴어로 '평온한, 쉬는'이란 뜻

■ re**qui**em [rékwiəm, rí-, réi] ⓜ (or R-) 〖가톨릭〗 죽은 이를 위한 미사(곡), 위령곡, **레퀴엠**; 애가(哀歌) ☜ 뒤<사후(re=back)의 평안(quiem<quiet)

■ tran**qui**l [trǽŋkwil] ⓗ **조용한**, 평온한 ☜ 가로질러/내내(trans) 평온한(quil<quiet)

□ **coy** [kɔi] ⓗ **수줍어하는**, (여자들이) 짐짓 부끄러운 체하는 ☜ **qui**(et)가 변해서 **coy**가 됨. qu와 c는 둘 다 k발음으로 단어 형태는 다르나 유사 발음에 의해 의미가 일맥상통해진 형태임.
♠ Don't be so **coy**. 너무 **수줍어하**지는 마.

□ **cozy** [kóuzi] ⓗ (-<-zi**er**<-zi**est**) **기분 좋은**, 아늑[포근]한
☜ 근대영어로 '편안한, 따뜻한'이란 뜻. ★ cosey, cosy로 쓰기도 함.
♠ a **cozy** space for entertaining and relaxing.
접대와 휴식을 위한 **편안한** 공간

킹크랩 King Crab (참게), 크래빙 crabbing ([항공] 비행기가 옆바람이 강할 때 행하는 게걸음 착륙) * crabbing은 기수가 풍상쪽으로 틀린 상태로 내려오다 접지전 활주로와 일치시킴

※ **king** [kiŋ/킹] ⓜ **왕**, 국왕, 군주 ☜ 종족(kin)의 대표자(g)

□ **crab** [kræb] ⓜ 〖동물〗 **게** 《게 종류의 갑각류 총칭》; (the C-) 〖천문〗 게자리 ☜ 고대 노르드어로 '게'란 뜻
♠ I can't remember when I last had **crab**.
내가 **게요리**를 마지막으로 먹었던 때가 언제였는지 모르겠다.

< King Crab >

클릭 click ([컴퓨터] 마우스의 클릭)
크래커 cracker (단맛이 없고, 파삭파삭한 비스킷 과자)

♣ 어원 : crack, click, creak, croak, crep 크랙(단단한 물건이 깨지는 소리), (깨진 곳의) 갈라진 틈

■ **click** [klik] ⓜ 〔의성어〕 **딸깍[찰칵]하는 소리** ⓢ 딸깍〔찰칵〕 소리나다
☜ 근세영어로 '작고 날카로운 소리'라는 의성어

□ **crack** [kræk] ⓜ 〔의성어〕 **갈라진 금, 갑작스런 날카로운 소리** ⓢ (쾅하며) **깨지다[부서지다], 금이 가다** ☜ 중세영어로 '갈라지는 소리'란 뜻
♠ The ice **cracked** as he stepped onto it. 그가 발을 올리자 얼음이 **갈라졌다**.

□ **crack**ed [krækt] ⓗ **금이 간, 깨진** ☜ crack + ed<수동형 형접>

□ **crack**er [krǽkər] ⓜ **크래커** 《얇고 파삭파삭한 비스킷》; **폭죽** ☜ -er<명접>

□ **crack**le [krǽkəl] ⓜ **딱딱[우지직 · 꽝] 하는 소리** ⓢ **딱딱[우지직] 소리를 내다**
☜ crack + le<명접/동접>

□ **crack**ling [krǽkiŋ] ⓜ 딱딱 소리를 냄 ☜ crackle + ing<명접>

□ dis**crep**ancy [diskrépənsi] ⓜ 차이, 불일치; 어긋남, 모순
☜ 따로 떨어져(dis=away) 소리를 내는(crep) 것(ancy<명접>)
♠ **a discrepancy** between spelling and pronunciation 철자와 발음의 **불일치**

□ dis**crep**ant [diskrépənt] ⓗ 상위하는, 어긋나는, 모순된 ☜ -ant<형접>

와인 크레이들 wine cradle (레드와인 서빙 바구니)

♣ 어원 : crad, crat 나무틀

※ **wine** [wain/와인] ⓜ **와인, 포도주** ☜ 고대영어로 '포도주'란 뜻

□ **crad**le [kréidl] ⓜ **요람**, 소아용 침대(=cot) ☜ 고대영어로 '작은 침대'
♠ **from the cradle to the grave 요람에서 무덤까지, 한평생**
★ 1942년 영국의 베버리지보고서에서 제창한 사회보장의 기본자세를 상징적으로 나타낸 표현. 즉 출생에서 사망까지 국가가 최저한도의 사회보장책임을 진다는 의미임. 요즘엔 각국에서 채택하고 있으며, 스웨덴에서는 더 나아가 '태내에서 천국까지'라고 표현하고 있음.

□ **crad**lesong [kréidlsɔ(:)ŋ, -sɑŋ] ⓜ 자장가(=lullaby) ☜ cradle(요람) + song(노래)

■ **crat**e [kreit] ⓜ (유리 · 오지그릇 등을 운반하는) **나무상자**, 나무틀, **크레이트**
☜ 라틴어로 '격자 선반'이란 뜻

호버크래프트 hovercraft (공기부양정. <물위에 떠서 가는 배>)
스타크래프트 StarCraft (공상과학 전략 시뮬레이션 게임)

스타크래프트란 전 세계적으로 가장 많이 판매된 미국산 PC게임 중 하나로 서로 다른 세 종족인 테란・프로토스・저그를 선택하여 특정 지역을 점령하는 방식으로 진행된다. 게임에서 제공하는 스토리를 따라서 진행할 수도 있고, 인터넷을 통해 서로 다른 사용자와 경쟁하면서 즐길 수도 있다. 직역하면 '별(우주) 점령 기술'이나 의역하면 <우주 전략(게임)>정도가 되겠다.

C

♣ **어원 : -craft 탈 것; 힘; 기술, 술책**

※ **hover** [hʌ́vər, hɑ́v-] ⓢ (곤충・새・헬리콥터 따위가) **공중에서 정지하다**, 공중을 떠돌다 ☜ 중세영어로 '머무르다'란 뜻

< Hovercraft >

□ **craft** [kræft, krɑːft] ⓜ **기능; 기교** ☜ 고대독일어로 '힘, 기술'이란 뜻
♠ **traditional crafts** like basket-weaving 바구니 짜기와 같은 **전통 수공예**

□ **craft**sman [krǽftmən, krɑ́ːft-] ⓜ (pl. **-men**) **장인**(匠人), **기능공**, 명장 ☜ 기술(crafts)이 있는 사람(man)

□ **craft**smanship [krǽftmənʃip, krɑ́ːft-] ⓜ (직공의) 기능; 숙련 ☜ -ship(기술, 성질)

□ **craft**y [krǽfti, krɑ́ːf-] ⓗ (-<-t**ier**<-t**iest**) **교활한; 간악한** ☜ 기술(craft)이 많은(y)

✚ air**craft** **항공기** witch**craft** **마법**, 요술

크래밍 cramming ([신조어] 미사용 전화서비스의 부당요금부과)

□ **cram** [kræm] ⓢ (장소・그릇 등에) **밀어 넣다**, 채워 넣다 ⓜ 벼락공부 ☜ 고대 노르드어로 '죄다, 짜내다'란 뜻
♠ **cram** a room with people 방안에 사람들을 **잔뜩 몰아넣다**.
♠ **cram** school 입시학원

크램폰 crampon ([등산] 미끄럼 방지위해 신발에 부착하는 아이젠)

□ **cramp** [kræmp] ⓜ **꺾쇠; 경련**, 쥐 ⓢ 꺾쇠로 바짝 죄다, ~를 방해하다; 경련하다, 쥐가 나다 ☜ 원시 독일어로 '구부러진 것'
♠ **cramp a person's style 《구어》 아무를 방해하다, 아무의 능력을 충분히 발휘하지 못하게 하다.**
♠ He **was seized with a cramp** while swimming. 그는 수영하다가 **경련이 일어났다**

□ **cramp**on, 《미》 -poon [krǽmpən, kræmpúːn] ⓜ (보통 pl.) (구두 바닥에 대는) 스파이크 창; 〖등산〗 아이젠 ☜ 고대 프랑스어로 '꺾쇠, 버팀쇠'란 뜻

크레인 crane (기중기), 포크레인 Forkcrane (콩글 굴착기 브랜드) ➔ backhoe, excavator, hydraulic shovel

□ **crane** [krein] ⓜ **기중기**, **크레인**; **학**, 두루미 ☜ 근대영어로 '(목이) 늘어나다'
★ 포크레인(Forkcrane)은 굴착기 브랜드이다. fork(포크, 갈퀴) + crane(학, 두루미)의 합성어로 직역하자면 <갈퀴가 있는 두루미>란 뜻이다. 포크레인의 바른 영어 표현은 backhoe, excavator, hydraulic shovel이다.

크랭크 인 [업] crank in [up] ([영화] 촬영개시 [촬영종료])

□ **crank** [kræŋk] ⓜ 〖기계〗 **크랭크** ⓢ 크랭크를 돌려 시동 걸다 ☜ '회전하는 기구'라는 뜻
♠ **crane in ~ ~을 시작하다; ~에 짜넣다**

□ **crank**pin [krǽŋkpìn] ⓜ 〖기계〗 **크랭크핀** ☜ 회전기계(crank)의 핀(pin)

□ **crank**shaft [krǽŋkʃæft/-ʃɑ̀ːft] ⓜ 〖기계〗 **크랭크**축 ☜ 회전기계(crank)의 축(shaft)

※ **in** [in/인, (약) ən/언] ⓟ 〖장소・위치〗 **~의 속[안]에서, ~에서;** 〖시점・시간〗 **~동안[중]에, ~에, ~때에** ☜ 고대영어로 '~안에'란 뜻 비교 inn 여관

크레이프 페이퍼 crepe paper (조화(造花)・포장용 주름종이)

☐ **crape** [kreip] 명 **크레이프** 《주름 직물》; 상복의 상장(喪章) 동 (머리를) 곱슬곱슬하게 지지다
☜ 중세 프랑스어로 '소용돌이 모양의'란 뜻
♠ a **crape** band (팔에 두르는) **상장**(喪章).

■ **crepe**, **crêpe** [kreip] 명 《F.》 **크레이프** 《주름 직물》; 상복의 상장(喪章)
☜ 고대 프랑스어로 '주름지다, 헝클어트리다'란 뜻

※ **paper** [péipər/**페**이퍼] 명 **종이; 신문(지); 논문; 시험문제;** (pl.) **서류,** 문서 ☜ 그리스어로 '파피루스(papyrus)'란 뜻. 이 식물로 옛 이집트 사람들이 종이를 만듦.

클래시 오브 클랜 clash of clan (핀란드산 글로벌 모바일 게임. <씨족의 충돌>이란 뜻)

© Supercell

■ **clash** [klæʃ] 명 **충돌**; 〔의성어〕 **땡땡 울리는 소리** ☜ 중세영어로 '금속물체가 부딪히는 소리'를 의미하는 의성어

☐ **crash** [kræʃ] 명 〔의성어〕 **갑자기 나는 요란한 소리** 《쨍그랑 · 와르르 · 쿵》 ☜ 중세영어로 '산산이 부서지다'란 뜻
♠ He was killed in a plane **crash**. 그는 비행기 **추락**으로 사망했다

☐ **crash**-land [krǽʃlǽnd] 동 불시착하다〔시키다〕 ☜ land(땅, 육지; 상륙하다, 착륙하다)

※ **clan** [klæn] 명 **씨족**(氏族)(=tribe), 벌족(閥族) 《특히 스코틀랜드 고지 사람의》
☜ 고대 아일랜드어로 '자손, 종족'이란 뜻

☐ **crate**(나무상자) ➔ **cradle**(요람) **참조**

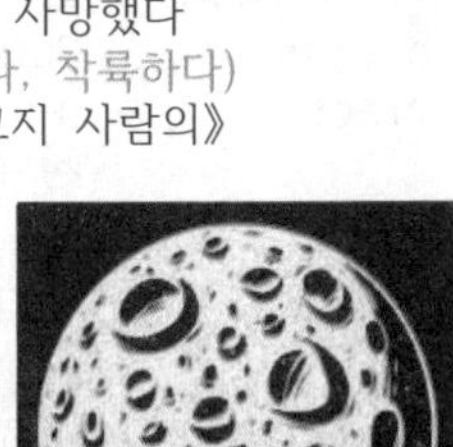

크레이터 crater (분화구: 지표면 위에 있는 원형의 움푹 팬 곳)

☐ **crater** [kréitər] 명 **분화구**; (달 표면의) **크레이터**
☜ 라틴어로 '웅덩이, 물동이'란 뜻
♠ **craters** on the moon's surface 달 표면의 **분화구**

☐ **Crater** Lake **크레이터**호 《미국 Oregon주에 있는 화산호; 그 국립공원》
☜ lake(호수, 연못)

© Phase 4 Films

크레이브 crave (미국 스릴러 영화. <갈망하다>란 뜻)

2014년 개봉한 미국 스릴러 영화. 조쉬 로슨, 엠마 렁 주연. 범죄현장의 사진사가 현실적 삶에 대한 염증과 영웅적 삶에 대한 갈망이 교차한 속에서 우연히 습득한 총으로 범죄를 저지르게 된다. 인간의 폭력성과 자신감을 가져다 준 무기를 고발한 영화

☐ **crave** [kreiv] 동 **갈망하다; 간청하다** ☜ 고대 노르드어로 '요구하다'
♠ She has always **craved** excitement.
그녀는 항상 자극을 **갈망해** 왔다.

☐ **crav**ing [kréiviŋ] 명 **갈망, 열망**; 간원 ☜ -ing<명접>

크롤 crawl ([수영] 엎드린 자세로 하는 자유형)

☐ **crawl** [krɔːl] 동 **기다, 포복하다** 명 **포복**; **크롤** 수영법
☜ 고대 노르드어로 '할퀴다'란 뜻
♠ **crawl** about on all fours 〔on hands and knees〕 네발로 **기어 다니다**.

☐ **crawl** stroke **크롤** 수영법 ☜ stroke(일격, 한 번 손발을 놀리기, 수영법)

☐ **crawl**y [krɔ́ːli] 형 기어 다니는 ☜ crawl + y<형접>

☐ **creep** [kriːp] 동 (-/**crept**/**crept**) **기다, 포복하다** 명 **포복, 서행**
☜ 고대영어로 '기어가다'란 뜻
♠ **creep** on all fours 네발로 **기다**

☐ **creep**er [kríːpər] 명 기는 것, 덩굴 식물 ☜ creep + er<명접>

☐ **creep**ing [kríːpiŋ] 형 기는 ☜ creep + ing<형접>

☐ **creep**y [kríːpi] 형 (-<-pi**er**<-pi**est**) 기는; 소름끼치는 ☜ creep + y<형접>

☐ **creep**y-**crawl**y [kríːpikrɔ́ːli] 형 기어 다니는; 오싹하는; 비굴한 명 기어 다니는 벌레
☜ 기는(creepy) + 기어 다니는(crawly)

크레용 crayon (파라핀 · 목랍을 섞어 녹여 고형화한 회화재료)

☐ **crayon** [kréiən, -ɑn/-ɔn] 명 **크레용** ☜ 프랑스어로 '연필, 분필'이란 뜻
★ 크레파스(crepas)는 크레용(crayon)과 파스텔(pastel)을 합성한 콩글리시. 바른 영어 표현은 (pastel) crayon이다.

크레이지 crazy (한국의 댄스팝 걸그룹 포미닛(4Minute)의 노래. <미쳐>)

□ **craze** [kreiz] ⓢ **미치게 하다**; 발광하다 ⓜ 발광, 열광; 대유행
☜ 고대 노르드어로 '산산이 부수다'란 뜻

□ **craz**ily [kréizili] ⓟ **미친 듯이**, 열중하여 ☜ crazy + ly<부접>

□ **craz**iness [kréizinis] ⓜ **발광, 열광** ☜ crazy + ness<명접>

□ **crazy** [kréizi] ⓗ (-<-z**ier**<-z**iest**) **미친**; 열중한 ☜ craze + y<형접>
♠ **Are you crazy? 너 미쳤니?**

클릭 click ([컴퓨터] 마우스의 클릭)

■ **click** [klik] ⓜ 《의성어》 **딸깍[찰칵]하는 소리** ⓢ 딸깍〔찰칵〕 소리 나다
☜ 근세영어로 '작고 날카로운 소리'라는 의성어

□ **creak** [kri:k] ⓜ 《의성어》 **삐걱거리는 소리**, 알력 ⓢ 삐걱거리다
☜ 고대영어로 '깍깍〔개골개골〕하고 우는 소리'라는 의성어
♠ a **creaking** 〔squeaking〕 sound **삐걱거리는** 소리

□ **creak**y [kri:ki] ⓗ **삐걱거리는** ☜ creak + y<형접>

■ **crack** [kræk] ⓜ 《의성어》 **갈라진 금, 갑작스런 날카로운 소리** ⓢ (쾅하며) **깨지다[부서지다], 금이 가다** ☜ 중세영어로 '갈라지는 소리'란 뜻

아이스크림 ice cream (우유 · 달걀 · 향료 · 설탕 등을 넣어 크림 상태로 얼린 것)

※ **ice** [ais/아이스] ⓜ **얼음**; 빙판 ☜ 고대영어로 '얼음'이란 뜻.

□ **cream** [kri:m/크뤼임] ⓜ **크림**, 유지(乳脂); 크림 과자〔요리〕; 화장용〔약용〕 크림 ☜ 고대 프랑스어로 '성스러운 기름'이란 뜻
★ 커피에 타는 프림(prim)의 올바른 표현은 크림(cream)이다.
프림은 Prima(최고의)와 cream(크림)의 합성어로 추정된다.
♠ The boy is eating **ice cream**. 그 소년이 **아이스크림**을 먹고 있다.

□ **cream**y [krí:mi] ⓗ (-<-mi**er**<-mi**est**) **크림 같은**; 크림색의 ☜ -y<형접>

레크레이션 recreation (삶의 재충전을 위한 여가활동)

♣ **어원 : cre 낳다, 자라다, 만들다 // creat 창조하다**

■ re**creat**ion [rèkriéiʃən/뤠크뤼**에**이션] ⓜ **휴양**, 기분전환, 오락, **레크리에이션**
☜ 다시(re) 창조한(creat) 것(ion)

□ **creat**e [kri:éit/크뤼-**에**잍] ⓢ **창조하다**; 창시〔창작〕하다; (사태를) 야기하다
☜ 라틴어로 '만들다'라는 뜻
♠ All men **are created** equal. 모든 인간은 평등하게 **창조되었다**.

□ **creat**ion [kri:éiʃən] ⓜ **창조**; (the C-) 천지 창조; 창작, 창조물
☜ 창조한(creat) 것(ion<명접>)

□ **creat**ive [kri:éitiv] ⓗ **창조적인**, 독창적인 ☜ creat + ive<형접>

□ **creat**iveness [kri:éitivnis] ⓜ 창조적임 ☜ creative + ness<명접>

□ **creat**ivity [krì:eitívəti] ⓜ 창조성〔력〕; 독창력; 창조의 재능 ☜ creative + ity<명접>

□ **creat**or [kri:éitər] ⓜ **창조자**; (the C-) 조물주 ☜ creat + or(사람)

□ **creat**ure [krí:tʃər/크**뤼**-처] ⓜ (신의) **창조물**, 피조물 ☜ creat + ure<명접>

크레디트 카드 credit card (신용카드)

♣ **어원 : cred 믿다**

□ **cred**entials [kridénʃəl] ⓜ 자격 증명서, 성적〔인물〕 증명서; (보통 pl.) (대사 등에게 주는) 신임장
☜ 믿음(cred) 의(ent<형접>) 것(ial<명접>) + s<복수>

□ **cred**ible [krédəbəl] ⓗ **신뢰할 수 있는, 확실한** ☜ 믿을(cred) 수 있는(ible)
비교 incredible 믿어지지 않는

□ **cred**it [krédit/크**뤠**디트] ⓜ **신뢰, 신용, 신용대부; 명예가 되는 것**
ⓢ **믿다, 신용하다** ☜ 중세 프랑스어로 '믿음'이란 뜻
♠ **gain** 〔lose〕 **credit to ~ ~에 대한 신용을 얻다** 〔잃다〕
♠ **to one's credit ~의 명예가 되도록**

□ **cred**itable [kréditəbl] ⓗ **명예로운; 신용할 수 있는**
☜ 믿을(credit) + 수 있는(able)

□ **cred**itably [kréditəbli] ⓟ 훌륭하게, 썩 잘 ☜ credit + ably<부접>

□ **cred**itor [kréditər] ⓜ **채권자** ☜ 믿고 맡기는(credit) + 사람(or)

□ **cred**ulity [kridjú:ləti] ⓜ **믿기 쉬움** ☜ 믿기(cred) + ul + 쉬움(ity)

☐ **cred**ulous　[krédʒələs] 형 **잘 믿는**, 속기 쉬운 ☜ 믿기(cred) + ul + 쉬운(ous)
※ **card**　[kɑːrd/카-드] 명 **카드; 판지; 명함; (카드놀이의) 패**
☜ 중세 프랑스어로 '종이 한 장'이란 뜻

어쌔신 크리드 Assassin's Creed (역사 액션 어드벤처 게임. <암살자의 신념>) 크레도스 Credos (기아자동차 중형승용차 브랜드. <믿음, 신뢰>란 뜻)

어쌔신 크리드는 캐나다 Ubisoft Montreal이 개발한 역사 액션 모험 게임이다. 내용은 중세 십자군 전쟁 때의 이슬람 비밀암살단 <어쌔신>의 이야기를 다루고 있다.

© Ubisoft Montreal

※ **assassin**　[əsǽsin] 명 **암살자**, 자객; (A-) 『역사』 (이슬람교도의) 암살단 《11-13세기의 십자군 시대에 기독교도를 암살·폭행한》
☜ 아랍어로 '마른 풀'이란 뜻에서 '(인도산) 대마 사용자'란 의미로 발전함.
☐ **creed**　[kriːd] 명 **신조, 신념**; (the C-) 사도 신경(the Apostles' Creed); 주의, 강령 ☜ 라틴어로 '나는 믿는다'라는 뜻.
♠ What is your political **creed**? 당신의 정치적 **신조**는 뭐죠?
☐ **credo**　[kríːdou, kréi-] 명 (pl. **-s**) [일반적] 신조(=creed); (the C-) 사도신경 ☜ 라틴어로 '나는 믿는다'라는 뜻.

후크선장(船長) Captain Hook ([동화] 피터팬에 나오는 악당)

영국의 소설가·극작가 제임스 메튜 배리(James Matthew Barrie)의 동화 <피터팬(Peter Pan)>에 등장하는 해적선 선장. 피터팬과 싸우다 악어에 물려 왼쪽 손목을 잃고 후크(hook/갈고리)를 손목에 끼고 다니며 복수를 다짐하지만 번번히 피터팬에게 당한다.

♣ 어원 : **hook, crook, crouch, croach 굽다, 구부러지다; 갈고리**
※ **captain**　[kǽptin/캡틴] 명 **장**(長), **우두머리; 선장**; 『군』 (해군) 대령, (육군·공군·해병대) 대위 ☜ 중세영어로 '우두머리'라는 뜻
비교 lieutenant 해군 대위
■ **hook**　[huk] 명 **갈고리** 동 (갈고리 모양으로) 구부리다
☜ 고대영어로 '갈고리, 낚시 바늘'이란 뜻
■ **crook**　[kruk] 명 **굽은 것**(물건); 갈고리 동 (갈고리 모양으로) 구부리다 ☜ 고대 노르드어로 '갈고리'란 뜻
☐ **creek**　[kriːk, krik] 명 《미》 **시내,** 크리크, 샛강; 《영》 작은 만
☜ 고대 노르드어로 '산모롱이, 산모퉁이'란 뜻
♠ **up the creek (without a paddle) 곤경에 처한** ☜ paddle(노)

✚ **crouch** 쭈그리다, **몸을 구부리다**; 웅크리다　en**croach** 침입하다, 잠식(침해)하다; 침식하다

☐ **creep**(기다) ➔ **crawl**(기어가다) **참조**

크리올 Creole (남미에 이주한 백인의 자손)

☐ **Creole**　[kríːoul] 명 **크리올** 사람 《미국 루이지애나주에 이주한 프랑스 사람의 자손, 남미에 이주한 백인(스페인)의 자손》 ☜ 스페인어로 '집에서 기른 하인'

☐ **crepe**(주름진 비단) ➔ **crape**(검은 크레이프 상장(喪章)) **참조**

크레센도 crescendo ([음악] 점점 세게), 리크루트, 크라우드 펀딩..

♣ 어원 : **cresc, creas, cret, cru, cro 커지다, 기르다**
☐ **cresc**endo　[kriʃéndou] 부 《It.》 『음악』 점점 세게, **크레센도** 《생략: cres(c).; 기호 〈 》
☜ 이탈리아어로 '커지는'이란 뜻
☐ **cresc**ent　[krésənt] 명 **초승달** ☜ 점차 커지는(cresc) 것(ent)
♠ **crescent**(-shaped) brows **초승달** 같은 눈썹
♠ the Golden **Crescent** 황금의 **초승달 지대** 《이란·아프가니스탄·북부 파키스탄에 걸친 마약 생산·거래 지대》

✚ in**creas**e **증가(하다),** 늘(리)다　de**creas**e **감소(하다)**, 축소(하다), 줄(이)다　re**cru**it **신병**, 보충병 신병을 들이다, 보충하다　**cro**wd **군중, 다수;** 군집하다, 꽉 들어차다

크레스트 crest (방패 윗부분의 가문을 나타내는 문장)

☐ **crest**　[krest] 명 (새의) **볏**; (투구의) 앞꽂이 장식; (방패꼴 문양의) 꼭대기 장식; **문장**(紋章)

☜ 라틴어로 '깃털 장식, 장식 술'이란 뜻
♠ On the wall is the family **crest**. 벽에는 그 집안의 **문장**(紋章)이 걸려 있다.
☐ **crest**fallen [kréstfɔ̀lən] 형 풀이 죽은, 맥 빠진 ☜ 깃털(crest)이 떨어지(fall) 는(en<형접>)

크레타섬 Crete (B.C. 2천년 전 문명을 꽃피운 그리스 동남방의 섬)

C

☐ **Crete** [kriːt] 명 **크레타** 《지중해의 섬; 그리스령(領)》
☜ 크레타를 건국한 신화적 조상인 '크레투어족'에서 유래

크레바스 crevasse ([F.] 빙하의 갈라진 틈)

☐ **crevasse** [krivǽs] 명 《F.》 갈라진 틈, (빙하의) 균열, **크레바스**
☜ 고대 프랑스어로 '갈라진 틈'이란 뜻
☐ **crevice** [krévis] 명 (벽·바위 등의 좁고 깊이) **갈라진 틈**, 균열, 터진 곳 ☜ 라틴어로 '금가다, 쪼개지다'란 뜻
♠ peep through a **crevice** **빈틈**으로 기웃이 들여다보다

크루 crew (배·비행기·우주선 등의 승무원)

♣ **어원 : cru, crew 커지다, 기르다**
☐ **crew** [kruː] 명 [집합적] (배·열차·비행기·우주선의) 탑승원, **승무원**
☜ 라틴어로 '자라다'란 뜻. 사람이 직무수행에 있어 점차 숙련되어 감을 이름.
♠ None of the passengers and **crew** were injured.
승객과 **승무원**은 아무도 다치지 않았다.
♠ air**crew**, flight **crew** 항공기 **승무원**, cabin **crew** 객실 **승무원**
☐ **crew**man [krúːmən] 명 (pl. **-men**) 탑승〔승무〕원; (군의) 부대원 ☜ man(남자, 사람)

✚ ac**cru**e 자연 증가로 생기다; (이자가) 붙다 re**cru**it **신병**, 보충병; 신병을 들이다, 보충하다

크레쉬(Crèche) 박물관 ([F.] 프랑스의 구유 속 아기예수 인형 전문 박물관)

■ **creche** [kreiʃ] 명 《F.》 탁아소; 고아원; (크리스마스에 흔히 장식하는) 구유 속의 아기 예수상 ☜ 고대 프랑스어로 '여물통'이란 뜻
☐ **crib** [krib] 명 **어린이 침대, 여물통**, 구유 ☜ 고대영어로 '여물통'
♠ assemble a **crib** **아기 침대**를 조립하다.
■ corn-**crib** [[kɔ́ːrnkrìb] 명 《미》 옥수수 창고 ☜ 근대영어로 '옥수수 통'

크리켓 cricket (야구와 비슷한 영국의 구기)

☐ **cricket** [kríkit] 명 **크리켓** 《영국의 구기; 쌍방 11명씩 함》; 〖곤충〗 귀뚜라미 ☜ 고대 프랑스어로 '막대기, 방망이'란 뜻

크림전쟁(戰爭) the Crimean War (영·프·터키·사르디니아가 크림반도에서 러시아와 벌인 전쟁 / 1853~56년)

☐ **Crimea** [kraimíːə, kri-] 명 (the ~) **크림** 《흑해 북안의 반도; 우크라이나 공화국의 주》 ☜ 그리스어로 '가파른 둑' 또는 몽골 타타르어로 '힘'이란 뜻
※ **war** [wɔːr/워-] 명 **전쟁**, 싸움, 교전상태 《주로 국가 사이의》
☜ 고대영어로 '대규모의 군사분쟁'이란 뜻

시에스아이 CSI (미국 CBS 과학수사 드라마. <범죄현장수사>란 뜻) 크라임씬 Crime Scene (JTBC 예능프로그램. <범죄현장>이란 뜻)

© CBS TV

♣ **어원 : crime, crimin 죄, 범죄; 채로 쳐서 걸러내다**
■ **CSI** **C**rime **S**cene **I**nvestigation 범죄현장수사 《미국 CBS에서 2000~2015년간 방영된 과학수사 관련 TV 드라마》
☐ **crime** [kraim/크롸임] 명 (법률상의) **죄, 범죄** (행위)
☜ 고대 프랑스어로 '범죄'란 뜻.
♠ **crime** fiction **범죄**〔추리〕소설
☐ **crimin**al [krímənl] 명 **범인, 범죄자** 형 **범죄(성)의**, 형사상의
☜ 범죄(crimin) 의(al<형접>)
☐ **crimin**al case 형사사건 ☜ case(경우, 사건)

C

☐ **crimin**al offense 형사범죄 ☜ offense(위반, 반칙, 범죄)
☐ **crimin**al law 형법 ☜ law(법)
☐ **crimin**ally [kríminəli] 부 범죄적으로, 죄를 범하여; 형사〔형법〕상 ☜ -ly<부접>
☐ **crimin**ality [krìmənǽləti] 명 범죄성; 범죄 행위; 유죄(=guiltiness) ☜ -ity<부접>
☐ **crimin**alize [krímənəlàiz] 동 법률로 금지하다; 유죄[범죄]로 하다 ☜ -ize<동접>
☐ **crimin**ate [krímənèit] 동 ~에게 죄를 지우다; 고발〔고소〕하다 ☜ -ate<동접>
☐ **crimin**ation [krìmənéiʃən] 명 죄를 씌움, 기소, 고발, 고소 ☜ -ation<명접>
☐ **crimin**ative, -tory [krímənèitiv/-nə-], [krímənətɔ̀ːri/-nətəri] 형 죄를 지우는; 비난하는 ☜ -ative/-tory<형접>
☐ **crimin**ological [krìmənəlάdʒikəl/-lɔ́dʒ-] 형 범죄학(상)의 ☜ 범죄(crimin) 의(o) 학문(logy)<y→i> 의(cal)
☐ **crimin**ologist [krìmənάlədʒi/-nɔ́l-] 명 범죄학, 《널리》 형사학 ☜ -ist(사람)
☐ **crimin**ology [krìmənάlədʒi/-nɔ́l-] 명 범죄학, 형사학 ☜ 범죄(crimin) 학문(ology)
☐ in**crimin**ate [inkrímənèit] 동 ~에게 죄를 씌우다, 유죄로 하다; 고소〔고발〕하다 ☜ ~에(in) 죄가 있음(crimin)을 만들다(ate)
♠ You want me **to incriminate** him.
너는 내가 그 사람에게 **죄를 덮어 씌우기**를 원하고 있다.
☐ in**crimin**ation [inkrímənèiʃən] 명 죄를 씌움, 유죄로 함, 고소 ☜ -ation<명접>
☐ in**crimin**atory [inkrímənətɔ̀ːri/-təri] 형 죄를 씌우는, 유죄로 하는; 고소의 ☜ ~속으로(in<into) 죄를(crimin) 씌우는(atory<형접>)
☐ re**crimin**ate [rikrímənèit] 동 되비난하다, 맞고소하다 ☜ ~에 대항하여(re=against) 범죄(crimin)를 만들다(ate)
♠ **recriminate against ~ ~을 되받아 비난하다**
☐ re**crimin**ation [rikrìmənéiʃən] 명 맞비난, 맞고소 ☜ -ation<명접>
☐ re**crimin**ative, -natory [-nèitiv/-nət-], [-nətɔ̀ːri/-təri] 형 되받아 비난하는 ☜ -ative/-atory<형접>
※ **scene** [siːn] 명 (연극・영화의) **장면**; (영화의) 세트; (무대의) 배경 ☜ 그리스어로 '무대'란 뜻
※ **investigation** [invèstəgéiʃən] 명 **조사**, 연구, 수사 ☜ 안에서(in) 흔적을 더듬(vestig) 기(ation)

크림슨 타이드 Crimson Tide (미국 군사 영화. <적조(赤潮)>)

1995년 개봉한 미국의 액션/스릴러 영화. 덴젤 워싱턴, 진 핵크만 주연. 미국 핵잠수함의 함장과 부함장이 러시아에 대한 핵미사일 발사여부를 놓고 벌이는 대결을 그린 영화

DENZEL WASHINGTON GENE HACKMAN CRIMSON TIDE
© Buena Vista Pictures

☐ **crimson** [krímzən] 명 **심홍색**, 진홍색 형 **심홍색의**, 진홍색의 ☜ 중세영어로 '진홍색'이란 뜻
♠ She **went crimson**. 그녀는 **얼굴이 새빨개졌다**.
※ **tid**e [taid] 명 **때**, 철; **조수, 조석**, 조류; **풍조** ☜ 고대영어로 '때'라는 뜻. 바다에서의 때는 '조수(潮水)'를 의미.

크롤 crawl ([수영] 엎드린 자세로 하는 자유형)

■ **crawl** [krɔːl] 동 **기다, 포복하다** 명 **포복**; **크롤** 수영법 ☜ 고대 노르드어로 '할퀴다'란 뜻
■ **creep** [kriːp] 동 (-/**crept**/**crept**) **기다, 포복하다** 명 **포복, 서행** ☜ 고대영어로 '기어가다'란 뜻
☐ **cripple** [krípəl] 명 **불구자**, 지체장애자 동 병신으로 만들다, 무능〔무력〕하게 하다 ☜ creep + le(사람)
♠ **He that lives with cripples learns to limp. 《속담》 절름발이와 사는 사람은 절뚝거림을 배운다. 맹모삼천지교(孟母三遷之敎)**
☐ **crippl**er [krípələr] 명 불구자 ☜ -er(사람)
☐ **crippl**ed [krípəld] 형 **불구의**; 불구가 된; 무능력한 ☜ -ed<형접>

크리티컬 컨디션 critical condition (심각한 상황)

♣ **어원 : cri 비판하다; 판단하다; 결정하다**
☐ **cri**tic [krítik] 명 **비판하는 사람**, 비평가 형 비판적인 ☜ 비판(cri) + t + 적인(ic)
☐ **cri**tical [krítikəl] 형 **비평[평론]의**, 비판적인; **위기의**; 중대〔심각〕한 ☜ 비판(cri) + t + 의(ical)
♠ with a **critical** eye ***비판적인** 눈으로* ➔ 비판적으로
♠ a **critical** condition **위험[위독]한** 상태
☐ **cri**tically [krítikəli] 부 **비평[비판]적으로**; 혹평하여 ☜ critical + ly<부접>
☐ **cri**ticism [krítisìzəm] 명 **비평**, 평론; 비난 ☜ 비평(cri) + t + 하는(ic) 행위(ism)

☐ **cri**ticize, -cise [krítisàiz] ⓢ **비평하다**, 비판〔평론〕하다, 비난하다
☜ 비평(cri) + t + 적인(ic) 말을 하다(ize<동접>)
☐ **cri**terion [kraitíəriən] ⓜ (pl. **-ria, -s**) (비판 · 판단의) **표준**, 기준
☜ 고대 그리스어로 '판단 수단, 시험'이란 뜻
☐ **cri**sis [kráisis] ⓜ (pl. **-ses**) **위기**, 결정적 단계 ☜ 결정해야할(cri) 상태(sis)
☐ a**cri**monious [ækrəmóuniəs] ⓗ 매서운, (말 · 태도 등이) 신랄한, 통렬한
☜ ~를(a<ad=to) 비판하고(cri) 훈계하(moni) 는(ous<형접>)
※ con**dit**ion [kəndíʃən/컨**디**션] ⓜ **상태**; **지위**; **조건** ⓢ **조건을 설정하다**
☜ 여러 조건을 함께(con<com) 말하는(dit) 것(ion)

포테이토 칩 potato chip (감자를 얇게 썰어 기름에 튀긴 과자)
포테이토 크리습 potato crisp ([영국] = 포테이토 칩)

※ **potato** [pətéitou/퍼**테**이토우] ⓜ (pl. **-es**) **감자**
☜ 중세 스페인어 및 아이티의 카리브어로 '단 감자'란 뜻
※ **chip** [tʃip] ⓜ **조각**, (나무) 토막; 전자 칩 ⓢ 잘게 썰다
☜ 고대영어로 '작은 나무/돌 조각'이란 뜻
☐ **crisp** [krisp] ⓗ **파삭파삭한**, 아삭아삭한; (말씨가) 똑똑한; (문체가) 힘 있는
☜ 고대영어로 '오그라든', 근대영어로 '너무 익은 것'이란 뜻
★ 영국에서는 potato chip을 potato crisp이라고 한다.
♠ Bake until the pastry is golden and **crisp**.
반죽이 황금색으로 **바삭바삭해**질 때까지 구워라.
☐ **crisp**ly [kríspli] ⓑ 파삭파삭하게, 아삭아삭하게 ☜ crisp + ly<부접>
☐ **crisp**ness [kríspnis] ⓜ 파삭파삭함, 아삭아삭함 ☜ crisp + ness<명접>

☐ **criss-cross**(십자형) ➔ **cross**(십자형) **참조**

클릭 click ([컴퓨터] 마우스의 클릭)

■ **click** [klik] ⓜ 〔의성어〕 **딸깍[찰칵]하는 소리** ⓢ 딸깍〔찰칵〕 소리나다
☜ 근세영어로 '작고 날카로운 소리'라는 의성어
■ **creak** [kri:k] ⓜ 〔의성어〕 **삐걱거리는 소리**, 알력 ⓢ 삐걱삐걱 소리나다
☜ 고대영어로 '깍깍〔개골개골〕하고 우는 소리'라는 의성어
☐ **croak** [krouk] ⓜ 〔의성어〕 **깍깍[개골개골]하고 우는 소리** 《까마귀 · 개구리 등의》
☜ 고대영어로 '깍깍〔개골개골〕하고 우는 소리'라는 의성어
♠ frogs **croak** 개구리가 **개골개골 울다**
■ **crack** [kræk] ⓜ 〔의성어〕 **갈라진 금, 갑작스런 날카로운 소리** ⓢ (쾅하며) **깨지다[부서지다], 금이 가다** ☜ 중세영어로 '갈라지는 소리'란 뜻

크로아티아 Croatia (지중해 아드리아해에 연한 공화국)

☐ **Croatia** [krouéiʃiə] ⓜ **크로아티아**(공화국) 《수도 자그레브(Zagreb)》
☜ '(슬라브계의) 크로아티아인의 나라'라는 뜻
★ 인구 4백만에 한반도의 1/4밖에 안되는 작은 나라 크로아티아가 2018 러시아 월드컵에서 결승에 올랐다. 물론 결과는 프랑스에 4:2로 패하긴 했지만 크로아티아 국민들에겐 잊을 수 없는 꿈같은 사실이었다.

크로코다일 crocodile (크로코다일 악어)

☐ **crocodile** [krákədàil/krɔ́k-] ⓜ (아프리카 · 아메리카 · 아시아산의 대형) 악어, **크로코다일** 악어 ☜ 고대영어로 악어란 뜻. **비교** alligator (민물) 악어
♠ **crocodile** tears **악어**의 눈물, 거짓 눈물

크로커스 crocus (영국에서 봄에 맨 먼저 피는 꽃)

☐ **crocus** [króukəs] ⓜ (pl. **-es, -ci**) 『식물』 **크로커스** 《사프란속(屬)》
☜ 그리스어로 '크로커스, 샤프란'이란 뜻
♠ **Crocuses** are in full bloom in the field.
크로커스 꽃들이 들판에 만발한다.

크로마뇽인(人) Cro-Magnon man (후기 구석기 시대의 인간)

☐ **Cro(-)Magnon** [kroumægnən/크로우**맥**넌, -mænjən] ⓜ 《F.》 **크로마뇽** 사람

《구석기 시대의 인간》 ☜ 유골이 발견된 프랑스 동굴이름에서 유래

※ **man** [mæn/맨] ⓜ (pl. **men**) **남자**; **사람, 인간**, 인류; (pl.) **병사** ⓢ **인원[병력]을 배치하다** ☜ 고대영어로 '인간, 사람'이란 뜻

크롬웰 Cromwell (17c 영국 청교도혁명의 주역인 영국의 정치가 · 군인)

1642~1651년 청교도혁명(Puritan Revolution)시 혁명군을 지휘하여 왕당파를 물리치고 공화국을 세우는데 큰 공을 세웠다. 1653년 통치장전(Instrument of Government)을 발표하고, 호국경(Load Protector)에 올라 죽을 때까지 전권을 행사했다.

C

□ **Cromwell** [krámwel/krɔ́mwəl] ⓜ **크롬웰** 《Oliver ~ , 영국의 정치가 · 군인 · 청교도; 1599-1658》

크로노스 Cronos, Cronus ([그神] 제우스의 아버지, 거인)

□ **Cronos, Cronus** [króunəs] ⓜ 【그.신화】 **크로노스** 《제우스의 아버지. 자식들을 차례로 삼키자 제우스에게 쫓겨남》

후크선장(船長) Captain Hook ([동화] 피터팬에 나오는 악당)

영국의 소설가·극작가 제임스 메튜 배리(James Matthew Barrie)의 동화 《피터팬(Peter Pan)에 등장하는 해적선 선장. 피터팬과 싸우다 악어에 물려 왼쪽 손목을 잃고 후크(hook/갈고리)를 손목에 끼고 다니며 복수를 다짐하지만 번번히 피터팬에게 당한다.

♣ 어원 : hook, crook, crouch, croach **굽다, 구부러지다; 갈고리**

※ **captain** [kǽptin/캡틴] ⓜ **장**(長), **우두머리; 선장**; 【군】 (해군) 대령, (육군 · 공군 · 해병대) 대위 ☜ 중세영어로 '우두머리'라는 뜻

■ **hook** [huk] ⓜ **갈고리** ⓢ (갈고리 모양으로) 구부리다 ☜ 고대영어로 '갈고리, 낚시 바늘'이란 뜻

□ **crook** [kruk] ⓜ **굽은 것**(물건); 갈고리; 사기꾼 ⓢ (갈고리 모양으로) 구부리다 ☜ 고대 노르드어로 '갈고리'란 뜻
♠ have a **crook** in one's character. 성격이 **비뚤어져** 있다

□ **crook**ed [krúkid] ⓗ **구부러진**, 비뚤어진, 기형의; 부정적인 ☜ -ed<형접>

□ **crouch** [krautʃ] ⓢ 쭈그리다, **몸을 구부리다**; 웅크리다 ☜ 고대 프랑스어로 '구부러지다'란 뜻
♠ The girl **crouched down** beside me. 그 소녀는 내 옆에 **쭈그리고 앉았다.**

✚ **creek** 《미》 **시내, 크리크**, 샛강; 《영》 작은 만 en**croach** 침입하다, 잠식(침해)하다; 침식하다

크롭티 / 크롭탑 crop tee[T-] shirt / crop top (여성용 배꼽티)
크롭서클 crop circle (외계인이 밭에 만들었다는 이상한 원형 무늬)

□ **crop** [krɑp/크랍/krɔp/크롭] ⓜ (곡물 등의) **농작물, 수확(물)**; 수확고 ⓢ 잘라내다, 베어내다
☜ 고대영어로 '(뿌리를 제외한) 식물의 윗부분'이란 뜻
♠ Sugar is an important **crop** on the island.
설탕은 그 섬의 중요한 **농작물**이다.

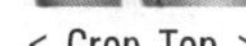
< Crop Top >

※ **skirt** [skəːrt/스꺼-트] ⓜ **스커트, 치마**
☜ 고대영어로 '짧게 잘린 의복', 고대 노르드어로 '치마'란 뜻

※ **top** [tɑp/탑/tɔp/톱] ⓜ **정상; 최고; 팽이** ⓗ **최고의, 첫째의** ⓢ 정상에 오르다 ☜ 고대영어로 '꼭대기'란 뜻

※ **circle** [sə́ːrkl/써어클] ⓜ **원**; (종종 pl.) (동일 이해의) **집단**, ~계(界), 동아리, **써클**; (교제 · 활동 · 세력 등의) **범위** ⓢ **선회하다**, 돌다
☜ 라틴어로 '둥근(circl) 것(e)'이란 뜻

크로스 cross (십자가), 크로스컨트리, 크로스오버...

♣ 어원 : cross, cru **십자형; 교차하다, 가로지르다**

□ **cross** [krɔːs/크로-스, krɔs] ⓜ **십자형, 십자가; 수난** ⓢ **교차시키다, 교차하다** ⓗ 교차한 ☜ 고대영어로 '십자가'란 뜻
♠ die on the **cross 십자가**에 못박혀 죽다
♠ **cross** a road (river) 도로(강)**을 건너다**

□ **cross**-country [krɔ́ːskʌ́ntri/krɔ́s-] ⓗ 들판(야지)을 횡단하는; 전국적인; **크로스컨트리**(경기)의 ⓜ **크로스컨트리** 경주
☜ 야지(country)를 가로지르는(cross)

□ **cross**-cultural [krɔ́ːskʌ́ltʃərəl] ⓗ **이**(異)**문화간의** ☜ 교차(cross)한 문화(culture) 의(al)

☐ **cross**ed [krɔ:st, krɔst] ⓗ 십자로 된, 방해된 ☜ cross + ed<형접>
☐ **cross**-examine [krɔ́:sigzǽmin] ⓢ 반대 심문을 하다 ☜ 교차(cross) 심문을 하다(examine)
☐ **cross**-examination [krɔ́:sigzæ̀mənéiʃən] ⓜ 반대 심문 ☜ 교차(cross) 심문(examination)
☐ **cross**ing [krɔ́:siŋ/krɔ́s-] ⓜ **교차(점)**, 건널목; **횡단** ☜ 교차하는(cross) 것(ing)
☐ **cross**-legged [krɔ́:slégid] ⓗ **다리를 포갠**, 책상다리를 한 ☜ 교차(cross)한 다리(leg) 의(ed<형접>)
☐ **cross**ly [krɔ́:sli] ⓑ **가로로; 심술궂게** ☜ cross + ly<부접>
☐ **cross**ness [krɔ́:snis] ⓜ 뾰로통함 ☜ (마음이) 교차(cross)한 것(ness<명접>)
☐ **cross**over [krɔ́:sòuvər] ⓜ (입체) **교차로, 육교**; (the ~) 【음악】 **크로스오버** 《재즈와 다른 음악과의 혼합》 ☜ 너머선(over) 교차(cross)
☐ **cross**road(s) [krɔ́:sròud(z)] ⓜ (보통 pl.) **교차로**, 십자로, 네거리 ☜ 교차하는(cross) 길(road)
☐ **cross**ways [krɔ́:swèiz] ⓑ **십자형으로, 엇갈리게** ☜ 교차하는(cross) 방식으로(ways)
☐ **cross**wise [krɔ́:swàiz] ⓑ **가로질러**, 거꾸로 ☜ 교차하는(cross) 방식으로(wise)
☐ **cross**word (puzzle) [krɔ́:swə̀:rd(-)/krɔs-] **크로스워드 퍼즐**, 십자말풀이 ☜ cross + word(낱말) puzzle(수수께끼)
☐ criss-**cross** [krískrɔ̀:s/-krɔ̀s] ⓜ **십자형**(교차); 엇갈림, 모순, 혼란 ⓗⓑ 열십자의〔로〕, 교차하여 ⓢ 교차하다, 열십자를 그리다 ☜ 중세영어로 '그리스도의 십자가(the Cross of Christ)'란 뜻

✚ a**cross** **가로질러, 맞은편에; ~을 가로질러** **cru**sade (종종 C-) 【역사】 **십자군**; (종교상의) 성전

☐ **crouch**(몸을 구부리다) ➔ **crook**(구부리다) **참조**

클릭 click ([컴퓨터] 마우스의 클릭)

■ **click** [klik] ⓜ 〖의성어〗 **딸깍[찰칵]하는 소리** ⓢ 딸깍〔찰칵〕 소리 나다 ☜ 근세영어로 '작고 날카로운 소리'라는 의성어
■ **creak** [kri:k] ⓜ 〖의성어〗 **삐걱거리는 소리**, 알력 ⓢ 삐걱삐걱 소리 나다 ☜ 고대영어로 '깍깍〔개골개골〕하고 우는 소리'라는 의성어
■ **croak** [krouk] ⓜ 〖의성어〗 **깍깍[개골개골]하고 우는 소리** 《까마귀 · 개구리 등의》 ☜ 고대영어로 '깍깍〔개골개골〕하고 우는 소리'라는 의성어
☐ **crow** [krou] ⓜ **까마귀** ⓢ (수탉이) 울다 ☜ 고대영어로 '새소리'의 의성어
■ **caw** [kɔ:] ⓢ 〖의성어〗 (까마귀가) 울다; 까악까악 울다 ⓜ 까악까악 《까마귀 소리》 ☜ 의성어

크레센도 crescendo ([음악] 점점 세게)
크라우드 펀딩 crowd funding (불특정 다수에게 자금을 모으는 방식)

크라우드 펀딩(crowd funding)은 자금을 필요로 하는 수요자가 온라인 플랫폼 등을 통해 불특정 다수 대중에게 자금을 모으는 방식. 대중을 뜻하는 crowd와 자금조달을 뜻하는 펀딩(funding)을 조합한 용어 <출처 : 시사상식사전>

♣ **어원 : cresc, creas, cret, cru, cro 커지다, 기르다**
■ **cresc**endo [kriʃéndou] ⓑ 《It.》 【음악】 점점 세게, **크레센도** 《생략: cres(c).; 기호 〈 》 ☜ 이탈리아어로 '커지는'이란 뜻
☐ **cro**wd [kraud/크롸우드] ⓜ **군중**, 다수 ⓢ **군집하다**, 꽉 들어차다 ☜ 고대영어로 '(점차 커져) 누르다, 붐비다'란 뜻
♠ **a crowd of 많은**
♠ **be crowded with ~ ~으로 붐비다, ~으로 혼잡하다**
☐ **cro**wded [kráudid] ⓗ **붐비는**, 혼잡한 ☜ crowd + ed<형접>
※ **fund** [fʌnd] ⓜ **자금**, 기금; 《영》 **공채**(公債) ☜ 라틴어로 '바닥, 기초'라는 뜻

< Crowd Funding >

✚ **cresc**ent **초승달** in**creas**e **증가(하다),** 늘(리)다 de**creas**e **감소(하다)**, 축소(하다), 줄(이)다 re**cru**it **신병**, 보충병; 신병을 들이다, 보충하다

크라운 crown (왕관)

♣ **어원 : coron, crown 왕관**
☐ **crown** [kraun/크롸운] ⓜ **왕관**; (the ~; the C-) 제왕 ☜ 라틴어로 '머리에 쓰는 관(冠)'이란 뜻
♠ The king is wearing **a crown**. 왕이 **왕관**을 쓰고 있다.
■ **coron**a [kəróunə] ⓜ (pl. **-s, -e**) 관(冠), 화관 《옛 로마에서 전공을 세운 상(賞)으로 준 것》; 【천문】 **코로나** 《일식 때 그 둘레에 보이는 광관(光冠)》 ☜ 라틴어로 '왕관'이란 뜻

크로스 cross (십자가)

♣ 어원 : cross, cru 십자형; 교차하다, 가로지르다

■ **cross** [krɔːs/크로-스, krɔs] ⓜ **십자형, 십자가; 수난** ⓓ **교차시키다, 교차하다** ⓗ 교차한 ☜ 고대영어로 '십자가'란 뜻

□ **cru**cial [krúːʃəl] ⓗ **결정적인, 중대한; 십자형의** ☜ 십자가(cru)에 못 박힌(cial)
♠ a **crucial** moment **결정적인** 순간

C

□ **cru**cifixion [krùːsəfíkʃən] ⓜ (십자가에) 못박힘〔박음〕; [the C-] 십자가에 못 박힌 예수(상); 시련, 고뇌 ☜ 십자가(cru)에 못박다(cifix) + ion<명접>

□ **cru**cify [krúːsəfài] ⓓ **몹시 괴롭히다** ☜ 십자가(cru)에 못 박다(cify)

□ **cru**sade [kruːséid] ⓜ (종종 C-) 〖역사〗 **십자군**; (종교상의) 성전 ☜ 십자가(cru)를 단 집단(sade)

□ **cru**sader [kruːséidər] ⓜ **십자군 전사**(戰士); 개혁(운동)가 ☜ 십자군(crusade) + 사람(er)

누드 nude (나체)

♣ 어원 : nude, crude, crue, rude 날 것의, 거친, 피묻은

※ **nude** [njuːd] ⓗ **발가벗은, 나체의** ☜ 라틴어로 '옷을 걸치지 않은'이란 뜻

□ **crude** [kruːd] ⓗ **천연 그대로의, 날 것의**; 조잡한, 노골적인 ☜ '피 묻은, 날 것'이란 뜻
♠ a **crude** drawing of a face 얼굴을 **대충 그린** 그림

□ **crude**ly [krúːdli] ⓑ 거칠게 ☜ crude + ly<부접>

□ **crud**ity [krúːdəti] ⓜ 생짜임, 미숙; 생경(生硬); 조잡; 미숙한 것 ☜ crude + ity<명접>

□ **crue**l [krúːəl] ⓗ (《미》 -<-**er**<-**est**; 《영》 -<-l**er**<-l**est**) **잔혹[잔인]한**; 무자비한 ☜ 라틴어로 '거친'이란 뜻. **crude**lis에서 d가 탈락한 경우

□ **crue**lly [krúːəli] ⓑ 잔인하게, 지독하게 ☜ cruel + ly<부접>

□ **crue**lty [krúːəlti, krúəl-] ⓜ (pl. **-ties**) **잔학, 잔혹**; (pl.) **잔인한 행위** ☜ cruel + ty<명접>

※ **rude** [ruːd] ⓗ **버릇없는, 무례한** ☜ '날 것'이란 뜻

크루즈 미사일 cruise missile (제트엔진을 달고 순항하는 유도탄), 크루저 cruiser (대형 유람선)

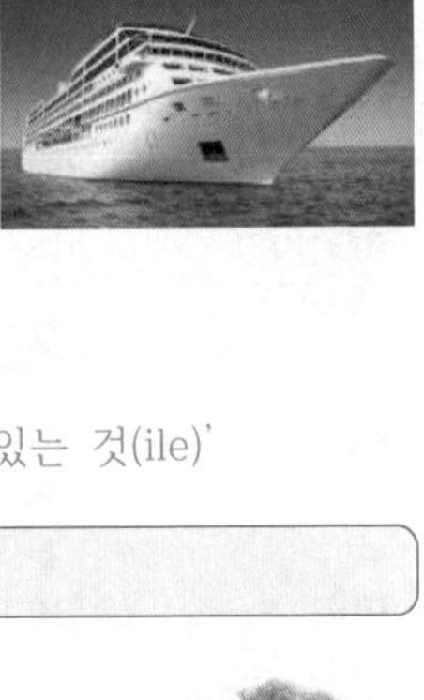

□ **cruis**e [kruːz] ⓓ **순항하다** ⓜ 순항, 떠돌아다님; 선박 여행 ☜ '가로지르다'란 뜻
♠ I'd love to go on a round-the-world **cruise**.
난 세계 일주 **유람선 여행**을 가고 싶다.

□ **cruis**er [krúːzər] ⓜ 순양함; **대형 유람선** ☜ cruise + er(기계)

※ **missile** [mísəl/-sail] ⓜ **미사일**, 유도탄 ☜ 라틴어로 '던질(miss) 수 있는 것(ile)'

크럼 crumb (빵이나 비스킷의 부스러기)

□ **crumb** [krʌm] ⓜ (보통 pl.) **작은 조각, 빵부스러기**; 빵가루 ☜ 고대영어로 '빵이나 다른 음식의 부스러기'란 뜻
♠ She brushed the **crumbs** from her sweater.
그녀는 스웨터에서 **빵부스러기**를 털어 냈다.

□ **crumb**le [krʌ́mbl] ⓓ **빻다, 부수다**, 가루로 만들다 ☜ 고대영어로 '잘게 부수다'란 뜻

□ **crumb**ly [krʌ́mbli] ⓗ 부서지기 쉬운, 무른 ☜ crumble + y<형접>

□ **crump**le [krʌ́mpl] ⓓ **구기다, 구겨지다; 찌부러뜨리다** ☜ 중세영어로 '불규칙한 주름을 만들다'란 뜻
♠ **crumple** a hat flat 모자를 납작하게 **쭈그러뜨리다**

걸 크러쉬 girl crush (여자가 다른 여자에게 감탄·흠모하는 감정)

여자(girl)와 반하다(crush on)를 합친 단어로, 어떤 여성이 다른 여성의 동경이나 우상, 찬양의 대상이 될 때 사용되는 단어이다. 동성애와는 다른 개념이며, 줄여서 '걸크'라고 부르기도 한다. <출처 : 위키백과>

※ **girl** [gəːrl/거얼] ⓜ 계집아이, **소녀** ☜ 중세영어로 '어린이'라는 뜻

□ **crush** [krʌʃ] ⓓ **눌러 부수다**, 뭉개다, 으깨다 ☜ 고대 프랑스어로 '이를 갈다'
♠ My hat **was crushed** flat. 내 모자가 납작하게 **짜부라졌다**.

□ **crush**er [krʌ́ʃər] ⓜ 눌러 부수는 것〔사람〕, 쇄석(碎石)기 ☜ -er(사람/기계)

□ **crush**ing [krʌ́ʃiŋ] ⓗ 압도적인 ☜ crush + ing<형접>

□ **crunch** [krʌntʃ] 〔의성어〕 ⓓ **우두둑 깨물다**; 우지끈 부수다 ⓜ 우두둑 부서지는 소리 ☜ 근대영어로 '이를 악물고 으스러뜨리다'란 뜻

□ **crusade**(십자군) ➔ **crucial**(십자형의, 결정적인) **참조**

치즈 크러스트 cheese crust (치즈가 들어있는 피자의 테두리 부분)

※ **cheese** [tʃiːz/취-즈] 명 **치즈**《우유 속에 있는 카세인을 뽑아 응고·발효시킨 식품》
☜ 라틴어로 '치즈'란 뜻

C

□ **crust** [krʌst] 명 (딱딱한) **빵 껍질**; 딱딱한 표면 ☜ 라틴어로 '껍질'이란 뜻
♠ **crust** movement **지각** 운동

□ **crusty** [krʌ́sti] 형 껍질이 없는, 거죽이 딱딱한; 심술궂은 ☜ crust + y<형접>

연상 자동차 클러치(clutch.연축기) 페달을 크러치(crutch.목발)로 밟았다.

■ **clutch** [klʌtʃ] 명 **붙잡음**; (자동차의) **클러치**, 연축기 동 **(꽉) 잡다**, 단단히 쥐다
☜ 고대영어로 '꽉 쥐다'란 뜻

□ **crutch** [krʌtʃ] 명 **목발, 목다리**, 협장(脇杖); 버팀(목), 지주(支柱) ☜ 고대영어로 '지팡이'란 뜻
♠ walk on **crutches 목발**을 짚고 걷다

돈 크라이 포 미 아르젠티나 Don't cry for me Argentina (아르헨티나여, 나를 위해 울지 마세요)

시골 빈민층의 사생아로 태어나 갖은 역경을 겪은 후 27세에 아르헨티나 영부인이 되고 파격적인 복지정책으로 성녀로 존경받다 33세로 요절한 에바페론[애칭: 에비타]이 죽기 전 남긴 말. 1996년 영화 <에비타>에 등장하는 안드류 요이드 웨버의 노래. 미국의 팝가수 마돈나가 주연을 맡아 이 노래를 불렀다.

※ **don't** [dount/도운트] 동 **~을 하지 않다** ☜ do not의 줄임말
★ **구어에서는 doesn't 대신 쓰일 때가 있음**

□ **cry** [krai/크롸이] 동 (-/cri**ed**/cri**ed**) (소리내어) **울다, 소리치다, 외치다** 명 **고함, 울부짖는 소리; 함성**
☜ 라틴어로 '소리내어 울다; 날카로운 소리를 지르다'란 뜻
♠ **cry out with pain 고통스러워 큰 소리로 울다**
♠ **cry for ~ ~을 울며 요구하다, ~을 갈망하다**
♠ **cry out 큰 소리로 말하다, 외치다, 소리치다**

MADONNA
DON'T CRY
FOR ME
ARGENTINA
EVITA

< 미국 팝가수 마돈나 >

□ **cry**ing [kràiŋ] 형 울부짖는, 우는; 긴급한 ☜ cry + ing<형접>

□ des**cry** [diskrái] 동 발견하다, 찾아내다, 알아내다
비교 decry 헐뜯다
☜ 고대 프랑스어로 '멀리(des=away) 소리 질러(cry) 알게 하다'란 뜻.

※ **for** [fɔːr/포-, (약) fər] 전 (이익·영향) **~을 위해**(위한); **~(에)게는**
☜ before나 forward 등의 for(e)에 함축된 '앞에서는; 앞을 내다보는; 앞으로 향하는'의 뜻

※ **me** [miː/미-, (약) mi] 대 《I의 목적격》 **나를, 나에게**
☜ 1인칭 단수 인칭대명사의 변형된 형태

※ **Argentina** [ὰːrdʒəntíːnə] 명 **아르헨티나**《남아메리카의 공화국; 수도 부에노스 아이레스(Buenos Aires)》 ☜ 라틴어로 '은(argentum)이 많이 나는 나라'라는 뜻

캘리그라피 calligraphy (손으로 쓴 아름답고 개성있는 글자체)

♣ **어원 : graph 쓰다, 기록하다, 그리다**

■ calli**graph**y [kəlígrəfi] 명 **달필**; **서도**(書道), 서예; 필적
☜ 아름다운(calli) 서법/서풍/기록법(graphy)

□ crypto**graphy** [kriptάgrəfi/-tɔ́g-] 명 암호 작성(해독)(법); 암호문
☜ 비밀(crypto) 기록(graph) 법(y)

□ crypto**graph**ic(al) [krìptougrǽfik] 형 암호(서기법)의
☜ cryptography + ic(al)<형접>

□ cryptonym [kríptənim] 명 익명 ☜ 비밀(crypto) 이름(nym=name)

□ cryptonymous [krìptάnəməs/-tɔ́n-] 형 익명의 ☜ cryptonym + ous<형접>

Learn Calligraphy
THE COMPLETE BOOK OF LETTERING AND DESIGN
Margaret Shepherd

✚ caco**graph**y 오철(誤綴); 악필 epi**graph**y 비문; 금석학(金石學) ortho**graph**y 바른 철자, 정자법, 철자법 Porno**graph**y 춘화, 외설책, 에로책; 호색 문학, **포르노그래피**

크리스탈 crystal (수정)

□ **crystal** [krístl] 명 **수정(구슬)**; 크리스털 유리; 결정(체) 형 수정의; 투명한; 결정(체)의
☜ 고대영어로 '맑은 얼음, 투명한 광물'

♠ **crystal** ball **수정**〔유리〕 구슬 《점치는 수단》
♠ **crystal**-clear 맑고 **투명한**
♠ **crystal** wedding **수정**혼 《결혼 15주년의 축하식》

□ **crystal**-clear [krístlklíər] ⓗ (수정같이) 맑은, 명료한 ☜ clear(맑은, 투명한)
□ **crystal**line [krístəlin, -təlàin] ⓗ **수정같은**; 투명한 ☜ -ine<형접>
□ **crystal**lize, 《영》 -lise [krístəlàiz] ⓢ **결정시키다**, 결정화하다 ☜ -ize<동접>
□ **crystal**lization [krìstəlizéiʃən/-laiz-] ⓜ 결정(작용) ☜ crystallize + ation<명접>

시카고 커브스 Chicago Cubs (미국 시카고를 연고지로 하는 메이저리그 야구단. cub는 <야수의 새끼>를 의미)

※ **Chicago** [ʃikɑ́:gou, -kɔ́:-] ⓜ **시카고** 《미국 중부의 대도시》 ☜ 북미 인디언 알곤킨족(Algonquian)어로 '야생 양파가 있는 곳'이란 뜻
□ **cub** [kʌb] ⓜ (곰 · 이리 · 여우 · 사자 · 호랑이 따위) **야수의 새끼**
☜ 고대 아일랜드어로 '야수의 새끼'란 뜻
♠ an unlicked **cub** 버릇 없는 **젊은이**
□ **cub**bish [kʌ́biʃ] ⓗ 어린 짐승 새끼 같은, 버릇없는 ☜ -cub + b + ish<형접>

쿠바 Cuba (서인도제도의 섬나라, 사회주의 국가)

□ **Cuba** [kjú:bə] ⓜ 서인도 제도 최대의 섬; **쿠바 공화국** 《수도 하바나(Havana)》
☜ 서인도제도 타이노족어로 '비옥하고 풍요로운 땅'이란 뜻
□ **Cuba**n [kjú:bən] ⓗⓜ **쿠바(사람)의**; 쿠바 사람 ☜ -an(~의/~사람)

큐브 cube (정6면체)

□ **cube** [kju:b] ⓜ **입방체**, 정6면체 ☜ 그리스어로 '6면이 있는 주사위'
♠ **cube** sugar **각**설탕
□ **cubic** [kjú:bik] ⓗ **입방의**; 세제곱〔3차〕의 ☜ cube + ic<형접>
♠ **cubic** equation 〖수학〗 **3차** 방정식

한국의 뻐꾸기는 '뻐꾹' 하고 울고, 영어권 뻐꾸기는 '쿠쿠(cuckoo)' 하고 운다.

□ **cuckoo** [kú(:)ku:] ⓜ (pl. **-s**) **뻐꾸기**; 뻐꾹 《뻐꾸기의 울음소리》 ☜ 의성어
♠ **cuckoo** clock **뻐꾹**시계

큐컴버 cucumber (고지식하거나 전혀 경험이 없는 겜블러. <오이>란 뜻)

□ **cucumber** [kjú:kəmbər] ⓜ 〖식물〗 **오이** ☜ 고대 프랑스어로 '오이'란 뜻
♠ **sea cucumber 해삼** ☜ 바다의 오이. 오이처럼 보인데서 유래
♠ have a **cucumber** massage **오이** 마사지를 하다

쿠바 Cuba (오랫동안 미국과 대립한 서인도제도의 섬나라, 사회주의 국가)

□ **Cuba** [kjú:bə] ⓜ 서인도 제도 최대의 섬; **쿠바 공화국** 《수도 하바나(Havana)》
☜ 서인도제도 타이노족어로 '비옥하고 풍요로운 땅'이란 뜻
□ **Cuba**n [kjú:bən] ⓗⓜ **쿠바(사람)의**; 쿠바 사람 ☜ -an(~의/~사람)

큐 cue ([연극] 배우의 연기시작을 알리는 신호)

□ **cue** [kju:] ⓜ 〖연극 · 영화〗 **큐** 《다음 배우 등장 또는 연기의 신호가 됨》, **신호**; (당구 등의) 큐 ☜ 중세영어로 '무대방향', 18세기 영어로 '당구대'란 뜻
♠ give a **cue** 〔signal〕 to start 시작 **신호**를 보내다

커프스 cuffs (소맷부리 · 바지의 접단)

□ **cuff** [kʌf] ⓜ **소매끝동**, 소맷동, (와이셔츠의) **커프스**; 《미》 바지의 접어 젖힌 아랫단; 《구어》 (보통 pl.) **수갑**(=handcuffs)
ⓢ 커프스를 달다; 수갑을 채우다
☜ 중세영어로 '손을 감싸는 것'이란 뜻
♠ **cuff** buttons **소맷부리** 단추, **커프스** 단추
■ hand**cuff** [hǽndkʌ̀f] ⓜ (보통 pl.) 수갑, 쇠고랑 ⓢ ~에게 수갑을 채우다
☜ hand(손)

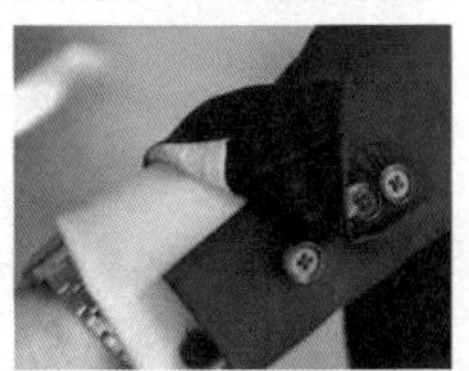

☐ **cuisine**(요리 솜씨, 요리(법)) ➔ **confound**(혼동하다) **참조**

칼럼 column (신문 · 잡지 등의 특별기고, 기고란)

♣ **어원 : colum, culm 기둥**

■ **column** [kάləm/kɔ́l-] ⓜ **기둥**, 원주; 〖신문〗 **칼럼**, 특별 기고란; 〖군사〗 종대; **종렬**
☜ 고대 프랑스어로 '기둥'이란 뜻

☐ **culm**inate [kʌ́lmənèit] ⓢ **최고점〔극점 · 절정〕에 달하다** ☜ 라틴어로 '정상에 이르다'란 뜻
♠ His efforts **culminated** in success. 그의 노력은 마침내 성공하여 **결실했다**.

☐ **culm**ination [kʌ̀lmənéiʃən] ⓜ 최고점, 최고조, 극점 ☜ culminate + ion<명접>

메아 쿨파 Mea Culpa (격렬한 사랑을 노래한 에디트 피아프의 샹송. <나의 죄>)

매춘부에서 프랑스 최고의 국민가수가 된 에디트 피아프(Edith Piaf: 1915-1963)를 필두로 다니 로베르송, 린 앙드레, 뤼시엔 르페브르 등이 이 노래를 불렀다.

♣ **어원 : culp 죄, 잘못; 비난**

☐ **culp**a [kʌ́lpə] ⓜ (pl. **-pae**) 〖법률〗 과실; 죄
☜ 로마법에서의 '과실'을 의미

☐ **culp**able [kʌ́lpəbl] ⓗ 과실 있는, 죄 있는 ☜ 죄(culp)가 있는(able)

☐ **culp**rit [kʌ́lprit] ⓜ (the ~) **죄인, 범죄자**
☜ 죄(culp)를 + r + 지은 사람(it(e))
♠ arrest the **culprit** 〔suspect〕 **범인**을 체포하다

■ ex**culp**ate [ékskʌlpèit, ikś--] ⓢ 무죄로 하다 ☜ (몸) 밖으로(ex) 죄를(culpa) 꺼내다(te)

■ in**culp**ate [inkʌ́lpeit] ⓢ 죄를 씌우다 ☜ (몸) 안으로(in) 죄를(culpa) 넣다(te)

컬쳐쇼크 culture shock (문화충격)

♣ **어원 : cult(i) 경작, 숭배; 갈고 닦다**

☐ **cult** [kʌlt] ⓜ (종교상의) **예배**(식), **제사**; 숭배, **예찬** ☜ 농경사회에서 하늘에 지내는 제사
♠ **cult** movie **컬트**영화 《소수 숭배자집단을 겨냥한 영화》

☐ **cult**ivate [kʌ́ltəvèit] ⓢ (땅을) 갈다, **경작하다**; 연마하다
☜ 경작하는(culti) + v + 상태로 하다(ate)
♠ They **cultivate** mostly corns and beans.
그들은 대부분 옥수수와 콩을 **재배한다**.

☐ **cult**ivated [kʌ́ltəvèitid] ⓗ **경작된**; 개간된; 재배된; 양식된 ☜ cultivate + ed<형접>

☐ **cult**ivation [kʌ̀ltəvéiʃən] ⓜ **경작**; 재배; 양성 ☜ cultivate + ion<명접>

☐ **cult**ivator [kʌ́ltəvèitər] ⓜ **경작자**, 재배자; 양성자 ☜ cultivate + or(사람)

☐ **cult**ural [kʌ́ltʃərəl] ⓗ **교양[문화]적인** ☜ culture + al<형접>

☐ **cult**urally [kʌ́ltʃərəli] ⓑ **교양으로서**, 문화적으로, **경작상**(으로) ☜ -ly<부접>

☐ **cult**ure [kʌ́ltʃər] ⓜ **교양, 문화; 훈련; 재배** ☜ 경작/숭배하는(cult) 생활양식(ure<명접>)
♠ **culture** gap **문화**간의 격차

☐ **cult**ured [kʌ́ltʃərd] ⓗ 교양이 있는, 재배된 ☜ culture + ed<형접>

☐ **cult**urology [kʌ̀ltʃərάlədʒi/-rɔ́l-] ⓜ 문화학 ☜ 문화(culture) 학문(ology)

■ agri**cult**ure [ǽgrikʌ̀ltʃər] ⓜ **농업** ☜ 토양(agri)을 경작하는(cult) 것(ure)

※ **shock** [ʃɑk/샤크/ʃɔk/쇼크] ⓜ **충격**; (격심한) 진동; 〖전기〗 충격(=electric shock); 《비유》(정신적인) 충격, **쇼크**, 타격; 충격적 사건 ⓢ **충격을 주다**
☜ 중세 프랑스어로 '세찬 공격, 맹공'이란 뜻

어큐물레이터 accumulator (물 · 기름 · 공기 등 고압저장장치)

♣ **어원 : cumul 쌓아놓은 더미; 증가하다**

■ ac**cumul**ate [əkjúːmjəlèit] ⓢ **쌓다, 모으다, 축적하다**
☜ ~로(ac<ad=to) 더미를(cumul)를 만들다(ate<동접>)

■ ac**cumul**ator [əkjúːmjəlèitər] ⓜ 축압기, 완충장치; 축재자 ☜ -or(사람/기계)

☐ **cumul**ate [kjúːmjəlèit] ⓗ 쌓아올린, 산적한 ⓢ 쌓아올리다; 쌓이다
☜ 더미를(cumul)를 만들다(ate)
♠ There **have been** suspicions **cumulating** against him.
그에 대한 의혹들이 **점증되어 왔다**.

☐ **cumul**ation [kjùːmjəléiʃən] ⓜ 쌓아올림; 축적, 퇴적 ☜ -ation<명접>

☐ **cumul**ative [kjúːmjəlèitiv, -lət-] ⓗ **누적하는** ☜ -ative<형접>
♠ a **cumulative** offense 〖법률〗 **반복** 범죄

컨닝 cunning (콩글 부정행위) ➔ cheating

☐ **cunning** [kʌ́niŋ] ⓗ **교활한**; 약삭빠른 ☜ 중세영어로 '교묘하게 속이는'이란 뜻
♠ **a cunning** liar **교활한** 거짓말쟁이
☐ **cunning**ly [kʌ́niŋli] ⓟ 교활하게 ☜ -ly<부접>
※ **cheat** [tʃiːt] ⓢ **기만하다**, 속이다 ☜ 라틴어로 '떨어지다'란 뜻

컵 cup (잔)

☐ **cup** [kʌp/컵] ⓜ **찻종, 컵**, 잔; 우승컵 ☜ 고대영어, 라틴어로 '잔, 통'이란 뜻
♠ **a cup** 〔glass〕 **of milk** 〔tea, coffee〕 **한 잔의 우유** 〔차, 커피〕
☐ **cup**board [kʌ́bərd] ⓜ **찬장** ☜ cup(컵) + board(선반)
☐ **cup**ful [kʌ́pfùl] ⓜ (pl. **-s, cups**ful) **한잔 가득** ☜ 컵(cup)에 가득(ful)
■ tea**cup** [tíːkʌ̀p] ⓜ (홍차) 찻잔 ☜ 홍차(tea)의 잔(cup)

큐피드 Cupid ([로神] Venus의 아들로 사랑과 욕망의 신)

♣ **어원 : cupid- 욕망**
☐ **Cupid** [kjúːpid] ⓜ 〖로.신화〗 **큐피드** 《연애의 신》 = 그리스 신화의 에로스(Eros) ☜ 라틴어로 '욕망, 사랑'이란 뜻
♠ **Cupid's bow 큐피드의 화살**
☐ **cupid**ity [kjuːpídəti] ⓜ 물욕, 탐욕, 욕망 ☜ cupid + ity<명접>

☐ **curable**(치료할 수 없는) ➔ **cure**(치료하다) **참조**

매니큐어 manicure (콩글 손톱에 바르는 화장품) ➔ nail polish
큐레이터 curator (박물관 · 미술관에서 수집 · 기획 · 전시업무를 하는 사람)

♣ **어원 : cure, cur(i) 돌보다, 관심을 기울이다, 치료하다, 조심하다**
■ mani**cure** [mǽnəkjùər] ⓜ **미조술**(美爪術), **매니큐어**
☜ 손을(mani) 돌보다(cure)
비교 pedicure 발치료; 페디큐어(발톱가꾸기)
■ **cure** [kjuər] ⓜ **치료(법)** ⓢ **치료하다** ☜ 라틴어로 '돌보다'라는 뜻
☐ **cur**ate [kjúərit] ⓜ 《영》 목사보(補), 부목사; (영혼의 지도자로서의) 목사, 신부 ☜ (영혼을) 관리하는(cur) 자(ate)
☐ **cur**ator [kjuəréitər] ⓜ (특히 박물관 · 도서관 따위의) 관리자, **큐레이터**, 관장; 감독, 관리인, 지배인; (대학의) 평의원; 〖Sc.법률〗 (미성년자 · 정신 이상자 등의) 후견인
☜ 라틴어로 '관리자'란 뜻
♠ She works at the museum **as a curator**.
그녀는 박물관에서 **큐레이터로** 일한다.
☐ **cur**atorial [kjùərətɔ́ːriəl] ⓗ (박물관 · 미술관) 관장의; 큐레이터의 ☜ curator + i + al<형접>

커브길 curved road (굽은 도로)

♣ **어원 : curv-, curb-, cur- 굽다, 구부리다**
■ **curv**e [kəːrv] ⓜ **만곡(부)**, 굽음, 휨; 커브; **곡선** ☜ 근대영어로 '굽은 선'이란 뜻
☐ **curb** [kəːrb] ⓜ (말의) **재갈, 고삐; 구속** ⓢ 재갈을 달다; 구속하다
☜ 라틴어로 '구부리다'란 뜻
♠ **curbs** on government spending 정부 지출 **억제책들**
☐ **cur**l [kəːrl] ⓢ (머리털을) **곱슬곱슬하게 하다**; (수염 따위를) 꼬다, 비틀다
☜ 중세 네덜란드어로 '곱슬머리의, 구부러진'이란 뜻
☐ **cur**ly [kə́ːrli] ⓗ **오그라든**, 곱슬머리의; 소용돌이 모양의 ☜ curl + y<형접>
※ **road** [roud/로우드] ⓜ **길, 도로**; 진로; 방법, 수단
☜ 고대영어로 '말 타고 가기(riding)'란 뜻

커드치즈 curd cheese (우유를 응고시킨 후 단백질 · 지방을 빼고 만든 부드러운 치즈)

☐ **curd** [kəːrd] ⓜ (종종 pl.) **엉겨 굳어진 것, 응유**(凝乳)
☜ 고대영어로 '누르다'
♠ **bean curd 두부**
☐ **curd**le [kə́ːrdl] ⓢ 엉기(게 하)다, 응결시키다, 응결하다 ☜ -le(동접>

※ **cheese** [tʃiːz/취-즈] 명 **치즈** ☜ 라틴어로 '치즈'란 뜻

매니큐어 manicure (콩글 손톱에 바르는 화장품) ➔ nail polish

♣ 어원 : cure, cur(i) 돌보다, 관심을 기울이다, 치료하다, 조심하다

■ mani**cure** [mǽnəkjùər] 명 **미조술**(美爪術), **매니큐어** ☜ 손을(mani) 돌보다(cure)
□ **cur**able [kjúərəbəl] 형 **치료할 수 있는** ☜ 치료할(cur) 수 있는(able)
□ **cure** [kjuər] 명 **치료(법)** 동 **치료하다** ☜ 라틴어로 '돌보다'라는 뜻
♠ **cure** an illness 병을 **고치다**
♠ **a cure** for headache 두통**약**
♠ **cure** an illness 병을 **고치다**
♠ **cure (A) of (B) A 의 B(병)을 고치다**
□ **cure**-all [kjúərɔ̀ːl] 형 만능약, 만병통치약(=panacea) ☜ 모두(all) 치료함(cure)
□ **cure**less [kjúərlis] 형 불치의; 치료[구제]할 수 없는 ☜ 치료할(cure) 수 없는(less)
□ **curi**ous [kjúəriəs/**큐**어뤼어스] 형 **호기심이 강한, 이상한, 묘한**
☜ 관심이(curi) 많은(ous) 반 incurious 호기심이 없는, 무관심한
♠ **be curious about ~ ~에 호기심이 있다, ~을 알고 싶어 하다**
□ **curi**ously [kjúəriəsli] 부 **호기심에서**, 기묘하게, 이상하게도 ☜ -ly<부접>
□ **curi**osity [kjùəriάsəti/-ɔ́sə-] 명 **호기심; 신기함, 진기한 것**
☜ 관심이(curi) + o + 많음(sity<명접>)

✚ no-**cure** 불치(不治)의 se**cure** **안전한, 안전하게 하다** sine**cure** 한직(閑職)(의), 명예직(의)

퀴리부부(夫婦) Curie (라듐을 발견한 프랑스 과학자 부부)

□ **Curie** [kjúəri, kjuríː] 명 **퀴리** 《Pierre ~ (1859-1906), Marie ~ (1867-1934), 라듐을 발견한 프랑스 물리학자 부부; 노벨물리학상은 부부 공동으로, 화학상은 부인 단독으로 수상》

커버 cover (덮개), 커튼 curtain (커튼)

♣ 어원 : cover 완전히 가리다, 덮다

■ **cover** [kʌ́vər/**커**버] 동 (뚜껑을) **덮다**, 씌우다, 싸다 명 **덮개**, 커버
☜ 완전히(co<com) 덮다(over)
■ dis**cover** [diskʌ́vər/디스**커**버] 동 **발견하다**; ~을 알다, 깨닫다
☜ 벗기다. dis(=against/반대, not/부정) + cover(덮다)
□ **cur**few [kə́ːrfjuː] 명 (중세기의) 소등(消燈) 신호의 만종(晩鐘); (야간) 통행금지(시각)
☜ 고대 프랑스어로 '불(few=fire)을 가리다(cur=cover)'란 뜻
♠ impose **a curfew 통금**을 실시하다
□ **cur**tain [kə́ːrtn/**커**-튼] 명 **커튼, 휘장**; (극장의) **막** ☜ 라틴어 cortina(덮개)에서 유래

컬링 curling (빙판에서 둥근 돌을 과녁에 넣어 득점을 얻는 경기)

♣ 어원 : curv, curb, curl 굽다, 구부리다

□ **curl** [kəːrl] 동 (머리털을) **곱슬곱슬하게 하다**; (수염 따위를) 꼬다, 비틀다 ☜ 고대영어로 '소용돌이 모양'이란 뜻
♠ **curl up 웅츠리고 자다[앉다]**
□ **curl**ing [kə́ːrliŋ] 명 《Sc.》 **컬링** 《얼음판에서 둥근 돌을 미끄러뜨려 과녁에 맞히는 놀이》; (머리카락의) **컬**; 지지기, 오그라짐
☜ curl + ing<명접>
□ **curl**y [kə́ːrli] 형 **오그라든**, 곱슬머리의; 소용돌이 모양의 ☜ -y<형접>
■ **curv**e [kəːrv] 명 **만곡(부)**, 굽음, 휨; 커브; **곡선** ☜ 근대영어로 '구부러진 줄'이란 뜻

CURLING

커리큘럼 curriculum (교과과정)

♣ 어원 : cur 달리다, 흐르다

□ **cur**rent [kə́ːrənt/**커**-런트, kʌ́r-] 형 지금의, 현재의; **현행의, 통용되는** 명 **흐름, 유통; 경향; 전류** ☜ 고대 프랑스어로 '달리(cur) + r<자음반복> + 는(ent<형접>)'이란 뜻
♠ **current** prices **현재** 물가
♠ direct **current** DC (전기의) 직**류**
♠ **current** account ***통용되는*** *예금계좌* ➔ 당좌예금〔구좌〕
□ **cur**rency [kə́ːrənsi, kʌ́r-] 명 **통화; 유통** ☜ -ency<명접>
□ **cur**rently [kə́ːrəntli] 부 일반적으로, 널리; **현재, 지금** ☜ -ly<부접>
□ **cur**riculum [kəríkjələm] 명 (pl. **-s,** curricul**a**) **커리큘럼, 교육[교과]과정**

☜ 라틴어 currere(말달리는 코스)에서 유래

☐ **cur**ricular [kəríkjələr] (형) **교육과정의** ☜ 달리는(cur) + r + i + 것(cul<cle) + 의(ar)

✚ con**cur** **동시에 일어나다**; 동의하다, 협력하다 in**cur** **초래하다; ~에 빠지다** oc**cur** **발생하다, 머리에 떠오르다** re**cur** **되돌아가다,** 재발하다, 호소하다, 회상하다

카레 curry (혼합 향신료를 넣어 만든 인도 음식)

☐ **curry, currie** [kə́ːri, kʌ́ri] (명) **카레가루; 카레 요리** (동) 카레로 맛을 내다(요리하다) ☜ 스리랑카 북반부에 거주하는 타밀족어로 '소스'란 뜻
♠ **curry and** (with) **rice 카레라이스**(=curried rice)
☜ 카레 가루를 넣은 서양식 밥 종류

연상 ▶ 커서(cursor)에 커스(curse.저주)가 붙어 제멋대로 움직인다.

♣ **어원 : curs, coars 신을 모독하다**

☐ **curs**or [kə́ːrsər] (명) (컴퓨터의) **커서**, 깜박이
☜ 라틴어로 '달리는(curs) 것(or)'이란 뜻

☐ **curs**e [kəːrs] (동) **저주하다**, 악담(모독)하다, **욕하다** (명) **저주, 욕, 악담** ☜ 고대 프랑스어로 '분노'란 뜻
♠ **The Winner's Curse 승자의 저주** 《1992년 미국의 행동경제학자 리처드 탈러(Richard Thaler)가 발간한 책. 경제에서는 이겼지만 승리를 위하여 과도한 비용을 치름으로써 오히려 위험에 빠지게 되거나 커다란 후유증을 겪는 상황》

☐ **curs**ed, **curs**t [kə́ːrsid, kəːrst] (형) 저주 받은 ☜ curse + ed<형접>

coarse [kɔːrs] (형) **거친, 상스러운**, 무례한 ☜ 중세영어로 '보통의, 속된, 무례한'

커서 cursor (컴퓨터 모니터 화면에서 입력 위치를 나타내는 깜박이는 표지)

♣ **어원 : cur(s), course 달리다**

■ **curs**or [kə́ːrsər] (명) (컴퓨터의) **커서**, 깜박이 ☜ 라틴어로 '달리는(curs) 것(or)'이란 뜻

☐ **curs**ory [kə́ːrsəri] (형) 몹시 서두른, 조잡한, 엉성한 ☜ 달려서(curs) 하는(ory)
♠ **a cursory manner 서두르는 태도**
♠ **a cursory treatment 엉성한[조잡한] 기술**

☐ **curs**orily [kə́ːrsərili] (부) 대충, 피상적으로 ☜ cursory<y→i> + ly<부접>

✚ pre**curs**or 선구자, 선각자; 전조(前兆) **course 진로; 코스, 침로; 진행, 방침**

디테일(detail.상세)하게 설명하다

♣ **어원 : tail 자르다(=cut)**

■ de**tail** [díːteil, ditéil] (명) **세부, 상세** (동) **상세히 설명하다** ☜ 분리하여(de) 잘게 썰다(tail)

☐ cur**tail** [kəːrtéil] (동) **줄이다**; 단축(생략·삭감)하다 ☜ 자르고(cur) 자르다(tail)
♠ have one's pay **curtailed** ***삭감된*** *급여를 갖다* ➔ 감봉(減俸)되다

☐ cur**tail**ment [kəːrtéilmənt] (명) 단축, 삭감 ☜ -ment<명접>

✚ re**tail** **소매**(小賣)(의); 소매로 팔다 **tail**or 재봉사, (주로 남성복의) **재단사**

커튼 curtain (휘장, 막)

☐ **curtain** [kə́ːrtn/**커**-튼] (명) **커튼, 휘장**; (극장의) **막** ☜ 라틴어 cortina(그릇, 덮개)에서 유래
♠ **curtain call 커튼콜** 《공연이 끝난 후 관중이 박수갈채로 배우를 막 앞으로 불러내는 일》
♠ **curtain** ring **커튼** 고리
♠ **curtain** rod **커튼**을 거는 막대

테니스 코트 tennis court

♣ **어원 : court 둘러싸인 장소, 법정, 궁궐**

※ **tennis** [ténis/테니스] (명) **테니스** ☜ 고대 프랑스어로 '잡다(ten<take) + n + is'

■ **court** [kɔːrt/코-트] (명) **안마당**, 뜰; (테니스 등의) **코트**; (종종 C~) **궁정; 법정**
☜ 라틴어로 '둘러싸인 마당'이란 뜻

■ **court**eous [kə́ːrtiəs/kɔ́ːr-] (형) **예의바른**, 정중한
☜ 법정/궁궐(court)에서 + e + 갖춰야 하는(ous<형접>)

■ **court**esy [kɔ́:rtəsi] (명) **예의**, 공손〔정중〕함 ☜ court + e + sy<명접>
□ **curtsy**, **-sey** [kə́:rtsi] (명) (여성이 무릎과 상체를 굽히고 하는) **인사, 절** ☜ courtesy(예의)의 변형
♠ make one's **curtsy** to the queen *여왕에게* ***인사****를 올리다* ➔ (여성이) 여왕을 배알(拜謁)하다

커브길 curved road (굽은 도로)
에스라인 콩글 S-line (날씬한 몸매) ➔ curvy figure

♣ **어원 : curv, curb, cur 굽다, 구부리다**
□ **curv**e [kə:rv] (명) **만곡(부)**, 굽음, 휨; 커브; **곡선** ☜ 근대영어로 '구부러진 줄'이란 뜻
♠ **a sharp curve 급커브**
□ **curv**ed [kə:rvd] (형) 구부러진, 곡선모양의 ☜ curve + ed<형접>
□ **curv**y [kə́:rvi] (형) 《구어》 굽은; 곡선미의 ☜ curve + y<형접>
■ **curb** [kə:rb] (명) (말의) **재갈, 고삐; 구속** (동) 재갈을 달다; 구속하다
☜ 라틴어로 '구부리다'란 뜻

※ **road** [roud/로우드] (명) **길, 도로**; 진로; 방법, 수단
☜ 고대영어로 '말 타고 가기(riding)'란 뜻
※ **fig**ure [fígjər/**삐**겨, -gər] (명) **숫자**; 꼴, **모양; 인물상**, 인물; 그림, 삽화; **피겨**; 비유
(동) 숫자로 나타내다; 계산하다; **그리다** ☜ 만든(fig) 것(ure)

쿠션 cushion (탄력이 있는 받침이나 방석)

□ **cushion** [kúʃən] (명) **쿠션**, 방석; 받침, 완충물 (동) **쿠션으로 받치다**, (충격을) 흡수하다
☜ 고대 프랑스어로 '자리 방석'이란 뜻
♠ **cushioned voice 부드러운[듣기 좋은] 목소리**

커스터디 custody (해외투자자의 금융자산을 국내 금융기관이 대신 관리해 주는 것)

♣ **어원 : custod 지키다, 보호하다, 보관하다, 관리하다**
□ **custod**y [kʌ́stədi] (명) **보관; 구류, 감금**; 보호권, 양육권 ☜ 보호하는(custod) 것(y)
♠ **be in the custody of ~ ~에 관리[보관, 보호]되어 있다**
♠ **have the custody of ~ ~을 보관[관리]하다**
♠ **keep in custody 수감[구치]하고 있다**
□ **custod**ian [kʌstóudiən] (명) 관리인, 보관자; 보관 은행 ☜ -ian(사람/주체)

시아이큐 CIQ ([공항 · 항만] 출입국시의 3대 수속)

■ **CIQ** **C**ustoms, **I**mmigration and **Q**uarantine 『공항 · 항만』
(출입국시의 3대 절차) 관세검사, 출입국심사, 검역
□ **custom** [kʌ́stəm/**커**스텀] (명) **관습, 풍습**; (pl.) **관세**; (pl. 단수 취급)
세관 ☜ 라틴어로 '함께 습관/관습이 됨'이란 뜻
♠ **Custom is (a) second nature.**
《속담》 습관은 제 2 의 천성이다.
♠ **a customs** declaration **세관** 신고
♠ **make a custom of ~ing 항상 ~하기로 하고 있다**
□ **custom**ary [kʌ́stəmèri/-məri] (형) **습관적인, 관례상의** ☜ -ary<형접>
□ **custom**arily [kʌ́stəmèrəli, kʌ̀stəmérə-] (부) 보통, 습관적으로 ☜ -ly<부접>
□ **custom**er [kʌ́stəmər] (명) (가게의) **손님**, 고객; 단골
☜ 습관적으로(custom) 자주 가는 사람(er)
♠ **customer service center 에이에스(AS) 센터**
□ **custom**s duty 관세 ☜ duty(의무, 관세)
□ **custom**(s) house 〔office〕 세관 ☜ house(집), office(사무실)

커트 머리 cut hair (콩글 짧게 자른 머리 스타일) ➔ short hair
커트라인 cutline (콩글 최저 합격선) ➔ cut-off line, cut-off point

□ **cut** [kʌt/컽] (동) (-/**cut**/**cut**) **베다, 자르다** (형) 벤, 자른 (명) 베기, 절단; 삭감; 벤 상처; 지름길 ☜ 고대 노르드어로 '칼'이란 뜻
♠ **cut a figure 사람의 시선을 끌다, 두각을 나타내다**
♠ **cut down (나무를) 베어 넘기다**
♠ **cut down on (비용을) 삭감하다; (값을) 깎다; (수량을) 줄이다**
♠ **cut in (line) 끼어들다, 새치기하다, 말참견하다**

♠ cut off 베어내다, 잘라내다, 오려내다; 중단하다; 차단하다
♠ cut out ~ ~을 오려내다, 잘라내다, 절개하다; ~을 재단하다
♠ cut short (남의 말 따위를) 가로막다; 짧게 하다
♠ cut up 난도질 하다; ~을 혹평하다

□ **cut** down [kʌ́tdàun] 명 (이익 등의) 감소, 절하 ☜ 아래로(down) 자르다(cut)
□ **cut**ler [kʌ́tlər] 명 칼 장수 ☜ 고대 프랑스어로 '칼(cut) + l + 제작자(er)'란 뜻
□ **cut**lery [kʌ́tləri] 명 (특히 가정용의) 칼붙이, 칼날 ☜ cut + l + ery(류(類))
□ **cut**let [kʌ́tlit] 명 (소·양·돼지의) **얇게 저민 고기; 커틀릿** ☜ 작게(let) 자르다(cut)
□ **cut**line [kʌ́tlàin] 명 (신문·잡지의 사진 등의) 설명 문구 ☜ 자르는(cut) 선(line)
□ **cut**off [kʌ́tɔ̀(ː)f] 명 절단, 차단; 마감일 ☜ 자르다(cut) + 분리, 중지(off)
□ **cut**-off line 〔point〕 최저합격선, 최저합격점수 ☜ 차단(cut-off) 선(line)〔점수(point)〕
□ **cut**out [kʌ́tàut] 명 차단; (안전) 차단기 ☜ 자르다(cut) + 외부(out)
□ **cut**ter [kʌ́tər] 명 **베는 사람[물건]; 베는 도구** ☜ 베는(cut) + t + 도구(er)
□ **cut**ting [kʌ́tiŋ] 명 **절단**; 베어낸〔오려낸〕 것 ☜ 절단(cut) + t + 하기(ing)
□ **cut**worm [kʌ́twə̀ːrm] 명 뿌리 잘라먹는 벌레 ☜ 자르는(cut) 벌레(worm)
※ **hair** [hɛər/헤어] 명 **털, 머리털** ☜ 고대영어로 '머리카락'이란 뜻

큐티 cutie (귀여운 사람)

♣ 어원 : cute 뽀족한, 날카로운, 예리한

□ **cute** [kjuːt] 형 **귀여운, 예쁜;** 날렵한, 영리한 ☜ a**cute**의 두음소실
♠ a **cute** little baby **귀여운** 어린 아기
□ **cuti**e, **cute**y [kjúːti] 명 《미.구어》 (호칭으로) 귀여운 소녀〔처녀〕, **큐티** ☜ -ie/-y<형접>
■ a**cute** [əkjúːt] 형 **날카로운**(=sharp), 격렬한, **예리한** ☜ 근대영어로 '영리한'이란 뜻. ~쪽으로(a<ad=to) 날카로운(cute)

닥터 피쉬 Doctor Fish (사람의 피부에 달라붙어 각질을 먹는 담수어종)

은백색의 체표에 검은 잔점이 있으며 빨판 형태의 입이 있다. 사람의 피부 각질이나 병소에 달려들어 먹는 경향이 있어 닥터 피쉬라고 불리며, 이를 이용한 스파테라피 등이 성행하기도 한다. 해수어 가운데서도 일부 서전 피쉬(Surgeon fish)를 닥터 피쉬라 부르기도 한다. <출처 : 아쿠아플라넷 여수 / 일부인용>

♣ 어원 : fish 물고기, 물고기를 잡다

※ **doctor** [dάktər/**닥**터/dɔ́ktər/**독**터] 명 **박사**; 의학 박사 《생략: D., Dr.》, **의사** ☜ 가르치는(doct) 사람(or)
■ **fish** [fiʃ/퓌쉬] 명 (pl. **-es**) **물고기**, 어류, 생선 동 **낚시질하다** ☜ 고대영어로 '물고기'란 뜻
□ cuttle**fish** [kʌ́təlfiʃ] 명 (pl. **-fishes**, [집합적] **-fish**) (갑)**오징어** ☜ 고대영어로 '오징어(cuttle) 물고기(fish)'란 뜻
♠ **cuttlefish** tactics ***오징어*** *먹물 전술* ➔ (구축함 따위의) 연막 전술

사이클 cycle (자전거), 사이클론, 실린더...

♣ 어원 : cycl(e), cyclo, cyl 원, 바퀴, 순환, 주기; 구르다, 순환하다

□ **cycle** [sáikl] 명 **순환(기)**, 한 바퀴, **주기; 자전거** 동 **순환하다, 자전거를 타다** ☜ 그리스어로 '원, 바퀴'란 뜻
□ **cycl**ing [sáikliŋ] 명 **사이클링, 자전거 타기** ☜ 자전거(cycle) 타기(ing)
□ **cycl**ist [sáiklist] 명 **자전거 타는 사람**〔선수〕 ☜ 자전거(cycle) 타는 사람(ist)
□ **cyclo**ne [sáikloun] 명 《구어》 큰 회오리바람; 『기상』 (인도양 방면의) 폭풍우, **사이클론** ☜ 그리스어로 '빙빙 돌다'란 뜻
□ **cyclo**pedia, -pac- [sàikloupíːdiə] 명 백과사전 ☜ en**cyclopedia**(백과사전)의 두음소실. 전체적인(cyclo) 교육(pedia)
□ **cyl**inder [sílindər] 명 **원통**; 『수학』 원기둥; 『기계』 **실린더** ☜ 라틴어로 '원통'
♠ a 4 **cylinderd** car 4**기통**차
♠ **cylinder head** (내연기관의) **실린더 헤드**
■ bi**cycle** [báisikəl/**바**이씨끌, -sàikəl] 명 이륜차, **자전거** ☜ 2개의(bi) 바퀴(cycle)
■ re**cycle** [riːsáikəl] 동 ~을 재생 이용하다 ☜ 다시(re) 순환하다(cycle)

심벌즈 cymbals (심벌즈. 놋쇠·청동 등으로 만든 타악기)

□ **cymbal** [símbəl] 명 『음악』 (보통 pl.) **심벌즈** 《타악기》 ☜ 그리스어로 '사발'

시니컬(cynical.냉소적)하다

♣ 어원 : cyn 개(=dog)

□ **cyn**ical　[sínikəl] ⓗ **냉소적인**, 비꼬는; 인생을 백안시하는
☜ 그리스어로 '개(cyn) 같은 사람(ic) 의(al<형접>)'이란 뜻
♠ make **cynical** remarks **비꼬아** 말하다

C

□ **cyn**ic　[sínik] ⓜ **냉소하는 사람**, 비꼬는 사람, 견유학파(犬儒學派)
☜ 그리스어로 '개(cyn) 같은 사람(ic<명접>)'이란 뜻

키프로스, 사이프러스 Cyprus (지중해 동부의 섬나라)

□ **Cyprus**　[sáiprəs] ⓜ **키프로스**《지중해 동단의 섬, 공화국; 수도 니코시아(Nicosia)》
☜ 그리스어로 '(편백나무과의) 사이프러스 나무의 땅'이란 뜻.

□ **Cyprian**　[sípriən] ⓗ Cyprus의; 사랑의 여신 Aphrodite(Venus)의; 음란한 ⓜ Cyprus 사람(말) ★ **Cyprus인의 뜻으로는 지금은 Cypriot가 보통** ☜ -an(~의/~사람)
★ 키프로스 여인들은 나그네를 박대한 죄로 몸을 팔도록 아프로디테의 저주를 받았다고 한다. 그래서 영어로 'Cyprian'은 키프로스섬 사람을 뜻하지만 '음란한 여자', '매춘부(=prostitute)'란 의미도 된다.

□ **cypress**　[sáipris] ⓜ 『식물』 삼(杉)나무의 일종; 그 가지《애도의 상징》; 그 재목
☜ 키프러스 섬의 사람들이 상록수를 신성한 것으로 숭배해 지중해의 상록수인 cypress의 이름을 따서 섬의 이름을 Cyprus라고 했다고 한다.

짜르, 차르 Czar (재정 러시아의 황제)

□ **Czar**　[zɑːr] ⓜ 황제, (종종 C-) **차르**, 러시아 황제; 전제 군주(=autocrat); 독재자
☜ 'Caesar(시저, 황제)'의 러시아어식 변형

체코 Czech (유럽 중부에 위치한 공화국)

□ **Czech**, **Czekh**　[tʃek] ⓜ **체코** 공화국《수도는 프라하(Prague)》; **체코** 사람《Bohemia와 Moravia에 사는 슬라브 민족》; **체코** 말 ⓗ **체코** 사람(말)의 ☜ 체코어로 '군대'란 뜻

D

[연상] 대불(大佛.큰 불상)이 대블(dabble.물을 튀기다)하며 놀다

□ **dabble** [dǽbəl] [동] (물 등을) **튀기다**; 물을 튀겨 적시다, 물장난하다
☜ 중세영어로 '때리다(dab) + b<단모음+단자음+자음반복> + le<계속 동접>
♠ boots **dabbled** with mud 튄 흙이 묻은 구두

다카 Dacca (방글라데시의 수도)

□ **D(h)acca** [dǽkə, dɑ́:kə] [명] **다카** 《Bangladesh의 수도》
☜ 방글라데시 풍요의 여신 '다케스크리神'에서 유래

테크놀로지 technology (과학기술)

♣ **어원 : logy 학문, 기술, 지식체계**

■ techno**logy** [teknɑ́lədʒi/-nɔ́l-] [명] **과학기술, 테크놀로지**; 공예(학); 전문어; 응용과학
☜ 기술(techno) 학문(logy)

□ dactylo**logy** [dæktəlɑ́lədʒi/-lɔ́l-] [명] (deaf-and-dumb alphabet을 쓰는) 수화(手話)(법), 지화(指話)법〔술〕 ☜ 손가락(dactyl=finger) 학문(ology)

대디 daddy ([구어] 아버지)

□ **dad**, **dada** [dæd/ dǽdə, dɑ́:dɑ:] [명] 《구어》 **아빠**, 아버지 ☜ 고대영어로 '아버지'

□ **daddy** [dǽdi] [명] (pl. **-dies**) 《구어》 **아버지**(=dad); 《미・Austral 속어》 최연장자, 최중요 인물 ☜ dad + y<애칭 접미사>

다다이즘 Dada(ism) (1920년대 일어난 예술운동; 허무주의)

□ **Dada(ism)** [dɑ́:dɑ:(ìzəm), dɑ́:də(-)] [명] **다다이즘** 《전통적인 도덕・미적 가치를 부정하는 허무주의적 예술 운동》 ☜ 사전의 1페이지에서 우연히 발견했다는 '다다'는 프랑스어로 어린이들이 타고 노는 목마를 가리키거나 혹은 무의미하게 중얼거리는 소리를 흉내 낸 말로서 다다이즘의 본질은 '무의미의 의미화'에 있다고 한다.

세븐 데퍼딜 Seven Daffodils (<일곱송이 수선화>란 뜻)

미국 민요그룹 위버스(the Weavers)의 일원인 리 헤이즈(Lee Hayes)가 쓴 아름다운 사랑 노래로 조안 바에즈(Joan Baez), 브라더스 포(Brothers Four)가 불렀고 우리나라에서는 양희은이 불러 널리 사랑받았다.

※ **seven** [sévn/**쎄**븐] [형] **일곱(개)의** [명] **일곱, 7** ☜ 고대영어로 '7'

□ **daffodil(ly)** [dǽfədìl(i)] [명] **수선(화)**; 선명한 노랑색
☜ 네델란드어로 de(=the/관사) + affodil(수선화)의 합성

※ **asphodel** [ǽsfədèl] [명] **아스포델** 《백합과의 식물》; 〖그.신화〗 시들지 않는다는 낙원의 꽃; 《시어》 수선화 ☜ 그리스어로 '왕의 창(槍)'이란 뜻. 줄기가 뾰족함.

대거 dagger (단도),
클록 앤 대거 cloak-and-dagger operation (스파이작전)

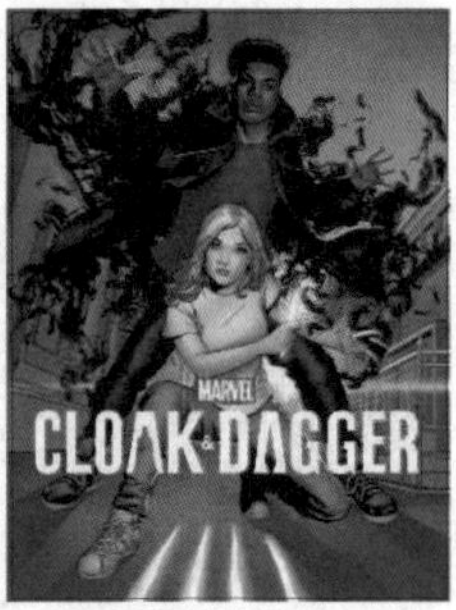

© Marvel Comics

<클록앤대거>는 1982년 스파이더맨 코믹스에 처음 등장한 슈퍼히어로 캐릭터이다. <클록앤대거>란 '망토 속에 숨긴 비수'란 뜻으로 스파이 활동을 의미한다. 그동안 <클록앤대거>는 여러 드라마, 영화 등 장르를 넘나드는 크로스오버(crossover) 형태로 등장하였다.

※ **clo**ak [klouk] [명] **소매 없는 외투, 망토** [동] ~을 덮다
☜ 라틴어로 '여행자용 망토'란 뜻. 가리는(clo) 것(ak)

□ **dagger** [dǽgər] [명] (양날의) **단도**; 〖인쇄〗 칼표《†》 ☜ 고대 로마시대 '루마니아 지역 Dakia인이 사용한 칼' 이라는 뜻에서 유래

♠ **at daggers drawn (남과) 반목하여; 견원지간의 사이로서**
♠ **look daggers at ~ ~을 노려보다**
♠ **speak daggers to ~ ~에게 독설 [욕] 을 퍼붓다**

■ cloak-and-**dagger** [klóukəndǽgər] ⓗ 스파이 활동의, 음모의; 스파이(첩보)물의
☜ 망토(cloak) 와(and) 단도(dagger)

달리아 dahlia (국화과의 연보라색 꽃)

□ **dahlia** [dǽljə, dɑ́:l-/déil-] ⓜ **달리아(꽃)**, 천축모란(天竺牡丹); **달리아색** 《옅은 보라》 ☜ 18세기 스웨덴 식물학자 앤더스 다알(Anders Dahl)의 이름에서
♠ **blue dahlia 푸른 달리아, 있을 수 없는 것**

디데이 D-day (중요한 작전 · 행사가 예정된 날. <D는 day를 의미>)
해피썬데이 Happy Sunday (KBS2 TV 예능프로그램. <행복한 일요일>)

※ **happy** [hǽpi/**해**삐] ⓗ (-<-pi**er**<-pi**est**) **행복한** ☜ 고대영어로 '행복한'이란 뜻.
■ **day** [dei/데이] ⓜ **낮**, 주간; **~날** ☜ 고대영어로 '일, 날, 일생'이란 뜻
♠ **all day (long) = all the day 하루 종일**
□ **dai**ly [déili] ⓗ **매일의**, 일상의 ⓑ **매일**(=every day) ☜ day + ly<형접/부접>
♠ **Daily Express 데일리 익스프레스** 《영국 런던에서 발행되는 보수성향의 조간신문》
■ Sun**day** [sʌ́ndei/**썬**데이] ⓜ **일요일** 《약어 : Sun.》 ☜ 태양(sun)의 날(day)

맥 데인티 MAC Dainty (미국 MAC사의 화장품 브랜드. <우아한>이란 뜻)
디그니타스 Dignitas (안락사를 지원하는 스위스 단체)

죽을 권리를 호소하여 의사・간호사에 의해 안락사를 지원하는 스위스 단체. 말기암 환자나 불치병 환자가 생을 존엄하게 마감할 수 있도록 하기 위해 1998년 루드비히 미넬리가 설립하였다. <출처 : 위키백과>

♣ **어원 : dign, dain 훌륭한, ~의 가치가 있는**
■ **dign**ity [dígnəti] ⓜ **존엄**, 위엄; 존엄성; 품위 ☜ 가치 있는(dign) 것(ity)
□ **dain**ty [déinti] ⓗ **우미한, 우아한**; **맛좋은**; **까다로운**
☜ 중세영어로 '맛있는, 만족한, 훌륭한'이란 뜻
♠ be born with a **dainty tooth 미식가**로 태어나다, 천성이 입이 까다롭다
□ **dain**tily [déintili] ⓑ 우아하게, 맛있게 ☜ -ly<부접>
■ dis**dain** [disdéin] ⓜ **경멸, 모멸** ⓢ **경멸[멸시]하다**
☜ dis(=against/반대, not/부정) + dain(가치가 있는)

데어리팜 Dairy Farm (치즈전문생산업체. <낙농장>이란 뜻)

□ **dairy** [dέəri] ⓜ **낙농장**, 착유실(搾乳室); 낙농업(dairy farming); 우유 판매점 ☜ 중세영어로 '낙농장에서 일하는 여자'란 뜻
♠ work in **the dairy industry 낙농업**에 종사하다
□ **dairy**maid [dέərimèid] ⓜ 우유짜는 여자 ☜ dairy + maid(소녀, 아가씨; 하녀, 시녀, 가정부)
□ **dairy**man [dέərimən, -mæn] ⓜ (pl. **-men**) 우유 장수 ☜ dairy + man(남자, 사람)
※ **farm** [fɑ:rm/파암] ⓜ **농장**, 농지, 농원 ☜ 중세영어로 '경작된 땅'이란 뜻

데이지 daisy (국화과의 여러해살이 풀)

□ **daisy** [déizi] ⓜ 『식물』 **데이지**
☜ 고대영어로 '낮의 눈(day's eye)', 즉 '태양'.이란 뜻.

다코타 Dakota (미국 중부의 주)

□ **Dakota** [dəkóutə] ⓜ **다코타** 《미국의 중부 지역명; North Dakota와 South Dakota의 두 주로 됨; 생략: Dak.》 ☜ 북미 인디언 '다코타 족(族)'에서 유래
♠ **the Dakotas 남북 양(兩)다코타주**

달라이 라마 Dalai Lama (환생을 되풀이하는 티베트 법왕)

라마교(티베트불교) 4대 종파의 하나인 게룩파의 종주이자 티베트의 국왕이며, 제1급 환생의 술자이다. 현재의 14대 달라이 라마는 1951년 중국군의 티베트 점령 이후 인도에 망명정부를 세웠으며, 티베트의 자치권 확대를 주장하는 티베트 망명정부의 실질적 지도자이자 정신적 지주이다. 1989년 노벨평화상을 수상하였으나 중국정부로부터의 박해는 계속 되고 있다.

□ **Dalai Lama** [Dalai lɑ́:mə] ⓜ **달라이 라마**승(僧)
□ **Dalai** [dalai] ⓗ 큰, 대(大) ☜ 몽골어로 '큰 바다'란 뜻
※ **Lama** [lɑ́:mə] ⓜ 라마승(僧) ☜ 티베트어로 '영적인 스승'이란 뜻

연상 ▶ 나는 대일밴드를 상처에 붙이고 데일(dale.골짜기)을 걸어 내려왔다.

□ **dale** [deil] ⓜ (폭이 넓은) **골짜기** 비교 ▶ vale, valley 골짜기, 계곡
☜ 고대영어로 '골짜기'란 뜻
♠ the Yorkshire **Dales** 요크셔의 **계곡들**

■ **dell** [del] ⓜ 협곡, (수목이 우거진) 작은 골짜기
☜ 고대영어로 '작은 골짜기'

< 영화, 101 달마시안 >

달마시안 Dalmatian (흰 바탕에 흑반점이 있는 달마티아개)

□ **Dalmatia** [dælméiʃə] ⓜ **달마티아** 《크로아티아 공화국의 아드리아해 연안 지방》 ☜ 호전적인 부족 델마타에족(Delmatae)에서 유래. 초기인도유럽어로 '어린 개'란 뜻

□ **Dalmatian** [dælméiʃən] ⓗ (크로아티아 남서부 지방) **달마티아**의 ⓜ **달마티아** 사람〔어〕; (보통 d-) **달마티아** 개 《흰 바탕에 흑반점이 있는》 ☜ -an(~의/~사람)

암스테르담 Amsterdam (네델란드의 수도. <암스텔강의 댐>이란 뜻)

□ **dam** [dæm] ⓜ **댐**, 둑 ☜ 중세영어로 '물의 차단벽'이란 뜻
■ Amster**dam** [ǽmstərdæ̀m] ⓜ **암스테르담** 《네덜란드의 수도》 ☜ '암스텔(Amstel) 강의 댐'이란 뜻

주가하락으로 대미지(damage.손해)가 크다

♣ **어원 : dam(n), demn 손실, 손해, 피해, 비난, 저주**

□ **dam**age [dǽmidʒ] ⓜ **손해**, 피해, 손상(=injury) ☜ 고대 프랑스어로 '부상으로 인한 손실'이란 뜻
♠ **do damage to ~ ~에 손해를 입히다**

□ **damn** [dæm] ⓢ 비난하다, 매도하다; 혹평하다; 《감탄사적》 제기랄
☜ 고대 프랑스어로 '비난하다, 힐난하다'란 뜻

✚ con**demn** 비난하다, 나무라다; 규탄〔매도〕하다 god**dam(n)** 《구어》 빌어먹을, 제기랄; 《강조》 전연, 전혀 hot **damn** 《속어》 (놀랍고 기쁠 때) 감탄사 in**demn**ify ~에게 배상〔보상〕하다

다마스쿠스 Damascus (세계에서 가장 오래된 도시, 시리아의 수도)

□ **Damascus** [dəmǽskəs, -mɑ́:s-] ⓜ **다마스쿠스** 《시리아(Syria)의 수도》 ☜ 어원 확인 불가
★ BC 3000년경에 세워져 세계에서 가장 오래된 도시이며, 성서에도 등장하는 옛 도시로, 바울이 그리스도교도들을 박해하려고 왔다가 성스러운 예수의 모습을 보고 뉘우쳐 독실한 사도가 되었다는 이야기도 전해진다.

노트르담, 노틀담 Notre Dame (성모 성당. <우리 성모님>이란 뜻)

♣ **어원 : dam(e), dem 여자, 부인**

■ Notre **Dame** [nòutrə dɑ́:m, -déim] 《F.》 성모 마리아; 성모 성당 《특히 파리의 노트르담 성당》 ☜ 프랑스어로 '우리의(our) 여인(lady)'
♠ The hunchback of **Notre Dame 노틀담**의 꼽추
★ <노틀담의 곱추>는 세기의 문호 빅토르 위고의 1831년작 『노틀담 드 파리(Notre Dame de Paris)』에 대한 영어식 제목

□ **dame** [deim] ⓜ 《고어·시어》 **귀부인**(=lady); 지체가 높은 숙녀
☜ 고대 프랑스어로 '숙녀, 여주인, 부인'이란 뜻

✚ **dam**sel 《고어》 **처녀**; 신분이 높은 소녀 ma**dam** (종종 M-) **아씨**, 마님, **~부인** ma**dem**oiselle 《F.》 (M-) **~양, 마드무아젤** 《영어의 Miss에 해당》; 프랑스인 여자 (가정교사)

□ **damn**(비난하다) ➔ **damage**(손해, 손상) **참조**

연상 댐(dam) 근처에는 항상 댐프(damp.습기)가 많다.

※ **dam** [dæm] 명 **댐**, 둑 ☜ 중세영어로 '물의 차단벽'이란 뜻
□ **damp** [dæmp] 형 **축축한**, 습기찬 명 **습기**, 습도 ☜ 덴마크어로 '증기, 안개'란 뜻
♠ The cottage was cold and **damp**. 그 시골집은 춥고 **눅눅**했다.
□ **damp**en [dǽmpən] 동 축축하게 하다, 축이다; 축축해지다 ☜ -en<동접>
♠ **dampening** weather **궂은** 날씨
□ **damp**er [dǽmpər] 명 축축하게 하는 사람(것), (우표 등을) 축이는 것 ☜ -er(사람/물건)
□ **damp**ness [dǽmpnis] 명 습기 ☜ -ness<명접>

D

댄스 dance (춤)

□ **dance** [dæns/댄스/dɑːns/단-스] 동 **춤추다** 명 **댄스, 춤**, 무용; 댄스곡
☜ 중세영어로 '춤추다'란 뜻
♠ **the dance of death 죽음의 무도** ★ <죽음의 무도>란 중세 예술에서 죽음의 신이 인간들을 무덤으로 인도하는 그림으로 인생무상을 상징하고 있다. 중세에 많은 사람들이 흑사병으로 죽으면서 사람들은 교회 묘지에서 신들린 듯이 춤을 추면 죽은 사람들과 교감할 수 있다고 믿었다.
□ **dance**-musician [dǽnsmjuːzíʃən] 명 춤곡 작곡가(음악가) ☜ dance + 음악(music) 가(ian)
□ **dance**r [dǽnsər, dάːns-] 명 **춤추는 사람**; 무희, **댄서**; 무용가 ☜ -er(사람)
□ **danc**ing [dǽnsiŋ, dάːns-] 명 **댄스**, **춤**(연습), 춤추기 ☜ -ing<명접>

라이온킹 Lion King (미국 애니메이션 영화. <사자왕>이란 뜻)

월트 디즈니의 1994년 작품으로 셰익스피어의 <햄릿>을 모티프로 만들어진 3D 스펙터클 애니메이션. 어린 사자 심바는 아버지가 죽은 후 사악한 숙부 스카에 의해 추방되지만 스스로를 지키며 암사자 날라를 사랑하게 되고, 마침내 돌아가 자랑스러운 우두머리로서 자신의 자리를 되찾는다는 내용.

■ **lion** [láiən/**라**이언] 명 (pl. **-s, -**) **사자** ☜ 고대영어로 '사자'란 뜻
□ dande**lion** [dǽndəlàiən] 명 『식물』 **민들레** ☜ 사자(lion) 의(de=of) 이빨(dan)
♠ **dandelion** coffee **민들레** 차 《민들레 뿌리를 달인 차》
※ **king** [kiŋ/킹] 명 **왕**, 국왕, 군주 ☜ 종족(kin)을 대표하는 자(g)

© Walt Disney Studios

댄디스타일 dandy style (멋쟁이 스타일)

□ **dandy** [dǽndi] 명 **멋쟁이**(남자); 《구어》 훌륭한 물건, 일품 형 (-<-di**er**<-di**est**) 멋내는; 《구어》 굉장한, 일류의 ☜ 스코틀랜드어로 '옷을 잘 입는 사람'이란 뜻
♠ Her son **was so dandy**. 그녀의 아들은 **너무 멋졌다**.
※ **style** [stail/스따일] 명 **스타일, 양식, 방식; 문체**, 필체; 어조
☜ 라틴어로 '철필, 표현방식'이란 뜻

연상 덴마크(Denmark) 사람들은 불에 데인(Dane) 사람들이 많다(?)

■ **Den**mark [dénmɑːrk] 명 **덴마크** 《수도 코펜하겐(Copenhagen)》
☜ 덴마크어로 '데인(Dane)족의 국경(mark=border)'이란 뜻
□ **Dane** [dein] 명 **덴마크 사람**; 『영.역사』 **데인** 사람 《9-11세기경 영국에 침입한 북유럽인》
☜ 'Dane족'이란 뜻
□ **Dan**ish [déiniʃ] 형 **덴마크(사람 · 어)의**; 『역사』 **데인** 사람(어)의 명 **덴마크**어; **데인**어
☜ 덴마크(Dane) 의(ish)

데인저러스 플레이 dangerous play (위험한 플레이)

♣ **어원 : danger 권력(해를 가할 수 있는 힘); 위험**
□ **danger** [déindʒər/**데**인저] 명 **위험**(상태) ☜ 고대 프랑스어로 '해를 입히는 힘'이란 뜻
♠ **be in danger of ~ ~의 위험에 처하다**
□ **danger**ous [déindʒərəs/**데**인줘러스] 형 **위험한**, 위태로운; 《방언》 위독한
☜ danger(위험) + ous<형접>
♠ **a dangerous drug 마약**
□ **danger**ously [déindʒərəsli] 부 **위험하게**, 위험할 정도로 ☜ dangerous + ly<부접>
□ **danger**ousness [déindʒərəsnis] 명 위험 ☜ dangerous + ness<명접>
※ **play** [plei/플레이] 동 **놀다**, (~의) 놀이를 하다; **경기[게임]하다**; **상영[상연]하다, 연주하다**

☜ 고대영어로 '빠른 동작'이란 뜻

댕글링 이어링 dangling earring (귓불에서 길게 늘어진 귀고리)

☐ **dangle** [dǽŋgəl] ⓢ **매달리다**; 메달다 ☜ 스웨덴어로 '좌우로 흔들리다'
♠ Apples **dangle** on the tree.
사과가 나무에 주렁주렁 **매달려 있다.**

☐ **dangl**ing [dǽŋgəliŋ] ⓗ 매달린 ☜ dangle + ing<형접>

※ **ear**ring [íərìŋ] ⓜ (종종 pl.) **이어링**, **귀고리**, 귀걸이
☜ 귀(ear) 고리(ring)

단테 Dante (이탈리아의 시인, <신곡(神曲)>의 작가)

☐ **Dante** [dǽnti] ⓜ **단테** 《Dante Alighieri, 이탈리아의 시인; 1265-1321》

다뉴브강 Danube (독일 남서부에서 시작해 흑해로 흐르는 강)

☐ **Danube** [dǽnjuːb] ⓜ (the ~) **다뉴브** 강 《남서 독일에서 흘러 흑해로 들어감; 독일명 Donau /도나우》 ☜ 초기인도유럽어로 danu-는 '강(江)'이란 뜻

다프네 Daphne (아폴로에게 쫓겨 월계수로 변한 요정)

☐ **Daphne** [dǽfni] ⓜ 【그.신화】 **다프네** 《Apollo에게 쫓겨 월계수가 된 요정》; (d-) 【식물】 월계수 ☜ 그리스어로 '월계수'란 뜻

데어데블 Daredevil (미국 액션 영화. <저돌적인 사람>이란 뜻)

2002년 제작된 미국 액션/스릴러/범죄/판타지 영화. 벤 애플렉, 제니퍼 가너 주연. 마블 코믹스의 데어데블(Daredevil)을 영화화한 작품. 어린시절 방사능 폐기물에 노출되어 실명한 후 초인적인 능력을 갖게 된 정의의 변호사 이야기. <출처 : 두산백과 / 일부인용>

© 20th Century Fox

☐ **dare** [dεər/데어] ⓩⓢ(-/-**ed**〔**durst**〕/-**ed**) **감히 ~하다**, (위험을) **무릅쓰다, 도전하다** ☜ 고대영어로 '위험을 무릅쓰다'란 뜻
♠ **Dare** he do it? 그가 **감히** 그것을 할 수 있을까?
♠ **dare to ~ 감히[과감히] ~하다**

☐ **dare**devil [dέərdèvl] ⓜⓗ 무모한〔물불을 안 가리는〕(사람)
☜ devil(악마; 무모한 사람)

☐ **dare**n't [dέərənt] ⓩⓢ dare not의 단축형

☐ **dar**ing [dέəriŋ] ⓜ **대담 무쌍**, 호담(豪膽) ⓗ **대담한**, 용감한
☜ dare + ing<명접/형접> 비교 darling 가장 사랑하는〔귀여운〕 사람

※ **devil** [dévl] ⓜ **악마**; 악귀; 악령; (the D-) 마왕, 사탄(=Satan) ☜ 고대영어로 '악령'이란 뜻

다크서클 dark circle (눈 밑이 어둡게 보이는 증상), 다크호스...

☐ **dark** [dάːrk/다-크] ⓗ **어두운, 거무스름한** ⓜ (the ~) **어둠, 암흑** ☜ 고대영어로 '어두운; 슬픈'이란 뜻
♠ a **dark** room **캄캄한[어두운]** 방

☐ **dark**en [dάːrkən] ⓢ **어둡게 하다**; 어두워지다 ☜ -en<동접>

☐ **dark horse** **다크호스**, (경마에서) 실력이 알려져 있지 않은 말; 생각지도 않던 유력한 경쟁자 ☜ 검은색(dark) 말(horse)

☐ **dark**ly [dάːrkli] ⓑ **어둡게**; **음울하게**; **모호하게** ☜ -ly<부접>

☐ **dark**ness [dάːrknis/다-크니스] ⓜ **암흑, 어둠**; **무지** ☜ -ness<명접>
♠ in pitch 〔dead〕 **darkness** 칠흑 같은 **어둠** 속에서

※ **circle** [səːrkl/써-클] ⓜ **원**, 원주; 순환; **집단**, 사회, 동아리; **범위** ⓢ **선회하다**
☜ 라틴어로 '둥근(circl) 것(e)'이란 뜻

달링 darling (가장 사랑하는 사람)

☐ **darling** [dάːrliŋ] ⓜ **가장 사랑하는 사람**; **귀여운 사람**; 소중한 것
☜ 고대영어에서 '사랑하고 총애하는 노예'라는 뜻
♠ **My darling! 여보, 당신, 얘야** 《부부 · 연인끼리 또는 자식에 대한 애칭》

■ **dear** [diər/디어] ⓗ **친애하는**, 사랑하는, 귀여운
☜ 고대영어에서 '귀중한, 가치 있는, 사랑받는'이란 뜻

D

데미지 damage (손해, 피해)

♣ **어원 : dam, damn 저주하다, 비난하다**

■ **dam**age [dǽmidʒ] [명] **손해, 피해**, 손상 ☜ 저주(dam) 당함(age)

■ **damn** [dæm] [동] **비난하다**, 매도하다; 혹평하다; 《감탄사적》 제기랄
☜ 고대 프랑스어로 '비난하다, 힐난하다'란 뜻

■ con**demn** [kəndém] [동] **비난하다**, 나무라다; 규탄(매도)하다
☜ 완전히(con<com) 저주하다(demn)

□ **darn** [dɑːrn] [동] **꿰매다;** 《감탄사적》 에이 참! [명] 꿰맨 곳
☜ 중세 프랑스어로 '고치다'란 뜻. 미국식 영어에서 damn의 완곡한 표현
♠ **darn it! 에이[어허] 참!** 《damn의 완곡한 표현》

다트 dart (던지는 놀이용 작은 화살)

□ **dart** [dɑːrt] [명] **던지는 작은 화살**; (pl.) **다트** 던지기놀이, (양재의) **다트** ☜ 고대 프랑스어로 '던지는 창, 화살'이란 뜻

□ **dart**board [dɑ́ːrtbɔ̀ːrd] [명] **다트**판 《창 던지기 놀이의 표적판》 ☜ board(판자, 판지)

다윈 Darwin (영국의 박물학자. 진화론 주창자)

□ **Darwin** [dɑ́ːrwin] [명] **다윈** 《Charles ~, 영국의 박물학자, 진화론의 주창자; 1809-82》

□ **Darwin**ian [daːrwíniən] [형] **다윈의**, **다윈**설의 ☜ -ian(~의)

□ **Darwin**ism [dɑ́ːrwənìzm] [명] **다윈**설, 진화론 《자연도태와 적자생존을 기초로 하는》
☜ Darwin + ism(~론, ~설, ~주의)

마음에 드는 여자에게 대시(dash.저돌적으로 추진)하다

□ **dash** [dæʃ/대쉬] [동] **내던지다**; **돌진[매진]하다** [명] **돌진, 충돌**; (자동차 등의) 계기반
☜ 덴마크어로 '치다, 때리다'란 뜻
♠ A sparrow **dashed into** the windowpane.
참새가 (날아와서) 창유리**에 부딪쳤다**
♠ **dash against** (upon) ~ **~에 충돌하다**

□ **dash**board [dǽʃbɔ̀ːrd] [명] (조종석·운전석 앞의) 계기반(판) ☜ board(판자, 판지)

□ **dash**ing [dǽʃiŋ] [형] **기운찬**; 씩씩한, 멋있는; 화려한 ☜ -ing<형접>

데이터 data (자료)

♣ **어원 : da, do 주다(=give)**

□ **da**ta [déitə, dɑ́ːtə, dǽtə] [명] (pl.) 자료, **데이터**; (관찰·실험에 의해 얻어진) 지식, 정보
☜ 라틴어로 '주어진 것'이란 뜻
♠ **data bank 데이터뱅크** 《전자계산기용 정보와 그 정보의 축적·보관 및 제공 기관》
♠ **data link 데이터링크** 《데이터 송수신을 위한 통신선; 略 D/L》
♠ **data** processor **데이터** 처리장치

□ **da**tabase [déitəbèis] [명] **데이터 베이스** 《컴퓨터에 쓰이는 데이터의 집적; 그것을 사용한 정보서비스》 ☜ 자료(data)의 기초/근거(base)

□ **da**tive [déitiv] [형] 【문법】 여격의 [명] 여격(어(語)) ☜ 주다(da) + tive<형접>
♠ the **dative** verb **수여**동사 《이중목적을 가지는 동사》

□ **da**tum [déitəm, dɑ́ː-, dǽ-] [명] 《L.》 **자료**, 정보 ☜ data의 단수

데이트 date (이성과의 만남)

□ **date** [deit/데이트] [명] **날짜**, 연월일; **데이트** 《이성과의 만남》; (특정한 날짜에 만나기로 하는) **약속** [동] (편지·문서에) 날짜를 기입하다
☜ 고대 프랑스어로 '날짜, 날, 시간'이란 뜻
♠ **the date of birth 생년월일**
♠ **date back to ~ ~(시대)에 비롯되다, ~에 거슬러 올라가다**
♠ **out of date 구식의, 시대에 뒤떨어진**
♠ **up to date 최신의, 현대적인**(=modern); **현재까지의**

□ **date**d [déitid] [형] 날짜가 있는(적힌); 케케묵은, 구식의(=old-fashioned) ☜ -ed<형접>

□ ante**date** [ǽntidèit] [동] (시기적으로) ~에 앞서다, ~보다 먼저 일어나다. 날짜를 실제보다 이르게 하다 ☜ ~보다 앞선(ante) 날짜(date)에 있다
[반] postdate (시기적으로) 늦추어 기록하다; ~보다 뒤에 일어나다

■ up-to-**date** [ʌ́ptədéit] [형] 최근의, **최신식의**, 현대적인, 첨단적인; 현재까지의

☜ 현 시간(date) 까지의(up-to)

앨범 album (사진첩)

♣ **어원 : alb, aub 흰, 하얀**

■ **alb**um [ǽlbəm/**앨**범] ⓜ **앨범** 《사진첩, 우표첩, 악보철 등》 ☜ 하얀(alb) 것(um)

□ d**aub** [dɔːb] ⓢ (도료 등을) **칠하다**, 바르다; 더럽히다 ⓜ 바르기; 서투른 그림
☜ 라틴어로 '완전히(d<de/강조) 하얗게 하다(aub<alb)'란 뜻
♠ **daub** a wall with paint 벽에 페인트를 **칠하다**

■ bed**aub** [bidɔ́ːb] ⓢ 처덕처덕 바르다, 마구 칠하다, 매대기치다; 더럽히다
☜ 완전히(d<de/강조) 하얗게(aub) 되다/되도록 하다(be)

투란도트 Turandot (푸치니의 오페라. 공주이름, <투란의 딸>이란 뜻)

■ Turan**dot** [tjúrəndat/túrandot] ⓜ **투란도트** 《1926년에 초연된 푸치니의 유작 오페라》 ☜ Turan(투란/중앙아시아의 가상의 지역) + dot(=daughter/딸)

□ **daughter** [dɔ́ːtər/**도**-러/**도**-터] ⓜ **딸**; 파생된 것; 소산(所産) ☜ 고대영어로 '딸'이란 뜻
♠ We have two sons and **a daughter**. 우리는 아들이 둘에 **딸이 하나**예요.
♠ a **daughter** of civilization 문명의 **소산**

□ **daughter**-in-law [dɔ́ːtərinlɔ̀ː] ⓜ (pl. **daughters-**) 며느리; 의붓딸 ☜ '법안에서의 딸'

□ **daughter**ly [dɔ́ːtərli] ⓗ 딸다운, 딸의 ☜ -ly<부접>

돈트 북스 Daunt Books (영국 텔레그라프 신문이 <세상에서 가장 아름다운 서점>으로 선정. 창업자 <제임스 돈트의 서점>이란 뜻)

□ **daunt** [dɔːnt] ⓢ **위압하다**; 주춤(움찔)하게 하다, ~의 기세를 꺾다
☜ 고대 프랑스어로 '무서워하다', 라틴어로 '무섭게 하다'란 뜻
♠ **nothing daunted 조금도 굴하지 않고**

□ **daunt**less [dɔ́ːntlis] ⓗ **겁 없는**, 꿈쩍도 않는, 담대한, 불굴의 ☜ daunt + less(~이 없는)

※ **book** [buk/북] ⓜ **책** ☜ 초기 독일어로 '너도 밤나무; 책'이란 뜻

다윗 David ([성서] 이스라엘의 제2대 왕)

□ **David** [déivid] ⓜ 〖성서〗 **다윗** 《이스라엘의 제2대 왕》; **데이비드** 《남자 이름》
♠ **David and Goliath 다윗과 골리앗** 《상대도 안 되는 약자가 강자를 이긴 경우의 비유; 양치기 David이 거인 전사 Goliath을 돌멩이 하나로 쓰러뜨린 고사에서》

다빈치 da Vinch (이탈리아의 화가·조각가·건축가·과학자)

□ **da Vinch** [dəvíntʃi] ⓜ **레오나르도 다빈치** 《Leonardo da Vinch, 이탈리아의 화가·조각가·건축가·과학자; 1452-1519》
★ 작품 : <모나리자>, <최후의 만찬> 등

데이비스컵 Davis Cup (세계 최고 권위의 남자 테니스대회)

데이비스 컵(Davis Cup)은 '테니스 월드컵'이라고도 불리는 세계 최고 권위의 남자 테니스 국가 대항 토너먼트로, 1900년에 미국과 영국의 대결로 처음 시작되었다. 데이비스는 우승배를 기증한 드와이트 필리 데이비스의 이름에서 따온 것이다. <출처 : 위키백과 / 일부인용>

□ **Davis** [déivis] ⓜ **데이비스** 《Dwight F(illey) ~ 전 미국 남자 테니스 더블스(2인 1조) 챔피언; 1879-1945》

※ **cup** [kʌp/컵] ⓜ **찻종, 컵, 잔** ☜ 고대영어/라틴어로 '잔'이란 뜻

비포더돈 Before The Dawn (한국 댄스팝 보이그룹 인피니트, 영국의 헤비메탈 그룹 주다스 프리스트의 히트곡. <새벽이 오기 전>이란 뜻)

※ **before** [bəfɔ́ːr/버**포**어/bifɔ́ːr/비**포**어] ⓟ 〖위치·방향〗 **앞에**, **전방에**; 앞(장)서
☜ 앞에(fore) 있다(be)

□ **dawn** [dɔːn/도온] ⓜ **새벽**, 동틀녘; 여명 ⓢ **날이 새다**; **밝아지다**; **나타나기 시작하다**
☜ 고대영어로 '날(da<day)이 밝다'란 뜻

♠ **from dawn till dusk** 〔dark〕 **새벽부터 해질 녘까지**

디데이 D-day ([군사] 공격개시일; 행사계획일. <D는 day를 의미>)
해피선데이 Happy Sunday (KBS2TV 예능프로. <행복한 일요일>)

※ **happy** [hǽpi/**해**삐] 형 (-<-ppi**er**<-ppi**est**) **행복한,** 행운의, 운좋은, 기쁜
☜ 고대영어로 '행복한'이란 뜻.

■ Sun**day** [sʌ́ndei/**썬**데이, -di] 명 **일요일** ☜ sun(태양) + day(날)

D

□ **day** [dei/데이] 명 **낮**, 주간; **하루**; (종종 D-) ~날 ☜ 고대영어로 '일, 날, 일생'이란 뜻
♠ **day after day 매일, 날마다**
♠ **day and night 밤낮, 주야로**
♠ **day by day 날마다**
♠ **day in and day out 날이면 날마다, 언제나**
♠ **all day (long) 하루 종일**
♠ **by day 낮에는**
♠ **from day to day 나날이, 날이 갈수록**
♠ **in** 〔on〕 **one's day 한창때에는**
♠ **in those days 당시는, 그 무렵은**
♠ **one day (과거의) 어느 날** 비교 someday (미래의) 어느 날, 훗날
♠ **the day after tomorrow 모레**
♠ **the day before yesterday 그제, 그저께**

□ **day**break [déibrèik] 명 **새벽**, 동틀 녘 ☜ 하루(day)를 깨다(break)
□ **day**-care [déikɛər] 명 **데이케어**《미취학 아동고령자신체장애자 등의 각 집단에 대하여 전문 훈련을 받은 직원이 가족 대신 주간에만 돌봐주는 일》 ☜ 낮(day) 돌봄(care)
□ **day**dream [déidrìːm] 명 **백일몽**, 공상, 몽상 ☜ 낮(day) 꿈(dream)
□ **day**light [déilàit] 명 **일광**; 낮; 새벽 ☜ 낮(day) 빛(light)
□ **day**time [déitàim] 명형 (the ~) **낮**(의), **주간**(의) ☜ 낮(day) 시간(time)
□ **day**-to-day [déitədéi] 형 **나날의**; 하루살이의 ☜ 날(day)에서 날(day) 까지(to)

대즐 머티리얼 dazzle material ([패션] 반짝반짝 빛나는 의류 소재)

□ **daze** [deiz] 동 눈부시게 하다; **멍하게 하다** 명 현혹; 멍한 상태
☜ 고대 노르드어로 '피곤해지다'란 뜻
♠ **in a daze 어리둥절한[혼란스러운] 상태인**
□ **daz**zle [dǽzəl] 동 (강한 빛 따위가) **눈부시게 하다**
☜ daze + z + le<동접>
□ **daz**zling [dǽzliŋ] 형 **눈부신**, 현혹적인 ☜ dazzle + ing<형접>
※ **material** [mətíəriəl/머**티**어뤼얼] 형 **물질의**, 물질적인 명 **재료**, 원료; **제재**, 자료
☜ 라틴어의 mater(mother)에서 변화된 것. 어머니에게서 생명이 태어나듯 '어떤 것이 만들어지는 물질' + ial<형접/명접>

다이아그램 diagram (도형, 도표, 도해)

♣ 어원 : **dia-, dea- ~을 가로질러, ~을 통하여**
■ **dia**gram [dáiəgræ̀m] 명 **도형**; **도표**, 일람표; 도식, 도해
☜ 그리스어로 '가로질러(dia) 쓴[그린] 것(gram)'이란 뜻.
□ **dea**con [díːkən] 명 『가톨릭』 **부제**(副祭); (개신교의) **집사**
☜ 그리스어로 '노예'란 뜻. 먼지(conis)를 통하여(dea)
♠ He's **a deacon** at his church. 그는 교회 **집사**이다.

데드볼 dead ball (콩글 [야구] 투수가 던진 공이 타자의 몸에 맞는 것)
➔ hit by pitch(ed ball)

□ **dead** [ded/데드] 형 **죽은**, 생명이 없는; (식물이) 말라 죽은 명 (the ~) [집합적] 사자(死者)
☜ 고대영어로 '죽은, 마비된, 활기없는'이란 뜻
♠ the ghost of a **dead** friend **죽은** 친구의 혼령
♠ **Dead men tell no tales** 〔lies〕. **《속담》 죽은 자는 말이 없다.**
□ **dead** air 정체 공기; 침묵시간 ☜ 죽은(dead) 공기(air)
□ **dead**en [dédn] 동 죽게 되다, 둔화하다 ☜ dead + en<동접>
□ **dead**line [dédlàin] 명 경계선 《넘으면 사살됨》; 마감 시간; 최종 기한 ☜ line(선)
□ **dead**lock [dédlɑ̀k] 명 정체, 막힘, 막다름; 교착상태 ☜ dead(죽음의) + lock(잠금)
□ **dead**ly [dédli] 형 **죽음의**, 생명에 관계되는, 치명적인 ☜ dead + ly<형접>

☐ **dead** mask　**데드마스크**《죽은 사람의 얼굴에 점토를 발라 모형을 만든 다음 석고로 뜨는 것. 그 모습을 정확하게 후세에 전하기 위함》 ☜ mask(복면, 가면)

☐ **Dead** Sea　(the ~) 사해(死海)《Palestine의 염수호》 ☜ dead(죽음의) sea(바다)

☐ **death**　[deθ] ⓜ **죽음, 사망** ☜ dead + th<명접>

♠ **Give me Liberty or give me Death.**
자유가 아니면 죽음을 달라. - 패트릭 헨리(1775 년)-

♠ **put (A) to death　A를 죽이다, 사형에 처하다**

♠ **to death ~하여 죽다; 죽을 지경으로[지독하게] ~하다**

☐ **death**bed　[déθbèd] ⓜ 임종 ☜ death + bed(침대; (비유적) 무덤)

☐ **death**less　[déθlis] ⓗ 불사의, 불후의 ☜ death + less(~이 없는)

☐ **death**like　[déθlàik] ⓗ 죽은 듯한 ☜ death + like(~같은, ~하는 듯한)

☐ **death**ly　[déθli] ⓗ 죽음 같은　ⓑ 죽은 듯이 ☜ death + ly<형접/부접>

☐ **death** rate　사망률 ☜ rate(율, 비율)

■ **die**　[dai/다이] ⓓ **죽다**; (식물이) 말라 죽다 ☜ 고대 덴마크어로 '죽다'란 뜻

※ **ball**　[bɔːl/보-올] ⓜ **공,** 구(球); 탄알, 포탄 ☜ 중세영어로 '작고 꽉 채워진 구체'

D

미스 데프월드 Miss Deaf World (세계 청각장애인 미인대회)

※ **miss**　[mis/미스] ⓜ (pl. **-es** [mísiz]) (M-) **~양**《미혼 여성의 성(명) 앞에 붙이는 경칭》; [단독으로] 처녀, 미혼 여성《영국에서는 경멸적》 ☜ **mis**tress의 줄임말

☐ **deaf**　[def] ⓗ **귀머거리의; 귀먹은**, 귀 기울이지 않는; (the ~) 귀머거리들 ☜ 고대영어로 '귀가 먹은'이란 뜻

♠ He **is deaf of** 〔in〕 one ear. 그는 한쪽 귀가 **안 들린다.**

☐ **deaf**en　[défən] ⓓ **귀머거리를 만들다**, 귀를 먹먹하게 하다, 귀청 터지게 하다 ☜ -en<동접>

☐ **deaf**ening　[défəniŋ] ⓜ 방음 장치; 방음 재료　ⓗ 귀청이 터질 것 같은 ☜ -ing<명접/형접>

☐ **deaf**-mute　[défmjùːt] ⓜ 농아자 ☜ deaf + mute(무언의, 말이 없는, 벙어리의)

☐ **deaf**ness　[défnis] ⓜ 귀머거리 ☜ -ness<명접>

※ **world**　[wəːrld/워얼드] ⓜ **세계**　ⓗ **세계의** ☜ 고대영어로 '세계, 남자의 시대'란 뜻

딜러 dealer (상품의 매입·재판매를 전문으로 하는 사람)

☐ **deal**　[diːl] ⓓ (-/**dealt/dealt**) **다루다, 거래하다, 취급하다; 분배하다**, ⓜ **거래**, 분배, **분량**; 정책, 계획 ☜ 고대영어로 '나누다, 분배하다'란 뜻

♠ **deal in ~ ~을 팔다; ~에 종사하다**

♠ **deal out ~ ~을 나누어 주다, 분배하다; (법 등을) 집행하다**

♠ **deal with ~을 다루다, 취급하다, 거래[대처]하다**
deal with a question 문제를 **다루다**

♠ **a great** 〔good〕 **deal (of) ~ 많은[상당한] 양; 대단히[상당히]**

☐ **deal**er　[díːlər] ⓜ **상인**, ~상(商); 『증권·주식』《미》 **딜러**(《영》 jobber) ☜ deal + er(사람)

☐ **deal**ing　[díːliŋ] ⓜ 취급, 태도; 조치; **분배**, 거래; 교제, 관계 ☜ deal + ing<명접>

■ New **Deal**　**뉴딜**《2차 대전 후 미국의 루스벨트 대통령이 추진했던 유럽 부흥 정책》 ☜ '새로운(new) 정책(deal)'이란 뜻

달링 darling (가장 사랑하는 사람)

■ **darling**　[dάːrliŋ] ⓜ **가장 사랑하는 사람**; **귀여운 사람**; 소중한 것 ☜ 고대영어에서 '사랑하고 총애하는 노예'라는 뜻

☐ **dear**　[diər/디어] ⓗ **친애하는**, 사랑하는, 귀여운 비교 **deer** 사슴 ☜ 고대영어에서 '귀중한, 가치 있는, 사랑받는'이란 뜻

♠ **Dear** my dad **사랑하는** 아빠에게

☐ **dear**ly　[díərli] ⓜ 끔찍이, **애정으로**; 비싼 값으로 ☜ dear + ly<부접>

☐ **dear**ness　[díərnis] ⓜ 고가(高價), 친애 ☜ dear + ness<명접>

☐ **dear**y　[díəri] ⓜ《구어》 사랑하는〔귀여운〕 사람(=dearie)《보통 여성이 쓰는 호칭》 ☜ dear + y<명접>

☐ **death**(죽음) ➔ **dead**(죽은) **참조**

베이스 base ([야구] 루(壘)) 예) 1루, 2루, 3루

♣ **어원 : base, basi 바닥(=bottom)**

base　[beis/베이스] ⓜ **기초, 토대;** 『야구』 **베이스**　ⓗ **비열한**(=mean), 천한　ⓓ **기초를 두다** ☜ 라틴어로 '기초'라는 뜻

■ a**base** [əbéis] (동) (지위 등을) 떨어뜨리다 ☜ 바닥(base) 으로(a<ad=to)

□ de**base** [dibéis] (동) (가치 등을) 떨어뜨리다 ☜ 바닥(base) 아래로(de=down)

♠ Do not **debase** yourself. 너의 품위를 **떨어뜨리지** 마라.

□ de**base**ment [dibéismənt] (명) (인품 · 품질 따위의) 저하; 타락; 변조 ☜ -ment<명접>

빠따 < 배트 bat (야구 배트)

♣ **어원 : bat 치다**

■ **bat** [bæt/벹] (명) (야구 · 크리켓 따위의) **배트**, 타봉; 막대기, 곤봉 (동) **~을 치다**
☜ 중세영어로 '치다, 때리다'란 뜻

■ a**bat**e [əbéit] (동) **감하다**, (값을) 내리다; (세를) 낮추다 ☜ ~을(a<ad=to) 치다(bat)

■ com**bat** [kάmbæt, kʌ́m-] (명) **전투**, 격투 (동) 싸우다 ☜ 서로(com) 치다(bat)

□ de**bat**e [dibéit] (명) 토론, **논쟁**, 토의; 숙고 (동) **토론[논쟁]하다**
☜ 아래로(de=down) 치다(bat) + e

♠ a stormy **debate** 격렬한 **토론**

□ de**bat**er [dibéitər] (명) 논쟁자 ☜ debate + er(사람)

□ de**bat**able [dibéitəbl] (형) 논쟁의 여지가 있는 ☜ debate + able<형접>

□ **debilitate**(쇠약하게 하다) ➔ **Bolshevik**([러시아] 볼셰비키) **참조**

크레디트 카드 debit card (신용카드)

♣ **어원 : bit, bt, dit, du 소유하다; 소유한 것**

■ cre**dit** [krédit] (명) **신용**; 영향력; 명성, 명예; 칭찬 ☜ 믿음을(cre) 소유한 것(bit)

□ de**bit** [débit] (명) 차변(借邊); 인출액 (동) (돈을) 인출하다 ☜ 따로(de=off) 소유한 것(bit)

□ de**bt** [det] (명) **빚, 부채**, 채무; 은혜 ☜ 따로(de=off) 소유한 것(bt)

♠ **run 〔get〕 into debt 빚지다, 빚을 얻다**

□ de**bt**or [détər] (명) 채무자 ☜ debt + or(사람)

□ de**bt** collector 빚받이꾼 ☜ collect(모으다, 수집하다, 수금하다) + or(사람)

■ **du**ty [djúːti/**듀**-리/**듀**-티] (명) **의무**; 임무, 본분; 의무감, 의리
☜ 고대 프랑스어로 '해야 할<소유한(du) 것(ty<명접>)'이란 뜻

※ **card** [kaːrd/카-드] (명) **카드**; 판지(板紙), 마분지
☜ 중세 프랑스어로 '종이 한 장'

데뷔 debut ([F.] 신인(新人)의 첫 등장)

□ **debut** [deibjúː, di-, déi-, déb-] (명) 첫 무대〔출연〕, (문단의) 첫 등단, **데뷔** (동) 데뷔하다
☜ 근대 프랑스어로 '첫 출연'이란 뜻

♠ She made herself known after **the debut**. 그녀는 **데뷔** 후에 유명해졌다.

□ **debut**ant [débjutὰːnt, -bjə-] (명) 사교계에 처음 나서는 남자 ☜ -ant(사람, 남자)

□ **debut**ante [débjutὰːnt] (명) 사교계에 처음 나서는 아가씨 ☜ -ant + e<여성형 접미사>

데카메론 Decameron (보카치오 소설. <10일간의 이야기>란 뜻)

♣ **어원 : deca, dece, deci 10**

□ **Deca**meron [dikǽmərən] (명) **데카메론** 《G. Boccaccio가 1351년 발표한 단편소설》 ☜ 이탈리아어로 '10(deca) 일(meron<hemera=day)'

□ **deca**de [dékeid/dəkéid] (명) **10년간**; 10; 열 개〔벌 · 조 · 권 · 편〕
☜ 그리스어로 '10(deca)개 그룹(de)'이란 뜻

♠ The anniversary marked **a decade** in business.
그 기념식은 창사 **10 주년**을 기념했다.

□ **deca**gram(me) [dékəgræ̀m] (명) **데카그램** 《10그램》 ☜ 10(dece) + gram

□ **deca**liter, 《영》 -litre [dékəlìːtər] (명) **데카리터** 《10리터》 ☜ 10(dece) + liter

□ **deca**meter, 《영》 -metre [dékəmìːtər] (명) **데카미터** 《10미터》 ☜ 10(dece) + meter

□ **Dece**mber [disémbər/디**쎔**버] (명) **12월** 《생략: Dec.》 ☜ 10(dece) + m + ber<명접>.
원래 **10월**이었으나 중간에 7월, 8월이 추가되면서 12월로 변경됨.

데카당스 decadence (퇴폐주의, 세기말(世紀末)적 문예사조)

쇠미 · 쇠퇴를 뜻하는 프랑스 말. 로마 제국이 난숙(爛熟)에서 쇠퇴 · 파멸로 향하는 과정에서 나타난 병적이고 향락주의적인 문예풍조를 가리킨다. 19세기말 프랑스에서 악마주의와 상징주의의 영향을 받은 일단의 상징파 시인들이 스스로를 데카당이라고 부른 데서 호칭이 되었다. <출처 : 국어국문학자료사전 / 일부인용>

♣ **어원 : cad, cay, cid, ceas 떨어지다, 가다**

□ decadence, -cy [dékədəns, -i] ⓜ 쇠미; 타락; (문예상의) **데카당** 운동
☜ 밑으로(de=down) 떨어진(cad) 것(ence<명접>)

□ de**cad**ent [dékədənt, dikéidənt] ⓗ 쇠퇴기에 접어든; 퇴폐적인; **데카당**파의 ⓜ **데카당**파의 예술가 ☜ -ent<형접>

□ de**cay** [dikéi] ⓢ **썩다**, 부패〔부식〕하다; 쇠하다 ☜ 밑으로(de=down) 떨어지다(cay)
♠ **tooth decay** 충**치**

□ de**ceas**e [disí:s] ⓜⓢ **사망(하다)** ☜ 멀리(de=away) 가다(ceas) + e

□ de**ceas**ed [disí:st] ⓗ **죽은, 사망한**, 고(故)~ ☜ decease + ed<수동형 형접>

컨셉 concept (개념), 리셉션, 리시버, 인터셉트...

♣ **어원 : cep(t), ceipt, ceive, cei(t) 잡다, 받아들이다, 이해하다**

■ con**cept** [kάnsept/kɔ́n-] ⓜ 『철학』 **개념**, 생각; 구상(構想), 발상 ☜ 함께(con<com) 생각을 잡다(cept)

■ re**cept**ion [risépʃən] ⓜ **받음**, 수령; **응접**, 접대; **환영회, 리셉션**; 접수처; 수신 ☜ -ion<명접>

■ re**ceiv**er [risí:vər] ⓜ **받는 사람**, 수령인; 접대자; 수신기, **리시버**
☜ 다시(re) 받는(ceive) 사람/물건(er)

□ de**ceive** [disí:v] ⓢ **속이다**, 기만하다, 현혹시키다 ☜ 밑에서(de=down) 몰래 잡다(ceive)
♠ **deceive** the world 세상을 **기만하다**

□ de**ceit** [disí:t] ⓜ **속임**; 책략; **사기**; 허위, 부실; 교활함
☜ 멀리 떨어져(de=away) 받아들이다(ceit)

□ de**ceit**ful [disí:tfəl] ⓗ 속이는, 현혹시키는, 현혹시키기 쉬운 ☜ deceit + ful<형접>

□ de**ceiv**able [disí:vəbl] ⓗ 속이기 쉬운 ☜ deceit + able(~하기 쉬운)

□ de**ceiv**er [disí:vər] ⓜ 사기꾼 ☜ deceive + er(사람)

□ de**cept**ion [disépʃən] ⓜ **사기**, 기만, 협잡; **속임수**, 현혹시키는 것; 가짜
☜ de + cept<ceive + ion<명접>

□ de**cept**ive [diséptiv] ⓗ 현혹시키는, 사기의 ☜ -ive<형접>

□ unde**ceive** [ʌ̀ndisí:v] ⓢ 그릇된 생각을 깨우쳐 주다, (잘못을) 깨닫게 하다
☜ un(=not/부정) + deceive(속이다)

□ unde**ceive**d [ʌ̀ndisí:vd] ⓗ 현혹되지 않는, 속지 않는 ☜ un(=not/부정) + deceive + ed<형접>
♠ I **was** soon **undeceived**. 나는 곧 (나의) **잘못을 깨닫게 되었다**.

■ inter**cept** [ìntərsépt] ⓢ **도중에서 빼앗다**, 가로채다, 차단하다 ☜ ~사이에서(inter) 잡다(cept)

□ **december**(12월) ➔ **decade**(10년간) **참조**

데코레이션 decoration (장식)
디슨트 워크 Decent Work (국제노동기구(ILO)의 표어. <품위있는 근로>란 뜻)

♣ **어원 : dec, decor 보기좋은; 예의바른; 어울리는, 적당한**

□ **dec**ent [dí:sənt] ⓗ **품위있는**, 보기 흉하지 않은, 예의 바른
☜ 올바른(dec) + ent<형접> 반 indecent 보기 흉한
♠ **be decent** in manner 태도가 **단정하다**.

□ **dec**ency [dí:snsi] ⓜ 보기 싫지 않음, **품위**; 체면; 예절바름, (언동이) 고상함 ☜ 올바른(dec) 것(ency<명접>)

□ **dec**ently [dí:sənti] ⓑ 분에 맞게, 점잖게 ☜ decent + ly<부접>

□ **decor**ation [dèkəréiʃən] ⓜ **장식(법), 데코레이션**; (보통 pl.) 장식물; 훈장
☜ 보기좋은(decor) 것(ation<명접>)

※ **work** [wə:rk/워-크] ⓜ **일**, 작업, 노동; **직업; 제작품; 예술 작품; 공사** ⓢ **노동하다, 일하다**; (기계・기관 등이) **움직이다; 일시키다** ☜ 고대영어로 '행한 일'이란 뜻

콘사이스 concise (휴대용 사전 또는 소형 사전)

♣ **어원 : cis(e) 자르다(=cut)**

■ con**cise** [kənsáis] ⓗ **간결한**, 간명한
☜ 불필요한 것을 함께(con<com) 자르다(cise)

□ de**cide** [disáid/디**싸**이드] ⓢ (문제를) 해결하다, **결정하다**, 판결하다, 정하다 ☜ ~로부터(de=from) 자르다(cide)
♠ **decide on 〔upon〕 (어떤 행동을 취하기)로 결심하다, 결정하다**
♠ **decide to ~ ~하기로 결심[결정]하다**

□ de**cide**d [disáidid] ⓗ **결정적인**; 단호한, 과단성 있는; 분명한, 명확한
☜ ~로부터(de=from) 잘라(cid) 진(ed<형접>)

☐ de**cide**dly [disáididli] ⊕ 명확히, 단호히 ☜ decided + ly<부접>
☐ de**cis**ion [disíʒən/디**씨**전] ⊕ **결심, 결의** ☜ ~로부터(de=from) 자르는(cis) 것(ion)
♠ **decision-making 의사결정**
☐ de**cis**ive [disáisiv] ⊕ **결정적인, 결정하는** ☜ -ive<형접>
☐ de**cis**ively [disáisivli] ⊕ 결정적으로 ☜ decisive + ly<부접>

✚ ex**cise** 물품세, 소비세, 면허세; 잘라내다 in**cise** 절개하다; 새기다 pre**cise** **정밀한, 정확한**

☐ **deciduous**(낙엽성의, 탈락하는) ➔ **cascade**(작은 폭포) **참조**

데카메론 Decameron (보카치오 소설. <10일간의 이야기>란 뜻)

♣ **어원 : deca, dece, deci(m) 10, 10분의 1**
☐ **Deca**meron [dikǽmərən] ⊕ **데카메론** 《이탈리아의 G. Boccaccio가 1351년 발표한 단편소설》 ☜ 이탈리아어로 '10(deca) 일(meron<hemera=day)'이란 뜻
☐ **deca**de [dékeid/dəkéid] ⊕ **10년간**; 10; 열 개(벌·조·권·편) ☜ 그리스어로 '10(deca)개 그룹(de)'이란 뜻
☐ **Dece**mber [disémbər/디**셈**버] ⊕ **12월** 《생략: Dec.》 ☜ 10(dece) + m + ber<명접>. 원래 **10월**이었으나 중간에 7월, 8월이 추가되면서 12월로 변경됨.
☐ **deci**gram(me) [désigræ̀m] ⊕ **데시그램** 《1그램의 10분의 1; 기호 dg》 ☜ 1그램(gram)의 10분의 1(deci)
☐ **deci**liter, 《영》 -litre [désilìːtər] ⊕ **데시리터** 《1리터의 10분의 1; 기호 dl》 ☜ 1리터(liter)의 10분의 1(deci)
☐ **decim**al [désəməl] ⊕ 【수학】 십진법의 ⊕ 소수; (pl.) 십진법 ☜ 10(decim) + al<형접/명접>
☐ **decim**ate [désəmèit] ⊕ (특히 고대 로마에서 반란죄 등의 처벌로) 10명에 1명꼴로 제비뽑아 죽이다; (전염병 등이) 많은 사람을 죽이다 ☜ 10(decim) + ate<동접>
☐ **decim**atar [désimeitər] ⊕ 《고어》 대량학살자 ☜ 고대 로마에서 죄수 10명 중 1명을 제비 뽑아서 죽이던 일에서 유래
☐ **deci**meter, 《영》 -metre [désəmìːtər] ⊕ **데시미터** 《1 / 10m; 기호 dm》 ☜ 1미터(meter)의 10분의 1(deci)

☐ **decipher**(해독하다; 해독, 번역) ➔ **cipher**(암호문, 부호) **참조**

데크 deck (함선의 갑판), 더블데크 double-deck (2층으로 된)

♣ **어원 : dec(k) 지붕, 겹; 덮다, 장식하다**
☐ **deck** [dek] ⊕ 【조선·선박】 **갑판** ⊕ **장식하다** ☜ 중세 네덜란드어로 '지붕, 덮개; 덮어씌우다'란 뜻
♠ **double-decker 2층 갑판의, 2층으로 된**
♠ a room **decked with** flowers 꽃으**로 꾸민** 방
☐ **deck**er [dékər] ⊕ 장식자; 갑판 선원; ~층의 갑판이 있는 배(항공기, 버스) ☜ deck + -er(사람/물건)
♠ a **double-decker** bus **2층** 버스
♠ a **three-decker** novel **3부작** 소설

< double-deck bed >

< double-deck bus >

클레임(claim.손해보상청구)을 걸다

♣ **어원 : claim 외치다, 소리지르다(=cry)**
■ **claim** [kleim/클레임] ⊕ **요구하다, 청구하다** ☜ 고대 프랑스어로 '요구하다'란 뜻
☐ de**claim** [dikléim] ⊕ 변론하다, (힘있게) 말하다(읊다) ☜ 큰 소리로(de) 외치다(claim)
♠ **declaim against ~ ~에 항의하다, 맹렬히 규탄하다**
☐ de**clam**ation [dèkləméiʃən] ⊕ 연설, 낭독(법) ☜ declaim + ation<명접>
☐ de**clam**atory [diklǽmətɔ̀ːri/-təri] ⊕ 연설조의; (문장이) 미사여구를 늘어놓은 ☜ declaim + atory<형접>

✚ ac**claim** 갈채, 환호; 칭찬하다, 갈채하다 dis**claim** (권리 등을) 포기하다, 기권하다 ex**claim** **외치다** pro**claim** 포고하다, **선언하다**, 공표하다

클리어파일 clear file folder (투명한 비닐이 내장된 서류철)
클라리넷 clarinet (목관악기)

♣ 어원 : clear, clar, cree 밝은, 맑은, 깨끗한, 선명한, 분명한

■ **clear** [kliər/클리어] ⓗ **맑은, 명백한, 명확한**, 갠, 깨끗한; 열린 ⓢ **명백하게 하다,** (장애물을) **제거하다;** (문제를) **해결하다;** (빚 등을) **청산하다;** (날씨가) **개다**
☜ 고대영어로 '맑은, 밝은'이란 뜻

■ **clar**inet [klæ̀rənét, klǽrinət] ⓜ **클라리넷** 《목관악기》 ☜ '맑은 소리'에서 유래

□ de**clar**ation [dèkləréiʃən] ⓜ **선언**(서), 포고(문); 공표, 발표; 고백
☜ declare(선언하다) + ation<명접>
♠ **a declaration of war 선전 포고**

□ de**clara**tive [diklǽrətiv] ⓗ 선언하는; 서술의 ☜ -tive<형접>

□ de**clare** [diklέər] ⓢ **선언하다**, 발표하다 ☜ de(강조) + clear(명확히 하다)

□ de**cree** [dikríː] ⓜ 법령, **포고, 명령** ⓢ 포고하다, 판결하다, 명령하다
☜ 라틴어로 '결심/결정을 표명하다'. de(강조) + cree(=clear/명확히 하다).
♠ issue **a decree 법령**을 발표하다

※ **file** [fail/퐈일] ⓜ 서류꽂이〔케이스〕, **서류철, 파일** ☜ 라틴어로 '실로 묶은 것'

※ **fold**er [fóuldər] ⓜ 접는 사람〔것〕; 접지기(摺紙機); 접책(摺冊); **폴더**
☜ 접는(fold) 사람/기계(er)

클린치 clinch ([권투] 상대를 껴안는 행위)

♣ 어원 : clin(e) 경사지다, 기울다

■ **clin**ch [klintʃ] ⓢ (박은 못의) 끝을 두드려 구부리다; 못박다; 〖권투〗 (상대를) 클린치하다, 껴안다 ⓜ 못 끝을 두드려 구부림; 〖권투〗 **클린치** ☜ 근대영어로 '로프를 고정하는 법'이란 뜻

□ de**clen**sion [diklénʃən] ⓜ 〖문법〗 격변화; 기울어짐 ☜ declen<decline + sion<명접>

□ de**clin**ation [dèklənéiʃən] ⓜ 경사, (자침의) 편차; 쇠퇴, 타락; 정식 사퇴, 정중한 사절
☜ decline + ation<명접>

□ de**cline** [dikláin] ⓢ (아래로) **기울다**, 감퇴〔감소〕하다 ☜ 아래로(de=down) 경사지다(cline)
♠ The sun **declines** toward the west. 해는 서쪽으로 **기운다**.

■ in**cline** [inkláin] ⓢ **경사지다**; 기울이다, 경사지게 하다
[ínklain] ⓜ 경사(면), 비탈 ☜ 안으로(in) 경사지다(cline)

코드 code (암호, 부호)

■ **code** [koud/코우드] ⓜ **법전; 신호법; 암호**, 〖전산〗 **코드**, 부호
☜ 고대 프랑스어로 '법 체계, 법전'이란 뜻

□ de**code** [diːkóud] ⓢ **디코드**하다, (암호문을) 해독하다, 번역하다 ⓜ **디코드**
☜ 암호(code)에서 벗어나다(de=off)
♠ **decode** 〔decipher〕 an ancient script 고대 문자를 **판독하다**

✚ en**code** 암호화〔기호화〕하다 **code**x (성서・고전의) 사본; 약전(藥典); 《고어》 법전

포즈(pose.자세)를 취하다, 콤포넌트 component (고음재생 전용 스피커)

♣ 어원 : pos(e), pon, pound 놓다

■ **pose** [pouz] ⓜ **자세, 포즈**; 마음가짐(=mental attitude) ⓢ **자세[포즈]를 취하다**
☜ 고대 프랑스어로 '두다, 위치시키다, 제안하다'란 뜻

■ com**pon**ent [kəmpóunənt] ⓗ **구성하고 있는**, 성분을 이루는 ⓜ 성분, 구성
☜ 함께(com) 두(pos) 는(ent<형접>)

< Component >

□ decom**pose** [dìːkəmpóuz] ⓢ **분해[분석]하다**, 분해시키다; 썩다, 썩게 하다
☜ de(=against/반대, not/부정) + compose(구성하다)
♠ Dead leaves **decompose** into the ground.
낙엽은 흙으로 ***썩는다.*** ➔ 낙엽은 썩어서 흙이 된다.

■ ex**pon**ent [ikspóunənt] ⓜ (학설・의견 등의) 설명자, 해설자; (사상의) 옹호자; (전형적인) 대표자, 대표적 인물, 전형; 상징 ☜ 밖에(ex) (전형적으로) 내놓는(pon) 사람(ent)

데코레이션 decoration (장식)

♣ 어원 : dec, decor 보기 좋은; 예의 바른; 어울리는, 적당한

□ **decor**ation [dèkəréiʃən] ⓜ **장식(법), 데코레이션**; (보통 pl.) 장식물; 훈장
☜ 보기 좋은(decor) 것(ation<명접>)
♠ interior **decoration** 실내 **장식**

□ **decor**ative [dékərətiv, dékərèi-] ⓗ 장식적인 ☜ -tive<형접>

D

☐ **decor**ativeness [dékərətivnis, dékərèi-] ⓜ 장식적임 ☞ -ness<명접>
☐ **decor**ator [dékərèitər] ⓜ 장식가 ☞ -or(사람)
☐ **decor**ous [dékərəs] ⓗ 예의 바른; 점잖은, 단정한 ☞ -ous<형접>
☐ **decor**um [dikɔ́ːrəm] ⓜ 단정; 예의 바름; (종종 pl.) 예법 ☞ 라틴어로 '적절한(decor) 것(um)'
■ **dec**ent [díːsənt] ⓗ **품위 있는**, 보기 흉하지 않은, 예의 바른 ☞ 올바(dec) 른(ent<형접>)

디코이 decoy (❶ 모형새 등 사냥용 유인물) ❷ 유도탄 · 탐지장비 기만장치

☐ **decoy** [díːkɔi, dikɔ́i] ⓜ 유인하는 장치, 미끼 ⓢ 유혹(유인)하다
☞ 네델란드어로 de kooi(=the cage), 즉 '(유인하기 위한) 새장' 이란 뜻

레크레이션 recreation (삶의 재충전을 위한 여가활동)

♣ 어원 : cre(ate), crease 낳다, 자라다, 만들다
■ re**creat**ion [rèkriéiʃən/뤠크뤼**에**이션] ⓜ **휴양**, 기분전환, 오락, **레크리에이션** ☞ 다시(re) 창조한(creat) 것(ion)
☐ de**crease** [díːkriːs, dikríːs] ⓜ **감소**, 축소, 감퇴; 감소량(액)
[dikríːs] ⓢ **줄다**; 감소(저하)하다 ☞ 아래로(de=down) 자라다(crease)
♠ His influence slowly **decreased**. 그의 영향력은 서서히 **줄었다**.
☐ de**creas**ing [dikríːsiŋ] ⓗ 감소하는, 점점 줄어드는 ☞ decrease + ing<형접>
☐ de**creas**ingly [dikríːsiŋli] ⓟ 점점 감소하여 ☞ decrease + ing<형접> + ly<부접>

✚ **creat**e **창조하다** **creat**ion **창조**; (the C-) 천지 창조; 창작 in**crease** **늘리다; 증가**, 증대

☐ **decree**(법령, 포고) ➔ **declaration**(선언) **참조**

인디케이터 indicator (계기), 신디케이트 syndicate (기업연합)

♣ 어원 : dic 말하다
■ in**dic**ate [índikèit] ⓢ 가리키다, **지시하다**, 보이다 ☞ 내부상태를(in) 말하게(dic) 하다(ate)
■ in**dic**ator [índikèitər] ⓜ 지시자; **표시기**(器), 【기계】 **인디케이터** 《계기 · 문자판 · 바늘 따위》
☞ indicate + or(사람)
■ syn**dic**ate [síndikit] ⓜ 기업연합, **신디케이트** ☞ 함께(syn) 선언하기로(dic) 하다(ate)
☐ de**dic**ate [dédikèit] ⓢ **봉납하다, 바치다** 《시간 · 생애 등을》; 전념하다
☞ (일부를) 떼어(de=off) (바친다고) 말하(dic) 다(ate<동접>)
♠ She **dedicates** herself to her work. 그녀는 자기 일에 **전념하고 있다**.
☐ de**dic**ated [dédikèitid] ⓗ 일신을 바친, 헌신적인; 몰두하고 있는, 열심인; 전용의
☞ 바치(dedicate) 는(ed<형접>)
☐ de**dic**ation [dèdikéiʃən] ⓜ **봉납**, 봉헌; 헌신, 전념 ☞ -ation<명접>
☐ de**dic**ator [dédikèitər] ⓜ 헌납자 ☞ -or(사람)
☐ de**dic**atory, de**dic**ative [dédikətɔ̀ːri, -touri], [dédikèitiv, -kə-] ⓗ 봉납(헌납)의, 헌정의
☞ 바치(dedicate) 는(ory/ive<형접>)

프로듀서[피디] producer (영화감독, 연출가) ➔ 《미》 director

♣ 어원 : duce, duct 이끌다(=lead)
■ pro**duce**r [prədjúːsər] ⓜ **생산자**, 제작자; 【연극 · 영화】 《영》 감독, 연출가 (《미》 director); 《미》 **프로듀서** 《연출 · 제작의 책임자》
☞ 앞으로(pro) 이끄는(duce) 사람(er)
■ con**duce** [kəndjúːs] ⓢ 도움이 되다, 공헌하다, (어떤 결과로) 이끌다
☞ 함께(con<com) 이끌다(duce)
☐ de**duce** [didjúːs] ⓢ (결론 · 진리 등을) **연역**(演繹)**하다**, **추론하다**
☞ 아래로(de=down) 이끌어내다(duce)
♠ **deduce** from cause to effect 원인에서 결과를 **추단하다**
☐ de**duct** [didʌ́kt] ⓢ (세금 따위를) **공제하다, 빼다**
☞ 아래로(de=down) 이끌어내다(duct)
☐ de**duct**ion [didʌ́kʃən] ⓜ **뺌, 공제**; 차감액, 공제액; 추론; 연역(법) ☞ -ion<명접>
☐ de**duct**ive [didʌ́ktiv] ⓗ 추리의, 연역적인 ☞ -ive<형접>

저스트두잇 Just Do It (스포츠의류 · 용품 회사인 나이키의 슬로고(slogo). <일단 해봐, 한번 해보는 거야>란 뜻) * just 단지, 바로, 이제 막, 정확히 it 그것

■ **do** [duː/두- (약) du, də] ⓩⓢ **행하다** 《현재 do, 직설법 현재 3인칭 단수 does; 과거 did》;

〖부정 · 의문문〗 일반동사를 돕는 조동사(助動詞) 역할
☜ 고대영어로 '만들다, 행하다'란 뜻
♠ **do with + 사람 · 물건 ~을 처치하다**
♠ **do without + 물건 ~없이 지내다**
♠ **have to do with ~ ~와 관계가 있다**

☐ **deed** [diːd] 명 **행위**, 행동, 소행 ☜ 고대영어로 '행동'이란 뜻.
♠ a heroic **deed** 영웅적인 **행동**
♠ **in (very) deed 실로, 참으로**(=indeed)

둠스데이 Doomsday (영 · 미 합작 영화. <최후의 심판일>이란 뜻)

2008년 개봉된 영 · 미 · 남아공 합작의 SF/액션/스릴러 영화. 로나 미트라, 밥 호스킨스 주연. 인류의 생존을 위협하는 치명적인 바이러스가 발생하자 정부는 이 곳을 봉쇄한다. 그러나 이 격리지역에 생존자가 있음을 알게 된 정부는 치료제를 찾기 위해 최강의 멤버를 구성하여 이 지역으로 보낸다 <출처 : Naver 영화 / 일부인용>

© Universal Pictures

♣ **어원 : doom, deem 판단(하다), 판결(하다); 법, 운명; 심판**
■ **doom** [duːm] 명 **운명**, 숙명; 파멸; 최후의 심판
☜ 고대영어 '법, 심판'의 뜻
■ **doomsday** [dúːmzdèi] 명 최후의 심판일 ☜ 심판(doom) 의(s) 날(day)
☐ **deem** [diːm] 동 **~로 생각하다**(=consider), ~로 간주하다(=regard)
☜ 고대영어로 '판단하다, 생각하다'란 뜻
♠ I **deem** it impossible. 나는 그것이 불가능**하다고 생각한다**.

딥키스 deep kiss (혀로 하는 키스) = soul kiss, French kiss
딥퍼플 Deep Purple (영국 5인조의 록 밴드. <진한 보라빛>)
딥임팩트 Deep Impact (미국 SF 영화. 미국의 혜성탐사선. <깊은 충돌>)

1998년 개봉한 미국의 재난/스릴러/SF영화. 미미 레더 감독(여성), 로버트 듀발, 티아 레오니 주연. 지구와 혜성과의 충돌 위기에서 지구를 구하기 위한 인류의 사투를 그린 영화.

© Paramount Pictures

☐ **deep** [diːp/디잎] 형 **깊은**; 깊이가 ~인
☜ 고대영어로 '심오한, 신비한, 깊은'
♠ a pond ten feet **deep 깊이** 10 피트의 못
☐ **deepen** [díːpn] 동 **깊게 하다**, 깊어지다; 진하게 하다, 짙어지다
☜ 깊게(deep) 하다(en)
☐ **deeply** [díːpli] 부 **깊게**, 대단히 ☜ -ly<부접>
☐ **deepness** [díːpnis] 명 깊이 ☜ -ness<명접>
☐ **depth** [depθ] 명 (pl. **-s**) **깊이**, 깊음; 심도
☜ 깊은(dep<deep) 것(th<명접>)
※ **purple** [pəːrpəl] 형 **자줏빛의**, 진홍색의, 새빨간; 제왕의; 화려한
명 자줏빛, 진홍색 ☜ 고대영어로 '자주색 염료'란 뜻
※ **impact** [ímpækt] 명 **충돌**(=collision); 충격, 쇼크; 영향(력)
☜ 속을(im<in) 때리다(pact=strike)

디어헌터 Deer Hunter (미국 영화. <사슴 사냥꾼>)

1979년 개봉한 미국의 전쟁영화. 로버트 드 니로, 메릴 스트립 주연. 베트남 전쟁에 참가했다가 포로가 된 후 석방되어 전쟁의 후유증으로 고통받는 이들의 모습을 충격적으로 묘사한 명작. 아카데미상 5개 부문 수상.

☐ **deer** [diər] 명 (pl. **-, -s**) **사슴** ☜ 고대영어로 '동물, 짐승'이란 뜻
★ 수사슴 stag, hart, buck; 암사슴 hind, doe, roe; 새끼사슴 calf, fawn
비교 dear 친애하는, 사랑하는
♠ a herd of **deer 사슴** 한 무리
※ **hunter** [hʌ́ntər] 명 **사냥꾼**; 사냥개, 사냥말; 탐구자 ☜ 사냥하는(hunt) 사람(er)

포커페이스 poker face (무표정한 얼굴을 한 사람)

속마음을 나타내지 아니하고 무표정하게 있는 얼굴. 포커게임을 할 때 가진 패의 좋고 나쁨을 상대편이 눈치채지 못하도록 표정을 바꾸지 않는데서 유래한 용어. <출처 : 표준국어대사전>

♣ **어원 : face 표면**
※ **poker** [póukər] 명 **포커** 《카드놀이의 일종》 ☜ 주머니(poke<pocket) 속에 숨긴 것(er)

■ face [feis/풰이스] 명 **얼굴; 표면** 동 **~에[을] 면하다; 향하다**
☞ 라틴어로 '형태, 표면, 외양'이란 뜻
□ de**face** [diféis] 동 외관을 손상하다; 흉하게 하다; 지우다
☞ 얼굴(face)이 쇠락하다(de=down)
♠ **deface walls with graffiti** 낙서를 하여 벽을 **흉하게 만들다**.
□ de**face**ment [diféismənt] 명 파손(물), 마모, 상처 ☞ -ment<명접>

✚ ef**face** **지우다**, 삭제(말소)하다 pre**face** **서문, 서언**, 머리말 sur**face** **표면**, 겉, 외부, 외관

D

디폴트(default.채무불이행)를 선언하다

■ fault [fɔːlt/뽈-트] 명 **결점; 과실**, 실수; **책임** ☞ 실수한(faul) 것(t)
□ de**fault** [difɔ́ːlt] 명 (의무·약속 따위의) **불이행; 결핍**; 〖경기〗 경기불참, 기권; 〖법률〗 채무불이행 ☞ 완전한(de/강조) 잘못(fault)
♠ go into **default 채무 불이행**에 빠지다
□ de**fault**er [difɔ́ːltər] 명 태만자; 채무(계약, 의무, 약속) 불이행자; (재판의) 결석자
☞ default + er(사람)

픽션 fiction (픽션, 가공의 이야기, 소설), 퍼펙트 게임 perfect game ([야구] 선발투수가 타자를 한명도 출루시키지 않고 끝낸 경기. <완벽한 경기>란 뜻)

♣ **어원 : fic, fac, feat, fect, fy 만들다(=make), 하다(=do)**
■ **fic**tion [fíkʃən] 명 **소설**; 꾸민 이야기, 가공의 이야기 ☞ 만들어낸(fic) 것(tion)
■ per**fect** [pə́ːrfikt/**퍼**-퓍트] 형 **완전한**, 결점이 없는 ☞ 완전하게(per) 만들다(fect)
□ de**feat** [difíːt] 동 **쳐부수다**, 패배시키다 명 패배, 타파
☞ ~을 하지(feat=do) 못하게(de/부정) 하다 반 victory 승리
♠ **defeat** the enemy 적을 **쳐부수다**
□ de**fect** [difékt] 명 **결점, 결함; 단점** 동 **도망하다**, 피하다
☞ 밑으로(de=down) 처지게 만들다(fect) 반 merit 장점, perfection 완전
♠ **defect** in one's character 성격상의 **결함**
□ de**fect**ion [difékʃən] 명 이반(離反); 탈당, 탈회; 변절 ☞ defect + ion<명접>
□ de**fect**ive [diféktiv] 형 결함(결점)이 있는; 불완전한 명 장애자 ☞ -ive<형접/명접>
※ game [geim/게임] 명 놀이, 유희, 오락, 장난; **경기, 시합**, 승부
☞ 고대영어로 '경기, 재미'란 뜻

✚ af**fect** ~에게 영향을 주다; **~에게 악영향을 미치다** ef**fect** 결과; **효과**

펜스 fence (울타리), 펜싱 fencing ([스포츠] 펜싱)

♣ **어원 : fence, fense, fend 치다, 때리다, 찌르다**
■ **fence** [fens/펜스] 명 **울타리**, 담, 둘러막는 것; 검술
☞ de**fense**의 두음소실
동 **~에 울타리[담]을 치다**, 둘러막다; 검술을 하다
■ **fenc**ing [fénsiŋ] 명 **펜싱**, 검술; [집합적] 울타리 ☞ 때리(fence) 기(ing<명접>)
□ de**fend** [difénd/디**펜**드] 동 막다, **지키다, 방어[방위]하다**
☞ 때리는(fend) 것에 반대하다(de=against)
♠ **defend** one's country from (against) the enemy
적으로부터 나라를 **지키다**.
□ de**fend**ant [diféndənt] 명형 〖법률〗 **피고(의)** ☞ (자신을) 지키는(defend) 사람(ant)
□ de**fend**er [diféndər] 명 방어자 ☞ 지키는(defend) 사람(er)
□ de**fense**, 《영》 de**fence** [diféns/디**펜**스], [díːfens/**디**펜스] 명 **방위**, 방어; 피고측; 변호
☞ defend의 명사형
□ de**fense**less, -fence- [difénslis] 형 무방비의 ☞ defense + less(~이 없는)
□ de**fens**ible [difénsəbl] 형 방어[변호, 옹호]할 수 있는 ☞ -ible(~할 수 있는)
□ de**fens**ive [difénsiv] 형 **방어의, 수세의** ☞ 때리는(fense) 것에 반대하(de) 는(ive<형접>)

✚ of**fend** **성나게 하다, 죄[과오]를 범하다** of**fense**, 《영》 -**fence** **위반**, 반칙; **화냄; 공격**

카페리 car ferry (여객과 자동차를 싣고 운항하는 배)

♣ **어원 : fer 나르다, 가져가다, 낳다**
※ car [kaːr/카-] 명 **자동차** ☞ 라틴어로 '2개의 바퀴가 달린 켈트족의 전차'란 뜻
■ **fer**ry [féri] 명 **나루터**, 도선장 ☞ 나르는(fer) 곳(ry)
□ de**fer** [difə́ːr] 동 **늦추다**, 물리다, 연기하다 ☞ 아래로(de=down) 가져가다(fer)

♠ You should **defer to** his judgment.
너는 그의 의견**을 따르는** 것이 좋을 것 같다.

☐ deference [défərəns] (명) 복종; 존경, 경의 ☜ defer + ence<명접>
☐ deferential [dèfərénʃəl] (형) 경의를 표하는, 공경하는 ☜ 공경하(deferent) 는(ial<형접>)
☐ deferment [difə́ːrmənt] (명) 연기 ☜ defer + ment<명접>
☐ deferred [difə́ːrd] (형) 연기된, (지불이) 거치된; 징병 유예 중인 ☜ defer + r + ed<형접>
■ transfer [trænsfə́ːr] (동) **옮기다, 이동[운반]하다**; 전임(전속·전학)시키다
☜ 가로질러(trans) 나르다(fer)

피앙세 fiance (약혼자)

♣ 어원 : fi, fy 믿음

■ fiance [fìːɑːnséi, fiɑ́ːnsei] (명) 《F.》 약혼자 ※ fiancee 《F.》 약혼녀
☜ 프랑스어로 '믿음(fi)이 있는 사람(ance<명접>)'이란 뜻
☐ defiance [difáiəns] (명) **도전**; 저항; 반항; 무시 ☜ -ance<명접>
♠ **bid defiance to ~ ~을 무시하다, ~에 반항하다**
♠ **in defiance of ~ ~을 무시하고, ~에 반항하여**
☐ defiant [difáiənt] (형) 도전적인, 반항적인 ☜ -ant<형접>
☐ defy [difái] (동) **도전하다**, 반항하다 ☜ 믿음(fy)에 반하다(de=against)
♠ a gesture of **defiance 반항하는** 몸짓

픽션 fiction (픽션, 가공의 이야기, 소설)

♣ 어원 : fic, fac, fect 만들다(=make), 하다(=do)

■ fiction [fíkʃən] (명) **소설**; 꾸민 이야기, 가공의 이야기 ☜ 만들어낸(fic) 것(tion)
☐ deficiency [difíʃənsi] (명) **결함**, 결핍, 부족, 결여
☜ 아래로<부족하게(de=down) 만드는(fic) + i + 것(ency<명접>)
☐ deficient [difíʃənt] (형) **결함이 있는**, 불충분한 ☜ -ent<형접>
♠ He's **deficient** in common sense. 그는 상식이 **부족하다**.
☐ deficiently [difíʃəntli] (부) 불충분하게 ☜ -ly<부접>
☐ deficit [défəsit] (명) 부족(액); 결손, 적자 ☜ -it<명접>

✚ affect **~에게 영향을 주다**; ~에게 악영향을 미치다 defect **결점, 결함; 단점; 도망하다**, 피하다
effect 결과; **효과** infect **~에 감염시키다**; 전염시키다 perfect **완전한**, 결점이 없는

인피니트 infinite (한국의 7 ➔ 6 인조 댄스팝 보이 그룹. <무한한>이란 뜻)
파이널 디시전 Final Decision (미국 액션 영화. <최종 결정>이란 뜻)

1996년 개봉한 미국의 스릴러/액션영화. 커트러셀, 스티븐 시걸, 할리베리 주연. 아랍 테러범들에게 납치된 민항기를 정보분석가이자 국제테러리즘 연구전문가와 미국특수부대가 공중도킹술로 비행기에 잠입하여 테러범들을 제거하고 구출한다는 내용. 원제는 Executive Decision(실행결심). <출처 : Naver 영화 / 일부인용>

♣ 어원 : fin(e), fini 끝, 한계; 끝내다, 한계를 정하다, 제한하다

© Warner Bros.

■ final [fáinəl/**파**이널] (형) 마지막의, 최종의, **최후의**; 종국의 (명) 『경기』 결승전; 기말시험; 종국 ☜ 고대프랑스어로 '끝(fin) 의(al)'란 뜻
■ infinite [ínfənit] (형) **무한한**, 한량없는
☜ in(=not/부정) + 한계(fini)가 있는(te)
☐ define [difáin] (동) **한계를 정하다**, 정의하다
☜ 아래로(de=down) 제한하다(fine)
♠ **define** property with stakes 말뚝으로 땅**의 경계를 정하다**.
☐ definite [défənit] (형) 뚜렷한, 확실한, **명확한**; 한정된 ☜ -te<형접>
☐ definitely [défənitli] (부) **명확히**; 《구어》 확실히, 틀림없이 ☜ -ly<부접>
☐ definition [dèfəníʃən] (명) **한정**; 명확 ☜ 제한한(defini) 것(tion<명접>)
☐ definitive [difínətiv] (형) 한정하는, 명확한 ☜ 제한하(defini) 는(ive<형접>)
※ decision [disíʒən/디**씨**전] (명) **결심, 결의** ☜ ~로부터(de=from) 자르는(cis) 것(ion)

인플레이션 inflation (통화팽창), 디플레이션 deflation (통화수축)

인플레이션이란 통화량의 증가로 화폐가치가 하락하고, 모든 상품의 물가가 전반적으로 꾸준히 오르는 경제 현상을 말하며, 디플레이션이란 그 반대현상을 말한다.

♣ 어원 : flat(e) 공기를 넣다

■ inflate [infléit] (동) 부풀리다 ☜ 안으로(in) 공기를 넣다(flate)
■ inflation [infléiʃən] (명) **부풀림**; 부풂, 팽창; 『경제』 **통화팽창, 인플레**

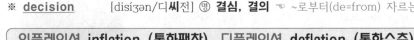

(이션) ☜ inflate + ion<명접>

□ de**flate** [difléit] 동 ~의 공기〔가스〕를 빼다; 〖경제〗 통화를 수축시키다
☜ 반대로(de=against, not) 공기를 넣다(flate)
♠ **deflate** a tire 타이어에서 **공기를 빼다**

□ de**flat**ion [difléiʃən] 명 공기〔가스〕빼기, 〖경제〗 통화수축, **디플레이션** ☜ -ion<명접>

■ re**flate** [rifléit] 동 (수축된 통화를) 다시 팽창시키다 ☜ 다시(re) 공기를 넣다(flate)

■ re**flat**ion [rifléiʃən] 명 〖경제〗 통화 재팽창, **리플레이션** ☜ reflate + ion<명접>

리플렉터 reflector ([촬영] 조명용 반사판; [자동차] 후부반사경, 야광 소재) 플렉시블 조인트 flexible joint (탄력성이 있는 이음매)

♣ 어원 : flect, flex 굽히다, 구부리다

■ re**flect** [riflékt] 동 **반사[반영]하다**; 반성하다
☜ 다시<반대로(re=back)) 구부리다(flect)

■ re**flect**or [rifléktər] 명 **반사경**, 반사판 ☜ -or(물건<명접>)

■ **flex**ible [fléksəbəl] 형 **구부리기[휘기] 쉬운, 유연한; 유순한; 융통성 있는** ☜ 구부리기(flex) 쉬운(ible)

< reflector >

□ de**flect** [diflékt] 동 빗나가다, 빗나가게 하다; (생각 등이) 편향되다
☜ 멀리(de=away) 구부리다(flect)
♠ The ball **deflected** to the left. 공이 왼쪽으로 **방향을 바꾸었다**.

□ de**flect**ion, 《영》 -flexion 명 빗나감, 치우침; 〖물리〗 (계기 바늘의) 편향; 편향도(度); 편류, 편차; 빛의 굴절 ☜ 멀리(de=away) 구부러지는(flect/flex) 것(ion)

□ de**flect**ive [difléktiv] 형 deflection을 일으키는 ☜ -ive<형접>

■ in**flect**ion [inflékʃən] 명 **굴곡, 굴절** ☜ 안으로(in) 구부린(flect) 것(ion)

※ joint [dʒɔint] 명 **이음매; 관절**; 〖기계〗 **조인트** 동 **잇대다** ☜ 붙인(join) 것(t)

디포 Defoe (영국의 소설가. <로빈슨 크루소>의 저자)

《로빈슨크루소》를 저술한 영국의 저널리스트 겸 소설가. 저널리스트와 정치가로서 활동하면서 60이 넘어서 발표한《로빈슨크루소》로 영문학상에 영원히 이름을 남겼다. 《해적 싱글턴》, 《몰 플랜더스》 등 많은 작품을 남겼다.
<출처 : 두산백과 / 일부인용>

□ **Defoe** [difóu] 명 **디포** 《Daniel ~, 영국 소설가; Robinson Crusoe의 저자; 1660?-1731》

포레스트 검프 Forest Gump (장애인의 도전정신을 그린 휴먼 영화)

1994년 개봉한 미국의 휴먼/코미디 영화. 톰 행크스, 로빈 라이트 주연. 불편한 다리, 지능이 낮은 외톨이 소년이 누구보다 빨리 달릴 수 있는 자신의 재능을 깨닫고 그 재능을 살려 성공하지만 어머니의 죽음과 첫사랑이 떠나가며 인생의 전환점을 맞게 된다. Forrest란 그의 이름은 숲(forest)이란 의미가 있다.

Tom Hanks is Forrest Gump
© Paramount Pictures

♣ 어원 : forest 숲, 나무

■ **forest** [fɔ́(:)rist/**포**리스트, fɑ́r-] 명 **숲, 산림**, 삼림; 임야
☜ 고대 프랑스어로 '숲, 나무'란 뜻

□ de**forest** [di:fɔ́:rist, -fɑ́r-/-fɔ́r-] 동 산림을 벌채하다, 수목을 베어내다
☜ 나무(forest)를 제거하다(de=off, away)
♠ **deforest** 〔afforest〕 **a mountain 벌채하다**〔산림을 가꾸다〕

■ af**forest** [əfɔ́(:)rist, əfɑ́r-] 동 조림〔식수〕하다
☜ 라틴어로 '숲(forest) 으로(af<ad=to) 전환하다'란 뜻

유니폼 uniform (제복)

♣ 어원 : form 꼴, 모양, 형태; 만들다, 형성하다

■ **form** [fɔ:rm/포옴] 명 **모양**, 형상, 윤곽; (사람의) 모습, 모양
☜ 고대 프랑스어로 '모양, 생김새'란 뜻

■ uni**form** [jú:nəfɔ̀:rm/**유**너포옴] 형 동일한, 동형의 명 **제복**, **유니폼**
☜ 한 가지의(uni) 형태(form)

□ de**form** [difɔ́:rm] 동 **추하게 만들다**, 추해지다, 볼품없게 만들다
☜ 동떨어진(de) 모양을 만들다(form)
♠ The disease **had deformed** his spine.
그 병으로 그는 척추가 **기형이 되었다**.

□ de**form**ation [dì:fɔ:rméiʃən, dèf-] 명 모양을 망침; 개악; 기형, 불구; 변형 ☜ -ation<명접>

□ de**form**ed [difɔ́:rmd] 형 볼품없는; 불구의, 기형의 ☜ -ed<형접>
♠ **a deformed baby 기형아**

☐ deformity [difɔ́ːrməti] ⓜ **기형**; 추악함; 결함 ☜ -ity<명접>

✚ reform **개혁[개정 · 개량]하다;** 개혁, 개정, 개량 inform **~에게 알리다**, 고(告)하다, 보고(통지)하다

프로드 fraud ([법률] 사기행위)

타인을 고의로 속여 착오에 빠지게 하는 위법행위. 이는 사실의 은폐도 포함하지만 그 위법여부는 경우에 따라 사회관념에 비추어 판단한다. 과대선전이나 과대광고는 모두 사실을 속이는 것이나 과장되어 있다는 것을 예측할 수 있는 경우에는 사기에 해당되지 않는 것이 보통이다. <출처 : 법률용어사전 / 일부인용>

■ **fraud** [frɔːd] ⓜ **사기(행위)**, 협잡; 부정 수단 ☜ 고대 프랑스어로 '사기'란 뜻
☐ defraud [difrɔ́ːd] ⓢ 편취하다, **사취하다**; 속이다 ☜ de(강조) + fraud(사기)
♠ **defraud** the revenue *세입을* ***사취하다*** ➔ 탈세(脫稅)하다.
☐ defraudation [dìːfrɔːdéiʃən] ⓜ 속임, 사취(=swindle) ☜ -ation<명접>
☐ defrauder [difrɔ́ːdər] ⓜ 사기꾼 ☜ -er(사람)

아답터 < 어댑터 adapter (전기 가감장치)

♣ 어원 : apt, ept 알맞은, 적절한, 적합한; 부드러운
■ **adapter, -or** [ədǽptər] ⓜ (전기) 가감장치, **어댑터**; 개작자, 번안자
☜ ~에(ad=to) 적합한(apt) 기계/사람(er)
■ **apt** [æpt] ⓗ **~하기 쉬운**(=liable), **~하는 경향이 있는**; 적절한
☜ 고대 프랑스어로 '적당한, 어울리는, 알맞은'이란 뜻
☐ **deft** [deft] ⓗ (일의) 솜씨가 좋은, 능란한, 능숙한(=skillful)
☜ 고대영어로 '부드러운, 점잖은'이란 뜻
♠ a **deft** performance **능숙한** 연기(연주)
♠ a **deft** blow **멋진** 일격
☐ deftly [déftli] ⓑ **능숙하게** ☜ deft + ly<부접>
☐ deftness [déftnis] ⓜ 솜씨가 좋음, 능숙 ☜ deft + ness<명접>

✚ aptitude 경향, 소질, 적성 adept 숙련된, 정통한; 숙련자 inapt 부적합한

☐ **defunct**(폐지된; 죽은), **defunctive**(고인의, 장례식의) ➔ **function**(기능) **참조**

☐ **defuse**(신관을 제거하다, 긴장을 완화하다) ➔ **confound**(혼동하다) **참조**

피앙세 fiance ([F.] 약혼자)

♣ 어원 : fi, fy 믿음
■ **fiance** [fìːɑːnséi, fiɑ́ːnsei] ⓜ 《F.》 약혼자 ※ fiancee 《F.》 약혼녀
☜ 프랑스어로 '믿음(fi)이 있는 사람(ance<명접>)'이란 뜻
☐ defiance [difáiəns] ⓜ **도전**; 저항; 반항; 무시 ☜ defy + ance<명접>
♠ a gesture of **defiance 반항하는** 몸짓
♠ **in defiance of ~ ~에 반항하여, ~를 무시하여**
☐ defiant [difáiənt] ⓗ 도전적인, 반항적인 ☜ defy + ant<형접>
☐ defy [difái] ⓢ **도전하다**, 반항하다 ☜ 믿음(fy)이 없는(de=not)
♠ Are you trying to **defy** me now? 지금 나한테 **반항하는** 거야?

드골 de Gaulle (프랑스의 장군 · 대통령)

프랑스의 군인·정치가. 프랑스 대통령으로서 알제리 민족자결정책, 알제리 독립 가결로 알제리전쟁을 평화적으로 해결하여 프랑스 경제의 가장 큰 장애를 제거했다. 드골 체제를 일단 완성시킨 후 '위대한 프랑스'를 중심으로 유럽 민족주의를 부흥하기 위하여 주체적인 활동을 전개했다. <출처 : 두산백과 / 요약인용>

☐ **de Gaulle** [dəgóul] ⓜ **샤를 드골** 《Charles ~, 프랑스의 장군·정치가·대통령; 1890-1970》

제네레이터 generator (발전기)

♣ 어원 : gen(er) 출생하다, 생기게 하다, 발생하다
■ **generate** [dʒénərèit] ⓢ **낳다**, 산출(생기게)하다, (전기 · 열 등을) **발생시키다**
☜ 만들(gener) 다(ate)
■ **generator** [dʒénərèitər] ⓜ **발전기**(=dynamo); (가스 따위의) 발생기
☜ (전기를) 생산하는(generate) 기계(or)
☐ degenerate [didʒénərèit] ⓢ **나빠지다**, 퇴보하다; 타락하다 ⓗ 퇴화한, 타락한
☜ 아래로<저급하게(de=down) 만들(gener) 다(ate) 반 evolve 진화하다

♠ a **degenerate** popular culture **퇴폐적인** 대중문화

☐ de**gener**ation [didʒènəréiʃən] 명 퇴화, 퇴보, 타락, 악화 ☜ -ation<명접>

☐ de**gener**ative [didʒénərèitiv, -rət-] 형 퇴화적인; 타락적인; 변질성의 ☜ -ative<형접>

업그레이드 upgrade (품질 · 성능의 개선)

♣ **어원 : grad(e), gree 단계; (나아)가다, 등급을 매기다**

■ **grade** [greid/그뤠이드] 명 **등급, 계급; 학년** ☜ 라틴어로 '걸음, 계단'이란 뜻

■ up**grade** [əpgréid] 명 《미》 오르막; 증가, 향상; 『컴퓨터』 **업그레이드** 《제품의 품질 · 성능의 개선》 ☜ 위로(up) 나아가다(grade)

☐ de**grad**ation [dègrədéiʃən] 명 **격하**, 좌천, 강등; 하강, 하락; 타락; 퇴화 ☜ 아래로(de) 나아가(grad) 기(ation<명접>)

☐ de**grade** [digréid] 동 **격하[강등]하다**, 좌천(강등)시키다 ☜ 아래로(de=down) 나아가다(grade)
♠ **degrade** the dignity of man 인간의 품위를 **떨어뜨리다.**

☐ de**grade**d [digréidid] 형 타락한 ☜ degrade + ed<형접>

☐ de**gree** [digríː/디그**뤼**-] 명 **정도; 등급, 단계** ☜ 완전한(de/강조) 등급을 매기다(gree)
♠ **to some degree 다소**
♠ **to a certain degree 어느 정도까지는**
♠ **by degree 점차, 차차로**(=gradually)
♠ **to a degree 《미》 어느 정도는; 《영》 크게, 대단히, 몹시**

✚ **grad**uate 《미》 **졸업하다**; 《영》 (학사) 학위를 받다 retro**grade** 후퇴[퇴보]하는; 후퇴하다

디오스 Dios ([스페인어] 신(神)), 디바 diva (오페라의 여주인공. <여신>이란 뜻)

♣ **어원 : [Sp.] dios, [Gk.] theo-, [L] dei, div 신(神)**

■ **Dios** [dióus] 명 《Sp.》 (기독교 등 일신교의) 신(神), 하느님, 하나님; 『종교』 창조주(創造主) ☜ 스페인어로 '신(神)'이란 뜻
★ LG전자의 디오스(DIOS)는 주방 관련 사업 부분을 일컫는 브랜드로 양문형 냉장고, 오븐, 김치 냉장고, 식기 세척기 등을 판매하고 있다. Deluxe, Intelligent, Optimum, Silent의 첫 글자만 따서 만든 이름이라고 한다.

신개념 5도어 7룸
LG DIOS
김치톡톡

☐ **dei**fy [díːəfài] 동 신으로 삼다(모시다); 신처럼 공경하다, 신성시(신격화)하다 ☜ 신(dei)을 만들다(fy)

☐ **dei**ty [díːəti] 명 신(=god); 신위, **신성**, 신격; (the D-) (일신교의) 신 ☜ 신(dei) 성(ty)
♠ **Greek deities 그리스의 신들**

■ **div**a [díːvə] 명 (pl. **-s, dive**) 《It.》 프리마돈나(prima donna); 탁월한 여가수 ☜ 이탈리아어로 '여신'이란 뜻

✚ **div**ine **신의**; 신성(神性)의, 신성한 **div**inity **신성**(神性); (the D-) 신 **theo**logy (기독교) **신학**

☐ deign(황송하게도 ~해 주시다) ➔ disdain(경멸, 모멸; 경멸하다) 참조

프로젝트 project (사업계획)

♣ **어원 : ject 던지다**

■ pro**ject** [prədʒékt] 동 **발사하다, 계획하다, 투영하다** 명 **계획, 기획** ☜ 앞으로(pro) 던지다(ject)

☐ de**ject** [didʒékt] 동 기를 죽이다, 낙담시키다 ☜ 아래로(de=down) 던지다(ject)

☐ de**ject**ed [didʒéktid] 형 기운 없는, **낙담[낙심]한**(=depressed), 풀없는 ☜ 아래로(de) 던져(ject) 진(ed)
♠ She looked so **dejected**. 그녀는 몹시 **낙담한** 모습이었다.

☐ de**ject**ion [didʒékʃən] 명 낙담, 실의(=depression); 우울; 『의학』 배설(물), 대소변 ☜ -ion<명접>

✚ con**ject**ure **어림짐작**; 추측 e**ject** 몰아내다, 쫓아내다; 긴급 탈출하다 in**ject** **주사[주입]하다** ob**ject** **물건; 목적; 대상; 반대하다** re**ject** **거절[사절, 각하]하다** sub**ject** **지배를 받는**, 복종하는; **백성**; **과목**, **주제; 주어;** 지배하다, **복종시키다**

델라웨어 Delaware (미국 동부의 주(州))

☐ **Delaware** [déləwὲər] 명 **델라웨어** 《미국 동부의 주; 생략: Del.; 주도는 도버(Dover)》 ☜ 고대 프랑스어 de la werre로 '전쟁의'란 뜻

♠ the **Delaware** Water Gap **델라웨어** 협곡

레이어 layer (그래픽 편집 프로그램에서 여러개의 그림을 겹쳐놓은 층)
딜레이 delay (뒤로 미루다, 연기하다)

♣ **어원 : lay 눕히다, 놓다, 설비하다, 새기다**

■ **lay** [lei/레이] ⓢ (-/**laid**/**laid**) **놓다, 눕히다**; (알을) 낳다; **쌓다**; 넘어뜨리다, 때려눕히다; 제시[제출]하다 ☜ 고대영어로 '두다, 내려놓다'란 뜻

■ **lay**er [léiər] ⓜ **놓는[쌓는, 까는] 사람; 층** ☜ 놓는(lay) 사람〔것〕(er)

□ de**lay** [diléi] ⓢ **미루다, 연기하다** ☜ (뒤쪽으로) 멀리(de=away) 두다(lay)
♠ You'd better **delay** your departure. 출발을 **연기하는** 쪽이 좋겠다

✚ in**lay** (장식을) 박아 넣다, 아로새기다; 상감하다; 상감; 상감세공; 박아 넣기 out**lay** 비용, 경비; 지출; 소비하다, 지출하다 **lay**out (지면 · 공장 따위의) 구획, 배치, **설계**(법), **레이아웃**

레전드 legend (전설)

© Universal Pictures

♣ **어원 : leg 보내다; 말하다; 선택하다, 모으다**

■ **leg**end [lédʒənd] ⓜ **전설**, 설화 ☜ 보내서(leg) 전한 것(end<ent>)

□ de**leg**ate [déligit, -gèit] ⓜ **대표자**, 대리(인) ⓢ 대표로 파견하다 ☜ 멀리(de=away) 보내(leg) 다(ate)
♠ the Korean **delegation** to the United Nations 유엔 한국 **대표단**

□ de**leg**ation [dèligéiʃən] ⓜ [집합적] 대표단; **대리인 파견[임명]**; 위임 ☜ 멀리(de=away) 보내(leg) 기(ation)

✚ re**leg**ate 퇴거를 명하다, 추방하다; 좌천시키다 re**leg**ation 퇴거, 추방, 좌천

딜리트 키 Del. = delete key ([컴퓨터] 키보드 자판의 삭제키)

♣ **어원 : let, lete, leter 삭제; 지우다, 파괴하다, 상처를 입히다**

□ de**lete** [dilíːt] ⓢ **삭제하다**, 지우다 《교정 용어; 생략: del》 ☜ 멀리(de=away) 지우다(lete)
♠ **delete** spam 〔a folder〕 스팸메일〔폴더〕을 **삭제하다**

□ de**leter**ious [dèlətíəriəs] ⓗ 심신에 해로운, 유독한 ☜ 완전히(de/강조) 파괴하여 상처를 입히(leter) 는(ious<형접>)

□ de**let**ion [dilíːʃən] ⓜ 삭제(부분) ☜ 멀리(de=away) 지우(let) 기(ion<명접>)

※ **key** [kiː/키-] ⓜ (pl. **-s**) **열쇠**; 해결의 실마리 ☜ 중세영어로 '자물쇠를 여는 도구'란 뜻

✚ in**del**ible 지울 수 없는; 씻을〔잊을〕 수 없는《치욕 등》 ob**liter**ate **지우다**, 말살하다; 흔적을 없애다

딜리버레이트 deliberate ([체육] 조심스런 플레이)

♣ **어원 : liber, libra, libri 저울, 무게**

□ de**liber**ate [dilíbərit] ⓗ **신중한** [dilíbərèit] ⓢ **숙고하다**; 심의〔토의〕하다 ☜ de(강조) + 무게가(liber) 있다(ate)
♠ take **deliberate** action **신중하게** 행동하다.

□ de**liber**ately [dilíbəritli] ⓑ 고의로(=on purpose) ☜ -ly<부접>

□ de**liber**ation [dilìbəréiʃən] ⓜ **숙고**; 협의, 심의, 토의 ☜ ation<명접>

□ de**liber**ative [dilíbərèitiv, -rit-] ⓗ 숙고한; 심의의 ☜ -ative<형접>

■ **libra** [láibrə] ⓜ (pl. **-brae**) (고대 로마의) 중량 단위 《5053 grains》; 파운드《생략: lb., lb》 ☜ 라틴어로 '저울, 균형'이란 뜻

■ equi**libri**um [ìːkwəlíbriəm] ⓜ 평형상태, 균형; (마음의) 평정 ☜ 같은(equal) 무게(liber) + um<명접>

델리킷 delicate (우아한), 알콜릭 alcoholic (알콜중독의)

♣ **어원 : lic, light 오감에 좋은(것)**

□ de**lic**acy [délikəsi] ⓜ **우아(함)**; 섬세(함); (기계의) 정교함, 정밀함 ☜ 완전히(de/강조) 오감에 좋게(lic) + 함(acy<명접>)

□ de**lic**ate [délikət, -kit] ⓗ 섬세한, **우아한**, 고운(=fine); 미묘한 ☜ 완전히(de/강조) 오감에 좋게(lic) 만들다(ate)
♠ **delicate** manners **품위있는** 예의 범절
♠ a **delicate** situation **미묘한** 사태, **난처한** 입장

☐ de**lic**ately [délikətli] 부 우아하게, 정교하게, 가냘프게 ☜ -ly<부접>

☐ de**lic**ious [dilíʃəs] 형 **맛있는**, 맛좋은; 향기로운(=tasty, yummy, scrumptious) ☜ 완전히(de/강조) 오감에 좋게(lic) + i + 한(ous<형접>)

☐ de**lic**iously [dilíʃəsli] 부 맛있게; 즐겁게 ☜ -ly<부접>

☐ de**light** [diláit] 명 **기쁨**, 즐거움 ☜ 완전히(de/강조) 오감에 좋은 것(light)
♠ **be delighted with ~ ~이 마음에 들다**
♠ **take delight in ~ ~을 기뻐하다, ~을 즐기다**

☐ de**light**ed [diláitid] 형 기뻐하는 ☜ -ed<형접>

☐ de**light**edly [diláitidli] 부 기뻐하여 ☜ -ly<부접>

☐ de**light**ful [diláitfəl] 형 **매우 기쁜**, 즐거운 ☜ -ful(~로 가득한)

■ alcoho**lic** [ælkəhɔ́(:)lik, -hάl-] 형 **알코올**(성)의; **알코올** 중독의 ☜ 알콜(alcohol)로 인해 오감에 좋은(lic)

D

델릴라 Delilah ([성서] 삼손을 배신한 여자)

구약성서에 나오는 불레셋 여인. 이스라엘의 초인 삼손을 유혹하여 삼손의 머리카락이 잘리면 초인적 힘이 없어진다는 사실을 알아내 블레셋 병사들에게 알려줌으로써 결국 삼손은 불레셋 병사들에게 잡혀 머리카락이 잘리고 두 눈이 칼로 도려내어져 비참한 신세로 전락하고 만다. 그러나 머리카락이 점차 자라 괴력을 다시 되찾고 적들에 대한 원한을 갚고 함께 죽는다. <출처 : 두산백과 / 요약인용>

☐ **Delilah** [diláilə] 명 【성서】 **델릴라** 《Samson을 배신한 여자》; **딜라일라** 《여자이름》

SAMSON AND DELILAH
DIANA RIGG · MICHAEL GAMBON

© Wikipedia

☐ **delineate**(윤곽을 그리다, 묘사하다) ➔ **lane**(좁은 길, 차선) **참조**

더 딜링퀀트 시즌 The Delinquent Season (아일랜드의 멜로 영화. 직역하면 <의무를 다하지 않은 시절>이란 뜻)

2017년 제작된 아일랜드의 드라마/멜로영화. 킬리언 머피, 캐더린 워커, 에바 버시스틀, 앤드류 스콧 주연. 결혼생활에 균열이 생긴 부부의 불륜을 통해 결혼생활에 대한 여러 질문을 던지는 영화.

DELINQUENT SEASON

© Front Row Filmed Entertainment

☐ de**linqu**ent [dilíŋkwənt] 형 의무를 다하지 않는, 직무 태만의, 과실이 있는; 비행(자)의; 체납되어 있는 명 직무 태만자; 비행자(非行者), 《특히》 비행 소년; 체납자 ☜ 라틴어로 '멀리(de=away) 떠나다(linqu=leave) + ent<형접/명접>'
♠ **a juvenile delinquent 비행[불량] 소년**

☐ de**linqu**ency [dilíŋkwənsi] 명 의무 불이행, 직무 태만; 과실, 범죄, (청소년의) 비행 ☜ -ency<명접>

※ **season** [síːzn/씨-즌] 명 **계절**; (보통 the ~) 시절, **철**, 때; (보통 the ~) **한창때**, 한물, 제철; (행사 따위가 행해지는) 활동기, 시즌, 시기 동 (음식에) **맛을 내다** ☜ 라틴어로 '씨를 뿌리다, 뿌리는 시기'란 뜻

라이베리아 Liberia (아프리카 서부 대서양 연안의 공화국)

미국에서 해방된 노예들이 1847년 건국한 아프리카 최초의 흑인공화국. 라이베리아란 '자유의 나라'라는 뜻이다. 수도 몬로비아는 당시 미국 대통령이었던 제임스 몬로의 이름을 따서 지었다.

♣ **어원 : liber, liver 자유; 해방시키다**

■ **Liber**ia [laibíəriə] 명 **라이베리아** 《아프리카 서부의 공화국; 수도 몬로비아(Monrovia)》 ☜ '자유의 나라'란 뜻

■ **liber**ty [líbərti] 명 **자유**(=freedom), 자립 ☜ 해방시킨(liber) 것(ty)
♠ **the Statue of Liberty 자유의 여신상** ☜ 뉴욕에 있는 거대한 여신상

☐ de**liver** [dilívər] 동 **배달하다**; 인도하다, 교부하다 ☜ 멀리(de=away) 보내다<해방시키다(liver)
♠ **deliver** a note 쪽지를 **전달하다**

☐ de**liver**ance [dilívərəns] 명 구조, 석방 ☜ -ance<명접>

☐ de**liver**er [dilívərər] 명 구조자, 배달인 ☜ -er(사람)

☐ de**liver**y [dilívəri] 명 **인도**, 교부; 출하, 납품; (재산 등의) 명도(明渡); **배달** ☜ -y<명접>

델타포스 Delta Force (미국 육군의 대테러 특수부대)

델타포스는 1977년 영국 특수부대 SAS를 본떠 창설되었으며, 주요 임무는 대테러, 특수수색 및 정찰, 인질구출작전 등이다. 그린베레에 알파(A)소대 브라보(B)중대, 찰리(C)중대가 있다면, 델타포스는 그보다 더 큰 팀이라는 뜻의 델타(D)부대로 명명되었다고 한다. 1980년 이후 실전에서 많은 전과를 거두었다.

© Cannon Film Distributors

□ **delta** [déltə] [명] **델타**, 그리스 알파벳의 넷째 글자 《Δ, δ; 로마자의 D, d에 해당함》; 삼각주 ☜ 그리스어 중 '삼각형' 모양의 문자
♠ **delta** wing (전투기 등의) **삼각**날개

※ **force** [fɔːrs/뽀-스] [명] **힘**, 세력; 폭력, 무력
☜ 고대 프랑스어로 '힘'이란 뜻

D

일루전 illusion (환각, 환상)

환각 또는 환상. 일종의 착각으로 본래는 실재하지 않은 형상을 마치 실재하는 것 같이 지각하는 작용 및 그 형상을 일컬음. <출처 : 미술대사전 / 요약인용>

♣ **어원 : lud(e), lus 연기하다, 행동하다, 희롱하다, 연주하다**

■ il**lus**ion [ilúːʒən] [명] **환영**(幻影), **환각**, 환상, 망상; 착각
☜ 머릿속에서(il<in) 희롱하는(lus) 것(ion)

□ de**lude** [dilúːd] [동] 미혹시키다; **속이다**; 속이어 ~시키다 ☜ 멀리 떨어져(de=away) 희롱하다(lude)
♠ You don't have to **delude** yourself. 네 자신을 **속일** 필요 없어.

□ de**lus**ion [dilúːʒən] [명] **미혹, 기만** ☜ -ion<명접>

□ de**lus**ive [dilúːsiv] [형] 미혹시키는; 기만의; 그릇된; 망상적인 ☜ -ive<형접>

✚ al**lude** **언급하다**; (넌지시) 비추다, 암시하다 col**lude** 은밀히 결탁하다, 공모하다 e**lude** 교묘히 피하다, 회피하다 inter**lude** 동안, 중간참; **간주곡** pre**lude** 『음악』 **전주곡**, 서곡; 서막, 서문, 서론

[연상] 루지(luge.경주용 썰매)를 타고 델류지(deluge.큰 홍수) 지역을 피했다.

※ **luge** [luːʒ] [명] 《F.》 **루지** 《스위스식의 1인용의 경주용 썰매; 1964년 동계 올림픽 종목으로 채택》 [동] 루지로 미끄러져 내리다 ☜ 라틴어로 '썰매'란 뜻

□ de**luge** [déljuːdʒ] [명] 대홍수, 큰물; 호우; 범람; (the D-) 『성서』 Noah의 홍수
☜ 라틴어로 '홍수'란 뜻. 멀리(de=away) 씻어(luge=wash) 내려가다.
♠ The rain turned to **a deluge**. 비는 **호우**로 변하였다.
[비교] delude 속이다, 현혹시키다

디럭스 deluxe (호화로운), 럭셔리 luxury (사치, 호사)

♣ **어원 : lux(e) 풍부, 초과, 호화**

□ de**lux**e [dəlúks, -lʌ́ks] [형] 《F.》 **딜럭스**한, **호화로운** ☜ 풍부한(of luxury)의 뜻
♠ a **deluxe** edition (of a book) (책의) **호화**판

■ **lux**ury [lʌ́kʃəri] [명] **사치, 호사** ☜ 풍부(lux) 함(ury)

■ **lux**urious [lʌgʒúəriəs, lʌkʃúər-] [형] **사치스러운, 호사스러운** ☜ -ous<형접>

문서 정리 프로그램 : 마이크로소프트(MS)의 델브(delve.뒤지다)

□ **delve** [delv] [동] **탐구[탐색]하다**; 찾다, 뒤지다
☜ 고대영어로 '(땅을) 파다'란 뜻
♠ **delve** deeply into things Korean
한국에 관한 것을 깊이 **연구하다**.

□ **delver** [délvər] [명] 탐구자; 파는 사람 ☜ -er(사람)
[비교] deliver 인도하다, 배달하다

Delve

데모크러시 democracy (민주주의), 데마고그 demagog(ue) (민중 선동가)

♣ **어원 : dem, demo 국민, 민중, 사람들**

■ **demo**cracy [dimɑ́krəsi/-mɔ́k-] [명] **민주주의**; 민주정치〔정체〕 ☜ 국민(demo)에 의한 정치(cracy)

□ **dem**agog(ue) [déməgɔ̀ːg, -gɑ̀g/-gɔ̀g] [명] (민중) 선동자; 선동 정치가; (옛날의) 민중의 지도자 [동] ~로서 행동하다; (말·연설 등을) 과장해서 말하다 ☜ 민중(dem)의 지도자(agog(ue))
♠ **a seditious demagogue 반정부적 민중 선동가**

□ **dem**agogy [déməgòudʒi, -gɔ̀ːgi, -gɑ̀gi/-gɔ̀gi, -gɔ̀dʒi] [명] 민중 선동(책), 민중 선동자(의 무리)
☜ 민중(dem)을 이끄는(agog) 것(y)

□ **dem**agoguery, demagogism [déməgɔ̀ːgəri], [déməgɔ̀ːgizm] [명] (민중) 선동; 선동 행위
☜ 민중(dem)을 이끄는(agog) 것(ery/ism)

☐ **dem**agogic(al) [dèməgάdʒik, -gάgik/-gɔ́gik, -gɔ́dʒik], [-əl] ⓗ 민중 선동가의(같은); 선동적인
☞ 민중(dem)의 지도자(agog) 의(ic(al)<형접>)

✚ pan**dem**ic 전국적(세계적)으로 유행하는 (병); 일반적인, 보편적인 epi**dem**ic 유행병, **전염병; 유행**병(전염병)의 en**dem**ic 풍토병의, 풍토성의, 유행병의; 특산의

코만도 Commando (특수부대의 원조격인 영국의 특공대)

D

특수부대의 원조격인 영국 육군의 특수부대 코만도는 2차대전 때 수세에 몰린 영국군이 독일군에 맞서기 위해 창설된 소규모 게릴라부대이다. 명칭은 남아프리카 보어전쟁에서 탁월한 능력을 보였던 보어군의 소규모 게릴라부대 Commando를 따서 지었다. 영어 command와 철자가 비슷하지만 사실 전혀 별개의 단어이다.

♣ **어원 : mand, mend 명령하다, (권한을) 위임하다**

■ com**mand**o [kəmǽndou, -mάːn-] ⓜ (pl. **-(e)s**) 게릴라 부대(원); (특히 남아프리카 보어인(Boers)의) 의용군; (영국의) 특공대(원)
☞ 남아프리카 네델란드어로 '사령관 직속의 부대'란 뜻.

■ com**mand** [kəmǽnd/커**맨**드/kəmάːnd/커**만**-드] ⓢ **명(령)하다, 지배[지휘]하다, ~의 값어치가 있다** ⓜ **명령, 지배력**
☞ 완전히(com) 권한을 위임하다(mand). 즉 명령하다

☐ de**mand** [dimǽnd, -mάːnd] ⓢ **요구하다, 청구하다** ⓜ **요구, 청구**
☞ 강력히(de/강조) 명령하다(mand)
♠ He **demanded** that I (should) help him.
그는 나에게 도와달라고 **요구했다**.
♠ **be in demand 수요가 있다**

☐ de**mand**ing [dimǽndiŋ/-mάːnd-] ⓜ 요구, 주장, 촉구; 부담 ⓗ 지나친 요구를 하는, 큰 노력을 요구하는, 벅찬
☞ 강력히(de/강조) 명령하(mand) 는(것)(ing)

© 20th Century Fox

✚ counter**mand** (명령·주문을) 취소(철회)하다 re**mand** 돌려보내다, 돌아가게 하다, 귀환을 명하다

마크 mark (표시)

♣ **어원 : mark, marc 표시(하다)**

■ **mark** [maːrk/마-크] ⓜ **표(시)**, 기호, 부호(sign), **마크** ⓢ 표시를 하다, 부호(기호)를 붙이다 ☞ 고대영어로 '경계표지, 기호, 부호'란 뜻

☐ de**marc**ation [dìːmaːrkéiʃən] ⓜ 경계 설정; **경계(선)** ☞ 아래에(de=down) 표시한(marc) 것(ation)
♠ **Military Demarcation Line** 군사분계선(**MDL**)

매너 manner (예절)

■ **manner** [mǽnər] ⓜ 방법, **방식**; (pl.) **예절**, 예의 ☞ 라틴어로 '손(행동)의 방식'이란 뜻

☐ de**mean** [dimíːn] ⓢ 행동하다, 처신하다; ☞ 완전한(de/강조) 방식(mean)을 취하다
품위를 떨어뜨리다, 천하게 하다 ☞ 밑으로(de=down) 방식(mean)을 취하다

☐ de**meano(u)r** [dimíːnər] ⓜ **태도**, 처신; 품행, 행실 ☞ 완전한(de/강조) 방식(meanor=manner)
♠ **assume a haughty demeano(u)r 거만한 태도**를 취하다

■ misde**mean**or [mìsdimíːnər] ⓜ 경범죄; 비행 ☞ 잘못(mis) 처신한(demean) 것(or)

※ **etiquette** [étikèt, -kit] ⓜ **에티켓, 예절**, 예법
☞ e + ticket(17세기 프랑스 베르사이유 궁전의 출입증. 가슴에 붙인 것)

노 코멘트 No comment (논평·대답을 일체 하지 않음)

♣ **어원 : ment 마음; 생각을 말하다**

※ **no** [nou/노우] ⓗⓑⓜ **아니오;** 《비교급 앞에서》 조금도 ~않다; 하나의 ~도 없는; 결코 ~아닌; ~이 있어서는 안되다 ☞ not + one에서 non(e)로 발전 후 다시 n이 탈락한 것

■ com**ment** [kάment/kɔ́m-] ⓜ **논평**, 비평; **주해**, 해설 ⓢ 비평(논평)하다
☞ 완전히(com/강조) 생각을 말하다(ment)

☐ de**menti**a [diménʃiə] ⓜ 『의학』 치매(癡呆) ☞ 정신(ment)이 멀리 있는(de=away) 증상(ia)
♠ **senile dementia 노인성 치매증**

☐ de**ment**ed [diméntid] ⓗ 치매증에 걸린; 발광한, 정신 착란 상태의 ☞ -ed<형접>

✚ a**ment**ia (선천성) 백치(白痴), 정신박약 **ment**al **마음의**, 정신의; **지적인; 정신병의**
mention **말하다, 언급하다**, 얘기로 꺼내다; **언급**

메리트 merit (장점)

■ **merit** [mérit] 명 우수함, **가치; 장점**; (보통 pl.) **공적** ☜ 라틴어로 '보수'란 뜻
□ de**merit** [diːmérit] 명 잘못, 결점, 결함, 단점; 벌점 ☜ de(=not/부정) + merit
♠ **the merits and demerits 장점과 단점; 상벌**

미사일 missile (유도탄), 미션 mission (임무)

♣ **어원 : miss, mise, mit 허락, 위임, 용서; 보내다, 허락하다**

■ **miss**ile [mísəl/-sail] 명 **미사일, 유도탄** ☜ 라틴어로 '던질(miss) 수 있는 것(ile)'이란 뜻

■ **miss**ion [míʃən] 명 (사절의) **임무**, 직무; **사절(단); 전도**, 포교 동 임무를 맡기다, 파견하다
☜ 라틴어로 '보내(miss) 기(ion<명접>)'란 뜻

□ de**mise** [dimáiz] 명 붕어, 서거, 사망; 권리양도; 왕위계승 동 사망하다, 양도하다
☜ 멀리(de=away) 보내다(mise)
♠ **lament the demise of~ ~의 서거를 애도하다**
♠ **the demise of the Crown 왕위의 계승**

□ de**miss**ion [dimíʃən] 명 사직, 퇴직; 《고어》 해임 ☜ 아래로(de) 보내(miss) 기(ion)

□ de**mit** [dimít] 동 《영》 (직을) 그만두다, 사직하다; 해임〔해고〕시키다
☜ 아래로(de=down) 보내다(mit)
♠ He had to **demit** his status. 그는 그의 지위에서 **사임해야** 했다.

데마고그 demagog(ue) (민중선동가), 데모크러시 democracy (민주주의)

♣ **어원 : dem, demo 국민, 민중, 사람들**

■ **dem**agogue [déməgɔ̀ːg, -gàg/-gɔ̀g] 명 (민중) 선동자; 선동 정치가; (옛날의) 민중의 지도자
동 (말·연설 등을) 과장해서 말하다 ☜ 민중(dem)의 지도자(agogue)

□ **demo**cracy [dimákrəsi/-mɔ́k-] 명 **민주주의**; 민주정치〔정체〕
☜ 국민(demo)에 의한 정치(cracy) 반 aristocracy 귀족 정체
♠ realize **democracy 민주주의**를 실현하다

□ **demo**crat [déməkræ̀t] 명 **민주주의자**; 민주정체론자 ☜ -crat(지지자)

□ **demo**cratic [dèməkrǽtik] 형 **민주주의의**; 민주정체의; 민주적인
☜ 국민(demo)에 의한 정치(crat) 의(ic<형접>)

□ **demo**cratization [dimàkrətizéiʃən/-mɔ̀krətai-] 명 민주화 ☜ -ation<명접>

□ **demo**cratize [dimákrətàiz/-mɔ́k-] 동 민주화하다 ☜ -ize<동접>

□ **demo**graphy [dimágrəfi/diːmɔ́g-] 명 인구(통계)학 ☜ 사람(demo) 기록(graph) 학(y)

□ **demo**tic [dimátik/-mɔ́t-] 형 민중의, 통속적인(=popular) 명 (D-) 현대 그리스어
☜ 민중(demo) 의(tic)

■ epi**dem**ic [èpədémik] 명 유행병, **전염병** 형 유행병〔전염병〕의
☜ 사람들(dem) 사이(epi=among) 의(ic<형접>)

데몰리션맨 Demolition Man (미국 SF 영화. <파괴자>란 뜻)

1993년 개봉한 미국의 SF 액션 영화. 실베스타 스탤론, 웨슬리 스나입스, 산드라 블록 주연. 테러리스트를 체포하는 과정에서 임무과실로 70년이란 냉동형을 살게 된 경찰. 체포된 범인이 냉동수감 중 탈옥으로 미래도시를 파괴하자 가석방된 경찰이 투입되어 범인을 제거한다는 이야기

© Warner Bros.

♣ **어원 : mol 갈다, 빻다, 부수다**

□ de**mol**ish [dimáliʃ/-mɔ́l-] 동 **폭파[파괴, 분쇄]하다**, 《구어》 음식을 다 먹어 치우다 ☜ 완전히(de/강조) 부수(mol) 다(ish<동접>)

□ de**mol**ition [dèməlíʃən, diː-] 명 해체, 파괴; 폭파; 분쇄
☜ 완전히(de/강조) 부수는(mol) 것(ition)
♠ The houses is scheduled for **demolition**.
그 주택들은 **철거**될 예정이다.
♠ **U**nderwater **D**emolition **T**eam 수중폭파대 《해군특수전부대》(**UDT**)

■ im**mol**ate [íməlèit] 동 신에게 바치기 위해 죽이다; 희생으로 바치다(=sacrifice)
☜ 자신을<내 안을(im<in) 부수(mol) 다(ate<동접>)

※ **man** [mæn/맨] 명 (pl. **men**) **남자**, 사내; **사람, 인간**, 인류; (pl.) **병사** 동 **인원[병력]을 배치하다** ☜ 고대영어로 '인간, 사람'이란 뜻

데몬, 다에몬 < 다이몬 demon (악마의 일종)

□ **demon**, **daemon** [díːmən] 명 **악마, 귀신**; 악의 화신; 〖그.신화〗 **다이몬** 《신과 인간 사이의 초자연적 존재》 ☜ 그리스어로 '사자(死者)의 수호신'
★ demon은 devil(그리스어 diabolos 디아볼로)보다 능력이

떨어진다고 함.
♠ the **demon** drink **악마의** 음료, 술

■ pan**demon**ium [pændəmóuniəm] ⓜ (보통 P-) 악마전(殿), 복마전(마귀가 숨어있는 전각); 지옥; 수라장, 대혼란 ☜ 모든(pan) 악마(demon)가 있는 곳(ium<명접>)

데모 demo (시위) ➔ demonstration, protest

♣ **어원 : monster, monstr 경고하다, 보여주다; 괴물**

□ de**monstr**ate [démənstrèit] ⓢ **논증[증명, 입증]하다**, (시범을) 보여주다
☜ 완전히(de/강조) 보여주다/경고하다(monstr) + ate<동접>
♠ **demonstrate** one's mobility 기동력을 **발휘하다**

□ de**monstr**ation [dèmənstréiʃən] ⓜ 증명; **논증**; 증거; 시범, 실연; **데모**, 시위 운동 ☜ -ation<명접>

□ de**monstr**ative [dimάnstrətiv/-mɔ́n-] ⓗ **논증적인**, 지시적인; 감정을 노골적으로 나타내는 ☜ -ative<형접>

□ de**monstr**ator [dimάnstrətər] ⓜ 논증자 ☜ -or(사람)

모럴 해저드 moral hazard (도덕적 해이)

♣ **어원 : mor(al) 도덕, 습관; 도덕의, 윤리의, 예의상**

■ **moral** [mɔ́(:)rəl, mάr-] ⓗ **도덕(상)의**, 윤리(상)의, 도덕〔윤리〕에 관한; **품행이 단정한** ⓜ **교훈, 도덕; 품행, 몸가짐**
☜ 라틴어로 '풍속, 습관에 관한'이란 뜻

■ im**moral** [imɔ́(:)rəl, imάr-] ⓗ **부도덕한**; 행실 나쁜; 음란한
☜ im<in(=not/부정) + moral

□ de**moral**ize [dimɔ́:rəlàiz, -mάr-/-mɔ́r-] ⓢ **타락[혼란]시키다; 사기를 꺾다** ☜ 프랑스어로 '도덕을 문란케 하다'란 뜻. 도덕(moral)을 멀리(de=away) 하다(ize)
♠ **demoralize** an army 군**의 사기를 꺾다**.

※ **hazard** [hǽzərd] ⓜ **위험(요소)**; 우연; 〖골프〗 장애구역, **해저드**
☜ 고대 프랑스어로 '운에 좌우되는 주사위 놀이'란 뜻

모션 motion (어떤 몸놀림이나 동작), 프로모션 promotion (홍보활동)

♣ **어원 : mot 움직이다, motion 움직임**

■ **motion** [móuʃən/**모**우션] ⓜ **운동**, 활동; (기계 따위의) 운전; **동작**, 거동, 몸짓 ⓢ **몸짓으로 알리다** ☜ 움직이(mot) 기(ion<명접>)

■ pro**mot**ion [prəmóuʃən] ⓜ **승진**, 진급; **촉진**, 장려; **판매 촉진**
☜ 앞으로/위로(pro) 움직이(mot) 기(ion<명접>)

< 미국 배우 톰 크루즈의 영화 프로모션 © 연합 >

□ de**mot**e [dimóut] ⓢ ~의 지위를〔계급을〕 떨어뜨리다, 강등시키다
☜ 아래로(de=down) 움직이(mot) 다(e)

□ de**motion** [dimóuʃən] ⓜ 좌천, 강등, 격하
☜ 아래로(de=down) 움직임(motion)
♠ His new appointment is **a demotion**. 그의 이번 발령은 **좌천**이다.

마운드 mound (야구장의 투수판)

♣ **어원 : mound, mount 오르다, 산**

■ **mound** [maund] ⓜ **토루**(土壘); 둑, 제방; **흙무더기; 작은 언덕**, 작은 산
☜ 고대영어로 '손, 방어, 보호'란 뜻

■ **mount** [maunt/마운트] ⓢ (산 · 계단 따위를) **오르다**(=ascend), (말 따위에) **타다**, 태우다
☜ 라틴어로 '산'이란 뜻

□ de**mount** [di:máunt] ⓢ (대(臺) 따위에서) 떼어내다, (기계를) 분해하다
☜ ~에 올려진 것(mount)을 분리하다(de=off)
♠ **demount** a engine from the car 자동차에서 엔진**을 떼어내다**

□ de**mount**able [di:máuntəbl] ⓗ 떼어낼 수 있는; 해체 가능한 ☜ -able(할 수 있는)

✚ **mount**ain **산, 산악** a**mount** **총계가 ~에 이르다; 총액, 총계; 양** dis**mount** (말, 자전거 등에서) **내리다**; 내리기 para**mount** **최고(권위)의** sur**mount** (산, 언덕을) 오르다, 극복하다

모라토리엄 moratorium (지급유예, 일시정지)

국가 · 지방정부 등이 외부로부터 빌려온 차관 · 자금에 대해 일시적으로 채무상환을 연기하는 지불유예. 국가가 모라토리엄을 선언하면 사실상의 국가부도 상황을 뜻함.

♣ **어원 : mora, mut 연기하다, 지연시키다(=delay)**

■ **mora**torium [mɔ̀(ː)rətɔ́ːriəm, mɑ̀r-] [명] (pl. -ri**a**, **-s**) 〖법률〗 **모라토리엄**, 지급정지〔연기〕, 지급 유예(기간) ☜ 지연(mora)이 + t + 생기는(ori) 것(um<명접>)

□ de**mur** [dimə́ːr] [동] **이의를 제기하다**, 반대〔항변〕하다
☜ 멀리(de=away) 지연시키다(mur) [비교] demure 새침 떠는, 점잔빼는
♠ They accepted **without demur**. 그들은 **아무런 이의 없이** 수락했다.

다니엘 인 더 라이온스 덴 Daniel in the Lion's Den ([성서] 바벨론의 포로가 되어 사자굴 속에 던져진 유대의 다니엘)

※ **Daniel** [dǽnjəl] [명] 다니엘 《남자 이름》; 〖성서〗 **다니엘** 《히브리의 예언자》; 다니엘서 《구약성서 중의 한 편》; 명재판관

※ **lion** [láiən/**라**이언] [명] (pl. **-s, -**) **사자**, 라이온 ☜ 고대영어로 '사자'란 뜻

□ **den** [den] [명] (야수의) **굴**; (동물원의) 우리; (도둑의) 소굴; 밀실
☜ 고대영어로 '야생동물의 은신처'란 뜻
♠ **Walk into the lion's den. 《속담》 호랑이굴에 들어가다**
♠ Daniel in the lions' **den** 사자**굴** 속의 다니엘; 위기일발의 상황

등소평, 덩샤오핑 Deng Xiaoping (실용주의 경제정책을 편 중국 정치가)

프랑스·모스크바에서 유학, 공산당 지하운동에 참여. 중국 공산당에서 경제정책의 실용주의 노선으로 자유시장의 원칙을 도입하여 경제가 크게 성장하였다. 그의 백묘흑묘론(白猫黑猫论, White Cat and Black Cat Theory)은 '검은 고양이든 흰 고양이든 쥐만 잘 잡으면 된다'는 뜻으로, 자본주의든 공산주의든 상관없이 인민을 잘 살게 하면 그것이 제일이라는 뜻이다. 그는 또 중국은 앞으로 100년은 도광양회(韜光養晦: 자기 능력과 실력을 드러내지 않고 충분할 때까지 나를 낮추고 감춘다)를 국가영도의 지침으로 삼으라"는 유훈을 남겼다.

□ **Deng Xiaoping** [dʌ́ŋʃiáupíŋ] [명] **덩샤오핑**(鄧小平) 《중국의 정치가; 1904-97》

노우 No ! (아니오; 반대, 금지)

♣ **어원 : no, ny, ni 부정, 반대**

■ **no** [nou/노우] [형][부][명] **아니오;** 〖비교급 앞에서〗 조금도 ~않다, 하나의 ~도 없는, 조금의 ~도 없는; 결코 ~아닌; ~이 있어서는 안되다
☜ not + one에서 non(e)로 발전했다가 다시 n이 탈락한 것

□ de**ni**able [dináiəbl] [형] 부정할 수 있는 ☜ deny + able(~할 수 있는)

□ de**ni**al [dináiəl] [명] **부인, 부정**; 거절; 거부 ☜ deny + al<명접>

□ de**ny** [dinái] [동] **부정[부인]하다**; 거절하다 ☜ 완전히(de/강조) 부정하다(ny<no)
♠ **deny** a claim 〔a charge, an accusation〕 주장〔기소 내용, 혐의〕를 **부인하다**

덴마크 Denmark (유럽 북해연안의 반도국가, 입헌군주국)

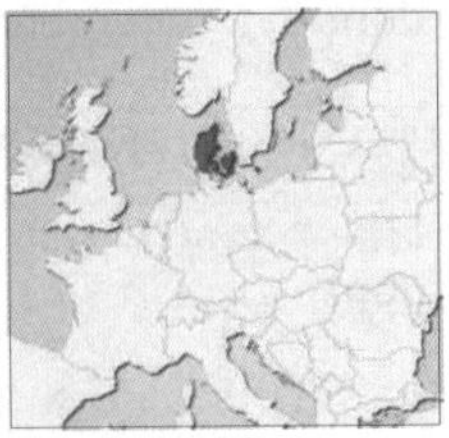

□ **Denmark** [dénmɑːrk] [명] **덴마크** 《수도 코펜하겐(Copenhagen)》
☜ 덴마크어로 '대인(Dane)족의 국경(mark=border)'이란 뜻

■ **Dane** [dein] [명] **덴마크 사람**; 〖영.역사〗 **데인** 사람 《9-11세기경 영국에 침입한 북유럽인》 ☜ '데인(Dane)족'이란 뜻

■ **Dan**ish [déiniʃ] [형] **덴마크(사람·어)의**; 〖역사〗 **데인** 사람〔어〕의
[명] **덴마크**어; **데인**어 ☜ 덴마크(Dane) 의(ish)

네임펜 name pen ([콩글] 중간글씨용 유성펜) ➔ permanent marker 아카데미상 후보에 노미네이트(nominate.지명추천)되다

♣ **어원 : name, nomi(n) 이름**

■ **name** [neim/네임] [명] **이름, 성명** [동] 이름을 붙이다 ☜ 고대영어로 '이름, 평판'이란 뜻

■ **nomin**ate [nɑ́mənèit/nɔ́m-] [동] **지명하다**; 지명 추천하다; 임명하다
☜ 이름(nomin)을 붙이다(ate<동접>)

□ de**nomin**ate [dinɑ́mənèit/-nɔ́m-] [동] ~의 이름을 붙이다, ~라고 일컫다, 명명하다
☜ de(강조) + 이름(nomin)을 붙이다(ate<동접>)

□ de**nomin**ation [dinɑ̀mənéiʃən/-nɔ̀m-] [명] **명칭**; 명명(命名); (기독교의) **교파**; (화폐의) **액면가**
☜ -ation<명접>
♠ What **denomination** do you want? 어떤 **액면의 화폐**를 드릴까요?
♠ There are many **denominations** within Christianity.
기독교에는 많은 **종파**가 있다

노트북 notebook (콩글 노트북컴퓨터) ➔ laptop

♣ 어원 : not(e), noti (잊지 않도록) 기록하다, 표시하다; 알다

■ **note** [nout] 명 **각서**, 메모; **기록**; 주석; 주목 동 적어두다, 써놓다
☜ 라틴어로 '주의를 끌기위한 표시'란 뜻

■ **note**book [nóutbùk/노욷북/노우트북] 명 **노트, 공책**, 필기장, 수첩, 비망록
☜ 기록하는(note) 책(book)

□ de**note** [dinóut] 동 **나타내다**, 표시하다, ~의 표시이다; 의미하다 ☜ de(강조) + note(표시하다)
♠ **denote** by a sign 신호로 **표시하다**

□ de**not**ation [dìːnoutéiʃən] 명 명시적 의미, 원뜻; 지시, 표시; 기호; 명칭
☜ 완전히(de/강조) (보이게) 표시한(note) 것(ation)

✚ **noti**fy **~에게 통지[공시]하다** con**note** 어떤 의미를 함축[내포]하다

아나운서 announcer (방송원) ➔ anchor, anchorman [-woman]

♣ 어원 : nounce, nunci 말하다, 알리다, 보고하다

■ an**nounce** [ənáuns] 동 **알리다, 고지[발표]하다**, 전하다; 예고하다
☜ ~에게(an<ad=to) 보고하다(nounce)

■ an**nounce**r [ənáunsər] 명 고지자, **발표자**; 『방송』 **아나운서**, 방송원 ☜ -er(사람)

□ de**nounce** [dináuns] 동 **비난[공격, 규탄]하다**, 매도하다; 고소〔고발〕하다
☜ 아래로<비하하여(de=down) 말하다(nounce)
♠ **(strongly) denounce** distorted reports by the media
언론의 왜곡 보도를 **규탄하다**

□ de**nunci**ation [dinʌ̀nsiéiʃən] 명 탄핵, 공공연한 비난; (죄의) 고발
☜ 아래로<비하하여(de=down) 말하는(nunci) 것(ation<명접>)

□ de**nunci**atory [dinʌ́nsiətɔ̀ːri, -ʃiə-/-təri] 형 비난하는, 탄핵하는; 경고[위협]적인
☜ 아래로<비하하여(de=down) 말하(nunci) 는(atory<형접>)

✚ pro**nounce** **발음하다** pro**nunci**ation **발음** re**nounce** **포기하다**, 단념하다

덴시미터 densimeter (직물[섬유]의 밀도를 측정하는 유리로 된 계기)

♣ 어원 : dense, densi 밀집하다; 짙은

□ **dense** [dens] 형 **밀집한**; (인구가) 조밀한; 밀도가 높은, 짙은; 농후한
☜ 중세 프랑스어로 '두꺼운, 밀집한'이란 뜻
♠ a **dense** crowd **빽빽이 들어찬** 인파

□ **dense**ly [dénsli] 부 조밀하게 ☜ -ly<부접>

□ **densi**meter [densímitər] 명 비중〔밀도〕계 ☜ meter(측정하는 계기)

□ **dens**ity [dénsəti] 명 **밀집 상태**, 농도; 밀도, 비중 ☜ -ty<명접>

덴트 dent ([자동차] 찌그러진 부위), 덴탈케어 dental care (치아관리)

♣ 어원 : den(t), dan, dint 이빨, 톱니모양; 치다, 때리다

□ **dent** [dent] 명 **움푹 팬 곳**, 눌려서 들어간 곳, 눌린 자국
☜ 중세영어로 '톱니모양'이란 뜻
♠ The back of the car **was badly dented** in the collision.
그 충돌로 승용차 뒷부분이 **심하게 찌그러졌다**

□ **dent**al [déntl] 형 **이의; 치과(용)의**, 치과의(齒科醫)의
☜ 이빨(dent) 의(al)

□ **dent**ist [déntist] 명 **치과의사** ☜ 이빨(dent) 전문가(ist)

□ **dens**ity [dénsəti] 명 밀도, 농도 ☜ -ity<명접>

DENTAL CARE

✚ **dan**delion **민들레** in**dent** 톱니 모양의 자국을 내다, **만입시키다;** 톱니모양, 오목함 **dint** 맞은 자국, 움푹 팬 곳; 자국을 내다, 움푹 패게 하다

□ **denunciation**(비난, 탄핵) ➔ **denounce**(비난하다) **참조**

□ **deny**(부인하다) ➔ **denial**(부인, 부정) **참조**

디엔에이 DNA (생물의 세포내에서 유전정보를 가지는 핵산)

■ **DNA** **d**eoxyribo **n**ucleic **a**cid 디옥시리보 핵산 《유전정보를 담는 화학물질》

※ **RNA** **r**ibo **n**ucleic **a**cid 리보핵산 《DNA로부터 생성되는 핵산으로 단일사슬의 형태》

☜ ribo<ribose(한 분자가 4개의 수산기를 갖는)

■ **oxy**gen [ɑ́ksidʒən/ɔ́ks-] 명 『화학』 **산소** 《비(非)금속 원소; 기호 O; 번호 8》
☜ 산소(oxy) + gen(비금속 화합물)

□ de**oxy**ribo [diːɑ̀ksiráibous, -ɔ̀ks-, desɑ́ksi-, -sɔ́ks-] 명 **디옥시리보스**
☜ 산소(oxygen)가 떨어져 나간(de=off) 리보핵산(ribo<ribose)

아파트 콩글 apart (×) ➔ apartment (house) (○)

♣ **어원 : part 조각, 부분; 조각을 내다, 나누다, 헤어지다**

■ **part** [pɑːrt/파-트] 명 **일부, 부분**; (전체에서 분리된) 조각, 단편

■ a**part** [əpɑ́ːrt] 부 **떨어져서**, 갈라져서; 따로따로 ☜ ~으로(a<ad=to) 떼내어(part)

■ a**part**ment [əpɑ́ːrtmənt] 명 《미》 **아파트** (《영》 flat) 《공동 주택 내의 한 가구분의 구획》
☜ apart + ment<명접>

□ de**part** [dipɑ́ːrt] 동 **출발하다**(=start), 떠나다 ☜ 떨어져(de=off) 헤어지다(part)
♠ The train **departs** at 9:20. 열차는 9시 20분에 **출발한다**.

□ de**part**ed [dipɑ́ːrtid] 형 과거의; (최근) 죽은; (the ~) 고인(故人)
☜ 떨어져(de=off) 헤어(part) 진(ed<형접>)

□ de**part**ment [dipɑ́ːrtmənt] 명 **부**(部), 부문; 성(省); 《영》 국(局), 과(課) ☜ depart + ment<명접>
♠ **department store 백화점**

□ de**part**ure [dipɑ́ːrtʃər] 명 **출발**, 떠남; 발차; 출항 ☜ depart + ure<명접>

펜던트 pendant (장식을 달아 늘어뜨린 목걸이)

♣ **어원 : pend, pens(e) 메달다, 무게를 달다**

■ **pend**ant [péndənt] 명 늘어져 있는 물건, **펜던트**, 늘어뜨린 장식 《목걸이·귀고리 따위》; 부록, 부속물 ☜ 메달려 있는(pend) 것(ant)

■ **pend**ing [péndiŋ] 형 **미정[미결]의**, 심리중의; 절박한; 『법률』 계쟁중의
☜ 메달려(pend) 있는(ing)

□ de**pend** [dipénd/디펜드] 동 **~에 의지하다**, ~나름이다, (~에) 달려 있다, 좌우되다 ☜ 아래에(de=down) 메달리다(pend)
♠ **be dependent on 〔upon〕 ~ ~에 의하다[달려 있다]; ~에 의지하다**

□ de**pend**able [dipéndəbl] 형 신뢰할 수 있는; 믿음직한 ☜ -able<형접>
반 **undependable** 의지〔신뢰〕할 수 없는

□ de**pend**ence [dipéndəns] 명 **의지함**, 의존〔종속〕 ☜ -ence<명접>
반 **independence** 독립(심), 자립(정신), 자주

□ de**pend**ency [dipéndənsi] 명 종속물, 속국(屬國) ☜ -ency<명접>

□ de**pend**ent [dipéndənt] 형 **의지하고 있는**, 의존하는; 종속관계의 명 부양가족, 식객(食客)
☜ -ent<형접>
♠ **be dependent on ~ ~에 의지하다**

■ sus**pend** [səspénd] 동 **(매)달다**, 걸다 ☜ 아래에(sus<sub) 매달리다(pend)

뺑끼 < 페인트 paint (그림물감, 도료)

♣ **어원 : paint, pict(o) 그리다**

※ **paint** [peint/페인트] 명 (pl.) **그림물감**, 채료; **페인트**, 도료 동 **페인트 칠하다, (그림을) 그리다** ☜ 라틴어로 '그림을 그리다'란 뜻

□ de**pict** [dipíkt] 동 (그림·글·영상으로) **그리다**; 묘사〔서술·표현〕하다
☜ 아래에(de=down) 그리다(pict)
♠ **depict** him as a hero 그를 영웅으로 **묘사하다**

□ de**pict**ion [dipíkʃən] 명 묘사, 서술 ☜ -tion<명접>

□ de**pict**ive [dipíktiv] 형 묘사적인 ☜ -tive<형접>

✚ **pict**orial **그림의**; 그림 같은 **pict**ure **그림, 사진** **pict**uresque **그림 같은**, 아름다운

기름을 풀(full.가득)로 채우다

♣ **어원 : full 가득 찬 // fill, ple, pli 채우다**

■ **full** [ful/뿔] 형 **가득한**; 충만한 ☜ 초기 독일어로 '가득 찬'이란 뜻.

■ **fill** [fil/삘] 동 **채우다, ~으로 충만하다** ☜ 초기 인도유럽어로 '채우다'란 뜻.

■ com**ple**te [kəmplíːt/컴플리-트] 동 **완성하다** 형 **전부의, 완전한** ☜ 완전히(com) 채우(ple) 다(te)

□ de**ple**te [diplíːt] 동 (세력·자원 따위를) 고갈〔소모〕시키다; ~에서 (자원 따위를) 빼앗다
☜ 아래로(de=down) 채우(ple) 다(te)

□ de**ple**tion [diplíːʃən] 명 감소(상태), 고갈, 소모 ☜ -tion<명접>

□ de**ple**tive, -pletory [diplíːtiv], [diplíːtəri] ⓗ 고갈〔소모〕시키는; 혈액〔수분〕을 감소시키는
☜ -tive/-ory<형접>

인터넷 익스플로러 Internet Explorer (미국 MS사의 인터넷 정보검색 프로그램)

♣ **어원 : plor(e) 울다, 울부짖다; 외치다**

■ ex**plore** [ikspló:r] ⓢ **탐험하다**, 답사하다; (우주를) 개발〔탐사〕하다
☜ 밖으로(ex) 외치며 나가다(plore)

■ ex**plore**r [ikspló:rər] ⓜ **탐험가**, 탐구자; 탐사 기구 ☜ -er(사람/장비)

□ de**plor**ability [diplɔ̀:rəbíləti] ⓜ 통탄함, 비통, 비참
☜ deplore + ability<-able의 명접>

□ de**plor**able [dipló:rəbl] ⓗ **통탄할**; 비참한, 애처로운
☜ deplore + able<형접>

□ de**plor**ably [dipló:rəbli] ⓑ 통탄스럽게 ☜ -ably<부접>

□ de**plore** [dipló:r] ⓢ **한탄[개탄]하다**, 애도하다 ☜ 몹시(de/강조) 울부짖다(plore)
♠ **deplore** the death of a close friend 친구의 죽음을 **애통해하다**

■ im**plor**e [impló:r] ⓢ **애원[간청 · 탄원]하다** ☜ 속으로(im<in) 울며(plor) 사정하다(e<동접>)

포털 portal (네이버, 다음, 구글 등 인터넷 접속시 거쳐야 하는 사이트)

♣ **어원 : port 나르다, 운반하다**

■ **port** [pɔːrt/포-트] ⓜ **항구(도시)**, 무역항 ☜ (물건을) 운반하는 곳

■ **port**able [pɔ́ːrtəbəl] ⓗ 들고 다닐 수 있는; **휴대용의** ⓜ **휴대용 기구**
☜ 운반(port)할 수 있는(able)

■ **port**al [pɔ́ːrtl] ⓜ (우람한) **문, 입구; 정문; 포털사이트**
☜ (~를 통해) 운반하는(port) 곳(al<명접>)

□ de**port** [dipɔ́ːrt] ⓢ (국외로) 추방하다, 처신〔행동〕하다
☜ 멀리(de=away) 나르다(port)
♠ **deport** the aliens to their country. 외국인들을 자국으로 **추방하다**

□ de**port**ation [dìːpɔːrtéiʃən] ⓜ 국외 추방; (강제) 이송〔수송〕 ☜ -ation<명접>

□ de**port**ment [dipɔ́ːrtmənt] ⓜ 행동, 거동, 품행; 태도 ☜ -ment<명접>

포즈(pose.자세)를 취하다, 프로포즈 propose (청혼하다)

♣ **어원 : pos(e), posit 놓다, 두다; 배치하다**

■ **pose** [pouz] ⓜ **자세, 포즈**; 마음가짐; 꾸민 태도, 겉치레 ⓢ 자세〔포즈〕를 취하다
☜ 고대 프랑스어로 '놓다, 두다, 위치시키다'란 뜻

■ pro**pose** [prəpóuz] ⓢ **신청하다**; 제안하다, 제의하다; 청혼하다
☜ 앞에(pro) (결혼하고 싶은 마음을) 내놓다(pose)

□ de**pose** [dipóuz] ⓢ **면직[해임]하다** ☜ 아래로(de=down) 내려놓다(pose)
♠ **depose ~ from office ~를 면직시키다.**

□ de**posit** [dipázit/-pɔ́z-] ⓢ **놓다**, 두다; 침전시키다; (돈을) 맡기다 ⓜ 퇴적물, 침전물, 매장물; (은행) **예금; 공탁금**, 보증금 ☜ 아래로(de=down) 두다(posit)

□ de**posit**ion [dèpəzíʃən, dìː-] ⓜ 면직, 파면; 폐위; 증언; 기탁, (유가 증권 따위의) 공탁
☜ -ion<명접>

□ de**posit**or [dipázitər/-pɔ́z-] ⓜ 예금자 ☜ -or(사람)

□ de**posit**ory [dipázitɔ̀ːri/-pɔ́zitəri] ⓜ 창고, 저장소, 금고; 보고(寶庫); 수탁〔보관〕자
☜ 아래로(de=down) 두는(posit) 곳(ory)

■ **posit**ion [pəzíʃən/포**지**션] ⓜ **위치, 장소**; 처지, 입장; 지위 ☜ 놓아둔(posit) 곳(ion)

대포폰 depot phone (타인명의의 전화기) ➔ cloned phone
오피스디포 Office Depot (미국의 세계적인 사무용품 전문 판매기업)

♣ **어원 : pot 단지, 단지를 가진 사람(권력자); 단지를 두다**

■ **pot** [pat/팥/pɔt/포트] ⓜ 원통형 그릇, **단지, 항아리**, 독
☜ 고대영어 및 고대 프랑스어로 '냄비, 그릇, 사발'이란 뜻

□ de**pot** [díːpou/dépou] ⓜ **저장소, 창고**; 《미》 역, 버스정류장; 〖군사〗 병참부 ☜ 아래에(de) 단지를 두는 곳(pot)
♠ **an arms depot 무기고**

□ des**pot** [déspət, -pat/-pɔt] ⓜ 전제 군주, 독재자; (일반적) 폭군
☜ 집에서(des=home) 권력있는 사람(pot)

※ **phone** [foun] ⓜ 《구어》 **전화(기)**; 수화기 ☜ tele**phone**의 줄임말

※ **office** [ɑ́:ffis/**아**-퓌스/ɔ́fis/**오**퓌스] 명 **사무소, 사무실**; 관공서; 관직, 공직; 임무, 직책
☜ 라틴어로 '공적인 의무'란 뜻

☐ **deprave**(타락시키다, 악화시키다) ➔ **deprive**(빼앗다) **참조**

그랑프리 Grand Prix ([F.] 대상(大賞))

♣ **어원 : price, praise, preci 가치, 값; 가치있는, 가치를 매기다**

※ **grand** [grænd] 형 **웅대한**, 위대한, 장대한
☜ 고대 프랑스어로 '큰, 대(大)'란 뜻

■ **prise, prize** [prais/프롸이스, praiz] 명 **상(품)**, 상금; **포획물** 동 **포획하다; 높이 평가하다** ☜ 고대 프랑스어로 '상, 가치'란 뜻

☐ de**prec**ate [déprikèit] 동 비난하다, 반대하다
☜ 아래에(de) 가치(prec)를 두다(ate)

☐ de**prec**ation [déprikèiʃən] 명 불찬성, 반대; 비하, 겸손; 애원, 탄원, 기원; 항의 ☜ -ation<명접>

☐ de**prec**atory [déprikətɔ̀:ri/-təri] 형 불찬성〔비난〕의; 탄원적〔애원적〕인; 변명의, 사죄의 ☜ -atory<형접>

☐ de**preci**ate [diprí:ʃièit] 동 (화폐를) **평가 절하하다**; 가치를 낮추다
☜ 아래로(de=down) 가치를(preci) 매기다(ate)
♠ **depreciate** in value 가치가 **떨어지다.**

☐ de**preci**ation [diprì:ʃiéiʃən] 명 **가치하락**; 감가상각; 경시 ☜ -ation<명접>

☐ de**preci**atory, de**preci**ative [diprí:ʃiətɔ̀:ri/-təri], [diprí:ʃièitiv] 형 감가적인; 깎아내리는, 얕보는, 경멸적인 ☜ -atory/-ative<형접>

✚ **price 가격**, 물가 **praise 칭찬(하다)** **prec**ious **귀중한**, 가치있는 ap**preci**ate **평가[감정]하다**

☐ **depredator**(약탈자), **depredation**(약탈) ➔ **predator**(약탈자, 포식동물) **참조**

벤치프레스 bench press (벤치에 누워 역기를 들어올리는 운동)

♣ **어원 : press 누르다, 압력을 가하다, 강요하다**

※ **bench** [bentʃ] 명 **벤치, 긴 의자** ☜ 고대영어로 '긴 의자'란 뜻

■ **press** [pres/프뤠스] 동 **누르다, 밀다**; 다림질하다; 인쇄하다 명 누름; 압박, 압착(기); 다림질; 인쇄기, 출판부; (the ~) 신문 ☜ 중세영어로 '누르다'란 뜻

☐ de**press** [diprés] 동 **내리누르다**; 우울하게 하다; 불경기로 만들다
☜ 아래로(de) 누르다(press)
♠ **depress** the morale 사기를 **떨어뜨리다**

☐ de**press**ed [diprést] 형 **내리눌린**; 우울한; 불경기의 ☜ -ed<형접>

☐ de**press**ing [diprésiŋ] 형 우울하게 하는, 침울한 ☜ -ing<형접>

☐ de**press**ion [dipréʃən] 명 **의기소침; 불경기**, 불황 ☜ -ion<명접>

✚ com**press** 압축하다, 압착하다 im**press ~에게 감명[감동]을 주다**, 인상지우다
op**press 압박하다**, 억압하다, 학대하다 sup**press 억누르다**; 진압하다; 참다

프라이버시 privacy (사생활)

♣ **어원 : priv(i) 사적인, 개인적인; 분리하다**

■ **priv**ate [práivit] 형 **사적인**; 비공식의, 비밀의 ☜ 사적으로(priv) 만들다(ate)

■ **priv**acy [práivəsi/prív-] 명 사적〔개인적〕 자유; **사생활, 프라이버시**; 비밀
☜ 사적인(priv) 것(acy)

☐ de**prav**e [dipréiv] 동 타락〔악화〕시키다, 부패시키다
☜ 지나치게(de/강조) 사적으로(prav) 행하다(e)
♠ **deprave** good manners 풍속을 **어지럽히다**

☐ de**prav**ed [dipréivd] 형 타락한, 사악한 ☜ deprave + ed<형접>

☐ de**prav**ity [diprǽvəti] 명 타락, 비행 ☜ deprave + ity<명접>

☐ de**priv**al [dipráivəl] 명 박탈 ☜ 떼에서(de=off) 분리(priv) 함(al)

☐ de**priv**ation [dèprəvéiʃən] 명 박탈, 손해 ☜ -ation<명접>

☐ de**priv**e [dipráiv] 동 ~에게서 빼앗다, **박탈하다**; 거절하다; 해직시키다
☜ 떼어내(de=off) 분리하다(prive)
♠ **deprive (A) of (B) A 에게서 B 를 빼앗다**

딥임팩트 Deep Impact (미국 SF 영화. NASA의 혜성탐사선. <깊은 충돌>)

1998년 개봉한 미국의 재난/스릴러/SF영화. 미미 레더 감독(여성), 로버트 듀발, 티아 레오니 주연. 지구와 혜성과의 충돌 위기에서 지구를 구하기 위한 인류의 사투를 그린 영화.

■ **deep** [diːp/디잎] 형 **깊은**; 깊이가 ~인 ☜ 고대영어로 '심오한, 신비한, 깊은' 이란 뜻
■ **deep**en [díːpn] 동 **깊게 하다**, 깊어지다; 진하게 하다, 짙어지다 ☜ 깊게(deep) 하다(en)
□ **dep**th [depθ] 명 (pl. **-s**) **깊이**, 깊음; 심도 ☜ 깊은(dep) 것(th<명접>)
♠ five feet in **depth 깊이** 5피트
※ **impact** [ímpækt] 명 **충돌**(=collision); 충격, 쇼크; 영향(력) ☜ 속을(im<in) 때리다(pact=strike)

컴퓨터 computer (전자회로를 이용해 데이터를 처리하는 기기)

♣ **어원 : put 계산하다, 생각하다**
■ com**put**er, -tor [kəmpjúːtər] 명 **컴퓨터**; **전자계산기**(器); 계산하는 사람 ☜ 함께(com) 계산하는(put) 사람(er)
□ de**put**ation [dèpjətéiʃən] 명 대리(행위), 대표; 대리 파견; 대표단 ☜ 아래(de=down)(사람이) 생각하도록(put) 함(ation<명접>)
□ de**put**e [dipjúːt] 동 대리자로 삼다, 위임하다 ☜ 아래(de=down)(사람이) 생각하도록(put) 하다 + e
♠ **depute** a task to an assistant 일을 조수**에게 위임하다**
□ de**put**ize [dépjətàiz] 동 대리로 임명하다 ☜ depute + ize<동접>
□ de**put**y [dépjəti] 명 **대리인**; 대리역, 부관; 대표자, 대의원 형 대리의 ☜ depute + ty<명접>
♠ a **deputy** prime minister **부**총리

✚ dis**put**e **논쟁[논의]하다** im**put**e (책임을) **~에게 돌리다**, ~의 탓으로 하다 re**put**e **평판**; 간주하다

레일 rail (철도)

♣ **어원 : rail 곧은 막대, 가로대, 난간; 궤도, 철로**
■ **rail** [reil/뤠일] 명 (수건걸이 따위의) **가로대**, 가로장; 난간; (pl.) 울타리; **레일**, 궤도, **철도** 동 울타리를 두르다; 철도여행을 하다 ☜ 라틴어로 '곧은 막대'란 뜻
□ de**rail** [diréil] 동 (계획을) 틀어지게 하다; [보통 수동태] (기차 따위를) 탈선시키다 ☜ 궤도(rail)에서 벗어나다(de=away)
♠ **be** (get) **derailed 탈선하다**
□ de**rail**ment [diːréilmənt] 명 탈선 ☜ derail + ment<명접>

가스레인지 gas range (콩글 가스 조리기구) ➔ gas stove

♣ **어원 : range, ray 정렬하다, 배열하다**
※ **gas** [gæs] 명 (pl. **-es**, 《영》 **-ses**) **가스**, 기체 ☜ 그리스어로 '공기'란 뜻
■ **range** [reindʒ/뤠인지] 명 (가스, 전기, 전자) **레인지: 줄, 열; 산맥; 범위; 거리; 다양성** 동 **가지런히 하다, 정렬시키다, 한 줄로 늘어서다** ☜ 고대 프랑스어로 '줄, 열, 산맥'이란 뜻
□ de**range** [diréindʒ] 동 혼란(교란)시키다, 어지럽히다; 발광시키다 ☜ 줄(range) 반대로(de=against) 서다
♠ **derange (a person's) mind 정신을 착란시키다**
□ de**rang**ed [diréindʒd] 형 혼란한, 혼란된, 미친 ☜ -ed<수동형 형접>
□ de**range**ment [diréindʒmənt] 명 혼란, 교란, 발광 ☜ -ment<명접>
■ ar**range** [əréindʒ/어**뤠**인지] 동 **배열하다**, 정돈하다(=put in order); **준비하다** ☜ ~을(ar<ad=to) 정렬하다(range) 반 **derange** 혼란케 하다

더비 Derby (경마(競馬)대회의 하나)

Derby Stakes(더비 현상금 경마)의 약어. 1780년 영국 Derby경이 자신의 이름을 붙인 경마대회를 주최한데서 유래. <출처 : 두산백과>

□ **Derby** [dɑ́ːrbi/dɑ́ːr-] 명 **더비** 《영국 Derbyshire의 특별시》; (the ~) **더비**경마 《영국 Surrey 주의 Epsom Downs에서 매년 거행됨》; (일반적) 대경마(大競馬) ☜ 경마대회를 주최한 영국 Derby경(卿)의 이름에서

일루전 illusion ([체조] 몸을 회전시켜 한 바퀴 도는 기술)

체조에서 몸을 회전시켜 한 바퀴를 도는 기술. 한쪽 다리로 몸을 지탱하면서 옆으로 돈다. 2013년 7월 5일 전 국가대표 리듬체조 선수 신수지가 잠실야구장에서 독특한 모션으로 시구하여 국내외 시청자들을 놀라게 했는데 이때 사용된 기술이 백일루전(back illusion)이다.

© jtbc.joins.com

♣ **어원 : lud(e), lus, rid(e), ris 비웃다, 놀리다, 연기하다; 연주**

■ il**lus**ion [ilúːʒən] 명 환영(幻影), **환각**
☜ (머리)속에서(il<in) 놀리(lus) 기(ion)

■ **rid**iculous [ridíkjələs] 형 **우스운, 어리석은**; 엉뚱한
☜ rid(비웃) + icul(어근확장) + 는(ous<형접>)

□ de**ride** [diráid] 동 **조소[조롱]하다**, 비웃다 ☜ 완전히(de/강조) 놀리다(ride)
♠ **deride ~ as a fool ~를 바보 취급하며 조롱하다.**

□ de**ris**ion [diríʒən] 명 **조소, 조롱**; 조소(웃음)거리 ☜ -ion<명접>
⇦ 완전히(de/강조) 놀리(ris) 기(ion<명접>)
♠ **be in derision 조소받고 있다**

✚ disil**lus**ion **~의 환영[환상, 미몽]을 깨우치다** de**lude** 미혹(현혹)시키다, **속이다** inter**lude** 중간, **짬**; 간주(곡), 막간 pre**lude** **전주곡**, 서곡, (사건의) 전조, 도입부

라이벌 rival (경쟁자)

♣ **어원 : riv(er) 물가, 강; 흐르다**

■ **riv**al [ráivəl] 명 **경쟁자** ☜ 강가(riv=river)에서 물 긷는 사람(al)들끼리 경쟁한데서

■ **river** [rívər/**뤼**버] 명 **강** ☜ 고대 프랑스어로 '강, 강가, 강둑'이란 뜻

□ de**riv**ation [dèrəvéiʃən] 명 유도; 유래, 기원 ☜ derive + ation<명접>

□ de**riv**ative [dirívətiv] 형 유래하는, 끌어낸, 모방한 명 파생물,. 파생어 ☜ derive + ative<형접>

□ de**rive** [diráiv] 동 **끌어내다**, 유래하다, 추론하다
☜ '강(rive=river) 으로부터(de=from) 나오다'란 뜻
♠ **derive from ~ ~에서 (나)오다, 유래하다**

■ ar**rive** [əráiv/어**롸**이브] 동 **도착하다** ☜ (배가) 물가(rive) 에(ar<ad=to) 닿다

제로더마 xeroderma ([의학] 피부 건조증)

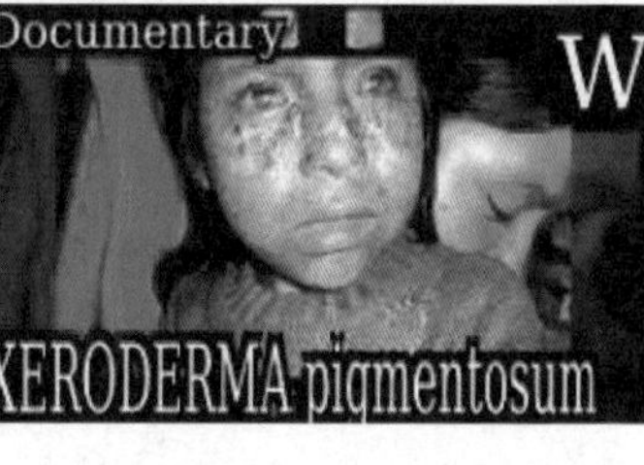

♣ **어원 : derm 피부, 가죽, 껍질 // dermat(o) 피부의**

■ xero**derm**a [ziərədə́ːrmə, -miə] 명 피부 건조증, 건피증
☜ 건조한(xero) 피부(derm) 증(症)(a)

□ **derm, derm**a [dəːrm], [də́ːrmə] 명 진피(眞皮); [일반적] 피부(=skin), 외피 ★ 피부(질환)와 관련된 의약품이나 화장품 이름 중엔 더마톡신, 더마토리, 더마스톱, 더마비 등 더마(derma)가 들어간 이름이 많다.

□ **derm**al, **derm**atic [də́ːrməl], [dəːrmǽtik] 형 피부에 관한, 피부의 ☜ 피부(derm) 의(al/atic<형접>)
♠ **Dermal contraction** results in tightening.
피부 수축은 탄력을 증가시킨다.

□ **dermat**itis [də̀ːrmətáitis] 명 피부염 ☜ 피부의(dermat) 염증(itis)

□ **dermat**ologist [də̀ːrmətɑ́lədʒist/-tɔ́l-] 명 피부병 학자; 피부과 (전문) 의사
☜ 피부의(dermat) 학(olog) 자(ist)

□ **dermat**ology [də̀ːrmətɑ́lədʒi/-tɔ́l-] 명 『의학』 피부 의학, 피부병학 ☜ -ology(학문)

✚ epi**derm**is 표피, 상피, 외피(外皮) taxi**derm**y 박제술

데카르트 Descartes (근대 서양철학의 출발점이 된 철학자)

"나는 생각한다, 고로 나는 존재한다"(Cogito ergo sum)는 철학 명제로 잘 알려진 근대 철학자. 이성을 통한 세계의 이해를 강조한 합리주의, 마음(정신)과 육체(물질)을 엄격하게 나눈 심신이원론, 의심할 수 있는 것은 끝까지 의심하는 체계적 의심의 방법론 등으로 유명. 서양철학이 플라톤에 대한 각주라면 근대 서양철학은 데카르트에 대한 각주다. <출처 : 21세기 교양 과학기술과 사회 / 일부인용>

□ **Descartes** [deikɑ́ːrt] 명 **데카르트** 《René ~, 프랑스의 철학자 · 수학자; 1596-1650》

크레센도 crescendo ([음악] 점점 세게)

♣ **어원 : scend, scens, scent 오르다**

■ cre**scend**o [kriʃéndou] 명 『음악』 **크레센도**, 점점 세게
☜ 이탈리아어로 '자라다, 오르다, 증가하다'란 뜻.

□ de**scend** [disénd] 동 내리다, **내려가다[오다]** ☜ 아래로(de=down) 오르다(scend)

♠ **descend from** the train 기차**에서 내리다**
□ de**scend**ant [diséndənt] 명 **자손, 후손, 후예** ☜ -ant(사람)
□ de**scend**ent [diséndənt] 형 내리는, 낙하〔강하〕하는; 파생의; 세습의 ☜ -ent<형접>
□ de**scend**ing [diséndiŋ] 형 내려가는, 하강의 ☜ -ing<형접>
□ de**scent** [disént] 명 **하강**, 내리기; 하산 ☜ 아래로(de=down) 오르기(scent)

✚ a**scent** **상승; 등반**; 향상; 승진 conde**scend** 겸손하게 굴다 tran**scend** 초월[능가]하다

스크립트 script (방송대본)

♣ **어원 : scrib(e), script 손으로 쓰다, 기록하다**
■ **script** [skript] 명 정본, 손으로 쓴 것, **스크립트**, 방송대본 ☜ 라틴어로 '쓰여진 것'이란 뜻
■ **scribe** [skraib] 명 필기사, 사자생(寫字生); 서기; 『성서』 유대인 율법학자
☜ 그리스어로 '손으로 쓴(scrib) 사람(e)'이란 뜻
□ de**scribe** [diskráib] 동 (언어로) **묘사하다, 기술하다**; (말로) 설명하다
☜ 아래로(de=down) 적어 내려가다(scribe)
♠ He **described** exactly what had happened.
그는 무슨 일이 일어났는지 정확히 **기술했다**
□ de**script**ion [diskrípʃən] 명 기술, **묘사, 서술** ☜ -ion<명접>
♠ **defy (all) description 이루 다 말할 수 없다**
□ de**script**ive [diskríptiv] 형 기술[설명, 서술]적인; 체험에 근거한 ☜ -ive<형접>

✚ in**scribe** **적다**, 새기다 pre**scribe** **규정[지시]하다** **Script**ure **성서** sub**scribe** **서명[구독]하다**

□ **descry**(발견하다, 알아내다) ➔ **cry**(울다, 소리치다) **참조**

샌프란시스코 San Francisco (미국 캘리포니아 주 서부에 있는 항구도시)

♣ **어원 : san, saint, sacr, secr 신성(한), 성스러운**
■ **San** Francisco [sænfrənsískou/-fræn-] **샌프란시스코** 《미국 California주의 항구도시》 ☜ 1776년 스페인 선교단이 이곳에 전도(傳道) 기지를 건설하였는데 1847년 13세기 이탈리아 성(聖)(Saint) 프란시스코(Francisco) 수도회 창립자 이름을 따서 명명하였다. ★ San=saint=St. 성인, 성(聖)
■ **sacr**ifice [sǽkrəfàis/**쌔**크뤄퐈이스] 명 **희생, 산 제물**, 제물; 희생적인 행위, 헌신; 『종교』 예수의 십자가에 못박힘; 성찬 동 **희생하다**, 제물로 바치다
☜ 신성하게(sacr) + i + 만들다(fic) + e
□ de**secr**ate [désikrèit] 동 (신성한 물건을) 속된 용도에 쓰다; ~의 신성을 더럽히다, 모독하다
☜ 아래로(de=down) 신성하게(secr) 만들다(ate)
♠ **desecrate** the graves of their ancestors 그들 선조들의 무덤을 **더럽히다.**
□ de**secr**ater [désikrèitər] 명 신성 모독자 ☜ -er(사람)
■ con**secr**ate [kánsikrèit/kɔ́n-] 동 신성하게 하다, 성화(聖化)하다
☜ 함께(con<com) 신성하게(secr) 만들다(ate)

세그리게이션 segregation ([사회학] 사회 · 정치적 격리)

♣ **어원 : greg 떼, 무리**
■ se**greg**ate [ségrigèit] 동 **분리〔격리〕하다** ☜ 따로(se) 무리(greg)를 짓게 하다(ate)
■ se**greg**ation [sègrigéiʃən] 명 분리, 격리, 차단 ☜ -ation<명접>
□ dese**greg**ate [diːségrigèit] 동 (군대 · 교육 등에서) 인종차별을 폐지하다
☜ de(=against/반대, not/부정) + segregate(분리하다)
♠ Dr. King fought **to desegregate** universities.
킹 박사는 대학에서 **인종차별정책을 폐지하기 위해** 싸웠다.
□ dese**greg**ation [diːsègrəgéiʃən] 명 《미》 인종차별대우〔제도〕 철폐 ☜ -ation<명접>
□ dese**greg**ationist [diːsègrəgéiʃənist] 명 흑인 차별 폐지론자 ☜ -ist(사람)

✚ ag**greg**ate **총액(의), 집합(의)**; 집합하다 con**greg**ate **모이다, 모으다** **greg**arious 떼지어 사는

인서트 insert (중간에 끼워넣는 것)

♣ **어원 : sert 결합하다, 합치다, 끼워 넣다**
■ in**sert** [insəːrt] 동 **끼워 넣다**, 끼우다, 삽입하다 ☜ 안에(in) 끼워 넣다(sert)

☐ de**sert** [dizə́ːrt/디**저**트] ⓢ **버리다**, 돌보지 않다; 도망[탈영]하다
☜ de(=against/반대) + sert(합치다) 비교 dessert 디저트, 후식
♠ **desert from** the barracks (병영**으로부터**) **탈영하다**
[dézərt/**데**저트] ⓜ **사막**; 황무지 ☜ 버리고 돌보지 않으면 땅은 황폐해 진다
♠ the Sahara **Desert** 사하라 **사막**

☐ de**sert**ed [dizə́ːrtid] ⓗ 버림받은, 사람이 살지 않은, 무인의 ☜ -ed<형접>

☐ de**sert**er [dizə́ːrtər] ⓜ 도망자[병], 유기자 ☜ -er(사람)

☐ de**sert**ion [dizə́ːrʃən] ⓜ **버림**, 유기; 도망; 탈당; 탈주
☜ de(=against/반대, not/부정) + sert(합치다) + ion<명접>

D

서비스 service (콩글 ▸ 무료 봉사) ➔ no charge, free of charge

♣ **어원 : serv(e) 섬기다, 봉사하다; 노예**

■ **serv**e [səːrv/써-브] ⓢ **섬기다**, 시중들다, 봉사하다
☜ 중세영어로 '~에게 습관적으로 복종하다'란 뜻

■ **serv**ice [sə́ːrvis/**써**-뷔스] ⓜ (종종 pl.) **봉사, 서비스**, 수고, 공헌, 이바지

☐ de**serve** [dizə́ːrv] ⓢ ~할 만하다, **~할 가치가 있다** ☜ 완전히(de/강조) 봉사하다(serve)
♠ **deserve attention 주목할 만하다**

☐ de**serve**d [dizə́ːrvd] ⓗ 당연한 《상·벌·보상 등》 ☜ deserve + ed<형접>

☐ de**serve**dly [dizə́ːrvdli] ⓑ 당연히 ☜ deserve + ed<형접> + ly<부접>

☐ de**serv**ing [dizə́ːrviŋ] ⓗ ~에 상당하는, 공적이 있는 ☜ deserve + ing<형접>

✚ **serv**ant **하인**; 부하, 종복; 《미》 노예 sub**serve** 돕다, 보조하다, ~에 공헌하다

디자인 design (도안)

♣ **어원 : sign 표시, 기호; 서명하다, ~에 표시하다, 부호를 붙이다**

■ **sign** [sain/싸인] ⓜ **기호, 표시**, 신호, 부호 ⓢ **서명[사인]하다**
☜ 고대 프랑스어로 '표시, 기호'란 뜻

☐ de**sign** [dizáin/디**자**인] ⓜ **디자인**, 밑그림, **설계**(도) ⓢ **디자인하다, 설계하다**
☜ 따로 따로(de=apart) 표시하다(sign)
♠ **make a design of ~ ~을 도안[디자인]하다**

☐ de**sign**edly [dizáinidli] ⓑ 일부러 ☜ design + ed<형접> + ly<부접>

☐ de**sign**er [dizáinər] ⓜ **디자이너**, 도안가 ☜ design) + er(사람)

☐ de**sign**ate [dézignèit] ⓢ **가리키다**, 지시하다, 표시하다, 나타내다
☜ 아래에(de=down) 서명(sign) 하다(ate<동접>)
♠ **designate** (A) as [for] one's successor A를 후계자로 **지명하다**

☐ de**sign**ated [dézignèitid] ⓗ 지정된; 관선의 ☜ -ed<형접>

☐ de**sign**ation [dèzignéiʃən] ⓜ 지정, 지명, 임명, 명칭 ☜ -ation<명접>

■ as**sign** [əsáin] ⓢ **할당하다, 배당하다** ☜ ~에게(as<ad=to) 줄 몫을 표시하다(sign)

스타 star (별; 인기연예인; [군대] 장군)

♣ **어원 : star, astro, aster, sider, sire 별**

■ **star** [stɑːr/스따/스타-] ⓜ **별**, 인기연예인 ☜ 고대영어로 '별'이란 뜻

■ **astro**nomy [əstrɑ́nəmi/-trɔ́n-] ⓜ **천문학** ☜ 별(astro) 학문(nomy)

■ con**sider** [kənsídər/컨**씨**더] ⓢ **~라고 생각하다, 숙고[고려]하다**
☜ 함께(con<com) 별(sider)을 관찰하다

☐ de**sir**ability [dizàiərəbíləti] ⓜ 바람직함 ☜ 바랄(desire)만 한(abil) 것(ity)

☐ de**sir**able [dizáiərəbəl] ⓗ **바람직한**; 탐나는, 갖고 싶은 ☜ -able(~할 만한)

☐ de**sir**ably [dizáiərəbəli] ⓑ 바람직하게 ☜ -ably(~할 만하게)

☐ de**sire** [dizáiər] ⓢ **바라다**, 원하다; 욕구하다; 희망하다
☜ 별(sire=star)로 부터(de=from) 예측하다. 점성술의 기원 관련
♠ We all **desire** success. 우리는 모두 성공을 **바란다**.

☐ de**sir**ous [dizáiərəs] ⓗ **원하는**, 바라는, 열망하는 ☜ -ous<형접>

영화 <스타탄생 포스터>
© metacritic.com

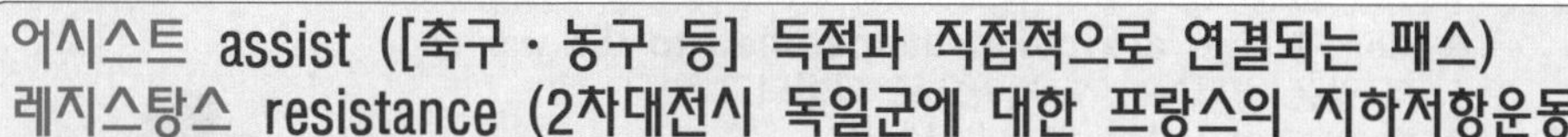

어시스트 assist ([축구·농구 등] 득점과 직접적으로 연결되는 패스)
레지스탕스 resistance (2차대전시 독일군에 대한 프랑스의 지하저항운동)

♣ **어원 : sist, sta, stit 서있다(=stand)**

■ as**sist** [əsíst] ⓢ **원조하다, 거들다**, 조력하다 ☜ ~의 곁에(as<ad) 서있다(sist)

■ re**sist** [rizíst] ⓢ **~에 저항하다**; 격퇴하다; 방해하다 ☜ ~에 대항하여(re) 서있다(sist)

■ re**sist**ance [rizístəns] ⓜ **저항(력)**, 반항; 반대; 방해 ☜ -ance<명접>

□ de**sist** [dizíst] [동] 그만두다, 중지하다, 단념하다 ☞ 멀리 (떨어져)(de=away) 서있다(sist)
♠ **desist from going 가는 것을 단념하다**
□ de**sist**ance [dizístəns] [명] 중지, 단념 ☞ -ance<명접>

뉴스데스크 News Desk (MBC TV의 저녁 중앙 뉴스 프로그램) 데스크탑 desktop computer (책상위에 올려놓는 개인용 컴퓨터)

※ **new**s [njuːs/뉴-스, njuːz] [명] [보통 단수취급] **뉴스**(프로), 보도; (신문의) 기사(記事) ☞ 새로운(new) 것들(s)
□ **desk** [desk/데스크] [명] (공부·사무용의) **책상**; (the ~) 사무직 ☞ 중세 라틴어로 '(글을) 쓰기 위한 탁자'란 뜻
♠ **a desk theory 탁상공론**
□ **desk**top [désktàp] [형] 탁상용의, 소형의 [명] 탁상 컴퓨터; 탁상 작업면 ☞ 책상(desk)의 맨 윗면(top)
※ com**put**er, -tor [kəmpjúːtər] [명] **컴퓨터; 전자계산기** ☞ 함께(com) 계산하는(put) 기계(er/or)

솔로 solo ([음악] 독주곡; [항공] 단독비행)

♣ **어원 : solo, sol(e) 혼자인, 유일한, 단독의**
■ **solo** [sóulou] [명] (pl. **-s**, sol**i**) 〖음악〗 **독주(곡); 독창(곡)**; 〖항공〗 단독비행 ☞ 라틴어로 '혼자서, 고독한'이란 뜻
■ **sole** [soul] [형] **오직 하나[혼자]의**, 유일한 ☞ 라틴어로 '혼자서'란 뜻
□ de**sol**ate [désəlit] [형] **황폐한, 황량한**; 쓸쓸한, 외로운; 우울한 ☞ 완전히(de/강조) 혼자가(sol) 되게 하다(ate)
♠ a bleak and **desolate** landscape 황폐하고 **적막한** 풍경
□ de**sol**ately [désəlitli] [부] 쓸쓸하게 ☞ desolate + ly<부접>
□ de**sol**ation [dèsəléiʃən] [명] **황폐, 황량**; 황무지, 폐허; 쓸쓸함 ☞ -ion<명접>

✚ i**sol**ate **고립시키다**, 분리(격리)하다 **sol**itary **고독한**, 외톨의, 외로운, 혼자의

인스피레이션 inspiration (영감(靈感)), 데스페라도...

♣ **어원 : spir(e), spair, sper 숨쉬다, 호흡하다**
■ in**spire** [inspáiər] [동] **고무(鼓舞)[격려]하다**, 발분시키다 ☞ 안에서(in) 숨쉬게 하다(spire)
■ in**spir**ation [ìnspəréiʃən] [명] **인스피레이션, 영감**(靈感); 영감에 의한 착상 ☞ 안에서(in) 숨쉬(spir) 기(ation)
□ de**spair** [dispέər] [명] **절망**; 자포자기 [동] **절망하다**, 단념하다 ☞ 밑으로(de=down) 숨쉬다(spair)
♠ **in despair 절망하여, 자포자기하여**
□ de**spair**ing [dispέəriŋ] [형] 자포자기의; 절망적인, 가망 없는 ☞ -ing<형접>
□ de**sper**ado [dèspəréidou, -pərάː-] [명] (pl. **-(e)s**) 《Sp.》 (서부개척 시대의) 무법자, 악한, **데스페라도** ☞ 희망이 없이 자포자기식으로 사는 자. 밑으로(de=down) 숨쉬는(sper) 자(ado)
□ de**sper**ate [déspərit] [형] **자포자기의, 필사적인, 절망적인** ☞ -ate<형접>
□ de**sper**ately [déspəritli] [부] 절망적으로, 필사적으로 ☞ -ly<부접>
□ de**sper**ation [dèspəréiʃən] [명] **절망**, 자포자기; 필사적임 ☞ ation<명접>

✚ a**spire** **열망하다**, 포부를 갖다 con**spire** 공모(共謀)하다, 작당하다; 음모를 꾸미다

패치 patch (몸에 붙이는 것), 디스패치 Dispatch (대한민국의 온라인 연예정보 보도매체. <급파하다>란 뜻)

♣ **어원 : patch 조각; 붙이다**
■ **patch** [pætʃ] [명] **헝겊 조각**, 깁는 헝겊; 천 조각 [동] 수선하다, 깁다 ☞ '한 조각'이란 뜻
■ dis**patch** [dispǽtʃ] [동] (편지·사자 등을) 급송하다; **급파(특파)하다**; 파병하다 ☞ 멀리(dis=away) 붙이다<밀착시키다<밀착 취재하다(patch)
□ des**patch** [dispǽtʃ] [동] **급파[특파·파병·급송]하다** [명] 급파, 특파 ☞ 멀리(des=away) 붙이다(patch)
♠ More troops **are being despatched to** the war zone.
더 많은 병력이 전쟁 지역**으로 파병되고 있다**.
♠ **despatch** orders 명령을 **내리다**.

스파이 spy (간첩), 스펙터클, 프로스펙스, 스펙트럼...

♣ **어원 : spi, spy, spic, spec 보다, 살피다**

■ **spy** [spai] ⓜ **스파이**, 밀정, 간첩 ☜ 고대 프랑스어로 '감시[정탐]하다'란 뜻
□ de**spic**able [déspikəbəl, dispík-] ⓗ 야비한, 비열한(=contemptible)
☜ 라틴어로 '아래로(de=down) 보(spic) 는(able<형접>)'이란 뜻
♠ a **despicable** crime **비열한** 범죄
□ de**spic**ably [déspikəbli, dispík-] ⓑ 비열하게 ☜ -ably(-able의 부사형 접미사)
□ de**spi**se [dispáiz] ⓢ **경멸하다**, 멸시하다, 얕보다 ☜ 아래로(de=down) 내려 보다(spi) + se
♠ I **despise** liars. 거짓말쟁이를 **경멸한다**.
□ de**spi**sement [dispáizmənt] ⓜ 경멸, 멸시 ☜ -ment<명접>
□ de**spi**te [dispáit] ⓙ **~에도 불구하고**(=in spite of) ⓜ **무례**, 멸시; 악의, 원한
☜ 아래로(de=down) 내려 보다(spi) + te

✚ con**spic**uous 눈에 띄는, **확실히 보이는** **spect**acle **광경**, 볼만한 것, 장관(壯觀); (pl.) **안경**
pro**spect** 조망(眺望), **전망**; 경치; **예상**, 기대 **spect**rum 〖광학〗 **스펙트럼**, 분광

스포일러 spoiler ([영화·소설] 줄거리를 미리 관객·독자들에게 밝히는 행위. <망치는 사람>이란 뜻

♣ 어원 : spoil 빼앗다, 약탈하다, 껍질을 벗기다
■ **spoil** [spɔil/스포일] ⓢ (-/**spoilt**(spoil**ed**)/**spoilt**(spoil**ed**)) **망쳐놓다**, 손상하다; **성격[성질]을 버리다, 응석받다** ⓜ (또는 pl.) **전리품**, 약탈품
☜ 라틴어로 '동물의 껍질을 벗기다, 약탈하다'란 뜻
■ **spoil**er [spɔ́ilər] ⓜ 약탈자; 망치는 사람(물건); 〖항공〗 **스포일러** 《하강 선회 능률을 좋게 하기 위하여 날개에 다는》; 〖자동차〗 **스포일러** 《차체의 앞뒤에 다는 지느러미나 날붙이꼴의 부품으로 고속 주행시 안정성을 유지시킴》
☜ spoil + er(사람/장비)
□ de**spoil** [dispɔ́il] ⓢ 탈취하다, 약탈하다
☜ 완전히(de/강조) 빼앗다(spoil)
♠ **despoil** a village 마을을 **약탈하다**.
□ de**spoil**er [dispɔ́ilər] ⓜ 약탈(강탈)자 ☜ despoil + er(사람)
□ de**spoil**ment [dispɔ́ilmənt] ⓜ 약탈 ☜ despoil + ment<명접>

< 자동차의 스포일러 >

스폰서 sponsor (후원자)

♣ 어원 : spond, spons (대)답하다, 약속하다, 서약[보증]하다
■ **spons**or [spánsər/spɔ́n-] ⓜ **보증인**(=surety), **후원자, 스폰서** ⓢ **후원하다**
☜ 약속하는(spons) 사람(or)
■ re**spond** [rispánd/-spɔ́nd] ⓢ **응답[대답]하다** ☜ 도로(re) 답하다(spond)
□ de**spond** [dispánd/-spɔ́nd] ⓢ 실망하다, 낙담하다, 비관하다 ⓜ 《고어》 낙담, 실망
☜ 라틴어로 '포기하다'란 뜻. 약속(spond)을 멀리(de=away) 하다
♠ **despond** of one's future 장래를 **비관하다**
□ de**spond**ence, de**spond**ency [dispándəns/-pɔ́n-], [-si] ⓜ 실망, 낙담 ☜ -ency<명접>
□ de**spond**ent [dispándənt/dispɔ́n-] ⓗ 낙담한, 기가 죽은, 의기소침한 ☜ ent<형접>
□ de**spond**ently [dispándəntli/dispɔ́n-] ⓑ 기가[풀이] 죽어, 의기소침하여 ☜ ly<부접>

포텐샤 Potentia (기아자동차의 고급세단), 임포텐스 impotence (발기불능증)

1992년부터 2002년까지 기아자동차에서 생산한 고급세단. 포텐샤는 '잠재적인'이라는 의미의 potential에서 유래하였음. <출처 : 위키백과>

♣ 어원 : pot 힘(=power); 할 수 있는(=able)
■ **pot**ential [pouténʃəl] ⓗ **잠재적인**; 가능성이 있는
☜ 힘이(pot) 있(ent) 는(ial<형접>)
□ des**pot** [déspət, -pɑt/-pɔt] ⓜ **전제 군주**, 독재자; (일반적) 폭군
☜ 집안(des)에서 힘(pot)이 있는 자
♠ an absolute **despot** 절대 **전제 군주**
□ des**pot**ic [dispátik/-pɔ́t-] ⓗ 전제적인(=tyrannical) ☜ -ic<형접>
□ des**pot**ism [déspətìzm] ⓜ 전제 정치(주의) ☜ -ism(~주의)
■ im**pot**ence, -cy [ímpətəns, -i] ⓜ 무력, 무기력, 허약; 〖의학〗 발기 불능증, **임포(텐스)**
☜ im(=not/부정) + pot(힘) + ence<명접>

< KIA Potentia>

인서트 insert (중간에 끼워넣는 것)

♣ 어원 : sert 결합하다, 합치다, 끼워 넣다

■ **insert** [insə́ːrt] 동 **끼워 넣다**, 끼우다, 삽입하다 ☜ 안에(in) 끼워 넣다(sert)
■ **desert** [dizə́ːrt/디**저**트] 동 **버리다**, 돌보지 않다; 도망[탈영]하다
☜ de(=against/반대, not/부정) + sert(합치다)
[dézərt/**데**저트] 명 **사막**; 황무지 ☜ 버리고 돌보지 않으면 땅은 황폐해 진다
□ **dessert** [dizə́ːrt] 명 **디저트, 후식** 《식후의 푸딩 · 파이 따위》
☜ 따로(de=apart) + s + 끼워 넣는 것(sert)

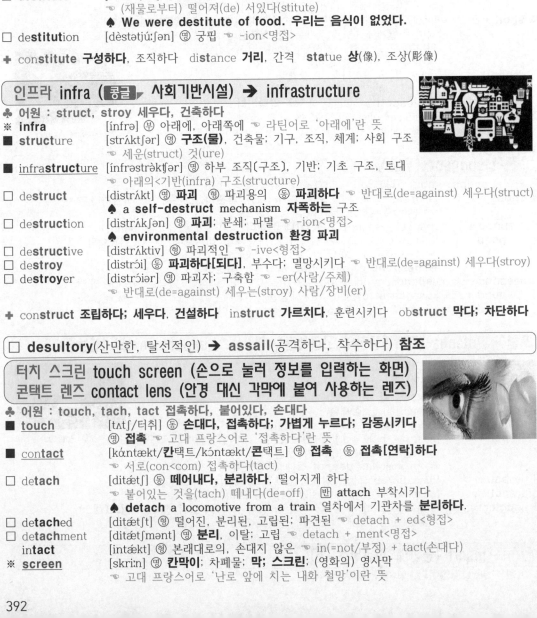

스탠드 stand (세움대; 관람석)

♣ 어원 : stand, stin(e), statu, stitu(te), sta, sti 서다, 세우다
■ **stand** [stænd/스땐드/스탄드] 동 (-/**stood/stood**) **서다, 서 있다**
☜ 라틴어로 '서있는(sta) 것/곳(nd)'이란 뜻
□ de**stin**ation [dèstənéiʃən] 명 (여행 등의) **목적지**, 행선지; 도착지
☜ 완전히(de/강조) 서는(stin) 곳(ation<명접>)
♠ What's your **destination** ? 당신의 **목적지**는 어디입니까 ?
□ de**stin**e [déstin] 동 **운명 지어지다**; ~행이다
☜ 완전히(de/강조) 서기(stin)로 되어있다(e)
□ de**stin**ed [déstind] 동 운명 지어진; ~로 향하는; 틀림없는 ☜ destine + ed<형접>
□ de**stin**y [déstəni] 명 **운명**, 숙명; 운 ☜ 완전히(de/강조) 서야할(stin) 곳(y)
□ de**stitute** [déstətjùːt] 형 **빈곤한; ~이 결핍한**, ~을 갖지 않은, ~이 없는
☜ (재물로부터) 떨어져(de) 서있다(stitute)
♠ **We were destitute of food. 우리는 음식이 없었다.**
□ de**stitut**ion [dèstətjúːʃən] 명 궁핍 ☜ -ion<명접>

✚ con**stitute** **구성하다**, 조직하다 di**st**ance **거리**, 간격 **sta**tue **상**(像), 조상(彫像)

인프라 infra (콩글 사회기반시설) ➔ infrastructure

♣ 어원 : struct, stroy 세우다, 건축하다
※ **infra** [ínfrə] 부 아래에, 아래쪽에 ☜ 라틴어로 '아래에'란 뜻
■ **struct**ure [strʌ́ktʃər] 명 **구조(물)**, 건축물; 기구, 조직, 체계; 사회 구조
☜ 세운(struct) 것(ure)
■ infra**struct**ure [ínfrəstrʌ̀ktʃər] 명 하부 조직(구조), 기반; 기초 구조, 토대
☜ 아래의<기반(infra) 구조(structure)
□ de**struct** [distrʌ́kt] 명 **파괴** 형 파괴용의 동 **파괴하다** ☜ 반대로(de=against) 세우다(struct)
♠ a **self-destruct** mechanism **자폭하는** 구조
□ de**struct**ion [distrʌ́kʃən] 명 **파괴**; 분쇄; 파멸 ☜ -ion<명접>
♠ **environmental destruction 환경 파괴**
□ de**struct**ive [distrʌ́ktiv] 형 파괴적인 ☜ -ive<형접>
□ de**stroy** [distrɔ́i] 동 **파괴하다[되다]**, 부수다; 멸망시키다 ☜ 반대로(de=against) 세우다(stroy)
□ de**stroy**er [distrɔ́iər] 명 파괴자; 구축함 ☜ -er(사람/주체)
☜ 반대로(de=against) 세우는(stroy) 사람/장비(er)

✚ con**struct** **조립하다; 세우다, 건설하다** in**struct** **가르치다**, 훈련시키다 ob**struct** **막다; 차단하다**

□ desultory(산만한, 탈선적인) ➔ assail(공격하다, 착수하다) 참조

터치 스크린 touch screen (손으로 눌러 정보를 입력하는 화면) 콘택트 렌즈 contact lens (안경 대신 각막에 붙여 사용하는 렌즈)

♣ 어원 : touch, tach, tact 접촉하다, 붙어있다, 손대다
■ **touch** [tʌtʃ/터취] 동 **손대다, 접촉하다; 가볍게 누르다; 감동시키다**
명 **접촉** ☜ 고대 프랑스어로 '접촉하다'란 뜻
■ **contact** [kάntækt/**칸**택트/kɔ́ntækt/**콘**택트] 명 **접촉** 동 **접촉[연락]하다**
☜ 서로(con<com) 접촉하다(tact)
□ de**tach** [ditǽtʃ] 동 **떼어내다, 분리하다**, 떨어지게 하다
☜ 붙어있는 것을(tach) 떼내다(de=off) 반 attach 부착시키다
♠ **detach** a locomotive from a train 열차에서 기관차를 **분리하다**.
□ de**tach**ed [ditǽtʃt] 형 떨어진, 분리된, 고립된; 파견된 ☜ detach + ed<형접>
□ de**tach**ment [ditǽtʃmənt] 명 **분리**, 이탈; 고립 ☜ detach + ment<명접>
in**tact** [intǽkt] 형 본래대로의, 손대지 않은 ☜ in(=not/부정) + tact(손대다)
※ **screen** [skriːn] 명 **칸막이**; 차폐물; **막; 스크린**; (영화의) 영사막
☜ 고대 프랑스어로 '난로 앞에 치는 내화 철망'이란 뜻

※ **lens** [lenz] 명 (pl. **-es**) **렌즈**; 렌즈꼴의 물건; 〖해부〗 (눈알의) 수정체
☜ 라틴어로 '렌즈콩(lentil)이란 뜻. 렌즈란 이 콩의 모양에서 유래되었다.

디테일(detail.상세)하게 설명하다, 디테일(detail)의 악마

□ de**tail** [díːteil, ditéil] 명 **세부, 세목**; (종종 pl.) 상세; 세부 묘사
☜ 완전히(de/강조) 조각조각 자르다(tail)
★ <디테일(detail)의 악마>란 총론(總論)적으로는 그럴듯해(쉬울 것 같아) 보이지만 세부적인 각론(各論)에 들어가면 어려움이 많다는 뜻.
♠ **detail** drawing 〖건축·기계〗 **세부**설계도; **상세**도
♠ **in detail 상세히, 자세히**

□ de**tail**ed [díːteild, ditéild] 형 상세한 ☜ detail + ed<형접>

D

컨테이너 container (화물수송용 대형 금속 상자)

♣ **어원 : tain, ten 붙잡다, 보유하다, 담고 있다**

■ con**tain** [kəntéin/컨**테**인] 동 **담고 있다, 포함하다**; (감정 등을) **억누르다** ☜ 함께(con<com) 보유하다(tain)

■ con**tain**er [kəntéinər] 명 **그릇, 용기; 컨테이너** 《화물 수송용 큰 금속 상자》 ☜ contain + er(기기)

□ de**tain** [ditéin] 동 **붙들어 두다**; 〖법〗 억류(유치·구류)하다
☜ 분리해서(de=off) 잡아두다(tain)
♠ **detain** prisoners 죄수를 **구금하다**.

□ de**tain**er [ditéinər] 명 〖법률〗 불법 유치(점유); 구금 갱신(속행)(영장); 그 절차
☜ detain + er<명접>

□ de**ten**tion [ditén∫ən] 명 구류, 방해 ☜ de + ten<tain + tion<명접>
♠ **under detention 구류[감금]되어**

✚ coun**ten**ance 안색, **표정** enter**tain 대접[환대]하다**; 즐겁게 하다 main**tain** 지속하다, **유지하다**

프로텍터 protector (스포츠선수가 착용하는 보호용구)

♣ **어원 : tect 덮다, 감싸다, 보호하다**

■ pro**tect** [prətékt/프뤄**텍**트] 동 **보호**(수호·비호)**하다**, 막다, 지키다
☜ 앞에서(pro) 덮다(tect)

■ pro**tect**or [prətéktər] 명 **보호자**, 옹호자, 방어자; **보호[안전] 장치**
☜ protect + or(사람; 장비)

□ de**tect** [ditékt] 동 **발견하다**, 탐지(감지)하다 ☜ 덮은(tect) 것을 벗기다(de=off)
♠ **detect** the odor of gas 가스 새는 것을 **발견하다**

□ de**tect**able, -ible [ditéktəbl] 형 찾아낼(탐지할) 수 있는 ☜ -able/-ible(~할 수 있는)

□ de**tect**ion [ditékʃən] 명 발견; 간파, 탐지; 발각, 탄로 ☜ -ion<명접>

□ de**tect**ive [ditéktiv] 형 **탐정의**, 검출용의 명 **탐정**; 형사 ☜ -ive<형접>

□ de**tect**or [ditéktər] 명 **발견자**; 탐지기, 〖화학〗 검출기 ☜ -or(사람; 장비)
♠ **a lie detector 거짓말 탐지기**

데탕트 detente (1970년대 자본·공산주의 진영간의 긴장완화)

□ **detente** [deitɑ́ːnt] 명 《F.》 (국제간의) 긴장 완화, **데탕트** ☜ 라틴어로 '느슨하게 하다'란 뜻.
⇦ de(=away) + tente(펼치다, 팽팽하게 하다)

테러 terror (폭력수단을 사용하여 적이나 상대방을 위협하는 행위)

♣ **어원 : terr 공포; 두려워하다**

■ **terr**or [térər] 명 (무서운) **공포**, 두려움; **테러** ☜ 라틴어로 '큰 공포'란 뜻
♠ a novel (romance) of **terror 공포**소설

□ de**ter** [ditə́ːr] 동 제지(만류)하다, 단념시키다; 방해하다; 저지(억지)하다 ☜ 라틴어로 '겁주다, 단념시키다'란 뜻. 공포심(ter<terr) 으로(de=from) 마음을 접다
♠ **deter** crime 범죄를 **막다(예방하다)**

테라스 terrace (실내와 연결된 넓은 실외 베란다), 테라코타...

♣ **어원 : terra, terre, teri 흙, 땅, 대지**

■ **terra**ce [térəs] 명 대지(臺地); 언덕; **테라스**, 단(壇) ☜ 흙(terra)을 쌓아올린(ce)

■ **terra**-cotta [térəkάtə/-kɔ́tə] ⓜ **테라코타** 《점토를 구운 것. 벽돌·기와 등》
☜ 이탈리아어로 '붉은 흙(=red earth)'이란 뜻

■ **terra** rossa [-rάsə/-rɔ́-] **테라로사** 《표층이 황갈색 내지 적갈색을 띤 토양》
☜ 이탈리아어로 '붉은(ross) 흙(terra)'이란 뜻.

□ de**teri**orate [ditíəriərèit] ⓢ **악화시키다**; (품질·가치를) 떨어뜨리다
☜ 땅(teri) 보다(or/비교) 아래에(de=down) 만들다(ate<동접>)
♠ His condition continued to **deteriorate**.
그의 상태는 계속해서 **악화되어** 갔다.

< Terrace >

□ de**teri**oration [ditìəriəréiʃən] ⓜ 악화, (질의) 저하, 노후화, 가치의 하락; 타락
☜ deteriorate + ion<명접>

D

□ de**teri**orative [ditíəriərèitiv] ⓗ 나빠질 경향이 있는; 타락적인 ☜ deteriorate + ive<형접>

터미널 terminal (종착역), 터미네이터 terminator (미국 SF 영화. <종결자>)

♣ 어원 : termin 끝, 한계, 경계

■ **termin**al [tə́ːrmənəl] ⓗ 말단(末端)의, **종말의** ⓜ **끝, 말단**; 종점(終點), **터미널**, 종착역 ☜ 라틴어로 '끝(termin) + al<형접/명접>'란 뜻

■ **termin**ate [tə́ːrmənèit] ⓢ **끝내다**; 종결시키다 ☜ 한계(termin)를 두다(ate)

□ de**termin**ate [ditə́ːrmənit] ⓗ 한정된, 확정된, 명확한, 확실한 ☜ -ate<동접>
♠ a sentence with a **determinate** meaning
뜻이 **명확한** 문장

□ de**termin**ately [ditə́ːrmənitli] ⓟ 결정적으로 ☜ -ly<부접>

□ de**termin**ation [ditə̀ːrmənéiʃən] ⓜ **결심; 결단(력)** ☜ -ation<명접>

□ de**termin**ative [ditə́ːrmənèitiv, -nətiv] ⓗ 결정력 있는; 확정적인; 한정하는
ⓜ 결정〔한정〕의 원인; 『문법』 한정사 ☜ -ative<형접/명접>

□ de**termin**e [ditə́ːrmin/디**터**-민] ⓢ **결심시키다, 결정하다**; 밝히다
☜ 완전히(de/강조) 끝을(termin) 내다(e)
♠ **determine** the ranking 순위를 **결정하다**〔매기다〕

□ de**termin**ed [ditə́ːrmind] ⓗ **결연[단호]한**, 굳게 결심한 ☜ -ed<형접>

□ de**termin**edly [ditə́ːrmindli] ⓟ 결연히, 단호하게 ☜ -ly<부접>

테스트 test (시험), 콘테스트 contest (경연)

♣ 어원 : test 증언하다, 목격하다

■ **test** [test/테스트] ⓜ **시험, 검사** ⓢ **시험하다, 검사하다**
☜ 중세영어로 '귀금속의 순도분석에 쓰인 작은 그릇'이란 뜻

■ con**test** [kάntest/**칸**테스트/kɔ́ntest/**콘**테스트] ⓜ **논쟁; 경연, 콘테스트** ⓢ **논쟁하다**
☜ 서로(con<com) 증언하다(test)

□ de**test** [ditést] ⓢ **혐오하다** ☜ 나쁘게<아래로(de=down) 증언하다(test)
♠ I **detest** dishonest people. 나는 부정직한 사람을 **몹시 싫어한다**.

□ de**test**able [ditéstəbl] ⓗ 아주 싫은 ☜ -able<형접>

□ de**test**ably [ditéstəbli] ⓟ 진저리나게, 지독하게 ☜ -ably<부접>

□ de**test**ation [dìːtestéiʃən] ⓜ 혐오 ☜ -ation<명접>

■ at**test** [ətést] ⓢ **증명[증언]하다** ☜ ~에서(at<ad=to) 증언하다(test)

■ pro**test** [prətést] ⓢ **단언[항의]하다** ☜ (대중) 앞에서(pro) 증언하다(test)

연상 왕이 드론(drone.소형무인비행체)을 타고 쓰론(throne.왕좌)에 올랐다.

※ **drone** [droun] ⓜ (꿀벌의) **수벌**; (무선조종의) **무인비행체; 윙윙거리는 소리** ⓢ 윙윙거리다 ☜ 고대영어로 '수컷 꿀벌'이란 뜻

■ **throne** [θroun/쓰로운] ⓜ **왕좌**, 옥좌; (the ~) 왕위, 제위; 제권, 왕권; 군주
☜ 그리스어로 '높은 자리'란 뜻

□ de**throne** [diθróun] ⓢ 왕위에서 물러나게 하다, 폐위시키다; 《비유》 (권위 있는 지위에서) 쫓아내다 ☜ 근대영어로 '왕좌(throne)에서 멀게(de=away)'하다
♠ **dethrone** 〔depose〕 a king 왕을 **폐하다**〔**퇴위시키다**〕

□ de**throne**ment [diːθróunmənt] ⓜ 폐위, 강제 퇴위 ☜ -ment<명접>

※ **crown** [kraun/크롸운] ⓜ **왕관**; (the ~; the C-) 제왕
☜ 라틴어로 '머리에 쓰는 관(冠)'이란 뜻

토르 Thor (망치[묠니르]로 거인을 죽인 북유럽 신화의 천둥신)

♣ 어원 : thor, thur, thund, ton 천둥, 우레; 천둥치다, 크게 소리치다

■ Thor [θɔːr] 명 『북유럽 신화』 **토르** 《천둥 · 전쟁 · 농업을 맡은 뇌신(雷神)》; 《미》 지대　지 중거리 탄도 미사일
☜ 고대 노르드어로 '천둥'

■ **thund**er [θʌ́ndər] 명 **우레(소리)**; 천둥; 《詩》 벼락　동 **천둥치다**
☜ 고대영어로 '천둥, 토르신(神)'이란 뜻

■ **Thur**sday [θə́ːrzdei/**떨**스데이/**써**스데이, -di] 명 **목요일** 《생략: Thur., Thurs.》 ☜ 고대영어로 '토르(Thor)의(s) 날(day)"이란 뜻

□ de**ton**ate [détənèit] 동 폭발시키다(하다), 작렬(炸裂)시키다(하다); 폭음을 내다 ☜ 아래에서(de=down) 천둥(ton)을 만들다(ate)
♠ **detonate** a mine 지뢰를 **폭발시키다**

□ de**ton**ation [dètənèiʃən] 명 폭발; 폭발음; (내연 기관의) 자연 폭발
☜ -ation<명접>

■ as**ton**ish [əstάniʃ/-tɔ́n-] 동 **깜짝 놀라게 하다** ☜ 밖에서(as<ex) 천둥치(ton) 다(ish<동접>)

D

□ **detox**(해독; 해독하다), **detoxication**(해독) ➔ **intoxicate**(취하게 하다) **참조**

트랙터 tractor (견인력을 이용해서 각종 작업을 하는 특수 차량)

♣ 어원 : tract 끌다, 당기다, 늘리다, 펼치다

■ **tract**or [trǽktər] 명 **트랙터**, 견인(자동)차 ☜ 끄는(tract) 기계(or)

□ de**tract** [ditrǽkt] 동 줄이다, 떨어뜨리다, 손상시키다
☜ 아래로(de=down) 끌어내리다(tract) 반 add to 더하다
♠ **detract from** its effectiveness 효과를 **떨어뜨리다**.

□ de**tract**ion [ditrǽkʃən] 명 욕(=slander), 비난, 비방, 중상; 훼손 ☜ -ion<명접>

✚ at**tract** (주의 · 흥미 등을) **끌다, 유인하다**　dis**tract** (주의를) **딴 데로 돌리다**; 빗나가게 하다
ex**tract** **뽑아내다**, 추출하다　re**tract** **철회하다**, 취소하다　sub**tract** **빼다, 감하다**

□ **detriment**(손해, 손상) ➔ **contour**(윤곽, 외형; 등고선) **참조**

디트로이트 Detroit (미국의 대표적인 자동차 공업도시)

□ **Detroit** [ditrɔ́it] 명 **디트로이트** 《미국 Michigan주 남동부의 자동차 공업 도시》; 미국 자동차 산업 ☜ 프랑스어로 '해협'이란 뜻. 디트로이트 강(江)에서 유래.

듀칼레온 Deucalion ([그神] 홍수에서 살아남은 인류의 조상)

□ **Deucalion** [djuːkéiliən] 명 『그.신화』 **듀칼리온** 《프로메테우스(Prometheus)의 아들; 아내 피라(Pyrrha)와 함께 홍수에서 살아남아 인류의 조상이 됨》

듀스 deuce ([테니스] 40 대 40)

□ **deuce** [djuːs] 명 (카드놀이 · 주사위의) 2점; 2점의 패; 『테니스』 **듀스**(40대 40)
☜ 라틴어로 '2, 둘'이란 뜻. deu, duo, two

모노가미 monogamy (일부일처제), 폴리가미 polygamy (일부다처 · 일처다부제)

♣ 어원 : gamy 결혼

■ mono**gamy** [mənάgəmi/mənɔ́g-] 명 일부일처(一夫一妻)제[주의], **모노가미**, 단혼(單婚) ☜ 하나(mono)인 결혼(gamy)

■ poly**gamy** [pəlígəmi] 명 일부다처(一夫多妻), 일처다부(一妻多夫), **폴리가미**, 복혼; 『식물』 자웅혼주(混株) ☜ 많은(poly) 결혼(gamy)

< polygamy >

□ deutero**gamy** [djùːtərάgəmi/-rɔ́g-] 명 재혼(=digamy); 『식물』 2차 양성(兩性) 결합 ☜ 다시/두 번째(deuter) 결혼(gamy)
♠ She practiced **deuterogamy**. 그녀는 **재혼**했다.

도이칠란트 Deutschland (Germany의 독일어명)

□ **Deutschland** [dɔ́itʃlaːnt] 명 《G.》 독일(Germany)
☜ 독일어로 '국민/인민(Deutsch)의 나라(land)'란 뜻

네임 밸류 name value (콩글 이름값, 명성) ➔ social reputation

♣ 어원 : valu(e) 가치가 있는

※ name [neim/네임] 명 **이름, 성명** 동 이름을 붙이다 ☜ 고대영어로 '이름'이란 뜻
■ value [vǽljuː/밸류-] 명 **가치, 가격**, 값 ☜ 고대 프랑스어로 '가치, 값'이란 뜻
□ devaluate [diːvǽljuèit] 동 ~의 가치를 내리다; (화폐의) 평가를 절하하다
☜ 낮게(de) 가치(valu)를 매기다(ate)
♠ **devaluate** property 재산을 **평가절하하다**
□ devaluation [diːvæljuéiʃən] 명 【경제】 평가 절하, 가치의 저하 ☜ -ation<명접>

✚ valuable **가치가 있는** evaluate **평가[사정]하다** invaluable **값을 헤아릴 수 없는**

바캉스 vacance ([F.] 휴가) ➔ vacation

♣ **어원 : vac, vas, van, voi(d) 빈 공간**
■ vacation [veikéiʃən/붸이케이션, və-] 명 **정기 휴가, 휴가여행**
☜ 프랑스어 바캉스(vacance/휴가)에서 유래
■ vacant [véikənt] 형 **공허한, 빈** ☜ 비어(vac) 있는(ant)
■ avoid [əvɔ́id/어보이드] 동 **(회)피하다** ☜ 멀리 떨어져(a=away) 비우다(void)
□ devastate [dévəstèit] 동 (국토·토지 따위를) **황폐시키다**
☜ 완전히(de/강조) 비우게(vas) + t + 하다(ate)
♠ The country **had been devastated by** the long war.
그 나라는 오랜 전쟁**으로 황폐화되어 있었다**.
□ devastation [dèvəstéiʃən] 명 유린, 황폐 ☜ -ation<명접>
□ devastating [dévəstèitiŋ] 형 황폐시키는, 파괴적인, 참화를 가져오는; 《구어》 매우 훌륭한
☜ -ing<형접>
□ devoid [divɔ́id] 형 **~이 전혀 없는, ~이 결여된** ☜ 완전히(de/강조) 비우다(void)
♠ a book **devoid** of interest 전혀 흥미**가 없는**(재미 **없는**) 책

디벨로퍼 developer (프로그램·부동산 등의 개발(업)자. <개발자>란 뜻)

♣ **어원 : velop 싸다, 감싸다, 둘러싸다**
□ develop [divéləp/디벨럽] 동 **발전[발달]시키다** ☜ 감싼 것(velop)을 풀다<떼내다(de=off). 제재를 해제하면 발전한다.
♠ **a developed country 선진국**
□ developed [divéləpt] 형 (국가 등이) 고도로 발전한, 공업화한, (경제, 공업 기술 등이) 진보된, 선진의 ☜ develop + ed<형접>
□ developer [divéləpər] 명 개발자; 현상액; 현상자 ☜ develop + er(사람)
□ developing [divéləpiŋ] 형 (국가·지역 등이) 개발 도상에 있는, 발전 도상의 ☜ -ing<형접>
♠ **a developing country 개발도상국가**
★ an underdeveloped country (후진국) 대신 쓰임
□ development [divéləpmənt/디벨럽먼트] 명 **발달**, 발전; 발육, 성장; **개발** ☜ -ment<명접>
□ developmental [divéləpməntl] 형 개발적(계발적)인, 발달상(발육상)의; 진화의; 발생의 ☜ -al<형접>

✚ envelope **봉투; 씌우개** underdeveloped **발달이 불충분한; 미숙한; 저개발의**

컨베이어 conveyer (운반장치), 콘보이 convoy (호송)

♣ **어원 : voy, vey, via 길; 길을 가다**
■ conveyer, -or [kənvéiər] 명 운반 장치; (유동 작업용) 컨베이어
☜ -er/or(장비, 기계)

< conveyer >

■ convoy [kάnvɔi/kɔ́n-] 명 **호송, 호위** 동 **호송[호위]하다** ☜ 함께(con<com) 길을 가다(voy)
■ via [váiə, víːə] 전 **~를 경유하여**(=by way of) ☜ 라틴어로 '길'이란 뜻
□ deviant [díːviənt] 형 (표준에서) 벗어난, 정상이 아닌 명 비정상적인 사람, 이상 성격자
☜ 길(via)에서 멀리 벗어(de=away) 난(사람)(ant)
□ deviate [díːvièit] 동 벗어나다, 빗나가게 하다 ☜ 길(via)에서 벗어나다(de) 다(ate)
♠ **deviate from** the custom 관습**에서 벗어나다**
□ deviation [dìːviéiʃən] 명 **탈선, 일탈**; (자침의) 자차(自差) ☜ -tion<명접>

✚ convey **나르다, 운반[전달·운송]하다** voyage **항해; 항해하다**

비전 vision (미래상)

♣ **어원 : vis(e) 보다, 지켜보다**
■ vision [víʒən] 명 **시력**, 시각; 상상력; 환상; **미래상, 비전** ☜ 보는(vis) 것(ion)
■ television [téləvìʒən/텔러뷔전] 명 **텔레비전** 《생략: TV》
☜ 멀리서<원격으로(tele) 보는(vis) 것(ion)

■ ad**vise** [ædváiz, əd-] ⓢ **충고[조언]하다**, 권하다 ☜ ~쪽으로(ad=to) 보다(vise)

□ de**vice** [diváis] ⓜ **고안(품); 장치**, 설비 ☜ devise의 명사형
♠ **a safety device 안전장치**

□ de**vis**al [diváizəl] ⓜ 연구, 고안, 발명 ☜ (생각을) 따로(de)하여 보는(vis) 것(al)

□ de**vis**able [diváizəbl] ⓗ 고안[창안]할 수 있는, 유증할 수 있는 ☜ -able(할 수 있는)

□ de**vise** [diváiz] ⓢ **궁리하다, 고안하다** ☜ 따로(de=apart) 보다(vise)
♠ **devise** a method (for) 방법을 **강구하다**

□ de**vise**r [diváizər] ⓜ 고안자, 발명자 ☜ devise + er(사람)

✚ re**vise** **개정하다; 교정[수정]하다** super**vise** **관리[감독]하다** **vis**it **방문하다**

디아블로 diablo ([Sp.] 미국 컴퓨터 게임. 스페인어로 <악마>) 레드데블스 Red Devils (붉은 악마)

❶ 미국의 블리자드社가 1996년 개발한 컴퓨터 게임으로 사용자가 악마와 싸우는 스토리이다. Diablo는 스페인어로 '악마'라는 뜻. ❷ Red Devils는 벨기에 축구 대표팀의 별명이기도 하고, 한국 축구 서포터즈 '붉은 악마'의 영문명이기도 하다.

♣ **어원 : diabl(o), devil 악마**

■ **diabol**ic(al) [dàiəbálik(al)/-bɔ́l-] ⓗ 악마의; 악마적인 ☜ 악마(diabol) 의(ic(al))

□ **devil** [dévl/**데**블] ⓜ **악마** ☜ diablo의 b가 v로 변하면서 태동된 것으로 추정
♠ **the Devil's Triangle 마의 3각 지대** 《의문의 실종이 많은 버뮤다 삼각지대》

□ **devil**ish [déviʃ] ⓗ **악마 같은**, 흉악한 ☜ 악마(devil) 같은(ish)

■ dare**devil** [dɛ́ərdèvl] ⓜ 저돌적인 사람 ⓗ 무모한, 물불을 가리지 않는 ☜ 악마(devil)에 도전하는(dare)

■ **evil** [íːvəl/**이**-벌] ⓗ **나쁜**, 사악한, 흉악한 ⓜ **악** ☜ 고대영어로 '나쁜, 사악한'이란 뜻

비타민 vitamin (동물의 발육과 생리 작용에 필요한 영양소)

♣ **어원 : vit, vig, viv 힘있는; 생명의, 생명력있는, 살아있는**

■ **vit**amin(e) [váitəmin/vít-] ⓜ **비타민** 《생물의 정상적인 생리 활동에 필요한 유기 화합물》 ☜ 라틴어 vita(=vital.생명의) + amine(〖화학〗 아민: 질소를 함유한 유기화합물)
★ 비타민은 비타민-A, B, C, D, E, F, H, K, L, M, P, U 등 종류가 많음.

■ **vit**al [váitl] ⓗ **생명의**, 생생한, 살아있는; **치명적인; 극히 중요한** ☜ 라틴어로 '생명의'란 뜻

■ **vit**alize [váitəlàiz] ⓢ 활력을 부여하다(=invigorate), 생명을 주다, 생기를 주다 ☜ vital + ize<동접>

□ de**vit**alize [diːváitəlàiz] ⓢ ~의 생명〔활력〕을 빼앗다〔약화시키다〕 ☜ de(=against/반대, not/부정) + vitalize(생명/활력을 주다)

✚ **viv**id **생생한, 발랄한, 밝은** **vig**or, vigour **활기, 정력** re**viv**e **소생(하게) 하다**; 회복시키다

□ devoid(결여된) ➔ devastate(황폐시키다) 참조

리볼버 권총 revolver (탄창이 회전하며 발사되는 연발권총)

♣ **어원 : volv(e), volu, volt 돌다, 회전하다; 변하다**

■ re**volve** [riválv/-vɔ́lv] ⓢ **회전하다**, 선회(旋回)하다 ☜ 계속(re) 회전하다(volve)

■ re**volv**er [riválvər] ⓜ (회전식) **연발 권총** ☜ 계속(re) 회전하는(volv) 것(er)

□ de**volve** [diválv/-vɔ́lv] ⓢ (의무 따위를) 양도하다, 지우다; 맡기다; 위임하다; (재산이) 넘어가다 ☜ 함께(con<com) 감다(volve)
♠ **devolve the duty upon ~ 그 임무를 ~에게 지우다[맡기다]**

□ de**volu**tion [dèvəlúːʃən/dìːv-] ⓜ (권리 따위의) 이전, 위임; 계승 ☜ -tion<명접>

캐스팅 보트 casting vote (가부동수일 때 의장이 던지는 결정투표)

♣ **어원 : vot(e), vow 맹세하다** ★ **voc 소리, 말하다**와 유관

※ **cast** [kæst/캐스트/kɑːst/카-스트] ⓢ (-/cast/cast) **던지다, 내던지다**; (쇠를) 주조하다 ⓜ 던지기; 주형, 주조물; 배역 ☜ 고대 노르드어로 '던지다'란 뜻

■ **vote** [vout/보우트] ⓜ **투표(권)**, 선거(권) ☜ 라틴어로 '맹세하다'의 뜻

■ **vow** [vau] ⓜ **맹세**, 서약 ☜ 라틴어로 '맹세하다'의 뜻

□ de**vote** [divóut/디**보**우트] ⓢ **바치다**, 전념하다 ☜ 완전히(de/강조) 맹세하다(vote)
♠ **devote** one's life to education 교육에 일생을 **바치다**.
♠ **devote oneself to ~ ~에 열중하다, ~에 전념하다**

☐ devoted [divóutid] ⓗ **헌신적인; 몰두하는** ☜ devote + ed<형접>
☐ devotedly [divóutidli] ⓑ **헌신적으로** ☜ devoted + ly<부접>
☐ devotee [dèvoutíː] ⓜ 신자, 열성가 ☜ devote + ee(피동적 행위자)
☐ devotion [divóuʃən] ⓜ **헌신; 전념** ☜ devote + ion<명접>
☐ devout [diváut] ⓗ **믿음이 깊은**, 헌신적인 ☜ 완전히(de/강조) 맹세하다(vout)
♠ a **devout** Roman Catholic **독실한** 가톨릭 교도
☐ devoutly [diváutli] ⓑ 경건하게 ☜ devout + ly<부접>

플레이버 flavo(u)r (입에 넣은 음식물에 대한 종합적인 풍미)

식품을 입에 넣기 전에 느끼는 냄새를 Aroma(아로마)라고 하고, 입에 넣었을 때 느끼는 풍미, 향미를 Flavor(플레이버)라고 하는데, 플레이버는 맛, 향기, 입안의 촉감 등의 총체적인 맛을 표현할 때 사용한다.
<출처 : 와인 & 커피 용어해설 / 일부인용>

♣ **어원 : vor, vour 먹다, 삼키다, 꿀꺽 마시다**
■ flavo(u)r [fléivər] ⓜ (독특한) **맛, 풍미**(=savor), 향미 ☜ 혀로(fla) + a + 먹는(vor)
☐ devour [diváuər] ⓓ **게걸스럽게 먹다**; (불·바다가) 삼켜버리다, 멸망시키다; 탐독하다; 뚫어지게 보다 ☜ 완전히(de/강조) 먹어치우다(vour)
♠ The fire **devoured** the whole town. 불은 마을을 온통 **삼켜버렸다**.
☐ devouring [diváuəriŋ] ⓗ 게걸스레 먹는; 괴롭히는; 맹렬한 ☜ -ing<형접>
☐ devouringly [diváuəriŋli] ⓑ 게걸스럽게 ☜ devouring + ly<부접>

✚ carnivorous 육식(성)의 herbivorous 초식(성)의 savo(u)r **맛, 풍미** voracious 게걸스레 먹는

연상 미국 교육개혁가 듀이(Dewey)의 눈에 듀이(dewy.이슬 맺힌)꽃이 들어왔다.

※ **Dewey** [djúːi] ⓜ **듀이** 《John ~ 미국의 철학자·교육가, 1859-1952》
★ 주요저서: 『논리학-탐구의 이론』, 『경험으로서의 예술』, 『학교와 사회』
☐ **dew** [djuː] ⓜ **이슬**; (눈물·땀 등의) 방울 ☜ 고대영어로 '이슬'이란 뜻
비교 due ~할 예정인
♠ the **dew** point **이슬**점, **노**점(露店)
☐ **dewy** [djúːi] ⓗ (-<-wier<-wiest) **이슬맺힌**; 《시어》 눈물 젖은 ☜ -y<형접>
☐ **dewdrop** [djúːdrɑp/-drɔp] ⓜ 이슬 방울 ☜ dew + drop(방울; 떨어지다)

연상 그는 텍스트(text.원본)는 항상 덱스터(dextr.오른쪽)에 놓는 버릇이 있다.

♣ **어원 : dextr, dextros 우측의, 우측으로; 오른손**
※ **text** [tekst] ⓜ **본문**, 원문; 원본 ☜ 라틴어로 '짜인 것'이란 뜻. (글을) 잘 짠 것
☐ **dexter** [dékstər] ⓗ 오른쪽의 ☜ 라틴어로 '오른 쪽(편)에'란 뜻
☐ **dexterity** [dekstérəti] ⓜ **손재주 있음**, 교묘함; 오른손잡이 ☜ 오른손잡이가 손재주가 많다는 의미에서 유래
♠ manual **dexterity** to be good 훌륭한(뛰어난) **손재주**
☐ **dexterous** [dékstərəs] ⓗ 손재주가 있는, 오른손잡이의 ☜ dexter + ous<형접>
☐ **dexterously** [dékstərəsli] ⓑ 교묘하게 ☜ dexterous + ly<부접>
☐ **dextral** [dékstrəl] ⓗ 오른쪽의; 오른손잡이의 ☜ dexter + al<형접>
■ ambi**dexter** [æ̀mbidékstər] ⓗ 양손잡이의; 손재주가 비상한; 두 마음을 품은 ⓜ 양손잡이; 두 마음이 있는 사람 ☜ 양쪽(ambi)이 오른손(dexter)인

연상 다이아몬드(diamond)를 다이아비티즈(diabetes.당뇨병) 치료에 기부하다.

※ **diamond** [dáiəmənd/다이어먼드] ⓜ **다이아몬드, 금강석**(金剛石) ☜ 고대 그리스어 Adamas(정복되지 않는다) 에서 유래
☐ **dia**betes [dàiəbíːtis, -tiːz] ⓜ 【의학】 **당뇨병** ☜ (당분이 몸)을 통해(dia) 빠져 나가다(betes=go)'란 뜻
♠ insulin-dependent **diabetes** 인슐린 의존성 **당뇨병 환자**

노하우 know-how (방법, 기술정보)

♣ **어원 : know, gno 알다, 배우다, 분간하다** ★ **g → k로 변화**
■ **know** [nou/노우] ⓓ (-/**knew/known**) **알고 있다, 알다; 구분할 수 있다** ☜ 고대영어로 '구별할 수 있다'란 뜻
■ **know**-how [nóuhàu] ⓜ 실제적인 지식; 기술 지식(정보), **노하우**, 비결; 능력

☜ 방법(how)을 알다(know)

■ **gno**sis [nóusis] ⓜ 영적 인식, 영지(靈知), 신비적 직관
☜ 그리스어로 '아는(gno) 상태/성질(sis)'이란 뜻

□ dia**gno**sis [dàiəgnóusis] ⓜ (pl. **-ses**) 〖의학〗 **진단(법); 식별**; 분석
☜ 관통하여(dia) 아는(gno) 것(sis)
♠ a **diagnosis** of the economy 경제 **분석**

□ dia**gno**se [dáiəgnòuś] ⓢ 〖의학〗 진단하다 《★ 사람은 목적어가 안 됨》; 조사 분석하다, 원인을 규명하다 ☜ 관통하여(dia) 알(gno) 다(se)

□ dia**gno**stic [dàiəgnάstik/-nɔs-] ⓗ 진단상의; [서술적] 진단에 도움이 되는, 증상을 나타내는 ⓜ 징후; 진단(약) ☜ 관통하여(dia) 아(gno) 는(stic)

■ pro**gno**sis [prɑgnóusis/prɔg-] ⓜ (pl. **-ses**) 예지(豫知), 예측 ☜ 미리(pro) 아는(gno) 것(sis)

D

다이아그램 diagram (도표, 도형)

♣ **어원 : gram 기록, 그림; 문서**

□ <u>dia**gram**</u> [dáiəgræ̀m] ⓜ **그림, 도형; 도표** ☜ ~를 통해(dia) 본 그림(gram)
♠ a **diagram** of the wiring system 배선 체계를 나타낸 **도해**

□ dia**gram**matic(al) [dàiəgrəmǽtik(əl)] ⓗ 도표〔도식〕의; 윤곽만의; 개략의
☜ diagram + m<단모음+단자음+자음반복> + atic(al)<형접>

■ epi**gram** [épigræ̀m] ⓜ **경구**(警句); (짧은) **풍자시** ☜ 위에(epi) 쓰여진 글(gram)

■ tele**gram** [téləgræ̀m] ⓜ **전보**, 전신, 전문 ☜ 멀리 떨어진 곳(tele)에서 보낸 문서(gram)

다이얼 dial (숫자판, 표시판)

□ <u>**dial**</u> [dáiəl] ⓜ **다이얼**; 문자반 ☜ 시계의 숫자판 < 해시계 < 날(day)
♠ I'm sorry to bother you. I'll **dial** again.
귀찮게 해서 죄송합니다. 다시 **걸겠습니다**.

□ **dial**ing code 《영》 (전화의) 국번 ☜ code(법전; 신호법, 암호, 약호)

□ **dial** plate (시계의) 문자판 ☜ plate(접시; 판)

□ **dial** tone (전화) 발신음 ☜ tone(음질, 음조; 어조; 색조)

다이얼로그 dialog(ue) (대화)

♣ **어원 : dia- ~을 통하여, ~사이에**

□ **dia**lect [dáiəlèkt] ⓜ **방언**, 지방 사투리 ☜ (지방사람들) 사이에(dia) 쓰이는 말(lect)
♠ **speak (in) a dialect 사투리를 쓰다, 사투리로 말하다.**

□ **dia**lectal [dàiəléktl] ⓗ 방언〔사투리〕의; 방언 특유의 ☜ -al<형접>

□ **dia**lectic [dàiəléktik] ⓗ 변증(법)적인; 방언의 ⓜ 변증법 ☜ -ic<형접/명접>

□ **dia**lectologist [dàiəlektάlədʒist/-tɔ́l-] ⓜ 방언학자 ☜ 방언(dialect) 학(ology) 자(ist)

□ **dia**lectology [dàiəlektάlədʒi/-tɔ́l-] ⓜ 방언학, 방언 연구 ☜ 방언(dialect) 학문(ology)

□ <u>**dia**log(ue)</u> [dáiəlɔ̀:g, -lɑ̀g/-lɔ̀g] ⓜ **대화**, 문답, 회화 ☜ 사이에(dia) 오가는 말(logue)
♠ **a dialogue with ~ ~와의 대화**

□ **dia**logic(al) [dàiəlάdʒik(əl)/-lɔ́dʒ-] ⓗ 대화(체)의, 문답(체)의 ☜ 말(log)를 통(dia) 한(ic(al)<형접>)

□ **dia**meter [daiǽmitər] ⓜ **직경**, 지름; (렌즈의) 배율 ☜ ~을 가로질러(dia) 재다(meter)

□ **dia**metric(al) [dàiəmétrik(əl), -rik-] ⓗ 직경의 ☜ -ical(형접)

□ **dia**metrically [dàiəmétrikəli, -rik-] ⓑ 직경으로; 전체적으로 ☜ -ly<부접>

□ **dia**phragm [dáiəfræ̀m] ⓜ 〖해부학〗 횡격막; 칸막이; (사진기의) 조리개; 진동판
☜ 가로질러(dia) 막는(phragm) 것 **주의** diaphragm의 g는 묵음

다이아몬드 diamond (금강석)

□ <u>**diamond**</u> [dáiəmənd/**다**이어먼드] ⓜ **다이아몬드, 금강석**(金剛石)
☜ 고대 그리스어 'Adamas(정복되지 않는다)'에서 유래

□ **diamond** wedding **다이아몬드** 혼식 《결혼 60 또는 75주년의 축하 기념식》
☜ wedding(결혼(식), 결혼기념일)

□ **diamond**back [dáiəməndbæ̀k] ⓗⓜ 등에 마름모〔다이아몬드 형〕 무늬가 있는 (뱀·거북·나방 따위)
☜ 등(back)에 마이아몬드(diamond) 무늬가 있는
★ 미국 메이저리그 야구단 중 애리조나주 피닉스(Phoenix)를 연고지로 하는 애리조나 다이아몬드백스(Arizona Diamondbacks)가 있는데, diamondback은 애리조나주 사막에 사는 방울뱀의 일종이다.

다이아나 Diana (❶ [로神] 달의 여신 ❷ 1997년 파파라치를 따돌리려다 교통사고로 사망한 영국 왕세자비)

☐ **Diana** [daiǽnə] 명 (Lady ~ Spencer) **다이애나** 《영국 왕세자비; 파리에서 교통사고로 사망; 1961-97》; 【로.신화】 **다이아나** 《달의 여신; 처녀성과 사냥의 수호신》

☐ **diaphragm**(횡경막, 칸막이; 조리개) ➔ **diameter**(직경, 지름) **참조**

다이어리 diary (콩글 일정계획표) ➔ planner, organizer, schedule book

☐ **diary** [dáiəri/**다**이어뤼] 명 **일기**, 일지; 일기장 ☜ 하루(dia<day)의 기록(ry)
♠ **keep a diary 일기를 쓰다**

※ **org**anizer [ɔ́:rgənàizər] 명 **조직자**; 창립위원; 발기인, 주최자, 조직책; 형성체; 분류 서류철 ☜ 조직하는(organize) 사람(er)

※ **sched**ule [skédʒu(:)l/ʃédju:l] 명 《미》 **시간표, 예정(표), 스케줄** 동 (특정 일시에)**~을 예정하다** ☜ 라틴어로 '파피루스 종이', 고대 프랑스어로 '종이 한 장, 기록(메모)한(sched) 것(ule)'이란 뜻.

바르톨로뮤 디아스 Bartholomeu Dias (희망봉을 발견한 포르투갈의 항해자)

☐ **Dias** [dí:əs] 명 **디아스** 《Bartholomeu ~, 포르투갈의 항해자; 아프리카 남단의 희망봉 발견자; 1450?-1500》

디아스포라 Diaspora (유대인들의 이동. <흩어진 사람들>이란 뜻)

팔레스타인을 떠나 세계각지에 살면서 유대교의 규범과 생활 관습을 유지하는 유대인. 본토를 떠나 타지에서 자신들의 규범과 관습을 유지하며 살아가는 민족집단 또는 그 거주지. <출처 : 두산백과>

☐ **Diaspora** [daiǽspərə] 명 (the ~) **디아스포라** 《유대인의 이산》; (d-) (국외) 이산, (국외) 이주 ☜ ~를 넘어(dia) 씨를 뿌리다(spero<spora)

다이스 dice (유럽의 주사위)

☐ **dice** [dais] 명 (pl.) **주사위**; 주사위놀이, 노름 ☜ 중세영어로 '정육면체로 자르다; 주사위 놀이를 하다'란 뜻

☐ **die** [dai] 명 **주사위** ☜ 고대 프랑스어로 '주사위'란 뜻
♠ **The die (dice) is cast. 주사위는 던져졌다.** 《율리우스 카이사르가 군대를 이끌고 루비콘(Rubicon)강을 건너 로마로 진격하면서 했던 말》
★ 카이사르는 무장을 한 채 루비콘 강을 건너면 당시 로마의 국법을 어기는 것이고 다시 돌아올 수 없는 내전으로 치닫는다는 것을 강조하면서 이 말을 사용했다고 하며, 그 이후로 "돌이킬 수 없는 전환점", "다시 돌아올 수 없는 길"을 의미할 때 이 어구를 인용한다.

찰스 디킨스 Charles Dickens (영국의 소설가)

☐ **Dickens** [díkinz] 명 **디킨스** 《Charles ~, 영국의 소설가; 1812-70》
★ 대표작 : 『황폐한 집』, 『위대한 유산』 등

딕셔너리 dictionary (사전)

♣ 어원 : **dic, dict 말, 말하다**

☐ **dict**ate [díkteit] 동 **구술하다**, 받아쓰게 하다 ☜ 말(dict) 하다(ate<동접)
♠ **dictate** a letter to the secretary 비서에게 편지를 **받아쓰게 하다**.

☐ **dict**ation [diktéiʃən] 명 **구술; 받아쓰기** ☜ -ation<명접>

☐ **dict**ator [díkteitər] 명 구술자; **독재자**, 절대 권력자 ☜ -or(사람)

☐ **dict**atorship [díkteitərʃìp] 명 **독재(권), 절대권**; 독재 정권 ☜ -ship(권한)

☐ **dic**tion [díkʃən] 명 말씨; **용어 선택, 어법** ☜ 말하는(dic) 것(tion<명접>)

☐ **dic**tionary [díkʃənèri/**딕**셔네뤼, -ʃənəri] 명 **사전**, 사서, 옥편 ☜ 말하는(dic) 것(tion)의 모음(ary)
♠ a Korean-English **dictionary** 한영**사전**
♠ **"Impossible" is a word to be found only in the dictionary of fools. 내 사전에 불가능은 없다** - 나폴레옹1세가 군대를 이끌고 알프스산맥을 넘으며 한 말 -

☐ **dict**um [díktəm] 명 (pl. -t**a**, **-s**) (권위자, 전문가의) 공식 견해, 단정; 격언, 금언

☜ (권위있게) 말해진(dic) 것(um)

✚ bene**dic**tion **축복; 감사**; 기도 contra**dic**tion **부정; 모순** pre**dic**tion **예언; 예보**

연상 그 미들(middle.중간,중량)급 권투선수가 나를 디들(diddle.속이다)했다.

※ **mid**dle [mídl/**미**들] 형 **한가운데의, 중앙[중간]의** ☜ mid(중간) + d + le<형접>
□ **diddle** [dídl] 동 《구어》 속이다, 편취하다; (시간을) 낭비하다 ☜ 근대영어로 '비틀거리다'란 뜻
♠ **diddle ~ out of** his money **~를 속여** 그의 **돈을 빼앗다**

D

다이하드 Die Hard (미국 액션 영화. <완강한 저항자>란 뜻)

2013년 개봉한 미국의 액션 영화. 브루스 윌리스 주연. 한 형사가 관계가 소원하던 아들을 만나기 위해 러시아로 가지만 테러음모에 휘말리게 되면서 벌어지는 이야기. 원제는 A Good Day To Die Hard(저항하기 좋은 날)이다. <출처 : 위키백과 / 일부인용>

BRUCE WILLIS
DIE HARD
© 20th Century Fox

□ **die** [dai/다이] 동 **죽다** ☜ 고대 덴마크, 노르드어로 '죽다'란 뜻
비교 dye 물감, 염료; 염색하다
♠ **die away 사라지다**(=disappear), **차츰 조용해지다**
♠ **die from ~ (부상, 사고 등으로) 죽다**
♠ **die of ~ (병, 노령 등으로) 죽다**
♠ **die out 사멸하다; 소멸하다**
□ **die** hard [dáihὰ:rd] 명 완강한 저항자; 보수주의자 ☜ hard(단단한; 어려운; 열심히)
□ **die**-hard [dáihὰ:rd] 형 끝까지 버티는(저항하는); 완고한 ☜ 죽을(die) 때까지 굳게(hard) 버티는
□ **dy**ing [dáiiŋ] 형 **죽어가는**; 죽을 운명의(=mortal) ☜ 죽어(die) 가는(ing)
♠ **be dying for (to) ~ ~하고 싶어 죽겠다, ~을[~하기를] 간절히 바라다**
■ **dead** [ded/데드] 형 **죽은**, 생명이 없는 ☜ 고대영어로 '죽은'이란 뜻
■ **death** [deθ] 명 **죽음, 사망** ☜ 죽은(dead) 것(th<명접>)

디젤 Diesel (디젤기관을 발명한 독일인 기사)

□ **Diesel** [dí:zəl, -səl] 명 **디젤** 《Rudolf ~, 디젤기관을 발명한 독일인 기사; 1858-1913》
형 (d-) 디젤 엔진의 ☜ 디젤엔진을 개발한 루돌프 디젤의 이름에서
♠ My new car is **a diesel**. 내 새 차는 **디젤차**이다.
□ **diesel** engine (motor) **디젤엔진[기관]** ☜ engine(엔진, 기관), motor(모터, 전동기)

다이어트 diet (콩글 살을 빼는 것) ➔ lose weight

□ **diet** [dáiət] 명 (일상의) **음식물**; (치료·체중조절을 위한) **규정식**, 식이요법 ☜ 그리스어 diaita(건강한 삶의 방식)이란 뜻
♠ **diet** list (식이요법 등의) **규정식**표, **식단**표
□ **diet**ary [dáiətèri/-təri] 형 음식물의; 규정식의; 식이요법의 명 규정식 ☜ -ary<형접/명접>
□ **Diet** [dáiət] 명 (the ~) **국회**, 의회 《덴마크·스웨덴·헝가리·옛프로이센 등의》
☜ 《암기》 국회(Diet)는 항상 국가예산을 다이어트(diet) 하도록 요구한다.

카페리 car ferry (여객과 자동차를 실어나르는 연락선)

♣ 어원 : fer 나르다, 가져가다
※ **car** [kɑ:r/카-] 명 **자동차** ☜ 라틴어로 '2개의 바퀴가 달린 켈트족의 전차'란 뜻
■ **fer**ry [féri] 명 **나룻배; 나루터**, 도선장 ☜ 나르는(fer) 것/곳(ry)
□ dif**fer** [dífər] 동 **다르다**, 틀리다 ☜ 멀리(dif=away) 나르다(fer)
♠ **differ from ~ ~와 다르다**
□ dif**fer**ence [dífərəns/**디**풔런스] 명 **다름**, 상이; 차이 ☜ -ence<명접>
♠ **make a difference 차이를 낳다**
□ dif**fer**ent [dífərənt/**디**풔런트] 형 **다른, 상이한** ☜ differ + ent<형접>
♠ **be different from ~ ~와 다르다**
□ dif**fer**ential [dìfərénʃəl] 형 **차별[구별]의, 차별적인** ☜ different + ial<형접>
□ dif**fer**entiate [dìfərénʃièit] 동 **구별 짓다**, 차별하다 ☜ different + i + ate<동접>
□ dif**fer**ently [dífərəntli] 부 **다르게** ☜ different + ly<부접>

✚ indif**fer**ence **무관심**, 냉담 trans**fer** **옮기다, 이동하다, 갈아타다; 이전**(移轉)

픽션 fiction (허구, 소설), 논픽션 nonfiction (허구가 아닌 사실 문학)

♣ 어원 : fic 만들다(=make)

■ **fic**tion [fíkʃən] [명] [집합적] **소설** ☜ 만들어진(fic) 것(tion)

■ non**fic**tion [nànfíkʃən] [명] **논픽션**, 소설이 아닌 산문 문학《전기·역사·탐험 기록 등》 ☜ 허구가 아닌 사실. 만들어진(fic) 것(tion)이 아닌(non=not/부정)

□ dif**fic**ult [dífikʌlt/디퓌컬트, -kəlt] [형] **곤란한, 어려운** [반] easy 쉬운 ☜ 잘 만들어(fic)지지 않(dif=not) 은(ult<형접>)

□ dif**fic**ulty [dífikʌlti/디퓌컬티, -kəl-] [명] **곤란**; 불화, 난국 ☜ -y<명접>
♠ **have** 〔have no〕 **difficulty in ~ ~이 곤란하다** 〔하지 않다〕

D

하이파이 hi-fi (음향장치의 고음질 상태. <고충실도>란 뜻)

♣ 어원 : fid(el) 믿다, 확신하다; 신뢰, 확신

■ **hi-fi** [háifái] [명] (pl. **-s**)《구어》**하이파이**(high fidelity), **하이파이** 장치《레코드 플레이어·스테레오 따위》

※ **high** [hái/하이] [형] **높은** ☜ 고대영어로 '높은, 키가 큰, 고급스런'이란 뜻

■ **fide**lity [fidéləti, fai-] [명] **충실, 충성, 성실**; 정절 ☜ 신뢰(fide) + li + 함(ty)

□ dif**fid**ence [dífədəns] [명] **자신 없음**, 망설임, 사양, 수줍음 ☜ 확신이(fid) 있음(ence)
♠ **with diffidence 망설이면서, 주저하면서**

□ dif**fid**ent [dífidənt] [형] **자신 없는**, 사양하는, 수줍은; 소심한 ☜ -ent<형접>

□ dif**fid**ently [dífidəntli] [부] 자신 없게; 기가 죽어서 ☜ -ly<부접>

✚ con**fid**ence **신용, 신뢰, 신임** in**fide**lity 신앙이 없음, 무신론

앤티프래절 antifragile (<스트레스에 더 강해지는 특성>을 뜻하는 신조어)

'충격을 받으면 깨지기 쉬운'이라는 뜻의 fragile에 '반대'라는 의미의 접두어 anti를 붙여 만든 신조어. <블랙스완>의 작가, 나심 탈레브가 2012년 내놓은 책의 제목이다. 탈레브는 그리스 신화의 머리가 여럿달린 뱀 히드라의 머리 하나를 자르면 그 자리에 머리 두 개가 나오면서 더 강해지는 것처럼 기업이 어려운 상황에 처했을 때 살아남는게 아니라 더욱 강해져야 한다는 논리를 담고 있다. <출처 : 시사상식사전>

♣ 어원 : frag, frac, frail, frang, fring, frit 깨지다, 깨다

■ **frag**ile [frǽdʒəl/-dʒail] [형] **부서지기[깨지기] 쉬운; 무른, 허약한** ☜ 깨지기(frag) 쉬운(ile)

fraction [frǽkʃən] [명] **파편**, 단편; 『수학』 **분수** ☜ 부서진(frac) 것(tion)

□ dif**frac**t [difrǽkt] [동] 분산시키다, 분해하다; 『물리』 (빛·전파·소리 따위를) 회절(回折)시키다 ☜ 각기 따로(dif=apart) 깨뜨리다(frac) + t

□ dif**frac**tion [difrǽkʃən] [명] (빛·전파·소리 등의) 회절(回折) ☜ 각기 따로(dif=apart) 깨뜨리(frac) 기(tion<명접>)
♠ **diffraction of light 빛의 회절**

✚ **frag**ment **파편, 부서진 조각** **frag**rance, -rancy **향기, 방향**(芳香)

퓨즈 fuse (전기 퓨즈), 퓨전(fusion.융합, 섞음) 요리

♣ 어원 : fus 녹다, 녹이다; 붓다, 쏟다, 섞다

■ **fus**e [fjuːz] [명] **신관, 도화선**; 『전기』 **퓨즈** [동] 녹이다 ☜ 근세영어로 '열로 녹이다'

■ **fus**ion [fjúːʒən] [명] 용해, **융해, 융합**; 연합, 합병; 『음악』 **퓨전**《재즈에 록 등이 섞인 음악》 ☜ 붓고 섞는(fus) 것(ion)

□ dif**fus**e [difjúːz] [동] **흩뜨리다**, 퍼뜨리다 ☜ 멀리 퍼지도록(dif<dis=away) 쏟아 붓다(fus) + e
♠ a **diffuse** community **넓은 지역에 분산되어 있는** 공동체

□ dif**fus**ed [difjúːzd] [형] 흩어진 ☜ diffuse + ed<형접>

□ dif**fus**ion [difjúːʒən] [명] 전파, 보급, **유포, 확산**; 산만함 ☜ -ion<명접>

□ dif**fus**ive [difjúːsiv] [형] 널리 퍼지는, 장황한 ☜ -ive<형접>

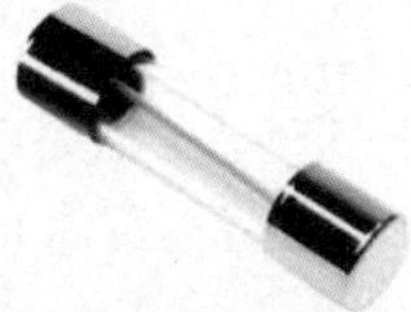
< 전기 퓨즈 >

✚ con**fus**e **혼동하다, 헛갈리게 하다** ef**fus**e 발산〔방출〕하다 in**fus**e (사상 따위를) **주입하다, 불어넣다** re**fus**e **거절[거부]하다**

골드디거 Gold Digger (돈 많은 남자를 좋아하는 여자. <금 캐는 사람>)
덕아웃 < 더그아웃 dugout ([야구] 야구장의 선수대기소)

※ **gold** [gould/고울드] [명] **금, 황금** ☜ 고대영어로 '변색이 되지 않고, 색, 광택, 유연성 등으로 유명한 귀금속'이란 뜻

☐ **dig** [dig/디그] ⓢ (-/**dug**/**dug**) (땅 따위를) **파다**, 파헤치다
☜ 중세영어로 '파다'란 뜻 ㊁ bury 묻다
♠ **dig** in the ground 땅을 **파다**
♠ **dig up 파내다, 캐내다**
dig up the ground 땅을 **파헤치다**

☐ **dig**ger [dígər] ⓜ (땅을) **파는 사람**(동물·도구); 갱부(坑夫)
☜ 파는(dig) + g + er(사람/도구)

■ **dug**out [dʌ́gàut] ⓜ 〖군사〗 **참호, 방공[대피]호**; 〖야구〗 **더그아웃**; 카누(=canoe)
☜ 밖으로(out) 파낸(dug<dig의 과거분사) 곳

D

제스처 gesture (몸짓), 리더스 다이제스트 Reader's Digest (미국 월간잡지)

♣ **어원 : gest 나르다, 운반하다, 전하다**

■ **gest**ure [dʒéstʃər] ⓜ 몸짓, 손짓, **제스처**
☜ (생각을) 전하는(gest) 것(ure)

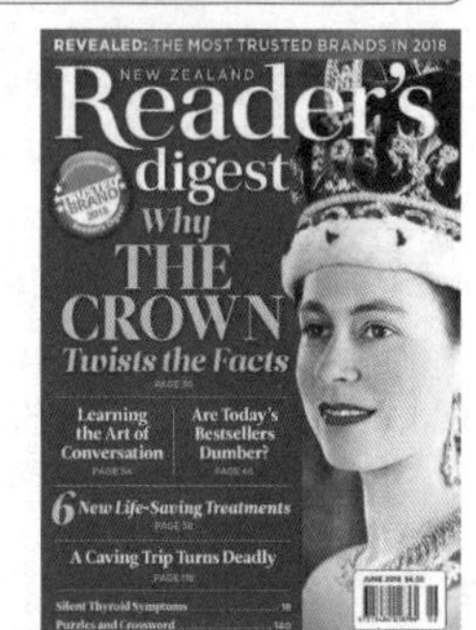

※ **read**er [ríːdər/**뤼**-더] ⓜ **독자; 독서가**; 독본; 〖컴퓨터〗 읽개, 판독기
☜ read + er(사람/기계)

☐ di**gest** [didʒést, dai-] ⓢ **소화하다**; 요약하다 [dáidʒest] ⓜ **요약**; 소화물 ☜ 각각 떼어(di<dis=off) 나르다(gest)
♠ **Reader's Digest 리더스 다이제스트**
《미국의 월간잡지. '독자의 요약문'이란 뜻》

☐ di**gest**ible [didʒéstəbl, dai-] ⓗ **소화할 수 있는**; 소화하기 쉬운
☜ digest + ible(할 수 있는)

☐ di**gest**ion [didʒéstʃən, dai-] ⓜ **소화** ☜ digest + ion<명접>

☐ di**gest**ive [didʒéstiv, dai-] ⓗ **소화의**; 소화를 돕는 ☜ digest + ive<형접>

■ con**gest** [kəndʒést] ⓢ **혼잡하게 하다** ☜ 함께 섞어(con<com) 나르다(gest)

■ in**gest** [indʒést] ⓢ (음식·약 등을) 섭취하다 ☜ 안으로(in) 나르다(gest)

디지털 digital (데이터나 물리량을 숫자로 나타낸 것)

♣ **어원 : digit 손[발]가락; 숫자**

☐ **digit** [dídʒit] ⓜ 손(발)가락; 아라비아 숫자 《0에서 9까지》
☜ 라틴어로 '손(발)가락'이란 뜻

☐ **digit**al [dídʒitl] ⓗ **손가락(모양)의**; 숫자의; **숫자로 표시하는, 디지털 방식의** ⓜ **손[발]가락**; 〖컴퓨터〗 수치형, **디지털** ☜ digit + al<형접>
비교 analog(ue) 아날로그 《데이터나 물리량을 연속적으로 변화하는 양으로 나타내는 것》
♠ **digital** clock **디지털** 시계

맥 데인티 MAC Dainty (미국 MAC사의 화장품 브랜드. <우아한>이란 뜻) 디그니타스 Dignitas ([L.] 안락사를 지원하는 스위스 단체. <존엄>이란 뜻)

디그니타스는 죽을 권리를 호소하여 의사·간호사에 의해 안락사를 지원하는 스위스 단체로 말기암 환자나 불치병 환자가 생을 존엄하게 마감할 수 있도록 하기 위해 1998년 루드비히 미넬리가 설립하였다.

♣ **어원 : dign, dain 훌륭한, ~의 가치가 있는**

■ **dain**ty [déinti] ⓗ **우미[우아]한; 맛있는; 까다로운** ⓜ 진미(珍味) ☜ 가치가 있는(dain) 것(ty)

☐ **dign**ify [dígnəfài] ⓢ **위엄을 갖추다**, 위엄있게 하다
☜ 가치가 있게(dign) 만들다(fy)
♠ **dignify** one's character 품격(품위)을 **높이다**

☐ **dign**ified [dígnəfàid] ⓗ **위엄[품위]있는**, 고귀한
☜ dignify<y→i> + ed<형접>

☐ **dign**ity [dígnəti] ⓜ **존엄**, 위엄; 존엄성; 품위 ☜ 가치 있는(dign) 것(ity)

☐ **dign**itary [dígnitèri/-təri] ⓜ 고위(고관)의 사람 ☜ -ary<명접>

■ in**dign**ity [indígnəti] ⓜ 모욕, **경멸**, 무례 ☜ 가치(dign)가 없(in=not)는 것(ity)

업그레이드 upgrade (품질·성능의 향상)

♣ **어원 : grad, gress, gree 가다(=go), 걷다(=walk)**

■ **grad**e [greid/그뤠이드] ⓜ **등급; 성적** ⓢ **등급을 매기다** ☜ 라틴어로 '걸음, 계단'이란 뜻

■ up**grad**e [ʌ́pgrèid] ⓜ 《미》 오르막; 증가, 향상, 상승; 〖컴퓨터〗 **업그레이드**, 성능 향상
☜ 위로(up) 나아가다(grade)

□ di**gress** [daigrés, di-] ⓢ (이야기・의제 따위가) 옆길로 빗나가다, 본제를 벗어나다
☜ 멀리 벗어나(di=away) 가다(gress)
♠ **digress from one's subject** (theme) **논제에서 벗어나다**

□ di**gress**ion [daigréʃən, di-] ⓜ 주제에서 벗어남, 여담, 탈선 ☜ -ion<명접>

□ di**gress**ive [daigrésiv, di-] ⓗ 본론에서[옆길로] 벗어나기 쉬운; 여담의, 지엽적인 ☜ -ive<형접>

■ pro**gress** [prάgres/프**롸**그레스/próugres/프**로**우그레스] ⓜ **전진**, 진행; **진보**, 발달
[prəgrés/프뤄그**뤠**스] ⓢ **전진하다, 진척하다**
☜ 앞으로(pro) 가다(gress)

D

연상 정의의 여신 디케(Dike)가 다이크(dike.제방)를 쌓고 있다.

□ **Dike** [daik] ⓜ 〖그.신화〗 정의의 여신
☜ 그리스어로 '정의(正義), 정도(正道)'란 뜻

□ **dike, dyke** [daik] ⓜ 둑, 제방; 도랑; 둑길 ☜ 고대영어로 '도랑'이란 뜻
♠ build **a dike 방죽**을 쌓다

휴먼 릴레이션 Human Relations = H.R. (인간관계)

사회집단 구성원이 이루고 있는 관계 중에서 비공식적이고 감정적인 관계를 말한다. 기업의 노무관리 기술 중 하나로 인간관계를 중시하여 종업원들의 사기를 높이는 것을 목적으로 한다.

♣ **어원 : lat(e) 운반하다, 넓히다, 확장하다**

※ **human** [hjúːmən/**휴**-먼] ⓗ **인간의**, 사람의; **인간다운** ⓜ **인간, 인류** ☜ 라틴어로 '사람'

■ re**lat**ion [riléiʃən/륄**레**이션] ⓜ **관계, 관련** ☜ 다시(re) 확장하(lat) 기(ion)

□ di**late** [dailéit, di-] ⓢ **팽창시키다; 넓히다** ☜ 멀리(di=away) 넓히다(late)
♠ Her eyes **dilated with** fear. 공포에 질려 그녀의 눈이 **커졌다**.

□ di**lat**ion [dailéiʃən, di-] ⓜ 팽창(=dilatation) ☜ dilate + ion<명접>

□ di**lat**ive [dailéitiv, di-] ⓗ 팽창성의 ☜ dilate + ive<형접>

□ di**lat**ant [dailéitənt, di-] ⓗ 팽창[확장]성의 ⓜ 팽창성의 것 ☜ -ant<형접/명접>

✚ e**late** 고무하다, 의기양양하게 하다 trans**late 번역하다**

딜레마 dilemma (진퇴양난)

□ **dilemma** [dilémə] ⓜ **진퇴양난**, 궁지, **딜레마** ☜ 두 번(di)의 제안/명제(lemma)

딜레탕트 dilettante ([It.] 아마추어로서의 예술 애호가(愛好家))

□ **dilettante** [dìlətάːnt, -tǽnti] ⓜ (pl. **-s,** dilettant**i** [-tiː]) **딜레탕트**, (문학・예술・학술의) 아마추어 애호가, 《특히》 미술 애호가; 어설픈 지식의 사람 ⓗ 예술을 좋아 하는
☜ 이탈리아어로 '즐긴다'라는 뜻
♠ She's a professional artist, not **a dilettante**.
그녀는 전문적인 화가이지, **아마추어 애호가**가 아니다.

인텔리 콩글 intelli(×) ➔ intelligentsia (지식계급, 지식인)
엘레강스 elegance (세련되고 기품있으며 고급스러운 이미지)

< 여성잡지 엘레강스 >

♣ **어원 : lig, leg 선택하다, 뽑다, 고르다, 모으다**

■ intel**lig**entsia, -tzia [intèlədʒéntsiə, -gén-] ⓜ 《러》 [보통 the ~]〖집합적〗 지식계급, **인텔리겐차** ☜ 러시아어로 '지식계급'이란 뜻

■ intel**lig**ence [intélədʒəns] ⓜ **지성, 지능; 정보** ☜ ~중에서(intel<inter) 바르게 선택(lig) 함(ence)

□ di**lig**ence [dílədʒəns] ⓜ **근면**, 부지런함 ☜ 따로(di=apart) 모아(lig) 옴(ence<명접>)

□ di**lig**ent [dílədʒənt] ⓗ **근면한**, 부지런한 ☜ -ent<형접>
♠ **be diligent in** one's studies 열심히 **공부하다**

□ di**lig**ently [dílədʒəntli] ⓑ **부지런히**, 열심히 ☜ -ly<부접>

■ eli**g**ible [élidʒəbəl] ⓗ **적격의**; 적임의 ☜ 밖으로(e<ex) 뽑을(lig) 수 있는(ible)

■ ele**g**ance, -gancy [éligəns, -i] ⓜ (pl. **-s; -cies**) **우아, 고상**, 기품 ☜ 프랑스어로 '우아한, 기품있는'이란 뜻. 밖으로(e<ex) 뽑을(lig) 수 있음(ance)

■ neg**lig**ent [néglidʒənt] ⓗ 소홀한, **태만한** ☜ neg(=not/부정) + 모아(lig) 오는(ent)

로션 lotion (화장수)

♣ 어원 : lot, lut 씻다

■ **lotion** [lóuʃən] 명 바르는 물약; **세척제**; 화장수, **로션**; 《속어》 술
☜ 고대 프랑스어로 '피부에 바르는 액상 제제(製劑)'란 뜻

□ dil**ut**e [dilúːt, dai-] 동 물을 타다, 묽게 하다, 희석하다; 희박하게 하다〔되다〕
☜ (일부만) 따로(di=apart) 씻다(lut) + e
♠ **dilute** wine with water 포도주를 물로 **희석하다**.

□ dil**ut**ion [dilúːʃən, dai-] 명 묽게 하기, 희석, 희박(稀薄) ☜ -ion<명접>

디머 dimmer (자동차 전조등의 밝기를 조절하는 장치)

□ **dim** [dim] 형 (-<-mm**er**<-mm**est**) (빛이) **어둑한; 흐릿한**
☜ 고대영어로 '어두운'이란 뜻
♠ It's **dim** in the room. 방 안이 **침침하다**.

□ **dim**ly [dimli] 부 **어스레하게**, 어둑하게 ☜ dim + ly<부접>

□ **dim**mer [dímər] 명 어둑하게 하는 사람〔물건〕; 조광기(調光機), **디머** ☜ dim + m<단모음+단자음+자음반복> + er(사람/장비)

□ **dim**out [dímàut] 명 (등불을) 어둑하게 하기; 경계 등화 관제
☜ 완전히(out/강조)) 어두운(dim) 것 **비교** blackout 등화관제

데카메론 Decameron (보카치오 단편소설집. <열흘간의 이야기>)

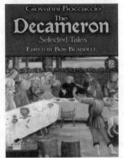

♣ 어원 : dec(a)-, deci-, di- 10

■ **Deca**meron [dikǽmərən] 명 **데카메론** 《Boccaccio작 단편소설집》
☜ 10(deca) 일(meron=day)

■ **deca**de [dékeid/dəkéid] 명 **10년간** ☜ 10(deca)개의 묶음(de=group)

■ **Decem**ber [disémbər/디**쎔**버] 명 **12월** 《생략: Dec.》 ☜ 최초 **10월** 이었으나, 중간에 7 · 8월이 추가되면서 12월로 밀려남

□ **di**me [daim] 명 **10센트 니켈 동전, 다임**
☜ 라틴어 decem(10)에서 유래
♠ He changed a dollar bill for **ten dimes**.
그는 1 달러짜리 지폐를 **10 센트짜리 동전 10 개**로 바꾸었다.

3D영화 three-dimensional film (3차원의 입체영화)

♣ 어원 : mens 재다, 측정하다

※ **three** [θriː/뜨리-/쓰리-] 명 **3, 3개** 형 3의, 3개의
☜ 고대영어로 '3'이란 뜻

□ di**mens**ion [diménʃən, dai-] 명 (길이 · 폭 · 두께의) **치수, 넓이; 차원**
☜ 따로(di<dis) 측정한(mens) 것(ion)
♠ **fourth dimension** (과학 · 공상과학 소설에서 말하는) **4 차원** (시간)

□ di**mens**ional [diménʃənəl] 형 **치수의; ~차원의** ☜ dimension + al<형접>

■ im**mens**e [iméns] 형 **거대한, 막대한** ☜ im(=not/부정) + 측정하(mens) 는(e<형접>)

※ **film** [film] 명 **얇은 껍질**〔막 · 층〕; **필름, 영화** 동 **엷은 껍질로 덮다[덮이다]**
☜ 고대영어로 '얇은 껍질〔피부〕'란 뜻

미니스커트 miniskirt (무릎이 드러나는 짧은 치마)

♣ 어원 : mini, minu 적은, 작은, 소형의

■ **mini**skirt [míniskəːrt] 명 **미니스커트** ☜ 작은(mini) 치마(skirt)

□ di**mini**sh [dimíniʃ] 동 **줄이다**, 감소하다 ☜ 분리하여(dis=apart) 작게(mini) 하다(sh)
♠ **diminish** in speed 속도가 **떨어지다**

□ di**minu**tion [dìmənjúːʃən] 명 **감소**, 축소 ☜ -tion<명접>

□ di**minu**tive [dimínjətiv] 형 **소형의**, 작은 ☜ -tive<형접>

□ **dimly**(어스레하게), **dimmer**(조광기) ➔ **dim**(어둑한) **참조**

딤플 dimple (골프공 표면의 분화구 형태의 홈), 덴트 dent ([자동차] 찌그러진 부위)

□ **dimple** [dímpəl] 명 **보조개**; (피부 · 땅 · 수면 등의) 움푹 들어간 곳; 잔물결 ☜ 고대영어로 '깊은 구멍'이란 뜻
♠ She has **a dimple** when she smiles. 그녀는 웃으면 **보조개**가 생긴다

□ **dimply** [dímpli] ㊖ 보조개가 있는; 움푹 들어간; 잔물결이 이는 ☜ -y<형접>
□ **dint** [dint] ㊔ **힘**, 폭력; 맞은 자국, **움푹 팬 곳** ☜ 고대영어로 '전투로 인한 타격'이란 뜻
♠ **by dint of ~ ~의 힘으로, ~에 의하여**(=by means of)
■ **dent** [dent] ㊔ **움푹 팬 곳**, 눌려서 들어간 곳, 눌린 자국 ☜ 중세영어로 '일격, 타격'이란 뜻

연상 ▶ 핀(pin.못바늘)으로 딘(din.소음)이 나는 곳을 꿰매버렸다.

※ **pin** [pin/핀] ㊔ **핀**, 못바늘; 장식 바늘 ☜ 고대영어로 '나무못, 빗장'이란 뜻
□ **din** [din] ㊔ 떠듦, **소음**, 시끄러운 소리 ㊕ 소음으로 (귀가) 먹먹해지다
☜ 고대영어로 '소음'이란 뜻
♠ Don't make **a din** because of the rumor. 소문 때문에 **소란**을 피우지 마라.

D

디너쇼 dinner show (저녁식사를 하면서 보는 쇼)

□ **dine** [dain/다인] ㊕ **정찬을 먹다** ☜ 고대 프랑스어로 '정찬을 먹다'란 뜻
□ **din**ing [dáiniŋ] ㊔ 정찬 《오찬·만찬》; **식사** ☜ -ing<형접>
♠ **dining room 식당** 《가정·호텔의 정찬용》
□ **dinner** [dínər/**디**너] ㊔ **정찬, 만찬** ☜ din + n<단모음+단자음+자음반복> + er<명접>
♠ **dinner** dress (gown) (여자용) **약식** 야회복
♠ **dinner** jacket (남자용) **약식** 야회복
♠ **dinner** party **만찬**회, **축하**연
※ **show** [ʃou/쇼우] ㊕ (-/-**ed/shown**(《드물게》 -**ed**)) **보이다; 출품하다, 나타내다**
㊔ **쇼**, 구경거리; 흥행; **보임**, 나타냄 ☜ 고대영어로 '보다'

티라노사우루스 tyrannosaur(us) (육식공룡 중 최대 공룡)
다이너소어 Dinosaur (미국 애니메이션 영화. <공룡>이란 뜻)

© Buena Vista Pictures

다이너소어는 2000년 개봉한 미국의 모험/판타지/3D 애니메이션 영화. 기원전 6500만년 백악기. 혼란속에서 극적으로 부화한 아기 다이너소어가 유성 충돌을 피해 안전한 서식지를 찾아 이동하는 과정에서 다이너소어 무리와 만나면서 사랑도 찾고 육식공룡들에 맞선 새 지도자로 등극하게 된다는 이야기.

♣ **어원 : saur(us) 도마뱀**
■ tyranno**saur** [tirǽnəsɔ̀ːr, tai] ㊔ 『고대생물』 폭군용, **티라노사우루스**(육식공룡 중 최대) ☜ 포악한(tyranno) 도마뱀(saur<sauros)
□ dino**saur** [dáinəsɔ̀ːr] ㊔ **공룡** ☜ 강력한(dino) 도마뱀(saur<sauros)

□ **dint**(움푹 들어간 곳) ➔ **dimple**(보조개) **참조**

디오게네스 Diogenes (옛 그리스의 견유학파 철학자)

그리스의 대표적인 키니크[견유(犬儒)]학파 철학자. 가난하지만 부끄러움이 없는 자족생활을 실천하였다. 일광욕을 하고 있을 때 알렉산드로스대왕이 찾아와 소원을 물으니, 아무것도 필요없으니 햇빛을 가리지 말고 비켜 달라고 하였다는 말은 유명하다.

□ **Diogenes** [daiɑ́dʒəniːz/-ɔ́dʒ-] ㊔ **디오게네스** 《그리스의 철학자; 412?-323 B.C.》

디오니소스 Dionysus, -sos ([그神] 술의 신)

디오니소스는 포도주의 신이며 풍요의 신이자 황홀경의 신이다. 제우스와 그의 애인 세멜레 사이에서 태어났다. 로마 신화의 바쿠스(Bacchus)에 해당한다. <출처 : 두산백과 / 요약인용>

□ **Dionysus, -sos** [dàiənáisəs] ㊔ 『그.신화』 **디오니소스** 《주신(酒神); 로마신화에서는 바쿠스(Bacchus)》

디오르 Dior (프랑스의 럭셔리 패션브랜드)

크리스티앙 디오르[크리스챤 디올]가 1947년에 창립한 프랑스의 럭셔리 패션 브랜드로, 여성의류, 남성의류, 백, 구두, 스카프, 주얼리, 시계, 향수, 베이비 제품 등을 제작·판매하고 있다. <출처 : 세계브랜드백과>

□ **Dior** [diɔ́ːr] ㊔ **크리스티앙 디오르** 《Christian ~, 프랑스의 패션 디자이너, 1905~1957》

디오스 Dios ([스페인어] 신(神)), 디바 diva (오페라의 여주인공)

☐ **Dios** [dióus] 명 《Sp.》 (기독교 등 일신교의) 신(神), 하느님, 하나님; 『종교』 창조주(創造主)
☜ 스페인어로 '신(神)'이란 뜻 ★ LG전자의 디오스(DIOS)는 주방 관련 사업 부분을 일컫는 브랜드로 양문형 냉장고, 오븐, 김치 냉장고, 식기 세척기 등을 판매하고 있다. Deluxe, Intelligent, Optimum, Silent의 첫 글자만 따서 만든 이름이라고 한다.

■ **div**a [díːvə] 명 (pl. **-s**, div**e**) 《It.》 프리마돈나(prima donna); 탁월한 여가수
☜ 이탈리아어로 '여신'이란 뜻

다이옥신 dioxin (독성이 강한 유기염소 화합물)

☐ **dioxin** [dàiάksin/-ɔ́k-] 명 『화학』 **다이옥신** 《독성이 강한 유기염소 화합물; 제초제 등》
☜ 2개(di=two)의 산소(ox=oxygen)에 의해 특징지워지는 화합물(in)

☐ **dioxide** [daiάksaid, -sid/-ɔ́ksaid] 명 『화학』 **이산화물**(二酸化物)
☜ 2개(di=two)의 산소(ox=oxygen) 화합물(ide)

디핑소나 dipping sonar (대잠수함 헬리콥터에 탑재된 담금소나)

☐ **dip** [dip] 동 **담그다, 적시다**
☜ 고대영어로 '물에 담그다, 침례하다, 세례하다'

☐ **dip**per [dípər] 명 **국자**; 담그는 사람〔물건〕; (the D-) 북두칠성(the Big Dipper) ☜ dip + p<단모음+단자음+자음반복> + er(사람/물건)

☐ **dip**ping [dipiŋ] 형 담그는 ☜ dip + p + ing<형접>

※ **sonar** [sóunɑːr] 명 **소나**, 수중음파탐지기
☜ **so**und **na**vigation (and) **r**anging의 약어

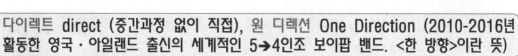

디프테리아 diphtheria (디프테리아균의 감염에 의한 급성전염병)

☐ **diphtheria** [difθíəriə, dip-] 명 『의학』 **디프테리아**
☜ 그리스어로 '(목의 딱딱해진 피부로 인한) 가죽'이란 뜻

디플로마 diploma (졸업증서)

☐ **di**ploma [diplóumə] 명 (pl. **-s**, 《드물게》 **-ta**) **졸업증서**, 학위 수여증; 면허장; 공문서; 상장, 포장; (pl.) (고고학상의) 고문서(古文書); 공〔관〕문서 ☜ 그리스어로 '둘(di)로 접은(plo) 것(ma)'이란 뜻
♠ **get one's diploma 대학을 졸업하다; 면허장을 따다**

☐ **di**plomacy [diplóuməsi] 명 **외교**; 외교술〔수완〕; 권모술수 ☜ diploma + cy<추상명사 접미사>

☐ **di**plomat [dípləmæ̀t] 명 **외교관**; 외교가; 권모술수에 능한 사람
☜ diploma + t<tique(F. 벌레, 곤충)

☐ **di**plomatic [dìpləmǽtik] 형 **외교상의**; 외교관의; 외교 수완이 있는; 고문서학의; 면허장의
☜ diplomat + ic<형접>

☐ **di**plomatically [dìpləmǽtikəli] 부 외교상; 외교적으로 ☜ diplomatical + ly<부접>

연상 낡은 타이어(tire)는 다이어(dire.무서운)한 흉기가 될 수 있다.

■ **tire**, 《영》 **tyre** [taiər] 명 **타이어**
☜ 중세영어로 '옷을 입히다'란 뜻. at**tire**의 두음소실
명 피로 동 **피로[피곤]하게 하다**, 피로해지다
☜ 고대영어로 '실패하다, 중지하다'란 뜻

☐ **dire** [daiər] 형 (-<dir**er**<dir**est**) **무서운**; 비참한, 음산한; 긴박한, 극단적인; **심각한**, 지독한 ☜ 라틴어로 '두려운'이란 뜻
♠ living in **dire** poverty **지독한** 가난 속에서 살아가는

☐ **dire**ly [dάiərli] 부 무섭게 ☜ dire + ly<부접> 비교 diary 일기(장)

다이렉트 direct (중간과정 없이 직접), 원 디렉션 One Direction (2010-2016년 활동한 영국·아일랜드 출신의 세계적인 5→4인조 보이팝 밴드. <한 방향>이란 뜻)

♣ 어원 : rect(i) 옳은, 똑바른, 직접의

☐ di**rect** [dirékt/디**뤡**트/dairékt/다이**뤡**트] 동 **지도하다**, 기울이다; 겉봉을 쓰다
형 **똑바른, 직접의; 솔직한** 부 **곧장, 직접적으로** ☜ 완전히(di/강조) 똑바른(rect)
♠ **direct** current **직**류《略. DC》 반 alternating current 교류《略. AC》

☐ di**rect**ed [diréktid, dai-] 형 유도된, 지시받은, 규제된 ☜ direct + ed<형접>

□ direction [dirékʃən/디렉션/dairékʃən/다이렉션] (명) **방향; 지도, 지휘** ☜ -ion<명접>
♠ **in all direction 사방으로**
♠ **under the direction of ~ ~의 지도[지휘] 아래**
□ directive [diréktiv, dai-] (형) 지휘하는 (명) 지령 ☜ direct + ive<형접/명접>
□ directly [diréktli/디렉틀리/dairéktli/다이렉틀리] (부) **곧장, 직접** ☜ direct + ly<부접>
□ directness [diréktnis, dai-] (명) 똑바름; 직접(성); 솔직 ☜ direct + ness<명접>
□ director [diréktər, dai-] (명) **지도자, 관리자** ☜ direct + or(사람)
□ directory [diréktəri, dai-] (명) **주소록**, 인명부 (형) **지휘[지도]의** ☜ direct + ory<명접/형접>
♠ telephone **directory** 전화**번호부**
■ indirect [ìndirékt, -dai-] (형) 곧바르지 않은; **간접적인**; 2차적인, 부차적인
☜ 똑바르지(direct) 않은(in=not)
■ misdirect [misdirékt] (동) (길 따위를) 잘못 가리키다, 그릇되게 지도하다
☜ 잘못(mis) 지도하다(direct)

3D직업 3D jobs (더럽고 · 힘들고 · 위험한 분야의 직업)

■ **3D** **D**irty, **D**ifficult, **D**angerous 더럽고, 어렵고, 위험한
□ **dirt** [dəːrt] (명) **진흙**(=mud); **쓰레기**, 먼지 ☜ 중세영어로 '진흙, 먼지, 똥'이란 뜻
♠ His clothes were covered in **dirt**. 그의 옷은 **먼지** 투성이었다.
□ **dirty** [dəːrti] (형) (-<-t**ier**<-t**iest**) **더러운**, 불결한 ☜ dirt + y<형접>
□ **dirtily** [dəːrtili] (부) 불결하게, 더럽게 ☜ dirty + ly<부접>
※ **job** [dʒɑb/잡/dʒɔb/좁] (명) **일; 직업, 직장** ☜ 근세영어로 '일'이란 뜻

에이블 뉴스 Able News (장애인 뉴스매체)
리허빌리테이션 rehabilitation ([의학] 재활요법; 사회복귀)

에이블 뉴스(Able News)는 한국의 장애인 뉴스전문 인터넷 독립언론매체, '장애인도 할 수 있다'는 의미

♣ **어원 : able, abil 할 수 있는**
■ able [éibl/**에**이블] (형) (-<-**er**<-**est**) **할 수 있는**, 가능한
☜ 라틴어로 '다루기 쉬운'이란 뜻

에이블뉴스 Ablenews

■ rehabilitation [rìːhəbilətéiʃən] (명) **사회 복귀, 리허빌리테이션**; 명예(신용) 회복; 부흥; 복위, 복직
☜ 다시(re) + h + 할 수 있게(abil) 가는(it) 것(ation<명접>)
□ disable [diséibəl] (동) **무능[무력]하게 하다**, 불구로 만들다
☜ dis(=not/부정) + able(할 수 있는)
♠ a **disabled** soldier ***불구가 된*** *군인* ➔ 상이군인
□ disabled [diséibəld] (형) 불구가(무능력하게) 된 ☜ disable + ed<형접>
□ disability [dìsəbíləti] (명) **무력, 무능**; 불구 ☜ 무(dis=not) 능력(ability)
※ news [njuːs/뉴-스, njuːz] (명) [보통 단수취급] **뉴스**(프로), 보도; (신문의) 기사(記事)
☜ 새로운(new) 것들(s)

✚ en**able** **~에게 힘[능력 · 가능성 · 권한]을 주다** un**able** **~할 수 없는**, 불가능한

어드밴티지 advantage (유리한 위치 선점)

♣ **어원 : van 앞쪽으로 나아가다**
■ advantage [ædvǽntidʒ/애드**밴**티쥐/ədvάːntidʒ/어드**반**티쥐] (명) **유리한 점**, 우월(⇔ disadvantage 불리, 불이익) ☜ (다른 사람보다) 앞(van) 에(ad=to) 가 있는 상태(age)
■ advance [ædvǽns/애드**밴**스/ədvάːns/어드**반**-스] (명) 전진, **진보**, 승진 (동) **나아가다**, 승진하다; 나아가게 하다, 승진시키다 ☜ 앞쪽(van) 으로(ad=to) + ce
□ disadvantage [dìsədvǽntidʒ, -vάːn-] (명) **불리**, 불이익; 손실 ☜ dis(=not/부정) + advantage
♠ **under (great) disadvantages (크게) 불리한 상태[처지]에서**
□ disadvantageous [disædvəntéidʒəs, dìsæd-] (형) 불리한, 불편한 ☜ -ous<형접>

그레이스 켈리 Grace Kelly (미국 여배우 & 모나코의 왕비)

미국의 영화배우이자 Monaco의 왕비(1929~1982) 배우시절에는 우아한 미모와 연기로 인기를 끌었으며, 세계에서 가장 아름다운 왕비로 칭송받았다. 1982년 교통사고로 사망하였다.

♣ **어원 : grace, gree 호의**
■ grace [greis/그뤠이스] (명) **우미, 우아; 호의** (동) **우아하게 하다**, 명예를 주다 ☜ 중세영어로 '신의 아낌없는 은혜, 사랑'이란 뜻

■ agree [əgríː/어그뤼-] ⓢ **동의하다**, 찬성하다 ☜ ~에 대해(a<ad=to) 호의로 응하다(gree)
□ disagree [dìsəgríː] ⓢ **일치하지 않다, 의견이 다르다** ☜ dis(=not/부정) + agree
♠ I **disagree** with violent protests. 나는 폭력 시위에 **반대다**
□ disagreeable [dìsəgríːəbəl] ⓗ **불유쾌한** ☜ -able<형접>
□ disagreement [dìsəgríːmənt] ⓜ **불일치** ☜ -ment<명접>

어피어런스 appearance ([야구] 타자가 타석에 들어선 수)

♣ 어원 : pear, par, pare 나타나다(=show)
■ appear [əpíər/어피어] ⓢ **나타나다, 출현하다** ☜ ~에(ap<ad=to) 나타나다(pear)
■ appearance [əpíərəns/어피어런스] ⓜ **출현**, 외관 ☜ appear + ance<명접>
□ disappear [dìsəpíər] ⓢ **사라지다** ☜ dis(=not/부정) + appear(나타나다)
♠ **disappear** in the crowd 군중 속으로 **사라지다**
□ disappearance [dìsəpíərəns] ⓜ **소실, 소멸; 실종** ☜ -ance<명접>
■ apparent [əpǽrənt, əpέər-] ⓗ **명백한**, 보이는 ☜ ~로(ap=to) 나타나(par) 는(ent)
■ transparent [trænspέərənt] ⓗ **투명한**, 명료한 ☜ ~을 통해(trans) 나타나(par) 는(ent)

포인트 point (점수)

♣ 어원 : point 뾰족한 끝, 점; 낙점하다
■ **point** [pɔint/포인트] ⓜ 뾰족한 끝, **점**, 요점; **점수**, 포인트 ⓢ 가리키다, 뾰족하게 하다
☜ 중세영어로 '손가락으로 지시하다, 검의 날카로운 끝'이란 뜻
■ appoint [əpɔ́int] ⓢ **지명하다**, 임명하다; 정하다 ☜ ~을(ap=to) 낙점하다(point)
□ disappoint [dìsəpɔ́int] ⓢ **실망시키다**, 낙담시키다 ☜ dis(=not/부정) + 낙점되다(appoint)
♠ He **disappointed** us. 그는 우리를 **실망시켰다**.
□ disappointed [dìsəpɔ́intid] ⓗ 실망한 ☜ disappoint + ed<형접>
□ disappointing [dìsəpɔ́intiŋ] ⓗ **실망시키는**, 기대에 어긋나는 ☜ -ing<형접>
□ disappointment [dìsəpɔ́intmənt] ⓜ **실망**, 기대에 어긋남 ☜ -ment<명접>

프로브 probe (자동차 배기가스 검사기에 딸린 탐침봉)

♣ 어원 : proof, prob, prov(e) 증명하다, 시험하다; 좋은
■ **probe** [proub] ⓜ 〖의학〗 소식자(消息子), 탐침(探針) 《좁은 관에 삽입하여 질환 따위를 살피는 기구》; 탐침봉 ☜ 중세 라틴어로 '시험하는(prob) 것(e)'이란 뜻.
■ **prove** [pruːv] ⓢ (-/prove**d**/prove**n**) **증명하다**, 입증(立證)하다
☜ 라틴어로 '시험하여 증명하다'란 뜻
■ approve [əprúːv] ⓢ **승인[찬성]하다** ☜ ~에 대해(ap<ad=to) 증명해주다(prove)
□ disapprobation [dìsæprəbéiʃən] ⓜ 불찬성
☜ dis(=not) + approbation(허가, 인가)
□ disapprove [dìsəprúːv] ⓢ **불승인[부동의]하다**, 비난하다
☜ dis(=not/부정) + approve(승인하다)
♠ I wholly **disapprove** of his action.
나는 그의 행동에 전적으로 **찬성하지 않는다**.
□ disapproval [dìsəprúːvəl] ⓜ **불승인, 부동의** ☜ disapprove + al<명접>
□ disapprovingly [dìsəprúːviŋli] ⓟ 비난하듯, 반대하여 ☜ disapprove + ing + ly<부접>
■ reprove [riprúːv] ⓢ **꾸짖다**, 비난하다; 훈계하다 ☜ 뒤로(re) 증명하다(prove)

아마겟돈 Armageddon ([성서] 선(善)과 악(惡)의 결전장)

[성경] 세계종말에 있을 사탄과 하나님의 마지막 전쟁의 장소.
[영화] 1998년 개봉된 마이클 베이 감독의 SF(공상과학) 재난 액션 영화. 지구와 운석과의 충돌을 소재로 하였다. 브루스 윌리스, 빌리 밥손튼 등이 주연했다.

© Buena Vista Pictures

♣ 어원 : arm 무기; 무장시키다
■ **Armageddon** [ɑ̀ːrməgédən] ⓜ 〖성서〗 **아마겟돈** 《세계의 종말에 있을 선과 악의 결전장》 ☜ 히브리어로 '메기도산(Mount of Megiddo)이란 뜻. 팔레스타인 중부에 위치한 이스라엘의 중요한 전투 지역
■ **arm** [ɑːrm/암-] ⓜ **팔**; (pl.) **무기**, 병기 ⓢ 무장하다〔시키다〕
☜ 팔이 곧 무기였으므로
□ disarm [disάːrm, diz-] ⓢ **무기를 빼앗다**, 무장해제〔군비축소〕하다
☜ dis(=against/반대, not/부정) + arm(무장하다)
♠ **disarm** the terrorists 테러리스트를 **무장해제하다**
□ disarmament [disάːrməmənt, diz-] ⓜ 무장해제; **군비축소** ☜ -ament<명접>

□ dis**arm**ing [disɑ́ːrmiŋ] ⓗ 적개심을 없애는; 애교 있는, 마음을 부드럽게 하는 ☜ -ing<형접>

가스레인지 gas range (콩글 ▸ 가스 조리기구) ➔ gas stove

♣ **어원 : range, ray 정렬하다, 배열하다**

※ **gas** [gæs] ⓜ (pl. **-es**, 《영》 **-ses**) **가스**, 기체 ☜ 그리스어로 '공기'란 뜻

■ **range** [reindʒ/뤠인지] ⓜ (가스, 전기, 전자) **레인지: 줄, 열; 산맥; 범위; 거리; 다양성** ⓢ **가지런히 하다, 정렬시키다, 한 줄로 늘어서다** ☜ 고대 프랑스어로 '줄, 열, 산맥'이란 뜻

■ ar**range** [əréindʒ/어**뤠**인지] ⓢ **배열하다**, 정돈하다(=put in order); **준비하다** ☜ ~을(ar<ad=to) 정렬하다(range) ⓑ **derange** 혼란케 하다

□ disar**range** [dìsəréindʒ] ⓢ 어지럽히다, 혼란시키다

♠ **The things were disarranged. 물건들이 어지럽혀 있었다.**

□ disar**range**ment [dìsəréindʒmənt] ⓜ 교란, 혼란, 난맥 ☜ -ment<명접>

■ misar**range** [mìsəréindʒ] ⓢ ~의 배열을(배치를) 잘못하다, 틀린 장소에 두다 ☜ 잘못(mis) 배열하다(arrange)

■ rear**range** [rìːəréindʒ] ⓢ 재정리(재배열)하다 ☜ 다시(re=again) 배열하다(arrange)

스타 star (별; 인기 연예인; [군대] 장군)

♣ **어원 : star, ster, aster, astro, astr 별의, 천체의**

■ **star** [stɑːr/스따/스타-] ⓜ **별**, 인기연예인 ☜ 고대영어로 '별'이란 뜻

■ **astro**nomy [əstrɑ́nəmi/-trɔ́n-] ⓜ **천문학** ☜ 별(astro)에 대한 학문(nomy)

□ dis**aster** [dizǽstər, -zɑ́ːs-] ⓜ **재해, 재난** ☜ 별(aster)에서 거리가 먼(dis=away)

♠ bring about **disaster 재앙**을 불러오다

□ dis**astr**ous [dizǽstrəs, -ɑ́ːs-] ⓗ 불행한, **비참한**; 재난의, 재해의 ☜ 별(astr)에서 거리가 멀리(dis=away) 있는(ous<형접>)

□ **disavow**(부인하다, 거부하다) ➔ **avow**(공언하다) **참조**

□ **disband**(해산하다, 제대하다) ➔ **band**(띠, 끈) **참조**

라이프 스타일 life style (생활양식)

♣ **어원 : life, live, lief, live 살다, 맡기다, 사랑하다**

■ **life** [laif/라이프] ⓜ (pl. **lives**) **생명; 목숨**; (생명있는) **사람, 생물; 생활;** (사람의) **일생, 인생; 전기(傳記), 원기** ⓗ 일생 ☜ live의 명사형

■ be**lief** [bilíːf, bə-] ⓜ **믿음**, 확신, 신념; 신앙, 신뢰 ☜ 삶<사랑(lief)의 존재(be)

■ be**liev**e [bilíːv, bə-] ⓢ **믿다**, ~라고 생각하다 ☜ 삶<사랑(liev)이 존재하다(be) + e

□ disbe**lief** [dìsbilíːf] ⓜ **불신, 의혹** ☜ dis(=not/부정) + belief(믿음)

♠ **stared at ~ in utter disbelief ~를 불신의 눈으로 쳐다보다**

□ disbe**liev**e [dìsbilíːv] ⓢ **믿지 않다, 의심하다** ☜ dis(=not/부정) + believe(믿다)

■ unbe**liev**able [ənbəlívəbəl] ⓗ **믿을 수 없는** ☜ un(=not) + 믿을(believe) 수 있는(able)

■ re**lief** [rilíːf] ⓜ **구원** ☜ 다시(re) 삶(life)

※ **style** [stail/스따일] ⓜ **스타일, 양식, 방식; 문체**, 필체; 어조 ☜ 라틴어로 '철필, 표현방식'이란 뜻

□ **disc**(원반) ➔ **disk**(원반) **참조**

카드 card, 카툰 cartoon (풍자화), 차트 chart (일람표)

♣ **어원 : card, cart, chart 종이 조각, 판지, 상자**

■ **card** [kɑːrd/카-드] ⓜ **카드; 판지; 명함; (카드놀이의) 패** ☜ 중세 프랑스어로 '종이 한 장'이란 뜻

□ dis**card** [diskɑ́ːrd] ⓢ (불필요한 것을) **버리다**, 해고하다 ⓜ 포기, 해고 ☜ 근세영어로 '카드를 멀리 버리다'란 뜻. dis(=away) + card

♠ **discard** data 자료를 **폐기하다**

■ **cart**on [kɑ́ːrtən] ⓜ (판지) 상자; 판지, 마분지 ☜ 판지(cart)로 만든 것(on)

■ **cart**oon [kɑːrtúːn] ⓜ 풍자화, **(시사) 만화**, 카툰; 연재만화 ☜ 종이(cart) 위에 그린 것(oon)

■ **chart** [tʃɑːrt] ⓜ **해도**, 수로도; **도표**, 그림, **차트** ☜ 라틴어로 '종이, 지도'란 뜻

콘서트 concert (음악회)

♣ 어원 : cert, cern 확실하게 하다, 확인하다, 확신하다

■ con**cert** [kάnsə(:)rt/kɔ́n-] [명] 연주회, 음악회, **콘서트** [동] **협정하다**
☜ (약속을) 서로(con) 확실하게(cert) 하다
■ as**cert**ain [æ̀sərtéin] [동] **확인하다**; 규명하다, 알아보다
☜ ~을(as<ad=to) 확인하러(cert) 가다(ain)
■ **cert**ificate [sərtífəkit] [명] **증명서**; 검정서; 면허증; 수료증 ☜ -ate<명접>
□ dis**cern** [disə́ːrn, -zə́ːrn] [동] **식별[분별]하다** ☜ 따로(dis=away) 확실하게(cern) 하다
♠ **discern** good and evil 선악을 **분별하다**
□ dis**cern**ible, -able [disə́ːrnəbl, -zə́ːrn-] [형] 인식[분간]할 수 있는 ☜ -ible<형접>
□ dis**cern**ing [disə́ːrniŋ, -zə́ːrn-] [형] 통찰력이 있는, 명민한 ☜ -ing<형접>
□ dis**cern**ment [disə́ːrnmənt, -zə́ːrn-] [명] 식별, 명민, 통찰력 ☜ -ment<명접>

D

차징 charging (충전)

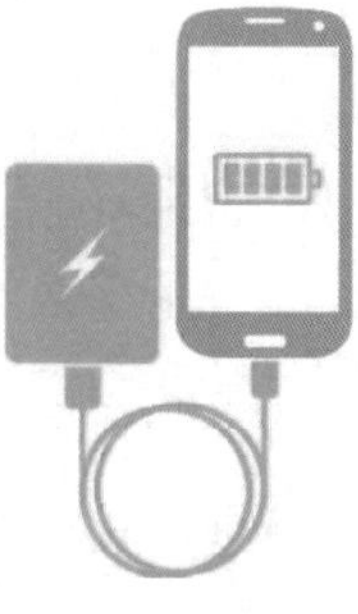

♣ 어원 : charg, carg (마차에) 짐을 싣다
■ **charg**e [tʃɑːrdʒ/촤-지] [동] **충전하다**; 장전하다; (대가를) **청구하다**, 채우다, (책임을) 지우다 [명] **대가**, 요금; 책임; 비난, 고소; 부담; 돌격, 진군나팔(북) ☜ 라틴어로 '마차에 짐을 싣다'란 뜻
■ **charg**ing [tʃάːrdʒiŋ] [명] 충전 ☜ -ing<명접>
□ dis**charg**e [distʃάːrdʒ] [동] (배에서) **짐을 내리다**; 면제하다, 발사하다
☜ dis(not) + charge(싣다)
♠ **discharge** a cargo from a ship 배에서 짐을 **내리다**
■ **carg**o [kάːrgou] [명] (pl. **-(e)s**) (선박·항공기 등의) 적화(積貨), **뱃짐**, 선하(船荷), 화물
☜ 라틴어로 '짐마차'란 뜻

컨셉 concept (개념), 캡춰 capture (갈무리), 캡션 caption (자막)

♣ 어원 : cap, capt, cept, ceive, cip 잡다, 받아들이다, 이해하다
■ con**cept** [kάnsept/kɔ́n-] [명] 〖철학〗 **개념**, 생각; 구상(構想), 발상 ☜ 함께(con<com) 생각을 잡다(cept)
■ **capt**ure [kǽptʃər] [명] **포획** [동] **사로잡다**
☜ 잡는(capt) 것(ure)
□ dis**cip**le [disáipəl] [명] **제자, 문하생**; 예수의 제자
☜ (사람을) 구분하여<가려서(dis=apart) 받아들이는(cip) 것(le<명접>)
♠ master and **disciple** 스승과 **제자**
□ dis**cip**line [dísəplin] [명] **훈련**, 훈육; 단련, 수양 [동] **훈련하다**, 훈육하다, 징계하다
☜ disciple + ine<명접>
□ dis**cip**linary [dísəplənèri/ -nəri] [형] 훈련의, 징계의 ☜ discipline + ary<형접>
□ dis**cip**linarian [dìsəplinέəriən] [명] 훈련주의자, 규율에 엄격한 사람 ☜ -arian(사람)

✚ inter**cept** **도중에서 빼앗다**, 가로채다, 차단하다 per**ceive** **지각**(知覺)**하다**, 감지하다; 인식하다
prin**cip**le **원리, 원칙**, 이론, 법칙 oc**cup**y **차지하다, 점령[점거]하다**

클래임 claim (거래에서의 손해배상 청구 또는 이의 제기)

♣ 어원 : claim, clam 크게 소리치다, 부르다
■ **claim** [kleim/클레임] [동] (당연한 권리로서) **요구[청구]하다** [명] (권리로서의) **요구, 청구**(=demand) ☜ 고대 프랑스어로 '소리 지르다, 선언하다'란 뜻
□ dis**claim** [diskléim] [동] 포기하다, 기권하다; (책임 등을) **부인하다** ☜ dis(=not) + claim(부르다)
♠ **disclaim** (a) responsibility 책임을 **회피하다**
□ dis**claim**ation [dìskləméiʃən] [명] 부인, 거부; 권리의 포기 ☜ -ation<명접>

✚ ac**claim** 갈채(하다), 환호(하다) ex**claim** (감탄하여) 외치다; 큰 소리로 말하다(주장하다)
pro**claim** **포고[선언]하다**, 공포하다; 성명하다 re**claim** **교정[개선]하다**; 동물을 길들이다

클로우즈업 close-up (영화·사진의 근접촬영)

♣ 어원 : clos, clo, clud, claus, clus 닫다, 덮다, 가두다, 밀착시키다
■ **clos**e [klouz/클로우즈] [동] (눈을) 감다, (문·가게 따위를) **닫다, 닫히다**; 덮다; **차단하다; 끝내다** [형] **가까운**(=near), 절친한; **정밀한**; **닫힌** [부] **~과 접하여, 밀접하여, 바로 곁에** ☜ 라틴어로 '덮다, 닫다'란 뜻
■ **clos**e-up [klóusʌp] [명] 〖영화·사진〗 근접 촬영, **클로즈업**; (일의) 실상
☜ 더 크게(up/강조) 밀착시키다(close)
□ dis**clos**e [disklóuz] [동] **드러내다**, 들추어내다, 폭로하다 ☜ dis(=not) + close

♠ **disclose** one's real intention 본심을 **드러내다**
♠ **disclose** the truth 진실을 **파헤치다**

□ dis**clos**ure [disklóuʒər] 명 발각, 드러남, **폭로** ☜ -ure<명접>
■ en**clos**e [enklóuz] 동 둘러싸다, **에워싸다** ☜ 안에(en<in) 가두다(clud) + e
■ in**clud**e [inklúːd/인클**루**-드] 동 **포함하다**[시키다] ☜ 안에(in) 가두다(clud) + e

디스코 disco (디스코 댄스)

D

□ **disco** [dískou] 명 (pl. **-s**) 《구어》 **디스코**(=discotheque); 디스코 음악〔춤〕
☜ **disco**theque의 줄임말
□ **disco**theque [dískətèk] 명 **디스코텍** 《생연주나 레코드 음악에 맞추어서 춤을 추는 나이트클럽·카바레 등》 ☜ 현대 프랑스어로 '댄스 음반을 갖춘 나이트클럽'이란 뜻.
⇦ disco(축음기 음반) + theque(소장품)

팩스 = 팩시밀리 fax = facsimile, 팩트 fact (사실)

♣ 어원 : fac, fic, fit 만들다, 행하다
■ **fac**simile [fæksíməli] 명 모사; **팩시밀리**; 복사 전송 장치 동 **팩스**로 보내다 ☜ 유사하게(simile) 만들다(fac)
■ **fac**t [fækt/빽트] 명 **사실**, 실제(의 일) ☜ 행한(fac) 것(t)
■ arti**fic**ial [ɑ̀ːrtəfíʃəl] 형 **인조의** 명 **인공물** 반 natural 자연의
☜ 기술(art)로 + i + 만든(fic) + i + 것(의)(al<명접/형접>)
□ discom**fit** [diskʌ́mfit] 동 (계획·목적을) 깨뜨리다, 좌절시키다, 의표를 찌르다; 당황케 하다
☜ dis(=against/반대, not/부정) + 함께(com) 만들다(fit)
♠ This ruse will **discomfit** the enemy. 이 계략은 적을 **쳐부술** 수 있을 것이다.
□ discom**fit**ure [diskʌ́mfitʃər] 명 계획 따위의 실패, 좌절; 당황, 당혹; 패주(敗走), 패배 ☜ -ure<명접>

포르테 forte ([음악] 강하게)

♣ 어원 : fort, forc(e) 강화하다, 강요하다, 힘을 북돋아주다
■ **fort**e [fɔ́ːrti, -tei] 형 《It.》 『음악』 **포르테**의, 강음의 부 강하게, 세게 《생략: f.》
명 장점, 특기 ☜ 이탈리아어로 '강한'이란 뜻
■ **force** [fɔːrs/뽀-스] 명 **힘**, 세력, 에너지; **폭력**(=violence), **무력; 설득력** 동 **억지로 ~을 시키다** ☜ 고대 프랑스어로 '힘'이란 뜻
■ com**fort** [kʌ́mfərt/**컴**풔트] 명 **위로**, 위안, **위로가 되는 것[사람]** 동 **위안하다,** 편하게 하다
☜ 서로(com) 힘을 북돋아주다(fort)
□ discom**fort** [diskʌ́mfərt] 명 **불쾌**, 불안; 싫은〔불안한〕 일 동 불쾌하게 하다
☜ 불(不)(dis=not) + 위안(comfort)
♠ **discomfort** index **불쾌**지수 《약어: DI》
■ uncom**fort**able [ʌnkʌ́mfərtəbəl] 형 불유쾌한, **기분이 언짢은**, 거북한
☜ 불(不)(un=not) 편한(comfortable)

콘서트 concert (음악회)

♣ 어원 : cert, cern 확실하게 하다, 확인하다, 확신하다
■ con**cert** [kάnsə(ː)rt/kɔ́n-] 명 연주회, 음악회, **콘서트** 동 **협정하다**
☜ (약속을) 서로(con) 확실하게(cert) 하다
□ discon**cert** [dìskənsə́ːrt] 동 **~을 당황케 하다**, 쩔쩔매게 하다
☜ dis(=not/부정) + (약속을) 서로(con) 확실하게(cert) 하다
♠ Her answer rather **disconcerted** me.
그녀의 대답은 나를 심히 **당황스럽게 했다.**

✚ con**cern** **~에 관계하다, ~에 관계되다** as**cert**ain **확인하다** **cert**ify **증명**〔보증〕**하다**

커넥션 connection (연결, 거래처), 커넥터 > 콘넥터 connector (연결기)

♣ 어원 : nect 묶다, 연결하다
■ con**nect** [kənékt/커**넥**트] 동 **잇다, 연결하다** ☜ 함께(con<com) 묶다(nect)
■ con**nect**ion, 《영》 con**nex**ion [kənékʃən] 명 **연결, 결합**; **접속**; **관계** ☜ connect + ion<명접>
■ con**nect**or, -er [kənéktər] 명 연결하는 것; 연결기; 연결관; 『전기』 접속용 소켓 ☜ -or/er(기기, 장비)
□ discon**nect** [dìskənékt] 동 ~의 연락〔접속〕을 끊다, 분리하다
☜ dis(=against/반대) + connect(연결하다)
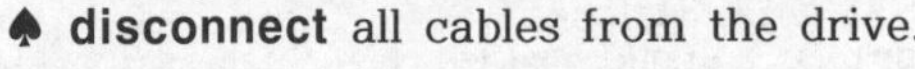
♠ **disconnect** all cables from the drive.

모든 케이블을 구동장치로 부터 **분리하다**.

☐ discon**nect**ion, 《영》 -nexion [diskənékʃən] 명 단절, 분리, 절연; 〖전기〗 절단, 단선, 개방; 지리멸렬 ☜ -ion<명접>

☐ discon**nect**ed [diskənéktid] 형 연락〔접속〕이 끊긴, 따로따로 떨어진, 끊어진; 앞뒤가 맞지 않는 《말 · 문장 따위》 ☜ -ed<형접>

■ intercon**nect** [ìntərkənékt] 동 서로 연락〔연결〕시키다〔하다〕 ☜ 상호(inter) 연결하다(connect)

솔로 Solo ([음악] 독주)

♣ 어원 : solo, sol(e), soli 혼자인, 외로운, 유일한, 단독의

■ **solo** [sóulou] 명 (pl. **-s**, sol**i**) 〖음악〗 **독주(곡); 독창(곡)**; 〖항공〗 단독비행 ☜ 라틴어로 '혼자서, 고독한'이란 뜻

■ **sole** [soul] 형 **오직 하나[혼자]의**, 유일한 ☜ 라틴어로 '혼자서'란 뜻

■ con**sole** [kənsóul] 동 **위로[위문]하다** ☜ 함께(con<com) 외로움(sole)을 달래주다

■ con**sol**ation [kὰnsəléiʃən/kɔ̀n-] 명 **위로**, 위안 ☜ console + ation<명접>

☐ discon**sol**ate [diskάnsəlit/-kɔ́n-] 형 쓸쓸한, 위안이 없는, 수심에 잠긴, 슬픈 ☜ dis(=not/부정) + 함께(con<com) 외로움(sole)을 달래주는(ate<형접>)

♠ **disconsolate at** 〔over, about〕 **~ ~으로 비탄에 잠긴**

☐ discon**sol**ation [diskὰnsəléiʃən] 명 마음의 위안이 없는 상태 ☜ -ation<명접>

콘텐츠 > 컨텐츠 contents (내용물)

♣ 어원 : tent 포함하다, 포함되다

■ **content** [kəntént/컨**텐**트] 형 **만족하여** 명 **만족** [kάntent/**칸**텐트/kɔ́ntent/**콘**텐트] (pl.) **내용**, 알맹이; 차례, 목차 ☜ 함께(con<com) 확보한(ten) 것(t)

☐ discon**tent** [dìskəntént] 명 **불만, 불평** ☜ dis(=not/부정) + content(만족)

♠ a voice of **discontent 불평**의 소리

☐ discon**tent**ed [dìskənténtid] 형 **불만[불평]을 품은** ☜ -ed<형접>

☐ discon**tent**ment [dìskənténtmənt] 명 불평, 불만 ☜ -ment<명접>

링컨 컨티넨탈 Lincoln Continental (미국 포드사(社)의 고급자동차 브랜드)

♣ 어원 : tin(u) 유지하다(=hold), 연결하다

※ **Lincoln** [líŋkən] 명 **링컨** 《Abraham ~ 미국의 제16대 대통령(1809-65)》

■ con**tin**ent [kάntənənt/**칸**터넌트/kɔ́ntinənt/**콘**티넌트] 명 **대륙**, 육지 ☜ 함께(con<com) 유지하는(tin) 것(ent<명접>)

■ con**tin**ental [kὰntənéntl/kɔ̀n-] 형 **대륙의; 대륙성의** ☜ -al<형접>

■ con**tinu**e [kəntínju:/컨**티**뉴-] 동 **계속하다**, 지속(持續)하다 ☜ 함께(con<com) 유지하다(tin) + ue

< 1977 Lincoln Continental >

☐ discon**tin**ue [dìskəntínju:] 동 **그만두다, 중지하다** ☜ dis(=not/부정) + 함께(con<com) 유지하다(tin) + ue

♠ **discontinue** work 〔construction〕 공사를 **중지하다**

☐ discon**tinu**ance [dìskəntínjuəns] 명 중지, 폐지; 단절 ☜ -ance<명접>

☐ discon**tinu**ation [dìskəntìnjuéiʃən] 명 중지, 폐지; 단절 ☜ -ation<명접>

☐ discon**tinu**ity [dìskαntənjú:əti/-kɔn-] 명 단절; **불연속(성)** ☜ -ity<명접>

■ per**tin**acious [pə̀:rtənéiʃəs] 형 집요한, 완고한; 끈기있는, 불굴의 ☜ 완전히(per) 유지하고(tin) 있는(acious<형접>)

레코드 record (축음기의 음반; 기록 · 등록)

♣ 어원 : cord, core, cour 심장, 가슴, 마음; 화합

■ re**cord** [rékərd/**뤠**커드] 명 **기록**, 등록; 음반, **레코드** [rikɔ́:rd/뤼**코**-드] 동 **기록하다**, 녹음하다 ☜ 다시(re) 마음(cord)속에 간직하다

☐ dis**cord** [dískɔ:rd] 명 **불화, 불일치** [diskɔ́:rd] 동 **일치[조화]하지 않다** ☜ dis(=not/부정) + cord(화합)

♠ experience **discord 불화**를 겪다

☐ dis**cord**ance, -dancy [diskɔ́:rdəns, -si] 명 **부조화, 불일치** ☜ -ance, -ancy<명접>

☐ dis**cord**ant [diskɔ́:rdənt] 형 조화〔일치〕하지 않는; 가락이 맞지 않는; 불협화음의 ☜ discord + ant<형접>

☐ dis**cord**antly [diskɔ́:rdəntli] 부 조화〔일치〕하지 않게 ☜ -ly<부접>

✚ **cord**ial **충심으로부터의** **core 핵심**, 중심, (과일의) 응어리, 핵 **cour**age **용기**, 담력, 배짱

□ **discotheque**(디스코텍) ➔ **disco**(디스코) **참조**

카운트다운 countdown (초(秒) 읽기), 디스카운트 discount (할인)

♣ 어원 : count 세다, 계산하다

< Countdown >

■ **count** [kaunt/카운트] [동] **세다, 계산하다** [명] **계산**, 셈, 집계
☞ 고대 프랑스어로 '함께(co<com) 세다(unt)'란 뜻

■ **count**down [káuntdàun] [명] (로켓 발사 때 등의) 초(秒)읽기
☞ 아래로/거꾸로(down) 세기(count)

□ dis**count** [dískaunt] [명] **할인**(액); (어음 등의) 할인율 [동] **할인하다**
☞ 아래로(dis=down) 계산하다(count)
♠ **get a discount 할인을 받다**

✚ ac**count** **계산**, 셈; **계정**; **계산서** mis**count** 잘못 계산하다; 계산 착오 un**count**able **셀 수 없는**

레코드 record (축음기의 음반; 기록 · 등록)

♣ 어원 : cord, core, cour 심장, 가슴, 마음; 화합

■ re**cord** [rékərd/뤠커드] [명] **기록**, 등록; 음반, **레코드** [rikɔ́ːrd/뤼코-드] [동] **기록하다**, 녹음하다 ☞ 다시(re) 마음(cord)속에 간직하다

■ **cour**age [kə́ːridʒ/커-뤼쥐/kʌ́r-] [명] **용기**, 담력, 배짱
☞ 심장(cour)의 행위(age)

□ dis**cour**age [diskə́ːridʒ/-kʌ́r-] [동] **용기를 잃게 하다**, 실망(낙담)시키다
☞ dis(=not/부정) + courage(용기)
♠ The news **discouraged** us. 그 뉴스를 듣고 우리는 **실망했다.**

□ dis**cour**agement [diskə́ːridʒmənt/-kʌ́r-] [명] **실망, 낙담** ☞ -ment<명접>

□ dis**cour**aging [diskə́ːridʒiŋ/-kʌ́r-] [형] 용기를 꺾는 ☞ -ing<형접>

✚ en**cour**age **용기를 돋우다**, 격려하다 dis**cord** **불화, 불일치**

코스 course (경로, 진로)

♣ 어원 : course, cur 달리다

■ **course** [kɔːrs/코-스] [명] **진로**, 경로; (배 · 비행기의) 코스, **침로**; 골프코스; **진행, 방침**
☞ 라틴어로 '달리기, 여행; 방향'이란 뜻

□ dis**course** [dískɔːrs] [명] **강연**, 담화, 설교 [동] [-´] **이야기하다**, 담화하다; 강연(설교)하다
☞ 사방으로(dis=apart) 달려 나가는(cour<cur) 말
♠ **discourse on** (upon) ~ **~에 대해 이야기[강연]하다**

✚ inter**course** (인간의) **교제**, 교섭, 교류 **cur**rent 통용하고 있는; 현행의

테니스 코트 tennis court

♣ 어원 : court 둘러싸인 장소, 법정, 궁궐

※ **tennis** [ténis/테니스] [명] **테니스** ☞ 고대 프랑스어로 '잡고(ten<take) 하는 + n + 것(is)'

■ **court** [kɔːrt/코-트] [명] **안마당**, 뜰; (테니스 등의) **코트**; (종종 C~) **궁정; 법정**
☞ 라틴어로 '둘러싸인 마당'이란 뜻

■ **court**esy [kɔ́ːrtəsi] [명] **예의**, 공손(정중)함 ☞ court + e + sy<명접>

■ **court**eous [kə́ːrtiəs/kɔ́ːr-] [형] **예의바른**, 정중한
☞ 법정/궁궐(court)에서 + e + 갖춰야 하는(ous<형접>)

□ dis**court**esy [diskə́ːrtəsi] [명] 무례, 버릇없음(=rudeness); 무례한 언행
☞ dis(=not/부정) + courtesy(예의)

□ dis**court**eous [diskə́ːrtiəs] [형] **무례한**, 버릇없는 ☞ -ous<형접>
♠ It would be **discourteous** of you to stay too long.
너무 오래 머물면 **결례가 될** 수 있다

커버 cover (덮개), 디스커버리 채널 discovery channel (미국의 다큐멘터리 채널)

디스커버리 채널은 Discovery Communications, Inc.,(DCI)가 소유한 케이블, 위성 TV 채널이다. 과학, 역사, 자연 분야에 관련된 다큐멘터리, 논픽션 프로그램들을 중심으로 방영하고 있다. 1985년 6월 17일 미국에서 개국하였으며, 현재 170여개국에서 방영하고 있다. <출처 : 위키백과>

♣ 어원 : cover 완전히 가리다, 덮다

cover [kʌ́vər/커버] [동] (뚜껑을) **덮다**, 씌우다, 싸다 [명] **덮개**, 커버

☜ 완전히(co<com) 덮다(over)

☐ dis**cover** [diskʌ́vər/디스**커**버] ⓢ **발견하다**; ~을 알다, 깨닫다
☜ 벗기다 ⇦ dis(=not/부정) + cover(덮다)
♠ **discover** an island (a mistake) 섬(잘못된 점)**을 발견하다**

☐ dis**cover**er [diskʌ́vər] ⓜ 발견자 ☜ discover + er(사람)

☐ dis**cover**y [diskʌ́vəri/디스**커**버뤼] ⓜ 발견; 발견물; (D-) (미국) 우주왕복선 제3호기
☜ discover + y<명접>

■ re**cover** [rikʌ́vər] ⓢ **되찾다**; 회복하다 ☜ 다시(re) 덮다(cover)

■ un**cover** [ʌnkʌ́vər] ⓢ **뚜껑[덮개]를 벗기다, 폭로하다** ☜ un(=not) + cover(덮다)

※ **channel** [tʃǽnl] ⓜ **수로; 해협**; (라디오 · TV 등의) **채널** ☜ 라틴어로 '물길, 수로'

D

크레디트 카드 credit card (신용카드), 크레도스 Credos (기아자동차 중형승용차. <믿음, 신뢰>란 뜻의 합성어)

♣ 어원 : cred 믿다

■ **cred**it [krédit/크**뤠**디트] ⓜ **신뢰, 신용** ⓢ **믿다, 신용하다**
☜ 중세 프랑스어로 '믿음'이란 뜻

☐ dis**cred**it [diskrédit] ⓜ **불신** ⓢ **믿지않다**, 의심하다 ☜ dis(=not) + credit(신용)
♠ have a record to one's **discredit** ~의 **불명예**가 될 경력을 갖고 있다.

☐ dis**cred**itable [diskréditəbl] ⓗ 신용을 떨어뜨리는, 불명예(수치)스러운 ☜ -able<형접>

☐ dis**cred**itably [diskréditəbli] ⓟ 남부럽게도, 불명예스럽게 ☜ -ably<부접>

※ **card** [kɑːrd/카-드] ⓜ **카드; 판지; 명함; (카드놀이의) 패**
☜ 중세 프랑스어로 '종이 한 장'이란 뜻

☐ **discrepancy**(차이;, 불일치, 모순) ➔ **crack**(갈라진 금; 금이 가다) **참조**

시크릿 secret (한국의 (최초)4인조 댄스팝 걸그룹. <비밀>이란 뜻)

♣ 어원 : cre(t), cer(t) 나누다, 분리하다

■ se**cret** [síːkrit/**씨**-크릿] ⓗ **비밀[기밀]의** ⓜ **비밀**, 비결, 불가사의
☜ 따로(se) 나누어진(cret)

☐ dis**creet** [diskríːt] ⓗ **분별 있는**, 생각이 깊은; 신중한
☜ 따로(dis=apart) 분리해내는(creet) 반 indiscreet 분별 있는
♠ **be discreet** in speech 언사를 조심하다(**신중히 하다**)

☐ dis**cret**e [diskríːt] ⓗ 별개의, 분리된; 불연속의
☜ 따로(dis) 분리된(cret) + e

☐ dis**cret**ely [diskríːtli] ⓟ 신중히; 따로 떨어져서; 별개로 ☜ -ly<부접>

☐ dis**cret**ion [diskréʃən] ⓜ **신중**, 분별, 사려; **판단[선택 · 행동]의 자유; 자유재량**
☜ 따로(dis) 분리된(cret) 것(ion)
♠ I leave the matter **to your discretion**.
나는 **너의 임의적 판단에** 그 문제를 맡긴다. 그 일은 네가 알아서 해라

☐ dis**cret**ionary [diskréʃənèri/-əri] ⓗ 임의(任意)의, 자유재량의, 무조건의 ☜ -ary<형접>

■ ex**cret**e [ikskríːt] ⓢ 배설(배출)하다; 분비하다 ☜ 밖으로(ex) 분리해내다(cret) + e

시에스아이 CSI (미국 CBS 과학수사 드라마. <범죄현장수사>란 뜻) 크라임씬 Crime Scene (JTBC 예능프로그램. <범죄현장>이란 뜻)

♣ 어원 : crime, crimin 죄, 범죄; 채로 쳐서 걸러내다

■ **CSI** **C**rime **S**cene **I**nvestigation 범죄현장수사《미국 CBS에서 2000~2015년간 방영된 과학수사 드라마》

■ **crime** [kraim/크롸임] ⓜ (법률상의) **죄, 범죄** (행위) ☜ 고대 프랑스어로 '범죄'란 뜻.

■ **crimin**al [krímənl] ⓜ **범인, 범죄자** ⓗ **범죄(성)의**, 형사상의 ☜ 범죄(crimin) 의(al<형접>)

☐ dis**crimin**ate [diskrímənèit] ⓢ **구별하다**; 판별(식별)하다, 차별대우를 하다
ⓗ 식별된; 구별이 있는, 차별적인
☜ 따로(dis=apart) 가려내다(crimin) + ate<동접/형접>
♠ **discriminate between (A) and (B) A와 B를 식별하다**

☐ dis**crimin**ation [diskrìmənéiʃən] ⓜ 구별; **식별(력)**, 판별(력) ☜ -ation<명접>

☐ dis**crimin**ating [diskrímənèitiŋ] ⓗ 식별하는, 식별력이 있는; 차별적인
☜ -ing<형접>

☐ dis**crimin**ative [diskrímənèitiv, -nətiv] ⓗ 식별력이 있는; 구별하는; 차별을 나타내는, 특이한; 차별적인 ☜ -ative<형접>

■ indis**crimin**ate [ìndiskrímənit] ⓗ 무차별의, 닥치는 대로의, 분별없는; 난잡한

(=confused) ☜ in(=not/부정) + discriminate

※ **scene** [siːn] 명 (연극 · 영화의) **장면**; (영화의) 세트; (무대의) 배경
☜ 그리스어로 '무대'란 뜻

디스크 disc, disk (원반, 레코드)

♣ **어원 : disc, disci, disco, desk 둥근; 원반, 원탁**

□ **disc, disk** [disk] 명 평원반 (모양의 것); **디스크, 레코드** ☜ 라틴어로 '원반'

□ **disc**us [dískəs] 명 (pl. **-es, disci**) (경기용) 원반; 〖동물〗 **디스커스**: 남미 원산의 열대어
☜ 라틴어로 '둥근(disc) 것(us)'

□ **disc**us throwing 원반 던지기 ☜ 던지(throw) + 기(ing<명접>)

□ **disk**ette [diskét] 명 〖컴퓨터〗 (저장)판, 디스켓 ☜ 작은(ette) 원반(disk)

□ **disc**uss [diskʌ́s] 동 **토론[논의]하다**(=debate) ☜ 원탁에서(disc) 서로 치다/흔들다(cuss)
♠ I **discussed** politics with them. 나는 정치에 대해 그들과 **토론했다**

□ **disc**ussion [diskʌ́ʃən] 명 **토론**; 토의, 검토 ☜ discuss + ion<명접>

■ **dish** [diʃ/디쉬] 명 **접시** ☜ 라틴어로 '둥그런 것'이란 뜻

■ **desk** [desk/데스크] 명 **책상**; (신문사) 편집부, **데스크** ☜ '둥근 탁자'에서 유래

맥 데인티 MAC Dainty (미국 MAC사의 화장품 브랜드. <우아한>이란 뜻)
디그니타스 Dignitas ([L.] 안락사를 지원하는 스위스 단체. <존엄>이란 뜻)

디그니타스란 죽을 권리를 호소하여 의사·간호사에 의해 안락사를 지원하는 스위스 단체로 말기암 환자나 불치병 환자가 생을 존엄하게 마감할 수 있도록 하기 위해 1998년 루드비히 미넬리가 설립하였다.

♣ **어원 : dign, dain 훌륭한, ~의 가치가 있는**

■ **dain**ty [déinti] 형 **우미[우아]한; 맛있는; 까다로운** 명 진미(珍味) ☜ 가치가 있는(dain) 것(ty)

□ dis**dain** [disdéin] 명 **경멸, 모멸** 동 **경멸[멸시]하다**
☜ dis(=against/반대, not/부정) + dain(가치가 있는)
♠ **a disdain** for the law 법을 **무시함**

□ dis**dain**ful [disdéinfəl] 형 경멸적인 ☜ disdain + ful(~이 가득한)

□ dis**dain**fully [disdéinfəli] 부 거만하게 ☜ disdainful + ly<부접>

□ **deign** [dein] 동 (황송하옵게도) ~하시다, 몸을 낮추어 말하다
☜ 라틴어로 '가치가 있다고 여기다'란 뜻

■ **dign**ity [dígnəti] 명 **존엄**, 위엄; 존엄성; 품위 ☜ 가치 있는(dign) 것(ity)

이지 잉글리쉬 Easy English (EBS 라디오 영어교육프로. <쉬운 영어>란 뜻)

■ **ease** [iːz/이-즈] 명 **편함, 평안; 용이함** 동 **진정[완화]시키다, (통증이) 가벼워지다** ☜ 고대 프랑스어로 '안방, 여유'란 뜻

■ **easy** [íːzi/이-지] 형 (-<**sier**<-si**est**) **쉬운**, 안락한
☜ 고대영어로 '쉬운, 부드러운, 어렵지 않은'이란 뜻

■ un**easy** [ʌníːzi] 형 (-<-si**er**<-si**est**) **불안한**
☜ un(=not/부정) + easy(편한)

© EBS

□ dis**ease** [diziːz/디**지**-즈] 명 **병**, 질병 ☜ dis(=not/부정) + ease(안락)
♠ **disease** germ **병**균

□ dis**ease**d [dizíːzd] 형 병의, **병에 걸린** ☜ dis(=not) + ease(안락) + ed<형접>

※ **English** [íŋgliʃ/**잉**글리쉬] 형 **영국[사람]의; 영어의** 명 [관사 없이] **영어**; (the ~) 영국인
☜ 엥글족(Engl) 의(ish<형접>)

빠지선 < 바지선(船) barge (바닥이 평평한 무동력 거룻배)

운하, 강 등에서 사람, 화물을 싣고 다니는 바닥이 납작한 배. 통상 동력이 없으나 있는 배도 있음.

♣ **어원 : barg(e), bark 작은 배**

■ **barge** [baːrdʒ] 명 **거룻배, 바지** 동 거룻배로 나르다
☜ 고대 프랑스어로 '배'

■ **bark**, **barque** [baːrk] 명 **바크** 《세대박이 돛배》; (보통 bark) 《시어》 배(=ship)
☜ 라틴어로 '작은 배'란 뜻

■ em**bark** [embáːrk, im-] 동 (배 · 비행기 등에) **태우다**; 승선〔탑승〕시키다
☜ ~위에(en<on) 작은 배(bark) 태우다

■ em**bark**ation [èmbaːrkéiʃən] 명 **승선**, 탑승; 적재 ☜ -ation<명접>

□ disem**bark** [dìsembáːrk] 동 양륙하다, 상륙시키다〔하다〕 ☜ dis(=not) + embark

♠ **disembark** from a ship 배**에서 내리다**(상륙하다)

□ disem**bark**ation [disèmba:rkéiʃən/-im-] [명] 양륙; 상륙 ☜ -ation<명접>

□ disem**bark**ment [dìsembá:rkmənt/-im-] [명] 양륙; 상륙 ☜ -ment<명접>

앙가쥬망 engagement (현실에의 적극적 참여)

'자기구속' 또는 '사회참여'로 번역된다. 원래 저당잡히는 것, 계약하는 것, 어떤 상황속에 어떤 것을 구속하는 것을 의미한다. 실존주의 철학자 사르트르가 이것에 독특한 철학적 의미를 부여하였다.

♣ **어원 : gage 저당; 저당 잡히다**

■ en**gage** [engéidʒ/인**게**이쥐] [동] **약속하다, 예약하다; 약혼하다**(시키다), 종사하다(시키다); 고용하다; 교전하다 ☜ ~하게 하다(en) + 저당 잡히다(gage)

■ en**gage**ment [engéidʒmənt] [명] **약속; 계약; 약혼**; 교전 ☜ -ment<명접>

□ disen**gage** [dìsengéidʒ] [동] 자유롭게 하다, 해방하다, 풀다, 놓아주다 ☜ dis(=not/부정) + engage

♠ **disengage** oneself from debt 빚에서 **벗어나다**, 빚을 갚다

□ disen**gage**d [dìsengéidʒd] [형] 한가한 ☜ disengage + ed<형접>

D

□ disentangle(엉킨 것을 풀다, 해결하다) ➔ entangle(얽히게 하다) 참조

피겨 스케이팅 figure skating (스케이트를 타고 하는 빙상경기)

♣ **어원 : fig, fac, fec, fy 만들다(=make)**

■ **fig**ure [fígjər/**삐**겨, -gər] [명] **그림, 숫자; 형상; 인물상,** (중요한) **인물; 비유** [동] **숫자로 나타내다, 계산하다**; (어떤 인물로서) **나타내다** ☜ (모양을) 만드는(fig) 것(ure)

□ dis**fig**ure [disfígjər/-fígər] [동] **~의 모양을 손상하다**; 추하게 하다 ☜ dis(~과 거리가 먼) (모양을) 만드는(fig) 것(ure)

♠ **disfigure** one's face 얼굴**을 흉하게 하다**.

■ af**fec**t [əfékt] [동] **~에게 (악)영향을 미치다** ☜ ~을(af<ad=to) 만들다(fec) + t

※ **skat**ing [skéitiŋ/스**께**이팅] [명] **스케이트(타기)**, 얼음지치기 ☜ skate + ing<명접>

그라시아스 Gracias ([스페인어] 감사합니다)
그레이스 켈리 Grace Kelly (미국 여배우이자 모나코 왕비)

미국의 영화배우이자 모나코의 왕비(1929~1982). 배우시절에는 우아한 미모와 연기로 인기를 끌었으며, 세계에서 가장 아름다운 왕비로 칭송받았다.

♣ **어원 : grac(e), grat(e), grati 감사, 고마움**

■ **grace** [greis] [명] **우아**; 호의, (신의) **은총**; (식전・식후의) 감사 기도

■ **grati**tude [grǽtətjù:d] [명] **감사**, 보은의 마음; **사의**(謝意) ☜ 감사(grati)에 대한 표시(tude)

□ dis**grace** [disgréis] [명] 창피, **불명예**, 치욕; **망신** [동] ~을 망신시키다 ☜ dis(=not/부정) + grace(호의)

♠ **disgrace** one's own name *~의 이름을* ***망신시키다*** ➔ 오명을 남기다

□ dis**grace**ful [disgréisfəl] [형] **수치스러운**, 불명예스러운 ☜ -ful(~이 가득한)

□ dis**grace**fully [disgréisfəli] [부] 창피하게도 ☜ -ly<부접>

■ con**grat**ulate [kəngrǽtʃəlèit] [동] **축하하다**, ~에 축하의 말을 하다 ☜ 함께(con<com) 감사(grat)를 + ul + 만들다(ate)

[연상] 디즈가이스(these guys.이 녀석들)은 디스가이스(disguise.변장)하고 나타났다.

※ **these** [ði:z/디-즈] [형] 《this의 복수형; 지시형용사》 **이것들의** [대] 《지시대명사》 **이것들[이 사람들]** ☜ this(이것; 이것의)의 복수형

※ **guy** [gai] [명] 《구어》 **사내, 놈, 녀석** ☜ 영국의 Guy Fawker의 이름에서 유래

■ **guise** [gaiz] [명] **외관**, 외양; 복장, 옷차림 ☜ 고대 프랑스어로 '양식, 스타일'이란 뜻.

□ dis**guise** [disgáiz] [명] **변장**, 가장 [동] **변장[가장]하다** ☜ 외관(guise)과 거리가 먼(dis)

♠ **disguise** oneself with a wig 가발로 **변장하다**

아시오 구스토 AsiO Gusto (아시아 · 오세아니아 슬로푸드 식문화운동)

세계3대 슬로푸드 대회 중 하나. 아시아·오세아니아를 뜻하는 AsiO와 스페인어로 '맛, 기쁨'을 뜻하는 Gusto를 합쳐 이름지어졌다. 2013년 10월 경기도 남양주시에서 첫 대회가 개최되었다. 슬로푸드(slow food)란 패스트푸드(fast food)를 반대하는 개념이다. <출처 : 시사상식사전 / 요약인용>

※ **Asia** [éiʒə/**에**이져, -ʃə] [명] **아시아** ☜ 고대 아카드 왕국의 언어로 '해 뜨는 동쪽'
※ **Oceania** [òuʃiǽniə, -ɑ́ːniə] [명] **오세아니아**주, 대양주 《오스트레일리아와 그 주변의 섬》 ☜ ocean(대양, 해양) + ia(국명, 지명)
■ **gusto** [gʌ́stou] [명] (pl. **-es**) 취미, 즐김, 기호(嗜好); 기쁨, 즐거움; 《고어》 맛, 풍미 ☜ 이탈리아어로 '맛'이란 뜻
□ dis**gust** [disgʌ́st] [명] (심한) **싫증**, 혐오; 메스꺼움 ☜ dis(=not/부정) + gust(맛)
♠ **to one's disgust (정말) 불쾌하게도; 유감스럽게도**
□ dis**gust**ful [disgʌ́stfəl] [형] 증오할 만한, 구역질나게 싫은 ☜ -ful<형접>
□ dis**gust**ing [disgʌ́stiŋ] [형] **메스꺼운**, 구역질나는, 정말 싫은 ☜ dis(=not/부정) + gust + ing<형접>
□ dis**gust**ingly [disgʌ́stiŋli] [부] 구역질나도록, 진절머리나게 ☜ -ly<부접>

페트리 디쉬 Petri dish (세균배양을 하기 위한 얇은 유리접시)

엷은 유리나 플라스틱으로 만든 원형의 얇은 접시와 일체화된 뚜껑. 독일의 R. J. Petri가 고안하였다. 미생물이나 동식물조직의 평판배양 외에 생물학실험 상의 용도가 크다. <출처 : 생명과학대사전>

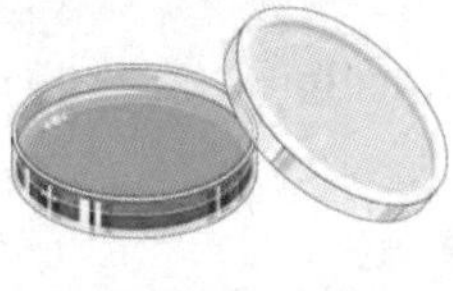

□ **dish** [diʃ/디쉬] [명] **접시** ☜ '둥그런 것'이란 뜻
♠ **do the dishes 설거지하다, 접시를 닦다**
♠ **wash dishes 접시를 닦다**
□ **dish**cloth [díʃklɔ̀(ː)θ, klὰθ] [명] 《영》 (접시 닦는) 헝겊 ☜ dish(접시) + cloth(천, 헝겊)
□ **dish** towel 《미》 (접시 닦는) 헝겊 ☜ dish(접시) + towel(수건)
□ **dish**washer [díʃwὰʃər/-wɔ̀ʃ-] [명] 접시 씻는 사람(기계) ☜ 접시(dish)를 씻는(wash) 사람/기계(er)

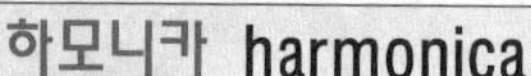

하모니카 harmonica

♣ 어원 : **harmon 조화 ⇦ 음악적으로 결합된(har) 상태(mon)**

■ **harmon**ica [hɑːrmɑ́nikə] [명] **하모니카** ☜ 조화(harmon) 로운(ic) 것(a)
■ **harmon**y [hɑ́ːrməni] [명] (때로 a ~) **조화**, 화합, 일치 ☜ 조화(harmon) + y
□ dis**harmon**y [dishɑ́ːrməni] [명] 부조화, 불일치; 불협화(음), 가락에 맞지 않음 ☜ dis(=not/부정) + harmony(조화)
♠ **cause disharmony 불화를 일으키다**

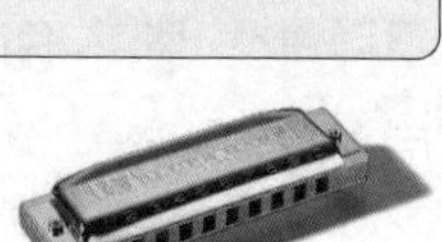

하트 heart (사랑의 징표, ♥)

■ **heart** [hɑːrt/하-트] [명] **심장**; 마음; **사랑**, 애정, 동정심; 사랑하는 사람 ☜ 고대영어로 '마음'이란 뜻
♠ **heart attack 심장마비** ☜ heart(심장) + attack(공격)
■ **heart**en [hɑ́ːrtn] [동] 용기를 북돋우다, 격려하다, 고무하다 ☜ 따뜻한 마음(heart)을 주다(en)
□ dis**heart**en [dishɑ́ːrtn] [동] **낙담시키다** ☜ dis(=not/부정) + 마음(heart)을 주다(en)
♠ Don't **be disheartened by** a single failure. 한 번 실패**에 낙담하지** 말아라.
■ broken **heart** (연인과의 이별로 인한) 상심 ☜ 깨진/부서진(broken) 마음(heart)

메달 오브 아너 Medal of Honor (미국 최고의 무공훈장)

미국 군인이 받을 수 있는 최고의 무공훈장. 미국 의회 명예훈장이라고도 부른다

♣ 어원 : **hono(u)r, hone 명예, 명성; 아름다움**

※ **medal** [médl] [명] **메달**, 상패, 기념패, 기장, **훈장** ☜ 라틴어로 '금속(화폐)'란 뜻
■ **hono(u)r** [ɑ́nər/**아**너/ɔ́nər/**오**너] [명] **명예; 경의**, 존경 [동] **존경하다, 명예를 주다** ☜ 고대 프랑스어로 '명예, 존엄, 승리'란 뜻
■ **hone**st [ɑ́nist/**아**니스트/ɔ́nist/**오**니스트] [형] **정직한** ☜ 명예(hone)가 있는(st)
□ dis**hone**st [disɑ́nist/-ɔ́n-] [형] **부정직한**, 불성실한 ☜ dis(~에 반하는) + honest(명예)
♠ a **dishonest** act (person) **부정직한** 행위(사람)
□ dis**hone**stly [disɑ́nistli/-ɔ́n-] [부] 부정확하게 ☜ -ly<부접>

☐ dis**honesty** [disάnisti/-ɔ́n-] 명 부정직 ☜ -y<명접>
☐ dis**hono(u)r** [disάnər/-ɔ́n-] 명 **불명예**; 치욕, 굴욕 ☜ dis(=not/부정) + honest(명예)
☐ dis**hono(u)r**able [disάnərəbl/disɔ́nərəbl] 형 불명예스러운 ☜ -able<형접>
☐ dis**hono(u)r**ably [disάnərəbli/disɔ́nərəbli] 부 **불명예스럽게** ☜ -ly<부접>

일루전 illusion ([체조] 몸을 회전시켜 한 바퀴 도는 기술)

체조에서 몸을 회전시켜 한 바퀴를 도는 기술. 한쪽 다리로 몸을 지탱하면서 옆으로 돈다. 2013년 7월 5일 전 국가대표 리듬체조 선수 신수지가 잠실야구장에서 독특한 모션으로 시구하여 국내외 시청자들을 놀라게 했는데 이때 사용된 기술이 백일루전(back illusion)이다.

© jtbc.joins.com

♣ 어원 : lud(e), lus 놀리다, 연기하다, 행동하다; 연주

■ il**lus**ion [ilúːʒən] 명 환영(幻影), **환각**
☜ (머리)속에서(il<in) 놀리(lus) 기(ion)

☐ disil**lus**ion [dìsilúːʒən] 명 각성; 환멸 동 **~의 환영[환상 · 미몽]을 깨우치다** ☜ dis(=not/부정) + illusion(환영, 환각)
♠ **be** (**get**) **disillusioned at** (about, with) ~ **~에 환멸을 느끼다**

✚ de**lude** 현혹하다, **속이다** inter**lude** 중간, **짬**; 간주(곡) pre**lude** **전주곡**, 서곡, 전조, 도입부

클라이맥스 climax (최고조)

♣ 어원 : cli(m), cline 기울다, 경사지다, 구부러지다

■ **cli**max [kláimæks] 명 (사건 · 극 따위의) **최고조**, 절정; 『수사학』 점층법
☜ 그리스어로 '사다리; 최고(max)로 기울인(cli)'이란 뜻

■ in**cline** [inkláin] 동 (마음이) **내키게 하다**, **기울이다**, (머리를) 숙이다; **기울다**
☜ 안으로(in) 기울다(cline)

☐ disin**cline** [dìsinkláin] 동 싫증나게 하다; ~할 마음이 내키지 않다
☜ dis(=not/부정) + incline(마음이 내키게 하다)
♠ **be disinclined to ~ ~하고 싶지 않다**

✚ de**cline** (아래로) **기울다**, 내리막이 되다; (해가) 져가다 re**cline** **기대(게 하)다**, 의지하다, 눕(히)다

태그아웃 tag out ([야구] 수비수가 공 또는 공이 든 글로브를 직접 주자의 신체에 접촉해 아웃시키는 것)

♣ 어원 : tag, teg(r) 접촉하다(=touch)

■ **tag** [tæg] 명 **태그, 꼬리표, 늘어진 끝[장식]; 터치아웃** 동 **꼬리표를 달다; 붙잡다** ☜ 중세영어로 '접촉하다'란 뜻

■ in**teg**ral [íntigrəl] 형 **완전한**(=entire); 필수의(=essential)
☜ in(=not/부정) + 손댈(tegr) (필요가) 있는(al<형접>)

■ in**tegr**ation [ìntəgréiʃən] 명 **통합**; 완성, 집성 ☜ -ation<명접>

☐ disin**tegr**ate [disíntigrèit] 동 분해시키다, 허물다; 분해하다, 허물어지다, 붕괴하다
☜ dis(=against/반대, not/부정) + integrate(통합하다)

☐ disin**tegr**ation [disìntəgréiʃən] 명 분해; 분열; 붕괴; 『지질』 풍화 작용 ☜ dis(=not) + integration
♠ face **disintegration 파국**에 직면하다, **파국**을 맞다

※ **out** [aut/아웉] 부 **밖에[으로], (꽃이) 피어서; 큰 소리로; 벗어나서**
☜ 고대영어로 '밖, ~이 없는'이란 뜻

인터넷 internet (국제적 컴퓨터 네트워크)

♣ 어원 : inter ~사이에

■ **Inter**net [íntərnèt] 명 **인터넷** 《국제적 컴퓨터 네트워크》
☜ (국가들) 사이의(inter) (통신) 그물망(net)

■ **inter**est [íntərist/**인**터뤼스트] 명 **관심, 흥미; 중요성; 이자** 동 **흥미를 일으키게 하다**
☜ ~사이에(inter) 존재하다(est)

■ **inter**ested [íntəristid/**인**터뤼스티드, -trəst-, -tərèst-] 형 **흥미를 가진,** 사욕이 있는
☜ 관심(interest)이 있는(ed<형접>)

☐ dis**inter**ested [disíntəristid, -rèst-] 형 **사심[사욕]이 없는**, 공평한, 흥미 없는
☜ dis(=not/부정) + interested(흥미 있는)
♠ a **disinterested** attitude **사심이 없는** 태도, **초탈한** 태도

D

조인 join (결합하다), 조인트 joint (이음매), 정크션 junction (두 개 이상이 만나는 지점)

♣ 어원 : join, junct 합치다, 결합하다, 잇다, 인접하다

■ **join** [dʒɔin/조인] ⓢ **결합[연합]하다**, 합치다; 참가하다
☜ 고대 프랑스어로 '합치다, 연결하다'란 뜻

■ **joint** [dʒɔint] ⓜ **이음매**, 『기계』 조인트; 『해부』 **관절** ☜ 연결한(join) 것(t)

■ **junction** [dʒʌ́ŋkʃən] ⓜ **접합(점)**, 교차점; (강의) 합류점 ☜ 결합(junct) 함(ion)

D

□ dis**join** [disdʒɔ́in] ⓢ 떼다, 분리하다〔시키다〕
☜ dis(=against/반대, not/부정) + 연결하다(join)

□ dis**join**t [disdʒɔ́int] ⓢ 관절을 삐게 하다, 탈구(脫臼)시키다; 흩뜨리다, 해체하다
☜ dis(=against/반대, not/부정) + 연결하다(join) + t
♠ **disjoint a machine 기계를 해체하다**

□ dis**junct** [disdʒʌ́ŋkt] ⓗ 분리된(=disconnected), 떨어진; 『음악』 도약의
☜ dis(=against/반대) + 연결한(junct)

□ dis**junct**ion [disdʒʌ́ŋkʃən] ⓜ 분리, 분열, 괴리, 분단
☜ dis(=against/반대) + 접합(junct) 함(ion)
♠ There is **a disjunction** between those two. 저 두 가지 사이에 **괴리**가 있다.

□ dis**junct**ive [disdʒʌ́ŋktiv] ⓗ 나누는, 떼는; 분리적인; 선언적(選言的)인 ☜ -ive<형접>

✚ en**join** **명령〔강요〕하다** ad**join** ~에 인접하다 con**join** 결합하다〔시키다〕; 연합하다〔시키다〕
re**join** 재(再)결합하다, 재회하다 sub**join** 추가〔보충〕하다

디스크 disk, disc (레코드, 디스크), 디스켓 diskette (자기(磁氣) 저장매체)

♣ 어원 : disc, disci, disco, desk 둥근; 원반, 원탁

□ **disc, disk** [disk] ⓜ 평원반 (모양의 것): **디스크, 레코드** ☜ 라틴어로 '원반'이란 뜻

□ **disk**ette [diskét] ⓜ 『컴퓨터』 (저장)판, 디스켓 ☜ disk(원반) + ette(작은)

□ **disc**us [dískəs] ⓜ (pl. **-es, disci**) (경기용) 원반 ☜ 둥근(disc) 것(us)

□ **disc**us throwing 원반 던지기 ☜ 던지(throw) 기(ing<명접>)

■ **desk** [desk/데스크] ⓜ **책상**; (신문사의) 편집부, **데스크** ☜ 둥근 탁자, 즉 원탁에서 유래

■ **disc**uss [diskʌ́s] ⓢ **토론[논의]하다**(=debate) ☜ 원탁에서(disc) 서로 치다/흔들다(cuss)

아이 러브 유 I love you. (나는 당신을 사랑합니다)
아이 라이크 유 I like you. (나는 당신을 좋아합니다)

※ **I** [ai/아이] ⓓ **나는, 내가** ☜ 고대영어로 '나(1인칭 단수 대명사)'란 뜻

■ **love** [lʌv/러브] ⓜ **사랑**, 애정, **연애; 애호** ⓢ **사랑하다**
☜ 고대영어로 '사랑하는 감정', '로맨틱한 성적 매력'이란 뜻

■ **like** [laik/라이크] ⓢ **좋아하다** ⓜ **좋아하는 것**, 기호 ☜ 고대영어로 '~의 마음에 들다'란 뜻

□ dis**like** [disláik] ⓢ **싫어하다** ⓜ 싫어함, 혐오 ☜ dis(=not/부정) + like(좋아하다)
♠ Why do you **dislike** him so much? 왜 그렇게 그 사람을 **싫어해**?

※ **you** [juː/유-, (약) ju/유, jə] ⓓ **당신, 너, 여러분**
☜ 초기 인도유럽어로 '두 번째 사람'이란 뜻

로케(이션) location ([영화] 야외촬영)

♣ 어원 : loc 장소; 놓다, 두다

■ **loc**ate [lóukeit/**로**우케이트] ⓢ **~에 위치를 정하다** ☜ ~에 놓게(loc) 하다(ate)

■ **loc**ation [loukéiʃən/로우**케**이션] ⓜ 장소, 위치, **위치선정**; 『영화』 야외촬영, **로케(이션)**
☜ 위치 정하(locate) 기(tion)

□ dis**loc**ate [dísloukèit] ⓢ 관절을 삐게 하다, 탈구시키다
☜ 정위치(locate)에서 거리가 멀다(dis=away)
♠ He has **dislocated** his left arm. 그의 왼팔이 **탈골되었다**

□ dis**loc**ation [disloukéiʃən] ⓜ **탈구**; 전위(轉位), **혼란** ☜ -ation<명접>

로열 패밀리 royal family (왕족, 왕실)
로열티 loyalty (특허권 등 특정한 권리를 이용하는 사용료. <충성>이란 뜻)

♣ 어원 : roy 왕의 왕립의

■ **roy**al [rɔ́iəl/**로**이얼] ⓗ **왕[여왕]의**; 왕족〔황족〕의; **당당한** ☜ 왕(roy) 의(al)

※ **family** [fǽməli/**뽸**멀리] ⓜ (pl. **-lies**) [집합적] **가족**, 가정, 식구들; (한 가정의)

아이들 ⓗ **가족의** ☜ 라틴어로 '가정의 하인/구성원'이란 뜻

■ **roy**alty [rɔ́iəlti] ⓜ 왕권, **왕위**; **로열티**, **지적재산권 사용료** ☜ 왕의(royal) 것(ty)

♣ **어원 : loy- 법률**

■ **loy**al [lɔ́iəl] ⓗ (국가·군주 등에) **충성스러운**; **성실한** ☜ 법률(loy)에 의한(al)

■ **loy**alty [lɔ́iəlti] ⓜ 충의, 충절; **충성**, **성실** ☜ 충성스러운(loyal) 것(ty)

□ dis**loy**al [dislɔ́iəl] ⓗ **불충한**, 불성실한 ☜ dis(=not/부정) + 충성스러운(loyal)

♠ **be disloyal** to one's country 나라에 **불충하다**

□ dis**loy**ally [dislɔ́iəli] ⓟ 불충하게도 ☜ disloyal + ly<부접>

□ dis**loy**alty [dislɔ́iəlti] ⓜ 불충, 불의 ☜ disloyal + ty<명접>

디즈멀랜드 Dismaland (영국에 있는 음울한 테마공원)

영국의 서머싯주(州) 웨스턴슈퍼메어에 위치한 테마공원. 미국의 디즈니랜드에 음울하다는 의미의 dismal을 합쳐 만들었다. 하루에 4천명만 입장가능하다고 한다. <출처 : 위키백과>

□ **dismal** [dízməl] ⓗ 음울한, **음침한**; 우울한; 기분 나쁜
☜ '불길한 나날'이란 뜻
♠ **be in the dismals 울적해 있다,** (기분이) **저기압이다**

□ **Dismal** Swamp **디즈멀**습지 《미국에서 가장 큰 습지 중 하나. 남북 60km, 면적 12,943㎢》 ☜ swamp(늪, 습지)

□ **dismal**ly [dízməli] ⓟ 외로이, 음산하게 ☜ dismal + ly<부접>

※ **land** [lænd/랜드] ⓜ **뭍, 육지; 땅, 토지; 나라, 국토** ⓢ **상륙[착륙]시키다** ☜ 고대영어로 '땅, 흙'이란 뜻

메이비 세대 Generation maybe ([신조어] 결정장애 세대)

2012년 독일의 올리버 에게스라는 젊은 저널리스트가 미국 담배회사 말보로의 광고 문구 'Don't be a Maybe'를 보고 착안해 칼럼에 기고하면서 대중적인 용어가 됐다. 우리나라에서도 최근 일반화되는 경향이다. 이렇게 되는 것은 아이들이 정답이 있는 문제만 오랫동안 풀어왔기 때문이라는 주장이 있다. <출처 : 브릿지경제-원 클릭 시사. 2018.10.1.일자>

© 경향신문 (14.09.29.)

※ **generation** [dʒènəréiʃən] ⓜ **세대, 한 세대의 사람들**; **발생; 생산, 산출**
☜ -ion<명접>

■ **may**be [méibiː/**메**이비-] ⓟ **어쩌면, 아마**(=perhaps)
☜ It may be ~ (아마 ~일지도 모른다)라는 말의 줄임말

■ **may** [mei/메이] ⓩⓢ 《추측》 **~일지도 모른다**; 《허가》 **~해도 좋다**, 《가능》 ~할 수 있다
☜ 고대영어로 '할 수 있다'란 뜻

□ dis**may** [disméi] ⓜ **당황, 놀람**; 낙담 ⓢ **당황케 하다**
☜ 허락하지 않아 당황하다 ⇦ dis(=not/부정) + may(허락하다)
♠ **to one's dismay 놀랍게도**

미사일 missile (추진기를 달고 순항하는 유도탄)

♣ **어원 : miss, mise, mit 보내다, 전달하다**

■ **miss**ile [mísəl/-sail] ⓜ **미사일**, **유도탄** ☜ 라틴어로 '던질(miss) 수 있는 것(ile)'

□ dis**miss** [dismís] ⓢ **떠나게 하다**, 해산시키다; **해고[면직]하다** ☜ 멀리(dis=away) 보내다(miss)
♠ **dismiss** a man from his post 사람을 **해고하다**

□ dis**miss**al [dismísəl] ⓜ **면직, 해고**; 퇴거; 해산; 추방 ☜ 멀리(dis) 보내(miss) 기(al)

□ dis**miss**ive [dismísiv] ⓗ 퇴거시키는, 그만두게 하는; 거부하는; 건방진, 경멸적인
☜ 멀리(dis) 보내(miss) 는(ive<형접>)

■ pro**mise** [prάmis/프**롸**미스/prɔ́mis/프**로**미스] ⓜ **약속**, 계약 ⓢ **약속하다**
☜ 미래로<앞쪽으로(pro) (마음을) 보내다(mise)

파라마운트 Paramount (미국 영화제작 및 배급사. <최고권위자>란 뜻)

♣ **어원 : mount 오르다, 올라가다; 산봉우리**

■ para**mount** [pǽrəmàunt] ⓗ **최고의**, 가장 중요한 ⓜ **최고 권위자**
☜ 위대한(pa) 태양신의(ra) 산봉우리(mount)
★ 피라미드(pyramid)의 pyra도 '위대한 태양신'이란 뜻이다.

■ **mount** [maunt/마운트] ⓢ (산 따위를) **오르다**, ~을 타다, 태우다
☜ 고대 프랑스어로 '산'이란 뜻

□ dis**mount** [dismáunt] ⓢ (말·자전거 따위에서) **내리다, 떼어내다**

☜ 반대로(dis) 오르다(mount)
♠ **dismount from** a horse 말**에서 내리다**

■ sur**mount** [sərmáunt] ⓢ **극복하다**, (산에) 오르다 ☜ ~를 너머(sur) 오르다(mount)

디즈니랜드 Disneyland (미국 LA에 있는 세계적인 유원지)

□ **Disney** [dízni] ⓜ **디즈니** 《Walter Elias. ~, 미국의 만화영화 제작자; 1901-66》
□ **Disney**land [díznilæ̀nd] ⓜ **디즈니랜드** 《1955년에 W. Disney가 Los Angeles에 만든 유원지》 ☜ land(땅, 육지, 나라)

D

오디오 audio (가청주파; 음향재생장치)

♣ **어원 : aud(i), ed(i), ey 소리를 듣다; 청각, 음성**
■ **audi**o [ɔ́:diòu] ⓗ 음성(부분)의, 소리재생의 ⓜ 오디오 ☜ '내가 듣는다'는 뜻
■ **audi**ence [ɔ́:diəns] ⓜ [집합적] **청중**; 관중, 청취자 ☜ 듣는(audi) 것(ence<명접>)
■ ob**ey** [oubéi/오우**베**이] ⓢ **복종[순종]하다** ☜ ~에(ob<ad=to) (주의 집중하여) 듣다(ey)
■ ob**edi**ence [oubí:diəns] ⓜ **복종**; 순종 ☜ ~에(ob<ad=to) (주의 집중하여) 듣(edi) 기(ence<명접>)
□ disob**ey** [dìsəbéi] ⓢ **불복종하다**, ~을 따르지 않다 ☜ 불(dis=not) 복종하다(obey)
♠ **disobey** an order 명령에 **불복종하다**
□ disob**edi**ence [dìsəbí:diəns] ⓜ **불복종**, 불순종; 반항; 위반 ☜ 불(不)(dis=not) 복종(obedience)
□ disob**edi**ent [dìsəbí:diənt] ⓗ 순종치 않는; 불효의; 위반하는 ☜ -ent<형접>

오다 < 오더 order (주문, 지시), 서브 오더 serve order ([배구] 선수들의 서브 순서)

♣ **어원 : ord(er), ordin 질서, 순서**
※ **serv**e [səːrv/써-브] ⓢ **섬기다**, 시중들다, 봉사하다 ☜ 라틴어로 '섬기다'란 뜻
■ **order** [ɔ́:rdər/**오**-더] ⓜ (종종 pl.) **명령, 주문**; **순서**, 정돈, 질서 ⓢ **주문[명령]하다**, 정돈하다 ☜ 고대 프랑스어로 '규칙, 종교적 질서', 라틴어로 '줄, 열; 배열'이란 뜻
□ dis**order** [disɔ́:rdər] ⓜ **무질서**, 혼란 ☜ 질서(order)가 없는(dis=not)
♠ **fall into disorder 혼란에 빠지다**
□ dis**order**ed [disɔ́:rdərd] ⓗ **혼란된**, 난잡한; 탈난, 병든 ☜ -ed<형접>
♠ a **disordered** mind ***혼란에 빠진*** *마음* ➔ 정신**착란**
♠ a **disordered** digestion 소화**불량**
□ dis**order**ly [disɔ́:rdərli] ⓗ **무질서한**, 혼란한 ☜ disorder + ly<형접>
■ **ordin**ary [ɔ́:rdənèri/**오**-더네리, ɔ́:dənri] ⓗ **보통의**, 통상의, 평상의 ☜ 순서(ordi) + n + 대로의(ary)

에너지 energy (정력, 힘), 오르간 organ ([악기] 오르간)

♣ **어원 : erg, org, urg 일, 힘, 활동**
■ en**erg**y [énərdʒi/**에**너쥐] ⓜ **정력**, 활기, 원기 ☜ 내재된(en<in) 힘(erg) + y
■ **org**an [ɔ́:rgən/**오**-르건] ⓜ **오르간**, 《특히》 파이프 오르간; (생물의) **기관**(器官), **장기**(臟器) ☜ 일하는(org) 기능(an)
□ dis**org**anize [disɔ́:rgənàiz] ⓢ ~의 조직을 파괴하다; 질서를 문란케 하다; 혼란시키다 ☜ dis(=not) + organize
♠ **disorganize** an enemy in depth (군사) 종심 깊게 적을 **와해하다**
□ dis**org**anized [disɔ́:rgənàizd] ⓗ 무질서한, 지리멸렬의 ☜ -ed<형접>

✚ **org**anism **유기체**(물); (미)생물(체) **org**anization **조직(화)**, 편성; 기구 **org**anize **조직[편성]하다**

오리엔트 orient (동방), 오리지날 original (최초의), 오리엔테이션...

♣ **어원 : ori, ort 솟아오르다, 생기다, 일어나다(=rise)**
■ **ori**ent [ɔ́:riənt, -ènt] ⓜ (the O~) **동양**, 동방 ☜ 해가 떠오르는(ori) 곳(ent<명접>)
■ **ori**ginal [ərídʒənəl/어**뤼**저널] ⓗ **최초의, 본래의**, 근원[기원]의; 독창적인 ⓜ **원작**; 기원, 근원 ☜ 생긴(ori) 근원(gin<gen) 의(al)
■ **ori**entation [ɔ̀:rientéiʃən] ⓜ **방위; 적응(지도)**, 예비교육, **오리엔테이션** ☜ 해가 뜨는 < 바른 방향으로(orient) 향하는(ta) 것(tion<명접>)
□ dis**ori**ent [disɔ́:riənt, -ènt] ⓢ 방향을 잃게 하다; 어리둥절케 하다; 혼란시키다 ☜ dis(=not) + orient
♠ **disoriented about** (as to) **~ ~에 대해 갈피를 잡지 못하는**
□ dis**ori**ented [disɔ́:riəntid] ⓗ 방향감각을 잃은, 혼란에 빠진 ☜ -ed<형접>

□ dis**ori**entation [disɔ̀rientéiʃən] ⑤ 방향 감각의 상실; 혼미 ☜ -ation<명접>

오너 드라이버 owner driver (자가 운전자, 손수[직접] 운전자)

■ **own** [oun/오운] ⑱ **자기 자신의; 고유한**; 스스로 하는 ⑤ **소유[소지]하다** ⑲ 자신의 것 ☜ 고대영어로 '~에 의해 점유된'이란 뜻
■ **own**er [óunər/**오**우너] ⑲ **임자**, 소유(권)자; 《속어》 선장, 함장 ☜ -er(사람)
■ **own**ership [óunərʃip] ⑲ **소유자임**〔자격〕, **소유권** ☜ -ship(권한<명접>)
□ dis**own** [disóun] ⑤ 제 것〔책임〕이 아니라고 말하다, 부인하다 ☜ dis(=not) + own
♠ **disown** one's son 아들**과 인연을 끊다**
※ **driv**er [dráivər] ⑲ **운전자, 운전사**; 〖골프〗 **드라이버** 《1번 우드(wood) 클럽》 ☜ 모는(drive) 사람(er)

파 par ([골프] 기준 타수. <동등>이라는 뜻)

♣ 어원 : **par, pair, per, peer 동등한, 같은**
■ **par** [pɑːr] ⑲ **동등**, 등가; 〖골프〗 기준타수 ★ 골프에서 각 홀의 기준타수인 par보다 1타 적게 끝내는 것은 버디(birdie), 2타 적은 것은 이글(eagle), 1타 많은 것은 보기(bogey), 2타 많은 것은 더블보기(double bogey)라고 한다.
■ **pair** [pɛər/페어] ⑲ (pl. **-s**, 《구어》 **-**) **한 쌍**(의 남녀), (두 개로 된) **한 벌** ☜ 라틴어로 '같은 것'이란 뜻
□ dis**par**age [dispǽridʒ] ⑤ 깔보다, 얕보다; 헐뜯다, 비방〔비난〕하다 ☜ 동등하게(par) 여기지 않는(dis=not) 것(age<명접>)
♠ **disparage** (a person's) achievement 남의 성과물**을 헐뜯다**
□ dis**par**agement [dispǽridʒmənt] ⑲ 비난, 비방, 경멸 ☜ -ment<명접>
□ dis**par**aging [dispǽridʒiŋ] ⑱ 깔보는 (듯한); 비난하는 (듯한) ☜ -ing<형접>
□ dis**par**ate [díspərit, dispǽr-] ⑱ (본질적으로) 다른, 공통점이 없는 ☜ -ate<형접>
□ dis**par**ity [dispǽrəti] ⑲ 부동(不同), 부등(不等), 불균형, 불일치; 상위 ☜ 동등하지(par) 않은(dis=not) 것(ity<명접>)
♠ **disparity** between the sexes (임금・기회 등의) 남녀 간의 **격차**

✚ im**pair** **감하다** com**par**e **비교하다** **peer** **동료, 동배; 자세히 들여다 보다, 보이기 시작하다**

□ **dispassionate**(냉정한, 침착한) ➔ **passionate**(열렬한, 정열적인) **참조**

패치 patch (몸에 붙이는 것), 디스패치 Dispatch (대한민국의 온라인 연예정보 보도매체. <급파하다>)

Dispatch 뉴스는 팩트다

♣ 어원 : **patch 조각; 붙이다**
■ **patch** [pætʃ] ⑲ **헝겊 조각**, 깁는 헝겊; 천 조각 ⑤ 수선하다, 깁다 ☜ 고대 북프랑스어로 '한 조각'이란 뜻에서
□ dis**patch**, des- [dispǽtʃ] ⑤ **급파[특파・파병・급송]하다** ⑲ 급파, 특파 ☜ 멀리에(dis=away) 붙이다(patch)
♠ Troops have **been dispatched to** the area. 그 지역에 군대가 **파견되었다**.

프로펠러 propeller (회전날개, 추진기)

♣ 어원 : **pel, pul, per 밀다, 밀어내다; 재촉하다, 쫓아내다**
■ pro**pel** [prəpél] ⑤ **추진하다**, 몰아대다 ☜ 앞으로(pro) 밀다(pel)
■ pro**pel**ler [prəpélər] ⑲ **프로펠러, 추진기** ☜ propel + l<자음반복> + er(기계)
□ dis**pel** [dispél] ⑤ 일소하다, **쫓아버리다** ☜ 멀리(dis=away) 몰아내다(pel)
□ dis**per**sal [dispə́ːrsəl] ⑲ 산포(散布), 분산 ☜ disperse + al<명접>
□ dis**per**se [dispə́ːrs] ⑤ **흩뜨리다, 흩어지게 하다**; 해산시키다 ☜ 멀리(dis=away) 몰아내다(per) + se
♠ The fog began **to disperse**. 안개가 **흩어지기** 시작했다.
□ dis**per**sion [dispə́ːrʒən/-ʃən] ⑲ 산란, 분산; 소개(疏開) ☜ disperse + ion<명접>
□ dis**per**sive [dispə́ːrsiv] ⑱ 흩뜨리는, 분산하는 ☜ -ive<형접>
♠ **dispel** fear 공포심을 **떨쳐버리다**

✚ com**pel** 강제하다, **억지로 ~시키다** ex**pel** **쫓아내다**, 물리치다 im**pel** **억지로 ~하게 하다; 추진하다**, 재촉하다 re**pel** 쫓아버리다, **격퇴하다** **pul**se **맥박**

펜던트 pendant (늘어뜨린 장식), 서스펜스 suspense (계속된 긴장감)

♣ **어원 : pend, pense 매달다, 무게를 달다; 걸리다**

■ **pend**ant [péndənt] ⓜ **펜던트, 늘어뜨린 장식** 《목걸이 · 귀고리 따위》
☜ 매단(pend) 것(ant)

■ sus**pen**se [səspéns] ⓜ **서스펜스, 계속된 긴장감**; 미결; 모호함
☜ 아래로(sus) 매단(pen) 것(se)

□ dis**pen**sable [dispénsəbl] ⓗ 분배할 수 있는, 없어도 좋은
☜ 분배할(dispense) 수 있는(able)

□ dis**pen**sary [dispénsəri] ⓜ 약국, 진료소 ☜ -ary(장소)

□ dis**pen**sation [dìspənséiʃən] ⓜ 분배; 면제 ☜ -ation<명접>

□ dis**pen**se [dispéns] ⓢ **분배하다** ☜ 따로(dis=apart) 무게를 달다(pen) + se
♠ **dispense** food and clothing to the poor 빈민에게 의복과 식량을 **분배하다**.
♠ **dispense with ~ ~을 폐지하다, ~없이 때우다**

□ dis**pen**ser [dispénsər] ⓜ 분배자; 약제사 ☜ -er(사람)

✚ ap**pend**ix **부속물**, 부가물; **부록** de**pend** 믿다, **의지하다; ~에 달려 있다** ex**pend** **소비[소모]하다** s**pend** (돈을) **쓰다, 소비하다**

□ **disperse**(흩뿌리다) ➔ **dispel**(쫓아버리다) **참조**

스프라이트 sprite (코카콜라의 세계 1 위 사이다. <요정>이란 뜻) 인스피레이션 inspiration (영감(靈感))

코카콜라(Coca-Cola; Coke)사(社)의 세계 1 등 사이다(soda pop) 브랜드.
* 영어로 cider 는 '소다음료'가 아닌 '사과주'를 의미함.

♣ **어원 : spir(e), spri 숨쉬다**

■ **spri**te [sprait] ⓜ 요정 《자연물의 정령(精靈), 불가사의한 마력을 지닌 님프》
☜ 숨을 쉬고 있는〔죽지 않은〕 정령

■ in**spire** [inspáiər] ⓢ **고무시키다, 격려하다** ☜ 안으로(in) 숨을 불어넣다(spire)

■ in**spir**ation [ìnspəréiʃən] ⓜ **인스피레이션, 영감**(靈感) ☜ -tion<명접>

■ **spir**it [spírit/스피리트] ⓜ **정신, 마음** ☜ 숨을 쉬고 있는〔살아 있는〕

□ di**spir**it [dispírit] ⓢ ~의 기력을〔의기를〕 꺾다; 낙담시키다.
☜ 마음/정신(spirit)이 멀어진(dis=away)
♠ It **dispirits** me to say that. 그런 말은 나를 **좌절시킨다**.

플랫폼 platform (역의 승강장), 플라자 Plaza (광장)

♣ **어원 : pla 평평한, 편편한; 넓은**

■ **pla**tform [plǽtfɔ̀ːrm] ⓜ **단**(壇), 교단, 연단; (정거장의) **플랫폼**
☜ 평평한(pla) + t + 형태/장소(form)

■ **pla**za [plάːzə, plǽzə] ⓜ (도시 · 읍의) 광장; 시장; 《미》 쇼핑 센터
☜ 넓은(pla) 곳(za)

■ **pla**in [plein/플레인] ⓗ **평평한; 명백한**; 평범한; 검소한 ⓜ 평지
☜ 고대 프랑스어로 '평평한, 부드러운'이란 뜻.

< Seoul Plaza>

■ **pla**ce [pleis/플레이스] ⓜ **장소, 곳** ⓢ **두다, 놓다** ☜ 편편한(pla) 곳(ce)

□ dis**pla**ce [displéis] ⓢ **바꾸어 놓다**; 제거〔추방〕하다 ☜ 분리하여(dis) 두다(place)
♠ **displace as ~ ~의 자격을 박탈하다**

□ dis**pla**cement [displéismənt] ⓜ **바꿔놓음**, 전이, 변위; 해직; 배수량 ☜ -ment<명접>

■ re**pla**ce [ripléis] ⓢ **제자리에 놓다**, 되돌리다; **~을 대신하다** ☜ 다시(re) 두다(place)

※ **hotel** [houtél/호우텔] ⓜ **호텔**, 여관 ☜ 손님을 접대하는(hot) 곳(el<명접>)

디스플레이 display (나타내다)

♣ **어원 : plic, plex, ple, play 접다, 겹치다**

□ dis**play** [displéi/디스플레이] ⓢ **나타내다; 표시[전시 · 진열]하다**
☜ 펼치다 ⇦ 반대로(dis=against) 접다(play) ⓑ conceal 숨기다
♠ **display** goods for sale 상품을 **전시하다**
♠ **on display 진열되어**

■ ap**plic**ation [æ̀plikéiʃən] ⓜ **적용; 신청** ☜ ~에(ap<ad=to) 겹치(plic) 기(ation<명접>)

■ du**plic**ation [djùːpləkéiʃən] ⓜ **이중**; 복제, **복사** ☜ 두겹으로(du) 접(plic) 기(ation)

플리바게닝 plea bargaining (유죄협상제도)

수사과정에서 피의자[범죄자]가 유죄를 시인하거나 수사에 적극 협조하는 대신 검찰이 구형을 가볍게 해주는 유죄협상제도

♣ 어원 : plea(s), plais 기쁘게 하다, 위로하다

■ **plea** [pliː] ⓜ **탄원, 청원; 변경** ☜ 고대 프랑스어로 '소송, 고소'란 뜻
■ **pleas**e [pliːz/플리-즈] ⓢ **기쁘게 하다** ⓑ 부디, **제발** ☜ 기쁘게(pleas) 하다(e)
■ **pleas**ure [pléʒər/플레저] ⓜ **기쁨, 즐거움** ☜ 기쁘게(pleas) 하기(ure)
□ dis**pleas**e [displíːz] ⓢ **불쾌하게 하다** ☜ 불(不)(dis=not/부정) 유쾌하게 하다(please)
♠ **displease** one's senior 윗사람 **기분을 상하게 하다**
□ dis**pleas**ing [displíːziŋ] ⓗ 불쾌한 ☜ displease + ing<형접>
□ dis**pleas**ure [displéʒər] ⓜ **불쾌**; 불만 ☜ displease + ure<명접>
♠ **incur the displeasure of ~ ~의 노염을 사다; ~을 화나게 하다**
※ **bargain** [bάːrgən] ⓜ **매매, 거래** ☜ 고대 프랑스어로 '값을 깎다'란 뜻

✚ **pleas**ant **즐거운, 유쾌한** com**plais**ant 정중한, 상냥한, 공손한 un**pleas**ant **불쾌한**

포털 portal (네이버, 야후 등 인터넷 접속시 거쳐야 하는 사이트)

♣ 어원 : port 나르다, 운반하다(=carry)

■ **port** [pɔːrt/포-트] ⓜ **항구(도시)**, 무역항 ☜ (물건을) 운반하는 곳
■ **port**al [pɔ́ːrtl] ⓜ (우람한) **문, 입구; 정문; 포털사이트** ☜ (~를 통해) 운반하는(port) 곳(al<명접>)
■ **port**able [pɔ́ːrtəbəl] ⓗ 들고 다닐 수 있는; **휴대용의** ⓜ **휴대용 기구** ☜ 운반(port)할 수 있는(able)
□ dis**port** [dispɔ́ːrt] ⓢ 놀다, 장난치다; 즐기게 하다; 과시하다 ⓜ 놀이, 즐거움 ☜ 고대 프랑스어로 '재미를 찾다'란 뜻. ⇦ (심각한 문제로부터 마음을) 멀리(dis=away) 나르다(port)
♠ **disport oneself 장난치며 놀다.**

포즈 pose (자세)

♣ 어원 : pos(e) 놓다, 두다; 배치하다

■ **pose** [pouz] ⓜ **포즈, 자세** ⓢ **자세를 취하다** ☜ 고대 프랑스어로 '놓다, 두다, 위치시키다'란 뜻
□ dis**pos**al [dispóuzəl] ⓜ **처분**; 양도, 매각 ☜ -al<명접>
□ dis**pose** [dispóuz] ⓢ **배치[처리]하다** ☜ 따로(dis) 배치하다(pose)
♠ **dispose of ~ ~을 처분하다, ~을 해결하다, ~을 먹(어 치우)다**
♠ **be disposed to ~ ~할 뜻이 있다, 경향이 있다**
□ dis**pos**ed [dispóuzd] ⓗ **~할 생각이 있는; 배치된** ☜ 따로(dis) 배치가(pos) 된(ed<형접>)
□ dis**pos**ition [dìspəzíʃən] ⓜ **배열; 처분; 성질** ☜ ition<명접>
■ com**pose** [kəmpóuz] ⓢ **조립[조직 · 구성]하다, 작곡[작문]하다** ☜ 함께(com) 배치하다(pose)

□ **disproportionate**(불균형의) ➔ **proportionate**(균형 잡힌) **참조**

프로브 probe (자동차 배기가스 검사기에 딸린 탐침봉)

♣ 어원 : proof, prob, prov(e) 증명하다, 시험하다; 좋은

■ **prob**e [proub] ⓜ 『의학』 소식자(消息子), 탐침(探針) 《좁은 관에 삽입하여 질환 따위를 살피는 기구》; 탐침봉 ☜ 중세 라틴어로 '시험하는(prob) 것(e)'
■ **prove** [pruːv] ⓢ (-/**proved/proven**) **증명하다**, 입증(立證)하다 ☜ 라틴어로 '시험하여 증명하다'란 뜻
□ dis**proof** [disprúːf] ⓜ 반박, 논박, 반증(물건) ☜ 반대로(dis=against) 증명함(proof)
□ dis**prov**able [disprúːvəbl] ⓗ 반증[논박]할 수 있는 ☜ 반대로(dis=against) 증명할(prov) 수 있는(able)
□ dis**prove** [disprúːv] ⓢ **~의 반증을 들다, ~의 그릇됨을 증명하다** ☜ 반대로(dis=against) 증명하다(prove)
♠ **disprove** a theory *이론의 **그릇됨을 증명하다*** ➔ 이론을 부정하다

✚ ap**prove 승인[찬성]하다** disap**prove 불승인[부동의]하다**, 비난하다 im**prove 개량[개선]하다**

컴퓨터 computer (전자회로를 이용해 다양한 데이터를 처리하는 기기)

♣ 어원 : put(e) 계산하다, 생각하다
■ com**put**e [kəmpjúːt] [동] **계산(산정)하다**, 평가하다; 어림잡다
☜ 함께(com) 계산하다(pute)
■ com**put**er, -tor [kəmpjúːtər] [명] **컴퓨터; 전자계산기**; 계산하는 사람
☜ 함께(com) 계산하는(put) 사람(er)
□ dis**put**able [dispjúːtəbl] [형] 논의의 여지가 있는, 의심스러운
☜ dispute + able(~할만한)
□ dis**put**ant [dispjúːtənt] [명] 논쟁하는 사람 [형] 논쟁의 ☜ -ant(사람/<형접>)
□ dis**put**ation [dìspjutéiʃən] [명] 논쟁, 논의, 토론, 반박 ☜ -ation<명접>
□ dis**put**atious, dis**put**ative [dìspjutéiʃəs], [dispjúːtətiv] [형] 논쟁을 좋아하는
☜ dispute + atious/ative<형접>
□ dis**put**e [dispjúːt] [동] **논쟁[논의, 경쟁]하다**; 다투다; 의문시하다
☜ 생각(pute)으로부터 멀어지다(dis=away)
♠ **cause a dispute 논쟁을 불러일으키다**

✚ de**put**e 대리자로 삼다, 위임하다 re**put**e **평판**; 명성; ~라고 여기다 re**put**ed 평판이 좋은, 유명한

퀄리티 quality (질·품질·성질), 퀄컴 Qualcomm (미국의 다국적 반도체 및 통신장비 기업. Quality + Communication)

♣ 어원 : qual 질, 성질, 품질, 자격(권한); 종류
■ **qual**ity [kwάləti/**퀄**러티, kwɔ́l-] [명] **질, 품질**; 성질, **특성, 소질**, 자질; **양질**, 우수성; 재능 [형] 상류 사회의, 귀족적인; 상질의, 훌륭한 ☜ 중세영어로 '성질, 특질'이란 뜻
■ **qual**ify [kwάləfài/kwɔ́l-] [동] **~에게 자격을 주다**; 적임으로 하다, 적합하게 하다; **제한[한정]하다** ☜ 자격(qual)을 + i + 만들다(fy)
□ dis**qual**ify [diskwάləfài/-kwɔ́l-] [동] **~의 자격을 박탈하다**; 실격시키다
☜ dis(=not/부정) + qualify(자격을 주다)
♠ **be disqualified for (from) ~ ~의 자격이 없다**
□ dis**qual**ification [diskwὰləfikéiʃən/-kwɔ̀l-] [명] 자격 박탈, 실격; 무자격, 결격, 불합격
☜ dis(=not/부정) + 자격(qual) + i + 만들(fic) 기(ation<명접>)

퀴트 quit ([갬블링] (환전을 위한) 게임의 잠시 중지) 콰이어트 Quiet (수전케인의 저서 <내성적인 사람들의 힘>)

<Quiet>는 미국 프린스턴대학과 하버드법대를 우등생으로 졸업한 미국의 사회심리학자 Susan Cain 이 2012 년 펴낸 책이다. 사교적이고 외향적 성격의 소유자 보다 내향적 인간의 특별한 재능과 능력이 더 중요하다고 주장한다. 시사주간지 <Time>이 커버스토리로 다루었고 베스트셀러 반열에도 올랐다.

♣ 어원 : qui 평온한, 자유로운; 안식, 휴식
■ **qui**t [kwit] [동] **떠나다, 그만두다, 끊다** [형] **면하여**, 토하여
☜ 라틴어로 '(전쟁이나 빚으로부터) 자유로운'이란 뜻
■ I **quit** match 〖스포츠〗 **아이큇 매치** 《선수가 항복(I quit)을 선언해야 끝나는 프로 레슬링 경기》
☜ 나는(I) 시합(match)을 그만둔다(quit)
■ **qui**et [kwáiət/**콰**이어트] [형] (-<-**er**<-**est**) **조용한, 고요한, 한적한, 평온한** [명] **고요**, 안식
☜ 라틴어로 '평온한, 쉬는'이란 뜻
□ dis**qui**et [diskwáiət] [동] 불안(동요)하게 하다, 걱정시키다 [명] 불안; 동요; 걱정
☜ dis(=not/부정) + quiet(평온한, 고요한)
♠ **disquiet oneself 조바심을 갖다**
□ dis**qui**eting [diskwáiətiŋ] [형] 불안한, 걱정되는 ☜ disquiet + ing<형접>
□ dis**qui**etude [diskwáiətjùːd] [명] 불안 ☜ disquiet + ude<명접>

보디가드 bodyguard (경호원)

© Warner Bros.

♣ 어원 : guard, gard 주시하다, 지켜보다, 감시하다, 망보다
※ **body** [bάdi/**바**리/bɔ́di/**보**디] [명] **몸; 본문** [반] mind 마음, soul 정신
☜ 고대영어로 '통'이란 뜻
■ **guard** [gaːrd/가-드] [명] **경계; 경호인, 호위병** [동] **지키다, 경계하다**, 망보다 ☜ 고대 프랑스어로 '지켜보다, 지키다'란 뜻
■ re**gard** [rigάːrd/뤼**가**-드] [동] **~으로 여기다, 주의[주목]하다** [명] **관심, 배려; 관계** ☜ 다시(re) 주시하다(gard)

☐ disre**gard** [dìsrigɑ́:rd] ⓢ **무시[경시]하다** ☜ dis(=not/부정) + regard(주목하다)
♠ **disregard** the truth 진실을 **외면하다**

☐ disrepair(파손, 황폐) ➔ repair(수선, 수리) 참조

스펙터클 spectacle (볼거리가 풍부한), 스펙트럼 spectrum (분광), 프로스펙스 prospecs (한국의 대표적인 스포츠화 브랜드. <prose> 참조)

♣ 어원 : spect, spic 보다(=look), 살펴보다, 조사하다

■ **spect**acle [spéktəkəl] ⓜ **광경**, 볼만한 것, 장관(壯觀); (pl.) **안경** ☜ 볼 만한(spect(a)) 것(cle)
■ **spect**rum [spéktrəm] ⓜ (pl. -tr**a**, **-s**) 〖광학〗 **스펙트럼**, 분광 ☜ 눈에 보이는(spect) 것(rum)
■ pro**spect** [prɑ́spekt/prɔ́s-] ⓜ 조망(眺望), **전망**; 경치; **예상**, 기대
☜ 앞을<미래를(pro) 보다(spect)
■ re**spect** [rispékt/뤼스**펙**트] ⓜ **존경**, 존중, 경의 ⓢ **존경하다**; 존중하다
☜ 다시(re) 보다(spect)
☐ disre**spect** [dìsrispékt] ⓜ 불경, 실례, 무례 ⓢ 경시(경멸)하다, 디스하다
☜ dis(=against/반대, not/부정) + respect(존경하다)
☐ disre**spect**ful [dìsrispéktfəl] ⓗ **실례되는, 무례한**; 경시한 ☜ -ful<형접>
♠ a **disrespectful** attitude **무례한** 태도

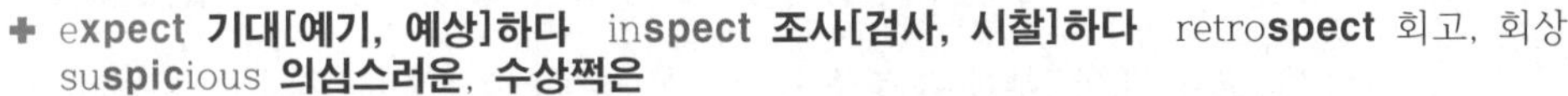

✚ ex**pect** **기대[예기, 예상]하다** in**spect** **조사[검사, 시찰]하다** retro**spect** 회고, 회상
su**spic**ious **의심스러운, 수상쩍은**

방카로타 bankarotta ([It.] 파산. <부서진 벤치>라는 뜻)

중세 이탈리아의 환전소를 방카(banka)라 하는데, 이들이 고객을 속였을 경우 행정관이 이 방카(banka)를 부쉈다(rotta)는 데서 유래하였다.

♣ 어원 : rupt 부수다, 깨다

■ bank**rupt** [bǽŋkrʌpt] ⓜ **파산자, 지불불능자** ⓗ **파산한**
☜ 환전상의 책상(bank)이 파괴된(rupt)
☐ dis**rupt** [disrʌ́pt] ⓢ **붕괴[분열]시키다** ☜ 산산이(dis) 부숴버리다(rupt)
♠ **disrupt** one's family 가정을 **파괴하다**
☐ dis**rupt**ion [disrʌ́pʃən] ⓜ **붕괴, 분열** ☜ 산산이(dis) 부숴버리는(rupt) 것(ion)
☐ dis**rupt**ive [disrʌ́ptiv] ⓗ 분열(붕괴)시키는, 파괴적인; 파열(붕괴)로 생긴 ☜ -ive<형접>

✚ ab**rupt** **뜻밖의** cor**rupt** **타락한, 부패한** cor**rupt**ion **타락; 퇴폐** inter**rupt** **가로막다**, **중단시키다**
ir**rupt** 침입(돌입)하다

씨에스 CS = Customer Satisfaction ([마케팅] 고객만족)

♣ 어원 : satis 충분하다, 만족하다

※ **customer** [kʌ́stəmər] ⓜ (가게의) **손님, 고객**; 단골
☜ 습관적으로(custom)자주 가는 사람(er)
■ **satis**fy [sǽtisfài/**쌔**티스퐈이] ⓢ **만족시키다**; 충족시키다
☜ 충분하게(satis) 만들다(fy)

■ **satis**faction [sæ̀tisfǽkʃən] ⓜ **만족**(감) ☜ -tion<명접>
☐ dis**satis**faction [dissæ̀tisfǽkʃən] ⓜ **불만**(족), **불평**
☜ dis(=not/부정) + satisfaction(만족)
☐ dis**satis**factory [dissæ̀tisfǽktəri] ⓗ 불만스런, 만족(탐탁)스럽지 않은 ☜ -ory<형접>
☐ dis**satis**fy [dissǽtisfài] ⓢ **불만을 느끼게 하다**, 불쾌하게 하다
☜ dis(=not/부정) + satisfy(만족시키다)
♠ **be dissatisfied with** (at) ~ **~을 불만으로 여기다, ~이 불만이다**

샘플 sample (견본, 표본)

♣ 어원 : sam, sem, sim(ul/il) 같은, 비슷한; (같은 것이) 함께하는

■ **sam**ple [sǽmpəl/sɑ́:m-] ⓜ **견본, 샘플**, 표본; 실례(實例) ⓗ 견본의 ⓢ 견본을 만들다; 견본이 되다 ☜ example(보기/실례/견본)의 두음 소실
■ **same** [seim/쎄임] ⓗ **같은, 동일한** ☜ 고대 영어/노르드어로 '~과 같은'이란 뜻
☐ dis**sem**ble [disémbəl] ⓢ (감정 등을) 숨기다, 속이다; 꾸미다, ~인 체하다
☜ 같게(sem) 하지(ble) 않다(dis=not/부정)
♠ She **dissembled** her annoyance under a smiling face.
그녀는 웃음을 지으며 괴로움**을 숨겼다**.

□ dis**sem**blance [disémbləns] ⓜ 닮지 않음, 상이(相異); 시치미 뗌, 속임, 위장
☜ dissemble + ance<명접>

세미나 seminar (전문인 등이 특정한 주제에 관하여 여는 토론회)

♣ **어원 : semin 심다, 기르다, 씨를 뿌리다**

■ **semin**ar [sémənὰ:r] ⓜ (대학의) **세미나** 《교수의 지도에 의한 학생 공동 연구 그룹》; 연구과
☜ 라틴어로 '사육장' ⇨ '양성소'란 의미로 변천. 기르는(semin) 것(ar)

■ **semin**ary [sémənèri/-nəri] ⓜ **학교**, 학원; 양성소; **신학교**; 《비유》 (죄악 따위의) 온상
☜ 기르는(semin) 곳(ary)

D

□ dis**semin**ate [disémənèit] ⓢ (씨를) 뿌리다, 널리 퍼뜨리다; 보급하다
☜ 멀리까지(dis=away) 씨뿌림(semin)을 하다(ate<동접>)

□ dis**semin**ation [disèmənéiʃən] ⓜ **씨뿌리기**, 살포; 보급 ☜ -ation<명접>
♠ The **dissemination of typography** changed the publication system.
인쇄술의 보급은 출판 방식을 변화시켰다.

섹스 sex (성(性)), 섹터 sector (구역, 영역)

SECTOR

♣ **어원 : sex, sect 자르다; 나누다**

■ **sex** [seks] ⓜ **성**(性), 성별, 남녀별; 성욕, 성교 ⓗ 성적인, 성에 관한 ⓢ 암수를 감별하다 ☜ 남녀를 나누다(sex)

■ **sect**or [séktər] ⓜ **구역,** 영역; 부채꼴**; 부문**, 분야 ⓢ 부채꼴로 분할하다 ☜ sect + or<접미사>

□ dis**sect** [disékt, dai-] ⓢ **해부[절개]하다**; 분석하다
☜ 따로따로(dis=apart) 자르다(sect)
♠ **dissect** a human body 인체를 **해부하다**

■ in**sect** [ínsekt] ⓜ **곤충; 벌레** ☜ 내부(in) (마디마디)가 잘려진(sect) 것 같은 것

■ inter**sect** [ìntərsékt] ⓢ **가로지르다, 교차하다** ☜ ~사이로(inter) 자르다(sect)

센스 sense (분별력), 센서 sensor (감지기)

♣ **어원 : sens(e), sent 느끼다(=feel); 감각, 감정**

■ **sense** [sens/쎈스] ⓜ (시각·청각·촉각 따위의) **감각**; **의식, 분별**; **의미** ⓢ **느끼다** ☜ 라틴어로 '느끼다, 지각하다'란 뜻

■ **sens**or [sénsər, -sɔ:r] ⓜ 감지기 ☜ 느끼는(sens) 기계(or)

< Parking Sensor >

□ dis**sens**ion, -tion [disénʃən] ⓜ **의견 차이**; **불화**(의 씨); (pl.) **알력**, 분쟁
☜ 떨어져(dis) 느끼는(sens) 것(ion)

□ dis**sent** [disént] ⓢ **의견을 달리하다**, 이의를 말하다
☜ 떨어져(dis=away) 느끼다(sent)
♠ **dissent from** the opinion 그 의견**에 찬성하지 않다**

✚ as**sent** **동의[찬성]하다** con**sent** **동의[승낙]하다** **sent**ence **문장; 선고;** 선고하다 **sent**iment (고상한) **감정, 정서**

서비스 service (콩글 무료 봉사) ➔ no charge, free of charge

♣ **어원 : serv(e) 섬기다, 봉사하다; 노예**

■ **serv**e [sə:rv/써-브] ⓢ **섬기다**, 시중들다, 봉사하다
☜ 중세영어로 '~에게 습관적으로 복종하다'란 뜻

■ **serv**ice [sə́:rvis/써-뷔스] ⓜ (종종 pl.) **봉사, 서비스**, 수고, 공헌, 이바지
☜ 봉사하는(serv) 것(ice<명접>)

□ dis**serve** [dissə́:rv] ⓢ ~을 학대하다; ~에게 해(害)를 주다, 상처를 입히다
☜ 반대로(dis=against/반대, not/부정) 봉사하다(serve)

□ dis**serv**ice [dissə́:rvis] ⓜ 해, 손해, 폐; 불친절한 행위, 학대, 구박
☜ 반대로(dis) 봉사하는(serv) 것(ice<명접>)
♠ **do (a person) a disservice (아무)에게 모질게 굴다**

샘플 sample (견본, 표본)

♣ **어원 : sam, sem, sim(ul/il) 같은, 비슷한; (같은 것이) 함께하는**

■ **sam**ple [sǽmpəl/sά:m-] ⓜ **견본, 샘플**, 표본; 실례(實例) ⓗ 견본의 ⓢ 견본을 만들다; 견본이 되다 ☜ example(보기/실례/견본)의 두음 소실

■ **same** [seim/쎄임] ⓗ **같은, 동일한** ☜ 고대 영어/노르드어로 '~과 같은'이란 뜻

■ **simil**ar [símələr] ⓗ **유사한, 비슷한** ☜ 같은(simil) 성질의(ar)
□ dis**simil**ar [dissímələr] ⓗ **닮지 않은, 다른** ☜ dis(=not) + similar
♠ **dissimilar to** each other 서로 **닮지 않은**
□ dis**simil**arity [dissìməlǽrəti] ⓜ 부동(不同)(성), 차이; 차이점 ☜ dissimilar + ity<명접>
□ dis**simil**itude [dìssimílətjù:d] ⓜ 부동(不同), 상위(相違), 같지 않음; 차이(점)
☜ 같지(simili) 않은(dis=not) 것(tude<명접>)
□ dis**simul**ate [disímjəlèit] ⓢ (감정·의사 따위를) 숨기다; 감추다, 위장하다
☜ 멀리서(dis=away) 같은(simul) 것 처럼 만들다(ate)
♠ What do you **dissimulate**? 당신은 무엇을 **숨기고** 있습니까?
□ dis**simul**ation [disìmjuléiʃən] ⓜ (감정을) 감춤; 시치미 뗌; 위선; 『정신의학』 질환(疾患) 은폐
☜ -ation<명접>

✚ as**sem**ble **모이다** en**sem**ble **전체**, 『음악』 **앙상블**, **합주곡** **simul**ate **가장하다**, 흉내내다

D

디시페이트 dissipate ([사회심리] 팽배한 불만의 표출 행위)

[사회심리] 팽배해 있는 불만을 분출시키는 행위. 정치·경제·사회·가정적 불만이 팽배했을 때 그 불만을 특정한 사건이나 분쟁으로 표출하는 행위.

♣ **어원 : sip 던지다(=throw)**
□ dis**sip**ate [dísəpèit] ⓢ **흩뜨리다, 소멸되다**; 쫓아버리다; 낭비하다(=waste)
☜ 멀리(dis) 던지(sip) 다(ate<동접>)
♠ **dissipate** one's energy 정력을 **낭비하다**
□ dis**sip**ated [dísəpèitid] ⓗ 난봉피우는, 방탕한; 소산(消散)된; 낭비된 ☜ -ed<형접>
□ dis**sip**ation [dìsəpéiʃən] ⓜ 소산(消散), 소실; 낭비 ☜ -tion<명접>

쇼셜리즘 socialism (사회주의)
쇼셜 네트워크 서비스 social network service = SNS (사회관계망 서비스)

♣ **어원 : soci 동료, 친구, 사교, 집단, 사회; 교류하다, 연합하다**
■ **soci**al [sóuʃəl/**쏘**우셜] ⓗ **사회의, 사회적인, 사교적인** ☜ 사회(soci) 의(al)
■ **social** network service 사회 관계망 서비스(SNS)
☜ network(그물망, 방송망), service(봉사, 서비스)
■ **soci**alism [sóuʃəlìzəm] ⓜ **사회주의** ☜ 사회(social) 주의(ism)
□ dis**soci**ate [disóuʃièit] ⓢ 분리하다, 떼어놓다; 교제를 끊다
☜ 사교/연합(soci)에서 따로 떼어내(dis=apart) 다(ate<동접>)
♠ He **dissociated** himself from his family.
그는 가족과의 관계를 **끊었다**.

SNS

□ dis**soci**ation [disòusiéiʃən] ⓜ 분해, 분리(작용) ☜ -ation<명접>
□ dis**soci**ative [disóuʃièitiv] ⓗ 분리적인, 분열성의 ☜ -ation<명접>

솔루션 solution (해결책, 해법)

♣ **어원 : solu, solv(e) 풀다, 녹다, 느슨하게 하다**
■ **solu**tion [səlú:ʃən/썰**루**-션] ⓜ **해결(책)**, 해법; 녹임, 용해 ☜ 풀어낸(solu) 것(tion<명접>)
■ **solve** [sɑlv/sɔlv] ⓢ (문제를) **풀다, 해결하다** ☜ 라틴어로 '풀어버리다, 늦추다'란 뜻
□ dis**solu**ble [disɑ́ljubl/-sɔ́l-] ⓗ 분해할 수 있는, 녹일 수 있는
☜ dissolve(ve→u) + ble(~할 수 있는)
□ dis**solu**te [dísəlù:t] ⓗ 방종한, 방탕한, 무절제한, 난봉피우는
☜ 따로(dis=apart) 풀어 놓(solu) 은(te)
□ dis**solu**tion [dìsəlú:ʃən] ⓜ **용해**; 분해; 해산 ☜ -tion<명접>
□ dis**solve** [dizɑ́lv/-zɔ́lv] ⓢ **녹이다**, 용해시키다 ☜ 따로(dis=apart) 풀어지게 하다(solve)
♠ Water **dissolves** salt. 물은 소금을 **녹인다**
□ dis**solv**ent [dizɑ́lvənt/-zɔ́l-] ⓗ 용해력 있는 ⓜ 용해제 ☜ -ent<형접/명접>

✚ ab**solve** **용서[사면]하다** re**solve** **해결[해소]하다**; 녹이다; 분해(분석)하다, 결심(결의)하다

소나타 sonata (기악 독주곡. 이탈리아어로 <울려 퍼지다>란 뜻)

♣ **어원 : son(or) 소리(=sound), 음향, 음성, 노래; 소리 나다, 울리다, 노래하다**
■ **son**ata [sənɑ́:tə] ⓜ 『음악』 **소나타**, 주명곡(奏鳴曲), 기악 독주곡
☜ 이탈리아어로 '울려 퍼지다'란 뜻
■ **son**ar [sóunɑ:r] ⓜ **소나**, 수중 음파탐지기, 잠수함 탐지기
☜ **so**und **na**vigation **r**anging의 약어

■ **son**net [sɑ́nət/sɔ́n-] ⓜ 14행시, **소네트**; 단시(短詩)
☜ 중세 프랑스어로 '작은(et) 노래(son) + n'란 뜻.

□ dis**son**ant [dísənənt] ⓗ 〖음악〗 불협화(음)의, 귀에 거슬리는; 부조화의, 동조하지 않는
☜ 따로(dis=apart) 소리(son)가 나는(ant<형접>)
♠ **dissonant voices 불협화음을 내는 목소리들**

□ dis**son**ance, -ancy [dísənəns], [-i] ⓜ 듣기싫은〔불쾌한〕 소리; 〖음악〗 불협화(음); 불화
☜ 따로(dis=apart) 소리(son)가 나는 것(ance/ancy<명접>)

모럴 스웨이전 moral suasion (정부가 양심에 호소하는 도덕적 권고)

♣ **어원 : sua, suad(e) 권고하다, 충고하다; 달콤한, 맛있는**

※ **moral** [mɔ́(:)rəl/모(-)럴, mɑ́r-] ⓗ **도덕(상)의**, 품행이 단정한
☜ 라틴어로 '풍속, 습관에 관한'이란 뜻

■ **sua**sion [swéiʒən] ⓜ **설득, 권고** ☜ 권고(sua) 하기(sion<명접>)

□ dis**suade** [diswéid] ⓢ **단념시키다**, 그만두게 하다 ☜ 멀리 떨어질 것을(dis) 권고하다(suade)
♠ **dissuade (A) from (B)-ing A를 설득하여 B하는 것을 단념시키다**

□ dis**sua**sion [diswéidʒən] ⓜ **만류**, 설득하여 그만두게 함
☜ 멀리 떨어질 것을(dis) 권고하(sua) 기(sion<명접>)

□ dis**sua**sive [diswéisiv] ⓗ 마음을 돌리게 하는〔하기 위한〕; 말리는 《충고·몸짓 등》
☜ 멀리 떨어질 것을(dis) 권고하(sua) 는(sive<형접>)

■ per**suade** [pəːrswéid] ⓢ **설득시키다**, 설득하다 ☜ 강하게(per) 권고하다(suade)

스탠드 stand (세움대; 관람석), 롱디 longdi (콩글 시·공간적으로 떨어져 있는 연인 사이) ➔ long distance relationship

♣ **어원 : stand, stant, st 서다, 세우다**

■ **stand** [stænd/스땐드/스탄드] ⓢ (-/**stood**/**stood**) **서다, 서 있다**
☜ 라틴어로 '서있는(sta) 것/곳(nd)'이란 뜻

□ di**st**ance [dístəns/디스턴스] ⓜ **거리**, 간격
☜ 떨어져(di=away) 서(st) 있는 것(ance)
♠ **at a distance 떨어져서, 떨어진 곳에**
♠ **in the distance 먼 곳에, 저 멀리, 아주 먼 곳에**

□ di**st**ant [dístənt/디스턴트] ⓗ (거리가) **먼, 떨어진** ☜ -ant<형접>

□ di**st**antly [dístəntli] ⓟ 멀리 떨어져서, 멀리서, 멀리에; 쌀쌀[냉담]하게 ☜ -ly<부접>

※ **long** [lɔːŋ/롱, lɔŋ] ⓗ (-<-**er**<-**est**) **긴; 길게 느껴지는** ⓑ short 짧은
☜ 고대영어로 '끝에서 끝까지 지속되는'이란 뜻

※ rel**a**tionship [riléiʃənʃìp] ⓜ **관계** ☜ relation + ship(지위, 특성)

✚ in**st**ance **실례**, 사례, **보기** circum**st**ance **상황, 환경** con**st**ant **불변의**, **충실한**

테이스트 taste ([외식·와인·커피] 혀로 느낄 수 있는 맛)

♣ **어원 : taste 만지다, 맛보다; 맛을 알다**

■ **taste** [teist/테이스트] ⓜ **미각; 맛** ⓢ **맛보다**; 맛을 알다; **~한 맛이 나다**
☜ 라틴어로 '만지다'란 뜻

□ dis**taste** [distéist] ⓜ **싫음, 혐오**, 싫증, 염증 ☜ dis(=not/부정) + taste(맛이 있다)
♠ **have a distaste for ~ ~을 싫어하다**

□ dis**taste**ful [distéistfəl] ⓗ 싫은 ☜ distaste + ful<형접>

텐트 tent (천막)

♣ **어원 : ten, tent, tend, tens 뻗다, 펴다, 늘이다; ~까지 미치다**

■ **tent** [tent/텐트] ⓜ **텐트, 천막** ☜ 초기 인도유럽어로 '펼치다'에서 유래

■ **tend** [tend/텐드] ⓢ **~하는 경향이 있다; ~로 향하다** ☜ 고대 프랑스어로 '펼치다'란 뜻

□ dis**tend** [disténd] ⓢ 넓히다, 부풀(리)다, 팽창하[시키]다; 과장하다
☜ 멀리(dis=away) 잡아 늘이다(tend)
♠ Her belly **got distended** from eating so much.
그녀는 과식해서 배가 **부풀어 올랐다**.

□ dis**tens**ible [disténsəbəl] ⓗ 넓어지는, 넓혀지는, 부푸는, 팽창성의 ☜ -ible<형접>

□ dis**tens**ion, -**t**ion [disténʃən] ⓜ 팽창, 확대 ☜ 멀리(dis) 잡아 늘이는(tens/tent) 것(ion)

■ ex**tend** [iksténd/익스텐드] ⓢ **뻗다, 늘이다, 넓히다; 베풀다; 넓어지다**
☜밖으로(ex) 뻗다(tend)

■ **ten**sion [ténʃən] ⓜ 팽팽함; 켕김, **긴장**; 장력 ☜ 늘리는(ten) 것(sion)

디스틸러즈 프라이드 Distiller's Pride (미국 켄터키주(州) 페어필드 증류소산(産) 버본 위스키. <증류업자의 자부심>이란 뜻)

♣ 어원 : still 떨어뜨리다; 물방울

■ **still** [stil] 명 증류기, 증류소 동 증류하다 ☜ di**still**의 두음소실

□ di**stil(l)** [distíl] 동 **증류하다** ☜ 아래로(di=down) 떨어뜨리다(still)
 ♠ **distill** fresh water **from** sea water
 바닷물**을 증류하여** 담수로 만들다

□ di**still**ation [dìstəléiʃən] 명 **증류(법)**; 증류물, 정수(精粹)
 ☜ 아래로(di=down) 떨어뜨리(still) + a + 기(tion<명접>)

□ di**still**er [distílər] 명 **증류자**; 증류주 제조업자; 증류기
 ☜ distill + er(사람/기계)

□ di**still**ery [distíləri] 명 증류주 제조장 ☜ distill + ery(제조의 장소)

■ in**still**, **-til** [instíl] 동 (사상 따위를) **스며들게 하다**, 주입시키다
 ☜ 안으로(in) 떨어뜨리다(still)

※ **pride** [praid/프라이드] 명 **자랑, 자존심**, 긍지 ☜ 고대영어로 '자존심'이란 뜻

스팅 sting (미국 범죄영화. <사기>란 뜻)

1978년 개봉한 미국의 코미디/범죄영화. 폴 뉴먼, 로버트 레드포드 주연. 1929년 대공황 직후 미국 시카고의 지하범죄 세계에서 두 사기꾼의 두목의 죽음에 대한 복수를 그린 영화. 세기의 명화.

THE STING

© Universal Pictures

♣ 어원 : sting, stinc, stig, xtinc, xting(u) 찌르다, 자극하다

■ **sting** [stiŋ] 동 (-/**stung**/**stung**) **찌르다**, 괴롭히다, **자극하다**; 속이다
 명 **찌르기**, 쏘기; **자극**; 격통; **사기** ☜ 고대영어로 '찌르는 행위'

□ di**stinc**t [distíŋkt] 형 (-<-**er**<-**est**) **별개의; 뚜렷한; 다른**
 ☜ 분리하여(di) 찌르다(stinc) + t
 ♠ **be distinct from ~ ~와 다르다**

□ di**stinc**tion [distíŋkʃən] 명 **구별, 차별, 차이** ☜ distinct + ion<명접>

□ di**stinc**tive [distíŋktiv] 형 독특한, **특유의**, 구별이 있는 ☜ distinct + ive<형접>

□ di**stinc**tively [distíŋktivli] 부 독특하게; **특징적으로** ☜ distinctive + ly<부접>

□ di**stinc**tly [distíŋktli] 부 **명료[뚜렷]하게** ☜ distinct + ly(부접)

□ di**sting**uish [distíŋgwiʃ] 동 **구별하다**, 분별(식별)하다
 ☜ 분리하여(di) 찌르(sting) + u + 다(ish<동접>)
 ♠ **distinguish (A) from (B) A와 B를 구별하다, 분간하다**
 ♠ **distinguish between (A) and (B) A와 B를 구별하다**
 ♠ **distinguish oneself 유명해지다, 뛰어나다**

□ di**sting**uishable [distíŋgwiʃəbl] 형 구별할 수 있는 ☜ -able(~할 수 있는)

□ di**sting**uished [distíŋgwiʃt] 형 **저명한**, 눈에 띄는, 현저한 ☜ -ed<형접>

✚ in**stinc**t **본능**; 직감 e**xtinc**t (불이) **꺼진**, 사멸한 e**xtingu**ish (불을) **끄다**; (화재를) **진화하다**

토큐 < 토크 torque ([물리] 물체를 회전시키는 힘; 비틀림 모멘트)

♣ 어원 : torq(ue), tort 비틀다

■ **torque** [tɔːrk] 명 『기계·물리』 **토크**, 회전시키는(비트는) 힘
 ☜ 라틴어로 '비틀다, 돌다'란 뜻

■ **tort**ure [tɔ́ːrtʃər] 명 **고문; 심한 고통**; 고뇌 동 고문하다, 괴롭히다
 ☜ 비틀(tort) 기(ure)

□ dis**tort** [distɔ́ːrt] 동 **찡그리다; 비틀다**; 왜곡하다 ☜ 멀리(dis=away) 비틀다(tort)
 ♠ **distort** one's face 얼굴**을 찡그리다**

□ dis**tort**ed [distɔ́ːrtid] 형 일그러진, 비틀어진 ☜ distort + ed<형접>

□ dis**tort**ion [distɔ́ːrʃən] 명 일그러뜨림; 뒤틀림 ☜ distort + ion<명접>

□ dis**tort**ionist [distɔ́ːrʃənist] 명 곡예사; 만화가 ☜ (몸/이야기를) 비트는(distortion) 사람(ist)

✚ con**tort** **잡아 비틀다**, 왜곡하다 ex**tort** 강탈(강요)하다 re**tort** **보복하다; 말대꾸하다**

트랙터 tractor (견인력을 이용해서 각종 작업을 하는 특수 차량)

♣ 어원 : tract 끌다, 당기다; 유혹하다

■ **tract**or [trǽktər] 명 **트랙터**, 견인(자동)차 ☜ 끄는(tract) 기계(or)

□ dis**tract** [distrǽkt] 동 (주의를) **딴 데로 돌리다**; 빗나가게(어지럽게)

하다 ☜ 먼 곳으로(dis-away) 당기다(tract)
♠ Reading **distracts** the mind from grief.
독서는 슬픔을 **가시게 한다**.

☐ dis**tract**ed [distrǽktid] ⓗ 정신이 착란된, 미친 ☜ distract + ed<형접>
☐ dis**tract**edly [distrǽktidli] ⓟ 미친 듯이, 정신이 착란되어 ☜ distracted + ly<부접>
☐ dis**tract**ion [distrǽkʃən] ⓜ **주의산만**, 정신이 흩어짐 ☜ distract + ion<명접>

✚ abs**tract** **추상적인; 추상;** 추출하다 at**tract** (주의・흥미 등을) **끌다, 유인하다** con**tract** **계약**, 약정; 계약서 de**tract** 줄이다, 떨어뜨리다, 손상시키다 ex**tract** **뽑아내다**, 빼어내다 re**tract** **철회하다**, 취소하다 sub**tract** **빼다, 감하다**

스트레스 stress (심리적 압박감)

♣ **어원 : stress 압력**
■ **stress** [stres] ⓜ **압박**, 강제; 〖물리〗 **압력**; 힘 ⓓ **강조하다** ☜ di**stress**의 두음소실
☐ di**stress** [distrés] ⓜ **고통**, 비탄(=grief), **고뇌; 빈곤** ⓓ **괴롭히다**
☜ 아래로(di) 가하는 압력(stress)
♠ Don't **distress** yourself. *네 자신을 **괴롭히지** 마라.* ➔ 괴로워하지 마세요.
☐ di**stress**ed [distrést] ⓗ 고민하는, 괴로운; 궁핍한 ☜ -ed<형접>
☐ di**stress**ful [distrésfəl] ⓗ 괴로운, 비참한, 불행한 ☜ -ful<형접>
☐ di**stress**ing [distrésiŋ] ⓗ 괴롭히는 ☜ -ing<형접>

컨테이너 container (화물 수송용 컨테이너)

♣ **어원 : tain, stain, strain 잡다, 잡아당기다, 묶다, 유지하다**
■ con**tain**er [kəntéinər] ⓜ **그릇, 용기; 컨테이너** 《화물 수송용 큰 금속 상자》 ☜ 모두(con<com) (담아) 유지하는(tain) 장비(er)
■ **strain** [strein/스뜨뤠인] ⓓ **잡아당기다**, 꽉 죄다; **긴장시키다**
☜ 고대 프랑스어로 '단단히 묶다'란 뜻
☐ di**strain** [distréin] ⓓ 〖법률〗 (동산을) 압류하다
☜ 힘껏(con<com/강조) 잡아당기다(strain)
♠ **distrain upon one's property ~의 재산을 압류하다**
☐ di**strain**ee [dìstreiníː] ⓜ 〖법률〗 피압류인 ☜ -ee(객체, 피동체)
☐ di**strain**er, -or [distréinər] ⓜ 〖법률〗 (동산) 압류인 ☜ -er/-or(주체)

디스트리뷰터 distributer ([자동차] 배전기)

자동차 부품의 하나로, 점화(點火) 코일에 발생한 고전압을 점화 순서대로 점화 플러그에 배전하는 기기이다. 단속기(斷續器), 점화 시기 조정 장치, 배전부(配電部) 등으로 구성되어 있다. <출처 : 자동차 용어사전>

♣ **어원 : tribute 주다(=give)**
■ **tribute** [tríbjuːt] ⓜ **공물**, 조세; 경의
☜ 주는(tribut) 것(e)
☐ dis**tribute** [distríbjuːt] ⓓ **분배[배포・배급・배당]하다**
☜ 따로따로(dis) 주다(tribute)
♠ **distribute** books to the students 학생들에게 책을 **분배하다**
☐ dis**tribut**ion [dìstrəbjúːʃən] ⓜ **분배**; 배포, 배당, 배급(물) ☜ -ion<명접>
☐ dis**tribut**ive [distríbjətiv] ⓗ 배포의, 분배의; 분배하는 ☜ -ive<형접>
☐ dis**tribut**or, -er [distríbjətər] ⓜ **분배[배포・배급・배달]자**; 영화배급업자; 〖전기〗 배전기 《내연 기관용》 ☜ 따로따로(dis) 주는(tribut) 사람[기계](or)

✚ at**tribute** **~에 귀착시키다, ~라고 생각하다** con**tribute** **기부[기증・기고]하다** re**tribut**ion 보복; 응징

스트레스 stress (심리적 압박감)

♣ **어원 : stress 압력 ➔ strict 팽팽하게 당기다; 묶어두다**
■ **stress** [stres] ⓜ **압박**, 강제; 〖물리〗 **압력**; 힘 ⓓ **강조하다** ☜ di**stress**의 두음소실
■ di**stress** [distrés] ⓜ **고통**, 비탄(=grief), **고뇌; 빈곤** ⓓ **괴롭히다**
☜ 아래로(di) 가하는 압력(stress)
■ **strict** [strikt] ⓗ **엄격한, 엄밀한** ☜ 라틴어로 '세게 당기다'란 뜻
☐ di**strict** [dístrikt/디스트릭트] ⓜ **지역; 지구** ☜ 따로(di) 묶어둔 것(strict)
★ 미국의 수도 Washington, D.C.에서 D.C.란 District of Columbia(워싱턴 컬럼

비아 특별구)의 약어이며, Columbia는 미국·미주를 상징하는 역사적 표현이다.
♠ London's **financial district** 런던의 **금융 지구**

■ re**strict** [ristríkt] ⓢ **제한하다**, 한정하다 ☜ 뒤로(re) 잡아당기다(strict)

트러스트 trust (기업합병)

♣ **어원 : trust 신뢰, 신용; 신뢰하다, 맡기다**

■ **trust** [trʌst/츠러스트] ⓜ **신뢰**, 신용, 신임; 위탁; 〖경제〗 기업합동·합병 ⓢ **신뢰**(신임·신용)**하다**, 맡기다 ☜ 고대영어로 '믿다, 신뢰하다'란 뜻

□ dis**trust** [distrʌ́st] ⓜ **불신; 의혹** ⓢ **믿지 않다**, 신용하지 않다 ☜ dis(=not/부정) + trust(신뢰)
♠ More and more people **distrust** the press.
언론을 **불신하는** 사람이 점점 늘어나고 있다

□ dis**trust**ful [distrʌ́stfəl] ⓗ **의심 많은**, (좀처럼) 믿지 않는 ☜ -ful(~이 많은)

■ en**trust** [entrʌ́st] ⓢ **맡기다**, 위탁(위임)하다 ☜ 신뢰(trust)를 만들다(en)

터빈 turbine (엔진 내의 회전하는 부분)

INTAKE COMPRESSION COMBUSTION EXHAUST
Air Inlet Combustion Chambers Turbine

< Turbo-Jet 항공기 엔진의 작동원리 >
© icym.edu.my

♣ **어원 : turb 회전하다, 감다, 휘젓다**

■ **turb**ine [tə́:rbin, -bain] ⓜ 〖기계〗 **터빈** ☜ [L.] 회전시키는(turb) 것(ine)

□ dis**turb** [distə́:rb] ⓢ **방해하다**; (질서를) 어지럽히다 ☜ 완전히(dis/강조) 휘젓다(turb)
♠ **disturb** one's sleep 수면을 **방해하다**
♠ **Don't disturb. (병원에서) (게시) 면회 사절**

□ dis**turb**ed [distə́:rbd] ⓗ 소란한, 불안한 ☜ -ed<형접>

□ dis**turb**ance [distə́:rbəns] ⓜ 소동, 소란; **방해**; (질서를) 어지럽히기 ☜ -ance<명접>

✚ per**turb** **교란하다**, 혼란시키다 **turb**an **터번** 《이슬람교도 남자가 머리에 감는 두건》 **turb**ulent 몹시 거친, 사나운; **휘몰아치는** undis**turb**ed **방해받지 않은**, 흔들리지 않은, 조용한

유저 user (사용자)

♣ **어원 : use 사용하다**

■ **use** [ju:s/유-스] ⓜ **사용**, 용도 ⓢ **사용[이용]하다**, 쓰다 ☜ 라틴어로 '사용하다'란 뜻

■ **use**r [jú:zər] ⓜ **유저**, **사용자** ☜ 사용하는(use) 사람(er)

□ dis**use** [disjú:s] ⓜ **쓰이지 않음**; 폐지, 불사용 [disjú:z] ⓢ **폐지하다** ☜ dis(=not/부정) 사용하다(use)
♠ **fall (come) into disuse 쓰이지 않게 되다, 버려지다**

□ dis**use**d [disjú:zd] ⓗ 안 쓰(이)게 된 ☜ -ed<형접>

✚ mis**use** **오용[남용]하다; 오용, 남용** un**use**d **쓰지 않는**, 쓴 적이 없는

디치 ditch ([골프] 코스내에 있는 수로나 도랑)
디칭 ditching ([항공] 항공기의 수면 위 비상불시착)

□ **ditch** [ditʃ] ⓜ **도랑**; 개천; (천연의) 수로; 시궁창, 배수구 ⓢ 도랑을 파다 ☜ 고대영어로 '도랑'이란 뜻
♠ dig a **ditch** **도랑**을 파다

□ **ditch**ing [dítʃiŋ] ⓜ 〖항공〗 수면위 비상불시착, **디칭** ☜ 도랑(ditch)에 빠지기(ing)

티우 Tiu, Tiw (북유럽 튜튼족의 전쟁 신(神))
디바 diva ([가극] 주연 여가수)

♣ **어원 : Tiu → thu(s), tues, theo, dei, div 신(神)**

■ **Tiu, Tiw** [tí:u:/tí:u:] ⓜ **티우** 《게르만 신화의 하늘 및 전쟁의 신》

■ **Tyr(r), Tyw** [tiər] ⓜ 〖북유럽신화〗 **티르** 《Odin의 아들로 전쟁과 승리의 신》

■ **Tues**day [tjú:zdei/**튜**-즈데이, -di] ⓜ **화요일** 《생략: Tue., Tues.》 ☜ 고대영어로 '티우신(Tiu) 의(s) 날(day)'이란 뜻.

□ **diva** [dí:və] ⓜ (pl. -**s**, div**e** [-vei]) 《It.》 프리마돈나(prima donna); **디바**, 탁월한 여가수 ☜ 이탈리아어로 '여신'이란 뜻

빠가본드 < 배가본드 Vagabond (일본 유명 만화. <방랑자>란 뜻)

일본 요시카와 에이지의 소설 <미야모토 무사시>를 원작으로 이노우에 다케히코가 그려낸 시대극 만화. 일본에서 최고의 무사로 회자되는 <미야모토 무사시>의 일대기를 그린 만화로 인물들의 개성과 심리묘사가 탁월하다. 특히 미야모토 무사시의 인간적인 면모를 부각시켰다. <출처 : 인터넷 교보문고 / 일부인용>

♣ **어원 : vag 헤매다, 떠돌아다니다, 방랑하다**

■ **vag**abond [vǽgəbɑ̀nd/-bɔ̀nd] [명] **부랑자, 방랑자**; 무뢰한, 깡패 [형] 부랑(방랑)하는 [동] 방랑하다 ☜ 헤매는(vag) + a + 것(bond<명접>)

□ di**vag**ate [dáivəgèit] [동] 헤매다, 방황하다; 일탈하다
☜ 여기저기(di) 떠돌아다니(vag) 다(ate<동접>)
♠ **divagate** aimlessly through the city 시내를 정처없이 **헤매다**

□ di**vag**ation [dàivəgéiʃən] [명] 방랑; 이탈 ☜ -ation<명접>

✚ extra**vag**ance, -cy **사치**; 무절제, 방종 nocti**vag**ant, -gous 밤에 돌아다니는, 야행성의

버전 version (상품의 개발단계 · 순서를 번호로 표시한 것)

♣ **어원 : vers(e), vert, verg(e), vorc(e) 돌리다, 뒤집다, 바꾸다(=turn)**

■ **vers**ion [vəːrʒən, -ʃən] [명] **번역**(서); (성서의) **역**(譯); **~판**(版) ☜ 돌리는(vers) 것(ion<명접>)

□ di**verge** [divəːrdʒ/dai-] [동] **분기하다**, 갈라지다 ☜ 따로(di=apart) 돌다(verge)
♠ **diverge from** the norm 규범**에서 벗어나다**

v1 V2 V3 V4

□ di**verg**ence [divəːrdʒəns/dai-] [명] 분기; 차이 ☜ -ence<명접>

□ di**verg**ent [divəːrdʒənt/dai-] [형] 갈라지는 ☜ -ent<형접>

□ di**vers** [dáivəːrz] [형] **몇 개의**, 여러 가지의 ☜ 따로(di=apart) 도는(vers)
♠ Jews of **divers** nationalities **여러 가지** 국적의 유태인

□ di**verse** [divəːrs/dai-, dáivəːrs] [형] **다양한**; 다른, 딴 ☜ 따로(di=apart) 도는(verse)

□ di**vers**ify [divəːrsəfài/dai-] [동] **다양화하다**, 다채롭게 하다 ☜ -ify<동접>

□ di**vers**ification [divə̀ːrsəfikéiʃən/dai-] [명] 다양화, 다양성; 변화
☜ 따로(di=apart) 돌게(versi) 만들(fic) 기(ation<명접>)

□ di**vers**ion [divəːrʒən, -ʃən/dai-] [명] **전환**; 기분 전환; 유희; 『군사』 양동작전
☜ 따로(di=apart) 도는(vers) 것(ion<명접>)

□ di**vers**ionary [divəːrʒənèri, -ʃən-, dai-/-nəri] [형] 주의를 딴 데로 쏠리게 하는; 『군사』 견제적인
☜ -ary<형접>

□ di**vers**ity [divəːrsəti/dai-] [명] **상이**, 차이(점); 변화, **다양성** ☜ -ity<명접>

□ di**vert** [divəːrt, dai-] [동] (딴 데로) **돌리다, 전환하다** ☜ 따로(di=apart) (눈을) 돌리다(vert)
♠ **divert** one's attention 정신을 **팔다**

□ di**vert**ing [divəːrtiŋ/dai-] [형] 재미있는, 기분 전환이 되는 ☜ -ing<형접>

□ di**vorce** [divɔ́ːrs] [명] **이혼** [동] **이혼하다** ☜ 따로(di=apart) (등을) 돌리다(vorce)
♠ sue for **divorce 이혼**을 청구하다

✚ ad**vert**ise, -tize **광고[선전]하다** con**vert** **전환하다**, 바꾸다; 개종하다 contro**vert** 논의(논쟁 · 논박)하다, 부정하다 in**vert** **거꾸로 하다**, 뒤집다 re**verse** **거꾸로 하다**, 반대로 하다; 반대, 이면; 역전 uni**verse** **우주**; 만물, 삼라만상

다이버 diver (잠수사), 다이빙 diving (잠수)

□ **dive** [daiv] [동] (-/-**ed**(**dove**)/-**ed**) (물속으로) **뛰어들다**; (물에) 잠기다; 잠수하다
[명] **잠수** ☜ 고대영어로 '물에 잠기다, 물에 담그다'란 뜻
♠ They **dived into** the river. 그들은 강물 속**으로 뛰어들었다**.

□ **dive** bomber 급강하 폭격기 ☜ dive + 폭격하는(bomb) 장비(er)

□ **diver** [dáivər] [명] (물에) 뛰어드는 사람, **잠수사**; 『군사』 급강하 폭격기
☜ 잠수하는(dive) 사람(er)

□ **div**ing [dáiviŋ] [명] **잠수**; 『수영』 **다이빙** [형] 물속에 들어가는; 잠수용의
☜ 잠수하(dive) 기(ing)

디바이더 divider (제도용 분할 컴퍼스)

♣ **어원 : vid(e), vis 나누다, 분할하다**

□ di**vide** [diváid/디**봐**이드] [동] **나누다**, 분할하다, 가르다, 분계(구획 · 분류)하다
☜ 따로(di=apart) 나누다(vide) [반] unite 결합하다
♠ **divide (A) from (B) A와 B를 나누다[구별하다]**
♠ **divide (A) into (B) A를 B로 나누다**

♠ **be divided into ~ ~로 나누어져 있다**

□ di**vid**end [dívidènd] 명 〖수학〗 **피제수**(被除數), **나뉨수**; 배당금
☜ 따로(di=apart) 나누어진(viden) 것(d)

□ di**vid**er [diváidər] 명 분할자, 분배자; 분할기, 양각기, **디바이더**
☜ -er(사람/기계)

□ di**vis**ion [divíʒən/디뷔전] 명 **분할; 분배**; 구획, 배당; 분열; 〖수학〗 나눗셈
☜ 따로(di=apart) 나누는(vis) 것(ion<명접>)

□ di**vis**or [diváizər] 명 〖수학〗 **제수**(除數), **나눗수**; 약수 ☜ -or(주체)

✚ indi**vid**ual **개개의**; **개인** subdi**vide** 다시 나누다, 잘게 나누다, 세분하다

티우 Tiu, Tiw (북유럽 튜튼족의 전쟁 신(神))

♣ **어원 : Tiu ➔ thu(s), tues, theo, dei, div 신(神)**

■ **Tiu, Tiw** [tíːu:/tíːu:] 명 **티우** 《게르만 신화의 하늘 및 전쟁의 신》

■ **Tues**day [tjúːzdei/**튜**-즈데이, -di] 명 **화요일** 《생략: Tue., Tues.》
☜ 고대영어로 '티우신(Tiu) 의(s) 날(day)'이란 뜻.

■ **theo**logy [θiːάlədʒi/-ɔ́l-] 명 (기독교) **신학** ☜ 신(theo)의 학문(logy)

■ **dei**ty [díːəti] 명 **신**(=god); **신위**, 신성, 신격; (the D-) (일신교의) 신
☜ 신(dei) + ty<명접>

□ **div**ination [dìvənéiʃən] 명 점, 미리 앎 ☜ 신의(divine) 것(ation<명접>)

□ **div**ine [diváin] 형 **신의**; 신성(神性)의, **신성한** 동 점치다 ☜ 신(div) 의(ine)
♠ **divine** grace **신의** 은총

□ **div**inely [diváinli] 부 신과 같이, 절묘하게 ☜ divine + ly<부접>

□ **div**inity [divínəti] 명 **신성**(神性), 신격; (the D-) **신** ☜ 신성한(divine) 것(ity<명접>)

■ en**thus**iasm [enθjúːziæ̀zəm] 명 열심, 열중, **열광**
☜ 신들린 상태. en<in(~내에) thus(신) + ia + sm(상태)

□ **divorce**(이혼) ➔ **divert**(돌리다, 전환하다) **참조**

연상 불가리아(Bulgaria)인들은 불가리언(vulgarian.속물)이 아니다.

♣ **어원 : vulgar, vulge 일반적인, 일반화한**

※ **Bulgaria** [bʌlgέəriə, bul-] 명 **불가리아** 《유럽 동남부 발칸반도의 동부에 있는 공화국; 수도 소피아(Sofia)》 ☜ '불가르(Bulgar)족의 나라(ia)'란 뜻.

■ **vulgar**ian [vʌlgέəriən] 명 속물, 속인; 《특히》 상스러운 어정뱅이 ☜ 일반적인(vulgar) 사람(ian)

■ **vulgar** [vʌ́lgər] 형 **저속한**, (교양·취미 따위가) 야비한, **통속적인**, 비천한; 대중의, 서민의
☜ 라틴어로 '일반 대중의'란 뜻

□ di**vulge** [divʌ́ldʒ, dai-] 동 (비밀을) 누설하다, 밝히다; 폭로하다; 공표하다.
☜ 라틴어로 '일반에 공개하다'란 뜻. 따로(di<dis=apart) 일반화(vulge)하다
♠ **divulge** (let out) a secret 비밀을 **누설하다**

□ di**vulge**nce [divʌldʒəns/dai-] 명 비밀 누설, 폭로 ☜ -nce<명접>

연상 디지몬(Digimon.만화캐릭터)이 디지(dizzy.어지러운) 증상을 호소하다

※ **Digimon** **디지몬** 《일본 반다이社의 애니메이션 캐릭터》
☜ **Dig**ital **Mon**ster의 합성어. 손가락에서 파워가 나와 디지털(digital=finger) 괴물(monster)이라는 설.

□ **dizzy** [dízi] 형 (-<-zi**er**<-zi**est**) **현기증 나는**, 어지러운
☜ 고대영어로 '바보 같은'이란 뜻
♠ a **dizzy** height **아찔하게** 높은 곳 ☜ height(높이, 높은 곳, 고도)

□ **dizzi**ness [dízinis] 명 현기증 ☜ 어지러운(dizzi) 것(ness<명접>)

지부티 Djibouti, Jib(o)uti (아프리카 동부의 공화국)

□ **Djibouti, Jib(o)uti** [dʒibúːti] 명 **지부티** 《아프리카 동부, 홍해에 접해 있는 공화국. 수도 지부티(Djibouti)》 ☜ 아랍어로 '작은 돛배인 다우선(船)이 도착하는 곳'이란 뜻

저스트두잇 Just Do It (스포츠의류·용품 회사인 나이키의 슬로고(slogo). <일단 해봐, 한번 해보는 거야>란 뜻) * just 단지, 바로, 이제 막, 정확히 it 그것

□ **do** [duː;/두- (약) du, də] 조동 (-/**did**/**done**) **행하다** 《현재 do, 직설법 현재 3인칭 단수 does; 과거 did》; 〖부정·의문문〗 일반동사를 돕는 조동사(助動詞) 역할

☜ 고대영어로 '만들다, 행하다'란 뜻
♠ **do away with ~ ~을 없애다; 폐지하다**
♠ **do by 대우해 주다**
♠ **be done by 대우 받다**
♠ **do for ~ ~을 대리하다, ~의 역할을 하다; ~을 그르치다; ~을 돌보다**
♠ **do over ~ ~을 개장하다, ~을 다시 하다**
♠ **do well 잘하다, 성공하다, 번영하다; (일이) 잘 되어 가다**
♠ **do well to ~ 〔in ~ing〕 ~하는 것이 좋다**
♠ **do with ~ ~을 처분하다; ~을 참다; ~에 만족하다**
♠ **do without ~ ~없이 지내다[해 나가다]**

D

☐ **do**er [dúːər/**두**-어] ⓜ **행위자**, 실행가 ☜ 행하는(do) 사람(er)
☐ **do**es [(강) dʌz/더즈, (보통은 약) dəz] ⓢ **행하다** 《do의 3인칭 · 단수 · 직설법 · 현재형》; 조동사(助動詞)로서의 역할
☐ **do**esn't [dʌ́znt/**더**즌트] ⓢ **행하지 않다** ☜ 《do의 현재 3인칭 단수》 does not의 간약형
☐ **do**ing [dúːiŋ/**두**-잉] ⓜ **행함**, 실행; (pl.) **행동**; 소행 ☜ do + ing<명접>
☐ **do**-it-yourself [dúːitʃərsélf/-itjɔː-] ⓜ (조립 · 수리 등을) 손수 함 ⓗ 손수 하는 ☜ 그것(it)을 당신 자신이/네 스스로(yourself) 하다(do)
☐ **do**ne [dʌn/던] ⓗ 끝난, 다 된 ☜ do의 과거분사 ➔ 형용사
☐ **do**n't [dount/도운트] ⓢ **행하지 않다** ☜ do not의 줄임말
☐ **do**th [dʌθ, dəθ] ⓢ 《고어 · 시어》 do의 3인칭 · 단수 · 직설법 · 현재
☐ **deed** [diːd] ⓜ **행위**, 행동, 소행 ☜ 고대영어로 '행동'이란 뜻. do의 명사형
■ mis**deed** [mìsdíːd] ⓜ **악행**, 비행, 범죄 ☜ 잘못된(mis) 행위(deed)

구분	인칭	주 격	소유격	목적격	소유대명사	재귀대명서	be동사	do동사	have동사
복수	1	We	our	us	ours	ourselves	are	do	have
	2	You	your	you	yours	yourselves			
	3	They	their	them	theirs	themselves			

독트린 doctrine (공식적인 외교정책)

♣ **어원 : doc, doct 가르치다**
☐ **doc**ile [dάsəl/dóusail] ⓗ **가르치기 쉬운; 온순한**, 유순한 ☜ (다루기 쉽게) 가르치(doc) 는(ile<형접>)
♠ a **docile** child **말을 잘 듣는** 아이
☐ **doc**ility [dasíləti/dou-] ⓜ 온순 ☜ 가르칠(doc) 수 있(ile=ible) 음(ity<명접>)
☐ **doct**or [dάktər/**닥**터/dɔ́ktər/**독**터] ⓜ **박사; 의사** ☜ 가르치는(doct) 사람(or)
☐ **doct**oral [dάktərəl/dɔ́k-] ⓗ 박사의; 학자의; 학위가 있는 ☜ -al<형접>
☐ **doct**rine [dάktrin/dɔ́k-] ⓜ 교의(敎義), **교리; 주의; 공식(외교)정책** ☜ 가르치는(doct) 것(rine)

도킹 docking (우주에서 서로 다른 두 우주선의 결합)

☐ **dock** [dɑk/dɔk] ⓜ **선창**, 선착장, 부두; 선거(船渠), **독〔도크〕**, 조선소 ⓢ 독〔선거〕에 넣다 ☜ 라틴어로 '(배를) 끌어들이다'라는 뜻
♠ **a dry dock 건선거(乾船渠), 드라이독** ☜ dry(마른, 건조한)
♠ **a floating dock 부선거(浮船渠), 플로팅독** ☜ floating(물에 뜨는)
♠ **a wet dock 계선거(繫船渠)** ☜ wet(젖은)
☐ **dock**ing [dάkiŋ/dɔ́k-] ⓜⓗ **입거**(入渠)**(의)**; 『우주』 도킹(의) ☜ 독에 들어가(dock) 기(ing)
☐ **dock**yard [dάkjὰːrd/dɔ́k-] ⓜ 조선소 ☜ yard(마당, 제조소)

☐ **doctor**(의사, 박사) ➔ **docile**(가르치기 쉬운, 온순한) **참조**

다큐(멘터리) documentary (기록영화)

♣ **어원 : doc 가르치다**
☐ **doc**ument [dάkjəmənt/dɔ́k-] ⓜ **문서, 서류**, 기록; 기록영화; 증서, 증권 ☜ 증거서류. 고대 로마에서는 주로 논쟁하는 법을 가르쳤으므로 **가르친**(docu) 것(ment)이라는 뜻
♠ forge a **document 문서**를 위조하다
☐ **doc**umentary [dὰkjəméntəri/dɔ̀k-] ⓗ **문서의**, 서류〔증서〕의, 기록자료가 되는 ⓜ **기록영화**, **다큐**

DOCUMENTARY

멘터리 ☜ -ary<형접/명접>

엘에이 다저스 LA Dodgers (LA가 연고지인 메이저리그 프로야구팀), 닷지 Dodge (미국 크라이슬러사의 중급승용차 총칭. <날쌘돌이>란 뜻)

■ LA **dodger**s　**LA 다저스** 《미국 로스엔젤레스(LA)를 연고지로 하는 메이저리그 프로야구팀명》 ☜ 다저스(dodgers) 원래 복잡하기로 유명한 뉴욕 브루클린을 연고지로 창단되었는데, 브루클린 거리를 사람들이 잘 피해 다닌다는 뜻에서 '다저스'라는 이름이 지어졌다고 한다.

□ **dodge**　[dadʒ/dɔdʒ] ⓢ **핵 몸을 피하다,** 살짝 비키다; 잡기 힘들다; 교묘히 속이다 ⓜ 살짝 몸을 피하기; 속임수, 묘안, 꾀; 사기 ☜ 중세영어로 '이리저리 움직이다'란 뜻

♠ He ran over a dog trying to **dodge** an oncoming car. 그는 앞에서 오는 차를 **피하려는** 바람에 개를 치었다

□ **Dodge**　[dadʒ/dɔdʒ] ⓜ **닷지** 《미국 Chrysler사가 제조하는 중급승용차의 총칭》 ☜ '날쌘돌이'라는 뜻

□ **dodge**r　[dadʒər/dɔdʒər] ⓜ 휙 몸을 피하는 사람, 책임을 회피하는 사람; 사기꾼 ☜ dodge + er(사람)

□ **doer**(행위자), **does**(행하다), **doesn't**(행하다) ➔ **do**(행하다) **참조**

핫도그 hot dog (가늘고 긴 소시지를 익혀서 빵사이에 끼워 놓은 음식. <뜨거운 개>라는 뜻) ➔ corn dog

유럽에서 건너온 닥스훈트(dachshund, 몸통이 길고 다리가 짧은 독일개) 모양의 프랑크푸르터 소시지가 20세기초 미국에서 핫도그(hot dog)라는 이름으로 불리게 되었다. 햄버거와 함께 미국 음식문화의 아이콘이라 할 수 있다. 다만 미국의 핫도그는 꼬챙이가 없지만, 콘도그는 꼬챙이가 있다.

※ **hot**　[hat/**할**/hɔt/호트] ⓗ (-<-tt**er**<-tt**est**) **뜨거운, 더운** ☜ 고대영어로 '뜨거운'이란 뜻

□ **dog**　[dɔ(:)g/독, dag] ⓜ **개** ☜ 고대영어로 '개'라는 뜻 ★ 강아지는 puppy

♠ **Every dog has his (its) day. 속담》 쥐구멍에도 볕들 날이 있다.**

♠ **Give a dog a bad name and hang him. 《속담》 한번 낙인찍히면 벗어나기 힘들다.**

♠ **Let sleeping dogs lie. 《속담》 긁어 부스럼 만들지 마라.**

♠ **Love me, love my dog. 《속담》 내가 고우면 개도 고와해라, 아내가 귀여우면 처갓집 말뚝 보고 절한다.**

□ **dog**ged　[dɔ(:)gid/dagid] ⓗ **완고한**; 집요한, 끈질긴 ☜ 개(dog)의 + g<단모음+단자음+자음반복> + 성질을 지닌(ed<형접>)

□ **dog**gie, **dog**gy　[dɔ́(:)gi/dági] ⓗ (-<-g**ier**<-g**iest**) 개 같은; 개를 좋아하는 ⓜ 강아지; 《소아어》 멍멍 ☜ dog + g<자음반복> + -ie/-y<형접/명접>

♠ **doggie bag 도기백** 《식당에서 먹다 남은 음식을 싸주는 봉지》 ☜ 개에게 주려는(doggie) 봉지(bag)
★ 실제로는 개를 주기 위함이 아니라 사람이 먹기 위해 싸간다.

< corn dog >

□ **dog**-tired　[dɔ́(:)gtáiərd/dag] ⓗ 피로해서 녹초가 된 ☜ 피로(tire) 한(ed<형접>)

□ **dog** days　삼복(三伏), 대서(大暑) ☜ 개(dog)의 날(day) + s<복수>
★ 일설에 의하면 7월초에서 8월 중순까지는 큰개자리의 으뜸별인 시리우스(Sirius) = Dog Star(천랑성: 하늘늑대별)라는 별이 태양과 같이 뜨기에 이런 말이 생겼다고 한다.

♠ **Dog days** are over. **무더위**가 끝났다.

□ **dog** life　《미》 비참한 생활 ☜ 개(dog) 같은 생활(life)

도그마 dogma (교조; 독단적 주장)

□ **dogma**　[dɔ́(:)gmə/dág-] ⓜ (pl. **-s, -ta**) 교의, 교리(=doctrine); **교조, 신조;** 정설; 독단적 주장 ☜ 그리스어 dokein, '내가 믿는다'라는 뜻

♠ It is not based on **dogma**. 그것은 **교리**에 어긋난다.

□ **dogma**tic(al)　[dɔ(:)gmǽtik(əl)/dag-] ⓗ **교의상의; 독단적인** ☜ dogma + tic<형접>

□ **dogma**tism　[dɔ́(:)gmətìzəm/dág-] ⓜ **독단주의**; 교조(敎條)주의 ☜ dogma + ti + sm(주의)

돌비시스템 Dolby System (잡음 감소 방식)

□ **Dolby System** **돌비**방식 《녹음 재생 때의 잡음 감소 방식; 상표명》 ☜ Dolby (미국 엔지니어 Ray M. Dolby 이름), system(체계, 계통, 시스템)

돌체 dolce ([It.] [음악] 감미로운)

이탈리어로 "달다(Sweet)"의 뜻이며, 스페인어로는 Dulce(둘세), 포르투갈어로 Doce (도스)라고 부른다. 불어로는 두(Doux), 에스통페(Estompe)라고 한다. 이탈리아어로 "부드럽게, 아름답게, 달콤하게"를 뜻하는 말이다. 약자로 "Dol."이라고 쓰기도 한다. <출처 : 와인&커피 용어해설>

☐ **dolce** [dóultʃei/dɔ́ltʃi] ⓗ 《It.》 【음악】 **돌체**, 달콤한, 감미로운, 부드러운 ☜ 라틴어로 '달콤한'이란 뜻

D

연상 수중에 달러(dollar)가 없으니 돌러(dolor.슬픔)에 빠진다

♣ 어원 : **dol(e)- 슬픈, 고통스런; 슬퍼하다**

☐ **dole** [doul] ⓜ 《고어·시어》 **비애, 비탄**; 시주, 분배, (the ~) 실업수당 ⓢ 비탄하다; 베풀다 ☜ 라틴어로 '슬퍼하다'란 뜻
♠ The philosopher made his **dole**. 그 철학자는 **비탄**에 잠겼다.
♠ be on **the dole 실업 수당**을 받고 있다

☐ **dole**ful [dóulfəl] ⓗ **슬픈, 쓸쓸한; 음울한** ☜ -ful<형접>

☐ **dole**some [dóulsəm] ⓗ 슬픈, 쓸쓸한; 음울한 ☜ -some(~경향이 있는)

☐ **dollar** [dάlər/**달**러/dɔ́lər/**돌**라] ⓜ **달러** 《미국·캐나다 등지의 화폐단위; 100센트; 기호 $, $》 ☜ 독일어로 '골짜기에서 만들어진 것'이란 뜻. ★ 16c. 독일어 daler<taler<thaler는 Joachims**taler**의 줄임말. 오늘날 체코의 서부지역 보헤미아에 있는 작은 마을인 Joachims**tal** 인근 광산에서 채굴된 은으로 주조된 동전. 독일어 tal은 영어의 dale(골짜기)와 어원이 같다. 한마디로 daler<taler<thaler는 '골짜기(dale)에서 만들어진 것(er)'이란 뜻이다.

☐ **dol**o(u)r [dóulər] ⓜ 《시어》 슬픔, 비애, 상심(=grief) ☜ -or/-our<명접>

■ con**dole** [kəndóul] ⓢ **조문[문상·조위]하다**; 위로(동정)하다 ☜ 함께(con<com) 슬퍼하다(dole)

■ con**dole**nce [kəndóuləns] ⓜ **애도**, (종종 pl.) 조상, 조사 ☜ -ence<명접>

파이브돌스 F-VE Dolls (한국의 댄스·발라드 걸그룹. <5명의 인형들>이란 뜻)

※ **five** [faiv/파이브] ⓜ **다섯, 5**; 5개 ⓗ 다섯의, 5의, 5개(명)의; 5살의 ☜ 고대영어로 5, 다섯'이란 뜻

☐ **doll** [dɑl/달/dɔl/돌] ⓜ **인형** ☜ 친숙한 여성이름 도로시(Dorothy)에서. Dorothy를 어원 분석하면 그리스어로 '신(thy<theos)의 선물(doro<doron=gift)'이란 뜻. 영어에서 r이 l로 변하고 이하 뒷부분이 생략되어 doll이 됨.
♠ **Barbie doll 바비 인형, 바비인형 같은 여자**

☐ **doll**y [dάli/dɔ́li] ⓜ 《소아어》 (pl. **-lies**) **인형**, 각시; 《영.구어》 매력적인(귀여운) 처녀 ☜ -y<명접>

돌핀킥 dolphin kick ([수영] 접영의 돌고래식 발놀림)

☐ **dolphin** [dάlfin, dɔ́(:)l-] ⓜ 【동물】 **돌고래**; 계선주(繫船柱); 계선 부표(浮標) ☜ 그리스/라틴어로 '돌고래'란 뜻
♠ a school of **dolphins 돌고래** 떼

※ **kick** [kik/킥] ⓢ (공을) **차다, 걷어차다** ☜ 중세영어로 '발로 가하는 일격'이란 뜻

콘도 = 콘도미니엄 condo = condominium (공동지분 개념의 주거시설)
도메인 domain (인터넷 주소를 알기 쉬운 영문으로 표현한 것. <영토>란 뜻)

♣ 어원 : **domin, domain 소유권, 지배권**

■ con**domin**ium [kὰndəmíniəm/kɔ̀n-] ⓜ (pl. **-s**) 《미》 **콘도미니엄**; 분양 아파트, 맨션; 공동 주권 ☜ 함께(con<com) 소유하는(domin) + i + 것(um<명접>)

☐ **domain** [douméin] ⓜ **영토**, 영지; 소유지; 영역 ☜ 중세 프랑스어로 '소유지'란 뜻
♠ **aerial domain 영공(領空)**(=territorial air (sky))

■ **domin**ate [dάmənèit/dɔ́m-] ⓢ **지배[통치]하다**, 위압하다 ☜ -ate<동접>

돔 dome (둥근 천장)

♣ 어원 : dome 집

☐ **dome** [doum] ⓜ **둥근 천장**; 둥근 지붕 ☜ 그리스어로 '집, 지붕'의 뜻
♠ the **dome** of St Paul's Cathedral 성 바울 성당의 **돔**

☐ **dome**stic [douméstik] ⓗ **가정의, 국내의**; 길든 ☜ 집(dome) + st + 의(ic)
♠ **domestic** industry **가내** 공업
♠ a **domestic** airline **국내** 항공(로)

☐ **dome**sticate [douméstəkèit] ⓢ (동물 따위를) **길들이다**; (사람을) 교화하다
☜ 길들(domestic) 이다(ate<동접>)

☐ **dome**stication [dəmèstikéiʃən] ⓜ 길들임, 교화 ☜ -ion<명접>

☐ **dome**sticity [dòumestísəti] ⓜ 가정생활; 가정적임; (pl.) 가사 ☜ -ity<명접>

☐ **dom**icile [dάməsàil, -səl, dóum-/dɔ́m-] ⓜ **주소**, 본적지, 원적지
☜ 라틴어로 '집(dom=house)에서 + i + 거주하다(cile=dwell)'란 뜻
♠ transfer one's **domicile** (to) **본적**을 옮기다

콘도 = 콘도미니엄 condo = condominium (공동지분 개념의 주거시설), 도메인 domain (인터넷 주소를 알기 쉬운 영문으로 표현한 것. <영토>란 뜻)

♣ 어원 : domin, domain 소유권, 지배권

■ con**domin**ium [kὰndəmíniəm/kɔ̀n-] ⓜ (pl. **-s**) 《미》 **콘도미니엄**; 분양 아파트, 맨션; 공동 주권
☜ 함께(con<com) 소유하는(domin) + i + 것(um<명접>)

■ **domain** [douméin] ⓜ **영토**, 영지; 소유지; 영역
☜ 중세 프랑스어로 '소유지'란 뜻
♠ **aerial domain 영공(領空)**(=territorial air 〔sky〕)

< domain name >

☐ **domin**ance, -ancy [dάmənəns/dɔ́m-], [-i] ⓜ 지배; 우월; 〖유전〗 우성
☜ 지배권(domin)이 있음(ance/ancy<명접>)

☐ **domin**ant [dάmənənt/dɔ́m-] ⓗ **지배적인** ☜ -ant<형접>

☐ **domin**antly [dάmənəntli/dɔ́m-] ⓟ 우세하게, 현저히, 두드러지게 ☜ -ly<부접>

☐ **domin**ate [dάmənèit/dɔ́m-] ⓢ **지배[통치]하다**, 위압하다 ☜ -ate<동접>
♠ **dominate** the market 시장을 **장악하다, 지배하다**

☐ **domin**ation [dὰmənéiʃən/dɔ̀m-] ⓜ **지배**, 통치 ☜ -ation<명접>

☐ **domin**ator [dάmənèitər/dɔ́m-] ⓜ 통치자 ☜ -ator(~하는 사람)

☐ **domin**eer [dὰməníər/dɔ̀m-] ⓢ 권력을 휘두르다, 독재로 다스리다; 못살게 굴다; 뽐내다; 우뚝 솟다(=tower) ☜ -eer<동접>
♠ **domineer and bully younger boys**
어린 아이에게 횡포를 부리고 거만하게 굴다.

☐ **domin**eering [dὰməníəriŋ/dɔ̀m-] ⓗ 권력을 휘두르는, 오만한, 횡포한 ☜ -ing<형접>

☐ **domin**ion [dəmínjən] ⓜ **지배권**(력), 통치권(력); 주권 ☜ -ion<명접>
♠ **exercise dominion over ~ ~을 지배하다**

■ pre**domin**ate [pridάmənèit/-dɔ́m-] ⓢ 주권 장악하다, **우세하다**
☜ (남보다) 앞서(pre) 지배권(domin)을 갖다(ate<동접>)

도미니카 Dominica (서인도제도의 연방국 및 공화국)

☐ **Dominica** [dὰməníːkə, dəmínəkə/dɔ̀məníːkə] ⓜ **도미니카** 연방 《서인도 제도 남동부의 섬; 영연방에 속한 독립국》 ☜ 라틴어 dominus(신, 집주인)에서 유래
★ 도미니카 연방의 공식 명칭은 Commonwealth of Dominica이다.

☐ **Dominica**n Republic ⓜ (the ~) **도미니카**공화국 《서인도제도의 Hispaniola섬 동부의 국가; 수도 산토도밍고(Santo Domingo)》

도미노 domino (하나가 쓰러지면 연달아 쓰러지는 놀이)

☐ **domino** [dάmənòu/dɔ́m-] ⓜ (pl. **-(e)s**) [단수취급] **도미노** 놀이 《28매의 패로 하는 점수 맞추기》; **도미노** 놀이에 쓰는 패 《장방형의 나무·뼈·상아 따위로 된》; 후드가 붙은 겉옷 ☜ 라틴어로 '주인님, 주님, 나리', 18c 프랑스어로 '법의(法衣)'란 뜻. 이는 '사제가 입은 두건 달린 검은 외투'가 마치 도미노 패를 연상시킨 데서 유래.
※ [L.] **Quo Vadis Domine?** (쿼바디스 도미네). 주여, 어디로 가시나이까?

☐ **domino** effect **도미노**효과 《한가지 사건이 다른 곳에도 연쇄적으로 사건을 일으키는 누적적 효과》
☜ effect(결과, 효과)

☐ **domino** theory **도미노**이론 《한 나라가 공산화되면 인접국가들도 공산화 된다는 미국의 국무장관 J.F.덜레스의 이론》 ☜ theory(이론, 학설)

돈키호테 Don Quixote (세르반테스 소설. <키호테 님>이란 뜻)

☐ **Don Quixote** **돈키호테** 《스페인작가 세르반테스가 쓴 풍자소설. 그 주인공》; 현실을 무시한 이상가
☐ **don** [dɑn/dɔn] [명] 《Sp.》 (D-) **님**, 씨 《스페인에서 남자이름 앞에 붙이는 경칭. 옛날에는 귀인의 존칭》 ☜ 라틴어로 '군주, 지배자'란 뜻
※ **Quixote** [kihóuti, kwíksət/kihɔ́:te] [명] **돈키호테**; (종종 q-) 열광적인 공상가, 실현 불가능한 이상을 추구하는 사람
※ **quixot**ic [kwiksɑ́tik/-sɔ́t-] [형] (or Q-) 돈키호테식의; 기사연하는; 열광적인 공상(가)의; 비실제적인 ☜ quixote + ic<형접>

D

판도라의 상자 Pandora's box ([그神] 제우스가 판도라에게 보낸 상자)

제우스가 판도라에게 보낸 상자. 제우스가 절대 열지 말라는 상자의 뚜껑을 판도라가 열자 안에서 온갖 해독과 재앙이 나와 세상에 퍼지고 상자 속에는 오직 '희망'만이 남았다고 한다. 원래는 판도라의 항아리이지만 번역을 잘못해서 '판도라의 상자'라고 알려지게 되었다. 뜻밖의 재앙의 근원을 말하기도 한다.

♣ **어원 : dor, dona, dot, do 주다(=give), 기부하다; 기증, 증여**
■ Pan**dor**a [pændɔ́:rə] [명] 〖그.신화〗 **판도라** 《Prometheus가 불을 훔쳤기 때문에 인류를 벌하기 위해 Zeus가 지상에 보낸 최초의 여자》 ☜ (여러 신들이) 모든(pan) 선물을 준(dor) 여자(a)'란 뜻
☐ **dona**te [dóuneit, dounéit] [동] (자선사업 등에) **기증[기부]하다** ☜ 주(dona) 다(ate<동접>)
★ **영국에서는** bestow, present, give 등을 주로 사용
♠ **donate blood 헌혈하다**
☐ **dona**tion [dounéiʃən] [명] 증여, **기증**(품), **기부**(금) ☜ 주는(dona) 것(tion<명접>)
☐ **don**or [dóunər] [명] 기증자, 제공자, 시주(施主) ☜ 주는(don) 사람(or)
☐ **dot**e, **do**at [dout] [동] 노망나다, 망령들다; (입목·재목이) 썩어가다; ~에 홀딱 빠지다, 맹목적으로 사랑하다 ☜ '마음을 주다, 정신이 나가 어리석다'란 뜻
♠ **dote on** one's children 아이를 **덮어놓고 귀여워하다**.
※ **box** [bɑks/박스/bɔks/복스] [명] **상자; (따귀를) 손바닥[주먹]으로 침** ☜ 고대영어로 '장방형의 나무 용기'란 뜻

✚ anec**dot**e **일화** anti**dot**e **해독제** over**do**se (약의) 과다복용; 약을 과다복용〔투여〕하다

☐ **done**(행한, 끝난), **don't**(do not) ➔ **do**(행하다) **참조**

동키 donkey (애니메이션 영화 슈렉에 등장하는 수다쟁이 당나귀)

☐ **donkey** [dɑ́ŋki, dɔ́(:)ŋ-, dʌ́ŋ-] [명] (pl. **-s**) **당나귀** 《ass의 속칭》 ☜ 중세영어로 '회색빛의 작은 말'이란 뜻
★ 미국에서는 이것을 만화화하여 민주당의 상징으로 함.
♠ (as) stubborn as **a donkey** (**당나귀**처럼) 몹시 고집 센

둠스데이 Doomsday (영·미 합작 영화. <최후의 심판일>이란 뜻)

2008년 개봉된 영·미·남아공 합작의 SF/액션/스릴러 영화. 로나 미트라, 밥 호스킨스 주연. 인류의 생존을 위협하는 치명적인 바이러스가 발생하자 정부는 이곳을 봉쇄한다. 그러나 이 격리지역에 생존자가 있음을 알게 된 정부는 치료제를 찾기 위해 최강의 멤버를 구성하여 이 지역으로 보낸다...

© Universal Pictures

♣ **어원 : doom, deem 판단(하다), 판결(하다); 운명**
☐ **doom** [du:m] [명] **운명**, 숙명; 불운; 파멸; 죽음; (신의) 최후의 심판 ☜ 고대영어 '법, 심판'의 뜻
♠ **meet one's doom 죽음[파멸]을 맞다**
☐ **doom**ed [du:md] [형] 운명 지어진 ☜ doom + ed<형접>
☐ **doom**sday [dú:mzdèi] [명] 최후의 심판일 ☜ 운명(doom) 의(s) 날(day)
■ **deem** [di:m] [동] **~로 생각하다**(=consider), ~로 간주하다〔보다〕 ☜ 고대영어로 '판단하다, 생각하다'란 뜻

도어락 door lock (출입문 자물쇠)
인도어 indoor ([골프] 실내 연습장) ➔ driving range

☐ **door** [dɔːr/도어] 명 **문**, 출입문, (출)입구 ☜ 고대영어로 '큰 문'
♠ cat **door** 고양이 **출입구**
♠ front 〔back, side〕 **door** 앞〔뒷, 옆〕**문**
♠ sliding **door** 미닫이문, **슬라이딩 도어**
♠ swing **door** 회전**문**(=revolving door)
♠ **from door to door 집집마다, 가가호호(家家戶戶)**

< Driving Range >

☐ **door**bell [dɔ́ːrbèl] 명 **현관 벨** ☜ 문(door) 종/벨(bell)
☐ **door**keeper [dɔ́ːrkìːpər] 명 문지기 ☜ 문(door)을 지키는(keep) 사람(er)
☐ **door**knob [dɔ́ːrnὰb/-nɔ̀b] 명 도어의 손잡이 ☜ 문(door) 손잡이(knob)
☐ **door**man [dɔ́ːrmən, dɔ́ːrmæ̀n] 명 (pl. **-men**) (호텔·백화점 따위의) 현관안내인, 문지기 ☜ 문(door) 남자(man)
☐ **door**plate [dɔ́ːrplèit] 명 문패 ☜ 문(door)의 판(plate)
☐ **door**step [dɔ́ːrstèp] 명 **현관의 계단** ☜ 문(door) 걸음; 계단(step)
☐ **door**way [dɔ́ːrwèi] 명 **문간**, 현관, 출입구 ☜ 문(door) 길(way)
☐ **door**yard [dɔ́ːrjὰːrd] 명 (현관의) 앞뜰 ☜ 문(door) 앞의 뜰/마당(yard)
■ in**door** [índɔ̀ːr] 형 **실내의**, 옥내의 ☜ 문(door) 안의(in)
■ out**door** [áutdɔ̀ːr] 형 **집 밖의**, 옥외의, 야외의 ☜ 문(door) 밖의(out)
※ **lock** [lɑk/락/lɔk/로크] 명 **자물쇠** 동 자물쇠를 채우다, 잠그다 ☜ 고대영어로 '가두다'

도핑 테스트 doping test (금지약물검사)

☐ **dope** [doup] 명 마약; 흥분제
☜ 남아프리카 원주민이 제사 때 마시는 강한 술
♠ **dope** check (선수의) **흥분제〔약물〕** 검사
☐ **dop**ing [dóupiŋ] 명 **도핑** 《운동 선수 등이 흥분제 따위를 복용하는 일》
☜ dope를 복용하는 것(ing)
※ **test** [test/테스트] 명 **시험, 검사** 동 **시험하다, 검사하다**
☜ 중세영어로 '귀금속의 순도분석에 쓰인 작은 그릇'이란 뜻

돔 dome (둥근천장), 드림팀 dream team (환상적인 멤버들로 이뤄진 팀)

♣ 어원 : dome, dorm 집; 잠자다 ⇨ dream 꿈꾸다
■ **dome** [doum] 명 **둥근 천장**; 둥근 지붕 ☜ 그리스어로 '집, 지붕'
■ **dome**stic [douméstik] 형 **가정의, 국내의**; 길든 ☜ 집(dome) + st + 의(ic)
☐ **dorm**ancy [dɔ́ːrmənsi] 명 수면; 동면; 잠복; 정지 (상태), 휴지
☜ 잠자는(dorm) 것(ancy<명접>)
☐ **dorm**ant [dɔ́ːrmənt] 형 **잠자는**; 동면의; 수면상태의 ☜ 잠자(dorm) 는(ant)
♠ **dormant** volcano **휴**화산
☐ **dorm**itory [dɔ́ːrmətɔ̀ːri/-təri] 명 《미》 **기숙사**; 큰 공동 침실; 《영》 교외 주택단지
☜ 자는(dorm) 곳(tory)
♠ **dormitory** car **침대**차
☐ **dorm**ouse [dɔ́ːrmàus] 명 (pl. **-mice**) 【동물】 겨울잠쥐; 《비유적》 잠꾸러기
☜ 자는(dorm) 쥐(mouse)
■ **dream** [driːm/드뤼임] 명 **꿈; 희망, 이상** 동 (-/-**ed**〔-**t**〕/-**ed**〔-**t**〕) **꿈꾸다**
☜ 고대영어로 '즐거움, 기쁨, 무아경, 음악'이란 뜻.
※ **team** [tiːm/티임] 명 【경기】 **조, 팀**; 작업조; 한패 형 팀으로 행하는 동 팀이 되다, 팀을 짜다 ☜ 고대영어로 '함께 멍에가 씌워진 같은 짐수레를 끄는 동물들의 무리'란 뜻

☐ **dose**(복용량) ➔ **donate**(기증, 기부하다) **참조**

도스토예프스키 Dostoevski (제정 러시아소설가. <죄와 벌>의 저자)

☐ **Dostoevski** [dὰstəjéfski/dɔ̀s-] 명 **도스토예프스키** 《Feodor M. ~, 러시아의 소설가; 『죄와 벌』(Crime and Punishment)의 저자; 1821-81》
★ 대표작 : 『죄와 벌』, 『카라마조프가의 형제들』 등

닷컴 .com (인터넷 컴퓨터 주소의 일반 최상위 도메인)

인터넷상의 컴퓨터 주소를 알기 쉬운 영문으로 표현한 것. 도메인은 네트워크를 관리하기 위한 영역이다. 예전에는 숫자로 된 IP주소가 사용되었지만 지금은 시스템-조직명-조직의 종류-(국가의 이름)순으로 구분되어 있다. 예) 네이버의 컴퓨터 주소 : https://www.naver.com <출처 : 두산백과 / 일부인용>

☐ **dot** [dɑt/dɔt] 명 **점**, 작은 점; 도트 동 **~에 점을 찍다** ☜ 고대영어로 '작은 반점, 얼룩'
♠ **on the dot 정각에, 제시간에**

♠ **be dotted with ~ ~가 점재해 있다**
□ **dot**ty [dáti/dɔ́ti] ⓗ (-<-tti**er**<-tti**est**) 점이 있는; 점 같은; 점이 많은; 머리가 돈
☞ dot + t<단모음+단자음+자음반복> + y<형접>
※ **com** = **com**mercial [kəmə́ːrʃəl] ⓗ **상업[통상·무역]의**, 상업(무역)상의
☞ 함께(com) 상품을(merc) 교환하는(ial)

□ **dote**(노망들다, 사랑에 빠지다) ➔ **donate**(기증, 기부하다) **참조**

D

□ **doth**([고어] do의 3인칭, 단수, 직설법 현재형) ➔ **do**(행하다) **참조**

따블 < 더블 double (두 배)

♣ 어원 : dou-, du- 2, 둘
□ **dou**ble [dʌ́bl/더블] ⓜ **두 배** ⓗ **두 배[곱]의**, 갑절의, 2중의 ☞ dou(2, 둘) + ble<형접>
♠ **double bass** 〖악기〗 **더블베이스** = contrabass(콘트라베이스)
♠ **double bed 더블베드**, 2인용 침대
♠ **double bogey** 〖골프〗 **더블보기** 《파(par)보다 2타 더 쳐서 홀에 넣는 것》
♠ **double-decker** 2층 버스, **더블데커**; 2층 함선
♠ **double play** 〖야구〗 병살, **더블플레이**
□ **dou**ble-barrel(l)ed [dʌ́bəlbǽrəld] ⓗ 총신이 둘 있는, 2연발식의 ☞ barrel + ed<형접>
□ **dou**ble-edged [dʌ́bəlédʒd] ⓗ 양 날의 ☞ edge(칼 날; 날을 세우다) + ed<형접>
□ **dou**ble-header [dʌ́bəlhédər] ⓜ 〖야구〗 **더블헤더** 《동일한 두 팀이 같은 날 2회 연속해서 하는 시합》
★ 19세기 중반부터 20세기 초기 미국에서 철도산업이 활황기에 들게 되는데, 당시 힘은 약한데 부담이 많이 가해진 (머리) 기관차를 1대에서 2대로 하여 기차가 운행되던 방식에서 유래된 용어
□ **dou**bly [dʌ́bəli] ⓟ **두 배[곱]로**; 2중으로 ☞ double + ly<부접>
□ **dou**bt [daut/다웃] ⓜ **의심** ⓢ **의심하다** ☞ 2가지(dou) 중에서 고르다(bt)
♠ **in doubt 의심하고**(=not certain)**, 망설이고**
♠ **no doubt 의심할 여지없이, 아마도**
□ **dou**btful [dáutfəl] ⓗ 의심을 품고 있는, **의심스러운** ☞ -ful(~이 가득한)
□ **dou**btfully [dáutfəli] ⓟ 의심스럽게 ☞ -ly<부접>
□ **dou**btless [dáutlis] ⓗ **의심할 바 없는**, 확실한 ☞ -less(~이 없는)
■ mis**dou**bt [misdáut] ⓢ 의심하다; 수상쩍게 여기다 ⓜ 의심; 우려 ☞ 가짜로(mis) 의심하다(doubt)

도넛 doughnut (고리 모양으로 만들어 기름에 튀긴 과자)

□ **dough** [dou] ⓜ 굽지 않은 빵, **가루 반죽**; 반죽 덩어리
☞ 고대영어로 '반죽한 것'이란 뜻
♠ **My cake is dough. 계획은 실패다.**
☞ 반죽 된 채 케이크가 되지 못했다는 뜻에서
□ **dough**nut [dóunʌ̀t] ⓜ **도넛** 《과자》; 고리 모양의 물건
☞ dough(가루반죽) 위에 nut(견과류)를 얹은 것

도브 Dove (도브비누로 유명한 영국의 미용·위생용품 브랜드. <비둘기>란 뜻)

□ **dove** [dʌv] ⓜ **비둘기** 《평화·온순·순결의 상징》
☞ 고대영어로 '비둘기'란 뜻
♠ **The dove** is a figure of peace. **비둘기**는 평화의 상징이다.
□ **dov**ish [dʌ́viʃ] ⓗ 비둘기 같은; 비둘기파적(的)인
☞ 비둘기(dove) 같은(ish)

도버해협 the Strait(s) of Dover (영·프 사이의 해협)

□ **Dover** [dóuvər] ⓜ **도버** 《영국 남동부의 항구 도시》 ☞ 고대영어로 '바다'란 뜻
※ **strait** [streit] ⓜ **해협**; 궁핍 ⓗ 좁은, 답답한
☞ 라틴어로 '팽팽하게 당기다', 고대 프랑스어로 '꽉 조이는, 좁아진'이란 뜻

다우존스 Dow-Jones (세계적인 금융정보·언론서비스회사)

1882년 찰스 다우, 에드워드 존스 등이 출자해 뉴욕증권거래소 근접지역에 미국경제 관련 출판사를 설립하고 월스트리트저널을 발행하였으며, 1896년에는 '다우평균'이라고 하는 다우존스 산업평균지수 제도를 마련하여 뉴욕주식의 지침서로 활용되도록 하였다. <출처 : 위키백과>

□ **Dow-Jones average [index]** [dáudʒóunz-] (the ~) 〖증권·주식〗 **다우존스** 평균 (주가)(지수)

☜ 미국 언론인 Charles Henry Dow의 이름에서 유래

카운트다운 countdown (초읽기)

♣ 어원 : down 아래로, 아래에

※ **count** [kaunt/카운트] [동] **세다, 계산하다** [명] **계산**, 셈, 집계
☜ 고대 프랑스어로 '함께(co<com) 세다(unt)'란 뜻

■ count**down** [kάuntdàun] [명] 초읽기, **카운트다운** ☜ 밑으로<거꾸로(down) 세다(count)

□ **down** [daun/다운] [부] **아래로, 하류로, 밑으로** ☜ 고대영어로 '아래로, 언덕에서'라는 뜻
♠ **come down 내려오다, 내리다**

□ **down**cast [dáunkæ̀st/-kὰːst] [형] (눈을) **내리 뜬**, 풀이 죽은 ☜ 아래로(down) 던지다(cast)

□ **down**fall [dáunfɔ̀ːl] [명] (급격한) **낙하**; (비 · 눈 등이) **쏟아짐; 몰락**
☜ 아래로(down) 떨어지다(fall)

□ **down**hill [dáunhìl] [명] **내리막길**, 몰락 ☜ 언덕(hill) 아래로(down)

□ **down**pour [dáunpɔ̀ːr] [명] 억수, 큰비, 폭우 ☜ pour(쏟다, 붓다)

□ **down**right [dáunràit] [형] (사람 · 성격 등) **곧은, 솔직한** [부] **철저하게**
☜ 아래에(down) 바르게(right)

□ **down**stair [dáunstɛər] [형] 아래층의 ☜ down + stair(계단의 한 단)

□ **down**stairs [dáunstέərz] [부] **아래층으로[에]** [형] 아래층의 [명] 아래층 ☜ down + stair(층) + s

□ **down**stream [dáunstrìm] [형][부] **하류의[에]** ☜ down + stream(시내, 흐름)

□ **down**town [dáuntàun] [부] **도심지에서[로]** [형] **도심(지)의** ☜ down + town(고을)

□ **down**ward [dáunwərd] [형] **아래로 향한, 아래쪽으로의** [부] **아래쪽으로**
☜ 아래(down) 방향으로(ward)

□ **down**wards [dáunwərz] [부] **아래쪽으로** ☜ 아래(down) 방향으로(ward) + s

□ **down**y [dáuni] [형] (-<-ni**er**<-ni**est**) **솜털같은**, 부드러운 ☜ 아래로(가벼운)(down) + y<형접>

스노젤렌, 스누젤렌 Snoezelen (다감각 심리안전치료법)

매혹적인 시설물과 빛, 소리, 촉각, 냄새, 맛 등을 이용하여 뇌손상, 중증장애 등으로 인해 편안함과 휴식, 심리적 이완 등이 필요한 환자들에게 심리 · 정서적 안정감을 주고, 둔감해진 감각들을 자극하여 회복시켜 주는 치료법

※ **snoezelen** 다기능 심리안전치료법 ☜ 네델란드어 'snuffelen(=**sn**iff/냄새맡다) +doezelen(=d**oze**/꾸벅꾸벅 졸다)'의 합성어

※ **sniff** [snif] [동] **코를 킁킁거리다**, 냄새를 맡다 ☜ 중세영어로 '콧물을 흘리다'란 뜻

□ **doze** [douz] [동] **꾸벅꾸벅 졸다** ☜ 고대 노르드어로 '꾸벅꾸벅 졸다'란 뜻
♠ **doze over** one's work 일하면서 **꾸벅꾸벅 졸다**
♠ **doze off** 〔over〕 **(꾸벅꾸벅) 졸다**

□ **dozy** [dóuzi] [형] (-<-z**ier**<-z**iest**) 졸리는, 졸음이 오는 ☜ doze + y<형접>

■ **drowsy** [dráuzi] [형] (-<-s**ier**<-s**iest**) 졸음이 오는, **졸리는**
☜ 고대영어로 '가라앉다, 활력없게 되다'란 뜻

타스 < 다스 dozen (12개 짜리 한 묶음)

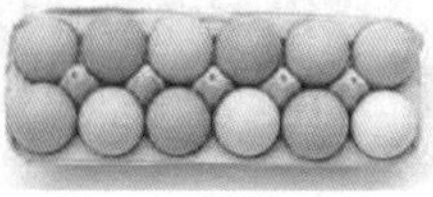
< dozen eggs >

□ **dozen** [dΛ́zn/**더**즌] [명] (pl. **-(s)**) **1다스**, 1타(打), 12(개) 《생략: doz., dz》 [형] **1다스의**, 12(개)의
☜ 라틴어로 '12'의 뜻. do<dwo=two(2) + zen=ten(10)

닥터 Dr., Dr (박사, 의사), 닥터필굿 Dr. Feelgood (한국의 댄스팝 걸그룹 라니아의 노래. <각성제로 환자를 기분좋게 하는 의사>란 뜻)

□ **Dr., Dr** [dάktər/**닥**터/dɔ́ktər/**독**터] [명] **박사, 의사** ☜ Doctor의 약어

■ **doct**or [dάktər/**닥**터/dɔ́ktər/**독**터] [명] **박사; 의사** ☜ 가르치는(doct) 사람(or)

□ **Dr. Feelgood** [dάktərfíːlgud/dɔ́k-] [명] **닥터필굿** 《각성제를 정기적으로 먹여 환자를 기분 좋게 만드는 의사》 ☜ 기분 좋게(good) 느끼게(feel) 하는 의사(Dr.)

※ **feel** [fiːl/삐-일] [동] (-/**felt**/**felt**) **만지다, 만져보다; 느끼다, 깨닫다; 감각[느낌]이 있다, ~한 느낌[기분]이 들다; 동정하다** [명] **감촉**; 느낌; 직감
☜ 고대영어로 '느끼다, 지각하다'란 뜻

※ **good** [gud/굳] [형] (-<**better**<**best**) **좋은**, 우량한; **훌륭한** [명] **선**(善), **이익**
☜ 고대영어로 '훌륭한, 좋은'이란 뜻

D

드래브 drab ([패션] 1686년에 색명으로 채택된 칙칙한 황갈색)

☐ **drab** [dræb] ㊒ (-<-bb**er**<-bb**est**) **칙칙한 갈색의; 단조로운**, 재미없는, 멋없는, 생기 없는 ㊔ **드래브** 《칙칙한 갈색 천》; 진흙색; 단조로움; 단정치 못한 여자 ☜ 중세 프랑스어로 '천, 천 조각'
♠ a cold **drab** little office 춥고 **칙칙한** 작은 사무실
☐ olive **drab** 수수한 올리브색 ☜ olive(올리브 나무: 남유럽 원산의 상록수)

드라큘라 Dracula (흡혈귀)

☐ **Dracula** [drǽkjələ] ㊔ **드라큘라** ☜ 영국의 괴기소설가 B. 스토커의 1897년 소설 《흡혈귀 드라큘라》의 주인공; 백작으로 흡혈귀임.

드래프트 draft, draught ([스포츠] 신인선수선택제도), 드래그 drag ([컴퓨터] 마우스로 끌어당기기), 드로잉 drawing (데생, 스케치)

♣ 어원 : dra(w) 뒤로 잡아당기다, 끌다

☐ **dra**ft, 《영》 **dra**ught [dræft, drɑːft] ㊔ **도안, 설계도; 외풍**; 《미》 **징병** ☜ draft는 draught의 음성적 재표기. draught는 고대영어로 '당기다'란 뜻
☐ **dra**g [dræg/드래그] ㊐ (-/dragg**ed**/dragg**ed**) (무거운 것을) **끌다; 끌리다** ㊔ **견인** ☜ 고대영어로 '당기다'란 뜻
♠ **drag and drop, drag-and-drop 드래그 앤 드롭** 《마우스로 끌어서 놓기》
♠ **drag bunt** 〖야구〗 **그래그번트**
♠ **drag on 질질 오래 끌다**
☐ **dra**ggle [drǽgl] ㊐ 질질 끌어 더럽히다 ☜ drag + g + le(계속 ~하다<동접>)
☐ **dra**gnet [drǽgnèt] ㊔ 저인망; (경찰의) 수사망; 대량 검거 ☜ 끄는(drag) 그물(net)
■ **draw** [drɔː/드로-] ㊐ (-/**drew/drawn**) **당기다**, 잡아끌다; (결론을) 내다; 다가가다 ㊔ 끌어당김 ☜ 고대영어로 '끌어당기다'란 뜻
■ **draw**ing [drɔ́ːiŋ] ㊔ (연필·펜·크레용 따위로 그린) **그림**; 스케치, 데생 ☜ 그리는(draw) 것(ing)

지드래곤 G-Dragon (가수 빅뱅의 멤버. 본명 <권지용>)

지드래곤(권지용)은 대한민국의 래퍼이자 싱어송라이터 및 음악 프루듀서이자 YG엔터테인먼트 남성 음악그룹 빅뱅(Big Bang)의 리더이다. 지드래곤은 한글이름 지용(志龍) 을 영어식으로 풀어쓴 것이다.

☐ **dragon** [drǽgən] ㊔ **용**(龍) ☜ 그리스어로 '커다란 뱀'이란 뜻
♠ the **Dragon Empire** beneath the sea 해저의 **용궁**
☐ **dragon**fly [drǽgənflài] ㊔ (pl. **-flies**) 〖곤충〗 **잠자리** ☜ 용(dragon) 모습의 하늘을 나는 곤충(fly)
☐ **dragon** lady 맹열 여성; 권위주의적인 여성 상사 ☜ lady(숙녀, 여성)

드레인 drain (배수관)

☐ **drain** [drein] ㊐ **배수[방수]하다; 차츰 소모시키다** ☜ 고대영어로 '물을 빼다'
♠ **drain** water from the flooded areas 수해지역의 물을 **빼다**
☐ **drain**age [dréinidʒ] ㊔ **배수**(법), 배수로 ☜ drain + age<명접>
☐ **drain**pipe [dréinpàip] ㊔ 배수관, 하수관 ☜ drain + pipe(관)

레임덕 lame duck (정치지도자의 집권말기 지도력 공백현상)

※ **lame** [leim] ㊒ **절름발이의**, 절룩거리는; 불구의 ㊐ 절름발이로 만들다 ☜ 고대영어로 '절름발이'란 뜻
■ **duck** [dʌk] ㊔ (pl. **-s**, [집합적] **-**) (집)**오리** ☜ 고대영어로 '오리'
☐ **drake** [dreik] ㊔ **숫오리**(=male duck) ☜ 고대영어로 '숫오리'란 뜻
♠ **duck(s) and drake(s) 물수제비 뜨기, 수면 돌팔매 뜨기**

드레이크 Drake (엘리자베스 1세 시대의 영국의 항해가·제독)

남아메리카 대부분을 식민지로 차지한 스페인 선박을 공격, 금은보화를 약탈하기도 했고, 스페인의 무적함대가 영국을 침공하자 이에 맞서 싸워 대승을 거두기도 했다. 최초로 세계 일주를 끝마친 선장이 되었으며, 엘리자베스 1세 여왕으로부터 기사작위를 받았다.

☐ **Drake** [dreik] ㊔ **드레이크** 《Sir Francis ~ ,영국의 항해가·제독, 1540?-1596》

디램 D-RAM (고집적도 반도체 기억장치)

☐ **D-RAM** **D**ynamic **R**andom **A**ccess **M**emory 동적 임의접근기억장치 《일정시간이 경과하면 기억된 정보가 사라지는 고집적 반도체 기억장치》 [비교] S-RAM: Static RAM

드라마 drama ([콩글] 연속극) ➔ soap opera, soap drama, soaps

♣ **어원 : drama (꿈꾸는 것을) 행하는 것, 행위; 연극**

☐ **drama** [drά:mə, drǽmə] [명] (종종 the ~) **극, 연극**; 희곡 ☜ 고대 그리스어로 '행위, 연극'
♠ **costume drama 시대극**

☐ **drama**tic [drəmǽtik] [형] **희곡의**, 각본의; **극적인** ☜ 연극(drama) 의(tic)

☐ **drama**tically [drəmǽtikəli] [부] **극적으로**, 눈부시게 ☜ 극(drama) 적(tical) 으로(ly)

☐ **drama**tist [drǽmətist] [명] **극작가** ☜ 극(drama) 작가(tist)

☐ **drama**tize [drǽmətàiz] [동] **극화[각색]하다** ☜ 극(drama) 화하다(tize)

☐ **drama**tization [drӕmətizéiʃən/-tai-] [명] 각색(脚色), 희곡화 ☜ dramatize + ation<명접>

※ soap opera 〔**drama**〕 = soaps 연속극, (멜로) 드라마 ☜ 주로 비누(soap)회사가 후원하여 제작된 가정주부를 위한 라디오 · TV 주간 연속극에서 유래

☐ **drank**(drink의 과거) ➔ **drink**(마시다) **참조**

드레이프 drape ([패션] 천의 주름을 잡아 의복을 디자인하는 기법)

♣ **어원 : drape 천, 옷감**

☐ **drape** [dreip] [동] (옷 등을) **주름을 잡아 우아하게 꾸미다**; (포장을) **치다; 걸치다** [명] **덮는 천, 포장** ☜ 고대 프랑스어로 '천을 짜다'
♠ **drape** jacket over one's shoulder 재킷을 어깨에 **걸치다**

☐ **drape**r [dréipər] [명] 《영》 포목상 ☜ 천을 짜는(drape) 사람(er)

☐ **drape**ry [dréipəri] [명] (종종 pl.) **휘장[장막 · 옷]; 피륙, 직물** ☜ -y<명접>

드라이브 drive (자동차를 타고 달리는 여행)

♣ **어원 : dri, dra 몰다, 몰아치다**

■ **dri**ve [draiv/드라이브] [동] (-/**drove/driven**) (차 · 소말 등을) **몰다, 운전하다; 질주[돌진]하다; 공을 쳐 보내다** [명] (자동차의) **드라이브; 차를 몰기; 염가방매**
☜ 고대영어로 '몰다, 추적하다, 사냥하다'란 뜻

☐ **dra**stic [drǽstik] [형] **격렬한**, 과감한; 급격한 ☜ 몰아(dra) + st + 대는(ic)
♠ adopt 〔take〕 **drastic** measures **과감한** 수단을 쓰다

☐ **dra**stically [drǽstikəli] [부] **과감하게**, 철저하게 ☜ 과감한(drastical) + ly<부접>

☐ **draught**(도안) ➔ **draft**(도안) **참조**

드로잉 drawing (스케치, 소묘)

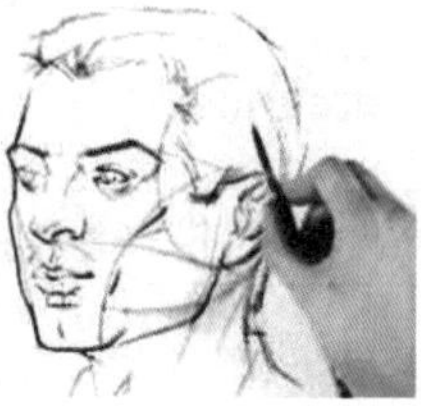

♣ **어원 : dra(w) 뒤로 잡아당기다, 끌다; (도구를 잡아당겨 그림을) 그리다**

■ **dra**ft, 《영》 **dra**ught [drӕft, drα:ft] [명] **도안, 설계도; 외풍**; 《미》 **징병** ☜ draft는 draught의 음성적 재표기. draught는 고대영어로 '당기다'란 뜻

■ **dra**g [drӕg/드래그] [동] (-/dragg**ed**/dragg**ed**) (무거운 것을) **끌다; 끌리다** [명] **견인** ☜ 고대영어로 '당기다'란 뜻

☐ **draw** [drɔ:/드로-] [동] (-/**drew/drawn**) **당기다**, 잡아끌다; (결론을) 내다; 다가가다 [명] 끌어당김 ☜ 고대영어로 '끌어당기다'란 뜻
♠ **draw back 물러서다; (막을) 열어 젖히다; ~을 되찾다**
♠ **draw in 줄이다, 짧아지다, 끌어들이다**
♠ **draw on (장갑 등을) 끼다, ~을 부르다, 꾀다, ~에 의지하다**
♠ **draw out ~을 끄집어내다; (그림을) 그리다; (이야기가) 길어지다**
♠ **draw to a close** 〔an end〕 **종말에 가까워지다**
♠ **draw up (커튼을) 끌어올리다; (차가) 멎다; (보고서를) 작성하다**

☐ **draw**ing [drɔ́:iŋ] [명] (연필 · 펜 · 크레용 따위로 그린) **그림**; 스케치, 데생
☜ 그리는(draw) 것(ing). 프랑스어 '데생(dessin/그린다)'에서 유래.
♠ **drawing** compasses **제도용** 컴파스
♠ **drawing** pen **제도용** 펜
♠ **drawing** room (아파트 · 개인주택의) 응접실

☐ **draw**back [drɔ́:bӕk] [명] **약점**, 결점; **장애**, 고장 ☜ 뒤로(back) 잡아끌다(draw)

☐ **draw**bridge [drɔ́ːbrìdʒ] 명 도개교(跳開橋: 배가 지나갈 때, 다리가 한쪽 또는 양쪽으로 들어 올려져 통행이 가능하도록 만든 다리) ☜ bridge(다리, 교량)
☐ **draw**er [drɔ́ːər] 명 **제도사**(製圖士) ☜ 그리는(draw) 사람(er)
☐ **draw**n [drɔːn/드로온] 형 (칼집 따위에서) **빼낸, 뽑은**; 비긴, 무승부의 ☜ draw의 과거분사
■ with**draw** [wiðdrɔ́ː, wiθ-] 동 (-/with**drew**/with**drawn**) (손을) 빼다; 철회하다, 물러나다
명 철수 ☜ 뒤로(with) 끌어당기다(draw)

드레드 노트 Dreadnought (1차 세계대전시의 영국 전함(戰艦). <공포제로>란 뜻)

D

☐ **dread** [dred] 동 두려워하다, **무서워하다** 명 **공포**
☜ 고대영어로 '두려워하다, 조심하다'란 뜻
♠ **dread** earthquakes 지진을 **무서워하다**
☐ **dread**ful [drédfəl] 형 **무서운**, 두려운 ☜ 공포(dread)가 많은(ful)
☐ **dread**fully [drédfəli] 부 **무시무시하게** ☜ -ly<부접>
※ **nought, naught** [nɔːt, nɑːt] 명 **제로**(=zero), **무**(無), **영**(零)(=cipher) ☜ n(=not) + aught(= thing)

드림팀 dream team (환상적인 멤버들로 이뤄진 팀)

♣ **어원 : dream 꿈꾸다; 즐거움 ⇦ drem, dorm 잠자다**
☐ **dream** [driːm/드뤼임] 명 **꿈; 희망, 이상** 동 (-/-**ed**〔-**t**〕/-**ed**〔-**t**〕) **꿈꾸다**
☜ 고대영어로 '즐거움, 기쁨, 무아경, 음악'이란 뜻.
♠ I had a vivid **dream**. 나는 생생한 **꿈**을 꾸었다.
♠ **Dreams come true. 꿈은 이루어진다.**
♠ **dream about** 〔of〕 **~ ~에 대해 꿈꾸다**
♠ **dream up (기발한 물건 · 계획 등을) 퍼뜩 생각해 내다**
☐ **dream**er [dríːmər] 명 **꿈꾸는 사람**; 몽상가 ☜ 꿈을 꾸는(dream) 사람(er)
☐ **dream**land [dríːmlæ̀nd] 명 꿈나라, 유토피아 ☜ 꿈을 꾸는(dream) 땅(land)
☐ **dream**like [dríːmlàik] 형 **꿈 같은, 비현실적인** ☜ dream + like(~같은)
☐ **dream**y [dríːmi] 형 (-<-mi**er**<-mi**est**) **꿈 많은**; 꿈같은, 꿈꾸는 듯한
☜ 꿈을 꾸는(dream) 듯한(y)
☐ **dream**ily [dríːmili] 부 꿈결 같이 ☜ dream + ily<부접>
※ **team** [tiːm/티임] 명 『경기』 **조, 팀**; 작업조; 한패 형 팀으로 행하는 동 팀이 되다, 팀을 짜다 ☜ 고대영어로 '함께 멍에가 씌워진 같은 짐수레를 끄는 동물들의 무리'란 뜻
★ 스포츠팀이 아닌 회사 등에서의 팀은 team이 아닌 division이 바른 표현이다.

연상 그곳에 가면 음산한 기운이 드리우리(dreary)

☐ **drear**y [dríəri] 형 (-<-ri**er**<-ri**est**) **음울한, 음산한**; 황량한; 처량한
명 따분〔불쾌〕한 인물 ☜ 고대영어로 '쓸쓸한, 슬픈'이란 뜻
♠ a **dreary** winter's day 어느 **음울한** 겨울 날
☐ **drear**ily [dríərili] 부 쓸쓸하게, 황량하게, 적막하게 ☜ -ily<부접>
☐ **drear**iness [dríərinis] 명 쓸쓸함, 침울; 황량함 ☜ -ness<명접>

드링크 drink (술 · 음료수 따위의 마실 것)

♣ **어원 : drin(k), dren, drun(k), drown 마시다**
■ **drink** [driŋk/드링크] 동 (-/**drank**/**drunk**〔《시어》drunken〕) **마시다** 명 **마실 것, 음료**
☜ 고대영어로 '마시다, 삼키다' ⇦ 초기 독일어로 '뒤로 당겨 부피가 줄어들다'란 뜻
☐ **dren**ch [drentʃ] 동 **흠뻑 젖게 하다[적시다]** 명 흠뻑 젖음 ☜ 고대영어로 '마시다'란 뜻
♠ **be drenched to the skin 흠뻑 젖다**
■ **drown** [draun] 동 물에 빠뜨리다, **익사하다[익사시키다]**
☜ 고대영어로 '물에 빠지다, 물을 흠뻑 마시다'란 뜻

✚ **drunk 술취한 drunk**ard **술고래 drunk**en **술취한**, 만취한; 술고래의

드레스 dress (여성복)

♣ **어원 : dress 가지런히 하다, 준비하다; 옷을 입다; 똑바로 세우다**
☐ **dress** [dres/드레스] 동 **옷을 입다[입히다]**; 정장하다 명 **의복, 옷**; 여성복, **드레스** ☜ 라틴어로 '옷을 입다, 똑바로 세우다'란 뜻.
♠ a long white **dress** 흰색의 긴 **드레스**〔원피스〕
♠ **be dressed in ~ ~을 입고 있다**
♠ **dress up 잘 차려 입다, 정장하다, 분장하다; 성장하다**

☐ **dress**ed [drest] ⓗ 옷을 입은; 정장한 ☞ 옷을 입(dress) 은(ed<형접>)
☐ **dress**er [drésər] ⓜ 의상 담당자; **장식가**; 잘 차려입는 사람 ☞ -er(사람)
☐ **dress**ing [drésiŋ] ⓜ **마무리; 끝손**질; 〖요리〗 **드레싱, 소스; 붕대, 깁스; 옷 입기** ☞ 옷 입(dress) 기(ing)
☐ **dress**ing room 화장실, 옷 갈아입는 방 ☞ room(방, 실(室))
☐ **dress**maker [drésmèikər] ⓜ **양재사, 양장점** ☞ 옷(dress)을 만드는(make) 사람(er)
☐ **dress**making [drésmèikiŋ] ⓜ **여성 · 아동복 제조(업); 양재** ☞ -ing<명접>
☐ **dress**y [drési] ⓗ (복장이) 멋있는, 맵시있는, 미끈한, 화려한 ☞ -y<형접>

✚ over**dress** 옷을 많이 껴입다; 지나치게 옷치장을 하다 re**dress** 배상, **시정**, 교정(矯正); **바로 잡다**, 시정하다; 배상하다 un**dress** **옷을 벗(기)다** under**dress** 간소한 복장을 하(게 하)다; 속옷; 내복

D

드라이 dry (콩글 건조기) ➔ drier
드라이클리닝 dry cleaning (물 대신 유기 용제로 때를 빼는 세탁 방법)

♣ **어원 : dri, dry, drou(g) 마른, 건조한**

■ **dry** [drai/드롸이] ⓗ (-<dri**er**<dri**est**) **마른, 건조한**, 건성의 ⓢ 마르다 ☞ 고대영어로 '건조한, 마른'이란 뜻
■ **dry** cleaning **드라이클리닝**(한 세탁물) ☞ dry + 깨끗이(clean) 하기(ing)
☐ **dri**ed [draid] ⓗ **말린, 건조한** ☞ dry + ed<형접>
☐ **dri**er, **dry**er [dráiər] ⓜ **말리는 사람; 드라이어, 건조기** ☞ 말리는(dri/dry) 사람/장비(er)
■ **droug**ht, **drou**th [draut], [drauθ] ⓜ **가뭄**, 한발 ☞ 마른(droug/drou) 상태(ht/th)

드리프트 drift (항공기 · 화살 · 총탄 등이 바람에 밀리는 현상)

☐ **drift** [drift] ⓜ **표류**(=drifting), 편류 ⓢ **표류하다** ☞ 고대영어로 '표류'란 뜻
♠ **drift** angle **편류**각, **편차**각 《항공기의 전후축과 비행방향이 이루는 각》
☐ **drift**er [dríftər] ⓜ 표류자〔물〕 ☞ drift + er(사람/물건)
☐ **drift**wood [dríftwùd] ⓜ 물에 뜬 나무, 유목(流木) ☞ drift + wood(나무, 숲)

드릴 drill (구멍뚫는 기계)

☐ **drill** [dril] ⓜ **송곳**, 천공기, 착암기, 드릴; 엄격한 훈련〔연습〕 ⓢ 구멍을 뚫다; **반복 연습시켜 가르치다** ☞ 네델란드어로 '구멍을 뚫는 도구'란 뜻
♠ **drill a hole 구멍을 뚫다**
♠ **be at drill 훈련 중이다**
☐ **drill**ing [dríliŋ] ⓜ 교련(敎鍊: 가르쳐 단련시킴) ☞ drill + ing<명접>
☐ **drill**ing machine **드릴링 머신**, 천공기; 시추기 ☞ machine(기계)

드링크 drink (술 · 음료수 따위의 마실 것)

♣ **어원 : drin(k), dren, drun(k), drown 마시다**

☐ **drink** [driŋk/드륑크] ⓢ (-/**drank**/**drunk**〔《시어》**drunken**〕) **마시다** ⓜ **마실 것, 음료** ☞ 고대영어로 '마시다, 삼키다' ⇦ 초기 독일어로 '뒤로 당겨 부피가 줄어들다'란 뜻
♠ **drink up ~ ~을 쭉 마셔 버리다**
☐ **drink**able [dríŋkəbl] ⓗ **마실 수 있는** ☞ -able<형접>
☐ **drink**ard [dríŋkərd] ⓜ 술고래 ☞ -ard(사람, 꾼)
☐ **drink**er [dríŋkər] ⓜ 마시는 사람; **술꾼** ☞ 마시는(drink) 사람(er)
☐ **drink**ing [dríŋkiŋ] ⓜ **마시기**; 음주 ⓗ 음용의, **마실 수 있는**, 마시기에 적당한 ☞ 마시다(drink) + ing<명접/형접>
☐ **drink**ing water 음료수 ☞ water(물)
☐ **drown** [draun] ⓢ 물에 빠뜨리다, **익사하다[익사시키다]** ☞ 고대영어로 '물에 빠지다, 물을 흠뻑 마시다'란 뜻
♠ A child drowned after falling into the river. 한 아이가 강물에 빠져 익사했다.
♠ **A drowning man will catch at a straw.**
《속담》 물에 빠진 사람은 지푸라기라도 잡는다.
☐ **drunk** [drʌŋk/드뤙크] ⓗ **술취한** ☞ drink의 과거분사 ➔ 형용사
☐ **drunk**ard [drʌ́ŋkərd] ⓜ **술고래** ☞ 마시는(drunk) 꾼(ard)
☐ **drunk**en [drʌ́ŋkən] ⓗ **술취한**, 만취한; 술고래의 ☞ 마시다(drunk) + en<형접>
drench [drentʃ] ⓢ **흠뻑 젖게 하다[적시다]** ⓜ 흠뻑 젖음 ☞ 고대영어로 '마시다'란 뜻

D

드립커피 Drip Coffee (드립식 커피 끓이는 도구로 만든 커피)

볶아서 잘게 간 커피 원두를 종이필터[또는 금속필터]에 담고 그 위에 뜨거운 물을 부어 추출한 커피액. 우리나는 커피액이 필터 아래에 놓인 용기로 똑똑 떨어진다는 의미로 Drip Coffee라고 한다. 오늘날 가장 널리 사용되는 커피추출 방식이다. <출처 : 커피이야기>

☐ **drip** — [drip] [동] (-/dripp**ed**〔**dript**〕/dripp**ed**〔**dript**〕) (액체가) 듣다, **똑똑 떨어지다** [명] **똑똑 떨어짐, 듣기; 듣는 방울**
☜ 고대영어로 '물방울이 떨어지다'란 뜻
♠ **drip grind 드립커피**용으로 간 고운 커피

☐ **dripping** — [drípiŋ] [명] (종종 pl.) **똑똑 떨어짐**, 물방울 ☜ drip + ing<명접>

※ **coffee** — [kʌ́:fi/**커**-피, kɔ́:fi, kɑ́fi] [명] **커피** ☜ 중세영어로 '아라비아와 에티오피아가 원산지인 나무의 씨앗을 볶아 만든 음료'란 뜻

✚ **drop 방울; 방울져 떨어짐; 급강하; 떨어지다; 푹 쓰러지다, 똑똑 떨어뜨리다, (물건을) 떨어뜨리다**
dropkick **드롭킥**《공을 땅에 떨어뜨려 튀어오를 때 차기》 **droop 축 늘어지다, 수그리다**

드라이브 drive (자동차로 달리는 여행)

♣ **어원 : dri(v), dra 몰다, 몰아치다**

☐ **drive** — [draiv/드라이브] [동] (-/**drove/driven**) (차・소말 등을) **몰다, 운전하다; 질주[돌진]하다; 공을 쳐 보내다** [명] (자동차의) **드라이브; 차를 몰기; 염가방매**
☜ 고대영어로 '몰다, 추적하다, 사냥하다'란 뜻
♠ **drive at ~ ~을 겨누다, 의도하다; ~을 겨누어 세차게 치다**
♠ **drive away 쫓아 버리다**

☐ **drive**-in — [dráivin] [명] **드라이브인**《차에 탄 채 이용 가능한 영화관・은행・백화점・식당 등》 [형] 드라이브인 식의 ☜ in(~안에) + drive(차에 탄 채로의)

☐ **driven** — [drívən] [형] **바람에 날린**, (눈이) 날리어 쌓인 ☜ 몰다(drive) + en<형접>

☐ **driver** — [dráivər] [명] **운전자, 운전사**; 『골프』 **드라이버**《1번 우드(wood) 클럽》
☜ 모는(drive) 사람(er) ★ 드라이버 공구를 말할 때는 driver가 아닌 screwdriver(나사 돌리는 드라이버)라고 해야 한다.
♠ **driver's license 《미》 운전면허(증)**(《영》 driving license)
♠ **driver**'s seat **운전**석

☐ **drive**way — [dráivwei] [명] (도로~차고까지의) **차도**; 《미》 **드라이브길** ☜ way(길)

☐ **driv**ing — [dráiviŋ] [형] **정력적인; 추진하는** [명] **운전(법)**, 몰이; 『골프』 티(tee)에서 멀리 치기
☜ 몰아치다(drive) + ing<형접/명접>
♠ **driving** range (**멀리 치는**) 골프연습장
♠ **driving** school (자동차) **운전**학원
♠ **driving** test **운전**면허시험

■ **dra**stic — [drǽstik] [형] **격렬한**, 맹렬한; 과감한 ☜ 몰아(dra) + st + 대는(ic)

드리즐 drizzle (음식에 소스를 부어 적당한 농도를 유지하는 것)
드리즐 재킷 drizzle jacket (비올 날씨에 입는 앞이 트인 재킷)

☐ **drizzle** — [drízl] [명] **이슬비**, 보슬비, 가랑비 [동] 이슬비가 내리다
☜ 고대영어로 '떨어지다', 중세영어로 '이슬방울'이란 뜻
♠ **It's drizzling. 이슬비가 내리고 있다**

☐ **drizzl**y — [drízli] [형] 이슬비〔가랑비〕 내리는 ☜ -y<형접>

※ **jacket** — [dʒǽkit] [명] (소매 달린 짧은) **웃옷, 재킷**《남녀 구별 없이 씀》; 양복 저고리
☜ 사내(jack)의 것(et). 14세기 후반 프랑스 군인들이 착용했던 자크(jaque)에서 유래

드론 drone (무선조종 무인비행체)

☐ **drone** — [droun] [명] (꿀벌의) **수벌**; (무선조종의) **무인비행체; 윙윙거리는 소리** [동] 윙윙거리다 ☜ 고대영어로 '수컷 꿀벌'이란 뜻
♠ the distant **drone** of traffic
차들이 멀리서 **웅웅거리는 소리**

드립커피 Drip Coffee (드립식 커피 끓이는 도구로 만든 커피)

볶아서 잘게 간 커피 원두를 종이필터[또는 금속필터]에 담고 그 위에 뜨거운 물을 부어 추출한 커피액. 우러나는 커피액이 필터 아래에 놓인 용기로 똑똑 떨어진다는 의미로 Drip Coffee라고 한다. 오늘날 가장 널리 사용되는 커피추출 방식이다. <출처 : 커피이야기>

■ **drip** [drip] [동] (-/dripp**ed**(**dript**)/dripp**ed**(**dript**)) (액체가) 듣다, **똑똑 떨어지다** [명] **똑똑 떨어짐, 듣기; 듣는 방울** ☜ 고대영어로 '물방울이 떨어지다'란 뜻

□ **drop** [drɑp/드랍/drɔp/드롭] [명] (액체의) **방울; 한 방울의 분량; 방울져 떨어짐; 급강하;** 〖군〗 공중투하 [동] **떨어지다; 푹 쓰러지다, 똑똑 떨어뜨리다, (물건을) 떨어뜨리다** ☜ 고대영어로 '액체 한 방울'이란 뜻
♠ **drop zone** 〖**군사**〗 **(낙하산) 투하[강하]지역**
♠ **drop by ~ ~에 잠시 들르다**
♠ **drop in 잠깐 들르다**
♠ **drop into ~ ~의 관습에 빠지다; ~에 들르다, 기항하다**

□ **drop**kick [drάpkìk/drɔ́p-] [명] 〖미.축구・럭비〗 **드롭킥** 《공을 땅에 떨어뜨려 튀어오를 때 차기》 ☜ drop + kick(차다; 차기)

□ **droop** [druːp] [동] **축 늘어지다**, 처지다; (얼굴 등을) **수그리다** ☜ 고대 노르드어로 '처지다, 초기인도유럽어로 '떨어지다'란 뜻

※ **coffee** [kʌ́ːfi/**커**-피, kɔ́ːfi, kάfi] [명] **커피** ☜ 중세영어로 '아라비아와 에티오피아가 원산지인 나무의 씨앗을 볶아 만든 음료'란 뜻

드라이 dry ([콩글] 건조기) ➔ drier

♣ 어원 : dri, dry, drou(g) 마른, 건조한

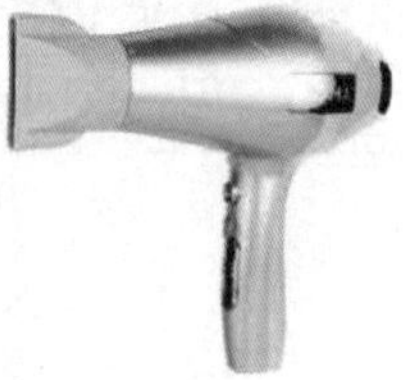

■ **dry** [drai/드라이] [형] (-<**drier**<**driest**) **마른, 건조한**, 건성의 [동] 마르다 ☜ 고대영어로 '건조한, 마른'이란 뜻

■ **dri**er, **dry**er [dráiər] [명] **말리는 사람; 드라이어, 건조기** ☜ -er(사람/기계)

□ **droug**ht [draut] [명] **가뭄**, 한발 ☜ 마른(droug) 상태(ht)
♠ **have a drought 가뭄이 들다**

□ **droug**hty [dráuti] [형] 가문, 한발의, 목마른 ☜ drought + y<형접>

□ **drou**th [drauθ] [명] **가뭄**, 한발 ☜ 마른(drou) 상태(th<명접>)
♠ It is true the longest **drouth** will end in rain.
오래고 오랜 **가뭄** 끝에 비가 온다는 것은 사실이다.

□ **drown**(물에 빠뜨리다; 익사하다) ➔ **drink**(마시다; 음료) **참조**

스노젤렌, 스누젤렌 Snoezelen (다감각 심리안전치료법)

매혹적인 시설물과 빛, 소리, 촉각, 냄새, 맛 등을 이용하여 뇌손상, 중증장애 등으로 인해 편안함과 휴식, 심리적 이완 등이 필요한 환자들에게 심리・정서적 안정감을 주고, 둔감해진 감각들을 자극하여 회복시켜 주는 치료법

※ **snoezelen** 다기능 심리안전치료법 ☜ 네델란드어 'snuffelen(=**sn**iff/냄새맡다) +doezelen(=d**oze**(꾸벅꾸벅 졸다)'의 합성어

※ **sniff** [snif] [동] **코를 킁킁거리다**, 냄새를 맡다 ☜ 중세영어로 '콧물을 흘리다'

■ **doze** [douz] [동] **꾸벅꾸벅 졸다** ☜ 고대 노르드어로 '꾸벅꾸벅 졸다'란 뜻

■ **dozy** [dóuzi] [형] (-<-z**ier**<-z**iest**) 졸리는, 졸음이 오는 ☜ doze + y<형접>

□ **drows**e [drauz] [동] (꾸벅꾸벅) 졸다(=doze) [명] 졸음, 겉잠 ☜ 고대영어로 '가라앉다, 나른해지다'란 뜻

□ **drowsy** [dráuzi] [형] (-<-s**ier**<-s**iest**) 졸음이 오는, **졸리는** ☜ 고대영어로 '가라앉다, 활력 없게 되다'란 뜻
♠ **drive** while drowsy 졸면서 **운전하다**

□ **drows**ily [dráuzili] [부] 졸린 듯이 ☜ drowsy + ly<부접>

□ **drows**iness [dráuzinis] [명] 졸음 ☜ drowsy + ness<명접>

[연상] 인터넷 특종 뉴스사이트 <드러지 리포트> 운영자인 미국의 매트 드러지(Matt Drudge)는 더 이상 드러지(drudge.단조롭고 고된 일을 하는 사람)가 아니다.

□ **drudge** [drʌdʒ] [동] (고된 일에) 꾸준히 정진하다 [명] (단조롭고 힘든 일을) 꾸준히 (열심히) 하는 사람 ☜ 고대영어로 '단조로운 일을 하다'란 뜻
♠ **drudge away a day 싫은 일로 하루를 보내다.**
♠ **drudge at** a tedious work 싫은 일을 **악착같이 하다.**

□ **drudge**ry [drʌ́dʒəri] [명] 고된 일, 단조롭고 고된 일 ☜ -ry<명접>

드러그스토어, 드럭스토어 drugstore (약국)

미국에서는 드럭스토어에서 약품류 외에도 일용 잡화·화장품·담배·잡지·문구류와 소다수·커피 따위 음료를 팔았는데 지금은 슈퍼마켓이나 패스트푸드점(店)에 밀려 예전과 같지는 않다.

☐ **drug** [drʌg] [명] **약**, 약품, 약제; 마약 ☜ 중세영어로 '약(藥)'이란 뜻
♠ He does not take **drugs**. 그는 **마약**을 하지 않는다.
☐ **drug**gist [drʌ́gist] [명] 《미》 **약제사** (《영》 chemist)
☜ drug + g + ist(전문가)
☐ **drug**store [drʌ́gstɔ̀ːr] [명] 《미》 **약방** (《영》 chemist's shop) ☜ drug + store(상점)

D

드럼 drum (북, 드럼)

☐ **drum** [drʌm] [명] **북, 드럼** [동] 북을 치다 ☜ 중세 네덜란드어로 '북'이란 뜻
♠ **beat (play) the drums 드럼**을 치다
☐ **drum**beat [drʌ́mbìt] [명] 북소리; 요란한 주장 ☜ drum + beat(치기, 박자; ~을 치다)
☐ **drum**mer [drʌ́mər] [명] **고수**(鼓手), (악대의) 북 연주자, **드러머**
☜ 북을 치는(drum) + m<단모음+단자음+자음반복> + 사람(er)

☐ **drunk**(술취한), **drunkard**(술고래) ➔ **drink**(마시다; 음료) **참조**

드라이 dry ([콩글] 건조기) ➔ drier

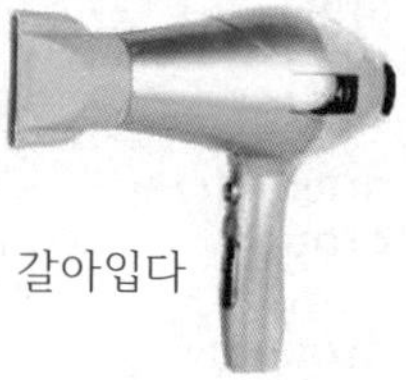

♣ **어원 : dri, dry, drou(g) 마른, 건조한**
☐ **dry** [drai/드롸이] [형] (-<dri**er**<dri**est**) **마른, 건조한**, 건성의
[동] 마르다 ☜ 고대영어로 '건조한, 마른'이란 뜻
♠ change wet clothes for **dry** ones 젖은 옷을 **마른** 옷으로 갈아입다
♠ **dry out 바싹 마르다[말리다]**
♠ **dry up 완전히[바싹] 마르다[말리다], 고갈하다[시키다]**
♠ **There is no taking trout with dry breeches.**
《스페인 속담》 마른 바지 입고 송어 잡지는 못한다.
■ **dri**er, **dry**er [dráiər] [명] **말리는 사람; 드라이어, 건조기** ☜ -er(사람/기계)
☐ **dry**-clean [dráiklíːn] [동] **드라이클리닝하다** ☜ clean(깨끗한; 깨끗이; 깨끗이 하다)
☐ **dry** cleaning **드라이클리닝**(한 세탁물) ☜ 깨끗이(clean) 하기(ing<명접>)
☐ **dry** goods 《미》 의복류; 《영》 곡류, 잡화 따위 ☜ goods(물건, 상품)
☐ **dry** ice **드라이아이스** 《고체상태의 이산화탄소》 ☜ ice(얼음)
☐ **dry**ing [dráiiŋ] [형] 건조한 ☜ dry + ing<형접>
☐ **dry**ly, drily [dráili] [부] 건조하여, 무미건조하게, 냉담하게 ☜ dry + ly<부접>
☐ **dry**ness [dráinis] [명] 건조, 무미, 냉담 ☜ dry + ness<명접>
■ **droug**ht, **drou**th [draut], [drauθ] [명] **가뭄**, 한발 ☜ 마른(drou(g)) 상태(ht/th)

듀엣 duet (이중창)

♣ **어원 : du- 2, 둘**
☐ **du**al [djúːəl] [형] **둘의; 이중의**(=double, twofold)
☜ 2(du)개 의(al<형접>)
♠ She has **dual** nationality. 그녀는 **이중**국적자다.
☐ **du**alize [djúːəlàiz] [동] 이중으로 하다; 겹치다, 이원적으로 간주하다
☜ 이중으로(dual) 하다(ize)
☐ **du**bious [djúːbiəs] [형] **수상쩍은**, 반신반의하는; **모호한**
☜ 2곳의(du) 장소에(bi) 있는(ous)
♠ a **dubious** character **믿지 못할** 인물, **수상쩍은** 사람
☐ **du**biously [djúːbiəsli] [부] **의심스럽게** ☜ dubious + ly<부접>
☐ **du**el [djúːəl] [명] **결투** [동] 결투하다 ☜ 라틴어로 '두 사람의 싸움'이란 뜻
☐ **du**et [djuét] [명] 『음악』 **이중창, 이중주(곡); 듀엣**
☜ 이탈리아어로 '두(du) 목소리를 위한 짧은(et) 작곡'이란 뜻

더빙 dubbing (대사의 재녹음)

☐ **dub** [dʌb] [동] 『영화』 (필름에) 새로이 녹음하다; (필름·테이프에 음향효과를) 넣다, 다른 나라 말로 재녹음하다 ☜ 근대영어로 '~을 흉내 내다'
♠ Do you want **dub** in English? 너는 영어로 **재녹음하는** 것을 원하니?
☐ **dub**bing [dʌ́biŋ] [명] 『영화』 **더빙**, 재녹음 ☜ 새로 녹음하다(dub) + b + ing<명접>

■ flub**dub** [flʌ́bdʌ̀b] 명 《미》 체함, 뽐냄, 허식, 엉터리 ☜ flub(실수하다, 실패하다)

두바이 Dubai (아랍에미리트 연방 구성국의 하나)

□ **Dubai** [duːbái] 명 **두바이** 《아랍에미리트 구성국의 하나; 수도 Dubai》
☜ 아랍어로 '작은 메뚜기'란 뜻

□ **dubious**(수상쩍은) ➔ **dual**(2중의) **참조**

더블린 Dublin (영국 서쪽 아일랜드공화국의 수도)

□ **Dublin** [dʌ́blin] 명 **더블린** 《아일랜드의 수도; 略 Dub(l).》
☜ 아일랜드어로 '검은 물웅덩이'란 뜻

두카트, 더컷 ducat (12세기부터 1차 세계대전까지 유럽에서 국제화폐로 사용했던 금화)

□ **duc**at [dʌ́kət] 명 (옛 유럽 각국의) **금화, 은화**; (pl.) 현찰; 표(票), 입장권 ☜ 중세 라틴어로 '공작(duc=duke)의 것(at)'이었다가 '동전'이란 의미로 변화됨. 1140년 이탈리아 Apulia지방의 공작(duke)이 처음으로 이 동전을 주조한데서

■ **duke** [djuːk/듀-크] 명 《영》 **공작**(公爵) 《여성형(形)은 **duchess**》
☜ 라틴어로 '지도자'란 뜻

□ **duchess**(공작부인) ➔ **duke**(공작) **참조**

도널드 덕 Donald Duck (월트디즈니 만화영화에 등장하는 집오리) 레임덕 lame duck (정치지도자의 집권말기 지도력공백현상)

※ **Donald** [dάnəld/dɔ́n-] 명 **도널드** 《남자 이름》
★ McDonald(맥도널드)는 "Donald(도널드)의 아들(Mc<Mac=son)"이란 뜻.

※ **lame** [leim] 형 **절름발이의**, 절룩거리는 ☜ 고대영어로 '절름발이의'란 뜻

□ **duck** [dʌk] 명 (pl. **-s**, [집합적] **-**) (집)**오리** ☜ 고대영어로 '오리'란 뜻
♠ sitting **duck** 만만한 사람, 봉 ☜ 앉아있는(sitting) 오리(duck)

듀티프리샵 duty-free shop (면세점)

♣ 어원 : du(e) 당연히 해야할 일; ~하도록 이끌다

■ **du**ty [djúːti/**듀**-리/**듀**-티] 명 **의무**; 임무, 본분; 의무감, 의리
☜ 고대 프랑스어로 '해야 할<소유한(du) 것(ty<명접>)'이란 뜻

■ **du**ty-free [djúːtifríː] 형 세금 없는, 면세의
☜ duty(조세, 관세) + free(면제, 공짜)

□ **due** [djuː/듀-] 형 **지급 기일이 된; 정당한; 도착할 예정인, ~하기로 되어있는; 당연한, ~할 예정인** 명 **당연히 지불되어야[주어져야] 할 것; 부과금**
☜ 라틴어로 '빚지고 있다'란 뜻. '마땅히 갚아야 할 것'이란 의미
비교 dew 이슬
♠ This bill **is due**. 이 어음은 **만기가 되었다**.
♠ They **are due to** arrive here. 그들은 여기에 오기**로 되어 있다**.
♠ **be due to ~ ~할 예정이다, ~하기로 되어 있다**
♠ **due to ~ ~ 때문에**(=because of), **~에 의한**

□ **du**ly [djúːli] 부 **정식으로; 적당하게**; 충분히; **때 맞추어** ☜ due + ly<부접>

※ **shop** [ʃαp/샵/ʃɔp/숍] 명 《영》 **가게**, 소매점(《미》 store) ; 전문점
☜ 고대 독일어로 '벽이 없는 건물, 외양간'이란 뜻

✚ over**due** (지급) 기한이 지난, 미불의 sub**due** **정복하다, 억제[자제]하다** un**due** **과도한, 부당한**

□ **duel**(결투), **duet**(이중창) ➔ **dual**(2중의) **참조**

골드디거 Gold Digger (돈 많은 남자를 좋아하는 여자. <금 캐는 사람>) 덕아웃 < 더그아웃 dugout ([야구] 야구장의 선수대기소)

※ **gold** [gould/고울드] 명 **금, 황금** ☜ 고대영어로 '변색이 되지 않고, 색, 광택, 유연성 등으로 유명한 귀금속'이란 뜻

■ **dig** [dig/디그] (동) (-/**dug/dug**) (땅 따위를) **파다**, 파헤치다
☜ 중세영어로 '파다'란 뜻 (반) bury 묻다

■ **dig**ger [dígər] (명) (땅을) **파는 사람**〔동물, 도구〕; 갱부(坑夫)
☜ (땅을) 파는(dig) + g<단모음+단자음+자음반복> + 사람/도구(er)

□ **dug** [dʌg] (명) (어미 짐승의) 젖꼭지; 젖통이 ☜ (아기가) 파는 곳

□ **dug**out [dʌ́gàut] (명) 〖군사〗 **참호, 방공[대피]호**; 〖야구〗 **더그아웃**; 카누(=canoe) ☜ 밖에(out) 파낸(dug) 것
♠ You should move to **dugout**.
여러분은 **참호**로 대피해야 합니다.

< Gold Digger >
© dreamstime.com

D

듀크 duke (공작(公爵): 귀족의 작위 중 최고위 작위)

□ **duke** [djuːk/듀-크] (명) 《영》 **공작**(公爵) 《여성형(形)은 **duchess**》 ☜ 라틴어로 '지도자'란 뜻
♠ the **Duke** of Edinburgh 에든버러 **공작**

□ **duke**dom [djúːkdəm] (명) 공작령, 공국(=duchy)
☜ 공작(duke)의 권력/나라(dom)

□ **duch**ess [dʌ́tʃis] (명) **공작**(=duke) **부인**〔미망인〕; 여공작
☜ 공작(duch<duke)의 부인(ess)

□ **ducat** [dʌ́kət] (명) (옛 유럽 각국의) **금화, 은화**; (pl.) 현찰; 표(票), 입장권 ☜ 중세 라틴어로 '공작(duc=duke)의 것(at)'이었다가 '동전'이란 의미로 변화됨. 1140년 아폴리아(Apulia) 공작(duke)이 처음으로 이 동전을 주조한데서 유래

NOBLE RANKS

Emperor	Empress
King	Queen
Grand Duke	Grand Duchess
Grand Prince	Grand Princess
Archduke	Archduchess
Duke	Duchess
Prince	Princess
Marquess	Marchioness
Count/Earl	Countess
Viscount	Viscountess
Baron	Baroness
Knight	Dame
Lord	Lady

덜 떨어진 아이는 늘 덜(dull.똑똑치 못한)하다

♣ 어원 : dull 어리석은

□ **dull** [dʌl] (형) **무딘; 둔한; 단조롭고 지루한, 활기가 없는** (동) 둔하게 하다
☜ 고대영어로 '무딘, 둔한, 어리석은'이란 뜻
♠ The blade **is** too **dull** 〔blunt〕. 칼날이 너무 **무디다.**

□ **dull**ard [dʌ́lərd] (명) 둔재 ☜ dull + ard(사람)

□ **dull**ish [dʌ́liʃ] (형) 좀 둔한, 좀 무딘 ☜ dull + ish<형접>

□ **dul(l)**ness [dʌ́lnis] (명) **둔함**, 멍청함; 불경기; 답답함 ☜ dull + ness<명접>

□ **dull**y [dʌ́li] (부) **둔하게**, 멍청하게(=stupidly); 지루하게 ☜ dull + ly<부접>

□ **duly**(정식으로) ➔ **due**(정당한) **참조**

알렉상드르 뒤마 Alexandre Dumas (<삼총사>를 저술한 프랑스 극작가 · 소설가)

19세기 프랑스의 극작가 · 소설가로 소설 《삼총사》, 《몬테크리스토백작》 으로 세계적으로 유명하다. 대(大)뒤마라고도 한다. 《앙리 3세와 그 궁정》 으로 새로운 로망파극의 선구자 구실을 하였다. <출처 : 두산백과>

□ **Dumas** [djuːmɑ́ː] (명) **뒤마** 《Alexandre ~, 프랑스의 소설가 · 극작가, 1802-70》

덤덤 dumb dumb (한국 댄스팝 걸그룹 레드벨벳의 노래. <말 못하는 바보>)
덤앤더머 Dumb & Dumber (미국 코미디 영화. <바보 멍청이들>)

덤앤더머(II)는 1994년 개봉한 미국 코미디영화. 짐캐리, 제프 다니엘스 주연. 전설적 바보콤비가 20년간 모르고 지냈던 딸의 행방을 찾아 나서며 생기는 좌충우돌 이야기

© New Line Cinema

□ **dumb** [dʌm] (형) **벙어리의, 말을 못하는** (명) 《구어》 바보, 멍청이
☜ 고대영어로 '말 못하는'이란 뜻
♠ **deaf and dumb 농아자**

□ **dumb**er [dʌ́mər] (명) 《미.속어》 바보 ☜ dumb + er(사람)

□ **dumb**ly [dʌ́mli] (부) 묵묵히, 무언으로 ☜ dumb + ly<부접>

□ **dumb**ness [dʌ́mnis] (명) 벙어리, 무언 ☜ dumb + ness<명접>

□ **dumb**bell [də́mbèl] (명) 아령(啞鈴: 양쪽에 구체가 달린 팔운동기구)
☜ bell(=ball/공)

□ **dumb**found [dʌmfáund] (동) 아연케 하다, 깜짝 놀라게 하다
☜ confound(혼동하다) + dumb(말을 못하는)

□ **dum**my [dʌ́mi] (명) **인체모형**, 마네킹, 장식 인형; 모조품, 가짜, **더미** (형) 가짜의, 모조의
☜ dum + m<단모음+단자음+자음반복> + y<명접/형접>

덤프트럭 dump truck (화물투하 경사대가 설치된 트럭), 덤핑 dumping (투매)

☐ **dump** [dʌmp] ⓢ (쓰레기를) **내버리다**, 쏟아버리다 ⓜ 쓰레기 버리는 곳 ☜ 노르웨이어로 '갑자기 떨어뜨리다'란 뜻
♠ a rubbish 〔garbage〕 **dump** 쓰레기 **폐기장**
♠ a toxic 〔nuclear waste〕 **dump** 유독 폐기물 〔핵폐기물〕 **폐기장**

☐ **dump**ing [dʌ́mpiŋ] ⓜ (쓰레기를) 쏟아버림, 내쏟음; 『상업』 투매, **덤핑** ☜ 쏟아버리(dump) 기(ing<명접>)

※ **truck** [trʌk/츠럭] ⓜ **트럭**, 화물 자동차 ☜ 그리스어로 '바퀴'라는 뜻

D

던스캡 Dunce Cap (바보모자)

던스캡은 학교에서 공부를 못하거나 게으른 학생에게 벌로 씌우던 원추형 종이 모자이다.

☐ **dunce** [dʌns] ⓜ **열등생**, 저능아; 바보 ☜ 영국 스코틀랜드의 스콜라 철학자 John Duns Scotus (1265-1308)의 이름에서. ★ 신학에 있어 토마스 아퀴나스와 많은 대조를 이루나 그의 이론이 불필요한 정밀성을 갖고 있다고 해서 인문주의자들과 프로테스탄트 학자들이 그의 이름 Duns를 둔자(鈍者)의 대명사로 바꾸어 조소했다.
♠ **What a dunce ! 이런 바보 같은 !**

※ **cap** [kæp/캡] ⓜ (양태 없는) **모자**; 제모; (학위수여식 때 쓰는) 사각모 ☜ 고대영어로 '머리를 보호하는'이란 뜻

런던 던전 London Dungeon (영국 런던에 있는 중세 지하감옥을 재현한 곳)

우리나라의 서대문형무소처럼 영국의 중세 지하감옥을 재현한 곳으로 영국 런던에 있다. 1976년 개장하였으며, 고문이나 처형을 당하는 죄수, 흑사병이나 대화재의 참상 등과 관련한 모형을 전시하고 있다. <출처 : 두산백과>

☐ **dungeon** [dʌ́ndʒən] ⓜ 토굴 감옥, **지하 감옥** ⓢ 지하 감옥에 가두다 ☜ 고대영어로 '지하실, 감옥'이란 뜻
♠ be confined in **a dungeon 지하 감옥**에 유폐되다

■ **MUD** **M**ulti-**U**ser **D**ungeon 『정보통신』 **머드, 멀티유저던전** 《인터넷상에서 다수의 사용자가 마치 지하 감옥처럼 보이지 않는 곳에서 각자 참여하는 게임 방식》 ☜ 다수의(multi) 사용자(user) 감옥(dungeon)

© goldenmoments.co.uk

덩크슛 < 덩크샷 dunk shot ([농구] 바스켓 위에서 꽂아넣는 샷)

☐ **dunk** [dʌŋk] ⓢ (빵 따위를 음료에) 적시다, (액체에) 담그다(dip); (농구에서 공을) 덩크샷하다 ☜ 고대 독일어로 '잠기다, 담그다'란 뜻
♠ **dunk** doughnuts in coffee 도너츠를 커피에 **적셔 먹다**.

■ slam **dunk** 『농구』 **슬램 덩크** 《강렬하고 극적인 덩크 슛》 ☜ 난폭하게(slam) 담그는(dunk) 샷

※ **shot** [ʃɑt/ʃɔt] ⓜ 발포, **발사, 탄환**; 총성; 『사진·영상』 촬영, 스냅(사진), 한 화면, **샷** ☜ shot의 단축형. 고대영어로 '쏘기'란 뜻

덩케르크 Dunkirk (프랑스 북부 도버해협에 면한 항구도시)

☐ **Dunkirk, -kerque** [dʌ́nkəːrk] ⓜ **덩케르크** 《도버 해협에 임한 프랑스의 도시; 1940년 영국군이 독일군 포위아래 여기서 필사의 철수를 했음》; 필사의 철수 ⓢ 필사적으로 철수하다 ☜ 중세 네델란드어로 '모래언덕(dun=dune) 위의 교회(kirk=church)'란 뜻

☐ **Dunkirk** spirit (the ~) **덩케르크** 정신 《위기에 처했을 때의 불굴의 정신》 ☜ spirit(정신, 마음; 영혼)

듀엣 duet (이중창)

♣ 어원 : du- 2, 둘

■ **du**et [djuét] ⓜ 『음악』 **이중창, 이중주(곡); 듀엣** ☜ 이탈리아어로 '두(du) 목소리를 위한 짧은(et) 작곡'이란 뜻

■ **du**al [djúːəl] ⓗ **둘의; 이중의**(=double, twofold) ☜ 2(du)개 의(al<형접>)

☐ **du**o [djúːou] ⓜ (pl. **-s, dui**) 《It.》 『음악』 2중창, 2중주(곡)(=duet) ☜ 이탈리아어로 '2'의 뜻

☐ **du**plex [djúːpleks] ⓗ 중복의, 이중의; 『기계』 복식의 ☜ 2개로(du) 접는(plex)

☐ **du**plicate [djúːpləkit] ⓗ 이중의, **중복의** ⓜ **복제**, 사본 ☜ 2개로(du) 접는(plic) + ate<형접/명접>
♠ **a duplicated form 사본**
☐ **du**plication [djùːpləkéiʃən] ⓜ **이중**, 중복; **복사** ☜ duplicate + ion<명접>
☐ **du**plicity [djuːplísəti] ⓜ 표리부동, 불성실; 사기; 이중성, 중복 ☜ -ity<명접>

듀라셀 Duracell (미국의 건전지 브랜드. <오래가는 건전지>라는 뜻)

1920년대에 미국의 말로리 컴퍼니에서 생산을 시작했으며, 1964년에 듀라셀이라는 브랜드명을 붙였다. 현재는 프록터앤드겜블사가 소유하고 있다. 듀라셀은 오래 견딘다는 durable과 전지라는 뜻의 Cell이 결합된 신조어이며, 동종의 건전지인 Energizer 등과 경쟁을 벌이고 있다. <출처 : 두산백과 / 요약인용>

D

♣ 어원 : **dur(e) 지속하다, 계속하다**

☐ **dur**able [djúərəbəl] ⓗ 오래 견디는, 튼튼한; **영속성이 있는**
☜ 지속할(dur) 수 있는(able)
♠ **durable** plastics **오래가는** 플라스틱 제품들
☐ **dur**ability [djùərəbíləti] ⓜ 지속력 ☜ 지속하는(dur) 능력(ability)
☐ **dur**ably [djúərəbli] ⓑ 영구적으로 ☜ 지속(dur)할 수 있게(ably)
☐ **dur**ation [djuəréiʃən] ⓜ **지속, 계속** ☜ 지속하(dur) 기(ation<명접>)
☐ **dur**ing [djúəriŋ/듀어링] ⓙ **~동안** (내내) ☜ 지속하는(dur) 동안(ing)
☐ ob**dur**acy [ɑ́bdjurəsi/ɔ́b-] ⓜ 억지, 완고, 외고집(=stubbornness); 냉혹
☜ 완전히(ob/강조) 계속하(dur) 기(acy<명접>)
☐ ob**dur**ate [ɑ́bdjurit/ɔ́b-] ⓗ 완고한, 고집센; 냉혹한 ☜ 완전히(ob/강조) 계속하(dur) 는(ate)
※ **cell** [sel/쎌] ⓜ **작은 방**; 『생물』 **세포**; 『전기』 **전지** ☜ 라틴어로 '작은 방'

✚ en**dure** **견디다, 참다** per**dure** 영속하다; (오래) 견디다

연상 그녀는 허스키(husky.쉰 목소리)한 목소리로 노래를 부르며 더스키(dusky.어둑어둑)한 밤길을 걷고 있었다.

※ **husk**y [hʌ́ski] ⓗ (-<-ki**er**<-ki**est**) 껍데기의(같은); 거친; **목쉰**; (목소리가) **허스키한**
☜ '껍질처럼 건조한'이란 뜻
☐ **dusk** [dʌsk] ⓜ **어스름**, 박명; **땅거미, 황혼**(twilight) ☜ 고대영어로 '어둠'이란 뜻
♠ The street lights go on **at dusk**. **황혼이 지면** 가로등이 켜진다.
☐ **dusk**y [dʌ́ski] ⓗ (-<-ki**er**<-ki**est**) **어스레한**; (빛·피부색이) 거무스름한; 음침한, 우울한
☜ dusk + y<형접>

뒤셀도르프 Düsseldorf (독일 서부 라인강가의 항구도시)

인구 60만의 독일 서부 라인강가의 항구도시. 시인 하인리히 하이네가 태어난 곳이며, 유럽 최대규모의 공원이 있다. 2차 세계대전 때 연합군의 심한 폭격을 당했다. 전후 노르트라인베스트팔렌(North Rhine- Westphalia)州의 주도(州都)가 되었으며, 패션과 무역박람회로 유명하다. <출처 : 위키백과 / 요약인용>

☐ **Dusseldorf** [djúsəldɔ̀ːrf/dúsl-] ⓜ **뒤셀도르프** 《독일 라인 강가의 항구 도시》
☜ '뒤셀 강(江)의 마을'이란 뜻

더스트 인 더 윈드 Dust in the wind (미국 남성 락 그룹 캔자스의 세계적인 히트송. <바람속의 티끌>이란 뜻)

☐ **dust** [dʌst/더스트] ⓜ **먼지** ☜ 라틴어로 '연기'란 뜻
♠ His shoes were covered with **dust**.
그의 구두는 **먼지**투성이었다.
☐ **dust**er [dʌ́stər] ⓜ **먼지떠는 사람; 먼지털이** ☜ 먼지 터는(dust) 사람/장비(er)
☐ **dust**y [dʌ́sti] ⓗ (-<-ti**er**<-ti**est**) **먼지투성이의**; 시시한 ☜ 먼지(dust) 의(y)
※ **in** [in/인, (약) ən/언] ⓙ 『장소·위치』 **~의 속[안]에서, ~에서**
☜ 고대영어로 '~안에'란 뜻
※ **wind** [wind/윈드, 《시어》 waind] ⓜ **바람**; 강풍; (공기의) 강한 흐름(움직임)
☜ 고대영어로 '움직이는 공기'란 뜻

더치페이 Dutch pay (콩글 비용의 각자 부담) ➔ Dutch treat, split the bill

네델란드 관습인 더치트리트(Dutch treat·네델란드인의 한턱내기)에서 유래. 1602년 네델란드가 동인도회사를 세운 후 식민지 경쟁에 나서면서 3차례 전쟁에서 이긴 영국이 Dutch라는 말을 부정적인 의미로 사용하였고, treat대신 pay로 바꿔 '비용의 각자 부담'이란 의미로 사용하게 되었다. <출처 : 두산백과 / 요약인용>

☐ **Dutch** [dʌtʃ/더취] ⓗ **네덜란드의** ⓜ **네덜란드 말[사람]** ☜ 본래 '독일의'란 뜻이었으나 17세기부터 '네델란드의'란 뜻으로 바뀜 ★ 네델란드인들은 Holland라고 칭함. 공식적으로는 the Kingdom of the Netherlands라고 칭한다. Dutch에는 경멸적인 뜻이 내포되어 있어 자국인들은 쓰지 않는다.
♠ **go Dutch 각자 부담으로 한다**

☐ **Dutch**man [dʌ́tʃmən] ⓜ (pl. **-men**) **네덜란드 사람**(=Netherlander, Hollander) ☜ Dutch + man(남자, 사람)

☐ **Dutch** account 각자 부담 ☜ account(계산, 예금계좌)

☐ **Dutch** treat 비용을 각자가 부담하는 회식〔여행, 오락〕 ☜ treat(한턱 냄)

※ **pay** [pei/페이] ⓢ (-/**paid**/**paid**) (돈을) **지불하다, 치르다**, (빚을) 갚다; (존경·경의를) **표하다**; (일 등이) **수지가 맞다; 벌을 받다** ⓜ **지불; 급료**, 봉급 ☜ 라틴어로 '(지불하여) 평화롭게 하다'란 뜻

듀티프리샵 duty-free shop (면세점)

♣ **어원 : du(e) 당연히 해야할 일; ~하도록 이끌다**

☐ **du**tiful [djúːtifəl] ⓗ 의무를 다하는, 본분을 지키는 ☜ duty<y→i> + ful<형접>

☐ **du**ty [djúːti/**듀**-리/**듀**-티] ⓜ **의무**; 임무, 본분; 의무감, 의리 ☜ 고대 프랑스어로 '해야 할<소유한(du) 것(ty<명접>)'이란 뜻
♠ **on 〔off〕 duty 근무중** 〔비번〕 **의, 당직의** 〔이 아닌〕

☐ **du**ty-paid [djúːtipéid] ⓗⓑ 납세 완료한〔하여〕, 납세필의〔로〕 ☜ 의무(duty)가 지불된(paid)

☐ **du**ty-free [djúːtifríː] ⓗ 세금 없는, 면세의 ☜ duty(조세, 관세) + free(면제, 공짜)

■ **due** [djuː/듀-] ⓗ 지급 기일이 된; **정당한**; 도착할 예정인, **~하기로 되어있는;** 당연한, **~할 예정인** ⓜ 당연히 지불되어야[주어져야] 할 것; **부과금** ☜ 라틴어로 '빚지고 있다'란 뜻. '마땅히 갚아야 할 것'이란 의미

※ **shop** [ʃɑp/샾/ʃɔp/숖] ⓜ 《영》 **가게**, 소매점(《미》 store) ; 전문점 ☜ 고대 독일어로 '벽이 없는 건물, 외양간'이란 뜻

드워프 dwarf (북유럽 신화에 등장하는 난쟁이)

신비한 대장장이이자 키작은 전사. '백설공주'에 등장하는 일곱난쟁이도 드워프이다. 신들과 종종 대립하기도 했지만 손재주가 뛰어나 신들에게 무기나 보물 따위를 만들어 주기도 했는데 오딘의 창 궁니르, 아라곤의 검 나르실, 토르의 망치 묠니르 등이 대표적인 작품이다. <출처 : 판타지백과 / 일부인용>

☐ **dwarf** [dwɔːrf] ⓜ (pl. **-s,** dwar**ves**) **난쟁이**; 『북유럽신화』 난쟁이 《땅속에 살며 금속세공을 잘 함》 ☜ 고대영어로 '난장이'란 뜻
♠ Snow White and the Seven **Dwarfs**
백설공주와 일곱 **난쟁이**

☐ **dwarf**ish [dwɔ́ːrfiʃ] ⓗ 난쟁이 같은; 왜소한, 유난히 작은 ☜ -ish<형접>

☐ **dwarf**ism [dwɔ́ːrfizm] ⓜ 위축; (동식물의) 왜소성; 『의학』 왜소 발육증 ☜ -ism(~증(症))

씨 드웰러 Sea-Dweller (롤렉스사(社)의 심해잠수용 시계 브랜드. <바다 사람>)

※ **sea** [siː/씨-] ⓜ **바다**, 대양, 대해, 해양 ☜ 고대영어로 '바다, 호수'란 뜻

☐ **dwell** [dwel] ⓢ (-/**dwelt**〔dwell**ed**〕/**dwelt**〔dwell**ed**〕)
살다, 거주하다 ☜ 고대영어로 '속이다', 중세영어로 '오래 머무르다, 가정을 이루다'란 뜻.
♠ **dwell upon** 〔**on**〕 **~ ~에 대해서 상세히 말하다; 곰곰 생각하다**

☐ **dwell**er [dwélər] ⓜ **거주자**, 주민 ☜ 거주하는(dwell) 사람(er)

☐ **dwell**ing [dwéliŋ] ⓜ **주거, 주소** ☜ 거주하(dwell) 기(ing)

카운트 다운 countdown (초(秒) 읽기)

♣ **어원 : down, dwin 아래로 내려오다; 줄어들다**

※ **count** [kaunt/카운트] ⓢ **세다, 계산하다** ⓜ **계산**, 셈, 집계 ☜ 고대 프랑스어로 '함께(co<com) 세다(unt)'란 뜻

■ count**down** [káuntdàun] ⓜ (로켓 발사 때 등의) 초(秒)읽기 ☜ down(아래로, 거꾸로)

■ **down** [daun/다운] ⓑ **아래로, 밑으로**, 하류로 ☜ 고대영어로 '아래로, 언덕에서'라는 뜻

☐ **dwin**dle [dwíndl] [동] **점차 감소하다** ☜ 줄어들다(dwin) + dl + e<동접>
♠ **dwindle (away) to ~ ~으로 점차 줄어들다.**
☐ **dwin**dler [dwíndlər] [명] (영양 부족으로) 발육〔성장〕이 나쁜 사람〔동물〕
☜ dwindle + er(사람 · 동물)
☐ **dwin**dling [dwíndliŋ] [형] 점차 줄어드는 ☜ 줄어들다(dwin) + dl + ing<형접>

타이다이 tie-dye (홀치기 염색)

D

물들일 천을 물감에 담그기 전에 특정 부분을 홀치거나 묶어서 그 부분은 물감이 배어들지 못하게 하여 물들이는 방법. 개인이라도 할 수 있는데서 기성품을 싫어하는 젊은이들이 좋아하며, 특히 티셔츠나 진즈의 것은 일종의 반체제운동의 상징이 된 적도 있었다. <출처 : 패션전문자료사전>

※ **tie** [tai/타이] [동] **매다; 속박하다; 동점이 되다** [명] **넥타이**; 매듭, 끈; 인연; **동점** ☜ 고대영어로 '매다'의 뜻
■ tie-**dye** [tάidài] [명] 홀치기 염색 [동] 홀치기 염색하다
☜ dye(염료; 물들이다)
☐ **dye** [dai] [명] **물감, 염료** [동] **물들이다** ☜ 고대영어로 '색조, 염료'
[비교] die 죽다, 사라지다
♠ **have a cloth dyed 천을 염색시키다**
☐ **dye**ing [dáiiŋ] [명] 염색(법); 염색업 ☜ dye + ing<명접>
[비교] dying (die의 현재분사)
☐ **dye**r [dáiər] [명] 염색하는 사람, 염색공; 염색집〔소(所)〕 ☜ dye + er(사람)

다이하드 Die Hard (미국 액션 영화. <최후까지 저항하다>란 뜻)

© 20th Century Fox

2013년 개봉한 미국의 액션 영화. 브루스 윌리스 주연. 한 형사가 관계가 소원하던 아들을 만나기 위해 러시아로 가지만 테러음모에 휘말리게 되면서 벌어지는 이야기. 원제는 A Good Day To Die Hard(저항하기 좋은 날)이다. <출처 : 위키백과 / 부분인용>

☐ **die** [dai/다이] [동] **죽다** ☜ 고대 덴마크, 노르드어로 '죽다'란 뜻
☐ **die**-hard [dáihὰːrd] [형] 끝까지 버티는〔저항하는〕; 완고한
☜ die(죽다) + hard(굳게, 단단히; 격렬하게)
☐ **die**hard [dáihὰːrd] [명] 완강한 저항자
☜ die(죽다) + hard(굳게, 단단히; 격렬하게)
☐ **dy**ing [dáiiŋ] [형] **죽어가는**; 죽을 운명의(=mortal)
☜ 죽어(die) 가는(ing)
♠ **die of** 〔**from**〕 cancer 암**으로 죽다**
■ **dead** [ded/데드] [형] **죽은**, 생명이 없는; (식물이) 말라 죽은 ☜ 고대영어로 '죽은'

다이나믹 dynamic (동적인), 다이너마이트 dynamite

♣ **어원 : dynam, dynamo, dynas 힘, 동력(=power)**

☐ **dynam**ic [dainǽmik] [형] **동력의; 동적인; 역학(상)의**
☜ 동력(dynam) 의(ic)
♠ present **a dynamic image 역동적인 이미지**를 표출하다
☐ **dynam**ically [dainǽmikəli] [부] 역학상; 정력적으로, 다이나믹하게
☜ dynamic(역학상의) + al<형접> + ly<부접>
☐ **dynam**ics [dainǽmiks] [명] (pl.) 『물리학』 **역학**, 역학관계
☜ 동력(dynam) 학(ics)
☐ **dynam**ite [dáinəmàit] [명] **다이너마이트** 《폭약명》 ☜ -ite(폭약)
☐ **dynam**o [dáinəmòu] [명] (pl. **-s**) **다이너모**; **발전기**; 《구어》 정력가 ☜ dynamo-electric machine의 줄임말. dynamo(힘) + electric(전기로 움직이는) + machine(기계)
☐ **dynas**ty [dáinəsti/dí-] [명] (pl. **-ties**) (역대) **왕조**, 왕가 ☜ 힘 있는(dynas) 세력(ty)

디스펩시아 dyspepsia ([의학] 설사 또는 구토, 소화불량) = diarrhea (설사)

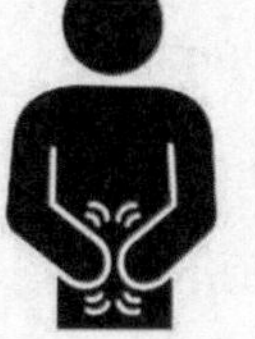

☐ dys**peps**ia, -sy [dispépʃə, -siə], [-si] [명] 『의학』 소화불량(증), **디스펩시아**
☜ 나쁜/힘든(dys) 소화(peps=digest) 증세/병(ia/y)
[비교] dystopia 암흑향, 지옥향 ⇔ utopia 유토피아, 이상향
♠ He suffered from **dyspepsia**. 그는 **소화불량**으로 고생하고 있다.

연상 세상의 이치(理致)는 이치(each.각자) 스스로 깨달아야 한다.

- □ **each** [iːtʃ/이취] ⓗ 각각의, **각자의** ⓓ **각자**, 각각, (제)각기
  ☜ 고대영어로 '다소간, 모든, 개개의'란 뜻
  ♠ **Each** country has its own customs. **각(各)** 나라에는 각기 특유한 풍습이 있다.
  ♠ **each of 각각, 각자**
  ♠ **each other 서로, 상호간에**
  ♠ **each time 그때마다; (종속절을 수반하여) ~할 때마다 75**

아지타토 agitato ([음악] 격한, 급속한)

♣ **어원 : ag, ac 날카로운(=sharp, keen)**

- ■ **ag**itato [æ̀dʒətάːtou] ⓗ 『음악』 [It.] 격한, 급속한 ⓟ 격하게, 급속하게
  ☜ 이탈리아어로 '격하게, 급속히, 흥분해서'란 뜻
- □ e**ag**er [íːgər] ⓗ 열심인, **열망[갈망]하는**, 간절히 바라는 ☜ e(강조) + ag(날카로운) + er
  ♠ **be eager to (for) ~ 간절히 ~하고 싶어하다, 열망하다**
- □ e**ag**er beaver 일벌레, 열심히 일하는 사람 ☜ 열심인(eager) 비버(beaver)
- □ e**ag**erly [íːgərli] ⓟ **열망하여**, 열심히; 간절히 ☜ eager(열망하는) + ly<부접>
- □ e**ag**erness [íːgərnis] ⓜ 열심, **열의**; 열망 ☜ eager(열망하는) + ness<명접>
- ■ **ac**id [ǽsid] ⓗ **신**, 신맛의 ⓜ 신 것; 산성 ☜ 날카로운(ac) 것(id)

한화이글스 Hanwha Eagles (충청도를 연고지로 하는 프로야구팀)
블랙이글스 Black Eagles (한국공군의 특수비행팀. <검은 독수리들>)

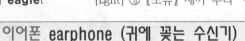

- ※ **black** [blæk/블랙] ⓗ **검은, 암흑의, 흑인의** ⓜ **검은색, 암흑**
  ☜ 고대영어로 '완전히 어두운'이란 뜻
- □ **eagle** [íːgəl] ⓜ 『조류』 **(독)수리** ☜ 라틴어로 '검은 독수리'란 뜻
  ♠ **eagles** soaring overhead 머리 위로 날아오르는 **독수리들**
- □ **eagle**-eye [íːgəlai] ⓜ 날카로운 눈; 눈이 날카로운 사람
  ☜ 독수리(eagle) 눈(eye)
- □ **eagle**-eyed [íːgəlaid] ⓗ 눈이 날카로운 ☜ 독수리(eagle) 눈(eye) 의(ed)
- □ **eagle** eye 날카로운 눈, 형안(炯眼); 눈이 날카로운 사람; 탐정
- □ **eagle**t [íːglit] ⓜ 『조류』 새끼 수리 ☜ 독수리(eagle) 새끼(let)

이어폰 earphone (귀에 꽂는 수신기)

- □ **ear** [iər/이어] ⓜ **귀**; 청각; (보리 등의) 이삭 ☜ 고대영어로 '귀'란 뜻
  ♠ **smile** (grin) **from ear to ear**
  (너무 좋아서 입이 귀에 걸리도록) 활짝 웃다
  ♠ **up to the ears (in) ~ (~에) 깊이 빠져; 전혀**(=entirely)
- □ **ear**ache [íərèik] ⓜ **이통**, 귀앓이 ☜ 귀(ear) 통증(ache)
- □ **ear**phone [íərfòun] ⓜ **이어폰**, (라디오 등의) **리시버**, 수신기
  ☜ 귀(ear) + 소리(phone)
- □ **ear** pick 귀이개 ☜ pick(따다, 뜯다, 뽑다, 후비다)
- □ **ear**ring [íərìŋ] ⓜ (종종 pl.) **이어링**, 귀고리, **귀걸이** ☜ 귀(ear) 고리(ring)
- □ **ear**shot [íərʃàt] ⓜ (부르면) 들리는 거리 ☜ 귀(ear)의 거리/한계(shot=range)

얼 그레이 earl grey (영국에서 개발한 홍차(紅茶). <그레이 백작>이란 뜻)

베르가못(bergamot.오렌지 껍질 기름)향을 첨가한 영국에서 개발된 홍차. 1830년대 영국의 찰스 그레이 백작이 즐긴데서 기인한 것이며 아이스티(ice tea)에 적합한 가향 차이다. 찰스 그레이 백작의 이름을 따서 만들어진 대표적 플레이버티(flavour tea.착향차)의 하나이다. <출처 : 차생활문화대전>

- □ **earl** [əːrl] ⓜ 《영》 **백작** 《그 부인은 countess》

☜ 고대영어로 '용감한 사람, 전사, 지도자'란 뜻
♠ the **Earl** of Essex 에섹스 **백작**
★ 유럽 대륙의 count에 해당하며 marquis (후작) 다음가는 작위

☐ **earl**dom [ə́ːrldəm] ⓜ 백작의 신분(지위); 그 영지
☜ 백작(earl)의 나라/영토(dom)

얼리 어답터 early adopter (신제품 소비자 · 평가자)

신제품이 출시될 때 가장 먼저 구입해 사용해 본 후 평가를 내린 뒤 주위에 제품의 정보를 알려주는 성향을 가진 소비자군

☐ **early** [ə́ːrli/**얼**-리] ⓟ **일찍이, 일찍부터** ⓗ (-<-li**er**<-li**est**) **이른**
☜ 고대영어로 '이전에'란 뜻 반 late 늦은, 늦게
♠ **The early bird catches the worm.**
《속담》 일찍 일어나는 새가 벌레를 잡는다.

※ **adopt** [ədάpt/어**답**트/ədɔ́pt/어**돕**트] ⓢ **채용[채택]하다; 양자[양녀]로 삼다**
☜ 라틴어로 '(자기)에게 고르다'란 뜻

※ **adopt**er [ədάptər, ədɔ́ptər] ⓜ 채용(채택)자; 양부모 ☜ 채용한(adopt) 사람(er)

어닝 earning (기업의 분기 영업이익 · 실적), 어닝쇼크 earning shock (실적 충격)

주식시장에 상장된 기업은 매 분기마다 보고서를 작성, 금융감독원에 신고함으로써 실적을 발표한다. 이때 기업의 영업이익 또는 순이익과 같은 실적을 '어닝'이라고 한다. <출처 : 매일경제용어사전>

☐ **earn** [əːrn/언-] ⓢ (생활비를) **벌다; 획득하다** ☜ 고대영어로 '노동하다'란 뜻
♠ **earn** (make) **one's living 생계를 세우다**
♠ **earn one's way 자립해 나가다**

☐ **earn**ings [ə́ːrniŋ] ⓜ **소득, 수입** ☜ 벌어들인(earn) 것(ing<명접>)

☐ **earn**ing shock **어닝쇼크** 《발표한 기업실적이 예상보다 저조하여 주가에 영향을 미치는 현상》
☜ shock(충격, 타격, 쇼크)

어네스트존 Honest John (미국 육군의 핵공격 가능한 지대지 로켓포. <정직한 사람>이란 뜻) * John (남자이름) 존; 사내, 놈

■ **honest** [άnist/**아**니스트/ɔ́nist/**오**니스트] ⓗ **정직한, 솔직한**
☜ 라틴어로 '명예'

☐ **earnest** [ə́ːrnist] ⓗ (인품이) 성실한, **진지한; 중대한**
☜ 고대영어로 '열심인, 진지한'이란 뜻
♠ an **earnest** young man **성실한** 청년
♠ **in earnest 진지하게, 진심으로; 본격적으로**

☐ **earnest**ly [ə́ːrnistli] ⓟ **진지하게**, 열심히; 진심으로 ☜ -ly<부접>

구글어스 Google Earth (구글의 세계 위성영상 지도서비스)

※ **Google** [gugl] ⓜ **구글** 《세계 최고의 검색사이트》 ⓢ 구글로 검색하다
☜ 10의 100제곱이란 뜻

☐ **earth** [əːrθ/어-쓰] ⓜ (the ~) **지구**, 대지, 흙
☜ 고대영어로 '흙, 토양'이란 뜻
♠ the revolution (rotation) of **the earth 지구**의 공전(자전)
♠ **on earth** 〖의문문〗 **도대체**; 〖최상급〗 **세상에서**; 〖부정〗 **조금도**

☐ **earth**en [ə́ːrθən] ⓗ **흙으로 만든** ☜ 흙(earth)으로 만든(en)

☐ **earth**enware [ə́ːrθənwɛ̀ər] ⓜ 토기, **질그릇** ☜ 흙(earth)으로 만든(en) 제품(ware)

☐ **earth**ly [ə́ːrθli] ⓗ (-<-li**er**<-li**est**) **지구[지상]의**, 이 세상의; 속세의 ☜ earth(지구) + ly<형접>

☐ **earth**quake [ə́ːrθkwèik] ⓜ **지진** ☜ 땅(earth)의 흔들림(quake)

☐ **earth**worm [ə́ːrθwə̀ːrm] ⓜ 땅 속에 사는 벌레, **지렁이** ☜ 땅(earth) 벌레(worm)

☐ **earth**y [ə́ːrθi] ⓗ 흙의, 흙같은; 소박한 ☜ -y<형접>

이지 잉글리쉬 Easy English (EBS 라디오 영어교육 프로그램. <쉬운 영어>)

© EBS

☐ **ease** [iːz/이-즈] ⓜ **편함, 평안; 용이함** ⓢ **진정[완화]시키다, (통증이) 가벼워지다** ☜ 고대 프랑스어로 '안방, 여유'란 뜻
♠ **at ease 마음 놓고, 편안히**

♠ **with ease 쉽게, 용이하게**(=easily)

☐ **easy** [íːzi/**이**-지] ⓗ (-<-si**er**<-si**est**) **쉬운**, 안락한
☜ 고대영어로 '쉬운, 부드러운, 어렵지 않은'이란 뜻
♠ **Take it easy. 편히 쉬어, 여유있게 해라, 걱정하지 마라.**

☐ **easy** chair 안락 의자 ☜ easy + chair(의자)

☐ **easy**going [íːzigouiŋ] ⓗ **태평스러운**, 게으른; 안이한 ☜ easy + going(진행 중인)

☐ **easi**ly [íːzili/**이**-질리] ⓟ 용이하게, **쉽게** ☜ 쉽(easy) 게(ly<부접>)

☐ **easi**ness [íːzinis] ⓜ **수월함, 평이** ☜ 쉽게(easy) 함(ness<명접>)

dis**ease** [dizíːz/디**지**-즈] ⓜ **병, 질병** ☜ dis(=not/부정) + ease(평안)

un**easy** [ʌníːzi] ⓗ (-<-si**er**<-si**est**) **불안한, 거북한** ☜ un(=not) + easy(편안한)

이젤 easel (그림 받침틀)

☐ **easel** [íːzəl] ⓜ 화가(畫架); 그림(칠판)걸이 ☜ 라틴어로 '당나귀'란 뜻. 당나귀처럼 무거운 짐을 진다는 의미
♠ set up one's **easel 화가(畫架)**를 세우다.

이스타 항공 Eastar Jet (한국의 저비용 항공사. Eastar란 <동방의 별>이란 뜻)

이스타항공은 2009년 출범한 한국의 저비용 항공사. Eastar란 east star의 합성어로 <동방의 별>이란 뜻

☐ **east** [iːst/이-스트] ⓜ (보통 the ~) **동쪽**, 동방 ⓗ **동(녘)의**
ⓟ 동쪽에 ☜ 고대영어로 '동쪽(의)'란 뜻
♠ **Too far east is west. 《속담》 초(超)극동은 서(西)이다. 극단은 일치한다.**
♠ **the Far East 극동(極東), the Middle East 중동(中東), the Near East 근동(近東)** 《아라비아 · 소아시아 · 발칸 등》
★ 위의 이런 말들은 모두 유럽[영국]을 기준으로 만들어진 말이다.

☐ **east**bound [íːstbàund] ⓗ **동쪽으로 가는** 《여행 등》
☜ 동쪽(east)으로 가는 길의(bound)

☐ **east**ern [íːstərn/**이**-스턴] ⓗ **동(쪽)의**; (E~) 동양의 ☜ 동쪽(east) 의(ern)
♠ the **Eastern** (Roman) Empire **동**로마제국

☐ **east**erly [íːstərli] ⓗ 동쪽의 ⓟ 동쪽으로 ☜ eastern + ly<부접>

☐ **east**ward(s) [íːstwərd] ⓗⓟ **동쪽으로(의)** ☜ 동쪽(east) 으로(ward)

※ **jet** [dʒet] ⓜ **제트; 분출, 사출; 분사** ⓗ 제트식의, 제트기의
☜ 라틴어로 '던지다'란 뜻

에오스터 Eoster (북유럽 튜튼족의 빛과 봄의 여신)

에오스터(Eoster)는 달걀에서 나와 '생명의 탄생'이라는 상징적 의미가 있다. 그래서 기독교의 부활절(Easter)로 불리며, 이때 달걀을 먹는다고 한다.

☐ **Easter** [íːstər/**이**-스터] ⓜ **부활절[주일]** 《3월 21일 이후의 만월(滿月) 다음에 오는 첫 일요일; 이 부활 주일을 Easter Sunday(day) 라고도 함》 ☜ 북유럽 튜튼족의 빛과 봄의 여신 Eoster에서

☐ **Easter** egg 부활절 달걀 《채색한 달걀로 부활절의 선물, 장식용; 그리스도 부활의 상징》

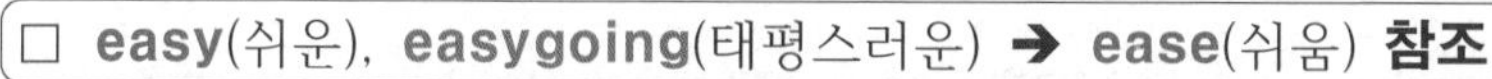

☐ **easy**(쉬운), **easygoing**(태평스러운) ➔ **ease**(쉬움) **참조**

오바이트 overeat (콩글 음식 · 술 등을 과식하여 토해내는 일) ➔ vomit, throw up, barf, puke

♣ **어원 : eat, edi, ese 먹다**

■ over**eat** [òuvəríːt] ⓢ (-/over**ate**/over**eaten**) **과식하다** ☜ 지나치게(over) 먹다(ese)

☐ **eat** [iːt/이-트] ⓢ (-/**ate**/**eaten**) **먹다**, (수프 따위를) 마시다 ☜ 고대영어로 '먹다'란 뜻
♠ What did you **eat** for lunch? 점심에 무엇을 **먹었니**?
♠ **eat out 외식하다**

☐ **eat**able [íːtəbl] ⓗ 먹을 수 있는 ⓜ (보통 pl.) 식료품 ☜ -able<형접/명접>

☐ **eat**ing [íːtiŋ] ⓜ **먹기; 음식(물)** ⓗ **식용의** ☜ 먹다(eat) + ing<명접/형접>

✚ **edi**ble **먹을 수 있는** in**edi**ble 먹을 수 없는, 식용에 적합지 않는 ob**ese** 지나치게 살찐, 뚱뚱한 ob**esi**ty 비만, 비대

연상 이브(Eve.여자이름)가 아담의 집 이브(eave.처마) 밑에서 앉아 울고 있다.

※ **Eve** [iːv] 명 **이브, 하와** 《아담의 아내; 하느님이 창조한 최초의 여자》

☐ **eave** [iːv] 명 (pl. **-s** [iːvz]) **처마**, 차양
☜ 고대영어로 '지붕의 가장자리'란 뜻
♠ birds nesting under **the eaves 처마** 밑에 둥지를 튼 새들

☐ **eaves**drop [íːvzdrɑ̀p/-drɔ̀p] 동 **엿듣다**, 도청하다
☜ 처마(eaves) 밑으로 떨어지는(drop) 것을 듣다
♠ He liked **to eavesdrop** on his neighbors' conversations. 그는 이웃 사람들이 말하는 것을 **엿듣기** 좋아했다.

☐ **eaves**dropper [íːvzdrɑ̀pər] 명 엿듣는 사람 ☜ eaves + drop + p + er(사람)

E

엡 타이드 Ebb Tide (호주 스릴러 영화. <썰물, 간조>)

© imdb.com

1994년 개봉한 오스트레일리아(호주)의 스릴러 영화. 해리 햄린, 주디 맥킨토시 주연. 삶에 지친 냉소적인 변호사는 친구의 의문의 죽음을 계기로 맡게 된 한 사건으로 인해 옛 열정을 되찾을 수 있는 기회를 갖게 되지만... <출처 : Naver 영화 / 일부인용>

☐ **ebb** [eb] 명 **썰물**, 간조 동 (조수가) **빠지다** 반 flood 만조, flow 밀물 ☜ 고대영어로 '썰물'이란 뜻
♠ the **ebb tide 썰물, 간조; 쇠퇴(기)**
♠ the **ebb and flow** of the seasons **오고 가는** 계절의 변화

※ **tide** [taid] 명 **조수, 조류, 조석**(潮汐) ☜ 고대영어로 '적시적절(tid) 한(y)'

에볼라 바이러스 Ebola virus (열대전염병 바이러스)

집단 괴질을 유발하는 바이러스로 1976년 자이르(현재 콩고민주공화국) 에볼라강 인근에서 최초 발견되었으며, 에볼라 출혈열(Ebola hemorrhagic fever) 이라고도 한다. <출처 : 시사상식사전>

☐ **Ebola** [ibóulə, ebóu-] 명 **에볼라** 《아프리카 콩고민주공화국 북부의 강》
☜ 콩고어로 '검은 강'이란 뜻

※ **virus** [váiərəs] 명 『의학』 **바이러스**, 여과성(濾過性) 병원체 ☜ 라틴어로 '독(毒)'이라 뜻

에보나이트 ebonite (경질 고무)

생고무에 30~50%의 황을 첨가하여 만든 굳은 고무제품 <출처 : 화학대사전>

☐ **ebonite** [ébənàit] 명 **에보나이트**, 경화 고무(=vulcanite)
☜ 근대영어로 '에보니(ebon<ebony)로 만든 것(ite<명접>)'

☐ **ebony** [ébəni] 명 『식물』 **흑단**(黑檀) 《검은 빛을 내는 나무로 돌처럼 단단하고 무겁다》; (E-) **에보니** 《아프리카계 미국인 대상의 미국 월간지》 ☜ 라틴어로 '에보니(흑단)의'라는 뜻

센터 center (중심)

♣ 어원 : **center, centr 중앙, 중심, 가운데**

■ **center, 《영》 centre** [séntər/**쎈**터] 명 **중심**(지); **핵심**; **중앙** ☜ 라틴어로 '원의 중심'

☐ ec**centr**ic [ikséntrik, ek-] 형 **별난, 괴벽스러운** ☜ 중심(centr)에서 멀어진(ec<ex)
♠ an **eccentric** man **괴벽한** 사람

☐ ec**centr**ically [ikséntrikəli] 부 색다르게, 변덕스럽게 ☜ eccentric(al) + ly<부접>

☐ ec**centr**icity [èksentrísəti] 명 (pl. **-ties**) **남다름**, 별남; 기행 ☜ eccentric(별난) + ity<명접>

✚ con**centr**ate **집중하다, 집중시키다** ego**centr**ic 자기중심의, 이기적인

에클레시아 ecclesia (아테네의 시민의회; 교회당)

아테네 시민들의 총회인 민회, 즉 에클레시아는 ek(밖으로)와 caleo(부르다)의 합성어로 어떤 문제를 결정하기 위해 부름받은 자들의 모임이라는 뜻. 기독교에서는 예수 그리스도를 구주로 고백하는 성도의 모임이나 교회당을 가리킨다. <출처 : 그리스와 로마 · 교회용어사전>

♣ 어원 : **clesia 부르다**

☐ ec**clesia** [iklíːʒiə, -ziə] 명 (pl. **-siae**) (고대 아테네의) 시민회의; 『기독교』 교회당 ☜ 밖으로(ec<ex) 부르다(clesia)

☐ ec**clesia**stical [iklìːziǽstikəl] 형 (기독) **교회에 관한**; 성직의
☜ 밖으로(ec<ex) 부르(clesia) + st + 는(ical<형접>)

♠ **ecclesiastical** authority **교회의** 권위

에코 Echo ([그神] 숲과 샘의 요정)

공기와 흙 사이에서 태어난 님프(Nymph). 에코가 자꾸 말을 거는 바람에 남편 제우스의 바람피는 현장을 놓친 헤라에 의해 남이 한 말만 따라해야 하는 벌을 받았다. 에코의 나르키소스/나르시스(Narcissos)에 대한 안타까운 사랑으로 유명하다. <출처 : 그리스 · 로마신화 인물백과>

< 에코와 나르키소스(1903) / J. W. Waterhouse 작 >

□ **echo** [ékou] ⓜ (pl. **-es**) **메아리**, 반향 ⓢ 반향하다, 울리다; 앵무새처럼 되풀이하다 ☜ 그리스어로 '소리'라는 뜻
♠ **echo sounding** 〖해양〗 **음향측심** 《음파로 물의 깊이를 측정하는 것》

E

컬렉션 collection (물품을 수집해 모은 것)

♣ **어원 : lect 고르다, 뽑다, 모으다, 선택하다**

THE WORLD ENCYCLOPEDIA OF
COINS
& COIN COLLECTING

■ col**lect** [kəlékt/컬**렉**트] ⓢ **모으다,** 수집하다; **모이다** ☜ 함께<한 곳으로(col<com) 골라내다(lect)
■ col**lect**ion [kəlékʃən] ⓜ **수집**, 채집 ☜ collect + ion<명접>
□ ec**lect**ic [ekléktik] ⓗ 취사선택하는, 절충하는, 절충주의의 ⓜ 절충주의자 ☜ 밖에서(ec<ex) 선택하(lect) 는(ic<형접>
♠ She has **an eclectic taste** in music. 그녀는 음악에 **폭넓은 취향**을 가지고 있다.
□ ec**lect**ically [ekléktikəli] ⓑ 절충하여, 절충적으로 ☜ eclectic(al) + ly<부접>

✚ e**lect** **선거하다**, 뽑다, 선임하다 se**lect** **선택하다**, 고르다, 선발하다, 발췌하다, 뽑다(=choose)

슬리퍼 slipper (실내화), 이클립스 eclipse (개기식: 태양이나 달이 100% 숨겨지는 것)

식(蝕, eclips, 가림)은 천문학에서 한 천체가 다른 천체를 가리거나 그 그림자에 들어가는 현상을 말한다. 개기(皆旣) 또는 개기식이라고도 한다. 이 용어는 일반적으로 월식, 일식 등으로 사용된다.

< lunar eclipse >

♣ **어원 : (s)lip, lap, lapse 넘어지다, 떨어지다, 미끄러지다; 버리다**

■ **slip** [slip/슬립] ⓢ **미끄러지다**, 미끄러져 넘어지다(=trip) ☜ 중세 독일어로 '미끄러지다'
■ **slip**per [slípər] ⓜ (pl.) (가벼운) **실내화** ☜ 미끄러지는(slip) + p + 것(er)
□ ec**lip**se [iklíps] ⓜ 〖천문〗 (해 · 달의) **식**(蝕) ⓢ (천체가) 가리다 ☜ 라틴어로 '버리다'라는 뜻 **비교** ellipsis (말의) 생략, 생략부호
★ 1978년 영국 가수 보니 타일러(Bonnie Tyler)가 발표한 Total Eclipse of the Heart(마음의 일식)은 1983년 4주간 정상을 차지했다. 2017년 8월 21일 99년만에 찾아온 미국의 개기일식으로 이 노래가 다시 큰 인기를 끌었다.
♠ a solar 〔lunar〕 **eclipse** 일**식**〔월**식**〕
♠ a total 〔partial〕 **eclipse** 개기〔부분〕**식**
□ ec**lip**tic [iklíptik] ⓜ 〖천문〗 황도《黃道: 태양이 지구를 중심으로 움직이는 것처럼 보이는 천구상의 큰 원》 ⓗ 식(蝕)의; 황도의 ☜ 미끄러져 떨어지(eclip) 는(tic<형접>)

✚ col**lapse** **무너지다**; 결렬되다; (가격이) 폭락하다 e**lapse** (때가) **경과하다** **lapse** **착오, 실수**; **경과**

이코노미 economy (경제), 에콜로지 ecology (생태학)

♣ **어원 : eco 집, 가정, 생태, 환경**

□ **eco**cide [íːkousàid, ékou-] ⓜ (환경오염에 의한) 환경 파괴, 생태계 파괴 ☜ 환경(eco) 죽이기(cide)
□ **eco**cidal [èkəsáidl] ⓗ 생태계 파괴의, 생태계를 파괴하는 ☜ ecocode + al<형접>
□ **eco**doom [ékoudùːm, íːk-] ⓜ 생태계의 대규모적인 파괴 ☜ 생태(eco) 파멸(doom)
□ **eco**logy [iːkɑ́lədʒi/-kɔ́l-] ⓜ 생태학 ☜ 그리스어로 '집/혈통(eco)에 관한 학문(logy)
♠ human 〔plant, animal〕 **ecology** 인간〔식물, 동물〕의 **생태(학)**
□ **eco**logic(al) [èkəlɑ́dʒik(əl)] ⓗ **생태학의, 생태학적인** ☜ -cal<형접>
□ **eco**logist [iːkɑ́lədʒist/-kɔ́l-] ⓜ 생태학자 ☜ -ist<사람)
□ **eco**nomy [ikɑ́nəmi/이**카**너미/ikɔ́nəmi/이**코**너미] ⓜ **경제; 절약** ⓗ 경제적인 ☜ 가정(eco)을 관리하는 법칙(nomy)
♠ **economy class (여객기의) 일반석, 보통석, 이코노미석**
비교 first 〔business〕 class (여객기의) 최고〔중간〕 등급석

□ **eco**nomic [ìːkənάmik, èk-/-nɔ́m-] ⓗ **경제학의, 경제(상)의** ☜ ic<형접>
♠ **economic blockade 경제봉쇄**
♠ **economic growth rate 경제성장율**
□ **eco**nomical [ìːkənάmikəl, èkə-/-nɔ́m-] ⓗ **경제[절약]적인** ☜ -cal<형접>
□ **eco**nomically [ìːkənάmikəli, èkə-/-nɔ́m-] ⓟ 경제적으로 ☜ -ly<부접>
□ **eco**nomics [ìːkənάmiks, èk-/-nɔ́m-] ⓜ **경제학** ☜ -ics(학문)
□ **eco**nomist [ikάnəmist/-kɔ́n-] ⓜ **경제학자** ☜ -ist(사람, 전문가)
□ **eco**nomization [ikὰnəmizéiʃən/-kɔ̀n-] ⓜ 절약, 경제화 ☜ -ation<명접>
□ **eco**nomize, -ise [ikάnəmàiz/-kɔ́n-] ⓓ **절약하다** ☜ -ize<동접>
□ **eco**system [íkousìstəm] ⓜ 생태계 ☜ 생태(eco) 체계(system)

E

엑스터시 ecstasy (무아경, 황홀경)

□ **ecstasy** [ékstəsi] ⓜ **무아경, 황홀경** ☜ ~밖에(ec<ex) 서있는(st) 상황(asy)
♠ **go into ecstasy 희열을 느끼다**
□ **ecstatic** [ekstǽtik] ⓗ 무아경의; 황홀한 ⓜ 황홀경, 황홀경에 빠지는 사람
☜ ~밖에(ec<ex) 서있는(st) 상황의(atic)

에디 eddy (대기 · 해양에서 유체의 회전운동)

□ **eddy** [édi] ⓜ **소용돌이**; 회오리 ☜ 고대 노르드어로 '소용돌이'란 뜻
♠ The waves swirled and **eddied** around the rocks.
파도가 바위 주위를 빙빙 돌며 **소용돌이**쳤다.

에델바이스 edelweiss (알프스산 고산식물)

□ **edelweiss** [éidlvàis, -wàis] ⓜ 《G.》『식물』 **에델바이스** 《알프스산(産) 고산 식물; 스위스의 국화》
☜ 독일어로 '고결한(edel) 흰색(weiss)'이라는 뜻
★ 영화 <사운드 오브 뮤직(Sound of Music)>의 OST로 제작된 노래로 주인공 폰 트랩 대령(크리스토퍼 플러머)이 불러 감동을 준 노래 <에델바이스>

에덴 Eden ([성서] 아담과 이브가 살았다는 낙원)

□ **Eden** [íːdn] ⓜ 『성서』 **에덴 동산** 《Adam과 Eve가 처음 살았다는 낙원》; 낙원, 낙토
☜ 히브리어로 '기쁨'이란 뜻

엣지 edge ([패션] 대담한, 도발적인; 유행을 선도하는) 엣지(edge)있다 (평범한 듯 하면서도 비범하고 감(感)이 좋다)

□ **edge** [edʒ/엣지] ⓜ **가장자리**, 끝; **날**, 날카로움 ⓓ **날을 세우다; ~에 테를 달다**
☜ 고대영어로 '구석, 모서리, 가장자리, 뾰족한 끝'이란 뜻
♠ **the edge** of the cliff 벼랑 **끝**
♠ **on the edge of ~ ~의 가장자리[언저리]에; 막 ~하려고 하는**
□ **edge**d [edʒd] ⓗ 날이 있는, 날을 세운; 날카로운 ☜ 날이(edge) 있는(ed)
□ **edge**less [édʒlis] ⓗ 날이 없는, 날이 무딘(=blunt) ☜ 날이(edge) 없는(less)

□ **edible**(먹을 수 있는) ➜ **eat**(먹다) **참조**

에디피스 콤플렉스 Edifice Complex (권력자의 거대 건축에 대한 병리적 집착성)

영국의 건축비평가인 데얀 수딕의 저서 <거대 건축의 욕망>에 등장하는 용어. 이는 권력자의 거대 건축에 대한 병리적 집착성을 의미한다. 특히 독재자들이 정치적 위세의 수단으로 건축물을 많이 활용하였다. 엄청난 규모의 관저나 건축물로 상대의 기를 제압하기도 하고 감히 도전할 수 없는 절대권력의 이미지를 일반 대중에게 심어주기도 하였다. 정부의 호화청사 건설붐도 이른바 에디피스 콤플렉스라고 할 수 있다.

□ **edi**fice [édəfis] ⓜ (크고 인상적인) 건축물, **건물**, 전당; (추상적인) 구성물; (사상의) 체계
☜ 라틴어로 '건물'이란 뜻. 난로가 있는 장소(edi)를 만들다(fic) + e
♠ an imposing **edifice** 위용 있는 **건물**
□ **edi**fy [édəfài] ⓓ 교화하다; 품성을 높이다, 지덕을 함양하다 ☜ 라틴어로 '건립하다'란 뜻
※ com**ple**x [kəmpléks, kάmpleks/kɔ́mpleks] ⓗ **복잡한**, 착잡한
[kάmpleks/kɔ́m-] ⓜ 복합체; 종합 빌딩; 『정신분석』 **콤플렉스**, 무의식적 감정
☜ (여러 개를) 서로<함께(com) 엮다(ple) + x

에든버러 Edinburgh (영국 스코틀랜드의 중심도시)

☐ **Edinburgh** [édinbə̀:rou, -bə̀:rə] 명 **에든버러** 《스코틀랜드의 수도》.
☜ 고대영어로 '비탈 위의(edin) 성/요새(burgh)'란 뜻
★ the Duke of Edinburgh 에든버러공(公) 《현(現) 영국 여왕 Elizabeth 2세의 부군》

에디슨 Edison (미국의 발명가)

☐ **Edison** [édəsən] 명 **에디슨** 《Thomas ~, 미국의 발명가; 1847-1931》
★ 대표적인 발명품 : 축음기, 현대 전화기의 초기형태인 탄소 송화기, 백열전구, 최초로 상업화된 전등과 전력 체계, 가정용 영사기 등

E

에디토리얼 editorial (사설: 신문사가 회사의 책임하에 표명하는 의견·주장)

☐ **edit** [édit] 동 **편집하다**, 발행하다 ☜ 밖으로(e<ex) 내놓다(dit)
♠ Create or **edit** a document. 문서를 작성하거나 **편집하시오**.
☐ **edit**orial [èdətɔ́:riəl] 명 (신문의) **사설, 논설** (《영》 leading article)
☐ **edit**ion [idíʃən] 명 (초판·재판의) **판**(版) ☜ 편집해놓은(edit) 것(ion)
☐ **edit**or [éditər/**에**리러/**에**디터] 명 (fem. **editress**) **편집자**; (신문의) 주필, 논설위원
☜ 편집하는(edit) 사람(or)
♠ **the editor** of the Washington Post 워싱턴포스트 **편집장**

프로듀서[피디] producer (영화감독, 연출가) ➔ 《미》 director

♣ 어원 : duce 이끌다, 끌어내다
■ pro**duce** [prədjú:s/프뤄**듀**-스/프뤄**쥬**-스] 동 **생산[제작]하다**
☜ 앞<진보<발전<완성(pro)으로 이끌다(duce)
■ pro**duce**r [prədjú:sər] 명 **생산자, 제작자;** 《영》 감독, 연출가(《미》 director) ☜ 앞으로(pro) 이끄는(duce) 사람(er)
☐ e**duc**ate [édʒukèit] 동 **교육하다** ☜ 밖으로(e<ex) 끌어(duc) 내다(ate)
♠ She **was educated** in the US. 그녀는 미국에서 **교육을 받았다**.
☐ e**duc**ated [édʒukèitid] 형 **교육받은**, 교양 있는 ☜ -ed<수동태형 형접>
☐ e**duc**ation [èdʒukéiʃən/에주**케**이션] 명 **교육**, 훈육; 양성 ☜ -tion<명접>
♠ **The great aim of education is not knowledge but action.**
교육의 위대한 목표는 앎이 아니라 행동이다. - 영국의 철학자, 허버트 스펜서 -
☐ e**duc**ational [èdʒukéiʃənəl] 형 **교육상의, 교육적인** ☜ -al<형접>
☐ e**duc**ator [édʒukèitər] 명 **교육자** ☜ -or(사람)

✚ intro**duce** 받아들이다; **소개하다** re**duce** **줄이다**, 감소시키다

에드워드 공군기지 Edwards Air Force Base

미국 캘리포니아주에 시험비행센터가 있는 미 공군기지. 기지이름은 1948년 6월 5일 기지 북서쪽에서 노스럽(Northrop) YB-49 기종을 시험비행 하던 중 5명의 동료와 함께 전사한 미공군 테스트 파일럿(시험비행조종사)인 글렌 에드워드를 기려 명명되었다. <출처 : 위키백과>

☐ **Edwards** Air Force Base 《미》 **에드워드** 공군 기지 《캘리포니아 소재; 항공 테스트 센터가 있음》
☜ Air Force(공군), base(기초, 기지, 토대, 근거)

연상 ▶ 일하고 먹는 일(eel.뱀장어)은 최고의 보양식이다.

☐ **eel** [i:l] 명 (pl. **-, -s**) **뱀장어**(민물장어) ☜ 고대영어로 '뱀장어'
♠ **a freshwater eel 민물장어**
♠ **a see eel 바다장어**
♠ **broiled eels 장어구이**
☐ **eel**y [í:li] 형 (-<-li**er**<-li**est**) 뱀장어 같은; 미끈미끈한; 요리조리 잘 빠져나가는 ☜ -y<형접>

포커페이스 poker face (속마음을 숨기려고 무표정한 얼굴을 한 사람)

♣ 어원 : face 표면
※ **poker** [póukər] 명 **포커** 《카드놀이의 일종》 ☜ 주머니(poke<pocket) 속에 숨긴 것(er)
■ **face** [feis/풰이스] 명 **얼굴; 표면** 동 **~에[을] 면하다; 향하다**
☜ 라틴어로 '형태, 표면, 외양'이란 뜻
☐ ef**face** [iféis] 동 **지우다**, 삭제〔말소〕하다 ☜ 표면(face)의 것을 밖으로(ef<ex) 멀리

♠ **efface** with paint (페인트로) 칠하여 **지우다**

☐ ef**face**ment [iféismənt] [명] 말소, 소멸, 소거 ☜ -ment<명접>

✚ de**face** 외관을 손상하다; 흉하게 하다 pre**face** **서문, 서언**, 머리말 sur**face** **표면**, 겉, 외부, 외관

피그말리온 이펙트 Pygmalion effect (자기충족적 예언. <피그말리온 효과>)

긍정적인 기대나 관심이 사람에게 좋은 영향을 미치는 효과. 자기충족적 예언(self-fulfilling prophecy)과 같은 말이다. 자신이 만든 여인조각상(갈라테이아)을 사랑한 피그말리온에 감동한 여신 아프로디테가 여인조각상에 생명을 불어넣어 주었다. <출처 : 상식으로 보는 세상의 법칙 / 요약인용>

© mythologytalesoflove.weebly.com

♣ **어원 : fect, fac(t), fic 만들다, 만들어내다**

※ **Pygmalion** [pigméiljən, -liən] [명] 『그.신화』 **피그말리온** 《자기가 만든 조각상(像)에 반한 키프로스의 왕・조각가》

☐ ef**fect** [ifékt/이펙트] [명] **효과, 결과** [동] 초래(달성)하다
☜ 밖으로(ef<ex) 만들어내다(fect)
♠ **have an effect on ~ ~에 영향을 미치다, ~에 효과가 있다**
♠ **in effect 사실상, 실제로는; 실시되어**
♠ **put ~ into effect 실시하다, 실행하다**
♠ **to the effect that ~ ~이라는 뜻[취지]의**

☐ ef**fect**ive [iféktiv] [형] **효과적인**, 유효한, 효력이 있는 ☜ -ive<형접>

☐ ef**fect**ively [iféktivli] [부] 유효하게; **효과적으로** ☜ -ly<부접>

☐ ef**fect**iveness [iféktivnis] [명] 효과, 유효 ☜ -ness<명접>

☐ ef**fect**ual [ifékt∫uəl] [형] **효과적인**, 효험 있는; 유효한 ☜ -u + al<형접>

☐ ef**fect**uate [ifékt∫uèit] [동] 유효하게 하다 ☜ -u + ate<동접>

☐ ef**fic**acious [èfəkéi∫əs] [형] 효능이 있는, 잘 듣는 ☜ 밖으로(ef) 만들어(fic) 내는(acious)

☐ ef**fic**acy [éfəkəsi] [명] **효능**, 효력, 유효 ☜ -acy<명접>
♠ **the efficacy** of a drug 약의 **효능**

☐ ef**fic**iency [ifí∫ənsi] [명] **능률**, 능력, 유능, 유효성 ☜ -i + ency<명접>

☐ ef**fic**ient [ifí∫ənt] [형] 능률적인, **효과적인** ☜ -i + ent<형접>
♠ **fuel-efficient** cars **연료 효율성이 높은** 승용차

☐ ef**fic**iently [ifí∫əntli] [부] 유효하게, **효과적으로** ☜ -ly<부접>

✚ in**fect** **감염[오염]시키다**; 병균을 전염시키다 per**fect** **완벽한**, 완전한; 정확한; 완성하다

페미니즘 feminism (남녀평등주의)

♣ **어원 : femin, female 여자(=woman), 여성**

■ **femin**ism [fémənìzəm] [명] 여권주의, 남녀 동권주의; 여권 신장론 ☜ 여성(femin) + i + 주의(sm)

☐ ef**femin**ate [ifémənit] [형] **여자 같은**, 여성적인 ☜ 외부로(ef<ex) 여자(femin)를 만들다(ate)
♠ **become effeminate 나약해지다**

■ **female** [fíːmeil] [형] 여성의, 여자의 [명] **여성; 암컷** ☜ 고대 프랑스어로 '여자, 암컷'이란 뜻.

☐ **efficacy**(효능), **efficient**(효과적인) ➔ **effective**(효과적인) **참조**

인플루엔자 [플루] infuenza (유행성 독감)

♣ **어원 : flu 흐르다(=flow), 전염되다**

■ in**flu**enza (flu) [ìnfluénzə] [명] 유행성 감기, **독감, 인플루엔자[플루]**
☜ 내부로(in) 흘러드는(flu) 것(enza<명접>)

☐ ef**flu**ence [éfluəns] [명] (광선・전기・액체 따위의) 방출, 유출(=outflow); 유출(방출, 발산)물 ☜ 밖으로(ef<ex) 흐르는(flu) 것(ence<명접>)
♠ **effluence of gas 가스유출(流出)**

☐ ef**flu**ent [éfluənt] [형] 유출(방출)하는 [명] 유출수; 폐수, 배출(폐기)물; 하수, 오수
☜ 밖으로(ef<ex) 흐르다(flu) + ent<형접/명접>

✚ **flu**ent **유창한** af**flu**ent 풍부한, 유복한 in**flu**ence **영향; ~에게 영향을 미치다**

포르테 forte ([It.] [음악] 강하게)

♣ **어원 : fort, forc(e) 강화하다, 강요하다, 힘을 북돋아주다**

forte [fɔ́ːrti, -tei] [형] 《It.》 『음악』 **포르테**의, 강음의 [부] 강하게, 세게《생략: f.》 [명] 장점, 특기 ☜ 이탈리아어로 '강한'이란 뜻

☐ ef**fort** [éfərt/**에**풔트/**에**풔트] [명] **노력**, 수고, 진력(盡力) ☜ 외부로(ef<ex) 힘을 내다(fort)
♠ **make an effort 노력하다, 고심하다**(=make efforts)

☐ ef**fort**less [éfərtlis] ⓗ 힘들지 않는, 쉬운 ☜ -less(~이 없는)
☐ ef**fort**lessly [éfərtlisli] ⓑ **노력하지 않고**, 안이하게 ☜ -ly<부접>

✚ **force 힘**, 세력, 에너지; **폭력, 무력; 설득력; 억지로 ~을 시키다** com**fort 위로**, 위안, **위로가 되는 것[사람]; 위안하다** en**force 실시[시행]하다**, 집행하다; 강요(강제)하다 rein**force 보강하다, 강화하다, 증강하다** uncom**fort**able 불유쾌한, **기분이 언짢은**, 거북한

☐ **effrontery**(철면피, 파렴치) ➔ **front**(앞, 정면) **참조**

퓨즈 fuse ([전기] 퓨즈), 퓨전 fusion (융합, 섞는 것)

< 전기 퓨즈 >

♣ **어원 : fus(e), fut 녹다, 녹이다; 붓다, 섞다**
■ **fuse** [fjuːz] ⓜ **신관**(信管), 도화선; 『전기』 **퓨즈** ⓓ **녹다, 녹이다**
☜ 근세영어로 '열로 녹이다'
■ **fus**ion [fjúːʒən] ⓜ **용해**, 융해; 『물리』 핵융합; 『음악』 **퓨전** 《재즈에 록 등이 섞인 음악》 ☜ 섞는(fus) 것(ion<명접>)
☐ ef**fus**e [efjúːz] ⓓ 발산(방출)하다 ☜ 밖으로(ef<ex) 쏟아 붓다(fus) + e
☐ ef**fus**ion [efjúːʒən] ⓜ 유출(물), 스며나옴; (감정 등의) 토로, 분출 ☜ -ion<명접>
♠ **effusion of blood on the brain 뇌일혈(腦溢血)**
☐ ef**fus**ive [efjúːsiv] ⓗ 심정을 토로하는; 넘쳐흐르는; 과장된 ☜ -ive<형접>

✚ in**fus**e (사상을) **주입하다, 불어넣다** con**fuse 혼동하다, 어리둥절하게 하다** dif**fus**e **퍼뜨리다**

에그머니('에구머니=아이구머니'의 잘못된 표현)는 달걀 값(egg money) ?

☐ **egg** [eg/에그] ⓜ (새의) **알; 달걀** ☜ 고대 노르드어로 '달걀'이란 뜻
♠ **a boiled egg 삶은 달걀**
♠ **a soft-boiled egg 반숙란**(= sunny side up)
♠ **a hard-boiled egg 완숙란**
♠ **a raw egg 날달걀**
♠ **a fried egg 프라이한 달걀**
♠ **a poached egg 수란, 깨어 삶은 달걀**
♠ **a scrambled egg 스크램블드 에그** 《우유나 버터를 넣고 휘저어 익힌 달걀》
☐ **egg**shell [égʃèl] ⓜ 달걀 껍질 ⓗ 깨지기 쉬운 ☜ egg + shell(껍질)
■ Easter **egg** 채색한 달걀 《부활절의 선물, 장식용; 그리스도 부활의 상징》, 부활절 달걀
☜ easter(부활절)
※ **money** [mʌ́ni/**머**니] ⓜ (pl. **-s,** mon**ies**) **돈**, 금전, 통화, **화폐**
☜ 옛날 Juno Moneta(로마 충고의 여신)의 신전에서 주조된 데서 유래

에고 ego (자아(自我)), 에고이스트 egoist (이기주의자)

☐ **ego** [íːgou, égou] ⓜ (pl. **-s**) 자기를 의식한 개인; 『철학·심리학』 자아
☜ 라틴어로 '나'란 뜻
♠ have a strong **ego 자아**가 강하다
☐ **ego**centric [ìːgouséntrik, ègou-] ⓗ 자기중심의, 이기적인 ☜ 자기(ego) 중심(centr) 적인(ic)
☐ **ego**ism [íːgouìzm, égou-] ⓜ 이기주의 ☜ ego + ism(~주의)
☐ **ego**ist [íːgouist, égou-] ⓜ **에고이스트**, 이기주의자 ☜ 자기(ego)만의 사람(ist)
☐ **ego**istic [ìːgouístik, ègou-, -tikəl] ⓗ 이기주의의 ☜ egoist + ic<형접>
☐ **ego**tism [íːgətìzm, égə-] ⓜ **자만** ☜ ego + t + ism(특성, 성질, 상태)
☐ **ego**tist [íːgətist, égə-] ⓜ 이기주의자, 자기 본위의 사람 ☜ ego + t + ist(사람)

업그레이드 upgrade (품질·성능의 향상)

♣ **어원 : gress, grad, gree 가다(=go), 걷다(=walk)**
■ **grad**e [greid/그뤠이드] ⓜ **등급; 성적** ⓓ **등급을 매기다** ☜ 라틴어로 '걸음, 계단'이란 뜻
■ up**grad**e [ə́pgrèid] ⓜ 《미》 오르막; 증가, 향상, 상승; 『컴퓨터』 **업그레이드**
☜ 위로(up) 나아가다(grade)
☐ e**gress** [íːgres] ⓜ 밖으로 나감; (우주선에서의) 탈출; 출구(=exit), 배출구 [igrés] ⓓ 밖으로 나가다(=go out); (우주선에서) 탈출하다 ☜ 밖으로(e<ex) 가다(gress)
♠ Ingress will be north, **egress south**. 입구는 북쪽, **출구는 남쪽**이 될 것이다.
♠ **Stand by for egress. 나갈 준비하고 기다려라.**
☐ e**gress**ion [i(ː)gréʃən] ⓜ 외출, 나감, 퇴거 ☜ -ion<명접>
☐ e**gress**ive [i(ː)grésiv] ⓗ 물러나는, 퇴거의 ☜ -ive<형접>

이집트 Egypt (피라미드로 유명한 북아프리카 북부의 공화국)

☐ **Egypt** [íːdʒipt] [명] **이집트** 《공식명은 이집트 아랍 공화국(the Arab Republic of ~), 수도 카이로(Cairo)》 ☜ 이집트어로 '고대 이집트의 신 프타(Ptah) 영혼의 신전'이란 뜻

☐ **Egypt**ian [idʒípʃən] [형] **이집트(사람, 말)의** [명] **이집트 사람[말]** ☜ 이집트(Egypt) 의/사람(ian)

아~ ah (감탄사)

E

■ **ah** [ɑː/아-] [감] **아아!** 《고통 · 놀라움 · 연민 · 한탄 · 혐오 · 기쁨 등을 나타냄》

■ **aha, ah ha** [ɑːhɑ́ː, əhɑ́ː], [ɑːhɑ́ː] [감] **아하!** 《기쁨 · 경멸 · 놀라움 따위를 나타냄》

■ **alas** [əlǽs, əlɑ́ːs] [감] **아아, 슬프도다**, 불쌍한지고 《슬픔 · 근심 등을 나타냄》

■ **aw** [ɔː] [감] 저런!, 오!, 제기랄!, 에이!, 흥! 《항의 · 혐오 따위를 나타냄》

☐ **eh** [ei] [감] **뭐?, 에!**, 뭐라고?, 그렇지? 《의문 · 놀람 등을 나타내거나, 동의를 구하는 소리》

에펠탑 Eiffel Tower (프랑스 파리에 있는 철탑)

구스타브 에펠이 1889년에 프랑스혁명 100돌을 기념하여 개최된 파리만국 박람회 때 파리에 세운 높이 300m의 철탑. 건축 당시에는 '철골덩어리'라며, 지식인들의 비난을 많이 받았으나 오늘날에는 파리의 랜드마크로 자리잡았다. <출처 : 저스트고(Just go) 관광지 / 일부인용>

☐ **Eiffel** [áifəl] [명] **에펠** 《Alexandre Gustave ~, 프랑스 건축가. 에펠탑 건축. 1832-1923》

※ **tower** [táuər/**타**워] [명] **탑**, 망루 ☜ 고대영어로 '망루, 감시탑'이란 뜻

에잇 세컨즈 8 seconds (제일모직이 운영하는 패스트 패션 브랜드)

패스트패션은 최신 트랜드를 즉각 반영하여 의류의 디자인부터 생산, 유통, 판매까지 전부 제조회사가 도맡아 하는 의류전문점을 뜻하는데 우리나라는 2005년 일본의 유니클로(UNIQLO)가 국내 들어온 이후 2012년 제일모직이 8 seconds로 론칭하면서 시장에 가세했다. <출처 : 무경십서 / 일부인용>

8 seconds
8 세컨즈
8 秒

☐ **eight** [eit/에잍] [명] **여덟, 8** [형] 여덟의, 8의, 8개(사람)의; 8살인 ☜ 고대영어로 '8'이란 뜻. octo<okto에서 유래

☐ **eight**h [eitθ/에이쓰] [명] (pl. **-s**) **8(번)째, 제8**; 8분의 1; (달의) 8일 [형] **8(번)째의, 제8의**; 8분의 1의 ☜ eight + th<서수 접미사>

☐ **eight**een [éitíːn/**에**이**틴**] [명] **열 여덟, 18** [형] 열 여덟의, 18의, 18개의 ☜ eight + -teen(10이란 뜻; 13-19에만 뒤에 붙여 사용)

☐ **eight**eenth [éitíːnθ] [명] **제18, 18(번)째**; 18분(分)의 1; (달의) 18일 [형] **제18의, 18(번)째의**; 18분의 1의 ☜ eight + teen +th(서수 접미사>

☐ **eight**ieth [éitiiθ] [명][형] **제80(의), 80번째(의)**; 80분의 1(의) ☜ eighty<y→ie> + th<서수 접미사>

☐ **eight**y [éiti/**에**이리/**에**이티] [명] **여든, 80**; 80개 [형] 여든의, 80의, 80개의 ☜ -y<명접/형접>

※ <u>**second**</u> [sékənd/**쎄**컨드] [형] **제2의** 《생략: 2d, 2nd》, 두 번째의; 2등의, 2류의 [부] **제2로** [명] **제2** ☜ 라틴어로 '뒤따르다'란 뜻 [명] (시간의) **초**(秒) ☜ 1시간의 첫 번째 분류는 분(分; minute), 두 번째 분류는 초(秒; second)

아인슈타인 Einstein (미국으로 귀화한 유대계 독일인 물리학자)

독일 태생의 물리학자. 1916년 일반상대성이론을 발표하였다. 미국의 원자폭탄 연구인 맨해튼계획의 시초를 이루었으며, 중력장과 전자장의 이론으로서의 통일장이론을 발전시켰다. <출처 : 두산백과>

☐ **Einstein** [áinstain] [명] **아인슈타인** 《Albert ~, 독일 태생의 미국의 물리학자; 1879-1955》
♠ **Einstein theory** 〖물리〗 **아인슈타인의 상대성이론[원리]**

아이젠하워 Eisenhower (미국의 장군, 제34대 대통령)

미국 공화당 소속의 제34대 대통령. 제2차 세계대전시 유럽연합군 최고 사령관으로서 노르망디 상륙작전을 지휘하여, 연합군의 제2차 세계대전 승리에 결정적인 역할을 하였다. <출처 : 미국개황>

☐ **Eisenhower** [áizənhàuər] [명] **아이젠하워** 《Dwight D. ~, 미국 제34대 대통령; 1890-1969》

이더오아 Either/Or (키에르케고르의 저서. <양자택일>이란 뜻)

덴마크의 실존주의 철학자, 렌 키에르케고르가 1843년 발간한 첫 저서. Either/Or는 탐미적인 인생관과 윤리적인 인생관 중 하나를 택하라고 강요하며, 윤리적인 인생관을 택하지 않을 수 없다는 결론을 내리고 있다. <출처 : 두산백과>

♣ 어원 : ther 2, 둘(=two)

☐ **either** [íːðər/**이**-더/áiðər/**아**이더] ㊝ **~이든 또는 ~이든**, 〖부정문〗 ~도 또한 (~하지 않다) ㊗ **어느 한 쪽의** ㊐ (둘 중의) **어느 하나**; 어느 쪽이든 ㊋ 〖either ~ or …의 형태로〗 **~거나 또는 ~거나** ☜ 고대영어로 '둘(ther<two) 다 모두(ei)'란 뜻
♠ **Either** will do. **어느 쪽이든** 좋다
♠ **either (A) or (B) A든 B든 둘 중 하나**
You must **either** sing **or** dance.
너는 노래를 부르**든가**, 춤을 추**든가** 해야 한다.

■ nei**ther** [níːðər/**니**-더/náiðər/**나**이더] ㊗ **어느 ~도 …아니다** ㊐ **어느 쪽도 ~아니다[않다]** ㊝ 〖neither ~ nor ~로 상관접속사적으로 써서〗 **~도 …도 아니다[않다]**; **~도 또한 …않다[아니다]** ☜ not + either의 줄임말
♠ **Neither** statement is true. **어느 쪽** 주장**도** 진실은 **아니다**
♠ **Neither** is (are) good. **어느 쪽** (것)**도** 다 좋지 **않다**
♠ **neither (A) nor (B) A와 B 둘 다 아닌**
Neither you **nor** I am to blame. 너**도** 나**도** 잘못이 **없다**
《동사는 제일 가까운 주어에 맞춤》

■ whe**ther** [hwéðər/**훼**더] ㊋ 〖명사절을 인도〗 **~인지 어떤지**(를, 는); 〖양보를 나타내는 부사절을 인도〗 **~이든지 아니든지** ☜ wh<which(어떤 것) + either(2개 중의)

※ **or** [ɔːr/오-어, (약) ər] ㊋ **혹은, 또는**, ~이나 ☜ 고대영어로 '또는'이란 뜻

프로젝트 project (사업계획)

♣ 어원 : ject, jac 던지다

■ **project** [prədʒékt] ㊍ **발사하다, 계획하다, 투영하다** ㊔ **계획, 기획** ☜ 앞으로(pro) 던지다(ject)

☐ e**jac**ulate [idʒǽkjəlèit] ㊍ 액체를 사출하다, 사정하다; 갑자기 소리 지르다 ☜ 밖으로(e<ex) 던지(jac) + ul + 다(ate<동접>)
♠ **ejaculate** externally 체외**사정을 하다**

☐ e**jac**ulation [idʒæ̀kjuléiʃən] ㊔ 갑자기 지르는 소리; (체액의) 사출, 사정 ☜ -ion<명접>

☐ e**ject** [idʒékt] ㊍ **몰아내다**, 추방하다(=expel); 긴급 탈출하다 ☜ 밖으로(e<ex) 던지다(ject)
♠ **eject** (evict) a tenant 세든 사람을 **내보내다**

☐ e**ject**ion [idʒékʃən] ㊔ 쫓아냄, 배척; 방출; 분출; 배설; 배기 ☜ -ion<명접>

☐ e**ject**ive [idʒéktiv] ㊗ 방출하는; 내뿜는 ☜ -ive<형접>

✚ in**ject** **주사[주입]하다** ob**ject** **물건, 사물; 목적; 대상; 반대하다** re**ject** **거절[사절, 각하]하다** sub**ject** **지배를 받는**, 복종하는; **백성; 과목, 주제,** 제목; **주어;** 지배하다, **복종시키다**

콜라보레이션 collaboration (음악가들간의 일시적 협업)

♣ 어원 : lab, labor 노동, 고생; 일하다

■ col**labor**ate [kəlǽbərèit] ㊍ **공동으로 일하다**, 합작(공동연구)하다 ☜ 함께(col<com) 노동(labor)을 만들다(ate)

■ col**labor**ation [kəlæ̀bəréiʃən] ㊔ **협동**, 합작, 공저(共著), 공동 연구; 협조, 제휴 ☜ collaborate + ion<명접>

☐ e**labor**ate [ilǽbərèit] ㊗ **공들인; 정교한** ㊍ **애써 만들다; 상세히 말하다** ☜ 밖으로(e<ex) 노력하여(labor) 만들다(ate)
♠ **elaborate** designs **정교한** 디자인
♠ **Please elaborate. 보충 설명 좀 해 주세요.**

☐ e**labor**ately [ilǽbərèitli] ㊝ **애써서, 공들여** ☜ elaborate + ly<부접>

☐ e**labor**ation [ilæ̀bəréiʃən] ㊔ 공들임, 정교 ☜ elaborate + ion<명접>

✚ **labo(u)r 노동**, 근로; **수고; 노동하다; 애쓰다** **labor**atory **실험실**; 연구소(실)

이랜드 E-Land (패션·유통·외식·건설 사업을 하는 한국의 기업)

☐ **E-Land** Group **이랜드 그룹** 《패션·유통·의식·건설 등의 사업을 진행중인 이랜드브랜드를 기반으로 한 한국의 기업》 ★ 창업자 박성수 회장은 28세에 이화여자대학교 앞에서 <잉글런드>라는 이름의 보세의류가게를 시작했고, 1986년 잉글런드라는 이름을 <E-Land>로 변경하고 법인화하여 성장시켰다.

슬리퍼 slipper (실내화)

♣ **어원 : (s)lip, lap, lapse 넘어지다, 떨어지다, 미끄러지다**

■ **slipper** [slípər] 명 (pl.) (가벼운) **실내화** ☜ 미끄러지는(slip) + p + 것(er)
■ **lapse** [læps] 명 **착오, 실수**; (시간의) **경과**, 흐름, 추이 ☜ 미끄러져 떨어지다
□ e**lapse** [ilǽps] 동 (때가) **경과하다**; 지나다, 흘러가다 명 경과; 짧은 시간
☜ 멀리(e<ex) 떨어지다(lapse), 즉 시간이 떨어져 나가다
♠ **elapsed** time **경과**시간 《보트 · 자동차의 일정코스의 주행시간》
■ col**lapse** [kəlǽps] 동 **무너지다**, 붕괴하다; 결렬되다; (가격이) 폭락하다
☜ 함께(col<com) 넘어지다(lapse)

E

라스트 찬스 last chance (마지막 기회) * chance 기회, 우연; 운
엘라스틴 Elastin (탄력성 · 신축성 있는 단백질. <elastic + protein의 합성어>)

엘라스틴은 콜라겐(Collagen)과 함께 결합조직에 존재하고, 고무 탄력성과 같은 신축성이 있는 단백질이며, 조직의 유연성, 신축성에 관계가 깊다. <출처 : 화장품 생물신소재>

♣ **어원 : last 지속하다, 유지하다**

■ **last** [læst/래스트/lɑːst/라-스트] 동 **지속[존속]하다**, 끌다 형 **최후의, 마지막의** ☜ 끝까지 지속되는
□ e**last**in [ilǽstin] 명 **엘라스틴**, 탄력소 ☜ 외부로(e<ex) 지속되는(last) 단백질(in=prote**in**)
□ e**last**ic [ilǽstik] 형 **탄력(성)있는**, 탄성의 명 고무끈
☜ 외부로(e<ex) 지속되는(last) 성향의(것)(ic)
♠ an **elastic** headband **탄력성있는** 고무 머리띠
□ e**last**icity [ilæstísəti] 명 탄력 ☜ -ity<명접>
□ e**last**icize [ilǽstəsàiz] 동 ~에 탄성〔신축성〕을 갖게 하다
☜ -ize<동접>

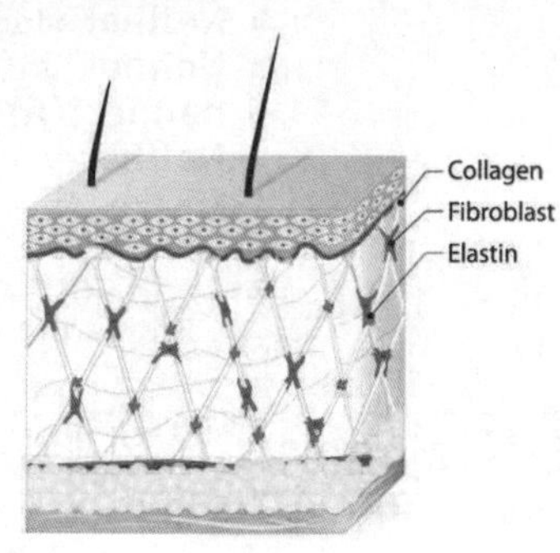

< skin(피부) >

엘리베이터 elevator (승강기)

♣ **어원 : lev, liev, la 올리다, 가볍게 하다; 지렛대(=lever)**

■ e**lev**ate [éləvèit] 동 (들어) **올리다**, 높이다 ☜ 밖으로(e<ex) 올림을(lev) 만들다(ate)
■ e**lev**ator [éləvèitər/**엘**러베이러/**엘**러베이터] 명 《미》 **엘리베이터, 승강기**(《영》 lift)
☜ elevate + or(장비)
□ e**la**te [iléit] 동 의기양양하게 하다, 기운을 돋우다
☜ 밖으로(e<ex) 올림을(la) 만들다(ate)
♠ **elate** morale (군사) 사기를 **앙양시키다**
□ e**la**ted [iléitid] 형 의기양양한, 우쭐대는 ☜ elate + ed<형접>
♠ an **elated** look **의기양양한** 얼굴
□ e**la**tion [iléiʃən] 명 의기양양, 득의만면 ☜ -ion<명접>

엘바섬 Elba (이탈리아의 작은 섬. 나폴레옹 1세의 첫 유배지)

□ **Elba** [élbə] 명 **엘바** 섬 《나폴레옹 1세의 첫 유배지(1814-15)》

레인보우 rainbow (무지개)
엘보 elbow (팔꿈치; 팔꿈치 통증 질환; L자 모양의 관(管))

♣ **어원 : bow 구부러진 것, 활**

■ **bow** [bau/바우] 명 **활,** 활모양(의 것); 무지개; (종종 pl.) 뱃머리, 선수(船首) 동 **활처럼 구부리다, 절하다**, 굽히다 ☜ 고대영어로 '활'이란 뜻
■ rain**bow** [réinbòu] 명 **무지개** ☜ 비(rain) (온 후 만들어지는) 활 모양(bow)
□ el**bow** [élbou] 명 **팔꿈치**; (의자의) 팔걸이; L자 모양의 관
☜ 고대영어로 팔(ell)의 활(bow)이란 뜻
♠ She jabbed him with her **elbow**. 그녀가 **팔꿈치**로 그를 쿡 찔렀다.

< elbow >

올드보이 Old Boy (한국 영화. 직역하면 <원기있는 중년 남자>란 뜻)

2003년 개봉한 한국의 미스테리/범죄/스릴러영화. 박찬욱 감독, 최민식, 유지태 주연. 15년간 사설 감금방에 이유도 모른 채 갇혀 있던 주인공이 자신을 감금한 사람의 정체를 밝혀가는 과정을 그린 영화. 2004년 칸영화제 심사위원 대상, 동년 대종상영화제 5개부문 수상작.

© Show East

■ **old** [ould/오울드] ㊎ (-<-**er〔elder〕**<-**est〔eldest〕**) **나이 먹은, 늙은, (만) ~세의〔인〕** ㊔ **옛날**
☜ 고대영어로 '오래된, 골동품의'란 뜻

□ **eld**er [éldər] ㊎ 〖old의 비교급〗 **손위의, 연장의** ㊔ 연장자
☜ 나이가 많은(eld) + 더(er)
♠ an 〔one's〕 **elder brother** 〔sister〕 **형**〔누나〕

□ **eld**erly [éldərli] ㊎ **나이가 지긋한**, 늙숙한 ☜ -ly<형접>

□ **eld**est [éldist] ㊎ 〖old의 최상급〗 **가장 나이가 많은**, 맏이의 ☜ -est<최상급>

※ **boy** [bɔi/보이] ㊔ **소년, 남자 아이** ☜ 중세영어로 '하인, 평민, 악당'이란 뜻
♠ **old boy 정정한 노인, 원기있는 중년 남자; 졸업생**

엘도라도 El Dorado (남미 아마존 강변에 있다고 상상된 황금의 땅)

□ **El Dorado, Eldorado** [èldərɑ́ːdou] ㊔ 《Sp.》 **엘도라도** 《(아마존 강변에 있다고 상상한) 황금의 나라; 보물산》
☜ El(=the) + d<de(강조) + ora=aur(금빛 나게 하다) + do

컬렉션 collection (물품을 수집해 모은 것)

♣ **어원 : lect 고르다, 뽑다, 모으다**

■ col**lect** [kəlékt/컬**렉**트] ㊍ **모으다,** 수집하다; **모이다** ☜ 함께<한 곳으로(col<com) 골라내다(lect)

■ col**lect**ion [kəlékʃən] ㊔ **수집**, 채집 ☜ -ion<명접>

□ e**lect** [ilékt] ㊍ (투표 따위로) **선거하다**, 뽑다, 선임하다 ☜ 밖으로(e<ex) 뽑아내다(lect)
♠ He **was elected** president. 그는 대통령으로 **당선되었다**.

□ e**lect**ion [ilékʃən] ㊔ **선거**; 선정; 선임 ☜ -ion<명접>
♠ **election administration committee 선거관리위원회**
♠ **election campaign 선거운동**
♠ **election district 선거구**

□ e**lect**ioneer [ilèkʃəníər] ㊍ 선거운동을 하다 ㊔ 선거운동원 ☜ -eer(사람)

□ e**lect**ive [iléktiv] ㊎ 선거에 의한 ☜ -ive<형접>

□ e**lect**or [iléktər] ㊔ **선거인, 유권자** ☜ 밖으로(e<ex) 뽑는(lect) 사람(or)

□ e**lect**orate [iléktərət] ㊔ 선거민, (한 선거구의) 유권자 ☜ -ate(사람)

■ se**lect** [silékt/씰**렉**트] ㊍ **선택하다**, 고르다, 선발하다, 발췌하다, 뽑다(=choose)
☜ 따로(se) 뽑아내다(lect)

엘렉트라 콤플렉스 Electra complex (딸이 아버지에게 품는 무의식적 성적 연정)

□ **Electra** [iléktrə] ㊔ 〖그.신화〗 **엘렉트라** 《아가멤논(Agamemnon)의 딸; 동생 오레스테스(Orestes)를 설득하여 어머니 클리템네스트라(Clytemnestra)와 어머니의 정부를 죽이게 하여 아버지의 원수를 갚음》

□ **Electra** complex 〖정신의학〗 **엘렉트라 콤플렉스** 《딸이 아버지에 대해 무의식중에 품는 성적인 사모》
㉺ Oedipus complex 오이디푸스 콤플렉스

일렉(트릭) 기타 electric guitar (전기 기타) = steel guitar

♣ **어원 : electr 호박(송진화석인 호박을 마찰하면 전기가 일어나는 데서)**

□ **electr**ic [iléktrik/일**렉**트릭] ㊎ **전기(성)의**; 전기장치의 ㊔ 전차
☜ 그리스어로 '호박'이란 뜻. ★ B.C. 600년경 그리스의 철학자 탈레스가 헝겊으로 호박(amber)을 닦다가 정전기 현상을 보게 되었는데, 당시로서는 이를 알 리가 없었고, 1600년 영국 물리학자 길버트가 이를 '전기(electricity)'라고 명명했다.
♠ **electric car 전기자동차**
♠ **electric current 전류**
♠ **electric power 전력**
♠ **electric shock 감전, 전기쇼크 〔충격〕**
♠ **electric wave 전파, 전자파**

□ **electr**ical [iléktrikəl] ㊎ **전기의, 전기에 관한** ☜ -ical<형접>
♠ **electrical** engineer **전기**(공학)기사, **전기**기술자

□ **electr**icity [ilèktrísəti/일**렉**트리써티, ìːlek-] ㊔ **전기**; 전류; (공급)전력 ☜ -ity<명접>

☐ **electr**ic light　전등 ☞ light(불, 빛)
☐ **electr**ician　[ilektríʃən] ⓜ 전기학자 ☞ -ian(사람)
☐ **electr**ify　[iléktrəfài] ⓢ **~에 전기를 통하다**; 감전시키다; 전기충격을 주다 ☞ electr + ify(만들다)
☐ **electr**on　[iléktrɑn/-trɔn] ⓜ 〖물리학〗 **전자**, **일렉트론** ☞ -on(성질)
☐ **electr**onic　[ilèktrɑ́nik/-trɔ́n-] ⓗ **전자(학)의**, 전자공학의, **일렉트론**의 ☞ electron + ic<형접>
☐ **electr**onics　[ilèktrɑ́niks/-trɔ́n-] ⓜ (pl.) [단수취급] **전자공학**, **일렉트로닉스**
☞ electron + ics(학문)
☐ **electr**ode　[iléktroud] ⓜ **전극**(電極) ☞ electr + -ode(극(極))
※ **guitar**　[gitɑ́:r] ⓜ **기타** ⓢ **기타를 치다** ☞ 페르시아어로 '3줄로 된 악기'란 뜻

E

엘레강스 elegance (우아, 고상)

♣ **어원 : leg, lect 모으다, 선택하다**
☐ e**leg**ance, -gancy [éligəns, -i] ⓜ (pl. -ganc**nes**; -c**ies**) **우아, 고상**, 기품
☞ 밖으로(e<ex) 모으는(leg) 것(ance<명접>)
★ 현대자동차의 EF Sonata에서 EF란 Elegance Feeling의 약자로 품격 디자인과 무결점 품질을 지향한다는 의미
☐ e**leg**ant　[éləgənt] ⓗ 기품 있는, 품위 있는; **우아한**, 세련된
☞ 밖으로(e<ex) 모으(leg) 는(ant<형접>)
♠ a beautiful and **elegant** lady 아름답고 **기품 있는** 부인
☐ e**leg**antly　[éləgəntli] ⓟ 우아하게, 품위있게 ☞ elegant + ly<부접>

< 여성잡지 엘레강스 >

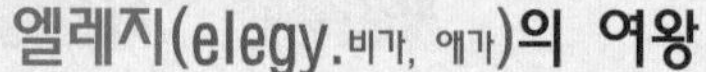

엘레지(elegy.비가, 애가)의 여왕

☐ **elegy**　[élədʒi] ⓜ **비가**(悲歌), **엘레지**, 애가
☞ '죽은 이에 대한 애도의 시(詩)'란 뜻
♠ an **elegy** on his friend 그의 벗을 **애도하는 노래**
☐ **elegi**ac(al)　[èlədʒáiək(əl), ilí:dʒiæ̀k(əl)] ⓗ 애가(哀歌)의; 애수적인
☞ elegy + ac(al)<형접>

엘리멘탈 다이어트 elemental diet (경구경관 성분영양식)

미항공우주국(NASA)이 개발한 우주조종사 식사가 기원. 순수 아미노산·당질·지질·전해질·비타민류로 구성되며 미온수에 녹여 환자의 입·코속에 튜브로 주입. 고칼로리의 영양보급이 가능해 수술 전후 영양관리 및 소화불량·염증성 장질환·암 등의 환자 영양관리에 적용된다. <출처 : 두산백과 / 일부인용>

♣ **어원 : el- 작은, 어린, 기본, (가장 작은 수) 1의**
☐ **el**ement　[éləmənt/**엘**러먼트] ⓜ **원소, 요소**, 성분; (구성) 분자
☞ 기본(el)이 + e + 되는 것<원리(ment)
♠ Love is **an element** of kindness. 사랑은 친절의 한 **구성요소**이다.
☐ **el**emental　[èləméntl] ⓗ **원소[요소]의**; 기본(본질)적인; 원리의 ☞ 원소(element) 의(al<형접>)
☐ **el**ementalism　[èləméntəlìzm] ⓜ (근본적인) 자연력 숭배; 〖미술〗 원소(元素)파
☞ elemental + ism(사상; 학파; 주의)
☐ **el**ementary　[èləméntəri] ⓗ **기본의, 초보의**, 초등교육(학교)의 ☞ 기본(element) 의(ary<형접>)
♠ **elementary school 《미》 초등학교** 《6년 또는 8년》; 《영》 primary school의 구칭
※ **diet**　[dáiət] ⓜ (일상의) **음식물**; (치료·체중조절을 위한) **규정식**, 식이요법
☞ 그리스어 diaita(건강한 삶의 방식)이란 뜻

엘리펀트 Elephant (미국 범죄 영화. <코끼리>)

2003년 개봉한 미국의 범죄영화. 알렉스 프로스트, 에릭 듀렌 주연. 1999년 미국 컬럼바인 고등학교에서 일어난 총기난사사건을 모티브로 하였다. 코끼리의 전체적인 모습이 아니라 장님코끼리 만지듯 학생들의 일상을 하나하나 그려내 전체그림을 완성한다. 2003년 칸영화제 황금종려상, 감독상을 수상했고, 뉴욕비평가협회 촬영상을 수상하였다. <출처 : 세계영화작품사전 / 일부인용>

☐ **elephant**　[éləfənt] ⓜ **코끼리** ☞ 그리스어로 '코끼리, 상아'라는 뜻
★ 수컷은 bull ~, 암컷은 cow ~, 새끼는 calf ~, 울음소리는 trumpet, 코는 trunk라고 함.
♠ herds of **elephants**, **elephant** herds **코끼리** 떼
■ white **elephant** 애물단지, 처치 곤란한 물건 ☞ 흰(white) 코끼리(elephant).
★ 옛날 샴(태국)의 국왕이 흰코끼리를 미운 신하에게 하사하여 사육비에 골치를 앓게 했다는 이야기에서 유래

엘리베이터 elevator (승강기)

♣ **어원 : lev, liev 올리다, 가볍게 하다; 지렛대(=lever)**

□ e**lev**ate　[éləvèit] ⓢ (들어) **올리다**, 높이다 ☜ 밖으로(e<ex) 올림을(lev) 만들다(ate)
♠ Stress can **elevate** your blood pressure. 스트레스는 혈압을 **높일** 수 있다.

□ e**lev**ated　[éləvèitid] ⓗ 높여진, **높은**; 숭고(고결)한, **고상한** ☜ -ed<형접>

□ e**lev**ation　[èləvéiʃən] ⓜ **높은 곳, 고지**; 고귀(숭고)함; 올리기, **높임** ☜ elevate + ion<명접>

□ e**lev**ator　[éləvèitər/**엘**러**베**이러/**엘**러**붸**이터] ⓜ 《미》 **엘리베이터, 승강기**(《영》 lift)
☜ elevate + or(장비)

✚ al**lev**iate 경감하다; 완화하다　**lev**er **지렛대, 레버**　re**liev**e **경감하다**; 안도하다

E

세븐일레븐 7-Eleven (오전 7시부터 밤 11시까지 영업한다는 일본의 세븐엔아이 홀딩스의 편의점 체인)

※ **seven**　[sévn/**쎄**븐] ⓜ **일곱, 7**　ⓗ 일곱의, 일곱 개(사람)의
☜ 고대영어로 '7'이란 뜻

□ **eleven**　[ilévn/일**레**븐] ⓜ **11, 열 한 개**(살)　ⓗ 11의, 11개(명)의
☜ 고대영어로 '(10을 넘어) 하나(e=one)가 남은(leven=left)'
♠ It's **eleven** o'clock. **11** 시이다.
♠ an **eleven-year-old** girl **열한 살**짜리 소녀

□ **eleven**th　[ilévnθ/일**레**븐쓰] ⓜ **11번째, 제11**　ⓗ **열 한(번)째의**, 제11의; 11분의 1의 ☜ eleven(11) + th<서수형 접미사>

엘프 Elf (북유럽 신화의 숲의 요정)

북유럽 튜튼신화에 나오는 마력을 가진 요정. 숲을 사랑하며 아름다운 외모와 차분한 성격의 종족으로 활솜씨 또한 뛰어나다고 한다. 다만 독일에서는 엘프를 악마로 취급했다고 한다.

□ **elf**　[elf] ⓜ (pl. el**ves**) **꼬마 요정**; 난쟁이
☜ 고대영어로 '작은 요정, 도깨비'란 뜻

□ **elf**ish　[élfiʃ] ⓗ 요정 같은; 못된 장난을 하는 ☜ -ish<형접>

인텔리 콩글 intelli(×) ➔ intelligentsia (지식계급, 지식인)

♣ **어원 : lig, leg 선택하다, 뽑다, 고르다, 모으다**

■ intel**lig**entsia, -tzia [intèlədʒéntsiə, -gén-] ⓜ 《러》 (보통 the ~) [집합적] 지식계급, **인텔리겐차**
☜ 러시아어로 '지식계급'이란 뜻

□ e**lig**ible　[élidʒəbəl] ⓗ **적격의**; 적임의 ☜ 밖으로(e<ex) 뽑을(lig) 수 있는(ible)
♠ He **is eligible for** the presidency. 그는 사장 **자격이 있다**.

□ e**lig**ibility　[èlidʒəbíləti] ⓜ 적임, 적격 ☜ 밖으로(e<ex) 뽑을(lig) 수 있는 능력(ibility)

✚ e**leg**ance, -gancy **우아, 고상**, 기품　e**leg**ant **품위 있는, 우아한**　intel**lig**ence **지성, 지능; 정보**　di**lig**ent **근면한**, 부지런한　neg**lig**ent 소홀한, **태만한**

리미티드 에디션 Limited Edition (한정판)

리미티드 에디션은 마케팅의 일환으로 음반이나 DVD 등 제품들을 발매할 때 따로 보너스곡이나 화보집 등을 수록한 한정판을 말한다. <출처: 위키백과>

♣ **어원 : limin, limit 문턱, 입구; 경계; 제한, 한계**

■ **limit**　[límit/**리**미트] ⓜ (종종 pl.) **한계(선)**, 한도, 극한　ⓢ **한정[제한]하다** ☜ 라틴어로 '경계선'이란 뜻

■ **limit**ed　[límitid] ⓗ **한정된**, 유한의 ☜ limit(제한하다) + ed<형접>

□ e**limin**ate　[ilímənèit] ⓢ **제거하다**, 배제하다, 삭제하다
☜ 제한성<문턱(limin)을 밖으로(e<ex) 보내다(ate<동접>)
♠ **eliminate** discrimination 차별을 **없애다**

□ e**limin**ation　[ilìmənéiʃən] ⓜ **배제, 제거** ☜ eliminate + ion<명접>

□ e**limin**ator　[ilímənèitər] ⓜ 제거하는 사람; 배제기(排除器); 〖전기〗 **일리미네이터** 《교류에서 직류를 얻는 장치》 ☜ eliminate + or(사람/기계)

※ **edit**ion　[idíʃən] ⓜ (초판・재판의) **판**(版) ☜ 편집해놓은(edit) 것(ion)

✚ **limit**ation 제한, **한정**, 규제　un**limit**ed **끝없는**, **무제한의**　pre**limin**ary **예비의**; **준비; 예비시험**

엘리엇 Eliot (미국 태생의 영국시인 · 극작가 · 평론가)

20세기 현대시의 선구자. 1922년 20세기 전반의 가장 유명한 시라고 할 수 있는 <황무지>를 발표하였다. 1939년 발표한 우화시집 <지혜로운 고양이가 되기 위한 지침서>는 영국의 뮤지컬 작곡가 앤드류 로이드 웨버에 의해 1981년 뮤지컬 캣츠(cats)로 재창조되기도 했다. <출처: 시사상식사전 / 요약인용>

□ **Eliot** [éliət, -jət] 명 **엘리엇** 《**T**(homas) **S**(tearns) ~, 미국 출생의) 영국 시인 · 평론가, 노벨 문학상 수상(1948) 및 영국의 문화훈장인 메리트(Merit) 훈장 수상(1922); 1888-1965》

엘리트 elite (능력이 우수하고 뛰어난 인재, 정예(精鋭))

E

□ **elite** [ilíːt, eilíːt] 명 **엘리트**(층), 선발된 사람, **정예**(精鋭) ☜ 불어로 '선택된'
♠ take (follow) **an elite course** **엘리트 코스**를 밟다

□ **elit**ism [ilíːtizəm, ei-] 명 **엘리트**에 의한 지배, **엘리트** 의식(자존심), **엘리트**주의
☜ elite + ism(~주의)

엘리자베스 2세 Elizabeth II (영국의 現 여왕)

2차 세계대전후 제국주의 식민지들이 줄줄이 독립하고 영연방 국가들마저도 독립을 지향하면서 대영제국의 위상이 크게 흔들렸다. 여왕은 영연방 국가들을 순방하면서 왕실의 위상을 유지하였다. 그러나 어렵게 되찾은 왕실의 위상은 왕세자 찰스에 의해 크게 실추되었다. <출처: 영국 왕가 / 요약인용>

□ **Elizabeth** [ilízəbəθ] 명 **영국 여왕**(女王). 《❶ ~ I 엘리자베스 1세(1533-1603); ❷ ~ II 엘리자베스 2세(1926-), 현 여왕》

□ **Elizabeth**an [ilìzəbíːθən, -béθ-] 형 Elizabeth 1세 시대의; **Elizabeth 여왕의** ☜ -an(~의)

■ Elizabeth **Taylor** [ilízəbəθ téilər] 명 **엘리자베스 테일러** 《영국 태생, 미국의 여배우; 1932-2011》
★ Taylor란 성(姓)에서 그녀의 조상이 재단사(tailor)였다는 사실을 알 수 있다.
★ 엘리자베스 테일러는 1942년 아역으로 영화에 데뷔한 세기의 미녀이자 은막의 여왕으로 불렸던 헐리우드의 전설적인 여배우. 아카데미 여우 주연상과 아카데미 평생 공로상 수상. 8차례의 결혼으로 화재에 오르기도 함.

슬리퍼 slipper (실내화)

♣ 어원 : (s)lip, lap, lapse 넘어지다, 떨어지다, 미끄러지다; 버리다, 남기다

■ **slip**per [slípər] 명 (pl.) (가벼운) **실내화** ☜ 미끄러지는(slip) + p + 것(er)

■ **lapse** [læps] 명 **착오, 실수**; (시간의) **경과**, 흐름, 추이 ☜ 미끄러져 떨어지다

□ el**lip**se [ilíps] 명 『수학』 타원 ☜ 한쪽 안으로(el<in) 미끄러져 들어간 것(se)

□ el**lip**sis [ilípsis] 명 (pl. **-ses**) 『문법』 **생략**; 『인쇄』 생략부호《—, …, *** 따위》; 『수학』 타원 ☜ 그리스어로 '생략'이란 뜻. 안에(el<in) 버린/남긴(lip) 것(sis)
♠ He put **an ellipsis** at the end of a sentence.
그는 문장의 끝에 **생략부호**를 넣었다.

✚ col**lapse** **무너지다**, 붕괴하다; 폭락하다 ec**lip**se **식**(蝕), 일식, 월식 e**lapse** (때가) **경과하다**

엠블라 Embla ([북유럽신화] 신들이 느릅나무로 만든 최초의 여자)

엠블라(Embla)는 북유럽 신화의 태초의 인간(여성). 엠블라는 3신(오딘 · 빌리 · 베)이 해변가에 표류해 온 두 개의 통나무(느릅나무 elm + 포도나무 vine)를 조각하여 생명을 불어넣어 만들었다. 남편인 아스크르와의 사이에서 태어난 종족인 인류는 풍요의 땅, 미드가르트에 살게 된다. <출처: 위키백과 / 부분인용>

■ **Embla** [émblə] 명 **엠블라** 《신들이 느릅나무로 만든 최초의 여자》

□ **elm** [elm] 명 **느릅나무** ☜ 고대영어로 '느릅나무'란 뜻
♠ a line of stately **elms** 위용을 자랑하며 한 줄로 늘어선 **느릅나무들**

롱패스 long pass (먼거리 패스), 롱비치, 롱보우, 롱런...

■ **long** [lɔːŋ/롱, lɔŋ] 형 (-<-**er**<-**est**) **긴**; **길게 느껴지는** 반 short 짧은
☜ 고대영어로 '끝에서 끝까지 지속되는'이란 뜻
동 **애타게 바라다**, 열망(갈망)하다 ☜ 고대영어로 '나에게는 길게 보이다'

■ **Long** Beach **롱비치** 《California 주 로스앤젤레스시 근처의 도시 · 해수욕장》
☜ 긴(long) 해안(beach) ★ **롱비치 해안은 총 길이가 14km나 된다.**

□ e**long**ate [ilɔ́ːŋgeit/íːlɔŋgèit] 동 길게 하다, (잡아) 늘이다, 연장하다; 길어지다
☜ 밖으로(e<ex) 길게(long) 만들다(ate)

♠ **elongate** the time 시간을 연장하다.

□ e**long**ation [ilɔ̀ːŋgéiʃən/ìːlɔŋ-] ⓜ 신장(伸張), 연장(선); 잡아 늘이기 ☜ -ation<명접>

※ <u>pass</u> [pæs/패스/pɑːs/파-스] ⓜ 〖구기〗 **합격, 패스; 통행허가** ⓢ **지나(가)다**, 경과하다, **합격하다** ☜ 중세영어로 '지나가다, 바뀌다'라는 뜻

✚ **long**bow 큰(긴) 활 **long**-run 장기 흥행의, **롱런** **leng**th **길이**, 키

모놀로그 monologue ([연극] 독백) = 솔리로퀴 soliloquy

♣ 어원 : log(ue), loc(u), loq(u) 말, 언어

■ <u>mono**log(ue)**</u> [mάnəlɔ̀ːg, -lɑ̀g/mɔ́nəlɔ̀g] ⓜ 〖연극〗 **모놀로그**, 독백, 혼자 하는 대사 ☜ 혼자서(mono) 하는 말(logue)

□ e**loq**uence [éləkwəns] ⓜ **웅변**, 능변 ☜ 밖으로(e<ex) 하는 말(loqu) + ence<명접>
♠ He is noted for his **eloquence**. 그는 **웅변**으로 유명하다.

□ e**loq**uent [éləkwənt] ⓗ **웅변의**, 능변인 ☜ -ent<형접>

□ e**locu**tion [èləkjúːʃən] ⓜ **웅변술**, 연설(낭독·발성)법 ☜ 밖으로(e<ex) 하는 말(locu) + tion<명접>

✚ apo**log**y 사죄, **사과** dia**logue** **대화**, 토론; 의견교환 eu**log**y 찬사, 찬미, 칭송 pro**logue** 머리말, **서언**; 서막 soli**loqu**y 혼잣말; 〖연극〗 독백, **솔리로퀴**

엘살바도르 El Salvador (중앙아메리카의 공화국. <구세주>란 뜻)

□ **El Salvador** [el sǽlvədɔ̀ːr] ⓜ **엘살바도르** 《중앙아메리카의 공화국, 수도 산 살바도르(San Salvador)》 ☜ 스페인어로 '구세주(the savio(u)r)'란 뜻

섬싱엘스 Something Else (캐논볼 애덜리의 앨범. <뭔가 다른 것>)

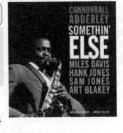

미국 알토 재즈 색스폰 연주자인 캐논볼 애덜리(1928-1975)가 1958년에 발표한 앨범이다. 캐논볼 애덜리의 대표 앨범이자 재즈음악계에서 손에 꼽히는 명반이다. 캐논볼 애덜리는 존 콜트레인과 더불어 하드 밥 재즈의 대표적인 색스폰 연주자로 꼽힌다. <출처: 두산백과>

※ **something** [sʌ́mθiŋ/**썸띵**/**썸씽**] ⓓ **무언가, 어떤 것**(일) ☜ 몇몇의(약간의)(some) 것(thing)

□ **else** [els/엘스] ⓗ 〖부정대명사·의문대명사 뒤에 써서〗 **그밖의, 다른** ⓑ **그밖에, 달리**; (보통 or ~) **그렇지 않으면, ~이 아니면**
♠ **something else 어떤 다른 것; 《구어》 각별히, 멋진 (사람)**
♠ **nothing else 그 밖의 것은 아무것도 없는**
♠ **nothing else but ~ ~ 을 빼고는 다른 아무것도 없는**
♠ **nowhere else 다른 어디에도 없는**

□ **else**where [élshwὲər] ⓑ **다른 곳에(서)[으로]** ☜ 그밖의(else) 장소(where)

일러스트 illust (설명을 돕기 위해 글속에 삽입되는 그림) = illustration
루미나리에 Luminarie (전구를 이용한 조형건축물 축제)

♣ 어원 : limin, lumen, lus, luc, lux 빛, 빛나다, 밝히다

■ **lumen** [lúːmən] ⓜ (pl. lum**ina, -s**) 〖물리〗 **루멘** 《광속의 단위; 생략: lm》 ☜ 라틴어로 '빛'이란 뜻

■ <u>**lumin**arie</u> ⓜ **루미나리에** 《전구를 이용한 조형건축물 축제》 ☜ 고대 프랑스어로 '등불' 촛불, 빛남, 조명'이란 뜻

< Luminarie >

■ <u>il**lus**tration</u> [ìləstréiʃən] ⓜ **실례, 예증; 삽화; 도해** ☜ -tion<명접>

□ e**luc**idate [ilúːsədèit] ⓢ (문제 등을) 밝히다, 명료하게 하다, 설명하다 ☜ 라틴어로 '밖으로(e<ex) 밝게(luc) + id + 하다(ate)'란 뜻
♠ **elucidate** the mystery 그 신비를 **밝히다**

□ e**luc**idation [ilùːsədéiʃən] ⓜ 설명, 해명, 해설 ☜ -ation<명접>

□ e**luc**idative [-dèitiv/-dətiv] ⓗ 밝히는, 설명적인 ☜ -ative<형접>

□ e**luc**idator [ilúːsidèitər] ⓜ 해설자 ☜ elucidate + or(사람)

■ **lux** [lʌks] ⓜ (pl. **-es**, lu**ces**) 〖광학〗 **럭스** 《조명도의 국제 단위; 생략: lx》 ☜ 라틴어로 '빛'이란 뜻

일루전 illusion ([체조] 몸을 회전시켜 한 바퀴 도는 기술)

체조에서 몸을 회전시켜 한 바퀴를 도는 기술. 한쪽 다리로 몸을 지탱하면서 옆으로 돈다. 2013년 7월 5일 전 국가대표 리듬체조 선수 신수지가 잠실야구장에서 독특한 모션으로 시구하여 국내외 시청자들을 놀라게 했는데 이때 사용된 기술이 백일루전(back illusion)이다.

© jtbc.joins.com

♣ **어원 : lud(e), lus 놀리다, 연기하다, 행동하다; 연주**

■ il**lus**ion [ilúːʒən] ⓜ 환영(幻影), **환각** ☜ (머리)속에서(il<in) 놀리(lus) 기(ion)

□ e**lude** [ilúːd] ⓢ (추적·벌·책임 따위를) 교묘히 피하다, **회피하다**; 면하다 ☜ 외부로(e<ex) 놀리다(lude)
♠ **elude** taxation 납세를 **회피하다**

□ e**lus**ion [ilúːʒən] ⓜ **피함, 회피**, 도피; 속임수, 핑계, 발뺌 ☜ 외부로(e<ex) 놀리(lus) 기(ion)

□ e**lus**ive [ilúːsiv] ⓗ (교묘하게) 도피하는, 포착하기 어려운 ☜ -ive<형접>

✚ disil**lus**ion **~의 환영[환상 · 미몽]을 깨우치다** de**lude** 미혹(현혹)시키다, **속이다** inter**lude** 중간, **짬**; 간주(곡), 막간 pre**lude** 『음악』 **전주곡**, 서곡, (사건의) 전조, 도입부

엘리제궁 Elysée (파리에 있는 프랑스대통령 관저)

□ **Elysée** [eiliːzéi] ⓜ 《F.》 (the ~) **엘리제**(궁) 《파리의 프랑스 대통령 관저》; (the ~) 프랑스 정부 ☜ 프랑스어로 '천국의 궁'이란 뜻
★ 종종 **Elysée palace**로도 쓰임.

컨셉 concept (개념), 인터셉트 intercept (중간에서 가로채다)

♣ **어원 : cept, ceit, ceive, cip 취하다, 잡다(=take)**

■ con**cept** [kάnsept/kɔ́n-] ⓜ 『철학』 **개념**, 생각; 구상(構想), 발상 ☜ 완전히(con<com) 취하다(cept)

■ inter**cept** [ìntərsépt] ⓢ **도중에서 빼앗다**(붙잡다), 가로채다; 『군사』 (적기 · 미사일을) 요격하다 ☜ 사이에서(inter) 취하다(cept)

□ eman**cip**ate [imǽnsəpèit] ⓢ (사람을) **해방하다**; 자유롭게 하다 ☜ 밖으로(e<ex) 손을(man) 취하(cip) 다(ate)
♠ You **will emancipate** in life. 넌 삶에서 **자유로워질거야.**

□ eman**cip**ated [imǽnsəpèitid] ⓗ 해방(석방)된, 자유의; (인습에) 구애되지 않는 ☜ emancipate + ed<형접>

□ eman**cip**ation [imæ̀nsəpéiʃən] ⓜ (노예) **해방**; 이탈 ☜ -ation<명접>
♠ the **Emancipation** Proclamation 『미.역사』 **노예해방**령(해방선언) (1863.1.1.부 발효)

✚ anti**cip**ate **기대하다, 예상하다**, 예감하다 re**ceive 받다**, 수령하다

웨스트뱅크 West Bank (요르단강 서안 팔레스타인 자치구역. <서쪽의 제방>)

웨스트뱅크는 요르단강을 기준으로 서쪽에 위치한 팔레스타인 자치구역을 말한다. 국제법상 가자지구와 함께 공식적으로 어느 국가에도 속하지 않는 지역이다. 서남북쪽은 이스라엘과 국경을 접하고, 동쪽으로 요르단과 국경을 맞대고 있다. <출처 : 두산백과>

© commons.wikimedia.org

※ **west** [west/웨스트] ⓜ (보통 the ~) **서**(西), **서쪽**, 서방 ☜ 고대영어로 '서쪽의(으로)'란 뜻

■ **bank** [bæŋk/뱅크] ⓜ **둑, 제방**; ☜ '봉우리'란 뜻 **은행** ☜ '(환전상(商)의) 책상'이란 뜻

□ em**bank** [imbǽŋk] ⓢ (하천 따위를) 둑으로 둘러막다, 제방을 쌓다 ☜ 제방을(bank)을 만들다(em<en=make)

□ em**bank**ment [imbǽŋkmənt] ⓜ **제방쌓기**; 둑, 제방 ☜ -ment<명접>
♠ construct (build) an **embankment** **둑**을 쌓다

엠바고 embargo (일정시점까지 보도금지)

중세 유럽을 공포에 몰아넣은 흑사병 때문에 원래는 한 나라가 상대편 나라의 항구에 상업용 선박이 드나드는 것을 금지하도록 법으로 명령하는 것을 의미한다. 하지만 최근에는 일정시점까지의 보도금지를 뜻하는 매스미디어 용어로 더 잘 알려져 있다. <출처 : 두산백과>

♣ 어원 : bar 금지; 막대기; 금지하다

□ em**bar**go [embάːrgou] 명 (pl. **-es**) **출항[입항] 금지**, 선박 억류; (일정시점까지) **보도금지** 동 (선박의) 출항(입항)을 금지하다 ☜ 금지(bar)를 + go + 만들다(em)
비교 embark 배를 타다, 출항하다
♠ an arms **embargo** 무기 **금수 조치**

■ **bar**ricade [bǽrəkèid] 명 **방책**(防柵), **바리케이드**; 통행 차단물 ☜ bar(금지) + r + i + cade(보여주다, 모으다)

빠지선 < 바지船 barge (바닥이 평평한 무동력 거룻배)

운하, 강 등에서 사람, 화물을 싣고 다니는 바닥이 납작한 배. 통상 동력이 없으나 있는 배도 있음.

♣ 어원 : barg(e), bark 작은 배

■ **barge** [bɑːrdʒ] 명 **거룻배, 바지** 동 거룻배로 나르다

■ **bark**, **barque** [bɑːrk] 명 **바크** 《세대박이 돛배》; (보통 bark) 《시어》 배 (ship) ☜ 라틴어로 '작은 배'란 뜻

□ em**bark** [embάːrk, im-] 동 (배 · 비행기 등에) **태우다**; 승선(탑승)시키다 ☜ 작은 배(bark) 위에(en<on) 태우다
♠ **embark in** (on) ~ **배에 타다 ; ~을 시작하다, 착수하다**

□ em**bark**ation [èmbɑːrkéiʃən] 명 **승선**, 탑승; 적재 ☜ -ation<명접>
♠ **embarkation card 출국카드** 비교 disembarkation card 입국카드

■ disem**bark** [dìsembάːrk] 동 (배 · 비행기 등에서) 내리다, 양륙하다 ☜ 반대로(dis=against) 태우다(embark)

바코드 bar code (줄무늬 기호군)

♣ 어원 : bar 막대, 장애물

■ **bar** [bɑːr/바-] 명 **술집, 빠; 막대기; 법정** ☜ 라틴어로 '막대기, 장애물'이란 뜻

■ **bar** code **바코드** 《광학판독용 막대형 부호의 라벨》 ☜ code(암호, 약호)

□ em**bar**rass [imbǽrəs, em-] 동 **당혹하게 하다**, 난처하게 하다 ☜ 이탈리아어로 '차단하다'란 뜻. em<en=in/~안에) + bar(막대) + r + ass<동접>
♠ **embarrass ~ with questions 질문을 하여 ~를 난처하게 하다**

□ em**bar**rassing [imbǽrəsiŋ] 형 당혹해 하는, 난처한 ☜ -ing<형접>

□ em**bar**rassment [imbǽrəsmənt] 명 **당황, 난처** ☜ -ment<명접>

✚ **bar**rier **장애물, 장벽** **bar**ricade **바리케이드**, 방책, 장애물 **bar**tender 《미》 술집 지배인, **바텐더**

연상 엠비시(MBC) 방송사 옆에 엠버시(embassy.대사관)가 있다.

♣ 어원 : ambi-, amba-, embi-, emba-, amphi- 2중의, 양쪽에서, 둘레의

※ **MBC** **M**unhwa **B**roadcasting **C**orporation(문화방송)의 약어

□ **emb**assy [émbəsi] 명 (pl. -**sies**) **대사관** ☜ 양쪽(emb<ambi) (국가를 위해) 활동하는(as<ag) + s + 곳(y)
♠ **the Korean Embassy in** Paris 파리 **주재 한국 대사관**

■ **amb**assador [æmbǽsədər] 명 **대사**; 대표, 사절, 특사 ☜ 양쪽에서(amb<ambi) + 활동하는(as<ag) + s + ad + 사람(or)

✚ **ambi**tious **야심[야망]있는** **amb**le 느리게 걷는 걸음(걸이) **amphi**bious 양서류의; 수륙 양용의

임베디드 embedded (PC이외의 장비에 사용되는 내장형 칩)

■ **bed** [bed/베드] 명 **침대; 모판, 화단** ☜ 고대영어로 '잠자리, 침대, 침상'이란 뜻

□ em**bed** [imbéd] 동 (물건을) 끼워 넣다, 묻다; (마음 · 기억 등에) 깊이 새겨 두다 ☜ 근대영어로 '침대(bed) 안에(em<en=in) 눕다'란 뜻
♠ a thorn **embedded in** the finger 손가락**에 박힌** 가시

베스띠벨리 bestibelli ([It.] 여성복 브랜드. <최고의 아름다움>이란 뜻)
벨칸토 bel canto (이탈리아의 가창기법. <아름다운 노래>란 뜻)

베스띠벨리(bestibelli)는 이탈리아어로 '최고의 아름다움'이란 뜻이며, 한국의 패션의류기업 신원(Shin Won Corporation, 信元)이 1990년 런칭한 여성복 전문 브랜드이다.

♣ **belle, bell 아름다움**

■ **belle** [bel] 명 **미인**, 미녀 ☜ 프랑스어/라틴어로 '아름다운'이란 뜻

■ **bel** canto 《It.》〖음악〗 **벨칸토** 창법, 아름다운〔매끄러운〕 창법 ☜ canto(〖음악〗 주도적 선율)

□ em**bell**ish [imbéliʃ, em-] 동 아름답게 하다, 꾸미다; 윤색하다, (과장을 섞어) 재미있게 하다 ☜ 고대영어로 '아름답게(bell) 만들(em=make) 다(ish<동접>)'
♠ **embellish** a story 이야기를 **미화시키다**

□ em**bell**ishment [imbéliʃmənt] 명 장식(물), 수식 ☜ -ment<명접>

■ **belle** amie [belæmíː] 《F.》 미모의 (여자) 친구 ☜ amie(여자친구) cf. ami

■ **belle** laide [belléid] 《F.》 잘 생기지는 못했으나 매력 있는 여자(jolie laide) ☜ laide<lady(숙녀)

자유롭게 온도 조절 가능한 스마트 머그컵, 엠버(ember.불씨)

□ **ember** [émbər] 명 (보통 pl.) **불씨**, 타다 남은 것, 꺼져가는 숯불 ☜ 고대영어로 '불씨'란 뜻, 초기인도유럽어로 '불에 타다'란 뜻
♠ put out **embers 불씨**를 꺼뜨리다

연상 스마트폰 베젤(bezel.화면 테두리) 크기의 돈다발을 누가 임베즐(embezzle.횡령)했다.

※ **bezel** [bézəl] 명 (끌 등의) 날의 사면(斜面); (시계의) 유리 끼우는 홈; (반지의) 보석 끼우는 홈, 거미발 ☜ 고대 프랑스어로 '경사진 모서리'란 뜻.

□ em**bezzle** [embézəl, im-] 동 유용〔착복〕하다, (위탁금 등을) 횡령하다 ☜ 고대 프랑스어로 '사기치다'란 뜻. 사기(bezzle)를 만들다(em=make) ★ 우리말 중에 '착복〔횡령〕하다'란 의미의 <인마이 포켓(in my pocket)>은 콩글리시이다. 바른 표현은 '임베즐(embezzle)'이다.
♠ **embezzle** the company money 회사 공금을 **가로채다**

□ em**bezzle**ment [imbézlmənt] 명 착복, 유용, 횡령(죄) ☜ -ment<명접>

엠블럼 emblem (상징)

♣ **어원 : blem 넣은 것**

□ em**blem** [émbləm] 명 **상징**, 표상(=symbol); 기장(記章), 문장 ☜ 안에(em<in) 새겨넣은 것(blem)
♠ America's national **emblem**, the bald eagle 미국의 국가 **상징**인 흰머리 독수리

□ em**blem**atic(al) [èmbləmǽtik(əl)] 형 상징의, 상징적인; 상징하는 ☜ emblem + a + tic<형접>

□ em**blem**atize [emblémətàiz] 동 상징하다(=symbolize), ~의 표시가 되다 ☜ -atize<동접>

보디가드 bodyguard (경호원)

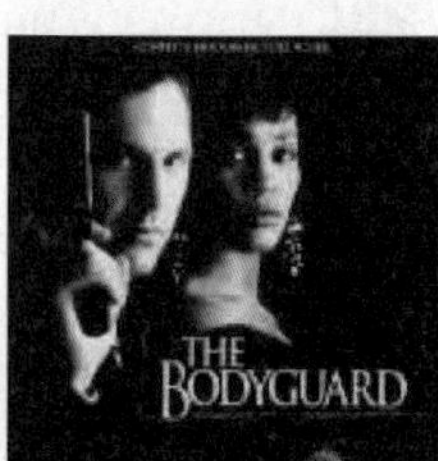

© Warner Bros.

♣ **어원 : body 몸통**

■ **body** [bάdi/**바**리/bɔ́di/**보**디] 명 **몸; 본문** ☜ 고대영어로 '통'이란 뜻 반 mind 마음, soul 정신

□ em**body** [embάdi/-bɔ́di] 동 형태를 부여하다, **구체화하다** ☜ 몸<형태(body)를 만들다(em)
♠ **embody** democratic ideas in the speech 연설에서 민주주의 사상을 **구체적으로 나타내다**

□ em**bodi**ment [embάdimənt/-bɔ́di-] 명 구체화 ☜ embody + ment<명접>

■ anti**body** [ǽntibὰdi/-bɔ̀di] 명 항체(抗體) ☜ ~에 대항하는(anti) 본체(body)

※ **guard** [gaːrd/가-드] 명 **경계; 호위병[대]** 동 **지키다, 망보다, 경계하다** ☜ 고대 프랑스어로 '지켜보다, 지키다'란 뜻

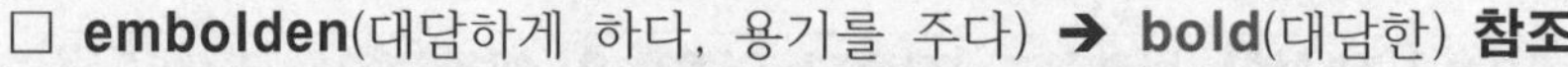
□ **embolden**(대담하게 하다, 용기를 주다) ➔ **bold**(대담한) **참조**

엠보싱 embossing (재료표면을 요철모양으로 만드는 기법)

♣ **어원 : boss 돌기**

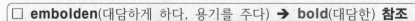

□ em**boss** [embɔ́s, -bɑ́s, im-] ⓢ **부조세공을 하다**, 양각으로 하다
☜ 돌기(boss)를 만들다(em)
♠ **emboss** the stone 〔paper〕 with a design
돌〔종이〕에 도안을 **돋을새김하다**.

□ em**boss**ed [embɔ́st, -bɑ́s, im-] ⓗ 보조세공을 한; 양각으로 무늬를 넣은
☜ emboss + ed<형접>

□ em**boss**ing [imbɑ́siŋ/-bɔ́s-] ⓜ 〖섬유공학〗 **엠보싱**; 〖기계공학〗 부각 ☜ emboss + ing<명접>
★ 엠보싱 사진, 엠보싱 화장지, 엠보싱 매트, 엠보싱 직물 등 엠보싱 기법을 활용한 제품이 우리 주변에 많이 있다.

브라켓 < 브래킷 bracket ([건축] 까치발)

♣ 어원 : brac(e) 팔

■ **brac**ket [brǽkit] ⓜ **까치발**, 선반받이 ☜ 작은(et) 팔(brace) + k

■ **brace** [breis] ⓜ 버팀대, 지주(支柱) ⓢ 버팀대로 받치다
☜ 라틴어로 '팔, 팔뚝'이란 뜻

□ em**brace** [embréis] ⓢ 얼싸안다, 껴안다(=hug), **포옹하다**
☜ 껴안다 ⇦ 팔(brace) 안에(em<in) 감싸다
ⓑ exclude 내쫓다
♠ **embrace** 〔hug〕 each other 서로 **끌어안다**

□ em**brace**ment [imbréismənt] ⓜ 포옹; 수락, 감수 ☜ 포옹하(embrace) 기(ment<명접>)

엠브로이더리 embroidery ([패션] 자수, 수놓기)

♣ 어원 : broid, bell 예쁜, 아름다운, 잘 생긴

□ em**broid**er [embrɔ́idər] ⓢ **자수하다**, 수를 놓다; 윤색하다
☜ 안(em=in)을 예쁘게(broid) 하다(er<반복적 동접>)
♠ **embroider with** gold thread 금실**로 수놓다**

□ em**broid**ery [embrɔ́idəri] ⓜ **자수(품)**, 수(놓기); 윤색 ☜ -y<명접>

✚ em**bell**ish 아름답게 하다, 꾸미다 **bell**e **미인**, 미녀

엠브리오 Embryo (미국 공포 · SF 영화. <태아>란 뜻)

1976년 개봉한 미국의 공포/SF영화. 록 허드슨, 바바라 카레라, 다이안 래드 주연. mad scientist 장르의 영화. 성장촉진연구를 하던 한 과학자가 자살한 산모의 태아를 실험대상으로 삼지만 여자 아기는 초고속으로 성장하는 조로증에 걸려 자신이 살아남기 위해 살인을 하고 모두가 불행에 빠진다는 이야기.

© Cine Artists Pictures

□ **embryo** [émbriòu] ⓜ (pl. **-s**) 〖식물 · 동물〗 **태아** 《사람의 경우 보통 임신 8주 까지의》 ☜ 고대 그리스어로 '태아'란 뜻. 안(em=in)에서 자라다(bryo=grow)
♠ human **embryos** 인간 **배아(胚芽)**

□ **embryo**nic [èmbriɑ́nik/-ɔ́n-] ⓗ 태아의; 유충의; 미발달의, 유치한 ☜ -nic<형접>

에메랄드 emerald (취옥(翠玉))

□ **emerald** [émərəld] ⓜ 〖광물〗 **에메랄드**, 취옥(翠玉); 밝은 초록색
☜ 그리스어로 '녹색 보석'이란 뜻

이머전시 emergency (비상사태)

♣ 어원 : merg, mers, urg 담그다, 잠기게 하다, 가라앉히다

□ e**merg**e [imə́ːrdʒ] ⓢ (물 속 · 어둠 속 따위에서) 나오다, **나타나다**
☜ 밖으로(e<ex) 담그다(merg) + e
♠ **Merg**er and **A**cquisition 인수와 합병**(M&A)**

□ e**merg**ence [imə́ːrdʒəns] ⓜ 출현; 탈출; 발생 ☜ -ence<명접>

□ e**merg**ency [imə́ːrdʒənsi] ⓜ **비상**〔돌발〕**사태**, 위급 ☜ -ency<명접>
♠ **emergency door 비상구**
♠ **emergency landing** 〖항공〗 **비상착륙**

□ e**merg**ent [imə́ːrdʒənt] ⓗ 뜻밖에 떠오르는, 불시에 나타나는 ☜ -ent<형접>

✚ im**mers**e **담그다, 가라앉히다** **merg**e **합병하다** **merg**er (회사 등의) 합병, 합동 sub**merg**e **물에 담그다**, (잠수함이) 잠항하다 **urg**ency **긴급**, 절박, 위기 **urg**ent **긴급한**, 절박한, 위급한

에머슨 Emerson (미국의 평론가 · 시인 · 철학자)

자연과의 접촉에서 고독과 희열을 발견하고 자연의 효용으로서 실리 · 미(美) · 언어 · 훈련의 4종을 제시했다. 정신을 물질보다도 중시하고 직관에 의하여 진리를 알고, 자아의 소리와 진리를 깨달으며, 논리적인 모순을 관대히 보는 신비적 이상주의자였다. <출처 : 두산백과>

☐ **Emerson** [émərsn] 명 **에머슨** 《Ralph Waldo ~, 미국의 사상가 · 시인; 1803-82》
★ 주요 저서 : 『자연론』, 『대표적 위인론』

이머그레이션 immigration ([공항] 출입국관리소), 시아이큐 CIQ (관세 · 출입국 · 검역)

♣ **어원 : migr 이동하다, 이사하다**

■ im**migr**ate [íməgrèit] 동 (타국에서) **이주하다**, 이주시키다
☜ 안으로(im<in) 옮기다(migr) + ate<동접>

■ im**migr**ation [ìməgréiʃən] 명 **이주**; 입국; 이민자; 출입국 관리(소), 입국심사
☜ -ation<명접>

☐ e**migr**ate [éməgrèit] 동 (타국으로) **이주하다**, 이민하다
☜ 밖으로(e<ex) 이동하다(migr) + ate<동접>
♠ **emigrate to** Brazil 브라질**로 이주하다**

☐ e**migr**ation [èmigréiʃən] 명 (타국으로의) **이주**, 이민 ☜ -ation<명접>

☐ e**migr**ant [éməgrənt] 형 **이주하는**, 이민의 명 **이민**(자) ☜ -ant<형접>

migrate [máigreit] 동 **이주하다**; 이동하다 ☜ 이동하다(migr) + ate<동접>

프라미넌스 prominence (태양의 가장자리에 보이는 홍염(紅焰))

태양의 가장자리에 보이는 불꽃모양의 가스. 흑점이 출현하는 영역에 집중적으로 나타나는 경향이 있다. 불꽃의 주성분은 수소원자로 붉은 빛이 강하며, 크기는 높이 3만 km, 길이 20만 km, 폭 500만 km이고, 온도는 약 7000K, 자장은 5~10 Gauss(가우스)이다. <출처 : 두산백과 / 부분인용>

♣ **어원 : min 돌출하다, 내밀다**

■ pro**min**ent [prάmənənt/prɔ́m-] 형 **현저한, 두드러진**; 저명한; 돌기한
☜ 앞으로(pro) 튀어나오(min) 는(ent<형접>)

■ pro**min**ence, -nency [prάmənəns/prɔ́m-, -i] 명 **돌출; 탁월**, 두드러짐
☜ 앞으로(pro) 튀어나온(min) 것(ence<명접>)

☐ e**min**ent [émənənt] 형 **저명한**; 신분이 높은; 현저한, 뛰어난
☜ 밖으로(e<ex) 돌출하(min) 는(ent<형접>)
♠ **eminent** scholars **저명한** 학자들

☐ e**min**ently [émənəntli] 부 뛰어나게; 현저하게 ☜ -ly<부접>

☐ e**min**ence [émənəns] 명 (지위 · 신분 따위의) **고위, 저명; 탁월** ☜ -ence<명접>

✚ im**min**ent **절박한**, 급박한, 긴급한 pree**min**ent 우위의, 탁월한, 출중한

미사일 missile (추진기를 달고 순항하는 유도탄)

♣ **어원 : miss, mit 보내다**

■ **miss**ile [mísəl/-sail] 명 **미사일**, **유도탄** ☜ 라틴어로 '던질(miss) 수 있는 것(ile)'

☐ e**mit** [imít] 동 **방사하다**, 내뿜다 ☜ 밖으로(e<ex) 보내다(mit)
♠ **emit** a signal 신호**를 내보내다**

☐ e**miss**ion [imíʃən] 명 **방사**, 내뿜음, 방출, 배출 ☜ -ion<명접>

☐ e**miss**ive [imísiv] 형 방사(성)의 ☜ -ive<형접>

☐ e**miss**ivity [èməsívəti] 명 『물리』 방사율, 복사능 ☜ emissive + ity<명접>

✚ pro**mis**e **약속**, 계약; **약속[서약]하다** trans**mit** (화물 등을) 보내다, **부치다**, 발송하다

모션 motion (동작), 모터 motor (전동기)

♣ **어원 : mot 움직이다, 진행하다; 동요시키다**

■ **mot**ion [móuʃən/**모**우션] 명 **운동**, 이동; 운행; 동작 ☜ 움직이(mot) 기(ion<명접>

■ **mot**or [móutər/**모**우러/**모**우터] 명 **모터**, 전동기, 내연기관; 자동차 ☜ -or(기계)

☐ e**mot**ion [imóuʃən] 명 **감동**, 감격, 흥분; **감정** ☜ (사람을) 밖으로(e<ex) 움직이(mot) 기(ion)
♠ **with emotion 감동하여**

☐ e**mot**ional [imóuʃənəl] 형 **감정의**, 정서의; **감정적인** ☜ -al<형접>
♠ **emotional baggage** (과거 인간관계로 부터 받은) **마음의 상처**

☐ e**mot**ionally [imóuʃənəli] 부 **정서적〔감정적〕으로** ☜ -ly<부접>

□ e**mot**ionalize [imóuʃənəlàiz] ⓢ 감정적(정서적)으로 다루다 ☜ -ize<동접>
□ e**mot**ionless [imóuʃənlis] ⓗ 무감동의, 무표정의 ☜ -less(~이 없는)

✚ **mot**ive **동기**; 목적 com**mot**ion **동요**; 소요, 폭동 pro**mot**ion **승진**; **촉진** re**mot**e 먼, **멀리 떨어진**

텔레파시 telepathy (정신감응)

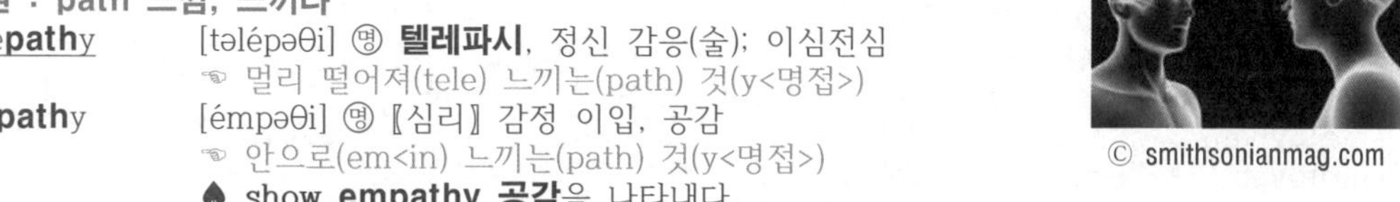

© smithsonianmag.com

♣ **어원 : path 느낌, 느끼다**
■ <u>tele**path**y</u> [təlépəθi] ⓜ **텔레파시**, 정신 감응(술); 이심전심
☜ 멀리 떨어져(tele) 느끼는(path) 것(y<명접>)
□ em**path**y [émpəθi] ⓜ 『심리』 감정 이입, 공감
☜ 안으로(em<in) 느끼는(path) 것(y<명접>)
♠ show **empathy 공감**을 나타내다
□ em**path**ic [empǽθik] ⓗ 『심리』 감정 이입의[에 의한] ☜ -ic<형접>
□ em**path**ize [émpəθàiz] ⓢ 감정 이입을 하다, 공감하다 ☜ -ize<동접>

✚ anti**path**y 반감, 혐오 a**path**etic(al) 냉담한 **path**etic(al) 감상적인; **애처로운** sym**path**y **공감; 동정**

E

엠파이어 스테이트 빌딩 Empire State Building (미국 뉴욕시에 있는 지상 102층, 높이 449m의 고층 빌딩)

♣ **어원 : empir, emper, imper 지배, 통치; 최고의 지배권을 가지다**
□ <u>**empir**e</u> [émpaiər/**엠**빠이어] ⓜ **제국**(帝國); (제왕의) 통치(권), 제정(帝政); 절대지배권; (the E-) 대영제국(the British Empire); 신성로마제국; 프랑스 제국《특히 나폴레옹 치하의》 ⓗ (E-) 제국의 ☜ 고대 프랑스어로 '통치하다'란 뜻
♠ **the Roman empire 로마 제국**
□ **emper**or [émpərər] ⓜ (fem. **empress**) **황제, 제왕** ☜ 제국의(empire) 주인(or)
□ **empress** [émpris] ⓜ **왕비, 황후** ☜ 제국의(empire) 여주인(ress)
♠ Her Majesty (H.M.) **the Empress 여왕** 폐하; **황후** 폐하
♠ **an empress dowager 황태후** ☜ dowager(귀족 미망인)
※ <u>**st**ate</u> [steit/스떼이트] ⓜ **상태**; (S~) **국가, 미국**; 정부 ⓢ **진술**(성명)**하다**
☜ 상태 ⇦ 서(st) 있게 하다(ate)
※ <u>**build**ing</u> [bíldiŋ/**빌**딩] ⓜ **건축(물), 빌딩** ☜ 세우(build) 기(ing<명접>)

✚ **imper**ial **제국의**; (종종 I~) 대영제국의 **imper**ious **전제적인; 긴급한**

포토 photo (사진)

♣ **어원 : pho, pha, pheno 보다, 보여주다, 나타나다**
■ <u>**pho**to</u> [fóutou] ⓜ (pl. **-s**) **사진** ⓢ 사진을 찍다 ☜ **photo**graph의 줄임말
■ **pho**tograph [fóutəgræ̀f/**포**뤄그래프/-grɑ̀ːf/**포**터그롸프] ⓜ **사진** ⓢ **사진을 찍다**
☜ 보는 것(photo)을 기록한 것(graph)
□ em**pha**sis [émfəsis] ⓜ (pl. **-ses**) **강조** ☜ 완전히(em/강조) 보여준(pha) 상태(sis)
♠ **place** (put, lay) **emphasis on ~ ~을 역설[강조]하다**
□ em**pha**size [émfəsàiz] ⓢ **강조하다**; 역설하다 ☜ -ize<동접>
□ em**pha**tic [imfǽtik, em-] ⓗ 강세가 있는, **어조가 강한**; 강조된; 단호한 ☜ -tic<형접>
□ em**pha**tically [imfǽtikəli] ⓑ 강조하여, **단호히** ☜ emphatic + al<형접> + ly<부접>

✚ **pha**se **단계, 국면; 위상**(位相), 상(象) **pheno**menon **현상**

연상 ▶ 엠피쓰리(MP3)를 삼켰더니 엠피씨머(emphysema.폐기종)가 발병했다.

※ **MP3** **MP**EG-1 Audio Layer **3**을 줄인 말《소리를 포함한 컴퓨터 파일을 압축하는 방법. 또는 그렇게 압축한 파일》 ☜ 효율적인 동영상의 압축을 위해 MPEG (Moving Pictures Experts Group 동화상 전문가 그룹)에 의해 개발된 오디오 레이어 가운데 세 번째 것이란 뜻.

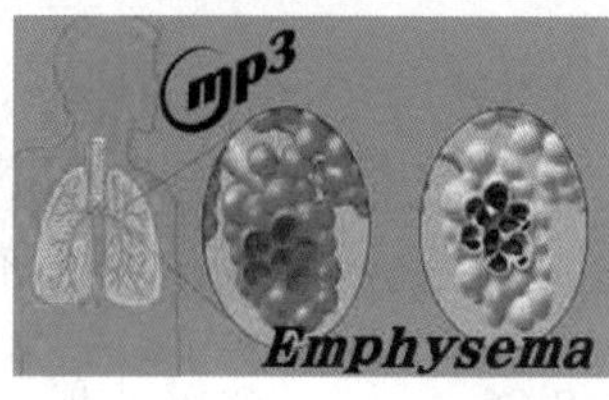

□ **emphysema** [èmfəsíːmə] ⓜ 『의학』 기종(氣腫), 《특히》 **폐기종**
☜ 그리스어로 '팽창'이란 뜻. 안에(em=in) (공기를) 불어넣다(physema=blow)
♠ **emphysema** of the lung 폐**기종**

□ **empire**(제국) ➔ **emperor**(황제) **참조**

디스플레이 display (나타내다), 콤플렉스 complex (열등감)

♣ **어원 : plic, plex, ple, play, ploy 접다, 겹치다**

■ dis**play** [displéi/디스플**레**이] [동] **나타내다; 표시[전시 · 진열]하다**
☜ 펼치다 ☜ 반대로(dis) 접다(play)

■ com**plex** [kəmpléks, kάmpleks/kɔ́mpleks] [형] **복잡한**; 착잡한 [명] 복합체, 종합건물; 『정신분석』 **콤플렉스**, 강박관념 ☜ 함께(com) 접은(plex)

□ em**ploy** [emplɔ́i/엠플**로**이] [동] **고용하다**; (시간 · 정력을) 소비하다
☜ 안에 싸서 넣다 ⇦ 안으로(em<in) 접다(ploy)
♠ **employ** a native (local) 현지인을 **고용하다**

□ em**ploy**e(e) [implɔ́iiː, èmplɔiíː/èmplɔiíː] [명] **피고용인**, 종업원 ☜ -ee(사람, 객체)

□ em**ploy**er [emplɔ́iər] [명] **고용주**, 사용자 ☜ -er(사람, 주체)

□ em**ploy**ment [emplɔ́imənt] [명] 사용, **고용**; 사역 ☜ -ment<명접>

✚ ap**plic**ation **적용; 신청** com**plic**ation **복잡화; 분규** du**plic**ation **이중**; 복제, **복사** ex**plo**it **개발[개척]하다**; 이용하다, 착취하다 sim**ple** 단일의; **단순한**

파워 power (힘)

♣ **어원 : power 힘**

■ **power** [páuər/**파**워] [명] **힘**, 능력; 권력 ☜ 중세영어로 '능력, 힘'이란 뜻

□ em**power** [empáuər] [동] **~에게 권능[권한]을 주다**, ~을 할 수 있게 하다
☜ 힘(power)을 만들다(em)
♠ **empower (A) to (B) A 에게 B 할 권한을 부여하다**

□ em**power**ment [impáuərmənt] [명] 권한 부여, 권한 분산[위임] ☜ -ment<명접>

■ over**power** [òuvərpάuər] [동] **이기다, 압도하다** ☜ 보다 우세한(over) 힘(power)으로 제압하다

□ empress(황후) ➔ emperor(황제) 참조

엠프티 empty ([자동차] 연료가 바닥난 상태)

연료계가 F와 E의 표시에서 지침이 E에 있을 때를 말한다. E는 'empty scale value'로 연료가 없는 상태를 나타내고, F는 'full scale value'로 연료가 가득 들어있는 상태를 말한다. 엥꼬라는 말은 일본어로 '아이가 주저앉은 상태' 또는 '엔진고장'에서 유래했다는 설이 있다. <출처 : 자동차용어사전>

□ **empt**ily [émptili] [부] 공허하게 ☜ empty + ly<부접>

□ **empt**iness [émptinis] [명] (텅) 빔; **공허; 무의미** ☜ -ness<명접>

□ **empty** [émpti/**엠**프티] [형] (-<-ti**er**<-ti**est**) **빈, 공허한** [동] 비우다
☜ 고대영어로 '한가한'이란 뜻
♠ an **empty** can **빈** 깡통

□ **empty**-handed [émpthǽndid] [형] 손에 아무것도 갖지 않고, **빈손으로**
☜ 빈(empty) 손(hand) 의(ed<형접>)

이미지 image (개인이 가지는 관념이나 심상(心像))

♣ **어원 : im, em 유사, 모방; 초상**

■ **im**age [ímidʒ/**이**미지] [명] **상**(像); **닮은 사람[것]**; (개인이 가지는) **이미지**, 인상
☜ 라틴어로 '모방/유사(im)한 것(age)'이란 뜻

□ **em**ulate [émjəlèit] [동] ~와 (우열을) 다투다, 경쟁하다; 모방하다, 본받다
☜ 라틴어로 '(서로) 유사하게(em) + ul + 힘쓰다(ate<동접>)'란 뜻
♠ **emulate** the excellences 우수성을 **겨루다**

□ **em**ulation [èmjuléiʃən] [명] 경쟁(대항)(심), 겨룸; 모방 ☜ -ion<명접>

에이블 뉴스 Able News (한국의 장애인 인터넷 독립언론매체)
리허빌리테이션 rehabilitation ([의학] 재활요법; 사회복귀)

에이블 뉴스(Able News)는 한국의 장애인 뉴스전문 인터넷 독립언론매체로 '장애인도 할 수 있다'는 의미

♣ **어원 : able, abil 할 수 있는**

에이블뉴스 Ablenews

■ **able** [éibəl/**에**이벌] [형] (-<-l**er**<-l**est**) **할 수 있는**, 가능한 ☜ 라틴어로 '다루기 쉬운'이란 뜻

■ reh**abil**itation [rìːhəbìlətéiʃən] [명] **사회 복귀, 리허빌리테이션**; 명예(신용) 회복; 부흥; 복위, 복직, 복권
☜ 다시(re) + h + 할 수 있게(abil) 가는(it) 것(ation)

□ en**able** [enéibəl] ⓓ **~에게 힘 [능력 · 가능성 · 권한] 을 주다**
☜ 할 수 있게(able) 만들어 주다(en)
♠ **enable (A) to (B) A가 B할 수 있게 하다**
※ **new**s [nju:s/뉴-스, nju:z] ⓜ [보통 단수취급] **뉴스**(프로), 보도; (신문의) 기사(記事)
☜ 새로운(new) 것들(s)

✚ dis**able** **무능[무력]하게 하다**, 불구로 만들다 in**abil**ity **무능(력)**, 무력 un**able** **~할 수 없는**

액션영화 an action film [movie] (활극영화) * film 필름, 영화 movie 영화

♣ **어원 : act 행위, 법령, 막(幕); 행하다, 작용하다**
■ **act** [ækt/액트] ⓓ **행하다**, 연기하다 ⓜ **행위**, 법령
☜ 라틴어로 '움직이다, 움직이게 하다'란 뜻
■ **act**ion [ǽkʃən/**액**션] ⓜ **활동, 행동; 동작; 연기**; 작용 ☜ -ion<명접>
□ en**act** [enǽkt] ⓓ (법률을) **제정하다**, 규정하다 ☜ 법령(act)을 만들다(en)
♠ legislation **enacted** by parliament 의회에 의해 **제정된** 법률
□ en**act**ment [inǽktmənt] ⓜ 제정 ☜ -ment<명접>

✚ ex**act** **정확한;** 강요하다 inter**act** 상호 작용하다 re**act** 반작용하다 trans**act** 집행하다, 행하다

에나멜 enamel (에나멜 도료, 광택제)

□ **enamel** [inǽməl] ⓜ **에나멜**, 에나멜 도료, 광택제; 『치과』 법랑질, 에나멜질
☜ 프랑스어로 '치아의 (표면을 덮고 있는) 단단하고 광택이 있는 부분'

□ enamo(u)r(~에 반하다), enamored(사랑에 빠진) ➔ amour(정사) 참조

캠프파이어 campfire (야영의 모닥불), 캠페인 campaign, 캠퍼스...

♣ **어원 : camp(us)- 평야, 들판**
■ **camp** [kæmp/캠프] ⓜ 『군사』 **야영지**, **야영천막**; **진영**; (산 · 해안 따위의) **캠프장** ⓓ 천막을 치다
☜ 라틴어로 '(군사훈련을 위한) 개활지'란 뜻
■ **camp**fire [kǽmpfàiər] ⓜ **야영의 모닥불**, **캠프파이어**
☜ camp(야영) + fire(불)
■ **camp**aign [kæmpéin/캠**페**인] ⓜ (일련의) **군사행동**; (사회적) **운동; 캠페인, 유세**
☜ 들판<대중에 알리는 일
■ **campus** [kǽmpəs] ⓜ (주로 대학의) **교정, 구내**; 대학, 학원; 대학 생활
☜ 라틴어로 '평평한 땅' 이란 뜻.
□ en**camp** [enkǽmp] ⓓ 『군사』 진을 치다, **야영하다**, 주둔시키다 ☜ 야영(camp)을 만들다(en)
♠ The enemy **encamped** on the mountain across from us.
적은 건너편 산에 **진을 쳤다**

칸타타 cantata (다악장 성악곡), 샹송 chanson (프랑스 대중가요)

♣ **어원 : can, chan 노래; 노래하다**
■ **can**tata [kəntɑ́:tə] ⓜ 《It.》 『음악』 **칸타타**, 교성곡(交聲曲) 《독창 · 합창에 기악 반주가 있는 일관된 내용의 서정적 성악곡》 ☜ 라틴어로 '노래하다'란 뜻
■ **chan**son [ʃǽnsən/ʃɑ:ŋsɔ́:ŋ] ⓜ 《F.》 **샹송**, 프랑스의 대중가요 ☜ 고대 프랑스어로 '노래'란 뜻
□ en**chant** [entʃǽnt, -tʃɑ́:nt] ⓓ **요술을 걸다; 흐리다**; 황홀케 하다 ☜ 노래(chant)를 만들다(en)
♠ He **was enchanted with** (by) her smile.
그는 그 여자의 미소**에 매료되었다**.
□ en**chan**ted [intʃǽntid/-tʃɑ́:nt-] ⓗ 요술에 걸린; 황홀한 ☜ -ed<형접>
□ en**chan**ting [intʃǽntiŋ/-tʃɑ́:nt-] ⓗ 매혹적인, 황홀케 하는, 혼을 빼앗는 ☜ -ing<형접>
□ en**chan**tment [intʃǽntmənt/-tʃɑ́:nt-] ⓜ 요술; 황홀, 매력 ☜ -ment<명접>

써클 circle (동아리)

♣ **어원 : circi, circul, circum 원, 둥근, 주위, 주변에**
■ **circl**e [sə́:rkl/**써**어클] ⓜ **원**; (종종 pl.) (동일 이해의) **집단**, ~계(界), 동아리; (교제 · 활동 · 세력 등의) **범위** ⓓ **선회하다**, 돌다 ☜ 라틴어로 '둥근 모양'이란 뜻
□ en**circl**e [ensə́:rkl] ⓓ **에워[둘러]싸다**(=surround); 일주하다 ☜ circle(원을) en(만들다)
♠ **encircle** an army 군대**를 포위하다**

✚ **circum**stance **상황, 환경; 주위의 사정** **circu**s **서커스**, 곡예; 곡마단

클로우즈업 close-up (영화 · 사진의 근접 촬영)

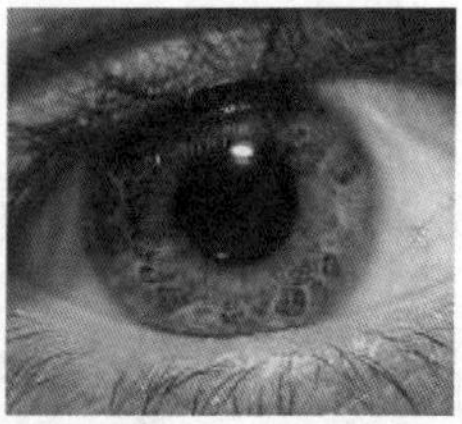

♣ 어원 : **clos, clo, clud, claus, clus 닫다, 덮다, 가두다, 밀착시키다**

■ **clos**e [klouz/클로우즈] [동] (눈을) 감다, (문 · 가게 따위를) **닫다, 닫히다**; 덮다; **차단하다; 끝내다** [형] **가까운**(=near), 절친한; **정밀한**; **닫힌** [부] **~과 접하여, 밀접하여, 바로 곁에**
☜ 라틴어로 '닫다'란 뜻

■ **clos**e-up [klóusʌ̀p] [명] 〖영화 · 사진〗 근접 촬영, **클로즈업**; (일의) 실상
☜ 더 크게(up/강조) 밀착시키다(close)

□ en**clos**e [enklóuz] [동] 둘러싸다, **에워싸다** ☜ 가둠(close)을 만들다(en=make)
♠ A high wall **enclosed** the yard. 높은 벽이 마당을 **둘러싸고 있었다**

□ en**clos**ure [enklóuʒər] [명] 포위, 둘러쌈, 구내(構內), 동봉한 것; 봉입(물) ☜ -ure<명접>

✚ dis**clos**e **드러내다**, 들추어내다, 폭로하다 con**clud**e **끝내다, 결말을 짓다**; **체결하다** in**clud**e **포함하다,** 포함시키다, 넣다; 셈에 넣다 **clo**ak **소매 없는 외투, 망토** **claus**e 조목, **조항**; **절**(節)

□ **encompass**(둘러싸다, 포위하다) ➔ **compare**(비교하다) **참조**

앵콜 < 앙코르 encore ([F.] 재청, 재상연/재방송)

□ **encore** [áŋkɔːr, ɑnkɔ́ːr/ɔŋkɔ́ːr] [명] 《F.》 재청, **앙코르** [감] 재청이오!
☜ 중세 프랑스어로 '다시'란 뜻
♠ get an **encore** **앙코르**를 요청받다

카운터파트 counterpart (업무의 접촉 상대)

♣ 어원 : **counter, contro, contra 반대의, 거꾸로, 반대로**

■ **counter** [káuntər] [형] **반대의**, 역의; 명령 철회의, 취소의 [부] **반대로**, 거꾸로 [동] **대항하다**
☜ 고대 프랑스어로 '반대의(counter=against)'란 뜻

■ **counter**part [káuntərpɑ̀ːrt] [명] **부분, 짝의 한 쪽**; 상대물 ☜ 상대(count) 편, 한쪽(part)

□ en**counter** [enkáuntər] [명] (우연히) 만남, 조우 ☜ (서로) 마주보게(counter) 하다(en=make)
♠ a chance **encounter** 우연한 **만남**

■ **contro**vert [kɑ́ntrəvə̀ːrt/kɔ́n-] [동] 논의(논쟁, 논박)하다, 부정하다 ☜ 반대로(contro) 돌다(vert)

레코드 record (축음기 음반; 기록 · 등록)

♣ 어원 : **cord, core, cour 심장, 가슴, 마음**

■ re**cord** [rékərd/뤠커드] [명] **기록**, 등록; 음반, **레코드** [rikɔ́ːrd/뤼**코**-드] [동] **기록하다**, 녹음하다 ☜ 다시(re) 마음(cord)속에 간직하다

□ en**cour**age [enkə́ːridʒ, -kʌ́r-] [동] **용기를 돋우다**, 격려하다, 고취하다
☜ 용기(courage)를 만들다(en=make)
♠ **encourage** breast-feeding 모유 수유**를 장려하다**

□ en**cour**agement [inkə́ːridʒmənt] [명] **격려; 장려**, 촉진, 조장; 자극 ☜ -ment<명접>

□ en**cour**aging [inkə́ːridʒiŋ] [형] 장려(고무)하는; 격려되는; 유망한 ☜ -ing<형접>

✚ **cord**ial **충심으로부터의**, 따뜻한 **core 핵심**, 중심, (과일의) 응어리, 속 **cour**age **용기**, 담력, 배짱

후크선장(船長) Captain Hook ([동화] 피터팬에 나오는 악당)

영국의 소설가·극작가 제임스 메튜 배리(James Matthew Barrie)의 동화 《피터팬(Peter Pan)에 등장하는 해적선 선장. 피터팬과 싸우다 악어에 물려 왼쪽 손목을 잃고 후크(hook/갈고리)를 손목에 끼고 다니며 복수를 다짐하지만 번번히 피터팬에게 당한다.

♣ 어원 : **hook, crook, crouch, croach 굽다, 구부러지다; 갈고리**

※ **captain** [kǽptin/**캡**틴] [명] **장**(長), **우두머리; 선장**; 〖군〗 (해군) 대령, (육군 · 공군 · 해병대) 대위 ☜ 중세영어로 '우두머리'라는 뜻

■ **hook** [huk] [명] **갈고리** [동] (갈고리 모양으로) 구부리다
☜ 고대영어로 '갈고리, 낚시 바늘'이란 뜻

■ **crook** [kruk] [명] **굽은 것**(물건); 갈고리; 사기꾼 [동] (갈고리 모양으로) 구부리다 ☜ 고대 노르드어로 '갈고리'란 뜻

□ en**croach** [enkróutʃ] [동] 침입하다, 잠식(침해)하다; 침식하다
☜ 고대 프랑스어로 '잡다, 걸다'란 뜻. '갈고리(croach) 안에(en=in) 넣다'
♠ **encroach** on another's rights 남의 권리**를 침해하다**

☐ en**croach**ment [inkróutʃmənt] 명 침입, 침해, 잠식; 침략물(지) ☜ -ment<명접>

✚ **crouch** 쭈그리다, **몸을 구부리다**; 웅크리다 **creek** 《미》 **시내, 크리크**, 샛강; 《영》 작은 만

인큐베이터 incubator ([병원] 보육기)

♣ **어원 : cub, cumb 누워있다**

■ in**cub**ate [ínkjəbèit, íŋ-] 동 부화하다; 배양하다; 보육기에 넣어 기르다
☜ ~안에(in) 누워(cub) 있다(ate)

■ in**cub**ator [ínkjəbèitər, íŋ-] 명 부화기; 세균 배양기; 조산아 보육기, **인큐베이터**; 계획을 꾸미는 사람 ☜ -or(사람/장비)

☐ en**cumb**er [enkʌ́mbər] 동 **방해하다**, 막다; 폐를 끼치다
☜ 가로눕(cumb) 기(er)를 행하다(en)
♠ **encumber** trade with heavy duties
중과세로 무역의 발전**을 방해하다**

☐ en**cumb**rance [inkʌ́mbrəns, en-] 명 방해물, 장애물; 걸리는 것, 두통거리
☜ encumber + ance<명접>

■ suc**cumb** [səkʌ́m] 동 **굴복하다**, 압도되다, **지다**; 죽다 ☜ 아래에(suc<sub) 눕다(cumb)

사이클 cycle (자전거)

♣ **어원 : cycl(e), cyclo, cyl 원, 바퀴, 순환, 주기; 구르다, 순환하다**

■ **cycle** [sáikl] 명 **순환(기)**, 한 바퀴, **주기; 자전거** 동 **순환하다, 자전거를 타다**
☜ 그리스어로 '원, 바퀴'란 뜻

☐ en**cyclo**p(a)edia [ensàikloupíːdiə] 명 **백과사전** ☜ 전체<원(cycle) 포함하는<안에 있는(en=in) 교육(pedia)
♠ **the Encyclopaedia Britannica 대영(大英) 백과사전**

☐ en**cyclo**pedic(al) [ensàikloupíːdik(əl)] 형 백과사전의; 박학한 ☜ -ic(al)<형접>

■ **cyclo**p(a)edia [sàikloupíːdiə] 명 백과사전 ☜ encyclopedia의 두음소실

✚ bi**cycle** **자전거** re**cycle** ~을 재생 이용하다 **cyl**inder **원통**; 원기둥; 『기계』 **실린더**

해피엔드 happy end ([소설 · 연극 · 영화] 행복한 결말)

♣ **어원 : end 경계선, 끝**

※ **happy** [hǽpi/**해**삐] 형 (-<-ppi**er**<-ppi**est**) 행운의, **행복한**
☜ 중세영어에서 '행운에 의해'라는 뜻

☐ **end** [end/엔드] 명 **끝**; (이야기 따위의) 결말; 결과 동 끝나다, 끝내다
☜ 고대영어로 '끝'이란 뜻
♠ **end for end 반대로, 거꾸로**
♠ **end in (결과가) ~로 끝나다, 귀착하다**
♠ **end up 결국에는 ~이 되다; 끝나다**
♠ **at the end 드디어, 마지막에**
♠ **bring ~ to an end ~을 끝내다, 마치다**
♠ **come to an end (행위 · 사업 등이) 끝나다**
♠ **in the end 마침내, 결국**
♠ **in the end of ~ ~의 끝에**
♠ **no end 크게, 몹시; 듬뿍**
♠ **on end 직립하여; 잇따라**
♠ **put an end to~ ~을 끝내다, 그만두다**
♠ **turn end over end 빙빙 돌다**

☐ **end**ing [éndiŋ] 명 **종결**, 종료, 종국 ☜ -ing<명접>

☐ **end**less [éndlis] 형 **끝없는**, 무한한 ☜ -less(~이 없는)

데인저러스 플레이 dangerous play (위험한 플레이)

♣ **어원 : danger 군주의 힘(해(害)를 가할 수 있는 힘) ➔ 위험**

■ **danger** [déindʒər/**데**인줘] 명 **위험**(상태)
☜ 고대 프랑스어로 '해(害)를 입히는 힘'

■ **danger**ous [déindʒərəs/**데**인줘뤄스] 형 **위험한**, 위태로운; 《방언》 위독한
☜ danger(위험) + ous<형접>

☐ en**danger** [endéindʒər] 동 **위태롭게 하다**, 위험에 빠뜨리다
☜ 위험(danger)하게 만들다(en=make)
♠ **endanger** a person's life 아무의 생명**을 위태롭게 하다**.

□ en**danger**ed [endéindʒərd] ⓗ (동식물이) 멸종 위기에 처한, 위험한 ☜ -ed<형접>
※ **play** [plei/플레이] ⓢ **놀다**, (~의) 놀이를 하다; **경기[게임]하다**; **상영[상연]하다, 연주하다**
☜ 고대영어로 '빠른 동작'이란 뜻

달링 darling (가장 사랑하는 사람)

♣ **어원 : dear, dar 사랑하는**

■ **dar**ling [dάːrliŋ] ⓜ **가장 사랑하는 사람**; **귀여운 사람**; 소중한 것
☜ 고대영어에서 '사랑하고 총애하는 노예'라는 뜻
■ **dear** [diər/디어] ⓗ **친애하는**, 사랑하는, 귀여운
☜ 고대영어에서 '귀중한, 가치 있는, 사랑받는'이란 뜻
□ en**dear** [endíər] ⓢ **애정을 느끼게 하다**; (남에게) 사랑받다
☜ 사랑(dear)하게 만들다(en)
♠ **endear oneself to ~ ~에게 귀염받다**
□ en**dear**ment [indíərmənt] ⓜ 애무; 사모 ☜ -ment<명접>

데모크러시 democracy (민주주의), 데마고그 demagog(ue) (민중 선동가)

♣ **어원 : dem, demo 국민, 민중, 사람들**

■ **demo**cracy [dimάkrəsi/-mɔ́k-] ⓜ **민주주의**; 민주정치〔정체〕
☜ 국민(demo)에 의한 정치(cracy) 반 **aristocracy** 귀족 정체
■ **dem**agogue [déməgɔ̀ːg, -gὰg/-gɔ̀g] ⓜ (민중) 선동자; 선동 정치가; (옛날의) 민중의 지도자
ⓢ (말·연설 등을) 과장해서 말하다 ☜ 민중(dem)의 지도자(agogue)
□ en**dem**ic [endémik] ⓗ 풍토병의, 풍토성의, 유행병의; 특산의
☜ 사람들(dem) 안(en<in) 의(ic<형접>) **비교** **endermic** 피부에 바르는
♠ **an endemic disease 풍토병**
□ en**dem**icity [èndəmísəti] ⓜ =endemism ☜ endemic + ity<명접>
□ en**dem**ism [éndəmìzəm] ⓜ 지방의 특성, 지방적임; 풍토성 ☜ -ism(특성, 성향)
■ epi**dem**ic [èpədémik] ⓜ 유행병, **전염병** ⓗ 유행병〔전염병〕의
☜ 사람들(dem) 사이(epi=among) 의(ic<형접>)

□ **ending**(종결), **endless**(끝없는) ➔ **end**(끝) **참조**

모노가미 monogamy (일부일처제), 폴리가미 polygamy (일부다처·일처다부제)

♣ **어원 : gamy 결혼**

■ mono**gamy** [mənάgəmi/mənɔ́g-] ⓜ 일부일처(一夫一妻)제[주의], **모노가미**,
단혼(單婚) ☜ (상대가) 하나(mono)인 결혼(gamy)
■ poly**gamy** [pəlígəmi] ⓜ 일부다처(一夫多妻), 일처다부(一妻多夫), **폴리가미**,
복혼; 〖식물〗 자웅혼주(混株) ☜ (상대가) 많은(poly) 결혼(gamy)

< Polygamy >

□ endo**gamy** [endάgəmi/-dɔ́g-] ⓜ 동족결혼, 족내혼(族內婚)
☜ (혈족) 안의(endo=in) 결혼(gamy)
♠ Jews practiced **endogamy** for a long time.
유대인들은 오랫동안 **동족결혼**을 시행했다.
■ exo**gamy** [eksάgəmi/-sɔ́g-] ⓜ 외혼(제도), 족외혼(族外婚)
☜ (혈족) 밖의(exo=out) 결혼(gamy)

엔도스먼트 endorsement ([마케팅] 제3자가 공개적으로 보내는 지지 메시지)

♣ **어원 : dors(e) 등(=back)**

☑ Endorsements

□ en**dorse**, in- [endɔ́ːrs, in-] ⓢ (수표·증권 따위에) **배서**(背書)**하다**; 승인하다
☜ 등(dors) 위에(en<on) 서명하다
♠ Please **endorse** the check on the back.
수표 뒷면에 **배서해** 주세요
□ en**dorse**ment [indɔ́ːrsmənt] ⓜ 배서; 보증; 승인; (상품 등의) 추천
☜ -ment<명접>
□ en**dorse**e [endɔːrsíː] ⓜ 피(被)배서(양수)인 《배서에 의한 어음의 양수인》
☜ endorse + ee(사람, 객체)
■ **dors**al [dɔ́ːrsəl] ⓗ 〖동물〗 등(쪽)의 ⓜ 등지느러미; 척추 ☜ 등(dors) + al<형접/명접>

판도라의 상자 Pandora's box ([그神] 제우스가 판도라에게 보낸 상자)

제우스가 판도라에게 보낸 상자. 제우스가 절대 열지 말라는 상자의 뚜껑을 판도라가 열자 안에서 온갖 해독과 재앙이 나와 세상에 퍼지고 상자 속에는 오직 '희망'만이 남았다고 한다. 원래는 판도라의 항아리이지만 번역을 잘못해서 '판도라의 상자'라고 알려지게 되었다. 뜻밖의 재앙의 근원을 말하기도 한다.

♣ **어원 : dor, dona, dot, do, dow 주다(=give), 기부하다; 기증, 증여**

■ Pan**dor**a [pændɔ́ːrə] ⓜ 〚그.신화〛 **판도라** 《Prometheus가 불을 훔쳤기 때문에 인류를 벌하기 위해 Zeus가 지상에 보낸 최초의 여자》
☜ (여러 신들이) 모든(pan) 선물을 준(dor) 여자(a)'란 뜻

■ **dona**te [dóuneit, dounéit] ⓢ (자선사업 등에) **기증[기부]하다**
☜ 주(dona) 다(ate<동접>)
★ 영국에서는 bestow, present, give 등을 주로 사용

■ **dona**tion [dounéiʃən] ⓜ 증여, **기증**(품), **기부**(금) ☜ 주는(dona) 것(tion<명접>)

□ en**dow** [endáu] ⓢ **재산을 증여하다**; (능력・자질 등을) ~에게 주다
☜ 증여(dow)를 만들다(en=make)
♠ **be endowed with ~ ~을 부여받다, ~을 갖추고 있다**

□ en**dow**ment [indáumənt] ⓜ **기증**, (기금의) **기부**; 천부의 재능 ☜ -ment<명접>

※ **box** [bɑks/박스/bɔks/복스] ⓜ **상자; (따귀를) 손바닥[주먹]으로 침**
☜ 고대영어로 '장방형의 나무 용기'란 뜻

✚ anec**dot**e **일화** anti**dot**e **해독제** **do**se (약의) **1회분**, (1회의) 복용량 over**do**se (약의) 과다복용; 약을 과다복용〔투여〕하다

듀라셀 Duracell (미국의 건전지 브랜드. <오래가는 건전지>라는 뜻)

1920년대에 미국의 말로리 컴퍼니에서 생산을 시작했으며, 1964년에 듀라셀이라는 브랜드명을 붙였다. 현재는 프록터앤드겜블사가 소유하고 있다. 듀라셀은 오래 견딘다는 durable과 전지라는 뜻의 Cell이 결합된 신조어이며, 동종의 건전지인 Energizer 등과 경쟁을 벌이고 있다. <출처 : 두산백과 / 일부인용>

♣ **어원 : dur(e) 지속하다, 계속하다**

■ **dur**able [djúərəbəl] ⓗ 오래 견디는, 튼튼한; **영속성이 있는**
☜ 지속할(dur) 수 있는(able)

□ en**dure** [endjúər] ⓢ **견디다, 참다** ☜ 완전히(en/강조) 지속하다(dure)
♠ **endure the pain** 고통을 **인내하다**

□ en**dur**able [indjúərəbəl, en-] ⓗ 견딜〔참을, 감내할〕 수 있는 ☜ -able<형접>

□ en**dur**ance [indjúərəns, en-] ⓜ **인내(심), 지구력** ☜ -ance<명접>

□ en**dur**ing [indjúəriŋ, en-] ⓗ **참을성이 강한**, 지속하는 ☜ -ing<형접>

※ **cell** [sel/셀] ⓜ **작은 방**; 〚생물〛 **세포**; 〚전기〛 **전지** ☜ 라틴어로 '작은 방'

✚ **dur**ation **지속, 계속** **dur**ing **~동안** ob**dur**ate 완고한, 고집센; 냉혹한 per**dure** 영속하다; 견디다

모나미 monami (한국의 필기구 제작 업체. <[F.] 내 친구>란 뜻)

♣ **어원 : ami, emy, imi 친구(=friend), 우호, 호감**

■ **ami**able [éimiəbəl] ⓗ **호감을 주는**; 상냥한, 친절한 ☜ 친구(ami) 할 수 있는(able)

■ **ami**ty [ǽməti] ⓜ 친목, 친선, 우호 (관계) ☜ 친구(amy) 관계(ty<명접>)

□ en**emy** [énəmi/**에**너미] ⓜ **적, 적군**(=foe), 원수 ☜ en(=not/부정) + emy(친구)
♠ public **enemy** 사회〔공공〕의 적 《흉악한 짓을 한 사람・사회에 유해한 것》

□ en**mi**ty [énməti] ⓜ **증오, 적의**; 불화 ☜ en(=not/부정) + (i)mi(우호) + ty<명접>

in**imi**cal [inímikəl] ⓗ 적의가 있는, 적대시하는 ☜ in(=not/부정) + imi(우호) + cal<형접>

에너지 energy (정력, 힘)

♣ **어원 : erg 일, 힘, 활동**

□ en**erg**y [énərdʒi/**에**너쥐] ⓜ **정력**, 활기, 원기 ☜ 내재된(en<in) 힘(erg) + y
♠ **energy crisis 에너지 위기**

□ en**erg**etic(al) [ènərdʒétik(əl)] ⓗ **정력[활동]적인**, 원기왕성한 ☜ -ical<형접>

□ en**erg**etically [ènərdʒétikəli] ⓑ 정력적으로 ☜ -ly<부접>

□ en**erg**izer [énərdʒàizər] ⓜ 활력제 ☜ 내재된(en<in) 힘(erg)을 발휘하게(iz) 하는 것(er)

연상 ▶ 피가 부족하면 피블(feeble.연약)해진다.

■ **feeble** [fíːbəl] ⓗ (-<-bl**er**<-bl**est**) **연약한**, 미약한; 희미한; 저능한
☜ 라틴어로 '울고 있는'이란 뜻

□ en**feeble** [infíːbəl, en-] ⓢ 〔종종 수동태로〕 약하게 하다

☜ 연약하게(feeble) 만들다(en=make)

♠ **be enfeebled** by illness 병으로 **심신이 쇠약해져 있다**.

□ en**feeble**ment [infí:blmənt] ⓜ 약하게 하기, 쇠약 ☜ -ment<명접>

폴더 folder ([컴퓨터] 파일(file)을 넣어 보관하는 곳)

♣ **어원 : fold 접다, 구부리다, 포개다**

■ **fold** [fould/뽀울드] ⓜ **주름**, 접은 자리 ⓢ **접다**, 구부리다; (양팔에) **안다**, (손·팔·다리 등을) **끼다, 싸다**
☜ 고대영어로 '(천을) 접다'란 뜻

■ **fold**er [fóuldər] ⓜ 접는 사람[것]; 접지기(摺紙機); 접책(摺冊); (pl.) 접는 안경; 『컴퓨터』 **폴더** 《파일을 저장하는 공간》 ☜ 접는(flid) 사람/기구(er)

□ en**fold** [enfóuld] ⓢ 싸다; 안다, 포옹하다; 접다 ☜ ~안으로(en<in) 접다(fold)

♠ **be enfolded in** nature 자연**의 품에 안기다**

■ in**fold** [infóuld] ⓢ 싸다; 안다, 포옹하다; 접다 ☜ ~안으로(in) 접다(fold)

■ un**fold** [ʌnfóuld] ⓢ 펼치다, **펴다**; (잎 등이) **열리다** ☜ un(=not) + fold(접다)

그에게서 강한 포스(force.힘, 기력)가 느껴진다

♣ **어원 : force 힘, 힘을 쓰다; 강요하다**

■ **force** [fɔːrs/뽀-스] ⓜ **힘, 세력**, 에너지, 기세 ☜ 고대 프랑스어로 '힘'이란 뜻

□ en**force** [enfɔ́ːrs] ⓢ (법률 등을) **실시[시행]하다**, 집행하다
☜ 힘(force)을 쓰다(en=make)

♠ **enforce** a law 법을 **시행[집행]하다**

□ en**force**ment [infɔ́ːrsmənt] ⓜ **시행, 집행**; 강제 ☜ -ment<명접>

앙가쥬망 engagement ([사회학] 현실에의 적극적 참여, 지식인의 사회참여)

'자기구속' 또는 '사회참여'로 번역된다. 원래 저당잡히는 것, 계약하는 것, 어떤 상황속에 어떤 것을 구속하는 것을 의미한다. 실존주의 철학자 사르트르가 이것에 독특한 철학적 의미를 부여하였다. <출처 : 철학사전>

♣ **어원 : gage 저당; 저당잡히다**

□ en**gage** [engéidʒ/인**게**이쥐] ⓢ **약속하다, 예약하다; 약혼하다**[시키다], 종사하다[시키다]; 고용하다; 교전하다 ☜ 저당잡힘(gage)을 만들다(en)

♠ **be engaged in~ ~에 종사하다, ~에 착수하다**

♠ **engage with ~ ~에 관계하다; ~와 교전하다**

□ en**gage**d [engéidʒd] ⓗ **약속된, 예약된; 약혼한**; ~에 종사하는 ☜ engage + ed<형접>

□ en**gage**ment [engéidʒmənt] ⓜ **약속; 계약; 약혼**; 교전 ☜ engage + ment<명접>

♠ **engagement ring 약혼 반지**

□ en**gag**ing [ingéidʒiŋ] ⓗ 애교 있는 ☜ engage + ing<형접>

□ en**gag**ingly [ingéidʒiŋli] ⓑ 애교 있게 ☜ engaging + -ly<부접>

■ disen**gage**ment [dìsengéidʒmənt/-in-] ⓜ 해방상태; 자유; 해약; 《특히》 파혼
☜ dis(=against) + engagement

엥겔스 Engels (독일 사회주의자, K.마르크스의 협력자)

독일 경제학자·철학자·정치가. 가장 절친한 동료로서 카를 마르크스[칼 막스]와 함께 마르크스주의 [현대 공산주의]를 창시했다. 두 사람은 1848년 '공산당선언'을 공동집필했으며, 마르크스 사후 엥겔스는 마르크스의 유작 '자본론' 2·3권을 출간했다.

□ **Engels** [éŋgəls] ⓜ **엥겔스** 《Friedrich ~, 독일의 사회주의자, 칼 막스(K. Marx)의 협력자; 1820-95》

엥겔계수 Engel's coefficient (소비지출 총액에서 식료품비 비율)

소비지출 총액에서 식료품비가 차지하는 비율. 가계의 생활수준을 가늠하는 척도. 독일 통계학자 에른스트 엥겔이 그의 논문에서 최초 발표. 유사용어로 슈바베지수가 있는데 이는 일정기간 소비지출 총액에서 주거비가 차지하는 비율을 뜻한다. <출처 : 상식으로 보는 세상의 법칙-경제편 / 일부인용>

□ **Engel** [éŋgəl] ⓜ **엥겔** 《Ernst ~, 독일의 통계학자; 1821-96》

※ **efficient** [ifíʃənt] ⓗ **능률적인, 효과적인; 유능한**
☜ (필요한 결과를) 밖으로(ef<ex) 만들어(fic) 내는(ent<형접>)

※ co**efficient** [kòuifíʃənt] ⓗ 협력하는 ⓜ 『수학·물리학』 계수(係數)
☜ 함께(co<com) 효과를 내는(efficient)

장르 genre (예술작품의 유형)

♣ 어원 : gen 종류

■ **gen**re [ʒɑ́ːnrə] ⓜ《F.》유형, 양식, **장르** ⓗ【미술】풍속도의
☜ 프랑스어로 '종류, 유형'이란 뜻

■ **gen**der [dʒéndər] ⓜ【문법】**성**(性), **성별** ☜ 라틴어로 '종류'란 뜻

□ en**gen**der [endʒéndər] ⓢ 생기게 하다, 발생시키다, 야기하다, 자아내다
☜ 고대 프랑스어로 '~을 낳다'란 뜻. gender를 만들다(en=make)
♠ Sympathy often **engenders** love. 동정에서 흔히 사랑이 **싹튼다**

□ en**gen**derment [endʒéndərmənt] ⓜ 초래, 야기 ☜ engender + ment<명접>

✚ **gen**us **종류**, 부류, 유(類); 【생물】속(屬) **gen**eral **일반의, 일반적인;** 【군사】(육군・해병대) **대장**

E

엔진 engine (발동기, 기관), 엔지니어 engineer (기술자)

♣ 어원 : engine (전쟁에 사용된) 기계적 장치

□ **engine** [éndʒin/**엔**쥔] ⓜ **엔진**, 발동기, 기관
☜ 중세영어로 '기계장치'란 뜻. 발생/출생(gen)을 만들다(en)
♠ **diesel engine 디젤 엔진**
♠ **gasoline engine 가솔린 엔진**

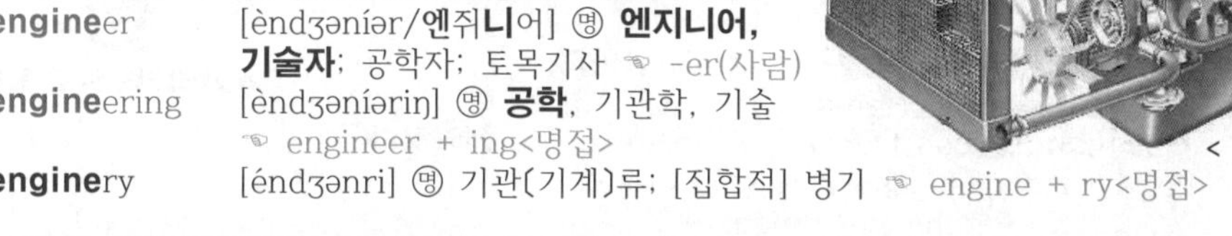

□ **engine**er [èndʒəníər/**엔**쥐**니**어] ⓜ **엔지니어, 기술자**; 공학자; 토목기사 ☜ -er(사람)

□ **engine**ering [èndʒəníəriŋ] ⓜ **공학**, 기관학, 기술
☜ engineer + ing<명접>

< 자동차 엔진 >

□ **engine**ry [éndʒənri] ⓜ 기관〔기계〕류; [집합적] 병기 ☜ engine + ry<명접>

잉글랜드 England (영국)

영국은 England(잉글랜드), Scotland(스코틀랜드), Wales(웨일즈) 그리고 Northern Ireland (북아일랜드)로 이루어진 Great Britain(대 영국)을 말하는 것으로 **정식 국호는 the United Kingdom of Great Britain and Northern Ireland이고 줄여서 U.K.라고 쓴다**. 영국은 BC 55년 Caesar(시저)에 의해 정복된 이후 400년 간 로마의 식민지가 된다. 당시 로마인들이 영국을 부르던 이름이 Britain이다. 그러다가 4세기에 유럽 대륙에 살던 Anglo-Saxon(앵글로색슨)족이 영국으로 건너와 원주민이던 Celt(켈트)족을 몰아내고 나라를 세웠는데 이후 영국은 "앵글족의 땅"이란 뜻의 England로 불리게 된다.

♣ 어원 : Engl 앵글족(Angles)의

□ **Engl**and [íŋglənd/**잉**글랜드] ⓜ《협의》**잉글랜드**《Great Britain에서 Scotland 및 Wales를 제외한 부분》,《광의》**영국**(=Great Britain) ☜ '앵글족(Engl)의 땅(land)'이란 뜻

□ **Engl**ish [íŋgliʃ/**잉**글리쉬] ⓜ **영어** ⓗ 영국의; 영국인의; 영어의
☜ 앵글족(Engl) 의/사람/말(ish<형접/명접>)

□ **Engl**ish-speaking [íŋgliʃspíːkiŋ] ⓗ 영어를 말하는
☜ speak(말하다) + ing<형접>

□ **Engl**ishman [íŋgliʃmən] ⓜ (pl. **-men**) 잉글랜드 사람, **영국인**
☜ man(사람, 남자)

□ **Engl**ishwoman [íŋgliʃwùmən] ⓜ (pl. **-women**) **영국 여자** ☜ woman(여자)

인그레이빙 engraving (판화 조각기법의 하나)

동판이나 강철판 등을 재료로 하여 금속조각끌로 새긴다. 동판기법으로는 가장 오랜 것이라고 하며, 엄격하고 격조높은 선의 효과를 낳지만 숙련을 요하는 작업이기 때문에 지폐나 증권류의 인쇄에 주로 사용되고 있다. <출처 : 위키백과>

♣ 어원 : grave 파다, 새기다

■ **grave** [greiv] ⓢ 새기다, **조각하다; 파다**, 매장하다 ⓜ **무덤** ⓗ (표정이) **근엄한**, 진지한; (병이) 위독한 ☜ (매장하기 위해) 파놓은 곳

□ en**grave** [engréiv] ⓢ **조각하다**; (문자・도형 등을) 새기다 ☜ 안에(en<in) 새기다(grave)
♠ **engrave** 〔cut, make〕 a seal 도장을 **새기다**

□ en**grav**er [engréivər] ⓜ 조각사; 조판공(彫版工) ☜ engrave + er(사람)

□ en**grav**ing [engréiviŋ] ⓜ **조각(술)**, 조판술; 판화(版畵) ☜ engrave + ing<명접>

그랜저 Grandeur (현대자동차의 브랜드. <위대함>이란 뜻)

♣ 어원 : grand, great, gross 큰, 전체의; 과장, 확대, 확장

■ **grand** [grænd/그랜드] ⓗ 웅대한, **웅장한; 위대한** ⓜ **그랜드피아노**
☜ 고대 프랑스어로 '큰'이란 뜻

■ **grandeur** [grǽndʒər, -dʒuər] ⓜ **웅대**, 장려(壯麗), **위대** ☜ grand + eur<명접>

■ **great** [greit/그뤠잍] ⓗ **큰, 거대한, 중대한** ☜ 고대영어로 '큰'이란 뜻

■ **gross** [grous] ⓗ **뚱뚱한, 큰; 거친, 천한; 총계의** ⓜ **총계, 총액**
☜ 고대 프랑스어로 '큰, 강한'이란 뜻
♠ **GNP**: **G**ross **N**ational **P**roduct 국민총생산 비교 **GDP** 국가총생산

□ en**gross** [engróus] ⓓ (마음을) 빼앗다, **몰두[집중 · 열중]시키다** ☜ 크게(gross) 하다(en)
♠ **be engrossed in ~ ~에 열중하다**

□ en**gross**ment [ingróusmənt] ⓜ 몰두, 열정; 매점; 정서 ☜ -ment<명접>

로헨스 Rohens (현대자동차 제네시스의 중국형 모델명)

제네시스(Genesis 기원 · 창시 · 시작)의 중국형 모델은 로헨스(Rohens)로 명명되었는데, 이는 왕족(Royal)과 높이다(enhance)를 조합한 말로 '최고를 추구하는 고객을 위한 차'라는 뜻이라고 한다.

♣ 어원 : hance 높게

※ **royal** [rɔ́iəl/**로**이얼] ⓗ **왕[여왕]의**; 왕족의, 황족의; **당당한**
ⓜ 왕족 ☜ 고대 프랑스어로 '왕(roy) 의(al)'란 뜻

□ en**hance** [enhǽns, -hɑ́:ns] ⓓ (가치 따위를) **높이다**, 강화하다
☜ 높게(hance) 만들다(en) 반 spoil 손상시키다
♠ **enhance** (boost) national prestige 국위 **선양하다**

□ en**hance**ment [inhǽnsmənt/-hɑ́:ns-] ⓜ (가치 · 매력 · 가격 등의) 상승; 향상 ☜ enhance + ment<명접>

조인 join (결합하다), 조인트 joint (이음매)

♣ 어원 : join 합치다, 결합하다, 잇다, 인접하다

■ **join** [dʒɔin/조인] ⓓ **결합[연합]하다**, 합치다; 참가하다
☜ 고대 프랑스어로 '합치다, 연결하다'란 뜻

■ **joint** [dʒɔint] ⓜ **이음매**, 『기계』 조인트; 『해부』 **관절** ☜ 연결한(join) 것(t)

□ en**join** [endʒɔ́in] ⓓ **명령**(강요)**하다** ☜ 라틴어로 '안으로(en=in) 합치다(join)'
♠ **enjoin** a duty on somebody ~에게 의무**를 부과하다**

□ en**join**ment [endʒɔ́inmənt] ⓜ 명령; 금지; 부과 ☜ -ment<명접>

✚ ad**join** ~에 인접하다 con**join** 결합하다; 연합하다 dis**join** 떼다, 분리하다 re**join** 재(再)결합하다, 재회하다 sub**join** 추가(보충)하다

조이스틱 joy stick (조종간), 엔조이 enjoy (즐기다)

♣ 어원 : joy 기쁨

■ **joy** [dʒɔi/조이] ⓜ **기쁨, 즐거움** ☜ 중세영어로 '기쁜 감정'이란 뜻

■ **joy** stick 조종간, 조종(조작)장치, 제어장치 ☜ 즐거움(joy)을 주는 막대(stick)

□ en**joy** [endʒɔ́i/엔**조**이] ⓓ **즐기다** ☜ 즐거움(joy)을 만들다(en)
♠ **enjoy oneself 즐기다, 유쾌하게 지내다**(=have a good time)
♠ **enjoy ~ing ~하는 것을 즐기다**

□ en**joy**able [indʒɔ́iəbl] ⓗ **즐거운**, 재미있는 ☜ 즐거울(enjoy) 수 있는(able<형접>)

□ en**joy**ment [endʒɔ́imənt] ⓜ 즐거움, **기쁨; 향락; 향유** ☜ enjoy + ment<명접>

킨들 kindle (미국 전자회사 <아마존>의 전자책 단말기 · 전자책 서점)

■ **kindle** [kíndl] ⓓ **불붙(이)다**, 태우다, 타오르다; **밝게 하다**, 빛나다; 새끼를 낳다 ☜ 고대 노르드어로 '계속(le) 타게 하다(kind)'
♠ **kindle** a fire with a match 성냥으로 모닥불을 **피우다**.

□ en**kindle** [enkíndl] ⓓ 불붙이다; (정열을) 타오르게 하다; (전쟁을) 일으키다 ☜ 안에(en=in) 불붙이다(kindle)
♠ **enkindle a sense of ~ ~에 대한 열정이 타오르다**

엑스라지 < 엑스트라 라지 XL = Extra Large ([의류] 특대형)

의류사이즈 크기를 표시하는 기준으로 보통 숫자나 영문 약호를 쓴다. 통상 가장 작은 순부터 XXS-XS-S-M-L-XL-XXL로 표기한다. 다만 숫자로 표기할 경우 각국이 각기 다르게 표기함을 명심해야 한다.
X: Extra(특), S: Small(소형), M: Medium(중형), L: Large(대형)

♣ 어원 : large 큰, 넓은

※ **extra** [ékstrə] ⓗ **여분의**, 임시의, **특별한** ⓑ **특별히**
☜ 라틴어로 '외부의, ~에서 제외된'이란 뜻

■ **large** [lɑ:rdʒ/라-쥐] ⓗ (공간적으로) **큰**, 넓은; **다량[다수]의; 도량이 넓은** ☜ 고대 프랑스어로 '풍부한, 큰, 많은'이란 뜻

□ en**large** [enlɑ́:rdʒ] ⓓ **크게 하다**, 확대(증대)하다 ☜ 크게(large) 만들다(en)
♠ Knowledge **enlarges** the mind. 지식은 마음을 **넓힌다**.

□ en**large**ment [inlɑ́:rdʒmənt] ⓜ 비대, **확대**, 팽대 ☜ -ment<명접>

헤드라이트 headlight ([자동차] 전조등)

♣ 어원 : light 빛, 불

※ **head** [hed/헤드] ⓜ **머리**, 두부(頭部) ⓓ **앞장서다, 나아가다**
☜ 고대영어로 '몸의 꼭대기'란 뜻

■ **light** [lait/라이트] ⓜ **빛**, 불꽃 ⓗ **가벼운, 밝은** ⓓ **불을 붙이다,** 불이 켜지다
☜ 고대영어로 '무겁지 않은'이란 뜻

■ **light**en [láitn] ⓓ **밝게 하다, 비추다; 점화하다** ☜ 밝게(light) 하다(en=make)

□ en**light**en [enláitn] ⓓ **계몽하다**, 계발(교화)하다 ☜ 밝게 함(lighten)을 만들다(en)
♠ **enlighten** the foolish humankind 어리석은 중생을 **깨우치다**

□ en**light**ened [enláitnd] ⓗ 계몽(교화)된, 문명의 ☜ enlighten + ed<형접>

□ en**light**ening [inláitniŋ] ⓗ 계발적인, 깨우치는 ☜ enlighten + ing<형접>

□ en**light**enment [inláitnmənt] ⓜ **계발; 교화; 문명, 개화**; (the E-) 계몽운동 《18세기 유럽의 합리주의 운동》 ☜ 계몽하(enlighten) 기(ment<명접>)

블랙리스트 blacklist (요주의 인물 일람표)

♣ 어원 : list 목록, 표

■ **list** [list/리스트] ⓜ **목록**, 표, 일람표, 명세서, **리스트; 명부** ⓓ **목록[명부]에 올리다**
☜ 근대영어로 '이름 목록'이란 뜻

■ black**list** [blǽklìst] ⓜⓓ **블랙리스트**(요시찰 인명부)(에 올리다) ☜ black(검은색) + list(목록)

■ white **list** **화이트리스트** 《바람직한 것의 리스트》 ☜ white(흰색) + list(목록)

□ en**list** [enlíst] ⓓ **병적에 편입하다**; 모병하다, 입대시키다 ☜ 리스트(list)를 만들다[en=make]
♠ **enlist in** the navy 해군에 **입대하다**

□ en**list**ment [inlístmənt] ⓜ 병적 편입, 모병, 입영 ☜ enlist + ment<명접>

라이브 live (생방송으로)

♣ 어원 : live 살아있는, 생생한

■ **live** [liv/리브] ⓓ **살다**, 살아 있다, 생존하다 [laiv/라이브] ⓗ **살아 있는**
☜ 고대영어로 '살아있다, 생명이 있다, 존재하다'란 뜻

■ **live**ly [láivli] ⓗ (-<-li**er**<-li**est**) **생기[활기]에 넘친**, 기운찬 ☜ -ly<부접>

□ en**live**n [enláivən] ⓓ 쾌활하게 하다, **활기를 띠게 하다** ☜ 생기 있게(live) 만들다(en) + n
♠ **enliven** the dullness 불경기를 **활기 띄게 하다**.

□ en**live**nment [inláivnmənt] ⓜ 활기[생기]를 불어 넣음; 유쾌하게 하기 ☜ -ment<명접>

out**live** [àutlív] ⓓ **~보다도 오래 살다** ☜ 더 밖에(out) 살다(live)

□ **enmity**(적의, 증오) ➔ **enemy**(적) **참조**

노블레스 오블리주 noblesse oblige (고위직의 도덕적 의무)

프랑스어로 '고귀한 신분'을 뜻하는 noblesse와 'cordladl 있다'는 oblige가 합해진 것. 높은 사회적 신분에 상응하는 도덕적 의무를 말한다.

♣ 어원 : no, cogn 알다(=know)

■ **no**ble [nóubəl/**노**우벌] ⓗ (-<-bl**er**<-bl**est**) **귀족의, 고귀한**
☜ 잘 알려진 ⇦ 잘 알고 있(no=know) 는(ble<형접>)

■ **no**blesse [noublés] ⓜ 귀족, 귀족계급 《특히 프랑스의》
☜ 프랑스어로 '고귀한 태생'이란 뜻

□ en**no**ble [enóubl] ⓓ **귀족으로 만들다**, 작위를 주다
☜ 귀족(noble)을 만들다(en)

♠ **ennoble** the status of working men 노동자의 지위**를 높이다**.

※ **oblige** [əbláidʒ] ⓢ **~에게 의무를 지우다** ☜ ~에(ob<ad=to) 묶어두려(lig) 한다(e)

✚ ac**know**ledge **인정하다** ig**no**re **무시하다** re**cogn**ize **인정하다, 알아보다**

앙뉘 ennui ([F.] 정열을 상실한 따분한 정신상태. <권태>란 뜻)

☐ **ennui** [a:nwí:] ⓜ《F.》권태, 지루함 ☜ 고대 프랑스어로 '성가심'
♠ chase away one's **ennui 권태**를 몰아내다.

노멀한 normal (정상의)

♣ 어원 : **norm 표준, 규범**

■ **norm** [nɔ:rm] ⓜ 기준; **규범; 표준**, 모범
☜ 라틴어로 '목수의 곱자(ㄱ자 형태의 자)'라는 뜻

normal [nɔ́:rməl] ⓗ **정상의**, 정상적인; **보통의** ☜ 표준(norm) 의(al<형접>)

☐ e**norm**ous [inɔ́:rməs] ⓗ **거대한**, 막대한 ☜ 표준(norm)을 벗어난(e<ex) 것의(ous)
♠ an **enormous** difference **매우 큰** 차이

☐ e**norm**ously [inɔ́:rməsli] ⓟ **막대하게**, 엄청나게 ☜ -ly<부접>

ab**norm**al [æbnɔ́:rməl] ⓗ **비정상의**, 이상한; 불규칙한
☜ 비(非)(ab=not/부정) 정상의(normal)

이너프 enough (영국 존 네이시(John Naish)의 저서. <충분한>이란 뜻)

영국의 'The Times'에 건강과 생활양식 관련 기사를 기고하고 있는 존 네이시(John Naish)가 쓴 책, <enough, 불만족의 심리학>. 끝없이 '더 많이'를 원하는 인간심리의 미스테리를 탐구하고, 어떻게 하면 이 상황을 벗어날 수 있는지에 대한 해법을 제공한다. <출처 : 인터넷 교보문고>

☐ **enough** [inʌ́f/이**너**프] ⓗ **충분한**; ~하기에 족한, ~할 만큼의 ⓟ 충분히
☜ 고대영어로 '수나 양이 충분한'이란 뜻
♠ **Enough is enough. 《속담》 더 이상은 안 된다. [계속 이대로 둘 수는 없다]**
♠ **enough to ~ ~하기에 충분한, ~할 만큼**

앙케이트 < 앙케트 enquete ([F.] 소규모의 여론조사) ➔ questionnaire, survey

♣ 어원 : **quest, quisit, quir(e), query, quet 찾다, 구하다; 묻다, 요구하다**

☐ en**quet**e [α:ŋkét; [F.] αkɛt] ⓜ **앙케트**《똑같은 질문에 대한 여러 사람의 답변을 얻는 소규모의 설문 조사》
☜ 라틴어로 '안에서(en<in) 찾다(quet) + e

☐ en**quir**e [inkwáiər] ⓢ **묻다**, 문의하다(= inquire)
☜ 안으로(en<in) 파고들며 질문하다(quir) + e
♠ **enquire after somebody ~에 대해 문의하다[알아보다]**

✚ **quest 탐색**, 탐구, 추구 **que**stion **질문, 물음; 문제** re**quir**e **요구하다, 필요로 하다** **que**ry **질문(하다)** ac**quir**e **얻다**, 취득[획득] con**que**r **정복하다, 공략하다** in**quir**e **묻다**, 문의하다

로드레이지 road rage (보복 · 난폭운전을 이르는 말. <도로위의 분노>란 뜻)

♣ 어원 : **rage 분노**

※ **road** [roud/로우드] ⓜ **길, 도로**; 진로; 방법, 수단 ☜ 고대영어로 '말 타고 가기(riding)'

■ **rage** [reidʒ] ⓜ **격노**, 분노; (일시적) **대유행** ⓢ **격노하다, 날뛰다**
☜ 고대 프랑스어로 '열광, 격노'라는 뜻

☐ en**rage** [enréidʒ] ⓢ **노하게**(성나게, 화나게) **하다** ☜ 분노(rage)를 만들다(en)
♠ His decision **will enrage** the public. 그의 결정은 대중들**을 화나게 할 것이다**.

■ out**rage** [áutrèidʒ] ⓜ **불법 행위, 난폭** ⓢ **범하다, 폭행하다**
☜ 분노(rage)를 밖으로(out) 표출하다

리치몬드 Richmond (런던에서 가장 부유한 동네. <풍요로운 언덕>이란 뜻)

♣ 어원 : **rich 부유한, 풍부한**

■ **rich** [ritʃ/뤼취] ⓗ **부유한, 풍부한** ☜ 고대영어로 '부유한'이란 뜻

☐ en**rich** [enrítʃ] ⓢ **풍성[부유]하게 하다** ☜ 부유하게(rich) 만들다(en=make)

♠ **enrich** the contents 내용을 **풍부하게 하다**

□ en**rich**ment [inrítʃmənt] 명 부유, 비옥 ☜ enrich + ment<명접>

※ **Mont**martre [mɔ̃mɑ́ːrtrə] 명 **몽마르뜨** 《Paris시 북쪽 교외의 구릉 지구; 예술가의 주택이 많았음》
☜ '마르스(군신)의 언덕(Mont de Mercure)'이라는 뜻

롤러스케이트 roller skate (롤러스케이트화(鞾). <바퀴달린 스케이트>란 뜻)
롤러코스터 roller coaster (유원지의 청룡열차. <바퀴달린 썰매>란 뜻)

♣ **어원 : roll (종이를) 감다; 감긴 종이; 작은 바퀴**

■ **roll** [roul/로울] 동 (공·바퀴 따위가) **구르다, 굴러가다**; (땅이) **기복하다**; (북 등을) **치다, 울리다**
☜ 고대 프랑스어로 '구르다, 빙빙 돌다'란 뜻

■ **roll**er [róulər] 명 **롤러**, 굴림대; 땅 고르는 기계; 압연기
☜ 구르는(roll) 기계(er)

< roller coaster >

□ en**rol(l)** [enróul] 동 **등록하다**, (이름을) **명부에 올리다**
☜ 종이 위에 쓰다. ⇦ 감긴 종이(roll)를 만들다(en=make)
♠ **enroll in** classes 수강 **신청을 하다**

□ en**rol(l)**ment [inróulmənt] 명 기재; **등록**, 입대, 입학; 등록부 ☜ -ment<명접>

※ **skate** [skeit/스께이트] 명 **스케이트** 《쇠날 부분》; (보통 pl.) 스케이트 구두
☜ 고대 프랑스어로 '죽마(竹馬), 2개의 대나무 장대에 발판을 만들어 걷는 놀이'란 뜻

※ **coaster** [kóustər] 명 연안 항행자(무역선); 비탈용 썰매, (유원지의) **코스터**
☜ 연안을 항행하는(coast) 자(er)

✚ sc**roll** 두루마리(책); 『컴퓨터』 **스크롤** 《컴퓨터 화면을 위아래 또는 좌우로 이동시키는 것》
un**roll** (말아둔 것을) **풀다**, (말린 것이) **펴지다**

시뮬레이션 simulation (모의실험), 앙상블 ensemble (전체적인 조화; 합주곡)

♣ **어원 : sem, sim, simil, simul 같은, 동일한**

■ **same** [seim/쎄임] 형 **같은, 동일한** ☜ 고대영어/노르드어로 '~과 같은'이란 뜻

■ **simul**ation [sìmjuléiʃən] 명 **시뮬레이션** 《모의실험》, 가장하기
☜ (실제와) 동일한<유사한(simul) 것(ation<명접>)

□ en**sem**ble [ɑːnsɑ́ːmbəl] 명 《F.》 **전체**, 전체적인 조화; 『복식』 조화로운 한 벌의 여성복; 『음악』 **앙상블** 《중창과 합창을 섞은 대합창》, **합주곡, 합주단**
☜ 하나(sem)를 만들(en=make) + bl<어근확장> + 기(e)
♠ He's a member of **a jazz ensemble** in Seoul.
그는 서울의 **한 재즈 합주단**의 일원이다.

✚ as**sem**ble **모이다**, 모으다; 조립하다, 집합시키다 **simil**ar **유사한**, 비슷한, 닮은, 같은

슈라인 오디토리엄 Shrine Auditorium (미국의 아카데미 영화상, 그래미상, 에미상 시상식이 자주 열리는 LA의 유서깊은 연주회장)

■ **shrine** [ʃrain] 명 성체용기(聖體容器), 성골함(聖骨函); (성인들의 유물·유골을 모신) **성당**, **사당**(祠堂), 묘(廟); 《비유》 **전당**, 성지(聖地), 영역(靈域) 동 사당에 모시다 ☜ 라틴어로 '상자'란 뜻
♠ **Jongmyo Shrine 종묘** 《조선왕조 사당》
♠ **a shrine of art 예술의 전당**

□ en**shrine** [enʃráin] 동 (성당·사당에) 모시다, 안치하다; (마음에) 간직하다
☜ 사당(shrine) 안에(en=in) 모시다
♠ **enshrine** the nation's ideals 국가의 이상**을 마음속에 간직하다**

※ **audi**torium [ɔ̀ːditɔ́ːriəm] 명 (pl. **-s**, auditori**a**) 청중석, 방청석; 강당
☜ 듣는(audi) + t + 곳(orium)

사인 sign (신호; 서명하다)

♣ **어원 : sign 손짓, 신호, 기호; 표시하다, 신호를 보내다**

■ **sign** [sain/싸인] 명 **기호, 표시**, 신호, 부호 동 **서명[사인]하다**
☜ 고대 프랑스어로 '표시, 기호'란 뜻

□ en**sign** [énsain, 『군사』 énsn] 명 (선박의 국적을 나타내는) **기**(旗); **군기**(軍旗); 『해군』 **소위** ☜ 신호(sign)를 만들다(en=make)
♠ a national **ensign** (flag) 국**기**(國**旗**)

< 금연 표지 >

✚ in**sign**ia 기장(記章), 훈장, 표지; 휘장 **sign**al **시그널**, **신호** **sign**ature **서명**(하기)

슬라브족(族) Slav (노예로 많이 끌려간 동유럽 · 북아시아 민족)

동유럽과 북아시아 전역에 넓게 분포하고 있는 민족으로 현재 유럽인의 1/3을 차지하는 최대 민족이다. 로마제국 시기에는 게르만族이 로마제국의 농장노예로 이용되었으나 게르만族까지 기독교로 개종한 이후에는 슬라브 민족을 잡아와 노예로 이용하였다. 이후 Slav족=노예라는 인식이 만연되었다.

■ **slave** [sleiv/슬레이브] ㊔ **노예** ㊕ **노예의** ㊖ **노예처럼 일하다**
☜ 중세 많은 Slav 사람들이 노예가 된 데서 유래

■ **slave**ry [sléivəri] ㊔ 노예 상태, **노예의 신분**; 노예 제도 ☜ slav의 상태(ery)

□ en**slave** [ensléiv] ㊖ **노예로 만들다**, 사로잡다 ☜ 노예(slave)를 만들다(en=make)
♠ **be enslaved by** one's passion 사랑**의 노예가 되다**

블로고 스피어 blogosphere (인터넷에 형성된 가상세계. <블로그 영역>이란 뜻)

♣ **어원 : sphere 둥근, 구, 범위/영역**

■ **sphere** [sfiər] ㊔ **구**(球), **구체, 천체** ☜ 그리스어로 '공, 구(球)'란 뜻

■ blogo**sphere** [blάːgsfìər/ blɒg-] ㊔ **블로고스피어** 《인터넷상에서 서로 연결되어 형성된 blog들의 집합체》 ☜ blog(인터넷 개인 홈페이지) + o + sphere(천체, 공간)
★ blog란 웹(web) 로그(log)의 줄임말로, 보통사람들이 자신의 관심사에 따라 자유롭게 글을 올릴 수 있는 인터넷 사이트를 말한다.

□ en**sphere** [ensfíər] ㊖ ~을 구(球) 속에 싸다, 에워싸다(=encircle); ~을 구형으로 하다
☜ 안(en=in)을 둘러싼 구(球)(sphere)
♠ **ensphere the absconder 탈주자를 에워싸다**

요즘 사회적인 이슈(issue.쟁점)는 무엇인가 ?

♣ **어원 : su(e), sequ 뒤따르다, ~의 뒤를 쫓다**

■ is**sue** [íʃuː/**이**슈-, ísjuː] ㊖ (명령 · 법률 따위를) 발포하다; **발행하다**; 유출하다; 유래하다
㊔ **쟁점, 논점; 발행(물); 결과**; 유출; 자녀 ☜ 고대 프랑스어로 '밖으로 나가다'란 뜻

■ **sue** [suː/sjuː] ㊖ **고소하다**, 소송을 제기하다; 청원하다 ☜ 라틴어로 '따르다'

□ en**sue** [ensúː] ㊖ **뒤이어 일어나다**, ~의 결과로서 일어나다 ☜ 뒤에(en=after) 잇따르다(sue)
♠ An argument **ensued**. 언쟁**이 뒤따랐다**.

□ en**su**ing [insjúːiŋ] ㊕ 다음의, 계속되는; 잇따라 일어나는, 결과로서 계속되는
☜ ensue + ing<형접>

■ pur**sue** [pərsúː/-sjúː] ㊖ **뒤쫓다**, 추적하다; **추구하다; 속행하다**
☜ 앞(pur<pro)을 보고 쫓아가다(sue)

어슈어뱅크 assure bank (보험회사가 은행업을 겸하는 것)

보험(assurance)과 은행(bank)의 합성어로서 은행을 자회사로 두거나 은행상품을 판매하는 보험회사. 은행이 보험업을 겸하는 방카슈랑스(bancassurance)에 상대되는 개념이다. <출처 : 두산백과>

♣ **어원 : sure 확실한, 안전한, 틀림없는**

■ **sure** [ʃuər/슈어] ㊕ **확신하는, 틀림없는; 꼭 ~하는** ㊗ 확실히
☜ 중세영어로 '공격으로부터 안전한'이란 뜻

■ as**sure** [əʃúər/어**슈**어] ㊖ **보증하다, 안심[납득]시키다; 확실하게 하다**
☜ ~을(as<ad=to) 확실히(sure) 하다

□ en**sure** [enʃúər] ㊖ **안전하게 하다**, 보증하다 ☜ 안전하게(sure) 만들다(en)
♠ **ensure** the freedom of the press 출판의 자유**를 보장하다**

■ in**sure** [inʃúər] ㊖ **보증하다, 보험에 들다** ☜ (누군가를) 확신(sure) 속에(in) 두다

※ **bank** [bæŋk/뱅크] ㊔ **둑, 제방**; ☜ 고대영어로 '작은 언덕'이란 뜻
은행 ☜ 고대영어로 '(환전상(商)의) 책상, 벤치'란 뜻

칵테일 cocktail (혼합주)

♣ **어원 : tail 꼬리, 꼬리에 붙이다**

■ **tail** [teil/테일] ㊔ (동물의) **꼬리; 끝**, 말단 ㊖ 꼬리를 달다
☜ 고대영어로 '꼬리'

■ cock**tail** [kάktèil/kɔ́k-] ㊔ **칵테일**, 혼합주 《양주와 감미료 · 향료를 혼합한》
☜ cock(수탉) + tail(꼬리). 여러 설이 있지만 특히 '투계판에서 닭의 꽁지 깃털을 뽑아 술잔에 넣어 마셨다'는 설에서 유래

□ en**tail** [entéil] ㊖ (필연적 결과로서) **수반하다**; (노력 · 비용 등이) 들게 하다

☜ 꼬리를(tail) 만들다(en=make)
♠ **entail** a risk 위험**을 수반하다**

☐ en**tail**ment [intéilmənt] ⓜ 『법률』 (부동산의) 상속인 지정[한정]; 세습 재산 ☜ -ment<명접>

태그아웃 tag out ([야구] 공 또는 공이 든 글로브를 직접 주자의 신체에 접촉해 아웃시키는 것)

♣ **어원 : tag, tang, tact, tach 접촉하다(=touch)**

■ **tag** [tæg] ⓜ **태그, 꼬리표, 늘어진 끝[장식]; 터치아웃** ⓢ **꼬리표를 달다; 붙잡다** ☜ 중세영어로 '접촉하다'란 뜻

■ **tang**le [tǽŋgəl] ⓢ 엉키게 하다, **얽히게 하다** ☜ 얽히게(tang) 하다(le)

☐ en**tang**le [entǽŋgl] ⓢ 엉클어지게 하다, **얽히게 하다** ☜ 엉키게(tangle) 만들다(en)
♠ **entangle with ~ ~에 말려들게 하다.**

☐ en**tang**lement [intǽŋglmənt] ⓜ 얽힘, 얽히게 함 ☜ -ment<명접>

☐ disen**tang**le [dìsentǽŋgl] ⓢ ~의 엉킨 것을 풀다; 풀어 놓다; (분규를) 해결하다.
☜ dis(=against/반대, not/부정) + entangle(얽히게 하다)

☐ disen**tang**lement [dìsentǽŋglmənt/-in-] ⓜ (얽힌 것을) 풂; (혼란의) 해결☜ -ment<명접>

※ **out** [aut/아웉] ⓟ **밖에[으로]**, (꽃이) **피어서; 큰 소리로; 마지막까지, 벗어나서**
☜ 고대영어로 '밖, ~이 없는'이란 뜻

✚ con**tag**ious **전염성의**, 옮기 쉬운 **tang**ible **만져서 알 수 있는** **tact 재치**, 기지(機智) con**tact** **접촉; 접촉[연락]하다** at**tach**ment **부착**(물) de**tach**ment **분리, 초연함**

엔터키 Enter key (키보드에 있는 실행명령키) * key 열쇠; 해결의 실마리

♣ **어원 : enter 안으로 들어가다**

☐ **enter** [éntər/**엔**터] ⓢ **~에 들어가다, 입학(취업)하다**
☜ 라틴어 intrare(=to go into/안으로 가다)에서 유래
♠ **enter into ~ ~을 시작하다; ~에 참가하다; ~에 동정하다**
♠ **enter on (upon) ~ ~에 들어가다, ~을 착수[시작]하다**

☐ **enter**prise [éntərpràiz/**엔**터프롸이즈] ⓜ **기획**; **기업**(체), (모험적) **사업**
☜ 목표달성<상(賞)(prise(prize)을 위해 들어가다(enter)
♠ **small-to-medium-sized enterprises 중소기업**

☐ **enter**priser [éntərpràizər] ⓜ 기업가, 사업가 ☜ enterprise + er(사람)

☐ **enter**prising [éntərpràiziŋ] ⓗ **기업적인**; 진취적인, 모험적인 ☜ enterprise + ing<형접>

☐ **entr**ance [éntrəns/**엔**트런스] ⓜ **입구; 들어감, 입장(권)**, 입회, 입학, 입사
☜ 들어가는(entr) 것(ance<명접>)
♠ **entrance examination 입학시험**

☐ **entr**y [éntri] ⓜ **들어감, 입장; 등록, 기입; 참가자(엔트리)** ☜ -y<명접>

SM 엔터테인먼트 SM entertainment (가수 이수만 씨가 창립한 한국의 연예 기획사) * YG - 창립자인 가수 양현석의 애칭 '양군', JYP - 창립자인 가수 박진영 의미

♣ **어원 : tain 붙잡다, 붙들다**

☐ enter**tain** [èntərtéin] ⓢ **즐겁게 하다; 대접[환대]하다**; (감정·의견·희망 등을) **간직하다**
☜ (사람들의 마음속에) 들어가(enter<into) 붙잡다(tain)
♠ He did his utmost to **entertain** us.
그는 우리를 정성껏 **대접했다**

☐ enter**tain**er [èntərtéinər] ⓜ **환대자**; 재미있는 사람; 《특히》 **예능인** ☜ -er(사람)

☐ enter**tain**ing [èntərtéiniŋ] ⓗ 재미있는 ☜ entertain + ing<형접>

☐ enter**tain**ment [èntərtéinmənt] ⓜ 대접, **환대; 연예** ☜ entertain + ment<명접>

✚ con**tain** **담고 있다, 포함하다; 억누르다** main**tain** **유지하다** sus**tain** **떠받치다; 부양하다; 견디다**

홈런 home run ([야구] 타자가 홈까지 제재없이 달릴 수 있도록 친 안타)

♣ **어원 : run, rall 달리다**

※ **home** [houm/호움] ⓜ **자기의 집, 가정; 고향** ⓗ **가정의, 본국의** ⓟ **자기집에[으로, 에서]** ☜ 고대영어로 '사는 곳'이란 뜻

■ **run** [rʌn/뤈] ⓢ **(-/ran/run)** (사람·말이) **달리다**, 뛰다; **도망치다**; (피·물 등이) **흐르다; 계속되다** ⓜ **뛰기**, 달리기, **경주**; (물 등의) **유출**, 흐름
☜ 고대영어로 '물의 흐름'이란 뜻

■ thr**all** [θrɔːl] ⓜ **노예**; 속박 ⓗ《고어》 노예가 된; 속박된 ⓓ《고어》 노예로 만들다
☜ 초기 독일어로 '달리는 사람'이란 뜻. ⇦ ~로(th<to) 달리다(rall<run)

□ enth**ral(l)** [enθrɔ́ːl] ⓓ 매혹하다, 마음을 빼앗다; 노예로 만들다(=enslave)
☜ 노예(thrall)로 만들다(en=make)
♠ She watched, **enthralled by** the game.
그녀는 게임**에 온통 마음을 빼앗긴 채** 바라보았다.

□ enth**rall**ing [inθrɔ́ːliŋ] ⓗ 마음을 사로잡는[빼앗는]; 아주 재미있는 ☜ -ing<형접>

□ enth**rall**ment [inθrɔ́ːlmənt] ⓜ 노예화(상태); 마음을 빼앗음, 매혹 ☜ -ment<명접>

건담 쓰로네 Gundam Throne (일본 로봇 애니메이션 주인공)

건담(Gundam)이란 1979년 일본 아사히TV에서 최초로 방송된 로봇 애니메이션의 주인공이다. 기동전사 건담은 인간이 모빌슈츠(mobil suit)를 입고 조종하는 2족 보행병기이며, 총을 들고 싸운다. 건담엔 여러 모빌슈츠 시리즈가 있는데 그 중 쓰로네(Throne)는 천사 제3계급 좌천사로서 직역하면 <왕좌>를 뜻한다.

■ **throne** [θroun/쓰로운] ⓜ **왕좌, 왕위** ☜ 그리스어로 '높은 자리'
cf. thron 가시 ★ 2015년 개봉된 이준익 감독의 영화 <사도(思悼)>의 영문 타이틀은 the Throne이다. 그러나 사도(思悼)의 뜻은 '생각할수록 슬프다'란 의미다.

□ en**throne** [enθróun] ⓓ **왕위에 올리다[앉히다]; 즉위하다**
☜ 왕좌(throne)를 만들다(en=make)
♠ He **was enthroned** in my heart. 그는 내마음속에 **경애의 대상이었다**.

□ en**throne**ment [inθróunmənt] ⓜ 즉위(식) ☜ 왕좌를 만드는(enthrone) 것(ment<명접>)

crown [kraun/크롸운] ⓜ **왕관**; (the ~; the C-) 제왕 ☜ 라틴어로 '머리에 쓰는 관(冠)'

판테온 Pantheon (현존하는 고대 로마의 신전. <모든 신>이란 뜻)

고대 로마제국 시대였던 1세기에 아그리파장군에 의해 만들어진 로마의 신전. 현재 로마에서 가장 잘 보존되어 있는 건축물이다. 판테온이란 그리스어로 '모두'를 뜻하는 판(Pan)과 '신'을 뜻하는 테온(Theon)이 합쳐저 만들어진 용어이다. <출처 : 두산백과>

♣ **어원 : theo(n), theos, thu(s) 신(神)**

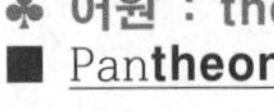
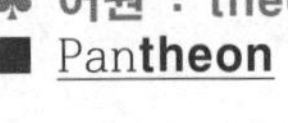

■ Pan**theon** [pǽnθiɑ̀n, -ən/pænθíːən] ⓜ **판테온**《신전》; (the P-) 로마의 판테온 ☜ 그리스어로 '모든(Pan) 신(theon)'이란 뜻

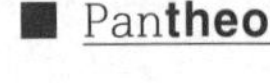
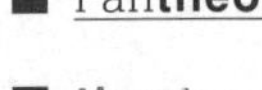
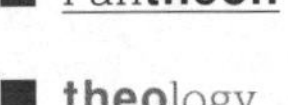
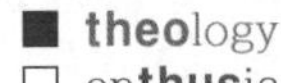

■ **theo**logy [θiːɑ́lədʒi/-ɔ́l-] ⓜ (기독교) **신학** ☜ 신(theo)의 학문(logy)

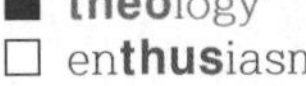

□ en**thus**iasm [inθúːziæ̀zəm/-θjúː-] ⓜ **열광**, 열심, 열중
☜ 신들린 상태. 내 안에(en<in) 신(thus)이 + ia + 있는 상태(sm)
♠ **be enthusiastic about** (for, over) ~ **~에 열중하다, 열심이다**

□ en**thus**iast [inθúːziæst/-θjúː-] ⓜ **열렬한 사람**, 열광자 ☜ -iast(사람)

□ en**thus**iastic(al) [enθùːziǽstik(əl)/[-θjùː-] ⓗ **열광적인** ☜ -tic(al)<형접>

□ en**thus**iastically [enθùːziǽstikəli/[-θjùː-] ⓑ **열광적으로** ☜ -ly<부접>

연상 아테네의 타이스(Thais.알렉산더 대왕의 애첩)는 알렉산더 대왕이 죽은 후 프톨레미 1세를 인타이스(entice.유혹)하였다.

※ **Thais** [θáis] ⓜ **타이스**《4세기 후기의 아테네의 기생으로서 알렉산더 대왕의 애첩; 알렉산더 대왕이 죽은 후 프톨레미 1세의 애첩이 되었다》

□ en**tice** [entáis] ⓓ **유혹하다**, 꾀다 ☜ 유혹(tice)을 만들다(en=make)
♠ **entice (A) with (B) B로 A를 유혹하다**

□ en**tice**ment [intáismənt] ⓜ **유혹**, 꾐 ☜ -ment<명접>

< 알렉산더와 타이스>

연상 낡은 타이어(tire.바퀴의 고무재질)는 운전자를 타이어(tire.피곤)하게 한다

♣ **어원 : tire 손상되다, 피곤해지다; 끌어내다**

■ **tire**, 《영》 **tyre** [taiər] ⓜ **타이어** ☜ 중세영어로 '옷을 입히다'란 뜻. at**tire**의 두음소실
ⓜ 피로 ⓓ **피로[피곤]하게 하다**, 피로해지다 ☜ 고대영어로 '실패하다, 중지하다'란 뜻

■ **tire**d [taiərd/타이어드] ⓗ **피곤한**, 지친; 싫증난 ☜ 피곤하게(tire) 된(ed<형접>)

□ en**tire** [entáiər/엔**타**이어] ⓗ **전체의**; 완전한 ☜ 손상되지 않은. en<in(=not) + tire(손상된)
♠ **entire** ignorance **완전한** 무지

□ en**tire**ly [entáiərli/엔**타**이얼리] ⓑ 완전히, 아주, **전적으로** ☜ -ly<부접>

□ en**tire**ty [entáiərti] ⓜ 전체 ☜ -ty<명접>

■ re**tire** [ritáiər] ⓓ 물러가다, **퇴직[은퇴]하다** ☜ 뒤로(re) 끌어내다(tire)

타이틀 title (표제, 제목)

♣ 어원 : title 이름

■ **title** [táitl/**타**이틀/**타**이틀] 명 **표제, 제목**; 『영화 · TV』 타이틀; **직함, 명칭**
☜ 고대 프랑스어로 '책의 제목(장)'이란 뜻

□ en**title** [entáitl] 동 **~의 칭호를 주다; 권리[자격]을 주다**; ~라고 제목을 붙이다
☜ 이름(title)을 만들다(en=make)
♠ **be entitled to ~ ~을 받을 자격이[권리가] 있다**

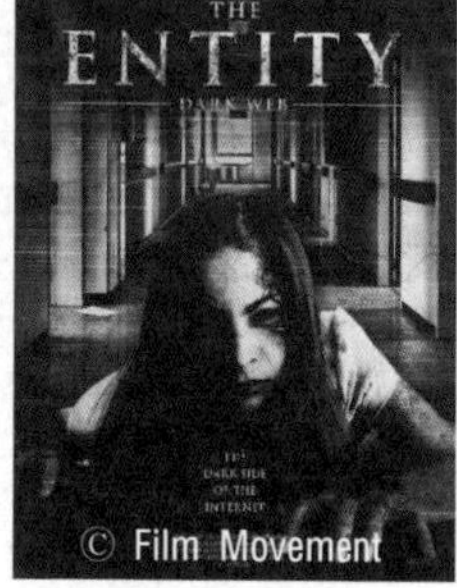

디 엔티티 The Entity (페루의 공포 영화. <실체>란 뜻)

2016년 개봉한 페루 영화. 로드리고 팔라, 다니엘라 멘도자 주연. 악마의 웹으로 알려진 사이트에서 비디오를 본 사람들이 미스터리한 상황을 겪는 사건을 그린 작품.

□ **entity** [éntəti] 명 **실재(물)**, 존재(물), 개체; 자주적인[독립적인] 것; 본질, 실체 ☜ 라틴어로 '존재(ent<esse=be)하는 것(ity)'
♠ a legal **entity** *법적인* ***실체*** ➔ 법인(法人)

이데올로기 ideology (관념형태)

♣ 어원 : logy 말, 학문

■ ideo**logy** [àidiάlədʒi] 명 관념학, (사회 · 정치상의) **이데올로기**, 관념형태
☜ 생각/관념(ideo<idea) 학문(logy)

□ entomo**logy** [èntəmάlədʒi/-mɔ́l-] 명 곤충학 ☜ 곤충(entomo) 학문(logy)

□ entomo**log**ist [èntəmάlədʒist/-mɔ́l-] 명 곤충학자 ☜ -ist(사람)

엔터키 Enter key (키보드에 있는 실행명령키), 엔트리 entry (참가자 명단)

♣ 어원 : enter, entr 안으로 들어가다

■ **enter** [éntər/**엔**터] 동 **~에 들어가다, 입학**(취업)**하다**
☜ 라틴어 intrare(=to go into/안으로 가다)에서 유래

□ **entr**ails [éntreilz, -trəlz] 명 (pl.) 내장; 장, 창자; [일반적] 내부
☜ 고대 프랑스어 entrailles로 '안으로 들어가(entr=enter)는(ail<aille) 것(s)'이란 뜻
♠ tear out **the entrails 간장**을 녹이다

□ **entr**ance [éntrəns/**엔**트런스] 명 **입구; 들어감, 입장(권)**, 입회, 입학, 입사
☜ 들어가는(entr) 것(ance<명접>)

□ **entry** [éntri] 명 **들어감, 입장; 등록, 기입; 참가자(엔트리)** ☜ -y<명접>

※ **key** [ki:/키-] 명 (pl. **-s**) **열쇠**; 해결의 실마리 ☜ 중세영어로 '자물쇠를 여는 도구'란 뜻

헤어 트리트먼트 hair treatment (손상된 모발의 보수 · 영양 관리하는 머리손질법)

♣ 어원 : treat 취급하다, 다루다; 끌다, 끌어내다

※ **hair** [hɛər/헤어] 명 **털, 머리털** ☜ 고대영어로 '머리카락'이란 뜻

■ **treat** [tri:t/트뤼-트] 동 **다루다, 대우[대접]하다; 간주하다** 명 **한턱내기**, 대접 ☜ 라틴어로 '다루다'란 뜻

■ **treat**ment [trí:tmənt] 명 **처리, 대우; 치료(법)** ☜ -ment<명접>

□ en**treat** [entrí:t] 동 **간청[탄원]하다** ☜ 취급(treat)을 만들다(en=make)
♠ Please help me, **I entreat you.**
제발 도와주세요. (이렇게) **간청드려요.**

□ en**treat**ing [entrí:tiŋ] 형 간원하는, 탄원의 ☜ -ing<형접>

□ en**treat**ingly [entrí:tiŋli] 부 애원하다시피 ☜ -ly<부접>

□ en**treat**y [entríti] 명 **간청**, 탄원, 애원 ☜ -y<명접>

□ **entrench**(참호로 에워싸다, 확립하다) ➔ **trench**(참호; 참호를 파다) **참조**

트러스트 trust (동일산업 부문에서의 기업합병)

♣ 어원 : trust 믿음; 믿다

■ **trust** [trʌst/트러스트] 명 **신임; 위탁**; 『경제』 **트러스트, 기업합동** 동 **신뢰[신임 · 신용]하다; 맡기다** ☜ 고대영어로 '믿다, 신뢰하다'란 뜻

□ en**trust** [entrΛst] 동 **맡기다**, 위임(위탁)하다 ☜ 믿음(trust)을 만들다(en=make)
♠ **entrust (A) with (B) A에게 B를 맡기다[위탁하다]**

□ en**trust**ment [entrʌ́stmənt] 명 위탁, 위임 ☜ -ment<명접>

✚ dis**trust**, mis**trust** **불신; 의혹; 신용하지 않다**; 의심하다

□ **entry**(들어감) ➔ **entrance**(입구, 입장) **참조**

투낫싱 two-nothing ([야구] 2 스트라이크 - 0 볼)
트와이스 Twice (한국의 9 인조 댄스팝 걸그룹. <눈 · 귀로 2 번 감동을 준다>는 뜻)

♣ 어원 : two, twe, twi 2, 둘

■ **two** [tuː/투-] 명형 **2(의)** ☜ 고대영어로 '2, 둘'이란 뜻.

■ **twi**ce [twais/트와이스] 부 **2회, 두 번**; 2배로
☜ 고대영어로 '두(twi<two) 번(ce)'

□ en**twi**ne [entwáin] 동 얽히게(엉클리게) 하다; (화환(花環) 등을) 엮다
☜ 꼰 실(twine)을 만들다(en=make)
♠ **entwine** a garland 화환(花環)을 **엮다.**

※ **nothing** [nʌ́θiŋ/**너**씽] 대명 **아무것[일]도 ~ 없다[않다]** ☜ no + thing(것, 일)

✚ **twi**st **꼬다; 뒤틀리다; 트위스트를 추다**; 꼰 실; 꼬임; 비틀림 **twi**ne **꼰 실**; (실을) 꼬다, 비비꼬다

클라리넷 clarinet (목관악기. <맑은 소리의 악기>란 뜻)

♣ 어원 : clar, cle(ar) 밝은, 맑은, 깨끗한, 선명한, 분명한

■ **clar**inet [klæ̀rənét, klǽrinət] 명 『음악』 **클라리넷** 《목관악기》
☜ 라틴어로 '맑은 소리', 프랑스어로 '작은(et) 벨(clarin)'이란 뜻

■ **clear** [kliər/클리어] 형 **맑은, 명백한, 명확한**, 갠, 깨끗한; 열린
동 **명백하게 하다,** (장애물을) **제거하다;** (문제를) **해결하다;**
(빚 등을) **청산하다;** (날씨가) **개다** ☜ 고대영어로 '맑은, 밝은'이란 뜻

□ enu**cle**ate [injúːklièit] 동 **명백히 하다**, 『외과』 적출하다, 떼내다
☜ 핵을(nuc) 분리시켜(e<ex=off) 명확히(cle) 하다(ate)

□ enu**cle**ation [injùːkliéiʃən/injùː-] 명 핵의 제거; 『외과』 적출 ☜ -ation<명접>
♠ **enucleation** of eye ball (간호학) 안구**적출**(眼球**摘出**)

백넘버 back number ([콩글] 등번호) ➔ player's number, uniform number, jersey number

♣ 어원 : number, numer(o) 수; 수를 세다

※ **back** [bæk/백] 명 **등, 뒤쪽** 형 **뒤(쪽)의** ☜ 고대영어로 '등, 뒤'라는 뜻

■ **number**, **No.**, **N°**, **no.** [nʌ́mbər/**넘**버] 명 **수**(數), 숫자; (pl. **Nos., N° s, nos.**) 〔숫자 앞에 붙여〕
제 ~번, 제 ~호, ~번지 《따위》 ☜ 라틴어로 '수(數), 양(量)'

■ **numer**ous [njúːmərəs/**뉴**-머러스] 형 **다수의**, 수많은; 많은 사람의 ☜ 수(numer)가 많은(ous)

□ e**numer**ate [injúːmərèit] 동 **열거하다**; 낱낱이 세다 ☜ 밖으로(e<ex=out) 수를(numer) 세다(ate)
♠ **enumerate** bits of information 단편적인 정보**를 나열하다**

□ e**numer**ation [injùːməréiʃən/injúː-] 명 계산, (수를) 셈; 열거; 목록 ☜ -ation<명접>

□ e**numer**ative [injúːmərèitiv, -rətiv] 형 계수(計數)상의, 열거의(하는) ☜ -ative<형접>

■ in**numer**ate [injúːmərit] 형 수를 셀 줄 모르는, 간단한 산수도 못하는
☜ 수(numer)를 못(in=not/부정) 세는(ate<형접>)

디벨로퍼 developer (부동산 개발업자. <개발자>란 뜻)

♣ 어원 : velop 싸다, 감싸다, 둘러싸다

■ de**velop** [divéləp/디**벨**럽] 동 **발전[발달]시키다**
☜ 싸는 것을(velop) 떼내다<풀다(de=off)

■ de**velop**er [divéləpər] 명 개발자, 택지개발업자 ☜ -er(사람)

□ en**velop** [envéləp] 동 **싸다, 봉하다** ☜ 안에(in) 싸다(velop)
♠ **envelop** oneself in a blanket 모포를 **두르다.**

□ en**velop**e [énvəlòup/**엔**벌로웁] 명 **봉투; 씌우개** ☜ envelop + e(~것)
♠ **push the envelope 기존의 한계를 넘어서다**

□ en**velop**ment [invéləpmənt] 명 싸기, 포위 ☜ envelop + ment<명접>

■ underde**velop**ed [ʌ̀ndərdivéləpt] 형 **발달이 불충분한; 미숙한; 저개발의**
☜ 아래로(under) 발달시(develop) 킨(ed<형접>)

버전 version (상품의 개발단계 · 순서를 번호로 표시한 것)

v1 V2 V3 V4

♣ 어원 : vers(e), vert, vorc(e), viron 돌리다, 뒤집다, 바꾸다(=turn)

■ **vers**ion [vəːrʒən, -ʃən] ⓜ **번역**(서); (성서의) **역**(譯); **~판**(版)
☜ 돌리는(vers) 것(ion)

□ en**viron** [inváiərən] ⓢ **둘러싸다**, 포위하다 ☜ 안을(en) 둘러싸다(viron)
♠ the village **environed by** the mountains 산**으로 둘러싸인** 마을

□ en**viron**ment [inváiərənmənt] ⓜ **환경**, 주위의 상황 ☜ -ment<명접>

□ en**viron**mental [invàiərənméntl] ⓗ **주위의**; 환경의 ☜ -al<형접>

✚ ad**vert**ise, -tize **광고하다** con**vert** **전환하다**, 바꾸다; 개종하다 contro**vert** 논의〔논쟁 · 논박〕하다, 부정하다 di**vert** (딴 데로) **돌리다, 전환하다** di**vorce** **이혼(하다)** in**vert** **거꾸로 하다**, 뒤집다 re**verse** **거꾸로 하다**, 반대로 하다; 반대; 역전 uni**verse** **우주**; 만물, 삼라만상

E

보이저 2호 Voyager II (미국 태양계 탐사선. <모험적 항해자>란 뜻)

보이저 2호는 미국의 태양계 탐사선으로 1977년 발사되었다. 1979년 목성을, 1981년 토성을, 1986년 천왕성을, 그리고 1989년 해왕성을 지나가면서 이들 행성과 위성에 관한 많은 자료와 사진을 지구로 전송했다. 현재 태양계를 벗어나 우주공간을 항해하고 있다. <출처 : 위키백과>

♣ 어원 : vey, voy, voi 보내다

■ **voy**age [vɔ́iidʒ] ⓜ **항해**, 항행 ☜ 보내다(voy) + age<명접>

■ **voy**ager [vɔ́iidʒər, vɔ́iədʒ-] ⓜ 항해자, 항행자; 모험적 항해자; 여행자;
(V-) 『우주』 **보이저** 《미국의 목성 · 토성 탐사 위성》 ☜ -er(사람)

□ en**voy** [énvɔi, ɑ́ːn-] ⓜ (외교) **사절, 특사** ☜ ~안으로(en<in) 보내다(voy)
♠ a peace **envoy** 평화 **사절**

✚ con**vey** **나르다, 운반[전달]하다** con**vey**er, -or **컨베이어**, 운반 장치 con**voy** **호송[호위](하다)**

비전 vision (미래상), 텔레비전 television

♣ 어원 : vis(e), vi, vy 보다, 지켜보다, 들여다보다

■ **vis**ion [víʒən] ⓜ **시력**, 시각; 상상력; 환상; **미래상, 비전** ☜ 보는(vis) 것(ion)

■ tele**vis**ion [téləvìʒən/**텔**러뷔전] ⓜ **텔레비전** 《생략: TV》
☜ 멀리서<원격으로(tele) 보는(vis) 것(ion)

□ en**vi**able [énviəbl] ⓗ 부러운, 탐나는, 바람직한 ☜ envy + able<형접>

□ en**vi**ous [énviəs] ⓗ **시기심[질투심]이 강한** ☜ envy + ous<형접>

□ en**vy** [énvi] ⓜ **질투**, 선망, 선망의 대상 ⓢ 부러워하다 ☜ 안을(en<in) 들여다보다(vy)
♠ Korean television is **the envy** of the world.
한국 텔레비전은 전 세계의 **부러움**을 사고 있다.

✚ ad**vise** **충고[조언]하다**, 권하다 de**vise** **궁리하다, 고안하다** in**vid**ious 비위에 거슬리는, 불쾌한; 불공평한 re**vise** **개정하다; 교정[수정]하다** super**vise** **관리[감독]하다** **vis**it **방문하다**

에오스 Eos ([그神] 여명의 여신)

□ **Eos** [íːɑs/-ɔs] ⓜ 『그.신화』 **에오스** 《여명 · 새벽의 여신, 로마신화의 Aurora에 해당》

에페 epee ([펜싱] 끝이 뾰족한 시합용 검)

□ **epee** [eipéi, épei] ⓜ 《F.》 『펜싱』 **에페** 《끝이 뾰족한 경기용 검;
이 검으로 겨루는 경기》 ☜ 고대 프랑스어로 '창'이란 뜻.
※ **펜싱의 종류**
· 에페(epee) : 전신찌르기만 가능
· 플뢰레(fleuret) : 상체찌르기만 가능 ☜ 프랑스어로 '작은 꽃'이란 뜻
· 사브르(sabre) : 전신 베기, 찌르기 가능 ☜ 헝가리어로 '자르는 도구'란 뜻

에픽드라마 epic drama (관객의 비판적 사고를 촉구하는 서사극)

♣ 어원 : epi, epo 말; 말하다, 노래하다

□ **epic** [épik] ⓜ **서사시, 사시**(史詩) 《영웅의 업적 · 민족의 역사 등을 노래한 장시(長詩)》
☜ 그리스어로 '말, 이야기'란 뜻
♠ one of the great Hindu **epics** 위대한 힌두 **서사시** 중 한 편

□ **epic** drama **에픽 드라마** 《관객들에게 사회문제에 대한 비판적 사고를 촉구하는 서사극》

☜ drama(극, 연극, 희곡)

■ **epos** [épɑs/épɔs] [명] 초기의 원시적 구전(口傳) 서사시; 서사시
☜ 고대 그리스어로 '말, 노래, 서사시'란 뜻

□ **epicenter**(진원지, 진앙; 중심점) ➔ **episode**(삽화, 에피소드) **참조**

데모크러시 democracy (민주주의), 데마고그 demagog(ue) (민중 선동가)

♣ **어원 : dem, demo 국민, 민중, 사람들**

■ **demo**cracy [dimάkrəsi/-mɔ́k-] [명] **민주주의**; 민주정치(정체)
☜ 국민(demo)에 의한 정치(cracy)

■ **dem**agogue [déməgɔ̀:g, -gὰg/-gɔ̀g] [명] (민중) 선동자; 선동 정치가; (옛날의) 민중의 지도자 [동] (말·연설 등을) 과장해서 말하다 ☜ 민중(dem)의 지도자(agogue)

□ epi**dem**ic [èpədémik] [명] 유행병, **전염병** [형] 유행병(전염병)의
☜ 사람들(dem) 사이(epi=among) 의(ic<형접>)
♠ a typhoid **epidemic** 장티푸스 **전염병**

□ epi**dem**iology [èpədi:miάlədʒi, -dèmi-] [명] 역학(疫學), 전염병학, 유행병학
☜ 사람들(dem) 사이(epi=among)의 + o + 학문(logy)

■ en**dem**ic [endémik] [형] 풍토병의, 풍토성의, 유행병의; 특산의
☜ 사람들(dem) 안(en<in) 의(ic<형접>) [비교] endermic 피부에 바르는

제로더마 xeroderma ([의학] 피부 건조증)

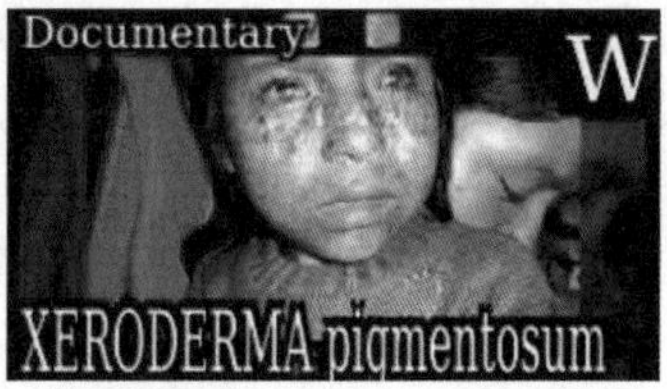

♣ **어원 : derm 피부, 가죽, 껍질 // dermat(o) 피부의**

■ xero**derm**a [zìərədə́:rmə, -miə] [명] 피부 건조증, 건피증
☜ 건조한(xero) 피부(derm) 증(症)(a)

■ **derm, derm**a [də:rm], [də́:rmə] [명] 진피(眞皮); [일반적] 피부 (=skin), 외피 ☜ 그리스어로 '피부, 가죽'이란 뜻

□ epi**derm**al, -ic [èpədə́:rməl], [-ik] [형] 표피의, 외피의 ☜ 피부(derm) 위/표면(epi=on) 의(al/ic<형접>)
♠ **epidermal tissue 표피조직**

□ epi**derm**is [èpədə́:rmis] [명] 표피, 상피, 외피(外皮) ☜ 피부(derm) 위/표면(epi=on)의 것(is<명접>)

■ taxi**derm**y [tǽksidə̀:rmi] [명] 박제술 ☜ 피부(derm)를 정리하는(taxi) 기술(y<명접>)

에필로그 epilogue (후기, 맺음말)

♣ **어원 : epi, epo ~위에(=on), ~안에(=in), ~에(=to), ~사이로(=inter)**

□ **epi**center, 《영》 -tre [épisèntər] [명] 『지질』 진앙(震央), 진원지(震源地); 《미》 (권력 등의) 중심; 중핵
☜ ~위에(epi) 중심(center)이 되는 지점
♠ **earthquake epicenter 지진 진원지**

□ **epi**central [èpiséntrəl] [형] 진앙의 ☜ -epicentre + al<형접>

□ **epi**gram [épigræ̀m] [명] **경구**(警句); (짧은) **풍자시** ☜ ~ 위에(epi) 걸린 글(gram)
♠ compose **an epigram 경구**를 짓다

□ **epi**grammatic(al) [èpigrəmǽtik(əl)] [형] 경구(警句)의; 풍자(시)의; 경구투의
☜ epigram + m<단모음+단자음+자음반복> + atic(al)<형접>

□ **epi**graph [épigræ̀f, épigrὰ:f] [명] (건물·묘비·동상 등의 돌기둥에 새긴) 비문, 비명
☜ ~위에(epi=on) 쓰여진 기록(graph)
♠ **calligraphy of epigraph 비명(碑銘)[제명(題銘)]의 서예**

□ **epi**graphy [epígrəfi] [명] [집합적] 비문, 비명(碑銘); 금석학(金石學) ☜ -y(성질, 학문)

□ **epi**graphic(al) [èpəgrǽfik(əl)] [형] 미병의; 비명 연구의, 금속학의 ☜ epigraphy + ic(al)<형접>

□ epi**logue** [épilɔ̀:g, -lὰg/épilɔ̀g] [명] **끝맺음말**; **에필로그**; 후기, 폐막사
☜ ~위에(epi) (덧붙여) 말함(logue)
♠ **an epilogue** of a novel 소설의 **후기**

□ **epi**stle [ipísl] [명] 《우스개》 (특히 형식적인) **편지, 서한** ☜ ~에게(epi) 보낸(것)(stle=send)
♠ **the Epistle** to the Romans (Galatians) 로마(갈라디아)**서(書)**

□ **epi**stler [ipíslər] [명] 서간(편지)의 필자; (흔히 E-) 『성서』 사도 서간의 필자[낭독자]
☜ epistle + er(사람)

□ **epi**stolary [ipístəlèri/-ləri] [형] 편지(신서(信書), 서간)의(에 의한); 서한체의
☜ ~에게(epi) 보낸(것)(stol<stle=send) 의(ary)

에피소드 episode (삽화적인 일, 재미있는 비화) ➔ anecdote

♣ **어원 : epi, epo ~위에(=on), ~안에(=in), ~에(=to), ~사이로(=inter)**

□ **epi**sode [épəsòud, -zòud] [명] (소설·극의) **삽화**(揷話), **에피소드**

☜ ~사이에(epi) 끼워 넣는(sode) 그림
♠ a funny **episode** 재미있는 **삽화**

☐ **epi**sodic(al) [èpəsάdik(əl)/èpisɔ́d-] ⓗ 에피소드적인; 삽화로 이루어진; 우연적인
☜ episode + ic(al)<형접>

☐ **epi**taph [épətæ̀f, -tὰ:f] ⓜ **비명**(碑銘), **비문**, 묘비명 ☜ ~위에(epi) + 묘(taph)
♠ **an epitaph** on a tombstone 묘**비명**

☐ **epi**thet [épəθèt] ⓜ **형용어구**; **별명**, 칭호; 욕설 ☜ ~위에(epi) 놓은(말)(thet)
♠ **the epithet** 'humanist' '인도주의자'라는 **칭호**

☐ **epi**tome [ipítəmi] ⓜ 대강의 줄거리, 개략, 대요, 요약, 초록
☜ ~속으로(epi=into) 자르다(tome=cut)

☐ **epi**tomize [ipítəmàiz] ⓢ ~을 요약하다, 개괄하다 ☜ epitome + ize<동접>

☐ **epo**ch [épək/í:pɔk] ⓜ **중요한 사건[시대]**; (역사·정치 등의) **신기원**, 새시대
☜ ~위에(on) (시간이) 멈추다(ch)
♠ make 〔mark, form〕 **an epoch 하나의 신기원**을 이루다

☐ **epo**ch-making [épəkmèikiŋ/í:pɔk-] ⓗ **획기적인**, 신기원을 이루는(=epochal)
☜ epoch + 만들(make) 기(ing<명접>)
♠ an **epoch-making** event **획기적인** 사건

☐ **epo**nym [épounìm] ⓜ 이름의 시조(始祖)《유래가 되는 인물》
☜ 맨 위의(epo) 이름(nym=name)

☐ **epo**nymous [ipάnəməs/ipɔ́n-] ⓗ 이름의 시조가 되는; 시조의 이름을 붙인
☜ eponym + ous<형접>

이퀄 equal (같은(=))

♣ 어원 : equ(i) 같은, 같게

☐ **equ**al [í:kwəl/**이**-퀄/**이**-퀄] ⓗ **같은, 동등한** ⓜ 동등〔대등〕한 사람 ⓢ ~와 같다〔대등하다〕
☜ 공평(equ) 한(al)
♠ **be equal to ~ ~와 같다, ~에 비등하다, ~을 감당할 수 있다**

☐ **equ**alize [í:kwəlàiz] ⓢ 같게 하다; 평등〔동등〕하게 하다 ☜ -ize<동접>

☐ **equ**ality [i(:)kwάləti/-kwɔ́l-] ⓜ **같음; 동등**; 대등; 평등 ☜ -ity<명접>

☐ **equ**ally [í:kwəli] ⓑ **같게, 동등[평등]하게** ☜ -ly<부접>

☐ **equ**al(s) sign **이퀄**기호(=) ☜ sign(기호, 표시, 부호, 신호; 서명하다)

☐ **equ**animity [ì:kwəníməti, èk-] ⓜ (마음의) 평정(平靜); 침착; 냉정; 체념, 운명의 감수
☜ (평상시와) 같은(equ) 마음(anim) 임(ity<명접>)
♠ **with equanimity 침착하게, 태연히**

☐ **equ**animous [i:kwǽnəməs] ⓗ 평정한, 냉정한, 침착한 ☜ -ous<형접>

☐ **equ**ate [ikwéit] ⓢ 같게 하다; 동등하다고 생각하다 ☜ 같게(equ) 하다(ate)

☐ **equ**ation [i(:)kwéiʒən, -ʃən] ⓜ **같게 함**, 균등화; 평균; 균분; 평형 상태
☜ 같게(equ) 하(ate) 기(ion<명접>)

☐ **equ**ational [i:kwéiʒənəl, -ʃənəl] ⓗ 방정식의; 균분의; 균등한 ☜ -al<형접>

☐ **equ**ator [ikwéitər] ⓜ (the ~) **적도** ☜ 같게(equ) 만든(ate) 것(or)

☐ **equ**atorial [èkwətɔ́:riəl, ì:k-] ⓗ **적도의**, 적도 부근의 ☜ -ial<형접>

☐ **Equ**atorial Guinea 적도**기니** 《적도 아프리카 서쪽 끝의 공화국. 수도 말라보(Malabo)》
☜ 적도의(Equatorial) 검은 사람의 땅(Guinea)

☐ **equi**libration [i:kwiləbréiʃən] ⓜ 평형, 균형, 평균(상태)
☜ 같은(equi) 균형(libri)을 잡는 것(ation<명접>)

☐ **equi**librist [ikwíləbrist] ⓜ 줄타기 광대, 곡예사 ☜ -ist(사람)

이퀄 equal (같은(=)), 이쿼녹스 Equinox (한국GM 쉐보레의 중형 SUV 자동차)

♣ 어원 : equ(i) 같은, 같게

☐ **equi**librium [ì:kwəlíbriəm] ⓜ **평형상태**, 균형; (마음의) 평정
☜ 같은(equi) 균형(libri) 상태(um<명접>)

☐ **equi**nox [í:kwənὰks/-nɔ̀ks] ⓜ **주야 평분시**, 춘〔추〕분
☜ 같은(equi) 밤(nox 밤의 여신) ⇨ 밤과 낮의 길이가 같은 시기
★ 쉐보레 '이쿼녹스(Equinox)'는 낮과 밤의 길이가 완벽하게 균형을 이루듯 디자인, 성능, 첨단 안전사양이 완벽한 균형을 이룬 차라는 뜻이라고 함.
♠ the autumnal 〔vernal〕 **equinox** *가을[봄]* ***주야 평분시*** ➔ 추〔춘〕분

THE ALL-NEW 2018
CHEVROLET EQUINOX

☐ **equi**table [ékwətəbəl] ⓗ 공정〔공평〕한, 정당한 ☜ 같게(equi) 평평한(table)

☐ **equi**ty [ékwəti] ⓜ **공평**, 공정; 정당 ☜ 같게 한(equi) 것(ty)

☐ **equi**valent [ikwívələnt] ⓗ **동등한**, 같은; (가치·힘 따위가) 대등한
☜ 같은(equi) 가치(val) 의(ent<형접>)

☐ **equi**valence, lency [ikwívələns, -i] ⓜ 같음; 등가

☜ 같은(equi) 가치(val)의 것(ence<명접>)

□ **equi**vocal [ikwívəkəl] ⓗ 두 가지 (이상의) 뜻으로 해석할 수 있는, (뜻이) 애매〔모호〕한, 다의적인; 어정쩡한; 의심스런 ☜ 같은(equi) 목소리(voc) 의(al<형접>)
♠ **an equivocal answer** 〔attitude〕 **분명치 않은 대답** 〔태도〕

□ **equi**vocally [ikwívəkəli] ⓑ 여러 가지 뜻으로; 애매하게 ☜ -ly<부접>

✚ co**equ**al 동등한[동격의] (사람) in**equ**ality **같지 않음, 불평등**, 불공평 ad**equ**ate **적당한, 충분한**

앙케이트 < 앙케트 enquete ([F.] 소규모의 여론조사) ➔ questionnaire, survey

♣ **어원 : quest, quisit, quir(e), query, quet, quip 찾다, 구하다; 묻다, 요구하다**

■ en**quet**e [ɑːŋkét; [F.] ɑkɛt] ⓜ **앙케트** 《똑같은 질문에 대한 여러 사람의 답변을 얻는 소규모의 설문 조사》
☜ 라틴어로 '안에서(en<in) 찾다(quet) + e

□ e**quip** [ikwíp] ⓓ (~에 필요물을) **갖추다**, 장비하다
☜ ~하도록(e<en) 요구하다(quip)
♠ **be equipped with ~ ~을 갖추고 있다, ~이 장비되어 있다**
♠ **equip oneself (for, with) ~ 몸차림하다, 갖추다, 몸에 지니다**

□ e**quip**age [ékwəpidʒ] ⓜ 장비, 도구 한 벌; 마차 ☜ -age<집합적 명접>

□ e**quip**ment [ikwípmənt] ⓜ (종종 pl.) [집합적] **장비, 설비, 비품**; 능력; 준비 ☜ -ment<명접>

✚ ac**quir**e **얻다**, 취득[획득]하다 con**quer** **정복[공략]하다** en**quir**e **묻다**, 문의하다 in**quir**e **묻다**, 문의하다 re**quir**e **요구하다, 필요로 하다** **quest 탐색**, 탐구, 추구 **que**stion **질문, 물음, 의심; 문제** **que**stion mark **물음표**(?) **que**ry **질문(하다)**

아~ ah (감탄사)

■ **ah** [ɑː/아-] ⓖ **아아!** 《고통・놀라움・연민・한탄・혐오・기쁨 등을 나타냄》

■ **aha, ah ha** [ɑːhɑ́ː, əhɑ́ː], [ɑːhɑ́ː] ⓖ **아하!** 《기쁨・경멸・놀라움 따위를 나타냄》

■ **alas** [əlǽs, əlɑ́ːs] ⓖ **아아, 슬프도다, 불쌍한지고** 《슬픔・근심 등을 나타냄》

■ **aw** [ɔː] ⓖ 《미・Sc.》 **오!, 제기랄!, 에이!, 흥!** 《항의・혐오 따위를 나타냄》

■ **oh** [ou/오우] ⓖ **오오, 앗, 어허, 아아** 《놀람・공포・비탄・고통 등의 감정을 나타냄》

□ **er** [əːr] ⓖ **에에, 저어** 《망설이거나 말이 막혔을 때에 내는 소리》

연상 ▸ **모든 선수들의 목표는 올해가 에러(error.실수)를 최소화하는 이러(era.시대)가 되는 것이다.**

※ **error** [érər] ⓜ **잘못, 실수**, 틀림
☜ 라틴어로 '헤매다(err) + or<명접>'란 뜻

□ **era** [íərə, érə] ⓜ 기원; **연대**, (역사상의 중요한) **시대**, 시기
☜ 라틴어로 '시간이 계산되는 시대'란 뜻
♠ the Christian **era** 서**기**, 서력**기원**

레이시즘 racism (인종주의)

인간을 생물학적 특징에 따라 우열을 가르고, 불평등한 억압을 합리화하는 사고방식 또는 욕망. 인종주의는 고대 그리스에서도 찾아볼 수 있으며, 근대적 형태는 프랑스의 고비노가 1850년에 집필한 '인종불평등론'이 전형적인 실례이다. 이런 사고는 H.S.체임벌린의 '아리안 인종론'과 함께 나치독일 세계관의 기초를 이루었고, 20세기 파시즘 사상으로 이어진다. <출처 : 21세기 정치학대사전>

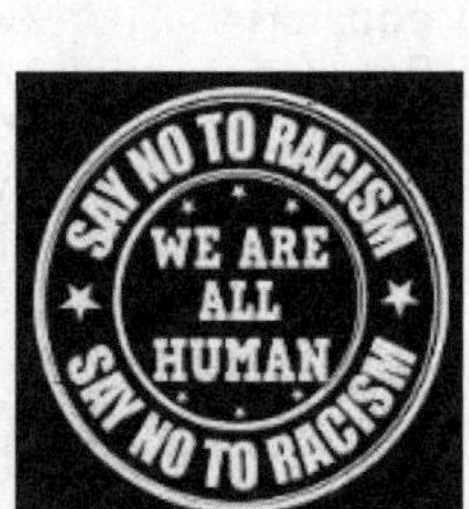

< 반인종주의 캠페인 로고 >

♣ **어원 : raci, radic 뿌리**

■ **raci**sm [réisizəm] ⓜ **인종차별주의**〔정책〕; 민족우월의식
☜ 뿌리<인종(raci) 주의(sm)

■ **radic**al [rǽdikəl] ⓗ **근본적인**; 급진적인, 과격한 ⓜ 급진당원 ☜ 뿌리(radic) + al<형접/명접>

□ e**radic**ate [irǽdəkèit] ⓓ 뿌리째 뽑다; **근절하다**, 박멸하다
☜ 밖으로(e<ex) 뿌리(radic)를 뽑다(ate)
♠ **eradicate** AIDS 에이즈를 **퇴치하다**

□ e**radic**ation [irӕdəkéiʃən] ⓜ 뿌리째 뽑음; **근절**; 박멸 ☜ -ation<명접>

□ e**radic**ator [irǽdəkèitər] ⓜ 제초기, 제초제; 《특히》 얼룩 빼는 약, 잉크 지우개
☜ eradicate + or(사람/기계/주체)

이레이저 eraser (미국 액션 영화. <지우개>란 뜻)

1996년 개봉한 미국 액션 영화. 아놀드 슈왈제네거 주연. 방산업체의 기밀을 알게 된 회사 여직원을 제거하려는 검은 세력과 그녀를 보호하려는 세력간 격돌하게 된다는 이야기.

© Warner Bros.

♣ 어원 : ras(e), rod, rab, rat 문지르다, 할퀴다, 갉다

□ erase [iréis/iréiz] ⓢ **~을 지우다**; 말소(말살·삭제)하다
☜ 밖으로(e<ex) 문지르다(rese)
♠ **erase** memory 기억을 **지우다**

□ eraser [iréisər/-zər] ⓜ 지우는 사람; **지우개** ☜ erase + er(사람/물건)

□ erasion [iréiʒən] ⓜ 말소, 삭제 ☜ -ion<명접>

□ erasure [iréiʃər] ⓜ 지워 없앰; 말소, 삭제 ☜ -ure<명접>

✚ **rod**ent 갉는; 설치류의 (동물) 《쥐·토끼 따위》 **rab**bit **(집)토끼**; 겁쟁이 **rat** **쥐**; 변절[배신]자

E

에라스무스 Erasmus (네델란드의 인문학자. 문예부흥운동가)

□ **Erasmus** [irǽzməs] ⓜ **에라스무스** 《Desiderius ~, 네덜란드의 인문주의자·신학자; 1466?-1536》 ★ 1511년 교회의 타락상과 부패를 고발하여 집필한 『우신예찬(愚神禮讚)』은 종교개혁에 많은 영향을 미쳤다.

에라스투스 Erastus (스위스의 의사. 신학자)

□ **Erastus** [irǽstəs] ⓜ **에라스투스** 《Thomas ~, 스위스의 의사·신학자; 1524-83》

□ **Erastian**ism [irǽstʃənìzm/-tiən-] ⓜ **에라스투스**설 《종교는 국가에 종속되어야 한다는 설(說)》
☜ -ism(~주의, ~학설)

얼리 어답터 early adopter (신제품의 소비자·평가자)

■ **early** [ə́ːrli/**얼**-리] ⓟ **일찍이, 일찍부터** ⓗ (-<-li**er**<-li**est**) **이른**
☜ 고대영어로 '이전에'란 뜻 ⓑ late 늦은, 늦게

□ **ere** [εər] ⓙ 《시어·고어》 ~의 전에, ~에 앞서(=before) ⓙ **~하기 전에**(=before); 《시어·고어》 ~보다는 차라리(=rather than) ☜ 독일어로 air ➔ eher ➔ ere(=early)
♠ I would die **ere** I would consent. 승낙**하느니 차라리** 죽는 편이 낫다.

※ **adopt**er [ədάptər/ədɔ́pt-] ⓜ 채용(채택)자; 양부모 ☜ 채용한(adopt) 사람(er)

다이렉트, 디렉트 direct (중간 매개없이 직접적인)

♣ 어원 : rect 직접의, 똑바른; 옳은

■ di**rect** [dirékt/디**렉**트/dairékt/다이**렉**트] ⓗ **직접적인, 직행의** ⓢ **지시[명령]하다**
☜ 따로(di<dis=apart) 직접(rect)

□ e**rect** [irékt] ⓗ **똑바로 선** ⓢ **직립시키다, 세우다** ☜ 밖으로<위로(e<ex=on) 똑바른(rect)
♠ **erect** a tower 탑을 **쌓다**

□ e**rect**ion [irékʃən] ⓜ **직립**, 기립, 건설, 설립 ☜ erect + ion<명접>

□ e**rect**ly [iréktli] ⓟ 수직으로, 직립하여 ☜ -ly<부접>

□ e**rect**or [iréktər] ⓜ erect하는 사람(것); 창설자, 설립자; 〖해부학〗 발기근
☜ 밖으로<위로(e<ex=on) 똑바르게(rect) 세우는 사람(것)(or)

✚ cor**rect** **옳은, 정확한;** 바로잡다 cor**rect**ion **정정, 수정**, 교정 di**rect**ion **지도**, 지휘; 감독; **방향** indi**rect** **똑바르지 않은**, 우회하는; **간접적인**

□ **erode**(부식하다, 침식하다) ➔ **erosion**(부식, 침식) **참조**

에로스 Eros ([그神] 연애의 신(神)), 에로틱 erotic

♣ 어원 : ero 성적 사랑, 열정적 사랑

□ **Ero**s [íərαs, érαs/íərɔs, érɔs] ⓜ 〖그.신화〗 **에로스** 《Aphrodite의 아들이며 사랑의 신》; (e~) 성애(性愛)

□ **ero**tic [irάtik/irɔ́t-] ⓗ **성애의**, 애욕의 ⓜ 호색가, 연애시
☜ 성적 사랑(ero) + tic<형접/명접>
♠ take an **erotic pose** **에로틱한 포즈**를 취하다

□ **ero**tica [irάtikə/irɔ́t-] ⓜ (pl.) 성애를 다룬 문학(예술); 춘화
☜ erotic + a(작품<명접>)

□ **ero**ticism [irάtəsìzəm/irɔ́t-] ⓜ **에로티시즘**; 호색성; 성욕 ☜ -ism(성향)

이레이저 eraser (미국 액션 영화. <지우개>란 뜻)

1996 년 개봉한 미국 액션 영화. 아놀드 슈왈제네거 주연. 방산업체의 기밀을 알게 된 회사 여직원을 제거하려는 검은 세력과 그녀를 보호하려는 세력간 격돌하게 된다는 이야기.

♣ **어원 : ras(e), rab, rat, rod, ros 문지르다, 할퀴다, 갉다**

■ eras**e** [iréis/iréiz] ⓢ **~을 지우다**; 말소(말살 · 삭제)하다 ☜ 밖으로(e<ex) 문지르다(rese)

■ eras**er** [iréisər/-zər] ⓜ 지우는 사람; **지우개** ☜ erase + er(사람/물건)

□ e**ros**ion [iróuʒən] ⓜ **부식**; 침식 ☜ 밖으로(e<ex) 갉아먹는(ros) 것(ion)
  ♠ **wind erosion 풍식작용**

□ e**ros**ive [iróusiv] ⓗ 부식(침식)성의, 침식의; 파괴하는 ☜ -ive<형접>

□ e**rod**e [iróud] ⓢ 부식(침식)하다; 부식시키다 ☜ 밖으로(e<ex) 갉아먹다(rod) + e

corr**os**ion [kəróuʒən] ⓜ 부식(작용), 침식 ☜ 함께(cor<com) 갉아먹는(ros) 것(ion)

E

에러 error (실수, 실책)

♣ **어원 : err 헤매다**

□ **err** [əːr, ɛər] ⓢ **잘못[실수]하다**, 틀리다 ☜ 라틴어로 '헤매다'란 뜻

□ **err**oneous [iróuniəs] ⓗ **잘못된**, 틀린 ☜ 틀린(err) 것(one) 의(ous<형접>)

□ **err**or [érər] ⓜ **잘못**, 실수, 틀림 ☜ 라틴어로 '헤매는(err) 것(or<명접>)'이란 뜻
  ♠ **make an error 실수를 범하다**
  ♠ **be in error 잘못 생각하고 있다**

연상 이랜드(E-Land) 그룹에 에런드(errand.심부름) 좀 다녀와라.

※ **E-Land** Group **이랜드 그룹** 《패션 · 유통 · 의식 · 건설 등의 사업을 진행중인 이랜드브랜드를 기반으로 한 한국의 기업》 ★ 창업자 박성수 회장은 28세에 이화여자대학교 앞에서 <잉글런드>라는 이름의 보세의류가게를 시작했고, 1986년 잉글런드라는 이름을 <E-Land>로 변경하고 법인화하여 성장시켰다.

□ **errand** [érənd] ⓜ **심부름** ☜ 고대영어로 '전갈, 전하는 말'이란 뜻
  ♠ **go (on) errands = run errands 심부름 가다.**
  ♠ **go on a fool's** (a gawk's) **errand 헛걸음하다, 헛수고하다.**

연상 누드(nude.나체)의 여자가 루드(rude.무례한)하게 굴었다.

♣ **어원 : rud(e) 날것의, 거친, 무식한, 무례한**

※ **nude** [njuːd] ⓗ **발가벗은, 나체의** ☜ 라틴어로 '옷을 걸치지 않은'이란 뜻

■ **rude** [ruːd] ⓗ **버릇없는**, 무례한(=impolite), 실례의; 교양이 없는, 야만의 ☜ 라틴어로 '날것'이란 뜻.

□ e**rud**ite [érjudàit] ⓗ 박식한, 학식이 있는 ☜ 무식(rud)이 없(e<ex) 는(ite<형접>)
  ♠ He's **erudite on** the topic of politics. 그는 정치**에 관해서 박식하다**.

□ e**rud**itely [érjudàitli] ⓟ 박학하게 ☜ erudite + ly<부접>

□ e**rud**ition [èrjudíʃən/èruː-] ⓜ (특히 문학 · 역사 등의) 박학, 박식; 학식 ☜ erudite + ion<명접>

방카로타 bankarotta ([It.] 파산. <부서진 벤치>라는 뜻)

중세 이탈리아의 환전소를 방카(banka)라 하는데, 이들이 고객을 속였을 경우 행정관이 이 방카를 부쉈다(rotta)는 데서 유래하였다.

♣ **어원 : rupt 부수다, 깨다 // rot 썩은, 부서진**

■ **rot**ten [rátn/rɔ́tn] ⓗ **썩은**, 부패한; 냄새 고약한, 더러운 ☜ 썩다(rot) + t<단모음+단자음+자음반복> + en<형접>

■ bank**rupt** [bǽŋkrʌpt] ⓜ **파산자, 지불불능자** ⓗ **파산한** ☜ 환전상의 책상(bank)이 파괴된(rupt)

□ e**rupt** [irʌ́pt] ⓢ 분출하다, 폭발하다; (피부가) 발진하다 ☜ 밖으로(e<ex) 깨고(rupt) 나오다
  ♠ A volcano **erupted**. 화산이 **폭발했다**

□ e**rupt**ion [irʌ́pʃən] ⓜ (화산의) **폭발, 분화; 발진** ☜ -ion<명접>

□ e**rupt**ive [irʌ́ptiv] ⓗ 분출(폭발)하는; 폭발적인, 폭발성의 ☜ -ive<형접>

✚ ab**rupt** 느닷없는, 갑작스러운, **뜻밖의** cor**rupt** **타락한, 부패한**, 부정한 cor**rupt**ion **타락; 퇴폐** inter**rupt** **가로막다**, 저지하다, **중단시키다** ir**rupt** 침입(돌입)하다

그 사업은 스케일(scale.규모)이 크다, 에스컬레이터 escalator (자동식 계단)

♣ 어원 : scal 사다리, 계단, 단계; 기어오르다, 올라가다

■ **scal**e [skeil] ⓜ **저울눈, 저울접시**; 척도; **비례**, 비율; **규모; 등급; 비늘** ⓢ 무게를 달다; 기어오르다; 비늘을 벗기다
☜ 단계(scal)적인 것(e)

□ e**scal**ade [èskəléid] ⓜ 사다리 오르기, 성벽 기어오르기
☜ 위로(e<ex=up) 오르(scal) 기(ade)

□ e**scal**ate [éskəlèit] ⓢ **단계적으로 확대[증대 · 강화 · 상승]시키다**
☜ 위로(e<ex=up) 오르(scal) 다(ate)
♠ **escalate** a war 전쟁을 **단계적으로 확대하다**.

□ e**scal**ation [èskəléiʃən] ⓜ 점증, (특히 군사상의) 단계적 확대 ☜ -ion<명접>

□ e**scal**ator [éskəlèitər] ⓜ **에스컬레이터**, 자동식 계단 ☜ escalate + or(기계)

E

케이프타운 Cape Town (남아프리카공화국 최남단의 항구도시)
키보드의 취소키 Esc. = escape (탈출, 도피)

♣ 어원 : cape, cap 머리

■ **cape** [keip] ⓜ **곶**(=headland), **갑**(岬) ☜ 라틴어로 '머리'라는 뜻

□ es**cap**able [iskéipəbl] ⓗ 도망칠(피할) 수 있는 ☜ 도망칠(escape) 수 있는(able)

□ es**cap**ade [éskəpèid] ⓜ 모험; 탈선행위, 엉뚱한 장난 ☜ -ade(행위)

□ es**cape** [iskéip/이스**께**이프] ⓢ **탈출[도망]하다**, 벗어나다 ⓜ 탈출, 도망 ☜ 두목(cape)이 밖으로(es<ex) 달아나다
♠ **have a narrow (hairbreadth) escape 구사일생하다**
♠ **have an escape 달아나다**
♠ **escape from ~ ~에서 도망하다[달아나다]**

Esc

□ es**cap**ee [iskeipíː] ⓜ 도망(도피 · 탈주)자, 탈옥수 ☜ -ee(사람)

□ es**cap**ement [iskéipmənt] ⓜ 도피구, 누출구 ☜ -ment<명접>

□ es**cap**ism [iskéipìzəm] ⓜ 현실 도피(벽(癖)), 도피주의 ☜ -sm(~주의)

※ **town** [taun/타운] ⓜ **읍**; (the ~) 도회지
☜ 고대영어로 '울타리를 둘러친 곳, 집들이 모여 있는 곳'이란 뜻

에스코트 escort (호위, 호송)

□ **escort** [éskɔːrt] ⓜ **호송대**(자), 호위자(들); 호위 부대; 호위, 호송 (=convoy) [iskɔ́ːrt, es-] ⓢ 호위(호송)하다
☜ 밖에(es<ex) 바로 세우다(cort)
♠ **escort** a prisoner 죄수를 **호송하다**

에스키모 Eskimo (북극지방에 사는 인종, 이누이트족)

□ **Eskimo** [éskəmòu] ⓜ (pl. **-s, -**) **에스키모**인(말); **에스키모**종의 개 ⓗ **에스키모**의
☜ '날고기를 먹는 사람들'이란 뜻

□ **Eskimo** dog **에스키모**개 《썰매개》 ☜ dog(개)

스페셜 special (특별한)

♣ 어원 : spec, spect 보다(=see), 보이다

■ **spec**ial [spéʃəl/스**뻬**셜] ⓗ **특별한**, 전문의, 특별용의; 파격적인 ⓜ 특별한 사람(것)
☜ e**special**의 두음 소실

□ e**spec**ial [ispéʃəl] ⓗ **특별한**, 특수한 ☜ e + 눈에 보이(spec) 는(ial<형접>)
★ 고대 로마어에서 sc-, sp-, st- 앞에 발음이 쉽도록 i를 붙였다가 다시 e로 변형됨.
♠ a matter of **especial** importance **특별히** 중요한 문제

□ e**spec**ially [ispéʃəli/이스**뻬**셜리] ⓟ **특히**, 유달리 ☜ especial + ly<부접>

✚ ex**pect** **기대[예상]하다** in**spect** **점검[검사, 시찰]하다** pro**spect** **전망; 예상**, 기대 re**spect** **존경**, 경의, 존중; **존경하다** su**spect** 짐작하다; **의심하다;** 용의자 **spec**ies **종류**; 인종; 『생물』 **종**(種)

에스페란토 Esperanto (폴란드의 자멘호프가 창안한 국제 공용언어)

□ **Esperanto** [èspərǽntou, -rάːn-] ⓜ **에스페란토** 《폴란드의 언어학자 L. L. Zamenhof(1859-1917)가 창안한 국제 보조어》; (때로 e-) (인공) 국제어(기호) ☜ 자멘호프의 필명인 '에스페란토([Sp.]

a b c ĉ d e f
g ĝ h ĥ i j ĵ
k l m n o p r
s ŝ t u ŭ v z

Esperanto: 희망하는 사람)'를 언어명으로 삼았다.

에스프레소 espresso (분말에 스팀을 통과시켜 만드는 에스프레소 커피)

☐ **espresso** [esprésou] ⓜ (pl. **-s**) 《It.》 **에스프레소** 《커피의 일종; 검게 구운 커피; 가루에 스팀을 쐬어 진하게 만듦》
☜ 이탈리아어로 '밖으로(es<ex) 밀어낸/짜낸(press) 것(o)'

■ ex**press** [iksprés/익스프**레**스] ⓢ (감정 등을) **표현[표시]하다** ⓗ **명시된; 명백한**; 《미》 **지급운송편의; 급행의** ⓜ **속달편**; 급행열차
☜ 밖으로(ex) 누르다<밀어내다(press)

E

스폰서 sponsor (후원자)

♣ 어원 : **spond, spons, spous (대)답하다, 약속하다, 서약[보증]하다**

■ **spons**or [spάnsər/spɔ́n-] ⓜ **보증인**(=surety), **후원자, 스폰서** ⓢ **후원하다**
☜ 약속하는(spons) 사람(or)

☐ e**spous**e [ispáuz, es-] ⓢ 장가들다; (주의·설을) 지지〔신봉〕하다
☜ e + spouse(배우자; 결혼하다). ★ 고대 로마어에서 발음하기 불편한 sc-, sp-, st- 단어들앞에 i-가 붙었다가 다시 e-로 변형됨.
♠ Many people **espouse** democracy. 많은 사람들이 민주주의를 **신봉한다**

✚ re**spond** **응답[대답]하다** **spous**e **배우자**; (pl.) 부부; 《고어》 ~와 결혼하다〔시키다〕

스파이 spy (첩보원, 간첩)

♣ 어원 : **spi, spy 보다, 주시하다, 감시하다**

■ **spy** [spai] ⓜ **스파이**, 밀정, 간첩 ⓢ 감시하다
☜ 고대 프랑스어로 '감시하다, 정탐하다'란 뜻

☐ e**spi**al [espáiəl] ⓜ 정찰; 탐정 행위, 탐색; 감시, 관찰; 발견; 스파이 활동 ☜ 감시를(spi) 한(e<en) 것(al<명접>)

☐ e**spi**onage [éspiənὰːʒ, -niʒ, -nάːʒ] ⓜ 간첩〔탐정〕 행위; 정찰; 첩보 활동; 탐색 ☜ 중세 프랑스어로 '간첩(espion) 행위를 하는 것(age<명접>)' 이란 뜻

☐ e**spy** [espái] ⓢ **찾아내다**; ~을 알아채다; 정찰〔관찰〕하다
☜ 고대 프랑스어로 '감시를(spy) 하다(e<en)'란 뜻
♠ She **espied** someone waving at her from the window.
그녀는 누군가가 창문에서 그녀에게 손을 흔들고 있는 것을 **알아챘다.**

에스콰이어 Esquire (한국 구두류·핸드백·잡화 제조 및 도소매업체)

♣ 어원 : **squire 멋진 남자**

☐ **Esq.** e**squire** [eskwáiər, éskwaiər] ⓜ 《영》 **향사**(鄕士) 《기사 바로 밑의 신분》; (E-) **씨, 님, 귀하** 《경칭; 특히 편지에서 Esq.로 약하여 성명 다음에 씀》. 미국에선 주로 변호사에 씀
☜ 고대 프랑스어로 '기사의 종자(從者), 즉 수행원'이란 뜻

■ **squire** [skwaiər] ⓜ 《영》 **(시골의 대)지주**; ~나리 《상점주인 등이 씀》; 기사의 종자(從者); 여성을 에스코트하는 사람, 여성에게 친절한 남자, 멋쟁이 ☜ e**squire**의 두음소실

에세이 essay (수필: 형식의 제약을 받지 않고 자유롭게 쓴 글)

☐ **essay** [ései] ⓜ **에세이, 수필**, (문예상의) 소론(小論), 시론(詩論); 평론 ⓢ **시도하다**
☜ 라틴어로 '밖으로(es<ex) 말하다/움직이게 하다(say)'란 뜻

☐ **essay** examination (test) 논문〔논술〕시험 ☜ examination(시험, 심사, 검사)

☐ **essay**ist [éseiist] ⓜ **수필가**, 평론가 ☜ essay + ist(사람, 전문가)

에센스 essence (여성 화장품의 일종. <사물의 본질, 정수>라는 뜻)

♣ 어원 : **esse 존재하다**

☐ **essen**ce [ésəns] ⓜ **본질, 정수**; **에센스** 《식물성 정유의 알코올 용액》; 향수
☜ 존재하는(esse) 것(nce)
♠ God is **an essence**. 신(神)은 **실재**이다.
♠ **in essence 본질적으로**
♠ **of the essence (of ~) ~에 없어서는 안될**

☐ **essen**tial [isénʃəl] ⓗ **필수적인**, 본질적인, 근본적인 ☜ essence + tial<형접>
♠ **be essential to ~ ~에 가장 필요하다, 필수적이다**

□ **esse**ntially [isénʃəli] ㊌ **본질적으로** ☜ essential + ly<부접>
□ **esse**ntiality [isènʃiǽləti] ㊔ 본성, 본질; 요점 ☜ essential + ity<명접>
■ quint**esse**nce [kwintésəns] ㊔ (물질의) 가장 순수한 형체, 에센스; 정수, 진수
☜ 5번째(quint) 정수(essence)
★ 고대·중세 철학에서 세상에 존재하는 4가지 원소(땅, 물, 불, 바람) 외에 제5원소인 컨테센스(Quintessence.에센스)가 우주구성의 5원소에 속한다.

스탠드 stand (세움대; 관람석)

♣ 어원 : stand, stant, st 서다, 세우다
■ **stand** [stænd/스땐드/스탄드] ㊐ (-/**stood/stood**) **서다, 서 있다**
☜ 라틴어로 '서있는(sta) 것/곳(nd)'이란 뜻
□ e**st**ablish [istǽbliʃ/이스**태**블리쉬] ㊐ 설립〔창립〕하다; 수립〔확립〕하다
☜ 위로(e<ex=up) 견고하게 세우(stable) 다(ish)
♠ **establish** a firm 회사를 **설립하다**
♠ **establish oneself as ~ ~로서 입신(立身)하다**
□ e**st**ablished [istǽbliʃt] ㊖ 확립된, 확정된 ☜ -ed<수동형 형접>
□ e**st**ablishment [istǽbliʃmənt] ㊔ 설립, 창립; 설치 ☜ establish + ment<명접>

✚ circum**st**ance **상황, 환경; 주위의 사정** con**st**ant **불변의**, 일정한; **충실한** di**st**ance **거리**, 간격 in**st**ance **실례**, **보기**, 사례, 예증

유에스에이 U.S.A.[USA] = United States (of America) (미국)

♣ 어원 : st 서다, 세우다
※ **unite**d [juːnáitid] ㊖ **하나가 된**, 결합된, 연합〔합병〕한
☜ 하나가(unite) 된(ed)
■ **st**ate [steit/스테이트] ㊔ **상태**; (S~) **국가, 미국**; 정부 ㊐ **진술〔성명〕하다** ☜ 상태 ⇦ 서(st) 있게 하다(ate)
□ e**st**ate [istéit] ㊔ **소유지**, 사유지; **재산**, 부동산권
☜ 고대 프랑스어로 '지위, 신분' ⇦ e<접두> + 서(st) 있는 것(ate<명접>).
★ 고대 로마어에서 발음하기 불편한 sc-, sp-, st- 단어들앞에 i-가 붙었다가 다시 e-로 변형됨.
♠ My father sold **real estate**. 아버지께서는 **부동산**을 파셨다.
※ **America** [əmérikə/어**메**뤼커] ㊔ 미합중국, **미국** ☜ 신대륙 발견자인 Amerigo Vespucci의 라틴명 Americus Vespucius의 이름에서

토요타 에스티마 Toyota Estima (일본 토요타 자동차의 미니밴. Estima는 스페인어로 <존경, 평가>란 뜻)

♣ 어원 : estim 평가
※ **Toyota** [toyota] ㊔ **토요타**자동차 (Toyota Motor Corporation) 《1937년 설립된 일본을 대표하는 세계적인 자동차 제조회사》 ☜ 설립자 이름(풍전, 豊田)에서
□ **estim**ate [éstəmèit] ㊔ **견적; 평가** ㊐ **평가하다**, 견적하다 ☜ 평가(estim) 하다(ate<동접>)
♠ **draw 〔make〕 up an estimate (for) 견적서를 작성하다**
□ **estim**ated [éstəmèitid] ㊖ 견적의; 추측의 ☜ estimate + ed<형접>
□ **estim**ation [èstəméiʃən] ㊔ 의견, (가치의) **판단**, 평가; 견적; 존경 ☜ -ation<명접>
□ **estim**ator [éstəmèitər] ㊔ 평가자, 견적인; 감정인 ☜ -or(사람)
□ **esteem** [istíːm] ㊐ **존경[존중]하다; ~라고 생각하다** ㊔ **존중**, 존경
☜ 밖으로(e<ex) 평가(steem<stim)하다

✚ mis**estim**ate ~의 평가를 잘못하다 over**estim**ate 과대평가하다 under**estim**ate **과소평가하다**

에스토니아 Estonia (중세 유럽의 모습을 그대로 간직한 북유럽 공화국)

□ **Est(h)onia** [estóuniə, -θóu-] ㊔ **에스토니아** 《발트해 연안에 있는 공화국; 1991년 소련의 붕괴로 독립》
☜ 에스토니아 토착민어로 '물가에 사는 사람들'이란 뜻

엑스트라 extra ([영화] 임시·일용으로 고용되어 출연하는 사람)

♣ 어원 : extra, stra 바깥의, 외부의

■ **extra** [ékstrə] ⓗ **여분의**, 임시의, **특별한** ⓟ **특별히**
☜ 라틴어로 '외부의, ~에서 제외된'이란 뜻

■ **stra**nge [streindʒ/스트뤠인쥐] ⓗ (-<-g**er**〔**more** ~〕<-g**est**) **이상한; 모르는**
☜ 라틴어로 '바깥의'란 뜻. stra<extra + nge

□ e**stra**nge [istréindʒ] ⓢ ~의 사이를 나쁘게 하다, 이간하다; 멀리하다
☜ 라틴어로 'e + 이방인(stranger)으로 취급하다'란 뜻 ★ 고대 로마어에서 발음하기 불편한 sc-, sp-, st- 단어들앞에 i-가 붙었다가 다시 e-로 변형됨.
♠ **be estranged from ~ ~와 멀어지다, 사이가 틀어지다**

□ e**stra**nged [istréindʒd] ⓗ (표정 등이) 쌀쌀한; (심정적으로) 멀어진, 소원해진; 별거중인
☜ estrange + ed<형접>

□ e**stra**ngement [istréindʒmənt] ⓜ 소원(疏遠), 불화 ☜ -ment<명접>

에스트로겐 estrogen (2차 성징에 중요한 역할을 하는 여성호르몬)

□ **estrogen** [éstrədʒən] ⓜ **에스트로겐**《여성의 성욕, 성적인 사항을 관장하는 호르몬》
☜ 현대영어로 '성욕(estro<estrus)이 생기다(gen)'란 뜻

에스추에리 영어 EE = Estuary English (잉글랜드 남동부 영어)

에스추에리 영어는 영어방언 중 하나로 남동부 잉글랜드, 특히 템즈강과 그 어귀에서 널리 사용되고 있는 영어다. 음성학자 J.C.Wells는 에스추에리 영어를 "남동부 잉글랜드의 말씨로 말하는 표준 영어"라고 정의했다.

□ **estuary** [éstʃuèri] ⓜ (간만의 차가 있는) **큰 강의 어귀**; 내포, 후미 ☜ 라틴어로 '비옥한 삼각주'라는 뜻
♠ the Thames **estuary** 템스 **강 어귀**

□ **estuar**ine [éstʃuəràin/íːs-,és-] 성우 ⓗ 강어귀(지역)의; 하구에 형성된 ☜ estuary + ine<형접>

※ **English** [íŋgliʃ/**잉**글리쉬] ⓜ **영어** ⓗ **영어의, 영국(인)의** ☜ 앵글족(Engl) 의(ish<형접>)

엣세터러 etc. = et cetera ([It.] 기타, 등등)

□ **etc., & c.** [etsétərə, ənsóufɔ̀ːrθ] = ET CETERA. et cetera 기타, 등등

□ **et cetera** [etsétərə] 기타, 등등

이티에이 ETA (도착예정시각), 이티디 ETD (출발예정시각)

□ **ETA, e.t.a.** **E**stimated **T**ime of **A**rrival 도착예정시각

□ **ETD, e.t.d.** **E**stimated **T**ime of **D**eparture 출발예정시각

✚ **estim**ated 견적의; 추측의 **time 시간, 때; 기일, 시기; 일생**; 세월; **정세**; ~회, **~번; 곱; 시기에 맞추다; 시간을 재다; 시간을 정하다** ar**riv**al **도착(의)** de**part**ure **출발**, 떠남; 발차; 출항

터미널 terminal (종점, 종착역), 터미네이터 terminator (미국 SF 영화. <종결자>)

♣ 어원 : **termin, tern 끝**

■ **termin**al [tə́ːrmənəl] ⓗ **끝의, 종점[종착역]의**; 정기의 ⓜ **말단; 종점**
☜ 끝(termin) 의(al)

□ e**tern**al [itə́ːrnəl] ⓗ **영원한**, 영구한, 불멸의; 끝없는 ⓜ 영원한 것
☜ 끝(tern)이 없(e=not) 는(al)
♠ the **Eternal** City **영원한** 도시《로마(Rome)의 별칭》

□ e**tern**ally [itə́ːrnəli] ⓟ **영원히**; 언제나; 끊임없이 ☜ eternal + ly<부접>

□ e**tern**ity [itə́ːrnəti] ⓜ **영원**, 영겁; 불멸; 영세
☜ 끝(tern)이 없는(e=not) 것(ity)
♠ **eternity ring 이터너티 링**《보석을 돌아가며 박은 반지; 영원을 상징》

□ e**tern**ize [itə́ːrnaiz] ⓢ 영원하게 하다 ☜ 끝(tern)이 없게(e=not) 하다(ize)

아이테르, 에테르 Aether ([그神] 대기의 신; [물리 · 화학] 에테르)

[그神] 에테르는 대기의 신으로, 빛과 신들이 머무는 하늘의 상층부를 의인화한 신이다.

□ **ether, aether** [íːθər/**이**-써] ⓜ 정기(精氣), 영기(靈氣); 창공; 공기; 『물리』 **에테르**《빛 · 열 · 전자기 복사 현상의 가상적 매체》, 『화학』 **에테르**《유기화합물》, **에틸 에테르**《용매(溶媒) · 마취약》 ☜ 옛 사람들이 상상한 대기 밖의 공간에 차있는 정기(精氣)나 영기(靈氣)

☐ **ether**eal [iθíəriəl] ⓗ 에테르의, 천상(天上)의 ☜ -eal<형접>
♠ **ethereal oil 정유, 휘발유**
☐ **ether**ize [íːθəràiz] 에테르로 마취시키다; 에테르화하다 ☜ -ize<동접>

바이오에틱스 bioethics (생명윤리학)

생명을 의미하는 바이오(bio)와 윤리를 뜻하는 에틱스(ethics)의 합성어로 생명윤리 또는 생물윤리를 의미한다. 최근 생물학·의학의 발달에 따른 윤리문제를 다루고 있다. <출처 : 두산백과·농업용어사전>

♣ **어원 : eth 관습, 습관**
■ bio**eth**ics [bàioué θiks] ⓜ (pl. 단수취급) 〖생물〗 생명윤리(학) 《생물학·의학의 발달에 따른 윤리문제를 다룸》 ☜ 생명(bio) 관습(eth) 학(ics)
☐ **eth**ical [éθikəl] ⓗ 도덕상의, **윤리적인** ☜ 관습(eth) 상(ic) 의(al)
☐ **eth**ically [éθikəli] ⓑ 도덕상으로, 윤리적으로 ☜ ethical + ly<부접>
☐ **eth**ics [éθiks] ⓜ (pl. 보통 단수취급) **윤리학**, 도덕론 ☜ 관습(eth) 학(ics)
♠ Oriental **ethics** 동양 **윤리학**
☐ **eth**os [íːθɑs/-θɔs] ⓜ **에토스** 《도덕적·이성적 요소》; 민족정신, 사회 사조
★ 아리스토텔레스는 상대방을 설득하려면 로고스(logos. 이성), 파토스(pathos. 감성), 에토스(ethos. 도덕)가 필요하다고 역설했다.

에티오피아 Ethiopia (그리스 고전과 구약성경에도 등장하는 동아프리카의 공화국)

☐ **Ethiopia** [ìːθióupiə] ⓜ **에티오피아** 《옛이름: Abyssinia; 수도는 아디스 아바바(Addis Ababa)》 ⓗ 에티오피아의 ☜ 그리스어로 '혼혈인, 태양에 그을린 얼굴'이란 뜻

에스닉 ethnic (민속적이며 토속적인 양식)

© vectorstock.com

♣ **어원 : ethn (기독교 이외의) 민족**
☐ **ethn**ic(al) [éθnik(əl)] ⓗ **인종의, 민족의**; 민족 특유의 ⓜ 소수민족의 일원 ☜ 중세영어로 '이방인'이란 뜻
♠ multi-**ethnic** society 다**민족**(다**인종**) 사회
☐ **ethn**ocentrism [èθnouséntrizm] ⓜ 자문화〔자기민족〕 중심주의 ☜ 민족(ethn) + o + 중심(centr) + 주의(ism)
☐ **ethn**ologic(al) [èθnəlɑ́dʒik(əl)/-lɔ́dʒ-] ⓗ 민족학상의, 인종학의 ☜ 민족(ethn) + o + 학문(logy) 의(ic(al)<형접>)
☐ **ethn**ologist [eθnɑ́lədʒist/-nɔ́l-] ⓜ 민족학〔인종학〕자 ☜ ethnology + ist(사람)
☐ **ethn**ology [eθnɑ́lədʒi/-nɔ́l-] ⓜ 민족학, 인종학 ☜ 민족(ethn) + o + 학문(logy)

이데올로기 ideology (관념형태)

♣ **어원 : logy 말, 학문**
■ ideo**logy** [àidiɑ́lədʒi] ⓜ 관념학, (사회·정치상의) **이데올로기**, 관념형태 ☜ 생각/관념(ideo<idea) 학문(logy)
☐ etho**logy** [i(ː)θɑ́lədʒi/-θɔ́l-] ⓜ (동물)행동학, 행동 생물학; 인성학(人性學); 품성론 ☜ 성격(eth) + o + 학문(logy)
☐ etho**log**ist [i(ː)θɑ́lədʒi/-θɔ́l-] ⓜ 행동 생물학자; 인성학자 ☜ -ist(사람)
☐ etio**logy**, aeti- [ìːtiɑ́lədʒi/-ɔ́l-] ⓜ 원인론; 〖의학〗 병인학(病因學); 원인의 추구 ☜ 원인(etio) 학문(logy)
☐ etio**log**ical [ìːtialədʒikəl/-ɔl-] ⓜ 병인학적인 ☜ etiology<y→i> + cal<형접>
☐ etio**log**ist [ìːtiɑ́lədʒist/-ɔ́l-] ⓜ 명인학자 ☜ -ist(사람)

티켓 ticket (표), 에티켓 etiquette (예의범절)

♣ **어원 : ticket 붙이는 것**
■ **ticket** [tíkit/**티**킽] ⓜ **표**, 권(券), 입장[승차]권; **정가표** ☜ 중세 프랑스어로 '딱지, 꼬리표'
☐ e**tiquette** [étikèt, -kit] ⓜ **에티켓, 예절**, 예법 ☜ e + ticket(17세기 프랑스 베르사이유 궁전의 출입증. 가슴에 붙인 것)
♠ take **etiquette** lessons **예절**교육을 받다

이튼 칼리지 Eton College (영국 이튼에 있는 명문 사립중등학교)

☐ **Eton** [íːtn] ⓜ **이튼** 《영국 Berkshire 남부의 도시, Eton교(校)의 소재지》; 이튼교 ☜ 고대영어로 '강(e<ea=river)가의 마을(ton=town)'이란 뜻
☐ **Eton** College **이튼**교 《1440년에 헨리 6세가 세운 전통있는 public school(사립중등학교)》

☜ college(단과대학, 종합대학의 교양학부; 《영》 일부의 퍼블릭 스쿨)

에티모틱 리서치 Etymotic Research (미국의 세계적인 음향기기 전문업체)

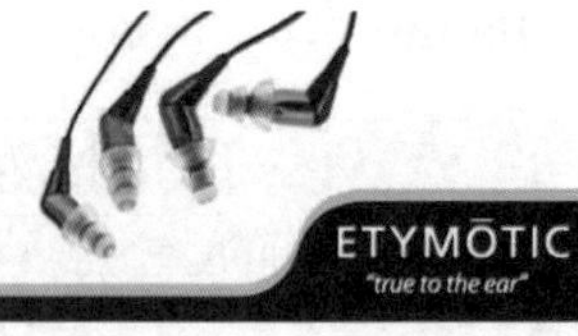

미국의 세계적인 음향기기 전문업체이며, 회사 이름 'Etymotic'은 그리스어로 '귀에 충실한'이란 뜻으로 생생한 원음 재생을 목표로 하고 있다.

♣ 어원 : ethymo 귀에 충실한; 말의 참뜻

☐ **etymo**logy [ètəmάlədʒi/-mɔ́l-] ⓜ **어원(학)** ☜ etymo(말의 참뜻) + logy(학문)
♠ trace **the etymology** of a word 단어의 **어원**을 밝혀내다

☐ **etymo**logic(al) [ètəməlάdʒik(əl)/-lɔ́dʒ-] ⓗ 어원(語源)의; 어원학의 ☜ -ic(al)<형접>

☐ **etymo**logist [ètəmάlədʒist/-mɔ́l-] ⓜ 어원학자 ☜ -ist(사람)

☐ **etymo**n [étəmàn/-mɔ̀n] ⓜ (pl. **-s, -ma**) 말의 원형, 어근(root); 외래어의 원어
☜ etymo(말의 참뜻) + n

※ **research** [risə́:rtʃ, rí:sə:rtʃ] ⓜ (보통 pl.) (학술) **연구, 조사**, 탐구, 탐색; 연구실
☜ 중세영어로 '면밀히 살피는 행동'이란 뜻

유클리드 Euclid (고대 알렉산드리아의 기하학자)

☐ **Euclid** [jú:klid] ⓜ **유클리드** 《고대 그리스의 수학자》; **유클리드** 기하학
♠ **Euclidean** geometry **유클리드** 기하학

유프라테스강 Euphrates (서아시아 최대의 강, 2,700km)

유프라테스강은 터키에서부터 시리아를 거쳐 이라크를 연결하는 서아시아 최대의 강으로 강유역의 메소포타미아는 고대 문명의 발상지이다.

♣ 어원 : eu 좋은(=good)

☐ **eu**logize [jú:lədʒàiz] ⓢ 칭찬(칭송)하다, 기리다, 찬사를 드리다
☜ -ize<동접>

☐ **eu**logistic(al) [jù:lədʒístik(əl)] ⓗ 찬사의, 찬미의
☜ eulogy<y→i> + stic(al)<형접>

☐ **eu**logy [jú:lədʒi] ⓜ 찬사; 송덕문(頌德文); 칭송, 칭찬, 찬미 ☜ 좋은(eu) 말(logy)
♠ **a eulogy** to marriage 결혼에 부치는 **찬미가**

☐ **eu**phonious [ju:fóuniəs] ⓗ 음조가 좋은, 듣기 좋은; 조화된 ☜ euphony<y→i> + ous<형접>

☐ **eu**phonic(al) [ju:fάnik(əl)/-fɔ́n-] ⓗ 어조(語調)(음조)가 좋은; 음편(音便)의
☜ euphony<y→i> + -c(al)<형접>

☐ **eu**phony [jú:fəni] ⓜ 기분 좋은 소리(음조), 《특히》 듣기 좋은 일련의 말
☜ 좋은(eu) 소리(phony=sound)
♠ The word **is heavy and lacks euphony**. 그 말은 **딱딱하고 어조가 나쁘다**.

☐ **eu**phoria [ju:fɔ́:riə] ⓜ 행복감; 〖심리〗 도취(증)(陶醉(症))
☜ 좋은(eu) 느낌을 가져오는/나르는(pho=carry) 상태(a)
♠ She's in some sort of **state of euphoria**. 그녀는 **행복한 상태**이다.

☐ **eu**phoric [-rik] ⓗ 행복한 ☜ 좋은(eu) 느낌을 가져오(phor) 는(ic<형접>)

☐ **Eu**phrates [ju:fréiti:z] ⓜ (the ~) **유프라테스강**(江) 《Mesopotamia 지방의 강》
☜ 고대 이란의 Abesta어로 '건너기(phr<per) 좋은(eu) 강(ates)'이란 뜻

☐ **Eu**phrosyne [ju:frάsənì:/-frɔ́-] ⓜ 〖그.신화〗 **에우프로시네** 《기쁨의 여신》
☜ 그리스어로 '좋은(eu) 마음(phrosyne<phrenos)'이란 뜻

☐ **eu**thanasia [jù:θənéiʒiə, -ziə] ⓜ 안락사, 안사술(安死術) ☜ 좋은(eu) 죽음(thanas=death) 상태(ia)

☐ **eu**thanize [jú:θənàiz] ⓢ 안락사시키다 ☜ 좋은(eu) 죽음(thanas)을 만들다(ize<동접>)
♠ Suffering animals should **be** humanely **euthanized**.
고통받는 동물들은 인도적으로 **안락사시켜야** 한다.

유럽, 구라파 Europe, 이유 EU = European Union (유럽연합)

< 제우스의 에우로파 유괴 >

1993년 유럽 28개국을 회원국으로 출범한 유럽연합(EU)은 유럽내 단일화폐(유로화) 사용을 통한 단일시장 구축과 유럽의 경제·사회발전을 추구해 왔다. 2016년 영국 국민투표를 통한 영국의 EU 탈퇴(Brexit) 결정으로 EU의 향후 추이가 주목되고 있다.

☐ **Eur**asia [juəréiʒə, -ʃə] ⓜ **유라시아** 《유럽과 아시아를 하나로 부르는 이름》, 구주(歐洲) ☜ Europe + Asia

☐ **Europe** [júərəp/**유**어뤞] ⓜ **유럽** ☜ 그리스 신화에서 제우스에게 유괴당한 페니키아 공주 '에우로파(Europa)', 또는 고대 아카드 왕국의 언어로 '해 지는 서쪽'이란 뜻에서 유래했다

는 설. 유럽을 '구라파'라고 칭하는 것은 Europe의 중국식 한자어 歐羅巴를 우리 식으로 읽으면 '구라파'가 된다.

□ **Europe**an [jùərəpíːən] ⓗ **유럽의**; 유럽 사람의 ⓜ **유럽 사람** ☜ 유럽(Europe)의 사람(an)
♠ **European Union** 유럽연합(**EU**)

바캉스 vacance ([F.] 휴가) ➔ vacation

♣ 어원 : vac, va(n), void 빈, 공허한

■ **vac**ation [veikéiʃən/베이**케**이션, və-] ⓜ **정기휴가, 휴가여행** ☜ 비우는(vac) + a + 것(tion)

□ e**vac**uate [ivǽkjuèit] ⓢ **비우다, 피난[철수]시키다**, 피난(철수)하다
☜ 밖으로(e<ex) 비게(vac) + u + 하다(ate)
♠ **evacuate** civilians 민간인을 **소개[대피]시키다**

□ e**vac**uation [ivæ̀kjuéiʃən] ⓜ **비움**; 대피, **철수**; 배출, 배설 ☜ -ation<명접>

□ e**vac**uee [ivæ̀kjuíː] ⓜ 피난민 ☜ -ee(사람/객체)

✚ a**void** **피하다** de**void** **~이 전혀 없는, ~이 결여된** **vac**ant **빈, 공허한**, 한가한 **van**ish **갑자기 사라지다**, 없어지다 **vac**uum **진공**

브리티시 인베이전 British Invasion (영국 록음악의 미국내 인기몰이) 이벤트 event (콩글 판촉행사) ➔ promotional event

브리티시 인베이전이란 <영국의 침공>이란 뜻인데, 이는 1960년대 영국의 비틀즈와 롤링스톤즈 등의 록그룹의 음악이 미국내에서 선풍적인 인기를 끌면서 미국 음악계를 좌지우지했던 사실을 말함.

♣ 어원 : ven, vad(e), vas 오다, 가다; 모이다

※ **British** [brítiʃ/브**뤼**티쉬] ⓗ **영국의, 영국국민의** ⓜ (the ~) **영국인, 영어** ☜ 고대영어로 '고대 브리튼(Brit=Briton) (사람)의(ish)'

■ in**vas**ion [invéiʒən] ⓜ **침입**, 침략; **침해** ☜ -ion<명접>

■ e**ven**t [ivént/이**벤**트] ⓜ (중요한) **사건, 행사**
☜ 밖으로(e<ex) 나오는(ven) 것(t)

□ e**vade** [ivéid] ⓢ (적·공격 등을 교묘히) **피하다, 면하다**
☜ 밖으로(e<ex) 가다(vade)
♠ **evade** answering 답변을 **회피하다**

□ e**vas**ion [ivéiʒən] ⓜ 도피, 회피, 탈출, 핑계 ☜ -ion<명접>

□ e**vas**ive [ivéisiv] ⓗ (회)피(도피)하는; 포착이 어려운 ☜ -ive<형접>

□ e**vas**ively [ivéisivli] ⓑ 회피하여, 얼버무리며 ☜ -ly<부접>

✚ ad**ven**ture **모험(심)** in**vade** **침입[침공·침략·침투]하다** per**vade** **~에 널리 퍼지다**, 보급하다; 스며들다 pre**vent** **막다**, 방해하다; **예방하다**

네임 밸류 name value (콩글 이름값, 명성) ➔ social reputation

♣ 어원 : valu(e) 가치가 있는

※ **name** [neim/네임] ⓜ **이름, 성명** ⓢ 이름을 붙이다 ☜ 고대영어로 '이름'이란 뜻

■ **value** [vǽljuː/**밸**류-] ⓜ **가치, 가격**, 값 ☜ 고대 프랑스어로 '가치, 값'이란 뜻

□ e**valu**ate [ivǽljuèit] ⓢ **평가하다, 사정(査定)하다** ☜ 외부에서(e<ex) 가치를(valu) 매기다(ate)
♠ **evaluate** (review) a master's thesis 석사 학위논문을 **심사하다**

□ e**valu**ation [ivæljuéiʃən] ⓜ **평가**; 값을 구함; 사정(査定) ☜ -ation<명접>

□ e**valu**ative [ivǽljuèitiv/ivǽljuə-] ⓗ 평가의 ☜ -ative<형접>

✚ de**valu**ate ~의 가치를 내리다; (화폐의) 평가를 절하하다 in**valu**able **값을 헤아릴 수 없는**

베이퍼 록 vapor lock (브레이크액 기포발생으로 인한 브레이크 미작동현상)

♣ 어원 : vapor 증기

■ **vapo(u)r** [véipər] ⓜ **증기**, 수증기; 망상; 우울증 ⓢ 증발하다
☜ 고대 프랑스어로 '수증기'란 뜻

□ e**vapor**ate [ivǽpərèit] ⓢ 증발하다, 소산(消散)하다; **증발시키다**
☜ 밖으로(e<ex) 증기를(vapor) 내다(ate)
♠ **evaporate** the water 물을 **증발시키다**

□ e**vapor**ated [ivǽpərèit] ⓗ 증발된 ☜ -ed<수동형 형접>

□ e**vapor**ation [ivæpəréiʃən] ⓜ **증발** (작용), (수분의) 발산 ☜ -ation<명접>

※ **lock** [lɑk/락/lɔk/록] ⓜ **자물쇠** ⓢ 자물쇠를 채우다, 잠그다 ☜ 고대영어로 '가두다'란 뜻

크리스마스 이브 Christmas Eve (크리스마스 전야. 12월 24일밤)

♣ 어원 : eve 밤, 저녁

※ **Christ**mas [krísməs/크**뤼**스머스] 명 **크리스마스, 성탄절** 《12월 25일; 생략: X mas》
☜ 그리스도(Christ)의 미사(mass)

☐ **eve** [iːv/이-브] 명 (종종 E-) **전야, 전일** 《특히 축제의》 ☜ **eve**n의 줄임말

☐ **even** [íːvən] 명 《고어·시어·방언》 저녁, 밤(evening) ☜ 고대영어로 '낮의 끝'이란 뜻

☐ **even**ing [íːvniŋ/**이**-브닝] 명 **저녁**, 해질녘; 밤 《해가 진 뒤부터 잘 때까지》 형 밤의, 저녁의
☜ -ing<형접/명접>
♠ **evening dress** 〔clothes〕 **이브닝드레스** 《여자용 야회복》

E

이브 Eve ([성서] 아담의 아내)

☐ **Eve** [iːv] 명 **이브, 하와** 《아담(Adam)의 아내; 하느님이 창조한 최초의 여자》
♠ **a daughter of Eve** ***이브의 딸*** ➔ (이브의 약점을 이어받아 호기심이 강한) 여자

이븐 파 Even Par ([골프] 더도 덜도 아닌 규정타수를 치는 것)

☐ **even** [íːvən/**이**-번] 형 **평평한, 평탄한**; ~과 같은 높이로; (수량·득점 등이) **같은, 동일한; 짝수의** 부 **~조차(도)**, ~까지, 더욱(더), (그러기는커녕) 오히려; **고르게**, 평탄하게
☜ 고대영어로 '수평의, 동등한'이란 뜻 반 uneven 울퉁불퉁한
♠ **even as 마침[바로] ~한 것 같이[~할 때에]**
♠ **even if** 〔though〕 **비록 ~할지라도, ~라고 하더라도**
♠ **even so 그렇다 하더라도**

☐ **even**ly [íːvənli] 부 **고르게**, 평평〔평탄〕하게 ☜ 평평(even) 하게(ly<부접>

☐ **even**-minded [íːvənmάindid] 형 마음이 편안한, 차분한(=calm)
☜ 편안한(even) 마음(mind) 의(ed<형접>)

☐ **even**ness [íːvnnis] 명 평평함, 고름; 평등; 공평; 침착 ☜ 평평한(even) 것(ness<명접>

※ **par** [pɑːr] 명 **동등**; 『골프』 **파**, 기준타수 ☜ 라틴어로 '평등'이란 뜻

☐ **evening**(저녁) ➔ **eve**(전야, 전일) **참조**

이벤트 event (콩글 판촉행사) ➔ promotional event

♣ 어원 : ven 오다, 가다; 모이다

☐ e**ven**t [ivént/이**벤**트] 명 (중요한) **사건, 행사**
☜ 밖으로(e<ex) 나오는(ven) 것(t)
♠ **at all events 어쨌든, 여하튼 간에**
♠ **in the event of ~ ~인 경우에는**(=in case of)

< 미국 배우 톰 크루즈의 영화 프로모션 > © 연합

☐ e**ven**tful [ivéntfəl] 형 사건이 많은 ☜ event + ful(~이 많은)

☐ e**ven**tual [ivéntʃuəl] 형 **최후의**, 결과로서 일어나는 ☜ event + ual<형접>

☐ e**ven**tually [ivéntʃuəli] 부 **결국, 마침내** ☜ eventual + ly<부접>

☐ e**ven**tuality [ivèntʃuǽləti] 명 우발성; 우발적 사건, 만일의 경우 ☜ -ity<명접>

☐ e**ven**tuate [ivéntʃuèit] 동 결국 ~이 되다; ~의 결과가 되다 ☜ -ate<동접>
☜ 밖으로(e<ex) 나와(ven) + tu<어근확장> + ~이 되다(ate<동접>)

✚ ad**ven**ture **모험(심)** con**ven**ience **편리, 편의** con**ven**tion 대회; **집회**; **협약** pre**ven**t **막다**, 방해하다; **예방하다**

볼링 애버리지 bowling average (한 사람의 볼링 평균점수), 에버그린 evergreen (상록수; 늘 푸른), 에브리씽 everything (모든 것)

♣ 어원 : aver, ever 언제나, 늘 // every 모든

※ **bowl**ing [bóuliŋ] 명 『스포츠』 **볼링** ☜ 라틴어로 '둥근 것(bowl) 의(ing<명접>)

■ **aver**age [ǽvəridʒ/**애**붜리쥐] 명 **평균(치)**(=middle value) 형 **평균의** 동 평균하다
☜ 언제나(aver<ever) (같은) 것(age<명접>)

☐ **ever** [évər/**에**붜] 부 〔의문문〕 **일찍이; 지금까지; 도대체**; 〔부정문〕 **전혀 (~않다)**; 〔긍정문〕 **언제나**; 〔조건문〕 **언젠가**; 〔비교급〕 **이제까지** ☜ 고대영어로 '언제나, 항상'이란 뜻
♠ **ever since ~이래(以來), 그 후 쭉**
♠ **ever so 매우, 아무리 ~라도**(=however)
♠ **for ever 영원히**
♠ **than ever 지금까지 보다도**

☐ **ever**green [évərgrìːn] 형 **상록의**; 불후의《작품》 명 **상록수**, 늘 푸른 나무

☜ 언제나(ever) 푸른(green)

☐ **ever**lasting [èvərlǽstiŋ, -lάːst-] ⓗ **영원한**, 불후의 ⓜ 영구, 영원
☜ 언제나(ever) 지속(last) 되는(ing)
♠ **everlasting** fame **불후의** 명성
♠ **for everlasting 영구히**

☐ **ever**more [èvərmɔ́ːr] ⓑ 늘, 항상, 언제나 ☜ 언제나(ever) 더(more)

☐ **every** [évriː/**에**브리-] ⓗ **모든**, 어느 ~이나 다, 온갖; ~마다
☜ each(각각) + ever(영원)의 합성어
♠ **every bit 〔inch〕 어느 모로나, 전혀**
♠ **every day 매일**
♠ **every ~ not 모든 것이 ~인 것은 아니다** 《부분 부정》
♠ **every now and then 가끔, 때때로**(=from time to time)
♠ **every other 〔second〕 day 격일로, 하루걸러**
♠ **every time ~할 때마다, 언제나**(=whenever)

☐ **every**body [évribὰdi/**에**브뤼바리/**에**브뤼바디] ⓓ **각자 모두**, 누구나
☜ 모든(every) 신체/사람(body)

☐ **every**day [évridèi/**에**브뤼데이] ⓗ **매일의**, 일상의 ☜ 모든(every) 일/날(day)

☐ **every**one [évriwʌ̀n/**에**브뤼원, -wən] ⓓ **모든 사람**, 누구나, 모두
☜ 모든(every) 불특정 사람(one)

☐ **every**thing [évriθìŋ/**에**브뤼띵] ⓓ (단수취급) **모든 것**, 무엇이나 다, 만사(萬事)
☜ 모든(every) 것(thing)

☐ **every**where [évrihwɛ̀ər/**에**브뤼**웨**어] ⓑ **어디에나**, 도처에 ☜ 모든(every) 장소(where)

E

버전 version (상품의 개발단계 · 순서를 번호로 표시한 것)

♣ **어원 : vers(e), vert, verg(e), vorc(e) 돌리다, 뒤집다, 바꾸다(=turn)**

■ **vers**ion [vəːrʒən, -ʃən] ⓜ **번역**〔서〕; (성서의) **역**(譯); **~판**(版)
☜ 돌리는(vers) 것(ion<명접>)

v1 V2 V3 V4

☐ e**vert** [ivəːrt] ⓢ (눈꺼풀 등을) 뒤집다; 외번하다
☜ 밖으로(e<ex) 뒤집다(vert)
♠ **evert** an eyelid for a cure 치료를 위해 눈꺼풀을 **뒤집다**

☐ e**vers**ion [ivəːrʃən, -ʒən] ⓜ (눈꺼풀 등을) 밖으로 뒤집음
☜ 밖으로(e<ex) 뒤집(vers) 기(ion<명접>)

■ con**vert** [kənvəːrt] ⓢ **전환하다**, 바꾸다; 개종하다 ☜ 완전히(con<com) 돌다(vert)

비전 vision (미래상), 텔레비전 television

♣ **어원 : vis(e), vid 보다, 지켜보다**

■ **vis**ion [víʒən] ⓜ **시력**, 시각; 상상력; 환상; **미래상, 비전** ☜ 보는(vis) 것(ion)

■ tele**vis**ion [téləvìʒən/**텔**러뷔전] ⓜ **텔레비전** 《생략: TV》
☜ 멀리서<원격으로(tele) 보는(vis) 것(ion<명접>)

☐ e**vid**ence [évidəns/**에**뷔던스] ⓜ **증거**, 물증; **흔적** ☜ 분명히(e/강조) 보이는(vid) 것(ence<명접>)
♠ fresh **evidence** 새로운 **증거**

☐ e**vid**ent [évidənt] ⓗ **분명한**, 명백한 ☜ -ent<형접>

☐ e**vid**ential [èvidénʃəl] ⓗ 증거의; 증거가 되는; 증거에 의거한 ☜ 명백한(evident) 것의(ial<형접>)

☐ e**vid**ently [évidèntli, èvidént-] ⓑ 분명히, **명백히** ☜ evident + ly<부접>

✚ ad**vise 충고하다, 조언하다**, 권하다 de**vise 궁리하다, 고안하다** pro**vide 제공[공급]하다**, 주다
re**vise 개정하다; 교정[수정]하다** super**vise 관리[감독]하다** **vis**it **방문하다**

이블데드 The Evil Dead (미국 공포 영화. <사악한 망자>란 뜻)

2013년 개봉한 미국의 공포/스릴러 영화. 제인 레비, 실로 페르난데즈 주연. 친구들과 숲 속 오두막 별장에 놀러간 주인공이 우연히 악령이 봉인된 책을 보고 악령에 씌워 친구들을 습격하여 친구들도 악령의 지배를 받게 된다. 결국 모든 친구들을 죽이고 혼자 살아남는다. <출처 : 네이버영화 >

© TriStar Pictures

☐ **evil** [íːvəl/**이**-뷜] ⓗ **나쁜**, 사악한, 흉악한; 불길한 ⓜ **악**, 사악, 죄악 ☜ 고대영어로 '나쁜, 사악한'이란 뜻
♠ an **evil** man **악랄한** 남자

☐ **evil**doer [íːvəldùːər] ⓜ 나쁜 짓을 하는 사람
☜ 나쁜(evil) 짓을 행하는(do) 사람(er)

☐ **evil**ly [íːvəli] ⓑ 간악하게, 사악하게, 흉악하게 ☜ 나쁜(evil) 게(ly<부접>)

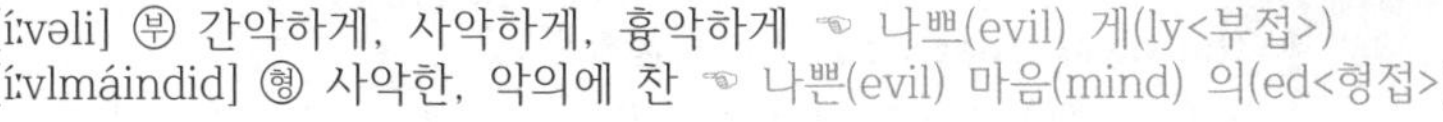

☐ **evil**minded [íːvlmáindid] ⓗ 사악한, 악의에 찬 ☜ 나쁜(evil) 마음(mind) 의(ed<형접>)

□ **evil**ness [íːvəlnis] [명] 악, 불선 ☜ 나쁜(evil) 것(ness<명접>)
※ **dead** [ded/데드] [형] **죽은**; 움직이지 않는 [부] 완전히 [명] (the ~) **죽은 사람**, 망자, 고인
☜ 고대영어로 '죽은, 마비된, 활기 없는'이란 뜻

에비타 Evita (아르헨티나 영부인 에바페론의 애칭)

시골 빈민층의 사생아로 태어나 갖은 역경을 겪은 후 27세에 아르헨티나 영부인이 되고 파격적인 복지정책으로 성녀로 추앙받다가 33세로 요절한 에바페론<애칭: 에비타>. 그러나 그녀는 생전에 남편과 자신의 우상화 뿐만 아니라 사치스런 생활, 선심성 복지정책 등으로 오늘날 국민적 비판의 대상이 되기도 한다. evita를 어원적으로 풀면 <피하는 여자>란 뜻인데, 그녀가 살아있다면 이런 현실에서 도피하고 싶어하지 않을까?

□ **Evita** **에비타**《에바페론(Eva Peron)의 애칭, 아르헨티나 영화배우, 후안 페론 대통령의 부인; 1919-1952》
□ **evit**able [évətəbəl] [형] 피할 수 있는(=avoidable) ☜ 피할(evit) 수 있는(able)

보컬 vocal (가창; 노래하는 가수, 성악가)

♣ 어원 : voc, vok(e) 목소리; 불러내다
■ **voc**al [vóukəl] [형] **목소리의**, 음성의 [명] (음악의) 보컬(연기), 가창(歌唱)
☜ 목소리(voc) 의(al)
□ e**voc**ation [èvəkéiʃən, ìːvou-] [명] 불러일으킴, 환기(喚起); (영혼 등을) 불러냄, 초혼 ☜ 밖으로(e<ex) 불러내는(voc) 것(ation<명접>)
□ e**voc**ative [ivάkətiv, ivóuk-] [형] (~을) 불러내는; 환기하는 ☜ -ative<형접>
□ e**voke** [ivóuk] [동] (영혼 등을) 불러내다, **일깨우다**, 환기시키다 ☜ 밖으로(e<ex) 불러내다(voke)
♠ **evoke** one's sympathy 동정심을 **자아내다**

✚ in**voke** **기원하다, 빌다**; (법에) **호소하다; 발동하다** pro**voke** **화나게 하다; 자극하여 ~시키다, 불러일으키다** **voc**ation **천직; 사명감; 직업**

리볼버 권총 revolver (탄창 회전식 연발권총)

♣ 어원 : volv(e), volu 돌다, 회전하다; 변하다
■ re**volve** [rivάlv/-vɔ́lv] [동] **회전하다**, 선회(旋回)하다 ☜ 계속(re) 회전하다(volve)
■ re**volv**er [rivάlvər/-vɔ́l-] [명] (회전식) **연발 권총** ☜ 계속(re) 회전하는(volv) 것(er)
□ e**volve** [ivάlv/ivɔ́lv] [동] **전개하다**, 진화(발전)시키다 ☜ 밖으로(e<ex) 회전하며(volve) 나가다
♠ **evolve from~ ~에서 진화[발달]하다**
♠ **evolve into~ ~로 진화하다**
□ e**volu**tion [èvəlúːʃən/ìːvə-] [명] **전개**, 발전, 진전; **진화**(론) ☜ -tion<명접>
♠ **the evolution** of the human species 인류의 **진화**
□ e**volu**tionary [èvəlúːʃənèri/ìːv-] [형] **진화론적인** ☜ -ary<형접>
□ e**volu**tionism [èvəlúːʃənìzm/ìːvəljúː-] [명] 진화론 ☜ -ism(~주의, ~사상)

✚ de**volve** 양도하다; 맡기다 in**volve** **포함하다, 수반하다**; 말려들게 하다 in**volu**tion **말아 넣음; 회선**(回旋); **복잡** re**volu**tion **혁명**; 대변혁

[연상] 유(you.너)는 절대 유(ewe.암양)가 될 수 없단다.

※ **you** [juː/유-, 약 ju, jə] [대] **너(희)는**(너(희)를, 너(희)에게), **당신(들)은**(당신(들)을, 당신(들)에게)
☜ 초기 인도유럽어로 '두번째 사람'이란 뜻
□ **ewe** [juː, jou] [명] **암양** ☜ 고대영어로 '암양'이란 뜻.
♠ one's **ewe** lamb *~의 어린 **암양*** ➔ (가난한 사람의) 가장 소중히 여기는 것

액션영화 an action film [movie] (활극영화) * film 필름, 영화 movie 영화

♣ 어원 : act 행위, 법령, 막(幕); 행하다, 작용하다, 몰(아대)다
■ **act** [ækt/액트] [명] **행위**; 법령; (연극의) 막 [동] **행하다**; 연기하다
☜ 라틴어로 '움직이다, 움직이게 하다'란 뜻
■ **act**ion [ǽkʃən/**액션**] [명] **활동, 행동, 행위; 연기**; (기계의) 운전, 작동 ☜ 행하는(act) 것(ion)
□ ex**act** [igzǽkt] [형] **정확한** [동] (복종 등을) **강요하다**
☜ 밖으로(ex) (정확히) 몰다(act) [반] inexact 부정확한
♠ the **exact** date and time **정확한** 일시

♠ **exact** sacrifice from the people 국민에게 희생을 **강요하다**
♠ **to be exact 정확히 말하자면**

☐ ex**act**ion [igzǽkʃən] (명) 강요, 강탈, 착취; 가혹한 세금, 강제 징수(금) ☜ exact + ion<명접>
☐ ex**act**ly [igzǽktli/이그**잭**틀리] (부) 정확하게; 꼭 ☜ exact + ly<부접>
☐ ex**act**itude [igzǽktətjùːd/-tjùd] (명) 정확 ☜ -itude<명접>
☐ ex**act**ing [igzǽktiŋ] (형) 가혹한, 힘이 드는 ☜ -ing<형접>

✚ en**act** (법률을) **제정하다** inter**act** 상호 작용하다 re**act** 반작용하다, 감응하다 trans**act** 집행〔처리〕하다, 행하다; 거래하다

리더스 다이제스트 Reader's digest (미국의 월간잡지. <독자의 요약문>) 레지스터 register (자동등록기), 다방 레지 (register (×) ➔ a teashop girl)

다방 여종업원을 흔히 <레지>라고 하는데 이는 일본에서 유입된 단어로 원래는 금전등록기(register)를 취급하는 여자를 일컬었던 말이다. 혹자는 lady(여성, 숙녀)에서 온 말이라고 주장하나 근거 없는 얘기다.

♣ 어원 : **gest, gist, ger 나르다, 옮기다, 운반하다, 전하다**

※ **read**er [ríːdər/**뤼**-더] (명) **독자; 독서가**; 독본; 〖컴퓨터〗 읽개, 판독기 ☜ read + er(사람/기계)
■ di**gest** [didʒést, dai-] (동) **소화하다, 간추리다** [dáidʒest] (명) 개요, **요약** ☜ 분리해서(di=off) 옮기다(gest)
■ re**gist**er [rédʒəstər] (명) **기록부, 등록부** ☜ 기록된 목록. 계속(re) 날라진(gist) 것(er)
☐ exag**ger**ate [igzǽdʒərèit] (동) **과장하다** ☜ 밖으로(ex) 쌓아(agger<~로(ag<ad=to) 계속 나르다(ger>) 올리다(ate<동접>)
♠ **exaggerate** (the) facts 사실을 **과대 포장하다**
☐ exag**ger**ated [igzǽdʒərèitid] (형) 떠벌린, **과장된** ☜ exaggerate + ed<형접>
☐ exag**ger**ation [igzæ̀dʒəréiʃən] (명) **과장**, 과대시 ☜ exaggerate + ion<명접>
☐ exag**ger**ative [igzǽdʒərèitiv, -rətiv] (형) 과장된, 과대한 ☜ -ive<형접>
■ con**gest** [kəndʒést] (동) **혼잡하게 하다**, 혼잡해지다 ☜ 함께(con<com) 옮기다(gest)
■ in**gest** [indʒést] (동) (음식·약 등을) 섭취하다 ☜ 안으로(in) 옮기다(gest)

알토 alto ([성악] 중저음 가수)

♣ 어원 : **alt, ult ol 높은; 올리다, 성장하다**

■ **alt**o [ǽltou] (명)(형) (pl. -s) 《It.》 〖음악〗 알토(의), **중고음**《남성 최고음, 여성 저음》; **알토 가수** ☜ 라틴어로 '높은'이란 뜻
☐ ex**alt** [igzɔ́ːlt] (동) **높이다**; 올리다, 승진시키다; 칭찬〔찬양〕하다 ☜ 위로(ex<on) 올리다(alt)
♠ **exalt (A) to (B) A를 B로 올리다[승진시키다]**
☐ ex**alt**ation [ègzɔːltéiʃən] (명) **높임**; 고양, 승진; 칭찬 ☜ -ation<명접>
☐ ex**alt**ed [igzɔ́ːltid] (형) **고귀한**, 지위가〔신분이〕 높은; 고양된 ☜ -ed<형접>

✚ **alt**ar **제단** **alt**itude **높이**, 고도; 해발 ad**ult** 어른의; **성인** ab**ol**ish **폐지[철폐]하다**

액션영화 an action film [movie] (활극영화) * film 필름, 영화 movie 영화

♣ 어원 : **ac(t), ag, am(p), ig 행하다, 취하다**

■ **act** [ækt/액트] (명) **행위**; 법령; (연극의) 막 (동) **행하다**; 연기하다 ☜ 라틴어로 '움직이다, 움직이게 하다'란 뜻
■ **act**ion [ǽkʃən/**액**션] (명) **활동, 행동, 행위; 연기**; (기계의) 운전, 작동 ☜ 행하는(act) 것(ion)
☐ ex**am** [igzǽm] (명) 《구어》 시험 ☜ **exam**ination의 줄임말
☐ ex**am**ination [igzæ̀mənéiʃən] (명) **조사**, 검사, **시험**, 심문 ☜ examine + ation<명접>
☐ ex**am**ine [igzǽmin/익**재**민] (동) **검사[조사·심사]하다; 시험하다; 진찰하다** ☜ 밖에서(e<ex) (안으로) 행하(am) 다(ine)
♠ **examine** a ticket 표를 **검사하다**
☐ ex**am**inee [igzæ̀məníː] (명) 수험자 ☜ -ee(사람/객체)
☐ ex**am**iner [igzǽmənər] (명) **시험관, 검사관** ☜ -er(사람/주체)

☐ **example**(예, 보기) ➔ **exemplar**(본보기, 모범) **참조**

스프링클러 sprinkler (살수장치)

♣ 어원 : **sprink, spers, spars, spark 뿌리다, 끼얹다**

■ **sprink**le [spríŋkəl] ⓢ **(흩)뿌리다; 끼얹다**, 붓다
☜ 뿌리(sprink) 다(le<동접>)

■ **sprink**ler [spríŋklər] ⓜ 물 뿌리는 사람; 살수차(장치); 물뿌리개; **스프링클러** ☜ sprinkle + er(사람/장치)

■ a**spers**e [əspə́:rs] ⓢ 헐뜯다, 험담하다, 중상하다
☜ ~에(a<ad=to) 끼얹다(spers) + e

■ di**spers**e [dispə́:rs] ⓢ **흩뜨리다**, 흩어지게 하다 ☜ 멀리(di=way) 뿌리다(spers) + e

□ exa**sper**ate [igzǽspərèit, -rit] ⓢ 성나게 하다, **격분시키다**
☜ 밖으로(ex) ~에게(a<ad=to) 물뿌림을(sper) 만들다(ate)
♠ I **was exasperated at** (by) his remark. 나는 그의 말**에 격분했다.**
♠ **exasperate (A) to (B) A가 화나서 B하게 하다**

E

□ exa**sper**ation [igzæ̀spəréiʃən] ⓜ 격분, 격화, 악화 ☜ exasperate + ion<명접>

□ exa**sper**ating [igzǽspərèitiŋ] ⓗ 화나(게 하)는, 분통터지는 ☜ -ing<형접>

■ **spark**le [spɑ́:rkəl] ⓜ **불꽃**, 불똥, 섬광 ⓢ 불꽃을 튀기다
☜ (불꽃처럼 화려하게) 뿌리는(spark) 것(le)

엑스칼리버 Excalibur (영국 아더왕이 소유했던 신비한 마력의 검)

중세 원탁의 기사로 잘 알려진 브리튼(영국)의 왕 아더왕이 호수의 요정에게 받아 왕자 모드레드와 최후의 전투를 벌인 뒤 다시 호수로 돌려보냈다는 신비한 마력의 검. 그 내력과 신비한 마력은 수많은 이야기꾼들을 매혹했고, 천년이란 세월이 지난 지금도 계속되고 있다. <출처 : 신검전설 / 일부인용>

□ **Excalibur** [ekskǽləbər] ⓜ **엑스캘리버** 《[전설] Arthur 왕의 명검(名劍)》; 미국제의 classic 스포츠카 ☜ 라틴어로 '철', 아일랜드어로 '탐욕스런'이란 뜻

캐비넷 cabinet (장식장)

♣ 어원 : cabin 방 ⇦ cab, cav 빈, 공허한, 파인 곳, 동굴

■ **cabin**et [kǽbənit] ⓜ **장식장**, **캐비넷**; 진열장; (보통 the C-) **내각**
☜ 고대 프랑스어로 '작은(et) 방(cabin)'이란 뜻

■ **cav**e [keiv] ⓜ **굴**, 동굴 ☜ 고대 프랑스어로 '동굴, 지하실'이란 뜻

□ ex**cav**ate [ékskəvèit] ⓢ ~에 구멍(굴)을 파다(뚫다)
☜ 밖에(ex) 동굴을(cav) 만들다(ate<동접>)
♠ **excavate** (dig) a pit 구덩이**를 파다**

□ ex**cav**ation [èkskəvéiʃən] ⓜ **굴파기, 굴, 굴착; 발굴** ☜ excavate +ion<명접>

□ ex**cav**ator [ékskəvèitər] ⓜ 구멍(굴)을 파는 사람; 굴착기, 삽차 ☜ -or(사람/기계)
★ 우리가 흔히 포클레인((Poclain) 이라고 부르는 굴착기[삽차]는 프랑스 굴착기 회사 상표명이므로 이를 그대로 사용하면 콩글리시이다. 포클레인의 바른 영어 표현은 backhoe나 excavator, hydraulic shovel 등이다.

■ con**cav**e [kɑnkéiv, kɔn-] ⓗ 옴폭한, **오목한** ☜ 완전히(con<com) 파인(cav) + e

악세서리 accessory (콩글 보석류) ➔ jewelry

♣ 어원 : cess, cease, cede, ceed 가다, 오다

■ ac**cess** [ǽkses] ⓜ **접근, 출입** ☜ ~로(ac<ad=to) 가다(cess)

■ ac**cess**ory, -ary [æksésəri] ⓜ (보통 pl.) 부속물; 부속품, **액세서리**
☜ -ory(따라가는 것)

□ ex**ceed** [iksí:d] ⓢ (수량·정도·한도·범위를) **넘다, 초과하다**
☜ 외부로(ex) 넘쳐 나가다(ceed)
♠ **exceed** the standard 기준치**를 초과하다**

□ ex**ceed**ing [iksí:diŋ] ⓗ **대단한**, 지나친, 굉장한 ☜ exceed + ing<형접>

□ ex**ceed**ingly [iksí:diŋli] ⓑ 매우, 극도로, **대단히** ☜ exceeding + ly<부접>

□ ex**cess** [iksés, ékses] ⓜ **과잉; 초과** ☜ 외부로(ex) 넘쳐 나다(cess)
♠ **to excess 과도하게, 지나치게**

□ ex**cess**ive [iksésiv] ⓗ **과도한**, 과다한; 지나친 ☜ excess + ive<형접>

□ ex**cess**ively [iksésivli] ⓑ **과도하게**, 지나치게, 매우; 부당하게 ☜ -ly<부접>

✚ **cease 그만두다**, **중지하다** ne**cess**ary **필요한, 없어서는 안 될** re**cede 물러나다**, 퇴각하다 pro**ceed** (앞으로) **나아가다, 가다, 전진하다** se**cede** (교회·정당 등에서) 정식으로 탈퇴(분리)하다

엑셀 excel (MS에서 개발한 표계산 소프트웨어 프로그램)

♣ 어원 : cel, ceil 높은, 하늘

☐ ex**cel** [iksél] ⓢ (남을) **능가하다, 탁월하다**, (~의 한도를) 넘다 ☜ 하늘(cel) 밖으로(ex)
☐ ex**cel**lent [éksələnt/**엑**설런트] ⓗ **우수한**, 일류의, **훌륭한, 뛰어난**
☜ excel + l<단모음+단자음+자음반복> + ent<형접>
♠ an **excellent** meal **훌륭한** 식사
☐ ex**cel**lence [éksələns] ⓜ **우수**, **탁월**(성), 뛰어남 ☜ excel + l + ence<명접>
☐ ex**cel**lency [éksələnsi] ⓜ (E-) **각하** 《장관 · 대사 · 총독 · 지사 등에 대한 경칭; 생략; Exc.》 ☜ -ency<명접>
♠ **Your Excellency 《직접 호칭》 각하 (부인)**

✚ **ceil**ing **천장**; 한계; 최고 한도 **cel**estial **하늘의**; 천체의

컨셉 concept (개념)

♣ **어원 : cept, ceit, ceive, cip 취하다, 잡다(=take)**
■ con**cept** [kánsept/kɔ́n-] ⓜ 〖철학〗 **개념**, 생각; 구상(構想), 발상
☜ 완전히(con<com) 취하기(cept)
☐ ex**cept** [iksépt/익**셉**트] ⓙ **~을 제외하고**, ~외에는 ⓢ **~을 빼다, 제외하다**
☜ 밖으로(ex) 취하다(cept)
♠ **except for ~ ~을 제외하면, ~가 있을 뿐**
♠ **except that ~ ~라고는 하는 것 외에는**
♠ **except to ~ ~하기를 기대하다**
☐ ex**cept**ing [ikséptiŋ] ⓙ ~외에는, ~을 제외(생략)하고; ~하지 않으면
☜ ~을 제외하고는 ⇦ ~을 밖으로(ex) 취하(cept) 는(ing)
♠ We must all obey the law, not **excepting** the king.
우리는 모두 법을 지켜야 한다, 국왕이라도 **예외**일 수 없다.
☐ ex**cept**ion [iksépʃən] ⓜ **예외, 제외** ☜ except + ion<명접>
♠ **with the exception of ~ ~을 제외하고는, ~이외에는**
☐ ex**cept**ional [iksépʃənəl] ⓗ **예외적인**, 이례의, 특별한 ☜ exception + al<형접>
☐ ex**cept**ionally [iksépʃənəli] ⓑ **예외적으로**, 특별히, 대단히 ☜ -ly<부접>
☐ ex**cerpt** [éksəːrpt] ⓜ (pl. **-s, -a**) **발췌**(록); 인용(구문) [iksə́ːrpt, ek-] ⓢ **발췌하다**
☜ 외부의(ex) 것을 취하다(cerpt)

✚ anti**cip**ate **기대하다, 예상하다**, 예감하다, 내다보다 inter**cept** **도중에서 빼앗다**(붙잡다), 가로채다; 〖군사〗 (적기 · 미사일 을) 요격하다 parti**cip**ate **참가하다**, 관여하다, 관계하다

☐ **excess**(초과, 여분, 과도) ➔ **exceed**(넘다, 초과하다) **참조**

인터체인지 interchange (고속도로의 입체교차점)
체인지업 change-up ([야구] 속구 모션으로 타자를 속이는 완구)

♣ **어원 : change 바꾸다, 교환하다**
■ inter**change** [ìntərtʃéindʒ] ⓢ **서로 교환하다** ⓜ 상호교환, 교체; (고속도로의) 입체교차(점), **인터체인지** ☜ 서로(inter) 바꾸다(change)
■ **change** [tʃeindʒ/췌인쥐] ⓢ **바꾸다**; 교환하다; 변하다; 갈아타다; (옷을) 갈아입다 ⓜ **변화; 거스름돈, 잔돈** ☜ 고대 프랑스어로 '바꾸다'란 뜻
■ **change**-up [tʃéindʒʌ̀p] ⓜ 〖야구〗 =change of pace; 고속 변환
☜ 위로<고속으로(up) 바꾸다(change)
☐ ex**change** [ikstʃéindʒ] ⓢ **교환하다**, 바꾸다 ☜ 밖으로<외부와(ex) 바꾸다(change)
♠ **in exchange (for) (~와) 교환으로, (~의) 대신으로**
♠ **exchange (A) for (B) A를 B와 교환하다**
■ un**change**d [əntʃéindʒd] ⓗ 불변의, **변하지 않는**, 본래 그대로의
☜ 바꾸지(change) 않(un=not) 는(ed<형접>)

콘사이스 concise (휴대용 사전 또는 소형 사전)

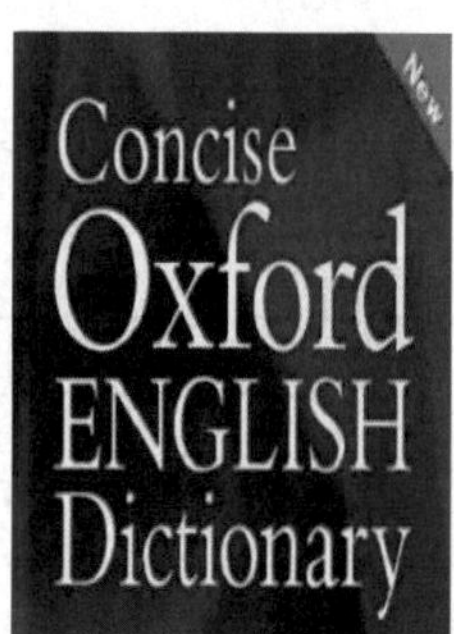

♣ **어원 : cis(e) 자르다(=cut)**
■ con**cise** [kənsáis] ⓗ **간결한**, 간명한
☜ 불필요한 것을 함께(con<com) 자르다(cise)
☐ ex**cise** [éksaiz, -s] ⓜ 물품세, 소비세, 면허세 ⓢ 잘라내다
☜ 밖으로(ex) 잘라(cise) 거둬들이는 것
♠ The government put a high **excise** on luxuries
정부는 사치품에 많은 **소비세**를 부과했다.
☐ ex**cis**ion [eksíʒən] ⓜ 삭제; 적출, 절제; 〖교회〗 파문 ☜ excise + ion<명접>

✚ de**cis**ion **결심, 결의** in**cise** 절개하다; ~를 새기다 pre**cise** **정밀한, 정확한**

익사이팅 스포츠 exciting sports (흥미진진한 스포츠), 리사이틀 recital (연주회)

번지점프, 래프팅 등 스포츠 중에서 다소 위험할 수도 있지만 짜릿하고 즐거우면서도 스트레스를 확 풀어주는 익스트림 스포츠(extreme sports)를 익사이팅 스포츠(exciting sports)라고도 한다.

♣ **어원 : cite 소집하다, 불러내다**

< Rafting >

☐ ex**cite** [iksáit/익**싸**이트] ⓢ **흥분시키다**, 자극하다(=stimulate); (감정 등을) 일으키다 ☜ ex(밖으로) 불러내다
♠ **excite oneself 흥분하다**
♠ **become** 〔get〕 **excited 흥분하다**

☐ ex**cit**able [iksáitəbl] ⓗ **격분하기 쉬운**; 흥분성의 ☜ excite + able(~할 수 있는, 하기 쉬운)

☐ ex**cit**ed [iksáitid] ⓗ **흥분한**; 활발한 ☜ excite + ed<형접>

☐ ex**cit**edly [iksáitidli] ⓑ **흥분[격분]하여**, 기를 쓰고 ☜ excited + ly<부접>

☐ ex**cite**ment [iksáitmənt] ⓜ **흥분**(상태), 자극받음, 격앙 ☜ -ment<명접>

☐ ex**cite**r [iksáitər] ⓜ 자극하는〔흥분시키는〕 사람〔것〕; 자극제, 흥분제 ☜ excite + er(사람/물건)

☐ ex**cit**ing [iksáitiŋ] ⓗ **흥분시키는**, 자극적인 ☜ excite + ing<형접>

※ **sport** [spɔːrt/스포-트] ⓜ (또는 pl.) **스포츠**, 운동, 경기; (pl.) 운동회, 경기회 ☜ 고대 프랑스어로 '기쁨, 즐거움'이란 뜻

✚ **cite 인용하다**, **인증하다**; 소환하다 **cit**ation 인증, 인용; 소환(장) in**cite** **자극[선동]하다**; 부추기다,

클래임 claim (거래에서의 손해배상 청구 또는 이의 제기)

♣ **어원 : claim, clam 크게 소리치다**

■ **claim** [kleim/클레임] ⓢ (당연한 권리로서) **요구[청구]하다** ⓜ (권리로서의) **요구, 청구** (=demand) ☜ 고대 프랑스어로 '소리 지르다, 선언하다'란 뜻

☐ ex**claim** [ikskléim/익스클**레**임] ⓢ (감탄하여) **외치다**; 큰 소리로 말하다〔주장하다〕 ☜ 밖으로(ex) 소리치다(claim)
♠ **exclaim** with delight 기쁨에 **함성을 지르다**

☐ ex**clam**ation [èkskləméiʃən] ⓜ **외침, 절규, 감탄** ☜ -ation<명접>
♠ **exclamation mark** 〔《미》 point〕 **느낌표 !**

☐ ex**clam**atory [iksklǽmətɔ̀ːri] ⓗ 감탄의; **감탄조**〔영탄조〕**의** ☜ -ory<형접>

✚ ac**claim** **갈채(하다), 환호(하다)**, 절찬 pro**claim** **포고[공포, 선언]하다** re**claim** **교정[개선]하다**

클로즈업 close-up (근접 촬영)

♣ **어원 : close, clude, clus(e) 닫다, 간격을 메우다; (간격을 메워) 가까운**

■ **close** [klouz/클로우즈] ⓢ (문을) **닫다**; 폐쇄〔휴업〕하다; (일을) **끝내다** ⓗ **닫힌**; **가까운; 정밀한** ☜ 라틴어로 '덮다, 닫다; 가까운'

■ **close**-up [klóusʌ̀p] ⓜ 『영화·사진』 근접 촬영, **클로즈업** ☜ 완전히(up/강조) 가까운(close)

☐ ex**clude** [iksklúːd] ⓢ **못 들어오게 하다**, 배척하다 ☜ 밖의(ex) 문을 닫다(clude)
♠ **exclude (A) from (B) B 에서 A 를 빼다**
exclude a person **from** 〔out of〕 a club 아무를 클럽에서 제명〔추방〕하다.

☐ ex**clus**ion [iksklúːʒən] ⓜ **제외**, 배제; 이민입국금지 ☜ -ion<명접>

☐ ex**clus**ive [iksklúːsiv, -ziv] ⓗ **배타적인**; 독점적인 ☜ -ive<형접>

☐ ex**clus**ively [iksklúːsivli, -ziv-] ⓑ **배타적으로**, 독점적으로; 오로지 ☜ -ly<부접>

✚ con**clude** **끝내다**, **결론을 내리다**, 종결하다 in**clude** **포함하다**, 포함시키다, 넣다 pre**clude** 제외하다, 미리 배제하다; 방해하다 se**clude** (사람을) **~에서 떼어놓다**, 격리하다

커뮤니케이션 communication (의사소통)
파리 코뮌 the Commune (of Paris) (파리혁명정부)

1789년 프랑스 혁명 이후 1871년 3월 28일부터 5월 28일 사이에 파리 시민과 노동자들의 봉기에 의해서 수립된 혁명적 자치정부

< 파리코뮌 포스터 >

♣ **어원 : communi, common 공동의, 공공의; 나누다, 공유하다**

■ **commune** [kάmjuːn/kɔ́m-] ⓜ **코뮌** 《중세 유럽제국의 최소 행정구》; 지방 자치체; (공산권의) 인민공사 정부》; ⓢ 『문어』 **친하게**

사귀다[이야기하다] ☜ 라틴어로 '공동의, 일반의'란 뜻
■ communication [kəmjùːnəkéiʃən] ⓜ **전달, 통신; 교통수단**
☜ 공동으로/서로 나눔을(communi) 만드는(ate) 것(ion<명접>)
□ ex**communi**cate [èkskəmjúːnəkèit] ⓢ 〖교회〗 파문하다; 제명(축출)하다 [èkskəmjúːnəkit, -kèit] ⓗⓜ 파문(제명, 축출)당한 (사람) ☜ 공동/공공(communi) 밖으로(ex) 내보내다(cate)
♠ **be excommunicated from ~ ~에서 제명당하다**
□ ex**communi**cation [èkskəmjùːnəkéiʃən] ⓜ 〖교회〗 파문(선고); 제명, 추방, 축출
☜ excommunicate + ion<명접>
□ ex**communi**cator [èkskəmjúːnəkèitər] ⓜ 파문하는 사람 ☜ excommunicate + or(사람)

빅토리 victory ([로神] 승리의 여신)
인빈서블 HMS Invincible (영국 해군의 경항공모함: 1980-2014)

♣ **어원 : vict, vinc 승리하다, 정복하다**

■ **vict**ory [víktəri/**빅**터뤼] ⓜ **승리**, 전승, 승전 ☜ 승리한(vict) 것(ory<명접>)
■ in**vinc**ible [invínsəbəl] ⓗ **정복할 수 없는**, 무적의
☜ in(=not/부정) + 승리할 수(vinc) 있는(ible)
■ con**vict** [kənvíkt] ⓢ **~의 유죄를 입증하다, 유죄를 선언하다**
[kάnvikt/kɔ́n-] ⓜ **죄인; 죄수**, 기결수
☜ 완전히(con<com) 승리하다(vict) ⓑ acquit 방면(放免)하다
□ ex-con(**vict**) [èkskάnvikt/-kɔ́n-] ⓜ **전과자** ☜ 전(前)(ex=former) 죄수(convict)
♠ He was always labeled as **an ex-convict.**
그에게는 항상 **전과자**라는 꼬리표가 따라다녔다

시크릿 secret (한국의 댄스팝 걸그룹. <비밀>이란 뜻)

♣ **어원 : cre(t), cer(t) 나누다, 분리하다**

■ se**cret** [síːkrit/**씨**-크릿] ⓗ **비밀[기밀]의** ⓜ **비밀**, 비결, 불가사의
☜ 따로(se) 나누어진(cret)
■ dis**cret**e [diskríːt] ⓗ 별개의, 분리된; 불연속의
☜ 따로(dis) 분리된(cret) + e
□ ex**cret**a [ikskríːtə] ⓜ (pl.) 배설물 《소변·대변·땀 등》, 선(腺)분비물
☜ 밖으로(ex) 분리해내는(cret) 것(a<복수 접미사>)
□ ex**cret**e [ikskríːt] ⓢ 배설(배출)하다; 분비하다 ☜ 밖으로(ex) 분리해내다(cret) + e
♠ Most toxins **are** naturally **excreted from** the body.
대부분의 독소는 자연스럽게 몸**에서 배설된다**.
□ ex**cret**ion [ikskríːʃən] ⓜ 〖생물·생리〗 배출, 배설(작용); 배출물 《대소변·땀 따위》
☜ 밖으로(ex) 분리해내는(cret) 것(ion<명접>)
□ ex**cre**ment [ékskrəmənt] ⓜ 배설물; (보통 pl.) 대변(=feces) ☜ -ment<명접>
□ ex**cret**ory [ékskritɔ̀ːri/ekskríːtəri] ⓗ 배설의 ⓜ 배설기관 ☜ -ory<형접/명접>

코스 course (경로, 진로), 커리큘럼 curriculum (교육과정)

♣ **어원 : course, cur(s) 달리다, 흐르다**

■ **course** [kɔːrs/코-스] ⓜ **진로**, 경로; (배·비행기의) 코스, **침로**; 골프코스; **진행, 방침**
☜ 라틴어로 '달리기, 여행; 방향'이란 뜻
■ **cur**riculum [kərikjələm] ⓜ (pl. **-s**, curricul**a**) **커리큘럼, 교육[교과]과정**
☜ 라틴어 currere(말달리는 코스)에서 유래
□ ex**curs**e [ekskə́ːrs] ⓢ 옆길로 새다; 소풍가다, 단거리 유람여행을 하다
☜ 밖으로(ex) 흐르다(curs) + e
□ ex**curs**ion [ikskə́ːrʒən, -ʃən] ⓜ **소풍**, 유람, **단기**(수학)**여행; 탈선**
☜ 밖으로(ex) 흐르는(curs) 것(ion<명접>)
♠ **go on** (for) **an excursion 소풍가다**
♠ **make** (take) **an excursion to** (into) ~ **~로 소풍가다**

✚ **cur**rent 통용하고 있는; 현행의 re**cur** **되돌아가다,** 재발하다, 호소하다, 회상하다

코즈마케팅 cause marketing (일부수익금의 기부 등 기업의 대의명분 마케팅)
익스큐즈 미 Excuse Me (댄스팝 걸그룹 AOA의 노래. <실례합니다>란 뜻)

♣ **어원 : cause, caus 원인, 이유**

■ **cause** [kɔːz/코-즈] ⓜ **원인, 사유; 대의(大義)** ☜ 라틴어로 '원인, 이유'란 뜻

■ be**cause** [bikɔ́:z/비**코**-즈, -kʌ́z/-kɔ́z] ㉨ **(왜냐하면) ~이므로, ~ 때문에**
☜ 원인(cause)이 있다(be)

□ ex**cus**able [ikskjú:zəbl] ㉸ 변명이 서는, 용서할 수 있는 ☜ excuse + able(~할 수 있는)

□ ex**cuse** [ikskjú:z/익스**큐**-즈] ㉢ **변명하다; 용서하다** [ikskjú:s/익스**큐**-스] ㉧ **변명, 해명; 사과** ☜ 원인(cuse)을 멀리<없애다(ex=out)
♠ **Excuse me 실례합니다, 죄송합니다** ☜ '저를 용서해 주세요'란 뜻
♠ **excuse oneself 변명하다, 사과하다**
♠ **make an excuse for ~ ~을 변명하다**

※ **market**ing [mɑ́:rkitiŋ] ㉧ (시장에서의) **매매**; 〖경제〗 **마케팅** 《제조에서 판매까지의 과정》
☜ market + ing<명접>

시퀀스 sequence (사건·행동 등의 연쇄적인 순서·절차)

♣ **어원 : (s)equ, (x)ecu 뒤따르다(=follow)**

■ **sequ**ence [sí:kwəns] ㉧ **연속, 속발; 결과** ☜ 뒤따르는(sequ) 것(ence)

□ e**xecu**te [éksikjù:t] ㉢ **실행[수행·집행]하다**, 사형을 집행하다
☜ 바깥까지(ex) 쫒(ecu) 다(te)

□ e**xecu**tion [èksikjú:ʃən] ㉧ **실행, 집행, 사형집행** ☜ -tion<명접>
♠ **carry into** 〔put in(to)〕 **execution 실행하다**
♠ **do execution 강제집행**
♠ **make an excuse for ~ ~에 대한 변명을 하다**
♠ **without execuse 이유없이**

□ e**xecu**tioner [èksikjú:ʃənər] ㉧ 집행자, 사형 집행인 ☜ -er(사람)

□ e**xecu**tive [igzékjətiv] ㉸ **집행권[집행력]이 있는, 행정적인** ㉧ **행정관**, (the ~) **행정부, 집행부**
☜ 바깥까지(ex) 쫒(ecu) 는(tive)

□ e**xecu**tor [igzékjutər] ㉧ 지정 유언 집행인 ☜ -or(사람)

■ con**secu**tion [kɑ̀nsikjú:ʃən/kɔ̀n-] ㉧ 연속; 논리적 관련, 조리(條理)
☜ 계속(con<com) 뒤따르는(secu) 것(tion)

샘플 sample (견본)

♣ **어원 : amp, emp 취하다, 행하다**

■ s**amp**le [sǽmpəl/sɑ́:m-] ㉧ **견본, 샘플, 표본** ㉸ 견본의 ㉢ 견본을 만들다
☜ e**xample**의 두음소실

□ ex**amp**le [igzǽmpəl/익**잼**펄, -zɑ́:m-] ㉧ **예, 보기**, 실례; 모범; 견본
☜ 밖으로(ex) (표본을) 취하는(amp) 것(le<명접>)
♠ **for example 예컨대, 이를테면**
♠ **be beyond** 〔without〕 **example 전례가 없다**

□ ex**emp**lar [igzémplər] ㉧ 본보기, 모범 ☜ 밖으로(ex) (표본을) 취하는(emp) + l + 것(ar)

□ ex**emp**lary [igzémpləri] ㉸ 모범적인 ☜ -y<형접>

□ ex**emp**lify [igzémpləfài] ㉢ **예증[예시]하다** ☜ 밖으로(ex) (표본의) 취한(emp) 것(li<le)을 만들다(fy)

컨셉 concept (개념)

♣ **어원 : cept, empt 취하다, 잡다(=take)**

■ con**cept** [kɑ́nsept/kɔ́n-] ㉧ 〖철학〗 **개념**, 생각; 구상(構想), 발상 ☜ 완전히(con<com) 취하기(cept)

□ ex**empt** [igzémpt] ㉢ **면제하다** ㉸ **면제된** ㉧ 면제자
☜ 밖으로<예외로(ex) 취하다(empt)
♠ **exempt from tax** 세금을 **면제하다**

□ ex**emp**tion [igzémpʃən] ㉧ (의무 등의) **면제;** 면역 ☜ -ion<명접>

✚ ex**cept ~을 제외하고; ~을 빼다, 제외하다** inter**cept 도중에서 빼앗다**, 가로채다; 요격하다

에어로빅스 Aerobics = aerobic + exercise (유산소운동)

몸안에 최대한 많은 양의 산소를 공급함으로써 폐와 심장의 기능을 촉진시켜 신체의 건강을 증진시키는 유산소운동 Aerobics란 aerobic exercise(유산소 운동)을 줄여 만든 합성 신조어로 1967년 미국 군의관 케네스 H. 쿠퍼가 심폐기능을 개선시킬 목적으로 개발하였다. <출처 : 생명과학대사전>

※ **aero**bic [ɛəróubik] ㉸ 산소의; 산소에 의한; **에어로빅스**의
☜ 공기(aero)와 함께 살아(bio) 가는

※ **aero**bics [εəróubiks] 명 (pl. 단수취급) **에어로빅스** 《호흡 순환기의 산소 소비를 늘리는 건강 운동법》 ☜ **aerobic** e**x**ercise의 줄임말

□ **exercise** [éksərsàiz/**엑**서싸이즈] 명 (신체의) **운동; 연습, 훈련**; 활동, (능력·권리의) 행사 동 **운동시키다, 훈련하다** 비교 exorcise (악령을) 쫓아내다
☜ 밖으로(ex) 우리(erc<ark)를 열다(ise). 즉, 가축을 운동하게 하다
♠ Swimming is **good exercise**. 수영은 **좋은 운동**이다.
♠ **do exercise 운동을 하다**

□ **exercis**able [éksərsàizəbl] 형 행사[실행]할 수 있는 ☜ -able(~할 수 있는)

□ **exercit**ation [egzə̀ːrsətéiʃən] 명 실습, 연습; 문장〔연설〕 연습; 논문, 토론; 예배
☜ 밖으로(ex) 우리(erc<ark)를 열어 가게(it) 하는 것(ation<명접>)

에너지 energy (정력, 힘)

♣ **어원 : erg, ert 일, 힘, 활동; 일하다, 힘쓰다**

■ en**erg**y [énərdʒi/**에**너쥐] 명 **정력**, 활기, 원기, **에너지** ☜ 내재된(en<in) 힘(erg) + y<명접>

□ ex**ert** [igzə́ːrt] 동 (힘을) **발휘[행사]하다, 쓰다**; 움직이다, 노력하다 ☜ 밖으로(ex) 힘쓰다(ert)
♠ **exert one's influence (to) 영향력을 행사하다**
♠ **exert oneself 노력하다, 진력하다**(=strive)

□ ex**ert**ion [igzə́ːrʃən] 명 **노력**, 전력, 분발 ☜ exert + ion<명접>

□ ex**ert**ive [igzə́ːrtiv] 형 노력〔진력〕하는 ☜ exert + ive<형접>

인헤일러 inhaler ([의료] 호흡 곤란 환자들을 위한 흡입기)

♣ **어원 : hor, hal(e), halit 숨 쉬다**

■ in**hale** [inhéil] 동 (공기 따위를) **빨아들이다, 들이쉬다**
☜ 안으로(in) 숨을 들이쉬다(hale)

■ in**hale**r [inhéilər] 명 (호흡 곤란 환자들을 위한) 흡입기
☜ inhale + er(기기)

□ ex**hal**ant, ex**hal**ent [ekshéilənt, ekséi-] 형 토해내는, 방출〔배출〕하는 명 (연체동물의) 출수관(出水管)
☜ 밖으로(ex) 숨 쉬다(hal) + ant/ent<형접/명접>

□ ex**hal**ation [èkshəléiʃən, ègzəl-] 명 숨을 내쉬기; 내뿜기; 발산; 증발
☜ 밖으로(ex) 숨을 내쉬(hal) 기(ation<명접>)

□ ex**hale** [ekshéil, igzéil] 동 (숨을) 내쉬다, **발산[방출]하다**
☜ 밖으로(ex) 숨 쉬다(hale) 반 inhale 흡입(吸入)하다
♠ **exhale** 〔breathe out〕 deeply **숨을** 크게 **내쉬다**

■ **halit**osis [hæ̀lətóusis] 명 『의학』 구취(口臭), 불쾌한 입냄새 ☜ 숨 쉬는(halit(us)) 병명(osis)

제스처 gesture (몸짓), 리더스 다이제스트 Reader's Digest

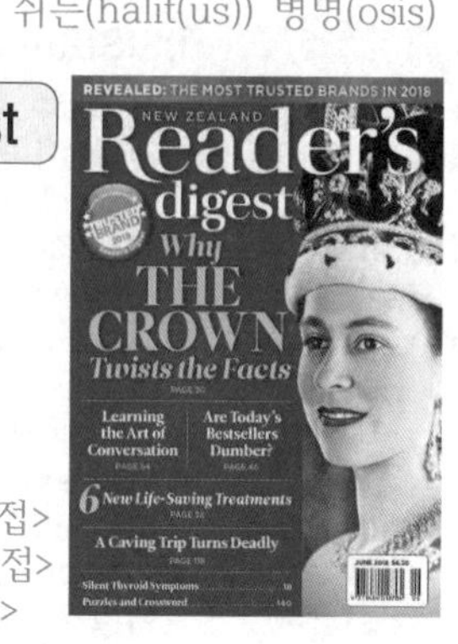

♣ **어원 : gest, haust 나르다, 운반하다, 전하다**

■ **gest**ure [dʒéstʃər] 명 몸짓, 손짓, **제스처**
☜ (생각을) 전하는(gest) 것(ure)

□ ex**haust** [igzɔ́ːst] 동 **소모하다; 피폐시키다; 규명하다; 배출하다**
☜ 밖으로(ex) 나르다<버리다(haust)
♠ **exhaust** pipe (엔진의) **배기**관

□ ex**haust**ed [igzɔ́ːstid] 형 **소모된**; 고갈된; 매우 지친 ☜ -ed<형접>

□ ex**haust**ing [igzɔ́ːstiŋ] 형 소모적인; (심신을) 지치게 하는 ☜ -ing<형접>

□ ex**haust**ion [igzɔ́ːstʃən] 명 **소모, 고갈**; (극도의) 피로; 배기 ☜ -ion<명접>

□ ex**haust**ive [igzɔ́ːstiv] 형 고갈시키는, 소모적인; **철저한** ☜ -ive<형접>

□ ex**haust**ively [igzɔ́ːstivli] 부 남김없이, 완전히, 철저하게 ☜ -ly<부접>

✚ con**gest** **혼잡하게 하다** di**gest** **소화(하다)**; 요약(하다) inex**haust**ible **소모할 수 없는**, 무진장한; 지칠 줄 모르는 in**gest** (음식·약 등을) 섭취하다

코엑스 COEX (한국종합무역센터에 있는 종합전시관 / 서울시 소재) 킨텍스 KINTEX (한국국제전시장 / 고양시 소재)

♣ **어원 : hibit, habit, have 잡다(=take), 가지다(=have), 살다(=live)**

■ **COEX** **CO**nvention and **EX**hibition center 국제회의 및 전시 센터〔코엑스〕

■ **KINTEX** **K**orea **INT**ernational **EX**hibition center 한국국제전시장〔킨텍스〕

□ ex**hibit** [igzíbit] 동 **전람**〔전시·진열〕**하다, 출품하다** 명 **출품**; 진열, 공시, **전람**
☜ 밖에(ex) 두다<가지고 있다(hibit)
♠ **on exhibit(ion) 전시되어**

E

☐ ex**hibit**ion [èksəbíʃən] ⓜ **전람(회)**, 전시회, 박람회; 출품물 ☜ 밖에(ex) 두는(hibit) 것(ion)
☐ ex**hibit**ionism [èksəbíʃənìzm] ⓜ 자기현시〔과시〕(경향); 『의학』 노출증 ☜ -ism(~주의)
♠ You have a bit of narcissism and **exhibitionism**.
너는 약간의 자아 도취와 **과시 증상**이 있다.

✚ in**hibit** **금하다**, 억제〔제지〕하다 **habit 습관, 버릇** **habit**ation **주소; 거주** in**habit ~에 살다**, 거주하다, 존재하다 pro**hibit** **금지하다**, 방해하다 **have 가지다, 가지고 있다; 먹다**

호러영화 horror film (공포영화)

♣ **어원 : hor(i), horn, hort 똑바른, 곧은, 곧두선; (앞쪽으로) 몰다**
■ **hor**ror [hɔ́ːrər, hάr-] ⓜ **공포, 전율** ☜ 털이 곤두 선
☐ ex**hort** [igzɔ́ːrt] ⓢ **간곡히 타이르다**, 권하다, 훈계하다
☜ 강력히(ex/강조) 몰다(hort)
♠ **exhort (A) to (B) A에게 B하도록 간곡히 타이르다**
☐ ex**hort**ation [ègzɔːrtéiʃən, èksɔːr-] ⓜ **간곡한 권고**, 장려, 경고, 훈계
☜ 강력히(ex/강조) 몰아대는(hort) 것(ation<명접>)

✚ **horn 뿔**, 촉각, **뿔나팔(경적)** **hor**izon **수평선, 지평선**; 범위

컨설턴트 consultant (자문, 고문)

♣ **어원 : sal, sail, (s)il, (s)ult 뛰다, 뛰어넘다, 달리다, 내몰다**
■ con**sult** [kənsʌ́lt] ⓢ **~의 의견을 구하다, 상담하다**
☜ 함께(con<com) 뛰다(sult)
■ con**sult**ant [kənsʌ́ltənt] ⓜ 의논상대, **컨설턴트**, 고문, 자문 ☜ -ant<명접>
☐ exi**l**e [égzail, éks-] ⓜ **추방, 망명** ⓢ **추방하다** ☜ 밖으로(ex) 내몰다(ile)
★ ex 발음에 의해 sil에서 s가 탈락
♠ **go into exile 망명을 하다[가다]**
♠ He was sent into **exile**. 그는 **추방**당하였다.
☐ exi**l**ic, exilian [egzílik, eks-], [egzíliən, eks-] ⓗ 추방의; 《특히》 바빌론 유수의
☜ 추방(exile) 의(ic/ian<형접>)

✚ as**sail** **(맹렬히) 공격하다, 기습하다** ex**ult** **기뻐 날뛰다** **sal**ient 현저한, 두드러진; 돌출한

어시스트 assist ([축구·농구] 득점과 직접적으로 연결되는 패스)
레지스탕스 resistance (2차대전시 독일군에 대한 프랑스의 지하저항운동)

♣ **어원 : sist, sta, stit 서있다(=stand)**
■ as**sist** [əsíst] ⓢ **원조[조력]하다, 거들다**, 돕다
☜ ~의 곁에(as<ad) 서있다(sist)
■ re**sist** [rizíst] ⓢ **~에 저항하다**; 격퇴하다; 방해하다
☜ ~에 대항하여(re=against) 서있다(sist)
■ re**sist**ance [rizístəns] ⓜ **저항**, 반항; 반대; 저항력; 방해 ☜ -ance<명접>
☐ exi**st** [igzíst/익**지**스트] ⓢ **존재[현존, 생존]하다**
☜ 밖에(ex) + i + 서있다(st)
♠ **exist as ~ ~로서[~의 형태로] 존재하다**
☐ exi**st**ence [igzístəns] ⓜ **존재**, 실재, 현존, **생활** ☜ -ence<명접>
♠ **come into existence 생기다; 시행되다**
☐ exi**st**ent [igzístənt] ⓗ **현존하는**, 현행의 ☜ -ent<형접>
☐ exi**st**entialism [ègzisténʃəlìzm] ⓜ 『철학』 실존주의 ☜ 현존하는(existent) 것 같은(ial) 주의(ism)
☐ exi**st**entialist [ègzisténʃəlist] ⓜ 실존주의자 ⓗ 실존의, 실존주의(자)의 ☜ -ist(사람)

© fivebooks.com

✚ co-exi**st** 같은 때〔장소〕에 존재하다; 공존하다 con**sist ~로 되어[이루어져] 있다; 일치하다**
in**sist** **주장하다, 우기다** per**sist** **고집하다, 지속하다**

브렉시트 Brexit (영국의 유럽연합 탈퇴. <Britain + exit의 합성어>)

영국(Britain)과 출구(Exit)의 합성어로 영국의 유럽연합(EU) 탈퇴를 뜻하는 말이다. 이는 글로벌 경제위기로 EU 재정악화가 심화되자 영국의 EU 분담금 부담이 커졌고, 난민 등 이민자 유입이 크게 증가하자 EU 탈퇴움직임이 가속화되었다. 2016년 6월 23일 브렉시트 찬반투표에서 영국민 51.9%가 찬성하여 브렉시트가 결정되었다.
<출처 : 시사상식사전 / 일부인용>

※ **Britain** [brítən] ⓜ **영국** 《잉글랜드 + 웨일스 + 스코틀랜드. Great Britain이라고도 함》
★ 브리타니아(Britannia)는 현재의 영국 브리튼섬에 대한 고대 로마시대의 호칭

☐ **exit** [égzit, éksit] [명] **출구; 퇴장, 퇴진** [동] **나가다** ☜ 밖으로(ex) 가다(it)
★ 건물의 출구에 <비상구(exit)>라고 쓰여 있는데, exit라고 하면 '출구'를 의미하므로 '비상구'를 올바로 표현할 때는 emergency exit라고 해야 한다.
♠ **exit** poll 〖투표〗 **출구**(여론)조사

엑소더스 Exodus ([성서] 이스라엘 사람들의 이집트 출국, 출(出)애굽)
엑소 Exo < EXOplanet (한국의 남성 아이돌 그룹. <미지에서 온 새로운 스타>란 뜻)

♣ **어원 : ex-, exo- 밖, 밖으로**

☐ **exo**dus [éksədəs] [명] 집단적 (대)이동; (the E-) 이스라엘 국민의 이집트 탈출; (E-) 〖성서〗 출애굽기 《구약성서 중의 한 편; 생략: Ex., Exod.》 ☜ 밖으로(ex) (나가는) 길(odus)
☐ **exo**gamy [eksάgəmi/-sɔ́g-] [명] 외혼(제도), 족외혼(族外婚)
☜ (혈족) 밖의(exo=out) 결혼(gamy)
♠ The tribe practice **exogamy**. 그 종족은 족외혼을 실시한다.
☐ **ex**onerate [igzάnərèit/-zɔ́n-] [동] 결백을〔무죄를〕 증명하다; 면제〔해제〕하다 ☜ 부담(oner=burden) 밖에(ex) 있게 하다(ate<동접>)
♠ This investigation **will exonerate** Tom.
이 조사가 톰**의 결백을 증명해줄 것이다**.
☐ **ex**oneration [igzὰnəréiʃən/-ɔ̀n-] [명] 무고〔결백〕함을 입증함; 면죄; 면제; 면책
☜ exonerate + ion<명접>
☐ **exo**planet [éksəplæ̀nət] 태양계 밖의 행성 ☜ (태양계) 밖의(exo) 행성(planet)
☐ **ex**orbitant [igzɔ́ːrbətənt] [형] (욕망・요구・가격 따위가) 터무니없는, 과대한, 부당한, 엄청난
☜ 궤도(orbit) 밖(ex) 의(ant), 즉 '정상적인 범위를 벗어난'이란 뜻
♠ an **exorbitant** price **터무니없는** 가격
☐ **ex**orbitance, 《고어》 -tancy [igzɔ́ːrbətəns], [-i] [명] 과대, 과도, 부당 ☜ -ance<명접>
☐ **exo**tic [igzάtik/-zɔ́t-] [형] **외래의, 외국산의; 이국적인** ☜ 밖(exo) 의(tic)
♠ brightly-coloured **exotic** plants 색깔이 화려한 **이국적인** 식물
■ **ex**it [égzit, éksit] [명] **출구; 퇴장, 퇴진** [동] **나가다** ☜ 밖으로(ex) 가다(it)

후라이팬 < 프라이팬 frying pan (튀김용 냄비)

♣ **어원 : pan, pand, pans 넓은, 펼친; 모든, 전체의, 총(總), 범(汎)**

※ **fry** [frai/프롸이] [동] (기름으로) **튀기다** [명] **튀김**(요리), **프라이**, (특히) 감자튀김
☜ 라틴어로 '굽거나 튀기다'란 뜻
■ **pan** [pæn] [명] **납작한 냄비** ☜ 라틴어로 '얇게 펼친 것'이란 뜻
■ **pan-** [pæ̀n] '전(全), 범(汎), 총(總)'의 뜻의 결합사
♠ **Pan-Am 팬암** 《**Pan Am**erican World Airways의 약어. '범미(汎美) 세계항공'이란 뜻이며, 1927년 설립되어 1991년 파산한 미국 항공사》
☐ ex**pand** [ikspǽnd] [동] 펴다, 펼치다; **넓히다; 퍼지다, 팽창하다**, 발전하다
☜ 밖으로(ex) 넓어지다(pand) [반] contract 줄다
♠ Metals **expand** when they are heated. 금속은 열을 받으면 **팽창한다**.
☐ ex**pand**ed [ikspǽndid] [형] 확대된, **넓어진** ☜ 밖으로(ex) 넓어(pand) 진(ed<형접>)
☐ ex**pand**ing universe theory 팽창우주론 ☜ universe(우주), theory(이론)
☐ ex**pans**e [ikspǽns] [명] **넓게 퍼진 공간**, 넓은 구역; 팽창, 확장 ☜ 밖으로(ex) 넓어진(pans) 것(e)
♠ **an expanse of water 광활한** 수면
☐ ex**pans**ible [ikspǽnsəbl] [형] 넓힐 수 있는, 팽창할 수 있는 ☜ -ible(~할 수 있는)
☐ ex**pans**ion [ikspǽnʃən] [명] **확장, 팽창**, 발전 ☜ -ion<명접>
☐ ex**pans**ionism [ikspǽnʃənìzm] [명] 팽창론 《통화 따위의》; 영토 확장 정책
☜ expansion + ism(~이론, ~주의)
☐ ex**pans**ive [ikspǽnsiv] [형] 팽창성의; 확장적인; 넓은, 개방적인 ☜ -ive<형접>

스페셜 special (특별한), 스펙트럼 spectrum (빛띠)

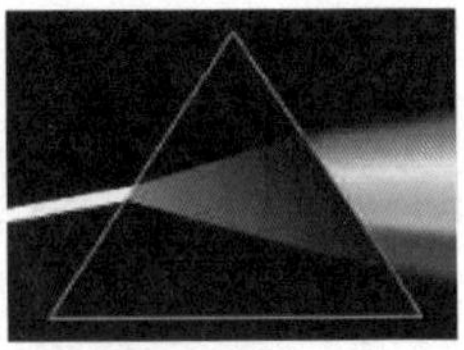

♣ **어원 : spec, spect, (x)pect 보다(=see), 보이다**

■ **spec**ial [spéʃəl/스**빼**셜] [형] **특별한**, 전문의, 특별용의; 파격적인
[명] 특별한 사람〔것〕 ☜ e**special**(특별한)의 두음소실
■ **spect**rum [spéktrəm] [명] (pl. -tr**a**, **-s**) 〖광학〗 스펙트럼, 분광; 빛띠
☜ 보이는(spect) + r +것(um)
☐ ex**pect** [ikspékt/익스**펙**트] [동] **기대[예상]하다** ☜ (멀리) 밖을(ex) 보다(xpect)
♠ Don't **expect** too much of him. 그한테 너무 많은 것을 **기대하지** 마라
♠ **as might be** 〔have been〕 **expected**

예기되는[예상했던] 바와 같이, 아니나 다를까
- ☐ e**xpect**ancy, -ance [ikspéktənsi, -əns] ⓜ **예상, 기대** ☜ -ancy, ance<명접>
- ☐ e**xpect**ant [ikspéktənt] ⓗ **기대하는, 기다리는; 기대되는** ☜ -ant<형접>
- ☐ e**xpect**ation [èkspektéiʃən] ⓜ 예상, **기대**; 바라는 목표 ☜ -ation<명접>
- ☐ e**xpect**ative [ikspéktətiv] ⓗ 대망의, 기대의 ☜ expect + ative<형접>

✚ in**spect** **점검[검사]하다**, 시찰하다 pro**spect** **전망; 예상**, 기대 re**spect** **존경**, 경의, 존중; **존경하다**, 소중히 여기다 su**spect** 짐작하다; **의심하다;** 용의자

페달 pedal (발판)

♣ 어원 : ped 발

E

- ■ **ped**al [pédl] ⓜ **페달, 발판** ⓢ 페달을 밟다 ☜ 발(ped) 의(al)
- ☐ bi**ped** [báiped] ⓗ 두 발의, 두 발 동물의 ⓜ 두 발 동물 ☜ 두(bi) 발(ped)
- ☐ ex**ped**ient [ikspíːdiənt] ⓗ **편리한**; 마땅한; 도움되는; 편의주의의 ⓜ **수단, 방편; 편법**
  ☜ 발(ped)을 족쇄에서 밖으로(ex) 나오게 + i + 하는(ent<형접>)
  반 inexpedient 불편한, 부적당한
  ♠ Do whatever is **expedient**. 뭐든 **편리한** 대로 하라.
  ♠ temporary **expedient** 임시 **방편**, 미봉책
- ☐ ex**ped**iently [ikspíːdiəntli] ⓑ 편리하게, 편의주의적으로 ☜ -ly<부접>
- ☐ ex**ped**iency, -ence [ikspíːdiənsi], [-əns] ⓜ 편의, 형편 좋음; 편의주의; 사리(私利) 추구. 방편, 편법
  ☜ -enct/ence<명접>
- ☐ ex**ped**ite [ékspədàit] ⓢ 촉진하다, 진척시키다; 신속히 처리하다
  ☜ 발(ped)을 족쇄에서 밖으로(ex) 나오게 하다(it) + e
- ☐ ex**ped**ition [èkspədíʃən] ⓜ **긴 여행**, 탐험(여행), **원정**(대), **탐험**(대); 급속, 신속 ☜ -ion<명접>
- ☐ ex**ped**itionary [èkspədíʃənèri] ⓗ 원정의, 탐험의 ☜ expedition + ary<형접>
- ☐ ex**ped**itious [èkspədíʃəs] ⓗ 날쌘, 신속한, 급속한 ☜ -ious<형접>

✚ **ped**dler **행상인**; 마약 판매인 **ped**icure 발 치료; 발 치료 의사; **페디큐어** 《발톱 미용술》

프로펠러 propeller (회전날개, 추진기)

♣ 어원 : pel 몰다, 몰아대다, 쫓아내다, 재촉하다

- ■ pro**pel** [prəpél] ⓢ **추진하다**, 몰아대다 ☜ 앞으로(pro) 밀다(pel)
- ■ pro**pel**ler [prəpélər] ⓜ **프로펠러**, 추진기〔하는 사람〕
  ☜ propel + l + er(기계)
- ☐ ex**pel** [ikspél] ⓢ **쫓아내다**, 물리치다, (해충 등을) 구제하다
  ☜ 밖으로(ex) 밀어내다(pel)
  ♠ **expel** a member 회원을 **제명하다**
- ☐ ex**pel**lant, -lent [ikspélənt] ⓗ 내쫓는 힘이 있는 ⓜ 구제약 ☜ -ant/-ent<형접/명접>
- ☐ ex**pel**lee [èkspelíː] ⓜ 추방당한 사람; 국외 추방자
  ☜ 밖으로(ex) 밀려난(pel) + l + 사람(ee/피동자)

✚ com**pel** 강제하다, **억지로 ~시키다** dis**pel** **쫓아버리다**; (근심 등을) 없애다 im**pel** **추진하다, 억지로 ~시키다** re**pel** **쫓아버리다**, 격퇴하다

펜던트 pendant (장식을 달아 늘어뜨린 목걸이)

♣ 어원 : pend, pens(e) 매달다, 무게를 달다, 계량하다; (돈을) 지불하다

- ■ **pend**ant [péndənt] ⓜ 늘어져 있는 물건, **펜던트**, 늘어뜨린 장식 《목걸이 · 귀고리 따위》; 부록, 부속물 ☜ 매달려 있는(pend) 것(ant)
- ☐ ex**pend** [ikspénd] ⓢ **소비[소모]하다** ☜ 밖으로(ex) 더 지불하다(pend)
  ♠ **expend** much money on one's clothes
  의복에 많은 돈을 **소비하다**
- ☐ ex**pend**iture [ikspénditʃər] ⓜ **지출(액); 소비**; 경비, 비용
  ☜ expend + i + ture<명접>
- ☐ ex**pens**e [ikspéns/익스**뻰**스] ⓜ **지출, 비용** ☜ 밖으로(ex) 지출된(pens) 것(e)
  ♠ **at the expense of ~ ~의 비용으로, ~을 희생하여, ~에게 폐를 끼치고**
- ☐ ex**pens**ive [ikspénsiv/익스**뻰**시브] ⓗ 돈이 드는, **값비싼** ☜ -ive<형접>
- ☐ ex**pens**ively [ikspénsivli] ⓑ **비용을 들여서**; 사치스럽게 ☜ -ly<부접>

✚ de**pend** ~나름이다, (~에) 달려 있다, 좌우되다 **pens**ion **연금**, 양로 연금, 부조금 s**pend** (돈을) **쓰다, 소비[소모]하다** sus**pend** **(매)달다**, 걸다

엑스퍼트 expert ([댄스] 전문가, 경험많고 노련한 무용수)

♣ 어원 : per(i) 시험하다, 시도하다

□ expert [ékspəːrt] ⓜ **전문가, 숙련가** ⓗ 숙련된, 노련한, 교묘한 ⓓ 전문적 조언을 하다
☜ 밖에서(ex) 시험해 보는(per) 사람(t)
♠ a computer 〔medical〕 **expert** 컴퓨터 〔의학〕 **전문가**

□ experience [ikspíriəns/익스**삐**뤼언스] ⓜ **경험**, 체험 ⓓ 경험하다
☜ 밖에서(ex) 시험하(peri) 기(ence<명접>)
♠ **by 〔from〕 experience 경험으로, 경험해서**

□ experienced [ikspíəriənst] ⓗ **경험 있는**, 숙련된, 노련한 ☜ -ed<형접>

□ experiment [ikspérəmənt/익스**뻬**뤄먼트] ⓜ **실험**; 해봄 ⓓ 실험하다
☜ 밖에서(ex) 시험해(peri) 보기(ment<명접>)
♠ **do an experiment 실험하다**
do a chemical **experiment** 화학 **실험을 하다**

□ experimental [ikspèrəméntl] ⓗ **실험의; 실험용의** ☜ experiment + al<형접>

□ experimentally [ikspèrəméntli] ⓟ 실험적으로 ☜ experimental + ly<부접>

□ experimentation [ikspèrəmentéiʃən] ⓜ 실험(법) ☜ experiment + ation<명접>

□ experimenter [ikspèrəméntər] ⓜ 실험자 ☜ experiment + er(사람)

■ inexperience [ìnikspíəriəns] ⓜ **무경험**, 미숙 ☜ in(=not/부정) + experience(경험)

인스피레이션 inspiration (영감(靈感: 신령스러운 예감이나 느낌))

♣ 어원 : spir(e), (x)pire 숨쉬다, 호흡하다

■ inspire [inspáiər] ⓓ **고무[격려]하다**, (사상・감정을) 불어넣다, 영감을 주다
☜ 숨을(spire) 불어넣다(in)

■ inspiration [ìnspəréiʃən] ⓜ **인스피레이션, 영감**(靈感); 고위, 고무 ☜ inspire + ation<명접>

□ expire [ikspáiər] ⓓ (기간이) **끝나다, 만기가 되다** ☜ (숨을) 밖으로(ex) 내쉬다(pire)
♠ When does your **driving licence expire**?
당신의 **운전면허증 유효기한**은 언제입니까?

□ expiration [èkspəréiʃən] ⓜ 숨을 내쉼, 내쉬는 숨; (기간의) 만기
☜ expire + ation<명접> **비교** expiation 속죄, 죄를 씻음, 보상

□ expiry [ikspáiəri, ékspəri] ⓜ 소멸; 종료, (기간의) 만료, 만기; 임종, 죽음 ☜ expire + y<명접>

✚ conspire **공모하다**; 음모를 꾸미다 spirit **정신, 영혼**, 원기; 시대정신

플라자 Plaza (광장), 플랫폼 platform (역의 승강장)

< Seoul Plaza>

♣ 어원 : pla(c), pla(i)n, plat, plic 편편한, 평평한; 명백한

■ plaza [plάːzə, plǽzə] ⓜ 《Sp.》 대광장; 《미》 쇼핑센터
☜ 편편한(pla) 장소(za)

■ platform [plǽtfɔ̀ːrm] ⓜ (역의) **플랫폼**, 승강장 ☜ 편편한(plat) 장소(form)

□ explain [ikspléin/익스플**레**인] ⓓ **설명하다**, 명백하게 하다
☜ 외부에(ex) 대해 명백하게(plain) 하다
♠ I'll **explain** the rules of the game. 경기 규칙을 **설명해** 드리겠습니다.
♠ **explain oneself (자기의 입장을) 변명하다; 마음을 털어 놓다**

□ explanation [èksplənéiʃən] ⓜ **설명**, 해명; 화해
☜ 외부에(ex) 대해 명백하게(plan) 하다(ate) + ion<명접>

□ explanatory [iksplǽnətɔ̀ːri/-təri] ⓗ **설명적인**; 해석상의
☜ 외부에(ex) 명백하게(plan) 하(ate<동접>) 는(ory<형접>)

□ explicate [éksplәkèit] ⓓ 해설하다; 해명하다; 설명하다
☜ 외부에(ex) 대해 명백하게(plic) 하다(ate)

□ explication [èksplikéiʃən] ⓜ 해설; 설명; 해석 ☜ -ation<명접>

□ explicative, -atory [éksplәkèitiv/eksplíkә-], [éksplikətɔ̀ːri/eksplíkətəri] ⓗ 해설하는; 설명적인
☜ -ative/atory<형접>

□ explicit [iksplísit] ⓗ **명백한**, 명시된, 뚜렷한 ☜ 외부에(ex) 대해 명백한(plic) + it
반 implicit 암시적인
♠ a sexually **explicit** film 성행위 묘사가 **노골적인** 영화

□ explicitly [iksplísitli] ⓟ 명백히 ☜ -ly<부접>

□ explicitness [iksplísitnis] ⓜ 명백 ☜ -ness<명접>

✚ plate **접시; 판금** plane **평면; 수준; 비행기; 편편한** plain **평평한; 명백한; 검소한; 평지**

익스플로전 샷 Explosion shot ([골프] 벙커샷 중 하나)

그린(green) 근처의 벙커(bunker)로부터 그린온(green-on)이나 홀(hole)을 직접 노리는 가장 일반적인 bunker shot 타법. 공과 모래(흙)을 한꺼번에 쳐올려 마치 폭발하는 것처럼 화려하게 보이는 샷을 뜻한다. <출처 : 체육학대사전>

♣ **어원 : plod, plos 두드리다, 치다**

□ ex**plod**e [iksplóud] [동] **폭발[파열]시키다, 폭발[파열]하다;** (감정이) **격분하다**
☜ 밖으로(ex) 치다(plod) + e

□ ex**plod**ed [ikspló udid] [형] 폭발〔파열〕된 ☜ explode + ed<형접>

□ ex**plos**ion [iksplóuʒən] [명] **폭발, 파열; 폭발음** ☜ ex + plos + ion<명접>
♠ a bomb 〔nuclear, gas〕 **explosion** 폭탄〔핵, 가스〕 **폭발**

□ ex**plos**ive [iksplóusiv] [형] **폭발성의, 폭발적인** [명] 폭발물 ☜ ex + plos + ive<형접/명접>
♠ **E**xplosive **O**rdnance **D**isposal (Unit) 『군사』 폭발물처리(부대)(**EOD**(U))

■ im**plod**e [implóud] [동] (진공관 따위가) 안쪽으로 파열하다, 내파(內破)하다
☜ 안으로(im<in) 치다(plod) + e

※ **shot** [ʃɑt/ʃɔt] [명] 발포, **발사, 탄환**; 총성; 『사진·영상』 촬영, 스냅(사진), 한 화면, **샷**
☜ shoot의 단축형. 고대영어로 '쏘기'란 뜻

디스플레이 display (나타내다)
애플리케이션 [앱·어플] application = app (스마트폰 응용프로그램)

♣ **어원 : plic, plex, ple, plo, play 접다, 겹치다**

■ dis**play** [displéi/디스플**레**이] [동] **나타내다; 표시[전시, 진열]하다**
☜ 펼치다 ⇦ 반대로(dis) 접다(play)

■ ap**plic**ation [æplikéiʃən] [명] **적용, 응용, 실용성; 신청**
☜ ~쪽으로(ap<ad=to) 접(plic) 기(ation)

□ ex**plo**it [iksplɔ́it] [명] **공훈, 공적** [동] **개발[개척]하다**; 이용하다, 착취하다 ☜ 밖으로(ex) 접으로(plo) 가다(it)
♠ **exploit** mineral resources 광물 자원을 **개발하다**

□ ex**plo**itation [èksplɔitéiʃən] [명] **개발, 개척**; 판촉; **이기적 이용, 착취** ☜ -aiion<명접>

□ ex**plo**itative, -**plo**itive [iksplɔ́itətiv], [-plɔ́itiv] [형] 자원개발의; 착취적인 ☜ exploit + ative/ive<형접>

✚ com**plic**ation **복잡화; 분규** du**plic**ation **이중**; 복제, **복사** com**plex** **복잡한; 착잡한** sim**ple** 단일의; **단순한**; 수수한; 하찮은 unex**plo**ited 이용〔개발〕되지 않은, 미개척의

인터넷 익스플로러 Internet Explorer (미국 MS사의 인터넷 정보검색 프로그램)

♣ **어원 : plor(e) 울다, 울부짖다; 외치다**

※ **Inter**net [íntərnèt] [명] **인터넷** 《국제적 컴퓨터 네트워크》
☜ (국가) 사이의(inter) 그물망(net)

□ ex**plor**ation [èksplərέiʃən] [명] 실지답사, **탐험**, 탐사
☜ explore + ation<명접>

□ ex**plor**ative, -tory [iksplɔ́:rətɔ̀:ri/-təri] [형] 답사의; 탐험〔탐사〕의; 조사〔연구〕를 위한 ☜ explore + -ative/-tory<형접>

□ ex**plore** [iksplɔ́:r] [동] **탐험하다**, 답사하다; (우주를) 개발〔탐사〕하다
☜ 밖으로(ex) 외치며 나가다(plore)
♠ **explore** space 우주를 **탐험하다**

□ ex**plore**r [iksplɔ́:rər] [명] **탐험가**, 탐구자; 탐사 기구 ☜ -er(사람/장비)

✚ de**plore** **한탄[개탄]하다** de**plor**able **통탄할**; 비참한 im**plor**e **애원[간청·탄원]하다**

□ **explosion**(폭발(음)), **explosive**(폭발성의) ➔ **explode**(폭발하다) **참조**

포즈(pose.자세)를 취하다, 콤포넌트 component (고음재생 전용 스피커)

♣ **어원 : pos(e), pon, pound 놓다**

■ **pose** [pouz] [명] **자세, 포즈**; 마음가짐(=mental attitude) [동] **자세[포즈]를 취하다**
☜ 고대 프랑스어로 '두다, 위치시키다, 제안하다'란 뜻

■ com**pon**ent [kəmpóunənt] [형] **구성하고 있는**, 성분을 이루는 [명] 성분, 구성
☜ 함께(com) 두(pos) 는(ent<형접>)

□ ex**pon**ent [ikspóunənt] [명] (학설·의견 등의) 설명자, 해설자; (사상의) 옹호자; (전형적인) 대표자, 대표적 인물, 전형; 상징 ☜ 밖에(ex) (전형적으로) 내놓는(pon) 사람(ent)
♠ a leading **exponent** of reform 개혁을 주도하는 **대표적 인물**

☐ ex**pon**ential [èkspounénʃəl] ⓗ 설명〔해설〕자의; 대표적 인물의, 전형의 ☜ -ial<형접>
■ ex**pound** [ikspáund] ⓢ 상세히 설명하다, 해설하다 ☜ 밖에(ex) 내놓다(pound)

포터 porter (짐꾼), 에어포트 airport (공항), 포털사이트, 포트폴리오...

♣ **어원 : port 나르다, 운반하다**

■ **port** [pɔːrt/포-트] ⓜ **항구**, 무역항 ☜ (물건을) 나르는 곳
■ **port**er [pɔ́ːrtər] ⓜ **운반인**; 짐꾼, **포터**; 《영》 **문지기**
☜ 운반하는(port) 사람(er)
■ air**port** [ɛ́ərpɔ̀ːrt/에어포-트] ⓜ **공항** ☜ 하늘로(air) 나르는(port) 곳
☐ ex**port** [ikspɔ́ːrt, ekspɔ́ːrt] ⓢ **수출하다** ⓜ **수출(품)**
☜ 밖으로(ex) 운반하다(port)
♠ promote **export 수출**을 장려하다
☐ ex**port**ation [èkspɔːrtéiʃən] ⓜ **수출(품)** ☜ export + ation<명접>
☐ ex**port**er [ikspɔ́ːrtər] ⓜ 수출업자 ☜ export + er(사람)

< Porter >
@ zh.wikipedia.org

✚ im**port** **수입하다; 수입(품)** im**port**ant **중요한** **port**able **휴대용의; 휴대용 기구** **port**al (우람한) **문, 입구; 정문; 포털사이트** **port**folio 서류첩; 대표작품선집, **포트폴리오**

엑스포 expo = exposition (국제박람회)

Expo 2019
BEIJING CHINA

♣ **어원 : pos, pon, pound 놓다, 두다**

☐ ex**po** [ékspou] ⓜ 전람회, 박람회 ☜ **expo**sition의 약어
☐ ex**pos**e [ikspóuz] ⓢ (햇볕·바람·비 따위에) **쐬다, 드러내다; 폭로하다; 진열하다**, 노출하다 ☜ 밖에(ex) 내놓다(pos) + e
♠ **lie exposed to ~ ~에 드러내 놓이다**
☐ ex**pos**ed [ikspóuzd] ⓗ **드러난**, (위험 따위에) 노출된 ☜ expose + ed<형접>
☐ ex**pos**ition [èkspəzíʃən] ⓜ **박람회**, 전람회; **설명**, 해설 ☜ 밖에(ex) 내놓는(pos) 것(ition)
☐ ex**pos**ure [ikspóuʒər] ⓜ **드러내 놓음, 드러남**; 노출; 폭로; 적발; 진열 ☜ -ure<명접>
☐ ex**pound** [ikspáund] ⓢ **상세히 설명하다**, 해설하다 ☜ 밖으로(ex) (말을) 내놓다(pound)
☐ ex**pound**er [ikspáundər] ⓜ 해설자, 해설서 ☜ expound + er(사람/사물)

✚ com**pos**e **조립[구성]하다; 작문[작곡]하다; 조정하다** com**pon**ent **구성하고 있는**, 성분을 이루는; 성분, 구성 com**pound** **합성[조합·혼합]하다; 합성**〔복합·혼성〕**의; 혼합**〔합성〕물

컴프레서 compressor (압축기), 프레스센터 press center (언론회관)

♣ **어원 : press 누르다**

■ com**press** [kəmprés] ⓢ **압축하다, 압착하다** ☜ 완전히(com) 누르다(press)
■ com**press**or [kəmprésər] ⓜ **압축기**; **컴프레서** ☜ -or(장비)
■ **press** [pres/프레스] ⓢ **누르다**; **강조하다**; **압박하다**; 돌진하다; **서두르다** ⓜ **누름**; **인쇄기**; **출판물** ☜ 중세영어로 '누르다'란 뜻
☐ ex**press** [iksprés/익스프**레**스] ⓢ (감정 등을) **표현[표시]하다** ⓗ **명시된; 명백한;** 《미》 **지급 운송편의; 급행의** ⓜ **속달편**; 급행열차 ☜ 밖으로(ex) 누르다<밀어내다(press)
♠ **by express 속달로, 급행으로**
☐ ex**press**ion [ikspréʃən/익스프**레**션] ⓜ 표현(법), 말씨; 표정 ☜ -ion<명접>
♠ **beyond** 〔past〕 **expression 말로 표현할 수 없는**
♠ **find** 〔seek〕 **expression (in) (감정 따위가) ~에 나타나다, 표현되다**
♠ **give expression to ~ ~을 표현하다**
☐ ex**press**ive [iksprésiv] ⓗ **나타내는**; 표현이 풍부한 ☜ -ive<형접>
☐ ex**press**ively [iksprésivli] ⓑ 표정이 풍부하게 ☜ -ly<부접>
☐ ex**press**ly [iksprésli] ⓑ 명백하게; 일부러 ☜ -ly<부접>
☐ ex**press** train 급행열차 ☜ train(기차, 열차)
☐ ex**press**way [ikspréswèi] ⓜ (인터체인지가 완비된) 고속도로 ☜ way(길, 도로)
※ **center**, 《영》 **centre** [séntər/**쎈**터] ⓜ **중심**(지); **핵심**; **중앙** ☜ 라틴어로 '원의 중심'

✚ de**press** **풀이 죽게 하다, 우울하게 하다** im**press** **~에게 감명을 주다, ~을 감동시키다** op**press** **압박[억압, 학대]하다** re**press** **억누르다**; 저지하다; 진압하다 sup**press** **억압하다**; **진압하다**

프로퍼 컬러 proper color ([패션] 고유색)

[패션] 자연광의 상태에서 눈으로 보는 대상의 색체. 고유색

♣ **어원 : proper, propri 자신의 것(=own)**

■ **proper** [prάpər/프롸퍼/prɔ́pər/프로퍼] ⓗ **적당한, 적절한** ☜ 자신의 것(proper)인
□ ex**propri**ate [ekspróuprièit] ⓢ 빼앗다, 몰수하다; 공용 징수[징발]하다
☜ (누군가의) 자신의 것(propri)을 밖에서(ex) 취하다(ate<동접>)
♠ **expropriate ~ from the estate ~의 토지를 빼앗다〔몰수하다〕**
□ ex**propri**ation [ekspróuprièiʃən] ⓜ (토지 등의) 몰수; 수용, 징수 ☜ -ation<명접>
※ **colo(u)r** [kʌ́lər/컬러/칼라] ⓜ **색, 빛깔**, 색채; 채색, 색조; 명암; **안색**
☜ 라틴어로 '감추다'란 뜻

✚ ap**propri**ate **적합한, 적당한; 충당[횡령]하다** **proper**ly **당연히, 정당하게** **proper**ty **재산, 소유물**

프로펠러 propeller (회전날개, 추진기)

♣ **어원 : pel, pul 밀다, 누르다**
■ pro**pel** [prəpél] ⓢ **추진하다**, 몰아대다 ☜ 앞으로(pro) 밀다(pel)
■ pro**pel**ler [prəpélər] ⓜ **프로펠러**, 추진기; 추진시키는 사람
☜ -er(사람/장비)
□ ex**pul**sion [ikspʌ́lʃən] ⓜ 추방; **배제; 제명**, 제적
☜ 밖으로(ex) 미는(pul) 것(ion)
♠ **the expulsion** of a member from a society 회원의 **제명**
□ ex**pul**sive [ikspʌ́lsiv] ⓗ 추방력〔구축력〕 있는; 배제성의 ☜ -sive<형접>

✚ **pul**se **맥박**, **파동**, 『전기』 **펄스** com**pul**sion 강요, **강제**; 『심리』 강박 충동

퓨리턴 Puritan (청교도)

16세기 후반 영국 국교회(國敎會)에 반대하여 순결한 신앙과 철저한 신교주의를 취한 칼뱅파의 신교도로, 1620년 메이플라워호를 타고 신대륙으로 건너가 온갖 고난을 겪으며 미국 건축의 기초를 닦았다. 밀턴의 <실락원>은 청교도 문학의 대표적 작품이다. <출처 : 시사상식사전 / 일부인용>

♣ **어원 : pur(e), purg, puri 순수한, 청순한, 깨끗한, 맑은; 순종의**
■ **pure** [pjuər/퓨어] ⓗ **순수한**, 깨끗한, 결백한, 맑은; 순종의
☜ 라틴어로 '깨끗한, 섞이지 않은'이란 뜻
■ **Puri**tan [pjúərətən] ⓜ 『종교』 **퓨리턴, 청교도** ☜ 깨끗한(puri) + t + 사람(an)
■ **purg**e [pəːrdʒ] ⓢ **깨끗이 하다**; (죄(罪)·더러움을) **제거하다**, 일소하다; 추방하다, **숙청하다**
☜ 라틴어로 '청결하게 하다'란 뜻
□ ex**purg**ate [ékspərgèit] ⓢ (책의 불온한 대목을) 삭제하다; 《고어》 정화하다
☜ 밖으로(ex) (더러움을) 깨끗하게(purg) 만들다(ate)
♠ **expurgate a book 서적의 잘못된 부분을 삭제하다**
□ unex**purg**ated [ʌnékspərgèitid] ⓗ (검열에서 서적의 내용이) 삭제되지 않은, 삭제 없이 출판한
☜ un(=not/부정) + expurgate(삭제하다)

앙케이트 < 앙케트 enquete ([F.] 소규모의 여론조사) ➔ questionnaire, survey

♣ **어원 : quest, quisit, quir(e), query, quet 찾다, 구하다; 묻다, 요구하다**
■ en**quet**e [αːŋkét; [F.] αkεt] ⓜ **앙케트** 《똑같은 질문에 대한 여러 사람의 답변을 얻는 소규모의 설문 조사》
☜ 라틴어로 '안에서(en<in) 찾다(quet) + e
□ ex**qui**site [ikskwizit, ekskwi-] ⓗ 절묘한; **정교한**; 예민한 ☜ (품질 나쁜 포도주를) 밖으로(ex) (빼라고) 요구하(quis) 는(ite<형접>)
♠ **exquisite** craftsmanship **정교한** 공예술
□ ex**qui**sitely [ikskwizitli, ekskwi-] ⓑ 정교하게, 정교하게; 통절히 ☜ -ly<부접>
□ ex**qui**siteness [ikskwizitnis, ekskwi-] ⓜ 절묘, 섬세 ☜ -ness<명접>

✚ **quest** **탐색**, 탐구, 추구 **quest**ion **질문(하다)**, **의문; 문제** **quer**y 질문, 의문; 묻다, 질문하다
ac**quire** **얻다, 취득하다** con**quer** **정복하다**, 공략하다 re**quire** **요구하다, 필요로 하다**
in**quire** **묻다, 문의하다** se**que**ster 격리하다, 은퇴시키다

스탠드 stand (세움대; 관람석) * 탁상용 전등은 desk lamp가 바른 표현

♣ **어원 : sta, xta 서다, 세우다, 고정시키다, 안정시키다**
■ **sta**nd [stænd/스땐드/스탄드] ⓢ (-/**stood/stood**) **서다, 서 있다**
☜ 라틴어로 '서있는(sta) 것/곳(nd)'이란 뜻
□ e**xta**nt [ekstǽnt, ékstənt] ⓗ (문서·기록 따위가) 현존하는, 잔존하는
☜ (지금까지) 밖에(ex) 서있(xta=sta) 는(nt)
♠ **extant** remains of the ancient wall 그 고대 성벽의 **잔존하는** 유적

템포 tempo (빠르기, 박자)

♣ **어원 : tempo(r) 시간, 시대, 때**

■ **tempo** [témpou] 명 (pl. **-s**, temp**i**) 《It.》 〖음악〗 빠르기, 박자, **템포** 《생략: t.》; (활동・운동 등의) 속도 ☜ 라틴어로 '시간, 계절, 시간의 일부'란 뜻

■ **tempor**ary [témpərèri/-rəri] 형 **일시적인, 임시의**, 순간의, 덧없는 ☜ (일시적) 시간(tempor) 의(ary<형접>)

□ ex**tempor**aneous [ikstèmpəréiniəs] 형 준비 없는, 즉흥적인, 즉석의 《연설 등》; 일시적인, 임시변통의 ☜ 시간적 여유 없는 ⇦ 시간(tempor) 밖(ex) 의(aneous<형접>)

□ ex**tempor**ary [ikstémpərèri/-rəri] 형 즉석의, 즉흥적인 ☜ -ary<형접>
♠ **make an extemporary speech 즉흥 연설을 하다**

□ ex**tempor**arily [ikstémpərèrili] 부 즉석에서, 즉흥적으로, 임시변통으로 ☜ -ly<부접>

□ ex**tempor**e [ikstémpəri] 부형 즉석에서(의), 즉흥적으로(인) ☜ 시간적 여유 없이 ⇦ 시간(tempore) 밖(ex)에서

□ ex**tempor**ize [ikstémpəràiz] 동 즉석에서 연설하다; 즉흥적으로 연주(노래, 작곡)하다 ☜ -ize<동접>

텐트 tent (천막)

♣ **어원 : tent, tend, tens, tenu 팽팽하게 뻗히다, 펼치다, 늘리다, 넓히다**

■ **tent** [tent/텐트] 명 **텐트, 천막** ☜ 초기 인도유럽어로 '펼치다'에서 유래

□ ex**tend** [iksténd/익스**텐**드] 동 (손, 발 등을) **뻗히다**, (기간을) **늘리다**, (범위, 영토를) **넓히다**, (은혜를) **베풀다** ☜ 외부로(ex) 뻗히다(tend)
♠ **extend** a visa 비자를 **연장하다**

□ ex**tend**ed [iksténdid] 형 광범위한, 펼친 ☜ -ed<형접>

□ ex**tend**er [iksténdər] 명 제품에 첨가하는 경품; 중량제 ☜ -er(물건)

□ ex**tens**ion [ikstén∫ən] 명 **뻗음, 확장, 신장** ☜ -ion<명접>

□ ex**tens**ive [iksténsiv] 형 **광대한, 넓은** ☜ -ive<형접>

□ ex**tens**ively [iksténsivli] 부 널리, 광범하게 ☜ -ly<부접>

□ ex**tent** [ikstént] 명 **넓이, 범위, 정도** ☜ 외부로(ex) 뻗히다(tent)
♠ **to a certain (some) extent 어느 정도까지**

□ ex**tenu**ate [iksténjuèit] 동 (범죄・결점을) 가벼이 보다, 경감하다, (정상을) 참작하다 ☜ 밖으로(ex) 펼쳐(tenu) 두께를 줄이다(ate<동접>)
♠ **extenuate** his losses 그의 손실을 **경감하다**

□ ex**tenu**ation [ikstènjuéi∫ən] 명 (죄의) 경감 ☜ -ation<명접>

□ ex**tenu**ative, -atory [iksténjuèitiv], [-ətɔ̀ːri/-təri] 형 (죄책을) 경감하는, 정상 참작적인 ☜ -ative/atory<형접>

✚ at**tent**ion **주의, 주목** at**tend ~에 출석하다; 시중들다** con**tend 다투다, 경쟁하다** in**tend ~할 작정이다, 의도하다** in**tense 강한**, 격렬한 **tend ~하는 경향이 있다** **tens**ion **긴장(상태)**, 절박

익스트림 스포츠 extreme sports (스피드와 스릴을 만끽하는 모험 레포츠)

♣ **어원 : ex, exter 밖으로, 외부로 ⇔ inter 내부로, 안으로**

□ **exter**ior [ikstíəriər] 형 바깥쪽의, **외부의**; 외면(상); 대외적인 명 **외부**; 외모 ☜ 밖으로(exter) 더(ior<비교급>)
♠ an **exterior** policy **대외** 정책

□ **ex**terminable [ikstə́ːrmənəbəl] 형 근절할 수 있는 ☜ 밖으로(ex) 끝까지(termin) 내몰수 있는(able)

□ **ex**terminate [ikstə́ːrmənèit] 동 **근절하다**, 절멸(박멸)하다 ☜ 밖으로(ex) 끝까지(termin) 내몰다(ate<동접>)

< Rafting >

□ **ex**termination [ikstə̀ːrmənéi∫ən] 명 절멸, 근절 ☜ -ation<명접>

□ **ex**terminator [ikstə́ːrmənèitər] 명 박멸하는(몰살시키는) 사람(것); 해충(해수(害獸)) 구제자(약), 근절자 ☜ -or(사람)

□ **ex**terminatory [ikstə́ːrmənətɔ̀ːri, -təri] 형 근절적인, 절멸적인, 박멸하는 ☜ -ory<형접>

□ **extern**al [ikstə́ːrnəl] 형 **외부의, 외계의** 명 **외부, 외관** ☜ 외부(exter) + n + 의(al<형접>)

□ **extern**ally [ikstə́ːrnəli] 부 외견상, 외면적으로 ☜ -ly<부접>

□ **extre**me [ikstríːm] 형 **극도의, 과격한, 맨끝의** 명 극단 ☜ 가장(me) 바깥의(extre)
♠ **go to extremes (an extreme) 극단으로 흐르다**

□ **extre**mely [ikstríːmli] 부 **극단(적)으로**, 극도로; 매우 ☜ -ly<부접>

□ **extre**mity [ikstréməti] 명 끝, **말단; 극단책** ☜ extreme + ity<명접>

□ **extre**mism [ikstríːmizəm] 명 극단적인 경향; 극단론; 과격주의 ☜ -ism(~주의)

□ **ex**tricate [ékstrəkèit] 동 구출(救出)하다, 탈출시키다, 해방하다

☜ 장애물(tric) 밖으로(ex) 데리고 나오다(ate<동접>)
♠ **extricate (A) from 〔out of〕 (B) A를 B에서 구출하다.**

□ **ex**trication [èkstrikéiʃən] 명 구출, 탈출, 해방 ☜ -ation<명접>
□ **ex**tricable [ékstrəkəbəl] 형 구출〔해방〕할 수 있는 ☜ -able(~할 수 있는)
※ **sport** [spɔːrt/스포-트] 명 (또는 pl.) **스포츠, 운동**, 경기 《hunting, fishing 을 포함》; (pl.) 운동회, 경기회 동 장난하다, 까불다
☜ 라틴어로 '물건을 운반하다', 고대 프랑스어로 '기쁨, 즐거움'이란 뜻

스팅 sting (미국 범죄영화. <사기(詐欺)>란 뜻)

© Universal Pictures

1978년 개봉한 미국의 코미디/범죄영화. 폴 뉴먼, 로버트 레드포드 주연. 1929년 대공황 직후 미국 시카고의 지하범죄 세계에서 두 사기꾼의 두목의 죽음에 대한 복수를 그린 영화. 세기의 명화. <출처 : Naver영화>

♣ **어원 : sting(u), stinc, stig 찌르다, 자극하다; 불을 끄다**

■ **sting** [stiŋ] 동 (-/**stung/stung**) **찌르다**, 괴롭히다, **자극하다**; 속이다 명 **찌르기**, 쏘기; **자극**; 격통; **사기**
☜ 고대영어로 '찌르다, 자극하다'란 뜻
□ e**xtinc**t [ikstíŋkt] 형 (불이) **꺼진**, 사멸한; 끝난; 멸종한
☜ 밖에서(e<ex) 불을 끄다(xtinc) + t
♠ an **extinct** species 멸종된 종
□ e**xtinc**tion [ikstíŋkʃən] 명 **소화**, 진화; 종식; 사멸, 소멸 ☜ -ion<명접>
□ e**xtingu**ish [ikstíŋgwiʃ] 동 (불을) **끄다**; (화재를) **진화하다** ☜ -ish<동접>
□ e**xtingu**isher [ikstíŋgwiʃər] 명 (불을) 끄는 사람〔기구〕, 소화기 ☜ -er(사람/장비)

✚ di**stinc**t **별개의; 뚜렷한** di**sting**uish **구별하다**, 분별〔식별〕하다 in**stinc**t **본능**; 직관, 육감, 직감 pre**stig**e **위신**, 명성, 신망; 세력

탈렌트 < 탤런트 talent (재능있는 사람, 연기자) ➔ TV star, TV actor<남> · TV actress<여>, TV personality

♣ **어원 : tal, tol 올리다; 참다, 견디다, 지탱하다**

■ **tal**ent [tǽlənt] 명 **재능**(있는 사람), **연예인**; 탤런트 《고대 그리스의 저울눈 또는 화폐》
☜ (사람의 가치에 있어) 무게(재능)가 있는 사람 ⇦ 저울 ⇦ 올려놓는(tal) 것(ent)
□ ex**tol(l)** [ikstóul] 동 **칭찬**〔격찬 · 찬양〕**하다** ☜ 위로(ex<up) 올리다(toll)
♠ **extol ~ to the skies ~를 극구 칭찬하다.**
■ **tol**erable [tɑ́lərəbəl/tɔ́l-] 형 **참을 수 있는**, 허용할 수 있는 ☜ 참을(tol) + er + 수 있는(able)

토큐 < 토크 torque ([물리] 물체를 회전시키는 힘; 비틀림 모멘트)

♣ **어원 : torq(ue), tor(t) 비틀다**

■ **torque** [tɔːrk] 명 『기계 · 물리』 **토크**, 회전시키는〔비트는〕 힘 ☜ 라틴어로 '비틀다'란 뜻
□ ex**tort** [ikstɔ́ːrt] 동 강탈〔강요〕하다 ☜ 밖으로(ex) 비틀다(tort)
♠ **extort** money from merchants 상인들로부터 돈을 **갈취하다**.
□ ex**tort**ion [ikstɔ́ːrʃən] 명 강요; 강탈; 빼앗음; 부당가격 청구 ☜ -ion<명접>
□ ex**tort**ionary [ikstɔ́ːrʃənəri] 형 터무니없는, 엄청난, 부당한 ☜ -ary<형접>
□ ex**tort**ionate [ikstɔ́ːrʃənit] 형 (가격 · 요구 등이) 터무니없는, 과대한 ☜ -ate<형접>

✚ re**tort** **보복하다; 말대꾸하다;** 말대꾸, 반박 **tort**ure **고문; 심한 고통**; 고뇌; 고문하다, 괴롭히다 con**tort** **잡아 비틀다**, 왜곡〔곡해〕하다 dis**tort** (얼굴을) **찡그리다; 비틀다**

트랙터 tractor (견인력을 이용해서 각종 작업을 하는 특수 차량)

♣ **어원 : tract 끌다, 당기다; 유혹하다**

■ **tract**or [trǽktər] 명 **트랙터**, 견인(자동)차 ☜ 끄는(tract) 기계(or)
□ ex**tract** [ikstrǽkt] 동 **뽑아내다**, 빼어내다 ☜ 밖으로(ex) 끌어내다(tract)
★ 진액(생물의 몸 안에서 생겨나는 액체)을 우리말로 '엑기스'라고 하는데 이는 일본어 '엑기스(エキス)'에서 유래했으며, 이 또한 영어 extract에서 유래하였다.
♠ **extract** a tooth 이를 **뽑다**
□ ex**tract**ion [ikstrǽkʃən] 명 뽑아냄, 추출; 뽑아낸 것, 엑기스; 혈통 ☜ -ion<명접>

✚ abs**tract** **추상적인; 추상;** 추상(추출)하다 at**tract** (주의 · 흥미 등을) **끌다, 유인하다** con**tract** **계약**, 약정; 계약서 de**tract** 줄이다, 떨어뜨리다, 손상시키다 dis**tract** (주의를) **딴 데로 돌리다**;

빛나가게 하다 re**tract** **철회하다**, 취소하다 sub**tract** **빼다, 감하다**

엑스트라 extra ([영화] 임시 · 일용고용 출연자)
엑스라지 < 엑스트라 라지 XL = Extra Large ([의류] 특대형)
이티 ET = Extraterrestrial (미국 SF 영화. <지구 밖의 생물>이란 뜻)

♣ **어원 : extra 외부의, 예외의, 여분의**

© Universal Pictures

□ **extra** [ékstrə] ⓗ **여분의**, 임시의, **특별한** ⓜ 특별한 것; 임시고용인, **엑스트라**(배우) ⓑ **특별히** ☜ **extra**ordinarily의 준말
♠ an **extra** train **임시** 열차
□ **extra**curricular, -lum [èkstrəkərikjulər, -ləm] ⓗ 과외의, 정규과목 이외의; 평소 직업(생활)과는 거리가 먼
☜ extra + 달리는(cur) + r + i + 것(cul<cle) + 의(ar)
□ **extra**essential [èkstrəisénʃəl] ⓗ 본질외의, 주요하지 않은
☜ 본질적인 것의(essential) 밖의(extra)
□ **extra**legal [èkstrəlíːgəl] ⓗ 법률의 지배를 받지 않는, 법의 범위[영역] 외의
☜ 법의(legal) 밖의(extra)
□ **extra**marital [èkstrəmǽritl] ⓗ 혼외정사의, 간통(불륜)의 ☜ 혼인의(martial) 밖의(extra)
□ **extra**mundane [èkstrəmʌndein] ⓗ 현세외(外)의, 물질계 밖의; 지구 밖의
☜ 현세의/세계의(mundane) 밖의(extra)
□ **extra**mural [èkstrəmjúrəl] ⓗ 성벽[도시, 구역] 밖의, 교외의; 《미》 (대학간의) 비공식 대항의
☜ 벽(mural=wall) 밖의(extra)
♠ **extramural** activities (학생 · 교수 등의) **교외** 활동
□ **extra**neous [ikstréiniəs] ⓗ 외부로부터의, 밖의; 무관계한, 연고 없는
☜ 밖에서(extra) 온(neous<형접>)
□ **extra**ordinaire [ekstrɔ̀ːrdinέər] ⓗ 《F.》 극히 이례적인, 뛰어난, 비범한
☜ extra(특별히 다른) + ordinaire(=ordinary/평상의, 보통의)
□ **extra**ordinary [ikstrɔ́ːrdənèri, èkstrəɔ́ːr-] ⓗ **이상한, 비상한**; 임시의
☜ extra(특별히 다른) + ordinary(평상의, 보통의)
♠ an **extraordinary** child **신통한[비범한]** 아이
□ **extra**ordinarily [ikstrɔ̀ːrdənérəli, èkstrəɔ́ːrdənèrə-] ⓑ **비상하게**, 이례적으로
☜ extraordinary<y→i> + ly<부접>
□ **extra**ordinariness [ikstrɔ́ːrdənèrinis] ⓜ 비상함, 대단함; 비범; 터무니없음
☜ extraordinary<y→i> + ness<명접>
□ **extra**terrestrial [ekstrətərestriəl] ⓗ 지구 밖의, 우주의 ⓜ 지구 이외의 행성(생물); 우주인
☜ 지구의(terrestrial) 밖의(extra)
□ **extra**uterine [èkstrəjúːtərin] ⓗ 자궁 외의[밖의] ☜ 자궁의(uterine) 밖의(extra)
♠ **extrauterine** pregnancy **자궁 외** 임신

빠가본드 < 배가본드 Vagabond (일본 유명 만화. <방랑자>란 뜻)

일본 요시카와 에이지의 소설 <미야모토 무사시>를 원작으로 이노우에 다케히코가 그려낸 시대극 만화. 일본에서 최고의 무사로 회자되는 <미야모토 무사시>의 일대기를 그린 만화로 인물들의 개성과 심리묘사가 탁월하다. 특히 미야모토 무사시의 인간적인 면모를 부각시켰다. <출처 : 인터넷 교보문고>

♣ **어원 : vag 헤매다, 떠돌아다니다, 방랑하다**
■ **vag**abond [vǽgəbɑ̀nd/-bɔ̀nd] ⓜ **부랑자, 방랑자**; 무뢰한, 깡패 ⓗ 부랑(방랑)하는 ⓢ 방랑하다 ☜ 헤매는(vag) + a + 것(bond<명접>)
□ extra**vag**ance, -cy [ikstrǽvəgəns, -i] ⓜ (돈의) 낭비, **사치(품)**; 무절제, 방종
☜ ~을 너머서(extra) 헤매(vag) 기(ance<명접>)
♠ a needless **extravagance** 불필요한 **사치품**
□ extra**vag**ant [ikstrǽvəgənt] ⓗ **낭비하는**; 사치스런; 엉뚱한 ☜ -ant<형접>
□ extra**vag**antly [ikstrǽvəgəntli] ⓑ 사치스럽게; 과도하게, 엄청나게 ☜ -ly<부접>

✚ **vag**rant **방랑[유랑]하는** **vag**ue **막연한, 모호한** di**vag**ate 헤매다, 방황하다; 일탈하다 nocti**vag**ant, -gous 밤에 돌아다니는, 야행성의

□ **extreme**(극도의), **extricate**(구해내다, 해방하다) ➔ **exterior**(외부의) **참조**

버전 version (상품의 개발 단계 및 순서를 번호로 표시한 것)
컨버터블 convertible (접이식 지붕이 달린 승용차)

♣ 어원 : verse, vert 향하다, 돌리다
■ **vers**ion [və́:rʒən, -ʃən] [명] **번역, 변형; 판, 버전** ☜ 도는<바뀌는(vers) 것(ion)
■ con**vert**ible [kənvə́:rtəbl] [형] **바꿀 수 있는**, 개조할 수 있는 ☜ convert + ible(할 수 있는)
□ extro**vers**ion [èkstrouvə́:rʒən, -ʃən] [명] 『의학』 외번(外翻)《눈꺼풀·방광 등의》; 『심리학』 외향성 ☜ 밖으로(extro) 향한(vers) 것(ion<명접>)
□ extro**vert** [ékstrouvə̀:rt] [명] 사교적인 사람; 외향적인 사람(=extravert) [동] 외향적이게 하다 ☜ 밖으로(extro) 향하다(vert)
♠ **He has an extrovert personality. 그는 외향적인 성격의 소유자다.**

인트루더 Intruder (미국 해군의 A-6 공격기 별명. <침입자>라는 뜻)

♣ 어원 : trud(e), trus, thrust 밀다, 강요하다, 누르다, 들이대다
■ in**trude** [intrú:d] [동] 밀어붙이다, **밀고 들어가다; 침범하다**, 방해하다 ☜ 안으로(in) 밀고 들어가다(trude)
■ in**trude**r [intrú:dər] [명] **침입자**, 불청객 ☜ intrude + er(사람)
□ ex**trude** [ikstrú:d] [동] **밀어내다**, 밀려나다; 쫓아내다; (금속 등을) 성형하다 ☜ 밖으로(ex) 밀어내다(trude) [비교] exude 발산시키다, 스며 나오다
♠ Lava **is extruded from** the volcano. 용암은 화산**에서 분출된다**
□ ex**trus**ion [ikstrú:ʒən] [명] 밀어냄, 내밂, 분출, 추방 ☜ -ion<명접>
□ ex**trus**ive [ikstrú:siv] [형] 밀어내는, 내미는; (화산에서) 분출한 ☜ -ive<형접>
□ abs**trus**e [æbstrú:s] [형] 심원한, 난해한 ☜ 멀리(ab=away) 밀어내다(trud) + e

✚ pro**trude** **튀어나오다**, 돌출하다, 내밀다 ob**trude** 강요하다, 끼어들다 de**trude** 밀어내다; 밀치다

우버택시 Uber (taxi) (승객과 운송 차량을 연결해 주는 모바일 서비스)

♣ 어원 : uber- 최고의, 최대의; 넘치는
■ **uber** [jú:bər] [부] 매우, 아주 ☜ 독일어 über로 '~이상으로(=over)'란 뜻.
□ ex**uber**ant [igzú:bərənt] [형] (기쁨·활력 등이) 넘치는; 열광적인; 원기왕성한, 풍부한; (식물이) 무성한 ☜ 밖으로(ex) 넘치(uber) 는(ant<형접>)
□ ex**uber**ance, -ancy [igʒú:bərəns], [-i] [명] 풍부; 무성; 과열 ☜ -ance/-ancy<명접>
♠ **an exuberance of joy 넘치는 기쁨**
♠ **an exuberance of foliage 무성한 가지와 잎**
※ **taxi** [tǽksi/**택**시] [명] (pl. taxi**(e)s**) **택시**(=taxicab); 택시처럼 영업하는 배(비행기) ☜ 라틴어로 '요금'이란 뜻

컨설턴트 consultant (자문, 고문)

♣ 어원 : sal, sail, (s)il, (s)ult 뛰다, 뛰어넘다, 달리다, 내몰다
■ con**sult** [kənsʌ́lt] [동] **의견[충고]를 구하다, 상담하다** ☜ 함께(con<com) 뛰다(sult)
■ con**sult**ant [kənsʌ́ltənt] [명] 의논상대, (회사의) **컨설턴트**, 자문 ☜ -ant(사람)
□ ex**ult** [igzʌ́lt] [동] 기뻐 날뛰다, **크게 기뻐하다** ☜ 위로(ex=up) 뛰다(ult)
♠ **exult** to hear the news 그 소식을 듣고 **크게 기뻐하다**
□ ex**ult**ant [igzʌ́ltənt] [형] 몹시 기뻐하는; 의기양양한 ☜ -ant<형접>
□ ex**ult**ation [ègzʌltéiʃən, èksʌl-] [명] 환희, 열광 ☜ -ation<명접>
□ ex**ult**ing [igzʌ́ltiŋ] [형] 미칠 듯이 기뻐하는 ☜ -ing<형접>

✚ ex**il**e **추방, 망명; 추방하다** as**sail** **(맹렬히) 공격하다, 기습하다** **sal**ient 현저한, 두드러진; 돌출한

아이쇼핑 eye shopping ([콩글] 눈요기) ➔ window shopping
아이섀도 eye shadow (눈꺼풀에 바르는 화장품)

♣ 어원 : eye 눈; 보다
□ **eye** [ai/아이] [명] **눈; 시력** ☜ 고대영어로 '눈'이란 뜻
♠ **have an eye for ~ ~을 보는 눈이 있다, ~을 볼 줄 안다**
♠ **have an eye to ~ ~을 주목하다, ~에 주의를 기울이다**
♠ **in the eye of ~ ~의 견지에서 보면, ~의 보는 바로는**
♠ **keep an (one's) eye on ~ ~을 감시하다, 주의하여 보다**
♠ **keep one's eyes open 방심않고 주의[경계]하다**
♠ **set (lay) (one's) eyes on ~ ~을 보다**
♠ **up to the eyes (in) (~에) 깊이 빠져; 전혀**

☐ **eye**ball [ɑ́ibɔ̀l] ⓜ **눈알**, 안구 ☜ 눈(eye) + 공(ball)
☐ **eye**brow [áibràu] ⓜ **눈썹** ☜ 눈(eye) + 눈썹(brow)
☐ **eye**glass [ɑ́iglæ̀s, -glɑːs] ⓜ **안경알**; (pl.) 안경 ☜ 눈(eye) + glass(유리)
☐ **eye**lash [ɑ́ilæ̀ʃ] ⓜ 속눈썹 ☜ 눈(eye) + 채찍의 휘는 부분(lash)
☐ **eye**lid [áilìd] ⓜ **눈꺼풀** ☜ 눈(eye) + (눈)꺼풀(lid)
☐ **eye**liner [áilàinər] ⓜ **아이라이너** 《눈에 선을 긋는 화장품》 ☜ 눈(eye)에 선을 긋(line) 것(er)
☐ **eye** shadow **아이섀도** 《눈꺼풀에 바르는 화장품》 ☜ 눈(eye) 그늘(shadow)
☐ **eye**sight [áisàit] ⓜ **시력, 시각** ☜ 눈(eye) 시각/시력(sight)
☐ **eye**witness [aiwítnis] ⓜ 목격자; 실지 증인 ☜ 눈(eye)으로 본 목격자(witness)
※ **shop**ping [ʃɑ́piŋ/**샤**핑/ʃɔ́piŋ/**쇼**핑] ⓜ **쇼핑, 물건사기**, 장보기
☜ shop + p<단모음+단자음+자음반복> + ing<명접>

E

파비우스 Fabius (지구전으로 카르타고군(軍)을 지치게 한 로마의 장군)

제2차 포에니 전쟁 때 로마를 침공한 카르타고의 한니발군이 곳곳에서 전승을 거두자, 그는 지구전/소모전으로 카르타고의 한니발군을 피로에 지치게 하였으나 '결전'을 피한다는 이유로 로마 민중들로부터 반감을 샀다. 그러나 후에 그의 판단이 옳았음이 인정되었고 '로마의 방패'라는 칭호까지 부여되었다.

☐ **Fabius** [féibiəs, -bjəs] ⓜ **파비우스** 《Quintus ~ Maximus, 로마의 장군 · 정치가, BC 275~BC 203년》

☐ **Fabian** [féibiən] ⓗ 고대 로마 장군 Fabius식(전략)의 《지구전으로 적의 자멸을 기다림》, 지구적인; 점진적인; 신중한 ☜ Fabius + an<형접>

☐ **Fabian** Society [the ~] **페이비언**협회 《1884년 Sidney Webb, G.B. Shaw70 등이 창립한 영국의 점진적 사회주의 사상 단체》 ☜ society(사회, 협회)

앙팡 enfant ([F.] 어린이), 앙팡테리블 enfant terrible ([F.] 프랑스 장콕토의 소설. <무서운 아이들>이란 뜻)

♣ 어원 : **fa, fab, fam, fess 말하다**

■ <u>in**fa**nt</u> [ínfənt] ⓜ **유아, 갓난아이**; 『법률』 미성년자 ⓗ **유아의; 유치한** ☜ 말(fa)을 못(in=not) 하는(ant)

☐ **fab**le [féibəl] ⓜ **우화, 꾸며낸 이야기** ☜ 말한(fab) 것(le)
♠ Aesop's **Fables** 이솝 **우화**

☐ **fab**led [féibld] ⓗ 우화에 나오는, 전설적인 ☜ fable + ed<형접>

☐ **fab**ulous [fǽbjələs] ⓗ **전설상의**, 전설적인; 터무니없는 ☜ 말(fab)이 가득(ul) 한(ous<형접>)

✚ af**fab**le **상냥한, 붙임성 있는** ef**fab**le **말[설명 · 표현]할 수 있는** **fam**e **명성**, 명예; 평판 **fa**te **운명, 숙명; 죽음** con**fess** **고백[자백]하다; 고백[고해]하다** pro**fess** **공언하다; 고백하다**

파브르 Fabre (프랑스의 곤충학자)

☐ **Fabre** [fάːbər] ⓜ **파브르** 《Jean Henri ~ , 프랑스의 곤충학자; 1823-1915》

페브리즈 Febreze (미국의 P&G가 생산 · 판매하는 비누 · 세제 제조업체. <섬유탈취제>. fabric(직물) + breeze(산들바람) 합성어)

☐ **fabric** [fǽbrik] ⓜ **직물, 천**, 피륙; **구조**; 조직 ☜ 라틴어로 '작업장'
♠ make **fabric 직물**을 짜다

☐ **fabric**ate [fǽbrikèit] ⓢ **만들다, 제작하다** ☜ 직물을(fabric) 만들다(ate<동접>)

☐ **fabric**ation [fæ̀brikéiʃən] ⓜ 제작, 구성, 조립; **구조물; 꾸며낸 것** ☜ 직물을(fabric) 만드는(ate) 것(ion<명접>)

포커페이스 Poker Face (속마음을 드러내지 않는 무표정 얼굴)
페이스북 facebook (미국의 대표적인 인맥형성을 위한 사회관계망 어플)
페이스 페인팅 Face Painting (얼굴에 물감으로 그림을 그리는 작업)

♣ 어원 : **face, fac 얼굴, 표면**

※ <u>**poker**</u> [póukər] ⓜ **포커** 《카드놀이의 일종》 ☜ 주머니(poke<pocket)속에 숨긴 것(er)

☐ <u>**face**</u> [feis/쀄이스] ⓜ **얼굴; 표면** ⓢ **~에[을] 면하다; 향하다** ☜ 라틴어로 '형태, 표면, 외양'이란 뜻
♠ **face to face (with) ~와 정면으로 마주 보고; ~에 직면하여**
♠ **in (the) face of ~ ~에 직면하여; ~의 면전에서; ~에도 아랑곳없이**
♠ **lose (one's) face 체면을 잃다, 낯 깎이다**
♠ **save (one's) face 체면을 세우다**
♠ **to one's face 아무에게 정면으로; 뻔뻔스럽게도**

♠ **Nature gives you the face you have at twenty; it is up to you to merit the face you have at fifty.**
20대에 당신의 얼굴은 자연이 준 것이지만, 50대의 당신의 얼굴은 스스로 가치를 만들어야 한다. - 패션 디자이너 가브리엘(코코)샤넬 -

☐ **face**book [féisbuk/**퀘**이스북] ⓜ **페이스북** 《인맥형성을 위한 소셜 네트워크 웹사이트》
☜ '얼굴사진첩' 이란 뜻

☐ **face**t [fǽsit] ⓜ (결정체·보석의) 작은 면, 깎은 면 ☜ 작은(et) + 면(face)

☐ **fac**ial [féiʃəl] ⓗ **얼굴의**, 안면의; 표면(상)의 ⓜ 미안술 ☜ 얼굴(face) 의(ial)

☐ **fac**ing [féisiŋ] ⓜ **겉단장, 외장; 깃**〔끝동·섶·단〕 **달기** ☜ 표면단장(face) 하기(ing)

※ **paint**ing [péintiŋ] ⓜ **그림**, 회화; **그림그리기** ☜ 그림 그리(paint) 기(ing)

✚ sur**face** **표면, 수면; 외관** de**face** 외관을 손상하다; 흉하게 하다 ef**face** **지우다, 말살[삭제]하다**
pre**face** **서문, 서언**, 머리말

F

팩스, 팩시밀리 fax = facsimile, 팩트 fact (사실)

♣ **어원 : fac 만들다, 행하다**

☐ **fac**simile [fæksíməli] ⓜ 모사; **팩시밀리**; 복사 전송 장치 ⓢ **팩스**로 보내다 ☜ 유사하게(simile) 만들다(fac)

☐ **fac**ile [fǽsil/fǽsail] ⓗ 손쉬운, 용이한; 간편한; 경쾌한, 능란한; 솜씨 좋은 ☜ 만들기(fac) 쉬운(ile)

☐ **fac**ility [fəsíləti] ⓜ **용이함; 재주**, 능력; **설비, 시설** ☜ 만드는(fac) 능력(ility)
♠ **with facility 수월하게, 용이하게**
♠ **traffic facilities 교통 기관**

☐ **fac**ilitate [fəsílətèit] ⓢ **쉽게 하다; 촉진[조장]하다** ☜ 만들기(fac) 쉽게(ili) + t + 하다(ate)

☐ **fac**t [fækt/**빽**트] ⓜ **사실**, 실제(의 일) ☜ 행한(fac) 것(t)
♠ **in fact 실제로, 사실상, 실로**(=as a matter of fact)

☐ **fac**tion [fǽkʃən] ⓜ **당파, 당쟁** ☜ (끼리끼리) 행한(fac) 것(tion<명접>)

☐ **fac**tion-ridden [fǽkʃənrídn] ⓗ 당파심으로 지배된 ☜ -ridden(~에 지배된, ~에 고통받는)

☐ **fac**tional [fǽkʃənəl] ⓗ 도당의, 당파적인 ☜ -al<형접>

☐ **fac**tionalism [fǽkʃənlizm] ⓜ 당파심, 파벌주의 ☜ -ism(~주의)

☐ **fac**tor [fǽktər] ⓜ **요인**, 원인; 요소; 『수학』 인수 ☜ 행하는(fac) 사람/주체(tor)
♠ Ability is one **factor** of success. 능력은 성공의 한 **요소**이다.

☐ **fac**tory [fǽktəri/**빽**터뤼] ⓜ **공장** ☜ 만드는(fac) 곳(tory)

☐ **fac**tual [fǽktʃuəl] ⓗ **사실의**; 실제의 ☜ 행해진(fac) 것(tu) 의(al)

☐ **fac**ulty [fǽkəlti] ⓜ **능력, 재능, 기능; 학부**; [집합적] **교직원** ☜ 만들어(fac) 내는 것(ulty)

패션 fashion (유행)

♣ **어원 : fa(d) 만들다**

■ **fa**shion [fǽʃən/**빼**션] ⓜ **유행**, 형식, 스타일 ☜ 만들(fa) 기(shion)

☐ **fad** [fæd] ⓜ **패드, 변덕, 일시적 유행** ☜ 프랑스어로 '사소한 생각, 무의미한 것'
♠ the latest 〔current〕 **fad** 최근 유행〔현재〕 **유행하는 것**

☐ **fad**dish [fǽdiʃ] ⓗ 변덕스러운 ☜ 만들기(fad) + d + 쉬운(ish)

☐ **fad**dist [fǽdist] ⓜ 변덕쟁이 ☜ 만드는(fad) + d + 사람(ist)

페이드 인 [아웃] fade-in [out] (점차 선명해짐 [점차 희미해짐])

♣ **어원 : fade 희미한, 뚜렷하지 않은**

☐ **fade** [feid] ⓢ **바래다**〔바래게 하다〕, **(소리가) 사라지다**, **시들다**〔시들게 하다〕
☜ 고대 프랑스어로 '창백한, 어두운, 색이 바랜'이란 뜻
♠ The red T-shirt has **faded** into a light pink.
빨간 티셔츠가 **색이 바래서** 옅은 분홍색이 되었다.
♠ **fade away 사라지다; (색이) 바래다; 시들다**
♠ **Old soldiers never die; they just fade away.**
노병은 죽지 않고 다만 사라질 뿐이다. - Douglas MacArthur -

☐ **fade**-in [féidìn] ⓜ **페이드인**(FI) 《『영화·방송』 점차 선명해짐〔뚜렷해짐〕》
☜ (어두운 곳에서 점차 밝음) 속으로(in) 변해감(fade)

☐ **fade**-out [féidàut] ⓜ **페이드아웃**(FO) 《『영화·방송』 점차 희미해짐》
☜ (밝은 곳) 밖으로(out) (나가면서 다른 화상으로) 변해감(fade)

☐ **fade**away [féidəwèi] ⓜ 사라져버림, 소실(消失) ☜ 멀리(away) 희미해짐(fade)

< Adolf Hitler >

파시스트 fascist (독재적 국가사회주의 신봉자)

♣ 어원 : fasc, fag 묶음, 다발

■ **fasc**ist [fǽʃist] ⓜ **파시즘** 신봉자. (종종 F-) **파시스트** 당원, 국수주의자, **파쇼**(fascio); 독재자 ☜ (민중을 하나로) 묶는(fasc) 자(ist)

■ **fasc**ism [fǽʃizəm] ⓜ (종종 F-) **파시즘** 《1921~43년 무솔리니가 이끈 이탈리아 국가사회주의》 ☜ (민중을 하나로) 묶는(fasc) + i + 주의(sm) **비교** Nazism (1933~1945년 히틀러가 이끈) 독일 국가사회주의, **나치**주의

□ **fag**(g)ot [fǽgət] ⓜ (장작 따위의) 단, 섶나뭇단 ⓢ 다발로 묶다 ☜ 고대 프랑스어로 '나무 꾸러미'란 뜻
♠ a **fagot** of firewood 장작 **섶단**

섭씨 · 화씨 ℃, ℉ (온도의 측정단위)

섭씨는 스웨덴의 셀시우스(Celsius)가 고안했는데, 중국에서 섭이사(攝爾思, She Er Si)라고 번역한 것을 우리 조상들은 섭씨(攝氏)라고 표기하였다. 또 독일의 파렌하이트(Fahrenheit)가 고안한 화씨도 중국에서 화륜해(華倫海, Hua Lun Hai)라고 번역한 것을 우리나라에서는 화씨(華氏)로 명명한데서 유래하였다.

□ **Fahrenheit** [fǽrənhàit, fάːr-] ⓜ **화씨** 《略 F., Fah., Fahr.》, 1℃ = 32℉ ☜ 독일 물리학자 이름에서
★ 영 · 미에서 특별한 표시가 없을 때의 온도는 ℉(화씨)이다.
♠ **Fahrenheit** thermometer **화씨**온도계

※ **Celsius** [sélsiəs, -ʃəs] ⓜ **섭씨** 《略 C., Cels.》 ☜ 스웨덴의 천문학자 이름에서
♠ **Celsius** thermometer **섭씨**온도계

폴트 fault ([네트경기] 서브의 실패 · 반칙)

♣ 어원 : fall, fail, faul, fals(e) 떨어지다, 실수하다, 속이다

■ **faul**t [fɔːlt/뽈-트] ⓜ **결점; 과실**, 실수; **책임** ☜ 실수한(faul) 것(t)

□ **fail** [feil/뻬일] ⓢ **실패[실수]하다**; 실망시키다, (기대를) 저버리다 ⓜ **실패** ☜ 고대 프랑스어로 '부족하다, 실수하다, 낙담하다'란 뜻
♠ I've **failed** (flunked) two subjects. 나는 두 과목에서 **낙제했다**
♠ **fail in ~ ~에 실패하다**
♠ **fail of ~ ~을 달성 못하다, ~에 실패하다; ~이 없다**
♠ **fail to ~ ~하지 못하다, ~을 게을리하다**
♠ **cannot** (never) **fail to ~ 반드시 ~하다**

□ **fail**ing [féiliŋ] ⓜ **실패, 결점, 부족** ☜ 실패한(fail) 것(ing<형접>)

□ **fail**ure [féiljər] ⓜ **실패**, 실수 ☜ 실패한(fail) 것(ure<명접>)

✚ **fall 떨어지다, 낙하하다; 떨어짐**, 강하, 강우; **가을**; 붕괴 **fall**en **떨어진**; 타락한; **쓰러진** **fall**acy **잘못된 생각; 오류; 허위** **fall**acious 불합리한, 오류에 빠지기 쉬운 **false 그릇된**, 잘못된; 거짓의; **가짜의**, 위조의 **false**hood **허위, 거짓말** **fals**ify 위조(변조)하다; ~의 거짓을 입증하다

연상 제가 페인트(paint.유색도료)를 페인(fain.기꺼이)하게 칠해드릴게요.

□ **paint** [peint/페인트] ⓜ (pl.) **그림물감, 페인트**, 도료; 화장품; 착색 ⓢ **페인트칠하다**; (그림물감으로) **그리다** ☜ 라틴어로 '그림 그리다'

□ **fain** [fein] ⓟ 《would와 함께》 **기꺼이, 쾌히** ☜ 고대영어로 '기쁜, 즐거운, 행복한'이란 뜻
♠ I would **fain** do as you ask.
기꺼이 원하시는 대로 하겠습니다.

페인트 모션 feint motion ([스포츠] 상대방을 기만하는 동작)

♣ 어원 : fei(g)n, fain, fake 꾸민, 가짜의

■ **fein**t [feint] ⓜ 가장(假裝), 시늉; (스포츠에서) 상대방을 속이기; 양동작전 ☜ 가짜(fein) 의(t)

□ **fain**t [feint/뻬인트] ⓗ 어렴풋한, (빛이) **희미한**; 힘없는, 겁많은; **어질어질한** ⓢ **졸도[기절]하다** ⓜ 기절, 졸도 ☜ 고대 프랑스어로 '가장한, 게으른' 중세영어로 '나약한'
♠ She **fainted** from the heat. 그녀는 더위 때문에 **실신했다**.

□ **fain**tly [féintli] ⓟ **희미하게**, 어렴풋이; 힘없이, 소심하게 ☜ -ly<부접>

□ **fain**theart [féinthὰːrt] ⓜ **겁쟁이** ☜ 겁많은(faint) 마음(heart)

□ **fain**thearted [féinthὰːrtid] ⓗ 소심한, 용기 없는 ☜ -ed<형접>

※ **motion** [móuʃən/모우션] 명 **운동, 동작; 동의**(動議; 안건제기) 동 **몸짓으로 지시[신호, 요구]하다** ☜ 움직이(mot) 기(ion<명접>)

✚ **feign ~을 가장하다, ~인 체하다**; 꾸며대다 **fake** 꾸며내다, **날조하다, 속이다; 모조[위조]품**

페어플레이 fair play (정정당당한 경기태도)

♣ 어원 : fair 아름다운

☐ **fair** [fɛər/풰어] 형 올바른, **공명정대한; 살결이 흰**; 금발의; 아름다운 부 공명정대하게; 깨끗〔정중〕하게 명 (the ~) 여성; 박람회 ☜ 고대영어로 '아름다운, 매력적인'이란 뜻
비교 fare (교통) 요금, 운임
♠ free and **fair** elections **공정한** 자유선거

< 선수 선서 >

☐ **fair**ly [fέərli/**풰**얼리] 부 **공정[공평]히**; 꽤, 아주; 분명히 ☜ fair + ly<부접>
☐ **fair**ness [fέərnis] 명 **살결이 흼; 공평** ☜ fair + ness<명접>
☐ **fair** play **페어 플레이, 정정당당한 경기태도**, 공명정대한 행동 ☜ play(놀이, 경기)
☐ **fair**y [fέəri] 명 (pl. -r**ies**) **요정**, 선녀 형 요정의, 요정 같은 ☜ 요정(fair) 같은(y)
☐ **fair**yland [fέərilæ̀nd] 명 **요정[동화]의 나라, 선경**(仙境) ☜ 요정의(fairy) 나라(land)
☐ **fair**y tale **동화**, 옛날이야기 ☜ tale(이야기, 설화)
※ **play** [plei/플레이] 동 **놀다**, (~의) 놀이를 하다; **경기[게임]하다**; **상영[상연]하다, 연주하다** ☜ 고대영어로 '빠른 동작'이란 뜻

하이파이 Hi-Fi (원음을 충실하게 재생하는 음향기기의 특성. <고충실도>란 뜻)

♣ 어원 : fid, fed, faith, fy 믿다, 신뢰하다

■ **Hi-Fi** [háifái] 명 (라디오・전축이 원음을 재생하는) 고충실도, **하이파이** ☜ high(높은) fidelity(충실도)의 약어
※ **high** [hái/**하**이] 형 **높은** ☜ 고대영어로 '높은, 키가 큰, 고급스런'이란 뜻
■ **fid**elity [fidéləti, fai-] 명 **충실**, 충성, **성실**; **정절** ☜ 신뢰하(fid) 는(el) 것(ity<명접>)
☐ **faith** [feiθ/뻬이쓰] 명 **신뢰, 믿음; 신앙, 신념** ☜ 중세영어로 '믿음'이란 뜻
♠ He kept 〔broke〕 **faith** with his friend.
그는 친구와의 **신의**를 지켰다 〔저버렸다〕
☐ **faith**ful [féiθfəl] 형 **충실한, 성실한; 정확한** ☜ 신뢰가(faith) 많은(ful)
☐ **faith**fully [féiθfəli] 부 성실하게, **충실히; 정확하게** ☜ -ly<부접>
☐ **faith**fulness [féiθfəlnis] 명 충실; 신뢰성 ☜ -ness<명접>
☐ **faith**less [féiθlis] 형 **신의 없는**, 불충실한, 부정(不貞)한 ☜ 신뢰가(faith) 없는(less)

✚ con**fid**ence **신용, 신뢰** con**fed**erate **동맹[연합]한**; **공모한**; (C-) 〖미.역사〗 남부 연방의 de**fy** **도전하다**; **무시하다** **fed**eral (국가간의) **연합의**; **연방(정부)의; 연방주의자**

페이크뉴스 fake news (가짜뉴스), 페이크러브 fake love (BTS의 노래. <거짓 사랑>)

☐ **fake** [feik] 동 **날조하다**, 속이다, 위조하다 명 **모조품**, 위조품, 가짜 ☜ 고대영어로 '속이다'란 뜻
♠ **fake** designer clothing **가짜[짝퉁]** 유명 디자이너 의류
☐ **fake**r [féikər] 명 위조자, 사기꾼 ☜ 속이는(fake) 사람(er)
☐ **fake**ry [féikəri] 명 속임수; 가짜 ☜ 속이는(fake) 행위(ry)
※ **news** [njuːs/뉴-스, njuːz] 명 **뉴스**, 보도 ☜ 새로운(new) (소식)들(s<복수>)

파이팅 팰컨 fighting falcon (공군의 F-16 전투기 별명. <싸움매>란 뜻)

※ **fight**ing [fáitiŋ] 명 **싸움, 전투** 형 **싸우는 전투의** ☜ 싸우다(fight) + ing<명접/형접>
★ 우리말에 '파이팅(fighting)'이라는 말이 있는데, 이는 콩글리시이다. '힘내!'의 바른 표현은 Way to go!, Go go! Go for it!, Let's go!, You can do it!, Come on!, Cheer up! 등이다.
☐ **falcon** [fǽlkən, fɔ́ːl-, fɔ́ːk-] 명 **송골매** 《특히 암컷》; (사냥용) **매** ☜ 라틴어로 '매'란 뜻
♠ a **falcon** hunter **매**사냥꾼
☐ **falcon**er [fɔ́ːlkənər] 명 매를 부리는〔길들이는〕 사람, 매부리 ☜ -er(사람)
☐ **falcon**ry [fǽlkənri, fɔ́ːl-, fɔ́ːk-] 명 매 훈련법; 매사냥 ☜ 매를(falcon) (훈련시키는/사냥하는) 행위(ry)

포클랜드 Falkland Islands (영유권을 놓고 영국과 아르헨티나간 전쟁을 벌인 아르헨티나 동쪽의 섬)

☐ **Falkland** [fɔ́:klənd] ⓜ **포클랜드**《남미에 있는 영국 식민지. 1982년 영국과 아르헨티나간 전쟁 발발》 ☜ 1690년 이 섬에 최초로 상륙한 영국의 존 스트롱(John Strong) 선장이 영국 해군의 국고 담당관이던 포클랜드(Falkland) 자작의 이름을 붙여 명명
★ 아르헨티나식 명칭은 말비나스(Malvinas)이다.
♠ **Falkland** Islands War **포클랜드** 전쟁
☜ island(섬), war(전쟁)

※ **island** [áilənd/**아**일런드] ⓜ **섬**; **아일랜드**《항공모함 우현의 우뚝 솟은 구조물》
☜ '고립된(is) 땅(land)'이란 뜻

F

폴트 fault ([네트경기] 서브의 실패 · 반칙)

♣ **어원 : fall, fail, faul, fals(e) 떨어지다, 실수하다, 속이다**

■ **fault** [fɔ:lt/뽈-트] ⓜ **결점; 과실**, 실수; **책임** ☜ 실수한(faul) 것(t)

■ **fail** [feil/**뻬**일] ⓢ **실패[실수]하다**; 실망시키다, (기대를) 저버리다 ⓜ **실패**
☜ 고대 프랑스어로 '부족하다, 실수하다, 낙담하다'란 뜻

☐ **fall** [fɔ:l/뽀올] ⓢ **(-/fell/fallen) 떨어지다, 낙하하다** ⓜ **떨어짐**, 강하, 강우; **가을**; 붕괴
☜ 고대영어로 '떨어지다, 실패하다, 썩다, 죽다'란 뜻
♠ **fall asleep 잠들다**
♠ **fall away 버리다; 사라지다; 줄다, 여위다**
♠ **fall back 후퇴하다, 물러서다; 약속을 지키지 않다**
♠ **fall back upon** (on) **~ ~에 의지하다**
♠ **fall behind ~에 뒤지다, 뒤에 처지다; (일 · 지불이) 밀리다**
♠ **fall down 엎드리다, (땅에) 넘어지다, 떨어지다**
♠ **fall ill** (sick) **병이 들다**
♠ **fall in (지붕 등이) 내려앉다; (볼 · 눈 따위가) 쑥 꺼지다**
♠ **fall in with ~ ~와 우연히 만나다, ~와 (의견이) 일치하다, 동조하다**
♠ **fall in love with ~ ~와 사랑에 빠지다, ~에게 반하다**
♠ **fall into ~ ~이 되다, ~에 빠지다, ~하기 시작하다**
♠ **fall off ~ ~에서 떨어지다; 감소하다; 쇠하다**
♠ **fall on** (upon) **(축제일 등이) 바로 ~날이다; 덮치다; (~을) 하기 시작하다**
♠ **fall on one's face** (knees) **엎드리다, 무릎을 꿇다**
♠ **fall short (of) (~에) 이르지[미치지] 못하다; 부족하다**
♠ **fall to ~ ~을 시작하다, 식사[공격]을 시작하다**
♠ **fall to the ground 땅에 넘어지다; (계획이) 실패하다**

☐ **fall**acy [fǽləsi] ⓜ 잘못된 생각(의견, 신념, 신앙); 궤변 ☜ fall + acy<명접>

☐ **fall**acious [fəléiʃəs] ⓗ 불합리한, 틀린, 그른; 거짓의 ☜ fall + acious<형접>

☐ **fall**en [fɔ́:lən/**뽈**-런] ⓗ **떨어진**; 타락한; **쓰러진** ☜ 떨어(fall) 진(en)

☐ **fall**ible [fǽləbəl] ⓗ 틀리기 쉬운; (사람이) 속기 쉬운 ☜ fall + ible(~하기 쉬운)

☐ **fall**ing [fɔ́:liŋ] ⓜ 낙하, 하강; 함락 ⓗ 떨어지는 ☜ fall + ing<명접/형접>

☐ **false** [fɔ:ls/뽈-스] ⓗ **그릇된**, 잘못된; 거짓의; **가짜의**, 위조의
☜ 고대영어로 '(종교적인) 거짓말'이란 뜻
♠ a **false** judgment **그릇된** 판단, 오판

☐ **false**hearted [fɔ́:lshɑ́:rtid] ⓗ 불성실한 ☜ 거짓(false) 마음(heart) 의(ed<형접>)

☐ **false**hood [fɔ́:lshùd] ⓜ 거짓, 거짓말(=lie), 허언 ☜ false + hood(상태)

☐ **false**ness [fɔ́:lsnis] ⓜ 허위, 불성실 ☜ -ness<명접>

☐ **fals**ify [fɔ́:lsəfài] ⓢ (서류 따위를) 위조(변조)하다(=forge); 속이다
☜ false + fy(~을 만들다<동접>)

☐ **fals**ification [fɔ̀:lsəfikéiʃən] ⓜ 속임, 문서 위조 ☜ false + fic(만들다) + ation<명접>

✚ **fault**less **결점[과실] 없는**; 흠 없는 **fault**y **결점[과실]이 있는**, 불완전한 **fail**ure **실패**, 실수

연상 나를 팔로우(follow.따르다)하는 펠로우(fellow.녀석)들이 팰로우(fallow.경작하지 않은) 하며 봉기에 나섰다.

※ **follow** [fάlou/**빨**로우, fɔ́lou] ⓢ **~의 뒤를 잇다; ~다음에 오다; 따라가다, 좇다** ☜ 고대영어로 '따르다, 뒤쫓다'란 뜻

※ **fellow** [félou/**뻴**로우] ⓜ **친구, 놈; 자네, 녀석; 패거리; 동료**
☜ 고대 노르드어로 '동료, 친구'란 뜻

☐ **fallow** [fǽlou] ⓗ 묵히고 있는, **경작하지 않은**; 수양을 쌓지 않은 ⓜ 놀리는 땅, 휴경〔휴한〕지 ☜ 고대영어로 '놀고 있는 땅'이란 뜻
♠ let land lie **fallow 농사를 짓지 않고** 땅을 놀리다

연상 나는 필터(filter)를 머리에 맞고 폴터(falter.비틀거리다) 했다.

※ **filter** [fíltər] ⓜ **여과기, 필터** ⓓ 거르다, 여과하다
☜ 거르는(filt) 장치(er)

☐ **falter** [fɔ́ːltər] ⓓ **비틀거리다**; 주저하다; **중얼거리다**, 말을 더듬다
☜ 실수를(falt(=fault) 계속하다(er)
♠ There is no time **to falter. 주저할** 시간이 없다.

앙팡 enfant ([F.] 어린이), 앙팡테리블 enfant terrible (프랑스 장콕토의 소설. <무서운 아이들>이란 뜻)

♣ 어원 : fa, fab, fam, fess 말하다

■ **infant** [ínfənt] ⓜ **유아, 갓난아이**; 〖법률〗 미성년자 ⓗ **유아의; 유치한**
☜ 말(fa)을 못(in=not) 하는(ant)

■ **fable** [féibəl] ⓜ **우화, 꾸며낸 이야기** ☜ 말(fab)을 만든 것(le)

☐ **fame** [feim/뻬임] ⓜ **명성**, 명예; 평판 ☜ 소문 ⇦ ~에 대해 말(fam) 해진 것(e)
♠ **come to fame 유명해지다**

☐ **famed** [feimd] ⓗ **유명한**, 이름난; ~라는 소문이 있는
☜ 소문난 ⇦ ~에 대해 말(fam) 해진(ed<형접>)

☐ **famous** [féiməs/**뻬**이머스] ⓗ **유명한, 이름난, 훌륭한**
☜ 소문난 ⇦ ~에 대한 말(fam)이 많은(ous<형접>)
♠ **be famous for ~ ~로 유명하다**
♠ **most famous of ~ ~중에 가장 유명한**

✚ in**fam**ous **수치스러운**, 불명예스러운; 악명 높은 in**fam**y 악평, 오명, 악명; **불명예** **fa**te **운명, 숙명; 죽음** con**fess 고백[자백]하다; 고백[고해]하다** pro**fess 공언하다; 고백하다**

패밀리마트, 훼미리마트 Familymart (일본의 편의점 체인점)

♣ 어원 : famili, family 가정의, 친한

☐ **family** [fǽməli/**빼**멀리] ⓜ (pl. -**lies**) [집합적] **가족**, 가정, 식구들; (한 가정의) **아이들** ⓗ **가족의**
☜ 라틴어로 '가정의 하인/구성원'이란 뜻
★ **f**ather **a**nd **m**other, **I** **l**ove **y**ou의 약자란 주장은 사실이 아님.
♠ **family name 성(姓)**(=surname)
♠ **family** planning **가족**계획
♠ **family tree 가계도, 족보, 계보**

☐ **famili**ar [fəmíliər/풔**밀**리어] ⓗ 익숙한; **잘 알고있는**, **친(밀)한**; **격식을 차리지 않은**
☜ 가족(famili)과 같은(ar)
♠ **be familiar with + 사물 ~을 잘 알고 있다, ~에 정통하다**
♠ **be familiar to + 사람 ~에게 잘 알려져 있다**

☐ **famili**arity [fəmiljǽrəti, -liǽr-] ⓜ **친밀**, 허물없음; **정통** ☜ 친밀한(familiar) 것(ity)

☐ **famili**arization [fəmìljərəzéiʃən/-lai-] ⓜ 익숙〔정통〕케 함, 일반〔통속〕화
☜ 친밀(familiar)화 하는(ize) 것(ation)

☐ **famili**arize [fəmíljəràiz] ⓓ **친하게 하다**; 익숙케 하다 ☜ 친밀(familiar)화하다(ize)
♠ **familiarize oneself with ~ ~에 정통[익숙]하다**

■ un**famili**ar [ənfəmíljər] ⓗ **생소한, 익숙지 못한** ☜ 친숙하지(familiar) 않은(un)

※ **mart** [mɑːrt] ⓜ 상업중심지; 시장 ⓓ 매매하다 ☜ 중세 네덜란드어로 '시장'

그레이트 패민 Great Famine (19세기 아일랜드에서 발생한 대기근)

1845~1852년 사이에 영국 아일랜드에서 발생한 대기근과 역병, 대규모의 해외 이주 등을 일컫음. 이 기간 중 약 백만 명의 사람이 죽고, 백만여 명이 해외로 이주하였다. 이로 인해 아일랜드 인구의 약 20~ 25%가 감소하였다고 한다. 수도 더블린에 대기근 추모비와 패민 조각상이 있다.

< 패민 조각상 >

♣ 어원 : fami 굶주리다

※ **great** [greit/그뤠잍] ⓗ **큰, 중대한; 탁월한**; [the ~s] **위인들** ☜ 고대영어로 '큰'이란 뜻

☐ **famine** [fǽmin] ⓜ 기근, 기아, 고갈; **식량 부족, 굶주림** ☜ 굶주린(fami) 것(ne)

F

♠ **die of famine 굶어 죽다**

☐ **fami**sh [fǽmiʃ] ⓢ **굶주리게 하다**, 아사시키다 ☜ 굶주리게(fami) 하다(ish)

☐ **fami**shed [fǽmiʃt] ⓗ 굶주린; 《구어》 배가 몹시 고픈 ☜ 굶주리게(famish) 된(ed)

☐ **famous**(유명한) ➔ **fame**(명성) **참조**

쿨링팬 Cooling Fan ([컴퓨터] HDD 열을 식혀주는 냉각팬)

♣ **어원 : fan 바람, 부채(모양); (바람이) 불다**

※ **cool**ing [kúːliŋ] ⓜⓗ 냉각(하는) ☜ 차게(cool) 하기/하는(ing)

☐ **fan** [fæn] ⓜ **부채; 선풍기**, 환풍기, 송풍기 ⓢ 부채질하다
☜ 고대영어로 '부채, 키질'이란 뜻
♠ turn (switch) on a (electric) **fan 선풍기**를 틀다

☐ **fan**ner [fǽnər] ⓜ 부채질하는 사람; 선풍(통풍 · 송풍)기; 풍구
☜ 부채질(fan)하는 + n<단모음+단자음+자음반복> + 사람(er)

☐ **fan** window 부채꼴 창 ☜ window(창, 창문)

팬시 fancy (상상이 가미된 장신구), 판타지 fantasy ([음악] 환상곡)

♣ **어원 : fan, fanc, phan 보여주다, 보이다**

☐ **fan** [fæn] ⓜ (영화 · 스포츠 · 특정 취미의) **팬, 열렬한 애호가, …광**(狂)
☜ **fan**atic의 줄임말
♠ **fan club (letter) 팬클럽 (팬레터)**

☐ **fan**atic [fənǽtik] ⓜ **광신[열광]자** ⓗ 광신(열광)적인 ☜ (애정을) 보여주(fan) + a + 는(tic)

☐ **fan**atical [fənǽtikəl] ⓗ **광신[열광]적인** ☜ (애정을) 보여주(fan) + a + 는(tical)

☐ **fan**aticism [fənǽtisìzm] ⓜ 열광 ☜ fanatic + ism(상태)

☐ **fanc**ied [fǽnsid] ⓗ 공상의, 가공의, **상상의** ☜ 보여(fancy) 준(ed<형접>)

☐ **fanc**iful [fǽnsifəl] ⓗ **공상에 잠긴**, 상상력이 풍부한, 공상적인; 변덕스러운
☜ fancy + ful(~이 풍부한)

☐ **fanc**y [fǽnsi/**팬**시] ⓜ **공상(력)**, 상상(력); 변덕; 애호, 기호 ⓢ **공상하다** ⓗ **공상적인**
☜ 보여준(fanc) 것(y)
♠ **fancy** a life without electricity 전기 없는 생활을 **상상하다**
♠ be lost in **wild fancies 몽상**에 잠기다

☐ **fan**dom [fǽndəm] ⓜ (스포츠 등의) 모든 팬 ☜ 팬(fan)들의 영역/왕국(dom)

☐ **fan**tasia, -sie [fæntéiʒiə, -téiziə], [fæ̀ntəzíː, fɑn-] ⓜ 《It.》 『음악』 환상곡, **판타지아**; 환상적 문학 작품 ☜ 라틴어 phantasia에 기원을 둔 이탈리아어로 '환상곡'이란 뜻.

☐ **fan**tastic, -tical [fæntǽstik] ⓗ **환상[공상]적인, 기이한** ☜ 보이며(fan) 펼쳐지(ta) 는(syic)

☐ **fan**tasy, **phan-** [fǽntəsi, -zi] ⓜ **공상**, 환상; 『음악』 **환상곡** ⓢ 공상(상상)하다
☜ 보이며(fan) 펼쳐지는(ta) 것(sy)
♠ **be caught up in a fantasy 환상에 사로잡히다**

팡파르 fanfare (집회의 개회(식) 때 많이 연주되는 트럼펫 소연주)

☐ **fanfare** [fǽnfɛər] ⓜ 《F.》 『음악』 (트럼펫 등의) 화려한 취주(吹奏), **팡파르**; 허세, 과시 (=showy display); 《구어》 선전; 허풍 ☜ 프랑스어로 '트럼펫 소리'란 뜻
♠ **sound the fanfare 팡파르를 울리다**

파 앤드 어웨이 Far And Away (미국 서부 개척영화. <단연코>란 뜻)

1992년 개봉한 미국의 서부/모험/멜로 영화. 톰 크루즈, 니콜 키드먼 주연. 가난한 한 아일랜드 소작농의 아들이 지주의 딸과 청운의 꿈을 안고 아메리카 신대륙으로 건너가, 꿈에 그리던 자기 땅을 갖고 둘이 사랑을 확인하게 되기까지의 고난과 역경, 희열을 그린 영화.

© Universal Pictures

♣ **어원 : far, fur 먼, 멀리 떨어진**

☐ **far** [fɑːr/파-] ⓑ (-<-th**er**(**further**)<-th**est**(**furthest**)) **멀리(에)**, 먼 곳으로; **훨씬**, 매우 ⓗ **먼, 멀리**; 극단적인
☜ 초기 인도유럽어로 '멀리 가다'란 뜻
♠ **the Far East 극동** 《영국 기준, 한국 · 중국 · 일본 등 아시아 동부의 나라들》
♠ **the Far West 극서** 《영국 기준, 미국 로키산맥 태평양 연안 일대》
♠ **far and away 훨씬; 단연코**
♠ **far and wide 도처에, 널리, 두루**
♠ **far away 멀리 (떨어져 있는)**

♠ **far from ~ing ~하기는 커녕; 결코 ~아니다**
♠ **by far 훨씬, 단연, 아주**

☐ **far**away [fɑ́:rəwèi] ⓗ **먼**, 멀리의; 먼 옛날의; **꿈꾸는 듯한** ☜ 멀고(far) 먼(away)
☐ **far**-off [fɑ́:rɔ̀:f, -ɑ̀f/ɔ́f] ⓗ **아득히 먼** ☜ 멀고(far) 먼(off)
☐ **far**-reaching [fɑ́:rrí:tʃiŋ] ⓗ **멀리까지 미치는**《영향 등》 ☜ 멀리(far)까지 도달(reach) 하는(ing)
☐ **far**ther [fɑ́:rðər/**퐈**-더] ⓟ 〖far의 비교급〗 **더 멀리, 더욱** ⓗ **더 먼[전의], 더 뒤[나중]의; 그 위[이상]의** ☜ 더(er) 먼(far) 상태(th)로
☐ **far**thest [fɑ́:rðist] ⓟ 〖far의 최상급〗 **가장 멀리** ⓗ **가장 먼** ☜ 가장(est) 먼(far) 상태(th)로
■ a**far** [əfɑ́:r] ⓟ 멀리, 아득히(=far away) ☜ a(=on) + far 반 near 가까이
■ **fur**ther [fə́:rðər/**풔**-더] ⓟ 〖far의 비교급〗 **더 멀리; 더 나아가서, 게다가** ⓗ **더 먼, 그 이상의** ☜ 더(er) 먼(fur<far) 상태(th)로
※ **and** [ənd/언드, nd/은드, ən/언, n:/은, (강) ænd/앤드] ⓙ **~와, 그리고** ☜ 고대영어로 '그래서, 그 다음'이란 뜻
※ **away** [əwéi/어**웨**이] ⓟ **멀리 떨어져서, 멀리, 저쪽으로; 끊임없이** ☜ 길(way)에서 떨어진(a=off)

패러데이 Faraday (영국의 물리학자 · 화학자)

☐ **Faraday** [fǽrədèi, -di] ⓜ **패러데이** 《Michael ~, 영국의 물리학자 · 화학자; 1791-1867》; (보통 f-) 패러데이(상수(常數))(=~('s) cónstant)《전기 분해에 사용되는 전기량의 단위; 기호 F》

델타포스 Delta Force (미국 육군의 대테러 특수부대)
포스미트 forcemeat ([요리] 소로 쓰이는 양념하여 다진 고기)

델타포스는 1977년 영국 특수부대 SAS를 본떠 창설되었으며, 주요 임무는 대테러, 특수수색 및 정찰, 인질구출작전 등이다. 그린베레에 알파(A)소대 브라보(B)중대, 찰리(C)중대가 있다면, 델타포스는 그보다 더 큰 팀이라는 뜻의 델타(D)부대로 명명되었다고 한다. 1980년 이후 실전에서 많은 전과를 거두었다.

♣ **어원 : force, farc(e), fac 힘; (강제로) 쑤셔넣다**

※ **delta** [déltə] ⓜ **델타**, 그리스 알파벳의 넷째 글자《Δ, δ; 로마자의 D, d에 해당함》; 삼각주 ☜ 그리스어 중 '삼각형' 모양의 문자
■ **force** [fɔ:rs/뽀-스] ⓜ **힘, 세력**, 기세; **폭력**, 강압 ⓢ **억지로 ~시키다**, 강제하다 ☜ 고대 프랑스어로 '힘'이란 뜻
■ **force**meat [fɔ́:smì:t] ⓜ **포스미트,** (소로 쓰이는) 양념하여 다진 고기 ☜ 쑤셔넣는(force) 고기(meat)
☐ **farce** [fɑ:rs] ⓜ 어릿광대극, **익살극**; 익살 ⓢ 익살을 섞다 ☜ 고대 프랑스어로 '채워 넣다'란 뜻. 중세 프랑스어로 '추리극 사이에 넣는 코믹적 요소'란 뜻
♠ The story has elements of tragedy and **farce**.
그 이야기는 비극(悲劇)과 **소극(笑劇)**의 요소를 고루 갖추고 있다.
☐ **fac**etious [fəsí:ʃəs] ⓗ 익살맞은, 우스운; 농담의 ☜ 우스운, 마구 쑤셔넣(fac) + e + 는(tious<형접>)
☐ **farc**ical [fɑ́:rsikəl] ⓗ 익살극의; 익살맞은, 웃기는 ☜ -ical<형접>

페어웰 파티 farewell party (송별회)

♣ **어원 : fare 여행하다, 가다**

☐ **fare** [fɛər/풰어] ⓜ **운임, 요금**; 승객; 음식, 식사 ⓢ 여행하다, 먹다 ☜ 고대영어로 '긴 여행'이란 뜻 비교 fair 공정한, 적당한
♠ bus (taxi) **fares** 버스(택시) **요금**
☐ **fare**r [fɛ́ərər] ⓜ 나그네, 여행자, 길손 ☜ 여행하는(fare) 사람(er)
☐ **fare**well [fɛ̀ərwél] ⓖ **안녕!**(=goodbye!)《오랫동안 헤어질 때 씀》 ⓗ **고별[송별]의** ⓜ **작별(의 인사)** ⓢ **작별인사를 하다** ☜ fare thee well의 줄임말. 너(thee) 잘(well) 여행해(fare)
♠ **Farewell to arms! 무기여 잘 있거라!**《1차대전이 배경인 헤밍웨이의 소설》
※ **party** [pɑ́:rti/**파**-리/**파**-티] ⓜ (사교상의) **모임, 파티; 정당**, 당파; **일행**, 일단; **당사자**, 상대방 ☜ 나누어진(part) 것(y). 즉 한쪽 편을 의미하여 일행, 정당이란 뜻과 모임이란 뜻을 지니게 됨.

팜스테이 farm stay (농가·영농 문화체험 관광. <농장 체류>란 뜻)
넛츠 베리 팜 Knott's Berry Farm (미국 LA의 3대 관광지 중 하나. <넛츠씨의 딸기농장>이란 뜻)

♣ **어원 : farm 소작지, 농장**

□ **farm** [fɑːrm/파암] ⓜ **농장**, 농지, 농가; 사육장 ⓢ **경작하다** ☜ 중세영어로 '경작된 땅'
★ 넛츠 베리 팜(Knott's Berry Farm)은 미국 LA의 3대 관광지(디즈니랜드, 유니버설 스튜디오, 너치베리팜) 중 하나로 서부개척시대를 재현해 놓은 세계적인 테마 놀이공원이다. 1920년대 Walter Knott 부부가 딸기를 재배하여 팔던 딸기농장이었던 데서 유래하여 <넛츠씨의 딸기농장>이란 뜻이다.
♠ **farm** produce **농산**물

□ **farm**able [fάːrməbl] ⓗ 경작할 수 있는 ☜ farm + able<형접>

F

□ **farm**er [fάːrmər/**퐈**-머] ⓜ **농부**, 농장주 ☜ 농장(farm) 사람(er)
♠ **farmers** cooperative 농업협동조합 ☜ cooperative(협동하는)

□ **farm**hand [fάːrmhæ̀nd] ⓜ 농장 노동자, 머슴 ☜ 농장(farm)의 일손(hand)

□ **farm**house [fάːrmhàus] ⓜ **농가**, 농장 안의 주택 ☜ 농장(farm) 집(house)

□ **farm**ing [fάːrmiŋ] ⓗ 농업의 ⓜ 농작, 농경 ☜ farm + ing<형접/명접>

□ **farm**land [fάːrmlæ̀nd] ⓜ 경작지, **농지**, 농토 ☜ 농장(farm) 땅(land)

□ **farm**stead [fάːrmstèd] ⓜ (부속건물을 포함한) 농장, 농가 ☜ farm + stead(《폐어》 장소)

□ **farm**yard [fάːrmjὰːrd] ⓜ **농장 구내**, 농가 주변의 뜰 ☜ 농장(farm) 마당(yard)

※ **stay** [stei/스테이] ⓢ (-/stay**ed**(《古》staid)/stay**ed**(《古》staid)) **머무르다, 체류하다**; 멈추다 ⓜ **머무름, 체재** ☜ (가지 않고) 서있(sta) 다(y)

※ **berry** [béri] ⓜ 핵(核) 없는 식용 **소과실**《주로 **딸기류**》; 『식물』 장과(漿果) 《포도·토마토·바나나 등》 ☜ 고대영어로 '딸기, 포도'란 뜻

□ **far-reaching**(멀리까지 미치는), **farther**(더 멀리), **farthest**(가장 먼) ➔ **far**(멀리) **참조**

페니파딩 penny-farthing (19세기 말에 등장한 앞바퀴가 큰 자전거)

페니파딩이란 자전거 이름은 영국 화폐 페니(penny)와 파딩(farthing) 이란 동전에서 유래되었는데, 파딩 동전에 비해 훨씬 큰 페니가 앞에 달린 모양을 본 따 불리게 되었다.

※ **penny** [péni/**페**니] ⓜ (pl. **pennies, pence**) 《영》 **1페니, 페니화; 잔돈, 푼돈** ☜ 고대영어로 '페니화'란 뜻

□ **farthing** [fάːrðiŋ] ⓜ 《영》 **파딩** 《영국의 청동화로 1/4페니; 1961년 폐지》 ☜ 1/4(fourth)의 뜻에서 ★ **현재는 쓰이지 않음.**
♠ **be not worth a farthing** (penny) **반푼어치 값어치도 없다**
♠ **don't care a farthing 조금도 개의치 않다**

패시네이터 fascinator (서양여성의 레이스 모자. <매혹하는 것>)

♣ **어원 : fascin 마법, 요술; 음경**

□ **fascin**ate [fǽsənèit] ⓢ **매혹하다** ☜ 마법(fascin)을 만들다(ate<동접>)
♠ **fascinate** the gallery 청중들을 **매혹시키다.**

□ **fascin**ating [fǽsənèitiŋ] ⓗ **황홀한, 매혹적인** ☜ fascinate + ing<형접>

□ **fascin**ation [fæ̀sənéiʃən] ⓜ **매혹**, 매력; 요염 ☜ 마법(fascin) 만들(ate) 기(ion<명접>)

□ **fascin**ator [fǽsənèitər] ⓜ 매혹하는 사람(여자); 마법사; (옛날 서양여성이 행사 때 쓴) 레이스 두건(모자) ☜ fascinate + or(사람/것)

파시스트 fascist (독재적 국가사회주의 신봉자)

♣ **어원 : fasc 묶음, 다발**

□ **fasc**ist [fǽʃist] ⓜ **파시즘** 신봉자. (종종 F-) **파시스트** 당원, 국수주의자, **파쇼**(fascio); 독재자 ☜ (민중을 하나로) 묶는(fasc) 자(ist)

□ **fasc**ism [fǽʃizəm] ⓜ (종종 F-) **파시즘** 《1921~43년 뭇솔리니가 이끈 이탈리아 국가사회주의》 ☜ (민중을 하나로) 묶는(fasc) + i + 주의(sm)
비교 Nazism (1933~1945년 히틀러가 이끈) 독일 국가사회주의, **나치**주의

패션 fashion (유행의 양식)

♣ **어원 : fa, fac 만들다**

□ fashion [fǽʃən/패션] 명 **유행(양식)**, 스타일, **~하는 식[투]**, 방식 동 모양으로 만들다
☞ 만들(fa) 기(shion)
♠ **after (in) a fashion 이럭 저럭, 어느 정도**
♠ **be in (out of) fashion 유행하다** (하지 않다)
□ **fa**shionable [fǽʃənəbəl] 형 **최신유행의, 유행[사교]계의** 명 **유행을 쫓는 사람**
☞ 유행(fashion) 의(able<형접>)
□ **fa**shionably [fǽʃənəbəli] 부 유행을 따라 ☞ fashion + ably<부접>
□ **fa**shion model **패션모델** ☞ model(모형, 모범, 본보기)
□ **fa**shion show **패션쇼** ☞ show(보이다, 보여주다; 과시, 쇼)
■ **fac**tory [fǽktəri/**팩**터리] 명 **공장**, 제조소 ☞ 만드는(fac) 곳(tory)

패스트 푸드 fast food (햄버거 등 간이·즉석조리 음식)

♣ 어원 : fast 빠른, 빨리
□ **fast** [fæst/패스트, fɑːst] 형 **빠른**, 급속한; **단단한** 부 **빨리**; 단단히, 굳게 ☞ 고대영어로 '빠른; 견고한, 강한'이란 뜻
♠ **a fast train 급행열차**
□ **fast** ball 『야구』 속구 ☞ ball(공, 구체)
□ **fast**-food [fǽstfùːd/fɑ́ːst-] 형 《미》 (햄버거·샌드위치·치킨 등의) 간이(즉석)음식의
☞ 빨리(fast) 조리하는 음식(food)
□ **fast**ness [fǽstnis/fɑ́ːst-] 명 견고함, 고정; (색의) 불변성; 신속; 요새 ☞ -ness<명접>
※ **food** [fuːd/푸-드] 명 **음식**, 식품, 식량 ☞ 중세영어로 '자양물, 음식물, 연료'

아메리칸 브랙퍼스트 American Breakfast (빵과 햄, 베이컨에 계란요리, 커피, 과일을 곁들인 서양식 아침 식사)

♣ 어원 : fast 묶다
※ **America**n [əmérikən/어**메**뤼컨] 형 아메리카(사람)의, **미국의** 명 **미국인**
☞ 아메리카 대륙(America) 의/사람(an)
■ break**fast** [brékfəst/브**렉**퍼스트] 명 **아침밥, 조식** ☞ 단식(fast)을 깨다(break)
□ **fast** [fæst, fɑːst] 명 단식 동 단식(절식)하다 ☞ 고대영어로 '단단히 묶은, 고정된'이란 뜻
♠ I **have been fasting** all day. 오늘 하루 종일 **아무것도 먹지 않았다**.
□ **fast** day 단식일 ☞ day(일, 날)
□ **fast**en [fǽsn, fɑ́ːsn] 동 **묶다, 동여매다; 죄다; 고정하다** ☞ fast + en<동접>
□ **fast**ener [fǽsnər/fɑ́ːs-] 명 죄는 사람; 죔쇠, 잠그개 ☞ fasten + er(사람/물건)
□ **fast**idious [fæstídiəs, fəs-] 형 까다로운, 괴팍스러운; 민감한
☞ 단단히 묶은(fast) 것(id) 의(ious<형접>)
□ **fast**ing [fǽstiŋ/fɑ́ːst-] 명 단식 형 단식의 ☞ fast + ing<명접/형접>

팻캣 fat cat (배부른 자본가. <살찐 고양이>란 뜻)

배부른 자본가나 정치자금을 많이 내고 특권을 챙기는 부자를 지칭하는 말. 1928년 저널리스트 Frank R. Kent가 발간한 책, 'Political Behavior(정치적 행동)'에 등장하는 용어다. 2008년 글로벌 금융위기 당시 미국 월스트리트의 탐욕스런 은행가와 기업인을 비난하는 말로 널리 사용되었다. <출처 : 시사상식사전>

□ **fat** [fæt/퍁] 형 **살찐**, 뚱뚱한, **비대한** 명 **지방, 비만** 동 살찌게 하다 ☞ 고대영어로 '살찐, 뚱뚱한'이란 뜻.
♠ **Laugh and grow fat. 웃음은 살찌게 한다.**
《속담》 소문만복래(笑門萬福來): 웃는 문으로는 만복(萬福)이 들어옴
□ **fat**ness [fǽtnis] 명 뚱뚱함, 비만; 지방이 많음; 비옥 ☞ 살찐(fat) 것(ness)
□ **fat**ten [fǽtn] 동 **살찌우다, 살찌다; (땅을) 기름지게 하다**, 비옥해지다
☞ 살찌게(fat) + t<단모음+단자음+자음반복> + 하다(en)
□ **fat**tish [fǽtiʃ] 형 약간 살이 찐, 좀 뚱뚱한 ☞ 살찐(fat) + t + 경향이 있는(ish)
□ **fat**ty [fǽti] 형 (-<-ti**er**<-ti**est**) 지방질의; **기름진** 명 《구어》 뚱뚱이
☞ fat + t<자음반복> + y<형접/명접>
※ **cat** [kæt/캩] 명 **고양이**; 심술궂은 여자; 《속어》 사내, 놈 ☞ 고대영어로 '집고양이'란 뜻

앙팡 enfant ([F.] 어린이), 앙팡테리블 enfant terrible (프랑스 장콕토의 소설. <무서운 아이들>이란 뜻)

♣ 어원 : fa, fab 말하다
■ in**fa**nt [ínfənt] 명 **유아, 갓난아이**; 『법률』 미성년자 형 **유아의; 유치한**

☜ 말(fa)을 못(in=not) 하는(ant)

☐ **fat**al [féitl] 명 사고사 형 **운명의**, 숙명적인; **치명적인**; 생명에 관계되는 ☜ (신이) 말씀(fa) 하신(al)

☐ **fat**alist [féitlist] 명 **운명(숙명)론자** ☜ fatal + ist(사람)

☐ **fat**ality [feitǽləti, fə-] 명 불운, 불행; 재난, **참사, 죽음; 숙명** ☜ fatal + ity<명접>

☐ **fat**ally [féitli] 부 **치명적으로**; 숙명적으로 ☜ fatal + ly<부접>

☐ **fat**e [feit/쀄이트] 명 **운명, 숙명; 죽음** ☜ (신이) 말씀한(fa) 것(te)
♠ **decide** (fix, seal) **a person's fate 아무의 장래 운명을 결정하다.**

☐ **fat**ed [féitid] 형 운명이 정해진, 운이 다한 ☜ fate + ed<형접>

☐ **fat**eful [féitfəl] 형 **운명을 결정하는** ☜ fate + ful<형접>

✚ **fab**le **우화, 꾸며낸 이야기** **fab**ulous **전설상의**, 전설적인; 터무니없는

F

패트리어트 미사일 Patriot Missile (미국제 지대공미사일)

♣ **어원 : patri, papa, father 아버지**

■ **patri**ot [péitriət, -ὰt/pǽtriət] 명 **애국자**, 우국지사 ☜ 그리스어로 '아버지(patri)의 나라 사람(ot)'이란 뜻.

■ **papa** [pάːpə, pəpάː] 명 《소아어·미.구어·영.고어》 **아빠** 비교 mama 엄마

☐ **father** [fάːðər/**파**-더] 명 **아버지**, 부친; 선조, 조상 비교 mother 어머니 ☜ 고대영어로 '아이를 낳는 자, 가장 가까운 남자 조상'이란 뜻
♠ **Like father, like son. 《속담》 그 아비에 그 아들, 부전자전(父傳子傳)**

☐ **father**hood [fάːðərhùd] 명 부권(父權), 아버지임 ☜ father + hood(성질, 신분, 상태)

☐ **father**less [fάːðərlis] 형 아버지가 없는 ☜ father + less(~이 없는)

☐ **father**ly [fάːðərly] 형 아버지다운 ☜ father + ly<부접>

☐ **father**land [fάːðərlænd] 명 조국; 조상의 땅 ☜ 아버지(father)의 땅(land)

☐ **father**-in-law [fάːðərinlɔ̀ː] 명 (pl. **-s-in-law**) 시아버지, 장인 ☜ 법(law) 적인(in) 아버지(father)

■ grand**father** [grǽndfὰːðər/그**랜**드**퐈**-더] 명 **할아버지**, 조부; 조상 ☜ 위대한(grand) 아버지(father)

※ **missile** [mísəl/-sail] 명 **미사일**, 유도탄 ☜ 라틴어로 '던질(miss) 수 있는 것(ile)'

파담 fathom ([해양] 수심측정단위)

☐ **fathom** [fǽðəm] 명 (pl. **-s**) **파담, 길** 《1m 83cm, 6피트; 생략: f., fm., fath.》 동 깊이를 재다 ☜ 고대영어로 '팔을 뻗은 길이'라는 뜻
♠ **fathom** (a person's) mind 사람의 마음을 **측량하다**

☐ **fathom**less [fǽðəmlis] 형 (깊이를) 알 수 없는, 잴 수 없는; 불가해한 ☜ 깊이를 잴(fathom) 수 없는(less)

퍼티그 진 fatigue jeans ([패션] 작업용 스타일 청바지)

군대의 작업복을 기초로 디자인된 청바지. 지퍼나 구멍에 달린 쇠고리, 둥근 금속제의 스냅형 단추, 멀티 포켓 등은 군대를 연상케 한다. 질긴 소재와 카키색(군복색), 겨자색을 많이 쓰는 것이 특징이다.

☐ **fatigue** [fətíːg] 명 **피로**; 노동, 노역; 『기계』 (금속의) 피로; 『군사』 잡역, 작업 동 **피곤하게 하다**, 약화시키다 ☜ 라틴어로 '피로한, 지친'
♠ **fatigue clothes** (dress) **『군사』 작업복**
♠ **fatigue party 『군사』 작업반**

☐ **fatigue**less [fətíːglis] 형 피로하지 않은, 지칠 줄 모르는 ☜ 피로하지(fatigue) 않는(less)

☐ **fatigue** test 『물리』 (재료의) 피로(도) 시험 ☜ 피로(fatigue) test(시험)

※ **jean** [dʒiːn/dʒein] 명 **진** 《올이 가늘고 질긴 능직(綾織) 무명의 일종》; (pl.) 진으로 만든 의복류 ☜ 중세영어로 '이탈리아 제노바산의 면포'라는 뜻

☐ **fatten**(살찌우다), **fatty**(기름진) ➔ **fat**(살찐) **참조**

연상 버섯으로 포셋(faucet.수도꼭지)을 만들어 쓰다

☐ **faucet** [fɔ́ːsət] 명 《미》 (수도·통 따위의) **꼭지**, 주둥이, 고동 ☜ 고대 프랑스어로 '마개, 주둥이'란 뜻
♠ turn on (off) **the faucet 수도꼭지**를 틀다 (잠그다)

폴트 fault ([네트경기] 서브의 실패 · 반칙)

♣ **어원 : fall, fail, faul, fals(e) 떨어지다, 실수하다, 속이다**

☐ **fault** [fɔːlt/뽈-트] 명 **결점; 과실**, 실수; **책임** ☜ 실수한(faul) 것(t)
♠ **detect a fault** in the system 시스템상의 **결함을 발견하다.**
♠ **be at fault 틀리다, 잘못되어 있다**
♠ **be in fault 비난할 만하다, 잘못돼 있다**
♠ **to a fault 결점이라고 할 정도로, 대단히**

☐ **fault**finding [fɔ́ːltfàindiŋ] 형 헐뜯는, 흠잡는 명 헐뜯음, 흠잡기, 비난
☜ 결점(fault)을 찾다(find) + ing<형접/명접>

☐ **fault**less [fɔ́ːltlis] 형 **결점[과실] 없는**; 흠 없는, 완전무결한 ☜ -less(~이 없는)

☐ **fault**y [fɔ́ːlti] 형 (-<-ti**er**<-ti**est**) **결점[과실]이 많은** ☜ -y<형접>

✚ **fail 실패[실수]하다**; **실패** **fail**ure **실패**, 실수 **fall 떨어지다, 낙하하다; 떨어짐**, 강하, **가을**; 붕괴 **fall**en **떨어진**; 타락한; **쓰러진** **false 그릇된**, 잘못된; 거짓의; **가짜의**, 위조의

F

파우스트 Faust (16세기 독일의 악령술사. 괴테의 소설)

1480년 독일에서 태어난 파우스트는 전설적인 악령술사였다. 파우스트는 메티스토펠레스라는 악령을 불러내 자신의 혼을 팔아넘긴 대가로 세계의 지식을 얻고자 했다고 한다. 독일의 문호 괴테는 이 파우스트를 주인공으로 한 <파우스트>라는 희곡을 집필하였다.

☐ **Faust** [faust] 명 **파우스트** 《전지전능을 바라며 혼을 악마(Mephistopheles)에게 판 독일 전설상의 인물; Goethe의 대표적 희곡》

☐ **Faust**ian [fáustiən] 형 파우스트적인 《물질적 이익을 위해 정신적 가치를 파는》

페이버릿 favourite (❶ 한국의 6인조 댄스팝 걸그룹 ❷ 인기많은 경주마)

♣ **어원 : fav 좋아하는; 꿀벌**

☐ **fav**o(u)r [féivər/쀄이버] 명 **호의, 친절(한 행위)** 동 **호의를 보이다, 편들다; 베풀다** ☜ 좋아하는(fav) 행위(or)
♠ **ask a favo(u)r of ~ ~에게 청하다, 부탁하다**
♠ **do ~ a favo(u)r ~에게 은혜[호의]를 베풀다, ~의 부탁을 들어 주다**
♠ **in favo(u)r of ~ ~에 찬성하여, ~에 유리하게, ~을 위하여**

FAVOURITE
INTERNATIONAL LIGHTING COMPANY

☐ **fav**o(u)rable [féivərəbəl] 형 **호의를 보이는**; 유망한, 유리한
☜ 좋아하는(favor) 상태의(able)

☐ **fav**o(u)rably [féivərəbəli] 부 **호의적으로**; 순조롭게 ☜ favor + ably<부접>

☐ **fav**o(u)rite [féivərit/쀄이버릳] 형명 **마음에 드는**〔매우 좋아하는〕 **(사람);** 『경마』 인기 있는 말 ☜ 좋아하는(favor) 것/사람(ite)

■ un**fav**o(u)rable [ʌnféivərəbəl] 형 **형편이 나쁜**, 불운한; 불길한; 호의적이 아닌
☜ 좋아하지(favorable) 않는(un)

연상 ▶ 내 폰 컬러(phone color.휴대폰 색상)를 폰 컬러(fawn-colored.엷은 황갈색)로 정했다.

♣ **어원 : fawn 동물의 새끼; 크게 기뻐하다**

※ **phone** [foun] 명 《구어》 **전화(기)**; **수화기** 동 **전화를 걸다**
☜ 라틴어로 '말하다', 그리스어로 '소리'라는 뜻

※ **colo(u)r** [kʌ́lər/컬러] 명 **색, 빛깔**, 안색 ☜ 라틴어로 '살색'이란 뜻

☐ **fawn** [fɔːn] 명 **새끼 사슴**《한 살 이하의》; **엷은 황갈색**《사슴색》
형 엷은 황갈색의 동 (사슴이) 새끼를 낳다; ☜ 고대 프랑스어로 '어린 사슴'이란 뜻
(개가) 아양을 떨다, 아첨하다 ☜ 고대영어로 '기뻐하다'란 뜻
♠ The courtiers **fawned over** the king. 신하들은 왕에게 **아첨했다**.

☐ **fawn**-colored [fɔ́ːnkʌ̀lərd] 형 엷은 황갈색의 ☜ 새끼사슴(fawn) 색(color) 의(ed)

☐ **fawn**ing [fɔ́ːniŋ] 형 아양부리는, 아첨하는 ☜ fawn + ing<형접>

피어리스 타이거 Fearless Tiger (캐나다 영화. <겁없는 호랑이>란 뜻)

1994년 개봉한 캐나다의 액션 영화. 론 헐미 감독, 자랄 메르히 주연. 형의 죽음을 복수하기 위해 무술을 연마하여 홍콩의 무술대회에 참가한 주인공이 악당들과 대혈투를 벌이는 액션물.

♣ **어원 : fear, fra, fri 무서워하다, 겁먹게 만들다; 갑작스런 재난, 위험**

☐ **fear** [fiər/피어] 명 (or a ~) **무서움**, 공포; **근심**, 불안, 걱정 동 **무서워하다; 걱정[근심]**

하다 ☜ 고대영어로 '재난, 갑작스런 위험'이란 뜻
♠ **for fear of** (that ~ should) ~ **~을 두려워하여, ~하지 않을까 생각하여, ~하지 않도록**
♠ **be in fear of ~ ~을 무서워하고 있다**

☐ **fear**ful [fíərfəl] ⓗ **무서운, 두려운** ☜ 무서움(fear)이 가득한(ful)
☐ **fear**fully [fíərfəli] ⓟ **무서워하며; 몹시** ☜ fearful + ly<부접>
☐ **fear**fulness [fíərfəlnis] ⓜ 무서움 ☜ fearful + ness<명접>
☐ **fear**less [fíərlis] ⓗ **무서워하지 않는; 겁없는** ☜ -less(~이 없는)
☐ **fear**lessly [fíərfisli] ⓟ 두려워하지 않고, 용감히 ☜ -ly<부접>
☐ **fear**some [fíərsəm] ⓗ 무시무시한 ☜ 무서(fear) 운(some<형접>)
※ **tiger** [táigər/**타**이거] ⓜ **범, 호랑이**
☜ 라틴어/그리스어로 '호랑이'란 뜻

JALAL MERHI BOLO YEUNG
A dream turned into obsession - and it is what he must become.
FEARLESS TIGER
© Film One

✚ God-**fear**ing 신을 두려워하는, 신앙심 깊은 a**fra**id **두려워[무서워]하는; 걱정[염려]하여; 유감으로 생각하다** fr**igh**t (심한) **공포**, 경악

F

픽션 fiction (꾸며낸 이야기), 논픽션 nonfiction (사실적 기록)

♣ **어원 : fic, fac, feas 만들다(=make), 행하다(=do)**

■ **fic**tion [fíkʃən/**픽**션] ⓜ **소설, 꾸며낸 이야기** ☜ 만든(fic) 것(tion<명접>)
■ non**fic**tion [nʌnfíkʃən] ⓜ **논픽션**, 소설이 아닌 산문 문학(전기・역사・탐험 기록 등)
☜ non(=not/부정) + fiction
☐ **feas**ible [fíːzəbəl] ⓗ **실행할 수 있는** ☜ 행할(feas) 수 있는(ible)
♠ **a feasible** plan **실행 가능한** 계획
☐ **feas**ibly [fíːzəbəli] ⓟ 실행할 수 있게, 쓸 수 있게 ☜ 행할(feas) 수 있게(ibly)
■ un**feas**ible [ʌnfíːzəbl] ⓗ 실행할 수 없는 ☜ un(=not) + feasible
■ in**feas**ible [infíːzəbəl] ⓗ 실행 불가능한, 수행할 수 없는 ☜ in(=not) + feasible

페스티발 festival (축제)

♣ **어원 : fest, feast 축제; 즐거운**

■ **fest**ival [féstəvəl] ⓗ **축제[축하・축일]의** ⓜ **축제(일), 제전, 잔치**
☜ 즐거워(fest) 하는(iv) 것(al)
☐ **feast** [fiːst] ⓜ **축제, 향연; 축제(일)** ☜ 라틴어로 '축제, 잔치'란 뜻
♠ **a wedding feast 결혼식 피로연**
■ **fiest**a [fiéstə] ⓜ《Sp.》제례(祭禮), 성일(聖日) (saint's day); 휴일, 축제
☜ 라틴어로 '잔치'란 뜻 **비교** Siesta《Sp.》(점심 후의) 낮잠, 시에스타

< 브라질의 삼바축제 >

피처링 featuring ([음악] 다른 가수의 앨범작업에 참여하는 것. <특징을 살려 중요한 역할을 하는 것>이란 뜻) * feat, ft., f., f/등으로 표기

♣ **어원 : feat 만들어진 (것), 구조물; 행위**

☐ **feat** [fiːt] ⓜ **위업, 업적**; 묘기; 무훈 ☜ 고대 프랑스어로 '행동, 행위'란 뜻
♠ a diplomatic **feat** 외교적 **위업**
☐ **feat**ure [fíːtʃər/**쀠**이춰] ⓜ **얼굴의 생김새**; (pl.) 용모, 얼굴; 지형, 지세; **특징**
☜ 만들어진(feat) 것(ure)
♠ **feature** film (picture) ***특징**있는 영화* ➔ 장편 특작 영화
☐ **feat**ureless [fíːtʃərlis] ⓗ 특색 없는, 평범한 ☜ 특징(feature)이 없는(less)
☐ **feat**ure-length [fíːtʃərléŋkθ] ⓗ《미》(영화・책 등의) 장편의
☜ 길게(length) 만들어진(feature)
☐ **feat**ure story 《미》특집기사 ☜ 특색 있는(feature) 이야기(story)
☐ **feat**urette [fiːtʃərét] ⓜ 단편 특작 영화 ☜ 짧게(ette) 만들어진(feature)
■ water **feat**ure (정원의) 인공폭포(수로・연못) ☜ 물(water)에 만들어놓은 것(feature)

페더급 featherweight ([권투・격투기] 페더급(선수). <깃털처럼 가벼운 급>이란 뜻)

♣ **어원 : feather 깃털; 날다**

☐ **feather** [féðər/**풰**더] ⓜ **깃털**, 깃, **가벼운 물건** ☜ 고대영어로 '깃털, 펜'이란 뜻
♠ **Fine feathers make fine birds.**
고은 날개가 멋진 새를 만든다. 《속담》 옷이 날개다.
☐ **feather**ing [féðəriŋ] ⓜ [집합적] 깃털; 【조정】 **페더링** 《노깃을 수면과 평행이 되게 올림》; 【음악】 **페더링** 《바이올린의 활을 가볍고 빠르게 구사하는 법》
☜ 깃털처럼 가벼운(feather) 것(ing)

☐ **feather**weight [féðərwèit] 명형 〖경마〗 최경량 기수; 〖권투 등의〗 **페더**급의 (선수)
☜ 깃털(feather) 급(weight)
☐ **feather**y [féðəri] 형 깃털 많은, 가벼운 ☜ -y<형접>

캠프파이어 campfire (야영의 모닥불)

♣ **어원 : fire, fier, fev, febr 불, 열; 불을 지르다**
■ camp**fire** [kǽmpfàiər] 명 **모닥불, 캠프파이어**; 《미》 (모닥불 둘레에서의) 모임 ☜ 야영지(camp) 불(fire)
■ **fire** [faiər/퐈이어] 명 **불; 화재**; 열; 정열 동 **불을 지르다; 발사[발포]하다**
☜ 고대영어로 '불'이란 뜻
■ **fev**er [fiːvər] 명 **열**, 발열; 열병, 흥분, 열광 ☜ 열(fev)의 지속(er)
☐ **Febr**uary [fébruèri/쀄브루에리, fébrju-/fébruəri] 명 **2월** 《생략: Feb.》
☜ 고대고마에서 2월은 1년의 마지막 달이었으므로 새해를 맞기 전 몸과 마음을 깨끗이 하는 페브롸<Febura/정화의식>를 행한 데서 유래. 고대 정화의식은 재단에 불을 피워 했으므로 '불의(febr) + u + 의식(ary)'에서 유래하였다.
♠ **February** is the shortest month of the year.
2 월은 일 년 중 가장 짧은 달이다.

페더레이션컵 대회 Federation Cup Match (국제테니스연맹컵 여자 대회)

♣ **어원 : feder 약속; 동맹**
☐ **feder**al [fédərəl] 형 **연합의, 연방의**; (F-) 《미》 **연방정부의** 명 **연방주의자** ☜ 동맹(feder) 의(al)
☐ **feder**alist [fédərəlist] 명형연방주의자(의) ☜ federal + ist(사람)
☐ **feder**alize [fédərəlàiz] 동 연방화하다, 연합(동맹)시키다
☜ federal + ize(~화(化)하다<동접>)
☐ **feder**ate [fédərit] 형 동맹(연합)의; 연방제의 [fédərèit] 동 연방제로 하다 ☜ 동맹(feder) 하다(ate<동접>)
☐ **feder**ation [fèdəréiʃən] 명 동맹, **연합**, 연맹; 연방정부 ☜ ation<명접>
☐ **feder**ative [fédərèitiv, -rə-] 형 연합(연맹)의, 연방의 ☜ -ative<형접>
※ **cup** [kʌp/컵] 명 **찻종, 컵, 잔** ☜ 고대영어, 라틴어로 '잔'이란 뜻
※ **match** [mætʃ/매취] 명 **시합; 짝, 경쟁상대** 동 **~에 필적하다, 조화하다, 배합하다**
☜ 고대영어로 '잘 어울리는 짝, 대등한 사람, 경쟁상대'란 뜻

그린피 Green fee (골프장 1라운드 사용료)

※ **green** [griːn/그린-] 형 **녹색의, 싱싱한** 명 **녹색, 초록빛; 풀밭, 녹지; 골프코스**
☜ 고대영어로 '살아있는 식물의 색'이란 뜻
☐ **fee** [fiː] 명 **요금, 보수, 수수료**, 입장료 동 **요금을 치르다** ☜ 고대영어로 '가축, 돈'이란 뜻
♠ **membership fees (회원) 회비**
♠ **an entrance fee 입장료**
♠ **a school fee 수업료**

연상 피가 부족하면 피블(feeble.연약)해진다.

☐ **feeble** [fiːbəl] 형 (-<-bl**er**<-bl**est**) **연약한**, 미약한; 희미한; 저능한
☜ 라틴어로 '울고 있는'이란 뜻
♠ a **feeble** old man **기력이 없는** 노인
☐ **feeble**minded [fiːbəlmàindid] 형 정신 박약의, 저능의; 《고어》 의지가 약한
☜ 연약한(feeble) 마음(mind) 의(ed<형접>)
☐ **feeble**ness [fiːbəlnis] 명 약함, 미약 ☜ 연약한(feeble) 것(ness<명접>)
☐ **feebl**y [fiːbəli] 부 유약하게, 미약(연약)하게 ☜ feeble + ly<부접>
■ en**feeble** [infiːbəl, en-] 동 〖종종 수동태로〗 약하게 하다 ☜ 연약하게(feeble) 만들다(en=make)
■ en**feeble**ment [infiːblmənt] 명 약하게 하기, 쇠약 ☜ -ment<명접>

피드백 feedback (결과를 통해 목표·계획을 수정하는 것)

♣ **어원 : feed 먹을 것을 주다**
☐ **feed** [fiːd/퓌-드] 동 (-/**fed/fed**) **먹이[모이]를 주다, 음식을 먹이다; 부양[공급]하다**
명 **식량공급** ☜ 중세영어로 '먹이 주기'란 뜻.
♠ **feed** a cow (on) grass 소에게 풀을 **먹이다**
♠ **be fed into ~ ~로 흘러 들어가다**

♠ **be fed up with ~ ~에 진저리[넌더리] 나다**
♠ **feed on ~ ~을 먹고 산다; ~로 기르다**

☐ **feed**back [fíːdbæk] ⓜ **피드백; 송환;** (소비자의) 반응
☜ 뒤로 되돌려(back) 먹을 것을 주다(feed)

☐ **feed**er [fíːdər] ⓜ **사육자;** 선동자; 먹는 사람(짐승) ☜ 먹을 것을 주는
♠ **feeder line** (route) **(철도 · 항로의) 지선**

☐ **feed**ing [fíːdiŋ] ⓗ 급식의; 공급하는 ⓜ 급식; 사육 ☜ 먹을 것을 주(feed) 는(것)(ing)

✚ force-**feed** 억지로 먹이다 over**feed** 너무 먹(이)다 spoon-**feed** 숟가락으로 떠먹이다 under**feed** ~에게 음식을 충분히 주지 않다; 식사를 줄이다 well-**fed** 영양이 충분한, 살찐 **food 음식, 식량**

그녀가 나의 천생연분이라는 필(feel.느낌)이 강하게 왔다.

♣ **어원 : feel 만지다, 느끼다**

☐ **feel** [fiːl/삐-일] ⓢ (-/**felt**/**felt**) **만지다, 만져보다; 느끼다, 깨닫다; 감각[느낌]이 있다, ~한 느낌[기분]이 들다; 동정하다** ⓜ **감촉;** 느낌; 직감
☜ 고대영어로 '느끼다, 지각하다'란 뜻
♠ **feel at ease 안심하다**
♠ **feel for ~ ~에 동정하다, ~을 더듬어 구하다**
♠ **feel free to ~ 마음대로[자유롭게] ~하다**
♠ **feel like ~ing ~하고 싶은 느낌이 들다**
♠ **feel proud of ~ ~을 자랑스럽게 여기다**
♠ **feel sorry for** (to, that) **유감스럽다, 안됐다, 미안하다**

☐ **feel**er [fíːlər] ⓜ 촉각; (상대의 의향을 떠보기 위한) 말, 행동 ☜ feel + er<명접>

☐ **feel**ing [fíːliŋ/**삐**일링] ⓜ **촉감, 감각; 느낌, 감정** ☜ 느끼는(feel) 것(ing<명접>)

✚ fellow **feel**ing 동정, 공감; 상호이해; 동료의식 heart**felt** 진심에서 우러난 un**feel**ing 느낌이 없는; 무감각의; 무정한, 냉혹한 un**felt** 느낌이 없는, 느낄 수 없는

피트 feet (길이의 단위. 1ft = 30.48cm. <발들>이라는 뜻)

☐ **feet** [fiːt/퓌-트] ⓜ **피트** 《길이의 단위. ft》, foot(발)의 복수
☜ 서양인의 '발 길이'에서 유래
♠ My **feet** are aching. 내 **발**이 아프다.
♠ **cold feet** 〖**군,속어**〗 **겁, 공포, 달아나려는 자세** ☜ 차가운(cold) 발(feet)

☐ **foot** [fut/풑] ⓜ (pl. **feet**) **발** ☜ 고대영어로 '발'이란 뜻

페인트 모션 feint motion ([스포츠] 상대방을 기만하는 동작)

♣ **어원 : fei(g)n, fain, fake 꾸민, 가짜의**

■ **fein**t [feint] ⓜ 가장(假裝), 시늉; (스포츠에서) 상대방을 속이기; 양동작전
☜ 가짜(fein) + t

☐ **feign** [fein] ⓢ **~을 가장하다, ~인 체하다;** 꾸며대다 ☜ 고대 프랑스어로 '~인 체하다'란 뜻
♠ **feign** an attack *공격하는 체하다* ➔ (적을 기만하는) 양동작전을 펼치다
♠ **a feigned illness 꾀병**

※ **mot**ion [móuʃən/**모**우션] ⓜ **운동, 동작; 동의**(動議; 안건제기) ⓢ **몸짓으로 지시[신호, 요구]하다** ☜ 움직이(mot) 기(ion<명접>)

✚ **fain**t **희미한; 어질어질한; 졸도[기절]하다;** 기절, 졸도 **fake 날조하다, 속이다; 모조[위조]품**

소노펠리체 Sono felice (이탈리아어로 <나 행복해>란 뜻)

노래제목의 소노펠리체(Sono felice), 펠리시티 컨벤션(Felicity Convention), 펠리시아 호텔(Felisia), 남자이름의 펠릭스(Felix)나 여자이름의 펠리시티(Felicity) 등 펠리스(felic)란 글자가 붙는 단어에는 모두 '행복'이라는 의미를 담고 있다.

♣ **어원 : felic 행복**

☐ **felic**ity [filísəti] ⓜ **경사, 지복;** (말 · 표현의) **적절, 교묘함** ☜ 행복한(felic) 것(ity)
♠ **felicity of** phrase **교묘한** 말씨

☐ **felic**ific [fiːləsífik] ⓗ 행복을 가져오는, 행복하게 하는 ☜ 행복(felic) 한(ific)

롱펠로우 Longfellow (미국의 서정시인. <키 큰 녀석>이란 뜻)

Long**fellow** [lɔ́ːŋfèlou/lɔ́ŋ-] ⓜ **롱펠로** 《Henry Wadsworth ~, 미국의 시인; 1807-82》
★ 대표작으로 <인생찬가>, <뉴포트의 유대인 묘지>, <잃어버린 내 청춘>,

<밀물과 썰물>, <에반젤린>, <하이어워사의 노래> 등

☐ **fellow** [félou] ⓜ **친구, 동료**; 《구어》 놈, **녀석** ☜ 고대 노르드어로 '동료, 친구'
♠ He's a nice **old fellow**. 그는 좋은 **영감**이다.

☐ **fellow** creature 동포 ☜ creature(신의 창조물; 동물; 녀석)

☐ **fellow**man [féloumǽn] ⓜ (pl. **-men**) 같은 인간, **동포** ☜ man(남자, 사람)

☐ **fellow**ship [félouʃìp] ⓜ **동료 의식, 친교**, 연대감; 공동, 협력; 단체, 협의
☜ 동료(fellow) + 상태(ship)

필터 filter (여과기), 펠트 felt (양모나 인조섬유에 습기·열을 가해 압축한 직물)

■ **filter** [fíltər] ⓜ **필터, 여과기** ⓢ 거르다 ☜ felt가 여과기로 쓰인데서 유래

☐ **felt** [felt] ⓜ **펠트**(제품), 모전 ⓢ **펠트**로 만들다 ⓗ **느껴지는**
☜ 고대영어로 '압축된 양모(羊毛)'란 뜻
♠ **a felt hat 펠트모자, 중절모**

페미니스트 feminist (여권신장운동가)

♣ **어원 : fe, fem, femin 여자**

☐ **fem**ale [fíːmeil] ⓜ **여성**, (동물) **암컷** ⓗ **여성의, 암컷의**
☜ 여성(fem) 의(ale)
♠ a **female** child **계집**아이, **여**아

☐ **femin**ine [fémənin] ⓗ **여자[여성]의**, 여성다운, 상냥한; 연약한
☜ 여자(femin) 같은(ine)

☐ **femin**ism [fémənìzəm] ⓜ **페미니즘**, 남녀동등주의; 여권 신장운동, 여성해방론
☜ 여성(femin) 주의(ism)

☐ **femin**ist [fémənìst] ⓜ **페미니스트**, 남녀동등주의자, 여권신장운동가, 여성해방론자
☜ 여성(femin) 주의자(ist)

■ ef**femin**ate [iféмənit] ⓗ **여자 같은**, 나약한 [ifémənèit] ⓢ 나약하게 하다
☜ ~을(ef<ad=to) 여자로(femin) 만들다(ate)

펜스 fence (울타리), 펜싱 fencing (검술)

♣ **어원 : fenc(e), fens(e), fend 치다, 때리다, 찌르다**

☐ **fence** [fens/펜스] ⓜ **울타리**, 담, 둘러막는 것; 검술
☜ de**fense**의 두음소실
ⓢ **~에 울타리[담]을 치다**, 둘러막다; 검술을 하다
♠ The horse rose to **a fence**. 말이 **담**을 뛰어넘었다.

☐ **fenc**ing [fénsiŋ] ⓜ **펜싱**, 검술; [집합적] 울타리 ☜ 때리(fence) 기(ing<명접>)

☐ **fend**er [féndər] ⓜ **휀더**, 방호물; 《미》 (자동차 등의) 바퀴 덮개, 흙받기 ☜ 막는(fend) 것(er)

✚ de**fend** **방어하다**, 지키다, 변호하다 de**fense**, de**fence** **방어**, 수비, **디펜스**; 변호
of**fend** **성나게 하다, 죄[과오]를 범하다** of**fense**, of**fence** **위반**; 범죄; **성내기; 공격**

피버노바 FeverNova (2002년 한일월드컵에서 사용된 공인구. <열정(fever)의 별(nova)>이란 뜻)

♣ **어원 : fev, fer, ferv 끓이다, 끓다, 거품이 나다; 열기**

■ **fev**er [fíːvər] ⓜ **열**, 발열; 열병, 흥분, 열광 ☜ 열(fev)의 지속(er)

☐ **fer**ment [fəːrment] ⓜ **효소; 발효**; 소란, 흥분
☜ 거품이 나고 끓는(fer) 것(ment)
[fəːrmént] ⓢ **발효시키다**; 자극하다, 흥분하다
♠ **ferment** kimchi 김치**를 삭히다**

☐ **fer**mentation [fəːrmentéiʃən] ⓜ **발효(작용)**; 소동, 인심의 동요, 흥분 ☜ ferment + ation<명접>

☐ **fer**ocious [fəróuʃəs] ⓗ **사나운**, 잔인한; 지독한 ☜ 열기(fer) 로(oc=to) 끓어오르는(ious<형접>)
♠ a **ferocious** beast **사나운** 짐승

☐ **fer**ocity [fərάsəti/-rɔ́s-] ⓜ **사나움**, 잔인성, 만행 ☜ -ity<명접>

☐ **ferv**ent [fəːrvənt] ⓗ **뜨거운**; 타오르는; **열렬한** ☜ 열기(ferv)가 있는(ent<형접>)

☐ **ferv**id [fəːrvid] ⓗ 《시어》 뜨거운; 열정적인, 열렬한 ☜ 열기(ferv)가 있는(id)

☐ **ferv**o(u)r [fəːrvər] ⓜ 백열(상태), 작열; 열정, **열렬** ☜ 열기(ferv)가 있는 것(our<명접>)

■ ef**ferv**esce [èfərvés] ⓢ 거품이 일다; 활기를 띠다, 흥분하다
☜ 밖으로(ef<ex) 열기가 끓기(ferv) 시작하다(esce)

퍼너리 fernery (장식용 양치식물 재배케이스)

☐ **fern** [fəːrn] 명 『식물』 **양치식물** 《고사리 · 석송류의 식물》
☜ 초기 인도유럽어로 '날개, 깃털'이란 뜻.
양치식물의 잎이 '깃털(feather)'을 닮은 데서
♠ a **fern** leaf **양치류**의 잎
☐ **fern**ery [fə́ːrnəri] 명 양치식물의 재배지; 양치식물 재배 케이스《장식용》
☜ 양치식물(fern) 제조장소(ery)
☐ **fern**y [fə́ːrni] 형 양치식물의〔같은〕; 양치식물이 우거진 ☜ -y<형접>

카페리 car ferry (여행객과 자동차를 함께 싣고 운항하는 여객선)

♣ **어원 : fer-, wher- 옮기다, 나르다, 운반하다**
※ **car** [kaːr/카-] 명 **자동차** ☜ 라틴어로 '2개의 바퀴가 달린 켈트족의 전차'란 뜻
☐ **fer**ry [féri] 명 **나루터**, 도선장; **나룻배**, 연락선 ☜ 나르는(fer) 것/곳(ry)
♠ the cross-channel **ferry** service 해협 횡단 카페리 운항
☐ **fer**ryboat [féribòut] 명 **나룻배**, 연락선 ☜ 나루터(ferry) 보트(boat)
☐ **fer**tile [fə́ːrtl/-tail] 형 (땅이) **비옥한**, (인간·동물이) **다산(多産)의**
☜ 옮기(fer) + t + 는(ile)
♠ a **fertile** year **풍**년
☐ **fer**tility [fəːrtíləti] 명 **비옥**, 다산(多産) ☜ fertile + ity<명접>
☐ **fer**tilization [fəːrtəlizéiʃən/-lai-] 명 비옥화; 수정 ☜ fertile + ize + ation<명접>
☐ **fer**tilize [fə́ːrtəlàiz] 동 (땅을) **기름지게 하다**; (정신 등을) 풍부하게 하다 ☜ fertile + ize<동접>
☐ **fer**tilizer [fə́ːrtəlàizər] 명 거름, **비료** ☜ fertilize + er<명접>

✚ con**fer** **수여하다**; **의논[협의]하다** trans**fer** **옮기다, 갈아타다, 이동하다; 이전** **wher**ry **나룻배**

☐ **fervo(u)r**(열심, 열정), **fervent**(뜨거운, 열렬한) ➔ **ferment**(효소, 발효) **참조**

페스티발 festival (축제)

♣ **어원 : fest, feast 축제; 즐거운**
☐ **fest**ival [féstəvəl] 형 **축제[축하 · 축일]의** 명 **축제(일), 제전, 잔치**
☜ 즐거워(fest) 하는(iv) 것(al)
♠ **a rock festival 록 페스티벌**
☐ **fest**ive [féstiv] 형 경축의; **축제의** ☜ 즐거워(fest) 하는(ive)
☐ **fest**ivity [festívəti] 명 **축제**, 잔치, **제전** ☜ 즐거워(fest) 하는(iv) 것(ity)
■ **feast** [fiːst] 명 **축제, 향연; 축제(일)** ☜ 라틴어로 '축제, 잔치'란 뜻
■ **fiest**a [fiéstə] 명 《Sp.》 제례(祭禮), 성일(聖日)(saint's day); 휴일, 축제
☜ 라틴어로 '잔치'란 뜻 **비교** Siesta 《Sp.》 (점심 후의) 낮잠, 시에스타

피트 feet (길이의 단위. 1ft = 30.48cm. <발들>이라는 뜻)

♣ **어원 : foot, feet, fet 발; 악취, 악취가 나다**
■ **feet** [fiːt/퓌-트] 명 **피트** 《길이의 단위. ft》, foot(발)의 복수 ☜ 서양인의 '발 길이'에서 유래
■ **foot** [fut/풑] 명 (pl. **feet**) **발** ☜ 고대영어로 '발'이란 뜻
☐ **fet**ch [fetʃ] 동 (가서) **가져오다**, (가서) **데려[불러]오다**; (사람을) 매혹하다; (얼마에) 팔리다 명 가져옴 ☜ 고대영어로 '(걸어서) 가져오다'란 뜻
♠ **Fetch** the pen to me. 가서 펜을 **가지고 오너라**.
☐ **fet**cher [fétʃər] 명 가져오는 사람 ☜ fetch + er(사람)
☐ **fet**ching [fétʃiŋ] 형 마음을 사로잡는; 매혹적인 ☜ fetch + ing<형접>
☐ **fet**id, **foet**id [fétid, fíːtid] 형 악취를 내(뿜)는, 고약한 냄새가 나는 ☜ 악취(fet, foet)가 나는(id)
☐ **fet**ter [fétər] 명 **족쇄; 속박** 동 **족쇄를 채우다; 속박하다**
☜ 발(fet)을 + t<자음반복> + 묶는 것(er)
☐ **fet**terless [fétərlis] 형 족쇄가〔속박이〕 없는
☜ -less(~이 없는)

European Feudalism
King
Nobles
Knights
Peasants

퓨덜리즘 feudalism (중세 봉건제도)

♣ **어원 : fe 토지, 땅, 재산, 돈**
☐ **fe**ud [fjuːd] 명 (봉건시대의) **영지, 봉토;** (두 집안간 · 세대간) **불화**, 반목 ☜ 토지(fe) 쪽으로(ud<ad=to)
♠ the **feudal** system **봉건** 제도

□ **feu**dal　[fjúːdl] ⓗ **영지[봉토]의**; 봉건 (제도)의 ☜ feud + al<형접>
□ **feu**dalism　[fjúːdəlìzəm] ⓜ **봉건 제도**, 봉건주의 《토지를 매개로 영주와 농노관계가 성립된 제도》 ☜ feudal + ism(주의)

피버노바 FeverNova (2002년 한일월드컵에서 사용된 공인구. <열정(fever)의 별(nova)>이란 뜻)

♣ **어원 : fev, fer, ferv 끓이다, 끓다, 거품이 나다; 열기**
□ **fev**er　[fíːvər] ⓜ **열**, 발열; 열병, 흥분, 열광 ☜ 열(fev)의 지속(er)
♠ have **a slight** 〔**high**〕 **fever 미열** 〔고열〕이 있다
□ **fev**erish　[fíːvəriʃ] ⓗ **열이 있는**, 열병의; 열광적인 ☜ 열(fev)이 지속(er) 되는(ish)

✚ **ferv**ent **뜨거운**; 타오른; **열렬한**　**ferv**id 뜨거운; 열렬한　**ferv**o(u)r 백열(상태); 열정, **열렬**

F

어퓨굿맨 A Few Good Men (미국 해병대 구호인 <소수정예> 란 뜻)

1992년에 개봉한 미국 영화. Cuba 관타나모에 있는 미 해병대 기지에서 일어난 살인 사건을 다루는 법정영화. 톰 크루즈, 데미 무어, 잭 니콜슨 주연. 직역하면 '소수의 우수한 남자들' 이란 뜻.

© Columbia Pictures

※ **a, an**　[ei. ə/에이. 어], [en. ən/앤. 언] ⓚ (부정관사(不定冠詞)) **하나의; 어떤** ☜ 고대영어로 '하나, 외로운'이란 뜻
□ **few**　[fjuː/퓨-] ⓗ (-<-**er**<-**est**) 〖부정적 용법〗 (a를 붙이지 않고) **거의 없는,** 〖긍정적 용법〗 (a를 붙여서) **조금은 있는, 다소의** ⓓ **소수, 소수의 사람[것]** ☜ 고대영어로 '많지 않은, 작은 수의'
♠ **A few** of them knew the story.
　그들 중 **소수**만이 그 이야기를 알고 있었다.
♠ **Few** of them knew the story.
　그들 중 그 이야기를 알고 있는 사람은 **거의 없**었다.
♠ **a few 소수(의), 약간(의), 조금(의)**
※ **good**　[gud/굳] ⓗ (-<**better**<**best**) **좋은, 훌륭한** ☜ 고대영어로 '훌륭한, 좋은'
※ **man**　[mæn/맨] ⓜ (pl. **men**) **남자**, 사람 ☜ 고대영어로 '인간, 사람'이란 뜻

피앙세 fiance ([F.] (남자) 약혼자)

□ **fiance**　[fìɑːnséi, fiάːnsei] ⓜ 《F.》 **약혼자** ☜ 프랑스어로 '약혼자'
□ **fiance**e　[fìɑːnséi, fiάːnsei] ⓜ 《F.》 **약혼녀** ☜ -ee<여성형 접미사>
★ 위 두 단어의 발음은 같고, 스펠링만 다르다

미에로 화이바 Miero fiber (한국의 식이섬유음료 브랜드 중 하나)

현대약품(주)에서 생산・판매하는 식이섬유음료. 미에로(Miero)는 '미(美)에로'라는 뜻이며, fiber까지 합하여 <아름다움(美)을 가꾸어주는 섬유음료>란 의미라고 한다.

♣ **어원 : fiber, fibre 섬유(조직), 섬유소**
□ **fiber**, 《영》 **fibre**　[fáibər] ⓜ **섬유**, 실; **소질**, 성질 ☜ 라틴어로 '실'이란 뜻
♠ chemical **fiber** 화학**섬유**
□ **fiber**glass　[fáibərglæs/-glὰːs] ⓜ 섬유 유리 ☜ 섬유(fiber) 유리(glass)
□ **fiber**scope, 《영》 -bre-　[fáibərskòup] ⓜ **파이버스코프** 《유리섬유에 의한 위 내시경 등》 ☜ 섬유(fiber)로 보는 기계(scope)

연상 피클(pickle.소금절임 장아찌)은 절대 피클(fickle.변하기 쉬운)한 음식이 아니다.

※ **pickle**　[píkəl] ⓜ (pl.) (소금・식초에) **절인 것** ⓢ 소금물〔식초〕에 절이다 ☜ 중세 독일어로 '소금물'이란 뜻
□ **fickle**　[fíkəl] ⓗ **변하기 쉬운**, 마음이 잘 변하는, 변덕스러운 ☜ 속이는(fick) 경향이 있는(le)
♠ a **fickle** woman **변덕스러운** 여자
♠ Fortune's **fickle** wheel. **변하기 쉬운** 운명의 수레바퀴

픽션 fiction (꾸며낸 이야기), 논픽션 nonfiction (사실적 기록)

♣ **fic-, fac- 만들다(= make)**
□ **fic**tion　[fíkʃən/뷕션] ⓜ **소설, 꾸며낸 이야기** ☜ 만들어 낸(fic) 것(tion)

♠ **Fact is stranger than fiction. 《속담》 사실은 소설보다 기이하다.**

☐ **fic**titious [fiktíʃəs] ⓗ 소설적인, 허구의 ☜ 만들어 낸(fic) 것(ti) 의(tious)
☐ **fic**tional [fíkʃənəl] ⓗ 허구의, **꾸며낸** ☜ 만들어 낸(fic) 것(tion) 의(al)
☐ **fic**tive [fíktiv] ⓗ 가공의, 허위의, 허구의 ☜ -tive<형접>
■ non**fic**tion [nʌnfíkʃən] ⓜ **논픽션**, 소설이 아닌 산문 문학(전기 · 역사 · 탐험 기록 등) ☜ 만든 것(fiction)이 아닌(non=not)
■ **fac**tory [fǽktəri/**빽**터리] ⓜ **공장** ☜ 만드는(fac) 곳(tory<place)

피들 fiddle (바이올린의 속칭)

☐ **fiddle** [fídl] ⓜ 《구어》 **바이올린**; **하찮은[사소한] 일** ⓢ 바이올린을 켜다 ☜ 고대영어로 '현악기'란 뜻
♠ **fiddle** bow **바이올린** 활
☐ **fiddle**-faddle [fídlfæ̀dl] ⓜ 부질없는 짓; (pl.) 시시한 일(것); 빈들빈들 놀고 지내는 사람 ⓗ 시시한, 부질없는 ☜ fiddle + faddle(쓸모없는 것의 중복)

하이파이 Hi-Fi (원음을 충실하게 재생하는 음향기기의 특성), 전(前) 쿠바 국가평의회 의장 피델 카스트로(Fidel Castro)의 Fidel은 <신념>이란 뜻

♣ **어원 : fid, fed, fy 믿다, 신뢰하다**

■ **Hi-Fi** [háifái] ⓜ (라디오 · 전축이 원음을 재생하는) 고충실도, **하이파이** ☜ high fidelity의 약어
※ **high** [hái/**하**이] ⓗ **높은** ☜ 고대영어로 '높은, 키가 큰, 고급스런'
☐ **fid**elity [fidéləti, fai-] ⓜ **충실**, 충성, **성실**; (부부간의) **정절** ☜ 신뢰하는(fid) + el + 것(ity<명접>)
♠ **pledge** (swear) **fidelity 충성을 맹세하다.**

✚ con**fid**e **털어놓다**; **신임하다**, 신뢰하다 con**fed**eration 동맹(국), **연합(국)** de**fy 도전[무시]하다 fed**eral **연합의**; **연방(정부)의; 연방주의자**

연상 사이보그 가제트(Gadget) 형사가 피지트(fidget.안절부절 못하다)하다

© DHX Media

※ **Gadget** [gǽdʒit] ⓜ **가제트** 《어설픈 사이보그 형사를 둘러싼 이야기의 애니메이션 시리즈 주인공》 ☜ gadget는 '(기계의) 간단한 장치'
☐ **fidget** [fídʒit] ⓢ 안절부절못하다, 불안해(초조해) 하다, 들뜨다 ☜ 중세영어로 초조해해다/서두르다(fidge) + et<반복 접미사>
☐ **fidget**y [fídʒiti] ⓗ 《구어》 **안절부절 못하는**, 불안한, 안달하는 ☜ -y<형접>
♠ He's been acting **fidgety** since morning. 그는 아침부터 **안절부절 못하고** 있다

필드하키 field hockey (잔디구장에서 하는 하키게임)

☐ **field** [fi:ld/퓌일드] ⓜ (보통 pl.) **들판, 벌판; 논, 밭, 목초지; 경기장** ⓗ 들판의, 야외의 ☜ 초기 독일어로 '평평한'이란 뜻
♠ People were working **in the fields**. 사람들이 **들판에서** 일을 하고 있었다.
☐ **field**er [fí:ldər] ⓜ 〖크리켓〗 야수; 〖야구〗 **외야수** ☜ 들판(field)에 있는 사람(er)
☐ **field** gun 야포(野砲) ☜ gun(총, 포)
☐ **field** hospital 야전 병원 ☜ hospital(병원)
☐ **field** marshal (육군) 원수 ☜ marshal(육군 원수, 영국 공군 원수; 집행관)
■ **FTX** **F**ield **T**raining **E**xercise 〖군사〗 야외기동훈련
비교 **CPX**: **C**ommand **P**ost **E**xercise 지휘소 훈련
※ **hockey** [hɑ́ki/hɔ́ki] ⓜ **하키**; 《미》 ice hockey, 《영》 field hockey ☜ 고대불어로 '양치기의 막대기'란 뜻

✚ a**field** 밖으로, 집(고향)을 떠나; (군대가) 전장에; (농부가) 밭(들)에 battle**field 싸움터, 전장** center **field**er 〖야구〗 중견수, **센터 필더** corn**field** 《미》 **옥수수밭**; 《영》 밀밭 mid**field 미드필드**, 경기장의 중앙부, 필드 중앙(의 선수) mine**field** 〖군사〗 지뢰밭, 기뢰원(原)

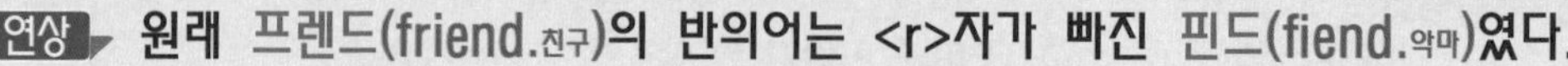
연상 원래 프렌드(friend.친구)의 반의어는 <r>자가 빠진 핀드(fiend.악마)였다.

※ **friend** [frend/프렌드] ⓜ **벗, 친구; 자기편**, 지지자, 동료 ☜ 초기 독일어로 '애인, 친구'란 뜻
□ **fiend** [fiːnd] ⓜ 마귀, **악마; ~중독자**, ~광(狂) ☜ 고대영어로 '적'이란 뜻. 철자가 암시하듯이 이 단어는 원래 friend(친구)의 반대였다.
♠ **a film fiend 영화광**, **a cigarette fiend 지독한 골초**
□ **fiend**ish [fíːndiʃ] ⓗ 귀신(악마) 같은; 극악한; 교묘한 ☜ -ish(~같은)

캠프파이어 campfire (야영의 모닥불)

♣ 어원 : fire, fier 불, 불을 지르다; 몹시 사나운
■ camp**fire** [kǽmpfàiər] ⓜ **모닥불, 캠프파이어**; 《미》 (모닥불 둘레에서의) 모임 ☜ camp + fire(불)
■ **fire** [faiər/파이어] ⓜ **불; 화재**; 열; 정열 ⓢ **불을 지르다; 발사[발포]하다** ☜ 고대영어로 '불'이란 뜻
□ **fier**y [fáiəri] ⓗ (-<**more** ~(-**ier**)<**most** ~(-**iest**)) **불의**, 화염의; 불타는; **불같은** ☜ 불(fier) 의(y)
♠ **fiery** red hair **불타는 듯한** 빨간 머리
□ **fier**ce [fiərs] ⓗ (-<-**er**<-**est**) **흉포한**, 사나운, (열·감정이) **맹렬한**, 격렬한 ☜ 불(fier) 같은(ce)
□ **fier**cely [fiərsli] ⓟ **사납게**, 맹렬히, 지독하게 ☜ fierce + ly<부접>
□ **fier**ceness [fiərsnis] ⓜ **사나움**; 맹렬 ☜ fierce + ness<명접>

피파 FIFA (국제축구연맹)

□ **FIFA** **F**ederation **I**nternationale de **F**ootball **A**ssociation 국제축제연맹 《월드컵을 포함한 각종 국제축구대회를 주관》
※ **World Cup** **월드컵** 《FIFA가 4년마다 주최하는 세계축구선수권대회》

하이파이브 High five (기쁨의 표시로 두사람이 손을 들어하는 손뼉 맞장구. 직역하면 <위치가 높은 다섯 손가락>이란 뜻)

♣ 어원 : five, fif 5, 다섯
※ **high** [hái/**하**이] ⓗ **높은; 고도[고속]의; 비싼** ⓟ **높이, 높게** ⓜ **높은 것** ☜ 고대영어로 '높은, 키가 큰, 고급스런'이란 뜻
■ **five** [faiv/파이브] ⓜ **다섯, 5**; 5개 ⓗ 다섯의, 5의, 5개(명)의; 5살의 ☜ 고대영어로 5, 다섯'이란 뜻
♠ Look at **page five**. **5 페이지**를 보라.
□ **fif**th [fifθ/퓌쓰] ⓗ **다섯(번)째의, 제 5 의**, 5 분의 1 의 ⓜ 다섯째, 제 5; (달의) 5 일, 5 분의 1 ☜ 다섯(fif<five) 번째(th<서수접미사>)
□ **fif**teen [fíftíːn/**퓝틴**] ⓗ **15의**, 15개(인)의; 15세의 ⓜ **15**; 15개(인); 15세 ☜ 10(teen) + 5(fif<five)
□ **fif**teenth [fíftíːnθ] ⓗ 제15의, **15번째의**; 15분의 1의 ⓜ 제15; 15분의 1; (달의) 15일 ☜ 10(teen) + 5(fif<five) + 번째(th<서수접미사>)
□ **fif**ty [fífti/**퓝**티] ⓗ 50의; **50개[인]의**, 50세의 ⓜ **50**; 50개(인·세) ☜ 다섯(fif<five) + 10(ty<10단위 기수 접미사: 20~90>)
□ **fif**ty-**fif**ty [fíftifífti] ⓗⓟ (절)반씩의; (절)반씩으로; 50대 50의(으로)
□ **fif**tieth [fíftiiθ] ⓗ **50번째의**; 50분의 1의 ⓜ 50번째; 50분의 1 ☜ 50(fiftie<fifty) 번째(th<서수접미사>)

연상 피그(pig.돼지)가 피그(fig.무화과)를 먹다니...

※ **pig** [pig/피그] ⓜ **돼지**; 《미》 돼지새끼; 돼지고기; 불결한 사람; 욕심꾸러기 ☜ 고대영어로 '돼지'란 뜻
□ **fig** [fig] ⓜ **무화과** 《열매 또는 나무》 ☜ 라틴어로 '무화과'란 뜻
♠ **Fig trees** produce soft juicy fruit.
무화과 나무에서는 부드럽고 즙이 많은 과일이 열린다.

PIG
FIG

르 피가로 Le Figaro (프랑스 파리에서 발행되는 조간신문)

프랑스의 극작가 보마르셰가 1775년 집필한 《세빌랴의 이발사》와 1784년 집필한 《피가로의 결혼》에 등장하는 재치있는 이발사·하인. 백작의 방해에도 불구하고 사랑하는 여인과의 사랑에 성공한다는 이야기

□ **Figaro** [fígərou] ⓜ **피가로** 《보마르셰의 '세빌랴의 이발사'에 나오는 재치 있는 이발사》
★ Le Figaro에서 Le는 정관사(=the)이다.

F

화이팅 < 파이팅 fighting (콩글 힘내자) ➔ Way to go!, Go go! Go for it!, Let's go!, You can do it!, Come on!, Cheer up!

♣ 어원 : fight 싸움, 싸우다

☐ **fight** [fait/파이트] 동 (-/**fought/fought**) **싸우다**, 전투하다 명 **싸움**, 전투; 전의
☜ 고대영어로 '싸우다'란 뜻
♠ **fight against ~ ~에 대항하여 싸우다**
♠ **fight for ~ ~을 위하여 싸우다; ~을 얻기 위해 싸우다**
♠ **fight off ~ (적(敵) · 병(病) 따위)를 퇴치하다, 격퇴하다**

☐ **fight**er [fáitər] 명 **전사**, 투사, 무사; 직업권투선수; **전투기** ☜ 싸우는(fight) 사람(er)

☐ **fight**ing [fáitiŋ] 형 **싸우는; 전투의**, 교전 중인; 호전적인 명 **싸움, 전투** ☜ -ing<형접/명접>

☐ **fight**ing spirit 투지(鬪志) ☜ spirit(정신, 마음)

F

✚ fire**fight** 포격전, 총격전 fire **fight**er 《미》 소방수 fire **fight**ing 소방(활동) bull**fight** (스페인의) 투우 dog**fight** 개싸움; 치열한 싸움; 『군사』 전투기의 공중전 gun**fight** 총격전을 벌이다; 총격전

피규어 < 피겨 figure (인간 · 동물형상의 장난감) 피겨스케이팅 figure skating (얼음위에 도형을 그리는 스케이팅)

♣ 어원 : fig 만들다, 모양짓다, 형성하다, 변형하다

☐ **fig**ure [fígjər/퓌겨, -gər] 명 **숫자; 꼴, 모양; 인물상, 인물; 그림**, 삽화; **피겨; 비유** 동 숫자로 나타내다; 계산하다; **그리다**
☜ 만든(fig) 것(ure)
♠ **figure out ~ ~을 계산하여 합계를 내다, 총계 ~로 되다; ~을 생각해 내다**

☐ **fig**ured [fígjərd, -gər] 형 **그림[도식]으로 표시한, 무늬가 있는**
☜ figure + ed<형접>

☐ **fig**uration [fìgjəréiʃən] 명 형상, 외형; 비유적 표현 ☜ figure + ation<명접>

☐ **fig**urative [fígjərətiv] 형 **비유적인; 회화적 표현의** ☜ figure + ative<형접>

피지 Fiji (경상북도 크기의 남태평양 섬나라)

☐ **Fiji** [fíːdʒiː] 명 **피지** 《남태평양의 섬나라; 1970년 독립》 ☜ 피지어로 '위대한 땅'

☐ **Fiji Islands** **피지**제도 《피지나라의 여러 섬들》 ☜ island(섬) s(들<복수>)

필라멘트 filament (전구속의 금속선), 파일 file (서류철)

♣ 어원 : fil 실

☐ **fil**ament [fíləmənt] 명 **가는 실**; 『전구』 **필라멘트**
☜ 실(fil)로 + a + 잣는 것(ment)

☐ **fil**ar [fáilər] 형 실(선)의; 실선이 있는; 실모양의 ☜ 실(fil) 의(ar)

☐ **fil**e [fail] 명 **서류철, 문서; 자료철**; 『전산』 **파일**; 『군사』 **열, 종열**
☜ 라틴어로 '실로 묶은 것'이란 뜻
♠ **copy (save) a file 파일을 복사하다** (저장하다)

☐ **fil**ing [fáiliŋ] 명 철하기, 서류 정리 ☜ file + ing<명접>

fillet [fílit] 명 끈, (머리를 매는) **가는 끈**, 머리띠 ☜ 작은(let) + 끈(fil)

페미니즘 feminism (여권신장주의, 남녀평등주의)

♣ 어원 : femin 여자(=woman) ➔ fil 자식(filia 딸, filius 아들)

■ **femin**ism [fémənìzəm] 명 여권주의, 남녀 동권주의; 여권 신장론
☜ 여권(femin) + i + 주의(sm)

☐ **fil**ial [fíliəl] 형 **자식(으로서)의**; 효성스러운 ☜ 자식(fil) + i + 의(al)
♠ **filial** piety **효**도 ☜ piety(경건, 신앙심; 충성, 효심)

☐ **fil**iation [fìliéiʃən] 명 자식임, 친자관계; 계통, 유래 ☜ -ation<명접>

■ af**fil**iate [əfílièit] 동 특별관계를 맺다, 회원으로 가입하다(시키다); 양자로 삼다
☜ 자식(fil)으로(af<ad=to) 만들다(ate)

■ af**fil**iation [əfìliéiʃən] 명 가입, 입회, 합병; 양자 결연, 입적 ☜ ation<명접>

필리버스터 filibuster (합법적 수단에 의한 의사진행방해)

☐ **filibuster** [fíləbʌ̀stər] ⓜ 해적 《17세기경의》; 불법침입자; 의사진행방해(자) ⓢ 의사진행을 방해하다; (외국에) 침입하다
☜ 네델란드어 vrijbuiter(영어로 번역시 freebooter. 해적)에서 유래
♠ I do not propose to **filibuster**. **의사진행을 방해하**자는 것이 아니다.
■ **freebooter** [fríːbùːtər] ⓜ 약탈자, (특히) 해적 ☜ 자유로운(free) 장화(boot)를 신은 자(er)

기름을 풀(full.가득)로 채우다

♣ **어원 : full 가득찬 // fill, ple, pli 채우다**
■ **full** [ful/뿔] ⓗ **가득한**; 가득 채워진, 충만한 ☜ 고대영어로 '가득한'이란 뜻
☐ **fill** [fil/삘] ⓢ **채우다, ~으로 충만하다** ☜ 고대영어로 '가득 채우다'란 뜻
♠ **be filled with ~ ~로 가득 차다**
♠ **fill (A) with (B) A를 B로 채우다**
♠ **fill out (가득) 부풀리다, (술 따위를) 가득 따르다; 채우다**
♠ **fill up** 〔in〕 **채우다, 메우다, 가득 차다**
☐ **fill**er [fílər] ⓜ 채우는 사람〔물건〕; 주입기, 충전기 ☜ fill + er(사람/기기)
☐ **fill**ing [fíliŋ] ⓜ (음식물의) 소, 속; **속에 넣는 것**; (치아의) 충전재 ☜ fill + ing<명접>
☐ **fill**ment [fíləmənt] ⓜ 차 있음; 비만 ☜ 채운(fill) 것(ment<명접>)

✚ com**ple**te **완성하다; 전부의, 완전한** **ple**nty **많음**, 가득, 풍부, 다량, 충분 accom**pli**shment **성취, 완성**, 수행, 이행 im**ple**ment **도구**, 기구, 수단 sup**ple**ment **보충(하다)**, **추가**, **부록**

F

필름 film (사진 필름)

☐ **film** [film/퓌음] ⓜ **얇은 껍질[막]**; 『사진』 **필름; 감광막; 영화**
ⓢ **엷은 껍질로 덮다[덮이다]** ☜ 고대영어로 '피막, 얇은 피부'
■ micro**film** [máikroufilm] ⓜ **마이크로필름** 《서적 등의 축소복사용 필름》
☜ micro-(지극히 작은, 초미니의)

필터 filter (여과기)

☐ **filter** [fíltər] ⓜ **필터, 여과기** ⓢ 거르다
☜ felt가 여과기로 쓰인데서 유래
♠ an air 〔oil〕 **filter** 공기〔오일〕 **필터**
☐ **filter**able [fíltərəbəl] ⓗ 여과할 수 있는 ☜ 여과(filter) 할 수 있는(able)
■ **felt** [felt] ⓜ **펠트**(제품), 모전(毛氈) ⓢ 펠트로 만들다 ⓗ **느껴지는**
《feel의 과거, 과거분사》 ☜ 고대영어로 '압축된 양모(羊毛)'란 뜻

필시루커 filthy lucre (조지프 히스의 경제학서. <부정한 돈>이란 뜻)

캐나다 토론토대 철학교수 조지프 히스가 2009년 출간한 자본주의 경제학서. 부제인 <Economics for People Who Hate Capitalism>의 의미를 살려 한국에서는 <자본주의를 의심하는 이들을 위한 경제학>이란 제목으로 출판되었다.

☐ **filth** [filθ] ⓜ **오물**, 불결물, 쓰레기 ☜ 고대영어로 '불결한 것'이란 뜻
♠ The floor was covered in grease and **filth**.
바닥은 기름기와 **오물**로 뒤덮여 있었다.
☐ **filth**y [fílθi] ⓗ (-<-th**ier**<-th**iest**) **불결한**; 부정한; 음탕한, 지독한
ⓜ 『미.속어』 돈 ☜ -y<형접/명접>
☐ **filth**y lucre 『구어』 부정한 돈, 힘들이지 않고 번 돈; [익살] 금전
☜ 부정한(filthy) 금전(lucre)

핀 fin (잠수사가 발에 신는 물갈퀴)

☐ **fin** [fin] ⓜ **지느러미**; (잠수용) 물갈퀴; (항공기) 수직안정판; (잠수함) 수평타 ☜ 라틴어로 '날개'란 뜻
☐ **fin**ny [fíni] ⓗ 지느러미 모양의, 지느러미가 있는 ☜ 핀(fin)이 있는(ny)

피날레 finale (악곡의 최종 악장 · 연극의 최종막)

♣ **어원 : fin(e) 끝, 한계; 끝내다, 한계를 정하다**
☐ **fin**al [fáinəl/**퐈**이널] ⓗ **마지막의, 최종의** ⓜ (pl.) 결승전; 기말시험
☜ 고대프랑스어로 '끝(fin) 의(al<형접>)'란 뜻
♠ the **final** round (경기의) **최종**회, **결승**전

☐ finale [finɑ́:li, -nǽli] 명 《It.》 **피날레**, 『음악』 **끝[종]악장**, 『연극』 **최후의 막,** 대단원
☜ 끝(fin) 내기(ale)
☐ finality [fainǽləti] 명 최후, 종국(終局) ☜ final + ity<명접>
☐ finalize [fáinəlàiz] 동 마무리하다, 결말을 내다, 완성(종료)시키다 ☜ -ize<동접>
☐ finally [fáinəli/**파**이널리] 부 **최후로; 마침내, 결국** ☜ final + ly<부접>
■ fine [fain/파인] 형 (-<-**er**<-**est**) **훌륭한, 뛰어난; 좋은**
☜ 라틴어로 '완성된(fin) 것(e)'이란 뜻
명 **벌금** 동 벌금을 부과하다 ☜ 라틴어로 '종말'이란 뜻
■ infinite [ínfənit] 형 **무한[무수]한**; 막대한, 끝없는 ☜ 끝(fin)이 없(in=not) 는(ite)

파이낸셜 타임즈 Financial Times (영국에서 발행하는 국제 경제전문 조간신문. 약자 FT. 직역하면 <금융 시대>란 뜻)

세계 3대 경제신문 중 하나. 1888년 금융가이자 하원의원이었던 호레이쇼 보텀리에 의해 창간됨. 50여개의 세계주요 도시에서 380여명의 국제저널리스트들을 중심으로 국가별, 지역별 기사를 취재해 보도하고 있다. <출처 : 두산백과>

♣ **어원 : fin 끝, 한계; 벌금; 끝내다; (벌금을) 지불하다**
☐ finance [finǽns, fáinæns] 명 (공적인) **재정**, 재무
☜ 지불한(fin) 것(ance)
☐ financial [finǽnʃəl, fai-] 형 **재정상의**, 재무의; 재계의; 금융상의
☜ 재정(finance) 의(ial<형접>)
♠ **be in financial difficulties 재정난**에 빠져있다
☐ financially [finǽnʃəli, fai-] 부 **재정적으로**, 재정상 ☜ financial + ly<부접>
☐ financier [fìnənsíər, fài-] 명 **재정가**; 재무관; 금융업자 ☜ finance + er(사람)
※ time [taim/타임] 명 (관사 없이) **시간, 때;** 시일, 세월; ~회, ~번
☜ 초기인도유럽어로 '나눈 것'이란 뜻

뷰파인더 viewfinder ([카메라] 피사체를 확인하는 창)

♣ **어원 : find 발견하다, 찾다**
■ viewfinder [vjú:fàindər] 명 『사진』 **파인더** 《피사체를 확인하는 창》
☜ 전망<피사체(view)을 찾는(find) 것(er)
☐ find [faind/파인드] 동 (-/**found**/**found**) **발견하다, 찾아내다**; 우연히 발견하다 ☜ 고대영어로 '(우연히) 발견하다'란 뜻
♠ **find fault with ~ ~을 비난하다, ~의 흠[트집]을 잡다**
♠ **find one's way 길을 찾아가다, ~에 도달하다**
♠ **find oneself 자신의 현재 위치[상태]를 알다**
♠ **find out 발견하다; (문제를) 풀다; 이해하다**
☐ finder [fáindər] 명 **발견자**; 습득자; 검사원; 탐지기 ☜ 찾는(find) 사람(er)
☐ finding [fáindiŋ] 명 (종종 pl.) **발견(물); 조사결과** ☜ 찾는(find) 것(ing)
■ fact-finding [fǽktfàindiŋ] 형 진상조사(의) ☜ 사실(fact)을 찾는(find) 것(ing)
■ found [faund/파운드] 형 **설비를 갖춘, 지식교양이 있는; 숙식제공의** 동 ~의 기초[근거]를 두다, ~에 근거하다; 설립[창시]하다, 세우다 ☜ find(찾다)의 과거분사 ➔ <형용사>

피날레 finale (악곡의 최종 악장·연극의 최종막)

♣ **어원 : fin(e) 끝, 한계; 끝내다, 한계를 정하다**
■ finale [finɑ́:li, -nǽli] 명 《It.》 **피날레**, 『음악』 **끝[종]악장**, 『연극』 **최후의 막,** 대단원
☜ 끝(fin) 내기(ale)
☐ fine [fain/파인] 형 (-<-**er**<-**est**) **훌륭한, 뛰어난; 좋은** 부 훌륭하게, 잘
동 순화하다, 정제하다 ☜ 라틴어로 '완성된(fin) 것(e)'이란 뜻
명 **벌금** 동 벌금을 부과하다 ☜ 라틴어로 '종말'이란 뜻
♠ **a parking fine 주차 위반 벌금**
☐ finely [fáinli] 부 아름답게, **훌륭하게**; 정교하게, 미세하게 ☜ fine + ly<부접>
☐ fineness [fáinnis] 명 훌륭함; (품질의) 우량, (금속의) 순도 ☜ fine + ness<명접>
☐ finery [fáinəri] 명 화려한 옷; 장신구 ☜ fine + ry<명접>
☐ finesse [finés] 명 《F.》 교묘한 처리(기교), 솜씨; 예리함; 술책, 책략
☜ 중세 프랑스어로 '훌륭함'이란 뜻.
♠ **the finesse of love 사랑의 기교**

✚ final **마지막의, 최종의**; 결승전 finish **끝내다; 종결, 끝** unfinished **미완성의** infinite **무한한**

핑거볼 Finger Bowl ([외식] 식후 손가락 씻는 물그릇)

□ **finger** [fíŋgər/핑거] ⓜ **손가락** ☜ 고대영어로 '손가락'이란 뜻. 초기 인도유럽어족까지 올라가면 five와 연관 있음.
♠ **the index** (first) **finger 집게손가락**(=forefinger)
♠ **the middle** (second) **finger 가운뎃손가락**
♠ **the ring** (third) **finger 약손가락**
♠ **the little** (small · fourth) **finger 새끼손가락**(=pinkie)
★ finger란 흔히 엄지손가락(thumb)을 제외한 네 손가락을 말함.
□ **finger** bowl **핑거볼**, 손가락 씻는 그릇 《dessert 후》 ☜ bowl(사발)
□ **finger**nail [fíŋgərnèil] ⓜ 손톱 ☜ 손가락(finger)의 손톱<못(nail)
□ **finger**print [fíŋgərprìnt] ⓜ 지문 ⓢ 지문을 채취하다 ☜ 손가락(finger) 지문(print)
□ **finger** reading (맹인의) 점자읽는 법 ☜ 손가락(finger)으로 읽(read) 기(ing)
□ **finger** ring 반지, 가락지 ☜ 손가락(finger) 고리(ring)

F

피날레 finale (악곡의 최종 악장 · 연극의 최종막)

♣ 어원 : fin(e) 끝, 한계; 끝내다, 한계를 정하다
■ **fin**ale [finɑ́:li, -nǽli] ⓜ 《It.》 **피날레**, 『음악』 **끝[종]악장**, 『연극』 **최후의 막,** 대단원 ☜ 끝(fin) 내기(ale)
□ **fin**ish [fíniʃ/퓌니쉬] ⓢ **끝내다**, 마치다, 완성(완료)하다 ⓜ **종결, 끝**, 끝손질 ☜ 끝(fin) 내다(ish<동접>)
♠ **finish ~ing ~하는 것을 끝마치다**
finish speaking 이야기를 끝마치다
□ **fin**ished [fíniʃt] ⓗ **끝마친**; 완성된 ☜ finish + ed<형접>
□ **fin**isher [fíniʃər] ⓜ **완성자**; 《구어》 결정적 타격 ☜ finish + er(사람/<명접>)
□ **fin**ishing [fíniʃiŋ] ⓗ **최후의**; 끝손질의, 마무리의 ☜ 끝내(finish) 는(ing<형접>)
□ **fin**ite [fáinait] ⓗ **한정[제한]된**, 유한의 ☜ 끝(fin) 의(ite<형접>)

✚ **fine 좋은, 훌륭한; 벌금** **fin**al **마지막의, 최종의;** 결승전 un**fin**ished **미완성의** in**fin**ite **무한한**

핀란드 Finland (북유럽 스칸디나비아 반도에 있는 공화국)

□ **Fin**land [fínlənd] ⓜ **핀란드** 《수도 헬싱키(Helsinki)》 ☜ 핀족(Fin)의 땅/나라(land)
□ **Fin**nish [fíniʃ] ⓗ **핀란드**의; **핀란드** 사람(말)의 ⓜ **핀란드** 말 ☜ 핀족(Fin) + n + ish(~의/~말)

코리안 퍼 Korean fir (한국 전나무, 구상나무)

구상나무는 소나뭇과에 속하는 전나무인데, 전 세계에서 우리나라에만 분포하는 특산나무이다. 서양에선 크리스마스 트리에 주로 전나무를 사용하는데 전나무 중 가장 많이 쓰이는 구상나무를 <코리안 퍼>라고 부른다.

※ **Korea** [kərí:ə-/커**뤼**-어, kourí:ə] ⓜ **대한민국** 《공식명은 the Republic of Korea; 생략: ROK》 ☜ 고려(高麗)시대 국호가 서양에 전해진 데서
□ **fir** [fəːr] ⓜ (서양) **전나무**; 그 재목 ☜ 고대영어로 '소나무'란 뜻
♠ **a fir** needle **전나무** 잎 ☜ needle(바늘)
□ **fir**ry [fə́:ri] ⓗ (-<-ri**er**<-ri**est**) 전나무가 많은; 전나무(재목)의 ☜ -y<형접>

캠프파이어 campfire (야영의 모닥불)

♣ 어원 : fire, fier 불, 불을 지르다; 몹시 사나운
■ camp**fire** [kǽmpfàiər] ⓜ **모닥불, 캠프파이어**; 《미》 (모닥불 둘레에서의) 모임 ☜ 야영지(camp) 불(fire)
□ **fire** [faiər/퐈이어] ⓜ **불; 화재**; 열; 정열 ⓢ **불을 지르다; 발사[발포]하다** ☜ 고대영어로 '불'이란 뜻
♠ **catch** (take) **fire 불이 붙다, 불타기 시작하다**
♠ **on fire 불타는, 불이 나서, 불타서; 흥분하여**
□ **fire**arm [fáiərɑ̀:rm] ⓜ (보통 pl.) 화기(火器); **소화기**(小火器) ☜ 불(fire) 무기(arm)
□ **fire** alarm 화재 경보(기) ☜ alarm(경보(기), 알람)
□ **fire** bell 화재 경종 ☜ bell(벨, 종)
□ **fire** bomb 소이탄 ☜ bomb(폭탄)
□ **fire** engine 소방 펌프, **소방(자동)차** ☜ 불(fire) 엔진(engine)
□ **fire**fly [fáiərflài] ⓜ 『곤충학』 **개똥벌레** ☜ 불(fire) 곤충(fly)

□ **fire** insurance 화재 보험 ☜ 화재(fire) 보험(insurance)
□ **fire**less [fáiərlis] ⓗ 불이 없는 ☜ fire + less(~이 없는)
□ **fire**man [fáiərmən] ⓜ (pl. **-men**) **소방관** ☜ 불(fire)과 싸우는 사람(man)
★ 여성의 지위와 대우가 남성과 동등해지면서 성차별적 단어도 점차 중성적 의미의 단어로 바뀌고 있다. fireman도 fire fighter로 변화됨.
□ **fire**place [fáiərplèis] ⓜ **난로**, 벽로(壁爐) ☜ 불(fire)이 있는 장소(place)
□ **fire**power [fáiərpàuər] ⓜ 『군사』 화력 ☜ fire + power(힘; 능력, 효력)
□ **fire**proof [fáiərprùːf] ⓗ **내화(耐火)의**, 방화의; 불연성(不燃性)의 ⓢ 내화성으로 만들다 ☜ 불(fire)을 막는(proof)
□ **fire**side [fáiərsàid] ⓜ **난롯가**, 노변; (모닥)불가; 가정 ⓗ 난롯가의, 노변의 ☜ 불(fire) 주변(side)
□ **fire** station **소방서**, 소방 대기소 ☜ 불(fire)을 관장하는 기관(station)
□ **fire** wall 『건축』 방화벽 ☜ 불(fire)을 막는 벽(wall)
□ **fire**wood [fáiərwùːd] ⓜ **장작**, 땔나무; 《영》 불쏘시개 ☜ 불(fire)을 피우는 나무(wood)
□ **fire**work [fáiərwəːrk] ⓜ (보통 pl.) **불꽃**(놀이), 봉화 ☜ 불(fire)을 피우는 일(work)
□ **fir**ing [fáiəriŋ] ⓜ **발포**, 발사, 사격 ☜ 사격(fire) 하기(ing<명접>)

✚ **fier**y **불의, 불같은** **fier**ce **흉포한, 맹렬한** **fier**cely **사납게** **fier**ceness **사나움**

로펌 Law Firm (여러 전문변호사들이 모여 만든 법률회사)

♣ 어원 : **firm 튼튼한, 강한; 딱딱한; 확고한**
※ **law** [lɔː/로-] ⓜ (the ~) **법률, 법** ☜ 고대 노르드어로 '놓인 것, 정해진 것'
□ **firm** [fəːrm/뻐엄] ⓗ (-<-**er**<-**est**) **굳은**, 단단한, 견고한 ⓑ 단단히, 굳게
[fəːrm] ⓜ 상사(商社), 상회, 회사; 상회 이름 ☜ 라틴어로 '단단하게 하다, 서명으로 확인시켜주다'란 뜻
♠ **firm** wood **단단한** 목재
♠ **firm** friendship **변치 않는** 우정

The Garcia Law Firm

□ **firm**ament [fəːrməmənt] ⓜ 《문어》 하늘, **창공** ☜ 라틴어로 '강화/지지하는(firm) + a + 것(ment<명접>)
□ **firm**ly [fəːrmli] ⓑ **굳게, 단단히**, 견고하게; 단호하게 ☜ firm + ly<부접>
□ **firm**ness [fəːrmnis] ⓜ **견고**; 견실; 확고부동, 강경 ☜ 튼튼(firm) 함(ness<명접>)
□ **firm**ware [fəːrmweər] ⓜ 『컴퓨터』 **펌웨어** 《hardware로 실행되는 software의 기능; 이를테면 ROM에 격납된 마이크로프로그램 등》 ☜ 딱딱한(firm) 제품(ware)

✚ in**firm** 약한; 허약한; 우유부단한 af**firm** **확언[단언]하다** con**firm** **확실히 하다**, 확증(입증)하다

퍼스트 레이디 first lady (대통령 부인, 영부인)

□ **first** [fəːrst/풔스트] ⓗ **첫째의, 최초의** ⓑ **첫째로, 우선; 처음으로** ☜ 가장 맨 앞에. fore의 최상급 ⓑ last 최후의, 최후로
♠ **first of all 무엇보다도 먼저, 첫째로**
♠ **at first 최초에는, 처음에는**
♠ **First come, first served. 선착자 우선. 《속담》 빠른 놈이 장땡**
□ **first** aid 응급(구급)치료 ☜ 최초(first) 도움(aid)
□ **first**-aid kit 구급함 ☜ 최초(first) 도움(aid) 연장통(kit)
□ **first** class **1급; 1등**(기차·배 등의); (우편의) 제1종 ☜ 제1(first) 급(class)
□ **first**-class [fəːrstklǽs, -klɑ́ːs] ⓗ 제1급의, **최고급의**, 최상의; **1등의** (차·배 등의) ☜ 제1(first) 급(class)
□ **first**hand [fəːrsthǽnd] ⓗ **직접의** ⓑ **직접**, 바로 ☜ 첫 번째(first) 손(hand)
□ **first** lady 대통령(주지사) 부인; (각계의) 지도적 입장의 여성 ☜ 제1(first)의 숙녀(lady)
□ **first** name (성에 대하여) 이름(=Christian name, given name) ☜ 첫 번째(first) 이름(name)
□ **first**-rate [fəːrstréit] ⓗ **제1류[급]의**, 최상의 ⓑ 굉장히, 아주 잘 ☜ 제1(first)의 등급(rate)
□ **first**-run [fəːrstrʌ́n] ⓗ 《미》 (영화) 개봉의, 흥행의 ☜ run(달리다, 흐르다; 상영)
□ **first**-stage [fəːrststéidʒ] ⓜ 첫 단계 ☜ stage(단계; 무대)

피스컬 폴리시 fiscal policy (국가의 재정정책)

인플레이션·실업·대외지수 등과 관련되어 발생하는 경제문제들을 재정활동의 수준을 조정하여 해결하려는 정책. 1950년대 말 미국의 경제학자 R.A. 머스그레이브가 그의 저서 <공공재정론>에서 조세의 소득재분배 효과를 통해 국가의 재정정책에 관한 이론을 학문적으로 체계화하였다. <출처 : 두산백과>

♣ **어원 : fisc 국고, 재정, 회계**

- □ **fisc**al — [fískəl] ⓗ **국고의**; 재정(상)의, 회계의 ☜ 재정(fisc) 의(al)
  - ♠ **the fiscal year** 《미》 **회계연도** 비교 《영》 financial year
- □ **fisc**al cliff — 재정절벽 《정부재정지출이 갑자기 줄거나 중단되어 실물경제에 타격을 주는 현상》 ☜ cliff(벼랑, 절벽)
- □ **fisc**al policy — 재정정책 ☜ 재정의(fiscal) 정책(policy)

닥터 피쉬 Doctor Fish (사람의 피부에 달라붙어 각질을 먹는 담수어종)

은백색의 체표에 검은 잔점이 있으며 빨판 형태의 입이 있다. 사람의 피부 각질이나 병소에 달려들어 먹는 경향이 있어 닥터 피쉬라고 불리며, 이를 이용한 스파테라피 등이 성행하기도 한다. 해수어 가운데서도 일부 서전 피쉬(Surgeon fish)를 닥터 피쉬라 부르기도 한다. <출처 : 아쿠아플라넷 여수 / 일부인용>

♣ **어원 : fish 물고기, 물고기를 잡다**

- ※ **doctor** — [dάktər/**닥**터/dɔ́ktər/**독**터] ⓜ **박사**; 의학 박사 《생략: D., Dr.》, **의사** ☜ 가르치는(doct) 사람(or)
- □ **fish** — [fiʃ/퓌쉬] ⓜ (pl. -es) **물고기**, 어류, 생선 ⓓ **낚시질하다** ☜ 고대영어로 '물고기'란 뜻
  - ♠ **go fishing** in the river 강에 **낚시 하러 가다**
- □ **fish**er — [fíʃər] ⓜ **어부** ☜ 고기(fish)를 잡는 사람(er)
- □ **fish**erman — [fíʃərmən] ⓜ (pl. -men) **어부**, 어민, 낚시꾼 ☜ man(남자, 사람)
- □ **fish**ery — [fíʃəri] ⓜ **어업**, 수산업; 어장 ☜ 물고기(fish)를 잡는 업종(ery)
- □ **fish** farm — 양어장 ☜ 물고기(fish) 농장(farm)
- □ **fish**-farming — [fíʃfὰːrmiŋ] ⓜ 양어(법) ☜ fish + farming(양식)
- □ **fish**ing — [fíʃiŋ] ⓜ **낚시질, 어업** ☜ 낚시질 하(fish) 기(ing<명접>)
- □ **fish**ing boat — 낚시대, 어선 ☜ 물고기를 잡는(fishing) 보트(boat)
- □ **fish**ing-line — [fíʃiŋlàin] ⓜ 낚시줄 ☜ 물고기를 잡는(fishing) 줄(line)
- □ **fish**ing rod — (릴 낚시용의) 낚시대 ☜ 물고기를 잡는(fishing) 장대(rod)
- □ **fish**ing worm — (낚시용) 지렁이 ☜ 물고기를 잡는(fishing) 벌레(worm)
- □ **fish**monger — [fíʃmὰŋgər] ⓜ 생선 장수 ☜ fish + monger(상인, 장수)
- □ **fish**pond — [fíʃpὰnd/-pɔ̀nd] ⓜ 양어용 못 ☜ fish + pond(연못)
- □ **fish**y — [fíʃi] ⓗ 물고기의, 물고기 같은 ☜ fish + y<형접>

연상 너의 미션(mission.임무)은 적을 피션(fission.분열)시키는 것이다.

- ※ **miss**ion — [míʃən] ⓜ (사절의) **임무**, 직무; **사절(단); 전도**, 포교 ⓓ 임무를 맡기다, 파견하다 ☜ 라틴어로 '보내(miss) 기(ion<명접>)'란 뜻
- □ **fission** — [fíʃən] ⓜ 분열, 열 개(裂開); 〖물리〗 (원자의) 핵분열 ☜ 라틴어로 '부수기; 나누다'란 뜻
  - ♠ start **nuclear fission 핵분열**을 일으키다

피스팅 Fisting ([축구] 골키퍼가 상대팀의 슈팅볼을 주먹으로 쳐내는 것)

- □ **fist** — [fist] ⓜ (쥔) **주먹**, 철권 ⓓ 주먹으로 치다〔때리다〕 ☜ 고대영어로 '주먹'이란 뜻
- □ **fist**fight — [fístfàit] ⓜ 주먹다짐, 주먹싸움 ☜ 주먹(fist) 싸움(fight)
  - ♠ **the mailed fist 완력, 무력, 폭력**

피트니스 센터 fitness center (트레이닝 설비를 갖춘 헬쓰클럽)

♣ **어원 : fit ~에 알맞다**

- □ **fit** — [fit/쀠트] ⓓ **~에 (알)맞다**, 적합하다 ⓗ **알맞은, 적합한** ⓜ 적합; **발작**, 변덕 ☜ 중세영어로 '상황에 적절한; 대등한 적수'
  - ♠ water **fit** to drink 마시기에 **적합한** 물
  - ♠ **by fits (and starts) 발작적으로, 마음 내키는 대로**
- □ **fit**ful — [fítfəl] ⓗ 발작적인, 변덕스러운 ☜ 발작(fit)이 가득한(ful)
- □ **fit**ness — [fítnis] ⓜ **적당함, 적합**; 양호함, 건강함 ☜ 적합한(fit) 것(ness)
- □ **fit**ting — [fítiŋ] ⓜ (옷의) 입혀 보기; 조립(組立) ⓗ **적당한, 적절한** ☜ 적합한(fit) + t<단모음+단자음+자음반복> + 것(ing)
- □ **fit**ting room — (운동선수들의) 탈의실 ☜ 옷을 갈아입는(fitting) 방(room)
- □ be**fit** — [bifít] ⓓ (-tt-) ~에 적합하다, ~에 걸맞다; ~에 어울리다

☜ ~에 알맞게(fit) 하다(be=make)
※ **center, 《영》 centre** [séntər/**쎈**터] ⓜ **중심**(지); **핵심**; **중앙** ☜ 라틴어로 '원의 중심'이란 뜻

✚ mis**fit** 부적합; (몸에) 맞지 않는 것 un**fit** **부적당한, 부적절한; 부적당[부적절]하다**

하이파이브 High five (기쁨의 표시로 두사람이 손을 들어하는 손뼉 맞장구. 직역하면 <위치가 높은 다섯 손가락>이란 뜻)

♣ **어원 : five, fif 5, 다섯**
※ **high** [hái/**하**이] ⓗ **높은; 고도[고속]의; 비싼** ⓑ **높이, 높게**
ⓜ **높은 것** ☜ 고대영어로 '높은, 키가 큰, 고급스런'이란 뜻
☐ **five** [faiv/**퐈**이브] ⓜ **다섯, 5**; 5개 ⓗ 다섯의, 5의, 5개(명)의; 5살의
☜ 고대영어로 5, 다섯'이란 뜻
♠ Look at **page five**. **5 페이지**를 보라.
☐ **five**-sided [fáivsàidid] ⓗ 5면(체)의 ☜ five + side(측면, 쪽, 면) 의(ed<형접>)

✚ **fif**th **다섯 번째(의), 제5(의)**, 5분의 1(의) **fif**teen **15(의)** **fif**ty 50(의); **50개[인](의)**

(사람이나 물체의) 위치를 픽스(fix.고정)시키다

♣ **어원 : fix 고정하다, 붙이다**
☐ **fix** [fiks/**픽**스] ⓓ **고정시키다; 붙이다; 수리하다** ⓜ **곤경**, 궁지
☜ 라틴어로 '움직일 수 없는, 고정된'이란 뜻
♠ **fix** a shelf to the wall 선반을 벽에 **붙박다.**
♠ **fix on (upon) ~ ~로 결정하다, ~을 택하다**
☐ **fix**ate [fíkseit] ⓓ 고정(정착)하다; 응시하다 ☜ 고정(fix) 하다(ate)
☐ **fix**ation [fikséiʃən] ⓜ 고착, 고정 ☜ 고정한(fix) 것(ation)
☐ **fix**ed [fikst] ⓗ **고정된**, 정착된, 결정된 ☜ 고정(fix) 된(ed)
☐ **fix**edly [fikstli] ⓑ 단호히 ☜ fix + ly<부접>
☐ **fix**ture [fíkstʃər] ⓜ **정착물, 설치물**; (기일이 확정된) 대회 ☜ fix + ture<명접>

✚ pre**fix** **접두사; ~에 접두사를 붙이다** suf**fix** **접미사;** ~에 접미사로서 붙이다

플래그풋볼 flag football (미식축구를 개량한 풋볼)

미식축구의 변형된 형태. 태클은 금지되며, 상대편 공격수의 옷에 달린 플래그(깃발)을 빼앗아 경기를 멈추게 한다. 공은 전방으로만 패스가 가능하다. 원래는 미식축구를 보급시킬 목적으로 시작했는데 현재는 독립된 축구 종목으로 발전했다.

♣ **어원 : flag 깃발**
☐ **flag** [flæg/**플**래그] ⓜ **기**(旗), **깃발** ⓓ **기를 올리다**
☜ 중세영어로 '깃발'이란 뜻
♠ the **national flag** of Korea 한국 **국기**
☐ **flag**man [flǽgmən] ⓜ (pl. **-men**) 신호 기수; (철도의) 신호수
☜ 깃발(flag)을 가진 남자(man)
☐ **flag**pole [flǽgpòul] ⓜ 깃대 ☜ 깃(flag) 대(pole)
☐ **flag**ship [flǽgʃìp] ⓜ 【항해】 기함 《사령관이 타고 지휘하는 배》 ☜ 기(flag)를 단 배(ship)
☐ **flag**staff [flǽgstæ̀f] ⓜ (pl. **-s, -staves**) 깃대 ☜ staff(막대, 지팡이; 참모)
※ **football** [fútbɔ̀ːl/**풋**보올] ⓜ **풋볼** 《미국에서는 **미식 축구**, 영국에서는 **축구** 또는 **럭비**》
☜ 발(foot) 공(ball)

콘플레이크 corn flakes (대중적인 아침식사 대용 시리얼)

19세기 북미에서 중요한 식량이었던 옥수수 등을 조리하여 얇은 조각형태로 만든 식품. 아침식사 대용으로 일반화되어 있으며, 주로 우유와 함께 먹는다. 1894년 미국의 켈로그(Kellogg) 형제가 요양원 환자용으로 채식요법을 보완하기 위해 개발하였으며, 1906년 켈로그사를 설립하였다.

※ **corn** [kɔːrn/코온] ⓜ **낟알**, [집합적] **곡물**, 《미·캐·오》 **옥수수**;
《영》 **밀** ☜ 고대영어로 '낟알'의 뜻
☐ **flake** [fleik] ⓜ **얇은 조각**, 박편; **플레이크** 《낟알을 얇게 깬 식품》
ⓓ **얇은 조각으로 벗겨지다**; (눈이) 펄펄 내리다
☜ 고대영어로 '눈 조각'이란 뜻
♠ **flakes of snow 눈송이**
☐ **flak**y [fléiki] ⓗ (-<-ki**er**<-ki**est**) 박편의; 조각조각의; 벗겨지기 쉬운

☜ 눈 조각(flake) 의(y)

※ **cereal** [síəriəl] 명 (보통 pl.) **곡식** 형 **곡식의** ☜ 풍년의 여신 Ceres의 형용사형

후레쉬 < 플래시 flash ([콩글] 손전등) ➔ <미> flashlight, <영> torch, 플라밍고 flamingo (홍학(紅鶴))

♣ 어원 : fla, flam(e), flar(e), flash 불꽃; 불에 타는 (것)

■ **flash** [flæʃ/플래쉬] 동 **번쩍이다**, 확 발화하다 명 **번쩍임, 번쩍 일어나는 발화**
☜ 스웨덴어로 '밝게 타다'란 뜻

■ **flashlight** [flǽʃlàit] 명 **섬광(등)**; 《미》 회중 전등; 『사진』 **플래시** ☜ light(빛)

□ **flamingo** [fləmíŋgou] 명 (pl. **-(e)s**) **플라밍고**, 홍학(紅鶴) ☜ 불꽃(flam) 색의(ingo)

□ **flame** [fleim/플레임] 명 (종종 pl.) **불꽃**, 화염, 정열 동 **타오르다**; 확 붉어지다
☜ 불에 타는 것(flame)
♠ **be in flames 불타고 있다**

□ **flamenco** [flɑːméŋkou] 명 《Sp.》 **플라멩코** 《스페인의 집시의 춤》; 그 가곡; 스페인계 집시(의 풍속) ☜ (불꽃처럼) '화려한, 멋진'의 뜻

□ **flameout** [fléimàut] 명 (제트 엔진의) 돌연 정지; 좌절 ☜ 불꽃(flame)이 꺼짐(out)

□ **flaming** [fléimiŋ] 형 **불타는 듯한**; 열렬한; 현란한, 과장된 ☜ flame + ing<형접>

■ **flare** [flɛər] 명 **너울거리는 불길; 조명탄** 동 **(불꽃이) 너울거리다, 훨훨 타오르다**, 번쩍이다 ☜ 중세영어로 '머리를 풀어 헤치다'란 뜻. 불꽃같은 모양.

플랜더스의 개 A Dog of Flanders (영국 여류작가 위다의 동화)

영국 여류작가 위다(Ouida; 본명은 매리 루이스 드 라 라메)가 1872년 쓴 아동문학(동화). 벨기에 플랜더스 지방의 조그만 마을에서 할아버지와 함께 사는 소년 넬로와 늙은 개 파트라슈의 아름답고 슬픈 이야기. 인간과 동물사이의 애정을 그린 동화. <출처 : 낯선 문학 가깝게 보기>

□ **Flanders** [flǽndərz/flάːn-] 명 **플랜더스, 플랑드르** 《현재의 벨기에 서부·네덜란드 남서부·프랑스 북부를 포함한 북해에 면한 중세의 국가》 ☜ 네델란드어로 '평지를 방황하다'란 뜻

□ **Fleming** [flémiŋ] 명 Flanders 사람; Flanders 말을 쓰는 벨기에 사람
☜ 고대영어로 '플랜더스(Flanders)의 주민'이란 뜻.

□ **Flemish** [flémiʃ] 형 Flanders (사람·말)의 명 Flanders 말(사람)
☜ 고대 네델란드 북부 프리슬란트어로 'Fleming(Flanders 주민) 의(ish<형접>)'이란 뜻.

※ **dog** [dɔ(ː)g/도(-)그, dɑg] 명 **개**; 수캐; 수컷 ☜ 고대영어로 '개'라는 뜻

플랭크 flank (❶ 쇠고기의 옆구리살 ❷ [축구] 사이드라인쪽)

□ **flank** [flæŋk] 명 **옆구리**; 옆구리 살 《쇠고기 따위의》; 『군사』 대열의 측면 동 측면에 위치하다 ☜ 고대영어로 '옆구리'란 뜻
♠ **attempt a flank attack 측면 돌파**를 시도하다

□ **flanker** [flǽŋkər] 명 측면에 위치한 사람(것); 『미국축구』 **플랭커**
☜ 측면(flank)에 있는 사람(er)

ⓒ Wikipedia

플란넬 flannel (얇은 모직물)

□ **flannel** [flǽnl] 명 **플란넬**; **면**(綿) **플란넬제품; 허풍; 아첨**
☜ 고대 프랑스어로 '굵은 양모'란 뜻.
♠ **a flannel shirt 플란넬 셔츠**
♠ Watch out **your red flannel**. ***너의 붉은 플란넬**을 조심해라.* ➔ 혀를 함부로 놀리지 마라.

□ **flannelly** [flǽnəli] 형 플란넬제의, 플란넬 같은; (발음이) 맑지 않은
☜ flannel + ly(부접)

□ **flannelmouth** [flǽnəlmàuθ] 명 《미》 아첨꾼, 허풍선이 ☜ 아첨(flannel)하는 입(mouth)

플로피디스크 floppy disk ([전산] 외부기억용의 플라스틱제 자기원판)

1990년대에 주로 사용된 외부기억매체. 당시만 하더라도 HDD나 CD-ROM 드라이브를 탑재한 컴퓨터가 드물었으므로 대부분의 데이터를 손바닥 크기의 플로피디스크에 저장하였다. 8인치나 5.25인치 플로피디스크는 흔들면 팔랑거려 이 이름이 붙었다.

♣ 어원 : flop, flap, flip, flut 뜨다; 날개를 퍼덕거리다, 날개를 치다

■ **flop** [flɑp/flɔp] 동 (날개 따위를) **퍼덕거리다**; 툭(털썩) 던지다(주저

앉다), 쿵(쾅) 떨어뜨리다 ⓜ 털썩(털썩) 떨어짐(쓰러짐)
☜ flap(새가 날개를 치다)의 변형. 의성어

■ **flop**py [flάpi/flɔ́pi] ⓗ (-<-pi**er**<-pi**est**) 퍼덕(펄럭)이는; (사람이) 기운 없는 ☜ 날개짓(flop) + p + 하는(y)

□ **flap** [flæp] ⓢ (새가) **날개를 치다**(치며 날다); (기·커튼 등이) 펄럭이다 ⓜ 두드려 치기; 펄럭거림; 축 늘어진 물건; 〖항공〗 **플랩** 《비행기의 보조날개》
☜ 중세영어로 '퍼덕이다, 펄럭이다'란 뜻. 의성어
♠ The bird **flapped away**. 새가 **날개 치며 날아가 버렸다**.

□ **flap**ping [flǽpiŋ] ⓜ 〖항공〗 **플래핑** 《헬리콥터의 관절식 회전 날개의 상하 회전운동》
☜ 날개짓(flap) + p<단모음+단자음+자음반복> + 하기(ing)

□ **flap**per [flǽpər] ⓜ 소녀, 나이 어린 말괄량이; 파리채 ☜ flap + p + er(사람/물건)

□ **flip** [flip] ⓢ (손톱으로) 튀기다, 핵 던지다 ⓜ 손가락으로 튀김, 가벼운 채찍질; 공중제비
☜ 중세영어로 '퍼덕거리다, 찰싹 때리다'란 뜻. 의성어
♠ **flip a coin** (앞뒤를 정하기 위해) **동전을 튀겨 올리다**

□ **flip-flap [flop]** [flípflæ̀p] [-flæ̀p, -flɔ̀p] ⓜ 퍼덕퍼덕(덜컥덜컥) 하는 소리; 공중제비; 〖전자〗 **플립 플롭** 회로 ⓢ 퍼덕퍼덕(덜컥덜컥)하다; 재주넘기하다
☜ '흔들리는 움직임'에 대한 의성어

□ **flip**per [flípər] ⓜ 지느러미 모양의 발, **물갈퀴** 《바다표범·펭귄 따위의》
☜ 파닥파닥(flip) + p<단모음+단자음+자음반복> + 하는 것(er)

□ **flit** [flit] ⓢ (새 등이) 휠쩍 날다, **휠휠 날다** ☜ 초기 인도유럽어로 '흐르다, 나부끼다'란 뜻

□ **flut**ter [flʌ́tər] ⓢ (깃발 따위가) **펄럭이다**; (나비 따위가) 펄펄(훨훨) 날다; **가슴이 두근거리다** ⓜ **펄럭임**, 팔랑거림, 활갯짓
☜ 파닥파닥(flut) + t<단모음+단자음+자음반복> + 하는 것(er)

※ **disc, disk** [disk] ⓜ 평원반 (모양의 것); **디스크, 레코드** ☜ 라틴어로 '고리, 원반'

플라밍고 flamingo (홍학), 후레쉬 < 플래시 flash ([콩글] 손전등) ➔ <미> flashlight, <영> torch

♣ **어원 : fla, flam(e), flar(e), flash 불꽃; 불에 타는 (것)**

■ **flam**ingo [fləmíŋgou] ⓜ (pl. **-(e)s**) **플라밍고**, 홍학(紅鶴)
☜ 불꽃(flam) 색의(ingo)

■ **flame** [fleim/플레임] ⓜ (종종 pl.) **불꽃**, 화염, 정열 ⓢ **타오르다**; 확 붉어지다
☜ 불에 타는 것(flame)

□ **flare** [flɛər] ⓜ **너울거리는 불길; 조명탄** ⓢ **(불꽃이) 너울거리다, 훨훨 타오르다**, 번쩍이다 ☜ 중세영어로 '머리를 풀어 헤치다'란 뜻. 불꽃같은 모양.

□ **flare** bomb 조명탄 ☜ bomb(폭탄)

□ **flar**ing [flɛ́əriŋ] ⓗ 너울너울 타오르는, 번쩍이는 ☜ flare + ing<형접>

□ **flash** [flæʃ/플래쉬] ⓢ **번쩍이다**, 확 발화하다 ⓜ **번쩍임, 번쩍 일어나는 발화**
☜ 스웨덴어로 '밝게 타다'란 뜻
♠ **in a flash 눈 깜짝할 사이에, 순식간에**

□ **flash**back [flǽʃbæ̀k] ⓜ **플래시백** 《과거의 회상장면으로의 전환》
☜ 뒤(back)로 번개처럼 스치다(flash)

□ **flash**light [flǽʃlàit] ⓜ **섬광(등)**; 《미》 회중 전등; **플래시** ☜ light(빛)

□ **flash**y [flǽʃi] ⓗ 번쩍이는 ☜ -y<형접>

※ **torch** [tɔːrtʃ] ⓜ **횃불**; 호롱등; 《영》 손전등; 성화 ☜ 고대프랑스어로 '횃불'

플라스크 flask (화학실험용 유리용기)

□ **flask** [flæsk, flɑːsk] ⓜ **플라스크**, 병; (위스키 등의) 휴대 용기(容器); 탄약통 ☜ 라틴어로 '병'이란 뜻.
♠ **vacuum flask** (보온·보냉용) **진공 병**

플랫 flat ([음악] 반음내림 기호, b)

♣ **어원 : flat 편편한, 평평한, 매끈한, 단조로운, 무미건조한**

□ **flat** [flæt/플랫] ⓗ **평평한**, 납작한; 단조로운; 단호한, 생기없는; 반음 내리는 ⓜ 평면, 《영》 단층연립주택 ⓟ 평평하게; 단호하게 ☜ 초기인도유럽어로 '평평한'이란 뜻
♠ **flat land 평지**

□ **flat**ly [flǽtli] ⓟ **평평하게**; 단조롭게, 활기 없이; **단호히** ☜ flat + ly<부접>

□ **flat**ten [flǽtn] ⓢ **평평하게 하다**, 평평해지다 ☜ flat + t + 하다(en<동접>)

□ **flat** tire 바람 빠진(펑크 난) 타이어 ☜ tire(타이어; 피로)

□ **flat**ter [flǽtər] ⓢ **아첨하다**, 알랑거리다; 우쭐하게 하다

☜ 매끈하게<평평하게(flat) + t<단모음+단자음+자음반복> + 하다(er<동접>)
♠ **flatter oneself 우쭐거리다, 자부하다**

☐ **flat**terer [flǽtərər] 명 **아첨꾼**, 빌붙는〔알랑거리는〕 사람 ☜ flatter + er(사람)
☐ **flat**tering [flǽtəriŋ] 형 빌붙는, **아부[아첨]하는**, 알랑거리는 ☜ flatter + ing<형접>
☐ **flat**tery [flǽtəri] 명 **아첨**, 감언 ☜ flatter + y<명접>

후라보노(껌) Flavono (chewing gum) (롯데제과의 껌 브랜드. <냄새(flavo) 제로(no)>의 뜻으로 추정됨)

♣ **어원 : flavo(r) 냄새; 풍미**

☐ **flavo(u)r** [fléivər] 명 (독특한) **맛, 풍미**, 향미; 조미료, 양념 동 맛을 내다
☜ 고대불어로 '냄새'란 뜻
♠ a strong **flavor** of the Orient 강한 동양풍의 **풍취**

☐ **flavor**ed [fléivərd] 형 맛을 낸, 풍미를 곁들인; ~의 맛이〔풍미가〕 있는
☜ 풍미(flavor)가 있는(ed)

☐ **flavor**ful [fléivərfəl] 형 풍미 있는, 맛이 좋은 ☜ flavor + ful(~가 풍부한)
☐ **flavor**ing [fléivəriŋ] 명 조미, 맛내기; 조미료, 양념 ☜ flavor + ing<명접>
☐ **flavor**less [fléivərlis] 형 풍미〔향기〕없는, 운치 없는 ☜ flavor + less(~가 없는)
☐ **flavor**ous [fléivərəs] 형 맛좋은, 풍미〔멋, 풍취〕 있는, 향기 높은 ☜ -ous<형접>
☐ **flavor**some [fléivərsəm] 형 향기 좋은, 풍미 있는; 풍취〔정취〕 있는 ☜ -some<형접>
☐ **flavor**y [fléivəri] 형 풍미 있는, (특히 차(茶)가) 향기로운 ☜ flavor + y<형접>

플로리스 Flawless (영국 범죄 영화. <흠 없는> 이란 뜻)

2007년 개봉한 영국 범죄/스릴러 영화. 데미무어, 마이클 케인 주연. 다이아몬드 공급회사에서 단 60초 만에 사라져버린 1억 파운드의 다이아몬드를 놓고 벌이는 세기의 사기극. 워킹우먼이 현실에 존재하는 유리천장에 좌절하며 노년의 청소부와 함께 회사의 다이아몬드를 빼돌리는데 있어 관객과 두뇌게임을 펼친다.

© Magnolia Pictures

☐ **flaw** [flɔ:] 명 (성격 등의) 결점, **흠**, 결함; (갈라진) **금**; 약점
☜ 중세영어로 '눈 조각'이란 뜻
♠ a **flawed** gem **흠 있는** 보석

☐ **flaw**less [flɔ́:lis] 형 흠 없는; 완벽〔완전〕한 ☜ 흠(flaw)이 없는(less)

블루 플렉스 blue flax ([섬유] 껍질은 섬유로, 씨는 기름을 짜며 약재로도 쓰이는 청색 아마(亞麻))

♣ **어원 : flax 아마(亞麻)**

※ **blue** [blu:/블루-] 형 **푸른**, 하늘빛의; 새파래진, 창백한; 우울한
☜ 고대 프랑스어로 '창백한', 중세영어로 '하늘색'이란 뜻.

☐ **flax** [flæks] 명 『식물』 **아마**; 아마섬유; 《고어》 아마 천, 리넨
☜ 고대영어로 '아마식물, 아마천'이란 뜻
♠ **God gives no linen, but flax to spin.**
《독일 속담》 신은 아마포를 주시지 않고, 방적할 아마를 주신다.

BLUE FLAX

☐ **flax**en [flǽksən] 형 아마(제)의; 아마 같은; 담황갈색의 ☜ -en<형접>
☐ **flax**seed [flǽkssì:d] 명 아마인(linseed), 아마씨 ☜ 아마(flax) 씨(seed)

플리마켓 flea market (중고품을 파는 만물노천시장. <벼룩시장>이란 뜻)

19세기 말경부터 사용되어왔는데, 벼룩이 들끓을 정도의 고물을 판다는 의미에서 생긴 것으로, 대표적인 것은 파리의 포르트 드 클리냥크르로 매주 토요일~월요일에 열린다. 지금도 노천시장에서 물건을 판다. 파리의 관광명소이다. 유럽의 여러나라와 미국에서도 플리마켓이 운영되고 있다. <출처 : 두산백과 / 일부인용>

☐ **flea** [fli:/플리-] 명 **벼룩** ☜ 고대영어로 '벼룩'이란 뜻
♠ The dog has **fleas**. 그 개는 **벼룩**이 있다.

☐ **flea**bag [flí:bæ̀g] 명 《속어》 침낭(寢囊); 《미.속어》 싼 여인숙; 벼룩 있는 동물 ☜ 벼룩(flea) 가방(bag)

☐ **flea market** (유럽도시의) 노천고물시장 ☜ 벼룩(flea) 시장(market)

프레클 freckle (미색의 꽃잎에 붉은 반점이 있는 서양란)

■ **freck**le [frékl] 명 **주근깨**; 기미 ☜ 고대 노르드어로 '주근깨'라는 뜻.

☐ **fleck** [flek] 명 (피부의) **반점, 주근깨**(=freckle), 기미 ☜ 고대 노르드어로 '반점, 얼룩'이란 뜻
♠ **a fleck of color** on a bird's breast 새의 가슴에 있는 **색 반점**

파울플라이 foul fly ([야구] 파울지역에 뜬 타구)

야구에서 타자가 친 공이 내·외야 파울지역으로 높이 뜬 타구. 내·외야수가 이 타구를 잡으면 타자는 아웃되고, 잡지 못하면 파울볼로 처리된다.

♣ 어원 : fl, fli, fly, flee 날다, 도망치다

※ **foul** [faul] 형 **더러운, 악취가 나는, 지저분한**; 반칙의, 부당한, 파울의 명 반칙; **파울** 동 더럽히다 ☜ 고대영어로 '더럽다, 썩다'의 뜻

■ **fly** [flai/플라이] 동 (-/**flew/flown**) (새·비행기 따위가) **날다,** 날리다, **비행하다; 도망치다** 명 나는 곤충, **파리**; 날기, **비행** ☜ 고대영어로 '나는(fl) 것(y)'이란 뜻

☐ **flee** [fliː] 동 (-/**fled/fled**) **달아나다, 도망치다** ☜ 날다(fly)의 변형
♠ The robber **fled** empty-handed. 강도는 빈손으로 **달아났다**

☐ **flee**r [flíːər] 명 도망자 ☜ 도망가는(flee) 사람(er)

✚ **fl**ight 날기, **비행; 도주** **fl**it **훨훨 날다** **fl**irt **훨훨 움직이다; 바람둥이 여자[남자]**; 훨훨 움직임

F

폴라플리스 Polar fleece (부드러운 소재의 폴리에스터 섬유)

부드러운 소재의 폴리에스터 섬유. 표면의 파일(pile)이 일어나도록 만든 가볍고 따뜻한 직물 또는 편물이다. 구김이 잘 생기지 않고 가볍고 따뜻하지만 흡습성이 낮고, 정전기가 발생하는 단점이 있다. <출처 : 두산백과, 쇼핑용어사전 / 일부인용>

※ **polar** [póulər] 형 **극지의, 남극[북극]의**; 『전기』 음극(양극)을 가진; 자기(磁氣)가 있는; **정반대의** ☜ 라틴어로 '축의 끝'이란 뜻

☐ **fleece** [fliːs] 명 **양털**; 털가죽; (양털모양의) 흰구름 동 털을 깎다 ☜ 고대영어로 '양털'이란 뜻
♠ **the Golden Fleece** 『그.신화』 **황금 양모** 《Jason 이 Argonauts 를 이끌고 원정하여 훔침》

☐ **fleec**y [flíːsi] 형 (-<-ci**er**<-ci**est**) 양털로 덮인; 양털 같은 ☜ -y<형접>

플로팅 아일랜드 Floating Island (한강의 세빛둥둥섬. <뜬 섬>이란 뜻)

♣ 어원 : flot, float, fleet 뜨다

ⓒ sqmegapolis.wikia.com

■ **float**ing [flóutiŋ] 명 **부유**, 부양(浮揚) 형 **떠 있는, 유동하는; 변동하는** ☜ 떠있다(float) + ing<명접/형접>

☐ **fleet** [fliːt] 명 **함대**; 선단 《상선·어선 따위의》 형 **빠른**, 쾌속의 ☜ 고대영어로 '떠있는 배'란 뜻
♠ **a combined fleet 연합 함대**

☐ **fleet**ing [flíːtiŋ] 형 질주하는; 빨리 지나가는, 쏜살같은; **덧없는** ☜ 빨리 지나가(fleet) 는(ing)

※ **island** [áilənd/**아**일런드] 명 **섬; 아일랜드** 《항공모함 우현의 우뚝 솟은 구조물》 ☜ 고대영어로 '섬'이란 뜻. 고립된(is) 땅(land)

플래쉬 앤 본 flesh and bone (발레리나의 삶을 다룬 미국 TV드라마. <살과 뼈>란 뜻)

2015년 11월부터 8부작으로 방송한 미국 케이블TV 스타즈(Starz)의 신작드라마. 실제 발레리나 출신의 사라 헤이 주연. 사랑과 욕망 그리고 배신 등의 소재를 중심으로 젊고 유능하지만 정서적으로 불안하고 자기파괴적인 발레리나의 이야기를 다뤘다. 미국에서는 이 드라마의 인기로 인해 당시 발레인구가 늘었다고 한다.

♣ 어원 : flesh 살, 고기

ⓒ Starz

☐ **flesh** [fleʃ/플레쉬] 명 **살** 《뼈·가죽에 대하여》, 식육; (the ~) 육체(=body) ☜ 고대영어로 '동물의 살이나 고기'란 뜻
♠ **flesh and blood 육체; 혈육, 육친**

☐ **flesh**-eating [fléʃìːtiŋ] 형 육식성의 ☜ 살(flesh)을 먹(eat) 는(ing)

☐ **flesh**less [fléʃlis] 형 살이 없는; 살이 빠진 ☜ 살(flesh)이 없는(less)

☐ **flesh**ly [fléʃli] 형 육체의, 육욕의; 육감적인 ☜ 살(flesh) 의(ly)

☐ **flesh**y [fléʃi] 형 **살[육체]의**; 뚱뚱한 ☜ flesh + y<형접>

※ **and** [ənd/언드, nd/은드, ən/언, n;/으은, (강) ænd/앤드] 접 **~와, 그리고** ☜ 고대영어로 '그래서, 그 다음'이란 뜻

※ **bone** [boun] 명 **뼈** ☜ 고대영어로 '골격을 구성하는 것'이란 뜻

리플렉터 reflector ([카메라 · 촬영] 반사경; [자동차] 후부반사경)
플렉시블 조인트 flexible joint (탄력성이 있는 이음매)

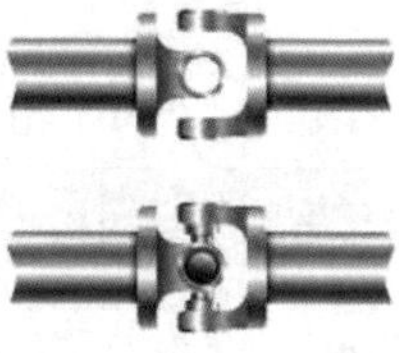
< flexible joint >

♣ **어원 : flect, flex 굽히다, 구부리다**

■ re**flect** [riflékt] [동] **반사[반영]하다**; 반성하다
☜ 다시<반대로(re=back)) 구부리다(flect)

■ re**flect**or [rifléktər] [명] **반사경**, 반사판 ☜ -or(물건<명접>)

□ **flex** [fleks] [동] (근육이 관절을) 구부리다; 굽히다; (근육을) 수축시키다
☜ 중세영어로 '구부리다'란 뜻

□ **flex**ible [fléksəbəl] [형] **구부리기[휘기] 쉬운, 유연한; 유순한; 융통성 있는** ☜ 구부리기(flex) 쉬운(ible)
♠ a man **of flexible nature 융통성이 있는** 사람

□ **flex**ibility [flèksəbíləti] [명] **구부리기[휘기] 쉬움, 유연성; 유순함; 융통성**
☜ 구부리기(flex) 쉬움(ibility)

□ **flect**ion, 《영》 **flex**ion [flékʃən] [명] 굴곡, 굴곡부; (관절의) 굴곡 작용 ☜ -ion<명접>

※ **joint** [dʒɔint] [명] **이음매; 관절**; 『기계』 **조인트** [동] **잇대다** ☜ 붙인(join) 것(t)

플리커 flicker (영상의 깜박임 현상)

영화에서 필름을 스크린에 영사시 발생하는 깜박임 현상. 1초당 24프레임 이상으로 상영해야 화면의 움직임이 자연스러운데 필름의 속도를 이보다 늦추면 플리커가 생긴다. 무성영화시대에는 초당 16프레임을 찍었으므로 플리커를 피할 수 없었다. <출처 : 영화사전>

□ **flick** [flik] [동] **가볍게 휙 치다** [명] (매 · 채찍 따위로) **가볍게 치기**; (손가락 끝으로) 가볍게 튀기기; **휙[탁, 찰싹] 하는 소리** ☜ 의성어
♠ the **flick** of a whip 채찍의 **철썩하는 소리**

□ **flick**er [flíkər] [명] **빛이 깜박임**; (나뭇잎 등의) 살랑거림 [동] (등불 · 희망 등이) **깜박이다**
☜ 깜박임(flick)이 반복적으로 되다(er)

파울플라이 foul fly ([야구] 파울지역에 뜬 타구)

야구에서 타자가 친 공이 내 · 외야 파울지역으로 높이 뜬 타구. 내 · 외야수가 이 타구를 잡으면 타자는 아웃되고, 잡지 못하면 파울볼로 처리된다.

♣ **어원 : fl, fli, fly, flee 날다, 도망치다**

※ **foul** [faul] [형] **더러운, 악취가 나는, 지저분한**; (경기에서) 반칙의, 부당한, **파울**의
[명] 반칙; **파울** [동] 더럽히다 ☜ 고대영어로 '더럽다, 썩다'의 뜻

■ **fly** [flai/플라이] [동] (-/**flew**/**flown**) (새 · 비행기 따위가) **날다,** 날리다, **비행하다; 도망치다** [명] 나는 곤충, **파리**; 날기, **비행** ☜ 고대영어로 '나는(fl) 것(y)'이란 뜻.

□ **fli**er, **fly**er [fláiər] [명] 나는 것《새 · 곤충 등》; 비행사, 비행기; 쾌속정 ☜ fli/fly + er(사람/기계)
♠ a fancy **flier** 곡예 **비행사**

□ **fl**ight [flait] [명] 날기, **비행; 도주** ☜ 날아간(fl) 것(ight)
♠ **make [take] a flight 비행하다, 날다**

□ **flight** attendant (여객기의) 객실승무원 ☜ attendant(수행원, 시중드는 사람)

□ **flight** deck (항공모함의) 비행갑판 ☜ deck(갑판)

□ **flight**-number (정기 항공기의) 비행편명〔번호〕 ☜ flight + number(번호)

□ **flight** simulator (항공기 승무원 훈련용) 모의비행장치 ☜ 비행(flight) 모의훈련(simulate) 기계(or)

✚ **flee 달아나다, 도망치다** **fl**it **훨훨 날다**, 날아다니다 **fl**irt **훨훨 움직이다; 바람둥이 여자[남자]**

플링 fling (스코틀랜드의 아주 빠른 민속춤. <활발한 댄스>란 뜻)

□ **fling** [fliŋ] [동] (-/**fling/flung**) **돌진하다**; (세차게) **내던지다**, 팽개치다
[명] **내던지기**; 팽개치기; (댄스의) 활발한 동작〔스텝〕; 도약
☜ 아이슬란드어로 '빠른 단거리 경주'란 뜻.
♠ **fling out** a ball 공을 **힘껏 던지다.**

□ **fling**er [flíŋər] [명] 던지는 사람; 『야구』 투수; 욕하는 사람
☜ 던지는(fling) 사람(er)

[연상] 프린트(print) 용지에는 플린트(flint.부싯돌)가 그려져 있었다.

※ **print** [print/프륀트] [동] **인쇄하다; 출판〔간행〕하다** [명] **인쇄**; 출판물; **자국**
☜ 라틴어로 '누르다'라는 뜻

☐ **flint** [flint] ⓜ **부싯돌**; 라이터 돌 ☜ 고대영어로 '부싯돌'이란 뜻.
♠ change a **flint** in a lighter 라이터**돌**을 갈다
☐ **flint** corn **플린트콘**, 낟알이 딴딴한 옥수수의 일종 ☜ 단단한(flint) 옥수수(corn)
☐ **flint**y [flínti] ⓗ (-<-ti**er**<-ti**est**) 부싯돌 같은; 매우 단단한; 아주 완고한
☜ 단단(flint) 한(y<형접>)

☐ **flip**(공중제비), **flipper**(물갈퀴), **flit**(훨훨 날다) ➔ **flap**(날개치다) **참조**

플로팅 아일랜드 Floating Island (한강의 세빛둥둥섬. <뜬 섬>이란 뜻)

♣ 어원 : flot, float, fleet 뜨다
☐ **float** [flout/플로우트] ⓢ (물에) **띄우다, 뜨다**; 떠오르다 ⓜ 부유물
☜ 고대영어로 '배, 선단, 바다; 떠있다'의 뜻 반 sink 가라앉다
♠ **float** a boat on the water 보트를 물 위에 **띄우다**
☐ **float**age [flóutidʒ] ⓜ 부유(浮遊), 부양(력), 부력 ☜ 떠있는(float) 것(age)
☐ **float**ation [floutéiʃən] ⓜ 부양, 부력; (회사의) 설립; (공채의) 발행
☜ 떠있는(float) 것(ation<명접>)
☐ **float**ing [flóutiŋ] ⓜ **부유**, 부양(浮揚) ⓗ **떠 있는, 유동하는; 변동하는**
☜ 떠있다(float) + ing<명접/형접>

© sqmegapolis.wikia.com

☐ **float**ing dock 부양식 독 ☜ 떠있는(floating) 부두(dock)
☐ **float**ing island 연못·늪 등의 부유물이 뭉쳐 섬처럼 된 것
☜ 떠있는(floating) 섬(island)
☐ **float**plane [flóutplèin] ⓜ (플로트를 단) 수상(비행)기 ☜ 떠있는(float) 비행기(plane)
■ **fleet** [fliːt] ⓜ **함대**; 선대(船隊) 《상선·어선 따위의》 ⓗ **빠른**, 쾌속의
☜ 고대영어로 '떠있는 배'란 뜻

플록 flock (초대교회에서 신도들을 <양떼>로 지칭)

♣ 어원 : floc(k) 무리, 떼; 한 뭉치
☐ **flock** [flɑk/flɔk] ⓜ **짐승의 떼; 사람의 무리; 한 뭉치의 양털**(머리털) ⓢ 떼짓다, 모이다; (이불 등에) 털(솜) 부스러기를 채우다 ☜ 고대영어로 '사람의 무리, 짐승의 떼'란 뜻.
♠ a **flock** of sea gulls 갈매기 **떼**
♠ **Birds of a feather flock together. 《속담》 유유상종(類類相從)**
☐ **flock**y [flάki/flɔ́ki] ⓗ (-<-ki**er**<-ki**est**) 양모(털뭉치) 같은, 솜 모양의 ☜ -y<형접>
☐ **floc**cule [flάkjuːl/flɔ́k-] ⓜ 한 뭉치의 양모 ☜ 한 뭉치의(floc) 것(cule)

연상 ▸ 프로그(frog.개구리)를 플로그(flog.채찍질하다)하다.

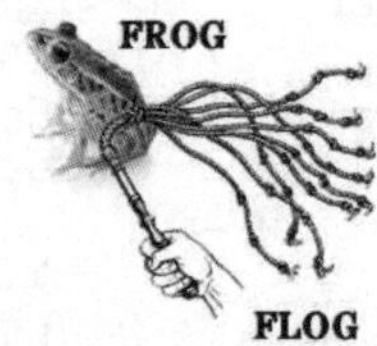

※ **frog** [frɔːg/프로-그, frɑg/frɔg] ⓜ **개구리** ☜ 고대영어로 '개구리'
☐ **flog** [flɑg, flɔ(ː)g] ⓢ 매질하다, 채찍질하다(=whip); 징계(벌)하여 ~을 바로잡다(가르치다); 혹사하다 ☜ 초기 독일어로 '때리다'
♠ **flog** a donkey along 채찍질해서 당나귀를 **가게 하다**

플로차트 flowchart (순서도, 흐름도), 플루 flu (유행성감기)

♣ 어원 : flow, flu(ct), floo, flux 흐르다, 흐름
■ **flow** [flou/플로우] ⓢ **흐르다**, 흘리다 ⓜ **흐름**
☜ 고대영어로 '흐르다'란 뜻.
■ **flow**chart [flóutʃὰːrt] ⓜ 작업 공정도(=flow sheet); 《컴퓨터》 흐름도, 순서도 ☜ 흐름(flow) 도표(chart)
☐ **floo**d [flʌd/플러드] ⓜ (종종 pl.) **홍수**, 범람 ⓢ 범람시키다, **범람하다** ☜ 고대영어로 '(물이) 흘러(floo)넘치는 것(d)'이란 뜻.
♠ **be flooded with ~ ~이 범람하다, 쇄도하다**
☐ **floo**d control 홍수조절, 치수(治水) ☜ control(통제, 관리, 조정)
■ **flu** [fluː] ⓜ 《구어》 **인플루엔자, 유행성 감기, 독감**
☜ in**flu**enza의 줄임말
■ in**flu**enza [ìnfluénzə] ⓜ **인플루엔자, 유행성 감기, 독감**
☜ 몸 안으로(in) 흘러들어간(flu) 것(enza)

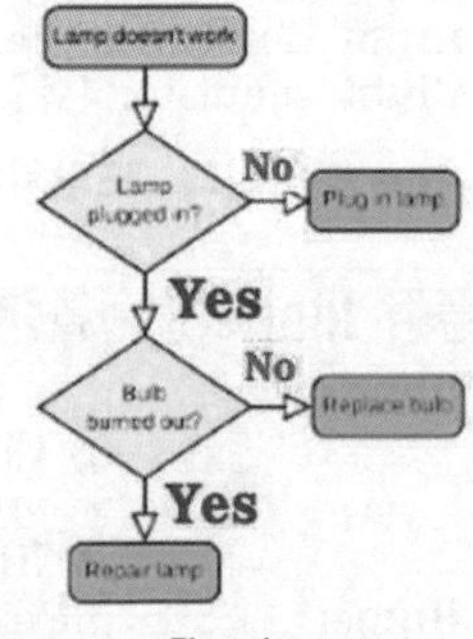

< Flowchart >

플로어 floor ([클럽·무도장] 쇼·춤을 출 수 있도록 만들어 놓은 마루)

☐ **floor** [flɔːr/플로어] ⓜ **마루; 마루바닥**, (방의) 바닥; (건물의)
☜ 고대영어로 '바닥, 지면, 노면'이란 뜻

★《영》ground floor 1층, first floor 2층, second floor 3층
《미》first floor 1층, second floor 2층, third floor 3층
♠ **have 〔get, obtain〕 the floor 발언권을 얻다**

- □ **floor** exercise (체조의) 마루운동 ☜ 마루(floor) 훈련/연습(exercise)
- □ **floor** plan 『건축』 평면도 ☜ 마루(floor) 계획(plan)
- □ **floor** sample 견본 전시품 ☜ 마루(floor) 견본(sample)
- □ **floor** space (건물의) 바닥면적, 건평; 매장 면적 ☜ 마루(floor) 공간(space)
- ■ **ROFL** **r**olling **o**n the **f**loor **l**aughing (너무 우스워 마루바닥에 데굴데굴 구르다)의 줄임말 《이메일·문자 메시지 등에서 사용》

플로리다 Florida (미국 동남부에 있는 주·반도. <꽃의 축제>란 뜻)

♣ **어원 : flo, flower 꽃, 꽃이 피다**

- ■ **flower** [fláuər/플**라**우어] ⓜ **꽃**(=blossom), 화초, 화훼
  ☜ 중세영어로 '꽃'이란 뜻
- □ **Flo**rida [fló(:)ridə, flάr-] ⓜ **플로리다** 《미국 대서양 해안 동남쪽 끝에 있는 주(州); 생략: Fla., Flor., FL》 ☜ 스페인어로 '꽃의 축제/부활절'이란 뜻
- □ **Flo**ra [flɔ́:rə] ⓜ 『로.신화』 **플로라** ,꽃의 여신 ☜ 라틴어로 '꽃, 봄'
- □ **flo**ral [flɔ́:rəl] ⓗ **꽃의**, 꽃 같은; 꽃무늬의 ☜ 꽃(flo) 의(ral)
- □ **Flo**rence [flɔ́(:)rəns, flάr-] ⓜ **플로렌스** 《이탈리아 중부의 도시. 이탈리아어로 피렌체(Firenze)》 ☜ 라틴어로 '꽃이 피는 곳'이란 뜻
- □ **flo**rid [flɔ́(:)rid, flάr-] ⓗ 혈색이 좋은; 화려한, 현란한 ☜ 라틴어로 '꽃 같은'
- □ **flo**ur [flauər/플라우어] ⓜ **가루, 분말**, 밀가루 ⓢ 가루를 뿌리다 ☜ flower(꽃)의 특수용법
  ♠ grind **flour 가루**를 빻다
- □ **flo**urish [flə́:riʃ, flʌ́riʃ] ⓢ 번영〔번성〕하다, **번창하다**
  ☜ 꽃(flo) + ur<어근확장> + 이 되다(ish)
- □ **flo**urishing [flə́:riʃiŋ] ⓗ 무성한, 우거지는; 번영하는; 성대한 ☜ -ing<형접>

플라운더 Flounder ([영화] 인어공주에 나오는 <가자미과 물고기>)

- □ **flounder** [fláundər] ⓜ 가자미과 물고기 ⓢ (흙·진창 속에서) 버둥거리다, **몸부림치다**
  ☜ 고대 스웨덴어로 '넙치'. 초기인도유럽어로 '넓게 펼치다'란 뜻
  ♠ **flounder** in the mud 진창 속에서 **버둥거리다**
- □ **flounder**ingly [fláundəriŋli] ⓟ 허둥대며, 실수를 저지르며 ☜ flounder + ing + ly<부접>

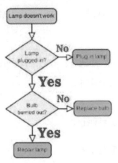

플로차트 flowchart (순서도, 흐름도), 플루 flu (유행성감기)

♣ **어원 : flow, flu(ct), floo, flux 흐르다, 흐름**

- □ **flow** [flou/플로우] ⓢ **흐르다**, 흘리다 ⓜ **흐름**
  ☜ 고대영어로 '흐르다'란 뜻.
  ♠ **flow into** the sea 바다**로 흘러 들어가다**
- □ **flow**chart [flóutʃὰ:rt] ⓜ 작업 공정도(flow sheet); 『컴퓨터』 흐름도, 순서도 ☜ 흐름(flow) 도표(chart)
- □ **flow**ing [flóuiŋ] ⓗ **흐르는; 물 흐르는 듯한**, 유창한 ☜ -ing<형접>
- ■ **floo**d [flʌd/플러드] ⓜ (종종 pl.) **홍수**, 범람 ⓢ 범람시키다, **범람하다** ☜ 흘러넘치는(floo) 것(d)
- ■ **flu** [flu:] ⓜ 《구어》 **인플루엔자, 유행성 감기, 독감**
  ☜ in**flu**enza의 줄임말
- ■ in**flu**enza [ìnfluénzə] ⓜ **인플루엔자, 유행성 감기, 독감**
  ☜ 몸 안으로(in) 흘러들어간(flu) 것(enza)

< Flowchart >

플로리다 Florida (미국 동남부에 있는 주·반도. <꽃의 축제>란 뜻)

♣ **어원 : flo, flower 꽃, 꽃이 피다**

- ■ **Flo**rida [fló(:)ridə, flάr-] ⓜ **플로리다** 《미국 대서양 해안 동남쪽 끝에 있는 주(州); 생략: Fla., Flor., FL》
  ☜ 스페인어로 '꽃의 축제/부활절'이란 뜻

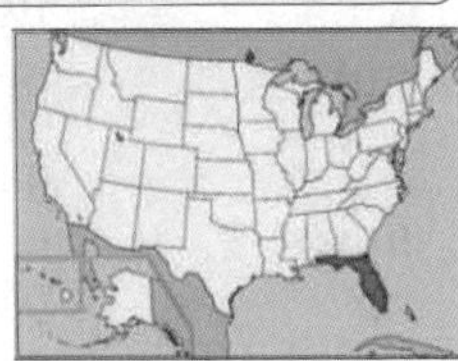

- □ **flower** [fláuər/플**라**우어] ⓜ **꽃**(=blossom), 화초, 화훼
  ☜ 중세영어로 '꽃'이란 뜻 **비교** flour 밀가루, 분말
  ♠ Youth is **the flower** of life. 청춘은 인생의 **꽃**이다
- □ **flower** bed 화단(花壇) ☜ 꽃(flower) 침대(bed)
- □ **flower** garden 꽃밭, 화원(花園) ☜ 꽃(flower) 정원(garden)

☐ **flower** vase 꽃병 ☜ 꽃(flower) 꽃병(vase)
☐ **flower**pot [fláuərpɑ̀t/-pɔ̀t] ⓜ 화분(花盆) ☜ 꽃(flower) 항아리(pot)
☐ **flower**y [fláuəri] ⓗ (-<-ier<-iest) 꽃 같은, 꽃 모양의, **꽃이 많은**; 화려한
☜ 꽃(flower)으로 이루어진(y)

플로차트 flowchart (순서도, 흐름도), 플루 flu (유행성감기)

♣ 어원 : flow, flu(ct), floo, flux 흐르다, 흐름
■ **flow** [flou/플로우] ⓢ **흐르다**, 흘리다 ⓜ **흐름** ☜ 고대영어로 '흐르다'란 뜻.
■ **flow**chart [flóutʃɑ̀:rt] ⓜ 작업 공정도(=flow sheet); 〖컴퓨터〗 흐름도, 순서도
☜ 흐름(flow) 도표(chart)
☐ **flu** [flu:] ⓜ 《구어》 **인플루엔자**, **유행성 감기, 독감** ☜ influenza의 줄임말
♠ **get a flu shot 독감 예방주사를 맞다**
☐ **fluct**uate [flʌ́ktʃuèit] ⓢ 동요하다, 흔들리다; 변동하다 ☜ 흐름(fluct)을 + u + 만들다(ate)
☐ **fluct**uation [flʌ̀ktʃuéiʃən] ⓜ **파동**, 동요; 오르내림, 변동 ☜ -ation<명접>
☐ **flu**ency [flú:ənsi] ⓜ **유창**; 능변 ☜ 물 흐르듯(flu) 함(ency)
☐ **flu**ent [flú:ənt] ⓗ **유창한** ☜ 물 흐르듯(flu) 한(ent<형접>)
♠ She **is fluent in** French. 그녀는 프랑스**어가 유창하다**.
☐ **flu**ently [flú:əntli] ⓑ 유창하게 ☜ fluent + ly<부접>
☐ **flu**id [flú:id] ⓗ **유동성의**, 유동적인 ⓜ **유동체** ☜ 흐르는(flu) 물질(id)
☐ **flu**idity [flu:ídəti] ⓜ 유동성〔율〕; 유체 ☜ fluid + ity<명접>
☐ **flu**sh [flʌʃ/플러쉬] ⓢ (물이) **왈칵[쏟아져] 흐르다**; ☜ 물이 흐르(flu) 다(sh)
(얼굴이) **확 붉어지다** ⓜ (얼굴의) **홍조** ☜ 빛을(flu) 발하다(sh)
♠ **a flush toilet 수세식 화장실**
♠ **He flushed with anger. 그는 화가 나서 얼굴이 빨개졌다.**
☐ **flu**sher [flʌʃər] ⓜ 하수도 청소부; (도로용) 살수차 ☜ flush + er(사람/기계)
☐ **flux** [flʌks] ⓜ (물의) **흐름**(=flowing); (액체·기체 등의) 유동, 유출 ⓢ 흐르다, 녹다
☜ 고대 프랑스어로 '흐름, 구르기'란 뜻
☐ **flux**ion [flʌ́kʃən] ⓜ 유동; 끊임없는 변화, 변전(變轉); 배출 ☜ -ion<명접>

✚ in**flu**enza **인플루엔자, 유행성 감기, 독감** in**flu**ence **영향**(력), 세력; 영향을 끼치다 super**flu**ous **여분의**, 남아도는

플러프 fluff ([미용] 모발끝을 오리 꼬리 모양으로 위로 가지런하게 구부러뜨리는 모양)

☐ **fluff** [flʌf] ⓜ **보풀**; 솜털; 사소한 일; 실수 ⓢ 보풀이 일다; 부풀(게 하)다 ☜ 라틴어로 '술이 많은 머리'란 뜻

F학점의 F는 flunk(낙제) 또는 fail(낙제)의 약자이다.

☐ **flunk** [flʌŋk] ⓜ 《미.구어》 (시험 따위의) **실패, 낙제**(점) ⓢ 실패하다; 낙제점을 받다
☜ **fl**inch + f**unk**의 합성어
♠ I **flunked** math in second grade. 난 2학년 때 수학**을 낙제했다**.
■ **flinch** [flintʃ] ⓢ **주춤[움찔]하다**, 겁을 내다, 꽁무니 빼다 ⓜ 주춤〔움찔〕함, 꽁무니 뺌
☜ 아이스랜드어로 '숨(기)다'란 뜻
■ **funk** [fʌŋk] ⓜ 《구어》 움츠림, 두려움, 겁, 공포, 공황; 겁쟁이 ⓢ 움츠리다, 겁내(어 떨)다
☜ 중세 네델란드어로 '혼란, 동요'란 뜻
■ **fail** [feil/페일] ⓢ **실패[실수]하다**; 실망시키다, (기대를) 저버리다 ⓜ **실패, 낙제**
☜ 고대 프랑스어로 '부족하다, 실수하다, 낙담하다'란 뜻

☐ **flush**(얼굴이 붉어지다), **flusher**(하수도 청소부; 살수차) ➔ **flu**(유행성 감기) **참조**

플루트 > 플룻 flute ([악기] 플루트, 피리)

☐ **flute** [flu:t] ⓜ **플루트**, 저, 피리 ⓢ **플루트**를 불다
☜ 라틴어로 '불다'란 뜻
♠ take lessons on **the flute 플루트**의 교습을 받다
☐ **flute**d [flú:tid] ⓗ 피리〔저〕 소리의; (음이) 맑은; (기둥에) 세로 홈을 새긴, 홈이 있는 ☜ flute + ed<형접>
☐ **flut**ist [flú:tist] ⓜ 《미》 저〔피리〕 부는 사람, **플루트** 주자 ☜ -ist(사람)

□ **flutter**(새가 날개치다) ➔ **flap**(새가 날개치다) **참조**

□ **flux**(흐름) ➔ **flu**(유행성 감기) **참조**

파울플라이 foul fly ([야구] 파울지역에 뜬 타구)

야구에서 타자가 친 공이 내·외야 파울지역으로 높이 뜬 타구. 내·외야수가 이 타구를 잡으면 타자는 아웃되고, 잡지 못하면 파울볼로 처리된다.

♣ **어원 : fl, fli, fly, flee 날다, 도망치다**

※ **foul** [faul] ⓗ **더러운, 악취가 나는, 지저분한**; (경기에서) 반칙의, 부당한, **파울**의 ⓜ 반칙; **파울** ⓓ 더럽히다 ☜ 고대영어로 '더럽다, 썩다'의 뜻

□ **fly** [flai/플라이] ⓓ (-/**flew/flown**) (새·비행기 따위가) **날다,** 날리다, **비행하다; 도망치다** ⓜ 나는 곤충, **파리**; 날기, **비행** ☜ 고대영어 fleoge(날아다니는 곤충)에서.
★ <에프 킬라>의 F는 fly의 곤충을 의미.
♠ **a bird flying about** in the air 하늘을 **날아다니고 있는 새**.

□ **fly**ing [fláiiŋ] ⓗ 비행하는; 비행기의, 항공의 ⓜ 비행; 항공술 ☜ -ing<형접/명접>

□ **fli**er, **fly**er [fláiər] ⓜ 나는 것《새·곤충 등》; 비행사, 비행기; 쾌속정 ☜ fli/fly + er(사람/기계)

□ **fl**ight [flait] ⓜ 날기, **비행; 도주** ☜ 날아간(fl) 것(ight)

□ **fl**it [flit] ⓓ (새 등이) **훨훨 날다**, 날아다니다
☜ 초기 독일어로 '(물이나 공중에) 뜨다'란 뜻. ⇦ 날아서(fl) 가다(it)

□ **fl**irt [fləːrt] ⓓ **훨훨 움직이다**, 펄럭펄럭〔훨훨〕 날다; (남녀가) 시시덕거리다
ⓜ **바람둥이 여자[남자]**; 훨훨 움직임 ☜ 날다(fli) + rt

✚ butter**fly** **나비** dragon**fly** 〖곤충〗 **잠자리** fire**fly** 〖곤충〗 **개똥벌레**

폼 소화기 foam extinguisher (거품 소화기) * 소화기에는 폼/분말/할론/Co2 소화기가 있다

□ **foam** [foum] ⓜ **거품**, 물거품, 게거품; 포말 ⓓ **거품이 일다**
☜ 고대영어로 '거품'이란 뜻
★ bubble이 모여 foam이 됨.
♠ **foam bubbles 물거품을 일으키다**

□ **foam** extinguisher 거품〔포말〕 소화기 ☜ foam + 불을 끄는(extinguish) 것(er)

□ **foam**y [fóumi] ⓗ (-<-mi**er**<-mi**est**) 거품투성이의; 거품이 이는, 거품 같은 ☜ 거품(foam)이 많은(y)

포커스 focus (초점)

♣ **어원 : foc 중심, 초점**

□ **focus** [fóukəs/**뽀**우커스] ⓜ (pl. **-es, foci**) **초점**(맞추기); 〖의학〗 병의 환부 ⓓ **집중하다** ☜ 중심(foc) + us(명접)
♠ **focus on ~ ~에 초점을 맞추다, ~에 집중하다**
focus the camera **on** ~ 카메라 **초점을 ~에 맞추다**

□ **focal** [fóukəl] ⓗ **초점의**, 초점에 있는; 병소의 ☜ 중심(foc) 의(al)

□ **focal**ize [fóukəlàiz] ⓓ 초점에 모으다, 집중시키다 ☜ 초점에(focal) 모으다(ize)

■ bi**foc**al [baifóukəl] ⓗ 이중 초점의; 원시·근시 양용의《안경 따위》 ⓜ 이중 초점 렌즈
☜ 두 개(bi)의 초점(foc) 의(al)

아이에프에프 IFF ([군사] 적군·아군 자동식별장치)

전파나 수중 음파를 이용한 적아식별장치. 전파/음파로 질문신호(質問信號)를 보내면 그 전파/음파를 감지한 아군의 비행기/함정/잠수함 등에서 자동적으로 응답신호를 보냄으로써 아군임을 식별할 수 있게 되어 있다.

■ **IFF** **I**dentification, **F**riend or **F**oe (전파·음파를 이용한) 적아식별장치 © army-technology.com

※ **identific**ation [aidèntəfikéiʃən, i-] ⓜ 신원의 확인; **동일함, 신분증명; 신분증**(略 I.D.)
☜ 같게(ident) + i + 만드는(fic) 것(ation)

※ **friend** [frend/프렌드] ⓜ **벗, 친구; 자기편**, 지지자, 동료 ☜ 초기 독일어로 '애인, 친구'란 뜻

※ **or** [ɔːr/오어, (약) ər] ⓙ **혹은, 또는** ☜ 고대영어로 '또는'이란 뜻

□ **foe** [fou] ⓜ《시어·문어》 **적, 원수**(=enemy) ☜ 고대영어로 '적'이란 뜻
♠ **identify friend or foe 피아를 식별하다**

스모그 smog (매연·연기<smoke>와 안개<fog>의 합성어)

■ **smog** [smɑg, smɔ(ː)g] ⓜ **스모그, 연무**(煙霧)《도시 등의 연기 섞인 안개》

☜ smoke(연기 · 매연) + fog(안개)

※ **smoke** [smouk/스모욱] ⓜ 연기 ⓢ **연기를 내다**, 연기가 나다; **담배를 피우다**
☜ 고대영어로 '연기'란 뜻

□ **fog** [fɔ(:)g, fɑg] ⓜ (짙은) **안개; 농무**(濃霧) ☜ 덴마크어로 '물보라'란 뜻.
비교 fog 짙은 안개, mist 보통 안개, haze 엷은 안개
♠ A **dense fog** rolled over the city. **농무**가 도시를 뒤덮었다.

□ **fog**gy [fɔ́(:)gi, fɑ́gi] ⓗ (-<-gi**er**<-gi**est**) **안개 [연무 · 농무]가 낀**; (안개로) **흐릿한**
☜ 안개(fog) + g<단모음+단자음+자음반복> + 낀(y)

□ **fog** light 〔lamp〕 (자동차의) 안개등, **포그램프** ☜ 안개(fog) 등(light)

호일 foil (매우 얇은 금속박지), 트윈 폴리오 (Twin Folio)

♣ 어원 : **foil, foli** 잎

□ **foil** [fɔil] ⓜ **박**(箔), **호일**, 얇은 금속판〔조각〕; 펜싱검 ⓢ **박을 입히다; 좌절시키다**〔저지하다〕 ☜ 라틴어로 '잎'이란 뜻
♠ **gold foil 금박, aluminium foil 알루미늄 포장지**

□ **foli**age [fóuliidʒ] ⓜ [집합적] **잎**; 잎의 무성함, 군엽(群葉)
☜ 잎(foil)의 상태(age)

□ **foli**o [fóuliòu] ⓜ (pl. **-s**) (전지의) 2절지(二折紙); 2절판(折判) 책
☜ 잎(foil) + o

폴더 folder ([컴퓨터] file을 넣어 보관하는 곳) 폴더폰 folder phone (콩글 접이식 휴대폰) ➔ flip phone

♣ 어원 : **fold 접다, 구부리다, 포개다**

□ **fold** [fould/뽀울드] ⓜ **주름**, 접은 자리 ⓢ **접다**, 구부리다; (양팔에) **안다**, (손 · 팔 · 다리 등을) **끼다, 싸다** ☜ 고대영어로 '(천을) 접다'
♠ **fold** a handkerchief in four 손수건을 넷으로 **접다**
♠ **fold up 반듯이 접다**

□ **fold**er [fóuldər] ⓜ 접는 사람〔것〕; 접지기(摺紙機); 접책(摺冊); (pl.) 접는 안경; 〖컴퓨터〗 **폴더** 《파일을 저장하는 공간》 ☜ 접는(flid) 사람/기구(er)

□ **fold**ing [fóuldiŋ] ⓗ 접는, 접을 수 있는 ☜ 접(fold) 는(ing)

✚ en**fold**, in**fold** 싸다; 안다, 포옹하다; 접다 un**fold** **펴다**; (잎 등이) **열리다**

포크댄스 folk dance (민속무용), 포크송 folk song(민요)

□ **folk** [fouk/뽀우크] ⓜ (pl. **-(s)**) (pl.) **사람들; 가족**, 친척; 《고어》 국민, 민족
☜ 고대영어로 '일반 사람들, 국민, 종족'이란 뜻
♠ a variety of **folk games** 다양한 **민속놀이**

□ **folk** dance **포크댄스**, 민속〔향토〕 무용(곡) ☜ 민속(folk) 댄스/춤/무용(dance)

□ **folk**lore [fóuklɔ̀:r] ⓜ **민간 전승**(傳承), 민속; 민속학 ☜ 민속(folk) 학문(lore)

□ **folk**lorist [fóuklɔ̀:rist] ⓜ 민속학자 ☜ 민속(folk) 학(lore) 자(ist)

□ **folk** song 민요, **포크송** ☜ 민속(folk) 음악(song)

□ **folk** tale 민간설화, 전설 ☜ 민간(folk) 이야기 · 설화(tale)

※ **Volk**swagen [fɔ́:lksvɑ̀:gən] ⓜ 《독》 **폴크스바겐** 《독일의 자동차 회사; 동사제(製)의 대중용 소형차; 생략: VW; 상표명》 ☜ 독일어로 '민족/국민(volks<folks) 4륜차(wagen<wagon)'란 뜻

팔로워 follower (SNS(사회 관계망 서비스)상의 추종자)

□ **follow** [fɑ́lou/빨로우, fɔ́lou] ⓢ **~의 뒤를 잇다; ~다음에 오다; 따라가다, 좇다**
☜ 고대영어로 '따르다, 뒤쫓다'란 뜻
♠ **as follows 다음과 같이**

□ **follow**er [fɑ́louər/fɔ́l-] ⓜ 수행원, 부하, 제자, 종자(從者) ☜ follow + er(사람)

□ **follow**ing [fɑ́louiŋ/fɔ́l-] ⓗ 다음의, 이하의 ⓜ 수행원, 종자(從者) ☜ follow + ing<형접/명접>

□ folly(어리석음) ➔ fool(바보) 참조

퐁당(오)쇼콜라 fondant au chocolat (프랑스의 대표적인 디저트. <초콜릿이 녹아내린 케이크>란 뜻), 폰트 font ([컴퓨터] 글자체)

♣ 어원 : **fond 좋아하다, 녹다**

□ **fond**ant [fɑ́ndənt/fɔ́n-] ⓜ 《F.》 **퐁당** 《입 안에서 스르르 녹는 사탕; 캔디 등의 주재료》

☜ 녹는(fond) 것(ant)

☐ **fond** [fɑnd/퐌드/fɔnd/폰드] ⓗ **좋아하는; 정다운, 다정한**
☜ 중세영어로 '바보 같은, ~을 너무 좋아하는'이란 뜻.
♠ **be fond of ~ ~을 좋아하다**

☐ **fond**le [fάndl/fɔ́n-] ⓢ 귀여워하다, 애무하다(=caress); 장난치다 ☜ 좋아(fond) 하다(le)

☐ **fond**ling [fάndliŋ/fɔ́n-] ⓜ 귀염 받는 사람; 애완동물 ☜ -ing<명접>

☐ **fond**ly [fάndli] ⓟ **다정하게**, 귀여워해서, 애정을 가지고; 어리석게도 ☜ -ly<부접>

☐ **fond**ness [fάndnis] ⓜ **자애**; 귀여워함; 맹목적인 사랑; 기호, 취미 ☜ -ness<명접>

☐ **font, 《영》 fount** [fɑnt/fɔnt], [faunt] ⓜ 『인쇄』 동일형 활자의 한 벌; 『컴퓨터』 글자체, **폰트**
☜ 라틴어로 '(금속을) 녹이다'란 뜻
♠ **Use an italic font. 이탤릭체**로 쓰시오.

푸드트럭 food truck (길거리에서 음식을 만들어 파는 트럭)

☐ **food** [fuːd/푸-드] ⓜ **음식**, 식품, 식량
☜ 중세영어로 '자양물, 음식물, 연료'란 뜻
♠ **food and drink 음식물**

☐ **food** chain 『생태』 먹이사슬, 식품체인점, **푸드체인** ☜ chain(사슬, 연쇄)

☐ **food**stuff [fúdstəf] ⓜ (종종 pl.) 식량, **식료품** ☜ 음식(food) 재료/원료(stuff)

■ **feed** [fiːd] ⓢ (-/**fed**/**fed**) (사람·동물에게) **음식[먹이]를 주다[먹이다]** ☜ food의 동사형

※ **truck** [trʌk/트럭] ⓜ **트럭**, 화물 자동차 ☜ 그리스어로 '바퀴; 달리다'라는 뜻

F

연상 풀(pool.수영장)에서 풀(fool.바보)이 빠져 죽었다

※ **pool** [puːl] ⓜ **웅덩이**, 연못; 수영장 ☜ 중세영어로 '웅덩이 모양'

☐ **fool** [fuːl/푸울] ⓜ **바보**, 어리석은 사람 ⓢ 바보짓을 하다
☜ 라틴어로 '풀무, 허풍쟁이'란 뜻
♠ **April Fool's Day 만우절**(All Fools' Day : 4월 1일)
♠ **make a fool of ~ ~을 놀리다, 조롱하다**

© pennekamplaw.com

☐ **fool**ish [fúːliʃ/**푸**울리쉬] ⓗ 미련한, **어리석은**, 바보 같은 ☜ 바보(fool) 같은(ish)

☐ **fool**ishness [fúːliʃnis] ⓜ 어리석음 ☜ foolish + ness<명접>

☐ **fool**ery [fúːləri] ⓜ 어리석은 짓 ☜ fool + ery<명접>

☐ **fool**hardy [fúːlhὰːrdi] ⓗ 무모한, 무작정한 ☜ fool + hardy(대담한, 튼튼한)

■ **foll**y [fάli/fɔ́li] ⓜ **어리석음, 어리석은 행동〔생각〕** ☜ 어리석은(foll) 것(y)

피트 feet (길이의 단위. 1ft = 30.48cm. <발들>이라는 뜻)

■ **feet** [fiːt/퓌-트] ⓜ **피트**《길이의 단위. ft》, foot(발)의 복수 ☜ 서양인의 '발 길이'에서 유래
♠ **cold feet 『군.속어』 겁, 공포, 달아나려는 자세**
♠ **on one's feet 일어서서; 독립하여; (병후) 기운이 나서**
♠ **stand on one's own feet 독립하다, 자립하다**

☐ **foot** [fut/풑] ⓜ (pl. feet) **발** ☜ 고대영어로 '발'이란 뜻.
♠ **at the foot of ~ ~의 기슭에, (페이지)의 하부에**
♠ **on foot 도보로, 걸어서**
♠ **set foot on ~ ~을 밟다, ~에 가다, ~에 도착하다**

☐ **foot**ball [fútbɔ̀ːl/풑보올] ⓜ **풋볼**, 《미》 **미식 축구**, 《영》 **축구**
또는 럭비 ☜ 발(foot)로 하는 공(ball) 놀이

☐ **foot** brake (자동차의) **밟는 브레이크** ☜ 발(foot) 브레이크(brake)

☐ **foot**hold [fúthòuld] ⓜ **발판**; 근거지 ☜ 발(foot)로 잡는 것(hold)

☐ **foot**ing [fútiŋ] ⓜ **발밑**; 발디딤; 입장; 지위, 신분 ☜ 발(foot)로 밟고 있는 곳(ing)

☐ **foot**light [fútlàit] ⓜ (pl.) **각광**; 무대 ☜ 발<다리(foot)를 비추는 빛(light)

☐ **foot**man [fútmən] ⓜ (정복을 입은) 마부, **하인** ☜ 발(foot) 아래의 남자(man)

☐ **foot**mark [fútmὰːrk] ⓜ **발자국** ☜ 발(foot) 표시(mark)

☐ **foot**note [fútnòut] ⓜ **각주**(脚註) ⓢ ~에 각주를 달다 ☜ 발(foot) 아래에 단 기록(note)

☐ **foot**path [fútpæ̀θ] ⓜ 보도(步道) ☜ 발(foot)로 다니는 작은 길(path)

☐ **foot**print [fútprìnt] ⓜ **발자국**; 타이어자국 ☜ 발(foot) 자국(print)

☐ **foot** race 도보 경주 ☜ 발(foot)로 하는 경주(race)

☐ **foot** soldier 보병(步兵) ☜ 발(foot)로 걷는 군인(soldier)

☐ **foot**step [fútstèp] ⓜ **걸음걸이; 발소리, 발자국** ☜ 발(foot) 걸음(step)
♠ **follow 〔tread, walk〕 in a person's footsteps**
아무의 발자취를 따라가다; 아무의 예를 따르다, 아무의 뜻을 잇다

☐ **foot**stool [fútstùːl] ⓜ 발판 ☜ 발(foot)을 올려놓는 발판/걸상(stool)

☐ **foot**work [fútwərk] ⓜ (선수의) **발놀림**; (유도의) 발기술 ☜ 발(foot) 일(work)

비포 앤 애프터 before and after ([수술 · 다이어트] 전후의 모습)

♣ **어원 : for(e), former 앞으로, 밖으로, 미래로; ~향하여**

■ **before** [bifɔ́ːr/버**포**어] ㊌ **~하기 전에**; ~앞에, ~보다 먼저 ☜ 앞(fore)에 있다(be)

□ **for** [fɔːr/포어, (약) fər] ㊍ **~를 향해; ~를 위해; ~하는 동안**; ~에 대하여; ~ 때문에 ㊎《문어》왜냐하면 ~하니까 ☜ before나 forward 등의 for(e)에 함축된 '앞에서는; 앞을 내다보는; 앞으로 향하는'의 뜻

비교 목적 전치사로 **for**는 '~를 위해'라는 **구체적인 목적**을 의미하고, **after**는 '~을 추구하여, ~을 뒤쫓아'란 **단순 추구**의 의미로 사용된다. **on**은 business, errand, journey 등의 앞에서 제한적으로 사용된다.

♠ **for a long time 오랫동안**
♠ **for a minute 잠시 동안**
♠ **for a moment 잠시 동안**
♠ **for a while 잠시 동안**
♠ **for all ~에도 불구하고**(=in spite of)
♠ **for example 예를 들면**
♠ **for good 영원히**
♠ **for instance 예를 들면**
♠ **for long 오랫동안, 한참동안**(=for a long time)
♠ **for my (own) part 나로서는, 나에게는**
♠ **for one's age 나이에 비해서(는)**
♠ **for oneself 스스로, 혼자 힘으로**
♠ **for one thing 우선, 첫째로**
♠ **for sale 팔려고 내놓은, 판매용인**
♠ **for some time 한동안**
♠ **for sure 틀림없이, 확실히**
♠ **for the first time 처음으로**

before after

※ **and** [ənd/언드, nd/은드, ən/언, n/은; (강) ænd/앤드] ㊎ **~와, 그리고** ☜ 고대영어로 '그래서, 그 다음'이란 뜻

※ **after** [ǽftər/**앺**터/ɑ́ːftər/**앞**-터] ㊌ **뒤에, 후에**(=behind); ~의 다음에(=next to); ~을 찾아 (추구하여), ~을 뒤쫓아 ☜ 고대영어로 '훨씬 뒤에'란 뜻

베어링 bearing (축받이)

♣ **어원 : bear 나르다, 견디다**

■ **bear** [bεər/베어] ㊐ **운반하다, 지탱하다, 견디다; (애를) 낳다** ☜ 고대영어로 '나르다, 견디다'란 뜻

■ **bear**ing [bέəriŋ] ㊒ **태도; 방위각**; 『기계』 축받이, **베어링** ☜ 견디(bear) 는(ing)

□ for**bear** [fɔːrbέər] ㊐ (-/for**bore**/for**borne**) **억제하다**, 삼가다, **참다** ☜ 완전히(for/강조) 견디다(bear) **비교** forebear 조상, 선조

□ for**bear**ance [fɔːrbέərəns] ㊒ 용서, **인내**; 자제, 조심 ☜ -ance<명접>

✚ **born 태어난** un**bear**able **견딜 수 없는**, 참기 어려운

포비든 킹덤 The Forbidden Kingdom (미국 · 홍콩 합작영화. <금단의 왕국>이란 뜻)

2008년 개봉 및 2015년 재개봉한 미국·홍콩의 모험/판타지/액션 영화. 성룡, 이연걸, 마이클 안가라노, 유역비 주연. 쿵푸매니아인 평범한 미국의 고등학생이 여의봉을 가지고 금단의 왕국에 들어가 무도 고수들로부터 무술을 배워 여정을 방해하는 무리를 물리치고 500년 동안 봉인된 마스터를 깨운다는 이야기.

© The Weinstein Company

♣ **어원 : bid 명령하다, 간청하다, 기원하다**

□ for**bid** [fərbíd] ㊐ (-/for**bade**(for**bad**)/for**bidden**(for**bid**)) **금하다**, 허락하지 않다 ☜ 금지(for)를 명하다(bid)

□ for**bid**dance [fərbídns] ㊒ 금지 ☜ 금지(for)를 명령(bid) + d<자음반복> + 함(ance)

□ for**bid**den [fərbídn] ㊓ **금지된**, 금단의 ☜ 금지(for)가 명령(bid)이 + d + 된(en)

♠ **the Forbidden City 금단의 도시**《중국 북경의 자금성(紫禁城)》 ☜ 천제(㉠紫)가 사는 금단(㉣禁)의 성(㉢城)

□ for**bid**ding [fərbídiŋ] ㊓ 싫은; **가까이하기 어려운; 험악한** ☜ 금지(for)를 명령(bid) + d<단모음+단자음+자음반복> + 하는(ing<형접>)

※ **king**dom [kíŋdəm/킹덤] 명 **왕국**; 영역 ☜ 왕(king)의 영토/국가(dom)

포르낙스, 포낙스 Fornax ([로神] 화덕(부엌)의 여신) 푸리에스 Furies ([그神] 뱀머리칼에 날개를 단 세 자매 복수의 여신)

☐ **Forn**ax 〖로.신화〗 명 고대 로마의 빵 굽는 여신; Fornacalia는 그 축제; 〖천문〗 화학로좌(座) (the Furnace) ☜ 라틴어로 '노, 가마'란 뜻

☐ **Furi**es [fjúəriz] 명 (pl.) (the -) 〖그·로.신화〗 복수의 여신들 《Alecto, Megaera, Tisiphone의 세 자매》 ☜ 고대 그리스어로 '복수자들'이란 뜻

☐ **fury** [fjúəri] 명 **격노, 격분** ☜ 고대 프랑스어로 '격노, 격분'이란 뜻

포르테 forte ([음악] 강하게), 그에게서 강한 포스(force)가 느껴진다

♣ **어원 : fort, forc(e) 강화하다, 강요하다, 힘을 북돋아주다**

☐ **fort**e [fɔ́:rti, -tei] 형 《It.》 〖음악〗 **포르테**의, 강음의 부 강하게, 세게《생략: f.》 명 장점, 특기 ☜ 이탈리아어로 '강한'이란 뜻

☐ **force** [fɔ:rs/뽀-스] 명 **힘**, 세력, 에너지; **폭력**(=violence), **무력; 설득력** 동 **억지로 ~을 시키다** ☜ 고대 프랑스어로 '힘'이란 뜻
♠ **by force 힘으로, 강제적으로**
♠ **in force 유효하여, 실시중(에)**

☐ **force**d [fɔ:rst] 형 억지의, 무리한, 강제적인 ☜ force + ed<형접>

☐ **force**ful [fɔ́:rsfəl] 형 힘찬, 강력한 ☜ force + ful(~로 가득한)

☐ **force**fully [fɔ́:rsfəli] 부 힘있게 ☜ forceful + ly<부접>

☐ **forc**ible [fɔ́:rsəbl] 형 강제적인; 힘찬 ☜ force + ible<형접>

☐ **forc**ibly [fɔ́:rsəbli] 부 강제적으로, 강력히 ☜ force + ibly<부접>

☐ **fort** [fɔ:rt] 명 성채, 보루, **요새** ☜ 고대 프랑스어로 '성채, 강한 남자'란 뜻
♠ **bombard a fort 요새**를 포격하다

✚ com**fort** **위로**, 위안, **위로가 되는 것[사람]; 위안하다** ef**fort** **노력**, 수고, 진력(盡力) en**force** **실시[시행, 집행, 강요]하다** rein**force** **보강[강화, 증강]하다** uncom**fort**able **불유쾌한, 언짢은**

연상 미국 자동차 포드(Ford)가 포드(ford.개울)를 건너고 있다.

☐ **Ford** [fɔ:rd] 명 **포드** 《Henry ~, 미국의 자동차 제조업자(1863-1947)》, Ford 회사제(製)의 자동차 ☜ 제조업자 이름에서

☐ **ford** [fɔ:rd] 동 (개울·여울목을) **걸어서 건너다** 명 얕은 여울, **개울** ☜ 고대영어로 '가로지르다'란 뜻
♠ **ford the rapids** 여울을 **건너다** ☜ rapid(여울; 신속한)

비포 앤 애프터 before and after ([수술·다이어트] 전후의 모습)

♣ **어원 : for(e), former 앞으로, 밖으로, 미래로; ~향하여**

■ be**fore** [bifɔ́:r/비**포**어, bəfɔ́:r/버**포**어] 부 **~하기 전에**; ~앞에, ~보다 먼저 ☜ 앞(fore)에 있다(be)

■ **for** [fɔ:r/포어, (약) fər] 전 **~를 향해; ~를 위해; ~하는 동안**; ~에 대하여; ~ 때문에 접 《문어》 왜냐하면 ~하니까 ☜ 고대영어로 '~이전에; 앞으로 향하는; ~을 위하여'란 뜻

☐ **fore** [fɔ:r] 형 **앞의, 전방의**; (시간적으로) 전(前)의 부 앞에, 전방에 ☜ 고대영어로 '~전에, ~앞에, 앞으로 향하는'이란 뜻
♠ **come to the fore 전면에 나타나다, 두각을 나타내다; 지도적 역할을 하다**

before after

☐ **fore**arm [fɔ́:rὰ:rm] 명 팔뚝, 전박(前膊) 동 미리 무장[대비]하다 ☜ fore + arm(팔; 힘, 권력; (pl.) 무기, 병기)

☐ **for(e)**bode [fɔ́rbòud] 동 조짐을 보이다, 예시하다, 예감이 들다 ☜ bode(전조가 되다)

☐ **fore**boding [fɔ:rbóudiŋ] 명 예감, 조짐 형 불길한 ☜ forebode + ing<명접/형접>

☐ **fore**bodingly [fɔ:rbóudiŋli] 부 전조로서; 예감이 들어 ☜ -ly<부접>

☐ **fore**cast [fɔ́:rkæ̀st, -kὰ:st] 명 **예상, 예측** 동 **예상[예측]하다, 예보하다** ☜ 앞으로(fore) 던지다(cast)
♠ **forecast the weather 일기를 예보하다**

☐ **fore**father [fɔ́:rfὰ:ðər] 명 (보통 pl.) **조상**, 선조 ☜ 앞<이전(fore)의 아버지(father)

☐ **fore**finger [fɔ́:rfìŋgər] 명 **집게손가락** ☜ 앞쪽(fore)의 손가락(finger)

☐ **fore**front [fɔ́:rfrʌ̀nt] 명 맨 앞, 최전선; (흥미·여론·활동 등의) 중심 ☜ front(앞, 전방)

☐ **fore**go [fɔ:rgóu] 동 (-/-**went**/-**gone**) 앞에 가다, 선행하다, 앞서다 ☜ 앞서(fore) 가다(go)

☐ **fore**going [fɔ́ːrgòuiŋ] ⓗ (보통 the ~) 앞의, 먼저의, **앞서 말한** ☜ forego + ing<형접>
☐ **fore**ground [fɔ́ːrgràund] ⓜ (그림의) **전경**(前景) ☜ 앞쪽(fore)의 지면/대지(ground)
☐ **fore**head [fɔ́(ː)rid, fάr-, fɔ́ːrhèd] ⓜ **이마**, 앞머리 ☜ 앞쪽(fore) 머리(head)
※ **and** [ənd/언드, nd/은드, ən/언, n/은; (강) ænd/앤드] ⓙ **~와, 그리고**
☜ 고대영어로 '그래서, 그 다음'이란 뜻
※ **after** [ǽftər/**앺**터/άːftər/**앞**-터] ⓑ **뒤에, 후에**(=behind); ~의 다음에(=next to); ~을 찾아〔추구하여〕, ~을 뒤쫓아 ☜ 고대영어로 '훨씬 뒤에'란 뜻

포린폴리시 Foreign Policy (미국의 진보적인 격월간 외교전문지)

♣ **어원 : for(e), former 앞으로, 밖으로, 미래로; ~향하여**
☐ **fore**ign [fɔ́(ː)rin/**뽀**린, fάr-] ⓗ **외국의**; 외국산의; 외래의
☜ 앞쪽<바깥쪽(fore) 의(ign)
♠ **foreign language 외국어**
☐ **fore**igner [fɔ́(ː)rinər, fάr-] ⓜ **외국인** ☜ 외국의(foreign) 사람(er)
☐ **fore**ign policy 외교정책 ☜ policy(정책, 방침)
☐ **fore**know [fɔːrnóu] ⓓ (-/-**knew**/-**known**) 미리 알다, 예지하다
☜ 앞<미래(fore)를 알다(know)
☐ **fore**man [fɔ́ːrmən] ⓜ (pl. -men) (노동자의) **십장**(什長), 현장주임
☜ 앞쪽(fore)에 있는 사람(man)
☐ **fore**mast [fɔ́ːrmæ̀st, -mὰːst] ⓜ 〖항해〗 앞돛대 ☜ fore + mast(돛대)
☐ **fore**most [fɔ́ːrmòust] ⓗ **맨 처음의**〔앞의〕; **으뜸[일류]가는** ⓑ 맨 먼저, 선두에
☜ 가장(most) 앞쪽의(fore)
♠ **take 〔hold〕 the foremost place 1 위를 차지하다**
☐ **fore**noon [fɔ́ːrnùːn] ⓜⓗ **오전**(의) ☜ 정오(noon)의 앞<이전(fore)
☐ **fore**ordain [fɔ̀ːrɔːrdéin] ⓓ ~의 운명을 미리 정하다 ☜ 미리(fore) 운명을 정하다(ordain)
☐ **fore**runner [fɔ́ːrrʌ̀nər] ⓜ **선구자, 선각자**; 전조, 예보 ☜ 앞서(fore) 달린<간(run) + n + 사람(er)
☐ **fore**see [fɔːrsíː] ⓓ (-/-**saw**/-**seen**) **예견하다**, 미리 알다 ☜ 앞<미래(fore)를 보다(see)
☐ **fore**seeable [fɔːrsíːəbl] ⓗ 예지〔예측〕할 수 있는 ☜ foresee + able(~할 수 있는)
☐ **fore**shadow [fɔːrʃǽdou] ⓓ 전조가 되다; 슬쩍 비추다, 예시하다; 징조를 보이다
☜ 미리(fore) 그림자(shadow)가 비치다
☐ **fore**sight [fɔ́ːrsàit] ⓜ **선견(지명); 깊은 생각** ☜ 앞(fore)을 봄/견해(sight)

포에버 영 Forever Young (한국 댄스팝 걸그룹 블랙핑크의 노래. <영원히 젊은>)

♣ **어원 : for(e), former 앞으로, 밖으로, 미래로; ~향하여**
☐ **fore**st [fɔ́(ː)rist/**포**리스트, fάr-] ⓜ **숲, 산림**, 삼림; 임야
☜ 라틴어로 '앞쪽<바깥쪽(fore)의 나무로 덮인 지역(st)'이란 뜻
♠ **live in a forest 숲에 서식하다**
☐ **fore**st fire 산불 ☜ fire(불, 화재)
☐ **fore**stry [fɔ́(ː)ristri, fάr-] ⓜ 임업; 산림 관리(학); 삼림지 ☜ forest + ry(학문)
☐ **fore**stall [fɔːrstɔ́ːl] ⓓ 앞지르다; 앞질러 방해하다; 매점(買占)하다
☜ 앞에서(fore) + stall(오도 가도 못하게 하다; 마굿간; 엔진정지, 실속(失速)
☐ **fore**stallment [fɔːrstɔ́ːlmənt] ⓜ 기선제압, 선수 침, 앞지름; 매점 ☜ -ment<명접>
☐ **fore**tell [fɔːrtél] ⓓ (-/-**told**/-**told**) **예언하다**; **예고하다** ☜ 앞(fore)을 말하다(tell)
♠ **foretell the future 미래를 예언하다**
☐ **fore**thought [fɔ́ːrθɔ̀ːt] ⓜ 사전의 고려 ☜ fore + thought(생각, 사상)
☐ **fore**ver [fərévər/퍼**레**버] ⓑ **영원히**; 끊임없이, 언제나 ⓜ (the ~) 영원, 영겁
☜ for ever의 줄임말. ★ 영국에서는 for ever로 띄어 씀.
♠ I'll love you **forever!** 난 **영원히** 당신을 사랑할 거야!
☐ **fore**warn [fɔːrwɔ́ːrn] ⓓ 미리 경고〔주의〕하다 ☜ fore + warn(경고하다)
☐ **fore**word [fɔ́rwə̀rd] ⓜ 머리말, 서문 ☜ fore + word(말, 낱말, 단어; 격어)
■ de**fore**st [diːfɔ́ːrist, -fάr-/-fɔ́r-] ⓓ 산림을 벌채하다, 수목을 베어내다
☜ 나무(forest)를 제거하다(de=off)
■ af**fore**st [əfɔ́(ː)rist, əfάr-] ⓓ 조림〔식수〕하다
☜ 라틴어로 '숲(forest) 으로(af<ad=to) 전환하다'란 뜻
※ **young** [jʌŋ/영] ⓗ (-<-g**er**<-g**est**) **젊은** ☜ 고대영어로 '젊은, 새로운, 신선한'

팩트 fact (사실)

♣ **어원 : fac, fect, feit 만들다, 행하다**
■ **fact** [fækt/빽트] ⓜ **사실**, 실제(의 일) ☜ 행한(fac) 것(t)
☐ for**feit** [fɔ́rfit] ⓓ **상실하다**; 몰수되다 ⓜ 벌금; **상실, 박탈** ☜ 나쁘게(for) 만들다(feit)

♠ **forfeit** one's property 재산을 **몰수당하다**

□ for**feit**ure [fɔ́:rfətʃər] 명 상실, 실권; 몰수; 벌금, 과료 ☜ forfeit + ure<명접>

✚ counter**feit** 위조(모조)품; 위조(허위)의; **위조하다** sur**feit** **과식**, 과음; 범람, 과잉; 과식(과음)하다 **fact**ory **공장**, 제조소 per**fect** 완전한, **완벽한**, 정확한; **완성하다**

포르낙스, 포낙스 Fornax ([로神] 화덕(부엌)의 여신) 푸리에스 Furies ([그神] 뱀머리칼에 날개를 단 세 자매 복수의 여신)

< FURIES >
© homesecurity.press

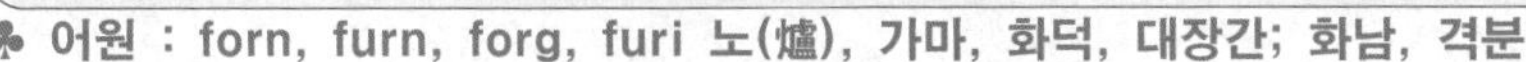

♣ 어원 : forn, furn, forg, furi 노(爐), 가마, 화덕, 대장간; 화남, 격분

□ **Forn**ax 〖로.신화〗 명 고대 로마의 빵 굽는 여신; Fornacalia는 그 축제; 〖천문〗 화학로좌(座) (the Furnace) ☜ 라틴어로 '노, 가마'란 뜻

□ **forg**e [fɔ:rdʒ] 명 **용광로, 제철소; 대장간**(노); 연마하는 곳 동 **쇠를 단조하다; 단련하다; 위조하다** ☜ 고대 프랑스어로 '대장간'
♠ **forge** a sword 검을 **단조하다**
♠ **forge** a document 문서를 **위조하다**
♠ **Valley Forge 밸리포지** 《미국 독립전쟁 당시 워싱턴장군의 미(美) 대륙군이 겨울나기에 성공한 곳 ☜ '골짜기 제련소'란 뜻.

□ **forg**er [fɔ́:rdʒər] 명 **위조자(범)**, 날조자; 대장장이 ☜ forge + er(사람)

□ **forg**ery [fɔ́:rdʒəri] 명 (문서·화폐 따위의) 위조; 위조죄; 위조품(문서) ☜ 위조한(forge) 것(ry)

□ **forg**ing [fɔ́:rdʒiŋ] 명 단조(鍛造)(물); 위조(품) ☜ 제련[위조]한(forge) 것(ing)

□ **Furi**es [fjúəriz] 명 (pl.) (the -) 〖그/로.신화〗 **푸에리스**, 복수의 여신들 《Alecto, Megaera, Tisiphone의 세 자매》 ☜ 고대 그리스어로 '복수자들'이란 뜻

□ **furi**ous [fjúəriəs] 형 **성난**, 격노한, **맹렬한, 사납게 날뛰는** ☜ 화(furi)가 난(ous<형접>)
♠ a **furious** wind **사나운** 바람

□ **fur**nace [fə́:rnis] 명 **노**(爐); **아궁이, 난방로, 용광로**; 혹독한 시련 ☜ 고대 프랑스어로 '솥, 가마'란 뜻
♠ be tried in **the furnace 혹독한 시련**을 겪다.

□ **fury** [fjúəri] 명 **격노, 격분** ☜ 고대 프랑스어로 '격노, 격분'이란 뜻

연상 ▸ 포켓(pocket.주머니)에 두고 온 걸 깜박 포겟(forget.잊다)했다.

※ **pocket** [pάkit/**파**킽, pɔ́ket/**포**켙] 명 **포켓, 호주머니**; 쌈지, 지갑 ☜ 근대영어로 '작은(et) 주머니(pock)'란 뜻

□ **forget** [fərgét/퍼**겥**] 동 (-/for**got**(for**gat**)/for**gotten**(for**got**)) **잊다, 망각하다** ☜ 갖고 싶음(get)을 멀리하다(for=away)
♠ **forgive and forget 용서하고 잊어버리다, 깨끗이 잊다**
♠ **forget oneself (일에) 몰두하다; 제 자신을[분수를] 잊다**

□ **forget**ful [fərgétfəl] 형 **잊기 쉬운**; 건망증이 있는; 게을리 하기 쉬운 ☜ 잊기(forget) 쉬운(ful)

□ **forget**fulness [fərgétfəlnis] 명 **건망증**; 부주의, 태만 ☜ 잊기(forget) 쉬운(ful) 것(ness)

□ **forget**-me-not [fərgétminὰt/-nɔ̀t] 〖식물〗 명 물망초(勿忘草) 《신의·우애의 상징》 ☜ 나를(me) 잊지(forget) 마세요(not)

□ **forget**table [fərgétəbl] 형 잊기 쉬운; 잊어도 좋은 ☜ 잊을(forget) + t + 수 있는(able)

기브 앤 테이크 give-and-take (주고받기)

■ **give** [giv/기브] 동 (-/**gave**/**given**) **주다** ☜ 고대영어로 '하늘이 주다'란 뜻

□ for**give** [fərgív] 동 (-/for**gave**/for**givien**) **용서하다**; 면제(탕감)하다 ☜ 완전히(for) 주다(give)
♠ **Forgive** us our trespasses. 우리의 죄를 **용서하소서**.

□ for**give**ness [fərgívnis] 명 **용서**; 너그러움 ☜ forgive + ness<명접>

□ for**giv**ing [fərgíviŋ] 형 인정 많은, 관대한 ☜ forgive + ing<형접>

■ thanks**giv**ing [θæ̀ŋksgíviŋ] 명 감사하기; (특히) **하느님에 대한 감사**; 감사의 기도 ☜ 감사함(thank)을 + s<복수> + 주는(give) 것(ing<명접>)

※ **and** [ənd/언드, nd/은드, ən/언, n;, (강) ænd/앤드] 접 **~와, 그리고** ☜ 고대영어로 '그래서, 그 다음'이란 뜻

※ **take** [teik/테이크] 동 (-/**took**/**taken**) **받다, 잡다, 취하다; 가지고[데리고] 가다** ☜ 고대 노르드어로 '취하다'란 뜻

□ **forgo**(~없이 지내다; 보류하다, 포기하다) ➔ **go**(가다) **참조**

F

포크 fork (식사용 포크)

♣ 어원 : fork 갈라지다, 분기하다

□ **fork** [fɔːrk] 명 **포크**, 삼지창; **갈퀴**, 쇠스랑 동 분기하다, 포크를 쓰다
☜ 고대영어로 '끝이 갈라진 무기'라는 뜻
♠ **a knife and fork (한 벌의) 나이프와 포크**

□ **fork**ed [fɔːrkt, -id] 형 갈래진, 갈래진 모양의; 지그재그의; 《복합어》 ~갈래의
☜ 갈라(fork) 진(ed<형접>)

□ **fork**lift [fɔ́rklìft] 명 **포크리프트** 《짐을 들어올리는 장치》; 지게차
☜ 갈라져(fork) 들어 올리는 장치(lift)
♠ **forklift truck 지게차**(=fork truck)

원 one (1, 하나), 원룸 one-room (콩글 침실 · 거실 · 주방 · 식당이 하나로 된 방) ➔ a studio (apartment), bedsit

F

♣ 어원 : one 1, 하나 ⇨ lone, lorn 외로운, 쓸쓸한

■ **one** [wʌn/원] 명형 **하나(의); 어느, 어떤**; (특정한) 사람[물건]
☜ 고대영어로 '하나의'라는 뜻

■ **lone** [loun] 형 **외로운, 고독한**; 고립된 ☜ a**lone**의 두음소실

■ a**lone** [əlóun/얼**로**운] 형 홀로, 외로이; **다만 ~뿐** ☜ 모두(all) 합해서 하나(one)

□ for**lorn** [fərlɔ́ːrn] 형 **버림받은; 고독한, 쓸쓸한** ☜ 완전히(for) 외로운(lorn=lone)
♠ a **forlorn** child **버려진** 아이

□ for**lorn**ly [fərlɔ́ːrnli] 부 쓸쓸히, 고독하게, 버림받아 ☜ forlorn + ly<부접>

유니폼 uniform (제복)

♣ 어원 : form 꼴, 모양, 형태; 만들다, 형성하다

■ uni**form** [júːnəfɔ̀ːrm/**유**너포옴] 형 동일한, 동형의 명 **제복, 유니폼**
☜ 한 가지의(uni) 형태(form)

□ **form** [fɔːrm/포옴] 명 **모양**, 형상, 윤곽; (사람의) 모습, 모양
☜ 라틴어로 '모양, 형상'이란 뜻
♠ **take the form of ~ ~의 모양을 취하다; ~로서 나타나다**

□ **form**al [fɔ́ːrməl] 형 **형식[표면]적인; 의례적인** ☜ 형태(form)가 있는<갖춘(al)

□ **form**alism [fɔ́ːrməlìzm] 명 형식주의, 허례 ☜ formal + ism(~주의)

□ **form**ality [fɔːrmǽləti] 명 **형식에 구애됨**; 의례; **정식절차** ☜ formal +ity<명접>

□ **form**ally [fɔ́ːrməli] 부 **정식으로**, 공식으로 ☜ 형식적(formal) 으로(ly)

□ **form**at [fɔ́ːrmæt] 명 형(型), 판형; 『컴퓨터』 **포맷**, 형식 ☜ -at(만든 것)

□ **form**ation [fɔːrméiʃən] 명 **형성**; 구성, 편성; 『군사』 대형(隊形); 편대
☜ 형태(form)를 만드는(at) 것(ion)

□ **form**ative [fɔ́ːrmətiv] 형 **형성하는**, 구성하는 ☜ form + ative<형접>

□ **form**less [fɔ́ːrmlis] 형 일정한 꼴이 없는 ☜ form + less(~이 없는)

□ **form**ula [fɔ́ːrmjələ] 명 (pl. **-s, -e**) **판에 박은 말[문구]**; (일정한) **방식**;
『수학 · 화학』 **공식** ☜ 라틴어로 '작은(ula) 모양(form)'이란 뜻

□ **form**ulate [fɔ́ːrmjəlèit] 동 **공식으로 나타내다, 공식화하다** ☜ formula + ate<동접>

□ **form**ulation [fɔ̀ːrmjuléiʃən] 명 **공식화** ☜ formula + tion<명접>

✚ de**form** **추하게 만들다**, 추해지다 in**form** ~**에게 알리다**, 보고[통지]하다 re**form** **개혁[개정, 개량]하다;** 개혁, 개정, 개량 trans**form** 변형시키다, 바꾸다

비포 앤 애프터 before and after ([수술 · 다이어트] 전후의 모습)

♣ 어원 : for(e), former 앞으로, 밖으로, 미래로; ~향하여

■ be**fore** [bifɔ́ːr/비**포**어, bəfɔ́ːr/버**포**어] 부 **~하기 전에**; ~앞에, ~보다 먼저 ☜ 앞(fore)에 있다(be)

■ **for** [fɔːr/포어, (약) fər] 전 **~를 향해; ~를 위해; ~하는 동안**; ~에 대하여; ~ 때문에 접 《문어》 왜냐하면 ~하니까 ☜ 고대영어로 '~이전에; 앞으로 향하는; ~을 위하여'란 뜻

■ **fore** [fɔːr] 형 **앞의, 전방의**; (시간적으로) 전(前)의 부 앞에, 전방에
☜ 고대영어로 '~전에, ~앞에, 앞으로 향하는'이란 뜻

before after

□ **former** [fɔ́ːrmər/**포**-머] 형 **전의**, 먼저의, 이전의; 전자의
☜ 고대영어로 '최초'란 뜻. 더(er<비교급 접미사>) 앞의(for) + m
♠ a **former** minister **전직** 장관

□ **former**ly [fɔ́ːrmərli] 부 **전에**, 먼저; 이전에(는), 옛날에는 ☜ former + ly<부접>

□ **forth** [fɔːrθ/포-쓰] ㊙ **앞으로; 밖으로**; ~이후 ☜ 앞쪽(fore) 으로(th)
□ **forth**coming [fɔ́ːrθkʌ́miŋ] ㊖ **곧 (닥쳐)올**, 다가오는 ㊔ 출현, 접근
☜ 앞으로(forth) 다가오(come) 는(ing<형접>)
□ **forth**right [fɔ́ːrθràit] ㊙ **똑바로, 앞으로**; 솔직히 ㊖ 똑바른; **솔직한** ☜ 앞쪽(fore)으로 바른(right)
□ **forth**with [fɔ̀ːrθwíθ, -wíð] ㊙ 당장, 곧 ☜ 중세영어로 '즉시'란 뜻.
⇦ 앞<미래(forth) 와(with) 연결된 시점에
□ **for**ward [fɔ́ːrwərd/**뽀**-워드] ㊙ **앞[전방]으로** ㊖ 전방으로의 ㊂ 나아가게 하다
☜ 앞쪽(fore) 으로(ward)
□ **for**ward-looking [fɔ́ːrwərdlùkiŋ] ㊖ 앞으로 향한, 적극적인
☜ 앞으로(forward) 향(look) 하는(ing<형접>)
※ **and** [ənd/언드, nd/은드, ən/언, nː, (강) ænd/앤드] ㊜ **~와, 그리고**
☜ 고대영어로 '그래서, 그 다음'이란 뜻
※ **after** [ǽftər/**앺**터/ɑ́ːftər/**앞**-터] ㊙ **뒤에, 후에**(=behind); ~의 다음에(=next to); ~을 찾아〔추구하여〕, ~을 뒤쫓아 ☜ 고대영어로 '훨씬 뒤에'란 뜻

F

포미더블 Formidable (2차대전시 사용된 영국의 3만톤급 항모)

♣ 어원 : **formid 공포**
□ **formid**able [fɔ́ːrmədəbl] ㊖ **무서운, 가공할만한**
☜ 공포(formid)를 줄 수 있는(able)
♠ a **formidable** danger **가공할** 위험
□ **formid**ably [fɔ́ːrmədəbli] ㊙ 무섭게, 만만치 않게, 굉장히 ☜ -ably<부접>

□ **formula**(판에박은 말; 공식) ➔ **form**(모양, 형상) **참조**

포세이큰 Forsaken (미·캐·프 합작영화. <버림받은 자>란 뜻)

2015년 개봉한 미국·캐나다·프랑스 합작영화. 키퍼 서덜랜드, 도날드 서덜랜드, 브라이언 콕스 주연. 전쟁을 겪고 난 후 더 이상 총을 잡지 않기로 스스로 약속한 주인공은 밭을 개간하며 조용히 살려고 하지만 마을을 집어삼키려는 악의 무리는 그를 가만히 놔두지 않는다. 마침내 그는 다시 권총을 잡고 만다.

♣ 어원 : **sake 포기하다, 저버리다**
□ for**sake** [fərséik] ㊂ (-/-**sook**/-**saken**) **저버리다**, 버리다
☜ 고대영어로 '완전히(for) 포기하다(sake)'란 뜻.
♠ **forsake** the world 속세**를 버리다**
□ for**saken** [fərséikən] ㊖ **버림받은**, 고독한
☜ 완전히(for) 포기하게(sake) 된(en)

© Momentum Pictures

□ **forswear**(그만두다, 부인하다), **forsworn**(위증한) ➔ **swear**(맹세하다) **참조**

포르테 forte ([It.] [음악] 강하게)

♣ 어원 : **fort, forc(e) 강화하다, 강요하다, 힘을 북돋아주다**
■ **fort**e [fɔ́ːrti, -tei] ㊖ 《It.》『음악』 **포르테**의, 강음의 ㊙ 강하게, 세게 《생략: f.》
㊔ 장점, 특기 ☜ 이탈리아어로 '강한'이란 뜻
■ **force** [fɔːrs/뽀-스] ㊔ **힘**, 세력, 에너지; **폭력**(=violence), **무력; 설득력** ㊂ **억지로 ~을 시키다** ☜ 고대 프랑스어로 '힘'이란 뜻
□ **fort** [fɔːrt] ㊔ 성채, 보루, **요새** ☜ 고대 프랑스어로 '성채, 강한 남자'란 뜻
♠ an impregnable **fort** 〔fortress〕 난공불락의 **요새**
□ **fort**ification [fɔ̀ːrtəfikéiʃən] ㊔ **요새화; 축성(술); 강화**
☜ 강하게(fort) + i + 만드는(fic) 것(ation<명접>)
□ **fort**ifier [fɔ́ːrtəfàiər] ㊔ 견고히 하는 사람〔물건〕; 강장제 ☜ fortify<y→i> + er(사람/물건)
□ **fort**ify [fɔ́ːrtəfài] ㊂ **요새화하다**, 강하게 하다 ☜ 강하게(fort) + i + 만들다(fy)
□ **fort**itude [fɔ́ːrtətjùːd] ㊔ **꿋꿋함**, 불굴의 정신, 강한 참을성, 인내
☜ 강한(fort) + i + 태도(tude)
♠ **demonstrate fortitude 불굴의 정신을 보이다**
□ **fort**itudinous [fɔ̀ːrtətjúːdənəs] ㊖ 불굴의 정신이 있는〔을 가진〕 ☜ fortitude + in + ous<형접>
□ **fort**ress [fɔ́ːrtris] ㊔ **요새(지)**; 성채 ☜ 강하게(fort) 충전하다(ress)

✚ com**fort** **위로**, 위안, **위로가 되는 것[사람]; 위안하다** en**force** **실시[시행]하다**, 집행하다; 강요하다 rein**force** **보강[강화, 증강]하다** uncom**fort**able 불유쾌한, **기분이 언짢은**, 거북한

□ **forth**(앞으로) ➔ **former**(전의) **참조**

□ **fortieth**(제40의) ➔ **four**(4) **참조**

포춘 Fortune (미국의 격주 간행 종합경제지)

포춘지(誌)는 1930년 2월 <Time>지(誌)를 창간한 H. R. 루스에 의해 창간되었다. 1978년 월간에서 격주간이 되었으며, 매년 5월 제1주호에서 발표하는 전미(全美) 기업 순위 500은 유명하다. 대형판 · 고급체제와 장문의 철저한 리포트, 박력있는 사진이 이 잡지의 특징이다. <출처 : 두산백과 / 일부인용>

♣ **어원 : fortun 행운 ⇦ for, fer 옮기다(=carry), 가져오다**

□ **fortune** [fɔ́ːrtʃən/**뽀**-천/**뽀**-춘] ⓜ **부**(富), **재산; 운**, 운수; 행운
☜ [로마신화] 포르투나(Fortuna. 운명의 여신)에서
♠ **make a fortune 재산을 만들다, 부자가 되다**

□ **fortune**less [fɔ́ːrtʃənlis] ⓗ 불운한; 재산이 없는, 가난한 ☜ 운(fortune)이 없는(less)

□ **fortune**teller [fɔ́ːrtʃəntèlər] ⓜ 점쟁이 ☜ 운(fortune)을 말하는(tell) 사람(er)

F

□ **fortun**ate [fɔ́ːrtʃənit] ⓗ **운이 좋은**, 행운의 ☜ 운(fortune)이 있는(ate<형접>)

□ **fortun**ately [fɔ́ːrtʃənətli] ⓑ **다행히(도), 운좋게(도)** ☜ fortunate + ly<부접>

□ **fortune** hunter 재산을 노리는 구혼자 ☜ hunter(사냥꾼, ~을 찾아 헤매는 사람)

✚ mis**fortune** **불운**, 불행, 재난 un**fortun**ate **불운한, 불행한** un**fortun**ately **불행하게; 운 나쁘게**

포볼 four ball ([야구] 볼 4개로 타자가 1루로 진출하는 경우) = base on balls

♣ **어원 : fo(u)r 4, 넷**

■ **four** [fɔːr/포어] ⓗ **4의**, 4개의 ⓜ **4; 네 개[명]** ☜ 고대영어로 '4, 네 번'

□ **for**ty [fɔ́ːrti/**포**-리/**포**-티] ⓗ **40의**, 40개[명]의 ⓜ **40, 40개[명]**
☜ 4(four) 십(ty) ★ -ty는 20-90에만 사용됨.
♠ He is almost (close to) **forty** 그는 나이 **사십**을 바라본다.

□ **for**tieth [fɔ́ːrtiiθ] ⓜⓗ **제40(의), 40번째(의)**; 40분의 1(의) ☜ 4(four) 십(ty<tie) 번째(th)

□ **for**tnight [fɔ́ːrtnàit] ⓜ《영》**2주일간** ☜ 고대영어로 'fourteen nights'란 뜻

※ **ball** [bɔːl/보-올] ⓜ **공,** 구(球); 탄알, 포탄 ☜ 중세영어로 '작고 꽉 채워진 구체'

포럼 forum (공개토론회)

Open Forum ASEAN
Phnom Penh, 10 May 2017

□ **forum** [fɔ́ːrəm] ⓜ (pl. **-s,** for**a**)《L.》(때로 the F-) (고대 로마의) **공회**(公會)**용의 광장**, **포럼**; 재판소, **법정**; 공개토론회
☜ 라틴어로 '공개장소, 광장'이란 뜻
♠ An annual **public forum** was held in the community center.
연례 **공개토론회**가 시민문화회관에서 열렸다.

※ **agora** [ǽgərə] ⓜ (pl. **agorae, -s**)《그》정치집회; 집회장, 시장, 광장
☜ 그리스어로 '시장'이란 뜻

□ **forward**(앞으로, 전방으로) ➔ **former**(전의) **참조**

연상 파스(plaster)를 파슬(fossil.화석)에 붙였다.

우리말의 파스는 독일어 Pasta에서 유래했지만 영어로 pasta는 이탈리아의 대표요리 파스타를 말한다. 우리말의 파스를 영어로 하면 붙이는 파스는 plaster; pain relief patch; medicated patch라고 하고, 바르는 파스는 pain relief medication [cream, gel]; anti-inflammatory medication [cream, gel] 등으로 칭한다.

□ **fossil** [fάsl/fɔ́sl] ⓜ **화석** ⓗ **화석의** ☜ 땅에서 파낸(foss) 것(il)
♠ **fossils** over two million years old
2백만 년도 더 된 **화석**

PLASTER
FOSSIL

□ **fossil** fuel 화석연료《석유 · 석탄 · 천연가스 등》
☜ 화석(fossil) 연료(fuel)

□ **fossil**ize [fάsəlàiz/fɔ́s-] ⓢ 화석화하다, 화석이 되다 ☜ 화석(fossil) 화(化)하다(ize)

□ **fossil**ization [fὰsələlizéiʃən/fɔ̀səlai-] ⓜ 화석화(작용) ☜ 화석(fossil) 화(化)하(ize) 기(ation<명접>)

연상 미국의 작곡가 포스터(Foster)가 수양자식을 포스터(foster.기르다)했다(?)

□ **Foster** [fɔ́(ː)stər, fάs-] ⓜ **포스터**《Stephen Collins ~, 미국의 작곡가; 1826-64》

□ **foster** [fɔ́(ː)stər, fάs-] ⓢ (양자 등으로) **기르다**, 양육하다 ⓗ **애정을 주는[받는]**
☜ 고대영어로 '음식, 양식'이란 뜻
♠ **foster** parents **양**부모, **수양**부모

□ **foster**age [fɔ́(ː)stəridʒ, fάs-] ⓜ 양육; 육성 ☜ 기르는(foster) 것(age)

□ **foster**er [fɔ́(:)stərər] 명 수양 어버이; 양육자 ☜ 기르는(foster) 사람(er)

파울플라이 foul fly ([야구] 파울지역에 뜬 타구)

야구에서 타자가 친 공이 내·외야 파울지역으로 높이 뜬 타구. 내·외야수가 이 타구를 잡으면 타자는 아웃되고, 잡지 못하면 파울볼로 처리된다.

♣ 어원 : fl, fli, fly, flee 날다, 도망치다

□ **foul** [faul] 형 **더러운, 악취가 나는, 지저분한**; 반칙의, 부당한, 파울의 명 반칙; **파울** 동 더럽히다 ☜ 고대영어로 '더럽다, 썩다'의 뜻
♠ play a **foul** game **반칙** 게임을 하다

□ **foul** ball 〖야구〗 **파울볼** ☜ ball(공, 볼, 구체)

□ **foul** play 〖스포츠〗 **파울플레이** ☜ play(경기; 놀다, 경기하다, 연주하다)

□ **foul** smell 악취 ☜ smell(냄새, 향기; 냄새가 나다, 냄새를 맡다)

□ **foul** weather 사나운 날씨, 악천후 ☜ weather(일기, 기후, 날씨, 기상)

※ **fly** [flai/플라이] 동 (-/**flew**/**flown**) (새·비행기 따위가) **날다,** 날리다, **비행하다; 도망치다** 명 나는 곤충, **파리**; 날기, **비행** ☜ 나는(fl) 것(y)

F

뷰파인더 viewfinder ([카메라] 피사체를 확인하는 창)

♣ 어원 : find 발견하다, 찾다

■ view**find**er 명 〖사진〗 **파인더** 《피사체를 확인하는 창》
☜ 전망<피사체(view)을 찾는(find) 것(er)

□ **find** [faind/빠인드] 동 (-/**found**/**found**) **발견하다, 찾아내다**; 우연히 발견하다 ☜ 고대영어로 '발견하다, 찾다'란 뜻
♠ Look what I've **found** ! 내가 뭘 **찾았**는지 한번 봐!

□ **find**ing [fáindiŋ] 명 (종종 pl.) **발견(물); 조사결과** ☜ 찾는(find) 것(ing)

□ **found** [faund/빠운드] 형 **(설비를) 갖춘, 지식교양이 있는; 숙식제공의**
☜ find의 과거분사 ➔ <형용사>
♠ The amenities of a golf **are well found** here.
이곳엔 골프 설비가 **잘 갖추어져 있다**.
♠ Wages $2,500 a month and **all found**.
한 달 2,500 달러의 급료 외에 **의식(衣食) 일체를 지급**.

■ fact-**find**ing 진상조사(의) ☜ 사실(fact)을 찾는(find) 것(ing)

파운데이션 foundation (기초화장품)

♣ 어원 : found 쏟다, 붓다; 바닥, 기초

□ **found** [faund] 동 **~의 기초를 두다[세우다]**; ~의 근거를 두다; **설립하다** ☜ 고대 프랑스어로 '기초를 세우다, 확립하다'란 뜻
♠ **found** a story on facts 사실에 이야기**의 근거를 두다**.
♠ **found** a company 회사를 **설립하다**

□ **found**ation [faundéiʃən/빠운**데**이션] 명 **창설**, 설립; 근거, 기초, 토대; 기초화장품
☜ 기초(found)를 만드는(at) 것(ion)

□ **found**ation cream 기초화장 크림 ☜ cream(크림, 크림 과자, 화장품 크림)
♠ **lay** 〔build up〕 **the foundation for** 〔of〕 ~ **~의 기초를 만들다**

□ **found**er [fáundər] 명 **창설[설립]자** ☜ 기초(found)를 (만드는) 사람(er)

✚ con**found 혼동하다, 당황[난처]하게 하다**, 좌절시키다 dumb**found** 깜짝 놀라게 하다; 아연하게 하다 pro**found 깊은**, 심오한, 난해한, (학식이) 깊은; 깊은 곳; 심해

퐁텐블로 궁전 Fontainebleau Palace (프랑스 파리 남쪽 교외에 있는 궁전)

프랑스 파리 남쪽 교외에 있는 궁전으로 '아름다운 물이 있는 샘(Fountain belle eau)'이라는 뜻이다. 12세기부터 왕실의 사냥터였으며, 16세기 프랑수아 1세가 이곳에 퐁텐블로궁을 세우고, 프랑스의 르네상스를 꽃피웠다. 유네스코가 지정한 세계문화유산이다.

□ **fountain** [fáuntin] 명 **분수**; 《고어·시어》 샘 동 분출하다 ☜ 라틴어로 '샘'
♠ **a fountain of wisdom 지혜의 원천**
♠ **The fountain** is inside the building. **분수**가 건물 안에 있다.

□ **fountain** head 원천(源泉), 수원(水源) ☜ head(머리, 두뇌; 꼭대기, 근원)

□ **fountain** pen **만년필** ☜ (한번 잉크를 충전하면) '만년을 쓸 수 있다'는 의미

※ **pala**ce [pǽlis/**팰**리스, -əs] 명 **궁전**, 왕궁, 궁궐; 대저택; 호화판 건물 형 궁전의
☜ 로마 황제가 최초의 궁전을 세운 팔라틴 언덕(Palatine Hill)에서

포볼 four ball ([야구] 볼 4개로 타자가 1루로 진출하는 경우) = base on balls

♣ 어원 : fo(u)r 4, 넷

☐ **four** [fɔːr/포어] ⓗ **4의**, 4개의 ⓜ **4; 네 개[명]** ☜ 고대영어로 '4, 네 번' 이란 뜻
♠ **on all fours 네 발로 기어; ~와 꼭 일치하여**

☐ **four**-leaf(ed) clover **네잎 클로버** 《발견한 사람에게는 행운이 온다는》
☜ 네 개(four)의 잎이(leaf) 있는(ed) 클로버(clover)

☐ **four**-legged [fɔ́ːrlégid] ⓗ 네 다리의 ☜ 네(four) 다리(leg) + g<자음반복> + 의(ed)

☐ **four**th [fɔːrθ/포-쓰] ⓗ **제4의**; 네(번)째의; 4분의 1의 ⓜ **제4; 네(번)째**; 4분의 1
☜ 4(four) 번째(th)

☐ **four**teen [fɔ́ːrtíːn/**포-틴**] ⓗ **14의** ⓜ **14; 14개[명]**
☜ 10(teen) + 4(four) ★ -teen은 13-19에만 사용됨.

☐ **four**teenth [fɔ́ːrtíːnθ] ⓗ **제14의**; 14분의 1의 ⓜ **제14, 14(번)째**; 14분의 1
☜ 10(teen) + 4(four) 번째(th)

☐ **four**score [fɔ́ːrskɔ́ːr] ⓗ 《고어·문어》 80의(=eighty) ⓜ 80, 80개; 80살
☜ 4개(four)의 20(score). * score(득점; 20; 셈)

☐ **four**penny [fɔ́ːrpèni/-pəni] ⓗ 4펜스의 ⓜ 4펜스짜리 ☜ penny(페니, 1페니의 청동화)

forty [fɔ́ːrti/**포-리/포-티**] ⓗ **40의**, 40개(명)의 ⓜ **40, 40개[명]**
☜ 4(four) 십(ty) ★ -ty는 20-90에만 사용됨.

※ **ball** [bɔːl/보-올] ⓜ **공**, 구(球); 탄알, 포탄 ☜ 중세영어로 '작고 꽉 채워진 구체'란 뜻

연상 파울(foul.반칙)하면 파울(fowl.집 날짐승)이 쫓아온다.

♣ 어원 : fowl 들새, 날짐승

※ **foul** [faul] ⓜ **파울, 반칙** ⓗ **더러운, 불결한; 냄새 나는** ⓢ **더럽히다**, 더러워하다 ☜ 고대영어로 '더럽다, 썩다'의 뜻

☐ **fowl** [faul] ⓜ (pl. **-s**, [집합적] **-**) **가금**(닭·거위·칠면조 등); 《고어·시어》 **새**, 닭 ☜ 고대영어로 '새, 깃털이 있는 척추동물'
♠ **domestic fowls 가금**

☐ **fowl**er [fáulər] ⓜ 들새 사냥꾼 ☜ 들새(fowl)를 (잡는) 사람(er)

☐ **fowl**ing [fáuliŋ] ⓜ 들새잡이, 새사냥 ☜ 들새(fowl) (잡는) 것(ing<명접>)

☐ **fowl**-run [fáulrʌ̀n] ⓜ 《영》 양계장 (《미》 chicken yard) ☜ run(사육장)

폭스테리어 fox terrier (영국산 애완견. 원래 <여우사냥개> 였음)

☐ **fox** [fɑks/팍스/fɔks/폭스] ⓜ (pl. **-es**, [집합적] **-**) **여우**, 교활한 사람 ☜ 고대영어로 '여우'란 뜻
♠ **crazy like (as) a fox 《미.속어》 여우처럼 교활한, 빈틈없는**

☐ **Fox**bat [fɑ́ksbæ̀t/fɔ́ks-] ⓜ **폭스배트**, MIG-25 전투기의 NATO 호칭
☜ '큰 박쥐'라는 뜻

☐ **fox**hound [fɑ́kshàund/fɔ́ks-] ⓜ **폭스하운드,** 여우 사냥개
☜ 여우(fox) 사냥개(hound)

☐ **fox** hunt(ing) (개를 이용한) 여우사냥 ☜ 여우(fox) 사냥(hunt)

☐ **fox**-trot [fɑ́kstrɑ̀t/-trɔt] ⓜ **폭스트롯** 《짧고 빠르며 활발한 스텝》, 그 무곡 ⓢ **폭스트롯**을 추다 ☜ 여우(fox)의 빠른 스텝(trot)

☐ **fox**y [fɑ́ksi/fɔ́ksi] ⓗ (-<-xi**er**<-xi**est**) 여우같은; 교활한 ☜ fox + y<형접>

※ **terrier** [tériər] ⓜ **테리어**개, 사냥개(애완견) ☜ 고대 프랑스어로 '사냥개'란 뜻

앤티프래절 antifragile (<스트레스에 더 강해지는 특성>을 뜻하는 신조어)

'충격을 받으면 깨지기 쉬운'이라는 뜻의 fragile에 '반대'라는 의미의 접두어 anti를 붙여 만든 신조어. <블랙스완>의 작가, 나심 탈레브가 2012년 내놓은 책의 제목이다. 탈레브는 그리스 신화의 머리가 여럿달린 뱀 히드라의 머리 하나를 자르면 그 자리에 머리 두 개가 나오면서 더 강해지는 것처럼 기업이 어려운 상황에 처했을 때 살아남는게 아니라 더욱 강해져야 한다는 논리를 담고 있다. <출처 : 시사상식사전>

♣ 어원 : frag, frac, frail, frang, fring, frit **깨지다, 깨다**

※ **anti-** [ǽnti, -tai] ⓟ '반대, 적대, 대항, 배척' 따위의 뜻

☐ **frac**tion [frǽkʃən] ⓜ **파편**, 단편; 〖수학〗 **분수** ☜ 부서진(frac) 것(tion)
♠ a proper (an improper) **fraction** 진(가)**분수**
♠ **in a fraction of a second 곧, 즉시로**

☐ **frac**tional [frǽkʃənəl] ⓗ 단편의; 극히 작은; 〖수학〗 분수의 ☜ -al<형접>

☐ **frac**ture [frǽktʃər] 명 **부서짐, 깨짐, 부러짐**; 분열 ☜ -ture<명접>

☐ **frag**ile [frǽdʒəl/-dʒail] 형 **부서지기[깨지기] 쉬운; 무른, 허약한** ☜ 깨지기(frag) 쉬운(ile)

♠ **fragile china** 〔glass, bones〕 **깨지기 쉬운 도자기** 〔유리, 부러지기 쉬운 뼈〕

☐ **frag**ment [frǽgmənt] 명 **파편, 부서진 조각** ☜ 부서진(frag) 것(ment)

☐ **frag**mentary [frǽgməntèri/-təri] 형 **파편의**; 단편적(斷片的)인 ☜ 부서진(frag) 것(ment) 의(ary<형접>)

☐ **frag**rance, -rancy [fréigrəns, -si] 명 **향기, 방향**(芳香) ☜ 깨진<흩어진(frag) + r + 것(ance<명접>)

☐ **frag**rant [fréigrənt] 형 **향기로운**, 방향성의; 유쾌한 ☜ -ant<형접>

☐ **frail** [freil] 형 **무른**, 여린, 허약한 ☜ 고대 프랑스어로 '약한'이란 뜻

☐ **frail**ty [fréilti] 명 **여림, 무름; 약함**; 약점, 단점 ☜ 깨진(frail) 것(ty)

♠ **Frailty, thy name is woman.** **약한 자여, 그대 이름은 여자로다** (세익스피어의 '햄릿' 중에서)

☐ **frail**ly [freili] 부 덧없이; 약하게 ☜ frail + ly<부접>

☐ **frang**ible [frǽndʒəbəl] 형 부서지기〔깨지기〕 쉬운, 약한 ☜ 깨지기(frang) 쉬운(ible)

☐ **frit**ter [frítər] 동 (시간・정력 등을) 조금씩 허비하다, 찔끔찔끔 낭비하다; 잘게 자르다〔찢다〕, 산산 조각내다 명 가는 조각, 단편; 튀김 ☜ 고대 프랑스어로 '깨뜨림, 파괴, 절단'

♠ **fritter money away 돈을 허비하다**

© Random House

F

✚ in**fring**e (법규를) **어기다, 위반하다** re**frac**tory 말을 안 듣는, 다루기 어려운, 고집 센

프레임 frame (테두리, 틀, 뼈대)

☐ **frame** [freim/프뤠임] 명 (건조물의) **뼈대, 구조; 창틀, 테두리, 사진틀** 동 **틀을 잡다, 틀에 끼우다** ☜ 13세기 중엽 북유럽어로 '계획에 따라 조성된 구조'; 중세영어로 '재목을 준비하다'란 뜻

♠ **frame** a picture 그림을 사진**틀에 끼우다**

☐ **frame**work [fréimwəːrk] 명 **틀구조, 뼈대**, 골격 ☜ 틀(frame) + 일/작품/구조(work)

프랑스 France (유럽 서부 대서양 연안에 위치한 공화국)

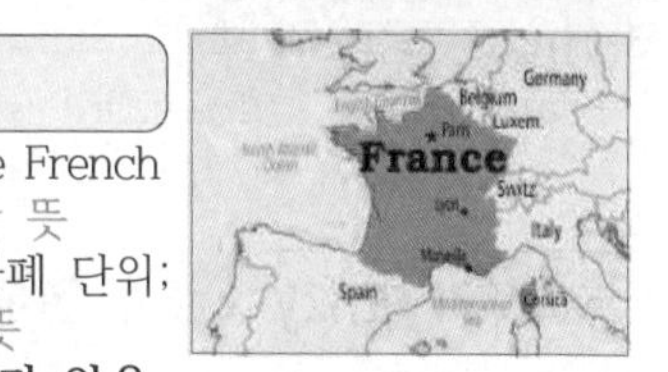

☐ **France** [fræns/프랜스/frɑːns/프란-스] 명 **프랑스** 《공식명칭은 the French Republic; 수도 파리(Paris)》 ☜ 프랑크족(Franks)이란 뜻

☐ **franc** [fræŋk] 명 **프랑** 《프랑스・벨기에・스위스 등지의 화폐 단위; 기호 Fr, F》; 1 **프랑** 화폐 ☜ '프랑크족 의 왕'이란 뜻

★ 1999년부터 유로화가 유통되면서 현재는 사용되지 않음.

☐ **Franco-** [frǽŋkou, -kə] '**프랑스**'란 뜻의 결합사

♠ **Franco-American 프랑스계**(특히 프랑스 캐나다계) 미국인(의)

☐ **frank** [fræŋk] 형 **솔직한**; 명백한 ☜ Frank족이 갈리아 지방에서 자유민이었던 데서

☐ **frank**ly [frǽŋkli] 부 **솔직히**, 숨김없이, 터놓고 ☜ frank + ly<부접>

♠ **frankly speaking 솔직히 말하면**

☐ **frank**ness [frǽŋknis] 명 **솔직함**, 터놓음 ☜ frank + ness<명접>

☐ **Frank** [fræŋk] 명 **프랑크** 사람 《Gaul 사람을 정복하여 프랑스 왕국을 세운》; 《시어》 **프랑스** 사람 ☜ 3세기 무렵 라인강 아래에 자리잡은 게르만족의 일파

☐ **Frank**ish [frǽŋkiʃ] 형 **프랑크**족의; 서유럽인의 명 **프랑크** 말 ☜ -ish(~의/~말)

☐ **French** [frentʃ/프렌취] 형 **프랑스의; 프랑스인[어・풍]의** 명 **프랑스어[사람, 국민]** ☜ 고대영어로 '프랑스의'란 뜻

♠ **French kiss 프렌치키스**, 입속에 혀를 넣는 키스(=deep kiss)

☐ **French**man [fréntʃmən] 명 (pl. **-men**) **프랑스인**, 프랑스 남자 ☜ man(남자, 사람)

☐ **French**woman [fréntʃwùmən] 명 (pl. **-women**) 프랑스 여자 ☜ woman(여자)

☐ **French** Revolution (the ~) **프랑스 혁명** 《1789-99》 ☜ revolution(혁명)

프랜차이즈 franchise (회사의 가맹점, 체인점의 독점영업권)

☐ **franch**ise [frǽntʃaiz] 명 **선거권, 참정권; 특권**; 《미》 독점판매권, 체인점 영업권; (스포츠경기의) 방송권, 방영권 ☜ 프랑크인으로부터 사업권을 위임받은 사람들을 (특권을 누렸던) '프랑크인처럼 대하라'라는 뜻

♠ **have** 〔get〕 **a franchise 독점판매권을 갖다[얻다]**

프란체스코 Francis of Assisi (이탈리아의 가톨릭 성인)

□ **Francis** of Assisi **아시시**의 성(聖) **프란체스코** 《Saint ~, 이탈리아의 수도사로서 프란체스코 수도회의 창시자(1182~1226)》

□ **Francis**can [frænsískən] ⓗ St. Francis의; **프란체스코** 수도회의 ⓜ **프란체스코** 수도회의 수사
☜ -an(~의/사람)

프랑코 Franco (쿠데타 승리 후 파시즘 국가를 세운 스페인 장군)

□ **Franco** [frǽŋkou, frɑ́ːŋ-] ⓜ **프랑코** 《Francisco ~ , 스페인의 총통; 1892-1975》

프랑켄슈타인 Frankenstein (괴기소설의 주인공인 과학자)

영국 여류작가 M.W. 셸리가 1818년 간행한 괴기소설. 무생물에 생명을 부여할 수 있는 방법을 알아낸 물리학자 프랑켄슈타인은 죽은 자의 뼈로 신장 8피트의 인형을 만들어 생명을 불어 넣는다. 이 괴물은 괴력을 발휘하지만 추악한 자신을 만든 창조주 프랑캔슈타인을 저주한다. <출처 : 두산백과>

□ **Frankenstein** [frǽŋkənstàin] ⓜ **프랑켄슈타인** 《M. W. Shelley의 소설 Frankenstein(1818) 속의 주인공; 자기가 만든 괴물에 의해 파멸됨》

프랑크푸르트 Frankfurt (독일 경제 · 금융의 중심도시)

□ **Frankfurt** [frǽŋkfərt] ⓜ **프랑크푸르트** 《독일 경제 · 금융의 중심도시, 괴테의 출생지》
☜ 3세기 라인강 하류에서 처음 식별된 게르만족의 일파인 프랑켄(Franken)족에서 유래했는데, 프랑켄족은 '자유민'이란 뜻이다.

□ **frankfurt**(er), -**fort**(er) [frǽŋkfərt(ər)] ⓜ 《미》 **프랑크푸르트 소시지**(=frankfurt sausage) 《쇠고기 · 돼지고기를 섞은 소시지; 종종 이어져 있음》 ☜ 독일의 산지명 Frankfurt에서

벤자민 프랭클린 Franklin (미국의 정치가 · 외교가 · 물리학자)

미국 독립선언서 작성에 참여한 '건국의 아버지' 중 한 명. 정치인 · 외교가 · 물리학자. 계몽사상가로서, 유럽 과학자들의 영향을 받아 피뢰침, 다초점 렌즈 등을 발명하였다. 달러화 인물 중 대통령이 아닌 인물은 알렉산더 해밀턴(10달러)과, 벤저민 프랭클린(100달러) 두 명뿐이다. <출처 : 위키백과>

□ **Franklin** [frǽŋklin] ⓜ **프랭클린** 《Benjamin ~, 미국의 정치가 · 과학자(1706-90)》; [f~] 【영.역사】 (14-15세기의) 소(小)지주, 향사(鄕士) 《gentry와 yeoman의 중간 계급》

프렌지 Frenzy (영국 범죄 · 스릴러 영화. <광란>이란 뜻)

영국 출생의 미국 영화감독 알프레드 히치콕 감독이 1972년 제작한 범죄/스릴러 영화. 존 핀치, 알렉 멕코웬, 배리 포스터 주연. 매력적이고 흥미로우며 명랑한 연쇄살인자와 그의 누명을 쓰고 쫒기는, 반사회적이고 불쾌하며 타락한 주인공과의 얽히고 설킨 이야기이다.

© Universal Pictures

♣ 어원 : **fren, fran, phren 뇌(=brain)**

□ **fren**zy [frénzi] ⓢ **격분하게 하다** ⓜ **격분**, 격앙, **광포, 광란**
☜ 뇌(fren)를 + z + (자극)하기(y)
♠ **in a frenzy 미쳐서, 격분하여**

□ **fren**etic [frinétik] ⓗ 발광한; 열광적인, 미친 듯이, 흥분한
☜ 뇌(fren)를 + e + (자극)하는(tic)

□ **fran**tic [frǽntik] ⓗ **광란의**, 극도로 흥분한, **미친 사람 같은**
☜ 뇌(fran)를 (자극)하는(tic)
♠ **frantic** with worry 걱정으로 **제정신이 아닌**

□ **fran**tically [frǽntikəli] ⓑ **미친 듯이**, 극도로 흥분하여 ☜ frantic(al) + ly<부접>

■ **phren**etic [frinétik] ⓗ 정신 착란의; 열광적인, 광신적인
☜ 뇌(phren)를 + e + (자극)하는(tic). ★ **ph의 발음의 f의 발음이 같은데서**

브라더(brother.형제)와 프레이터(frater.형제)는 어원이 같다

♣ 어원 : **brother, frater, fratr, friar 형제, 우애**

■ **brother** [brʌ́ðər/브**러**더] ⓜ **남자 형제**, 형(오빠) 또는 (남)동생
☜ 고대영어로 '같은 부모의 아들'이란 뜻

□ **frater** [fréitər] ⓜ 동포, 형제; 【역사】 (수도원의) 식당 ☜ 라틴어로 '형제'란 뜻

□ **frater**nal [frətə́ːrnəl] ⓗ **형제의**; 형제 같은, 우애의 ☜ frater + n + 의(al)
♠ **fraternal love 형제애**

☐ **frater**nity [frətə́ːrnəti] 명 동포애; **협동단체; 친목회**, 《미》 (대학) 남학생 사교클럽
☜ 형제(frater) + n + 애(ity)
☐ **fratri**cide [frǽtrəsàid] 명 형제〔동족〕 살해(죄) ☜ 형제(fratri) 살해(cide)
☐ **fratri**cidal [frǽtrəsáidl] 형 형제〔자매〕를 죽이는; (내란 등에서의) 동족상잔의
☜ 형제(fratri)를 살해(cid) 하는(al)
♠ **fratricidal war 동족상잔**
☐ **friar** [fráiər] 명 **탁발 수사**; 수사(修士) ☜ 라틴어로 '형제'란 뜻

연상 ▶ 그 프로드(fraud.사기꾼)는 프라다(Prada.이탈리아 명품 브랜드)를 입고 있었다

☐ **fraud** [frɔːd] 명 **사기, 기만; 사기꾼** ☜ 라틴어로 '속임, 상해(傷害)'란 뜻
♠ commit a **fraud** (on) **사기 행각**을 벌이다
☐ **fraud**ulence, -lency [frɔ́ːdʒuləns], [-lənsi] 명 사기, 부정 ☜ 사기(fraud)친 것(ulence<명접>)
☐ **fraud**ulent [frɔ́ːdʒulənt] 형 사기의, 부정한 ☜ 사기(fraud) 의(ulent<형접>)
■ de**fraud** [difrɔ́ːd] 동 **속여 빼앗다**, 사기 치다 ☜ 완전한(de/강조) 사기(fraud)
※ **Prada** [prάda] 명 **프라다** 《마리오 프라다가 1913년에 설립한 이탈리아 패션 명품 브랜드》

☐ **fraught**(적재한) ➔ **freight**(화물) **참조**

프릭션 볼펜 Frixion ball-point pen (볼펜지우개가 달린 볼펜 브랜드)

♣ **어원 : fric, fra, fre 문지르다, 닳게 하다**
☐ **fric**tion [fríkʃən] 명 **마찰**; 알력(軋轢), 불화; (의견) 충돌
☜ 문지르(fric) 기(tion)
♠ cause 〔create〕 **trade friction 무역 마찰**을 빚다
☐ **fric**tional [fríkʃənl] 형 마찰로 생기는, 마찰음의 ☜ friction + al<형접>
☐ **fra**y [frei] 동 (문질러) **닳게 하다**, 해지게 하다 명 싸움, 소동, 난투, 충돌 ☜ 문지르(fra) 기(y)
♠ the **frayed** sleeves **닳아 빠진** 소매
☐ **fre**t [fret] 동 **속 타게 하다, 초조하게 하다, 애타다, 안달하다** 명 **애달음, 초조**
☜ 문질러 애 닳게 하다(fre) + t
♠ **fret away** 〔out〕 **one's life 안달복달하며 살아가다**
☐ **fre**tful [frétfəl] 형 **화를 잘 내는, 안달하는** ☜ fret + ful(~로 가득한)
■ af**fra**y [əfréi] 명 싸움, 난투; 법석, 소란, 소동 ☜ 완전히(af) 문지르(fra) 기(y)
■ af**ra**id [əfréid/어프**뤠**이드] 형 **두려워하는; 걱정[염려]하는; ~을 유감으로 생각하는**
☜ ~을(a<ad=to) 닳게(fra) 하는(id)

뻐킹 < 퍼킹 fucking (비속어. <지랄 맞게>보다 심한 욕)

■ **fuck** [fʌk] 동 《비속어》 성교하다; 못쓰게 만들다 명 성교; 바보 감 제기랄, 더러워
☜ 중세영어로 '성교하다'란 뜻 ★ **damn, hell 대신에 쓰는 강조어**
■ **fuck**ing [fʌ́kiŋ] 형부 《비속어》 쾌심한; 지독한〔히〕, 지랄 같은〔맞게〕 ☜ -ing<형접>
☐ **freak**ing [friːkiŋ] 형부 《비속어》 빌어먹을 ☜ fucking 대신에 쓰는 욕설
☐ **freak** [friːk] 명 **변덕; 기형**, 괴물; 열광자 형 별난, 괴상한 동 기겁하다, 기겁하게 하다
☜ 고대영어로 '대담한 사람, 전사, 영웅'이란 뜻
♠ **freak out** 《속어》 (환각제로) **흥분하다**〔시키다〕; **현실도피하다**

프레클 freckle (미색의 꽃잎에 붉은 반점이 있는 서양란)

☐ **freckle** [frékl] 명 **주근깨**; 기미 ☜ 고대 노르드어로 '주근깨'라는 뜻.
♠ a **freckle-faced** young lady **주근깨가 있는** 소녀
☐ **freckle**d [frékld] 형 주근깨〔기미〕가 있는 ☜ -ed<형접>
☐ **freckl**y [frékli] 형 주근깨〔기미〕 투성이의 ☜ -y<형접>
■ **fleck** [flek] 명 (피부의) **반점, 주근깨**(=freckle), 기미
☜ 고대 노르드어로 '반점, 얼룩'이란 뜻

프리킥 free kick ([축구] 반칙에 대한 벌로서 허용되는 킥)
프리사이즈 free size (콩글 ▶ 모두에게 맞는 자유 사이즈) ➔ one size fits all
프리토킹 free talking (콩글 ▶ 자유로운 의사소통) ➔ talking freely

♣ **어원 : free 사랑하는, 친한; 자유로운; 자유**
☐ **free** [friː/프뤼-] 형 (-<fre**er**<fre**est**) **자유로운**; 한가한; **무료의** 동 **자유롭게 하다**

☜ 고대영어로 '자유로운'이란 뜻
♠ **set a slave free 노예를 해방시키다**
♠ **be free to ~ 마음대로[자유롭게] ~하다**
♠ **free from ~ ~이 없는, ~을 벗어난**
♠ **free of ~ ~이 면제되어**
♠ **free to ~ 자유롭게 ~해도 좋은**

□ **free**boot [fríːbùːt] ⓢ 약탈하다 ☜ 자유로운(free) 장화(boot)
□ **free**booter [fríːbùːtər] ⓜ 약탈자, (특히) 해적 ☜ 자유로운(free) 장화(boot)를 신은 자(er)
□ **free**dom [fríːdəm/프**뤼**-덤] ⓜ **자유**; 자주 독립 ☜ 자유로운(free) 상태(dom)
♠ **freedom of speech 〔the press〕 언론〔출판〕의 자유**
□ **free**-handed [fríːhǽndid] ⓗ 아낌없이 쓰는, 활수(滑手)한; 일손이 빈 ☜ 자유로운(free) 손(hand)을 가진(ed<형접>)
□ **free**-hearted [fríːháːrtid] ⓗ 숨김없는, (마음이) 맺힌 데가 없는; 대범한 ☜ 자유로운(free) 마음(heart)을 가진(ed<형접>)
□ **free** lance (중세의) 영주에 소속되지 않은 무사, 용병; 자유로운 입장에 있는 사람 ☜ 자유로운(free) 창(lance) ★ **프리랜스는 중세 서양에서 어떤 영주에게도 소속되지 않은 자유로운(free) 창기병(槍騎兵:lance)이라는 뜻.**
□ **free**-lance [fríːlæns/-lɑːns] ⓜ 자유계약자〔직업인〕, **프리랜서** ⓗ 자유계약의 ⓢ 자유계약으로 일하다 ☜ lance(창)
□ **free**-lancer [fríːlænsər/-lɑːn-] ⓜ **프리랜서**, 자유계약의 작가〔배우·기자〕 ☜ er(사람)
□ **free**ly [fríːli] ⓟ **자유로이**; 마음대로 ☜ -ly<부접>
□ **free**man [fríːmən] ⓜ (pl. **-men**) (노예가 아닌) **자유민** ☜ man(사람, 남자)
□ **free**-of-charge [fríːəvtʃάːrdʒ] ⓗ 공짜의, 무료의 ☜ 요금(charge) 의(of) 자유(free)
□ **free** throw 〖농구〗 **프리드로**, 자유투 ☜ 자유로운(free) 던지기(throw)
□ **free** trade 자유무역 ☜ 자유(free) 무역(trade)
□ **free**way [fríːwèi] ⓜ 《미》 고속도로; 무료간선도로 ☜ 자유로운(free) 길(way)
□ **free** will 자유의지; 〖철학〗 자유의지설 ☜ 자유(free) 의지(will)

프리메이슨 Freemason = Mason (비밀공제조합원)

18세기 초 영국에서 시작된 세계시민주의적, 인도주의적 우애(友愛)를 목적으로 하는 단체. '로지(작은 집)'라는 집회를 단위로 구성되어 있던 중세의 석공(石工:메이슨) 길드에서 비롯되었다. 기독교 조직은 아니지만 종교적 요소를 가미하여 가톨릭교단 및 가톨릭을 옹호하는 정부로부터 탄압받게 되어 비밀결사적인 성격을 띠게 되었다. <출처 : 두산백과 / 요약인용>

□ Free**mason** [fríːmèisn] ⓜ **프리메이슨** 《공제(共濟)·우애(友愛)를 목적으로 하는 비밀결사인 프리메이슨단의 조합원》; (f-) 중세 석공의 숙련공 조합원 ☜ (Ancient) free and accepted masons(옛날 자유 신분의 승인된 석공들)의 약어
※ **mason** [méisən] ⓜ **석공**, 벽돌공; (M-) 비밀 공제(共濟) 조합원, **프리메이슨**(=Freemason) ⓢ 돌로 만들다 ☜ 고대 프랑스어로 '석공'이란 뜻.

프로즌 frozen (미국 애니메이션 영화. 『겨울왕국』의 원제. <얼어붙은>이란 뜻)

2013년 개봉한 미국의 애니메이션 모험 영화. 모든 것을 얼려버릴 수 있는 특별한 능력이 있는 엘사는 통제할 수 없는 자신의 힘이 두려워 왕국을 떠나고, 얼어버린 왕국의 저주를 풀기 위해 동생 안나는 언니를 찾아 떠나는데... 이디나 멘젤이 부른 주제곡 Let it go는 전세계적으로 큰 인기를 끌었으며 빌보드 싱글차트 13주 연속 1위를 했다. 2014년 아카데미 장편애니메이션상, 주제가상, 골든글로브 애니메이션상 수상

♣ **어원 : freez, froz, frig(h) 추운, 차가운; 무서운; 냉담한**
□ **froz**en [fróuzən] ⓗ **언, 몹시 찬**, 냉랭한 ☜ freeze의 과거분사. 차갑게(froz) 하는(en<형접>)
□ **freez**e [friːz] ⓢ (-/**froze/frozen**) **얼음이 얼다**, (물이) **얼다, 얼게하다; 간담을 서늘하게 하다** ⓢ 결빙; 〖영상〗 정지화면; 〖댄스〗 정지동작 ☜ 고대영어로 '얼음으로 변하다'란 뜻
♠ **freeze to death 얼어 죽다**
□ **freez**er [fríːzər] ⓜ **냉동장치**; 냉장고 ☜ 차갑게 하는(freez) 장비(er)
□ **freez**ing [fríːziŋ] ⓗ **어는; 몹시 추운** ⓜ 냉동 ☜ 차갑게 하는(freez) 것(ing)
□ **freez**ing point 빙점(氷點) **비교** boiling point 끓는점, 비(등)점

© Walt Disney Studios

✚ **frig**(e) 《영.구어》 냉장고 **frig**id **몹시 추운**; 냉담한 **frigh**t **공포**, 경악 re**frig**erator **냉장고**

프레이트 컨테이너 freight container (화물수송용 컨테이너)

☐ **freight** [freit] ⓜ **화물**, 선하(船荷); **화물 운송** ⓓ 화물을 싣다
☜ fraught의 변형. 중세영어로 '배에 실린 화물'이란 뜻
♠ send goods **by air freight** 물건을 **항공 화물로** 보내다
☐ **freight** car 《미》 화차(=goods wagon), 화물수송용 차량 ☜ car(차, 승용차)
☐ **freight** depot 《미》 화물역 (《영》 goods station) ☜ depot(정류소; 저장소)
☐ **freight** forward 운임수취인 지불 ☜ forward(전방; 전위, 선봉)에서 지불하는 화물
☐ **fraught** [frɔːt] ⓗ ~을 내포한, **~이 따르는; 충만한; 적재한** ☜ 중세영어로 '짐이 실린'이란 뜻.
♠ an enterprise **fraught with danger 위험이 따르는** 사업
※ **contain**er [kəntéinər] ⓜ **그릇, 용기**; 컨테이너 ☜ 함께(con) 보유하다(tain) 장비(er)

☐ **French**(프랑스인, 프랑스어) ➔ **France**(프랑스) **참조**

☐ **frenzy**(격분, 광란) ➔ **frantic**(광란의) **참조**

에프엠 FM = Frequency Modulation (주파수변조)

전파에 신호를 실어 보내는 방법 중 진폭변조방식(AM)이 소리의 강약을 진폭변화, 즉 전파의 파장(높낮이)에 변화를 주어 전송하는데 비해, 주파수변조방식(FM)은 전파의 진폭은 고정시키되 주파수변화(초당 진동수 조정)만으로 정보를 전달한다. FM방식은 AM방식보다 고주파수 대역을 사용하기 때문에 깨끗한 방송이 가능하고 혼선이 덜한데 비해 장애물의 영향을 많이 받고 멀리까지 전달되진 못한다.

♣ 어원 : frequ 붐비다
☐ **frequ**ency [fríːkwənsi] ⓜ **자주 일어남, 빈번**; 빈도(수); 〖물리〗 진동수, **주파수**
☜ 붐비는(frequ) 것(ency<명접>)
♠ a **high frequency** signal **고주파** 신호
☐ **frequ**ency modulation 〖통신〗 주파수변조; (특히) FM 방송
☜ modulation(조절; (음성・리듬의) 변화, 억양(법); 〖통신・컴퓨터〗 변조)
비교 AM(Amplitude Modulation) 진폭변조.
☐ **frequ**ent [fríːkwənt] ⓗ **자주 일어나는, 빈번한** ⓓ **자주 가다** ☜ 붐비(frequ) 는(ent<형접>)
☐ **frequ**ently [fríːkwəntli/프뤼-퀀틀리] ⓑ **자주**, 종종, 때때로, 빈번히 ☜ frequent + ly<부접>

쥬시 후레쉬 껌 Juicy Fresh Gum (롯데제과의 껌 브랜드)
후레쉬 마트 Fresh Mart (편의점 체인점. <신선한 시장>이란 뜻)

※ **juice** [dʒuːs/주-스] ⓜ **주스** 《과일・채소・고기 따위의 즙이나 액》
☜ 중세영어로 '허브를 끓여 얻은 액체'란 뜻
☐ **fresh** [freʃ/프뤠쉬] ⓗ **새로운, 신선한, 싱싱한, 생생한**
☜ 고대영어로 '소금기가 없는'이란 뜻
♠ Let's go out for some **fresh air**.
우리 나가서 **신선한 공기** 좀 쐬자.
☐ **fresh** air (공기가 신선한) 야외의 ☜ 신선한(fresh) 공기(air)
☐ **fresh**en [fréʃən] ⓓ 새롭게 하다(되다) ☜ fresh + en<동접>
☐ **fresh**ly [fréʃli] ⓑ **새로이**, 새롭게, 신선하게 ☜ fresh + ly<부접>
☐ **fresh**man [fréʃmən] ⓜ (pl. **-men**) (대학의) 1학년생; **신입생** ☜ 신선한(fresh) 남자(man)
★ freshman(1) < sophomore(2) < junior(3) < senior(4)
☐ **fresh**ness [fréʃnis] ⓜ **새로움, 신선함**, 발랄; 상쾌; 생생함 ☜ 신선(fresh) 함(ness<명접>)
☐ **fresh**-water [fréʃwɔːtə(r)] ⓗ 민물의 ☜ water(물) 비교 salt-water 염수의
☐ **fresco** [fréskou] ⓜ (pl. **-(e)s**) **프레스코**화법 《갓 바른 회벽 위에 수채로 그리는 화법》; **프레스코**화(畵) ☜ 이탈리아어로 '신선하다'라는 뜻
■ re**fresh** [rifréʃ] ⓓ (심신을) **상쾌하게 하다, 생기를 되찾다, 새롭게 하다**
☜ 다시(re) 신선한(fresh)
※ **gum** [gʌm] ⓜ **고무질**, 점성(粘性) 고무 ☜ 중세영어로 '식물성 건조 수지'
※ **mart** [maːrt] ⓜ 상업 중심지(=emporium); 시장 ☜ 중세 네덜란드어로 '시장'

☐ **fret**(속타게 하다), **friction**(마찰) ➔ **fray**(닳게 하다) **참조**

프로이트 Freud (정신분석학을 창시한 오스트리아의 의학자)

☐ **Freud** [frɔid] ⓜ **프로이트** 《Sigmund ~, 오스트리아의 정신분석학자・의학자; 1856-1939》
☐ **Freud**(ian)ism [frɔ́idiənìzm, frɔ́idizm] ⓜ **프로이트** 학설 ☜ 프로이드의(Freudian) 이론(ism)
☐ **Freud**ian slip **프로이트**적(的) 실언 《얼떨결에 본심을 나타낸 실언》
☜ 프로이드적(Freudian) 미끄러짐(slip)

□ **friar**(탁발 수사) ➔ **frater**(동포, 형제) **참조**

연상 프라이데이(Friday.금요일)는 프라이드 치킨(fried chicken.닭튀김) 먹는 날

□ **Friday** [fráidei/프롸이데이, -di] ⓜ **금요일** 《생략: Fri.》 ⓟ《구어》 금요일에(on Friday)
☜ 북유럽 신인 '사랑의 신 프라이야(Friya)의 날(day)'이란 뜻. 게르만신화에서 부부애 여신이 Frigg(영어로 Friya)인데, 로마신화의 비너스(Venus)에 해당하는 신(神)이다. Venus가 행성으로는 금성을 의미하므로 금요일이 된 것이다.
♠ **Friday** is payday. **금요일**이 임금 지급일이다.

■ **TGIF, T.G.I.F.** **T**hank **G**od **i**t's **F**riday. 《미》 고마워라. 금요일이다 《주말의 해방감을 표현한 말》

□ **fried**(튀겨진) ➔ **fry**(튀기다; 튀김) **참조**

F

보이프렌드 boyfriend (남자친구), 걸프렌드 girl friend (여자친구)

□ **friend** [frend/프렌드] ⓜ **벗, 친구; 자기편**, 지지자, 동료 ☜ 초기 독일어로 '애인, 친구'란 뜻
♠ He is **a friend of mine**. 그는 **나의 친구**다.
♠ **make friends with ~ ~와 친해지다**

□ **friend**less [fréndlis] ⓗ **벗이 없는**, 친지가 없는 ☜ less(~이 없는)

□ **friend**ly [fréndli/프렌들리] ⓗ **친한**, 우호적인; 정다운 ☜ -ly<형접>
♠ **be friendly with ~ ~와 사이가 좋다**

□ **friend**liness [fréndlinis] ⓜ **우정; 친선**; 친절, 호의, 친밀 ☜ 친한(friendly) 것(ness<명접>)

□ **friend**ship [fréndʃip/프렌드쉽] ⓜ **우정**; 친목, 친선 ☜ -ship(상태, 신분)

프리즈 frieze (서양 고전 건축에서 그림이나 조각으로 장식된 띠모양의 부분)

□ **frieze** [fri:z] ⓜ 『건축』 **프리즈**, 소벽(小壁) 《처마 복공과 평방(平枋) 사이의》; (건물의) 띠 모양의 조각(을 한 부분), **장식띠**; (관광객 등의) 행렬 ☜ 중세 프랑스어로 '곱슬곱슬하게 하다'란 뜻
♠ a white paper **frieze** 흰 종이 **장식띠**

프리깃함(艦) frigate ([해군] 소형 구축함)

□ **frigate** [frígit] ⓜ **프리깃**함(艦) 《1750-1850년경의 상중(上中) 두 갑판에 포를 장비한 목조 쾌속 범선》; 《영·캐》 대잠(對潛)용 해상 호위함; 《미》 5,000-9,000톤급의 군함
☜ 중세 프랑스어로 '작고 빠른 배'란 뜻.

비교 destroyer 구축함, cruiser 순양함, battleship 전함, aircraft carrier 항모

프로즌 frozen (미국 애니메이션 영화. 『겨울왕국』의 원제. <얼어붙은>이란 뜻)

2013년 개봉한 미국의 애니메이션 모험 영화. 모든 것을 얼려버릴 수 있는 특별한 능력이 있는 엘사는 통제할 수 없는 자신의 힘이 두려워 왕국을 떠나고, 얼어버린 왕국의 저주를 풀기 위해 동생 안나는 언니를 찾아 떠나는데... 이디나 멘젤이 부른 주제곡 Let it go는 전세계적으로 큰 인기를 끌었으며 빌보드 싱글차트 13주 연속 1위를 했다. 2014년 아카데미 장편애니메이션상, 주제가상, 골든글로브 애니메이션상 수상

♣ **어원 : freez, froz, frig(h) 추운, 차가운; 무서운; 냉담한**

■ **froz**en [fróuzən] ⓗ **언, 몹시 찬**
☜ freeze의 과거분사. 차갑게(froz) 하는(en)

■ **freez**e [fri:z] ⓢ (-/**froze**/**frozen**) **얼음이 얼다**, (물이) **얼다**, **얼게 하다; 간담을 서늘하게 하다** ☜ 고대영어로 '얼음으로 변하다'

□ **frig**(e) [frig/fridʒ] ⓜ 《영.구어》 냉장고 ☜ re**frige**rator의 준말

□ **frig**id [frídʒid] ⓗ **몹시 추운**, 혹한의; 냉담한, 냉랭한
☜ 차갑게(frig) 하는(id)
♠ a **frigid** voice **냉랭한** 목소리

□ **frigh**t [frait] ⓜ **공포**, 경악 ☜ 무서운(frigh) + 것(t)
♠ **It was absolutely frightful ! 그건 정말 끔찍했다 !**
♠ **take fright (at) ~ ~에 겁이 나다, 놀라다**

© Walt Disney Studios

□ **frigh**ten [fráitn] ⓢ **소스라쳐 놀라게 하다** ☜ 무섭게(fright) 하다(en)

□ **frigh**tened [fráitnd] ⓗ **깜짝 놀란, 겁먹은; 무서워하는** ☜ 소스라쳐 놀라게(frighten) 된(ed<형접>)

□ **frigh**tening [fráitniŋ] ⓗ **무서운, 굉장한** ☜ frighten + ing<형접>

□ **frigh**tful [fráitfəl] ⓗ **무서운**, 소름끼치는; 지독한 ☜ 무섭게(fright) 하는(ful)

☐ **frigh**tfully [fráitfəli] ㉮ **무섭게**, 몹시, 지독히 ☜ frightful + ly<부접>
■ re**frig**erator [rifrídʒərèitər] ㉣ **냉장고**; 냉장 장치 ☜ 계속(re) 차갑게(frig) 만드는(erat) 장비(or)

프릴 frill ([패션] 잔주름을 잡은 가늘고 긴 장식천)
프린지 fringe ([패션] 바탕천의 가장자리에 달아 장식하는 술)

< FRILL >

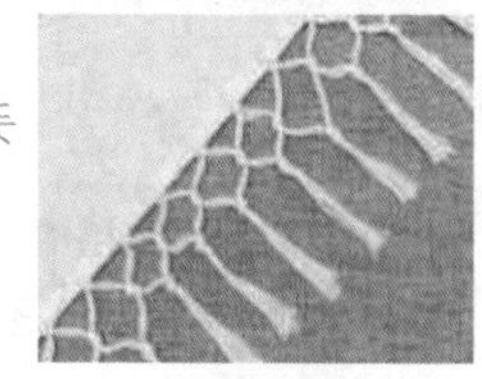
< FRINGE >

☐ **frill** [fril] ㉣ **가장자리 주름 장식**, 주름잡이 장식 ㉯ 주름을 잡다
☜ 중세영어로 '주름'이란 뜻
♠ a white blouse **with frills** at the cuffs
소매에 **주름장식이 있는** 흰색 블라우스
☐ **frill**ed [frild] ㉱ 주름장식을 한 ☜ 주름장식(frill)이 된(ed<형접>)
☐ **fringe** [frindʒ] ㉣ (스카프・숄 따위의) **술 장식; 가장자리**, 변두리
㉯ 테를 두르다; 술을 달다 ☜ 중세영어로 '끝부분 장식'이란 뜻
♠ on the northern **fringe** of the city
그 도시의 북부 지역 **변두리**
※ **ruffle** [rʌ́fəl] ㉯ **구기다**; 주름지게 하다 ㉣ 주름장식
☜ 북부 독일어 방언으로 '주름(살)'이란 뜻

☐ **fritter**(조금씩 낭비하다) ➔ **frail**(무른, 허약한) **참조**

리볼버 revolver (탄창이 돌아가는 연발권총), 볼륨 volume (음량)

♣ **어원 : vol, volv(e), volu, volt 돌다, 회전하다**
■ re**volve** [rivɑ́lv/-vɔ́lv] ㉯ **돌다, 회전하다**, 선회하다; 자전하다, 공전하다 ☜ 계속(re) 돌다(volve)
■ re**volver** [rivɑ́lvər/-vɔ́l-] ㉣ (회전식) **연발 권총** ☜ 계속(re) 도는(volv) 기계(er)
☐ fri**vol**ous [frívələs] ㉱ **천박[경박]한**, 경솔한; 하찮은
☜ 자유롭게(fri<free) 돌아다니(vol) 는(ous<형접>)
♠ a **frivolous** character 〔person〕 **경박한** 사람
☐ fri**vol**ity [frivɑ́ləti/-vɔ́l-] ㉣ 천박; 쓸데없는 일 ☜ fri + vol + ity<명접>

✚ e**volve** **전개하다, 진화[발달]시키다**, 진화〔발달〕하다 in**volve** **포함하다**, 수반하다, 말려들게 하다
re**volu**tion **혁명**; 변혁 **volu**me **책**, **권**(卷); **대량**; **용적, 용량; 음량, 볼륨**

프로펠러 propeller (나선형 추진기)

♣ **어원 : pre-, pro-, fro-, for- 앞의, 전의; 미리; ~을 향하여, ~을 옹호[지지]하는**
■ **pre**position [prèpəzíʃən] ㉣ **전치사**(약어: prep.) ☜ 앞에(pre) 위치한(posi) 것(tion)
■ **pro**peller [prəpélər] ㉯ **프로펠러, 추진기**, 추진하는 사람
☜ 앞으로(pro) 미는(pel) + l<자음반복> + 사람/기계(er)
☐ **fro**m [frʌm/프럼/frɔm/프롬] ㉶ **~로부터; ~출신의**: ~으로 인하여; ~에서 (멀어져)
☜ 초기 독일어로 '앞쪽으로 (이동한), ~에서 멀어진'이란 뜻.
비교 '~부터'라는 의미로 사용되는 기점(起點) 전치사로 **since**는 **현재까지 계속**됨을 의미하고, **from**은 과거의 **단순한 기점**을 의미한다.
♠ travel **from** Seoul **to** New York 서울**에서(부터)** 뉴욕**까지** 여행하다
♠ **Where do you come from ? 당신은 어디 출신입니까 ?**
비교 Where did you come from ? 당신은 어디서 왔습니까 ?
♠ **be from ~ ~출신이다**
♠ **from (A) to (B) A 에서[부터] B 까지**
♠ **from hand to mouth 하루 벌어 하루 먹는**
♠ **from now on 지금부터 계속**
♠ **from place to place 이리저리로, 여기저기로**
♠ **from time to time 때때로**
☐ **fro** [frou] ㉮ **저 쪽으로** ☜ **from**의 줄임말
♠ **to and fro 이리저리(로), 앞뒤로**
☐ **for** [fɔːr/포어, (약) fər] ㉶ **~를 향해; ~를 위해; ~하는 동안**; ~에 대하여; ~ 때문에
㉷ 《문어》 왜냐하면 ~하니까 ☜ before나 forward 등의 for(e)에 함축된 '앞에서는; 앞을 내다보는; 앞으로 향하는'의 뜻

프록코트 frock coat (19세기 신사의 정복 상의. 현재는 거의 미착용)

☐ **frock** [frɑk/frɔk] ㉣ (원피스의) **드레스; 성직자의 옷**; (노동자의) 작업복

F

☜ 고대 프랑스어로 '수도사의 의복'이란 뜻
♠ **The frock** is now out of style. **프로그**는 구식이다.

※ **coat** [kout/코우트] 명 (양복의) **상의; 외투, 코트**
☜ 고대 프랑스어로 '웃옷'

프로그킥 frog kick ([수영] 평형 · 기본배영의 발차기)

☐ **frog** [frɔːg/프로-그, frɑg/frɔg] 명 **개구리** ☜ 고대영어로 '개구리'란 뜻
♠ the croaking of **frogs 개구리들**이 개굴개굴 하는 소리

☐ **frog**gy [frɔ́ːgi, frɑ́gi/frɔ́gi] 형 (-<-gi**er**<-gi**est**) 개구리의(가 많은); 차가운, 냉담한
☜ 개구리(frog) + g + 의(y)

☐ **frog** man 잠수부 ☜ 개구리(frog) 남자(man)

※ **kick** [kik/킥] 동 (공을) **차다, 걷어차다** ☜ 중세영어로 '발로 가하는 일격'

F

워커홀릭 workaholic (일중독자, 일벌레), 워커프롤릭 workafrolic ([신조어] 일을 즐기는 자)

■ work**aholic** [wəːrkəhɔ́ːlik, -hɑ́l-/-hɔ́l-] 명 일중독자 형 일벌레의
☜ 일(work) + 알코올 중독자(alcoholic)

■ worka**frolic** [wəːrkəfrɑ́lik/frɔ́l-] 명 『신조어』 일을 즐기는 자
☜ 일(work) + a + 장난치며 놀기(frolic)
★ 2005년 TED(미국의 비영리 기술 · 오락 · 디자인 강연회) 강연에서 심리학자이자 마케터인 Richard St. John이 8가지 성공비결에 대해 강연시 소개한 신조어

☐ **frolic** [frɑ́lik/frɔ́l-] 동 **장난치며 놀다** 명 **장난**(침), 흥겨워 떠들며 놀기
☜ 네델란드어로 '즐거운'이란 뜻에서
♠ children **frolicking** on the playground 운동장에서 **즐겁게 뛰노는** 아이들

☐ **frolic**some [frɑ́liksəm/frɔ́l-] 형 장난치는, 들뜬 기분의, 신바람 난
☜ 장난치며 노(frolic) 는(some)

☐ **from**(~로부터, ~출신의) ➔ **fro**(저 쪽으로) **참조**

에리히 프롬 Erich Fromm (독일 태생의 미국 정신분석학자)

독일 유대인 가정에서 태어나 사회학·심리학 전공 후 정신분석연구소에서 근무. 나치스의 대두로 1933년 미국으로 망명했다. 여러 대학에서 교수로 재직하였으며, 마르크스주의와 프로이트 정신분석학의 영향을 받아 휴머니즘적 사회심리학의 문을 열었다.

☐ **Fromm** [fróum, frɑ́m/frɔ́m] 명 **프롬** 《Erich ~, 독일 태생의 미국 정신분석학자(1900~1980)》
★ **대표적 저서 : 『소유냐 존재냐』, 『자유로부터의 도피』, 『사랑의 기술』, 등**

프론트 < 프런트 front (콩글 호텔 현관의 계산대) ➔ front desk, reception desk

♣ **어원 : front 앞, 면전, 이마; 향하다, 맞서다**

☐ **front** [frʌnt/프런트] 명 (the ~) **앞, 정면**; 『군』 **최전선** 형 **정면의, 앞의** 동 **맞서다, 향하다** ☜ 라틴어로 '이마, 앞쪽'이란 뜻
♠ **be (come) to the front 전면에 나타나다; 유명해지다**
♠ **in front (of) ~ ~의 앞에, 정면에, ~의 표면에**

☐ **front**age [frʌ́ntidʒ] 명 (건물의) 정면, 앞면, (건물의) 방향
☜ front + age<명접>

☐ **front**al [frʌ́ntl] 형 정면의 ☜ front + al<형접>

☐ **front**ier [frʌntíər, frɑn-] 명 **국경**(지방); **미개척 영역** ☜ 맨 앞쪽(front)에 있는 곳(ier<eer)
♠ the **frontier** (pioneer) **spirit 개척자 정신, 프로티어 정신**

☐ **front**iersman [frʌntíərzmən] 명 (pl. **-men**) 국경 지방의 주민, 변경 개척자
☜ 국경<전선(frontier) 의(s) 사람(man)

☐ **front**ier spirit 개척자 정신 ☜ spirit(정신, 영혼, 마음)

☐ **front**ispiece [frʌ́ntispìːs] 명 **권두화**(卷頭畵); **속표지**; 『건축』 정면
☜ 앞(front)에 + i + 보이는(spiec<spec) 것(e)

☐ **front**line [frʌ́ntláin] 명 일선, 최전선 ☜ front + line(줄, 선)

☐ **front**ward(s) [frʌ́ntwərd] 형 전방의, 정면으로 향한 부 정면쪽으로 ☜ 앞(front) 쪽으로(wards)

☐ ef**front**ery [efrʌ́ntəri] 명 철면피, 파렴치, 뻔뻔함
☜ 밖에서(ef<ex) (고개를 들고) 정면으로(front) 응시함(ery<명접>
♠ **have the effrontery to ~ 뻔뻔스럽게도 ~하다**

※ **desk** [desk] 명 (공부 · 사무용의) **책상**; (the ~) 사무직

☜ 중세 라틴어로 '(글을) 쓰기 위한 탁자'란 뜻

✚ con**front** **직면하다, 맞서다** fore**front** 최전선; 맨 앞, 선두 af**front** **무례한 언동, 모욕(하다)**

[연상] 시인 프로스트(Frost)는 프로스트(frost.서리)를 의미한다.

♣ 어원 : **fros, froz, freez, frig(h) 추운, 차가운; 무서운; 냉담한**

☐ **Fros**t [frɔːst/frɔst] [명] **프로스트** 《Robert (Lee) ~, 미국의 현대 순수 고전적 시인; 1874-1963》 ★ **대표적인 시: <가지 않은 길>, <눈 내리는 밤 숲가에 멈춰서서(Stopping By Woods On A Snowy Evening)> 등**

☐ **fros**t [frɔːst/frɔst] [명] **서리, 서릿발** [동] 서리가 내리다
☜ 추워서(fros) 생긴 것(t)
♠ **Jack Frost 서리의 요정**; [의인적] 혹한, 동장군(冬將軍)

☐ **fros**tbite [frɔ́stbàit] [명] 동상 ☜ frost + bite(물다, 물어뜯다)

☐ **fros**ted [frɔːstid/frɔst] [형] 서리로 (뒤)덮인; 동결된; 상해(霜害)를 입은; 동상에 걸린
☜ 서리(frost)가 내린(ed<형접>)

☐ **fros**ty [frɔ́ːsti/frɔ́sti] [형] (-<sti**er**<-si**est**) **서리가 내리는**; 서리로 (뒤) 덮인; (머리가) 반백인; **냉담한** ☜ 서리가(frost) 내린(y<형접>)
♠ a **frosty** morning **서리가 내린** 아침

✚ **froz**en **언, 몹시 찬**, 냉랭한 **freez**e **얼음이 얼다**, (물이) **얼다, 얼게하다; 간담을 서늘하게 하다**
frigid **몹시 추운**, 혹한의; 냉담한, 냉랭한 **frigh**t **공포**, 경악 re**frig**erator **냉장고**; 냉장 장치

프로스 froth ([커피 · 맥주 · 경제] 거품) * 경제에서는 버블경제보다 한 단계 낮은 표현

☐ **froth** [frɔːθ/frɔθ] [명] (맥주 · 커피 등의) **거품**; 시시한〔하찮은〕 것
[동] 거품을 일으키다 ☜ 고대 프랑스어로 '거품'이란 뜻
♠ **froth at the mouth**
입에 거품을 뿜다; 입가에 게거품을 내다.

※ **foam** [foum] [명] **거품**(덩어리)(=froth, bubble); 게거품
☜ 고대영어로 '거품'이란 뜻

※ **bubble** [bʌ́bəl] [명] **거품**; 기포(氣泡) 《유리 따위 속의》 ☜ 중세 네덜란드어로 '거품'이란 뜻
★ **foam이나 froth는 거품의 집합체이며, bubble은 그 낱낱의 거품을 말함.**

[연상] 크라운(crown.왕관)을 쓴 왕은 매번 프라운(frown.눈살을 찌푸리다)했다.

※ **crown** [kraun/크라운] [명] **왕관**; (the ~; the C-) 제왕
☜ 라틴어로 '머리에 쓰는 관(冠)'이란 뜻

☐ **frown** [fraun] [동] **눈살을 찌푸리다** [명] **찌푸린 얼굴**, 눈살을 찌푸림
☜ 고대 프랑스어로 '얼굴을 찌푸리다, 턱을 치켜들다'란 뜻.
♠ She **frowned at** me. 그녀는 나**를 보고 얼굴을 찡그렸다**.

☐ **frown**ing [fráuniŋ] [형] 언짢은, 찌푸린 얼굴의; (절벽 등이) 위압하는 듯한, 가파른 ☜ frown + ing<형접>

☐ frozen(얼어붙은) ➜ freeze(얼다) 참조

프루걸리스타 frugalista ([신조어] 검소하면서도 폼나게 사는 사람)

미국 나탈리 맥닐이 쓴 책 <The frugalista files>에 등장한 신조어. 2만 달러의 빚을 갚아나가면서도 멋진 라이프스타일을 유지할 수 있다는 것을 몸소 보여주기 위한 그녀의 해답은 바로 프루걸리스타가 되는 것. 프루걸리스타가 되기로 결심한 한 해 동안의 이야기를 일기 형식으로 정리한 책. <출처: 인터넷 교보문고>

♣ 어원 : **fru 경제적인**

☐ **fru**galista [fruːgəlistər] [명] 『신조어』 **프루걸리스타** 《검소하면서도 폼나게 사는 사람》 ☜ **frugal** + fashion**ista**(패션에 관심이 많고 최신 스타일을 선호하는 사람)

☐ **fru**gal [frúːgəl] [형] **절약하는**, 검소한
☜ 경제적으로(fru) 몰아 대(g<ig) 는(al)
♠ **lead a frugal life 검소하게 살다**

☐ **fru**gality [fruːgǽləti] [명] 검약, 절약 ☜ frugal + ity<명접>

프루트 칵테일 fruit cocktail (과일 양주나 주스로 만든 음료)

☐ **fruit** [fruːt/프루웉] 명 **과일**, 실과 ☜ 라틴어로 '농산물, 수익'이란 뜻
♠ People eat **fruit** in various ways. 사람들은 다양하게 **과일**을 먹는다.

☐ **fruit**erer [frúːtərər] 명 과일 장수 ☜ 과일(fruit) 나무/재배자/운반선(er) + er(사람)

☐ **fruit**ful [frúːtfəl] 형 **열매가 많이 열리는**; 다산의, 비옥한; **풍작을 가져오는** ☜ 과실(fruit)이 풍부한(ful)

☐ **fruit**fulness [frúːtfəlnis] 명 다산, 유익 ☜ fruitful + ness<명접>

☐ **fruit** juice 과즙(果汁) ☜ 과일(fruit) 주스(juice)

☐ **fruit**less [frúːtlis] 형 **열매를 맺지 않는**, 열매가 없는; **보람[효과]가 없는** ☜ 과일(fruit)이 없는(less)

☐ **fruit** salad **프루트 샐러드** ☜ 과일(fruit) 샐러드(salad)
★ 샐러드: 채소·과일·육류 제품을 골고루 섞어 마요네즈나 드레싱으로 간을 맞추어 먹는 서양음식

☐ **fruit**ion [fruːíʃən] 명 (노력 따위의) 결실; (목적 따위의) 달성, 실현 ☜ -ion<명접>

☐ **fruit**y [frúːti] 형 (-<-ti**er**<-ti**est**) 과일의, 과일 같은; 과일 맛이 나는 ☜ 과일(fruit) 같은(y<형접>)

※ **cocktail** [kɑ́ktèil/kɔ́k-] 명 **칵테일**, 혼합주《양주와 감미료·향료를 혼합한》 ☜ cock(수탉) + tail(꼬리). 여러설이 있지만 특히 '투계판에서 닭의 꽁지 깃털을 뽑아 술잔에 넣어 마셨다'는 설에서 유래

연상 개를 풀어(fru-) 스트레이트(straight.곧바로)로 쫓자 도둑은 절망했다.

♣ 어원 : frustr 부수다, 꺾다; 좌절, 실패; 헛되게

☐ **frustr**ate [frʌ́streit] 동 **좌절시키다**; (적 따위를) 쳐부수다, 꺾다 ☜ 좌절하게(frustr) 만들다(ate)
♠ **frustrate** a plan 계획을 **좌절시키다**

☐ **frustr**ated [frʌ́streitid] 형 실망한, 욕구 불만의; 좌절된 ☜ frustrate + ed<형접>

☐ **frustr**ation [frʌstréiʃən] 명 **좌절**, 차질, 실패 ☜ -ion<명접>

후라이드 치킨 < 프라이드 치킨 fried chicken (닭튀김)

☐ **fry** [frai/프롸이] 동 (기름으로) **튀기다** 명 **튀김**(요리), **프라이**, (특히) 감자튀김 ☜ 라틴어로 '굽거나 튀기다'란 뜻
♠ You **should fry** the doughnuts for 1 or 2 minutes.
1분 내지 2분 동안 도넛을 **튀겨야 합니다**.

☐ **fry**(ing) pan **프라이팬** ☜ 프라이(fry/frying) 팬(pan)
♠ **Out of the frying pan into the fire.**
《속담》 프라이팬에서 불속으로. 갈수록 태산. 설상가상(雪上加霜)

☐ **fri**ed [fraid] 형 **튀겨진** ☜ fry의 과거분사. 프라이(fry)가 된(ed<형접>)

※ **chicken** [tʃíkin/**취**킨] 명 (pl. **-(s)**) **새새끼**; 《특히》 **병아리**; 《미.속어》 **닭; 닭고기** ☜ 고대영어로 '닭'이란 뜻

뻐킹 < 퍼킹 fucking (비속어. <지랄맞게>보다 심한 욕)

☐ **fuck** [fʌk] 동 《비속어》 성교하다; 못쓰게 만들다 명 성교; 바보 감 제기랄, 더러워 ☜ 중세영어로 '성교하다'란 뜻 ★ damn, hell **대신에 쓰는 강조어**

☐ **fuck**ing [fʌ́kiŋ] 형부 《비속어》 쾌심한; 지독한(히), 지랄 같은(맞게) ☜ -ing<형접>

■ **freak**ing [friːkiŋ] 형부 《비속어》 빌어먹을 ☜ fucking 대신에 쓰는 욕설

■ **freak** [friːk] 명 **변덕; 기형**, 괴물; 열광자 형 별난, 괴상한 동 기겁하다, 기겁하게 하다 ☜ 고대영어로 '대담한 사람, 전사, 영웅'이란 뜻

연상 푸들(poodle.복슬개)에게 술을 먹여 퍼들(fuddle.취하게 하다)하게 했다

※ **poodle** [púːdl] 명 **푸들**《작고 영리한 복슬개》 동 (개의) 털을 짧게 깎다 ☜ 독일어로 '개'란 뜻.

☐ **fuddle** [fʌ́dl] 동 취하게 하다; 대음(大飮)하다 ☜ 근세영어로 '취하다'
♠ She came home **on the fuddle**.
그녀는 **만취하여** 집에 왔다.

퓨얼미터, 퓨얼게이지 fuel (level) gauge (연료계기)

☐ **fuel** [fjúːəl] 명 **연료** 동 연료를 공급(보급)하다 ☜ 고대 프랑스어로 '불'이란 뜻
♠ **add fuel to the fire** (flames) **불에 기름을 붓다; 격정을 부추기다**

☐ **fuel** capacity 연료 적재력(저장량) ☜ 연료(fuel) 수용량(capacity)

□ **fuel** cell　연료 전지 ☜ 연료(fuel) 작은 방(cell)
□ **fuel** gas　연료 가스 ☜ 연료(fuel) 가스(gas)
□ **fuel**ing station　연료 보급소 ☜ 연료를(fuel) 공급하는(ing) 장소(station)
★ 주유소: 《미》 gas station, 《영》 petrol station
□ **fuel** oil　연료유 ☜ 연료(fuel) 기름(oil)
※ **level**　[lévəl/**레**벌] ⓜ 수평, **수준** ☜ 가볍게 하는(lev) 것(el)
※ **gauge, gage**　[geidʒ] ⓜ **표준 치수**(규격); **계량기; 표준** ☜ 중세영어로 '측정의 표준'이란 뜻

푸가 fugue(영・프), fuga(이탈) ([음악] 여러 돌림노래를 합쳐놓은 것)

바로크 시대에 '푸가'라는 작곡기법이 완성되었는데, 이는 한마디로 여러 돌림노래를 합쳐놓은 것이다. 원래 푸가는 '도망치다'의 뜻인데, 하나의 성부(聲部)가 주제를 나타내면 다른 성부가 그것을 모방하면서 대위법에 따라 좇아가는 악곡 형식이다. <출처: 두산백과>

♣ 어원 : fug(a), fugue 달아나다, 도망가다; 피하다; 벗어나다, 떠나다
□ **fugue**　[fjuːg] ⓜ 〖음악〗 **푸가**, 둔주곡(遁走曲); 〖의학〗 몽롱 상태, 기억상실증 ⓢ 푸가를 작곡(연주)하다 ☜ 라틴어로 '도망치다'란 뜻
□ **fuga**cious　[fjuːgéiʃəs] ⓗ 덧없는, 변하기 쉬운, 붙잡기 어려운 ☜ 도망치는(fuga) 경향이 있는(cious<형접>)
□ **fuga**city　[fjuːgǽsəti] ⓜ 도망치기 쉬움, 덧없음 ☜ 도망치기(fuga) 쉬운 것(city)
□ **fugal**　[fjúːgəl] ⓗ 〖음악〗 **푸가**(=fugue)의, 둔주곡(曲)의 ☜ 푸가(fuga) 의(al)
□ **fug**itive　[fjúːdʒətiv] ⓜ **도망자**, 탈주자 ⓗ **도망치는**; 탈주한; 변하기 쉬운 ☜ 도망치fug) + i + 는(tive)
♠ **a fugitive soldier 탈영병, 탈주병**

기름을 풀(full.가득)로 채우다

♣ 어원 : full 가득찬 // fill, ple, pli 채우다
□ **full**　[ful/뿔] ⓗ **가득한**; 가득 채워진, 충만한 ☜ 고대영어로 '가득한'이란 뜻
♠ **be full of ~ ~으로 가득차다**
♠ **in full 생략하지 않고, 상세히; 모조리; 전액**
□ **ful**fil(l)　[fulfíl] ⓢ (의무 등을) **이행하다, 완수하다** ☜ 가득(full) 채우다(fill)
□ **ful**fillment　[fulfílmənt] ⓜ **이행**, 수행; **달성**, 성취 ☜ 가득(full) 채우(fill) 기(ment)
□ **full** name　(생략하지 않은) 성명 ☜ 가득한(full) 이름(name)
□ **ful(l)**ness　[fúlnis] ⓜ (가득) **참, 충만; 풍부함; 비만** ☜ 가득(full) 채움(ness)
□ **full**-time　[fúltάim] ⓗ 전시간(제)의, 상근(常勤)의; 전임(專任)의 ☜ time(시간, 시대)
□ **full**y　[fúli/뿔리] ⓟ **충분히**, 완전히 ☜ 가득(full) 하게(y)
■ **fill**　[fil/삘] ⓢ **채우다, ~으로 충만하다** ☜ 고대영어로 '채우다'란 뜻.

✚ com**ple**ment **보충물; 보완하다**　**ple**nty **많음**, 풍부　accom**pli**shment **성취, 완성**, 수행
im**ple**ment **도구**, 기구, 수단　sup**ple**ment **보충, 추가, 부록;** 보충하다

펌블 fumble ([야구] 수비수가 공을 받았다가 땅에 떨어뜨리는 것)

□ **fumble**　[fʌ́mbəl] ⓢ **손으로 더듬어 찾다**; 만지작거리다; 〖구기〗 **펌블**하다 《공을 잡았다가 떨어뜨림》 ☜ 고대 노르드어로 '손으로 더듬다'란 뜻
♠ **fumble for** (after) a **key** 열쇠**를 더듬어 찾다**
□ **fumbl**ing　[fʌ́mbliŋ] ⓗ 만지작거리는; 어설픈 ⓜ 실수; (공을) 잡았다 놓침 ☜ 펌블(fumble) 하기(ing)

연상 ▸ 퓨마(puma)가 퓸(fume.연기) 속에서 갑자기 튀어나왔다.

♣ 어원 : fume, fumi 연기
※ **puma**　[pjúːmə] ⓜ (pl. **-s**, [집합적] **-**) 〖동물〗 **퓨마**(=cougar); 퓨마의 모피 ☜ 18세기 스페인어, 잉카 케추아족어 puma에서 유래
★ 퓨마(puma)는 쿠거(Cougar) 또는 팬서 (Panther)라고도 한다.
□ **fume**　[fjuːm] ⓜ (보통 pl.) (유해・불쾌한) **연기, 김**; 증기; 향기; 노여움, 흥분 ☜ 고대 프랑스어로 '연기, 수증기, 입김; 냄새'라는 뜻
♠ **fume out exhaust gas. 매연을 뿜어내다**
♠ Dad **was in a fume**. 아빠가 **화나셨다**.
□ **fumi**gate　[fjúːməgèit] ⓢ 그을리다; 훈증소독하다; 향을 피우다 ☜ 연기(fumi)를 + g + 만들다(ate)
□ **fumi**gation　[fjùːməgéiʃən] ⓜ 훈증, 훈증소독(법); 향을 피움 ☜ fumigate + ion<명접>
□ **fum**y　[fjúːmi] ⓗ (-<-mi**er**<-mi**est**) 연기(가스・증기・연무)가 많은(로 가득찬)

☞ fume + y<형접>

■ per**fume** [pə́ːrfjuːm, pərfjúːm] 명 **향료, 향수**, 향기 동 향기를 풍기다, 향수를 바르다〔뿌리다〕
☞ 연기(fume=smoke)를 통한(per=through) 것

펀 네이밍 Fun Naming ([마케팅] 재미있는 이름짓기)

□ **fun** [fʌn/펀] 명 **재미, 즐거움; 장난**, 놀이 형 즐거운, 재미있는 동 장난〔농담〕하다
☞ 중세영어로 '바보취급하다, 속이다'란 뜻
♠ **for fun 농담으로, 반 장난으로**
♠ **make fun (of) (~을) 놀리다, 노리개로 삼다**

□ **fun**ny [fʌ́ni/풔니] 형 (-<-ni**er**<-ni**est**) 익살맞은, **웃기는**, **재미있는**; 기묘한, 괴상한
☞ fun + n<단모음+단자음+자음반복> + y<형접>

□ **fun**nyman [fʌ́nimən] 명 (pl. **-men**) 익살스런 사람, 만담가, 코미디언
☞ 웃기는(funny) 남자(man)

□ **fun**ny paper 만화 신문, 익살 기사란 ☞ paper(종이, 신문)

※ **nam**ing [néimiŋ] 명 이름짓기, 작명(作名) ☞ 이름짓(name) 기(ing<명접>)

펑크션 키 function key ([컴퓨터] 키보드의 기능키, F1~F12)

♣ **어원 : funct 성취하다; 실행하다, 작동하다**

□ **funct**ion [fʌ́ŋkʃən] 명 **기능**, 작용; **직능**; 역할; **의식**, 행사
☞ (목표한 것을) 성취한(funct) 것(ion)
♠ The machine has stopped **functioning**. 그 기계는 **작동**을 멈췄다.

□ **funct**ional [fʌ́ŋkʃənəl] 형 **기능의**, 작용의; **직무(상)의** ☞ function + al<형접>

□ **funct**ionary [fʌ́ŋkʃənèri] 명 직원, 《특히》 공무원, 관리 ☞ function + ary<명접>

□ de**funct** [difʌ́ŋkt] 형 죽은; 소멸한; 현존하지 않는 명 (the ~) 고인(들)
☞ 부(不)(de=not) 작동하는(funct)

□ de**funct**ive [difʌ́ŋktiv] 형 고인의; 장례식의 ☞ -ive<형접>

■ per**funct**ory [pərfʌ́ŋktəri] 형 형식적인, 마지못한, 겉치레인; 기계적인
☞ 거짓으로(per) 실행하(funct) 는(ory)

※ **key** [kiː/키-] 명 (pl. **-s**) **열쇠**; 해결의 실마리 ☞ 중세영어로 '자물쇠를 여는 도구'란 뜻

펀드 fund (투자기금), 파운데이션 foundation (기초화장품)

♣ **어원 : fund, found 바닥, 기초**

□ **fund** [fʌnd] 명 **자금**, 기금, 기본금; (the ~s) **공채**, 국채
☞ 라틴어로 '바닥, 기초'라는 뜻
♠ a scholarship **fund** 장학 **기금**
♠ **IMF** : **I**nternational **M**onetary **F**und 국제통화기금

□ **fund**amental [fʌ̀ndəméntl] 형 **기본적인**, 근본적인; **중요한**
☞ 기초(fund) 적인(a) 것(ment) 의(al<형접>)

□ **fund**amentally [fʌ̀ndəméntəli] 부 **본질적[근본적]으로** ☞ 기초적(fundamental) 으로(ly<부접>)

■ **found** [faund] 동 **~의 기초를 두다[세우다]**; ~의 근거를 두다; **설립하다**

■ **found**ation [faundéiʃən/파운**데**이션] 명 **창설**, 설립; 근거, 기초, 토대; 기초화장품
☞ 기초(found)를 만드는(at) 것(ion<명접>)

✚ con**found 혼동하다, 당황[난처]하게 하다** dumb**found** 깜짝 놀라게 하다; 아연하게 하다
pro**found 깊은**, 심오한, 난해한; 깊은 곳; 심해

퓨너럴 게임 funeral game (그리스에서 영웅 사망시 개최되는 제전경기)

© amazon.co.uk

고대 그리스에서 영웅을 기념하기 위하여 개최되는 제전경기(祭典競技). 호메로스(Homeros)의 아킬레우스 장제경기(葬祭競技)가 가장 유명하다. 로마에서도 위대한 정치가나 장군 등의 죽음을 기념하여 그리스적 제전을 개최했다. <출처: 체육학대사전>

♣ **어원 : funer, funs 죽음, 매장**

□ **funer**al [fjúːnərəl] 명 **장례식**, 장의(葬儀) 형 **장례의**
☞ 죽음(funer) 의(al<형접>)
♠ **perform a funeral service 장례를 거행하다**

□ **funer**al chapel 영안실 ☞ 장례(funeral) 예배당(chapel)

□ **funer**al ceremony 〔service〕 장례식 ☞ 장례(funeral) 식(ceremony)

□ **funer**al march 장송행진곡 ☞ 장례(funeral) 행진곡(march)

□ **funer**ary [fjúːnərèri] ⓗ 장례식의, 매장의 ☜ 죽음(funer) 의(ary<형접>)
□ **funer**eal [fjuːníəriəl] ⓗ 장송의; 장례식에 어울리는; 슬픈, 음울한 ☜ 죽음(funer) + e + 의(al<형접>)
※ **game** [geim/게임] ⓜ 놀이, 유희, 오락, 장난; **경기, 시합**, 승부 ☜ 고대영어로 '경기, 재미'란 뜻

마우스 펑거스 Mouth Fungus (열대어의 입주변 박테리아 전염병)

♣ **어원 : fung, fungi 버섯, 균**
※ **mouth** [mauθ/마우스] ⓜ (pl. **-s**) **입**, 구강(口腔) ☜ 고대영어로 '입, 구멍, 문'이란 뜻
□ **fung**us [fʌ́ŋgəs] ⓜ (pl. **-gi, -es**) **버섯, 균류**(菌類) ☜ 버섯(fung) + us<단수 어미>
♠ study the life history of **a new fungus** **새로운 균**의 생태를 연구하다
□ **fungi**cide [fʌ́ndʒəsàid] ⓜ 살균제 ☜ 균(fungi)을 죽이는(cide) 것
□ **fung**ous [fʌ́ŋgəs] ⓗ 버섯의; 버섯 비슷한; 균에 의하여 생긴 ☜ -ous<형접>

펑키 funky ([재즈] 흑인적인 감각이 풍부한 리듬이나 연주)

1950년대 후반 유행한 재즈 용어. '흑인의 체취'라는 뜻을 가진 은어로, 재즈 연주를 할 때 흑인 특유의 감성과 선율이 잘 드러날 경우 '펑키한 연주'라는 표현을 했다. 이후 1960년대 발생한 미국 흑인 댄스음악의 한 장르가 되었는데, 대중음악가 제임스 브라운에 의해 널리 알려졌다. <출처: 시사상식사전>

□ **funk** [fʌŋk] ⓜ《미》악취; **펑키재즈**; 겁, 두려움 ⓢ 연기를 뿜다; **펑키** 재즈를 연주하다; 겁내다 ☜ 중세영어로 '나쁜 냄새'란 뜻
♠ The thief **was in a funk of** the policeman. 그 도둑은 경찰**에게 겁먹었다**.
□ **funk**y [fʌ́ŋki] ⓗ 퀴퀴한; 『재즈』 **블루스**풍의, **펑키**한; 겁 많은 ☜ -y<형접>
□ **funk**y music 『음악』 **펑키 재즈**(funky jazz) ☜ music(음악)

터널(tunnel)입구가 퍼널(funnel.깔대기)처럼 생겼다.

※ **tunnel** [tʌ́nl] ⓜ **터널**, 굴; 지하도; (광산의) 갱도(坑道) ☜ 고대 프랑스어로 '큰 통'이란 뜻
□ **funnel** [fʌ́nl] ⓜ **깔때기**; (깔때기 모양의) 통풍통(通風筒), 채광 구멍; (기선, 기관차의) **굴뚝** ⓢ 깔때기 모양이 되게 하다 ☜ 고대 인도유럽어로 '붓다'란 뜻
♠ a two-**funnel(l)ed** steamer 2개의 **굴뚝이 있는** 기선
□ **funnel**ed [fʌ́nəld] ⓗ 깔때기가 달린; 깔때기 모양의; 굴뚝이 있는 ☜ -ed<형접>

□ **funny**(재미있는) ➔ **fun**(재미있는, 재미) **참조**

페이크 퍼 fake fur (인조 모피. <가짜 모피>란 뜻)

※ **fake** [feik] ⓢ **위조[날조]하다, 속이다** ⓜ **위조품[모조품]**, 가짜 ☜ 고대영어로 '속이다'
□ **fur** [fəːr/풔-] ⓜ **모피, 부드러운 털** ⓗ 모피의 ⓢ 모피를 붙이다 ☜ 고대 프랑스어로 '모피로 덮다'란 뜻
♠ **a lady in furs 모피 코트를 입은 숙녀**
♠ **The fur flies** (begins to fly). **큰 싸움[소동]이 일어나다.**
□ **fur** coat 모피 코트 ☜ coat(외투, 코트)
□ **fur**rier [fə́ːriər/fʌ́r-] 모피상, 모피공 ☜ fur + r + ier(사람)
□ **fur**ry [fə́ːri] ⓗ (-ri**er**; -ri**est**) 모피(제)의; 모피로 덮인 ☜ fur + r + y<형접>

□ **furious**(성난) ➔ **forge**(용광로, 대장간) **참조**

연상 ▶ 눈이 펄~~펄 오자 그녀는 국기를 펄(furl.걷다)했다.

□ **furl** [fəːrl] ⓢ (돛·기 따위를) 감아(말아) 걷다; 개키다, (우산 따위를) 접다; (커튼을) 걷다 ☜ 고대 프랑스어로 '사슬; 묶다, 잠그다'
♠ **furl** a flag 기를 **접다**
■ un**furl** [ənfə́ːrl] ⓢ (돛·우산 따위를) 펴다(=spread); (기 따위를) 올리다, 바람에 펄럭이게 하다 ☜ un(=not) + furl

□ **furnace**(아궁이, 화덕) ➔ **forge**(용광로, 대장간) **참조**

썬퍼니처 Sun Funiture (70~80년대 우리나라의 대표적 가구 브랜드)

1973년부터 '썬퍼니처'라는 이름으로 생활 가구를 생산하던 선창산업(주)는 1991년 상표를 '선우드'로 바꿨다. 선우드의 주요 사업은 합판, MDF(Medium Density Fiberboard 중간 밀도 가공목재), 제재목과 PB(Particle Board 고온고압 조각 가공재) 등의 제조, 생산, 유통, 판매이다. <출처: 두산백과 / 일부인용>

♣ **어원 : furni 완성한, 공급한, 주는**

※ **sun** [sʌn/썬] ⓜ [일반적] (the ~) **태양, 해**; 햇빛, 일광 ☜ 고대영어로 '태양'이란 뜻

□ **furni**sh [fəːrniʃ/**풔**-니쉬] ⓢ (필요한 물건을) **공급하다, 제공하다, 주다**; 갖추다
☜ 공급해(furni) 주다(ish)

□ **furni**shed [fəːrniʃt] ⓗ **가구가 있는, 가구[장치]가 붙은** ☜ furnish + ed<형접>
♠ **Furnished House (to Let) 가구 딸린 셋집 《광고》**

□ **furni**shings [fəːrniʃiŋz] ⓜ (pl.) 비품, **가구** ☜ furnish + ing<명접> + s<복수형>

□ **furni**ture [fəːrnitʃər/**풔**-니춰] ⓜ **가구, 비품**, 시설품 ☜ 완성한(furni) 것(ture)
♠ **a piece of furniture 가구 한 점**

퍼로 Furrow ([골프] 모래 갈퀴로 벙커의 모래를 고르게 정비한 뒤에 생기는 모래 표면의 줄무늬)

□ fur**row** [fəːrou/fʌrou] ⓜ **밭고랑,** 도랑; (얼굴의) **깊은 주름살** ⓢ 갈다, 경작하다; 주름지게 하다 ☜ 갈라진(fur<furc<fork) 줄(row)
♠ **An old ox makes a straight furrow.**
《이탈리아 속담》 늙은 소가 곧은 이랑을 만든다.

□ fur**row**y [fəːroui/fʌroui] ⓗ 고랑이 진; 주름이 많은 ☜ furrow + y<형접>

■ **row** [rou/로우] ⓜ **열**, (좌석의) **줄**, 횡렬 ☜ 고대영어로 '줄, 열'이란 뜻
비교 column 종렬; 기둥; 칼럼

파 앤드 어웨이 Far And Away (미국 서부 개척영화. <단연(코)>란 뜻)

1992년 개봉한 미국의 서부/모험/멜로 영화. 톰 크루즈, 니콜 키드먼 주연. 가난한 한 아일랜드 소작농의 아들이 지주의 딸과 청운의 꿈을 안고 아메리카 신대륙으로 건너가, 꿈에 그리던 자기 땅을 갖고 둘이 사랑을 확인하게 되기까지의 고난과 역경, 희멸을 그린 영화.

© Universal Pictures

♣ **어원 : far, fur 먼, 멀리 떨어진**

■ **far** [fɑːr/퐈-] ⓟ (-<-th**er**〔**further**〕<-th**est**〔**furthest**〕) **멀리(에)**, 먼 곳으로; **훨씬**, 매우 ⓗ **먼, 멀리**; 극단적인
☜ 초기 인도유럽어로 '멀리 가다'란 뜻
♠ She lives **far from here.**
그녀는 여기서 **멀리 떨어진 곳에** 산다.

□ **fur**ther [fəːrðər/**뿨**-더] ⓟ 【far의 비교급】 **더 멀리; 더 나아가서, 게다가** ⓗ **더 먼, 그 이상의** ☜ 더(er) 먼(fur<far) 상태(th)로
♠ I have to travel **further 〔farther〕** to work now.
난 이제 직장까지 **더 멀리** 이동을 해야 한다 〔출퇴근길이 더 멀어졌다〕.

□ **fur**therance [fəːrðərəns] ⓜ 촉진, 조성 ☜ -ance<명접>

□ **fur**thermore [fəːrðərmɔːr] ⓟ **더욱이, 게다가**, 더군다나 ☜ more(더욱 더)

□ **fur**thermost [fəːrðərmòust] ⓗ 가장 먼(=furthest) ☜ most(가장<최상급>)

□ **fur**thest [fəːrðist] ⓗ 【far의 최상급】 가장 먼〔멀리 떨어진〕 ☜ 가장(est) 먼(fur<far) 상태(th)로

※ **and** [ənd/언드, nd/은드, ən/언, nː/은, (강) ænd/앤드] ⓙ **~와, 그리고**
☜ 고대영어로 '그래서, 그 다음'이란 뜻

※ **away** [əwéi/어**웨**이] ⓟ **멀리 떨어져서, 멀리, 저쪽으로; 끊임없이**
☜ 길(way)에서 떨어진(a=off)

□ **fury**(격노, 격분) ➔ **forge**(용광로, 대장간) **참조**

퓨즈 fuse ([전기] 퓨즈), 퓨전 fusion (융합, 섞는 것)

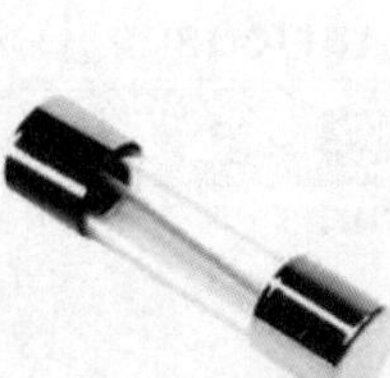

< 전기 퓨즈 >

♣ **어원 : fus(e), fut 녹다, 녹이다; 붓다, 섞다**

□ **fuse** [fjuːz] ⓜ **신관**(信管), 도화선; 『전기』 **퓨즈** ⓢ **녹다, 녹이다**
☜ 근세영어로 '열로 녹이다'란 뜻.
♠ **change a fuse 퓨즈를 갈다**

□ **fuse** wire 도화선(導火線) ☜ 녹아서(fuse) (불을 붙이는) 철사(wire)

☐ **fus**ible [fjúːzəbəl] ⓗ 녹기 쉬운, 가용성의 ☜ 녹기(fus) 쉬운(ible)
☐ **fus**ion [fjúːʒən] ⓜ **용해**, 융해; 【물리】 핵융합; 【음악】 **퓨전** 《재즈에 록 등이 섞인 음악》 ☜ 섞는(fus) 것(ion<명접>)
☐ **fut**ile [fjúːtl, -tail] ⓗ **쓸데없는, 무익한**; 하찮은, 변변찮은 ☜ 녹기(fut<fus) 쉬운(ile)
♠ **a futile attempt 헛된 시도**
☐ **fut**ility [fjuːtíləti] ⓜ 쓸데없음, **무익[무용]** ☜ 녹기(fut<fus) 쉬운(il) 것(ity)

✚ con**fuse** **혼동하다, 어리둥절하게 하다** dif**fuse** **흩뜨리다**, 퍼뜨리다 ef**fuse** 발산(방출)하다 in**fuse** (사상 따위를) **주입하다, 불어넣다** re**fuse** **거절[거부]하다**

연상 ▶ 전기 퓨즈(fuse) 가지고 퍼스(fuss.설치는)하는 녀석들이 있다.

※ **fuse** [fjuːz] ⓜ **신관**(信管), 도화선; 【전기】 **퓨즈** ⓓ **녹다, 녹이다**
☜ 근세영어로 '열로 녹이다'란 뜻.
☐ **fuss** [fʌs] ⓜ **몸달아 설침; 야단법석**; 떠들어대는 사람 ⓓ 몸달아 설치다; 야단법석하다
☜ 덴마크어로 '무의미, 횡설수설하다'란 뜻
♠ **make a fuss 야단법석을 떨다**
☐ **fuss**y [fʌ́si] ⓗ (-<-si**er**<-si**est**) **야단법석하는**; 성가신, 까다로운 ☜ -y<형접>
☐ **fuss**ily [fʌ́səli] ⓑ 공연히 법석대어 ☜ fuss + ily<부접>

F

☐ **futile**(쓸데없는, 무익한), **futility**(무익, 무용) ➔ **fusion**(용해, 퓨전) **참조**

백투더퓨처 Back to the Future (미국 SF 영화. <미래로의 귀환>이란 뜻)

1985년 개봉한 미국의 SF/코미디 영화. 마이클 폭스, 크리스토퍼 로이드, 리 톰슨 주연. 록큰롤, 스케이트보드, 자동차를 좋아하는 명랑 쾌활한 고교생이 에메트 브라운 박사가 발명한 타임머신을 타고 30년 전으로 가지만, 미래로의 귀환이 어려워지는 사태를 맞는데....

※ **back** [bæk/백] ⓜ **등, 뒤쪽** ⓗ **뒤(쪽)의**
☜ 고대영어로 '등, 뒤'라는 뜻
※ **to** [tuː/투-, tə] ⓙ 〔방향〕 **~로, ~에게**; 〔제한〕 **~까지**; 〔부사적 용법〕 **~하기 위하여**; 〔명사적 용법〕 **~하는 것, ~하기**; 〔형용사적 용법〕 **~(해야) 할** ☜ 고대영어로 '~방향으로, ~목적으로'란 뜻
※ **the** [(약) ðə/더 《자음 앞》, ði/디 《모음 앞》; (강) ðiː] ⓖ 〔정관사〕 **저, 그** ⓑ **~하면 할수록**, (~ 때문에) 그만큼
☜ 초기 인도유럽어로 '그것(that)'이란 뜻
☐ **future** [fjúːtʃər/**퓨**-춰] ⓜ **미래**, 장래, 장차; (the F-) 내세
☜ 라틴어로 '될 것이다'란 뜻
♠ **in the future 미래에, 장래에**
♠ **The best way to predict the future is to invent it.**
미래를 예측하는 최선의 방법은 미래를 창조하는 것이다.
- 미국의 컴퓨터 과학자, 알랜 케이 -

25TH ANNIVERSARY TRILOGY
BACK TO THE FUTURE

© Universal Pictures

☐ **future**less [fjúːtʃərlis] ⓗ 장래성이 없는, 미래가 없는; 가망이 없는 ☜ -less(~가 없는)
☐ **future** shock 미래 충격 《급격한 사회변화에 적응하지 못하는 사람의 고민》 ☜ shock(쇼크, 충격)
☐ **futur**ism [fjúːtʃərizəm] ⓜ 미래파 ☜ ism(~주의, ~학파)
☐ **futur**ity [fjuːtjúrəti, -tʃúr-/-tjúəri-] ⓜ 미래, 장래, 후세; 장래성; 내세(來世)
☜ future + ity<명접>
☐ **futur**ological [fjùːtʃərəládʒikəl] ⓗ 미래학의, 미래학적인 ☜ 미래(future) 학(ology) 의(ical<형접>)
☐ **futur**ologist [fjùːtʃərálədʒist/-ɔ́l-] ⓜ 미래학자 ☜ 미래(future) 학(ology) 자(ist)
☐ **futur**ology [fjùːtʃərálədʒi/-rɔ́l-] ⓜ 미래학(未來學) ☜ -ology(학문)